Karl Mendelssohn-Bartholdy

Geschichte Griechenlands von der Eroberung Konstantinopels durch die Türken im Jahre 1453 bis auf unsere Tage

Karl Mendelssohn-Bartholdy

Geschichte Griechenlands von der Eroberung Konstantinopels durch die Türken im Jahre 1453 bis auf unsere Tage

ISBN/EAN: 9783742898906

Hergestellt in Europa, USA, Kanada, Australien, Japan

Cover: Foto ©ninafisch / pixelio.de

Manufactured and distributed by brebook publishing software (www.brebook.com)

Karl Mendelssohn-Bartholdy

Geschichte Griechenlands von der Eroberung Konstantinopels durch die Türken im Jahre 1453 bis auf unsere Tage

Geschichte Griechenlands

von der Eroberung Konstantinopels durch die Türken
im Jahre 1453 bis auf unsere Tage.

Von

Karl Mendelssohn Bartholdy.

In zwei Theilen.

Erster Theil.

Von der Eroberung Konstantinopels durch die Türken
bis zur Seeschlacht bei Navarin.

Leipzig,
Verlag von S. Hirzel.
1870.

Vorwort.

Das vorliegende Werk ist die Frucht zehnjähriger Arbeit. Im Jahr 1860 ward ich durch Gervinus angeregt mich eingehend mit Sprache und Geschichte der Neu=Hellenen zu beschäftigen. Seitdem war es mir ver= gönnt Griechenland selbst dreimal zu besuchen. Leider konnte ich stets nur flüchtig verweilen, während es eines langjährigen Aufenthalts bedarf, um zu einem maßgebenden Urtheil über Land und Leute zu gelangen.

Was mir an Anschauung abgeht, hoffe ich durch Studium ersetzen zu kön= nen. Ich darf sagen, daß ich die Literatur über den griechischen Freiheits= kampf vollkommen beherrsche. Durch die Unterstützung meiner griechischen Freunde ist es mir möglich geworden, die im Orient erschienenen Schriften bis auf die jüngste Gegenwart hin zu verfolgen und zu benutzen.

Unter den von Neu=Hellenen herrührenden Geschichtswerken genießt Spyridon Trikupis' 1862 in zweiter Auflage erschienene 4bändige „Geschichte des griechischen Aufstandes" das größte Ansehen. Je länger man sich jedoch mit den Quellen beschäftigt, desto deutlicher erkennt man, daß Trikupis, ebenso wenig wie Filimon, auf der Höhe seiner Aufgabe steht. Die äl= teren Bearbeitungen und Aufzeichnungen eines Perrhäwos, Sutsos, Rhizo Nerulos, Spiliadhis, Frantsis, Foteinos, Th. Kolokotronis, Germanos sind durch Trikupis keineswegs entbehrlich gemacht worden, und seit dem Erscheinen der „Geschichte des griechischen Aufstandes" ist eine ganze Reihe von Monographieen aufgetaucht, deren Bestreben dahin geht, Verstöße und Irrthümer des Trikupis zu enthüllen und zu beseitigen. Ich nenne: Fotakos, Nikodemos, Tsamados, Kotsia, Kutsonikas, Orlandos, G. Kolokotronis.

Unter den von Nicht-Griechen verfaßten Geschichtswerken über den griechischen Freiheitskampf nimmt der fünfte und sechste Band der „Geschichte des neunzehnten Jahrhunderts" von Gervinus nach wie vor die erste Stelle ein. Wenn ich vielfach zu anderen Resultaten gelangt bin, als mein verehrter Lehrer und Freund, so ist dies aus dem Umstand zu erklären, daß Gervinus sich bei der Abfassung seines Werkes im Wesentlichen auf Trikupis und Filimon angewiesen sah.

Ueber den relativen Werth der sechsbändigen „Geschichte des Abfalls der Griechen vom türkischen Reich", welche Freiherr A. von Prokesch-Osten bereits 1848 vollendet hat, um sie jedoch erst 1867 herauszugeben zu können — habe ich mich bereits an anderer Stelle (Sybel's historische Zeitschrift XVIII, 41) ausgesprochen.

Neuerdings hat Herzberg in dem 87. Theil der „Allgemeinen Encyklopädie von Ersch und Gruber" (Leipzig, Brockhaus 1869 S. 107 ff.) eine verständige, klare Zusammenstellung aus den Werken von Gervinus, Prokesch-Osten, sowie von den früheren deutschen Bearbeitern: Zinkeisen, Thiersch, Klüber, Roß, Maurer, Brandis geliefert.

Langjähriger Aufenthalt in Athen und intime Kenntniß der griechischen Zustände verleihen der von dem Timeskorrespondenten G. Finlay verfaßten History of the greek revolution (London, Edinburgh 1861) einen Werth, der freilich durch die Neigung zum Anekdotenhaften, Sarkastischen und Paradoxen wieder aufgewogen wird. Finlay hat das treffliche Werk seines Vorgängers Gordon „über die griechische Revolu-

tion" (London 1832) im Wesentlichen zu Grunde gelegt. Neben Finlay behaupten die Spezialschriften seiner Landsleute, der Parish, Home,
Blaquiere, Stanhope, ihren selbstständigen Werth. Unter den Franzosen
und Italienern, die über den griechischen Freiheitskampf geschrieben, ragen
Pellion, Raffenel, Raybaud, Boutier, Luntsi, Arliotti hervor. Ciampoli-
ni's Geschichtswerk ist ganz unbrauchbar. Die neueren russischen Werke,
von Theoktizoff (Petersb. 1863), Palcolog und Civini (Petersburg 1867)
werden mir insbesonders für den zweiten Band zu Gute kommen. Neben
diesem gedruckten, durfte ich ein reiches ungedrucktes Material benutzen.
Die Beilagen enthalten Auszüge aus den von Gervinus und Prokesch
nicht benutzten Korrespondenzen des wiener Kabinets mit den Höfen von
St. Petersburg, London, Paris, Konstantinopel, Berlin, München und
Stuttgart. An ihrer Hand wird der Leser die Darstellung der diplomatischen Vorgänge kontrolliren können.

Während ich mich für den ersten Band (bis zum Jahr 1828) der
Unterstützung von Seiten eines hohen Ministerium in Wien zu erfreuen
hatte, ist mir für den zweiten Band neben Benutzung der österreichischen
Ministerial-Archive auch die Benutzung des königlich preußischen Staats-
archivs gestattet worden. Ich verfehle bei dieser Gelegenheit nicht den
leitenden Herren Ministern der beiden Staaten meinen tiefsten Dank
auszusprechen.

Außer diesen wesentlich auf diplomatische Angelegenheiten bezüglichen
Akten ist mir eine Reihe Abschriften und Originalien bisher ungedruckter
Briefe und Privatmittheilungen aus Griechenland zugekommen, die ich
mit thunlichster Diskretion verwerthet habe. Widerlegungen und Berich-
tigungen nehme ich, sofern sie nur von kundiger Hand und von Augenzeugen herrühren, dankbar entgegen, wie ich denn gleich hier im Voraus
dem Herrn Oberst J. Zymbralakis versichern kann, daß ich seine (Kreta
betreffende) Ἀπάντησις πρὸς τὸν Μελδελαῶνα Βαρϑόλδην. Ἀϑ.
1870, mit Vergnügen und großer Beruhigung gelesen habe.

Es bleibt mir eine angenehme Pflicht zu erfüllen: Allen Denen zu danken, welche mich durch Wort und That bei der Arbeit unterstützt haben. Aus ihrer Zahl nenne ich nur die Herren Oberbibliothekare Geheimrath Dr. Bähr in Heidelberg, Professor Dr. Halm in München, Archivrath Dr. v. Weech in Karlsruhe, Professor Dr. Hopf in Königsberg, Herrn C. B. Benecke in London und Herrn T. Livadhas in Triest.

April 1870.

Der Verfasser.

Inhalt.

Drittes Buch.

Fünftes Buch.

Erstes Buch.

Die Griechen unter türkischer Herrschaft.

Während der Stürme der Völkerwanderung drängte sich Alles, was von griechischem Leben, von griechischer Wissenschaft und Kultur geblieben war, in Konstantinopel zusammen. In Konstantinopel pulsirte das Herzblut Griechenlands.

Diesen Mittelpunkt ihres Daseins hat die griechische Nation im Jahre 1204 verloren.

Sie ward durch die lateinische Eroberung zerrissen; das Leben flüchtete aus dem Ganzen in die Theile, die Fürsten von Epirus und Trapezunt sagten sich vom Reiche los, an den Stätten der herrlichsten griechischen Tradition herrschten fortan Venedig und Genua. Die Eroberung Konstantinopels durch die Türken im Jahre 1453 schien den völligen Untergang des griechischen Volks zu bedeuten. Die Hauptstadt schwamm in Blut. Nach allen Richtungen flohen die Besiegten auseinander. Das Meer war mit Schiffen und Kähnen bedeckt, welche Hab und Gut, Weib und Kind der Griechen nach besseren Regionen trugen. „Es war," sagen gleichzeitige Chronisten, „eine Zerstreuung wie die der Hebräer nach dem Ruin von Jerusalem." Die Mitwelt glaubte an eine Vernichtung des Griechenthums. Der deutsche Kaiser Friedrich III. vergoß einen Thränenstrom, da er die Nachricht vom Falle Konstantinopels erhielt. Freilich weckten seine Thränen den letzten Paläologen nicht aus dem Grab und im Uebrigen tröstete sich die abendländische Christenheit rasch genug über das Geschehene; der materielle Vortheil, der Aufschwung, den Handel und Schifffahrt durch die Entdeckung Amerika's, des westlichen Kontinents, nahmen, brachte den Fall Konstantinopels in Vergessenheit. Für unsichern Gewinn aus dem Westen, für das Gold Mexiko's und Peru's überließ man die Wiege der eigenen Kultur den türkischen Barbaren. Es ist in Wahrheit eine wunderbare Fügung der Weltgeschicke

zu nennen, daß drei Jahrhunderte später, da die westliche Eroberung
wieder verloren ging, da Amerika sich losriß von Europa, daß sich da
die Aussicht auf den Rückgewinn der alten Kulturheimath Europa's, auf
die Befreiung Griechenlands öffnete.

Mit dem Falle Konstantinopels war nicht auch das griechische Volk
gefallen, nein, aus dem Verderben und der Vernichtung selbst erwuchsen
ihm Heil und Auferstehen. Schweigend muß der tieferblickende Denker
den unerforschlichen Rathschluß der Vorsehung verehren, wenn er sieht,
wie das, was äußerlich betrachtet als Uebel erscheint, den Keim des Guten
in sich geschlossen hat. Wäre auf 1204 nicht 1453 gefolgt, so würden
die Griechen als Nation nicht fort existirt haben. Denn das griechische
Volk, welches sich durch eigene Kraft schwerlich aus den Ketten jener
ersten occidentalischen Gewaltherrschaft befreit haben würde, fand sich selbst
im Kampf gegen jene zweite orientalische Gewaltherrschaft zurück. Es
fand in Folge der türkischen Eroberung seine politische und geistige Einheit wieder, die es in Folge der lateinischen Eroberung für immer einzubüßen Gefahr lief.

Die Zersplitterung in zahlreiche, sich gegenseitig abstoßende und
scharf von einander geschiedene Elemente, ein geschlossenes Stände- und
Feudalwesen, kurz mittelalterliche Zustände, wie wir sie in Deutschland,
wie sie unsere Nachbarn jenseits des Rheins erfahren, blieben den
Griechen erspart. Griechenland hat Dank den Türken kein Mittelalter
gehabt.

Der Sieg Mohammed's II. im Jahre 1453 diente vielmehr dazu,
die durch die Invasion der Genuesen und Venetianer zersplitterten Griechen zu vereinigen. Er hielt sie zusammen, wenn auch in gemeinsamer
Sklaverei. Seit der Druck sich nicht mehr auf Einzelgruppen und verschiedene
Stände vertheilte, sondern auf der ganzen Masse der Nation schwer zu
lasten anfing, seitdem ward er auch von der ganzen Nation als solcher
empfunden: und mit dem Erwachen des nationalen Bewußtseins war
auch die nationale Widerstandskraft ins Leben gerufen. Es bedurfte
eines solchen allgemeinen und nivellirenden Gewaltsystems, um in den
Unterdrückten den Reiz zum Widerstand hervorzurufen.

So dunkel sich deshalb auch die Geschicke der Unterjochten in den
auf die Eroberung von Konstantinopel folgenden Jahrhunderten gestal-
teten, die Entwickelung des griechischen Volkes sollte fortan in der That
nur eine Illustration für den paradox lautenden Satz sein: daß die
türkische Eroberung die Griechen als Nation gerettet hat.

„Die Spinne", rief der türkische Eroberer, Mohammed II. aus, als
er in den verlassenen Pallast der oströmischen Kaiser eintrat, „die Spinne
hat ihr Gewebe im kaiserlichen Haus gewoben und die Eule singt ihr
Wächterlied auf dem Thurme von Efrasiab."

Was bedeutete wohl dieser melancholische Hinweis auf die Vergänglichkeit alles irdischen Glanzes im Munde des gewaltigen Mannes? Ahnte er, daß auch sein Werk nicht für die Ewigkeit gegründet sei, daß auch Osman's Haus zusammenbrechen könne, wie Byzanz in Staub und Trümmer gesunken war?

Die Anerkennung mag man dem türkischen Herrscher gewiß nicht versagen, daß er in kluger Voraussicht des Kommenden alles Mögliche gethan hat, um das Gebäude unter schirmendes Dach zu bringen, und der Eroberung Dauer zu verleihen.

Er suchte die Besiegten mit der geschehenen Umwälzung auszusöhnen, und ihre Erinnerung an eine große Vergangenheit durch materielle Genüsse abzuschwächen oder zu verblassen. Er hat den Griechen Manches geboten, was sie mit ihrem Loos versöhnen und dazu bringen konnte, die harte Thatsache der Gewalt, die ihnen angethan war, zu vergessen. Er bot ihnen religiöse und politische Zugeständnisse, die von seiner staatsmännischen Einsicht zeugen. Er ließ ihnen ihre Religion, er erhielt und schützte ihre einflußreiche Geistlichkeit vom Patriarchen bis zum Lichtträger und Thürhüter herunter.

Freilich war es nicht sowohl, wie Malaxus behauptet hat, die Ueberzeugung von der innern Wahrheit der griechischen Glaubenslehre und von der Vortrefflichkeit des griechischen Volks, als vielmehr ein sehr greifbares Interesse, welches den türkischen Eroberer dabei geleitet hat. Es kam ihm darauf an, den Gehorsam eines ganzen Volkes an den Egoismus einer einzigen Person zu knüpfen. Es kam ihm gelegen, wenn der Patriarch, über dessen Haupt stets das türkische Schwert schwebte, den Griechen das beliebte Thema vorpredigte: „Freiheit im Himmel und Gehorsam auf Erden." Vor Allem aber hatte Mohammed auch deutlich begriffen, daß die Theilnahmlosigkeit des Abendlandes die Interessen des Islams gefördert und die raschen Erfolge gegen das byzantinische Reich ermöglicht habe. Deshalb war es sein Bemühen, die Spaltung, die zwischen der occidentalischen und orientalischen Kirche bestand, fortdauern zu lassen, womöglich zur tiefen Kluft zu erweitern, deshalb ließ er nicht nur das Patriarchat und die Synode in Konstantinopel mit allen ihren Rechten und hohen Ansprüchen bestehen, sondern setzte auch in Gennadius einen Mann auf den Patriarchenstuhl, der sich noch jüngst auf dem Florentiner Koncil durch seine Gegnerschaft gegen Westrom, als Verfechter der starren oströmischen Orthodoxie hervorgethan hatte. Die Wahl und Ordination der Geistlichen stellte er den Griechen anheim. Es kam ihm nicht in den Sinn, die Lehren der griechischen Kirche, welche von den Lateinern ohne Unterlaß befehdet worden waren, zum Gegenstand von Untersuchung und Streit zu machen. Und wie auf religiösem, so ist Mohammed auch auf politischem Gebiet mit kluger Schonung aufgetreten.

Zwar handelten die Türken nach dem Fundamentalsatz, daß Grund und Boden dem Eroberer gehörten; der Sultan nahm das herrenlose

Gut in Anspruch und vertheilte es unter verdiente türkische Krieger; er gab es diesen „Timarioten" als Lehen auf Lebensdauer; sie durften es unter der Bedingung, eintretenden Falls Kriegsdienste zu leisten, be= wirthschaften.

Neben den Gütern, welche den türkischen Lehensträgern, und neben denen, welche den Moscheen unter dem Namen „Vakufs" zugewiesen wur= den, blieb aber noch eine beträchtliche Masse Landes in den Händen der Besiegten. Die Beraubung war keine vollständige. Man ließ den Un= terworfenen die kleineren Besitzungen. Sie mußten den fünften Theil der Produkte zahlen und durften dafür ihre Besitzungen frei auf Kinder und Enkel vererben.

Dörfer und ganze Gemeinden blieben so in den Händen der Griechen.

In dem Peloponnes, auf den Inseln und auf dem Festland, in Süd= Epirus und in Makedonien hat sich ein freier Bauernstand und damit zugleich eine freie Form der Gemeindeverwaltung während der dunkelsten Zeiten der türkischen Gewaltherrschaft erhalten. Gemeindebeamten, „De= mogeronten" und „Proesti", von der Mehrzahl der Bevölkerung frei ge= wählt, hatten für die örtlichen Angelegenheiten, für Lokalpolizei und Steuerbeschaffung zu sorgen. So wählte ein jedes Dorf des Peloponnes seinen eigenen „Demogeronten", die Bevölkerung der Städte wählte „Proesti" und die Proesti wählten den „Primaten" des Distrikts. Die Primaten hatten ihren Sitz in Tripolitsa, wo sie die Interessen der ge= sammten christlichen Bevölkerung des Paschalik „Morea" vertraten. Ge= meinschaftlich mit den „Proesti" und mit der hohen Geistlichkeit wählten sie wieder den „Vekil", eine Vertrauensperson, die in Konstantinopel mit den türkischen Ministern zu verhandeln, den Pforten=Dollmetsch auf dem Laufenden zu halten hatte. Dies Organ der griechischen Wünsche und Bedürfnisse war zugleich als eine politische Schranke gegen die Willkühr des türkischen Pascha anzusehn. In manchen Gegenden, wo die Pforte die Unmöglichkeit herausfühlte, den Bedürfnissen staatlicher Oberaufsicht zu genügen, wie in Agrafa, in der Gebirgslandschaft zwischen Pelion und Olymp, rief sie eine christliche Miliz, die schon während der Byzantinerzeit gegen die Einfälle der Franken und Serben errichteten „Armatolen" wieder in's Leben und vertraute ihnen den Schutz des Distrikts gegen äußere, vorzugsweise aber gegen innere Feinde, die Sicher= heit der Straßen und die Bewachung der Pässe an. Sie gab die wirk= liche Herrschaft für eine lockere Schutzherrschaft hin. Den Inseln des Archipels gewährte sie eine Reihe von Privilegien, und begnügte sich damit, einen jährlichen Tribut, Mannschaften oder Geld, für die Flotte zu ver= langen. Im Einzelnen bot daher die Lage der Unterworfenen die größten Anomalieen dar, der Grieche war ein Anderer in dem Peloponnes, in den Hochgebirgen von Agrafa oder Sfakia, ein anderer auf der Insel

Chios oder in Konstantinopel. Alles in Allem waren jedoch den Griechen wenigstens die beschränkten Grundlagen politischer Selbstständigkeit für gewisse enge Kreise gewährt; ihr Loos war immer noch ein besseres als im Mittelalter das der Juden und Ketzer gewesen ist, die wohl aus Spanien und Ungarn nach der Türkei auswanderten, und der griechische Rajah genoß mehr von den Früchten der Arbeit als heutzutage mancher christliche Bauer in Polen genießt.

Die Versuchung lag nahe „den Thatsachen Rechnung zu tragen" und sich mit dem Umschwung, der durch die türkische Eroberung eingetreten war, zu versöhnen.

Es hat denn auch unter den Griechen nicht an den sogenannten klugen Leuten, nicht an Solchen gefehlt, die sich äußerlich mit der bestehenden Regierung setzten. Da waren zunächst die vornehmen Geistlichen, die ihre Stellung nicht sowohl durch Frömmigkeit und Gelehrsamkeit als vielmehr durch Simonie, durch Bestechung irgend eines türkischen Veziers erlangt hatten! Eine griechische Satire: „Der Engländer, Franzose, Russe" erzählt, wie drei Reisende jener verschiedenen Nationalitäten nach Griechenland kommen und sich mit den begegnenden Griechen unterhalten. Der erste, den sie treffen, ist ein Erzbischof. Da sich die drei Fremden in Betrachtungen über das Elend der griechischen Nation ergehen, bemerkt ihnen der Prälat ziemlich kühl: „Seit ich dies Kleid trage, habe ich von den Uebeln, wovon Sie reden, Nichts bemerkt. Uebrigens wenn Griechenland leidet ohne sich zu beklagen, ist das eine verdiente Strafe, wodurch seine Sünden gebüßt werden. Das Volk fängt jetzt an von Freiheit zu reden; aber ich bin zufrieden, wenn die Zehnten reichlich fließen." Fast noch schlimmer ergeht es den drei Reisenden bei einem griechischen „Fürsten": „Was wollen Sie?" antwortet ihnen dieser Würdige, „ich tyrannisire und plündere das Volk, um dem Diwan zu gefallen und meinen Kopf zu behalten." Dann eilt er rasch von dannen, da er rechtzeitig in seinen Harem gelangen muß, wo eine seiner Frauen die Geschenke der Provinzialbevölkerung in Empfang nimmt.

Neben der hohen Geistlichkeit, in deren egoistischen Interessen es lag, sich den guten Willen und die Gunst des Diwan zu erhalten, hatte sich nämlich auch eine Art von Aristokratie gebildet, deren Mitglieder in Wohlleben und selbstsüchtigem Behagen das Unglück der Vaterlandlosigkeit zu vergessen schienen. Der alte byzantinische Adel war bis auf sehr wenige Familien untergegangen. Die Sultane hielten es für die einfachste Methode, um Ruhe in Griechenland zu erhalten, wenn sie jeden Griechen, der politischen Einfluß ausübte, köpfen ließen; es gelang ihnen auf diesem Wege, den Rest der alten byzantinischen Familien auszurotten oder den Uebertritt zum Islam zu erzwingen. Dagegen wuchs unter türkischem Schutze allmählich eine neue griechische Aristokratie von Verwaltungsbeamten und Steuereinnehmern auf. Es waren dies die „Fanarioten" in

Konstantinopel und die Primaten oder „Kodjabaschis" im übrigen Griechenland: eine Menschenklasse, deren moralischer und politischer Leumund
ein solcher war, daß man sie als „christliche Türken" zu bezeichnen pflegte.
Die Fanarioten führten ihren Namen von der Pforte neben der patriarchalischen Kirche, welche unter den Byzantinern die Pforte des „Fanar"
hieß. Ging man freilich weit zurück in's Dunkel der Zeiten, so sah
es mit der prätendirten byzantinischen Abkunft dieser „Fürsten" und
„Herzöge" des Fanars sehr scheu aus; die wenigsten vermochten ihren
Stammbaum nur bis zum Beginn des 16. Jahrhunderts nachzuweisen;
und so sind es in der That eingewanderte Kaufleute und Aerzte aus
Chios, oder Krämer aus dem Peloponnes oder gar Bedienten und
Köche aus Tinos und Syra gewesen, welche die stolze Aristokratie des
Fanar begründet haben. Bald erwarben sich jedoch die Fanarioten
durch Reisen und Verkehr mit den Europäern, durch europäische Bildung
und Kenntnisse eine Stellung, ja ein Ansehen unter den Muselmännern
selbst. Die Türkei war genöthigt mit den civilisirten Nationen Europa's
in Verkehr zu treten, Kapitulationen mit einzelnen derselben abzuschließen
(wie 1543 mit Frankreich), die zwar immer nur als ein Geschenk, als ein
Akt der Großmuth seitens des Sultan angesehen wurden, nichtsdestoweniger aber eine Bresche in die bisherige starre Ausschließlichkeit und
Selbstgenügsamkeit des türkischen Regiments legten. Hier traten nun die
Fanarioten ein; sie wußten sich durch ihre geistige Ueberlegenheit und
Raschheit den schwerfälligeren Türken unentbehrlich zu machen und in
hohen Stellungen als Pfortendollmetsche und Gesandte den Verkehr der
Pforte mit dem civilisirten Europa zu vermitteln. Jetzt büßten die Italiäner ihre hervorragende Stellung, ihre politische und sociale Präponderanz im Orient ein. Es lag gleichsam eine Nemesis in dem Verhältniß der neuentstandenen
griechischen Aristokratie zu dem westlichen Europa. Die Fanarioten nahmen gewissermaßen Rache dafür, daß Byzanz vor dem Jahre 1453 vom Abendland im
Stich gelassen worden war, indem sie den erbittertsten Gegnern des civilisirten Europa, den Osmanen, Vorschub leisteten. Den Intriguen des
ersten Pfortendollmetsch, des Fanarioten Panajotaki Nikusios, gelang es
die venetianische Diplomatie zu übertölpeln, seine diplomatische Geschicklichkeit mehr noch als die Belagerungskunst des Vezier Achmet erwirkte
die Uebergabe Kandia's. Der Gewandheit Alexander Maurokordatos' war
es vorbehalten, die österreichischen Diplomaten in Karlowitz aus dem
Felde zu schlagen. Seinem Sohne Nikolaus glückte es sich zu der fürst-
lichen Stellung eines Hospodars der Walachei emporzuschwingen, und so
die Reihe der fanariotischen Hospodare in den Fürstenthümern zu eröffnen.
Mit Ausnahme der Maurokordatos, Sutsos und Ypsilantis würde man
freilich bei diesen neumodischen Vertretern des Byzantinerthums vergebens
nach den großen Tugenden des alten Hellas suchen. Der Fanarioten-

Abel erinnert an Byzanz, nicht an Athen. Intellektuelle Beweglichkeit und Wohlgefallen an den Arbeiten des Gedankens erhielten sich länger als die Energie der Seele, es fehlte an Charakteren, wenn auch hier und da ein Talent im Fanar geboren ward. Kriechend nach Oben, hochfahrend nach Unten, schien die neue griechische Aristokratie in Wohlleben und egoistisches Behagen aufgelöst zu sein. Doch darf man zur richtigen Würdigung dieser Männer nicht vergessen, daß sie es gewesen sind, die in hoher selbsterrungener Stellung die geistige Ueberlegenheit der Griechen den Türken gegenüber zu Ehren gebracht, die durch Beförderung von Schulen und Gymnasien den griechischen Geist geweckt, und insofern als sie die politische Umwandlung durch eine sociale und geistige vorbereiteten, mehr oder weniger bewußt auch der nationalen Sache gedient haben.

Die große Masse der griechischen Nation blickte freilich nur aus tiefem Dunkel zu jener stolzen leuchtenden Stellung empor, zu welcher sich der Fanarioten-Abel, die Primaten und der hohe Klerus emporgeschwungen hatten. Allein Dunkel und Erniedrigung waren hier ein Glück. Denn je tiefer man stand, je ferner blieb auch die Versuchung, weltliches Wohlsein für höher zu halten als das Vaterland. In der großen Masse empfand man den Druck der Knechtschaft allzu bitter und schwer, als daß man sich vielleicht durch den abstrakten Trost, daß es möglicherweise noch schlimmer stehen könne, hätte gewinnen lassen. Es lag ein verborgener zäher Kern im Wesen der griechischen Volksnatur, an dem das türkische Eroberungssystem scheitern mußte. Die Griechen söhnten sich mit der Thatsache der Gewalt, der sie unterlegen waren, nicht aus. Sie nahmen die Rechte, die man ihnen auf politischem und religiösem Gebiete beließ, hin, ohne dafür den geringsten Dank zu wissen, sie duldeten es, daß man sie einen Staat im Staate bilden ließ, hielten aber den Hintergedanken fest, sich dieser gewährten Vortheile bei der ersten günstigen Gelegenheit gegen den Gewährer selbst zu bedienen. Insgeheim hörten die Geknechteten nie auf, gegen den Zwang, der ihnen geschehen war, zu protestiren. Der zum Islam übergetretene Kreter, der laut zu Allah betet, im Herzensgrund aber die Mutter Gottes anruft und Mohammed verflucht; — er ist die typische Personifikation des griechischen Volkes in den finsteren Jahrhunderten der Sklaverei, die auf die Eroberung Konstantinopels folgten.

Die Aufgabe des Hassens war den Griechen leicht gemacht. Denn die türkische Eroberung hat sich weder moralisch noch national zu konsolidiren vermocht. In unserem Jahrhundert pflegt man zwar von der durch Verträge begründeten legitimen Herrschaft der Türken und von dem türkischen Eroberungsrecht zu reden; allein man übersieht, daß eine Eroberung an und für sich nichts Anderes ist, als Gewalt und Verbrechen an Tausenden begangen; daß eine solche brutale Thatsache nicht durch das Siegel von Verträgen oder durch den Rost von Jahrhunderten, sondern einzig und allein durch moralische und nationale Garantieen geweiht und geheiligt werden kann. Die türkische Eroberung ist nun niemals Recht geworden. Sie ist über die rohe Thatsache der Gewalt, auf welche sie gegründet war, nicht hinausgekommen. Wenn auch der Despotismus der Osmanen mit= unter rechtliche Formen annahm, so blieb er doch faktisch drückend genug. Die Türken blieben nach wie vor „Barbaren, die in Europa nur gelagert waren". Ein sinnloses Willkürregiment lastete über ihnen selbst, wie hätten sie den Unterworfenen, die sie als „Rajah," d. h. als eine Heerde Vieh zu betrachten liebten, die Freiheit geben können, die sie selbst nicht besaßen, wie hätten sie ihnen Ersatz bieten können für das verlorene Vaterland!

Täglich griffen die' Mißstände des türkischen Systems in's Leben der Rajah ein. Den Einzelnen erinnerte der „Karatsch", die Kopf= steuer, daran, daß er ein der Laune seines osmanischen Gebieters preis= gegebener Sklave, daß sein Leben eigentlich verwirkt sei und nur durch elendes Geld zurückgekauft werden könne. Denn die ursprüngliche Gesetzgebung des Koran gestattete dem Nicht=Mohammedaner nicht ein= mal Menschenrechte und gebot die Ausrottung derselben mit allen Mitteln der Gewalt. Tod den Ungläubigen! lautete das Heilsevangelium des arabischen Propheten. Da man aber schon in den ersten Jahren des Islam die Unmöglichkeit der Ausführung begriff, so erfand man die Kopf= steuer welche die Nicht=Mohammedaner zur Ablösung der Todesstrafe für die Dauer eines Jahres an die Regierung zu erlegen hatten. So mußte sich der griechische Rajah alljährlich die Erlaubniß, nur zu leben und seinen Gott verehren zu dürfen, durch eine harte Steuer erkaufen. Allerdings garantirte ihm dafür die türkische Regierung Sicherheit der Person und des Eigenthums. Doch was half eine solche Garantie in einem Lande, wo Willkühr zur Regel und Laune zum Gesetz erhoben war, wo selbst die herrschende Race fortwährend im Bewußtsein der Abhängigkeit von Oben und athemloser Unsicherheit erhalten wurde, wo auch die ersten Würden= träger des Reichs jeden Augenblick durch die verhängnißvolle seidene Schnur an ihr hinfälliges Dasein gemahnt werden konnten, wo selbst der Groß= vezier in seiner Bestallung die ominöse Phrase lesen mußte: „Laß uns ein wenig sehen, wie Du Dich anstellst", wo die Sklaverei ein anerkanntes und bevorzugtes Recht, wo die Gesetzgebung über das Grundeigenthum ein sinnloses und veraltetes Chaos, ihre Handhabung aber nun vollends dem Erkaf=Ministerium, d. h. Beamten anvertraut war, deren Grundsätze sich jeder vernünftigen Beurtheilung entziehen, die z. B. schriftlichen Urkunden, auch dann wenn sie von ihnen selbst herrühren, gar keinen Werth bei= legen? Der Staat erfüllte seine Aufgabe, für Sicherheit von Person und Eigenthum zu sorgen, nur gelegentlich und aus Zufall. Wenn ein ver= ständiger Sultan oder Vezier öffentliche Bauten förderte, Straßen anlegte oder Kanäle zu graben anfing, so ließ sein Nachfolger das Geschehene wieder

liegen. Ein trefflich angelegtes, sorgfältig unterhaltenes System von Ka=
nälen machte Babylon bis zum Anfange des 17. Jahrhunderts zu einem
blühenden Gartenland. Seitdem ließ man es verfallen, so daß es heutzu=
tage eine Sandwüste ist. Planlos, wie die türkische Regierung in Allem
verfuhr, ermangelte sie der umsichtigen Vorkehr gegen elementare Ereig=
nisse und der Sorge für die Zukunft. Eine Präventivpolizei zu üben wider=
stritt an und für sich der fatalistischen Weltanschauung des Koran; ehe man
daran dachte, Maßregeln gegen Feuer= und Wassersnoth zu ergreifen,
Quarantäne gegen die Pest zu errichten, ließ man Brand und Ueberschwem=
mung wüthen und starb selber elendiglich an der Seuche dahin. Noch
heutzutage quält man sich mit allen möglichen Experimenten ab, um in
Albanien einen die Umgegend verpestenden Sumpf abzuzapfen! denn —
abgesehen von Egypten, — giebt es in der Türkei keinen einzigen Hydro=
techniker. Während es an einer ordentlichen Polizei mangelte, war auch an
eine Justiz im europäischen Sinne nicht zu denken. In den kläglichsten Schu=
len, in den sogenannten Medresses aufgewachsen, wo sie fünfzehn bis zwanzig
Jahre hinbringen, ohne daß man recht weiß womit, theilen die türkischen
Beamten ihre Zeit zwischen dem Harem, der Branntweinflasche und dem
Triktrakspiel. Ihre geistige Erhebung und Erholung besteht im Anhören
grauenvoller Musik und im Anschauen unzüchtiger Tänze. Außer ihrer
grenzenlosen Unwissenheit zeichneten und zeichnen sie sich noch heute durch
unbelehrbaren Hochmuth, Habsucht und Käuflichkeit aus. Wer über die
nöthigen Fonds zur Bestechung disponirte, durfte auf Gerechtigkeit von
Seiten des türkischen Kadi rechnen; der arme Rajah war stets schon von
vornherein verurtheilt. Richter wie Zeugen waren bestechlich und käuflich;
bis zu den höchsten Staatsstellen hinauf war seit Suleiman I. das
System der Trinkgelder, der Bakschisch, gedrungen, es hatte die Moralität
von Groß und Klein erstickt — und Friedrich der Große hatte Recht,
wenn er von den Türken sagte: Sie würden um Geld selbst ihren Pro=
pheten verkaufen. Konnte sich nun aber auch der Reiche mitunter durch
Einfluß und Geld in einzelnen Fällen helfen, wer schützte den armen
Rajah vor den willkührlichen Umlagen, vor den Erpressungen, die von
raubsüchtigen türkischen Gouverneurs erhoben wurden? wie fand er sein
Recht vor einer parteiischen und käuflichen Justiz, vor der gesetzmäßig nicht
einmal das Zeugniß eines Rajah gegen einen Mohammedaner Gültigkeit
hatte? Alles also, was der Einzelne in unseren behaglichen civilisatorischen Zu=
ständen genießt, ohne lange darüber nachzusinnen, die Luft, die er athmet,
ohne an die in feuchten Kerkern Schmachtenden zu denken, das Haus, an
dessen Besitz er sich freut, der schöne Familienkreis, der ihn liebend um=
giebt: das Alles war dem griechischen Rajah versagt oder in Frage gestellt.
Der Familienvater sah mit Sorge auf den Segen und das Gedeihen
seines Hausstandes, der die Begier des türkischen Aga reizen konnte, er
zitterte vor dem schönsten reichsten Segen des Familienlebens, er wußte,

daß von seinen Kindern das fünfte dem Sultan, dem Dienst der Jani= tscharen verfallen war. Denn das war die furchtbare Blutsteuer, die seit 1650 auf den im Uebrigen von der Landesvertheidigung und den Soldatenehren ausgeschlossenen Rajahs lastete. Das Kind, das dem Sultan hingegeben ward, sah man als verloren an, wie es auch durch die Hingabe an jene fremde Miliz, durch die erzwungene Annahme des frem= den Glaubens in der That als der Familie entfrembet gelten konnte. Tief ergreifen muß es jeden fühlenden Menschen, wenn er hört, wie griechische Mütter ihre eigenen Kinder im Angesicht der türkischen Rekru= tenbehörden erdolcht haben, um nicht erleben zu müssen, daß die Frucht ihres Leibes das Vaterland schände!

So war man gezwungen, zu verwünschen was man sonst wohl heiß ersehnen mag. Wie die Stärke und Kraft der Söhne, so bedeutete die Schönheit der Töchter für die Eltern ein zweideutiges Geschenk, auf das man nicht ohne schmerzliche Ahnung blickte. Denn vor der Lüsternheit der Mächtigen war kein Alter wie kein Geschlecht sicher, der Weg der Beschwerde nach Konstantinopel war weit und in den meisten Fällen ver= derblich für den Beschwerdeführer selbst.

Am liebsten verbarg man, was man Kostbares und Reizendes besaß. Der fruchtbare Boden lag brach. Aus reichen Gegenden zog sich die griechische Bevölkerung in öde, unfruchtbare zurück, wo ihr scheinloses Leben dem Neid der herrschenden Gewalthaber entgehen konnte. Der griechische Handel lag darnieder, wo er sich erhob, geschah es gegen den Willen der Regierung. Athen, Theben, Korinth versanken mehr und mehr in Armuth und Dunkel; dahin war jene blühende Industrie in Seide, Purpur und Goldstickereien, welche den spanischen Reisenden Ben= jamin aus Tudela im 10. Jahrhundert mit Staunen erfüllt hat, welche unter den Byzantinern eifrig gefördert, von den Venetianern und Ge= nuesen mit Erfolg ausgebeutet worden ist. Auch die von Urquhardt so gerühmte Baumwollengarn=Industrie Ampelakia's ward nach kurzer Blüthe= zeit zerrüttet. Die Minendörfer, die Mademochoria auf Chalkidike geriethen zusehends in Verfall. Unbekannt mit den Grundsätzen der Nationalöko= nomie — mit der bloßen Existenz einer solchen Wissenschaft, besteuerte die türkische Regierung rechts und links, vorwärts und rückwärts ohne alle Ueberlegung; wie ein widersinniges Steuersystem die Seidenindustrie zerstörte, so schlug die unvernünftige Salzsteuer der Viehzucht unheilbare Wunden und vernichtete Millionen von Werthen, während die unsinnig vertheilte Tabaksteuer den Tabakbau in mehreren Distrikten ganz brach legte. Aus religiösen Skrupeln verbot Suleiman I. — der Vorstellungen des deutschen Gesandten ungeachtet — seinen Unterthanen Wein zu bauen und mit Wein zu handeln: sofort rissen die Griechen die Weinstöcke aus der Erde, die sie auf den Höhen in der Nähe Konstantinopels gepflanzt hatten. So tief haftete die Furcht vor dem Zorn des Gewalthabers.

Die Rajahs wußten, daß ihre Existenz nur von der Gnade, daß ihr Wohlstand von der Laune der herrschenden Race abhing, daß sie nur heimlich genießen durften, was ihnen fremde Willkühr jeden Augenblick rauben konnte. Weshalb sollte man in der That Schätze sammeln, damit ein Anderer davon prasse? Lieber flüchtete man in die Berge und entbehrte, um nur frei und Mensch zu sein.

In den Zeiten tiefsten Elends und bitterer Knechtschaft hat es jedoch dem griechischen Volk niemals an freundlichem Trost und an einem Halt gefehlt. Es gab noch sittliche und sociale Mächte, an denen es sich aufrichten und mit denen es noch hoffen konnte. **Griechische Kirche, griechische Sprache und Bildung blieben erhalten**; und durch ihre Erhaltung ist die Wiedergeburt und Verjüngung der griechischen Nation vor allem Andern befördert worden.

Die griechische Kirche zog ein geistiges Band um die Unterdrückten. Sie verlieh Trost in den Leiden der Gegenwart durch den Hinweis auf die Freuden im Jenseits, im Paradiese. Sie stärkte den Patriotismus, wo er in Verzweiflung über das Unerträgliche der türkischen Herrschaft untergehen wollte. Sie bildete eine unsichtbare Macht, die über dem nach allen Richtungen zerstreuten Volke wachte, sie hielt fest zusammen, wenn das Band der politischen Einheit locker und schwach zu werden drohte.

Was der Staat nicht leisten konnte und wollte, das leistete die Kirche. Die Bischöfe bildeten eine Art bürgerlicher und religiöser Polizei. Bei ihnen holte sich der Grieche in allen wichtigen Angelegenheiten des Lebens, bei Kauf und Verkauf, bei Abfassung von Testamenten, Bestellung von Vormundschaften, ja selbst bei Piraterie und Straßenraub Rath oder Beistand; bei ihnen fand er, ehe er sich zum Aeußersten entschloß, ehe er die Entscheidung des türkischen Kadi in bürgerlichen Streitigkeiten anrief, die Hoffnung auf milden und billigen Ausgleich des Streits. Die schiedsrichterliche Gewalt in Civilsachen, welche der Geistlichkeit nach neuerem römischen Recht zustand, verblieb ihr auch unter türkischer Herrschaft. Mit ausdrücklicher Erlaubniß des Sultans zog sie die Ehe- und Erbschaftsangelegenheiten vor ihr Forum; hier waren die Bischöfe nicht bloße Schiedsrichter, sondern sie bildeten den Gerichtshof, von dessen Urtheil nur an die Synode und den Patriarchen appellirt werden konnte.

Als das sichtbare Haupt der Kirche, als den Vertreter Gottes auf Erden sahen die Griechen den „ökumenischen" Patriarchen von Konstantinopel an. Die Orthodoxie stellte ihn über die drei andern anerkannten Patriarchen von Jerusalem, Alexandria und Antiochia. Auch die Türken erkennen in ihm den „Patrik Roum", das Haupt aller Anhänger der griechischen Kirche, jener großen Gemeinde, der sie den Nationalnamen „Roum" beizulegen pflegen. Er nimmt den Rang eines Pascha mit drei Roßschweifen ein. Der Sultan ertheilt ihm durch einen Berat, durch einen großherrlichen Bestätigungsbrief alle Rechte des Primats, insbeson-

dere die Befugniß, die von den Griechen geschuldeten Emolumente beizutrei-
ben. Dann übergiebt er ihm einen Kaftan und ein weißes Roß nebst dem
Patriarchenstab mit rundem elfenbeinernem Knopf. Das ist die Investitur.

Die Stellung des Patriarchen konnte aber füglich nur ein Ausdruck
der Stellung sein, die dem griechischen Volk überhaupt unter türkischer
Herrschaft zustand. Rechtlich war dieselbe erträglich genug ausgestattet:
aber faktisch war der Patriarch von allen Launen des Diwan abhängig.
Die ihm gewährten Vergünstigungen strich man aus, sobald sie lästig fielen. Seine anfängliche Steuerexemtion schlug bald zu einem Tribute,
zu einem seit Chylokobares stets gesteigerten Antrittsgelde um. Er mußte
sich die Freiheit der kirchlichen Verwaltung und Gottesverehrung, die
Sicherung vor den schlimmsten Nachstellungen und Verfolgungen durch
endlose Trinkgelder und Bestechungssummen erkaufen. Er war den Türken
nicht nur das Haupt, sondern auch der Garant der „Rajah"; er wurde
nach Gutdünken ab- und eingesetzt, persönlich beschimpft und mißhandelt.

Trotz alledem hing das Volk mit kindlicher Verehrung an seinem
geistlichen Oberhaupt; es begrüßte die Thronbesteigung eines jeden Patriarchen als ein freudespendendes Ereigniß. Von allen Seiten strömten
ihm Gaben zu, oft bescheidenster Art, aber stets aus williger Hand. Aus
Chios sandte die gläubige Frömmigkeit Mastix, aus Attika Oliven, vom
Berge Athos Wolle, kostbare feine Stoffe aus Klein-Asien. Dem Patriarchen stand die Strafgewalt über seine Heerde zu. Er durfte auf Gefängniß und˙Galeerenstrafe, ja Tod erkennen. Während der zum Tode
verurtheilte Christ sich sonst durch Uebertritt zum Islam retten konnte,
galt ein solches Privileg für die vom Patriarchen Verurtheilten nicht;
ja es sollte dem Haupt der christlichen Kirche sogar gestattet sein, einen
durch die Türken zum Tode verurtheilten Christen zu retten und das
Urtheil in lebenslängliche Galeerenstrafe umzuwandeln! Tiefer einschneidend als diese faktisch oft genug in Frage gestellten Rechte wirkten die
geistlichen Waffen des griechischen Kirchenoberhauptes. Der Patriarch
handhabte die Kirchenzucht; er herrschte durch die Furcht des geistlichen
Bannstrahls.

Als die griechischen Christen auf Kreta im Jahre 1567 jüdische
Kaufleute mißhandelt hatten, schrieb ihnen der Patriarch in ernster ein-
dringlicher Weise, bedrohte die Thäter mit dem Bann, und gern liest man
noch gegenwärtig die Schlußworte jenes Schreibens, die auch für andere
Zeiten Bedeutung und Anwendung haben:

„Ungerechtigkeit bleibt stets Ungerechtigkeit und der Mensch, der einem
Anderen Uebel zugefügt hat, wird nicht durch den Vorwand gerechtfertigt,
daß er einem Menschen anderer Religion ein Uebel zufügte. Jesus
Christus unser Herr hat in seinem Evangelium gesagt: Thut Niemandem
Böses und verläumdet Niemanden. Er hat keinen Unterschied gemacht
und hat den Frommen nicht erlaubt, denen zu schaden, die nicht fromm sind."

Diese im Munde eines geistlichen Würdenträgers schönen und seltenen Worte der Toleranz beweisen, daß die griechische Kirche das Bewußtsein ihres hohen Berufs während dunkler und unglücklicher Zeiten bewahrt hat. So konnte sie in der That die Wohlthäterin des griechischen Volkes, die geistige Einheit für die räumlich Zerstreuten werden, ihnen gleiche Gesinnung und Hoffnung einflößen.

Den Patriarchen umgab ein Rath geistlicher Würdenträger, in welchem er selbst Sitz und Präsidentenstimme hatte: die große Synode genannt. Anfangs bestand sie aus sämmtlichen Erzbischöfen der Patriarchaldiöcese, später wurde sie auf 12 Mitglieder beschränkt, von denen acht, die „heiligen Alten", sich stets in Konstantinopel aufhalten mußten. Die Synode bildete den obersten Gerichtshof über den gesammten Klerus und die Appellationsinstanz für die bischöflichen und erzbischöflichen Urtheile. Sie wählte den Patriarchen und setzte ihn erforderlichen Falles ab, ernannte und entsetzte Erzbischöfe und Metropoliten, verwaltete die kirchlichen Gelder, das von dem Diwan freilich oft zu unfreiwilligen Anleihen benutzte, in der hauptstädtischen Bank niedergelegte Kirchenvermögen. Sie griff in Privathändel ein, um deren Ausgleich vor türkischen Gerichten zu verhüten.

Da man in der Regel das theuere und willführliche Verfahren vor den türkischen Richtern scheute, welche zehn Procent vom Werth jeder Civilsache erhoben und keinen Anstand nahmen, widerrechtlich das Recht der Mulkfa einzumischen, so pflegte man sich in den meisten Civilsachen an das geistliche Gericht zu wenden. Kam es doch vor, daß Türken und Juden, wenn sie in Streit geriethen, sich an den Synodal-Gerichtshof des Patriarchen wandten, zu dessen Billigkeit und Unparteilichkeit sie mehr Vertrauen haben mochten als selbst zu dem Mufti, dem höchsten Wächter des türkischen Gesetzes.

Patriarch und Synode erstreckten ihre geistliche Amtsgewalt auf alle Nationen, die im Mittelalter das Schisma des Photius angenommen hatten. Daher bildete sich schon früh die Verbindung zwischen Griechen und Russen. Seit die Russen sich von dem heidnischen Joch der Mongolen befreit hatten, seit dem 15. Jahrhundert, knüpfte sich das religiöse Band zwischen ihnen und ihren von den Türken unterdrückten Glaubensgenossen im Süden. Als der Patriarch Jeremias im Jahre 1588 auf der Flucht vor den Türken nach Moskau kam, weihte er den Metropoliten Hiob als Patriarchen von Moskau und als Haupt der griechischen Kirche in Rußland. „Das alte Rom", so verkündigte er, „ist durch die Apollinaristische Ketzerei, das neue Rom in die Hände der gottlosen Mohammedaner gefallen, als drittes Rom steht Moskau da. Anstatt des vom Geist der Afterweisheit verfinsterten Lügenfürsten der abendländischen Kirche ist der erste allgemeine Weltbischof der Patriarch von Konstantinopel, der zweite der von Alexandria, der dritte der von Moskau, der vierte der von Antiochia, der fünfte der von Jerusalem." Zugleich behielt sich Jeremias vor, daß jeder zukünftige Patriarch von Moskau sich seine kirchliche Be-stätigung von Konstantinopel holen solle: so tief war der Anspruch welt-bestimmender und ordnender Macht in der griechischen Kirche gewurzelt.

Freilich begann das Band der Abhängigkeit sich rasch zu lockern. Die Zaaren waren ebensowenig wie die Sultane gewillt, dem Klerus wesentliche Rechte einzuräumen, geschweige denn sich vor einem Patriarchen zu beugen, der von fremder Ernennung abhing. Sie machten ihren Ein-fluß bei der Wahl geltend; Peter der Große ließ den Patriarchenstuhl seit 1702 ganz unbesetzt und setzte 1721 statt des Patriarchen eine heilige dirigirende Synode ein, die nur das Werkzeug seines Willens war. „Hier ist Euer Patriarch!" rief er, sich auf die Brust schlagend, denen zu, welche die Wiederherstellung des Patriarchats verlangten.

Aehnliche Erfahrungen hat die griechische Kirche der weltlichen Gewalt gegenüber oft genug machen müssen, aber freilich hat sie auch, gleich der römi-schen Kurie, niemals ganz verzichtet, wo sie dem Druck einer augenblicklichen Nothwendigkeit, der äußeren Gewalt weichen mußte. Die Autorität des Patri-archen konnte gelegentlich eine Einbuße erleiden, allein der hierarchische An-spruch blieb bestehn. Die Erzbischöfe und Bischöfe hatten sich gefallen lassen müssen, daß ihre Zahl, die unter den Byzantinern 1800 überstieg, durch die Türken bedeutend herabgesetzt ward, daß ihre Einkünfte und Rechte geschmä-lert, daß die liegenden Güter, welche Mohammed II. ihnen gelassen hatte, erst verringert, dann seit 1770 von der Pforte konfiscirt und auf die Moscheen übertragen wurden. Die griechische Kirche war arm geworden. Jene silberne Uhr, welche ein deutscher Gelehrter im 16. Jahrhundert als Geschenk nach Konstantinopel sandte, erregte die lebhafte Dankbarkeit und das Entzücken der ganzen Synode. Trotz der Einkünfte, welche der Pa-triarch aus den Erbschaften der Erzbischöfe und Bischöfe, aus frommen Gaben und Legaten der Gläubigen bezog, mehrten sich die Schulden der patriarchalischen Kasse mit jedem Jahr. Die Erzbischöfe und Bischöfe pflegten durch „Hofschuldscheine" zur jährlichen Deckung der Zinsen bei-zutragen. Es war dies ein beliebtes Papiergeld, das in der Türkei von Hand zu Hand ging. Zur Zeit als der Freiheitskrieg ausbrach, haftete über eine Million Piaster von dieser Schuld auf den Bischöfen des eigent-lichen Griechenlands. Darin lag ein nicht zu unterschätzendes Moment; der Klerus verschmolz sich mit dem Volk, religiöse verbanden sich mit demo-kratischen Tendenzen.

Auch die niedere Geistlichkeit war durch keine irdischen Güter an den Bestand der weltlichen Staatsordnungen geknüpft. Sie war auf die milden Gaben des Volkes angewiesen, welches Naturalien, Oel, Wein und Korn für seine geistlichen Väter, für die „Papas" sammelte und die geistlichen Verrichtungen, Messen, Krankengebete, Exorcisationen, die jähr-lichen Weihungen des Wassers nur mit sehr bescheidenen Geldmitteln zu lohnen vermochte. Vieler Erfordernisse bedurfte es nicht, um die Ordination als Papa zu erlangen: nach dem Katechismus von Mogilas genügte ein nothdürftiges „Verständniß der Liturgie und ein gutes reines Gewissen". Wer schreiben kann, trägt als Zeichen dieser hohen wissenschaftlichen Fähigkeit im Gürtel ein Tintenfaß mit umher. Freilich dürfen die Papas nicht darauf rechnen, eine Staffel höher in der hierarchischen Leiter zu steigen, sie bleiben auf das Wirken in kleinem Kreise beschränkt. So leben sie in der Regel unwissend, abergläubisch und schmutzig; ihr Aeußeres verwahrlost, Bart und Stock ihre einzige Zier, wenn sie Sonntags die Messe lesen, gehen sie des Werktags einem Handwerk nach. Dafür aber gehören sie auch dem Volke an, nehmen Theil an seinen Arbeiten und Erholungen, theilen ihm den Eifer ohne Licht, doch voller Wärme mit, der sie selbst beseelt. Durch die Bande des Familienlebens sind sie mit der Gemeinde aufs Engste verknüpft. Die Priesterheirath war damals was sie noch jetzt ist: die Basis der volksthümlichen Stellung des griechischen Klerus. Des Morgens versammelten die Papas ihre Gemeinde an einer der kleinen schmucklosen Kapellen auf einem Hügel nahe beim Dorf, und stimmten die Hymne auf die „Panagia" gemeinsam mit ihren Pfarrkindern an; war die Andacht vorbei, so nahmen sie Theil an jedem Familienfest, an Heiterkeit und Tanz, ohne daß eine melancholische Askese ihnen aus der Hingabe an die Freuden des Lebens ein Verbrechen gemacht hätte. So war der niedere griechische Klerus durch gleiche Lage und Mittel, durch gleiche Bedürfnisse wie durch gleiche Armuth von selbst darauf angewiesen, sich mit den Interessen des griechischen Volkes zu verschmelzen, mit seinen Leiden zu sympathisiren und den Geist des Widerspruchs gegen das Bestehende erst still und geheimnißvoll in jeder Brust anzufachen, bis er zur hellen Flamme emporlodern konnte.

Die Stellung der Mönche war freilich von derjenigen der niederen Kleriker und Papas wesentlich verschieden. Ihrem Patriotismus fehlte der Stachel der äußeren Noth. Bei den eigenthümlichen Anschauungen der Türken konnten sich diese Männer selbst nur wohlbefinden. Denn die Türken hegen einen besonderen Respekt vor Narren und Sonderlingen, welcher Nation und welchem Glauben dieselben auch angehören mögen. Ein Irrsinniger gilt ihnen als „Geliebter Gottes", ein Mönch als vorzüglich heiliger Mensch. Die Verehrung, die sie vor ihren zahllosen lachenden und weinenden Derwischen haben, übertragen sie selbst auf die christlichen Mönche und Nonnen. Genossen doch die Mönche auf den Prinzeninseln das den Rajah sonst stets versagte Privileg des Glockenläutens, und oft genug trug der Wind den so ungewohnten Schall zu den Ohren der Osmanen, die auf einer Spazierfahrt in jener Gegend begriffen waren. Kam es doch vor, daß Nonnen, deren Kloster in der französischen Revolution aufgehoben war, die freundlichste Unterstützung und Geschenke von Seiten des Sultans erhielten! Unter diesem toleranten Regiment hat sich denn auch die Zahl der Ordensgeistlichen in der Türkei unglaublich vermehrt. Fast alle folgen der Regel des Heiligen Basilius. Sie zerfallen in Cönobiten, die gemeinschaftlich in einem Kloster leben, in Idiorhythmiten, von denen ein Jeder den eigenen Weg geht, so daß ein Mönch des Berges Athos ihr Zusammensein wohl mit konstitutionellen Staaten nach dem Muster Englands vergleichen durfte, und in Asketen oder Eremiten, die sich an einsamen Orten, in Höhlen und Wüsten aufhalten.

Die griechischen Klöster sind freilich nicht immer Asyle der Einsicht und der Aufklärung. Die Mönche treiben Ackerbau, pflanzen Tabak und Wein, ihre Keller gehören zu den einladendsten und bestgefüllten Griechenlands. Dafür resolvirt sich auch ihr ganzes Dasein auf die bescheidenen Zwecke einer rüstigen und einfachen Hauswirthschaft. Nach gethaner Arbeit wissen sie sich durch Erfüllung einiger religiöser Formeln, durch das Abbeten einiger unverstandenen Redensarten mit Gott und Schicksal abzufinden. Sie verwirklichen das Ideal einer praktischen und nüchternen Lebensweisheit: auf den Stätten, wo einst der menschliche Gedanke seinen höchsten freiesten Flug genommen, blühen Werkheiligkeit und stiller Dünkel. Mit welchen Empfindungen würde ein Grieche aus den Zeiten der Akademie auf dieses schlichte und geistesarme Treiben geblickt, wie seltsam würde ihn, dem das Denken höchste Qual, doch auch höchster Genuß war, diese nüchterne Moral des „Bete und Arbeite" angemuthet haben!

Wo eine Insel einsam aus dem Meere ragt, wo sich Felsen zu steiler Höhe emporthürmen: da scheint eine einladende Stelle für den einsam betrachtenden Geist, dem das Treiben und Abjagen der Welt keine Befriedigung gewährt. Die Unsicherheit und Anarchie der öffentlichen Zustände kommt hinzu: es gilt, sich vor der eigenen Regierung wie vor den Einfällen auswärtiger Feinde zu schützen; so baut man die Klöster auf hohe Berge, wo sie wie Citadellen ragen, zu denen man durch schwindelnde Felstreppen und Leitern nur mühsam Zugang erhält, oder gar an einem Seil in die Höhe gewunden wird, wie der Besucher der Meteora. Von steiler Felshöhe blickt der Einsiedler auf Sturm und Schiffbruch herunter, wie jener Eremit an der äußersten Südspitze Europa's, dem Riff des Kap Matapan, der von seiner kleinen Zelle Jahr aus Jahr ein auf das Wogen und Branden einer ewig bewegten See herniedersieht. Auf dem Berge Athos zählt man zwanzig Klöster; 3000 Mönche und ebensoviel Weltgeistliche führen dort ein beschauliches Leben.*) Fern von den Sorgen und Unruhen der Welt, fern von Familie und Freunden, ja selbst fern von der bloßen Erinnerung vergangener Stunden sind die Ordensgeistlichen des Athos in der That eine einsame und sonderbare Sekte, welche die Gesellschaft verlassen und sich ganz der Natur

---

*) Tozer Researches in Turkey. London 1869. I. p. 71.

hingegeben hat. Sie treiben Ackerbau, pflanzen Wein und fahren auf
kleinen Kanoes, die nach alter Art als Monoxyla aus einem Baum-
stamm geschnitzt sind, in die See, um zu fischen. Ist so für die leibliche
Nahrung gesorgt, so ficht es sie wenig an, daß die geistige daneben etwas
zu kurz kommt. Wenn Fallmerayer voller Entzücken die Ruhe jener Berg-
einsamkeit des Athos, den kühlen Schatten der immergrünen Wälder hoch
über dem leuchtenden Meer preist und zu dem Wunsche hingerissen wird,
dort in einsamer Mönchszelle die subtilen Schulstreitigkeiten der deutschen
Gelehrtenwelt und die Anmaßung der Berliner Philosophie zu vergessen,
so übersah er freilich, daß er in der Waldeinsamkeit des Athos nur anderes Ungemach für unsere civilisatorischen Sorgen eingetauscht haben
würde. Denn die Leidenschaften der Erde verschonten doch auch jene
Höhen, die sonst nur der Ruhe geweiht schienen, nicht ganz. Die Fäuste
der Klosterbrüder waren derber und kräftiger, als ihre Logik und ihre
Studien zu sein pflegten; oft genug trafen sie in häuslich wirthschaftlichen
Zwistigkeiten unsanft zusammen. Mit dieser naturkräftigen Rohheit verbanden sich Beschränktheit und stupider Aberglauben. Man hielt dafür,
daß gelehrte Bildung zum Priesterstand nicht nothwendig sei, daß man
sich mit der Erleuchtung durch den heiligen Geist begnügen könne, dem
Spruch des Apostels gemäß: „Und Gott hat die Thoren der Welt auser-
lesen um die Klugen zu beschämen." Obwohl die Bibliotheken des Athos
werthvoller sind als die der meisten griechischen Klöster, obwohl die Fres-
ken der Marienkirche in St. Laura noch heute an die Nachblüte der
byzantinischen Malerei erinnern, ließ das wissenschaftliche und künst-
lerische Streben der Mönche viel zu wünschen übrig. Desto krasser ge-
dieh die äußere Scheinfrömmigkeit, welche sich sogar bis zu dem lächer-
lichen Ausschluß aller weiblichen Thiere, der Kühe, Enten und Hennen
verstieg.

Als ich im März 1863 das Kloster Penteli am Fuß des Pentelikon
besuchte, fragte ich den jungen Geistlichen mit dem ernsten, sinnenden
Gesicht, der uns gastlich aufgenommen, ob sie auch eine Bibliothek im
Kloster hätten. Μάλιστα, erwiederte er, βιβλιδάρια διὰ νὰ ψάλλω-
μεν. „Ja wohl, einige Büchlein um zu singen." Obwohl sich nun mit
dieser Antwort kein weiter Blick auf die Sphäre der Wissenschaftlichkeit
unter den frommen Männern eröffnete, so erkundigte ich mich doch, warum
die Mönche den Kreis ihrer Lektüre nicht über jene Singbüchlein hinaus
erweiterten: erfuhr aber sogleich, das könne er mir nicht sagen, weil der
Abt Ἡγούμενος und ein alter Klosterbruder (σκευόφυλαξ, Schatz-
meister) die Einzigen unter den 12 Mönchen seien, die lesen und schreiben könnten.

Dagegen machte er mir eine erbauliche Beschreibung des glückseligen
Lebens, das die Mönche führen, wie sie Morgens in aller Frühe in
den Garten gingen, um die Blumen, die Oleander und Rosen wachsen

zu sehn, dem Gesang der Vöglein zu lauschen und frische Bergluft zu athmen, wie sie frühstückten, in die Kirche zögen, sängen und Liturgie abhielten, wie sie zu Mittag äßen, und wieder in den Garten zögen und psalmodirten, bis die Zeit des Apodipnon, des Abendessens, herankomme und sie mit den Hühnern zu Bett gingen. Betrachtete man dabei die statt= liche, runde Gestalt dieses geistlichen Müßiggängers, so konnte man wohl zu dem Schluß gelangen daß das Nichtsthun unter dem glänzenden Himmel von Attika zu den süßesten Privilegien der Sterblichen gehört. Es ist ein sorgenloses, pflanzenähnliches Dasein, ein ganz zoologischer Typus in Gebeten, Kniebeugungen und seliger Ignoranz, worin jene Mönche leben.

Daß es rühmliche Ausnahmen gab, soll nicht geleugnet werden, aber im Allgemeinen waren die Klöster eher Schutzstätten beschaulichen Müßig= ganges und behaglicher Weltverdauung als Pflegorte von Kunst und Wissenschaft.

Gewiß würde es von einer unhistorischen Auffassung zeugen, wenn man die Verdienste welche der griechische Klerus, der hohe wie der nie= drige, sich in den Zeiten türkischer Gewaltherrschaft um die griechische Nation erworben hat, ignoriren wollte. Man darf nicht vergessen, daß die Erhebung der 20er Jahre gerade durch den Antheil des Klerus einen ernst religiösen Charakter erhielt, der sie von anderen Revolutionen un= terschied, daß ein Priester es gewesen ist, der in Patras zuerst die Fahne des Aufstandes aufpflanzte, daß Priester vor allen Anderen gelitten und gekämpft haben, daß dieselben Mönche, welche völlig in ein pflanzenähn= liches Hinbrüten versunken schienen, als die Stunde der Befreiung ge= schlagen, erwachen und wie Papa Flessas das Schwert in der Rechten, das Krucifix in der Linken, voranstürmen konnten gegen den ungläubigen Feind.

Erwägt man aber auf der anderen Seite die Mißbräuche, die sich unter der Geistlichkeit eingeschlichen hatten, das tief gesunkene geistige Leben, worin sich dieselbe wohlgefiel, so begreift man, daß dieser Klerus nicht als der einzige Träger des nationalen Gedankens angesehen werden kann. Die griechische orthodoxe Kirche umfaßte auch die nationalen Ele= mente der Serben, Bulgaren, Slawen, von denen für die Wiedergeburt Griechenlands wenig zu erwarten war. Die Streitigkeiten mit dem ver= haßten Westen, mit der römisch=katholischen und protestantischen Kirche lagen ihr noch immer mehr am Herzen, als die Opposition gegen den Islam; im 18. wie im 15. Jahrhundert zeigte sie sogar eine bedenk= liche Neigung mit den Türken zu pacisciren, die Fusion der griechischen und türkischen Bildung und Interessen zu befördern. Der Patriarch Anthimos erließ im Jahre 1798 eine „väterliche Vermahnung", welche wie ein kaltes Sturzbad auf die nationale Begeisterung der Griechen wirken sollte. Darin verkündete er mit Emphase: daß die Vorsehung die osmanische

Herrschaft an die Stelle des in der Orthodoxie wankenden byzantinischen Kaiserthums und als einen Schutz gegen die abendländische Ketzerei auserschen habe.

Solche Momente muß man sich stets vergegenwärtigen, um die selbstständige Bedeutung welche der griechischen Sprache und Literatur zukommt, zu würdigen.

Es ist ein Irrthum, wenn man diese hochbedeutsamen Faktoren der griechischen Wiedergeburt gewissermaßen im Gefolge und im Schooß der Kirche wirksam denkt; wenn man, etwa die Analogie unserer mittelalterlichen Zustände auf Griechenland übertragend, annimmt, daß das Geistesleben und die Kultur an die Zellen der Priester gebannt gewesen sei. Zwar läßt sich nicht läugnen, daß eine gewisse Gelehrsamkeit innerhalb derselben gepflanzt worden ist. Allein dies war eben nur jene mönchische Wissenschaft die sich mit der beschränktesten Weltanschauung zu gatten pflegt. Die griechische Sprache war den Geistlichen willkommen, um ihre theologischen Zänkereien darin auszufechten und die spitzfindigsten Dogmen zu vertheidigen. In diesen Künsten war man von jeher groß gewesen. Die griechischen Pfaffen hatten es sich nicht nehmen lassen, über das heilige Licht auf dem Berge Tabor zu streiten, als bereits die Mauern von Konstantinopel wankten, und die ungläubigen „Agarener" den Sitz oftrömischer Orthodoxie zu zerstören drohten. So durfte die griechische Sprache als eine handliche Waffe für die rechtgläubigen Zionswächter gelten. Als ein Vehikel des freien Gedankens jedoch hat sie nur äußerst selten Eingang bei der Geistlichkeit gefunden.

Der Reisende Belon, der den Athos im Jahre 1553 besuchte, fand die Mönche ganz in den engen Dunstkreis käffischen Denkens eingesperrt und erzählt, daß sie aus Furcht vor geist... Strafen und dem Bann sich weigerten, andere als theologische Schriften ... kopiren.

Gegen die im Volksmund erhaltene griechische Sprache, gegen die ϰοινή γλωσσα hegte man in den Klöstern ein unüberwindliches Vorurtheil. Wie Ansse de Villoison berichtet, zogen die Geistlichen ihre steife Kirchensprache dem Vulgärgriechisch vor, weil es ihnen leichter sei, mehrere Predigten im Kirchengriechisch als eine einzige in der Volkssprache aufzusetzen, und weil es ja genüge, von zwei oder drei Personen verstanden zu werden. „Will das Volk unsern Predigten folgen," fügten sie hinzu, „so braucht es sich nur an den Patriarchen zu wenden, um in einer andern Sprache predigen zu lassen." So kündigte der Klerus bereits früh ein gewisses Mißtrauen gegen Bildung und Sprache des Volkes an.

Keine Nation ist in solchem Maße Sklavin des Ohrs wie die griechische. Die Alten pflegten eine schlechte Aussprache als Zeichen mangelnder Bildung zu verspotten, auch heutzutage kann man durch einen falschen Accent das Ohr des Neugriechen empfindlich beleidigen. Diese Feinheit der Sprachorgane bewirkte, daß das griechische Volk den Schatz seiner

2*

Sprache mit exklusiver Hartnäckigkeit fremden Völkern gegenüber hütete; es hielt zäh daran fest, und ließ sich eher jede äußere Gewalt, als Unterjochung des Mundes gefallen. Daß von den Zeiten der makedonischen und römischen bis auf die avarische und türkische Eroberung hin, fremde Einflüsse sich auch auf sprachlichem Gebiete geltend machten, wer möchte das läugnen? Aber diese Einflüsse waren geringer, als man wohl nach der Analogie moderner Sprachen annimmt. Das Verhältniß, welches zwischen dem heutigen Italiänisch und der alten lateinischen Sprache besteht, paßt nicht hierher. Denn das Latein hat sich wirklich im 6. Jahrhundert als lebende Sprache verloren, es läßt sich gleichsam der Moment bezeichnen, wo es dahinzuschwinden und nur noch als Küchenlatein fortzuvegetiren anfing. Die griechische Sprache aber ist nie in dem Sinne eine todte gewesen, wie die lateinische. Sie lebte in den dunkelsten Zeiten fort. Die Unterthanen des byzantinischen Throns, sagt Gibbon, besaßen in ihrer tiefsten Knechtschaft und Gesunkenheit immer noch einen goldenen Schlüssel, der die Schätze der antiken Welt öffnen konnte: jene musikalische und fruchtbare Sprache, welche den sinnlichen Gegenständen Seele und den Abstraktionen der Philosophie Körper verleiht. In der That hat man denn auch in Griechenland nie aufgehört griechisch zu sprechen, und noch kurz vor der Zerstörung Konstantinopels mußte der Italiäner Philelfus, der lange in der Hauptstadt gelebt hatte, den Griechen das Zeugniß ausstellen: daß man in ihrer Unterhaltung die Sprache des Aristophanes und Euripides, der Philosophen und Historiker Athens wiederfinde, während der Styl ihrer Schriften noch reiner und korrekter sei. „Diejenigen, welche dem Hof durch ihre Stellen und ihre Geburt nahe stehen, bewahren die ganze Eleganz und Reinheit der Sprache, man findet alle Grazien und alle Naivetät derselben bei den vornehmen Matronen, die weder Verkehr mit Fremden, noch selbst mit ihren Mitbürgern haben." Freilich klagt derselbe Philelfus daneben über die Korruption der Volkssprache, und Schiltberger, der vom Jahr 1394—1427 im Orient reiste und sich in Konstantinopel aufhielt, erzählt, daß jedesmal, wenn ein Laie einem Priester auf der Straße begegne, er sich entblöße, verneige und die Worte spreche: εὐλόγει μένα δέσποτα, worauf der Priester ihm die Hand auf den Kopf lege und erwiedere: ὁ θεός εὐλογείτω σέναν. Allein man darf aus dem Umstand, daß das Griechisch korrumpirt ward und Mühe hatte, sich in Konstantinopel selbst fremder Einflüsse zu erwehren, weder folgern, daß man überhaupt aufgehört habe griechisch zu sprechen, noch daß die Sprache wesentlich verändert worden sei. Auch die antike Sprache hatte ihr Vulgäridiom: auf dem Markt und auf dem Lande redete man anders als in der Akademie. Ergötzlich genug tritt uns in den Komödien von Aristophanes das Kauderwälsch des Skythen, der platte Dialekt von Bauern und Bäuerinnen entgegen. Kam es doch in Attika selbst vor, daß man ähnlich wie heutzutage in einigen

Gegenden Südwestdeutschlands, den Nominativ statt des Akkusativ setzte; anderswo verwechselte man den Genitiv und Dativ, oder den Dativ mit dem Akkusativ. Als Chrysostomos zu Antiochia vor dem Volke redete, unterbrach ihn eine Frau mit der Bitte: er möge doch das Volk in einer verständlicheren Sprache belehren, und der Demosthenes der Kirche mußte sich zu einer gemeineren Sprachweise, zu einem „Platt-Griechisch" bequemen. Allmählich verschwanden der Dativ und der Dual, der Optativ und der Infinitiv, man umschrieb das Futurum und das Plusquamperfektum, der rauhe Mund des gemeinen Mannes widerstrebte immer mehr den Feinheiten der Grammatik. Fehlerhafte Beugungsformen, unklassische Wortformen, Fremdwörter schlichen sich ein, die Quantität ging verloren, und ward schließlich ganz durch den Accent verdrängt. Schon sehr früh stoßen wir in der Dichtkunst auf die sogenannten politischen Verse, in denen, mit Beseitigung der Quantität, nur der Accent die Grundlage des Rhythmus bildete; und lange vor der Eroberung Konstantinopels treten uns bestimmte literarische Spuren der gegenwärtigen griechischen Bulgärsprache, in der Chronik des Simon Sethos aus dem 11., und in den Gedichten des „armen" Prodromos aus dem 12. Jahrhundert entgegen. Ptochoprodromos singt dem Kaiser Manuel Komnenos das ewige Klagelied der Gelehrten vor, er schildert in Jammertönen, wie ihn Wissen und Kenntnisse vor der drückendsten Armuth und Noth nicht geschützt habe, bis er endlich in's Kloster wandern mußte, um freilich auch dort keine Befriedigung zu finden. Neben dem Luxus der Aebte stellt er die Entbehrungen der armen Klosterbrüder in grellem Lichte dar. Dieser poetische Hilfsschrei ist eins der ältesten literarischen Denkmale der heutigen griechischen Sprache: der Gemeinheit und Kläglichkeit der Gesinnung, die sich darin ausspricht, steht die Korruption der Sprache würdig zur Seite. Aber freilich blieb die κοινή ἁπλῆ διάλεκτος, die Mundart, in welcher der arme Prodromos und Simon Sethos schrieben, lange genug auf die niederen Klassen des Volkes beschränkt. Lange genug hat die griechische Bulgärsprache schüchtern und verborgen vor der eleganten Hofsprache gleichsam im Dunkel gelebt, bis sie nach der Zerstörung Konstantinopels und der Zerstreuung der byzantinischen Gelehrten an's Licht trat und bald alleinige Geltung erlangte. So entstand die neue aus der alten griechischen Sprache; die Sprache bildete das geistige Band zwischen Sonst und Jetzt. Zwischen Homer und Xenophon ist kein größerer sprachlicher Unterschied, als zwischen Xenophon und mancher heutigen griechischen Zeitung. Wenn unter den heutigen Franzosen oder Deutschen ein Zeitgenosse Froissarts oder Wolfram von Eschenbachs erschiene, er würde mehr Mühe haben seine Landsleute nur zu verstehen, als ein Demosthenes, der unter die heutigen Griechen träte. Seit das Volk auf sein altes Idiom aufmerksam geworden ist, tauchen alte Ausdrucksweisen wie aus der Erinnerung wieder empor; „wenn sie lachte, fielen Rosen

auf ihren Schooß", sagt man, um eine heitere Schönheit zu charakteri=
siren; ein Bettler antwortete auf die Frage, wo er her sei? mit der klas=
sischen Wendung: „Genügt es Dir nicht, zu wissen, daß ich unglücklich
bin, und Du willst noch wissen, wo meine Heimath ist?"

Neben antiker Einfachheit und Naivetät tritt uns aber auch echt
moderne Leidenschaft und trotzige Kraft entgegen, wo die Sprache, wie im
Volkslied, die Ungeduld, das fremde Joch abzuschütteln, und den tödtlichen
Haß gegen die ungläubigen Mohammedaner athmet. Wie schäumende
Bergströme scheinen die „Klesten"= und „Palikarenlieder" keinen Men=
schenlippen, sondern den Felsen des Oeta und Olymp entquollen zu sein.
An Naturkraft und Innigkeit des Gefühls läßt die neuhellenische Volks=
poesie alle Produkte der Kunstdichtung weit hinter sich; sie war es, die
selbst in den trübsten Zeiten die althellenischen Traditionen wach erhal=
ten, sie war es, die den Protest gegen die bestehende Knechtschaft nie ver=
stummen ließ. Weit langsamer kamen patriotisches Gefühl und Charakter
in der übrigen Literatur der Neu=Griechen zum Durchbruch. Die Auto=
ren des 15. Jahrhunderts schienen völlig in scholastische Zänkereien
verloren zu sein, Namen, wie G. Scholarios, Georg und Bessarion
Trapezuntios, sind nur für die Thaten orthodoxen Eifers und starrer
Buchstabengelehrsamkeit bezeichnend. Unter den nach der Eroberung von
Konstantinopel geflüchteten Gelehrten befanden sich freilich Männer von
ausgezeichneten Kenntnissen und redlichem Patriotismus; ihre Schriften
können aber schwerlich als Produkte nationaler Literatur gelten. Die
griechische Sprache selbst ward im Ausland eine andere, sie litt unter der
Berührung rauher fremder Hände, ähnlich wie wohl ein vollendetes Bild=
hauerwerk beim Transport durch ungehobeltes Anfassen beschädigt wird.
Jener in Venedig gegen Ende des 15., zu Beginn des 16. Jahrhunderts
lebende Zantiote Koroneos, der die Abenteuer des Merkurios Buas be=
sang, mag als ein Typus gelehrter Kunstpoesie und romantischer Ge=
schmacksverderbniß gelten. Paris und Salomon vereinigen sich in demsel=
ben Vers, um das Lob eines griechischen Kondottiere zu verkündigen. Die
Gestalten Homers und die Paladine des Mittelalters wandeln in bunter
Verwirrung durch einander. Der Orient und der Occident sollen mit
athemloser Spannung der Erzählung von Buas' Heldenthaten lauschen.
Das ist weder antik, noch nationalhellenisch; der Einfluß der westländischen
Ritterpoesie herrscht inhaltlich und formell vor. In Griechenland selber
war man inzwischen der kirchlichen Fesseln noch immer nicht ledig ge=
worden, die Literatoren des 16. Jahrhunderts, Maximos Margunios
aus Kreta, Gabriel Severos und Maximos aus dem Peloponnes, kamen
über den ewigen Streit mit der abendländischen Kirche nicht hinaus, sie
suchten sich durch einen wilden Eifer gegen die Päpstler hervorzuthun,
dem weder Klarheit des Sinnes, noch auch nur Gewandtheit der Form
zur Seite standen. Jede Erinnerung an großartigere Stoffe, jeder Ge=

danke an die antike Welt schien verbannt. Erst mit dem 17. Jahrhundert trat ein Umschwung im nationalen Sinne ein. Cyrillus Lukaris,
der wegen seiner freisinnigen theologischen Richtung von den Orthodoxen
und den Jesuiten bitter gehaßte und angefeindete ökumenische Patriarch,
muß als der hervorragende Bahnbrecher einer neuen literarischen Richtung
bezeichnet werden. Er erkannte die hohe Bedeutung der griechischen Vulgärsprache, er munterte dazu auf, daß die heilige Schrift in neugriechischer
Uebersetzung dem Volke zugänglich gemacht werde; die heißen und gewaltigen Kämpfe, die er im Leben durchzumachen hatte, gaben seinen
Schriften eine Innerlichkeit und Tiefe, die man bis dahin nicht gekannt.
Die römisch-jesuitische Partei suchte ihn beim Volk wegen seiner Hinneigung zum Protestantismus, bei der Pforte wegen angeblicher geheimer
Beziehungen mit den Florentinern zu verdächtigen, und bot Alles auf, um
den geistig begabten, einflußreichen Mann zu verderben, da sie einmal
erkannt hatten, daß er sich nicht gewinnen ließ. Man verzieh es ihm
nicht, daß er eine Konfession zum Behuf der Verständigung mit den Re-
formirten schrieb. Auf dem Patriarchenthron Toleranz, Freiheit und
Aufklärung zu verkünden, erschien an und für sich schon als ein höchst
gefährliches Verbrechen. Der Rückhalt, den Lukaris an den Gesandtschaf-
ten Englands und Hollands hatte, sein Appell an das Nationalgefühl des
Volkes und an die Mehrzahl der Gebildeten vermochten ihn gegen die
Intriguen seiner Gegner auf die Dauer nicht zu schützen; den muthigen
geistigen Kämpfer trafen Verbannung, Entsetzung und ein schimpflicher
Tod. Aber die Sache, für die er gefochten, war durch sein Märtyrer-
thum nur gefestigt worden; die Lehren, die er verkündigt, wirkten in seinen
zahlreichen Schülern und in den Besten des Volkes fort. Die Schriften
von Korydaleus, von Kariophylli, von Antonius Korais und Leo Allatios
bekunden, daß man anfing des ewigen theologischen Gezänkes müde zu
werden, das Studium der Logik, der Physik, der Philologie und Philosophie trat, wenn auch vielfach noch durch scholastische Formen beengt,
doch belebend und geistesklärend heraus.

Gelehrter Ruhm und orthodoxer Glaubenseifer waren nicht mehr im
Stande Ersatz zu bieten für die Noth und Knechtschaft des Vaterlandes.
So zeigt sich Niemand ergriffener von dem Schicksal des Vaterlandes als
Leo Allatios. Er benutzt die Geburt des Dauphin von Frankreich, um
in seiner „Hellas" die Hülfe des Kardinals Richelieu für das von den
Türken zertretene Griechenland anzuflehen. In die begeisterte Schilderung
der althellenischen Herrlichkeit mischt sich tiefe Wehmuth über den Unter-
gang und die lange Todesnacht des Vaterlandes. Der Arzt Athanasius
Skleros aus Kreta schließt sich als neugriechischer Freiheitsjünger würdig
an Allatios an. Während die kretischen Dichter bis dahin nur die Ro-
mantik des westeuropäischen Ritterthums kopirten und ihren Stoff bunten
Liebesabenteuern entlehnten, wie Vincenzo Kornare aus Sitia in seinem

„Erotokritos" und Georg Chortakios in seiner „Erophile" gethan hatten, schlug Elleros einen ernsteren, echt patriotischen Ton an. Er hat an dem fünfundzwanzigjährigen Verzweiflungskampf, den die Kreter gegen den Diwan führten, selbst Theil genommen und ein gütiges Geschick hat ihn, den 80jährigen Greis, im Jahre 1664 dahingerafft, ehe er Zeuge der Knechtschaft seiner heimathlichen Insel werden konnte. Nun schildert er in 24 von Sathas jüngst herausgegebenen Gesängen mit der Begeisterung und dem Feuer eines Augenzeugen die Vertheidigung der Venetianer, die wechselnden Schicksale des Kampfes zu Land und zur See, die Heldenthaten Mocenigo's, um dessen Seele Apollo und Juppiter sich streiten.

Gegen Ende des 17. und zu Beginn des 18. Jahrhunderts tritt der Name Maurokorbatos in den Vordergrund und bezeichnet den ersten glanzvollen Aufschwung, den die neugriechische Nationalliteratur genommen hat. Es geht ein denkender Zug durch diese Familie; man kann die Maurokorbatos Männer der Feder nennen, ohne daß dadurch die Kraft des Handelns in ihnen abgestumpft worden wäre; und gerade diese Verbindung von Wissen und Können, von hoher theoretischer Bildung und praktischer Geschäftsgewohnheit bedingt die hervorragende Stellung, welche sie in der Geschichte der Auferstehung Griechenlands einnehmen. Von Nikolaus Maurokorbatos, dem ersten, dessen die Quellen erwähnen, weiß man freilich nicht viel mehr, als daß er im Jahre 1599 geboren, von Chios, wo seine Vorfahren eine angesehene Stellung als „Deputirte" eingenommen, nach Konstantinopel kam und dort die Wittwe eines wallachischen Fürsten Roxandra aus dem Hause Skarlatus heirathete.*) Desto bedeutsamer war das Leben und Wirken seines Sohnes Alexander. Nachdem er in Padua und Bologna studirt und ein geschätztes Werk über die Blutcirkulation herausgegeben, wirkte er in Konstantinopel als Professor der Philosophie und Medizin an der von Manolaki daselbst gegründeten griechischen Lehranstalt, die neben der dem klerikalen Einflusse unterworfenen Patriarchenschule ein hohes Ansehen unter der „Rajah" behauptete. Durch Empfehlung eines vornehmen Türken, des Stiefbruders des Veziers, ward er zweiter Dolmetsch; dann Logothet, und erhielt schließlich von Kioprili Achmed Pascha die Würde eines Großdragoman, die vor ihm blos ein Grieche, jener Panajotaki eingenommen, und die er selbst 30 wechselvolle Jahre hindurch inne gehabt hat. Der Vertrag von Karlowitz brachte ihn auf die Apogée des Ruhms. Seine diplomatische Gewandtheit erntete den Triumph, daß er von beiden streitenden Theilen, von Türken und Oesterreicher hoch geehrt und als Friedensrichter anerkannt ward. Von Leopold ward er,

---

*) Mscr. Bibl. Imp. Par. (Nr. 57 Suppl. Msc. Grecs) übersetzt von Hase. Lingua vulgari, sed paululum elata: (Incipit Σκαρλάτος). Mir durch die Güte des Fürsten Maurokorbatos in Paris abschriftlich mitgetheilt. Hiernach wären die Angaben Kantemir's, Hammer's u. A. zu widerlegen.

ohne daß die Türken es wußten, in den Fürstenstand erhoben, eine Würde, die lange Zeit aus guten Gründen Familiengeheimniß geblieben ist; von türkischer Seite erhielt er den Titel „Mahremi Esrar", d. h. der dem alle Geheimnisse vertraut sind. Zwar ist auch er am Abend seines Lebens dem Argwohn der türkischen Machthaber nicht entgangen, aber es war ihm immerhin während einer unerhört glänzenden Laufbahn vielfach Gelegenheit geboten das Elend seiner Landsleute zu mildern, ihre geistige Wiedergeburt durch Lehre und That, durch Schriften und durch Unterstützung von Schulen zu fördern, und so den schönsten Gebrauch von Reichthum und Würden zu machen, der ihm offen stand. Seine Fürsprache rettete vor Galgen und Schwert. Seine Thür war fortwährend von Bedrängten umlagert. Er galt als ein Vater des unterdrückten griechischen Volkes. Seine zahlreichen Schriften, seine Rhetorik, seine Grammatik, seine „Jüdische" und Römische Geschichte trugen das erste Licht in die Finsterniß, die bisher unter den Fanarioten geherrscht hatte. Er wies den Weg, der zur wahren Unabhängigkeit des Geistes führen mußte, den Weg der Rückkehr zur Antike, zu dem Jugendborn des griechischen Volks. Er drang auf die Hebung und Reinigung der bisher von der vornehmen Welt, von Adel und Klerus verachteten Bulgärsprache. Er schenkte den Schulen, die durch seine Anregung hervorgerufen wurden, die Werke der altgriechischen Klassiker. Der Unterricht der Jugend hatte sich bisher nur schüchtern in mönchischen Fesseln bewegt, man hatte die Erziehung aus Furcht vor den Türken vernachlässigt und höhere Schulen höchstens unter dem Titel „Korrektionshäuser" fern von den Augen der Behörden errichtet, jetzt aber wuchsen nach dem Vorgang von Konstantinopel in Patmos, Janina, Larissa, Salonichi, Turnowo, Adrianopel hellenische Schulen empor; ein gutes Vorzeichen davon, daß mit der Wiederbelebung der alten Sprache und Lehre auch der alte freie Geist triumphiren werde. Während Alexanders älterer Sohn, der frühreife, hochgebildete Nikolaus Maurokordatos, der erste griechische Hospodar der Walachei, den Anstoß zur Civilisation der Donaufürstenthümer gab, durch Errichtung einer Druckpresse und einer Schule, in welcher Griechisch und Latein gelehrt ward, segensreich und aufklärend wirkte, während der jüngere Bruder Konstantin, als Vertreter neuer humaner Bestrebungen für die materiellen Interessen des Landes thätig, die Maiskultur einführte und das Band löste, welches die wallachischen Bauern bisher an die Scholle gefesselt hatte — trat, geweckt durch das Beispiel der Familie Maurokordatos, eine ganze Reihe bedeutender Schriftsteller aus dem Dunkel hervor; Samuel, der Patriarch von Konstantinopel, Dorotheos von Mitylene, Athanasius Ipsilantis, J. Rhizos, E. Karadja, Mano, G. Chantseri, vor Allem die beiden Korfioten Eugen Bulgaris und Theotolis kündigten die Blütheperiode der neugriechischen Literatur an. Die Abhängigkeit von der Kirche ward nun völlig gelöst; an Stelle der geistlichen Stoffe erfreuten sich jetzt die exakten Wissenschaften und die Philologie des lebendigsten Interesses; obwohl selbst Geistliche, standen Bulgaris und Theotokis, ähnlich wie die gleichzeitigen Literatoren der französischen Aufklärung, in bewußtem Gegensatz zur Kirche, ihre freisinnigen Lehren und Schriften erschütterten die Stumpfheit und die Vorurtheile des geistlichen Standes. Mit dem Streben nach religiöser verband sich das Streben nach politischer Freiheit. Der nationale Gedanke erwachte, in Bezug auf das Ziel war das ganze gebildete Griechenthum einig, wenn auch die Ansichten in Bezug auf die Mittel weit auseinanderliefen. Die Einen sahen, wie Bulgaris und Theotokis, alles Heil im Anschluß an Rußland: dem auf den jonischen Inseln traditionellen Zuge und der Lockung Katharina's II. folgend traten die beiden literarischen Koryphäen seit 1775 in russischen Staatsdienst und sahen sich bald dafür mit glänzenden Sinekuren belohnt. Eugen Bulgaris verfaßte eine Denkschrift, worin er die Zarina, als „Schrecken der Türken", aufforderte ihr Siegeswerk zu krönen und Griechenland zu befreien. Neben dem russischen trat zumal gegen Ende des 18. Jahrhunderts der französische Einfluß maßgebend für die griechische Literatur hervor. In den vornehmen fanariotischen Familien berief man französische Erzieher, mit Vorliebe ließ man Voltaire's Schriften übersetzen, gleichsam zum Dank dafür, daß der Patriarch von Ferney sich seiner „lieben Griechen" einem Friedrich II. und einer Katharina gegenüber so begeistert angenommen und den Kaiserinnen von Rußland und Oesterreich gerathen hatte, den „dicken Mustapha", d. h. den Sultan, „an den Ohren nach Asien hinüberzuziehen." Das Heilsevangelium der französischen Revolution fand unter den Griechen offene und gläubige Ohren; poetische Naturen, wie Rhigas, vermochten sich die politische Auferstehung von Hellas nur unter dem Schutz der Trikolore vorzustellen. In dem thessalischen Städtchen Phelestinä, dem althomerischen Pherä, um das Jahr 1753 geboren, widmete sich Rhigas dem Handel und ließ sich in Bukarest nieder; aber sein Augenmerk war von Anfang an mehr auf die Literatur als auf den Beruf gerichtet. Er ward Lehrer der griechischen Sprache und erlangte eine officielle Anstellung von dem Hospodar M. Sutjos. Die Lernbegierde und die Raschheit der Auffassung, die dem neuhellenischen Volksstamm eigen sind, zeichneten ihn vorzüglich aus. Er kannte die besten Deutschen und italienischen Schriftsteller, er schrieb mit gleicher Geläufigkeit französisch und griechisch und war als Musiker eben so geschätzt wie als Dichter. Freilich stellten sich auch bei ihm die Folgen einer unsystematischen buntscheckigen Bildung ein; der noch nicht flügge Geist der modernen Griechen pflegt gern in die weitesten Fernen zu streben und das Heterogenste zu umfassen. Wie es noch jetzt unter ihnen nicht an solchen fehlt, die am liebsten alle vier Fakultäten und womöglich noch eine fünfte in sich aufnehmen möchten, so schrieb Rhigas ein Buch über Naturphilosophie und über militärische Taktik. Er übersetzte die École des amants délicats, Marmontel's Alpenschäferin und den vierten Band von

Barthelemy's Anacharsis. Daneben beschäftigte er sich mit der vergleichen=
den Geographie von Griechenland und entwarf eine Karte seines Heimath=
landes, welche die alten und modernen Namen enthielt. Bei so ver=
schiedenen, zum Theil widersprechenden Bestrebungen lag die Gefahr der
Zersplitterung nahe. Rhigas aber fand einen Halt, er fand den wahren
Mittelpunkt seines Daseins in der Begeisterung für die Größe und Herr=
lichkeit des hellenischen Vaterlandes. Jede Energie seiner Seele, jeder
Trieb seiner kühnen und weiten Einbildungskraft war auf dies Ziel ge=
richtet. In Wien dichtete er 1796 jene lyrischen Gesänge, die unter den
Griechen eine tiefgehende Bewegung hervorriefen. Patriotischer Schmerz
über die Herabwürdigung des Vaterlandes war der Grundton; die Frei=
heitsideen, die von Frankreich aus in die Welt kamen, verliehen der Muse
des Rhigas einen leidenschaftlichen stürmischen Charakter. Mit erstaunlicher
Schnelligkeit verbreiteten sich diese Dichtungen und trugen den Ruhm des
neuen Tyrtäus über das ganze Griechenland, die Jugend wiederholte sie auf
ihren Festen, den Winter am Heerd beim Feuer, den Sommer unter dem
Schatten der Platanen. Sogar die Türken, die den Sinn der Worte
nicht verstanden, fanden Gefallen an den einschmeichelnden Melodien und
ließen sich dieselben gern durch ihre griechischen Musiker vorspielen. Sie
lauschten ahnungslos der eigenen Leichenpredigt. — Neben dem Δεῦτε
παῖδες τῶν Ἑλλήνων, der Marseillaise des griechischen Stammes, ging vor
Allem das Ὡς πότε παλληκάρια von Mund zu Munde, die Kriegshymne
an die Klesten der Berge, an die Palikaren, worin der Dichter die
alten Feindseligkeiten gegen die anderen Christenstämme zu überwinden
und eine panhellenische Begeisterung anzuregen sucht. Wie die Sansculotten
sich als die Verkündiger einer kosmopolitischen Religion gegen die gekrönten
Tyrannen darstellten, so forderte auch Rhigas, scheinbar das nationale
Gewand abstreifend, alle von den Türken unterdrückten Christen, Serben,
Bulgaren, Albanesen auf, mit den Griechen gemeinschaftliche Sache gegen
den Islam zu machen. Von den Bergen Bosniens bis zu den Wüsten
Arabiens sollen die Freiheitsfeuer flammen. „Das Kreuz des Heilandes
leuchte hoch über Land und See, Gerechtigkeit erscheine, des Feindes Macht
verweh', der Knechtschaft harte Geißel sei aus der Welt verbannt, als
Freie laßt uns leben im freien Vaterland."

Man kann Rhigas als den Vertreter des Sturms und Drangs in
der neugriechischen Literatur ansehen; nach seinem Tode überwog eine
ruhige Klassicität. Zambelios dichtete seine patriotischen Dramen: Timo=
leon, Rhigas, Paläologos in der starren gefrorenen Manier Alfieri's,
Rhisos Nerulos ahmte in seiner Aspasia und Polyxena die kühle und wort=
reiche französische Klassik nach. Ein leichtes glückliches Talent wie Athanasius
Christopulos erwarb sich durch anmuthige Liebes= und Trinklieder den Beifall
der Menge und den Beinamen des neugriechischen Anakreon. Es war dem
denkenden Theil der Nation zum Bewußtsein geworden, daß weder die

Anlehnung an Rußland noch an Frankreich frommen könne, daß ein un-
gestümes Haschen nach politischen Idealen den Proceß der griechischen
Wiedergeburt nur verzögere oder gefährde und daß man in sich selbst
den Halt suchen müsse, den keine ausländische Hülfe gewährt. Mit verdoppeltem Eifer wandte man sich dem Studium der Sprache und der
eigenen Vergangenheit zu. Neophytos Dukas, Lampros Photiades, Barbalachos zu Bukarest, Dorotheos Proios, Plato, St. Dukas, Kumas an
der von Demetrios Murusis zu Kuru-Tschesme gegründeten höheren Lehranstalt, Psalidas, Christaris zu Janina, Sakellarios, Konstantin Oekonomos,
Daniel Philippides: alle diese Männer gingen nicht sowohl darauf aus,
Formenschönheit und Reiz der Darstellung, als vielmehr Ernst und Tiefe
der alten Klassiker zu erkennen und sich anzueignen. Es galt, die politischen
Principien, Charaktere und Sitten der Alten dem aufstrebenden Geschlecht
als einen Spiegel vorzuhalten, statt des Anakreon den Thukydides und
Demosthenes als ewig leuchtende Muster hellenischer Gesinnung hinzustellen.
Diese Richtung der Literatur hat ihren größten und würdigsten Repräsen-
tanten in Adamantios Koraïs gefunden. Er hat uns sein wechselvolles
Leben mit der bescheidenen Wahrheitstreue und der scharfen Beobachtungs-
gabe, die ihm eigen waren, selbst geschildert*), von der Jugend an, da er
die Heimath Smyrna verließ, um als Kaufmann, dann als Student der
Medizin sein Glück im fernen Westen zu versuchen, bis zu der Ruhmes-
höhe des Alters, da er in Paris, bewundert und hochverehrt von all' seinen
Landsleuten, lebte. Er war in den Kreisen der Fachgenossen durch verschiedene
medizinische Schriften, durch Uebersetzungen von Theophrast und Hippokrates
bekannt geworden, er hatte in einer politischen Broschüre, „die Kriegstrompete", als „Atrametus von Marathon" seine Landsleute zum Kampf
gegen die Türken aufgerufen — aber erst mit seiner Bearbeitung des
Werkes von Bellaria, *Βεκκαρίου περὶ ἀδικημάτων καὶ ποινῶν* (1802)
begann für den stillen und fleißigen jungen Gelehrten der Aufbruch aus
dem Dunkel und der Verborgenheit. Die nationale Gesinnung, welche
Koraïs unumwunden bekannte, ehrte und hob ihn in den Augen seiner
Landsleute. „Erinnert Euch", so rief er den Sklaven der Sklaven, seinen
unter türkischem Joch schmachtenden Landsleuten zu, „daß Ihr Homer und
Aristoteles, Plato und Demosthenes, Thukydides und Sophokles zu ver-
treten habt, deren Werke die Größe Griechenlands vollendeten, deren
Namen im Leben hochgeehrt, deren Andenken unsterblich ist. Jetzt seid
Ihr die Lehrer Eures Landes, doch die Zeit kommt schnell, wo Ihr seine
Gesetzgeber werden sollt. Vereinigt euer Vermögen und eure Anstrengungen
für das Vaterland, das in seiner tiefgesunkenen Lage keinen gemeinsamen
Schatz für die Erziehung der Jugend hat, und vergeßt nicht, daß in

---

*) *Βίος Ἀδαμαντίου Κοραῆ συγγραφεὶς παρὰ τοῦ ἰδίου. Παρ*. 1820.

Griechenlands helleren Tagen die Erziehung eine öffentliche Pflicht für die Regierenden war ..... Endlich ist der Tag gekommen, nach dem unsere unglücklichen Vorfahren so lange vergebens geseufzt haben, und ich brauche Euch nicht zu sagen, daß für uns die Morgenröthe der Freiheit schon heranbricht." Der Mahnruf an die patriotische Opferbereitwilligkeit der Griechen verhallte nicht umsonst. Neue Schulen und Bibliotheken wurden gegründet, in Cydonia (1800), Chios, selbst im Peloponnes*) fanden die Wissenschaften des Westens sorgsame Pflegstätten, reiche Kaufleute stellten Korais in großartiger Weise ihre Fonds zur Verfügung; im Jahre 1805 konnte der Unermüdliche zur Herausgabe seines großen Nationalwerkes, der „hellenischen Bibliothek" schreiten, das in Wahl der Autoren und Bearbeitung des Textes vor Allem den nationalen Charakter zu wahren, und das geistig Beste der Vergangenheit mit den Interessen der Gegenwart fortwährend zu verbinden strebt. Was sonst nur in gelehrten Kreisen Anerkennung und Beifall findet, die Herausgabe eines Aristoteles, Athenaeus, Lykurg, Lucian, Cebes, Qu. Kalaber u. A., ward unter Korais' feinen und geschickten Händen ein volksthümliches Werk, kostbarer Besitz und intellektuelles Rüstzeug für die Verjüngung der Nation. Im alten Griechenland sah man die Firirung sprachlicher Unterschiede, die Regelung grammatikalischer Streitigkeiten als Staatsangelegenheit an, die den mit der Sorge für das öffentliche Wohl Betrauten am Herzen liegen mußte; ein ähnliches legislatorisches Verdienst auf sprachlichem Gebiet hat sich Korais um das neue Griechenland erworben. Während übertriebene Anhänger der Vulgärsprache, wie Catardji, Philippides, Christopulos, das Neugriechisch unverändert so schreiben wollten, wie es gesprochen werde, während auf der andern Seite die Neophytos Dukas und andre Verbreiter des „Makaronisthls" das moderne Idiom durch alte außer Gebrauch gekommene Wendungen und Worte zu bereichern suchten, rieth Korais dazu, ein eben so korrektes wie verständliches Griechisch zu schreiben, welches den Bedürfnissen des Gelehrten und des Volkes gleichermaßen entspreche. Er befolgte das vermittelnde System, die Volkssprache nach und nach zu reinigen, ohne deshalb alte Formen einzuführen, die dem Mund des gemeinen Mannes fremd geworden waren, die Fremdwörter dagegen zu verbannen und durch Ausdrücke zu ersetzen, die aus dem Schatz der alten Schriftsprache geschöpft waren. Mit den Waffen des Ernstes und des Spottes vertheidigte er dies System und hatte die Genugthuung, zu erleben, wie es schließlich über die extremen Richtungen gesiegt hat. Diese sprachlichen Reformen — so fern sie auch dem politischen Leben zu liegen scheinen — sind darum doch keineswegs gleichgültig für die Wiedergeburt Griechen-

---

*) Ueber die 1764 in Dimitsana gegründete hellenische Schule s. Περὶ τῆς ἐν Δημητσάνῃ ἑλληνικῆς Σχολῆς '49. 1847, S. 14 ff.

lands gewesen. Denn jeder echte geistige Besitz trägt seine Wucherzinsen
für die allgemeine Entwickelung einer Nation, und nicht umsonst hat Koraïs
zu wiederholten Malen seinen Landsleuten eingeprägt, daß durch die
geistige auch die politische Wiedergeburt der Nation bedingt werde. Wie
er schon 1801 in seiner Schrift über „den gegenwärtigen Zustand der
Civilisation in Griechenland" den herrschenden Glauben von der Gesunken=
heit der Griechen bekämpft, den intellektuellen und materiellen Fortschritt
der Nation seit dem Ende des 18. Jahrhunderts enthüllt hat, so sollte es
ihm selbst noch vorbehalten sein, die politische Frucht der griechischen Kultur
reifen und den Freiheitskampf ausbrechen zu sehen, dem er stets fördernd
mit Rath und That zur Seite stand; an dem, wie er begeistert ausrief,
„Alles hing: Vaterland, Weib und Kind, die Heiligthümer und die Gräber
der Väter."

Die griechische Jugend, welche in die Ferne geeilt war, um die Bil=
dung und die Kenntnisse des Westens in sich aufzunehmen und der armen
griechischen Heimath zurückzubringen, lauschte begierig den Worten des ver=
ehrten Lehrers, eine nationale Presse, geleitet von den besten aufstrebenden
Kräften Griechenlands, wuchs empor und unterstützte die Bestrebungen
von Koraïs. Ein reges Leben herrschte vor Allem in den Donaufürsten=
thümern und in dem den Griechen durch merkantile Interessen nahegerückten
Oesterreich. 1810 gründete Ignatios zu Bukarest die „literarische Gesell=
schaft", 1811 gründete Anthimos Gazis in Wien den „gelehrten Merkur",
eine Zeitschrift, welche gleichsam den geistigen Mittelpunkt der ihrer poli=
tischen Unabhängigkeit beraubten Griechen darstellte, und welche zugleich
von der richtigen Erkenntniß ausgehend, daß die Volksbildung und die
Erziehung der Jugend das Hauptaugenmerk jedes echten Patrioten und
Staatsmannes sein muß, die Schulfrage mit besonderer Vorliebe behandelte.
Laut und kräftig verkündeten Gazis und seine Wiener Freunde Bogorides,
Kanellos, Johannidis u. A. den heilsamen Einfluß der Kultur und der
Aufklärung, machten die Fortschritte oder Rückschritte der Schulen in
ganz Griechenland bekannt und wirkten still aber energisch jedem religiösen
und politischen Zwang entgegen. So war der griechische Aufstand
auf geistigem Gebiete gleichsam vorbereitet worden, Koraïs
und seine mitstrebenden jungen Freunde waren die litera=
rischen Pioniere der Revolution. Man wußte von Anfang an,
was man wollte; die Losreißung von dem türkischen Joch war in den
Gemüthern schon im Voraus vollzogen, und mit allem Recht hebt Trikupis
als ein charakteristisches Merkmal, welches die griechische Erhebung von
den Unabhängigkeitskämpfen anderer Völker unterscheidet, dies hervor, daß
„Befreiung" von Anfang an das klar bewußte Ziel des Kampfes war,
während in der Schweiz, den Niederlanden, selbst in Amerika man erst
allmählich von Stufe zu Stufe aus Auflehnung zum Abfall und schließlich
zur Unabhängigkeit gelangte.

Es war der grübelnden Skepsis eines deutschen Gelehrten vorbehalten, die Entdeckung zu machen, daß die ganze geistige Bewegung, welche dem griechischen Aufstand voraus und zur Seite ging, eine künstlich gemachte sei, daß Koraïs und die griechischen Literatoren des 18. und 19. Jahrhunderts nur einen Leichnam galvanisirt hatten. Die Stärke und historische Bedeutung der neugriechischen Literatur beruhte darin, daß sie, um mit Macchiavelli zu reden, al segno zurückkehrte und aus dem ewig frischen Jugendborn der Antike schöpfte, daß sie ein gesunkenes Geschlecht aufrichtete an den ewig leuchtenden Tugenden seiner Vorfahren. Wie aber, wenn die Voraussetzung all' dieser schönen Gefühle zusammenbricht, wenn die heutigen Bewohner Griechenlands nichts weniger als die Nachkommen der Perikles und Epaminondas, sondern vielmehr eine entartete slawische Race sind, die sich mit fremden großen Erinnerungen schmückt? Schon lange vor dem Aufstand hatten einzelne Reisende den Zusammenhang zwischen den alten und den heutigen Griechen so gut wie abgeläugnet. „Mir erscheint Griechenland," schreibt Bartholdy schon im Jahre 1804, „wie ein ehemals herrlicher Wald, der voll der ältesten und seltensten Bäume stand. Diese sind sämmtlich gefällt worden und die Hoffnung, frische Stämme den alten Stümpfen aufzusetzen ist verloren. Ja es erschweren diese schlechten Stubben eben die neue Kultur, obgleich es nichts weniger als unmöglich ist, sie auszurotten und wegzuräumen und eine neue Schonung anzulegen." Fünf und zwanzig Jahre später hat man diese vereinzelten Zweifel wissenschaftlich zu begründen gesucht und Niemand hat sich bestimmter und rücksichtsloser gegen die Kontinuität der griechischen Nation ausgesprochen, Niemand so einschneidend ein Verdikt über die Bestrebungen des Koraïs und des jungen Griechenlands gefällt, als der Tyroler „Fragmentist" J. Ph. Fallmerayer. „Eure schwärmerische Theilnahme," so rief er in Mitten der ernsten Gelehrten, die über Elision und Krasis grübelten, in Mitten der Jugend, der die Seele weit ward bei den Namen Platäa und Marathon, „ist verschwendet an ein entartetes Geschlecht, an die Abkömmlinge jener slawischen Unholde, die im fünften, sechsten und in den folgenden Jahrhunderten über das byzantinische Reich hereinbrachen und die hellenische Nationalität mit Stumpf und Stiel ausrotteten ... Kein Tropfen alten Hellenenblutes fließt ungemischt in den Adern der jetzigen Neugriechen." Je kecker und zuversichtlicher die Skepsis auftritt, je entschiedener sie sich gegen den frommen Köhlerglauben, gegen die blöde Befangenheit der bisherigen Ueberlieferung auflehnt, je größeres Aufsehen pflegt sie auch zu erregen, je rascher ihre Verbreitung zu finden. Es kam hinzu, daß auf die begeisterte Theilnahme, welche Europa dem Wiedererwachen der Griechen widmete, naturgemäß Abspannung und Ermüdung folgen mußten. Man begann sich der eigenen jugendlichen Schwärmerei zu schämen, man ward erst blasirt und gleichgültig, dann sogar feindselig gegen die eigenen Ideale, und bald glich die öffentliche

Meinung dem Wilden, der mit Steinen nach dem Götzenbild wirft, vor dem er eben erst gekniet hat. Diesem Unmuth über die Jugendthorheiten des Jahrhunderts, dieser Unlust an den griechischen Dingen, hat Fallmerayer den entsprechenden Ausdruck verliehen; er hat die Ernüchterung des Phil=hellenismus durch seine Slawentheorie gleichsam wissenschaftlich verklärt. ·Fortan hörte man allenthalben das Schlagwort: „In Griechenland giebt es keine Griechen mehr." Und allerdings war es leichter, sich gegen eine so trostlose Ansicht mit dem Gefühl zu empören und für den Fortbestand des unvergänglichsten aller Völker zu schwärmen, als sie mit ernsten und gewichtigen Gründen zu widerlegen. Noch jetzt fesselt sie den, der den Spott liebt und sich mit einem Schlagwort über bedeutende Fragen ab=zufinden strebt. Es braucht nicht einmal großer Erwartungen, damit der Reisende, welcher im Piräus landet und nun eifrig nach dem alten Griechen=land späht, grausam enttäuscht werde. Jeder Eindruck, der ihn empfängt, scheint nur dazu angethan, den Abstand zwischen Sonst und Jetzt grell hervor=treten zu lassen. Die Wirklichkeit wird ihm als Parodie seiner Erinnerungen, das moderne Griechenthum als eine verunglückte Karrikatur der Antike er=scheinen; er wird den griechenfeindlichen Zweifeln Fallmerayers von ganzer Seele beistimmen, sei es auch nur aus Unwillen darüber, daß sich jetzt der Konditor Solon und der Käsekrämer Epaminondas oder Perikles nennt.

Dennoch ist die Fallmerayer'sche Ansicht nichts mehr als eine geist=reiche Hypothese. Je strenger und eingehender sich die historische Forschung mit dem byzantinischen Mittelalter beschäftigt, je entschiedener legt sie auch Zeugniß dafür ab, daß von einer völligen Vernichtung der alten griechischen Nationalität keineswegs die Rede ist; und so dürfen wir es vorzugsweise als das Verdienst Hopf's, des Mannes, der in Deutschland die Bahnen von Ducange und Buchon betreten hat, unsres gründlichsten Kenners byzantini=scher Zustände, bezeichnen, daß er die Behauptung der Slawisirung Griechen=lands an der Hand der Urkunden widerlegt hat. Wenn man sich nämlich entschließt, den gelehrten Apparat, den Fallmerayer zur Begründung seiner These vorbringt, zu prüfen, so wird man über die Hinfälligkeit und Leer=heit dessen staunen, was dem Laien als unumstößliche Wahrheit aufgetischt wird. Fallmerayer greift jede rhetorische Floskel von Verwüstung und Zerstörung, wie sie von Plutarch bis auf die späteren Byzantiner ge=bräuchlich sind, mit Begierde auf, und damit man seine Aufrichtigkeit nicht bezweifle, läßt er es an gelegentlichen O! und Ach$! sowie an anderen Ausdrücken eines zweideutigen Mitleids über den angeblichen Untergang der Griechen nicht fehlen. Es ist nur zu verwundern, daß er es nicht mit einem Untergang bewenden, sondern in jedem Jahrhundert noch einen neuen Untergang über das gequälte Volk hereinbrechen läßt. Prüft man dann die betreffenden Urkunden näher, so ergiebt sich, daß Fallmerayer in seinem griechenmörderischen Eifer den Text willführlich ausgelegt, daß er sich philologisch und diplomatisch die schlimmsten Blößen gegeben, oder sich gar durch grobe Fälschungen hat hinter das Licht führen lassen. So soll die althellenische Bevölkerung gegen Ende des 6. Jahrhunderts durch die Avaren (also nicht durch die Slawen! denn die Avaren sind ein lettisch=finnischer Volksstamm!) ausgerottet worden sein: der Syrer Evagrius aber, auf dessen Zeugniß gestützt Fallmerayer eine ähnliche Katastrophe annimmt, erweist sich als ein geographisch so schlecht unterrichteter Zeuge, daß er in seinem Zerstörungsbericht „Griechenland" mit den beiden Städten „Sin-giron" und „Anchialos" zusammenwirft, gleichsam als sei Griechenland eine an der Donau im Norden der Hämushalbinsel gelegene Ortschaft. Wie wenig die vagen Phrasen des Evagrius bedeuten, ersehen wir schon daraus, daß die Hellenen nach jener angeblichen Katastrophe sehr nach= haltige Beweise ihrer nationalen Kraft gegeben haben. Gerade die „Hellenen", die Bewohner des eigentlichen Hellas und der Inseln sind es gewesen, die sich später unter Agallianos zu einem furchtbaren Aufstand gegen Kaiser Leo erhoben und den Thron, die Hauptstadt Konstantinopel selbst bedroht haben. Die Slawisirung Griechenlands, die im 8. Jahr= hundert unter Konstantin Kopronymos erfolgt sein soll, kann ebenfalls nur eine sehr geringe Tragweite besessen haben, wie aus der Thatsache hervorgeht, daß derselbe Kaiser Konstantin Kopronymos im Jahre 755 Kolonisten aus Hellas nach der Hauptstadt zog. Die geschickten Cement= arbeiter und Hydrotechniker, die man damals von Byzanz aus Hellas ver= schrieb, sind schwerlich Slawen gewesen! Es steht freilich fest, daß Avaren und Slawen sich die militärische Ohnmacht des Byzantinerreichs und die Schutzlosigkeit der griechischen Grenze zu Nutze machten, daß sie wiederholt in Hellas einfielen, und daß sie sogar das platte Land besetzt gehalten haben: aber mit dieser partiellen ist noch nicht die totale Besetzung des Landes und noch weniger die Ausrottung der hellenischen Bevölkerung bewiesen. Mit der Ausrottung eines ganzen Volkes ist es nicht so bald gethan. Wollte man die Aussagen alter Chronisten über die gothische und langobardische Invasion buchstäblich nehmen, so wäre auch in Italien heutzutage keine Spur mehr von der alten Bevölkerung übrig. Auf den Bericht des 17. Kapitel, II. Buch der Könige fußend, könnte man glauben, die jüdische Bevölkerung Galiläa's sollte vertilgt worden sein, und doch findet sich nachher in Galiläa ei zahlreiches, unzweifelhaft hebräisches Geschlecht. Und wer will behaupten, daß die germanische Bevölkerung in den östlichen Marken unseres Vaterlandes ausgerottet worden sei, und daß die Herr= schaft der Slawen den germanischen Geist in Westpreußen völlig erstickt habe, zu der Zeit als uns die Politik Friedrich des Großen jene von Deutschland entfremdeten Provinzen zurückgab?

So sind denn auch die Griechen weder durch Avaren und Slawen, noch durch die Uzen und Bulgaren, noch endlich durch die Lateiner aus= gerottet worden. Ihr Unglück war noch keine Vernichtung. Daß sie furchtbare und schwere Schicksale erlitten haben, daß das Land während der Völkerstürme des Mittelalters wüst' und menschenarm wurde, ist eine Thatsache, die von jedem Griechenfreund zugestanden werden muß, die aber so notorisch ist, daß sie nicht erst von Fallmerayer entdeckt zu werden brauchte. Und doch beschränkt sich der Werth und die Richtigkeit der Fallmerayer'schen Ansichten lediglich auf dieses von Niemandem bisher ernstlich bestrittene Faktum. Sobald aber der gelehrte Fragmentist aus diesem Faktum seine Schlüsse ziehen, sobald er, statt von Einfällen der Barbaren, von einem Aufsaugen des hellenischen Kulturelements durch die Slawen und von der Slawisirung Griechenlands reden wollte, spielte ihm die eigene blühende Fantasie die schlimmsten Streiche; und seine Gelehrsamkeit erlitt Don Quixote'sche Niederlagen, von denen er sich nie wieder erholen konnte. Um aus der partiellen eine totale Zerstörung der griechischen Bevölkerung in Morea machen zu können, hat er sich auf die Stadtchronik von Monembasia berufen, die trotz einer Reihe von Un=gereimtheiten und Widersprüchen die Ausrottung der Griechen für das 8. und 9. Jahrhundert beweisen soll, während sie jetzt von kompetentester Seite als eine „kritische Sudelei des 16. Jahrhunderts" erkannt worden ist. Noch mißlicher steht es um die Ausmordung Attika's. Fallmerayer's Slawentheorie hat hier zu einer großartigen Mystifikation und Demüthi=gung für den Autor selber geführt. Der griechische Sammler Pittalis brachte dem deutschen Gelehrten, dessen Begierde nach mittelalterlichen Urkunden er kannte, im Jahre 1833 vier Blätter venetianischen Papiers, die er nahe der Metropolitankirche Athens aufgefunden haben wollte. Fall=merayer taufte sie mit dem sonor klingenden Namen „anargyrische Mönchs=chronik", welcher auf ihren verdächtigen Inhalt einen ehrwürdigen Schlag=schatten grauen Mittelalters werfen sollte. Aus diesem „anargyrischen Fund" deducirte nun Fallmerayer eine neue Bestätigung seiner Lieblingsidee, denn da stand es ja auf vergilbtem venetianischen Papier beschrieben: wie Athen seit Justinian „vier Jahrhunderte hindurch" eine menschenleere Wüste war, wie die Bewohner nach Salamis flüchteten, die Häuser einfielen und ein Dickicht von Oelbäumen in den Straßen wuchs. Obenein brachen alle Augenblicke Räuber, sogenannte Phustä, also unzweifelhaft Slawen, über Athen herein, überfielen die wenigen zurückgebliebenen Griechen, raubten sie aus und flohen in die Berge zurück. Man sieht: ein wahres Schreckens=gemälde, auf dem die „slawischen Unholde" sich schauerlich abheben. Fall=merayer ist denn auch mit seiner unerbittlichen Schlußfolgerung gleich bei der Hand. „Danach," so lautet sie, „darf das endliche Erlöschen der althellenischen Race auf dem Boden von Hellas nur von jenen Gelehrten noch geläugnet werden, welche mehr die Vorurtheile unserer Jugendzeit als den Gang der Weltbegebenheiten zu Rathe ziehen. Ich für meinen Theil bin nach und nach auf die Meinung verfallen und nehme auch kein Bedenken, es einzugestehen, daß Gott das griechische Volk zum besonderen Gegen=stande seines Zorns ausersehen hat, um alle seine Strafgerichte an dem=

selben zu vollziehen und dem Menschengeschlechte zu zeigen, daß vor ihm
Hohes und Niedriges gleich nichtig sei."

Der Urheber der Slawentheorie hätte sich sein Verdikt und den Auf=
wand von Pathos, der es begleitet, sparen können. Er wird wohl den
„anargyrischen Fund" und den Sammler, der ihm dazu verholfen hatte,
später in heimlichen Stunden oft genug verwünscht haben. Denn es
stellte sich zunächst heraus, daß die Räuber keine Slawen, sondern Albanesen
gewesen sein mußten, wie der albanesische Ausdruck „Phustä" zeigte. So=
dann erregte das „Dickicht von Oelbäumen" Denjenigen Bedenken, welche
wohl Griechenland durchreist und Oelwälder gesehen, aber nie gefunden
hatten, daß die knorrigen Stämme der Oelbäume zu einem Dickicht bei=
sammen standen. War nun auch zu entschuldigen, daß Fallmerayer mit
der Uebersetzung etwas frei umging, so konnte doch keine poetische Freiheit
rechtfertigen, daß er aus „drei Jahren" „vier Jahrhunderte" zu machen
suchte. Und doch hat er das gethan! Im Original jener anargyrischen
Fragmente stehen nämlich deutlich die Worte: τρεῖς σχεδὸν χρόνους
zu deutsch: „etwa drei Jahre" aus denen der große Griechenfeind mit
einer kühnen Verallgemeinerung „τετρακουσίους σχεδὸν χρόνους" „etwa
vier Jahrhunderte", herausgelesen hat. Damit fällt der ganze fürchterliche
Bericht von den mittelalterlichen Leiden Athens dahin. Die Angabe der
„Anargyrerchronik" bezieht sich auf das Jahr 1688 und auf die Belagerung
Athen's durch die Venetianer, während deren die Einwohner allerdings
nicht nur nach Salamis, sondern auch nach Egina, Korinth, Nauplia und
Kephalonia flüchteten. Um aber Fallmerayer's Niederlage zu einer tödtlichen
zu machen, ergiebt sich schließlich aus dem Inhalt der Chronik, wie aus
den Selbstbekenntnissen jener schönen Seele Pittakis, daß der Autor der
Slawentheorie gründlich hinter das Licht geführt worden ist, daß nämlich die
„anargyrische Chronik" nicht aus dem Mittelalter, sondern aus dem
19. Jahrhundert stammt, und daß sie Pittakis selber, der im Besitz einiger
Bogen venetianischen Stempelpapiers war, aus einer ziemlich werthlosen
Chronik des 18. Jahrhunderts kompilirt hat. Eine der Fälschungen, vor
denen man im Orient stets auf der Hut sein muß! Es war nöthig, auf
dies totale Fiasko der „Slawentheorie" näher einzugehen, weil die wissen=
schaftliche Grundlage der Fallmerayer'schen Hypothese in Deutschland all=
gemein für fester gehalten wird, als sie ist, wie denn sogar Gervinus von
einer „säkularen Veröbung Athens" gesprochen hat. Kein Kenner des
byzantinischen Mittelalters wird die Einfälle und Verheerungen der Slawen
abläugnen, vereinzelte slawische Ortsnamen — Leake giebt einen slawischen
unter vierzig Namen hellenischen Ursprungs an — deuten sogar an, daß
Slawen seßhaft geworden sind in Hellas: aber diese seltenen slawischen
Kolonien bedeuten doch keine Panslawisirung! Das Slawische ist vielmehr
räumlich wie chronologisch auf ein sehr bescheidenes Maaß zurückzuführen.
Hopf hat mit Recht darauf aufmerksam gemacht, daß das Slawenvolk

3*

überall, wo es einmal sitzt, alle anderen Elemente, falls dieselben nicht massenhaft überwogen, verschlungen hat; so sind die turanischen Bulgaren, so die normannischen Racen völlig slawisirt worden, obwohl letztere an Civilisation den Slawen Rußlands weit überlegen waren. In Griechenland war aber der Proceß ein umgekehrter. Wenn den eingedrungenen Slawen die Entnationalisirung der Hellenen nicht gelungen ist, so kann man daraus ebensowohl auf ihre geringe Anzahl und Zersplitterung, wie auf die numerische und geistige Ueberlegenheit der Hellenen zurückschließen. Es blieb noch immer ein starker Rest der althellenischen Bevölkerung: gerade in den militärisch und handelspolitisch wichtigsten Gegenden, auf hohen Alpen, wie dem Taygetus, dem Parnaß und Pelion, in Küstenplätzen, wie Monem- basia, auf den Inseln, wie Tinos, Naxos, vor Allem auf Kreta hat sich das Hellenenthum unvermischt erhalten und allen Stürmen avarischer und slawischer Ueberfluthung getrotzt.

Von diesen im Sturm der Völkerwanderung unversehrten Stätten ist im 9. und 10. Jahrhundert die Entnationalisirung der Slawen, die Unterjochung der fremden Eindringlinge durch den griechischen Geist er- folgt. Die vereinzelten slawischen Kolonien waren bald mit der alten Bevölkerung so verschmolzen, daß sie Erinnerung und Stammesgefühl, Charakter, Sitte und Sprache verloren und wieder bewährte, wie einst im Alterthum, das hellenische Wesen seine wunderbare Assimilirungskraft über die „Barbaren". Was waren die Hellenen in den Anfängen ihres historischen Lebens anders, wie eine dünne Menschensaat über eine breite barbarische Unterlage hingeworfen? Aber von den Inseln, den Küstenplätzen und Ge- birgen aus, wo sie saßen, wirkten diese Hellenen durch die Kraft ihrer Intelligenz und durch ihren praktischen Instinkt auf die barbarischen Nach- barn ein. Langsam, doch unwiderstehlich, wie ein feiner Frühlingsregen in den Erdboden, so drang das hellenische Kulturelement in die physischen Massen des barbarischen Substrats ein. Nicht auf den Umfang des Landes, das sie bewohnten, nicht auf ihre Zahl kam es an, durch den Geist — dies Wort des Isokrates bleibt ewig wahr — ist Hellas die Metropole der gebildeten Welt gewesen.

In der — von Fallmerayer freilich einseitig übertriebenen — Ansicht, daß das griechische Blut Mischungen erfahren habe, liegt im Grunde Nichts, was den griechischen Stolz beleidigen und etwa jenen patriotischen Zorn rechtferti- gen könnte, der sich bei dem Besuch des gefürchteten Fragmentisten in Athen auf dramatische Weise gegen seine Persönlichkeit kehrte. Sind es doch nicht die schlechtesten Nationen, deren ·Blut fremde Bestandtheile aufgenommen und Mischungen erfahren hat. Aber Alles hängt davon ab, ob das alte Element überwiegen und die Kraft in sich besitzen konnte, jene fremden Bestandtheile zu assimiliren und zu unterwerfen? Es hat überwogen und gesiegt. Wenn man im Alterthum von einer Hellenisirung der Barbaren gesprochen hat, so kann man heute mit vollem Recht von einer Hellenisirung der Slawen,

Türken und Albanesen und in dem einen wie dem anderen Falle von einem Sieg des Geistes über die Materie, des Occidents über den Orient reden. Jenes lebhafte heißblütige Volk, welches in einen Sturm der Entrüstung ausbrach, als der „Nationalfeind“, als der hellenische Illegitimitätstheoretiker in seiner Mitte erschien: es war kein Geschlecht von Slawen! es schwärmte nicht für eine blos eingebildete Vergangenheit. Perikles und Epaminondas flößten ihm nicht blos ein allgemeines historisches Interesse ein; sie waren ihm nicht das Gleiche wie Akamir und Arbagast. Korais und die Literatoren des 18. Jahrhunderts hatten keinen Leichnam galvanisirt.

Die Affimilirungskraft, die das heutige Griechenthum bewährt, ist seine beste Ahnenprobe, vor ihr muß der Zweifel an der legitimen Abstammung der heutigen Hellenen verstummen. Auch in unseren Tagen ruht der Kulturproceß nicht, dessen einzelne Aeußerungen fremden Beobachtern, wie Gell, Bartholdy, Fallmerayer, aufgefallen sind, ohne daß sie sich des tieferen Zusammenhanges bewußt wurden. Die stille Macht des griechischen Gedankens und der griechischen Sprache unterwirft noch heutzutage das in Hellas eingedrungene kulturlose Element der Albanesen: vor den Lauten des Isokrates und Demosthenes schwindet das monotone Skipi dahin. Einem jeden, der den Boden von Hellas betritt, springt der Unterschied zwischen den beiden Racen, der Hellenen und Albanesen, sofort in die Augen. Wie deutlich uns da der Albanese mit seinem platten Gesicht, dem großen groben Mund, dem rohen Blick, breiten Schultern und stämmiger Faust entgegentritt: Alles in Allem eine Erscheinung, der die Geduld im Ertragen physischer Anstrengungen, körperliche Arbeitskraft und geistige Unbeweglichkeit gleichsam auf die Stirn geschrieben steht. Schon von Weitem kann man dagegen die eigentlichen Hellenen blos an der Haltung und dem stolzen bewußten Gang als die gebornen Herren und Gebieter dieses Landes erkennen. Ihr Wuchs schlank, jede Bewegung leicht und doch gemessen. Die Schläfe eingedrückt, mehr Nerven als Muskeln, mehr geistige Ueberlegenheit als körperliche Kraft. Im Auge funkeln Entschlossenheit und List, Bewegung und Leben spielen um den feingeschnittenen Mund. So deutet Alles auf eine Aristokratie der Intelligenz und Virtuosität des geistigen Genießens. Will man nun vollends die Stätten, wo sich der althellenische Typus am reinsten und ungemischtesten erhalten hat, die Hochalpen oder Inseln, wie Naxos und Kreta besuchen, so findet man auch heutzutage Männer und Frauengestalten, die einem Phidias und Skopas hätten zum Modell dienen können. Man weiß, daß auch die alten Bildhauer und Maler idealisirt haben, daß ihnen so hehre Gestalten, wie der Apoll von Belvedere und die Venus von Milos nicht alltäglich in den Straßen Athens begegneten. Aber sie waren und sind doch vorhanden, jene eigenen Typen klassischer hellenischer Frauenschönheit: die kleine Stirn, die fortlaufende gerade Linie, der Mangel

eines Einschnittes zwischen Stirn und Nase, der Mund mit der schwellen=
den Oberlippe, vor Allem jene großen geöffneten Augen voll unbestimmter
Wehmuth und doch voll Klarheit, „dem stillen Glanz der Meerfluth ver=
gleichbar". Gern glauben wir dem Manne, dessen Schicksal jüngst die
Theilnahme von ganz Europa in Anspruch nahm, dem unglücklichen
Kaiser Max von Mexiko, daß auch ihn der Reiz eines dieser antiken
Kameengesichter fesselte, daß ihn das Bild Eulalia's, der holden Braut von
Korinth, auf seiner Wanderung noch lange freundlich begleitete.

Es sind dies freilich nur äußere Merkmale, die auf den inneren
Zusammenhang des heutigen mit dem alten Griechenland deuten können.
Dem aufmerksamen Beobachter des griechischen Volkslebens werden aber
auch in Sitte und Charakter der Nation merkwürdige Momente begegnen,
die ihm das klassische Alterthum in's Gedächtniß rufen. Er wird sein
Urtheil freilich nicht von der eleganten Welt Athens abstrahiren, von
jener Jeunesse dorée, welche sich „Studirens halber" in den großen Städten
Europa's aufgehalten und von dort alle Laster der Civilisation mitgebracht
hat, ohne sich deren Vorzüge anzueignen. Diese zierlich ausgeputzten Mode=
affen, die des Abends mit blasirter Miene auf der Aeolusstraße flaniren
oder im Kaffee „zum schönen Griechenland" beschäftigt sind unendliche Ci=
garetten zu dampfen und dabei die Geschicke Europa's zu diskutiren, mögen
vielleicht in jenen klassischen Nichtsthuern ein Vorbild haben, die sich einst,
einzig und allein auf Wettrennen und Wachtelzucht bedacht, um Alkibiades
drängten; das griechische Volk repräsentiren sie nicht. Man muß im
Innern des Landes umherstreifen, dies Volk selbst bei seiner Arbeit am
Pflug, im Weinberg kennen lernen, dann wird man mit Erstaunen ge=
wahr werden, daß das alte Griechenland im neuen wieder auflebt, daß
das griechische Volk in Sitten und Gebräuchen das Gleiche ist, wie es
uns einst seine Dichter und Denker geschildert haben.

Der tiefeigene Reiz des Lebens in Griechenland beruht darin, daß
sich die alte Zeit auf rothen frischen Lippen täglich schön erneut.

Man braucht nicht blos äußerlich beim Anblick holder Wasser=
trägerinnen an antike Bilder, oder wenn man die Mädchen mit Steinen
am Gestade waschen sieht, an Nausikaa erinnert zu werden: nein, auch
der Kern, das tiefste Empfinden der Menschenbrust, ist in den Stürmen
der Jahrhunderte unversehrt geblieben. Der Sinn für das Leben, die
Empfänglichkeit für die reale Welt sind die gleichen, heute wie ehemals.
Auch den Neuhellenen eignet die lebhafte Freude an der Natur, die Nei=
gung, sich ihr Leben und Streben, ihr Blühen und Vergehen zu personi=
fiziren und so zu verklären. Der Althellene sah in jedem Baum eine
Dryade, in jedem Quell eine Kastalide; er bildete die warmen Frühlings=
winde barfuß ab, um damit in sinniger Weise den leichten leisen Schritt
anzudeuten, mit dem sie über den Blumenteppich der neuerwachten Natur
hingleiten. Aehnlich verkörpert und idealisirt sich die Natur vor den

Augen der heutigen Griechen. In Felsen, Höhlen und Bäumen sieht das Volk noch heutzutage στοιχεῖα, Dämonen; es spricht von dem Dämon des Hauses, der als Schlange oder Drache gestaltet, Glück und wenn man ihn beleidigt, Unheil bringt. Gern sammeln sich die Landleute bei den ἁγιάσματα, bei den heiligen Quellen, die in romantischer Stille nahe an irgend einer schützenden Höhle, in einem sich lang hinwindenden Thale liegen, und rufen die Schutzgottheit des Ortes an. Auf der Insel Mykonos pflegt man, ehe man Wasser aus dem Brunnen holt, den Genius des= selben dreimal zu grüßen.

Von den Höhen, von den Vorgebirgen, von jeder Cyklade, welche die Wellen dieses „nie ruhenden weinäugigen" Meeres umspülen, winken zahl= reiche weiße kleine Kapellen; der Schiffer bekreuzt sich bei ihrem Anblick, wie einst der Segler, der vom Verdeck der Argo die Allmacht der Meeres= götter und ihren Schutz anrief.

Der Glaube an die Nereïden ist noch jetzt in ganz Griechenland, auf den Inseln des Archipels und in Kleinasien verbreitet. Die feuchten und blühenden Töchter des Nereus steigen mit fluthendem Haupthaar, gekrönt mit Perlen und Korallen, aus der Tiefe; sie locken auch wohl die Jugend herab ins „feuchtverklärte Blau". Aengstlich spricht die griechische Mutter über ihr Kind den Zaubersegen, hängt ihm ein Amulet um, damit es nicht einem Brunnen nahe komme und von den Nymphen hinunter= gezogen und getödtet werde. So würde die Klage unseres deutschen Dich= ters, daß die Natur entgöttert sei, auf die Gegenwart in Griechenland keine Anwendung finden. Noch ist die mythenbildende Kraft im grie= chischen Volk nicht erloschen: das Wunder blieb des Glaubens liebstes Kind. Freilich ward der Glaube selbst im Dahinrollen der Jahre vielfach zum Aberglauben, denn der wohlmeinende Eifer christlicher Missionäre hat sich dieser geheimen Factoren des Volksbewußtseins bemächtigt und die antiken Mythen im Sinne frommer Gläubigkeit zugestutzt; er hat den Nereïden ihren alten holden und freundlichen Charakter genommen und sie in tückische Dämonen und Hexen verwandelt, er hat aus einem Poseidon den heiligen St. Nikolaus, aus der Athene die „Panagia", die Jungfrau Maria gemacht, aber doch hat er den Grund nicht ganz zu zerstören vermocht und durch den Schleier, welchen das Mittelalter und die Kirche darüber geworfen haben, schimmern die Gestalten der antiken Sage deutlich hindurch. Die Lamia, die Empuse, die Gello, jene Schreckgestalten der antiken Mythe leben im Volksglauben fort. Das neugriechische Märchen ist das echte Kind des alten Mythos. So erzählt das Volk noch immer die Sage von der schönen Königsjungfrau, die, feindlichen Nachstellungen zu entgehen, in den süßen Sänger des Waldes, Philomele, verwandelt ward, die Sage von Schwalbe und Nachtigall. Man frage nur die Landleute in Lakonien, im Thal, wo der Eurotas unter Eichen und Oleander seine weißschäumende Wassermasse dahinwälzt:

fie deuten auf den wolkenumkränzten Gipfel des Pentedaktylon. Dort oben, hoch über den Wolken, tanzen drei bezaubernde Mädchen, tadelles an Wuchs und Schönheit, nur daß die Füße Gänsefüße sind und ihren Reiz entstellen. Das sind die „Nereïden“, die den, der verwegen oder -unwissend den heiligen Grund betritt, erst losend bewillkommnen und umarmen; doch bald wird ihre Liebkosung sein Verderben, sie stürzen ihn an schwindelnder Klippe herab oder sie zerreißen ihn, wie einst die Bachan= tinnen den Sänger Orpheus zerrissen haben.

Und Manchem, der die Akropolis besucht und die reizende Pracht des Erechtheum, vor Allem jene wunderbaren Säulenträgerinnen, die „Karyatiden“, einmal gesehen und bewundert hat, kam jene liebliche und doch so bezeichnende Erzählung in den Sinn, mit welcher sich das Volk trug, als Lord Elgin, der britische Räuber, eine dieser herrlichen Gestalten herausbrechen ließ, um sie aus dem lichten Hellas nach dem feuchten Nebel= land England zu schaffen. Am Abend des ersten Tages, als die zurück= gebliebenen Mädchen ihre Schwester verloren hatten, erfüllten sie, so er= zählte das Volk, die Luft mit Seufzen und Jammern. Die geraubte Schwester aber blieb nicht taub, sie antwortete, und von der untern Stadt, wohin man sie gebracht, trug der Wind ihren Klaglaut nach der Akropolis hinauf. Gewiß, es ist ein antiker Zug in solchen sinnigen Sagen. Sie beweisen, daß die Einbildungskraft nach wie vor in gleicher Richtung thätig ist.

Der Genius des Landes bedingt diese Einwirkung auf seine Bewohner. Nirgends ist die Idealisirung der Natur, die Belebung des scheinbar Todten, so erklärlich wie in Hellas.

Wer, der einmal den Frühling in jenem herrlichen Lande erlebt hat, fühlte nicht, wie die Brust weiter ward und Wanderlust sich regte, hin= aus in jenes Meer von Licht und Klarheit, das dann über der Landschaft schwebt? Ein weicher Nebelglanz breitet sich über Berg und Flur; vom Hymettus trägt der Zephyr frische Thymiandüfte ins Thal und die Bienen summen um die Asfodelen. Die Oelfrucht schwillt, als lächle Pallas noch, leise flüstern die Platanen mit den Ulmen. Die Luft ist so klar und durchsichtig, daß man meint, man brauche nur die Hand auszustrecken, um die entferntesten Berggipfel zu berühren; sie bringt den Ton von weit her so getreu herüber, daß man die Glocken von Herden, die stunden= weit vorüber ziehen, und den Schrei des aufsteigenden Adlers vernehmen kann, der sich im unermeßlichen Aether verliert.

Nur völlige Unkenntniß des Alterthums wird die Empfänglichkeit der alten Hellenen für diese Schönheit der Natur abläugnen: mit Recht hat Humboldt im Kosmos darauf gewiesen, daß auch die Alten empfanden, welche Wonne es sei, in diesem Lande zu leben; ihre Dichter besangen den „Strahl des Helios“ als „schönstes Licht“, sie priesen die Sternenpracht dieses Himmels und den Mond, „das strahlende Auge der Nacht“. Und

selbst ein Spötter wie Aristophanes, schilderte in tiefbewegten Worten die Reize der sich neuverjüngenden Natur; er lauschte verständnißinnig den Liedern, womit die liebe athenische Straßenjugend die Boten des Früh=
lings, den ersten Weih und die erste Schwalbe, begrüßte. Die Kinder zogen damals mit einer Schwalbe von Haus zu Haus und baten sich in keckem, übermüthigem Ton ein Geschenk aus. Auch heutzutage zieht die Straßenjugend am 1. März durch die Straßen, um den Tribut der Freude über das Neuerwachen der Natur einzusammeln: sie drehen eine hölzerne Schwalbe auf einem Cylinder herum und singen ihr Schwal=
benlied.

So hat sich im Volksmund selbst die alte Zeit erhalten und wir brauchen nur den heutigen Griechen auf der Wanderung durch das Leben, durch Freud und Leid zu begleiten, um allenthalben auf die gleiche Analogie zu stoßen.

Schon auf die Wiege des Kindes fällt ein historischer Glanz und die Wärterin verheißt dem schlummernden Knaben unter Blumen und Süßig=
keiten auch Lorbeeren; vor Allem die Stadt der griechischen Sehnsucht: Konstantinopel. Die Gebräuche bei der Geburt, die Taufe, Erziehung, Verkehr der Geschlechter, Alles erinnert an ehemals.

Bei dem sehr zurückgezogenen Leben der Jungfrauen wird die Ver=
lobung meist durch Vermittlung abgeschlossen. Die Siebwahrsagerin spielt unter Liebenden dieselbe Rolle, wie bei den Altgriechen; das Volk nennt sie die „Bohnenwerferin", weil sie sich beim Wahrsagen aus dem Siebe der Bohnen bedient. Wo Jüngling und Mädchen Gelegenheit haben, sich zu sehen, und der Jüngling der Auserkorenen seine Gefühle zu erkennen geben will, erfolgen Liebeserklärung und Heirathsantrag zu=
gleich durch Zuwerfen eines Apfels oder einer Blume. Am Sonntag vor der Hochzeit schickt der Bräutigam der Braut den Brautkuchen durch einen Jüngling zu, dessen Eltern noch leben müssen; man denkt unwill=
kürlich an die althellenischen Ueberreicher der Hochzeitsgaben, an die ein=
ladenden Knaben, die einst beim Hochzeitsschmause, mit Dornen und Eichenlaub bekränzt, eine Schwinge mit Brod herumtrugen, und dazu die Worte sprachen: „dem Bösen entrann ich, das Bessere fand ich". Bei dem feierlichen Schlachten am Sonnabend vor der Hochzeit pflegt der Bräutigam den Stoß auf das erste Stück Schlachtvieh zu führen, das, nach Osten gewandt, durch seine Hand fällt. Aus der Art, wie das Blut des Thieres spritzte, ob in geradem Strahl, oder im Zickzack, prophezeit man das Schicksal der bevorstehenden Ehe. So hat sich ein Rest des großen Opfers, welches die Alten vor der Hochzeit den Ehegöttern brachten, bei dem heutigen Volke erhalten.

Auch das „λουτρὸν νυμφικὸν", die Ceremonie, zu welcher in Athen seit uralter Zeit die Quelle Kalirrhoe das Wasser lieferte, ist in analogen Formen beibehalten worden; abermals muß ein Sohn noch lebender

Eltern das Wasser feierlich einholen. Frauen waschen dem Bräutigam den Kopf, kämmen ihm das Haupthaar, der Brautführer stutzt ihm den Bart und dabei erklingen bedeutende Lieder: daß er nun sein Junggesellenleben verlassen und „weltlich" werden wolle. Um dieselbe Zeit pflegen die Freundinnen der Braut die Haare zu kämmen und zu flechten auch singen sie wohl ein Lied des Abschieds von Heimath und Mutter. In Kreta legen die Freundinnen drei Kronen von Dornen, Myrthen und Orangeblüthen an den Pfeiler des Bettes: die Dornen sollen langes Leben und Standhaftigkeit in allen Sorgen des Ehestandes bedeuten, Myrthen und Orangen, daß die Liebe des jungen Paars so zart und fest sei, wie die immergrünen Blätter. Wenn dann am folgenden Tage der Bräutigam seine Auserwählte im festlichen Zuge zur Trauung abholt, und sie sich anfangs mit lautem Wehklagen sträubt, dem Zuge zu folgen, auf die Bemerkung des Brautführers: „Laßt sie doch, weil sie weinet", erwiedert: „Führet mich fort von hier, aber laßt mich weinen!" so wäre es freilich irrig, eine solche Begegnung blos dem Alterthum und dem heutigen Griechenland zuzuschreiben; Aehnliches wird bei allen Völkern da wiederkehren, wo der Conflict zwischen Neigung und langer treuer Gewöhnung im Menschenherzen entsteht. Merkwürdig aber ist, daß sich das Hochzeitsceremoniell bis auf kleine Einzelheiten erhalten hat, bis auf den symbolischen Regen von Naschwerk und Nüssen, den die Verwandten und Freunde auf das Brautpaar „ausschütten", bis auf den feuerfarbenen goldbefranzten Schleier der Braut und den Kranz von Weinreben, den der Bräutigam trägt, bekränzt, wie wir ihn auf der Aldobrandinischen Hochzeit abgebildet sehen. Während der Trauung kniet der Bräutigam, um jedem Uebel auszuweichen, auf der vorgelegten Schleppe oder dem Kleide der Braut. Nach der Einsegnung durch den Priester werden die Ringe hin und her gewechselt, bis der goldene dem Bräutigam, der silberne der Braut verbleibt. In Elis giebt die Mutter der Braut beim Heraustreten aus der Kirche ihrem Schwiegersohn eine kräftige Ohrfeige, damit er sich ihrer in Zukunft auch erinnere. Die Heimkehr aus der Kirche pflegt wohl in manchen Gegenden des Nachts beim Fackelschein, im Tanzschritt und mit Musik stattzufinden, so daß die auf dem Schilde des Achill dargestellte Scene sich auch im heutigen Leben wiederholt.

Ist der Zug am Hause des Bräutigams angelangt, so steht eine Jungfrau auf der Thürschwelle zum Empfang der Braut und reicht ihr Honig und Nüsse mit Sesam gemischt als Symbol der Reinlichkeit, des Fleißes und der Fruchtbarkeit. Auf Aehnliches deutet der altattische Gebrauch, den einst Solon sanctionirt hat, daß die Gatten vor der Hochzeit eine Quitte verzehren sollten. In Kreta pflegt die Braut den kleinen Finger der rechten Hand in jenen Topf von Honig zu stecken und damit vier Kreuze an die Thür zu machen. Zugleich ziehen die Männer des Hochzeitsgefolges ihre Dolche und ritzen mit denselben Striche auf das Oberteil der Thür, um alles Unglück vom Hause fern zu halten. Das ist der Aberglaube der Alten, die über die Hausthür des Bräutigams die Worte schrieben: „Nichts Böses möge hereinkommen!" („Wie soll denn aber der Herr des Hauses hereinkommen?" fragte der Cyniker Diogenes.) Tritt die junge Frau in's Innere des Hauses, so reicht man ihr einen Granatapfel, den sie zerbricht und die rothen Kerne auf den Boden streut, zum Zeichen davon, daß das Haus sich mit so vielen Gütern füllen soll, als Kerne auf dem Boden gesäet sind. Und wer erkennt nicht in den Liedern, mit denen noch heut= zutage das junge Paar am Morgen nach der Hochzeit von Freunden und Freundinnen geweckt wird, den Grundton jener einschmeichelnden alten Hymenäen, wie sie uns Theokrit überliefert hat?

Drei Tage nach der Hochzeit führt man die Neuvermählte nach der Quelle oder dem Brunnen, von wo sie in Zukunft ihr Wasser entnehmen soll; sie begrüßt die Quelle feierlich, trinkt aus hohler Hand und nun beginnt ein Rundtanz im Freien, bis zuletzt abermals ein Jüngling, dessen beide Eltern noch leben, mit einem besonders dazu bestimmten Gefäß Wasser schöpft und die heilige Flüssigkeit, ohne ein Wort zu sprechen, nach dem Hause des jungen Paars zurückträgt. Dieses deutet ebenfalls auf uralte Gebräuche hin. Daß der Tanz die übliche Freudenäußerung auch im alten Hellas war und bei festlichen Gelegenheiten nie fehlen durfte, ist jedem Alterthumsfreund wohl bekannt.

Die Lust zum Tanzen scheint diesem Volke angeboren zu sein. Wir denken an den Auftritt zurück, welcher uns aus dem Alterthum von Hippokleides', dem Freier der Fürstentochter Agariste, überliefert wird. „Du hast dein Glück vertanzt!" rief Agaristens Vater, Klisthenes, dem siegesgewissen Athener zu, da dieser an dem Tag, der über die Bewerbung entscheiden sollte, seinen Uebermuth in lustigen Tänzen zur Schau trug. Ein Nebenbuhler trug Agaristens Hand davon und Hippokleides tröstete sich mit jener für glückseligen Leichtsinn sprüchwörtlich gewordenen Aeuße= rung: „Was macht sich Hippokleides daraus?" Und nun erinnern wir uns, wie auch der Ernst der antiken Volksreligion die Verbindung mit der heiteren Kunst nicht verschmähte, wie die Unsterblichen selbst zum sterb= lichen Reigen herabstiegen, Jupiter Olympius an ihrer Spitze. So ver= menschlicht erscheinen Götter und Heroen in der Bibel des griechischen Volksglaubens, im Homer. Auch heutzutage geben sich Lebenslust und Uebermuth in ähnlichen Formen kund. Zu Schiff, inmitten der tobenden See, wenn Poseidon drohend sein Haupt aus den Fluthen emporhebt, und die schäumenden Wogen über Bord jagt, umtanzen die griechischen Matrosen den Mast, bald nach vorwärts, bald nach rückwärts, die Arme ausbreitend und singend, in ruhiger Bewegung, als gelte es dem Zorn der Elemente, dem Groll des Meergottes gleichsam ein Schnippchen zu schlagen. So tanzten die Suliotinnen die Klippe des Acheron herunter,

so tanzte Odhsseus in den Chan von Grawia, da ihn die türkischen
Massen umringten, und die Genossen folgten, spottend und lachend
im Angesicht des Todes. Auch der Schild- und Schwert-Tanz der
Alten hat sich in manchen Gegenden, z. B. in Kreta erhalten; zwei
Männer mit Dolchen bewaffnet, gehen in gemessenen Schritten auf
einander los, indem sie ihre Waffen schwingen, und man glaubt sich,
wenn man ihre wilden Bewegungen sieht, ins alte Lakedämon zurückversetzt. Wer aber beschreibt zur Genüge den Reiz der Romaïka, wenn die
jungen Mädchen auf „veilchenbekränzter" Wiese oder am Strande des
Meeres sich die Hände reichen und in anmuthig bewegter Kette durch-
und auseinanderwinden? Während bei uns die Paare nebeneinander hin-
schweben, beruht das Wesen dieses Tanzes darin, daß die Einzelnen in
langer Reihe dem Chorführer oder der Chorführerin singend und gestiku-
lirend folgen. Oft eilt am Meeresufer die Chorführerin den zurückwei-
chenden Wellen nach; die andern folgen festgeschlossen und lassen sich lieber
von der salzigen Flut bespritzen, als die lebendige Kette zu lösen. Und
in der Nähe, auf den Höhen am Gestade, sitzen die Alten, „den Cikaden
vergleichbar", und entzünden den letzten Funken ihrer Lebensglut an dem
frischen Treiben der Jugend. So leben die Bilder alter Dichtung vor
unseren Augen von neuem auf, wenn Euripides das festliche Spiel
schildert, das zur Hochzeit des Peleus Götter und Menschen froh vereinte.

Nur die Musik, die heutzutage den Tanz begleitet, würde man am
liebsten wegwünschen. Denn auch die heutigen Griechen haben keine
Vorstellung von Harmonie; sie singen ihre einfachen Melodien mit großem Eifer, aber oft falsch und stets durch die Nase. Die Lieder, welche
die Romaïka begleiten, tragen ein schwermüthiges, unserer Tanzstimmung
keineswegs analoges Gepräge. Τι σε καμα και μυδρίζεις Διαμανδουλα
μου, näselten sie, während sie zu Patissia die Romaïka tanzten; Worte,
die etwa unserem „Was hab' ich denn meinem Feinsliebchen gethan?"
entsprechen dürften.

Daß der Ernst des Lebens den Zusammenhang zwischen Sonst und
Jetzt ebenso zum Ausdruck bringt, wie die Freude, mag leicht errathen
werden. Die schwache und doch so menschliche Sorge, welche das Schreck-
hafte in der Natur, Krankheit und Tod, kaum mit Namen zu nennen wagt,
und ihm gleichsam dadurch zu entgehen wähnt: welche die Furien Eumeniden,
die Blattern Gottessegen und den Tod Entschlafen nennt, kehrt auch im modernen Griechenland wieder. Das Volkslied ist ein getreuer Spiegel der traurigen Empfindungen, welche das Volk beim Verschwinden des Sommers,
beim Beginn des Winters, wie beim Anblick der dahinwelkenden Men-
schenkräfte ergreifen. Die drei antiken Parzen sind drei Frauen geworden,
die gemeinsam durch die Städte rennen, um sie zu veröden. Die erste
trägt eine Rolle Papier, die zweite eine Scheere, die dritte einen Be-
sen. Die erste schreibt den Namen des dem Verhängniß Verfallenen

ein, die Andern tilgen ihn aus dem Buche des Lebens. Im höchsten Affekt greift der Grieche wohl auch noch heutzutage zur Erde, wie einst die Alten durch ähnliche Gestikulationen die Furien heraufbeschworen. Die Pest, welche die Alten als eine Greisin in Trauerkleidung darstellen, ist im Munde des heutigen Volkes eine alte blinde Frau, die Alles tödtet, was sie berührt. Und nun erzählt dies Volk in seiner lebendigen, Alles personificirenden Weise: Die böse Alte, die nur an den äußeren Wänden der Häuser hintappe, vermöge alle Die nicht zu erreichen, welche sich sorgfältig im Innern des Hauses halten.

Auch das letzte unabweisbare Schicksal wird heute ähnlich hingenommen, wie ehemals. Alles deutet auf die antike Vorstellung, daß der Tod kein schreckliches Gerippe, sondern ein freundlicher Genius ist, dessen Kuß das Leben von den Lippen nimmt. In seinem schönsten Kleiderschmuck, im weißen Gewande, die Hände über die Brust gefaltet, liegt der Todte mit dem Gesichte gegen die Hausthür gewendet, zum Zeichen, daß er das Haus für immer verlassen soll. Blumenguirlanden, Tänien, vor Allem Kränze aus Eppich, umgeben ihn. Ein ehrenvolles Begräbniß gilt nach wie vor als das wünschenswertheste Loos des Abgeschiedenen, und als die heiligste Pflicht der Ueberlebenden. Echt griechisch, wenn auch dem modernen Bewußtsein fremd, sind darum die Empfindungen, die Antigone, „die schwesterlichste der Seelen", beherrschten, da sie Alles daran setzte, was sonst dem Weibe theuer ist, nur um den geliebten Bruder zu bestatten.

Wenn wir heutzutage einer Bestattung in Griechenland beiwohnen, so glauben wir eine der Scenen zu sehen, wie sie uns auf antiken Vasenbildern dargestellt sind.

Dem Zuge der Leidtragenden voran gehen die Klageweiber mit den Zeichen des wildesten Schmerzes die Brust zerschlagend, die Haare zerraufend. Während der religiösen Feier am Grabe selbst verstummt ihr Gesang, bricht aber nach dem letzten Kuß, nachdem die Anwesenden den Verstorbenen noch einmal umarmt haben, wieder herzzerreißend hervor. „Ihr seht mich stumm und athemlos," lautet eine dieser Myrologien, „o weint über mich, alle meine Brüder, Freunde und Bekannte, denn gestern noch sprach ich zu Euch. Gebt mir den letzten Kuß. Ich werde nicht mehr mit Euch gehen und sprechen. Ich gehe zu dem Richter, bei dem kein Ansehen der Person gilt; dorthin, wo Diener und Herren zusammenstehen, Könige und Soldaten, Reich und Arm in gleicher Würde; denn jeder wird verklärt oder verurtheilt werden, je nach seinen eigenen Werken." Nach der Bestattung begiebt sich das Leichengefolge in die Wohnung des Verstorbenen zurück, gleichsam als dessen letzte Gäste feiern sie das Todtenmahl. Daß man Speisen, Kuchen, Früchte am dritten, neunten und vierzigsten Tage, im dritten, sechsten und neunten Monate nach dem Tode auf das Grab niederzulegen pflegt, erinnert an die kindliche Vorstellung der Alten, welche dem Todten ebenfalls in jenen Tagen eine förmliche Mahlzeit bereiteten, und sein Andenken durch Liebesgaben, durch „Spenden dunklen Weines" an der Grabstelle zu ehren suchten. Der Naturalismus des Volkes scheint während jener geheimnißvollen vierzig Tage an einen nähern Zusammenhang des Verstorbenen mit der Erde, die er verlassen, zu glauben; denn vierzig Tage lang läßt man eine ewige Lampe in der Ecke des Sterbezimmers brennen, und vierzig Tage lang stellt man ein mit Wasser gefülltes Gefäß für den Verstorbenen an sein Grab. Das Volk glaubt, daß die Seele des Verstorbenen in Gestalt einer Biene zurückkehre, um sich an dem Wasser zu erquicken. Auch trifft man wohl eine Erinnerung an die Beschäftigung, die dem Ab= geschiedenen am theuersten war, ein Zeichen seines Berufes auf dem Grabe, wie das Ruder, das Odysseus auf Elpenor's Grabhügel heften sollte; oder den Kamm und den Salbennapf, den Spratt in Thenä auf dem Grabsteine eines Damenfriseurs abgebildet fand. Die Vorstellung des Todesortes ist ganz die heidnische; ein „Tartarus" ohne Licht und Wasser, eine „dunkle Region von dick gefrorenem Eis", kurz der Inbegriff alles Schreckens in den Augen des Südländers empfängt die Seelen der Abgeschiedenen. Vor Allem hat sich die Phantasie des Volkes der Gestalt des Charon, jenes grimmigen alten Fährmanns nach der Unterwelt, be= mächtigt. Noch heutzutage giebt man den Verstorbenen eine kleine Münze, einen Obolos, als Fährgeld auf den Weg, als ob der Fährmann Anstand bei der Ueberfahrt über das stygische Gewässer erheben würde. Der mür= rische Greis, Charon selber, ist in der Vorstellung der Neugriechen zur Personifikation eines raschen unerwarteten Todes geworden. Als Vogel oder Wolf gestaltet, lauert er den Sterblichen, die in voller Lebenskraft stehen, und wohl übermüthig pochen, auf, überfällt sie, ringt mit ihnen, oft entspinnt sich ein heftiger Kampf, doch sobald der Abend kommt, behält Charon die Oberhand, ergreift sein Opfer am Haar und schleppt es von dannen. „Denn Charon ist ein schlauer Knabe, der erste aller Klesten, er kennt die Kleftenkünste und die Weiberlisten." Dann zieht er mit seiner schwarzen, dem Untergang geweihten Schaar, hoch zu Roß, über die Gebirge, die bei seinem Herannahen schwarz werden; die Jüng= linge gehen vor ihm her, Alte folgen ihm nach, die kleinen Kinder sind an seinem Sattel festgebunden. Der Unmuth, mit welchem die von Cha= ron Gebändigten ihm in den dunklen Hades folgen, der sehnende Blick nach den Gütern des Landes, nach den hellen Fluren der Heimath, der ihnen entgleitet, ist für die neue, wie für die alte Griechenwelt charakte= ristisch. Der berühmte Kleftenhäuptling Dimos verlangt sterbend nur die eine Gunst von seinen Gefährten: ein offenes Fensterlein an seinem Grabe, damit er von dort aus noch einmal die Herrlichkeit des Frühlings erblicken, die Botschaft der Schwalben und Nachtigallen vernehmen kann. „Waren wir", so schreien die Seelen der Todten im Hades, „nicht jung?

waren wir nicht Palikaren? segelten wir nicht in den Schiffen von Pfara?"
So schwer reißt sich der Hellene von dem, was ihm im Leben theuer ge=
wesen, los, keine Verheißung eines noch so glänzenden Looses im Jenseits,
keine Aussicht auf paradiesische Freuden im Himmel kann ihm den irdi=
schen Genuß in Vergessenheit bringen. Als Odysseus den Achilleus in
der Unterwelt preist, daß er auch dort noch den Geistern mächtig gebiete,
antwortet ihm der Schatten des Peliden mit der wehmüthigen Klage: er
wolle lieber Taglöhner eines dürftigen Mannes auf Erden als König
sämmtlicher Todten sein.

Das ist der Schlüssel zum Verständniß des Hellenismus, jener heitern
Sinnlichkeit, jener Lust an Licht und Leben, die nur Der recht wür=
digen kann, der unter dem glanzvollen Himmel Attikas geweilt hat. Was
Wunder, daß die gleichen Verhältnisse Gleiches erzeugten, und daß sich
auch der Charakter der Neu=Griechen dem ihrer Vorfahren entsprechend
herausgebildet hat?

In der breiten unteren Schicht, auf der es ruht, ist das griechische
ein bildsames, geistig regsames, bewegliches, dabei aber nüchternes und
verstandesklares Volk. Mehr Verstand und Berechnung als Wärme. Mehr
Lebhaftigkeit und Auffassungskraft als Gründlichkeit. Ohne Ehrfurcht vor dem
Hergebrachten, ohne Sinn für die Vergangenheit, scheinen sie allein auf
den Vortheil des Augenblicks bedacht. Ihr elastisches Temperament, ihre
lebhafte Einbildungskraft und ihr unverwüstliches Selbstvertrauen schlagen
in persönliche Eitelkeit und selbstsüchtigen Ehrgeiz um.

Ein verheißnngsvoller Zug aber, aus welchem Der, welcher auf die
Zukunft dieses Volkes baut, vor Allem seine Hoffnungen schöpft, ist der
ruhelose Wissensdurst und Lerneifer der Neuhellenen. In den entlegen=
sten Dörfern kann man einen Haufen Kinder vor der Thür des Schul=
hauses sitzen sehen, die, ohne auf den schönen Sonnenschein, ohne auch
nur auf den vorüberziehenden Fremden zu achten, in ein Buch vertieft
sind und sich mit Frage und Antwort lebendig unterrichten. Durch den
ganzen Orient sparen die armen, unter Türkenherrschaft lebenden griechi=
schen Rajahs sorgfältig jeden Piaster, um ihre Söhne auf der Universität
Athen studiren lassen zu können. Sie sind sich bewußt, das belebende
geistige Ferment zu sein; sie sind in Wahrheit die Seele des Orients,
wenn sie auch noch nicht vermocht haben, dieser Seele einen Körper zu
verleihen.

Der alle Stände der Griechen durchdringende Wissensdurst wird
durch die Gleichheit gefördert, die hier der That nach durchgeführt ist.
Schon im Alterthum gab man wenig auf Unterschied des Ranges und
Standes; selbst der hocharistokratische Perikles mußte sich mitunter dazu
herablassen, um die Gunst der geringsten Bürger aus der Vorstadt zu
werben.

Dieser demokratische Zug waltet auch jetzt noch vor. Ein ange=

sehener Adel, mit Grundbesitz und Privilegien ausgestattet, wie bei uns, besteht nicht.

Aber selbst gegen eine Aristokratie des Verdienstes revoltirt der Grieche ebenso, wie gegen die Aristokratie der Geburt.

Wo hätten auch die Hellenen Respekt vor ihrer Aristokratie schöpfen sollen? Ein Mittelalter in unserem Sinne: Ritterburgen, Zünfte, Patrimonialrechte haben sie nicht gehabt. Nur die Bastonade der Türken schwebte über ihnen; sie ließ Hoch und Niedrig, Fanarioten, Primaten und Volk gleich erzittern, und hat Alles nivellirt.

Daraus ergaben sich bedeutungsvolle Folgen. Wer sich nicht vor Andern zu fürchten braucht, wer das Ziel bürgerlichen Lebens offen vor Augen sieht, und nicht etwa statt des Staates eine Reihe Bevorrechtigter, die ihn hemmen und plagen, wird auch eher geneigt sein, das Ziel mit allen Kräften zu erstreben, und für das Allgemeine sein individuelles Wohl zu opfern. Beispiele dieser lebendigen Vaterlandsliebe, der schönsten Muster des Alterthums würdig, hat der griechische Freiheitskampf aufzuweisen; neben den Bavrakis, Konburiottis, Ypsilantis, Maurokordatos hat so mancher kaum genannte griechische Kaufmann und Krämer mit Freuden seine Habe auf dem Altar des Vaterlandes niedergelegt und sich ein Anrecht auf die nationale Dankbarkeit erworben.

Mit der Vaterlandsliebe geht die Liebe zur Heimath, mit dem Patriotismus geht der Partikularismus Hand in Hand. Man muß taub und blind sein, um die Bedeutung derselben für dies Land und Volk zu verkennen. Uns Fernstehenden und Nachlebenden erscheint es oft so, als habe sich das alte Hellenenthum auf die eine Stadt Athen koncentrirt. Man wird aber die alte griechische Geschichte nie verstehen, ohne die Bruchtheile geistigen Lebens, ohne die Kulturbeiträge zu würdigen, welche eine jede der zahlreichen griechischen Stadtgemeinden, welche Sicyon, Argos, Theben, Korinth zur griechischen Entwickelung beisteuerten. Und wenigstens in der höchsten Blütheperiode Griechenlands hat dies individuelle Nebeneinanderleben verschiedener Kleinstaaten, weit entfernt davon, dem Patriotismus zu schaden, ihn vielmehr gehoben und den Sporn zu gemeinförderlicher wetteifernder Thätigkeit abgegeben.

Individualismus ist auch heutzutage der hervorstechende Zug des Landes und seiner Bewohner; er bedingt eine reiche Mannigfaltigkeit, eine Fülle von Gegensätzen, wie sie sich auf so engem Gebiet schwerlich wieder bei einander finden. Während am Golf von Korinth Myrthen und Oleander grünen, starren die Fluren Arkadiens oft noch von Schnee und Eis. Eine kurze Wasserfahrt, eine Bergwanderung von wenig Stunden genügt, um in ganz neue Umgebungen zu bringen.

So verschieden wie Klima und Boden erscheinen Anlage und Sinn der Bewohner.

So erinnern wir uns zweier junger Mönche aus dem Kloster am

Pentelikon, in deren Gesichtszügen und ganzem Wesen eine solche charakteristische Verschiedenheit vorwaltete, und die Erinnerung an den gewaltigen
Widerstreit, in welchem sich die althellenische Geschichte bewegt hat, wachte
auf, als der eine mit strengen, rauhen Zügen und selbstbewußter Art
verkündete: „Ich bin Spartiate!" und der sanftere, aber feine und geistig
regsame Gefährte, sich im Gegensatz dazu als einen Jonier aus der attischen
Gemeinde Kalenderi zu erkennen gab.

Daß dieser scharf ausgeprägte Partikularismus auch seine Schatten-
seiten hat, daß er dies durch Kirchthurmsinteressen und Parteiungen gespaltene Volk zu keinem vollkommenen nationalen Dasein gelangen ließ,
wer möchte das läugnen? Wie bei den Einzelnen, haftet auch bei den
Nationen das Schlimme leicht den Vorzügen an. Die zerrissene, zer-
klüftete Natur des Landes, die auf der einen Seite jene reiche Kulturent-
wickelung, die Blüthe von Kunst und Wissenschaft begünstigte, hat auf
der andern Seite innere Fehden, Bürgerkriege und Räuberwesen seit
ewigen Zeiten genährt. Ja aus Parteiung und Räuberei schuf man
sich obenein einen Titel des Ruhms. Auch hier stoßen wir noch heutzutage auf die unmittelbaren Folgen des türkischen Systems. Zur Zeit
der Türkenherrschaft war das Räuberwesen der natürliche Ausdruck des
hellenischen Freiheitsdranges. Wo das Gesetz Person und Eigenthum
nicht mehr schützte, da fand man in der Auflehnung wider das Gesetz
den besten Schutz. Wer der Knechtschaft überdrüssig war, wer ein muthiges Herz im Busen trug, der eilte in die Berge, und aus dem Sklaven ward ein gefürchteter Feind. Was anderswo Verbrechen heißt, galt
hier als Pflicht, der Ruhm der Vertheidigung von Glauben und Vaterland verklärte den Beruf des Kleften. Auf den Türken, wie auf den
eigenen Landsmann, der sich unter das türkische Joch beugte, sah der
Klefte mit Haß und Verachtung. „Wüsteneien und Felsenhöhen" waren
seine „Stadt"; in der Wildniß und der Wolfsschlucht hauste er lieber,
als in der Ebene, wo „der Türke und der Sklave wohnt", und wenn die
türkische Regierung ihn aufforderte sich zu „unterwerfen" (προσκυνᾶν),
so antwortete er: „Mein Pascha ist der blanke Säbel, mein Vezier ist
die Muskete. Lieber will ich mich mit den Thieren des Waldes, als mit
den Türken paaren". In dem Lied: der „Unbezwungene Klefte", spiegelt
sich die ganze Leidenschaft des Griechen gegen seinen heidnischen Unterdrücker, zugleich aber auch der wilde Trotz des Naturkindes gegen die
Künste des Friedens und das beschränkte bürgerliche Thun und Treiben
überhaupt. Erziehung und Bildung der Kleften standen auf einer sehr
niederen Stufe. Die Summe ihrer Schulweisheit beruhte in den alten
Balladen und Kriegsliedern, welche die Tapferkeit und die Siege ihrer
Vorfahren feierten; von Skanderbeg's glorreichem Kampf gegen den Halbmond bis auf Suli's heldenmüthigen Widerstand gegen Ali Pascha und
auf den Freiheitskampf selber. Schon in den Kinderspielen paarten sie

sich in die Parteien der Klesten und der Türken. Der Eifer, mit dem sie ihre Leibesübungen trieben, konnte an die alte Palästra, an Lakedämon und Olympia erinnern. So oft im Freiheitskampf die Truppen des alten Klestenhäuptlings Kolokotronis einen Halt auf dem Marsch gemacht, und sich nothdürftig mit Speise und Trank gestärkt hatten, ging es an ein Ringen, Springen, Stein- und Diskuswerfen, als ob der Oelzweig, wie einst im Alterthum, dem glücklichen Sieger winke. Die körperliche Gewandtheit der Klesten grenzte an's Unglaubliche; von einem ihrer berühmten Häuptlinge erzählte man, daß er über sieben nebeneinander stehende Pferde hinweggesetzt sei, und im Lauf die schnellsten Renner überholt habe. Wenn er lief, so heißt es im Lied, berührten seine Sohlen seine Ohren. Der Held des osthellenischen Freiheitskampfes, Odysseus, stand seinem mythischen Ahnherrn aus der homerischen Zeit an Raschheit und Elasticität wenig nach. Unübertroffen war die Sicherheit des Auges. Mit ihren schlechtgearbeiteten alterthümlichen Musketen trafen die Klesten auf 200 Schritt einen Ring, der an einem Baumzweig hing, selbst in der Dunkelheit verfehlten ihre Kugeln selten das Ziel; sobald das Feuerrohr aufblitzte, nahmen sie ihren Gegner sicher aufs Korn. In der Erduldung körperlicher Entbehrung konnten sie einen alten Stoiker beschämen. Drei Tage und drei Nächte lang fochten Nikotaras und seine Genossen an der Brücke von Pravi, der Schnee der Berge war ihre einzige Nahrung und ihr Trank. Wie die „Klesten der See", die Piraten der Inseln des Archipel, Monate lang mit getrocknetem Zwieback, Zwiebeln und Muscheln vergnüglich leben konnten, so zogen die Klesten der Berge auf die anstrengendsten Märsche mit ein paar Oliven und einem Stück Ziegenkäse im Sack. Wo der Esel verhungert, sagt das Sprichwort, wird ein Grieche noch fett. Im Freiheitskampfe hat es großer Proviantvorräthe für die griechische Armee nicht bedurft, und ein Feldherr wie Kolokotronis war der Napoleonischen Sorge für die Verpflegung seiner Truppen so gut als überhoben. Dafür hat er freilich bittere Klagen über den Eigenwillen und den Mangel an Zucht geführt, die in den klestischen Lagern zu Hause waren. In dieser Beziehung könnten die griechischen Seeleute den Palikaren der Berge ein Muster sein. Die Schnelligkeit und Gewandtheit der griechischen Matrosen ist gerade so bewundernswerth als die der Klesten, beim Segelrollen und Aufziehen winden und schlingen sie sich gleichsam um die Segelstangen herum, sie tanzen am äußersten Ende des Mastes ohne zu fallen, und setzen Etwas in verwegene und kecke Taucherstreiche. Daneben aber pflegt bei ihnen Alles in musterhafter Ruhe und Pünktlichkeit vor sich zu gehn, auf den Pfiff oder Zuruf des Steuermanns fliegen sie an den Ort, wo geholfen werden muß, und ihre treffliche Mannszucht kann die Klesten tief beschämen. Ein griechisches Heer zu führen ist eine Qual, so seufzte Kolokotronis, Wellington soll mir 40000 seiner Soldaten

geben, die will ich zusammenhalten; wenn ich ihm 500 Griechen gebe, er
wird ihrer keine Stunde Meister sein. Die Kampfesweise der Kleften
war allerdings himmelweit verschieden von der Taktik europäisch gedrillter
Truppen; preußische Offiziere, die in das Lager des Kolokotronis kamen, haben
kein Wort der Entrüstung über das kleftische Diebsgesindel gespart. Wenn
der Feind heranrückte, so pflegten sich die Kleften nach allen Richtungen
zu zerstreuen, jeder suchte sich ein Versteck, ein Buschwerk, einen Hinterhalt, aus dem hervor er gegen die Türken feuern konnte. Blieben mehrere
beisammen, so errichteten sie „Tamburia", halbmondförmige Steinschanzen,
hinter denen sie sich bargen, um den nahenden Feind mit einer plötzlichen
Salve zu begrüßen. Europäisch geschulte Militärs haben über die Feigheit der Kleften gescholten, ohne daran zu denken, daß auch in diesen
charakteristischen Zügen die Antike wiederkehrt. Der Hellene liebte es nicht
sich nutzlos zu opfern; gern hielt er sich in vorsichtiger Defensive, um die
Gunst des Terrains zu nutzen; nur wo zwingende Umstände jede Wahl
versagten, bei Marathon, bei den Thermopylen und bei Salamis griff er
mit der größten Todesverachtung an. So galt auch im modernen Griechenland unter den Sulioten jede Wunde für schimpflich, die man nutzlos
erhalten hatte. Der hellenische Heroismus ist der verborgene Funken im
Kiesel, der ruhig schläft, so lange keine äußere Macht ihn weckt. Wenn
es aber das Höchste galt, wenn Alles auf der Spitze des Messers stand,
dann haben auch die Kleften gezeigt, daß sie lachend dem Tode trotzen
konnten. Der Klefte, der in türkische Gefangenschaft fiel, mußte erwarten, grausam verstümmelt und gepfählt zu werden, nicht einmal sein ent-
seelter Körper blieb von Beschimpfung frei. Lebendig in die Hände der
Türken zu fallen war deshalb ihre größte Furcht, oft hörte man, wenn
sie beim Wein saßen, den Trinkspruch: καλὸν μολύϐι: eine willkommene
Kugel! Lieber ein Ende ohne Schande, als Schande ohne Ende, war ihr
Wahlspruch, und ein Grab auf dem Schlachtfeld ihr Ehrgeiz und ihr
Stolz. Die spartanische Devise: „Entweder auf dem Schild oder mit
ihm" prangte auf den Feldzeichen der Maniaten. Wollte es aber das
Geschick, daß ein Klefte in die Gefangenschaft der Türken gerieth, so
war es leichter seinen Körper zu zermalmen, als seinen Sinn zu brechen.
Der Kleftenhäuptling Katsantonis und sein jüngerer Bruder Georg fielen
durch Verrath in die Hände ihres Todfeindes Ali Pascha. Das Urtheil
lautete dahin, daß die Glieder der Gefangenen nach einander mit Ham-
merschlägen zerschmettert werden sollten. Der ältere Bruder, der durch
Fieber und Blattern geschwächt war, konnte die Marter nicht ertragen
und stieß einige schwache Seufzer aus, als das schwere Eisen auf seine
Kniegelenke fiel. Da wandte sich Georg erstaunt zu ihm und rief: „Was,
Katsantonis, du heulst wie ein Weib?" Dann kam die Reihe an ihn
selbst und er lag ohne einen Seufzer, ohne einen Blick oder Laut des
Schmerzes da, bis jedes Glied von den Hüften bis zum Fuß gebrochen

4 *

war. Die Grausamkeiten der Gegner riefen in der Regel kleftische Re=
pressalien hervor. Es war nur natürlich, daß Männer, die wie Wölfe
gehetzt, in stetem Ringen gegen Menschen und Natur aufgewachsen waren,
sich von allen sanfteren Gefühlen lossagten und an Barbarei wetteiferten
mit ihrem Feind. Sie schonten der gefangenen Türken nicht, wenn sie
ihnen auch meist die Wohlthat eines raschen Todes durch Dolch oder
Blei gönnten. Doch konnte es auch geschehen, daß sie gegen Frauen, die
in ihre Hände fielen, einen ritterlichen Edelsinn zeigten; ein Kapitän, der
eine gefangene türkische Dame insultiren wollte, ward von seinen eigenen
Palikaren erschlagen.

Die Klefturie war ein nationales Institut, die Kleften waren
keine gewöhnlichen Räuber von Profession. Sie trieben ihr Handwerk aus
Noth und mit Unterschied.

Die Kleften des Pindus hatten einen Mönch bei der Bande, der
gewöhnlich in einem hohlen Eichstamm saß. Hatten sie nun einen Gefan=
genen gemacht, so führten sie denselben vor das seltsame Orakel, und der
Kleftenführer fragte: Sprich, du heilige Eiche, die schon unsere Väter
ehrten, was sollen wir mit unserem Kriegsgefangenen thun?

Ist er ein Christ, antwortete das Orakel, oder ein ungläubiger Hund?
Du weißt es, heiliger Baum, daß er ein Christ ist.

Dann möge unser Bruder froh des Weges ziehen, nachdem er den
Kuß brüderlicher Umarmung empfangen und seine Börse geweiht hat,
um die Bedürfnisse seiner armen Brüder zu lindern.

War aber der Gefangene ein Muselmann, so lautete die Antwort kurz:
Hängt den Ungläubigen an meinen geheiligten Zweigen und konfiscirt Alles,
was er hat, für den Nutzen der wahren Kirche und ihrer gläubigen Kinder.

So fehlte auch die religiöse Weihe der Klefturie nicht; die ortho=
doxe Kirche war gern bereit, die im Namen Gottes und des Vaterlandes
begangenen Gewaltthaten zu verzeihen, und inbrünstig betete der Klefte
zur „Panagia Kleftrina", zur Mutter Gottes, die den Raub zu Land
und See beschützt.

Ein eigener poetischer Reiz liegt über dem Wildlingsleben in den
Bergen. „Auf den Bergen ist Freiheit, der Hauch der Grüfte bringt
nicht hinauf in die reinen Lüfte."

Begleiten wir einmal den Reisenden, der durch die Gebirgswildniß
Akarnaniens oder Aetoliens gewandert ist, bald im Bett eines Gießbachs
emporklimmend, bald eine rauhe, steile Schramme hinabgleitend, und sich
nun, erschöpft von des Tages Anstrengung, nach Ruhe und Obdach sehnt.
Da schimmert ihm von ferne das Licht eines Hirtenhofes durch die Nacht.
Zugleich begrüßt ihn der Lärm der klassischen „erdaufwühlenden" Bewoh=
ner jener Stätten und näher toben und kläffen gewaltige moloffische
Hunde auf ihn los, deren er sich nicht anders zu erwehren weiß, als in=
dem er, wie einst Eumäus, nach Steinen greift, und die „ewig Bellenden"

auseinanderscheucht. Nun aber tritt er selbst aus dem niederen Thorweg, der Herr des Gehöfts, der göttliche Sauhirt, und heißt den Fremden mit echt homerischer Gastlichkeit willkommen. Drinnen am Feuer lagert eine Schaar von Palikaren, wilde, trotzig blickende Kriegsgesellen. Ein heller Glanz fällt von der Flamme aus auf die malerischen Trachten, die rothen Fez, die blitzenden Waffen im reichgeschmückten Gürtel, die weiten faltigen Fustanellen. Dem Eintretenden schallt lauter fröhlicher Gruß, die Aufforderung zur Freude und zum Lebensgenuß entgegen. Man fordert ihn auf, dem Mahle zuzusprechen, das am Herde bereitet wird, man theilt mit ihm die Leckerbissen des am Spieße gebratenen Lammes. Dann tritt wohl, wie einst, als Kalchas und Tiresias aus den Eingeweiden des Opfers weissagten, ein Alter mit wichtiger Miene an's Feuer, prüft das Schulterblatt des Thieres und prophezeit den Kleften Glück und Beute für ihr nächstes Unternehmen. Mit den Knöcheln des Lammes spielen die Kinder das Spiel, das einst dem Patroklus Unheil brachte. Nun eilt der Hausherr, aus einem Winkel des Gemachs den Wein herbeizuholen, wo derselbe, da es an Kellern mangelt, in Schläuchen aufbewahrt und um ihn zu erhalten, mit Pech oder Harz versetzt wird. Freilich, wenn der Rebensaft in gaisledernem Schlauch, welchen Odysseus von Maon, des Euanthes Sohn, zum Geschenk erhielt, ähnlich schmeckte wie der jetzige Resinato, so dürfte ein Pfälzer Weinkenner kein Verlangen danach tragen, noch den Geschmack des Cyklopen Polyphem begreifen, der auf solchen Trank sehr erpicht war. Aber man darf auch unter jenen Söhnen der Berge die Raffinements des europäischen Luxus nicht erwarten, und wenn uns bei dem bittern Trank und dem einfachen Mahl, das höchstens noch mit Oliven und Ziegenkäse gewürzt wird, mitunter die Sehnsucht nach den Comforts des alten Europa und eine sehr bestimmte Abneigung dagegen anwandelt, unser ganzes Leben in solchen primitiven Kulturzuständen zuzubringen, so haben wir doch unvergeßliche, an Erinnerungen reiche Stunden im Kreise jener Naturkinder zugebracht. Erschallen endlich zur Verkürzung des Mahles im bunten Wechsel Kriegs- und Liebeslieder, die das Andenken an manches kühne Abenteuer, an manches schöne Herz, das der Tapferkeit und dem Ruhme nicht zu widerstehen vermochte, im Gesang heraufbeschwören, dann fühlt man sich in die Zeit zurückversetzt, wo der blinde Dichter den zehnjährigen Kampf besang, der um die schönsten Augen Griechenlands so viele Tapfere in's Grab sinken ließ.

Selbst ein so ruhiger und verständiger Beobachter wie Kapodistrias vermochte sich dem Zauber dieses Wildlingslebens nicht zu entziehen. In seinen Depeschen an den jonischen Senat vom Sommer 1807 schildert er voller Wärme seine Begegnung mit den Kleften, wie die wettergebräunten Männer, die Botsaris und Katsantonis von ihren Erfolgen gegen die Türken berichteten, wie bei einem „homerischen Bankett", bei Musik, Gesang und Tanz sich die Nacht in Tag verwandelte. Der Scharfblick

des jonischen Staatsmanns hat schon damals in den Klesten ein Rüst=
zeug für die nationale Sache erkannt. Die „Klefturie" hielt in der
That einen Funken des griechischen Geistes lebendig, sie war ein Rest
von Gesundheit in einer Umgebung von Fäulniß und Verfall, sie schuf
die Keime physischer Erstarkung in einem verkommenen Volkskörper und
lieh dem Kampf gegen das Bestehende den Glanz einer ritterlichen Ro=
mantik. Die Anstrengungen, welche die türkische Regierung machte, um
das Kleftenwesen zu unterdrücken, blieben erfolglos. Ohnmächtig sah die
Pforte zu, wie die lecken Söhne der Berge in fast regelmäßigen Verwü=
stungszügen das flache Land heimsuchten, eine Art Steuer, $\lambda o \nu \varphi \acute{\epsilon} \varsigma \ \tau \tilde{\alpha} \nu$
$\pi \alpha \lambda \gamma \kappa \alpha \varrho \acute{\iota} \omega \nu$, von den Bewohnern der Ebene eintrieben und Türken wie
Rajah's in Schrecken setzten. In der Furcht vor den Kleften verfiel
man schließlich auf ein für die türkischen Zustände charakteristisches Mittel
der Abhülfe. Man gewann durch Bestechung einige der gefährlichsten
Kleften und indem man die Ungesetzlichkeit zur Dienerin des Gesetzes,
die Feinde der Ordnung zu Wächtern der Ordnung machte, übertrug man
ihnen die Aufrechthaltung der Ruhe, die Polizei ihres Distrikts. So ent=
stand nach Art der independenten Kompagnieen in den schottischen Hoch=
landen eine irreguläre Miliz, die „zahmen Klephten", von Griechen be=
fehligt, von der türkischen Regierung besoldet und unterstützt. Ihre
Hauptsitze waren die Berge des Festlandes, Agrafa, Ossa und Olymp;
im Peloponnes hat das Institut keine Wurzeln geschlagen. Wer von den
Kleftenhäuptlingen eine alte ehrwürdige Abstammung nachweisen konnte
oder wer einen Wettlauf mit den Ottomanen bestand und so vor der
Regierung seine Kraft und Gewandtheit dokumentirte, der erhielt feierlich
von dem Kadi das „$Mov\varrho \alpha \sigma \epsilon \lambda \grave{\epsilon}$", eine Bestallung als Kapitän, und
ward als Oberaufsichtsbehörde über seine eigenen Landsleute in Dienst
und Pflicht genommen. Fortan nannte er sich Armatole oder Pandure;
„Kapitän, Du gehörst unser!" riefen ihm die Türken zu. Seine Solda=
ten theilte er in mehrere Züge, an deren Spitze ein Offizier, „Koltfi",
stand. Der Distrikt hatte für die Verpflegung zu sorgen. Der Kapitän
behielt aber stets einen Kern von Truppen um sich, an den jene verein=
zelten Züge sich im Falle der Noth anschließen mußten. Das Mißtrauen
zwischen einem solchen zahmgewordenen Kleftenhäuptling und seinen
türkischen Auftraggebern erlosch niemals ganz. Jeden Augenblick war
jener bereit, wieder „wilder" Klefte zu werden und den legitimen Zügel
abzuschütteln; insgeheim versäumte er keine Gelegenheit, um seinen alten
Freunden Vorschub zu leisten. So kam es bald dahin, daß man die von
den Türken bezahlten und angestellten Feinde von ihren ursprünglichen
eigentlichen Feinden nicht einmal dem Namen nach unterschied. Mit
Stolz nannten sich die Einen wie die Andern „Kleften"; der Name,
welcher im Munde des Türken und der zitternden Landbevölkerung
Schrecken und Furcht bedeutete, ward ihnen ein Titel des Ruhms; wie

der Bettlername, in dem sich einst die „Geusen" wohlgefielen. Als der Zwang, der die Existenz der Klesten gerechtfertigt hatte, hinweggefallen, als das türkische Joch abgeschüttelt worden war, da zeigte sich erst, wie tief das Institut der Klefturie in Sitte und Neigung des griechischen Volkes wurzelte; auch die griechische Regierung hat vergebens versucht die zahmen von den wilden Klesten zu trennen, und nur der äußersten Strenge gegen die Hehler wie gegen die Thäter selbst auf der einen, der fort= schreitenden Bildung der griechischen Bevölkerung auf der anderen Seite wird es gelingen, das Uebel, das bis zur Stunde andauert, auszurotten und den irregeleiteten Patriotismus dieser Helden der Berge in's rechte Geleise zurückzuführen.

Die Neigung zu räuberischer Selbsthülfe ist freilich nicht die einzige Untugend des alten Griechenland, die im neuen weiter lebt. Ungehor= sam, Zügellosigkeit, die Todsünde der Demokratie: der Neid, sie wuchern noch heute fort.

In der partikularistischen Zertheiltheit wurzelt auch die Unfähigkeit der Griechen, den großen Männern, die aus ihrer Mitte hervorgehen, gerecht zu werden. Die griechische Revolution ist in Wahrheit mit demo= kratischem Oele gesalbt. Nur vorübergehend vermochten einzelne Namen wie Ipsilantis, Maurokordatos, Kapodistrias die allgemeine Bewunderung zu fesseln und sich über der Menge zu behaupten, rasch genug waren sie verbraucht und traten in Dunkel und Vergessenheit. Die Griechen dul= deten nicht, daß ein Napoleon, oder ein Bolivar unter ihnen empor komme. Es wäre ungerecht, wenn man die Schuld dieser charakteristischen Thatsache der mangelnden Befähigung und Erfahrung jener hervorragen= den Männer, statt dem Genius der Nation und dem patriotischen Arg= wohn beimäße, welcher in Demokratieen zur Bürgerpflicht zu werden pflegt. Wenn dieser schadenfrohe Haß der Mittelmäßigkeit gegen das Verdienst nicht schon im alten Hellas seinen Ausdruck gefunden hätte, so würden die jungen Hellenen den Ostracismus erfinden. Auch sie wären im Stande einen Themistokles zu verbannen und einem Sokrates den Gift= becher zu reichen. Nirgends sind Talent oder Genie weniger geschätzt als in Griechenland. Es hängt das, wie ein natürlicher Mangel, allen kleinen Gemeinwesen an, man hat Dinge und Personen allzunahe in greifbarer Anschaulichkeit vor Augen, hat sie mit ihren Irrthümern und Schwächen wachsen sehen, nun will man zeigen, daß man die Schwächen sieht und das Große nicht begreifen kann.

Man nenne heutzutage in Griechenland einen großen Namen, man frage nach einem bedeutenden Mann. Wenn die Antwort nicht lautet: „er ist ein Räuber", so muß er zum mindesten „ein Unmensch" sein, „der vom Schweiß der Armen prasst", oder „ein Betrüger, der die öffentlichen Kassen bestiehlt". Mit diesem letzten Vorwurf ist wieder ein alter, tief= eingewurzelter Nationalfehler bezeichnet. Klagt doch schon Polybius, daß

kein Grieche die Eigenschaft besitze, öffentliche, ihm anvertraute Gelder ge=
treulich zu bewahren. Der griechische Freiheitskampf hat eine Reihe
trauriger Exempel gezeigt, daß Gelder, die für das allgemeine Wohl be=
stimmt waren, in die Taschen der Primaten und Kleften wanderten.
Heute warnt das Sprüchwort der Levante davor, sich mit einem Griechen
in Handelsgeschäfte einzulassen. Das Talent zum Gewinn, der Handels=
instinkt führt eben zur Verwechselung von Mein und Dein. Merkur ist
noch immer der Gott des Handels und der Diebe. Um sich zu bereichern,
gelten alle Mittel als gut. Nur Ungeschicklichkeit und Mißerfolg werden
geahndet: der glückliche Diebstahl wird anerkannt, wer sich fangen läßt,
erröthet nur darüber, daß er nicht entwischte. Moralische Skrupel gelten
als blöde Befangenheit, und nirgends findet unglückliche Ehrlichkeit weniger
Bedauern als in Griechenland.

„Nur auf den Märkten übt sich klug die alte List, ererbter Trug,
Darin und einzig darin preist man noch der Griechen feinen Geist."

Aristophanes, der in den „Wespen" und „Rittern" die Prozeß=
sucht seiner Landsleute geißelte, würde den gleichen Zug in der Ge=
genwart wieder finden. Zur Türkenzeit saßen zwei Freunde beim Mahle
und sangen; da ließ Philomele ihr Lied aus den Gebüschen ertönen.
„Sieh, wie die Nachtigall von meinem Gesang gerührt worden ist",
meinte der eine Grieche, „meine Stimme hat sie begeistert!" „Nein, die
meinige hat sie angeregt," behauptete der andere. Es kam zum Prozeß,
sie gingen zum Kadi, um ihn zu fragen, für wen die Nachtigall gesungen
habe? Dieser hörte sie ruhig an, strich sich den Bart und verurtheilte sie
schließlich wegen ihres Zankes zu einer Geldstrafe. „Nun will ich Euch
sagen, für wen die Nachtigall gesungen hat. Sie sang für mich, Ungläu=
bige! Geht hin und vertragt Euch!"

Streit= und händellustig, unruhig, veränderungssüchtig, neidisch und
skrupellos: so gleicht das heutige Volk dem alten „Demos", wie er den
Spott der Komödie und die Verzweiflung aller ernsten Patrioten heraus=
forderte. Man darf deshalb nicht an den Achill, man muß an den
Odysseus denken, wenn man sich den richtigen Typus des griechischen
Volkes vergegenwärtigen will. Träte der Vielgewandte noch einmal unter
die heutigen Athener in der Aeolusstraße, er würde sich heimathlich an=
geweht fühlen, er würde dieses berechnende, schlaue Geschlecht seine ächten
Kinder nennen. Auch sie lieben sich selbst am meisten, und dann lieben
sie auch das Gut des Fremden. Ihre Idole sind Macht und Geld. Sie
verschmähen kein Mittel, wenn es gilt, sich selbst zu fördern. Sie über=
lassen es den eingebildeten Barbaren aus dem Norden, daß sie das Gute
um des Guten willen thun; wenn sie lernen und arbeiten, so thun sie
es um der Drachmen und Dariken willen. Jener Odysseus, der, als er
nach Ithaka heimkehrt, vor Allem die Ehrengaben der Phäaken nachzählt, ob
auch Nichts fehle, der den Freiern, ehe er sie tödtet, den Rath geben läßt,

seiner Frau reiche Geschenke zu geben, der Held, der „von Jugend auf mis-
leitende Worte geliebt hat," der den Freund und den Feind, der seinen Sohn
und seine Gattin belügt, und selbst die Gottheit belügen will, der trägt
Züge, die auch dem modernen Griechenthum abgelauscht sein könnten.
Wir gedenken ihrer allzuselten, wenn wir des Alterthums gedenken.
Wir sehen stets die Olivenhaine der Akademie, und vergessen die Agora
und den Piräus. Wir sehen das Volk, wie es im Theater von Begeisterung trunken der Aufführung unsterblicher Meisterwerke lauschte, und
vergessen, daß es dabei Knoblauch kaute. Wir erträumen uns eine Nation
von Halbgöttern, und wollen nicht begreifen, daß die alten Griechen ein
heißblütiges, grausames und berechnendes Geschlecht waren, und daß, wenn
sie uns heutzutage entgegenträten, wir vielleicht gerade so wenig erfreut
sein würden, wie wenn uns auf einem Spazierritt, bei einer Biegung
des Weges am Pentelikon, plötzlich aus dem Gebüsch die Flinte eines
Klesten entgegenblitzt, und sein lautes στάσσο! halt an! uns alle erhabenen und klassischen Reminiscenzen vergessen läßt!

Als Europa im dritten Jahrzehnt des Jahrhunderts seinen philhellenischen Jugendtraum träumte, eilten Jünglinge und Männer begeistert
nach Griechenland herüber und glaubten auf Schritt und Tritt den Gestalten der Marathonskämpfer zu begegnen; — sie erfuhren bald, daß
man mit der Begeisterung in Hellas nicht auskommt, daß man von Armuth,
Elend und Seuchen umgeben war, wo man einen Olymp erwartet hatte.

Wir glauben: diese rasche und bittere Enttäuschung war ein Glück.
Denn es ist immer gut, wenn der Mensch aus phantastisch ausgeschmück-
ten Traumbildern, sei es auch mit rauher Hand, in die Wirklichkeit zurückversetzt wird. Gerade darin beruht der Werth einer gründ-
lichen Kenntniß der griechischen Zustände, daß sie uns ebenso
davor behütet die Vergangenheit zu idealisiren, wie davor an
dem heutigen Griechenland zu verzweifeln.

Der „leuchtende Frühling", den die Menschheit im alten Hellas gefeiert hat, ist freilich dahin und lebt nur in der Sehnsucht fremder nor-
discher Dichter. Die Akademie steht verlassen. Dort denkt kein Plato
mehr den höchsten Räthseln des menschlichen Daseins nach. Keine Diotima
verkündet heutzutage, daß der Mensch erst wahrhaft leben kann, wenn er
das Urschöne schaut. Auch der göttliche Funke, welcher einst den Meißel
des Skopas und den Pinsel des Apelles beseelte, ist erloschen. Die Kraft
künstlerischen Schaffens, die Originalität des Denkens scheinen von der
Stätte gewichen zu sein, wo sie ehemals heimisch gewesen. Statt eines
Volkes von Denkern und Künstlern steht heutzutage ein Volk von Kaufleuten und Seefahrern vor uns. Der Geist, welcher einst die Schlachten
der europäischen Civilisation geschlagen hat, wohnt jetzt unter den Räubern
der Berge oder in den Comptoirs der Handelshäuser von Smyrna und
Odessa; er dient der Nautik und der Spekulation.

Ist aber diese Veränderung eine auffallende, oder gar eine melancho=
lische zu nennen? Konnten die Jahrtausende, die seit Perikles und Epa=
minondas dahin rollten, nicht noch Schlimmeres, nicht völligen Verfall
bringen? Eine gütige Vorsehung hat darüber gewacht, daß dem nicht so
gewesen ist, daß vielmehr an Stelle völliger Zerrüttung nur eine äußerst
langsame Entwicklung getreten ist, deren Gang durch die Gewalt elemen=
tarer Naturereignisse wie durch politischen Druck gehemmt wurde. Die
physische Mischung des Bluts hat keine geistige Entartung
erzeugt. Die Nationalität hat sich trotz aller Stürme ei=
genartig erhalten.

Man glaubt ein fremdes entstelltes Gesicht zu sehn, aber durch die
häßliche Maske sprüht das Feuer der alten Augen lebendig und kenntlich
hindurch. Statt also über die Gesunkenheit der Neugriechen zu klagen,
ist aller Grund vorhanden vielmehr über die unverwüstliche Zähigkeit des
Volksstammes und darüber zu staunen, daß derselbe nicht moralisch und
politisch auf einer viel tieferen Stufe steht, als wirklich der Fall ist. Wo
hätte er Besseres gelernt? "Selten vermag der Sklave, der gestern den
Kerker verlassen, heute schon die ganze Fülle des freien Sonnenlichts zu
ertragen. Die Fremdherrschaft der Lateiner und Türken ist wahrlich nicht
die Schule gewesen, um in den Beherrschten Edelsinn, Wahrheitsliebe, die
Tugenden moderner Bildung und Sitte großzuziehen.

Hören wir ein griechisches Volkslied aus der Türkenzeit:

Wie der Himmel Farben spielet, spielen wechselnd sie im Meere.
Willst du ruhig sein hienieden, nutze diese gute Lehre:
Immer sei bereit und willig, fremde Meinung zu erkennen;
Denke niemals, es sei Sünde, Tageshelle Nacht zu nennen;
Sei, wenn's nützet, stets gefällig, eigenen Glauben zu verschweigen
Und daß Honig giftig bitter, jedem Frager zu bezeugen.
Dies ist eines von den Mitteln, sicherlich sein Glück zu finden.
Doch wer Trug und Lügen hasset, Wahrheit strebet zu begründen,
Traue meinem weisen Rathe, lasse seine Grube graben,
Nähe sich sein Sterbehemde, sonst wird er nicht Frieden haben

Das war die Moral, welche die Griechen in der langen Nacht der
Knechtschaft seit der ersten Eroberung Konstantinopels gelernt hatten.

Ende des ersten Buches.

Zweites Buch.

Vorbereitende Bewegungen und Ausbruch der griechischen Revolution.

Schmeichelhaft genug klingt das Wort, daß ein Volk durch eigene Kraft die Freiheit sich erobert habe. Aber die gründliche historische Forschung pflegt nicht zu bestätigen, was Volksredner und Enthusiasten mit Triumph verkünden. Sie wird vielmehr in der Entstehungsgeschichte eines jeden Unabhängigkeitskampfes das schicksalvoll Gegebene von der freien Entwickelung, fremde Einflüsse von den Wirkungen der eigenen Volkskraft scharf unterscheiden. So erscheint uns der griechische Unabhängigkeitskampf nicht unter dem Bild eines Stroms, der plötzlich mit mächtig klarem Strahl aus dem Boden hervorbricht; nein, aus trüben Sumpffluthen sondert sich erst allmählich das krystallene reine Element.

Auch den Griechen hat philhellenische Uebertreibung das Lied vorgesungen, daß sie ihre politische Unabhängigkeit nur sich selbst verdankten. Aber das Lied ist falsch, es verwechselt ein Postulat mit einem Faktum. Die Griechen hatten genug zu thun, um die schlimmen Nachwirkungen der Fremdherrschaft zu verwinden und um sich nur selbst als Nation zu behaupten. Ihr Verdienst liegt darin, daß sie sich erhalten haben — aber darum vermochten sie es noch nicht, aus eigener Kraft die große politische Umwälzung herbeizuführen, welche die ganze Hämushalbinsel zu Beginn unseres Jahrhunderts erschüttert hat. Vielmehr kamen ihnen ganz außerordentliche Umstände zu Statten.

Als Lord Byron seine erste Bekanntschaft mit den Neuhellenen machte, schrieb er folgende Notiz nieder: „Die Griechen werden niemals unabhängig sein, sie werden nie die Freiheit erlangen und Gott verhüte es! doch können sie Unterworfene bleiben, ohne Sklaven zu sein. Jetzt leiden sie, wie die irischen Katholiken und die Juden und andre gequälte Ketzer, an allen moralischen und physischen Leiden, welche die Menschheit befallen können. Ihr Leben ist ein Ringen gegen die Wahrheit, sie sind lasterhaft aus Nothwehr. An Güte sind sie so wenig gewohnt, daß wenn man ihnen gelegentlich liebevoll begegnet, sie nur mißtrauisch werden, wie ein oft geprügelter Hund nach den Fingern schnappt, die ihn liebkosen wollen." Als Byron zu Athen verweilte, im Winter 1810 auf 1811, versicherte man ihm allgemein: die Griechen verdienten gar nicht emancipirt zu werden; und der Franzose Roque bildete sich viel auf sein geringschätziges Bonmot ein: „Die Griechen sind noch ganz dieselbe Kanaille, wie in den Tagen des Themistokles."

Lauteten ähnliche Urtheile auch vielleicht zu streng und hat die Folgezeit den Zweifel an der Auferstehungsfähigkeit der Griechen widerlegt, so hat sie doch auch nur allzuoft die Spuren jenes Sklavensinnes und jener Sittenverderbniß aufgewiesen, welche eine Fremdherrschaft einzuimpfen pflegt. Sollte man also glauben können, daß der „geprügelte Sklave" allein in sich die moralische und physische Kraft fand, um mit einem plötzlichen Rucke seine Ketten zu zerreißen? Schwerlich ... bei eingehender historischer Betrachtung wird sich vielmehr zeigen, daß der Sklave mehr als einmal an der Kette gerüttelt hat, ohne frei werden zu können, daß er nach rechts und links, nach Norden und nach Westen um Hülfe gerufen, daß er aber erst Erleichterung gefunden hat durch die Nachlässigkeit und Schwäche seines Kerkermeisters. Die Griechen danken ihre Freiheit vor Allem der Ohnmacht und Stumpfheit ihrer Herrn; mit der zunehmenden Dekadenz des türkischen Regiments stiegen die Freiheitsaussichten und die Freiheitsgelüste in den unterdrückten Hellenen. So muß es denn zunächst unsere Aufgabe sein, diesen Prozeß des türkischen Verfalls darzustellen und die Gelegenheiten zu zeigen, welche er dem österreichischen, russischen, französischen und schließlich dem Ehrgeiz der Rajah bot.

Rasch genug begann die Kraft nachzulassen, die den türkischen Staatskörper anfänglich belebt hatte. Ein Militärorganismus, der die Unterworfenen zu Boden trat, statt zu regieren, ein Ausnahmezustand, der sich allein auf das Schwert stützte, konnte nur bestehen, so lange eine Reihe gewaltiger Selbstherrscher den Thron Osman's inne hatten, deren Arm so sehnig und stark war, wie ihr Wille und Entschluß. Aber schon im 16. Jahrhundert, während der höchsten Glanzperiode türkischer Geschichte, trat der Moment ein, wo die gründende und erhaltende Kraft des Reichs erlahmte.

Unter Suleiman I. hatte das türkische Reich nach innen die gespannteste Koncentration, nach außen die größte territoriale Ausdehnung erlangt.

Wie schien doch in Europa alles Bestehende und Alte von Grund aus bedroht zu sein, da jenes einzige Bündniß zwischen Sultan Suleiman, Papst Paul III., König Franz von Frankreich und den deutschen Protestanten zu Stande kam. Aber nur vorübergehend vermochte das

Auftreten der Osmanen die bisherige europäische Staatenkonstellation in Frage zu stellen. Gerade in jener Glanzperiode hat das scharfblickende Auge der Staatsmänner wie der Historiker den Keim der Auflösung und des Verfalls erblickt. Hier stimmen die venetianischen Proveditoren in ihren Berichten an die Signorie mit den Ansichten der türkischen Ge= schichtsschreiber selbst vollkommen überein. Während die früheren Sultane dem Staatsrath in Person beiwohnten, kam Suleiman selten zu den Be= rathungen oder war höchstens hinter verschleiertem Fenster zugegen. Er gab das erste verderbliche Beispiel orientalischer Zurückgezogenheit von den Staatsgeschäften, dem ein in den Lüsten des Harems entnervtes Geschlecht nur allzuwillig folgen sollte. Von Suleiman ging die bedenkliche Ver= wechselung der Hof= und Staatsämter aus. Bisher waren die Großveziere von den höchsten Stellen des Richterstandes auf ihren Posten befördert worden. Suleiman aber durchbrach das bestehende Herkommen, indem er seinen obersten Falkonier zum Großvezier ernannte, und er öffnete damit den Ränken von Weibern, Günstlingen, Eunuchen ein weites Feld. Zu gleicher Zeit riß die Käuflichkeit der hohen Staatsämter ein, Statthal= tereien wurden zu tarifirten Preisen verkauft, Kron= und Staatsgüter an Juden verpachtet. Die sprüchwörtliche Sentenz: „Der Schatz des Padischah ist ein Meer, wer nicht davon genießt ist ein Schwein", fand überall das beflissenste Verständniß; und man war naiv genug, die allgemeine Be= stechlichkeit mit dem schönen Worte zu entschuldigen: „Der Islam ist die Barmherzigkeit". Suleiman's Günstling Rustem durfte die ihm verliehenen Lehen sogar in „Valufs", in unveräußerliche Erbgüter verwandeln und gelangte auf Kosten des Gemeinwohls zu einem Jahreseinkommen von 10 Millionen. Mit dem wachsenden Reichthum hielt der Luxus gleichen Schritt. Nun begann man sich ganze Armeen von Sklaven zu halten, blos um mit deren Menge zu prahlen; man durchforschte die fernsten Gegenden, um Leckerbissen für die Tafel, man plünderte Georgien und Tscherkessien, um schöne Sklavinnen für den Harem zu finden. Bald verachtete man, wie der türkische Geschichtschreiber Kotschibey mit Unwillen anmerkt, die einfache Kleidung der Vorfahren. Jeder strebte danach, dreierlei Pelzwerk zu besitzen; einen Hauspelz im Hause, einen Herrenpelz in Halb= gala, einen Staatspelz bei Hofe anziehen zu können. Manchem mögen diese Symptone geringfügig erscheinen, aber sie gewinnen dadurch Be= deutung, daß ihnen allen die gemeinsame Thatsache beginnender Auflösung zu Grunde liegt. Sie beweisen, daß die Nachkommen Osmans den Ein= flüssen erlagen, welche die Tradition und die physische Beschaffenheit der eroberten Länder mit sich brachte. Muß doch eine Organisation, welche auf Anspannung aller Kräfte gebaut ist, auseinanderfallen, sobald nur eine lose Feder erlahmt. Die Berichte des venetianischen Gesandten Lorenzo Bernardo aus dem Jahr 1592 nennen als die drei Grundpfeiler der türkischen Herrschaft: „Religion, Sparsamkeit und Gehorsam. Nun aber sind diese drei Grundpfeiler erschüttert. Religiöse Sekten sind hervorgetreten. Der Prädestinationsglaube, welcher die Türken im Kampfe mit Todesverachtung, ja mit schauerlicher Todeslust erfüllt hat, beginnt zu wanken. Deutlich genug hat sich das bei der jüngsten Pest gezeigt. Die alte Einfachheit und Nüchternheit des türkischen Lebens schwindet unter dem Einfluß der europäischen Civilisation. An Stelle unbedingten Gehorsams tritt die Eifersucht der großen Würdenträger des Reichs. Die Person des Sultans fällt in Dekonsideration. Daraus kann man der Vernunft gemäß schließen: wie durch die Autorität und die stete Gegenwart des Großherrn bei wichtigen Geschäften, durch das Zusammenwirken, durch die Hoffnung auf Belohnungen und Ehren das türkische Reich in so kurzer Zeit leicht so wunderbare Fortschritte machen konnte, ebenso kann jetzt bereits der Anfang seines Verfalles eingetreten sein."

So wenig blieben die Symptome sinkender türkischer Macht nach Außen verborgen. Jene Zeit weltgebietenden Einflusses, da es in den Händen der Sultane lag, das ganze europäische Staatensystem umzugestalten, sie ist rasch genug zur Mythe geworden. Wohl tönte noch des Abends in manchem friedlichen deutschen Bauerndorfe die Türkenglocke und rief unsern Vorfahren die Zeit der Türkennoth in Erinnerung; wohl spielte an „Tücke, List und Grimm" der Türke in unsern Kirchenliedern die erste Rolle nach dem Satan, wohl betete man nach wie vor die alte Litanei für alle Christen: „Und uns vor deiner Feinde, der Türken, Gotteslästerung, Mord und Unzucht mächtiglich behüte"! aber Noth und Sorge waren geschwunden, und wenn man der östlichen Nachbarn überhaupt gedachte, so schien es umgekehrt an der Zeit zu sein, die Tradition der Kreuzzüge aufzufrischen, und den „in Europa nur gelagerten Barbaren" ihre Eroberungs- und Verwüstungspolitik blutig zu vergelten. In einer Periode kirchlicher Revolution und tiefgehender religiöser Gegensätze schien es die würdigste Aufgabe der Politik zu sein: den Welttheil wieder zu einem christlichen zu machen. Die Vertreibung der Türken aus Europa ward der Lieblingsgedanke hervorragender Staatsmänner, dessen Möglichkeit man bis auf Heller und Groschen, dessen Mühe man bis auf Monat und Tag ausrechnete. Was im 15. Jahrhundert einem Podiebrad, im 16. Jahrhundert einem Karl V. vorgeschwebt, das ward im 17. Jahrhundert der tiefdurchdachte Plan eines Wallenstein und eines Prinz Eugen. Glaubte Wallenstein mittelst der verhältnißmäßig geringen Summe von 8 Millionen in wenig Jahren am Ziele, in Konstantinopel, zu stehen, und durch die Tapferkeit seiner Söldner über die regellose osmanische Kriegskunst zu triumphiren, riefen ihn aber persönliche Sorgen und Interessen bald von solchen Kreuzzugsplänen ab, so war der größte Staatsmann und Feldherr des modernen Oesterreichs Prinz Eugen dazu berufen, die Gedanken eines Wallenstein ihrer Realisation beträchtlich näher zu führen, indem er die militärische Angriffskraft der Osmanen erschütterte, und auf den

Feldern von Zentha, Peterwardein, Belgrad jenen Nimbus der Unbesieg-
barkeit zerstörte, der die Spahis und Janitscharen umgab. Hatten die
Osmanen bisher mehr als einmal den Westen, die Hauptstadt Oesterreichs
selber bedroht, so mußten sie jetzt daran denken sich zu vertheidigen, vielleicht bald Konstantinopel zu schützen. Es war die glorreichste Periode
der österreichischen Geschichte; wo das Schwert des edlen Ritter, des Prinzen
Eugen, vorangeleuchtet, war dem Hause Oesterreich die Bahn zu Sieg
und Ehren offen. Allein der Gedanke Wallensteins und Eugens war für
die Epigonen zu groß. Der österreichischen Politik war es nicht vorbehalten, die Früchte jener Türkensiege zu ernten. Statt an eine kräftige
Offensive, an die Ausführung des Wallenstein'schen Planes zu gehen,
begnügte man sich mit dem Ruhm gelungener Abwehr, ja man ließ sogar
geschehen, daß die letzten Bollwerke griechischer Nationalität, daß Kreta und
Morea gegen Ende des 17. und zu Beginn des 18. Jahrhunderts den
Osmanen in die Hände fielen. So ließ man sich den positiven Theil der
orientalischen Aufgabe entwinden. Denn nun trat mit dem 18. Jahrhundert Rußland gewichtig in den orientalischen Konflikt ein, und fing
an, seine religiöse und nationale Anziehungskraft auf die unterdrückte
christliche Bevölkerung der Hämushalbinsel zu üben. Im schwedisch-russischen
Krieg hatte sich die Schwäche und Zerfahrenheit der türkischen Regierung
grell offenbart; Peter der Große war die rechte Persönlichkeit, um die
türkische Ohnmacht den Plänen des aufstrebenden russischen Ehrgeizes dienstbar zu machen. Reiche Geschenke wanderten von Moskau nach den
Klöstern Griechenlands, der Einfluß russischen Goldes wurde auf dem
Berge Athos wie in der Synode von Konstantinopel verspürt. Als der
Zaar in den Türkenkrieg zog, ließ er zu Moskau an der Kathedrale eine
Kreuzesfahne mit der Inschrift aushängen: „In hoc signo vinces." Er
baute fest auf den Sieg über die Ungläubigen, sein Wille war, in Kon-
stantinopel begraben zu werden. Nicht umsonst hat er 1714 zu Riga
erklärt: Kunst und Wissenschaft seien einst von Griechenland aus ver-
breitet worden, ihre Wanderung sei wie der Blutlauf im menschlichen
Körper, ihm ahne, daß sie sich einst rückwandernd einige Jahrhunderte in
Rußland aufhalten würden, um dann in ihre alte Heimath zurückzukehren.
Wenn Peter auch seinen Nachfolgern die Bahn im Orient nicht durch
förmliches Testament vorgezeichnet hat, so hat er sie doch durch seine
Thaten und sein Beispiel darauf hingewiesen, den türkischen Verfall und
die nationalen Hoffnungen der Griechen zu benutzen. In diesem Sinne
gedachte Graf Münnich, unter Kaiserin Anna, im Krieg von 1736—1739
die griechischen Christen des Orients systematisch aufzuwiegeln, in diesem
Sinne wird man vor Allem die Semiramis des Nordens Katharina II.,
als die echte Erbin von Peters Geiste bezeichnen.

Die Günstlinge, welche der Zarina durch Gattenmord die Krone verschafft hatten, trachteten nach dem Glanz neuer Unternehmungen. Katha-

rina selbst wünschte das Verbrechen ihrer Thronbesteigung mit Ruhm zu decken. Zu den Orloffs drängte sich ein Grieche Papadopulo; feurig, an Versprechungen und schönen Worten reich, wie alle seines Stammes, ließ er vor den Augen der Russen die Hoffnung glänzen, Griechenland zu erheben. Er wies darauf hin, wie zwar die Leiber, nicht aber die Herzen der Griechen dem Islam unterworfen seien.

In der That hielten nur Gewalt und Schrecken das Volk im Zaum, das begierig jeden Hoffnungsschimmer fremder Erlösung auffing. Seit dem Ende des 17. und dem Beginn des 18. Jahrhunderts war die Flagge der Venetianer von den Küsten Kreta's und Morea's verschwunden, dafür blickte man gläubig und hoffend nach dem heiligen Rußland, mit dem man schon seit Jahrhunderten in engen Beziehungen gestanden hatte. Im Volke lebte die alte Prophezeiung des Agathangelos: blonde Männer, genannt „Roß", sollten aus dem Norden heranziehn, die Herrschaft der Türken stürzen und das Kreuz über den Halbmond erhöhen. Als Chandler im Jahre 1767 Morea bereiste, hörte er allenthalben, daß Griechenland jetzt von den Russen befreit würde. Ein leuchtendes Kreuz sei auf der Kuppel von St. Sofia erschienen, die Türken hätten sich vergebens bemüht das wunderbare Zeichen zu bannen. In Montenegro erschien um diese Zeit ein fanatischer Mönch Stefano, der sich für Peter III. ausgab und das Landvolk zum Glaubenskrieg gegen die Türken aufrief. Papadopulo selbst verschwendete die schönsten Worte an die Bergbewohner der Mani, und da er bei ihnen nichts ausrichtete, ließ er sich wenigstens von dem messenischen Kapitany Benaki versprechen, daß beim ersten Erscheinen der Russen 100,000 Griechen in Waffen stehen sollten. So wenig kannte dieser Abenteurer sein eigenes Vaterland; Schwindel und Mangel an Erfahrung, die sich in den Kämpfen der zwanziger Jahre unheilvoll wiederholen sollten. Papadopulo's hohe Gönner, die Orloffs, hatten sich inzwischen nach Venedig begeben, von wo sie die Hämushalbinsel mit Proklamationen und Goldmedaillen, die das Bild Katharina's trugen, überschwemmten. Festland und Inseln regten sich, als die im baltischen Meer ausgerüstete russische Flotte unter Admiral Spiritoff Gibraltar passirte und in den griechischen Gewässern erschien; ein Manifest von Alexis Orloff rief alle griechischen Glaubensgenossen zu Freiheit und Religionsvertheidigung auf.

Der Diwan hatte sich bisher in trügerischer Sicherheit gewiegt, er hatte noch im Winter von 1769 auf 1770 die Warnungen des französischen Gesandten verlacht und das Erscheinen der Russen im Mittelmeer für unmöglich erklärt. Brachte doch zur Beschämung des fremden Diplomaten einer der türkischen Reichssekretäre damals jene gewaltige Karte in die Audienz, auf der sich zwar das schwarze, mittelländische und atlantische Meer befanden, übrigens aber von einer Meerenge bei Gibraltar keine Spur zu sehen war, da der kartographische Derwisch Europa mit

Afrika breit vereinigt und einen und denselben fortlaufenden Landstrich fabrizirt hatte, hinter welchem der atlantische Ocean wie ein kleiner Tümpel erschien. Als aber freilich acht Wochen später die Russen wirklich in Morea landeten, blieb der Weisheit des Diwan nichts übrig, als ein Mirakel, eine Bezauberung anzunehmen, und im Uebrigen energische Gegenmaßregeln zu treffen. Strenge Edikte ergingen gegen das Waffentragen der Rajah; die öffentlichen Gebete der Christen wurden verboten, ihre Kirchen geschlossen. Man rief die kriegerischste Miliz der Hämushalbinsel zu Hülfe, albanesische Horden ergossen sich auf Befehl des Großherrn über Griechenland.

Der Wucht dieser gefürchteten Soldateska vermochte weder die dünne von russischem Gold gesäete Begeisterung der moreotischen Bevölkerung, noch die Hülfsexpedition der Orloffs erfolgreich zu widerstehen. Fedor Orloff hatte, da er am 17. Februar 1770 in Porto Vitulo gelandet war, nichts Eiligeres zu thun, als zwei Korps von Moreoten und Maniaten zu bilden, denen er den Huldigungseid für die Zarina abverlangte, die Namen occidentalische und spartanische Legion gab. Er erschöpfte seine geringe Mannschaft mit der Belagerung von Koron, und auch als Alexis zu ihm gestoßen war, blieben die Russen außer Stande das Feld vor den Albanesen zu behaupten. Im Mai 1770 erschien zwar ein zweites russisches Geschwader unter Elphinstone im Mittelmeer, und die türkische Flotte erlitt jene entscheidende Niederlage bei Tschesmé, welche in der Erinnerung und im Gesang des griechischen Volkes als ein Freudenfeuer der Freiheit fortgelebt hat — allein der moreotische Krieg nahm den denkbar unglücklichsten Ausgang; die Halbinsel litt furchtbar unter den Verwüstungen der Albanesen, die Legionen Fedor Orloffs zerstoben in den Wind, Alexis Orloff flüchtete geschlagen nach Navarin und sah von den Mauern dem Blutbad unter seinen unglücklichen Alliirten gelassen zu. Auf das Kläglichste lagen die großen Befreiungspläne der beiden Russen im Staube, die dunkle Saat des Mißtrauens gegen den nordischen Befreier blieb in den Herzen der getäuschten und unglücklichen Griechen zurück. Im Diwan war der Gedanke aufgetaucht, die Griechen durch die Albanesen völlig vertilgen zu lassen, nur des „Karatsches" halber stand der türkische Befehlshaber Hassan von der Ausführung des blutigen Planes ab. Er entschloß sich, die Albanesen, deren Uebermuth dem Sieger wie den Besiegten lästig ward, zu strafferem Gehorsam zu zwingen, schlug die widerspenstige Söldnerbande bei Tripolitsa auf's Haupt und zerstreute sie. Wenn je, so hat damals der griechische Klerus inmitten des allgemeinen Elends eine heilsame Thätigkeit entfaltet. Die griechischen Bauern, welche den russisch-türkischen Krieg und die albanesische Vernichtung überlebten, seufzten unter unerschwinglichen Lasten, sie sollten für die Gefallenen arbeiten und Tribut zahlen: da halfen die Klöster und die Mönche liehen ihren Arm, um das Land zu bebauen. Sie segneten von

Neuem die Furchen des Pflugs. Sie belebten die Arbeiter durch Ermun=
terung und Beispiel. Sie büßten jetzt selbst, daß die Pforte gegen Alles,
was den griechischen Namen trug, mißtrauisch geworden war: man
entriß ihnen die Güter, die Mohammed II. ihnen gelassen hatte und
übertrug dieselben an die Moscheen. Freundlicher als das Loos der festländi=
schen Griechen gestaltete sich das der Insulaner, da die Pforte, zur See
vollkommen ohnmächtig, außer Stande war, sie für ihre russischen Sym=
pathien empfindlich zu züchtigen, und da der 1774 zu Kutschuk Kainardschi
geschlossene Vertrag hauptsächlich den Bewohnern des Archipels zu Gute
kam. Dieser Vertrag, „das Meisterstück russischer Geschicklichkeit und
türkischen Blödsinns", ist ein entscheidender Wendepunkt in der Entwick=
lungsgeschichte der orientalischen Frage, ungleich wichtiger, als der 75
Jahre früher mit Oesterreich abgeschlossene Friede von Carlowitz, welcher
nach Hammer's Worten „der Welt zum erstenmale den Verfall des os=
manischen Reichs verkündigte." Denn hatte damals die Pforte Oesterreich
gegenüber lediglich ihre Angriffsstellung aufgegeben, ohne doch darum selbst
in ihrer Integrität bedroht und empfindlich geschädigt zu werden, so ge=
wann Rußland jetzt eine bedeutsame Handhabe zu steter Einmischung und
Bedrohung für den Bestand der europäischen Türkei. Die Ohnmacht des
türkischen Staatsorganismus ward zu Kutschuk Kainardschi gleichsam of=
ficiell sanktionirt; Rußland maßte sich fortan, gestützt auf Artikel VII.
XVI. XVII. des Vertrags, das Schutzrecht über die unter türkischem Scep=
ter lebenden Christen an. Zwar gab der Sultan nur im Allgemeinen
das Versprechen, die christliche Religion und ihre Kirchen zu schützen (VII.);
im Einzelnen sicherte er den Bewohnern der Fürstenthümer Amnestie,
Rückgabe der Güter, Wiedereinsetzung in den Status quo ante bellum,
freie Religionsübung, eine billige Steuerverwaltung, und gestattete den
russischen Gesandten, sich bei ihm „für die Fürstenthümer zu verwen=
den und mit gebührender Achtung gehört zu werden" (XVI.); endlich
versprach er den Inseln des Archipels, die von Rußland an die Pforte
zurückgegeben wurden, Amnestie, ewiges Vergessen aller wirklichen oder
vorausgesetzten Verbrechen und Beeinträchtigungen, versprach ihnen auch,
die christliche Religion nicht im Geringsten zu bedrücken, den Wiederaufbau,
die Ausbesserung oder den Bau der Kirchen nicht hindern zu wollen,
Abgabenfreiheit für die Zeit des russischen Krieges und zwei weitere Jahre,
und freie Auswanderung während eines Jahres zu gestatten. (XVII.)
So beschränkt und geringfügig jedoch die Bestimmungen des Vertrags
lauteten: bei der Unkenntniß, welche in der europäischen Diplomatie über
die orientalischen Angelegenheiten waltete, und bei der gläubigen Stim=
mung der griechisch=katholischen Rajah konnte es der russischen Ein=
mischungssucht nicht schwer fallen, dieselben zu erweitern und jedes von
Türken gegen die Rajah verübte Unrecht zu einem Anlaß diplomatischer Be=
schwerde über Vertragsverletzung zu machen. Rasch genug begann der

Diwan jene der russischen Diplomatie gemachten Koncessionen zu bereuen. Obwohl ein Theil von Griechenland noch an den Wunden des russischen Krieges darniederlag, zeigte sich nun, wie geschickt das griechische Volk die Gunst des Vertrags für sich ausbeutete.

Seit dem Friedensschluß von Kainardschi nahmen der griechische Handel und die griechische Schiffahrt einen bedeutsamen Aufschwung. Die Bewohner des Archipels begannen unter russischem Pavillon die Handelsgeschäfte der Türkei zu vermitteln, mit einem russischen „Berat" versehen, segelten die kleinen Schiffe der Griechen von Cherson bis Gibraltar. Der Export des russischen Getraides war bald fast ausschließlich in griechischen Händen, wie im Alterthum erblühten an den Küsten des schwarzen und ägäischen Meeres griechische Handelskolonien. Die Blüthe von Odessa gründete sich auf griechische Rührigkeit und griechischen Fleiß. Wenn die Engländer bisher fast ausschließlich die osmanische Stumpfheit und Gleichgültigkeit gegen Handelsgewinn benutzt, ohne Zoll oder spottbillig exportirt und theuer importirt hatten, so erwuchsen ihnen nun in den Griechen gefährliche Konkurrenten. In Italien und Spanien, ja selbst in Frankreich und England begannen Griechen die Kornpreise zu bestimmen; schon wagten sich ihre Handelsschiffe über die Straße von Gibraltar, über den atlantischen Ocean hinaus. Die Gefahr, die von den Barbaresken und den Piraten Algiers drohte, machte den Handel kriegerisch, zwang die griechischen Kaufherren sich vorzusehn, größere, gut armirte Schiffe zu bauen. Nichts behenderes, nichts unermüdlicheres als die griechische Marine. Auf den Inseln des Archipels treibt die Mutter von früh an ihre Kinder in's Meer und lehrt sie schwimmen, wie die Ente ihre Brut. Dann führt der Vater den Knaben mit sich an Bord, am Mast stehend hält er ihn im Arm; zeigt ihm die Heimath seines Lebens, die weite dunkle See; jede Insel, jedes Felsriff wird ihm bekannt. In kaltblütigem Muth, in Sturmeslust giebt der Alte das Beispiel. Gern vergleicht er sich in munterem Seemannslied mit dem Delphin, der über die Wogen dahin springt; Gesang und Tanz erheitern die Fahrt. Im Uebrigen kennt der griechische Matrose keine Bedürfnisse; die geringen Kosten, die hohen Gewinnste griechischer Schiffssendungen sind wesentlich seiner Nüchternheit und Frugalität zuzuschreiben, sein Eifer bei der Arbeit wird in der Regel noch durch die Aussicht auf Antheil am Ertrag der Fahrt gespornt. So wächst ein lebendiges und frisches, ein muthiges und wohlhabendes Volk empor, und gewiß läßt sich nicht leugnen, daß die Freude am materiellen Erwerb auch neue geistige und politische Bedürfnisse weckte. Denn wie sollten die Griechen, die den Westen und seine Civilisation kennen gelernt hatten, bei ihrer Rückkehr sich nicht angewidert fühlen von der trostlosen Stagnation der osmanischen Zustände? wenn die Söhne der Wohlhabenden in's Ausland eilten, um dort ihren ärztlichen oder kaufmännischen Studien obzuliegen, wie sollte da nicht in

Manchem ein Funke der Selbsterkenntniß, der Scham über die gesell-
schaftliche und politische Herabwürdigung des eigenen Volkes erwachen?
Die nationale Richtung, welche gegen Ende des 18. Jahrhunderts die
griechische Literatur zu beherrschen anfängt, das Emporblühen zahlreicher
Schulen, die Förderung von Wissenschaft und Kunst: das Alles hängt
eng genug mit dem seit dem Vertrag von Kainardschi eingetretenen Umschwung zusammen; je wohlhabender und gebildeter das griechische Volk
wurde, je mehr es seine türkischen Beherrscher materiell und geistig über-
flügelte, um desto stärker ward auch die Unerträglichkeit des bestehenden
politischen Druckes und die Nothwendigkeit einer Revolution empfunden.
Nur würde man irren, wenn man den entscheidenden Anstoß zu der griechischen Bewegung einzig und allein, wie es griechische Schriftsteller zu
thun lieben, in diesen das sociale und geistige Leben der Griechen beherrschenden Strömungen sehen wollte. Gewiß, der Gegensatz zwischen
Herrschern und Sklaven, zwischen Türken und Griechen, der Gegensatz dumpfen
Hinbrütens, fatalistischer Apathie auf der einen, und reicher geistiger Beweglichkeit auf der andern Seite, er war vorhanden, und steigerte sich mit
jedem Jahre mehr; aber es konnte lange dauern, ehe aus diesem bloßen
Gegensatz auch eine politische That erwuchs; und so sollten denn auch erst
erneute Reibungen zwischen dem Diwan und den europäischen Mächten
und in letzter Instanz die innere Zersetzung der Türkei den Ausbruch
der griechischen Revolution entscheiden.

Die Zarina hatte das „griechische Projekt" fest im Auge behalten.
Nicht umsonst hatte Voltaire, das Orakel des Jahrhunderts, sie gemahnt,
seine „lieben Griechen" zu befreien. „Im Namen Gottes schlagen Sie die
Türken, trotz des päpstlichen Nuntius in Polen, der sich so gut mit ihnen
verträgt.

> Soyez à la fois triomphante
> Et du Saint père et du mophti.

„Es wäre ein reizendes Schauspiel, wenn zwei Kaiserinnen Mustapha
an seinen beiden Ohren ziehn und nach Asien heimschicken wollten."

Vernehmlicher freilich, als die witzigen Lockworte des französischen
Poeten, sprachen die Interessen der russischen Politik und die massiven
Leidenschaften des neuen Günstlings Potemkin. Es galt, den unruhigen
Ehrgeiz Kaiser Josefs II. im Orient nützlich zu beschäftigen, Oesterreich
den russischen Plänen dienstbar zu machen. Katharina gedachte den Kai-
serthron von Byzanz für ihren Enkel Konstantin wieder aufzurichten und
aus den Donaufürstenthümern ein dacisches Reich für Potemkin zu bilden.
Wie sie in der polnischen Frage gesucht hatte Preußen zu benutzen und
zu übervortheilen, so war sie jetzt darauf aus, ihren orientalischen Plan
mit Hülfe und auf Kosten Oesterreichs durchzuführen. Allerdings ging
Josef II. ebensowenig wie Friedrich der Große bedingungslos auf die
russischen Vorschläge ein. Nicht ohne psychologisches Interesse wird man

Entstehen und Reifen des russisch = österreichischen Bündnisses in dem nun durch Arneth veröffentlichen Briefwechsel Josefs II. mit Katharina verfol= gen. Hinter der Weihrauchswolke der schönsten, auf die gegenseitige Eitel= keit berechneten Schmeicheleien verbirgt sich das erbitterte Ringen starker Selbstsucht, auf die Persönlichkeiten Josefs und der Zarina fällt ein kla= res, scharfes Licht. In Form vertrauter Privatbriefe kommt 1781 das Bündniß zwischen den beiden Kaiserhöfen zu Stande, das Theilungsloos wird über die Türkei geworfen, Josef willigt in die Errichtung des grie= chischen Kaiserthums, und nimmt dagegen Serbien, Bosnien und Vene= tien für Oesterreich in Anspruch. Allein die Spanne eines Menschen= lebens reicht für so gewaltige Umwälzungsentwürfe nicht aus; weder Josef noch Katharina sollten die Neugestaltung des Ostens, die sie ge= plant hatten, erblicken; beide sollten durch die Neugestaltung des Westens überrascht und von der orientalischen Aufgabe abgerufen, und es sollte wieder einmal klar werden, daß der Mensch, der sich Baumeister dünkt, nichts ist wie die Kelle. Wie günstig schien nicht die Weltlage gegen Ende der achtziger Jahre, da die beiden Bundesgenossen von Worten zu Thaten kamen, da der Krieg mit der Türkei ausbrach! Friedrich der Große, der Wächter des europäischen Gleichgewichts, war nicht mehr; England wurde durch den amerikanischen Krieg geschwächt, Frankreich konnte durch die Zutheilung Egyptens geködert werden, und hier schien die dynastische Verschwägerung mit Oesterreich jedenfalls eine genügende Sicherheit zu bieten. Wie zuversichtlich lautete nicht das Schreiben, das Josef von Semlin aus den 6. Juli 1788 an den französischen Minister Graf Mont= morin richtete: „Die Zeit ist gekommen, wo ich als Rächer der Menschheit auftrete, wo ich es über mich nehme, Europa für die Drangsale zu ent= schädigen, die es einst von den türkischen Kannibalen dulden mußte, und wo ich hoffe, es dahin zu bringen, daß ich die Welt von einem Geschlecht von Barbaren reinige, die ihr so lange zur Geißel geworden." Es ge= währt ein melancholisches Interesse, wenn man neben diesen stolzen Worten jenes aus tief verwundetem Herzen stammende Schreiben liest, das der sterbende Kaiser nach dem Zusammenbruch all' seiner Hoffnungen an die nordische Bundesgenossin richtete.

In der That war die Lösung der orientalischen Frage militärisch und politisch über die Kräfte der beiden kaiserlichen Bundesgenossen hinaus= gegangen. Militärisch: denn die Rohheit der türkischen Zustände, die Streitbarkeit und der Fanatismus der Massen erwiesen sich immerhin als nicht unverächtlicher natürlicher Schutz des Diwan, und die Unzulänglichkeit der russisch = österreichischen Rüstungen stellte sich grell heraus. Politisch: denn die beiden Kaiserhöfe sahen sich binnen Kurzem der Tripel = Allianz Englands, Hollands, Preußens gegenüber und alle Voraussetzungen, die etwa auf französische Hülfe und das Inschachhalten Englands durch Frankreich gebaut waren, brachen durch die französische Revolution zusam=

men. Es wies sich aus, daß man mit neuen unberechenbaren Faktoren zu kämpfen und alle Kraft von Osten nach Westen zu lenken habe. Wenn irgendwo, so ist hier Gelegenheit, die europäische Bedeutung und die weittragende Kraft der französischen Bewegung zu erkennen. War die Herrschaft der Türken in Europa durch die Reforma= tion, durch die Zwietracht der abendländischen Christenheit gefördert worden, so sollte sie durch die Revolution in ihren Grundvesten erschüttert werden. Hatten Oesterreich und Rußland anfangs allein, dann verbündet das Programm Wallensteins und Eugens verfolgt, den Bestand der europäischen Türkei angegriffen und bekämpft, so trat nun Frankreich, freilich halb ohne es zu wollen, in ihre Aufgabe ein und die stille verhängnißvolle Macht der fran= zösischen Ideen begann den Orient zu durchwühlen. Die russische und österreichische Diplomatie hat freilich das „griechische Projekt" nicht sofort nach Josefs Tode und nach dem Ausbruch der Revolution bei Seite ge= legt; die geheime Deklaration welche dem zwischen Rußland und Oester= reich abgeschlossenen polnischen Theilungsvertrag von 1795 beigefügt ist, beweist, daß man den Gedanken von 1781 auch bei völlig veränderter Weltlage weiterzuspinnen trachtete und daß Oesterreich bereit war gegen venetianische, bosnische, serbische Vergrößerungen die russischen Absichten auf Konstantinopel zu unterstützen. Allein diese geheimen diplomatischen Abmachungen blieben lediglich auf dem Papier, und wenn man auf die Thatsachen blickt, so muß man zugestehen, daß der türkische Zersetzungs= proceß fortan am wirksamsten durch französischen Einfluß gefördert wor= den ist, daß die westlichen Ideen und der Glanz der revolutionären Waf= fenthaten auf die gährende Rajah mächtiger wirkten, als selbst die Prophezeiung des Agathangelos.

Blieben doch den Griechen, die im Jahre 1790 wie im Jahre 1770 auf den Nordstern, auf die russische Hülfe hofften, grausame Enttäuschun= gen nicht erspart! hatten sie doch auch dies zweite Mal, da in Folge des rus= sisch=österreichischen Krieges ihre Herzen höher schlugen, da in ihrer Mitte wiederum verheißungsreiche Agenten auftauchten und die Gläubigen mit Gold und Freiheit lockten, bald nur ihre eigene Leichtgläubigkeit und Thorheit bitter zu bereuen! Der Mykonier Psaro, der mit russischen Aufträgen und Mitteln im Jahr 1788 die Bewohner von West=Grie= chenland zum Aufstand anfachte, wog um nichts besser, als jener Aben= teurer Papadopulos, dem man vor zwanzig Jahren in's Verderben gefolgt war. Er verwendete die russischen Unterstützungsgelder zum eigenen Nutzen, man beschuldigte ihn, Waffen und Proviant den Kämpfern vorzu= enthalten und aus der Noth des Vaterlandes Kapital für sich selbst zu machen. Zwar gaben sich auch ehrliche und tapfere Männer wie Lam= pros Kanzonis und Andrutsos zu Werkzeugen des russischen Ehrgeizes her; sie sahen sich aber bald von den fremden Aufstiftern verlassen und die russischen Hülfstruppen figurirten nur auf dem Papier. Als Lampros im April 1790 mit einem durch freiwillige Beiträge der Griechen ausgerüsteten kleinen Geschwader unter russischer Flagge aus Triest auslief und im Archipel zu kreuzen begann, gerieth der sonst so träge Diwan in Aufregung, ein Theil der türkischen Flotte aus dem schwarzen Meer erhielt Befehl, dem griechischen Freibeuter entgegenzugehn; dieser griff Zea an, nahm die Insel, errichtete dort ein befestigtes Hauptquartier und machte es zum Stützpunkt seiner Streifzüge durch das ägäische Meer. Lampros wurde aber bei Zea von sieben algierischen Corsaren angegriffen, die sich mit der türkischen Flotte vereint hatten. Die Ueberzahl und das größere Metallgewicht der feindlichen Schiffe entschieden; nach verzweifeltem Kampf entschlüpfte der kühne Freibeuter nur mit zwei Begleitern in einem offenen Boot, während seine übrige Flotte von den Korsaren in Grund gebohrt ward. In diesem kritischen Moment versagten die russischen Emissäre alle Hülfe. Lampros sah sich genöthigt, als irrender Ritter auf eigene Faust von Insel zu Insel zu kreuzen, friedliche Insulaner zu brandschatzen, die nationale Sache durch Piraterie zu schänden. Sein Schiff ward 1793 zerstört; er flüchtete nach Albanien und ward mit einer Stelle in der russischen Armee abgefunden. Ein ärmlicher Ersatz fürwahr! Auch der Kleste Andrutsos, der Vater des Odysseus, ward zu Lande von den russischen Hülfstruppen verlassen und er konnte sich nur durch einen kühnen Rückzug retten. Die Thaten der beiden Männer aber, wenn auch nur Kleften- und Piratenstücke, lebten in der Erinnerung des Volkes um so ruhmvoller fort, je schmachvoller sie von Rußland preisgegeben waren. Der Friede von Jassy, die Gleichgültigkeit, mit welcher Katharina, als die große europäische Politik es verlangte, ihre griechischen Alliirten aufgab und sich begnügte, für dieselben leere Stipulationen zu bedingen, welche, wie das bei türkischen Zuständen zu erwarten war, niemals eine Realität wurden: das Alles kühlte den Rest von russischen Sympathien, der unter den Griechen nach jener ersten Treulosigkeit von 1770 geblieben war, vollständig ab. An Stelle des russischen trat nun der französische Einfluß.

Je wunderbarer die Kunde aus dem Westen lautete, je begieriger hefteten sich die Augen der Griechen dorthin. Kolokotronis hat wohl später einmal bekannt, die französische Revolution habe ihm erst die Augen geöffnet, sie sei die Welttrompete gewesen, welche verkündete, daß der Tag der Freiheit komme. In der That war die Erklärung der Menschenrechte, das neue Evangelium der Völkerfreiheit, welches die Konstituante von 1789 proklamirte, auch an die Adresse der griechischen Rajah gerichtet. Mit Frankreich trat seit dem letzten Jahrzehnt des 18. Jahrhunderts ein besonders lebhafter Verkehr ein. Die Hungersnoth, welche in Folge des Maximum während der Schreckensherrschaft eintrat, rief das billige Korn Süd-Rußlands in die französischen Häfen. Die Griechen, welche das Getraidegeschäft vermittelten, brachten französische Bildung und Sitten zurück, für Korn und Waizen tauschten sie die Gedanken und Ansprüche der neuen französischen Freiheit ein. Die Revolution war ein Ereigniß, dessen praktische Anwendung auf orientalische Zustände allen Klassen des griechischen Volkes, dem Priester wie dem Kaufmann, dem Hirten und dem Matrosen, ja selbst dem reichen Fanariotenfürsten erwünscht war, dem in seinem Pallast Bastonnade und Strick drohten. In den Straßen von Konstantinopel beobachteten damals Fremde hier und da einen Volksauflauf, wobei Türken straflos von Griechen geschlagen wurden. Am gewaltigsten schien die Gährung zur Zeit der egyptischen Expedition. Bonapartes cäsarischem Instinkt waren zwar Charakter und Staatsauffassung der Griechen antipathisch; die bunte Mannigfaltigkeit, die reiche individuelle Entwickelung des griechischen Lebens mißfielen ihm ebenso, wie der Mangel an Disciplin und Ordnung. Allein zur Zeit, da er sich mit jenem glänzenden egyptischen Abenteuer trug, waren ihm die Griechen als Mittel, als Gährungsstoff für den Orient immer willkommen; er schmeichelte ihren nationalen Hoffnungen, wie er auch denen der Polen geschmeichelt hat, ohne sie zu theilen und ohne ernstlich an ihre Verwirklichung zu denken. Französisches Gold und französische Verheißungen lösten jetzt die russischen Aufwiegeleien ab. In Morea erschienen zwei Korsen maniatischer Abkunft, Dimo und Nikolo Stefanopoli, welche die schönsten Phrasen über „Athen und Lakedämon" vorbrachten, und statt der Russen die Franzosen als die Befreier des Orients hinstellten. Es bedürfe, so meldete man dem französischen Obergeneral zurück, nur seiner Gegenwart, um die Grenzen der gallo-griechischen Freiheit bis an den Bosporus zu tragen.

Als der egyptische Zug begann, sah Kolokotronis entzückt in Bonaparte den „Gott des Krieges"; der Bey der Mani beglückwünschte den Korsen zu seinen Siegen. Der fränkische Eroberer selbst sprach vor St. Jean d'Akre ganz offen von dem Umsturz der Türkei und von der Begründung eines neuen Ostreichs. Aber von den Worten war auch diesmal weit zur That und der traurige Ausgang der Erhebung des Rhigas bewies, daß der Tag der Befreiung noch nicht so nahe gerückt war, als mancher ecke griechische Häuptling glaubte. In Rhigas' feuriger Seele war schon früh der Gedanke aufgetaucht, alle Griechen zu einem großen Griechenbunde wider die Türken zu vereinen. Er hatte sich in Bukarest zunächst wenigen Freunden anvertraut, die seinen Worten mit Andacht lauschten und bereit waren Alles für die gute Sache zu opfern; dort bildete sich der Keim zu dem politischen Geheimbunde, der die Thrannenketten brechen wollte. Rasch schlossen sich die bedeutendsten Männer der Nation um den patriotisch begeisterten Thessalier; die hervorragendsten Geistlichen und Weltlichen, reiche Kaufleute, tapfere Kapitanys gehörten zu dem Bunde, zu der „Hetärie" des Rhigas. In Wien nahm diese von Rhigas gestiftete Hetärie bald

ung des Tages mit sich brachte, einen französi=
Die Hetäristen betrachteten Bonaparte als einen
Senblinge verbreiteten, er sei griechischer Abkunft
rea, wie schon der Familienname Bonaparte oder
e. Der französische Gesandte in Wien, Bernadotte,
Aufsehn und Unruhen zu erregen, begierig ergriff,
s in Unterhandlung. Dieser mächtige Stützpunkt im
risten eine Kampflust und Zuversicht, die an Ueber=
enb biskutirten sie in den Wiener Kaffeehäusern den
rschaft und ihr verdächtiges Gebahren zog bald die
sterreichischen Polizei auf sich. Oesterreich ist stets
gegen Alles, was eine Bewegung und Umwälzung
jervorrufen kann. Wenn man die Aehnlichkeit der
aburch bedingte Gemeinsamkeit der Interessen zwischen
der Pforte bedenkt, so erscheint es nur begreiflich,
olitik vor Allem den Status quo in der Hämushalbinsel
Bei der geheimen Spannung zwischen dem Kaiserstaat
ankreich konnte der französische Anstrich, den die He=
ommen hatte, derselben ohnehin nicht zur Empfehlung

ch im Frühjahr 1798 nach Triest, um dem Schau=
en näher zu sein und die Früchte zu pflücken, die
ntalischem Zug für die Griechen reifen sollten. Er
t Gedichten und ein Paket Briefe für Bonaparte an
ios vorausgeschickt, die in Abwesenheit desselben von
ios Oekonomos geöffnet wurden. Dieser hatte nichts
thun, als ihren Inhalt dem österreichischen Gouver=
ls Rhigas nach Triest kam, arbeitete obenein seine
degnern in die Hände.
seinem Freund Perrhäwos in einem Gasthaus
r gab er sich als den Obergeneral der Hellenen
ah ihn auf der Straße im griechischen National=
utiken Helm auf dem Haupt. Aber die Polizei war
i Nacht wurde er festgenommen und gefangen ge=
Koronios und anderen Hetäristen in Wien vor
ter gestellt werden. Rhigas sah, daß er verloren
an die Sache, die ein vorwitziges Wort verrathen
ich in edelmüthiger Aufwallung selbst das Leben zu
er sich den Dolch in den Leib. Man entriß ihm
ben waren nicht tödtlich und wurden durch ärztliche
So ward er nun doch nach Wien geschafft, dort ver=
on der österreichischen Regierung, die darauf bedacht
ihres türkischen Nachbarn zu sichern, mit fünf an=

dern Hetäristen dem Pascha von Belgrad ohne Bedingung ausgeliefert. Der Pascha konnte den Gefangenen nicht nach Konstantinopel senden, wie er gewünscht hätte, denn der Weg dorthin war zu unsicher, Paswan Oglu der Pascha von Widdin, Rhigas' Freund, beherrschte den Lauf der Donau, sowie die Pässe, die über den Balkan führten. Man bot Alles auf, um den Gefangenen zu retten, ein Agent von Alexander Ypsilantis suchte den Diwan zu bestechen, Ali, der Pascha von Janina, schickte einen Kourier nach Belgrad, um sich für Rhigas zu verwenden, und sagte seine Vermittelung beim Sultan zu. Diese Rettungsversuche reizten aber den Pascha nur, das Ende der Gefangenen zu beschleunigen. Er ertheilte dem gefürchteten Ali von Janina den höhnischen Bescheid, daß er seiner Bitte gern willfahren würde, wenn die Gefangenen noch am Leben wären. Dann ließ er sie einzeln aus dem Kerker holen. Zum scheinbaren Trost ward ihnen mitgetheilt, man werde sie zu Schiff nach Konstantinopel schaffen. Statt dessen ertränkte man sie in der Donau. Schließlich kam die Reihe an Rhigas; er entfaltete im letzten Augenblick die ganze Größe und Wildheit des Naturkindes, zerriß die Bande, mit denen man ihn fesseln wollte, und warf den ersten Wächter, der sich ihm näherte, mit einem Faustschlag zu Boden. Der Pascha befahl, ihn zu erschießen, zwei Türken legten auf ihn an. „So sterben Palikaren, ich habe Saat genug gesät, die Stunde kommt, wo mein Volk die süßen Früchte ernten wird," rief Rhigas, ehe die Kugeln seine Brust durchbohrten.

Mit Rhigas Tode war die Bewegung, die er angebahnt hatte, zwar momentan erstickt: die Hetärie zerstreute sich, nur Name und Erinnerung blieben. Immerhin war ein bedeutsamer Impuls für die Zukunft gegeben, und die Thatsache, daß sich die gesammte griechische Rajah zu einem politischen Bunde gegen den Diwan einigte, wog schwer genug. Rhigas hatte sich vertrauensvoll an alle unterdrückten Racen der Hämushalbinsel, ja er hatte sich sogar an die liberalen Elemente unter den Türken selbst gewandt, er hatte alle unzufriedenen und selbstständigen Köpfe, Männer wie jenen Paswan Oglu, den kecken Usurpator, der zu Widdin der gesammten Heeresmacht des Diwan trotzen konnte, oder wie den gewaltigen Ali Pascha von Janina für seinen Bund zu werben gewußt. Daß Türken und Griechen sich zum Umsturz des bestehenden Regimes in Konstantinopel einigen konnten, war gewiß ein verhängnißvolles Symptom der inneren Erschütterung, welche die Hämushalbinsel ergriffen hatte. Auch die türkische Regierung war von der epidemischen Reformsucht angesteckt worden, welche im Lauf des 18. Jahrhunderts alle Denker, Staatsmänner und Fürsten Europa's anwandelte; wie aber im civilisirten Westen die von Oben aus unternommenen Reformen vor der gewaltigen Revolution von Unten aus verstummten und mit der Marseillaise und der Guillotine beantwortet wurden, so konnten auch die redlich gemeinten, aber hastigen und unsicheren Staatsverbesserungsexperimente im osmanischen Reich keinen andern Erfolg haben als die schlummernden Kräfte der unterdrückten Volksstämme zu wecken und den Verfall des herrschenden Stammes zu beschleunigen.

Bei dem Mangel echter tiefer Kenntnisse, bei dem Ueberfluß an Fantasie, der den Orientalen eigen ist, mußten die ausschweifendsten Ideen in der türkischen Bevölkerung Boden finden. Fand doch jede Fastnacht= geburt des menschlichen Wahnsinns unter den zahlreichen religiösen Sekten, unter den tanzenden, lachenden und weinenden Derwischen Vertretung und Nachahmung. Mehr oder weniger abenteuerliche Umwälzungsprojekte auf religiösem Gebiete blieben nicht aus; es galt, den Islam einer natürlichen Religion unterzuordnen, die lange unterdrückte menschliche Vernunft sträubte sich gegen die starre religionspolitische Orthodoxie des Propheten. Um die Mitte des 18. Jahrhunderts reichte der Pascha von Kairo Ali ben Abdallah dem Sultan einen radikalen Reformplan ein, worin er Ausrottung aller positiven Religion und Lossagung von aller geistlichen Autorität, Ab= schaffung des geistlichen und weltlichen Richterstandes, der Hierarchie der Ulemas befürwortete und auf das Beispiel der protestantischen Christen= fürsten hinwies, welche auch das Joch des römischen Mufti abgeschüttelt hätten. Das sei ein leichtes Werk für einen weisen und mächtigen Mo= narchen, da ja ein armer und ehrgeiziger Jude die christliche Religion und ein verschlagener Kaufmann den Islam in's Leben gerufen habe. Als Neuerungssucht und Freigeisterei unter den Osmanen immer tiefere Wurzel schlugen, als die französische Revolution und alle Forderungen der Neu= zeit gebieterisch an die Thore des Diwan klopften, unternahm es Selim III., zu einer vollkommenen Europäisirung der Türkei zu schreiten. Kurz nach dem Frieden von Jassy begann er damit, den Diwan umzugestalten, die Zahl und Kompetenz der Mitglieder ansehnlich zu erweitern. Aus einer einfach berathenden wurde der Diwan zu einer gesetzgebenden konstituiren= den Versammlung erhoben, welche umfassende Reformen bezüglich der Finanzen und des Heerwesens in's Leben rief. Es sind dies die nach dem Vorbild der Reformen Mohammet Köprili's geschaffenen „neuen Ordnungen" Selim's III. Man errichtete eine Kriegskasse, zu deren Gunsten man alle großen und kleinen Lehen einzog, deren Besitzer den Lehendienst vernach= lässigt hatten. Ebendahin schlug man auch die lebenslänglichen Pachtungen der Zehenten, die Zölle von Konstantinopel und die Tabakspacht und er= zielte dadurch alljährlich einen Gewinn von 75 Millionen Piaster. Gestützt auf solche Hülfsmittel gedachte Sultan Selim III. dem Uebel türkischer Zustände auf den Grund zu gehen, die Macht und den Trotz jener Prä= torianer des Islam, der Janitscharen, zu brechen und die Türkei auch militärisch in einen europäischen Staat umzuwandeln.

Der Gründer dieser wilden Miliz, der Heeresrichter Kara Chalil Tschendereli, war von dem Gedanken ausgegangen, ein Gegengewicht gegen den Uebermuth und die Ausschreitungen des ersten stehenden Heeres in's

Leben zu rufen; deshalb rieth er dem Sultan Urchan zur Bildung einer neuen Truppe aus Christenkindern, welche mit Gewalt zum Islam bekehrt, durch reiche materielle Vortheile und durch religiöse Weihe, durch die Einreihung in den neuen türkischen Orden der Begtaschi zu einem kriegerischen Mönchsorden herangezogen werden sollten, der dem Islam ähnliche Dienste leistete, wie die christlichen Ritterorden dem Papstthum geleistet hatten. Und gewiß hat das religiöse Element den Janitscharen anfangs einen wilden Fanatismus im Kampfe gegen die Ungläubigen geliehen und ebenso wie die treffliche materielle Fürsorge, die schon in dem Namen und Abzeichen des Korps, in jenen hölzernen Suppenlöffeln angedeutet war, welche die einzelnen Soldaten an ihrer Filzmütze trugen, den Zwecken des Stifters gedient. Doch mit der Zeit ist gerade wie bei den christlichen Ordensrittern auch, eine Lockerung des ursprünglichen Geistes und der strengeren Ordnung eingetreten. Eine Kette von Gewaltthätigkeiten, Zügellosigkeiten und Erpressungen bezeichnet die Beziehungen der Janitscharen zu dem türkischen Hof. Vergebens hatte Bajazet II. gegen sie angekämpft, hatte Osman II. gesucht, sie durch eine neue Soldtruppe von Egyptern und Syrern zu ersetzen. Da griff Murad IV. dem ganzen Institut an die Wurzel, indem er den Knabenzins abschaffte, die Janitscharen zwang, sich unter sich selbst zu rekrutiren und indem er ihnen in den Albanesen den Kern einer neuen Miliz entgegenstellte. Der Albanese Mehammed Köprili, jener Emporkömmling, der sich von den niedersten Stellen zur Würde eines Großvesires emporgeschwungen und die ganze Erfahrung eines Mannes, welcher mit der Ungunst der Verhältnisse ringen mußte, in sein Amt gebracht hat, fuhr auf der von Murad IV. eingeschlagenen Bahn energisch fort, hielt dessen Verordnungen mit der größten Strenge aufrecht und zog sich dadurch den besonderen Grimm und Unwillen der Janitscharen zu. Seit sie sich aus ihrer eigenen Mitte rekrutiren mußten, hatten sie sich erst recht zu einer enggeschlossenen aristokratischen Kaste ausgebildet, die alle Vorrechte anderer Stände in sich vereinen und dabei Nichts für den Staat leisten wollte. Sie ließen sich in die Zünfte einschreiben und begannen ehrliche und unehrliche Gewerbe aller Art zu treiben. Sie erlangten Zollfreiheit für die von ihnen eingeführten Waaren, fingen an Handel zu treiben, die Vortheile des Kaufmannsstandes mit den Rechten des Soldatenstandes zu verbinden. Trotz und Raubsucht waren geblieben, aber die Tapferkeit und wilde Begeisterung auf dem Schlachtfelde waren verschwunden und ihre flinke Flucht vor dem Feinde ward bald ebenso sprüchwörtlich, wie ihre Tapferkeit beim Sengen und Brennen, beim Plündern und Wüthen in Feindes Land. In der Schlacht von Kartal ergriff die ganze Truppe auf das bloße Gerücht hin, daß sie von den Russen umgangen seien, die Flucht, fiel über das an der Donau befindliche Lager des Großvesirs her und plünderte es sammt der Kriegskasse vollständig aus. Trotz des geringen Erfolges, den alle Reformversuche seiner Vorgänger gehabt hatten, ging Selim III. unerschrocken dieser historischen Landplage zu Leibe. Zunächst organisirte er ein kleines Korps regulärer Truppen unter dem Vorwand, die Wasserbehälter Konstantinopels gegen die Russen zu schützen; allmählich brachte er es auf 12,000 Mann. Diese neuen Truppen ließ er fern von der Hauptstadt nach europäischem Reglement einexerciren, um den Fanatismus der altgläubigen Türken nicht auf eine allzuharte Probe zu stellen. Er wandte sich an den preußischen General von Knobelsdorff und bat ihn um seinen Rath, da die preußische Monarchie von allen Staaten Europas die am besten verwaltete sei. Knobelsdorff willfahrte ihm und entwarf ein Reformprojekt, dem zu Folge 25 Regimenter nach preußischem Muster und mit preußischem Exercirreglement errichtet werden sollten. Die Kadres müsse man den bisherigen „neuen Truppen" entnehmen. Die 25 Regimenter solle man als stehenden Kordon vom Balkan nach Silistria aufstellen, Kasernen längs jener Linie bauen, das dortige herrenlose Land den Soldaten überlassen. Man werde auf diese Weise eine tüchtige Militärkolonie begründen, welche das Land mit Hülfe einiger Forts auf dem Balkan vollkommen im Zaum halten und sogar noch ansehnlichen Gewinn für die Kriegskasse abwerfen müßte. Allmählich könne man weitere 25 Regimenter und später auch in den andern Provinzen Militärkolonien errichten. Daß ähnliche Projekte schon in ihren ersten Stadien scheitern mußten, läßt sich leicht begreifen. Die Gährung in Konstantinopel konnte nur mit Gewalt niedergehalten werden. Der Bürger Descorches, der Gesandte der französischen Republik, führte zu größtem Jubel des türkischen Pöbels in Konstantinopel eine Kopie der Pariser Scenen auf, man errichtete Freiheitsbäume und der Janhagel der türkischen Hauptstadt tanzte unter den Klängen des Ça ira die Karmagnole. Sultan Selim soll dem wüsten Spektakel mit Vergnügen zugesehen haben: er begriff nicht, daß er den Segen der europäischen Civilisation verscherze, da er ihre Auswürfe begünstigte. Die europäische Civilisation ist nicht nur leuchtende Flamme, sondern auch verzehrendes Feuer, sie wirkt verderblich, wo sie ohne Vermittlung mit kulturlosen Elementen in Berührung tritt. Wenn irgendwo, so war es in der Türkei unzeitig Saturnalien der Vernunft zu feiern. Die Trikolore am Turban, der sonst so gelassene Moslem in der Zwangsjacke des Pariser Jakobinerklubs: das deutete in der That auf eine nahe Katastrophe; im Osten wie im Westen sollte klar werden, daß man mit der Revolution nicht spielen, daß man sie nicht rufen darf, ohne von ihr verschlungen zu werden. Vergebens erließ Selim einen großherrlichen Befehl, dem zu Folge alle Astrologen, welche Unheil verkünden würden, sofort als Verräther mit dem Tode zu bestrafen seien. Das Unheil war schon da, und es ist das Schicksal des aufgeklärten Despotismus in der Türkei geworden, daß er sich selbst zu Gunsten der unterdrückten Rajah ruinirt und bankerott gemacht hat. Selim III. unterlag 1807 der vereinten Macht der Alttürken, der Ulemas und der Janitscharen. Mahmud hat ihn an diesen inneren Feinden gerächt, aber dadurch nur den rascheren Verfall des alternden türkischen Staats= körpers und das Emporkommen neuer jugendlicher Elemente entschieden. Denn nun traten die centrifugalen Kräfte hervor, die durch das an= dauernde Einmischen der Fremden und durch die mißglückten Re= formversuche Selims gefördert worden waren. Nun zeigte sich, auf wie schwachen Füßen selbst der gewaltigste Militärstaat steht, sobald die exceptionellen Verhältnisse, die ihn in's Leben riefen, dahin sind. Es ward klar, daß die tüchtigen und lebensfähigen Elemente sich nicht mehr im Mittelpunkt des türkischen Reichs, sondern in einzelnen Theilen desselben befanden. Ueberall machte sich die Versuchung geltend, sich von einer Regierung, deren Ohnmacht offenkundig war, loszusagen und eine unab= hängige tüchtige Sonderexistenz zu gründen.

Kühne Emporkömmlinge arbeiteten sich herauf, welche die Schwäche der Pforte für die Entwürfe ihres persönlichen Ehrgeizes auszubeuten such= ten. Die Schwäche des Ganzen und die Macht der Theile läßt sich an Usurpatoren wie Paswan Oglu, dem Pascha von Widdin, an Mehmet Ali, dem Herrscher von Egypten, und an Ali Pascha von Janina deutlich erkennen. Es waren Naturen, wie sie das Chaos einer wildbewegten Zeit erzeugt, voll dämonischer Kraft, nichts achtender Konsequenz und rücksichts= loser Grausamkeit. Derjenige aber unter ihnen, der in Mitteln und Zielen am ehesten an den Tyrannen des Machiavell erinnert, ist Ali Pascha. Mag eine solche Erscheinung den Freund behaglichen Stillebens und idyllischer Geschichtsbetrachtung wenig anmuthen: dem tiefer sinnenden Politiker wird sie stets Gegenstand fesselnder Betrachtung sein. Denn der Tyrann von Janina war es, der, während er auf eigene Rechnung zu unterdrücken suchte, nur den aus der Knechtschaft aufathmenden Griechen die Waffen in die Hände gab und der, freilich ohne es zu wollen, die griechische Revolution zum Ausbruch ge= bracht und gefördert hat. Seine Rebellion gegen den Sultan und der nationale Geheimbund der Griechen, die Hetärie, haben die Revolution von 1821 unmittelbar vorbereitet.

Ali ist in einem Land geboren, das, obwohl nur durch einen schmalen Meeresarm von Italien getrennt, unbekannter für uns ist als manche Landschaft Amerika's. An den westlichen Abhängen des Pindus, in jenen Gegenden, welche die alten Griechen als den äußersten Erdenwinkel und als Sitz ewiger Finsterniß betrachteten, wohnt ein Volk, das seinen Beruf im Kampf und in den Waffen, seinen Ruhm in der Abschließung von allem friedlichen und bürgerlichen Treiben sucht, ein Volk von Kriegern und Wilden: die Albanesen. Nachkommen jenes arischen Stammes, der in der vorgeschichtlichen Zeit von Norden her die Hämusinsel besetzte und unter verschiedenen Benennungen, als Illyrier, Epiroten, Skipetaren nur eine gemeinsame Nationalität bildete, haben die Albanesen von jeher in vielfachen Beziehungen zu den benachbarten Hellenen gestanden. Sie wanderten vor und während der Türkenherrschaft nach Griechenland; ein nicht unbeträchtlicher Theil der Bevölkerung des heutigen Königreichs ist albanesischen Ursprungs. In Attika und Megaris, in Karystos, Böotien, auf den Inseln Salamis, Hydra, Spetia, in Korinth, Argolis, dem nördlichen Theil von Arkadien, dem östlichen Theil von Achaja, in Lakonien (Barbunia) bei Monembasia, Vatika, Lala, Karytäna, zwischen Navarin und Koron stößt man auf die Spuren albanesischer Niederlassung; eine Thatsache, die von Fallmerayer und seinen Anhängern oft genug verkehrt gedeutet und als Bestätigung der Slawentheorie angesehen worden ist. Wenn man auch heutzutage albanesische Laute auf der Straße in Athen, selbst von den Kindern hören kann, die unter den Säulen des Jupitertempels spielen: so ist es keinem Zweifel unterworfen, daß das in Griechenland eingedrungene albanesische Element rettungslos dem Schicksal der Hellenisirung verfallen ist. Wie einst ein Theil der Pelasger von den Hellenen überwunden und geistig verbaut ward, so daß die pelasgische Sprache zur Zeit des Herodot wie ausgestorben war, so werden auch heutzutage die Albanesen in Griechenland der griechischen Kultur und Sprache unterworfen und vollkommen hellenisirt. Anders aber gestaltet sich die Lage der albanesischen Race in ihrer eigenen Heimath. Trotz der mittelalterlichen Völkerstämme hat sich dort die Nationalität mit Zähigkeit bewahrt. Alljährlich wandert wohl ein Theil des Volks in die Fremde, aber er bringt nichts von dem, was er dort sieht und hört nach Albanien zurück; trotz des kriegerischen Wanderlebens, welches der Albanese führt, hält er mit eiserner Starrheit an der Heimath und deren Gebräuchen fest. Er scheint die Fremde nur kennen zu lernen, um seine enge Heimath, dies abgeschlossene Stück Erde, das außer Berührung mit dem Weltverkehr steht, noch schöner zu finden und inniger zu lieben. Die Fremde gewinnt keine Macht über ihn; nur so erklärt sich, daß Albanien noch jetzt der Theil der Türkei ist, der die meisten Elemente mittelalterlicher Barbarei enthält, der sich in allen öffentlichen Beziehungen nicht über die Ideen des Faustrechts, der Blutrache und des Stammverbandes erhoben hat. Die Gedankenwelt des Volks haftet an der beschränkten Sphäre engen häuslichen Daseins, die ganze Kraft seiner Liebe koncentrirt sich auf die Familie, auf den Stamm, dessen Unauflöslichkeit mit dem toskischen Sprüchwort gekennzeichnet ist: „das Blut wird nicht zu Wasser“. Der Trotz, womit der Albanese auch mitten im Frieden bei seinen kriegerischen Sitten beharrt, hat bisher jede sociale Entwicklung zurückgehalten. War kein auswärtiger Feind zu bekämpfen, so zerfleischten sich die zahlreichen Phare, die Theilstämme oder Clans, in welche die Albanesen zerfallen, unter sich. „Choum Phis?“ Welcher Feuerstelle, welchem Stamm gehörst du an? ist die gewöhnliche Frage, wenn sich zwei Albanesen verschiedener Stämme begegnen, und während dessen hält der fragende den Finger am Hahn des Gewehrs. Denn wie leicht ist es möglich, daß „Tscheta", Fehde zwischen ihren Stämmen besteht, daß der Stamm des einen dem Stamm des anderen einen Kopf schuldig ist. Die Blutrache ist in Albanien wie in Korsika und in der Mani ein heiliger, mit der Religion eng verknüpfter Brauch und die ganze Moral dieser Völker beruht auf der furchtbaren Maxime: Wer sich nicht rächt, rechtfertigt sich nicht. Wer gethanes Unrecht vergiebt, hat nach albanesischer Auffassung nur die Gewaltthat Anderer sanktionirt. Der Mord wird vertragsmäßig verhandelt und testamentarisch hinterlassen: auf dem Todtenbett pflegt der Familienvater die gefallenen Köpfe seines Stammes zu zählen und seinen Söhnen die Rache in aller Frömmigkeit an's Herz zu legen.

Wie sich ehemals die Hellenen in zwei verschiedene Gruppen absonderten, in deren Adern aber hier wie dort das gleiche heiße, bewegliche Blut rollte, so zerfallen die Albanesen seit uralter Zeit in zwei Hauptstämme, und was zu Strabo's Zeit die Epiroten und die Illyrier, das sind die Geghen in Nord= und Mittel=, die Tosken in Süd-Albanien. Zwischen beiden Stämmen, deren Dialekt sich etwa wie hoch= und plattdeutsch unterscheidet, herrscht eine von den Vätern überkommene Abneigung, die in den türkischen Feldlagern, wo sie nebeneinander fechten sollten, oft blutige Händel verursacht hat. Religiöser Zwiespalt erweitert die Kluft. Denn während die Geghen zum Theil dem orthodoxen türkischen, zum Theil dem römisch=katholischen Glauben folgen, gehört ein Theil der Tosken der freieren Sekte Ali's, der Schia an, die christlichen Tosken aber bekennen die griechisch=katholische Religion. Aus der Mitte der Geghen ging im 15. Jahrhundert der heldenmüthige Vorkämpfer gegen den Islam, der Sieger in vierzig Schlachten, Skanderbeg oder Georg Kastriota hervor, der noch jetzt in ihren Balladen als der Drache Albaniens besungen wird. Aus der Mitte der Tosken erwuchs jener moderne albanesische Despot, der ähnlich wie Skanderbeg in der Schule des Faustrechts und der Verwilderung groß gezogen, seine Erfolge der rücksichtslosen Energie verdankte, mit welcher er die Konsequenzen der ihn umgebenden Barbarei zu ziehn und sich zum Vertreter der religiös=politischen Ideen zu machen wußte, die sein Volk bewegten. Man wird die Bedeutung Ali's nur dann recht erkennen, wenn man die gegebenen albanesischen Zustände, den Gegensatz zwischen Tosken und Geghen sowie das Verhältniß der Albanesen zu den Griechen würdigt. Die russisch=türkischen Kriege hatten den Griechen die militärische Macht der Albanesen zum Bewußtsein geführt; die wilden Bergbewohner Albaniens waren ihnen seit 1770 ein Gegenstand weit größeren Schreckens als die Türken selbst. Nicht gern freilich bediente sich der Diwan dieser räuberischen Miliz, deren Uebermuth und Trotz sich leicht gegen ihn selber kehrte; allein der Verfall kriegerischer Tüchtigkeit unter den Türken hatte die Nachfrage nach albanesischen Söldnern beträchtlich gesteigert, und um die Zeit, da Ali Pascha emporkam, suchten alle Paschas der europäischen Türkei die Zahl ihrer Albanesen=Garde zu vermehren. Die Familie der Mutsolsaten, der Ali angehörte, führte ihren Stammbaum auf einen Türken Mutsochusos zurück, der aus Klein-Asien eingewandert sein soll*). Mutsochusos' Nachkomme Muktar-Bei galt als einer der vorzüglichsten Krieger seiner Zeit; er fiel mit den Waffen in der Hand bei der Belagerung Korfu's gegen Schulenburg, 1716. Zur Belohnung für die Tapferkeit des Vaters verlieh der Diwan Muktar's jungem Sohn Veli die Würde eines Pascha mit zwei Roßschweifen und das Paschalik Delvino. Veli's Kämpfe mit den Kleften der griechischen Berge leben noch in der Erinnerung des Volkes. Vor Allem feiert das Lied den Sieg des Palikarenchefs Johann Bukovallas bei Kerassowo. Ein blondes Mädchen rief vom Fenster heraus dem Tapferen, der mit dem Pascha kämpfte, zu: „Hör' auf, Johann, mit Kampf und Schießen, daß der Nebel falle, daß der Dampf trockne, daß deine Schaar gezählt werde und wir sehen wie viele übrig sind. Dreimal zählt man die Türken und es fehlen fünfhundert. Dann zählt man die Kleften, da fehlen drei Tapfere. Der eine ging um Wasser, der andere um Brot zu holen, der dritte, der bessere, der ruht bei seiner Flinte." Veli vermochte sich in der ihm vom Diwan verliehenen Würde nicht lange zu behaupten; er ward durch die Intriguen skrupelloser Gegner gestürzt; von Haus und Hof vertrieben, aus dem Erbgut seines Vaters Tepeleni verjagt, starb er im 45. Lebensjahre, von Kummer und Elend gebeugt, und hinterließ seine Frau Chamko und seine Kinder Ali und Chainitza in hülflosem Zustande.

Ali war 1741 zu Tepeleni geboren. Der kleine Ort liegt an der Vojussa, dem Flusse der Seufzer, ringsum von hohen und steilen Kalkgebirgen umgeben. Die Natur erscheint in diesem Theile Albaniens so wild und trostlos wie es die Menschen sind. Die Schlucht von Tepeleni ist der fortwährende Aufenthalt von Wind und Stürmen, kein Baum, kein Weidengesträuch gedeiht an den öden Felsgehängen der Vojussa. In diesen Umgebungen wuchs Ali empor, ein rauhes aber kräftiges Kind der Berge und der Wildniß. Das Schicksal schien an seine Jugend gleichsam eine Mahnung zu richten, eine Aufforderung zur Rache für erlittene harte Familienschmach, für die Verfolgung und Vertreibung des Vaters. An dem Knaben bemerkte man schon früh die Kennzeichen eines regen Sinnes und eines lebhaften Humors, der gegen die ruhige Haltung seiner türkischen Altersgenossen bedeutungsvoll abstach. „Sein unruhiger Geist," erzählt Jerome de la Lance, „kündigte sich schon bei seinem Heraustreten aus dem Harem an; denn man bemerkte gewöhnlich einen Muthwillen und eine Thätigkeit an ihm, die jungen Türken, schon von Natur stolz und ernst, nicht eigen sind. Sobald er sich aus dem elter-

---

*) Ἱστορία τοῦ Ἀλῆ Πασσᾶ Μουτσοισάτη ὑπὸ Δ. Κουτσονίκα. Ἀθ. 1863. Vgl. auch meinen Aufsatz: Ali Pascha. Historisches Taschenbuch. 1867. S. 95.

lichen Hause stehlen konnte geschah es nur, um in die Berge zu eilen, wo er mitten unter Schnee und Gebüsch umherirrte. Umsonst versuchte sein Vater seine Aufmerksamkeit zu fesseln. So hartnäckig als ungelehrig, entrann er den Händen seines Lehrers, den er, sobald er der Straflosigkeit sicher war, mißhandelte." Die traurigen Umstände, unter denen er seinen Vater verlor, hatten auf Ali's Gemüth tief eingewirkt. Die ersten Lebenserfahrungen, die er machte, waren nur dazu angethan, diese Eindrücke zu verstärken. Er begab sich 1782 in die Dienste des Pascha Kurt von Berat, der Mittel- und Unter-Albanien beherrschte. Kurt fand anfangs solches Wohlgefallen an dem kecken, beredten und geistesgewandten Manne, daß er ihm seine eigne Tochter anverlobte. Aber die Intriguen einer mächtigen Gegenpartei, die Ali's Charakter und Abstammung in schlechtes Licht zu stellen suchte, bewirkten, daß Kurt die Verlobung wieder auflöste und seine Tochter mit einem reichen Freier aus dem Geschlecht der Sinanpassaliden Ibrahim Bei vermählte. Nun entfloh Ali heimlich aus Berat und stand bald an der Spitze einer Schaar von Abenteurern, wie sie in Albanien Rauflust und Beutesucht leicht zusammenführt. Seine Mutter und Schwester folgten ihm in's Feld.

Chamko war eine Frau von ungewöhnlicher Entschlossenheit und grenzenlosem Ehrgeiz. In ihrem ganzen Erscheinen und Auftreten lag etwas Hartes, Unweibliches, sie schien sich eine Olympias zu fühlen. Sie warf jetzt Schleier und Spindel weg und griff zu den Waffen, um die Interessen ihres Sohnes zu schützen. Bei Zagoria stieß Ali mit Kurt's Truppen zusammen, doch das Gefecht blieb resultatlos, da die Albanesen auf beiden Seiten wünschten, daß der Krieg, bei dem sie ihre Rechnung fanden, in die Länge gezogen ward. Aber bald begannen die Finanzmittel Ali's zu versiegen. Er ward von seinen Gefährten verlassen und schließlich von den Bewohnern von Chormovo und Garbiki mitsammt seiner Mutter und Schwester gefangen genommen. Chamko und Chainitza mußten nun die ärgsten Mißhandlungen erdulden, welche raffinirte Bosheit gegen Frauen ersinnen kann. Man warf sie in einen feuchten Kerker, aus dem man sie nur herausließ, um sie der Brutalität der vornehmsten Bewohner von Garbiki und Chormovo preiszugeben. Die Leiden der beiden Frauen erregten Mitgefühl in mancher Brust, man unterhandelte über ihre Loskaufung, ein Grieche lieferte die nöthige Summe. Gegen ein Lösegeld von 22,800 Piastern ließen die Garbikioten ihre Gefangenen frei. Es begreift sich, daß die erbitterten Frauen fortan das Verlangen nach blutiger Rache in Ali nährten. Die Mutter beschwor ihn, nicht zu rasten, bis Garbiki vom Erdboden vertilgt sei. Auch Chainitza flehte ihn an, die Schmach vom Namen seiner Familie abzuwaschen. „Ich kann erst ruhig sterben," wiederholte sie oft, „wenn ich die Kissen meines Bettes mit den Haaren der Frauen von Garbiki gestopft habe."

Ali selbst war über die Schmach, die seinen nächsten Angehörigen widerfahren, höchst erbittert. Er begriff aber, daß vor der Hand die Feinde noch zu mächtig seien, und daß er sie erst allmählich auf Umwegen umgarnen könne. Jahrelang mußte er sich zu verstellen und die Schmach in sich zu verzehren, aber die Jahre kühlten seinen Zorn nicht ab. Die Rache war ihm ein Gericht, das kalt genossen werden mußte. Um zum Ziele zu gelangen und seine Feinde bestrafen zu können, bedurfte Ali vor Allem der Macht. Macht zu erlangen, war sein aufrichtigstes Bestreben. Dahin zielten die Macchiavellistischen Rathschläge seiner Mutter, die ihm stets wiederholte, daß der Erfolg Alles rechtfertige.

„Mein Sohn, wer sein Erbgut nicht zu vertheidigen weiß, verdient, daß es ihm geraubt wird. Bedenke, daß das Eigenthum Anderer ihnen nur gehört, weil sie stärker sind, und wenn du es ihnen entreißen kannst, wird es dein sein." Ali selbst bekannte, wie tief sich diese gewaltsamen Maximen seiner Mutter bei ihm eingeprägt hatten. „Als mein Vater starb", so erzählte er später dem Franzosen Pouqueville, „hinterließ er mir nichts als ein Loch und einige Acker Landes. Meine Einbildungskraft, entflammt durch die Rath-schläge der Frau, die mir zweimal das Leben gab, indem sie mich zum Manne und zum Vezier machte, entdeckte mir das Geheimniß meiner Bestimmung. Ich träumte von nichts als von Macht, Schätzen, Palästen, mit Einem Wort von allem, was die Zeit bereits verwirklicht hat und sie mir noch ferner verspricht, denn der Punkt, auf dem ich angelangt bin, ist noch nicht das Ziel meiner Hoffnungen." Seine ersten Versuche, die ehrgeizigen Pläne, welche Chamko angeregt, zu vollziehen, scheiterten; er ward, da er an der Spitze einer Abenteurerbande in das Gebiet Chormovo's einfiel, zurückgeschlagen und ging selbst seinen Gefährten mit dem Beispiel der Flucht voran. Chamko brach in Verwünschungen aus, als sie ihn so wiederkehren sah, und richtete, indem sie ihm den Spinnrocken vorhielt, den sie seit ihrer Gefangenschaft wieder ergriffen, die Worte an ihn: „Geh, Feiger, und spinne mit den Weibern des Harems, diese Beschäftigung ziemt dir besser als Waffen." Auch die nächsten Unternehmungen Ali's, der in Negroponte und Thessalien als irrender Ritter umherzog, Ziegen und Schafe raubte und die griechischen Rajahs ausplünderte, liefen keineswegs zu seinem Vortheil aus.

Ali liebte es, wie das die Art von Parvenus ist, auch im späteren Glück auf die scheinlosen Anfänge seiner Laufbahn zurückzukommen, um zugleich damit auf die Anstrengungen aufmerksam zu machen, die es gekostet haben mußte, sich emporzuschwingen. Die Erzählung, daß er nur mit 60 Paras in den Bergen herumgeirrt sei, seinen Säbel selbst ver-kauft, und als die Noth am größten, einen Schatz gefunden habe, diente, obwohl sie der Bestätigung sehr bedurfte, dazu, den mysteriösen Nimbus um seine Person zu erhöhen. Er selbst bezeichnete sie später als Fabel und Erfindung eines lügnerischen Schulmeisters Balliba, fügte aber bei, es sei gut, wenn dergleichen geglaubt werde, das seinem Glück einen wunderbaren Anstrich gebe. „Ach", seufzte er zu Pouqueville, „daß ich nicht früher auf die Welt gekommen bin! Mit Hülfe einiger Narren wäre ich vielleicht Prophet geworden."

Die erste Besserung seiner Lage wußte Ali durch eine vortheilhafte Heirath zu erwirken, die er mit Emineh, der Tochter des Paschas von Delvino, einging. Dann begann er ernstlich daran zu denken, sich eine Hausmacht zu gründen und sich seiner Geburtsstadt Tepeleni zu bemächtigen. Er ging dabei mit jener Vorsicht und katzenartigen Schlauheit zu Werke, die alle seine Unternehmungen kennzeichnet. „Ich fühlte", so erzählte er Pouqueville, „die Nothwendigkeit, an meinem Geburtsorte feste Wurzeln zu fassen. Ich hatte daselbst treue Anhänger und furchtbare Feinde. Letztere mußte ich irgendwie zu einem Fehler verleiten, um sie dann in Masse zu vernichten, und so faßte ich den folgenden Plan:

„Ich hatte die Gewohnheit, nach meinen Jagdpartien im Schatten eines Gehölzes an der Beütcha auszuruhen und die Siesta zu halten. Ich schickte nun einen meiner Vertrauten zu denen, die mich haßten, und ließ ihnen vorschlagen, mich zu ermorden. Ich eilte selbst vor meinen Feinden nach dem Rendezvous und ließ unter dem Laube der Bäume eine Ziege festbinden, der ich einen Maulkorb anlegte und meine Kapuze überwarf. Dann kehrte ich verkleidet auf Abwegen in mein Serail zurück, während man eine Salve auf das Thier abfeuerte und mich ermordete. Eine Abtheilung meiner Leute mußte auf den Lärm hin sogleich erscheinen, damit man nicht näher gehen und sich vom Erfolge überzeugen konnte. Nun kehrten meine vorgeblichen Mörder nach Tepeleni zurück unter lautem Ruf: „Ali ist nicht mehr, wir sind ihn los!" Die Kunde drang bis in den Harem, ich hörte das Jammern meiner Mutter und das Geschrei meiner Feinde. Ich ließ den Skandal sich entwickeln, ich wartete bis sie trunken von Wein und Freude waren. Dann aber fiel ich auf ein verabredetes Zeichen mit meinen Anhängern über sie her. Die Gerechtigkeit war auf meiner Seite, alle wurden vor der Rückkehr des Tages niedergemacht, ich vertheilte ihre Güter und Häuser an meine Gehülfen und von diesem Augenblicke an konnte ich sagen, daß Tepeleni mir gehörte."

Nachdem Ali sich auf diese Weise eine Hausmacht gegründet, schritt er stufenweise auf der Bahn der Gewalt und Bestechung weiter. Denn noch war er nur Parteigänger, sein Ehrgeiz aber strebte höher hinaus. Die wirren Verhältnisse von Albanien, die ewigen Kämpfe und Intriguen boten einem scrupellosen, verschlagenen Sinn die beste Gelegenheit, von Stufe zu Stufe zu steigen. Das Paschalik von Delvino ward seine erste Beute. Sein Schwiegervater, der Pascha von Delvino, war in die russischmontenegrinischen Händel des Jahres 1767 verwickelt und in Monastir enthauptet worden. Ihm folgte Ali Pascha von Arghyro-Castro, dem Ali seine Schwester Chainitza zur Frau gab, in der Hoffnung, auf diesem Wege rascher zu seinem Ziele zu kommen. Aber er sah sich getäuscht. Nach

dem gewaltsamen Tode seines Schwagers wurde nicht er, sondern Selim-
Bei Koka von der Pforte zum Posten eines Sandschak mit zwei Roßschweifen von Delvino ernannt. Selim gab sich aber bald Blößen,
durch die er gestürzt werden konnte. Er hatte das System seiner Vorgänger, die in stetem Streit mit den Venetianern lebten, verlassen und
stand in bestem Einvernehmen mit den Provebitoren von Korfu. Diese
Politik mußte das Mißtrauen des Diwans erwecken, und Ali, der sich
zur Spionen-Rolle gern hergab, erhielt den Auftrag, Selim zu beobachten. Er that es, begab sich zu Selim, ward von ihm gastfreundlich aufgenommen und schmeichelte sich in seine Gunst ein.

Bald bot sich ihm Gelegenheit dar, den Pascha zu verderben. Selim
hatte den Venetianern einen Wald nahe an dem See Pelobas verkauft.
Nun benuncirte ihn Ali als schuldig, einen Theil des großherrlichen
Grund und Bodens verkauft zu haben. Wenn man nicht Vorkehrungen
treffe, werde der Pascha bald die ganze Provinz Delvino den Ungläubigen
in die Hände liefern. „Es thut mir leid", fügte er hinzu, „die Unter-
schleife meines Wohlthäters Selim bekannt zu machen, doch das Interesse
des Sultans, meines Herrn, hat mich bestimmt, eine solche Enthüllung
zu machen, welche Religion und Staat gleichmäßig angeht." Ohne irgend
eine weitere Untersuchung anzuordnen, sandte der Diwan einen Todes-
ferman gegen Selim und beauftragte Ali, ihn auszuführen. Der alte
Pascha Selim ahnte nicht, welche Schlange er an seinem Busen nährte.
Ali bereitete den heiligen Gesetzen der Gastfreundschaft zum Trotz das
Attentat gegen den Mann vor, der ihn gastlich aufgenommen. Täglich
begab er sich zu seinem Wirth, um demselben nach Landessitte den Hof
zu machen. Eines Tages jedoch schützte er Unwohlsein vor und bat
Selim, in seine Wohnung zu kommen, um eine wichtige Mittheilung
zu empfangen. Die Einladung ward gngenommen. Selim erschien. Ali
aber hatte in einem Wandschrank gebundene Banditen verborgen, die auf
ein gegebenes Zeichen, als er die Kaffeeschale fallen ließ, hervorbrachen
und Selim tödtlich verwundeten. Er starb mit Worten schmerzlichen Vor-
wurfs gegen Ali, der ihn verrathen. „Bist du es, mein Sohn, der mir
das Leben raubt? Herr, vermenge mich nicht mit den Bösen." Seine
Leibwache eilte auf den Lärm herbei. Sie fanden Ali mitten unter den
Mördern, wie er den aufgerollten Ferman in der Hand hielt und mit
drohender Stimme rief: „Ich habe den Verräther auf Befehl unsers
ruhmreichen Pabischas getödtet. Hier, seht den kaiserlichen Ferman!"
Bei diesen Worten und bei dem Anblick der Urkunde neigten sich die
Osmanlis und blieben vor Schrecken unbeweglich, während man Selims
Kopf von dem blutenden Rumpf trennte. Ein Kodjah stimmte das Fa-
tahet an, und das Verbrechen ward im Namen des barmherzigen und
gnädigen Gottes für gesetzlich erklärt. Ali selbst erhielt als Belohnung
den Titel eines Stellvertreters des neuen Derwend-Pascha von Thessa-

lien. Er benutzte diese noch untergeordnete Stellung, um Reichthümer zu sammeln, und da er den Auftrag hatte, das Land von Räubern zu säubern, den Raub zu legalisiren, indem er an die Kleften Raubdiplome austheilte. Das Räuberwesen nahm bald dermaßen überhand, daß der Verkehr stockte und es in einigen Gegenden unmöglich ward zu reisen. Nun spielte ein Stück echt türkischer Korruptionswirthschaft. Der Derwend-Pascha ward nach Konstantinopel zurückgerufen und bezahlte die Verbrechen seines Stellvertreters mit dem Kopfe. Ali aber sandte einen Theil der durch jenen schmählichen Handel gewonnenen Summen nach Konstantinopel, anstatt sich selbst zu stellen, und so wie die Verhältnisse im Diwan lagen, gelang es ihm, sich durch die Frucht seines Raubes von dessen Folgen zu befreien. „Das Wasser schläft, aber nie der Eigennutz", so pflegte er wohlgefällig zu äußern, wenn er der in Konstantinopel erlangten Erfolge gedachte. Sein militärischer Ruf war dergestalt gewachsen, daß man ihm 1787, beim Ausbruch des Krieges zwischen der Türkei und den beiden Kaiserreichen, ein wichtiges Kommando unter dem Großvezier Juffuf anvertraute. Infolge der Dienste, die er in diesem Feldzuge leistete, übertrug ihm die Pforte das Paschalik von Trikkala, zwei Roßschweife und den Titel eines Derwendgi-Pascha oder Großaufseher aller Straßen von Rumili. Eine Hauptpflicht, die mit der neuen Würde verbunden war, bestand darin, die Straße von Konstantinopel nach Janina frei und sicher zu erhalten und das Peneusthal von Räubern zu reinigen. Ali benutzte diese Gelegenheit, um offen ein Truppencorps in seinem Solde zu erhalten, das er bis auf 4000 Mann brachte. Bald zeigte er an der Spitze dieser Truppen, was man von ihm erwarten könne. Er schlug und zerstreute die Räuberbanden, wo er sie in der Ebene fand, er jagte sie in die Berge zurück. Der Schrecken ging vor seinem Namen her, derart, daß Ordnung und Sicherheit vom Pindus bis zu den Thermopylen zurückkehrten. Er sicherte sich den Ruf eines thätigen und geschickten Verwaltungsbeamten und die Mittel, der Pforte selbst gefährlich zu werden.

Nun faßte er den Plan, das Paschalik von Janina zu gewinnen, wodurch er in den Mittelpunkt von Epirus und in die Lage versetzt wurde, über Albanien zu herrschen. Seine Mutter Chamko war inzwischen gestorben, ihr letzter Wille schrieb ihm und der Schwester Rache an den Bewohnern von Chormovo und Garbiki vor. Grund genug, um das Gelüst nach dem Paschalik von Janina zu steigern. Das Korn des fruchtbaren Thessalien war für die Stadt Janina Lebensbedingung. Als Pascha von Trikkala beherrschte Ali die Handelsstraße von Epirus nach Konstantinopel, besonders die Verbindungen zwischen Janina und Thessalien.

Seit der türkischen Eroberung hatten die Bewohner von Janina sich eine Art Halbfreiheit unter ihren Paschas bewahrt, die sie nach ihrem

Willen abrufen ließen. Im Jahre 1716 waren sie dem Karatsch das erste mal unterworfen, 1740 der Autorität eines Paschas mit zwei Roßschweifen, der zuerst unter Abhängigkeit des Veziers von Trikkala gestanden hatte. Hierauf gründete Ali seine Prätentionen. Er bildete sich eine Partei unter den Griechen in Janina, er unterhielt Agenten, welche den Zwist zwischen den dortigen Beis nähren sollten. Der Tod des bisherigen Paschas gab das Signal zu heftigen Parteikämpfen unter den Ehrgeizigen, die ihm folgen wollten. Mordthaten geschahen am hellen Tage. Der Bazar stand verlassen. Diesen Moment hielt Ali für günstig. Er hob Truppen aus und erschien im Herbst des Jahres 1788 vor Janina, nachdem er den Pindus passirt. Bei seinem Erscheinen vergaßen die zwistigen Beis ihren Hader, sammelten ihre Streitkräfte und lieferten ihm am obern Theile des Sees ein Gefecht. Sie wurden jedoch geschlagen und in die Stadt zurückgeworfen. Ali rückte mit seiner Armee unter die Mauern von Janina. Da er aber nicht Truppen genug hatte, um einen Angriff zu wagen, wandte er Bitten und Versprechungen an und bestimmte eine große Anzahl seiner Parteigänger, eine Deputation nach Konstantinopel zu senden, um seine Ernennung zum Pascha zu verlangen. Der Erfolg der Mission entsprach freilich seinen Erwartungen nicht. Die Pforte schickte die Abgesandten mit dem Befehl zurück: Ali solle seine Truppen entlassen und in sein Gebiet von Trikkala zurückkehren. Ali erfuhr jedoch durch einen getreuen Diener, der vorausgeeilt war, daß seine Gesandtschaft erfolglos gewesen sei. Da entschließt er sich zu einem der politischen Gewaltstreiche, die einer schwachen Regierung gegenüber stets Erfolg haben müssen. Er trifft seine Verabredungen mit dem Diener und mit den aus Konstantinopel Zurückkehrenden. Dem Brauch gemäß ziehen die Beis von Janina dem kaiserlichen Ferman entgegen und begrüßen ihn ehrfurchtsvoll. Jeder drückt ihn als Zeichen der Unterwerfung auf die Stirn. Man liest ihn vor und vernimmt mit Staunen, daß er Ali zum Pascha von Janina ernennt und männiglich befiehlt, daß sofort seine Autorität anerkannt werde. Es war ein Donnerschlag für die Beis. Wohl sträuben sich Einzelne und munkeln, der Ferman sei verfälscht. Doch die Mehrzahl sucht sich durch rasche Unterwerfung das Wohlwollen des Mannes zu verschaffen, von dem sie voraussieht, daß ihm das Paschalik zufallen werde. Seine Parteigänger verdoppeln ihre Anstrengungen, Ali benutzt den Moment der Verwirrung, er zieht im Oktober 1788 triumphirend in die Stadt ein, wirft eine starke Garnison in das Kastell, welches dieselbe beherrscht, belohnt seine Freunde, gewinnt selbst die Gegner unter der Maske offenen Entgegenkommens, und schickt dann eine neue, zahlreichere Gesandtschaft nach Konstantinopel, welche mit den wirksamsten Förderungsmitteln für seine Zwecke, mit reichlichen Geschenken versehen, die Hauptmitglieder des Diwans zu bestechen und die Anerkennung der vollendeten

Thatsache zu erwirken weiß. Das Volk in Janina war mit der Aenderung nur zufrieden. Es sah sich aus der Herrschaft einer drückenden Oligarchie nicht ungern den Händen eines Einzelnen übergeben, der die Periode ewigen Bürgerzwistes schloß. Nachdem Ali durch ähnliche Mittel das Paschalik von Arta gewonnen und Alarnanien unterworfen hatte, konnte er daran denken, an Chormovo Rache zu üben. Die Stadt fiel durch List in seine Hände und ward dem Erdboden gleich gemacht. Wer sich nicht durch die Flucht retten konnte, kam durch das Schwert um. Einen Gefangenen, der angeschuldigt war, Chamko Gewalt angethan zu haben, ließ Ali auf einen Rost legen, mit glühenden Zangen zwicken und bei langsamem Feuer braten. Sein Augenmerk richtete sich nun auf Mittelalbanien. Noch immer stand das reiche und fruchtbare Land unter der Herrschaft des Paschas von Berat, jenes begünstigten Freiers, der Ali's Braut durch seinen Reichthum und sein Ansehen gewonnen hatte. Es wäre gefährlich gewesen, denselben unter den Augen der Pforte anzugreifen und seines Landes zu berauben.

Auch fand Ibrahim an den unabhängigen Völkerschaften Süd-Albaniens, insbesondere an den Sulioten, einen kräftigen Rückhalt. Ali's Bestreben ging daher zunächst darauf hinaus, der Unabhängigkeit dieser kleinen albanesischen Gemeinden ein Ende zu machen.

Die Sulioten sind die Nachkommen albanesischer Christen, aus dem Stamme der Tschamen, die sich während des 17. Jahrhunderts vor den Türken in die wilden kassiopeischen Berge geflüchtet und dort auf luftigen Klippen, gleichsam in einem natürlichen Geiernest, hoch über den Thalschluchten des Acheron ihren Wohnsitz aufgeschlagen haben. Das Wasser hat sich vor Jahrtausenden einen Riß durch die gewaltige Felsenmasse gesprengt. Der Pfad, der sich aus dem Thal zu der Gebirgsfeste Suli emporwindet, ist so schmal, daß der Reisende bald im Bett des schäumenden Stroms, bald an einer Felskante aufwärts klimmen muß, die sonst nur von Ziegen betreten wird. Am rechten Ufer des Acheron, beim Felsenthor von Klisura, lagen die ersten Dörfer Avariko, Kiafa und Samoneva; einen Büchsenschuß nördlich davon der Hauptort der Gemeinde, „Kakosuli" oder das böse Suli genannt. Nahe an der Stelle, wo der Bergpfad den Acheron verläßt, um die Abhänge zwischen Kiafa und Kakosuli emporzuleiten, überhängt ein isolirter Fels den Pfad, Kunghi genannt, auf dem die vom Mönch Samuel angelegte Veste Sankt-Paraskevi stand. Hier stürzt sich ein Waldbach in den Acheron. Der Fluß tritt durch das Défilé von Glyki in die paramythische Ebene, nimmt den Kochtus auf, durchströmt den acherusischen See und mündet bei dem alten „Süßwasser-Hafen", dem jetzigen Port Fanari, in's Jonische Meer. Die sumpfige Niederung an seiner Mündung ist so ungesund, daß die Alten sie wohl als den kürzesten Weg zum Reich der Unterwelt bezeichnen durften. Noch besser als durch Natur und Kunst war

Suli durch die Gesinnung und durch den Heldenmuth seiner Be=
wohner geschützt. Alles war unter diesen wilden, kräftigen Söhnen der
Berge auf Angriff und Abwehr gestellt. Sie nannten sich selbst mit
Vorliebe den „Kriegerbund", Handel und Gewerbe waren ihnen verächtlich,
Viehzucht und Raub galten allein als die manneswürdige Beschäftigung.
Vom zehnten Jahre an begannen die Knaben das Kriegerhandwerk zu üben.
Der Suliote trennte sich nie von den Waffen. Mit der Muskete auf
der Schulter, dem Säbel an der Seite, dem Dolch im Gürtel geleitete
er seine Heerde auf die Waide, kniete er vor dem Altar seines Gottes; sein
Leben war ein fortwährender Kampf, reich an Entbehrungen und Wechsel=
fällen aller Art. Selbst die Frauen warfen, wenn es Noth that, Spindel
und Rocken fort und griffen zu den Waffen.

Jedes Dorf theilte sich in Phare, in Familiengenossenschaften, an
deren Spitze ein Aeltester stand. Geschriebene Gesetze kannte man nicht;
alter Brauch, der sich im Laufe der Zeiten erhalten hatte, galt als Gesetz.
In schwierigen Lagen des öffentlichen Lebens ward ein Rath der Häupter
aus den vier Hauptdörfern abgehalten. Die Gesammtzahl der Bevölkerung
ward im Jahre 1730 auf nur hundert Familien geschätzt, die das Recht
des Waffentragens genossen. Im vorletzten Jahrzehnt des 18. Jahrhun=
derts bestand die waffenfähige Mannschaft aus 1000 ursprünglichen An=
siedlern und 1500 Kolonisten, den Bewohnern von sieben Gemeinden
(Heptachorion), die sich im Laufe der Zeit an den Kern der vier eigent=
lichen suliotischen Gemeinden angesetzt hatten.

Die Sulioten nahmen jeden muthigen und thätigen jungen Christen
aus dem Stamm der Tschamen in ihre Gemeinschaft auf, und gestatteten
ihm, wenn er sich im Krieg hervorthat, ein Mädchen aus Suli zu hei=
rathen. Sie wuchsen an Zahl und Macht, sie wurden der Schrecken der
benachbarten türkischen Gemeinden von Margariti und Paramythia, mit
denen sie in fortwährenden Kämpfen lebten. An den venetianischen Gou=
verneurs von Parga und Prevesa fanden sie stets einen freundschaftlichen
Rückhalt. Sie mischten sich selbst in die große Politik. Sie nahmen
Theil an den durch russische Intriguen angezettelten Bewegungen von
1770 und 1790. Im April 1790 begab sich eine Deputation der Su=
lioten nach St. Petersburg und reichte der Zarina eine Denkschrift ein,
worin das Verfahren jenes Mykonier Psaros hart getadelt und auf die
verderblichen Folgen gewiesen ward, welche seine Schlechtigkeit für die
bethörte Rajah herbeiführen werde. „Wir wollen", erklärten sie, „nicht die
Schätze der Zarina, sondern nur Pulver für unsere Kugeln". Sie legten
„die Krone ihres alten Königreichs zu Katharina's Füßen und baten um
einen Fürsten, da die Race ihrer eigenen Könige dahin sei". Katharina
nahm sie auf das Zuvorkommendste auf, und gewährte jede ihrer Bitten,
versprach schleunigen Beistand. Sie ließ die Abgeordneten zu den Gemächern
Konstantin's führen, und freute sich, daß ihr Enkel von denselben als

„König Griechenlands" begrüßt ward. Die Sulioten entwarfen einen Kriegsplan, dem zufolge eine griechisch-russische Armee in Makedonien einrücken, eine zweite aus dem Peloponnes hervorbrechen, dem Lampros bei Euböa die Hand reichen, durch Livadia ziehn und sich vor Salonichi mit jener ersten Armee vereinigen sollte. Als aber die großartigen kai= serlichen Verheißungen sich als Seifenblasen zeigten, Lampros von den Russen verlassen und geschlagen, als die griechische Sache im Frieden von Jassy preisgegeben war: da sollte das kleine Bergvolk am Acheron schwer büßen, daß es sich in die Welthändel gemischt hatte. Die Verbindung der Sulioten mit Rußland ward von Ali benutzt, um dem Diwan Suli als ein Nest des Verraths und Raubes darzustellen, und sich einen groß= herrlichen Ferman zur Bekämpfung desselben auszuwirken. Sein erster An= griff im Frühjahr 1790 war vollkommen gescheitert. Seine Albanesen wagten sich gar nicht in die Bergwildniß hinein und zerstreuten sich plün= dernd über die paramythische Ebene, als plötzlich die Sulioten aus ihrem natürlichen Bollwerk hervorbrachen, die überraschten Feinde zersprengten, bis Janina hin verfolgten, und weit und breit das türkische Gebiet ver= heerten. Ali bot alles auf, um die Schmach dieser Niederlage zu rächen; er machte sogar seinem Rivalen Ibrahim Friedensvorschläge, um nicht gewärtigen zu müssen, daß er die Sulioten heimlich unterstütze. Die Solidarität der muselmännischen Interessen überwog. Der gemeinsame Haß gegen alles Christliche wirkte so stark, daß Ibrahim die Sulioten fahren ließ und sich mit Ali versöhnte. Er willigte in die Heirath seiner jüngsten Tochter mit Veli=Bei, Ali's zweitem Sohn, und beging den Fehler, Ali ein Hülfscorps gegen die Sulioten zu senden. Nun sammelte Ali die zahlreichen Feinde, welche die Sulioten sich bei ihren Raubzügen ge= macht, und zog am 1. Juli 1792 mit einer Armee von 10,000 Mann von Janina aus. Um die Sulioten in Sicherheit zu wiegen, vermied er jeden Schein des Angriffs; er versammelte seine Truppen unter dem Vorwande, die unruhigen Bewohner von Argyro=Castro zu züchtigen, welche sich kürzlich geweigert hatten, einen Bei, den er ihnen gesandt, zu empfangen. Er schrieb an die beiden suliotischen Hauptleute Bojia und Tsavellas, sandte ihnen „Gruß und Kuß auf die Augen", rühmte ihre Tapferkeit und bat sie zu cooperiren. Bojia war zu klug, um in die Falle zu gehen. Tsavellas jedoch ließ sich verlocken, mit einer Schaar von siebzig auserlesenen Kriegern zu Ali zu stoßen. Der Pascha machte nun wirklich Anstalten, als ob er nach Argyro=Castro ziehen wollte. Nachdem er jedoch eine Strecke in dieser Richtung vorgerückt war, ließ er Halt machen, um sich zu lagern. Kaum haben die Sulioten ihre Waffen verlassen, um ihre kriegerischen Spiele, Wettlauf und Springen, zu beginnen, so läßt sie Ali umzingeln und mit Ketten beladen. So werden sie nach Janina geschafft. Zwei aus ihrer Mitte fallen nach ver= zweifelter Gegenwehr, einem dritten gelingt es zu entkommen, unter einem

Hagel von Kugeln den Kalamas zu durchschwimmen und seine Landsleute von dem Verrath zu benachrichtigen. So fand der Pascha, als er nun wirklich gegen „Schreckensuli" vorrückte, dort alles zu seinem Empfange gerüstet. Er verzweifelte daran, mit offener Gewalt durchzubringen, und nahm seine Zuflucht abermals zu einem Stratagem. Er befahl, daß Tsavellas vor ihn gebracht werde, und machte die glänzendsten Anerbie= tungen, falls jener zu der Eroberung von Suli behülflich sein wollte. Er versprach, ihn zum Kommandanten von Albanien zu machen. Im Weigerungsfalle aber drohte er, ihn lebendig rösten zu lassen. Tsavellas erwiederte, als einzelner Clanhäuptling vermöge er die geforderten Dienste nicht zu leisten, wenn man ihm jedoch gestatte, zu seinen Landsleuten zurückzukehren, wolle er alles thun, was Ali verlangen könne. Der Pascha stimmte dem Vorschlag bei unter der Bedingung, daß Tsavellas seinen zwölfjährigen Sohn Foto als Geisel der Treue zurücklasse.

Tsavellas wurde freigelassen und kehrte nach Suli zurück. Dort berief er eine Versammlung der Häuptlinge, setzte ihnen die Pläne des Pascha auseinander und ermunterte sie, ohne an seine Familie zu denken, zu energischem Widerstande. Als die Vertheidigungsanstalten beendet waren, schrieb er dem Pascha: „Ich freue mich, einen Schurken getäuscht zu ha= ben. Ich stehe hier, um mein Vaterland gegen einen Räuber zu schützen. Mein Sohn wird sterben, ich fühle aber, daß er nicht ohne Rache sterben wird. Man wird mich als herzlosen Vater brandmarken, daß ich meinen Sohn geopfert habe, um mich zu befreien, doch ich antworte: Hättest du unsere Berge erobert, so würde nicht nur er, sondern seine Familie und meine Landsleute geopfert werden. Keine Hand wäre übrig geblieben, ihn zu rächen. Laß uns jetzt nur siegen und ich werde wieder Kinder haben, denn mein Weib ist jung. Will mein Sohn, jung wie er ist, nicht freudig für sein Vaterland sterben, dann verdient er nicht zu leben und meinen Namen zu tragen; dann ist er kein würdiger Sohn unseres Vaterlandes, wenn er nicht muthvoll dem Tode trotzen kann. Komm denn heran, Verräther, ich dürste nach Rache. Dein geschworener Feind Tsavellas."

Mit Recht hat Niebuhr den Bericht des Perrhävos über diese Er= eignisse als einen wahrhaft Thukydideischen hingestellt. Hier ist noch echte antike Gesinnung, es ist der großartige Opfermuth für das Vaterland, der unserm weichen, rührseligen Geschlecht als Muster hingestellt zu werden verdient. Hier ist mehr als Wilhelm Tell, wenn man das Geschichtliche mit dem Mythos vergleichen darf. Foto wurde vor Veli, Ali's Sohn, gebracht, der ihm mittheilte, er werde ihn auf des Paschas Befehl lebendig rösten lassen. „Ich fürchte dich nicht", erwiederte der Knabe, „mein Vater wird mich rächen." Solcher Heldenmuth in so junger Seele machte auf Ali Pascha einen tiefen Eindruck; er schonte das Leben Foto's, der am Ende des Krieges befreit ward und zu einem der hervorragenden Helden des

Befreiungskampfes heranwuchs. Der über die Täuschung ergrimmte Pascha bereitete nun einen Hauptschlag gegen Suli vor, rüstete ein neues Heer, versprach jedem Erstürmer der Felsenburg 500 Piaster, und am 20. Juli 1792 rückten seine Truppen in die Thalschlucht des Acheron ein. Sie drangen weiter vor, als sie je gekommen waren. Bojia, der die Sulioten befehligte, ließ den Feind nach einem kurzen Scheinge=fecht bis zum dritten Thurm vorrücken, welcher das Défilé von Klisura beschirmte. Jetzt aber ward das Signal zu dem allgemeinen Angriff ge=geben, 400 Mann unter dem Befehl von Bojia's Sohn brachen aus einem Hinterhalt über die Angreifer her. Tsavellas eilte racheschnaubend herbei, sein Weib Moscho, von den Weibern ihres Stammes unterstützt, rollte Steinmassen von der Höhe, die man für diesen Nothfall bereit ge=halten hatte. Ein gleichzeitiger Ausfall der Garnison von Tichos schnitt den Albanesen ihre Rückzugslinie ab. Das Gemetzel wurde allgemein. Von 2000 Mann, die der Pascha gedungen hatte, entkamen nur 140, der Verlust der Sulioten belief sich auf einige 100 Mann. Man baute Pyramiden von den abgeschnittenen Köpfen der Muselmänner und warf die Leichen in den Acheron. Ali hatte dem Kampf von einem nahen Hügel zugesehen und floh wuthknirschend nach Janina. Um die Scham über seine Niederlage zu verbergen, befahl er, daß jedes Fenster bei seinem Einzuge geschlossen werden sollte, und blieb 14 Tage in der Einsamkeit seines Palastes vergraben. Seine Soldaten waren von Müdigkeit und Schrecken erschöpft und kehrten nur in einzelnen Haufen zurück, die Su=lioten drangen ihnen bis in die Vorstädte von Janina nach. Hier trafen sie den Bischof, der im Namen Ali's um Frieden bat. Ali mußte den Sulioten das ganze Gebiet bis Dervisiana, sechs Meilen von Janina, übergeben, alle Gefangenen ausliefern und für die türkischen Ge=fangenen ein Lösegeld von je 1000 Piastern zahlen. Die Artikel des Ver=trags wurden freilich nicht von ihm eingehalten. Doch hinderten ihn die großen Umwälzungen, die nun in der Türkei eintraten, einen neuen An=griff gegen Suli zu unternehmen. Er machte aus der Geduld eine Tu=gend, was er trefflich verstand. Er sorgte für seine Finanzen, raffte so viel Geld wie möglich zusammen und überbürdete die Albanesen mit Steuern. Da Kara=Mustafa von Skodra zum „Fermanli" erklärt wurde, stellte er sich als getreuer Vasall der Pforte, um den Proscribirten zu bekämpfen, und trug bei der Gelegenheit Ochrida, den wichtigen Knotenpunkt zwischen Konstantinopel und Mittelalbanien, als gute Beute davon. Die Unruhen unter Selim, die Gährung, welche die fran=zösische Revolution in die unfertigen türkischen Zustände geworfen hatte, wußte er meisterlich zu benutzen. Der Friede von Campo=Formio lieferte den Franzosen die Jonischen Inseln aus. Am 5. Juli 1797 pflanzte General Gentili die Tricolore auf den Wällen von Korfu auf. Jetzt bot sich für Ali's Intriguen ein weites Feld. Die Republik Venedig hatte bisher durch Waffen oder durch List die Paschas des Festlandes vom Meere fern gehalten. Seit der Schlacht von Lepanto hatte kein türkischer Beirak den Kanal von Korfu passirt. Eifersüchtig wachten die Dogen über der Freiheit des Abriatischen Meeres. Die Republik hatte einen Ferman von der Pforte erhalten, daß in der Entfernung einer Meile von der See keine Festung an der epirotischen Küste erbaut werden dürfe, das Zollhaus Ali's in Salagora stand unbeschützt. Ali's Bemühungen waren deshalb zunächst dahin gerichtet, sich die Gunst des neuen französischen Herrschers zu sichern. Aus den Instruktionen Napoleons an den französischen Kommandanten von Korfu ersehen wir, daß ihm diese Bemühung erleichtert werden sollte. „Indem Sie Ali Pascha hindern, in das, was uns gehört, einzugreifen, Bürger-General," schrieb Napoleon unterm 10. November 1797, „müssen Sie ihn, so viel an Ihnen liegt, begünstigen. Es liegt im Interesse der Republik, daß dieser Pascha einen großen Zuwachs erhalte, seine Nebenbuhler schlage, um ein so bedeutender Fürst zu werden, daß er der Republik Dienste leisten kann. Die Etablissements, die wir inne haben, liegen so nahe bei ihm, daß es nie möglich ist, daß er aufhören kann, ein Interesse daran zu haben, unser Freund zu sein. Schicken Sie Genie- und Stabsoffiziere zu ihm, um sich einen Ueberblick der Lage, der Bevölkerung und der Gewohnheiten von Albanien zu verschaffen, lassen Sie geographisch-topographische Beschreibungen von diesem ganzen jetzt für uns so interessanten Gebiet von Albanien bis Morea anfertigen, und richten Sie sich so ein, daß Sie von allen Intriguen, welche diese Völker theilen, unterrichtet sind. Es ist nothwendig, Bürger-General, daß Sie alle die Völkerschaften, die Prevesa umgeben, caressiren, sowie im allgemeinen alle die, welche unsere Besitzungen begrenzen, und schon so wohl zu unseren Gunsten eingenommen zu sein scheinen." Ali fand sich in die neue Nachbarschaft auf den Jonischen Inseln anscheinend gut hinein. Er bewillkommnete den Gesandten Gentili's, Rosa, einen Mann, dessen Schwächen er rasch durchschaute, mit den höchsten Ehren, ließ sich die Tricolore von ihm anheften und verschaffte ihm dafür die Hand der Griechin Zoitza, des schönsten Mädchens von Epirus, mit der er im Palast Ali's seine Hochzeit feierte. Zugleich erfreute der Pascha das Herz seiner neuen französischen Freunde durch die eifrigsten Betheuerungen politischer Gesinnungsgenossenschaft. Er versicherte dem französischen Kommandanten von Prevesa, er sei der treue Schüler der Jakobinerreligion, und verlangte dringend, in den Kultus der Karmagnole eingeweiht zu werden. Doch nur ein politisch Unmündiger konnte sich durch die anscheinende Treuherzigkeit und Naivetät des Thyrannen gewinnen lassen. Für Ali waren die Ideen von 1789 nur ein Mittel der Machtvergrößerung, über das er selbst lächelte, sobald er seiner nicht mehr bedurfte. Er erlangte von Gentili die Erlaubniß, den Kanal von Korfu passiren zu dürfen, rüstete schnell und geheim eine Expedition im Golf von Arta, ankerte am Osterabend 1798 in der Bai von Lukovo, ließ um Mitternacht während der Osterfeier durch seine Albanesen die christlichen Gemeinden Sankt Vasili und Nivitsa, auf die er es schon lange abgesehen, überfallen, die Kirchen plündern, die Häuser einäschern, die Bewohner niedermachen und im Kloster St. Vasili Forts errichten, durch welche er die Meerenge von Korfu beherrschte. Seine Agenten in Konstantinopel ermangelten nicht, den Handstreich im günstigsten Lichte darzustellen; die Pforte fand sich bemüßigt, seine Heldenthaten gegen die Ungläubigen durch Verleihung des Titels „Arslan" zu belohnen.

Er schmeichelte sich vollends in die Gunst des Diwan ein, da er sich erbot, an der Spitze eines albanesischen Hülfscorps zum Großvezier Hussein zu stoßen und im Verein mit den großherrlichen Truppen wider den Abtrünnigen Paswan-Oglu in's Feld zu ziehen. Vierzig Paschas aus Asien und Europa fanden sich unter den Wällen von Widdin zusammen, seit lange hatte der Sultan keine stattlichere Armee zu seinen Befehlen gehabt. Ali erschien mit 8000 Elitetruppen und wußte sich rasch bei Freund und Feind in Respekt zu setzen. Wenn er die türkischen Zustände nicht schon längst in ihrer ganzen Fäulniß gekannt hätte, so würde ihm dieser Feldzug die Augen geöffnet und die Ueberzeugung verschafft haben, daß es nirgends leichter für die Theile ist, sich vom Ganzen loszulösen, nirgends ein kräftiger Sonderwille bessere Aussichten hat, wie in der Türkei.

Uneinigkeit und Meuterei brachen im türkischen Lager aus. Paswan-Oglu hatte als Vertreter der alttürkischen Interessen die Sympathien eines großen Theils der Belagerer für sich. Die Nachricht von der französischen Expedition nach Egypten steigerte die Rathlosigkeit im türkischen Lager. Ali, der den Bruch zwischen Frankreich und der Pforte voraussah, zeigte dem Großvezier Depeschen seines Sohnes Muktar, welche eine bedenkliche Gährung unter den Griechen meldeten und eine durch die Franzosen genährte Insurrektion in Aussicht stellten. „Die Bauern," berichtete Muktar, „beginnen ein von dem Thessalier Rhigas in's Griechische übersetztes Lied zu singen, das man den Marseiller nennt. Der Consul von Arta hat 4000 Tricoloren an sie vertheilt." Auf diese Nachrichten hin erhielt Ali von dem türkischen Oberfeldherrn die Erlaubniß, nach Janina zurückzukehren.

Anscheinend stand er mit den Franzosen noch auf dem besten Fuße. Von Malta aus hatte ihm Napoleon einen seiner Offiziere, Lavalette, zugesandt und ihm sagen lassen, daß er gemäß der Dienste, die er den Franzosen leisten würde, gemäß seiner Bravour und seines Muthes belohnt und erhöht werden würde. „Mein sehr ehrenwerther Freund", schrieb der französische Feldherr unter dem 17. Juni 1798, „nachdem ich Ihnen meine Wünsche für Ihr Wohlergehen und die Erhaltung Ihrer Tage dargebracht, habe ich die Ehre Sie zu unterrichten, daß ich Ihre

Anhänglichkeit für die französische Republik seit lange kenne. Dies ließ mich wünschen ein Mittel zu finden, Ihnen meine Achtung auszubrücken. Da die Gelegenheit mir, günstig schien, beeilte ich mich Ihnen diesen Freundesbrief zu schreiben, und beauftragte einen meiner Adjutanten, Ihnen denselben zu bringen und eigenhändig zu überreichen. Auch habe ich ihn beauftragt, Ihnen gewisse Eröffnungen meinerseits zu machen, und da er Ihre Sprache nicht versteht, so wählen Sie gefälligst einen zuver- lässigen und sichern Dolmetscher für die Unterredungen, die er mit Ihnen haben wird. Ich bitte Sie, allem, was er Ihnen meinerseits sagen wird, Glauben zu schenken und ihn mir rasch mit einer Antwort zurückzuschicken, die türkisch von Ihrer eigenen Hand geschrieben ist." Ali gab sich eine Zeit lang die Miene, als sei er von den Vorspiegelungen des französischen Generals völlig berückt worden. Er erklärte, als er von Widdin zurück- kehrte, den französischen Behörden in Korfu, daß er gesonnen sei, die strengste Neutralität [zu halten. Dem Adjutanten Rosa zu Ehren ver- anstaltete er in Philates ein glänzendes Fest, mitten unter Freundschafts- betheuerungen ließ er jedoch den Arglosen festnehmen, in Ketten legen und nach Janina schleppen. Dort erpreßte er durch Belohnung und Folter genaue Kunde über die französische Truppenstärke und ließ den Franzosen unter dem Vorwande, daß er ein Spion sei, nach Konstanti- nopel schaffen. Er warf nun die Maske ab und marschirte im Oktober 1798 nach Prevesa, das nur von 400 Einwohnern und 300 Franzosen unter General La Salcette vertheidigt war. Ignatius, der Erzbischof von Arta, hatte in Ali's Interesse Zwietracht unter den Vertheidigern gesät; als Ali in der Nacht vom 23. Oktober mit 5000 Albanesen zum Angriff schritt, ließen die Prevesaner ihre bisherigen Alliirten im Stich. Die Franzosen wehrten sich auf das heldenmüthigste, mußten aber zuletzt der Uebermacht weichen und kapituliren. Die Stadt wurde zwei Tage der Plünderung und Verwüstung preisgegeben, die Bewohner büßten ihren Verrath auf's härteste, sie wurden wehrlos niedergemetzelt, selbst 200 Flüchtlinge, die nach Bonitsa geeilt waren und sich durch Ignatius über- reden ließen, zurückzukehren, wurden bei kaltem Blute ermordet.

Das Blutbad von Prevesa lenkte die allgemeine Aufmerksamkeit auf den Pascha von Janina. Die Pforte verlieh ihm den dritten Roßschweif; Armiral Nelson ließ ihm zu seinem Siege Glück wünschen. Für Ali's Ehrgeiz war die Einnahme von Prevesa jedoch nur der erste Schritt zu weiteren Unternehmungen; er bemächtigte sich Bonitsa's, unterstützte die Russen und Türken bei der Belagerung Korfu's, und strebte danach, selbst auf den Jonischen Inseln Fuß zu fassen. Sein Versuch, bei Plaja die Meerenge von Sankta Maura zu passiren und sich der Insel zu bemächti- gen, mißlang jedoch durch das rechtzeitige Eintreffen eines russischen Ge- schwaders und auch die von ihm beabsichtigte Ueberrumpelung Parga's ward durch den russischen Armiral Otzakow vereitelt. Ali mußte sich mit der Besetzung von Gamenitsa und Butrinto begnügen; der Traktat vom März 1800, der die Unabhängigkeit der Jonischen Republik unter russisch=türkischem Schutz garantirte, setzte seinen Fortschritten gegen Westen ein Ziel. Um so fester wurzelte nun der Entschluß in ihm, den gefährlichen Feind im Innern seines Reiches, die Sulioten, zu unterwerfen, ehe er zu weiteren Unternehmungen schritt.

Er entflammte den Religionsfanatismus seiner Albanesen, indem er ihnen vorstellte, daß die türkische Macht im Verfall sei, daß sich aber auf ihren Trümmern die Macht Albaniens erheben werde und es deshalb ihre Pflicht sei, die Feinde ihres Glaubens auszurotten. In dem gemein= samen Haß gegen die Giaurs, das wußte er, begegneten und berührten sich selbst die sonst disparaten Elemente der Sunniten und Schiiten. Er betheuerte vor seinen durch Derwische und Scheikhs elektrisirten Al= banesen, daß er keineswegs nach den irdischen Gütern der Christen lüstern sei und sich mit dem Lohn, den er in der andern Welt für das auf Erden geleistete Gute erhalten werde, begnügen werde. Wenn er gesiegt, wolle er sich zum „Hadgi" machen, eine „Tekka" bewohnen und als Der= wisch leben und sterben; solange es aber Christen auf der Erde gebe, wolle er nicht ruhen. Er schwur auf den Koran, daß er die Waffen nicht niederlegen werde, ehe er die Sulioten zu Rajahs gemacht, und die vornehmsten Häuptlinge Albaniens folgten seinem Beispiel.

Er sammelte eine Armee von 10,000 Mann und ließ geflissentlich falsche Gerüchte verbreiten, es gelte, den Russen Korfu zu entreißen, die Franzosen aus Egypten zu verjagen. Die Sulioten sollten in trügerische Sicherheit gewiegt werden. Dann wandte er sich plötzlich gegen Suli. Es war im Juni 1800. Er hatte den Suliotenchef G. Botfaris mit 25,000 Piastern bestochen, daß er seine Landsleute einschläfern und ihm die Munition des Stammes in die Hände spielen solle. Die Sulioten wurden überrascht, aber sie ließen den Muth nicht sinken. An ihrer Spitze stand jener Foto, dessen Mannesmuth sich schon früh in schwerster Noth bewährte, der wie Hannibal als Knabe den Eid ewiger Feindschaft gegen die Feinde seines Volkes schwur und als Mann durch Tapferkeit und Manneswürde so hervorleuchtete, daß seine Landsleute beim „Schwert des Tfavellas" zu schwören pflegten.

Ali's erste Angriffe wurden abgeschlagen, er beschloß, die Belagerung, in eine Blokade zu verwandeln, und ließ schleunigst eine Reihe befestigter Thürme am Ausgang der Berge errichten. Meilenweit im Umkreis wurde das Land an den Ufern des Acheron wüst gelegt, um den Be= lagerten keine Möglichkeit zum Fouragiren zu bieten.

Die benachbarten Paschas wurden aufgeboten, die Blokate Suli's zu unterstützen. Ali's ehemaliger Nebenbuhler Ibrahim von Berat erschien mit einem Sukkurs von 2000 Mann.

Um eine Diversion zu machen und einen Theil der Sulioten zu

beschäftigen, griff dieser Kurillo, eine feste Position vier Meilen von Kiafa,
an. Tsavellas, der an den bedrohten Punkt geeilt war, wurde, da die
Sulioten nach heißem Kampfe siegreich vordrangen, aus einem Hinterhalte
verwundet und sank zu Boden. Die Türken glaubten er sei gefallen und
sammelten sich zu erneutem Angriff. Als die Sonne sank und der Kampf
unsicher schwankte, beschwor der verwundete Häuptling seine Gefährten,
ihm den Kopf vom Rumpfe abzuschneiden und nicht zu dulden, daß derselbe dem Vezier als Trophäe überbracht werde. Endlich trennte die
Nacht die Kämpfenden, die ermatteten Sulioten trugen ihren Führer
blutend und schwer athmend nach Kiafa zurück.

Der Winter nahte heran und noch war die Felsenburg Suli unbezwungen. Im türkischen Lager herrschten Hungersnoth und Krankheit,
die religiöse Verpflichtung, welche die Albanesen beim Auszug übernommen
hatten, hielt sie kaum noch unter der Fahne beisammen. Auf die Bundesgenossen durfte Ali nicht mehr zählen. Es zeigten sich bedenkliche Symptome von Meuterei. Die Beis von Paramythia und
Margariti begannen mit den heldenmüthigen Bergbewohnern zu sympathisiren, deren Untergang vielleicht für alle unabhängigen Gemeinden von
Albanien verhängnißvoll ward. Ali sah sich also genöthigt, Friedensvorschläge zu machen, auf welche die Sulioten, da die Noth auch unter
ihnen hoch gestiegen war, eingingen und 24 Geiseln nach Janina
sandten. Kaum hatte der Thrann jedoch eine so große Anzahl der gefürchteten Gegner in seinen Händen, als die Rachsucht seine Klugheit
überwog; er ließ die Waffen der Sulioten, welche sie bei ihrer Ankunft
in Janina an den Thorpfosten der Kirche aufgehängt hatten, ergreifen,
die Geißeln selbst in's Gefängniß werfen und nach Suli melden, daß er
sie sämmtlich tödten werde, wenn die Sulioten sich nicht unterwürfen.
Diese Handlungsweise steigerte aber nur die Erbitterung seiner heroischen
Gegner, sie erklärten, lieber wollten sie auf ihren Felsen verschmachten,
als sich einem Scheusal wie Ali unterwerfen.

Auch die Bestechungsversuche, die Ali an einigen der hervorragenden
Anführer machte, blieben erfolglos. Dimo Zervas, dem er 800 Börsen
und die höchsten Ehren in Janina anbieten ließ, wenn er sein Volk ver-
riethe, ließ ihm sagen: „Ich danke dir, Vezier, aber, bitte, behalte dein
Geld, denn eine so große Summe vermöchte ich nicht einmal zu zählen,
auch reicht sie nicht aus, einen Stein meines Vaterlandes zu verkaufen.
Deine verheißene Ehre lockt mich nicht. Mein Reichthum und meine
Ehre sind die Waffen, damit will ich meinen Namen unsterblich machen
und mein süßes Vaterland schützen und ehren."

Die unbeugsame Haltung der Sulioten vermehrte den Ruf, den sie
selbst unter ihren Gegnern genossen. Nach achtzehnmonatlicher Belagerung leuchtete ihnen ein Moment der Erholung und Hoffnung. Gegen
Ende des Jahres 1801 sagten sich die meisten epirotischen Beis, Ibrahim

von Berat und Mustafa von Delvino an der Spitze, von Ali los, lieferten den Belagerten Lebensmittel und Munition, ja schlossen ein Schutz- und Trutzbündniß mit ihnen. Die ätolischen Armatolis, unter Paläopulo und dem energischen Patrioten Blachavas, machten gemeinsame Sache mit ihnen; aus Messenien eilte Kolokotronis zur Hülfsleistung herbei. Die Macht des Veziers von Janina schien in ihren Grundfesten zu wanken. Aber Ali kannte seine Gegner. Aeußerlich zeigte er sich ruhig, doch im Stillen entfaltete er eine staunenswerthe Thätigkeit, den Sturm zu beschwören. Seine Agenten mußten in Berat einen Aufstand anzetteln, der Ibrahim nöthigte rasch heimzukehren, in Parambthia und Chamuri säte er Zwietracht durch sein Gold, der Offizier, der das Kastell Delvino bewachen sollte, verrieth seinen Herrn Mustafa und lieferte den Platz, in dem sich sechs suliotische Geißeln befanden, im April 1802 dem Pascha aus. Ali ließ sofort vier der Gefangenen tödten, den Sohn des Dimo Drakos und den Bruder des Tsavellas verschonte er mit Rücksicht auf ihre Verwandten. Als aber Tsavellas dies vernahm, ließ er für die sechs Gefangenen eine Todtenfeier abhalten, „denn wer sich in den Händen Ali's befindet", erklärte er, „ist todt für mich."

Durch Ali's energisches Auftreten wurde der Gegenbund zur Unterstützung Suli's im Keim erstickt. Die Blokade war mit größerem Eifer wieder aufgenommen, alle Schrecken des Hungers und der Entbehrung kamen über die Belagerten. Obwohl sie einen großen Theil der Wehrlosen, der Frauen und Kinder nach Parga und den Jonischen Inseln in Sicherheit gebracht hatten, reichten doch bald die gesammelten Vorräthe nicht mehr aus. Die Belagerer hielten die Brunnen besetzt, man mußte von den Festungsmauern Schwämme an langen Fäden herablassen, um die wenigen Tropfen Wasser, welche in den Felsritzen hängen blieben, aufzusaugen. Man kochte Gras und Wurzeln mit einer Hand voll Mehl und suchte durch magere Kost die abnehmenden Kräfte zu erhalten. Man trotzte der Kälte, dem Schnee und Regen; halb verschmachtet, mit tiefliegenden Augen und eingefallenen Zügen, schienen diese Menschen wandelnde Leichen geworden zu sein, die sich selbst kaum wieder erkannten. Doch unter allen Entbehrungen, erzählt Perrhävos, blieb ihr Sinn ungebrochen, ihr Haß gegen den Thrannen schien an Kraft zuzunehmen, da ihre Körper in Schwäche zusammensanken, und selbst die Frauen des Stammes, wie sie trauernd in das Gesicht ihrer verschmachtenden Gatten blickten, flüsterten „Tod, keine Unterwerfung". In der ärgsten Noth verläugnete sich die Lebhaftigkeit, ja der Humor des Volksgeistes nicht. Als Ali in einer Proklamation 500 Piaster für den Kopf eines Sulioten bieten ließ, boten die suliotischen Führer 10 Patronen Pulver für den Kopf eines Türken. Als sich einer ihrer Esel verirrt hatte und in die Hände der Belagerer gefallen war, ließen sie denselben zurückfordern, indem sie ein Aequivalent versprachen; da die Türken darauf eingingen, schickten ihnen die Sulioten einen vor wenigen Tagen gefangenen Türken zurück und bemerkten, sie hätten Werth für Werth gesandt.

Wie 'es zu geschehen pflegt, daß in außerordentlichen Zeitläuften die Kräfte und Leistungen der Menschen über das Gewöhnliche hinausragen, so erschien in jenem großartig wilden Verzweiflungskampf der Sulioten jetzt eine Persönlichkeit, deren ganzes Wesen den Charakter des Uebernatürlichen und Wunderbaren trug. Es war der Basilianermönch Samuel, ein kühner und energischer Fanatiker, der sich die Neubelebung des suliotischen Widerstandes und den Kampf gegen Ali zur Lebensaufgabe gemacht hatte. Er nannte sich selbst das „Jüngste Gericht“ und wies das Volk in Predigten voll schauerlicher Sterbelust auf den Weg, „wo der Tod und die Natur mit Staunen die Creatur in unvergänglichem Ruhm wiedersehen würden“. Das Volk nahm ihn wie einen Gesandten Gottes auf. Er ließ Schanzen anlegen und in Sankt Paraskewi, zwischen Suli und Kiafa, eine neue Festung als Zufluchtsstätte für die Noth errichten. Zuweilen verschwand er, um sich auf die benachbarten Märkte zu begeben, Lebensmittel zu beschaffen, die er gegen Rosenkränze, Reliquien, Bilder eintauschte, und man sah ihn nach seiner Rückkehr stets unter den Vorposten, an den Stellen, wo die Gefahr am größten war.

Unter der Führung dieses geheimnißvollen Priesters wandte sich das Glück noch einmal den tapfern Vertheidigern Suli's zu. Ali erhielt von Konstantinopel, wo man auf die Vorgänge in Thesprotien aufmerksam geworden war, Befehl, einen Vergleich mit seinen Gegnern einzugehen, und ließ ihnen durch K. Botsaris Frieden anbieten, wenn sie Foto Tsavellas verbannten. Die Verdienste Foto's waren durch das neue Gestirn des Mönches verdunkelt worden, man war allzu leicht bereit, den kühnen Hauptmann zu opfern. Die Aeltesten des Stammes beschworen ihn in einer geheimen Berathung, seine etwaigen persönlichen Wünsche dem Gemeinwohl nachzustellen und ihre Berge zu verlassen. Vergebens wies er auf die von Ali drohenden Gefahren hin, sie blieben hartnäckig. Da sagte er ihnen schweres Elend voraus, nahm Abschied, zündete sein väterliches Haus an, damit es nicht vom Feinde entweiht würde, und verließ, von wenigen Getreuen begleitet, seine heimathlichen Berge. Jetzt hatte Ali sein Ziel erreicht und brach die Unterhandlungen mit den Sulioten ab. Dagegen ließ er dem Foto die glänzendsten Anerbietungen machen, lockte ihn nach Janina, drang in ihn, seine Landsleute zu verrathen. Die Vorstellungen Foto's, daß er, ein einzelner Mann, an dem sich eben noch die wandelbare Volksgunst erprobt hatte, keinen bestimmenden Einfluß auf sein Volk haben könne, fruchteten nichts. Da versprach er endlich, die Vermittelung welche Ali von ihm verlangte, zu übernehmen. Er wolle versuchen, seine Landsleute zu überreden, daß sie auch die härtesten Bedingungen annähmen;

falls es ihm nicht gelänge, machte er sich anheischig, nach Janina zurückzukehren. Er eilte nach Kiafa, wo es seine erste Sorge war, die List Ali's
zu enthüllen und sein Volk zu beschwören, nur wenn die Unabhängigkeit
Suli's verbürgt werde, Frieden mit dem Tyrannen zu machen. Vergebens
drangen seine reuigen Freunde jetzt in ihn, zu bleiben und sie zu führen
wie sonst, er hörte noch einen Augenblick verlangend auf ihre Vorstellungen,
aber seine Ehre war dem Pascha verpfändet; ein anderer Regulus, riß er
sich von den Seinen los und kehrte nach Janina zurück, wo ihn der er-
zürnte Pascha ergreifen und in Eisen legen ließ.

Drei Jahre hatte der ungleiche Kampf zwischen Ali und den Sulioten gedauert, noch im Sommer 1803 errangen die Belagerten unter Samuel's Führung einen glänzenden Erfolg, indem sie eins der neuerrichte-
ten albanesischen Forts bei Villa in die Luft sprengten. Ali gerieth in
die höchste Wuth über die Erfolge seiner Feinde, er mishandelte sein Weib
Eminéh, die ein Wort zur Vertheidigung der Sulioten fallen ließ, so daß
sie vor Schrecken starb; er schalt seine Söhne Weichlinge, weil sie den
Widerstand eines so kleinen Haufens nicht brechen konnten. Endlich erreichte sein Gold, was seine Waffen nicht erreicht hatten. Es fand sich
ein Judas unter den Belagerten, Pilio Gusi, ein Mann, auf dem der
Vorwurf der Feigheit lastete, da er in einem Treffen die Flucht ergriffen
hatte. Nach suliotischem Brauch war er deshalb einem socialen Bann verfallen, seine Frau durfte an dem gemeinschaftlichen Brunnen, wo die Suliotinnen nach der Tapferkeit ihrer Männer sich reihten, erst ganz zuletzt
nach den andern Wasser schöpfen. Er brütete Rache, und von der
ersten Pflichtvergessenheit zum Verrath am Vaterlande war nur ein Schritt.
Gegen das Versprechen von 10 Börsen führte er in der Nacht vom 25. zum
26. Sept. 1803 200 Türken auf geheimen Pfaden nach Suli, wo sie sich
in seinem Hause verbargen. Als Veli, Ali's Sohn, am Morgen des 26.
Sept. von allen Seiten Sturm laufen ließ, brachen die Versteckten hervor und fielen den wenigen Vertheidigern in den Rücken; nach kurzem,
heißem Kampfe mußten die Sulioten weichen und sich nach Sankt Paraskewi zurückziehen, wo der Mönch Samuel die Kreuzesfahne entfaltet und
alles zum letzten Verzweiflungskampf vorbereitet hatte. Da Ali die Belagerten nicht zum Aeußersten treiben wollte, so entließ er nun Tsavellas
unter dem Beding aus dem Gefängnisse, daß er seine Landsleute zur gut-
willigen Niederlegung der Waffen und Auswanderung bewege.

Aber Tsavellas benutzte die geschenkte Freiheit nur, um nach Parga
zu eilen und mit den Parganioten zu unterhandeln, daß sie Weiber und
Kinder seines Stammes bei sich aufnähmen. Er gedachte den Tyrannen
zu überlisten und wenn er die Wehrlosen in Sicherheit wußte, den Kampf
von neuem aufzunehmen. Allein die Unterhandlung mit den Parganioten zog sich in die Länge, man wies ihn nach Korfu, und ehe von dort
Entscheidung kam, war es zu spät geworden, sein Plan ward an Veli und

Ali verrathen, es blieb ihm nichts übrig, als nach Sankt Paraskewi zu=
rückzukehren, um im Verein mit dem Mönche die letzte freie Stätte in
den Bergen zu behaupten. Hier kämpften diese Tapfern, bis jede Möglich=
keit des Widerstandes geschwunden war und ihnen Veli, der feindliche Führer,
voll Bewunderung ihres Muthes eine Kapitulation bewilligte. Am 12.
Dez. 1803 verließen sie die Heimat, die Hauptschaar unter Tsavellas, Dra=
kos und Serbas zog nach Parga, eine zweite unter Kutsonikas und Bot=
saris nach Tsalongo und eine dritte nach Reniassa.

In Paraskewi war nur der Mönch Samuel mit fünf Gefährten zu=
rückgeblieben. Er sollte die Kapitulation abschließen und die Summe in
Empfang nehmen, welche der Feind für die noch in Sankt Paraskewi vor=
räthige Munition versprochen hatte. Zwei Türken und ein Sekretär Ali's
waren zugegen, um den Handel abzuschließen. „Und nun", sagte der Se=
kretär zu Samuel, da er ihm das Geld ausgezahlt, „welche Strafe, Mönch,
glaubst du, daß der Vezier dir zugedacht hat, da du dich so thöricht in
seine Hände geliefert?" „Er kann keine verhängen", erwiderte Samuel,
„die einen Mann schreckt, der das Leben lange gehaßt hat und den Tod
verachtet." Zugleich sprang er auf, feuerte sein Pistol in den Pulver=
kasten, auf dem er gesessen hatte, eine furchtbare Explosion erfolgte, der
Mönch und die Türken wurden in den Ruinen Sankt Paraskewi's begra=
ben. Ein Grieche, der während der Verhandlungen an der Thür gestan=
den, entkam; vom Körper des heroischen Mönchs war keine Spur zu
finden.

Für Ali ward die letzte Heldenthat Samuel's ein Vorwand, die Ka=
pitulation mit den Sulioten als gebrochen zu erklären. Eilig setzte er
den Abziehenden nach, und nur dem Tsavellas, der seinen Zug in Ahnung
des Kommenden beschleunigt hatte, gelang es, Parga ohne großen Verlust
zu erreichen. Der zweite Haufen der Sulioten, der nach Tsalongo ge=
zogen war, glaubte durch die feste Lage des Orts geschützt zu sein, da Tsa=
longo, wie Suli, auf einer Klippe hoch über dem Acheron gelegen und nur
durch einen schmalen Pfad zugänglich war. Zwei Tage lang schlugen sie
in dieser vortheilhaften Stellung die Angriffe der Türken zurück. Aber
ihre Lebensmittel und ihr Pulver gingen zu Ende, dem Feinde gelang es,
sich der Quelle zu bemächtigen, von wo sie Wasser holten. Die Frauen
waren die ersten, welche die Hoffnungslosigkeit der Lage durchschauten, 60
von ihnen nahmen ihre Kinder in die Arme und eilten auf einen Fels=
vorsprung, der in luftiger Höhe den Acheron überhing; tief unter ihnen
schäumte der Strom, doch in solcher Tiefe, daß sein Rauschen kaum ver=
nehmbar war. Hier hielten sie einen kurzen Rath, umarmten ihre Kinder
zum letzten mal und schleuderten sie in den Abgrund, dann reichten sie
sich die Hände, begannen die Remalla zu tanzen, und singend sprang eine
jede, wie die Reihe sie traf, von der schwindelnden Klippe herab. Die in
Tsalongo Zurückgebliebenen suchten sich durch einen nächtlichen Ausfall zu

retten; aber der Feind war auf der Hut und überwältigte sie nach einem entscheidenden Ringen; von 800 erreichten kaum 150 das befreundete Parga.

Von Tsalongo wandte sich Ali gegen Reniassa, wohin die Weiber und Kinder von 20 Suliotenfamilien geflüchtet waren. Auch diese Wehrlosen wurden ein Opfer der über den Widerstand Suli's erbitterten albanesischen Soldateska; Despo, die Wittwe des Sulioten Botzis, vertheidigte sich mit ihren Töchtern und Enkelinnen in dem Thurm Kula, und alle sprengten sich, da sie nicht lebend in die Hände des verhaßten Gegners fallen wollten, in die Luft. Der letzte Rest, 1000 Sulioten, die sich unter K. Botsaris nach dem Kloster Seltso zurückgezogen hatten, leisteten vom Januar bis zum April 1804 energischen Widerstand gegen Ali's Unterbefehlshaber; allein auch sie erlagen nach blutigen Kämpfen der Uebermacht, nur 45 schlugen sich unter Botsaris nach Parga durch, die andern kamen durch das Schwert des Feindes oder in den Wellen des Achelous um.

Der Vernichtungskampf, den Ali gegen die Sulioten geführt, verlieh ihm erneuten Ruf unter den Muselmännern. Sultan Selim ernannte ihn zum „Rumili Balesi" und übertrug ihm die wichtige Aufgabe, Makedonien und Thrazien von den „Kersaliden", den Räuberbanden, zu säubern, die bis Philippopolis und Pelagonien streiften und überall den Verkehr unterbrachen. Mit 10,000 Albanesen rückte Ali im Frühjahr 1804 nach Monastir, scheuchte die Räuber aus ihren Schlupfwinkeln und erlebte die Genugthuung zu sehen, daß sich die Kontingente von Delvino, Slebra, die Spahis von Thessalien, zwei Drittel der Paschas der europäischen Türkei unter seinen Fahnen sammelten. Mit 80,000 Mann erschien er vor den Thoren von Philippopel, statuirte ein strenges Exempel an den gefangenen Kersaliden und ließ die Paschas von Naslup und Smekova, welche das Banditenwesen unterstützt hatten, hinrichten. Doch eine Meuterei unter seinen Truppen, welche seine Feinde im Divan angestiftet hatten, zwang ihn, über den Verbar zurückzugehen; er kehrte, mit Beute beladen, nach Janina heim.

Obwohl er hinreichende Veranlassung hatte, sich über das Uebelwollen der Pforte zu beschweren, die nun eilig einem seiner Gegner, dem Vezier von Skobra, das Vezierat Rumili übertrug, so heuchelte er äußerlich den tiefsten Respekt. Die Klugheit gebot ihm, eine Zeit lang den getreuen Diener des Divans zu spielen. Als solcher trat er den Unternehmungen der griechischen Klesten entgegen, die im Sommer 1805 eine planmäßigere Gestalt gewannen.

Ali hatte allerdings keine Veranlassung, mit den nationalen Bestrebungen der Klesten zu sympathisiren. Die Selbstständigkeitsgedanken der Griechen paßten in seine politischen Pläne nicht hinein; er wollte wohl die Traditionen von Pyrrhus und Skanderbeg, nicht aber die Erinnerung

an Perikles und Epaminondas beleben. So hat er denn auch den
Griechen gegenüber lange Zeit hindurch die Autorität des Sultans aufrecht zu erhalten gesucht; das Beispiel Suli's bewies, wie wenig er gesonnen war die Unabhängigkeit der kleinen kleftischen Berggemeinden zu re-
spektiren, und zu Beginn des Jahrhunderts verzehrten sich die besten Kräfte
der Griechen im Kampfe gegen den epirotischen Thrannen. Ein im Sommer 1805 von den Klesten zu Karpenisi abgehaltener Kriegsrath kann als
der erste Ausgangspunkt systematischen Widerstandes gegen Ali und die
Türken angesehen werden. In Folge der dort getroffenen Vereinbarungen
zog im Winter des Jahres 1805 einer der berühmtesten Klestenhäuptlinge
Nikotsaras an der Spitze einer Schaar auserlesener Klesten nach Norden,
um die Serben und deren Führer, den „schwarzen" Georg, im Kampf gegen den Sultan zu unterstützen. Er hatte den Strymon glücklich erreicht und
war im Begriff die hölzerne Brücke bei Pravi zu passiren, als er sich von
3000 Türken angegriffen sah die von Ali dorthin geschickt waren, um die
Klesten abzuschneiden. Er konnte weder vor- noch rückwärts, das Leben
seiner dreihundert Krieger stand auf der Spitze ihrer Yatagans. Drei
Tage hielten sie den ungleichen Kampf aus, bis ihre Munition vollkommen
erschöpft war. Sie aßen und tranken den Schnee der Berge und trotzten
dem unaufhörlichen Feuer des Feindes.

Es blieb ihnen kein anderer Ausweg als sich mit dem Schwerte durchzuschlagen; die Sonne ging am vierten Morgen auf, da befahl Nikotsaras
den Angriff (γιουροῦσι). Die Klesten warfen ihre Musketen weg, zogen
die Säbel und stürzten wie Verzweifelte auf den Fluß los. Ueberrascht
durch ihren Ungestüm wichen die Türken zurück und ließen den Uebergang
einen Augenblick unbewacht. Es bedurfte aber nur dieses Augenblickes.
Die Griechen eilten hinüber, rissen die Ketten woran die Brücke auf der
Nordseite hing los, schleuderten dieselben in den Strymon und zogen mit
Triumphgeschrei weiter nach Norden. Ihr Heldenmuth blieb jedoch ohne
Erfolg; am Rhodopegebirge verrannte ihnen abermals eine starke türkische
Abtheilung den Weg und Nikotsaras war froh als er nach einem gefahrvollen Rückzug seine Heimat Alassona wieder erreichen konnte. In weiter Ferne, von St. Cloud aus, belobte Napoleon die Politik seines epirotischen Bundesgenossen. „Man muß sich bemühen," ließ er durch Tal-
leyrand an Ali schreiben, die Serbier zu bändigen und die Griechen niederzuhalten, welche die wahren Hülfstruppen Rußlands sind."

Ali durfte darauf rechnen, daß sein Diensteifer auch von der Pforte
anerkannt werde. Der Krieg, der im Dezember 1806 zwischen Rußland
und der Türkei ausbrach, mußte den Werth seiner treuen Gesinnung erhöhen. Auf Verwendung der französischen Gesandtschaft verlieh man seinen Söhnen Veli und Muktar die Paschaliks Morea und Lepanto. Man
litt es, daß er die türkische Garnison aus Prevesa trieb und die Stadt
mit seinen Truppen besetzte, daß er ernstliche Vorbereitungen traf, um sich

in Besitz der Jonischen Inseln zu setzen. Im Sommer 1806 war er nahe daran St. Maura zu nehmen, der jonische Senat rief die Kleften des Festlandes zur Hülfe, damals hat Kapodistrias als junger jonischer Staats= sekretär mit den Botsaris und Katsantonis unterhandelt, und den vereinten Anstrengungen der Jonier und Kleften ist es gelungen, die drohende Gefahr glücklich abzuwenden. Der Friede von Tilsit betrog den länder= süchtigen Tyrannen von Epirus vollends um seine projektirte Beute. In dem Theilungsplan der Welt, den Alexander und Napoleon damals ent= warfen und später zu Erfurt bestätigten, war kein Raum für ein epirotisches Königreich. Vergebens ließ Ali durch seine Agenten darauf antragen, Napoleon möge ihn als Vasall des französischen Reichs aufnehmen und ihm dafür die jonischen Inseln als erbliches Fürstenthum zusprechen. Der französische Imperator ließ ihm trocken zurückmelden, er wolle nichts mehr von ihm hören, falls er aber künftig wage, die zwischen Frankreich und der Pforte be= stehenden Kapitulationen zu übertreten, so werde er ihn vom Großherrn züch= tigen lassen. Ali berief den französischen Konsul Pouqueville. Er suchte sei= nen Ingrimm zu verbergen. „Bonaparte" sagte er, „ist böse über mich, ich bitte dich, seinem Minister zu schreiben, daß wenn dieser große Mann mich zur Thür hinaus jagt, ich durch das Fenster wieder hineinkomme, denn ich will als sein Diener sterben."

In seinen Hoffnungen auf die Jonischen Inseln getäuscht machte Ali sich mit verdoppeltem Eifer daran, seine Herrschaft auf dem Kontinent aus= zudehnen und zu befestigen. Die Kampflust der Kleften war durch den russisch=türkischen Krieg mächtig angefacht worden; es ist das Verdienst des Thessaliers Euthymius Blachavas, daß er den Gedanken kleftischen Wider= standes gegen Ali Pascha vertiefte und das nationale Ziel der Befreiung klar vor die Augen der Griechen stellte. Für den geistlichen Stand be= stimmt, entlief er beim Tode seines Vaters aus dem Kloster und ging unter die Kleften. So glühend seine Vaterlandsliebe, so unversöhnlich sein Haß gegen den epirotischen Tyrannen. Als sich die meisten Theilnehmer an der Versammlung von Karpenisi mit Ali aussöhnten, wich er schmollend in die Einsamkeit, er kannte keine Ausgleichung und keinen Frieden zwi= schen den Griechen und dem Tyrannen. Im Sommer 1807 erhob er die Freiheitsfahne auf den Höhen des Olymp. Er hatte Einverständnisse im Norden Griechenlands, selbst in der türkischen Hauptstadt, wo man das Wachsen von Ali's Macht und dessen unberufene Ritterdienste gegen die Grie= chen mit scheelem Auge betrachtete. So begann schon damals jenes ge= gensätzliche Ringen, welches später den griechischen Aufstand wesentlich för= dern und die Kräfte des Divans im Schach halten sollte. Blachavas hatte den östlichen Fuß des Pindus als Versammlungsort für seine An= hänger bestimmt; von dort wollte man sich nach Süd=Thessalien werfen und sobald man eine genügende Truppenzahl beisammen hatte, zum Angriff gegen Janina vorgehen. Die Brüder des Blachavas sollten mit der Be=

ſetzung Kaſtri's, des Schlüſſels der Pinduspäſſe, den erſten Schlag führen. Aber Ali's wachſames Auge war den Bewegungen der Gegner gefolgt. Sein Sohn Muktar hielt die wichtige Poſition bereits mit 4000 Albaneſen beſetzt, als Demetrius Blachavas anlangte; die Griechen wurden erſt zurückgeſchlagen, dann umzingelt und niedergehauen. Blachavas' Hoffnungen waren tief geſunken. Nachdem er eine Weile ſein Glück als Seeräuber verſucht, ließ er ſich zu einer Kapitulation verlocken, die ihm Leben und Eigenthum verbürgte, und lieferte ſich wehrlos in die Hände ſeines Feindes. Die Kapitulation war nur eine der von Ali häufig angewandten Fallen. Blachavas ward erſt auf die Folter geſpannt, um die Namen ſeiner Mitverſchworenen zu erpreſſen, und ſchließlich zum Tode verurtheilt. „In Janina war es", ſo erzählt Pouqueville, „wo ich Euthymius Blachavas, nachdem ich ihm früher ſo oft im Pindus mit ſeinen Soldaten begegnet, wiederſah; aber ach! mitten in dem Hof des Serail an einen Pfoſten gebunden. Die Sonnenſtrahlen brannten auf ſein erzfarbenes Haupt, das dem Tode trotzte, und ein dicker Schweiß tropfte aus ſeinem Barte. Er kannte ſein Schickſal, und ruhiger als der Tyrann, der nach ſeinem Blute lechzte, richtete er voll Heiterkeit ſeine Augen auf mich, gleich als wollte er mich zum Zeugen ſeiner letzten Stunde nehmen. Er ſah ſie mit der Ruhe des Gerechten herannahen, empfing ohne Zittern und ohne einen Laut der Klage die Streiche der Henker, und ſeine über die Straße von Janina geſchleppten Glieder zeigten den erſchrockenen Griechen die Reſte des letzten der Häuptlinge Theſſaliens".

Der Sieg Ali's war ein harter Schlag für die nationale Sache. Wohlunterrichtete Fremde, wie Douglas, ſahen damals die größte Gefahr für die Griechen nicht in den Türken, ſondern in Ali Paſcha, und glaubten, die Wiedergeburt Albaniens werde die Wiedergeburt Griechenlands verhindern. Es hatte allen Anſchein, als ob Ali an Stelle des zerfallenden türkiſchen Staatenconglomerats einen ſtraffen militäriſchen Einheitsſtaat gründen werde. Im Sommer 1809 verabredete er mit ſeinen engliſchen Freunden eine kombinirte Operation gegen Ibrahim von Berat und gegen die Joniſchen Inſeln. Seit 40 Jahren hatte der Gedanke, Rache an Ibrahim zu nehmen, ſeine Seele erfüllt; er hatte ſich ſo weit zu verſtellen gewußt, daß er die Hand der Töchter Ibrahim's für ſeine Söhne begehrte und erhielt, aber er hatte es nicht vergeſſen, daß jener einſt der begünſtigte Brautwerber geweſen war und ihn, den mißachteten „Liapen", verdrängte. Ohne auf die Vorſtellungen ſeiner Söhne und die Drohungen der Pforte zu achten, ließ er Ibrahim durch den albaneſiſchen Kondottiere Omer Brionis, dem wir während der Revolution noch oft begegnen werden, in Berat belagern. Die furchtbare Wirkung der Kongrève'ſchen Raketen, die Ali von den Engländern erhalten hatte, zwang Ibrahim zur Kapitulation. Ali eilte unter dem Vorwande, er wolle zwiſchen ihm und Omer vermitteln, herbei, zwang den alten Mann, ſich nach

Aulona zurückzuziehen, uud setzte Omer an seine Stelle ein. Bei der An=
kunft eines Boten aus Konstantinopel mit einem drohenden Ferman spielte
er eine listige Rührscene. Er küßte den Ferman, legte ihn aufs Haupt
und vergoß Thränen, als derselbe verlesen ward. Die Feinde des Sultans,
so betheuerte er, seien in ihrer Bosheit so weit gegangen, Ibrahim zu be=
lagern, da sei er zu Hülfe gekommen, habe die Belagerung aufgehoben und
Ibrahim sicher nach Aulona gebracht.

Diese Auffassung eigneten sich alle Vorstände des Landes in einem
Exposé an, worin sie dem Sultan berichteten, Ibrahim habe in Gemein=
schaft mit den Franzosen Verrath gesonnen, sie hätten ihn deshalb bela=
gert, aber Ali habe ihn aus ihren Händen genommen und nach Aulona
geführt. Die Pforte sah, daß es sich um eine vollendete Thatsache handle;
Ali's Gold that den Rest, sie schwieg.

Nicht so ruhig waren aber die Franzosen gewillt, dem Schalten Ali's
zuzusehen. Während sich der Vezier mit den Engländern alliirte, entwar=
fen die französischen Generäle einen Operationsplan, der von der Pforte
sanktionnirt wurde. Ali sollte zugleich von Korfu aus und von der dal=
matinischen Grenze durch Marmont angegriffen werden. Doch der Rückzug
Masséna's aus Portugal, die Unfälle in Spanien bewogen Napoleon, die
Truppen Marmonts zur Verstärkung uach dem Westen abzurufen.

Dem mißtrauischen Herrscher von Epirus waren die Bewegungen
der Gegner, die Pläne, die man gegen ihn schmiedete, nicht entgangen.
Der unglückliche Ibrahim mußte seinen Zorn entgelten. Ali ließ ihn in
seinem letzten Asyl Aulona überfallen, bis in die Berge Liapuriens ver=
folgen, ergreifen und nach Janina schleppen, wo er bis ans Ende seines
Lebens gefangen blieb. Ein Vezier in den Fesseln eines andern, das war
in den Annalen des türkischen Reichs unerhört! Ali aber besänftigte den
Zorn des Divans durch Geschenke, und schon war seine Macht eine so
gewaltige geworden, daß man zu Konstantinopel für räthlich erachtete, die=
selben dankbar anzunehmen und die Strafe zu verschieben. Alle Paschas
von Albanien, alle Häupter der griechischen Kleften huldigten jetzt dem
Satrapen.

Es blieben nur noch Mustafa Pascha von Delvino, die Städte Ar=
gyro-Kastro und Garbiki sowie die Liapenhäuptlinge zu unterwerfen, welche
gemeinsame Sache mit ihnen gemacht hatten. Ali eroberte Delvino, nahm
zwei Söhne von Mustafa gefangen und zwang ihn selbst, eine Zuflucht
in Garbiki zu suchen. Dann wandte er sich gegen Argyro-Kastro, das
durch seine natürliche Lage gesichert zu sein schien, da die Häuser verein=
zelt hoch über der Thalsohle auf den Abhängen und Vorsprüngen der um=
gebenden Berge lagen, und jedes für sich als eine Festung gelten konnte.
Argyro-Kastro war das Muster einer albanesischen Stadt. Die Privat=
fehden ruhten nie. Eine allgemeine Waffenruhe gehörte zu den Ausnah=
men, selten verlief ein Tag, wo nicht zwei feindliche Häuser einander be=

kriegten. Zuweilen lief aber die Kriegsfurie auch durch die ganze Stadt; nur wenn es die auswärtigen Interessen der Stadt erforderten, schwiegen die Privatfehden, um nach Beendigung des äußern Konflikts von neuem zu beginnen.

So einigten sich auch alle Parteien, als Ali nach der Einnahme von Delvino im Jahre 1812 gegen Argyro=Kastro vorging. Er hatte schon lange vorher auf einem in der Ebene befindlichen Hügel Argyro=Kastro gegenüber eine kleine Festung bauen lassen, deren Besatzung dazu bestimmt war, die Stadt zu plagen, ihr die Zufuhr aus dem Thal abzuschneiden, das Waidevieh wegzutreiben, den Ackerbau zu behindern. Gleichwohl löste man in der Stadt, wenn Ali das Thal passirte, stets ein paar Kanonen zu der Begrüßung des großherrlichen „Wali", und viele Kastriten traten in seine Dienste.

Diesen letzten Umstand benutzte Ali, um sich der Stadt zu bemäch= tigen. Als ihm der richtige Zeitpunkt gekommen schien, erhöhte er plötz= lich unter dem Vorwande eines fernen Unternehmens den Kriegssold um das Doppelte und ließ die Nachricht mit großem Pomp in Argyro=Kastro verkünden. Er erhielt großen Zulauf aus der Stadt, und nun gelang es ihm, dieselbe ohne Schwierigkeit zu besetzen, weil die Zurückgebliebenen sich nicht stark genug fühlten, um Widerstand zu leisten.

Einmal im Besitz, suchte sich Ali nach gewohnter Art zu befestigen. Mehrere der angesehensten Familien wurden in entfernte Orte exilirt und ihnen der Tausch ihrer Güter gegen andere geringere aufgezwungen. Auf einem Vorsprung, welcher die beiden Hälften der Stadt von einander trennt, erbaute Ali eine Citadelle im venetianischen Styl, die er mit Ka= sematten versehen ließ. Freilich baute er in seiner hastigen, nachlässigen Art, sobaß dies Werk das Schicksal seiner sämmtlichen Bauten hatte und rasch zur Ruine ward. Statt die Steine innerlich zu verbinden, welche die Außenflächen einer Mauer bilden, ließ man jede Außenfläche als Mauer für sich bestehen, schichtete die dazugehörigen Steine ge= sondert aufeinander und füllte den Zwischenraum durch kleinere Steine aus, ohne darauf zu denken, ob das Bindemittel Kalk oder mit Wasser genetzte Erde war. Man nahm zum Holz Zuflucht, um solchen Mauern einige Festigkeit zu geben, und mauerte gewöhnlich in einem Abstand von drei oder vier Fuß auf jeder Fläche eine fortlaufende Reihe dünner Balken ein, welche unter sich durch hölzerne Querbänder verbunden wur= ten; diese Holzleitern sollten das Gerippe der Steinmauern bilden. Oft genug fiel später die eine Fläche solcher Mauern ein, während die andere stehen blieb, oder die eine blieb glatt, während die andere Ausbauchun= gen zeigte.

Ali betrieb den Bau der Festung von Argyro=Kastro mit solcher Eile, daß dieselbe nebst einem großen Serail und den andern nothwendigen Gebäuden innerhalb ihrer Mauern in anderthalb Jahren fertig war. In den Bewegungen des alternden Tyrannen trat eine krampfhafte Hast zu Tage, gleichsam als fürchte er, daß ihm nicht vergönnt sei, Dauerndes zu gründen und daß er das Begonnene nicht zu Ende führen könne. Der Moment war nun gekommen, um die lange verschobene Rache an Garbiki zu vollziehen. Auch Garbiki hatte eine natürlich feste Lage. Es lag auf einem Berge von konischer Form und bestand aus Häusern, die solide in crenelirten Steinen errichtet und mit Schießscharten versehen waren; es waren eben soviel kleine, gut verproviantirte Festungen, die man belagern mußte. Außer Mustapha befand sich ein geheimer Gesandter, der aus Konstantinopel geschickt war, in Garbiki, um zum Widerstand anzuflammen. Chaïnitza, die in ihrem Serail Libakovo den Tod ihres Sohnes betrauerte, stachelte auf der andern Seite Ali an. Die Belagerung zog sich in die Länge, aber die Garbikioten, gewohnt an ländliche Beschäftigung und freie Viehzucht in den Bergen, fühlten sich beengt, Symptome von Entmuthigung zeigten sich unter ihnen. Athanasi Vaja, einer von Ali's tüchtigsten Offizieren, nahm durch Ueberfall die strategisch wichtige Meierei, welche einen großen Theil der Stadt beherrschte. Die Garbikioten zogen sich in ein Stadtviertel, das vom Feinde noch unbesetzt war, zurück und unterschrieben hier eine Unterwerfungsurkunde. Zweiundsiebzig Geißeln, darunter Mustafa-Pascha, wurden unter guter Escorte nach Janina geführt. Ihr Weg war mit Blumen geschmückt. In Janina empfing man sie mit Musik und Freudenjubel. Ali, der sie erwartet, ging ihnen selbst entgegen, hob sie auf, da sie sich niederwarfen, und richtete nur einige Worte schwachen Tadels an sie, um sie in trügerische Sicherheit einzuwiegen. Es war eine seiner gewöhnlichen Listen. In der Nacht vom 6. auf den 7. März 1812 ließ er die Geißeln durch Meuchelmörder überfallen, jene aber rotteten sich zusammen, gaben Feuer auf die Angreifer und jagten dieselben in die Flucht. Bei Tagesanbruch ließ ihnen Ali die Waffen abfordern und sie unter dem Vorwande, sie hätten versucht zu entweichen, in die Gefängnisse des Klosters Sotiras inmitten des Sees schaffen. „Mein Sohn", äußerte er, Thränen im Auge, zu Pouqueville, „das Schicksal ist erfüllt, meine Feinde konnten ungeachtet ihres letzten Versuchs zur Flucht meine Gnade doch nicht erschüttern, ich behalte sie in meiner Gewalt, ohne sie zu verderben. Glaube mir, mein lieber Consul, und vergiß deine Vorurtheile gegen mich. Ich werde dich nicht mehr bitten, mich zu lieben, ich werde dich dazu nöthigen, indem ich von nun an ein ganz anderes System zu wählen entschlossen bin. Meine Feinde sind in meiner Gewalt, ich werde sie durch Wohlthaten demüthigen. Garbiki soll die Blume von Albanien werden und in Argyro-Kastro will ich meine alten Tage verleben. Dies sollen meine letzten Entwürfe sein und könnte ich Parga noch erlangen, so wären meine Wünsche erfüllt. Ich darf dich, mein Sohn, nicht bitten, mich auf der Reise, die ich vor habe, zu begleiten, die Witterung ist zu schlecht. Schreibe alles, was du gehört

haft, deinem Gesandten, denn meine Feinde werden mich in Konstantino=
pel verleumden, und es ist gut, wenn ihnen die Wahrheit zuvorkommt."
Der Konsul machte sich keine Illusionen, da er diese schönklingenden
Versicherungen erhielt. Nachdem Ali mit seiner Schwester in Libakovo
Rücksprache genommen hatte, eilte er nach Garbiki, um seine großmüthigen
Absichten auszuführen. Auf dem Schloß Chendria am rechten Ufer des
Celydnus ließ er sein Tribunal errichten. Herolde verkündeten in seinem
Namen den Garbikioten eine allgemeine Amnestie und forderten alle männ=
lichen Bewohner von zehn Jahren an auf, sich nach Chendria zu begeben,
um aus dem Munde des Veziers selbst die Proklamation zu vernehmen,
die sie zum Glück zurückriefe. Trotz dieser schönen Worte herrschte Be=
stürzung in der Stadt. Die Moscheen waren mit Greisen und Jünglingen
gefüllt, welche Gott und den Propheten anriefen, die Frauen jammer=
ten und sagten ihren Männern ein schmerzliches Lebewohl.

Als die Garbikioten in Chendria erschienen und sich dem Thrannen
zu Füßen warfen, schien dieser weich zu werden, Thränen traten in seine
Augen, er beruhigte sie, nannte sie seine lieben Kinder. Er forderte sie
schließlich auf, sich in den Hof des benachbarten Chan Valiara zu begeben,
wo er über ihr Schicksal definitiv entscheiden wolle. Dorthin wurden die
Garbikioten, einer nach dem andern, von seinen Leibwächtern geführt. Ali
prüfte den Hof mit den Augen, er versicherte sich, daß kein Ausweg sei
und ließ dann 666 der Gefangenen in den geschlossenen Raum schaffen.
Hierauf eilte er an der Front seiner Truppen vorbei, entriß einem Sol=
daten den Karabiner und rief mit weithin hallender Stimme: „Vras!"
(Tödte!) Doch die Mohammedaner blieben unbeweglich, ja ein dumpfes
Murren lief durch ihre Reihen, sie erklärten, daß sie ihre Hände nicht in
das Blut von Glaubensgenossen tauchen wollten. Auch das „schwarze"
Korps der Mirditen weigerte sich, den Befehl gegen die Wehrlosen aus=
zuführen, sie verlangten, daß man den Garbikioten ihre Waffen zurück=
gebe. Dann wollten sie unter gleichen Bedingungen mit ihnen kämpfen.
Ali schäumte vor Wuth, er glaubte auf die Rache verzichten zu müssen,
da bot sich der Grieche Athanasius Baja zum Werkzeug an und stürzte
sich mit den griechischen Truppen gegen die Mauern des Chans. Plötz=
lich sehen die unglücklichen Gefangenen auf den Mauern des Hofs
einen Schwarm Bewaffneter sich erheben, die auf sie anlegen, und als
Ali mit geschwungener Streitaxt das Zeichen gibt, eine mörderische Salve
abgeben; andere sind am Fuß der Mauer mit Laden beschäftigt und rei=
chen den oben Befindlichen die Waffen, um ein vollkommenes Rollfeuer
zu unterhalten.

Die Eingeschlossenen suchen sich jammernd einer hinter dem andern
zu bergen, sie greifen nach Steinen, um ihr Leben theuer zu verkaufen,
und verwunden auch wohl einige der Mörder; aber allmählich verstummen
Lärm und Widerstand, die Ruhe des Kirchhofs lagert sich über dem Hof=

raum, wo nahe an 700 Leichen die furchtbare Rache Ali's bezeugen. Man ließ sie unbeerdigt liegen, vermauerte die Thür und setzte die Inschrift darüber: „So mögen alle Feinde von Ali's Hause untergehen." Auch die Geiseln, die er im Kloster Sotiras gefangen gehalten, ließ Ali am selben Tage hinrichten. Den Frauen und Mädchen blieb das Schändlichste nicht erspart, sie wurden der rohen Soldateska preisgegeben, vor Chaïnitza geschleppt, die ihnen unter Verwünschungen und Mißhandlungen die Haare abschneiden und damit die Kissen ihres Divans stopfen ließ. Dann verkündeten öffentliche Ausrufer, daß niemand die Frauen und Mädchen Garbili's beherbergen dürfe, daß sie in die Wälder gejagt und dort den Raubthieren oder dem Hungertode preisgegeben werden 'sollten. Es liegt etwas Tragisches in diesem furchtbaren Vollzug alter Vergeltung, und dunkel gemahnt die Gestalt Chaïnitza's an die Krimhildens in unserer nordischen Sage.

Nur eine befreundete Familie ließ Ali verschonen, doch er verbot, daß, solange seine Dynastie herrsche, ein einziges Haus an jener Stelle erbaut werde. Heutzutage sind die Spuren der Rache vertilgt; von neuem blüht der Ort, den der Fluch der beiden blutigen Geschwister traf, durch die Nachkommen jenes verschonten Geschlechts und neuen Zuzug ergänzt, ein Beweis, daß der allgemeine Zug des Lebens in der Menschengeschichte stärker ist wie der Zerstörungstrieb Einzelner.

Auch das furchtbare Schicksal, welches eine ganze muselmanische Stadt betroffen, vermochte den Divan nicht zur Thätigkeit anzuspornen; vielmehr ließ er sich, da im Mai 1812 der Friede zu Bukarest mit Rußland abgeschlossen und Napoleons Stern im Erbleichen war, von den englischen Vorstellungen zu Gunsten des Thrannen umstimmen. Ali hatte sich den Engländern, wie Hughes berichtet, in der Noth allzu nützlich erwiesen, als daß sie ihn im Glück vergessen sollten. Dieser Gunst der englischen Regierung sollte Ali den letzten Punkt, der ihm auf dem epirotischen Festlande zu erobern blieb, Parga, verdanken. Parga liegt etwa in gleicher Höhe mit Kap Bianco, der Südspitze Korfus, auf einer felsigen Halbinsel, die das Meer von drei Seiten umspült. Nach der Landseite ist es von den blühendsten Gärten umgeben, Obstbäume, Feigen, Mandarinen und Limonen erfüllten das ganze Weichbild der Stadt bis zu den Bergen von Thesprotien. Die Bewohner hatten sich niemals unter den Halbmond gebeugt, sie hatten sich seit 1401 unter venetianischen Schutz gestellt und seitdem alle Angriffe der Türken und der benachbarten Paschas ebenso tapfer zurückgeschlagen wie die Sulioten. Ali stellte den französischen Generalen auf Korfu unter den verschiedensten Vorwänden das Ansinnen, ihm Parga auszuliefern, das seit der Besiegung Suli's ein Hauptgegenstand seiner Begehrlichkeit war. Gemessene Befehle Napoleons verboten ihnen jedoch, diesen Eröffnungen Gehör zu geben. Ein Handstreich, den Ali im Februar 1814 gegen den Platz versuchte, blieb erfolglos, die Parganioten und

Franzosen waren auf ihrer Hut und wiesen die Angreifer mit blutigen Köpfen zurück. Ali wälzte sich, als er die Kunde erhielt, wüthend auf dem Sopha hin und her, er beschwor den englischen Konsul Foresti, ihn bei einem neuen Angriffe mit brittischen Truppen zu unterstützen; er wolle dann auch alle Bewohner des Orts niedermachen.

Doch Foresti handelte als Ehrenmann und machte mit dem englischen General Kampbell aus, daß Parga, wenn es die Franzosen räumten, von den Engländern militärisch besetzt und politisch unabhängig erhalten bleiben sollte.

Da bald darauf die Ereignisse völlig gegen Napoleon entschieden, überlieferten die Parganioten ihre Stadt von selbst den Engländern und halfen denselben, die französische Garnison zu überrumpeln. Drei Jahre stand Parga unter englischem Schutz, man nahm allgemein an, daß es zu der jonischen Republik gehöre. Freilich erwähnten die Verträge Parga's nicht ausdrücklich, aber man hätte füglich erwarten dürfen, daß England als christliche Macht sich selbst das Recht vorbehielt, Parga zu schützen, auch wenn man vom Rechtsstandpunkte ganz absah und es ignorirte, daß Parga wohl venetianisch, aber niemals türkisch gewesen war. Allein was wogen Recht und Pflicht in der Wagschale einer Politik, die sich nur nach den nächsten hausbackenen Interessen richtete? Der Hergang des Verkaufs von Parga, lange genug in geheimnißvolles Dunkel gehüllt, liegt jetzt klar vor Augen. Ali's Gold war die bewegende Kraft, um die sich alles in diesem widrigen Handel drehte. Ali mußte es durchzusetzen, daß die Pforte in das englische Protektorat über die jonische Heptarchie nur unter der Bedingung einwilligte, wenn ihr Parga ausgeliefert würde. Ein geheimer Vertrag setzte weiter fest, daß die Pforte Parga ihrem getreuen Vasallen Ali übergeben solle. Die Engländer, die von jeher nur dem greifbaren Nutzen, nur der Macht des Goldes gehuldigt haben, begnügten sich damit, Ali gegenüber eine Klausel zu Gunsten der Parganioten zu stipuliren, wonach denselben als Ersatz für das verlorene Vaterland eine Geldentschädigung zu Theil werden sollte. Die englischen Sachverständigen schätzten den Gesammtwerth von Parga auf 500,000 Pfd. St., Ali's Unterhändler nur auf 50,000 Pf. St., und nachdem man hin und her geschachert, wie es bei Krämergeschäften zu gehen pflegt, einigte man sich dahin, ohne die Parganioten zu fragen, eine Summe von 150,000 Pfd. St. als genügend anzuerkennen. Als Tag der Räumung ward der 10. Mai 1819 anberaumt. „Von Prevesa her", heißt es im Volkslied, „drei Vögel flogen hin nach Stadt Parga, der dritte, der der schwärzeste war, der klagte laut und sang: „die Türken, Parga, bringen an, die Türken dich umschließen, zum Kriege kommen sie nicht her, Verrath hat dich geopfert, dich hat besiegt nicht der Vezier mit seinen vielen Heeren, gleich Hasen flohen die Türken stets vor der Pargioten Flinten; du hattest tapfere Männer ja und hattest Heldenweiber, die Kugeln aßen sie wie Brot und Pulver gleich der Speise; wie Christus einst verschachert ward, wirst nun auch du verschachert." Das Lied schildert die Stimmung des Volks, als das Heranrücken von Ali's Truppen gemeldet ward, die in einem weiten Gürtel von allen Seiten gegen die Stadt vorrückten. In der That war die Lage der Parganioten eine verzweifelte. Sie warfen sich vor den Bildern der Heiligen, vor der Panagia, vor Sankt-Nikolaus Hülfe flehend nieder. Sie holten die Gebeine ihrer Vorfahren aus den Gräbern, wo sie bisher in freier Erde geruht hatten, und errichteten auf dem Markt einen Scheiterhaufen von Olivenholz, um dieselben zu verbrennen. Sie fassen den rasenden Entschluß, ihre eigenen Weiber und Kinder zu ermorden, sobald die Türken die Stadt betreten würden, und dann im Verzweiflungskampfe gegen die Türken zu fallen. Ein englischer Offizier eilt nach Korfu, um dem Gouverneur Maitland zu berichten, daß, wenn er Ali's Marsch nicht aufhalte, das Schauspiel von Sagunt sich vor den Augen des christlichen Europas erneuern werde. Maitland sendet den menschenfreundlichen, allgemein beliebten General Adams nach Parga herüber, seinen ernsten Vorstellungen gelingt es, das Vorrücken von Ali's Truppen aufzuhalten, seinem milden Zureden gelingt es, die Parganioten von dem äußersten Entschluß zurück zu bringen, sie zur Einschiffung nach Korfu zu bewegen. Beim Schein der Flammen, welche die Gebeine ihrer Väter verzehrten, verließen die Unglücklichen ihre Heimath um auf den Jonischen Inseln ein Asyl zu suchen. Gleich nach ihnen rückten die Albanesen in Parga ein, die Kirchen wurden in Moscheen verwandelt und ein Schwarm schiitischer Derwische ließ sich unter Ali's Auspicien in diesem herrlichen Blüthengarten der Natur nieder. Das letzte Bollwerk christlicher Freiheit auf dem Kontinent war gefallen; die Entschädigungssumme, die Ali den Engländern schuldete, brachte er rasch durch eine außerordentliche Steuer auf, welche er über alle Bewohner seiner Staaten, selbst Soldaten und die eigene Dienerschaft verhängte.

In Wahrheit befand er sich nach der Eroberung Parga's auf dem Höhepunkte seiner Macht. Seine Herrschaft erstreckte sich von einem Meere zum andern über die ganze Hämushalbinsel, Schätze und Truppen standen ihm reichlicher zu Gebote als dem Diwan, und sein Geleitsbrief ward weit und breit höher geachtet als ein großherrlicher Ferman selbst. Seine Hauptstadt Janina glänzte durch Reichthum und Bildung der Bewohner. Sie hatte treffliche Schulen und war der Sammelplatz aller derjenigen, die auf Geist und feinere Lebensart Anspruch machten. Gebildete Schmeichler aus allen Ländern fanden sich an Ali's Hofe ein, die seinen Namen und seine Verdienste in den Himmel erhoben. Man widmete dem „tugendhaften, hochherzigen" Fürsten Schriften in französischer und griechischer Sprache, in Wien wurde ein Gedicht zu seinen Ehren gedruckt. Die Engländer, die den Orient besuchten, die Byron, Hobhouse, Hughes,

Douglas, North u. a., versäumten nicht, dem „großen Pascha" von Epirus ihre Huldigungen darzubringen. Man verglich ihn mit den bewundertsten Männern des Alterthums, nannte ihn den wiedererstandenen Pyrrhus; er hörte dann den Schmeichelreden gnädig zu und sprach wohlgefällig von seinem berühmten Vorfahren „Burrhus, der die Römer geschlagen habe". Im Grunde aber sah Ali nach echter Tyrannenart auf die öffentliche Meinung mit Verachtung herab; Wissenschaft und Gelehrte betrachtete er nur als gefälligen Luxus und als brauchbare Werkzeuge der Macht. Es gewährte ihm besondere Freude, den derben Realisten zu zeigen und seine Ueberlegenheit über die Federfuchser zu betonen. Er gefiel sich darin, die Ideen der Gelehrten mit dem Köhlerglauben des Volkes auf Eine Stufe zu stellen. Auf einer Reise, die er mit Pouqueville in die Chamuriberge unternahm, kamen sie an den See Dgerovina, von dem die Griechen Wunderdinge erzählten, daß er keinen Grund habe, und Alles was man hineinwerfe, verschlinge. Lachend deutete Ali auf das Wasser und erzählte, daß er früher oft im Kahn darauf umhergefahren sei. „Konsul," sagte er zu Pouqueville, „wenn der See etwas verschlingt, das man hineinwirft, so könnten das höchstens Steine sein. Auch ist er nicht unergründlich. Ich habe die Tiefe mit dem Senkblei messen lassen, und am Ufer 30—40, in der Mitte 120 Klafter gefunden." Als nun Pouqueville erzählte, ein Professor am Gymnasium in Janina behaupte, der See laufe unter der Erde fort, brach Ali in ein unbändiges Gelächter aus. „Diese Menschen= klasse," äußerte er, „kann nichts natürlich sehen. Der Professor hat lange hier gewohnt, aber wie die Leute einmal sind, er wollte lieber die alten Ge= schichten nachbeten, die in den Büchern stehen, als sich an die Thatsachen halten. Der Mensch da", fuhr Ali fort, indem er auf einen seiner Ad= jutanten zeigte, „gehört auch zu denen, welche in Nebeln lesen. Den= ken Sie nur, er behauptet, daß die Pest aus einer Masse kleiner Thierchen bestehe, welche man mit einer Lupe sehen könne, wenn man eine habe, die scharf genug sei."

Um die Beschränktheit seiner Umgebungen noch mehr zu verspot= ten, befahl der Pascha Wein herbeizubringen, und stellte sich höchst unwillig, als der Adjutant an das Gesetz des Propheten erinnerte. „Schweig", rief er ihm drohend zu, „in meinem Lande bin ich Prophet, und wenn ich wollte, würdest du das sofort bekennen." Im Vorhof des Palastes zu Janina war damals gerade ein halbes Dutzend von Köpfen ausgestellt, die nach Konstantinopel geschickt werden sollten, und der Ad= jutant beeilte sich zu gehorchen, um die Zahl derselben nicht unfreiwillig zu vermehren. Dieser charakteristische Trotz des Paschas gegen Glauben und Herkommen führt uns zu der merkwürdigen Seite seines Wesens, ohne deren Kenntniß Ali ein psychologisches Räthsel bleiben würde. Man muß die freireligiösen Grundsätze der Türken stets vor Augen halten und sich erinnern, daß Muktar, Ali's ältester Sohn, sich offen für die Lehre

der Schiiten aussprach und daß man den Pascha im Verdacht hatte, denselben Ansichten insgeheim zu folgen.

Stimmte doch die losere Auffassung, welche die Schiiten von dem
Staatsorganismus hatten, vortrefflich mit Ali's Ideen überein, sobald es
sich darum handelte, an den bestehenden Normen des türkischen Reichs zu
rütteln. Wenn die orthodoxe Lehre die Nothwendigkeit und die göttliche
Einsetzung der Souveränetät, wenn sie den unbedingten Gehorsam gegen
die oberste Staatsgewalt vertheidigte, so bot sich die freiere Ansicht der
Schia als ein trefflicher Stützpunkt für die Bestrebungen eines rebellischen Ehrgeizes dar. Dieser Einfluß der schiitischen Ideen erklärt aber
auch, weshalb Ali, der auf der einen Seite den Glauben und Brauch
der Menge persifliren und orthodoxe Skrupel belächeln konnte, sich auf
der andern Seite ihnen gegenüber beugte. Vor den Derwischen kroch er
im Staube. Der stolze Herrscher verrichtete jeden Dienst, den diese
schmutzigen Gesellen von ihm heischten, er brachte ihnen auf ihr Verlangen
Pfeife und Kaffee, er duldete, daß sie auf der Straße seinem Pferde in
die Zügel fielen, daß sie ihn mit beleidigenden Reden und Strafpredigten
verfolgten, ihn einen „Atheisten", ein „ungläubiges Schwein" schimpften,
ja ihn mit Steinen und Erdklößen bewarfen. Es lag gleichsam eine Vergeltung für den Druck, den der Pascha nach andern Richtungen ausübte,
in der Herrschaft, welche diese gemeine Sekte über ihn behauptete. Wenn
er sich in seinem Uebermuth an Ulemas, die von Konstantinopel nach
Janina geschickt wurden, thätlich vergriff, so ward er durch den Uebermuth, den seine geistlichen Peiniger an ihm übten, dafür bestraft.

Der Aberglaube, den er bei Andern verlachte und den er überwunden zu haben prahlte, kam durch diese Thüre wieder herein. Als
junger Mensch hatte er seine Kleider verkauft, um einem armen bettelnden
Derwisch aus Marokko zu helfen; den zerbrochenen Ring, den dieser ihm
zum Dank dafür schenkte, trug er als Amulet um den Hals und schrieb
ihm das Gelingen seiner Laufbahn zu. Er glaubte an den Stein der
Weisen. Er behauptete steif und fest, daß er 150 Jahre alt und einst
Herr von Korfu werden müßte, weil ihm dies ein persischer Derwisch
vorausgesagt hatte. Freilich war ein solcher Glaube mit seiner Furcht
vor Gewittern und vor der Pest schwer in Uebereinstimmung zu bringen.
Aber um die innere Konsistenz der religiösen Ideen kümmerte er sich
wenig. Seine eigenthümliche Baulust rührte daher, daß ein syrischer
Derwisch ihm gerathen hatte, stets zu bauen, weil die Sicherheit seines
Lebens von der ununterbrochenen Konstruktion von Baulichkeiten abhänge.
Als ihn Ibrahim Mansur fragte, welch' ein Zusammenhang zwischen dem
Leben eines Menschen und einer Mauer bestehe, und ihm vorstellte, er
brauche ja nicht zu bauen, da ihm jene andere Prophezeiung ein Leben
von 150 Jahren garantirt hätte, erwiderte Ali: „Die beiden Scheikhs
können recht haben, es wäre eine europäische Hartnäckigkeit, das nicht zu

glauben, was Männer sagen, deren Diener zu sein wir nicht würdig genug sind. Kann ich nicht dazu bestimmt sein, 150 Jahre zu leben, und während dieser ganzen Zeit zu bauen?" Er ward förmlich aufgebracht, als Ibrahim sich nicht davon überzeugen lassen wollte, daß Gott zu seinen Gunsten eine Ausnahme von den Naturgesetzen, ein Wunder statuiren könne, wie zu Gunsten Mohammed's und anderer berühmter Personen geschehen sei. „Wenn ich auch nicht Prophet bin" erklärte er, „so bin ich doch ein Mann, der dazu bestimmt ist, über den Andern zu stehen, und Gott thut folglich für mich, was er nicht für Andere thun würde." Da ihm aber Ibrahim bemerkte, er möge, wenn er durchaus den Lehren der Derwische folgen und bauen wolle, statt der Luxusbauten lieber Spitäler und gute Herbergen für arme Reisende bauen lassen, enthüllte Ali den echten Autokratendünkel, der ihn beherrschte. Solche Wohlthätigkeitsanstalten, meinte er, könne jeder Privatmann gründen, ein Mann wie er aber müsse künftigen Geschlechtern seine Macht offenbaren. Auch dürfe es nicht den Anschein haben, als suche er der öffentlichen Meinung zu schmeicheln, er wolle gefürchtet, nicht geliebt sein.

Ali's Uebermuth und Verschlagenheit offenbarten sich nie charakteristischer, als da ihm zu Beginn des Jahres 1819 die Nachricht überbracht wurde, daß der Blitz in seinen Palast zu Tepeleni eingeschlagen und denselben in Asche verwandelt habe. Er eilte sofort an Ort und Stelle und überzeugte sich, daß die Keller unversehrt geblieben waren, in denen er seine Kostbarkeiten und Schätze aufbewahrt hatte. Dann ließ er eine Proklamation durch sein ganzes Reich verbreiten, er habe an seinem Geburtsort keine Stätte mehr, wo er das Haupt niederlegen könne. Er forderte alle, die ihn liebten auf, die Liebe zu bethätigen und ihm beizustehen; er setzte einen Tag fest, wo er ihre Gaben in Empfang nehmen würde. Zu dem bestimmten Termin strömten Menschenmassen aus ganz Albanien nach Tepeleni, wo man mit Erstaunen am Außenthor des abgebrannten Palastes den Pascha von Janina im Bettlerkostüm mit gekreuzten Beinen und entblößten Hauptes auf einer alten Fußdecke sitzen sah. Er rauchte aus einer kleinen schmutzigen Pfeife und hielt die rothe albanesische Mütze in der Hand, um die Almosen seiner Unterthanen zu empfangen. Seine Vertrauten hatten unter der Hand beträchtliche Summen erhalten, welche sie nun als freiwillige Gaben herbeibrachten, um den Eifer der Reichern aufzustacheln. Fiel ein Beitrag geringer aus, als Ali erwartet hatte, so verglich er ihn mit dem jener Personen, die sich „des Nothwendigen beraubten", um ihre Ergebenheit zu beweisen. „Nehmt euer Geld zurück", sagte er mit einem Anflug von Melancholie in der Stimme, „behaltet es für euch selbst; welchen Nutzen kann eine solche Kleinigkeit für Ali haben, einen Mann, den der Zorn des Himmels getroffen hat. Es bleibt ihm heute kein Ort, wo er diesen alten Kopf mit seinem weißen Bart niederlegen soll. Doch wenn Gott giebt und wieder

8*

nimmt, so giebt er auch zurück, und dann werde ich auch meine Feinde von meinen Freunden zu unterscheiden wissen." Solche Worte bewirkten, daß man die Liebesgaben verdoppelte, verdreifachte, und Ali erhielt durch diese Komödie eine bedeutendere Summe, als er zum Wiederaufbau des Palastes bedurfte. Die Erzählung dieser originellen Art der Steuererhebung beweist, wie tief die Furcht vor Ali's Macht und die Erinnerung an seine uner- sättliche Rachsucht im Volke wurzelte. Man darf aber in der That zwei- feln, ob für die wilden, naturwüchsigen Zustände des Landes ein eiserner Arm nicht eine Wohlthat und ob die Thrannei nicht ein Segen war. Un- barmherzig genug griff Ali in die Eigenthums- und Familienrechte seiner Unterthanen ein. Er gestattete keinen Verkauf von Grundstücken, ohne zehn Procent für seine Kasse in Anspruch zu nehmen. Er warf sich zum Universalerben aller derer auf, die keine männliche Nachkommenschaft hin- terließen. Er zwang seine Unterthanen, das alte Korn aus seinen Ma- gazinen zu holen und neues an dessen Stelle zu liefern. Er ließ sich zu dem Zehnten, den der Landmann dem Sultan schuldete, das Doppelte auszahlen; er plagte die freien Grundeigenthümer so lange, bis sie froh waren, wenn ihre Ländereien in Tschifliks verwandelt wurden. Er griff in die intimsten Privatverhältnisse ein, jede Heirath bedurfte seiner Ge- nehmigung, oft genug nöthigte er solche, die keine Lust hatten, zu einer ehelichen Verbindung. Die geringsten Vergehen gegen die Sittlichkeit suchte er mit den furchtbarsten Strafen heim, während er selbst handelte, als ob er einen Freibrief zum Genusse habe. Das grauenvolle Schicksal der Griechin Euphrosyne, der Geliebten Muktar Paschas, die mit 16 Ge- fährtinnen im See von Janina ertränkt ward, lebt noch in Liebe und in der Erinnerung des Volks. Europäische Reisende, die zum ersten mal nach Janina kamen, wandelte ein Grauen an, wenn sie plötz- lich an einer Straßenecke den Arm oder den Kopf eines Menschen hängen sahen. Es bedarf der vollen Abstraktion des historischen Denkens, um zu erkennen, daß in diesem Uebel der Keim des Guten lag. „Du kennst die Albanesen und die Griechen nicht", sagte Ali zu Ibrahim, „während ich den einen Bruder an einen Platanenbaum hängen lasse, stiehlt der andere Bruder in der Menge unter dem Baum. Lasse ich einen verbrennen, so stiehlt sein Sohn die Asche, um sie zu verkaufen. Sie sind bestimmt, durch mich beherrscht zu werden, und ich allein bin im Stande, sie durch Furcht im Zaum zu halten." In diesen Worten liegt eine tiefe Bedeutung. Bis zu Anfang des Jahrhunderts herrschte das Faustrecht in Albanien. Ein Theil der Bevölkerung lebte auf Kosten des andern. Erpressung und Bedrückung waren der Erwerbzweig der Vornehmen. Von Straßenraub und Viehdiebstahl lebten die Geringern. Elend war das Loos des friedlichen, christlichen Bauers. Ein großer Theil der waf- fenfähigen Mannschaft zog in die Fremde, um mit der Beute und dem rohen Sinn des Kondottiere zurückzukehren. Ali Pascha aber hat

den Bruch mit dem Mittelalter und dem Feudalstaat vollzogen, hat der Civilisation in Form des modernen Absolu-
tismus Bahn gebrochen. Er machte der Unabhängigkeit der verschiedenen Häuptlinge und Distrikte ein Ende. Er vernichtete die erb-
lichen Dynastengeschlechter. „Kein Demagog", erzählt Pouqueville, „konnte
heftiger gegen den Feudaladel und seine Privilegien deklamiren wie Ali".
Man wird unwillkührlich an den Kampf, den das monarchische Element in
Europa gegen Ende des Mittelalters mit dem aristokratischen zu bestehen hatte, erinnert. Ali bekämpfte die Raubritter wie die Straßenräuber
mit ihren eigenen Mitteln. Seine durchgreifende Strenge machte ihrem
Unwesen ein Ende, die Straßen wurden so sicher unter ihm, daß man,
wie der schweigsame Albanese pantomimisch andeutete, indem er die Mütze
über die Augen drückte, blind durch das ganze Land reisen konnte. Die
Rajahs fanden unter ihm eine parteilose Gerechtigkeit; wenn man von der einen
Ausnahme zu Gunsten des Selbstherrschers absah, herrschte Gleichheit vor dem
Gesetz. Ali hat dadurch zugleich auch einen völligen Umschwung in den wirthschaftlichen und handelspolitischen Beziehungen des Landes eingeleitet. Während früher der Landhandel vorherrschte, die albanesischen Kaufleute sich
aus den Fabriken von Turnovo und Ambelakia, aus den Märkten von Seres,
Salonichi, Konstantinopel versorgten und der Seehandel den Franzosen anheim fiel, ward durch Ali die Richtung nach der Küste und nach den Jonischen Inseln eröffnet; seit dem Frieden von 1815 begann der Verkehr
mit England und Oesterreich, Frankreich ward vom Markte verdrängt.

Ein solcher Umschwung war freilich auf dem Wege der friedlichen
Ueberzeugung nicht zu bewerkstelligen. Nur auf dem Wege der Gewalt
konnte ein Volk wie die Albanesen für die Wohlthaten der Civilisation
empfänglich gemacht werden. Für Albanien wie für Griechenland sollte
der aufgeklärte Despotismus den Uebergang vom Mittelalter in die
Neuzeit vermitteln. Durch diese vorbereitende civilisatorische Wirksamkeit ist Ali's politische und militärische Bedeutung in Schatten
gestellt worden. Der Gedanke der Begründung eines über den ganzen Süden der Hämushalbinsel sich erstreckenden albanesischen Staats,
in dem kundige Reisende, wie Douglas, eine große Gefahr für die
freiheitlichen Bestrebungen der Griechen sehen wollten, ist mit Ali
untergegangen, während seine handelspolitischen und kulturhistorischen
Schöpfungen, von denen er selbst nicht viel gehalten, die er zum
Theil nicht gewollt hat, seine Straßen, seine Wasserleitungen,
Gymnasien und Schulen ihn überlebt haben. Um ein eigenes albanesisches Reich, um eine politische Schöpfung zu hinterlassen, hätte Ali einen
großartigen nationalen Gedanken ergreifen und verfolgen müssen. Der
Gedanke der Schia reichte dazu nicht aus. Der Stamm der Albanesen
war das lebenskräftige Substrat nicht, auf dem sich ein Neuorganismus
des türkischen Reichs hätte errichten lassen. Ali selbst war der Mann

nicht, um eine große nationale Idee zu vertreten. Er war kein systematischer Kopf. Alle seine Handlungen trugen den Charakter momentaner Inspiration und subjektiver Willkür. Um ein eigenes albanesisches Reich zu gründen, das allen Stürmen der Folgezeit trotzen konnte, gleich Mehmed-Ali's Reich, hätte Ali-Pascha seine Launen und seine Eifersucht ebenso im Zaume halten, er hätte sein wildes Temperament, wo nöthig, zügeln und mit den Mitteln der Gewalt, mit der Grausamkeit selbst so wirthschaften müssen, wie der Beherrscher von Egypten. Jene Verstellung aber, in der Ali gegen Alle Alles spielte, vor Franzosen den Jakobiner, vor Türken den Orthodoxen, vor Griechen den Freund der Christen, jene Treulosigkeit, mit der er gerade die ihm am nächsten Stehenden und Höchstbegünstigten am ehesten überfiel und stürzte, jener Geiz, der sich selbst in der äußersten Bedrängniß nur schwer verleugnete, jenes System des Menschenhasses und Mißtrauens endlich, in welchem er sich wohlgefiel: Alles das ließ keinen Raum für einen ernsten und nachhaltigen nationalen Gedanken, kehrte sich schließlich gegen ihn selbst und isolirte ihn mit jedem Jahre mehr. Er hatte, wie Metaxas, sein Arzt, äußerte, einen kürzern oder längern Strick um den Hals eines Jeden gewunden. Deßhalb hegten aber auch Alle, mit denen er in Berührung kam, gleichen Argwohn gegen ihn, und er durfte nicht einmal auf die Treue seiner Söhne und nächsten Anverwandten rechnen. Hätte er verstanden, denen, die sich ihm anboten, ein aufopfernder Freund und Beschützer zu sein, so würde er eine zahlreiche, furchtbare Schaar von Getreuen um sich versammelt und der Wall von Menschen würde ihn schließlich besser gegen den Sultan geschützt haben als die festen Mauern seines Felsenschlosses bei Janina und der tiefe See, der sie umspülte. Er hatte selbst das Vorgefühl einer drohenden Katastrophe, er machte sich keine Illusionen über die Dauerhaftigkeit seiner Werke und das Prekäre seiner Lage. „Ein Vezier", sagte er zu seinen Söhnen, „ist ein Mann, der, mit Pelzwerk bekleidet, auf einer Pulvertonne sitzt, und ein Funke kann sie in die Luft sprengen." Gerade als er den Höhepunkt der Macht erreicht hatte, sollte es sich zeigen, daß dieselbe unterhöhlt war und daß ein falscher und selbstsüchtiger Tyrann zuletzt von Allen verlassen und verrathen wird.

Die Katastrophe selbst hing in merkwürdiger Weise mit den von uns berührten religiösen Gegensätzen zusammen. Ismael-Pacho-Bei, obwohl ein Verwandter Ali's und von ihm zum Seliktar bei seinem zweiten Sohne Veli, dem Statthalter von Morea, bestellt, war ein strenger Alttürke und fanatischer Anhänger der Sunna. Nun brachten es die Mißwirthschaft Veli's in Morea und die Klagen der Moreoten 1812 dahin, daß der Divan einschritt und Veli befahl, sich nach Triffala zu begeben. Ali hatte jedoch zuvor von der Beschwerde der Moreoten Wind erhalten, und ließ seinem Sohne melden, er solle dem Sultan nicht gehorchen, sondern unter verschiedenen Vorwänden seinen Abzug aus Morea verzögern. Er werde den Widerruf des Ferman schon bewirken und halte 10,000 Albanesen bereit, die er ihm zu Hülfe senden könne. Gleiches meldete er an Pacho-Bei mit dem Beifügen, er werde jede Nachgiebigkeit als Verbrechen ansehen. Allein Pacho-Bei hielt an dem orthodoxen Glauben fest, wonach die Souveränetät auf göttlicher Einsetzung beruht und der Souverän unbedingten Gehorsam von den Unterthanen zu fordern hat. Er stellte Beli vor, daß sein Vater Rebell werden und sich zum Stellvertreter des Propheten aufwerfen wolle. Ali's leidenschaftlicher Ausbruch rühre vom Alter her, das mitunter die Verstandeskräfte schwäche. Man dürfe sich nicht in eine so große Thorheit stürzen, damit nicht der Zorn des Sultans hereinbreche, „und kein Ort sei, wo wir uns verbergen". Der Sultan habe Beli das Bezierat von Morea in wohlwollendster Absicht genommen und ihm statt dessen ein anderes, reicheres in der Nähe der Heimat gesichert. Wenn er damit nicht zufrieden sei, so werde er ihm durch seinen Einfluß beim Divan irgendeine andere Provinz sichern.

Die sunnitischen Vorschriften überwogen in Beli's Sinn. Er gehorchte dem Sultan und begab sich, da der neue Pascha für Morea bereits in Nauplia war, selbst nach Larissa. Der Hergang konnte aber Ali nicht lange verborgen bleiben, er erfuhr, daß sein ketzerischer Ehrgeiz an der Orthodoxie Pacho-Bei's zu Schanden geworden war. Seine Wuth gegen Pacho kannte keine Grenzen. Er ließ ihn in Larissa am Hofe seines eigenen Sohnes überfallen, Pacho entging nur durch Geistesgegenwart dem Tode, indem er sich im Augenblick, da die Mörder auf ihn schossen, unter den Bauch seines Pferdes barg. Auch in Karystos bei Omer Bei und in Thracien bei Dermalis-Mohammed-Bei fand Pacho vor den Nachstellungen seines Feindes keine Ruhe. Endlich gelang es ihm, in Konstantinopel eine schützende Stätte zu finden, wo er sich zum Organ aller derer machte, welche Beschwerden über die Verwaltung Ali's oder seiner Söhne führten. Er wußte sich als ein Opfer der Tyrannei darzustellen und dergestalt in die Gunst des Sultans einzuschmeicheln, daß er zum Kaputsi-Pascha, zum Kämmerer des Divans ernannt wurde.

Ali gerieth in Besorgniß, da er die Erhebung seines Todfeindes vernahm. Er glaubte aber noch den Sultan einschüchtern zu können, und entschloß sich zu einem jener Wagstücke, deren Erfolg bisher stets seinen Erwartungen entsprochen hatte. Er schickte zwei albanesische Banditen nach Konstantinopel mit dem Auftrage, Pacho-Bei zu ermorden. Sie erkundigten sich nach Pacho's Wohnung und ritten, da sie dieselbe erfahren hatten, hin, ihm aufzulauern. Bald sahen sie ihn in einer Oberstube stehen, welche ein großes Fenster auf die Straße hatte. Sie ritten dicht unter das Fenster und feuerten hinein, aber Pacho duckte sich an der Mauer nieder, und die Kugeln flogen über seinem Kopf vorbei. Die Banditen suchten spornstreichs auf dem Wege nach Makedonien zu entkommen, aber Fermans und Schnellboten eilten hinter ihnen drein; während es dem einen gelang, glücklich nach Janina zu entkommen, ward der andere bei Adrianopel ergriffen und gestand auf der Folter, daß er von Ali gedungen sei. Nun vereinigten sich alle Feinde Ali's und stellten den Mordversuch als ein frevelhaftes Attentat wider den Sultan dar. Welcher Schandthaten wird Ali nicht noch fähig sein, da er es gewagt hat, einen Flüchtling zu verfolgen, der sich unter den Schatten der Gnade des Sultans flüchtet! In der That wurde der Ruin Ali's und die Uebertragung des Paschalik Janina an Pacho=Bei beschlossen. Rasch genug bot sich die äußere Veranlassung, um den Be= schluß auszuführen.

Hier laufen die Fäden zusammen, die Ali's Erhebung mit der grie= chischen Revolution verknüpfen. Es lagerte unheimliche Schwüle auf der Hämushalbinsel, welche einen großen Aufruhr, eine Entfesselung aller politischen Gährungsstoffe voraussahnen ließ. Die unterdrückten Stämme der Rajah, die Serben, vor Allem die Griechen regten sich. Ali wußte, daß die griechischen Kapitanhs und Primaten geheime Beziehungen unter einander und mit dem Ausland pflogen. Er beschloß, sich den Schein eines treuen Moslem zu geben, er stellte, so wenig das seinen freireligiö= sen Antecedentien entsprach, die Sache in Konstantinopel vom religiösen Standpunkte dar, und machte Anzeige von der Gefahr, welche dem Islam durch diese „tollen Griechen" drohe.

Als Ali's Anzeige einlief, ward ein Ministerrath berufen, dem der Großvezier und alle Großwürdenträger der Pforte beiwohnten. Die Wi= dersacher Ali's behaupteten einstimmig, das seien Intriguen des ehrgeizigen Ali, die sich nur gegen die getreuen Unterthanen der Pforte richteten. Man müsse ihm jede Feindseligkeit gegen die Griechen verbieten, welche dieselben nur nutzlos reizen würde. Diese Vorstellungen überwogen; man erklärte, Ali's Anzeige sei Lug und Trug, und schickte sich an ernst= lich gegen ihn vorzugehen. Der Thrann hatte die Möglichkeit einer Re= bellion schon lange mit sich erwogen. Im Augenblick der Gefahr entfal= tete er alle Hülfsmittel seines skrupellosen, gewaltsamen Genius. Er führte die religiösen Gegensätze ins Feld, jene Leidenschaften, zu deren Tummel= platz der Osten des Welttheils von jeher bestimmt scheint. Er gab den Schiiten und den islamitischen Freidenkern die besten Worte, er versprach den Griechen goldene Berge und nationale Unabhängigkeit. Er unterhan= delte mit den Serben uud Montenegrinern, mit allen Unzufriedenen knüpfte er Fäden des Einverständnisses und der Verschwörung an. Als die Pforte sich ihrerseits bemühte, die griechischen Häuptlinge zu gewinnen, ließ Ali die großherrlichen Sendboten aufgreifen und tödten. Er wandte sich mit den süßesten Schmeichelworten an die bisher von ihm verfolgten Kleften. Vor den Griechen trank er auf die Gesundheit der Panagia, der Mutter Gottes, und versprach ihnen, Christ zu werden. Vor den schiitischen Derwischen erhitzte er sich für Ali und die Nachkommen der Fatime. Er berief im Mai 1820 die mächtigsten türkischen und christlichen Häuptlinge Albaniens zu einer Art Staatsrath nach Janina, stellte ihnen vor, daß es mit ihrer Hülfe ein Leichtes sein werde, die Heere des Sultans zu schlagen und den Frieden vor den Thoren Konstantinopels zu diktiren. Ließe man ihn jedoch fallen, so würde die Reihe bald an minder Mächtige kommen, Albanien würde seine Unabhängigkeit für immer verlieren, die Wahl stehe ihnen offen, entweder ehrenvoll unter Ali's Fahnen zu kämpfen oder nach ihm mit Schanden unterzugehen. Ali kannte seine Albanesen, und damit auch die Hebel nicht fehlten, welche auf jene wilden, lüsternen Naturen stets am eindringlichsten wirkten, so versprach er, seine Schätze mit ihnen zu theilen, da das Vaterland und die Freiheit höher stünden als alles Gold der Welt. Als der Tyrann nun gar zur Bekräftigung seiner weisen Sprüche ein Fäßchen mit Zechinen in die Mitte der Versammlung wälzen und öffnen ließ, erscholl der ganze Saal von Betheuerungen der Ergebenheit und Jubelrufen: „Es lebe Ali-Pascha, der Wiederhersteller der albanesischen Freiheit." Freilich durfte man nicht erwarten, daß die Sphäre politischer Einsicht sich unter jenen Naturkindern weiter erstrecken würde als die nächsten greifbaren Interessen. Es ist das Schicksal der Tyrannen, daß sie die Freiheit zu spät predigen, und Ali, der diesem Volk das Beispiel willkürlichen Schaltens gegeben, durfte sich nicht beklagen, daß die Albanesen von der bisher unbekannten Lehre blos so viel verstanden, als wie einem jeden gut dünkte. Diese Wahrheit trat unverkennbar ans Licht, als Ali auf dem betretenen Wege fortfuhr, sich von den herrschenden Ideen des Jahrhunderts ergriffen stellte und verkündigen ließ, er werde den Epiroten eine Charte geben.

„Eine Charte", fragten die Türken verwundert untereinander, „haben wir nicht unsern Alkoran? Was soll das heißen? Der Unglückliche will doch nicht die heiligen Gesetze des Propheten umstoßen?" Die albanesischen Militärs unterhielten sich darüber, ob die Charte ihren Sold vermehren würde. Nur die Griechen freuten sich und riefen lachend: „Her mit der Charte! Wir können sie brauchen!" Ali schickte wirklich einen Agenten Kolowo nach Korfu und beauftragte ihn, dort die Elemente zu einem organischen Verfassungsstatut zu sammeln. Es ward auch Kolowo nicht schwer, einen Entwurf nach der üblichen konstitutionellen Schablone aufzusetzen zu lassen, da die Korfioten von ihren Beherrschern in einem kurzen Zeitraum mit verschiedenen Charten beglückt worden waren. Allein auf der Rückkehr fiel der Unterhändler in die Hände der Türken und die Lage änderte sich überhaupt so schnell, daß bereits nichts mehr durch konstitutionelle Formeln, sondern Alles nur noch durch die Waffen zu entscheiden war. Die ganze Hämushalbinsel war in stürmische Bewegung gerathen und die Wogen sollten über dem, der sie hervorgerufen, zusammenschlagen. Im

Juli 1820 erschien der längst erwartete Hatti-Scherif, welcher Ali des Majestätsverbrechens als schuldig und als Fermanli, als geächteten Reichsfeind erklärte, falls er nicht binnen 40 Tagen in Konstantinopel erscheine und sich vor „der vergoldeten Schwelle des Thores des Glücks" rechtfertige. Ali wußte, was die ominöse Phrase des Hatti-Scherif bedeute, es fiel ihm nicht ein, sich gebunden den Gegnern in die Hände zu liefern.

Als er die Kunde erhielt, rief er aus: „Ha, der Sohn der gefangenen Sklavin verlangt mein Leben, doch ich hoffe zu Gott, daß zwischen mir und ihm die Grenze in Adrianopel gesteckt wird." Die Politik der Großmächte hatte sich ihm bisher so günstig gezeigt, daß er auf eine Einmischung zu seinen Gunsten hoffen durfte. Er wandte sich an seine alten Freunde, die Engländer, die ihm noch vor kurzem Parga so willfährig preisgegeben; er glaubte mit Sicherheit auf ihre Unterstützung rechnen zu können. Allein die Britten erwiesen sich als seine Meister in den Künsten des Eigennutzes und der Treulosigkeit, sie gaben auf sein Schutzgesuch den wenig tröstlichen Bescheid, seine Schätze würden sie gern in schützenden Gewahrsam nehmen, doch im Uebrigen sei es ihr Prinzip, sich nicht in die innern Angelegenheiten der Türkei einzumischen. In seiner Noth wandte sich der alte Thrann nun an das bisher so bitter gehaßte Rußland, er ließ den Griechen Paparrigopulos, einen Freund des russischen Konsuls in Patras, zu sich bescheiden und gab ihm Aufträge an die russischen Minister Kapodistrias und Nesselrode, er machte sich anheischig, eine Armee von 40,000 Hülfstruppen aufzustellen, wenn Rußland dem Divan den Krieg erkläre. Ein wunderbarer Zufall wollte, daß derselbe Grieche von seinen Landsleuten nach Petersburg geschickt werden sollte, um sich dort über die Unterstützung die ein griechischer Aufstand von Seiten Rußlands finden würde, zu unterrichten. Anfangs wollte er deshalb nicht auf Ali's Vorschläge eingehen, schließlich aber ließ er sich von dem Erzbischof Germanos in Patras überreden, die Mission anzunehmen, und ging zugleich als Sendbote des epirotischen Thrannen und der griechischen Freiheit. Auf das geheimnißvollste und engste verflochten sich so die Beziehungen Ali's und der griechischen Nation. Ali hatte früher, als man ihm die Lebensbeschreibungen von Plutarch vorlas, zu seinem Grammatiker geäußert: „Bei dem Andenken an solche Vorfahren, meine Kinder, müßt ihr euch wohl sehr unglücklich fühlen. Verbrennt eure Bücher!" Wie wunderbar hatten jetzt die Rollen gewechselt! Ali sollte den neben ihm aufstrebenden neuen Gewalten dienen und ein Mittel nationaler Zwecke, die Thrannei des modernen Phrrhus sollte in wahrhaft providentieller Fügung die Mutter der griechischen Freiheit werden.

Die Armee, die Ali gegen den Divan aufstellte, bestand zum großen Theil aus Griechen, in ihren Reihen fochten die spätern Helden des Befreiungskampfes, die Diakos, Odhsseus, Karaiskakis und Marko Botsaris. Für ihn selbst ward freilich diese Verbindung gerade so verhängnißvoll, wie sie vortheilhaft für die Griechen geworden ist. Ali beging den Fehler, mit unzureichenden und unzuverlässigen Kräften einen Operationsplan in Angriff zu nehmen, den ihm ehemals einige kühne englische Offiziere angerathen, die seine Hülfsmittel überschätzten. Er sandte Omer Brionis mit 15000 Mann über den Paß von Metsovo gegen Larissa vor, ein anderes Elitekorps unter Selichtaris ließ er in Makedonien einrücken, um ebenfalls auf Larissa zu operiren. Das Gros der Armee unter Basiaris sandte er nach Berat, um dort zu rekrutiren, dann rechts abzuschwenken und nach dem allgemeinen Rendezvous Larissa aufzubrechen, von wo die gesammten Streitkräfte der Rebellion gegen Adrianopel vorrücken sollten.

Allein nun zeigte sich, wie rasch ein Tyrann in der Stunde der Noth verlassen ist. Die Anführer, auf deren Energie Ali bei Ausführung seines Plans rechnen mußte, waren insgeheim gegen ihn verschworen. Sie unterhandelten mit den Türken, Omer Brionis forderte Pacho-Bei und Dramalis zu einem Einfall nach Thessalien auf, und da sie nicht recht trauten, zog er sich selbst aus Thessalien zurück, indem er an Ali meldete, daß gewaltige türkische Heeresmassen heranrückten, und daß er sich vor der zahlreichen türkischen Reiterei zurückziehe. Selichtaris fiel offen von dem Tyrannen ab und erließ einen Aufruf zur Empörung wider ihn. Basiaris blieb bewegungslos in Berat liegen: er unterhandelte mit dem Vezier von Skodra und überredete Ali's Sohn Muktar, seinen Vater zu verlassen und sich dem Vezier zu überliefern. Auch die Treue Veli's, des andern Sohnes, wankte; als der linke Flügel des türkischen Heeres unter Pehlevan durch die Thermopylen in Osthellas eindrang, den Odysseus zurücktrieb, Aetolo-Akarnanien besetzte und zugleich eine türkische Flotte vor Prevesa erschien, übergab Veli sich selbst, seinen Harem, seine Schätze, Vorräthe und die Stadt. Die beiden Söhne des Fermanli wurden in sichern Gewahrsam nach Anatolien geschafft. „Unglücklicher Ali, du hast nur Hennen aufgezogen!" klagte der Vezier mit Recht. In Mißtrauen und Menschenverachtung aufgewachsen, fand Ali nirgends mehr einen sichern Verlaß. Die bisherigen Träger seiner religiös-politischen Plane, die Derwische, gaben sich zu Werkzeugen seiner Gegner her. Die Verschworenen unter Omer ließen ihm durch den Derwisch Hassan vorstellen, daß er die Soldaten persönlich ermuthigen müsse, und lockten ihn so in das Lager Omer's. Dort stifteten sie Streitigkeiten bei der Vertheilung des Lohnes an; ihre Absicht war, sich des Tyrannen im Tumult zu bemächtigen. Doch Ali entkam durch die Schnelligkeit seines Pferdes, es gelang ihm, von einem Haufen getreuer Leibgarbisten gefolgt, das Kastell von Janina zu erreichen, wo er sich alsbald einschloß und zur hartnäckigen Gegenwehr anschickte. Er war mit Munition und Lebensmitteln reichlich versehen, und die Garnison belief sich noch immer auf 6000 Mann. Eine armirte Flotille auf dem See sicherte die Verbindung mit den nördlichen Bergen. Obwohl durch Verrath und Abfall geschwächt war Ali noch immer ein furchtbarer Feind. Nur langsam näherte sich die türkische Armee. Es gebrach ihr an schwerer Belagerungsartillerie. Die Zufuhr stockte. Die Beschießung, welche Pacho-Bei Anfang Oktober 1820 gegen Ali's Kastell eröffnen ließ, blieb ganz erfolglos. Ein rascher Ausgang war um so weniger zu erwarten, da die unter türkischer Fahne versammelten albanesischen Kondottieres ihr Interesse in Verlängerung der Feindseligkeiten fanden. Da erinnerte man sich in Konstantinopel an jene tapferen Sulioten, die Jahre lang dem Vezier von Janina getrotzt hatten. Vielleicht, daß sie sich als willige Werkzeuge der Regierungspolitik Mahmuds brauchen ließen.

Der Sultan autorisirte Pacho-Bei, mit diesen alten Feinden Ali's zu unterhandeln und ihnen Suli zurückzugeben. Dies ist ein Moment entscheidender Bedeutung. Siebzehn Jahre hatten die Sulioten auf den Jonischen Inseln das Brot des Exils gegessen; ihr Herz schwoll von Sehnsucht nach den Bergen der Heimat, die sie tagtäglich in blauer Ferne erblicken konnten. Sie gingen also freudig auf die türkischen Vorschläge ein, setzten über den Kanal von Korfu und erschienen im Lager vor Janina. Allein bald sahen sie sich veranlaßt zu überlegen, ob es klug sei, die Loyalität gegen den Sultan allzu weit zu treiben. Der türkische Oberbefehlshaber machte keine Miene, sie in ihre alte Hochburg Kiafa zurückzuführen, wohl aber war er stets bereit, ihnen den gefährlichsten Posten Ali's Truppen gegenüber anzuweisen; kurz die Sulioten sollten die Pflichten des türkischen Bündnisses erfüllen und vielleicht, wenn Ali besiegt war, um die ihnen eingeräumten Rechte betrogen worden. Auch verletzte das übermüthige Gebahren Pacho-Bei's, da dieser die bisherigen Erfolge der eigenen Weisheit und Tapferkeit zuschrieb und die neuen Hülfstruppen halb verächtlich, halb mißtrauisch betrachtete. Als nun Ali diese Fehler seines Gegners benutzte, den Sulioten gute Worte gab, sie möchten „zu ihrem Vater und Wohlthäter zurückkehren", sie sähen wohl jetzt an der Geringschätzung, die sie erfahren müßten, wie sehr der Bund mit den Türken gegen ihr eigenes Interesse laufe, da begannen diese von dem vorgeschobenen Posten Rapsista aus, den sie einnahmen, im tiefsten Geheimniß mit dem Belagerten zu unterhandeln. Marko Botsaris fuhr bei Nacht in einem Kahn über den See nach dem Wasserschloß Litharitsa und ward von Ali mit den schönsten Worten, ja mit zärtlichen Lieblosungen aufgenommen. „Du bist jetzt mein theurer Sohn," redete der greise Tyrann ihn an, „da der Feind mir die eigenen Söhne geraubt hat."

„Deine Söhne, Deine Freunde" entgegnete Botsaris „und die ganze Welt hat Dich verleugnet, nur wir, die von Dir bis zum Tode verfolgten Sulioten, reichen Dir in Deiner Hoffnungslosigkeit die Hand zum Beistand, hoffentlich wirst auch Du die Umstände würdigen und dem Uebereinkommen diesmal treu bleiben."

Ali entschuldigte nun seine frühern Treulosigkeiten und Verfolgungen mit den Befehlen des Divan, und Botsaris stellte sich, als sei er mit dieser Ausrede befriedigt. Den Plan einer griechischen Nationalerhebung, in den er eingeweiht war, verschwieg er wohlweislich. Dagegen versprach er dem bedrängten Thrannen, daß die Griechen des Festlandes und Morea's sich gegen die Türken erheben würden, um unter Ali's väterliches Regiment zurückzukehren. Die Sulioten hätten die Absicht, sofort auf die Türken loszuschlagen und den in Janina Belagerten durch diese Diversion Ruhe zu verschaffen. Die schlauen Griechen vergalten jetzt dem Vezier von Janina, was sie vor zwei Jahrzehnten von ihm erlitten hatten. Er war ihnen nur Mittel, „Ali's Intriguen" wurden fortan der stereotype Vorwand; unter dem Mantel dieser fremden Anstiftung deckten sie die Selbstständigkeit der eigenen Bestrebungen.

Botsaris schloß einen förmlichen Vertrag mit Ali, von beiden Seiten wurden Geißeln gestellt; und am 6. Dezember 1820 (a. Stylo), „einem", wie Kutsonikas anmerkt, „für die griechische Nation ruhmvollen und denkwürdigen Tage", verließen die Sulioten, 300 Mann stark, das türkische Lager um sich ihre Heimath zurück zu erobern und das Signal zur Erhebung von ganz Griechenland zu geben.*) Durch einen listigen Handstreich gewannen sie das Kastell, den festen „Pyrgos" von Variabbes, den sie zum nächsten Stützpunkt ihrer Operationen machten. Sie bildeten eine provisorische Ortsbehörde, jeder Phar wählte nach altem Brauche seinen Anführer, das Landvolk wurde aufgefordert, sich unter die Botmäßigkeit derselben zu stellen und gegen den Sultan zu waffnen. Verwunderung und Furcht entstand unter den Umwohnern, welche den heldenmüthigen Entschluß der Sulioten nicht begriffen. Landleute strömten herbei nm die Rebellen von ihrem tollen Entschluß abzubringen. Was will die Handvoll Menschen gegen die Macht des Sultans beginnen? wird Mahmud, der den Thrannen von Janina zu Boden geworfen hat, vor der Revolution

---

*) Περραίβου Ἀπ. Πολεμικὰ σ. 40. Α. Κουτσονίκα Ἱστορία τοῦ Σουλίου. Τοῦ Ἀλῆ Πασσᾶ. Γενικὴ Ἱστορία τῆς Ἑλληνικῆς Ἐπαναστάσεως ΑΘ. 1863. I. S. 187. II. S. 131 ff. Es ist Thatsache, daß die griechische Revolution nicht im Frühjahr 1821, wie man bisher annahm, sondern schon im Dezember 1820 ausbrach. Finlay sucht dieses merkwürdige Faktum dadurch zu verdunkeln, daß er behauptet, die Sulioten hätten Nichts von einer Nationalerhebung Griechenlands gewußt, da sie sich ihre Heimath Suli zurückeroberten. History of the greek Revolution 1561. S. 103. Allein er irrt. Botsaris und die Häupter der Sulioten kannten das Geheimniß der Hetärie, und die Sulioten selbst, mochten sie auch albanesischen Ursprungs sein, fühlten sich fortan nur als Griechen. Auch diese „Barbaren" waren hellenisirt worden. Die von Kutsonikas über das Auftreten der Sulioten dem Sultan gegenüber mitgetheilten Einzelnheiten beweisen überdies unzweideutig, daß die Sulioten nicht etwa unbewußte hellenische Nationalpolitik trieben, wie Finlay anzunehmen scheint, sondern daß sie vollkommen wußten was sie thaten, als sie auf Kiafa die Freiheitsfahne entfalteten. Vgl. meinen Aufsatz „Griechische Historiografie", Heidelberger Jahrbücher 1866. Nr. 26 27. S. 415 ff.

der Sulioten erheben? wird er sie nicht vielmehr zermalmen? Aber die
Sulioten blieben unerschütterlich.

Als die Kunde des Vorgefallenen sich im türkischen Lager vor Janina
verbreitete, geriethen die Albanesen, welche die Tapferkeit ihrer suliotischen
Waffenbrüder kannten, in Bestürzung. Sie vermochten den Spott und Hohn
der Türken nicht zu theilen, liefen sorgenvoll von einem Zelt zum andern,
redeten den Paschas zu, diese Gegner, über deren Flucht sie lachten, nicht
zu unterschätzen. Die Ereignisse rechtfertigten ihre Furcht.

Den Sulioten gelang es ihre alte Heimat Suli mit stürmender
Hand und Kiafa durch List zurück zu erobern. Sie ernannten eine provisorische Regierung von acht Männern, an deren Spitze sie den Notis Botsaris stellten, während Marko Botsaris die kriegerische Vertheidigung leiten
sollte. Sie schickten Boten nach Pisa an den Erzbischof Ignatios von
Arta, um sich den Segen dieses eifrigen Griechenfreundes sowie Munition
und Proviant zu erbitten. Sie verkehrten heimlich mit den entschlossensten Anhängern der nationalen Partei auf den Jonischen Inseln. Von
den Zinnen ihrer heimatlichen Berge, von dieser Hochwarte der Freiheit
aus sahen sie unverzagt mit an, wie der Feind Truppenmassen in dem
ganzen Halbkreis von Janina bis Arta und Prevesa aufhäufte, ja allmählich Suli von allen Seiten einschloß. Strenge Befehle liefen von Konstantinopel ein: man erwarte in kürzester Frist zu hören, daß die rebellischen
Ungläubigen nicht mehr existirten. In den nun folgenden Kämpfen erhielten die Sulioten die Bluttaufe der griechischen Freiheit. Ali Pascha,
der von seinem Wasserschloß mit dem Teleskop oft genug beobachten konnte
wie die Türken, von den Sulioten verfolgt, spornstreichs den bergenden
Schutz ihres Lagers zu erreichen suchten, schöpfte neuen Muth. Er beschloß, einen allgemeinen Ausfall zu wagen, den die unzufriedenen Albanesen im türkischen Lager und den die Sulioten unterstützen sollten. Er
schrieb einen Brief voll Schmeicheleien an seine geliebten Kinder von Suli
und bat sie, wenn er durch Raketen das Zeichen des Ausfalls gäbe, von
ihren Bergen aus über die Türken herzufallen.

Das Schicksal der Belagerung lag in den Händen der Sulioten. In
dem Kriegsrath, den man in Suli abhielt, handelte es sich in der That um
die schwierigsten militärisch-politischen Fragen. Sollte man den alten
Feind, den in der Noth bekehrten Freund retten? Sollte man ihn seinem
Schicksale überlassen und die nationale Sache von dem Schmutz, der ihr
durch die Verbindung mit dem Tyrannen anklebte, reinigen? Der gesunde
Instinkt des Volkes entschied. Man bedachte, daß die Versprechungen jenes
von der Nemesis Bekehrung ereilten grauen Frevlers leer seien, daß
Ali seine Rettung nur benutzen würde um sich die Amnestie des Sultans durch doppelt eifrige Dienste gegen die nationalhellenische Sache zu
erkaufen. Man beschloß, ihn fahren zu lassen. Der Entschluß war
um so bedeutsamer, als dadurch nicht nur Ali's, sondern auch Suli's

Schicksal entschieden, die eigene Heimat aufgeopfert werden sollte um die Sache Griechenlands zu retten. Man bat Ali um einen Aufschub, ließ aber den Boten, der den Brief überbrachte, erst als der für den Ausfall festgesetzte Termin vorüber war, nach Janina gelangen.

Voller Zuversicht ließ Ali am 16. Januar a. St. den großen Ausfall unternehmen; aber die erwartete Diversion im Rücken der Türken blieb aus, mit blutigen Köpfen wurden die Belagerten wieder heimgeschickt. Von diesem Augenblick an mußte Ali auf jede Offensive verzichten, er sah seine Hülfsmittel schwinden, die Reihen der Getreuen sich lichten, er sah dem Untergang entgegen. Entschlossen, koste es was es wolle, mit dem rebellischen Vasallen fertig zu werden, enthob der Sultan den prahlerischen, unfähigen Pacho-Bei des Kommandos und betraute einen in Egypten erprobten Veteranen, den Pascha von Morea, Churchit, mit Fortführung der Operationen. Churchit war freilich·kaum im Lager vor Janina erschienen und hatte die Belagerungsarbeiten mit frischer Kraft begonnen, als die Nachricht eintraf, daß sein eigenes Paschalik Morea in hellem Aufruhr stehe, daß seine Frauen und Schätze in Tripolitsa bedroht seien, daß die allgemeine griechische Revolution ausgebrochen sei. Allein der tapfere Veteran ließ sich durch den persönlichen Schlag, der ihn damit traf, nicht von seiner Hauptaufgabe, der Belagerung Ali's abziehen, und so brachte der Ausbruch des griechischen Aufstandes dem bedrängten epirotischen Thrannen weder Befreiung noch Erleichterung.

Ali nutzte den Griechen, ohne daß die Griechen ihm dafür sonderlichen Nutzen brachten. Vielmehr spannte die Pforte all' ihre Kräfte an, um den gefährlichen Vasallen zu vernichten, auf dessen Intriguen sie irrthümlich genug die ganze griechische Bewegung zurückführte.

Wohl stand es in der Hand der Griechen, ihren ehemaligen Gegner zu befreien und ihm den Dienst, den er unwillkürlich der griechischen Sache geleistet hatte, zu lohnen. Die Sulioten zeigten sich während des Sommers 1821 äußerst thätig im Rücken der türkischen Belagerungsarmee, sie behinderten die Zufuhr Churchit's auf dem Weg nach Arta, sie stürmten den Paß von Pentepighabia, ja sie unternahmen im November 1821 gemeinschaftlich mit den übrigen alipaschistischen Albanesen einen Handstreich gegen Arta, verbrannten und plünderten einen Theil der Stadt: aber es zeigte sich bei all' ihren Expeditionen sehr deutlich, daß sie mehr an den eigenen Vortheil, als an die Rettung ihres alten Feindes dachten! Sie ließen gegen Ende des Jahres 1821 dem Maurokordatos durch den Albanesen Tahir Abbas einen Kriegsplan vorlegen, demzufolge ein starkes, griechisches Heer in Epirus einfallen, im Verein mit den alipaschistischen Albanesen die Belagerung von Janina aufheben, sich Ali-Paschas bemächtigen und denselben in sicheren Gewahrsam nach Morea bringen sollte. Dann gedachten sie in Thessalien einzufallen und den Krieg in das Herz der Türkei zu spielen.

Dieser Plan hatte den Vorzug, daß er eine Unterstützung des Sultans durch Ali's Kriegserfahrung unmöglich machte und dadurch, daß man sich der Person Ali's versicherte, den Haupteinwand beseitigte, der gegen die Rettung des Tyrannen vom nationalen Standpunkte aus erhoben werden konnte. Allein er scheiterte an der Lauheit der Moreoten, vor allem aber auch daran, daß man den Albanesen Tahir unbesorgt nach Albanien zurückkehren und dort über das, was er in Griechenland gesehen und gehört, berichten ließ. Aus diesen Berichten entnahmen die Albanesen, daß es sich nicht sowohl um eine Diversion zu Gunsten Ali's wie um eine selbständige griechische Erhebnng handle, und letzterer waren sie keinesfalls gewillt Hand und Schwert zu leihen. Von diesem Augenblick an löste sich das Bundesverhältniß zwischen Griechen und Albanesen, das, ungewöhnlich an sich, nicht zum wenigsten durch die eigenthümliche epirotische Verwickelung, bewirkt worden war.

Ali selbst aber, der bisher stets nur Andere als Mittel gebraucht hatte, erfuhr nun, wie bitter es ist, als Mittel fremder Zwecke zu leben. Die Griechen hatten ihn hintergangen und sein Todesringen biente nur ihrer Revolution. Ein längeres Bombardement entmuthigte die Belagerten, Ali's Magazine gingen in Flammen auf, Alles war zum entscheibenden Sturm bereit, da lieferte im Oktober 1821 Verrath des Gouverneurs Charis Giaskas das Kastell Litharitsa in die Hände der Belagerer. Ali fand noch eine letzte Zufluchtsstätte, er rettete sich auf die Akropolis Itschkale, wo seine Schätze, sein Harem und die Pulverkammer lagen. Er schwankte, ob er sich in die Luft sprengen oder den Betheuerungen Churchit's trauen sollte, der ihm sagen ließ, Ali möge nichts befürchten, der Sultan habe befohlen, den Gefangenen seinem Range gemäß zu behandeln, er selbst habe nach Konstantinopel wegen Amnestie geschrieben.

Jene Verzweiflung, jene intensive Lebenslust, die sich an das letzte rettende Brett klammern, unbekümmert darum, daß dasselbe die Qual des Sterbens höchstens verlängert, verleiteten jetzt Ali dazu, den Vorschlägen der Feinde Gehör zu geben. Er verlangte nur eine erneute Zusicherung Churchit's, die ihm gestattete, sich nach Konstantinopel zu begeben und mit dem Sultan zu reden, dann sei er zufrieden damit, geköpft zu werden. Er mochte sich mit der Hoffnung tragen, durch gewichtige Enthüllungen über den griechischen Aufstand Verzeihung zu erlangen. So ließ er sich von Churchit aus seinem letzten Schlupfwinkel heraus auf eine Insel des Sees von Janina nach dem Kloster Panteleeimon locken, er beruhigte sich damit, daß während seiner Abwesenheit in dem Kastell Alles auf dem alten Fuß und daß die brennende Lunte des Pulvermagazins in den Händen seines erprobten Dieners, eines lahmen Tschamenoffiziers, bleiben sollte. Er hatte diesem Getreuen strengstens anbefohlen, keine türkischen Soldaten in die Akropolis einzulassen, außer wenn dieselben ein geheimes, zwischen beiden verabredetes Zeichen überbrächten. In jedem andern Falle sollte er die Akropolis in die Luft sprengen.

Churchit ließ dem gefangenen Pascha auf der Insel die höchsten Ehren erweisen; er redete ihm vor, daß er schon siebenmal nach Konstantinopel geschrieben habe, um die Erlaubniß zu Ali's Reise auszuwirken, in der That aber war sein Sinnen und Trachten nur darauf gerichtet, der Verabredung zwischen Ali und dem Tschamen auf die Spur zu kommen. Durch Bestechung gelang es ihm, zu ermitteln, daß das Geheimniß auf einer Schnur aus Korallen beruhte, die Ali bei sich führte, und deren Uebersendung dem Tschamen als Zeichen dienen sollte, daß alles gut stehe und daß er die Akropolis verlassen dürfe. Man verdoppelte nun Ali gegenüber die Versicherungen aufrichtigster Theilnahme und stellte eine baldige günstige Entscheidung des Divans in Aussicht; aber eines Tages fand sich plötzlich, daß die Korallenschnur verschwunden war, und der finsterste Verdacht stieg in Ali auf, als dieselbe trotz aller Nachforschungen nicht aufgefunden werden konnte. Bald darauf erschien der lahme Tschame und wies, als Ali ihn voller Bestürzung fragte, weshalb er den ihm anvertrauten Posten verlassen habe, die verhängnißvolle Schnur. „Wehe!" rief Ali, „die Verräther haben mich mit List gefangen!" Der mittlerweile zum Nachfolger Churchit's im Paschalik Morea ernannte Adjutant des türkischen Oberbefehlshabers, Mehmet, besuchte Ali täglich, ohne daß von der Korallenschnur oder der Uebergabe der Akropolis zwischen ihnen die Rede war. Er verstärkte aber die Wachen fortwährend, bis er eine hinreichende Truppenanzahl auf der Insel koncentrirt hatte, um einen etwaigen Widerstand der wenigen zurückgebliebenen Diener Ali's zu überwältigen. Eine Abtheilung Soldaten besetzte das Parterre von Ali's Wohnung. Am 5. Februar fand die letzte Zusammenkunft zwischen den beiden Bezieren statt. Mehmet unterhielt den verrathenen Greis mit gleißnerischen Hoffnungen kaiserlicher Gnade. Beim Weggehn bekomplimentirte ihn Ali dem Ceremoniell gemäß bis an die Thüre, verbeugte sich tief, und Mehmet, der den Moment erspäht hatte, wo das wachsame Auge des Greises weggewandt war, zog seinen Handjar und stieß ihn in das Herz des Rebellen. Ruhig ging er zu seinen Soldaten herab und verkündigte: „Ali von Tepeleni ist todt." Ein Tumult der Albanesen ward durch glänzende Soldversprechungen rasch besänftigt; Albanesen und Türken jubelten: „Der Hund Kara Ali ist todt. Lang lebe Sultan Mahmud und der Seraskier Churchit!"

Am 23. Februar brachte Churchit's Adjutant das Haupt des Rebellen nach Konstantinopel, wo es vor dem großen Thor des Serail ausgestellt ward. Wenige Wochen später prangten die Köpfe vier anderer Paschas neben ihm in derselben Nische. Sie gehörten den Söhnen Ali's, Muktar, Veli, Salik und Veli's Sohne Mahmud an. Ihre freiwillige Unterwerfung und ihr Verrath hatten sie nicht geschützt. Man begrub Vater, Söhne und

Enkel vor dem Thor von Selioria; eine pomphafte Inschrift preist Allah und lehrt dem Wanderer, dessen Auge auf jenen fünf Marmorgräbern haftet, orientalische Frömmigkeit.

So endete der Mann, der Albanien aus dem Mittelalter in die Neuzeit geführt, der die Epoche des Faustrechts und der Feudalität mit eiserner Hand geschlossen hat. Der Versuch, ein epirotisches Reich auf freireligiöser Grundlage zu errichten, war mislungen, gleichsam um das Gelingen jener nationalen Bewegung in noch glänzenderem Lichte erscheinen zu lassen, die mit Ali Paschas Leben in geheimnißvoller Weise verknüpft war. Auf den Trümmern der albanesischen Tyrannei sollte die griechische Freiheit triumphiren.

Die Beziehungen Ali's zu dem griechischen Aufstand weisen uns auf den politischen Geheimbund hin, der gegen Ende des zweiten Jahrzehnts unseres Jahrhunderts die ganze Türkei durchwühlt hatte, auf die „Hetärie". Ali's Rebellion und die „Hetärie" haben den griechischen Aufstand unmittelbar vorbereitet. Ueber die Genesis der Hetärie kann jetzt kein Zweifel mehr bestehn.*)

Im Jahre 1812 ward in Athen unter dem Einfluß der dort lebenden Fremden eine Gesellschaft gestiftet, die sich „Hetärie der Musenfreunde" nannte. Seit Lord Elgin ganze Schiffsladungen von Alterthümern weggeführt hatte, ward die Nothwendigkeit, für die antiken Schätze zu sorgen, allgemein empfunden. Der Zweck des Philomusenbundes war Erhaltung der Alterthümer, Gründung eines Museums, einer Bibliothek und Errichtung von Schulen. Allmählich hoffte man dann auch auf friedlichem Wege eine Besserung der äußeren Lage von Griechenland zu erlangen. Es war der richtige Ausdruck jener ruhigen und vermittelnden Politik, welche den gelehrten und gebildeten Ständen eignet. Man dachte konservativ genug, um alle Hoffnung auf die Vertreter der gesetzlichen Ordnung, auf die Fürsten und den Wiener Congreß zu setzen. Man wandte sich an denjenigen Griechen, der das höchste Vertrauen Kaiser Alexanders besaß, an den Grafen Kapodistrias, man ernannte ihn zum Vorstand der Gesellschaft, und er war bemüht ihr die Gunst der in Wien versammelten Fürsten zuzuwenden. Der Kongreß hatte damals den Kelch aller Vergnügungen und Ausschweifungen bis zur Neige geleert: er gähnte im Schooße der Wollust. Da schien es eine erfreuliche Abwechslung, sich mitten unter festlichen Zerstreuungen, Bällen, lebenden Bildern und theatralischen Liebhaberaufführungen mit dem Nimbus althellenischer Interessen zu umgeben. Minister, Prinzen und Fürsten waren gern bereit, den goldenen oder ehernen Ring, das äußere Erkennungszeichen des Philomusenbundes, anzulegen. Kaiser Alexander, die Kronprinzen von Bayern und Württemberg traten bei und lieferten Geldbeiträge.

---

*) Siehe meinen Aufsatz „Die Hetärie" Sybels Zeitschrift XVI. 294 ff. 1866.

Betrachten wir nun die Hetärie der Philomusen, diesen harmlosen gelehrten Verein, der sich an den Strahlen der Hofgunst sonnte, dessen Mitglieder in Wien, später in München tagten und sich für die Wieder= geburt von Hellas begeisterten, so leuchtet ein, daß dies die Männer und Mittel nicht waren, um Griechenland zu befreien. Nicht die Gelehrten sind es gewesen, die am Heerd des klassischen Alterthums aufgewachsen waren, sondern Männer, die das Alterthum nur von Hörensagen kannten und selbst kaum lesen und schreiben konnten; nicht kluge und wohlhabende Mäcenaten, sondern Männer, die mit kümmerlichem Erwerb, mit Wachtel= einsalzen oder Olivensammeln, ihr Dasein fristeten; nicht Männer der Feder und Betrachtung, sondern Männer der That; und in letzter Instanz entscheidet über das Schicksal eines Volkes doch immer Kampfbereitschaft und ein starker, sehniger Arm. Dieser Gegensatz offenbart sich deutlich in der Entwicklungsgeschichte der Hetärie. Nur Unkenntniß der echten Quellen und gedankenlose Wiederholung fremder Ansichten konnte dahin führen, daß man die Hetärie der Philomusen mit den Geheimbünden Spaniens und Italiens oder mit der politischen Hetärie des Rhigas auf eine Stufe stellte und ihr die Befreiung der griechischen Nationalität zuschrieb.

Zwei Jahre nach der Stiftung des Philomusenbundes bildete sich vielmehr ein rein politischer, auf die That und auf entschlossenes Handeln gestellter Geheimbund, die „Hetärie der Philiker, oder Befreundeten", welche sich zu der Hetärie der Philomusen verhielt, wie das Schwert zur Feder. Sie bildete sich, bezeichnend genug, auf russischem Boden. In Odessa, dem wichtigsten Handelsplatz Süd=Rußlands, wo sich griechische und russische Interessen von jeher berührt und verbunden hatten, trat ein achtbarer, aber unbedeutender und ungebildeter griechischer Kaufmann Skufas aus Arta mit zwei andern dunklen Ehrenmännern, dem Athanasius Tsakaloff und dem Freimaurer E. Xanthos aus Patmos, zu einer Hetärie zusammen, die gleich anfangs politische Zwecke in's Auge faßte.

Tsakaloff war schon zuvor in Paris für ähnliche Gedanken gewonnen worden. Unter dem Schutz des Ministers Choiseul Gouffier hatte er gemeinschaftlich mit andern jungen Griechen einen Bund zur Aufklärung der griechischen Jugend gebildet, der seine politischen Tendenzen unter dem wunderlichen Titel „Griechisches Gasthaus" verbarg.*)

Als sich die drei gleichgesinnten Männer in Odessa zusammenfanden, klagten und zürnten sie heftig über die Gleichgiltigkeit des Wiener Kon= gresses, weil er der orientalischen Frage sorglichst aus dem Weg ging, an= statt einen neuen Kreuzzug wider die Türken zu organisiren. Sie be=

---

*) Δοκίμιον περὶ τῆς Ἑλληνικῆς Ἐπαναστάσεως παρὰ Ι. Φιλήμονος. Ἀθ. 1861. Τόμος IV. Σ. 9. Ueber die einschlägliche Literatur, insbesondere die Schriften von Xanthos, Stylitsis, Homeridis, Kalerwas u. s. f. vgl. den oben citirten Aufsatz „Die Hetärie".

9*

schlossen, den Wiener Machthabern, die Griechenland als einen bloßen geographischen Begriff ansahen, zu zeigen, daß ein griechisches Volk vorhanden sei. Wie vornehm würde der Mann, der das Motto „Nur kein Pathos" unter sein Bildniß schrieb, würde Fürst Metternich gelächelt haben, wenn er erfahren hätte, daß drei jugendliche Schwärmer sich im fernen Osten verschworen, sein zu Wien und Paris begründetes politisches System der europäischen Staatsordnung umzustürzen. Und doch sollten die kecken Bestrebungen jener unscheinbaren Männer im Dahinrollen der Jahre mit Erfolg gekrönt werden! Skufas und seine Freunde beschlossen allein zu vollbringen, was man seit lange vergeblich von der Menschenliebe der europäischen Fürsten gehofft hatte. Ihr Bund, die Hetärie der Philiker, wollte eine bewaffnete Gemeinschaft der Christen, um das Kreuz über den Halbmond zu erhöhen. Geheimniß war durch die Erfahrungen, die Rhigas und Euthymius gemacht, geboten. In Bezug auf die äußern Formen kamen dem Tsakaloff seine Pariser, dem Xanthos seine freimaurerischen Erinnerungen zu Statten. Die Hetärie zerfiel in sieben Abstufungen: von der niedersten, den „Bundesbrüdern", an in Lehrlinge, Priester, Hirten, Oberhirten, Eingeweihte und Höchsteingeweihte. Die beiden letzten Abstufungen hatten militärischen Charakter und waren direkt für den Krieg bestimmt. Die Einweihung und Vorbereitung zu allen diesen Stufen war auf Ermahnung zum Losschlagen und auf die That gestellt. Die Neuaufzunehmenden mußten zur Nachtzeit in einem Betzimmer niederknieen, dann ward ihnen unter geheimnißvollen Ceremonien von einem Priester vor dem Bild der Auferstehung der Eid auf Treue, Beharrlichkeit, Schweigen und unbedingten Gehorsam abgenommen. Trotz der verschiedenen Abstufungen erfuhr man jedoch wenig neues, wenn man sich von der einen zu der andern emporschwang. Die hierarchische Stufenleiter diente mehr, um dem Ganzen Feierlichkeit und Würde zu geben, als daß sie innerlich begründet gewesen wäre. In den oberen Klassen war man nicht viel klüger wie in den unteren. Der Bundesbruder ward dahin katechisirt, daß er die Waffen in Bereitschaft und 50 Patronen in einer Patrontasche haben solle, um sie zu gebrauchen, wenn er Befehl von Oben erhielte. Der Lehrling hörte in geheimer Weihestunde: „Kämpfe für Glauben und Vaterland, hasse, verfolge und rotte die Feinde des Glaubens, des Volkes und des Vaterlandes aus." Der Priester erfuhr, daß das Ziel der Hetärie die Freiheit seines Volkes sei. Dasselbe ward auch den Mitgliedern der obern Klassen verkündet. Wenn aber der „Höchsteingeweihte" aufgenommen wurde, reichte ihm der Katechet ein Schwert: „Dein Vaterland giebt es Dir, gebrauche es in seinem Dienst." Sehr zahlreich war die Klasse der Priester. Die Priester durften Brüder einführen und den eigenen Priestergrad verleihen. Da die Neulinge auch eine gewisse Geldsumme in die Hände ihrer Lehrer niederlegen mußten, so wählten viele die Stufe des Priesters und verwertheten sie zum Gelderwerb. Wunderlich mischte

sich die Begriffe aus neuer und alter Zeit, wenn der Priester seinen Ka=
techumenen auf das Evangelium schwören ließ, ihm aber zugleich versicherte,
daß er ihn vermöge der Macht aufnehme, die ihm die Großpriester der
Eleusinien verliehen. Die Bildungsstufe, auf der die Gründer des Phi=
liker=Bundes standen, verrieth sich in der an die Aufzunehmenden üblichen
Frage: „ob sie eine unbekannte Erfindung kennten?" Denn die Hetäristen
glaubten an den Stein der Weisen und waren bemüht, geringe Metalle
in Edelsteine zu verwandeln.

Dies äußere Treiben hat nicht verfehlt vielfachen Anstoß zu erregen.
Trikupis bezeichnet die Verfassung der Hetärie als abgeschmackt und un=
brauchbar, Gervinus als albern. Aber man vergißt, daß dergleichen Wun=
derlichkeiten, die das äußere Gerüste des Bundes darstellen, niemals aus=
bleiben, daß die Menge gerade durch das Seltsame, Bunte und Geheim=
nißvolle angezogen zu werden pflegt. Mag man über die Unwissenheit
und Schamlosigkeit der Hetäristen klagen, das Eine steht fest, daß diese
Männer wenigstens wußten, was sie erstrebten, daß sie nicht auf Umwegen
durch Rede und Schrift, sondern geradezu das Vaterland befreien wollten.
Was wäre aus dem Aufstand geworden, „wenn", um mit Philimon zu
reden, „statt der Männer aus dem Volke, Männer von vornehmer Stellung
die nationale Arbeit begonnen hätten, reiche Kaufleute und solche, die ihren
Stammbaum auf den Jupiter Ammon zurückführten?"

So wenig man deshalb die Hetärie als den alleinigen Anstoß zum
griechischen Befreiungskampf ansehen, so wenig man das Mittel des Ge=
heimbundes überall da als probat anpreisen darf, wo der Gegensatz zwi=
schen den Ansprüchen und den Rechten einer Nation sich bis in's Uner=
trägliche gesteigert hat, so sehr muß man doch zugestehen, daß die Hetärie
der Philiker Bedeutendes geleistet, daß sie den gelehrten höfischen Verein
der Philomusen völlig in den Schatten gestellt und dessen langsames ein=
seitiges Regenerationswerk mit rascher That durchbrochen hat. Man ver=
schmähte die Bundesgenossenschaft jener früheren harmlosen Hetärie nicht.
Man verbreitete, daß dieselben Mitglieder in beiden Hetärien wirkten, daß
die Philomusen heimlich dasselbe erstrebten, wie die Philiker. Die neue
Hetärie wuchs unter dem Schatten des Philomusen=Bundes gleichsam als
Schmarotzerpflanze empor, wie Trikupis wegwerfend bemerkt. Auch Ger=
vinus tadelt den Geist der Lüge und Täuschung, der von Anfang an das
ganze System durchdrungen habe. Von einem revolutionären kriegerischen
Bunde kann man jedoch nicht erwarten, daß er, in allen Schritten ma=
kellos, die Skrupel der strengsten Legitimität befriedige. Mit gesetzlichen
Mitteln war hier nichts zu erreichen; List und Lüge wurden Waffen der
Unterdrückten. Man trug kein Bedenken sich mit russischen Verbindungen
zu brüsten, um das Ansehen der Hetärie zu erhöhen. Man wies voller
Wichtigkeit nach dem entfernten dunklen Hintergrund, nach dem bewegen=
den Prinzip des Ganzen, und mit einigem Scharfblick war unschwer zu er=

kennen, daß man diese *Aρχή*, diese höchste Regierung, in dem russischen Zaaren sah. Trotz der Täuschungen, deren Opfer Griechenland in den früheren Insurrektionen wurde, war das heißblütige Volk noch nicht müde geworden, an die Prophezeihung des Agathangelos zu glauben: Rettung „von dem Geschlecht rothbrauner Männer aus dem Norden" zu erwarten. Der Zufall, daß die Hetärie der Philiker auf russischem Boden entstanden war, wurde in diesem Sinne ausgebeutet. Die bereitwillige Unterstützung der russischen Konsuln erschien als ein sicheres Unterpfand der hellenischen Gesinnung des russischen Hofs, die Hetäristen zeigten sich als schlaue Politiker, sie verstanden mit Zahlen zu rechnen und mit den Phantasien, den Lieblingswünschen der Menschen zu operiren. Weshalb will man ihnen die Benutzung der vorhandenen Gelegenheit verübeln? Trikupis äußert sich selbst dahin, daß die Hetärie der Philiker ohne das Stratagem der russischen Beihülfe „das geblieben wäre was sie war: Nichts." Es sah in der That anfangs wenig tröstend aus, wenn man den glänzenden Hoffnungen und Verheißungen der Philiker auf den Grund ging.

Der Verein war zunächst auf keine weite Verbreitung berechnet. In das Direktorium zog man nur wenige besonders geeignete Persönlichkeiten. Zu den Gründern kamen bis 1819: Galatis, Komizopulos, A. Sekeris, A. Gazis, später: Leventis, Diläos, Ignatios und Maurokordatos, endlich: Patsimabis und Ypsilantis hinzu, so daß ihre Zahl nicht über 15 anwuchs.

Unvorhergesehene Ereignisse drohten die Sache der Hetäristen gleich im Keim zu ersticken. Ein Jüngling aus Ithaka, Nikolaus Galatis, der sich mehr durch Dreistigkeit und Anmaßung, als durch Ueberlegung auszeichnete, ward im Jahr 1816 von Skufas katechisirt und zum Mitglied des Direktoriums ernannt. Die politische Rolle und Bedeutung, zu der er urplötzlich gelangt war, stieg dem jugendlichen Schwärmer in den Kopf. Mit Dringlichkeit und Ungestüm, mit Bitten und Thränen suchte er Proselyten für die Hetärie zu gewinnen und scheute auch den Schwindel nicht, der ihn und seine Sache diskrebitiren mußte. Er trat in Moskau und in Petersburg als „Graf" und als Abgesandter des hellenischen Volkes auf.

Er trug seine jonische Stammesverwandtschaft mit Kapodistrias, wo er konnte, zur Schau und geberdete sich in so auffallender Weise, daß die russische Polizei ihn nebst zwei anderen, durch seine Unvorsichtigkeit kompromittirten Hetäristen verhaften und nach dem Stadtgefängniß transportiren ließ. Der Polizeichef Gorgolis bemächtigte sich seiner Papiere, fand das ganze Geheimniß der Hetärie enthüllt und berichtete sofort an den Kaiser Alexander. Dieser befand sich in großer Verlegenheit und schwankte zwischen Griechenliebe und Revolutionsfurcht hin und her. Er zog seinen Minister Kapodistrias zu Rathe, und es gelang diesem gewandten Diplomaten, nicht nur jeden Verdacht der Komplicität von sich abzulenken, sondern auch den Sinn des Kaisers zu Gunsten des leichtfertigen jungen Ver-

schwörers umzustimmen. Perrhäwos und Argyropulos wurden freige=
lassen und mit Geld entschädigt. Galatis selbst ward nach der Moldau
ausgewiesen. Als er nach Jassy kam, erhielt er eine Vorladung vor den
russischen Konsul Pini, der ihm gleichsam als Schmerzenslohn 500 Kolon=
nati auszahlte. Dem Geschenk wurde die bezeichnende Erläuterung bei=
gefügt, man nehme sich des jungen Mannes an, „damit er nicht als Mit=
glied eines Bundes, der das Joch der Türken abschütteln wolle, von die=
sen zu leiden habe". Solch' ein Verfahren entsprach vollkommen jener
charakteristischen Schaukel-Politik, die vor entscheidenden Schritten zurück=
schrak, sogar des guten Scheines halber die Männer der That verleugnete
und bestrafte, insgeheim aber mit der Verschwörung sympathisiren und
ihr unter der Decke einen verstohlenen Beistand leihen konnte. „Geduld!"
rief Kaiser Alexander in ostensibler Weise aus, wenn ihn die Kapodistrias
oder Ypsilantis anspornten, den Schlüssel seines Hauses, Konstantinopel, zu
ergreifen, die Türken aus Europa zu vertreiben; er hätte aber bedenken
sollen, wie jeder halbe Wink aus kaiserlichem Munde von den Griechen
als ganzes Versprechen gedeutet ward. Galatis, der befürchtet hatte, in
Jassy auf's neue festgenommen zu werden, gerieth in freudige Bestürzung,
als er sich gleichsam officiell anerkannt sah, und setzte das Werk der Pro=
paganda mit dem lebhaftesten Eifer fort.

Er gewann den Dolmetscher Georg Lewentis, einen einsichtsvollen,
patriotischen und thätigen Mann, der es wohl verstand, „das Metall rus=
sischen Einflusses in hellenisches Gold umzusetzen". Lewentis faßte im Jahr
1817 den Gedanken, gleichzeitig mit dem griechischen Aufstand eine Er=
hebung Serbiens vorzubereiten. Er ließ den berühmten serbischen Kriegs=
mann, den Riesen Kara Georg, sondiren. Sie hatten nächtliche Zusam=
menkünfte in Galata bei Jassy, wo auch Galatis „als Neffe Kapodistrias'
und Ritter des Annen-Ordens" zugegen war. Lewentis weihte den Ser=
ben in die Hetärie ein, vereidigte ihn und gab ihm den Rath, sich nach
Serbien zu begeben, die Regierungsgewalt zu ergreifen, und wenn die
Pforte, in Furcht vor russischen Intriguen, ihm die Herrschaft anböte, die=
selbe anzunehmen, um der hellenischen Sache in hoher Stellung desto besser
zu dienen. Kara Georg war zu allem erbötig; er eilte unter russischem
Paß durch die Bukowina, Siebenbürgen und den Banat nach Semendria,
wo er bei Vätsa, einem mit den Hetäristen befreundeten Mann, freund=
liche Aufnahme fand. Allein seine Bewegungen waren dem Späherauge
der österreichischen Polizei nicht entgangen. Der Pascha von Belgrad ward
benachrichtigt und forderte von Milosch die Aufhebung des gefährlichen
Feindes. Milosch sandte einen Haufen Soldaten bei Nacht nach Semen=
dria und ließ den Vätsa unter Todesandrohung dazu zwingen, daß er
seinen Gast ermordete.

Die verabredete serbisch=griechische Kombination war nun vereitelt.
Der Tod einer so tüchtigen, schwer ersetzbaren Persönlichkeit wie des „schwar=

zen" Georg verbreitete Bestürzung in der Hetärie. Auch verliefen alle
weiteren Bemühungen, um serbische Hülfe zu gewinnen, in den Sand.
Milosch wollte sich nicht binden lassen und war nur so weit zu bringen,
daß er seine Uebereinstimmung mit allem, was geschehen werde, in gewun-
denen Ausdrücken erklärte. Man begann einzusehen, daß auf Serbien kein
Verlaß sei, daß man sich der eigentlich griechischen Welt nähern müsse.

Skufas, der Gründer des Bundes, faßte den kecken Gedanken, den
Feind im eigenen Herzen anzugreifen; er ließ sich in Konstantinopel nieder und leitete von hier aus seit dem April 1818 das Werk der hetäristischen Propaganda. Sein vorzeitiger Tod im Juli desselben Jahres war
aber ein harter Schlag für die Hetärie. Zugleich begannen sich die Thor-
heiten des Galatis in bedenklicher Weise bemerkbar zu machen.

Er fiel den Leitern der Hetärie durch fortwährende Geldforderungen
lästig, und man konnte dabei den Verdacht nicht unterdrücken, daß er
neben dem Wohl des Vaterlandes auch das eigene stark berücksichtigte. Man
ließ ihn durch seinen Freund Pentedekas aus den Donaufürstenthümern
nach Konstantinopel rufen. Als er sich aber auch am Sitz des Bundes
zudringlich zeigte, vorwitzige Drohungen ausstieß und seinen Verkehr mit
dem türkischen Minister Halet Effendi, dem Nischandschi und Günstling Mahmud's, absichtlich zur Schau trug, stand es im Rath der Hetärie fest, sich
des zweideutigen Gehilfen zu entledigen. Galatis erhielt Ende des Jahres
1818 den Auftrag, den Peloponnes zu bereisen; Hetäristen, auf deren Treue
und Entschlossenheit man rechnen konnte, wurden ihm als Begleiter auf
den Weg gegeben. Als sie eines Mittags in der Nähe von Hermione
gelagert waren, Galatis sich gerade behaglich unter dem Schatten eines Ahorn-
baumes niedergestreckt und eine patriotische Hymne angestimmt hatte, trat
ein Hetärist hinterrücks an ihn heran und feuerte seine Pistole aus nächster
Nähe auf ihn ab. Mit dem Schrei: „was habe ich Euch gethan?" gab
Galatis seine Seele auf. Die Mörder, in deren Sinn sich Wildheit und
Sentimentalität seltsam mischten, schnitten die letzten Worte ihres Opfers
in die Rinde des Ahorns ein. Sie konnten die Reue über das Geschehene
mit dem Mantel patriotischer Gesinnung verhüllen. Mag man den Mord
als Mittel politischer Zwecke noch so sehr verdammen: man ersieht in
charakteristischer Weise, zu welch' furchtbarer Entschlossenheit die Hetärie her-
angewachsen war. Die rasche Vernichtung der nutzlosen und verdächtigen
Elemente beweist am besten, daß der Wille dieser Männer sich im Drang
der Noth gestählt hatte.

Nach Skufas' Tode blieb Konstantinopel Dank der Blindheit der türkischen Polizei Sitz des Bundes. In Xanthos' Hause wurden die Berathungen des Direktoriums fortgesetzt. Von hier begann man die Propaganda systematisch zu ordnen.

Man errichtete in allen Provinzen der Türkei und des Auslandes
Ephorien oder kommissarische Behörden, deren Mitglieder von den Hetä-

risten mit einfacher Majorität gewählt werden sollten. Jede Ephorie führte eine besondere Kasse und hatte volle Macht, in ihrem Kreise zu handeln und alle Mittel zu ergreifen, die der nationale Zweck der Hetärie erheischte. Sie mußte aber in unmittelbarem Verkehr mit der leitenden Regierung bleiben, von der die letzte Entscheidung der wichtigsten Fragen abhing. Sendboten gingen hin und her, deren Wirksamkeit sich statistisch nachweisen läßt. A. Gazis übernahm die Bearbeitung des Festlandes vom Pelion aus. „Laßt nicht darin nach", schrieb er am 9. Juli 1818 an Xanthos nach Konstantinopel, „uns bei der Errichtung unserer Schule zu unterstützen." Nach Hydra und Morea wurden griechische Kriegsleute abgeordnet, die gerade aus Rußland zurückkehrten, wo sie Lohn für die gegen die Türken geleisteten Dienste erhalten hatten. Unter diesen ragte Perrhäwos hervor, der seit dem Ende Juli 1818 im Peloponnes thätig war, wo ihn Anagnostaras und später der Archimandrit Diläos (Papa Flesas) eifrig unterstützten. Vor allem galt es, sich des militärisch wich=tigsten Punktes auf der Halbinsel, der Mani, zu vergewissern. Einer der hervorragendsten Häuptlinge Mauromichalis war bereits in das Geheimniß der Hetärie eingeweiht, Perrhäwos erschien ihm als willkommener Bote. Aber der Maniaten = Bey gehörte zu denjenigen, die sich nicht mit Ideen abspeisen lassen, denen man handgreiflich nachweisen muß, wofür sie sich begeistern sollen. Er schrieb am 2. Februar 1819 einen naiven Brief an die „leitende Regierung", der damit anfing, daß die alten Spartiaten sich ihrer Armuth nicht geschämt, und daß die Nachkommen derselben in ihrem steinigen und unfruchtbaren Erdwinkel jene Erbschaft der Armuth übernommen hätten; man möge dem Briefsteller 500000 Groschen über=senden." Die leitende Regierung fand sich außer Stande, diese kategorische Forderung zu befriedigen. Sie beschloß, den kirchlichen Einfluß zur Er=reichung ihres Zieles zu verwerthen und veranlaßte deshalb den in das Geheimniß des Bundes eingeweihten Patriarchen Gregor am 30. Juli 1819, daß er dem Mauromichalis schrieb, ihn wegen seines Eifers für Errichtung eines „griechischen Museums" belobte und ihm den Schutz der Kirche zusicherte. Das wirkte wenigstens in sofern günstig, als Mauromichalis vor einem Bunde, dessen Zwecke das Haupt der orthodoxen Kirche zu befördern schien, Ehrfurcht empfinden mußte. Es gelang dem Perrhäwos, ihn zu einer Aussöhnung mit den mächtigsten gegnerischen Familien in Lakonien, mit den Gregorianern und den Trupakiden, zu veranlassen. Die drei Familien einigten sich vertragsmäßig dahin, auf den Ruf der Vorsteher ihres Geschlechts bereit zu stehen; und bald schloß sich ihnen ganz Lakonien unter dem gleichen Vorwand der Errichtung eines „Hellenomuseums" an. Man gelobte sich am 15. Oktober 1819, „die Schule", d. h. das Vaterland, durch das eigene Blut schützen zu wollen. Perrhäwos be=richtete voller Freude über dies große Resultat nach Konstantinopel und drückte seine Zuversicht aus, daß man bald den Aufstand proklamiren könne.

Aus Dankbarkeit ernannten ihn die Lakonen zum Ehrenbürger. Obwohl ihn die türkische Regierung geächtet, eine Summe von 500 Groschen auf seinen Kopf gesetzt hatte, fuhr er fort seine Mission zu erfüllen. Auch in Messenien einte er die streitenden Familien zum Besten des gemeinsamen Vaterlandes, und im Jahr 1820 war die Hetärie unter allen Klassen im Peloponnes verbreitet. Auf den Cycladen, den Sporaden, an der Küste von Klein-Asien, auf den Jonischen Inseln, selbst in Jerusalem fingen die Sendboten seit dem Ende des Jahres 1818 zu wirken an. Der Verkehr der Hetäristen mit Konstantinopel ward von dort regelmäßiger und lebhafter betrieben als vom Festland.

An der Geburtsstätte der Hetärie, in Süd-Rußland, war ihr Anhang im steten Wachsen begriffen. In Kiew nahm G. Katakazis zu Anfang des Jahres 1818 den Nikolaus Ypsilantis auf. Eifrig fragte das neue Bundesmitglied nach der Leitung des Ganzen. „Sei nicht neugierig, eine solche Neugier ist im Unterricht verboten." „Ach, das sind Regeln, die ihre Ausnahmen haben." „Freilich", erwiderte Katakazis, „aber auch ich weiß nichts mehr, weil auch mein Lehrer nicht mehr wußte oder sich so stellte." Nikolaus Ypsilantis katechisirte nun auch seine Brüder Georg und Demetrius.

Alexander Ypsilantis wollte sich jedoch nicht eher aufnehmen lassen, bis er über die Leitung des Ganzen beruhigt sei; und die Nachforschungen, welche die Brüder darnach anstellten, erwiesen sich als fruchtlos. Nikolaus begab sich nach Odessa, wohin ja die ersten Spuren des Bundes wiesen, aber die Ἀρχή blieb ihm ein unaufgehelltes Geheimniß. Dennoch stand er nicht an, die Propaganda selbst aufs eifrigste zu betreiben; auf seinen Antrieb wurden im Sommer 1819 J. Rhizos Nerulos, zu Anfang 1820 G. Manos und Gregor Sutzos, der Neffe des regierenden Fürsten, in den Bund aufgenommen. Aber trotz dieser bedeutenden Namen, trotz der Ausbreitung und des Erfolges war unter den Häuptern der Hetärie eine gewisse Sorge und das peinigende Bewußtsein lebendig geworden, daß sie auf dem Wege seien, die schönsten und tüchtigsten Kräfte nutzlos zu vergeuden. Sie fühlten ihre eigene Nichtigkeit, und jemehr die Ungeduld der Griechen auf Gewißheit bezüglich der höchsten Leitung und des geheimen Zusammenhanges mit Rußland drang, je mehr empfanden die Leiter des Ganzen, daß sie entweder ihre Charlatanerien enthüllen und vor aller Welt beschämt dastehen oder daß sie suchen müßten, das bisherige Treiben auf einen hochbedeutsamen Grund zurückzuführen und sich so vor Vorwürfen und vor Verantwortung zu sichern. Damit aber war ein entscheidender Wendepunkt in der Geschichte der Hetärie bedingt. Was bisher mehr Zufall gewesen war, ward Plan, die russische Tendenz trat unverhüllt hervor. Man beschloß, den Vorhang, der über der Leitung des Ganzen, über der Ἀρχή, geschwebt hatte, zu lüften und eine bedeutende Persönlichkeit an die Spitze der Hetärie zu stellen, vor deren glänzenden

Vorzügen jedes Mißtrauen verſtummen mußte. Doch in der Noth iſt es leichter, das Erforderliche auszuſprechen als zu finden. Und wenn die He= täriſten im eigenen Kreis umherblickten, ſo fand ſich wohl mancher Prä= tendent, aber keiner, der ungetheilten Beifall erweckte. Man nannte wohl die Fürſten Karadja, Konſtantin Muruſis oder Alexander Maurokorbatos: aber dieſe vornehmen Fanarioten erfreuten ſich keiner weitgehenden Popu= larität, ihre Namen konnten nicht elektriſirend auf die Maſſen wirken, es war im Gegentheil zu befürchten, daß das tief begründete Mißtrauen gegen alles, was aus dem Fanar kam, wieder einmal rege ward. So wandte ſich der Blick von ſelbſt in die Fremde; wie ja die Menſchen gern dem weit und ferne Liegenden den Zauber der Trefflichkeit und Liebenswürdig= keit verleihen. Zwei Männer waren es vor allem, auf welche Griechen= land ſchon ſeit Jahren mit Stolz blickte, weil ſie den griechiſchen Namen im Auslande zu hohen Ehren gebracht hatten: der eine ein kluger und vielgewandter Diplomat, der andere ein tapferer und patriotiſcher Kriegs= mann, Graf Johann Kapodiſtrias und Fürſt Alexander Ipſilantis.

Die glänzende ungewöhnliche Bahn, die Graf Kapodiſtrias vom ein= fachen joniſchen Staatsſekretär zum Günſtling und Miniſter Kaiſer Alexanders durchlaufen hatte, mochte die meiſten blenden, jedoch gerade wegen des raſchen Emporkommens dieſes Mannes in diplomatiſchen We= gen mußte auch manches ernſte Bedenken rege werden. Denn die diplo= matiſche Beſchäftigung droht den innern Menſchen aufzuzehren, jede reine Begeiſterung zu erſticken und in täglichem Einathmen von Schein und Trug jene beſchränkte Klugheit zu erzeugen, deren Grundlehren dem Recht und der Sittlichkeit zuwiderlaufen. Ein Mann, der nur öffentlich auftritt, um die Wahrheit zu verdecken, der auf Verſtändniß Anſpruch macht, wenn er nichts weiß, und der ſich unwiſſend ſtellt, wenn er gut unterrichtet iſt, der ſtets bedacht iſt, ſich anders zu geben, als wie er fühlt, deſſen Praxis in der Ausbeutung der Leichtgläubigkeit und deſſen Sittenlehre in den kleinen Mitteln beſteht, ein ſolcher Mann ſchien wenig geeignet, um an die Spitze einer vollsthümlichen Geſellſchaft zu treten und das Haupt einer nationalen Partei zu werden. Nichtsbeſtoweniger neigte ſich die Mehrzahl der Hetäriſten auf ſeine Seite und ſchlug vor, ihn durch den Biſchof Ignatius von Piſa ausforſchen zu laſſen, ob er die Miſſion übernehmen wolle. Nur eine ſchwache Minderzahl war für Ipſilantis, weil „das Schwert allein zum Ziele führe und Hellas folglich einen Soldaten, nicht einen Politiker brauche". Man muß geſtehen, daß dieſe Anſicht mit den Prinzipien, nach welchen die Hetärie ſich ausgebildet hatte, in beſſerem Einklang ſtand, wie die der Majorität. Das mochte der Stifter des Bundes Xanthos fühlen und zugleich das Bedürfniß empfinden, die Minorität nicht zu verletzen, jeden Bruch zu verhüten. Deshalb trat er mit einem vermittelnden Vorſchlag auf und verkündete, daß man ſo= wohl der Diplomaten wie der Militärs bedürfe; er werde ſich deshalb

nach Petersburg begeben und an der Thüre klopfen; wer von ihnen, Kapodistrias oder Jpsilantis, ihm öffne, der solle die Rechnungen, die Akten
des Bundes und den Titel eines unumschränkten Oberhauptes der Hetärie
empfangen. Es war nur eine verdeckte Annahme des Majoritätsver-
langens; denn im Grunde stand .es fest und war auch dem Rang der
beiden nur entsprechend, daß man sich zuerst an Kapodistrias wandte.
Wenigstens geht dies aus dem am 22. September 1818 beschlossenen
Bundesvertrag deutlich hervor. „Die Unterzeichneten, welche die ganze
Unternehmung der Hetärie der Philiker leiten und sich nur trennen wollen,
nachdem ein jeder wie billig eine andere Richtung wegen seiner Geschäfte
eingeschlagen hat, setzen fest und beschließen das Folgende, was ihnen als
Richtschnur in ihrem Verhältniß unter einander und mit Anderen dienen soll.

1) Keiner von den Leitern wird in Zukunft einen selbstständigen
Weg einschlagen, sondern alle ihre Handlungen werden einzig und allein
das Wohl der Hetärie bezwecken. Auch die Abwesenden unterliegen dieser
Verpflichtung, die augenblicklich irgendwie in die Bewegung eingeweiht
sind. Doch wird dem Antonios Komizopulos und Athanasius Sekeris sechs
Monate, dem Anthimos Gazis drei Monate Frist von heute an zur Vollendung und Beendigung ihrer Geschäfte gegeben. Handeln sie diesem
Beschluß nicht gemäß, so werden sie fortan als einfache Mitglieder angesehen. Nur dem Panagiotis Sekeris wird, weil sein Verbleiben in Konstantinopel wünschenswerth ist, gestattet, sein Geschäft so weit fortzuführen,
als er es für gut befindet.

2) Die Leiter sind verpflichtet, unter einander über ihre Maßregeln
zu berichten, gemeinschaftlich über die Gelder der Hetärie zu deren Nutzen
zu verfügen, sowie auch über deren Briefschaften, ohne daß einer das
Recht hat, nach Belieben zu schalten und zu walten.

3) Keiner wird die leitende Regierung offenbaren, weder einen der
Leitenden nennen, noch blicken lassen, daß er selbst Leiter ist, noch daß er
etwas über die Regierung herausgefunden hat. Nichts Definitives wird bezüglich eines allgemeinen oder lokalen Aufstandes in Angriff genommen,
ohne Bewilligung der andern leitenden Mitglieder. Im Fall von Mei-
nungsverschiedenheit entscheidet die Majorität.

Eine Ausnahme findet nur bezüglich der Offenbarung der leitenden
Regierung bei Emanuel Xanthos statt, der zu einer Konferenz mit Graf
Johann abreist; er hat die Erlaubniß, diesem allein die Regierung zu
offenbaren. Johann tritt in die Zahl der Leiter und unterschreibt
dieses Aktenstück, während Xanthos verpflichtet ist, sofort über alle seine
Beziehungen und Korrespondenzen mit dem Grafen die Mehrzahl der
Leiter zu benachrichtigen. Konstantinopel, den 22. September 1818.
Anthimos Gazis, Panagiotis Sekeris, Emanuel Xanthos, Nikolaus Patsi-
madhis, Athanasius Tsakaloff, Georg Lewentis, Panag. A. Anagnostopulos, Antonios Komizopulos."

Wir sehen aus diesem wichtigen Aktenstück, daß nur acht Mitglieder das Direktorium bildeten, und daß man das Geheimniß der Regierungsmaschine sorgfältig in Dunkel gehüllt hielt. Nur ein Mitglied des Direktoriums, der Kaufmann Sekeris, sollte in Konstantinopel bleiben. Anagnostopulos ging nach den Fürstenthümern, wo er freilich bald in Mißhelligkeiten mit den Wortführern der dortigen Hetärie gerieth. Durch die Aufnahme des ehrgeizigen und leidenschaftlichen Archimandriten Diläos (Papa Flesas) in das Direktorium erwarb er sich jedenfalls ein Verdienst für die Entscheidung im radikalen Sinne. Tsakaloff ging nach Pisa, um den Erzbischof Ignatios und Alexander Maurokorbatos in das Direktorium aufzunehmen. Xanthos selbst begab sich nach dem Pelion, um mit A. Gazis zu konferiren und die Urkunden des Bundes bei ihm sicher zu deponiren. Er kehrte dann nach Konstantinopel zurück, um im Februar 1819 seine Mission anzutreten. Er reiste über Bukarest und Kiew nach Moskau. Dort beschäftigte ihn die Errichtung einer Nationalbank, die mit einem Kapital von 1 Million Rubel zu 6 Procent verzinslich den Kriegszwecken der Hetärie dienen sollte, ein Unternehmen, das jedoch keinen rechten Fortgang nehmen wollte. Fast ein Jahr lang brachte Xanthos auf seinen Reisen zu. Während seiner Abwesenheit drohte in der Hetärie Alles aus den Fugen zu gehen. Das Geheimniß ließ sich nicht so streng bewahren, wie der Vertrag vom 22. September gewünscht; es beburfte der unglaublichen Sorglosigkeit und Apathie der Türken, um die Anzeigen, die ihnen von verschiedenen Seiten von Freund und Feind, von ihren englischen Verbündeten und von Ali Pascha zukamen, unbeachtet zu lassen. Dabei verrieth sich die fieberhafte Ungeduld der Griechen selbst. Denn von allen Seiten drängte man nach dem Mittelpunkt des Bundes; man verlangte Gewißheit über die leitende Regierung und den russischen Beistand. Petrobey hatte bereits den Kamarinos an Kapodistrias geschickt, um sich eine pekuniäre Unterstützung für seinen Patriotismus zu erbitten. Die bürgerlichen und geistlichen Vorsteher des Peloponnes hielten zu Anfang 1820 eine Konferenz in Tripolitsa ab und beschlossen, einen zuverlässigen Mann zur Ausspürung des Direktoriums der leitenden Regierung abzusenden. Ihre Wahl fiel auf Johann Paparrigopulos, jenen Vertrauensmann, den auch Ali Pascha mit der Uebermittelung seines Hülfsgesuchs nach Rußland beauftragte. Von den Peloponnesiern erhielt Paparrigopulos zwei Briefe; einen, der ihn bei der leitenden Regierung als Bevollmächtigten bestellte, einen anderen, der in blanco ausgefertigt war und nur die Unterschriften der Vorstände enthielt. Auf letzteren durfte der Gesandte, unter Verantwortlichkeit der Unterschriften, niederschreiben, was die Umstände erforderten, nachdem er die wahre Regierung, deren Pläne und Mittel entdeckt hatte.

Die Peloponnesier verlangten, daß die leitende Regierung eine Ephorie unter den Brüdern des Peloponnes ernenne, der man strengsten Gehorsam bei Strafe des Ausschlusses aus der Hetärie schuldig sein solle;

daß die Beiträge des Peloponnes und der Jonischen Inseln in einer Bundeskasse niedergelegt und nichts ohne Erlaubniß der Vorsteher und der Regierung verausgabt, daß einer der in Hydra befindlichen Brüder beauftragt werde, sichere Korrespondenz zwischen der Regierung und der peloponnesischen Ephorie zu vermitteln.

Mit solchen Instruktionen versehen machte Paparrigopulos sich auf den Weg, zunächst um die höchste Regierung aufzufinden. Zu gleicher Zeit schrieb einer der angesehensten Griechen aus Odessa, Barbalachos, an den Grafen Kapodistrias, um ihn zu fragen, welche Ideen er bezüglich der Hetärie habe, und welche Absichten Kaiser Alexander über den Aufstand in Griechenland hege? Dem russischen Minister kam jedoch die begreifliche Ungeduld seiner Landsleute höchst ungelegen. Er hatte während seines Aufenthalts in Korfu überall zu beruhigen gesucht und in der Broschüre Observations sur les moyens d'améliorer le sort des Grecs 6/18 avril 1819 eine Lobrede auf den geregelten Fortschritt gehalten, indem er zunächst nur eine Steigerung der klerikalen Macht als wünschenswerth hinstellte. Jetzt ertheilte er dem Barbalachos ungnädigen Bescheid, der Kaiser wisse nichts von der Hetärie, er selbst weise alle Verantwortung des Geschehenen von sich. Er beschwöre den Barbalachos, daß er durch Wort und That die Griechen davon abbringe, in ihr Verderben zu rennen. Aehnlich antwortete er auch dem jungen Diplomaten Negris, der ebenfalls über den „russischen Finger", welcher das Ganze leitete, unterrichtet sein wollte. In der That erschrak Kapodistrias vor dem Ungestüm, der sich in der hetäristischen Bewegung offenbarte. Sein staatsmännischer Scharfblick zeigte ihm, daß der auf der Hämushalbinsel angehäufte Brennstoff nur des Zunders bedürfe, um in gewaltiger Lohe gen Himmel aufzuschlagen; er selbst aber empfand keinen Beruf, die Flamme zu entzünden und unberechenbare Schicksale über seine Nation herbeizuziehen. Als deshalb die Sendboten der Peloponnesier und Ali's, die Kamarinos und Paparrigopulos, in St. Petersburg erschienen und mit zudringlichen Reden Aufklärung über die russische Politik, und Geld, vor allem Geld! zur Unterstützung eines Aufstandes verlangten, da konnte die Abneigung des Grafen gegen jede Initiative in dem großen Befreiungswerk nur zunehmen. Seiner feinen Diplomatennatur, seinem vornehmen zugeknöpften Wesen sagte die Berührung und der Verkehr mit diesen volksthümlichen Elementen nicht zu; es war zu besorgen, daß die eigene Stellung beim Kaiser wie jüngst durch die Begegnung mit Galatis kompromittirt werde. So war Kapodistrias vor allem darauf aus, sich keine Blöße gegenüber diesen verwegenen Emissären zu geben; er trat aus seiner zurückhaltenden, ablehnenden Haltung nicht heraus.

Diese Zurückhaltung ward freilich unmöglich, als der Generalbote der Hetärie Xanthos in Petersburg erschien und dem Grafen gleichsam die Pistole auf die Brust setzte. Der leichtfertige Reisende hatte ein volles

Jahr dazu gebraucht, in eigenen und Bundesangelegenheiten umherzu=
ziehen; als er endlich im Februar 1820 das Ziel seiner Reise erreichte,
traf er den denkbar ungünstigsten Augenblick. Kaiser Alexander befand
sich in fortschrittsfeindlicher Laune. Die Nachrichten, die aus dem Südwesten
Europas einliefen, verstimmten ihn tief. Der Militäraufstand, welcher in
Kadix unter den nach Amerika bestimmten Regimentern ausgebrochen war,
hatte vollkommenen Erfolg gehabt. König Ferdinand VII. war gezwungen,
die Kortesverfassung von 1812 wiederherzustellen und zu beschwören.
Doch die Ostmächte sahen in dem Zwang, der gegen den spanischen Mo=
narchen geübt ward, einen verhängnißvollen Präcedenzfall, einen Triumph
der Demagogie. Sie bangten für die eigene fürstliche Prärogative und
sannen darauf, wie man der Revolution entgegentreten könne. Deshalb
konnte in dem Augenblick, wo es sich darum handelte, der Volksbewegung
im Süden einen Damm entgegenzuwerfen und die schon etwas welken
Lorbeeren der heiligen Allianz wieder aufzufrischen, in solchem Augenblicke
konnte der Sendbote eines griechischen Geheimbundes am russischen Hofe
nicht gerade freudig begrüßt werden. An und für sich ärgerlich über die
Dreistigkeit der früheren Anfragen, war Kapodistrias jetzt vor allem darauf
aus, den großen europäischen Stürmen Trotz zu bieten und sich dabei in
seiner hohen Stellung zu erhalten.

Xanthos führte sich mit einem Empfehlungsschreiben des Anthimos
Gazis bei ihm ein, worin es hieß: „Erinnern Sie sich daran, Herr Graf,
wie wir uns in Wien über die jammervolle Lage unseres Volkes unter=
hielten und Sie mir sagten: Findet sich unter Ihnen kein einziger Thra=
sybul? Sehen Sie, wie viele Thrasybule sich Ihnen jetzt darbieten!" Je=
doch diese Anspielung auf die großen Gestalten des Alterthums blieb
unbeachtet.

Xanthos ward dringender; er äußerte, der Aufstand sei unvermeidlich,
und Kapodistrias dürfe nicht gleichgültig bleiben und den Griechen die
Hoffnung auf eine so hochansehnliche Führerschaft entziehen. Der Graf
sah sich endlich genöthigt seine Gesinnung zu offenbaren. Er lehnte die
ihm angedachte Leitung entschieden ab, bekannte sich aber mit dem Grund=
gedanken des Bundes einverstanden, indem er dem Xanthos schließlich er=
klärte: „Kann ich jetzt nicht, so können die Vorsteher, sobald sie dies
erfahren, andere Mittel ergreifen, und ich flehe, daß ihnen Gott zur
Erreichung ihres Zieles behilflich sei."

Xanthos sah ein, daß von dem Diplomaten nichts mehr zu erlangen
sei, als eine gewundene Sympathie=Erklärung; er kehrte nach Moskau
zurück und wandte nun seine Hoffnungen auf den Soldaten, dessen Phan=
tasie man rascher überrumpeln, dessen Patriotismus man rascher in Fluß
setzen konnte. Alexander Ypsilantis stammte aus einer der vornehmsten
und ältesten Fanariotenfamilien, die ihren Namen von dem Dorf Ypsili
bei Trapezunt herleitet und sich rühmt, daß kaiserliches Blut in ihren

Adern rollt, da Konstantin Ypsilantis im Jahre 1390 die Tochter des Kaisers Emanuel III. heirathete. Durch Klugheit und Gewandtheit schwang sich Alexander, der Sohn des Aga Johann Ypsilantis, am 9. August 1774 zu der Würde eines Pforten = Dolmetsch empor. Bald darauf ward er Hospodar der Walachei, und seiner einsichtigen Verwaltung gelang es, die Hilfsmittel des bisher verwahrlosten Landes zu steigern, ein stehendes Heer, größtentheils aus Griechen zusammengesetzt, in's Leben zu rufen und den Boden für nationale Einigung zu ebnen. Als achtzigjähriger Greis litt er den Tod von Henkershand. Sein Sohn Konstantin, der ebenfalls die Stelle eines Pforten = Dolmetsch einnahm, ward in die Verwicklungen der großen europäischen Politik hineingezogen. Da er dem russischen Hof ergeben war und sich nicht scheute, die Absichten der französischen Diplomatie im Orient zu durchkreuzen, so ehrte ihn Napoleon durch eine besonders heftige Feindschaft und brachte es dahin, daß er Konstantinopel verlassen und sich nach Kiew zurückziehen mußte. Von seinen fünf Söhnen war der älteste, Alexander, schon früh in den russischen Militärdienst getreten. Er that sich in den Napoleonischen Feldzügen hervor. Bei Dresden verlor er die rechte Hand durch einen Kartätschenschuß, bei Kulm avancirte er zum Major. Als ihn Kaiser Alexander fragte, ob er mit dem Avancement zufrieden sei, gab er die unbescheidene Antwort, „er habe besseren Lohn verdient und erwartet". Der Zaar nahm die Dreistigkeit des Mannes für Freimuth, er begann von jener Zeit an, ihm seine Gunst zuzuwenden. In der Politik stand ihm jedoch die Einsicht des Grafen Kapodistrias höher. Wenn Ypsilantis auf die orientalische Frage und auf die Lage Griechenlands anspielte, erhielt er stets eine theilnehmende, wohlwollende, aber ausweichende Antwort. Und allerdings war das Mißtrauen in die staatsmännischen Fähigkeiten des Fürsten nur zu sehr gerechtfertigt. Alexander Ypsilantis war ein wackerer Offizier, der, wo man ihn hinstellte, im Schlachtgewühl seine Schuldigkeit that. Aber er war auch nach Soldatennatur daran gewöhnt, Befehle zu empfangen und instruirt zu werden; in einer selbstständigen Stellung schwindelte ihm der Kopf; zu einem Politiker fehlten ihm energisches Wollen und selbstbewußte Konsequenz. Er hatte Begeisterung, aber keine Klarheit. Und was das Schlimmste war, er besaß zu wenig Ruhe und Ueberlegung, um in einer großen politischen Krise die Mittel der Verstellung und des Schwindels zu verachten.

Als nun Xanthos den Fürsten zunächst durch Johann Manos sondiren ließ, und, da er den Boden günstig fand, persönlich mit seinen Anträgen im Namen der Hetärie hervortrat, gerieth Alexander Ypsilantis in lebhafte Bewegung. Denn die Hetärie galt, da ihre Macht unbekannt und ihr Wirken verborgen gewesen war, im Ausland mehr als sie verdiente, und der Fürst durfte annehmen, daß nur kräftige einheitliche Leitung fehle, um mit den vorhandenen Hilfsmitteln Großes zu leisten.

Freilich stand Persönliches auf dem Spiel. Ipsilantis' Familie hatte bedeutende Entschädigungsforderungen an die Pforte wegen ihrer in den Fürstenthümern eingezogenen Güter. Für den Fürsten selbst standen zwei Millionen Franken aus. Er wußte, daß Rußland sich beim Divan für ihn verwandte, er wußte, daß er alles preis gab, wenn er sich ohne Rußlands Billigung in ein waghalsiges Unternehmen einließ. Dennoch überwogen Ruhmbegier und Patriotismus. Ipsilantis erklärte sich bereit, die Oberleitung der Hetärie zu übernehmen.

Da er wegen Unpäßlichkeit das Zimmer hüten mußte, lud er den Graf Kapodistrias ein und erzählte ihm das Vorgefallene. Als nun der diplomatische Freund, weit entfernt davon Einsprache zu erheben, ihn in seinem Vorhaben bestärkte, da wuchs Ipsilantis' Vertrauen auf einen glücklichen Ausgang und er fragte nun gerade heraus, ob man auf materielle Unterstützung von russischer Seite zählen dürfe? „Das Erscheinen weniger Tausend Aufständischer in Griechenland genügt, damit Rußland nach Kräften zu Hilfe kommt." — „Mehr wünschte ich nicht," erwiderte Ipsilantis, „als ich die Oberleitung übernahm und ich werde mit dem Kaiser über mein Vorhaben reden." In diesem Augenblick zeigte sich, daß Kapodistrias nicht der Mann eines geraden und offenen Weges war; er widerrieth seinem Freund auf das Entschiedenste, sich beim Kaiser Aufklärung zu holen, da derselbe durch die früheren Gesuche der Griechen verstimmt und gegen den Krieg so eingenommen sei, daß er ihm kein Gehör schenken werde. Als Ipsilantis aber auf seinem Vorsatz beharrte, beruhigte ihn der vorsichtige Diplomat schließlich damit, daß er ihn aufforderte, eine Denkschrift über die Lage zu schreiben, und er versprach, dieselbe dem Kaiser bei günstiger Gelegenheit vorzulegen. Ipsilantis arbeitete mit Manos die ganze Nacht hindurch und übersandte das gewünschte Memoire bereits den folgenden Tag. Doch Kapodistrias bat um einen achttägigen Aufschub. Als die Frist herum war, erklärte er, es sei völlig unmöglich, dem Kaiser derartige Vorschläge zu machen, da Alexander einem Krieg mit der Türkei und einer Verwickelung mit England entschieden abgeneigt sei. Trotz alledem nahm der russische Minister weder seine früheren Versicherungen zurück, noch mißbilligte er den Plan Ipsilantis', sich an die Spitze der Hetärie zu stellen, und es war nur zu begreiflich, daß sich in dem bethörten Kriegsmann der feste Glaube bildete, der Kaiser bedürfe einer vollendeten Thatsache, er ermuthige blos officieller Rücksichten halber ein Unternehmen nicht, dem er insgeheim hold sei. Zugleich redete Kapodistrias ihm zu, den russischen Dienst nicht zu verlassen, während Ipsilantis anfänglich mit richtigem Takt den Austritt beabsichtigt hatte. Alles war dahin angelegt, den Gedanken russischer Konnivenz rege zu erhalten, und Ipsilantis wurde das Opfer der eigenen Leichtgläubigkeit und fremder Verstellungskunst. Von frischer Hoffnung beseelt, meldete er jetzt den

Häuptern des Bundes, daß er die Oberleitung übernommen habe und für seine Handlungen nach dem Aufstand dem Volke Rechenschaft ablegen werde. Xanthos scheute sich nun nicht mehr, trotz des Vertrages vom 22. September 1818 (der ja den Kapodistrias im Auge hatte), auf eigene Verantwortung hin die Vorschläge des Ipsilantis anzunehmen, ihm das Diplom der Mitgliedschaft in der Ἀρχή, seine Briefschaften und Rechnungen, darunter den Ausgabeetat bis zum 19. Februar 1819 (der sich auf 121,630 Groschen belief!) zu übergeben. Alexander Ipsilantis erhielt fortan den Beinamen „Εὐεργετικός“, wie Kapodistrias den des „Καλός“ führte. Am 12. April 1820 ward der Εὐεργετικός zum General-Aufseher der Ἀρχή ernannt. Der augenblickliche Erfolg dieses Ereignisses war ein bedeutender; die Leitung einer Hand spürte sich sofort heraus. Nach allen Seiten hin zeigte Ipsilantis seine Ernennung zum Generalephoren an, forderte Beiträge an Geld und Waffen und ermunterte die „Nachkommen von Miltiades und Leonidas“, sich zum Kampfe bereit zu halten. Ueberall fanden seine Aufrufe begeisterten Anklang. Michael Sutsos, der Fürst der Moldau, versprach im tiefsten Geheimniß seine Mitwirkung, er sandte Geschenke, 1000 Gulden „für die Schule von Chios“. Sein Sekretär Rhizos verglich in einem begeisterten Erguß vom 8. November 1820 den Ipsilantis an Geist mit Thrasybul und Pelopidas und nannte ihn an Gestalt einen Achilles. Er beschwor ihn, „den Weg des Ahnenruhms mit nacktem gezogenem Schwert zu zeigen“. In Konstantinopel trug man das erste Schreiben des Fürsten triumphirend von Haus zu Haus; man bewahrte kleine Papierschnitte als Reliquien auf. Selbst der alte Kolokotronis, sonst kein Enthusiast, gerieth in Ekstase, als er einen Brief des Generalephoren erhielt, worin es hieß, daß sein „Eifer und seine Tapferkeit an passender Stelle genügend bekannt seien“.

„Himmel und Erde“, so erzählt er später, „schienen von jenem Werk zu wiederhallen, die Trompete des Vaterlandes ertönte, und mit feurigen Buchstaben schrieb ich den Namen Alexander Ipsilantis in mein Herz.“

Zugleich mit der einheitlichen Leitung trat strafferes Anziehen des inneren Bandes und kräftigere Organisation der Hetärie ein. Ipsilantis begriff, daß mit der alten etwas schwerfälligen Verfassung in kritischen Zeiten wenig zu erreichen war. Er schaffte die beiden Grade der Bundesbrüder und der Lehrlinge ab und war bemüht, dem weitern Proselytenthum der untern Klassen entgegenzuwirken, da dieselben leicht ein Agitationsobjekt einzelner Ungeduldigen wurden und durch verfrühtes Losschlagen alles aufs Spiel gesetzt werden konnte.

Als ersten Grad setzte er den der Priester, als zweiten den der Hirten ein und verlangte eine strenge Glaubensprüfung als Bedingung des Eintrittes in den ersten Grad. Für den zweiten faßte er vorzüglich die Mitglieder des hohen Klerus in's Auge. Ferner hob er den Grad der Oberhirten auf und setzte an Stelle der Eingeweihten Militärbeamte.

Sie mußten in seiner Gegenwart Treue und Gehorsam schwören, erhiel=
ten den Ritterschlag, wobei das Wort „Würdig" wiederholt ward, und
wurden schließlich mit einem Schwert umgürtet. Nikolaus und Georg
Ipsilantis waren die ersten Aufgenommenen, denen Georg Kantakuzenos
und im August 1820 Perrhäwos folgten. Eine Militärverordnung schärfte
in 15 Artikeln den Mitgliedern der Hetärie die strengste Disciplin ein.
Die Militärs mußten dem Vaterland Treue, die niedern Klassen den
höhern unbedingten Gehorsam geloben. So erhielt die ganze Hetärie
einen militärisch = aristokratischen Zuschnitt. Das System der Ephorien
fand die völlige Billigung des Generalephoren; er schärfte den einzelnen
Ephorien durch Instruktionen scharfe Ueberwachung der Mitglieder und
genaue Erfüllung der Bundespflichten ein, regelte die Beiträge, stellte
Quittungen im Namen des Vaterlandes aus und „wirkte darauf hin,
daß die Centralephorien russische Konsuln und Konsularagenten in ihre
Mitte aufnahmen". Dies Geständniß des russisch = gesinnten Philimon ist
von weittragender politischer Bedeutung. Die Schreiben des General=
ephoren, von Petersburg aus datirt, verfehlten ihre Wirkung nicht; der
Ort, der Name des Mannes trugen gleicherweise bei, die in der Brust
aller Griechen seit der Prophezeihung des Agathangelos schlummernde
Hoffnung auf russische Unterstützung zur Gewißheit zu steigern. Es war
in der That „eine magische Trias: die Ἀρχή, Ipsilantis, Petersburg".
Weiter hinaus dachte und forschte der Grieche nicht. Die Bewegung
schwoll so mächtig an, daß Ipsilantis nicht mehr in der Ferne bleiben
und von Petersburg aus die Fäden des Ganzen leiten konnte.

„Als die Revolution in ·Piemont und Neapel ausbrach", gestand er
später ein, „war es mir unmöglich, den einmal gegebenen Impuls aufzu=
halten, so sehr die Grundzüge dieses Impulses von dem verschieden waren,
was die unruhigen Gemüther in jenen beiden Ländern zur Revolution
bestimmte."

Freilich ward es dem Fürsten schwer, sich von seinem Wohlthäter,
dem Kaiser Alexander, zu trennen, ohne Gewißheit bezüglich der russischen
Absichten zu haben. Aber Kapodistrias half ihm über alle Zweifel hin=
weg, indem er die Pläne der Hetäristen vollkommen billigte und zu raschem
Losschlagen rieth. Alexander Ipsilantis nahm Urlaub auf unbestimmte
Zeit zu einer Badereise und begab sich Ende Juli 1820 in Begleitung
von Xanthos, Manos und Ipitis nach Moskau, wo er unter seinen
Landsleuten begeisterte Aufnahme fand.

In Kiew nahm er Abschied von seiner Mutter Elisabeth, die, „eine zweite
Hekuba", sich dunkler schmerzlicher Vorahnung nicht erwehren konnte, als
sie ihre Kinder zum Aeußersten entschlossen sah. Schon zeigten sich die
Vorboten des Sturmes. Zu dem Fürsten drängten verwegene, aben=
teuerlustige Gesellen mit Plänen heran, die sich an Keckheit und
Wildheit überboten. Die einen wollten eine Ueberrumpelung des Kastells

von Ibraila, die anderen Errichtung einer Handelsbank in Alexandria, welche den Mehemet Ali um einige hunderttausend Piaster betrügen würde. Man legte Operationspläne vor, wonach die ganze europäische Türkei in Aufruhr gesetzt werden sollte. Ja einige dieser „katilinarischen Kaufmanns= jünglinge", wie Finlay sie nennt, hatten ein ausführliches Projekt entwer= fen, Konstantinopel zu überrumpeln, die türkische Flotte zu verbrennen und den Sultan festzunehmen. Ipsilantis war unbesonnen genug, sich von solchen schwindelhaften, aber glänzenden Phantasmagorien eine Weile fesseln zu lassen; er legte angesichts der nahenden Entscheidung den her= vorragendsten Mitgliedern der Hetärie einen neuen Eidschwur auf, daß sie von jetzt bis zum letzten Athemzug einzig und allein sich dem Vater= land hingeben wollten, betrieb die Vereidigung der jonischen Seeleute, welche zur Ausführung des Komplotts gegen die türkische Flotte gewonnen wurden, und ließ sich selbst durch ernste Abmahnungen seitens der Epho= ren in Konstantinopel nicht irre machen.

Um dem Schauplatz der Begebenheiten näher zu sein und mit Kon= stantinopel steteren Verkehr zu unterhalten, begab er sich nach Odessa, wo er im Hause des Kantakuzenos die freundlichste Aufnahme fand. Freilich trat ihm jetzt der rechnende ängstliche Sinn einer wohlhabenden Handels= bevölkerung entgegen, die reichen griechischen Banquiers, „diese erbärmlichen Knicker", wie er sie betitelte, erhoben mannichfache Schwierigkeiten, vergrößer= ten die Gefahr und scheuten sich die Opfer zu bringen, die der gemeine Mann freudig gebracht hatte. Ipsilantis war genöthigt „Privatanleihen zu erheben, um die nothwendigsten Bedürfnisse zu bestreiten". Je geringer aber die Mittel waren, desto üppiger wuchs das Selbstvertrauen des Mannes. Er fuhr mit stau= nenswerther Ruhe fort, über imaginäre Armeen zu verfügen und schwindelnde Luftschlösser zu bauen. Am 30. Juli hatte er von Kiew aus den Olym= pier Georgakis zum „Obergeneral der Donauarmee ernannt"; von Odessa aus ernannte er den Perrhäwos am 26. August zum Obergeneral der „epirotischen Armee". Es fällt in Wahrheit schwer, die Grenze zwischen Betrüger und Betrogenen zu erkennen. Der Schwindel wirkte sogar be= stimmend auf den Kriegsplan ein. Der Fürst neigte sich dahin, eine Landung im Peloponnes zu unternehmen und vom Süden loszuschlagen, weil man ihm den ganzen Peloponnes als ein bewaffnetes Lager dar= stellte und die Zahl der Türken auf 100,000, die der Griechen auf 150,000 Mann angab. Er wollte sich heimlich nach Triest begeben, sich auf einem griechischen Fahrzeug nach der Mani einschiffen und dort am 25. März 1821 die Fahne der Unabhängigkeit aufpflanzen. Doch der Gesandte der Peloponnesier und Ali Pascha's, Paparrigopulos, der den Fürsten in Petersburg nicht getroffen hatte und nun in Odessa vor ihm erschien, stellte die militärischen Kräfte im Süden als so gering dar, daß Ipsilantis in seinem Entschlusse wankend wurde. Die Zahlen waren ziemlich richtig, aber die 100,000 Türken bewaffnet und disciplinirt; von ten christlichen Peloponnesiern war nur die Hälfte streitbar und davon höchstens ein Drittel bewaffnet. Paparrigopulos legitimirte die Richtigkeit seiner Behauptungen durch den Vorweis jener von den peloponnesischen Vorständen ausgestellten Blanko-Urkunde. Es ward ferner darauf hingewiesen, daß die Pforte, wenn der Aufstand in den Donaufürstenthümern beginne, wegen Serbiens und Bulgariens besorgt sein und alle ihre Truppen an der Donau koncentriren werde. „Griechenland sei dann degagirt." Wenn sich aber der Peloponnes zuerst erhöbe, so würden die Türken alle Macht dorthin werfen und den Aufstand an seinem Heerd ersticken. Ein Kriegsplan, den der in Türkenkämpfen ergraute Patmier Sawwas, ein ehrgeiziger, muthiger und schlauer Söldner-Hauptmann, am 25. September 1820 in Bukarest entworfen hatte, stimmte mit diesen Argumentationen überein. Sawwas wollte zuerst die Serben, dann die Bosniaken und Montenegriner in Bewegung setzen, die Fürstenthümer insurgiren, den Türken Furcht vor der russischen Einmischung wecken und schließlich sogar durch russische Einwirkungen einen persisch-türkischen Krieg hervorrufen, der die Kräfte des Diwans ganz lahm legen sollte.

So spitzte sich alles zu e i n e r Alternative zu: Sollte man im Süden, gestützt auf die rein hellenischen Kräfte, oder sollte man im Norden losschlagen, auf russischen Beistand vertrauend? Um diese wichtige Frage zu entscheiden, veranstaltete Ypsilantis eine Zusammenkunft der bedeutendsten Hetäristen, die am 1. Oktober 1820 auf dem Kirchhof in Ismail stattfand.

Hier standen sich die Ansichten bezüglich des Peloponnes schroff gegenüber. Der Archimandrit Dikäos legte einen Generalbericht der Peloponnesier vor, wonach Waffen, Munition und Mannschaften bereit lägen und nur das Erscheinen und die Gegenwart Ypsilantis' erwartet würden, um loszubrechen. Man hielt ihm entgegen, daß er den peloponnesischen Zuständen entwachsen sei, da er das Land seit Jahren verlassen habe. Auch lag gegründeter Verdacht vor, die Aechtheit der Urkunden zu bezweifeln, welche der unzuverlässige, in seinen Mitteln nicht allzu wählerische Mann in der Versammlung vorlegte. Perrhäwos, der den Peloponnes aus jüngster Anschauung kannte, widersprach aufs heftigste und behauptete, daß die Kriegsbereitschaft jener Gegenden nur in der Fantasie einiger jugendlichen Brauseköpfe bestehe, die alles verderben würden. Aber Alexander Ypsilantis mußte sich um so mehr zu der Ansicht des Dikäos hinneigen, da man, wenn im Peloponnes losgeschlagen ward, Rußland weniger kompromittirte. Länger zu warten vermochte er nicht. Er hatte seine Ungeduld schon zuvor in charakteristischer Weise ausgesprochen, da er am 9. September dem Xanthos schrieb: „Viele fangen an drein zu reden; das ist nicht gut. Es bedarf der Eile. Wenn nicht, so geht alles zum Teufel." Die Versammlung von Ismail verschmähte denn auch die zaghafte Weisheit des Perrhäwos und ließ sich von Dikäos'

rascher Leidenschaft hinreißen. Man beschloß, sofort im Peloponnes loszuschlagen, den Krieg zu beginnen. Von neuem gingen Briefe und Sendboten nach allen Richtungen. Dikäos eilte nach Hydra, Perrhäwos
nach Lakonien, um alles zum Empfang des „Generalephoren" vorzubereiten. Und gewiß, wenn man in der einmal betretenen Bahn entschieden
vorging, so waren die Aussichten durchaus nicht ungünstig für die Hetärie.

Doch der Wankelmuth des Führers machte das Raschbeschlossene wieder zu nichte. Kaum in Kischenew bei seinem Schwager Katakazy angelangt, änderte Fürst Ypsilantis seinen Plan. Das Schicksal des Rhigas
stand .drohend vor seiner Seele. Er fürchtete, auf der Durchreise nach Triest
von der österreichischen Polizei festgenommen zu werden. Er entschied sich,
im direkten Gegensatz zu den Beschlüssen von Ismail, dafür, in den Fürstenthümern loszuschlagen. Es schien ihm um so geeigneter, sich an die
Spitze der Erhebung im Norden zu stellen, da die Spannung des Fürsten
Milosch mit dem Divan sogar serbische Unterstützung hoffen ließ. Die
Verträge zwischen Rußland und der Pforte untersagten diesen Mächten,
ohne gemeinschaftliche Verabredung vereinzelt ein Heer in die Fürstenthümer einrücken zu lassen. Wenn die Türkei in Folge von Ypsilantis' Erhebung Truppen gegen Bukarest vorwarf, so rechnete der Fürst, den Verträgen gemäß, auf russische Einmischung zu seinen Gunsten. Nur so läßt
sich die vollkommene Verblendung, die ihn befiel, läßt sich auch die
ominöse Phrase seiner Proklamation erklären, worin er die russische
Konnivenz offen verkündete: „Wißt, daß eine große Macht uns beschützt." Er setzte den 14. November als den Termin zum Beginn der
Feindseligkeiten fest und ernannte am 24. Oktober den Sawwas und den
Olympier Georg zu Obergenerälen, den Karawias zum General. Nochmals schrieb er nach Konstantinopel und beschwerte sich über die lässige
Ausführung seiner Befehle. Die Ephoren geriethen in Verzweiflung, da
sie selbst am besten wußten, wie unmöglich es war, dem kühnen Flug der
hetäristischen Einbildungskraft zu folgen: die Flotte, die Arsenale und die
Hauptstadt in einer stürmischen Nacht zu überrumpeln und den Sultan
zur Flucht, zur Uebergabe oder Selbstverbrennung zu nöthigen. Sie erklärten, daß eine allgemeine Bewegung stattfinden müsse, daß sie nicht
vorangehen könnten, weil sie die Gelegenheit zur Ausführung jener Pläne
verpaßt hätten.

Da auch in den Donaufürstenthümern noch nicht alles zum Besten
geordnet war, Sawwas und der Olympier in Zwistigkeiten geriethen, und
Milosch keinen Ernst zeigte, vielmehr die Hetärie höchstens als brauch-
bares Mittel zu serbischen Zwecken ansah, so schob Ypsilantis den Termin
zum Losschlagen weiter hinaus. Aber der verhängnißvolle Entschluß, im
Norden zu beginnen, blieb bestehen. Es gelang den hetäristischen Agenten,
die Fürstenthümer völlig zu unterwühlen, die gedrückte, unbehagliche Lage
des Landes noch zu steigern. Die Fürstenthümer waren die Vorraths-

kammern der Hauptſtadt. Aehnlich wie im alten Rom waren auch unter den
türkiſchen Herrſchern die Produkte der Provinzen zum Vortheil der haupt=
ſtädtiſchen Bewohner monopoliſirt. Die Hoſpodare genoſſen außer dem ihnen
zuſtehenden Zehnten des Bruttoertrags von Grund und Boden, ein Vor=
laufsrecht auf Getraide und Vieh, welches zu Mißbräuchen und Erpreſ=
ſungen gegen die Landbevölkerung Anlaß bot. In der Regel trieben dieſe
Verhaßten ſelbſt Getraide= und Viehhandel, ſie realiſirten in kurzer Zeit
große Geldſummen, indem ſie Monopole, über deren Aufrechterhaltung ſie
gegen Andere ſtreng wachten, ſelbſt umgingen. Auch den damaligen Ho=
ſpodaren Michael und Alexander Sutſos warf man vor, daß ſie ſich auf
Koſten des Gemeinwohls bereicherten; ſelbſt die Bojaren murrten
gegen ſie und das Volk erhob die bitterſten Klagen.

Die Hetäriſten beſchloſſen, die Unzufriedenheit der Rumänen zu be=
nutzen; ſie geriethen jedoch, indem ſie ſich in dieſe lokalen rumäniſchen
Händel einließen, zugleich in die Gefahr, gegen ihre eigenen Anhänger,
die Sutſos, auftreten und dieſelben verläugnen zu müſſen. Es entſtanden
Mißhelligkeiten zwiſchen Ipſilantis und Michael Sutſos, der im letzten
Augenblick das Vertrauen auf den Erfolg der Hetärie verlor und in Folge
der Krankheit des Alexander Sutſos auf das Hoſpodorat der Wallachei
ſpekulirte.

Bei einer Zuſammenkunft in Skuleni erhob der Vertreter des Mi=
chael Sutſos, Rhizos, Beſchwerden über das Benehmen der Hetäriſten; Niko=
laus Ipſilantis und Georg Kantakuzenos ſtellten aber gegründete Gegen=
klagen an, verlangten ſofortige Organiſation des Heeres und wieſen die
Vorſchläge des Hoſpodars zurück, die darauf zielten, in Konſtantinopel den
Bruder des Fürſten zu gewinnen und ſich ſo ein Organ zu verſchaffen,
welches ſie über die Abſichten der Pforte unterrichten konnte.

Waren doch dieſe Vorſchläge nur darauf berechnet Zeit zu gewinnen!
Man trennte ſich kühl und unbefriedigt. Erſt der Tod des wallachiſchen
Hoſpodars am 1. Februar 1821 brachte die Unterhandlungen wieder in
Fluß. Nun regte ſich die Ephorie in Bukareſt, um die Zwiſchenzeit bis
zur Ernennung eines neuen Hoſpodars im hetäriſtiſchen Intereſſe auszu=
beuten. Sie gewann den Theodor „Wladimiresko“, der ſich in ruſſiſchem
Dienſt hervorgethan und das Wladimirkreuz erhalten hatte, daß er
mit einer Schilderhebung in der kleinen Wallachei beginne. Theodor war
ein mißtrauiſcher, verſchlagener und grauſamer Rumäne, den Türken ebenſo
gram wie den Griechen, in denen er nur türkiſche Werkzeuge zur Knech=
tung ſeines engeren rumäniſchen Vaterlandes ſah. Nichts deſtoweniger
hatte er ſich der Hetärie angeſchloſſen, weil ihm ihre ruſſiſch=orthodoxe
Färbung gefiel. Er hoffte, daß der Bund eine rumäniſche Schilderhebung
beförbern werde, und die Hetäriſten thaten das Ihrige, ihn in dieſem Wahn
zu beſtärken. Der Olympier Georg ſchmeichelte ſeiner Herrſchſucht und
brachte ihn dahin, daß er unter dem Schein einer rumäniſchen, ja grie=

chenfeindlichen Bewegung für die Zwecke des griechischen Aufstands thätig ward. Er überredete ihn, von der kleinen Wallachei aus seine Landsleute gegen die Fanarioten in die Waffen zu rufen.

Mit wenigen Getreuen bemächtigte sich Theodor der Stadt Tscher-netz bei den Ruinen der Trajansbrücke und verbreitete, er komme als ge-treuer Unterthan der Pforte, um die Mißbräuche und Erpressungen der Hospodare abzustellen.

Das stimmte freilich wenig mit dem Programm der Hetärie über-ein. Aber die Hetäristen wollten überhaupt nur eine vollendete Thatsache hervorrufen, aus der sich politisches Kapital für den Aufstand schaffen ließ, sie wollten einen Anfang haben, wenn es auch ein Anfang der Ver-wirrung war. Denn jetzt konnte der Hospodar der Moldau nicht län-ger auf seiner eigensüchtigen Zurückhaltung bestehen. Ipsilantis stellte ihm kategorische Forderungen, und der schwache Mann gewährte in seiner Bedrängniß, was er konnte und mußte. Er setzte die von Ipsilantis ge-wünschten Militärkommandanten in Paloji, Kiatra und Sustawa ein, sorgte für Proviant und Lebensmittel, lieferte 135,000 Groschen und ver-sprach, dem Ipsilantis noch weitere 150,000 einzuhändigen. „Ich bin," schrieb er dem Fürsten," nicht so thöricht und nichtswürdig, meinen Eifer für das Vaterland zu verdingen. Ich will und fordere keinen anderen Lohn als das Glück meines heißgeliebten Vaterlandes. Könnte ich doch seine Wiederherstellung erblicken und sein geringster Bürger sein!" Nicht so günstig stand es mit Serbien, dessen Mitwirkung Sawwas als durch-aus nothwendig hinstellte, wie er denn überhaupt nur in der Anlehnung an das Ausland ein Heil erblickte. Ipsilantis hatte in einem Schreiben vom 7. Januar 1821 Milosch den Titel eines rechtmäßigen Fürsten von Serbien zugestanden und einen Vertrag beigefügt, demgemäß Griechen-land und Serbien künftig durch ein Föderativband verknüpft sein sollten. Aber Milosch ließ sich in seinen vorwiegend serbischen Bemühungen durch die Vorspiegelungen der Hetäristen nicht irren. Von Serbien durfte man denn auch wohl Sympathie, aber wirksame Hülfe nur dann erwarten, wenn damit eine materielle Förderung der serbischen Interessen bedingt wurde.

Der äußerste Termin zum Losschlagen war jetzt herangerückt: Ipsi-lantis mußte fürchten, daß ihm die Zügel entglitten, falls er noch längere Zeit zögerte und den Augenblick verpaßte. Die Hetärie war von allen Seiten bedroht, wenn sie nicht endlich hervortrat und sich mit politischer Macht umgab. Ihre kühnen Anschläge waren enthüllt, selbst der schläf-rige Sinn der ottomanischen Verwaltung war durch die sich wieder-holenden Anzeigen aufmerksam geworden.

Unter den Philikern in Konstantinopel fand sich ein „Judas Ischarioth", ein gewisser Asimakis, der in Gemeinschaft mit Eustathios Galatis, dem rachsüchtigen Bruder des bei Hermione ermordeten Hetäristen, der türkischen Polizei detaillirte Anzeige machte. In Jassy erzählten sich die Kinder auf der Straße, daß der Hospodar ein Verräther gegen den Divan sei. Der letzte Bote an Milosch, der Pope Aristidis, ward aufge= fangen und nach Widdin geschleppt; er fand jedoch unterwegs Gelegenheit, seine Papiere zu vernichten und sich selbst von den Felsen bei Fetislam herabzustürzen. Ein Adjutant des Jpsilantis, Ypatros, der zu Ali Pascha nach Janina eilte, ward in Makedonien angefallen und ermordet. Als der Petersburger Sendbote Kamarinos anfing, bei seiner Rückkehr den Betrug von der russischen Unterstützung zu enthüllen, sahen sich die He= täristen genöthigt, ihn tödten zu lassen, damit die Kenntniß der Wahrheit nicht das Emporflammen des aufständischen Geistes ersticke. So drängten Verrath und Gewaltthat sich rasch auf einander: die Katastrophe war unausbleiblich. Vor Allem aber galt es nun, in dem furchtbaren Kampfe, der zwischen Ali Pascha und dem Sultan entbrannt war, Partei zu neh= men, es galt den Moment zu benutzen, wo die Kerntruppen der Pforte durch die Belagerung von Janina im Schach gehalten waren.

Schon hatten sich die durchgreifendsten Folgen für die griechische Sache ergeben. Schon flatterte die Fahne der Unabhängigkeit auf der Hochburg von Kiafa. Die Verwirrung aller bürgerlichen und politischen Beziehun= gen, die durch den Abfall des mächtigsten türkischen Vasallen hervorgeru= fen war, trug nun ihre Früchte. Beamte waren von Ali ein=, vom Sul= tan wieder abgesetzt, es war mit Bewußtsein auf der einen, mit Resig= nation auf der andern Seite eine totale Untergrabung der bisherigen Ordnungen unternommen und schließlich an das Schwert und die Gewalt appellirt worden. Das Evangelium der Faust und des Erfolges predigt man jedoch nicht ungestraft. Aus dem Zusammenprallen der beiden anta= gonistischen Gewalten, die sich bisher zur Unterdrückung einer dritten geeint hatten, zog nun diese dritte, die unterdrückte Rajahbevölkerung, allein den echten Gewinn. Jpsilantis aber glaubte keinen Augenblick länger mehr zaudern zu dürfen. In der Nacht des 6. März 1821 verließ er Kischenew in Begleitung seiner Brüder Nikolaus und Georg, des russischen Oberst Kantakuzenos, des Polen Garnofsky, des Sekretär Manos. Am Morgen des 7. erreichte er Skuleni, setzte über den gefrorenen Pruth und gelangte gegen Abend nach Jassy, wo er in dem von Verschworenen und Soldaten erfüllten Pallast des Kantakuzenos sein Hauptquartier aufschlug. Es be= gann ein Treiben, das mehr darauf berechnet war, Gefühle und Stimmun= gen zu wecken, als daß es von nüchterner Durchdringung der obschweben= den politischen Verhältnisse gezeugt hätte. Jpsilantis umarmte die anwesenden Hetäristen, er gab ihnen den Bruderkuß mit den Worten: „ich komme, um mit Euch zu sterben". Vielleicht würde er klüger daran gethan haben, sich das Pathos solcher Phrasen zu sparen, denn im Beginn einer großen politischen Umwälzung lechzt jedes Herz nach frischem Trosteswort und die Kirchhofsstimmung kommt noch immer früh genug. Am Morgen des 8. März las man an allen Straßenecken Jassy's eine Proklamation an die Hellenen: „Hellenen! Seit langer Zeit kämpfen Europa's Völker um ihre Rechte und Freiheiten und muntern Euch zur Nachahmung auf. Sobald sie frei sind, trachten sie mit Aufgebot aller Anstrengung die Freiheit und ihr Glück zu befestigen. Unsere Freunde, die Serben und Sulioten, stehen schon bereit, ganz Epirus erwartet Euch bewaffnet und gleichfalls für die Freiheit begeistert. Europa richtet Blicke des Unwillens auf unser Zaudern und unsere Verlegenheit. Ganz Griechenland ist zu unserer Hülfe bereit, es ertönt die Kriegstrompete und das Geräusch der Waffen. Europa erwartet Wunder von unserer Tapferkeit, die Tyrannen zittern, voll Furcht schicken sie sich zur Flucht an. Die gebildeten Völker Europa's sind mit der Gründung ihres eigenen Wohls beschäftigt, und überzeugt von dem edlen Charakter unserer Vorfahren, wünschen sie Griechenlands Freiheit. Auf, ihr Freunde, und wißt, daß eine große Macht uns beschützen wird! Welch' griechisches Herz kann bei dem Rufe des Vaterlands gleichgültig und unthätig bleiben? Zaudern wir aus verderblicher Verblendung, so wird die Wildheit der Tyrannen steigen und alles Unglück wird aus den Wolken über uns herabstürzen. Erhebt Eure Augen, Gefährten, und betrachtet Griechenlands bejammernswerthen Zustand. Seht Eure Tempel entheiligt, Eure Töchter Euch entrissen zur schändlichen Befriedigung barbarischer Lüste, Eure Häuser öde, Eure Felder wüste, und Ihr selbst unglückliche Sklaven. Durch Vorzeigung von Cäsars blutiger Tunika regte ein Freund des Gemordeten das römische Volk auf. Was werdet Ihr thun, Hellenen, denen das Vaterland seine bluttriefenden Wunden zeigt? Stellen wir uns zwischen Makedonien und den Thermopylen auf: führen wir den Krieg auf den Gräbern unserer Vorfahren, welche für ihre Freiheit stritten und fielen. Die Türken, diese weichlichen Nachkommen des Darius und Xerxes, sind mit weit geringerer Mühe zu überwältigen als einst die Perser."

Auf dem gleichen hohen Kothurn bewegte sich eine Proklamation, die der Generalephore der Hetärie an die Bewohner der Moldau und Wallachei, oder, wie er pomphaft sagte, an die „Dakier" erließ.

Kopfschüttelnd mag der rumänische Bauer die wunderbare Kunde vernommen haben; der Gedanke, daß ein griechischer Fürst, von Fanarioten umgeben, als Herold der Freiheit in den Fürstenthümern auftrat, mußte den Meisten wie bitterer Spott erscheinen. Aber auch die Griechen selbst hatten keine Veranlassung, sich über diesen Beginn ihrer Revolution in der Fremde zu freuen. Was in Suli begonnen und im Peloponnes fortgesetzt wurde, das deutet auf den Pulsschlag ureigenen Lebens im griechischen Volk. Daß man aber eine Bevölkerung, welche von Griechenland nichts wissen wollte, für Griechenlands Freiheit in die Waffen rief, war in der That ein verhängnißvoller Fehlgriff. Gerade deshalb ist es bedeutungsvoll, daß die nordische Schilderhebung kläglich scheiterte, während

die vollsthümlichen Bestrebungen des Südens zur nationalen Unabhängigkeit geführt haben.

· Wie in der Entwickelungsgeschichte der Hetärie sich Thatkraft und
patriotische Entschlossenheit von Zögern und Thatenscheu loslösten, so
lösten sich auch im großen Lauf der Begebenheiten die freien vollsthümlichen von den fremden aufgedrungenen Elementen los. Fürwahr! Die
Vorsehung selbst hat an die Eingangspforte des modernen griechischen
Staatslebens jene Mahnung geschrieben, die Demosthenes schon vor Jahrtausenden den Athenern zurief: „Gehört Euch selbst an!"

Drittes Buch.

Das Flitterjahr der Revolution 1821.

———

Von dem Hergang, den wir enthüllt haben, hatte die Mitwelt keine Ahnung; ist doch der tiefere Zusammenhang der Ereignisse bis in unsere Zeit hin dunkel geblieben. Man wußte nicht, daß schon im Dezember 1820 die Fahne der griechischen Freiheit auf der Hochburg Kiafa wehte, daß die Erhebung der Sulioten der Staub war, der dem Gewitter vorausging, und daß sich das Gewitter im Süden der Hämushalbinsel zusammenzog. Wohl sprach man von der Rebellion Ali Paschas, aber die Wenigsten ahnten, daß das letzte Todesringen des epirotischen Thrannen die Befreiung Griechenlands verkündigte.

Als die Nachricht von der Erhebung Ipfilantis' nach Laibach kam, wo die Fürsten und Diplomaten Europa's gerade über die neapolitanische Revolution zu Gericht faßen, maß man dieser östlichen Diversion zuerst nur eine geringe Bedeutung bei. „Die Unruhen in der Wallachei beunruhigen mich nur mäßig," schrieb Gentz den 12. März 1821; „zu jeder andern Zeit würde ich sie gar keiner Aufmerksamkeit gewürdigt haben, heute gewinnt freilich jede seditiöse Bewegung ein gewisses ernsthaftes Ansehen. Da indessen die Pforte Kallimachi sogleich zum Fürsten der Wallachei ernannt hat und ihn hoffentlich ohne Verzug abfertigen wird, so glaube ich nicht, daß das Uebel weit um sich greifen kann. Wenn es ein Aufstand der Bojaren wider den Fürsten und wider die Pforte wäre, so würde ich es ernsthafter nehmen; es ist aber ein Aufstand des schlechtesten Gesindels wider die Bojaren, mithin auch wider den Fürsten und die Pforte, ob sie gleich gegen letztere nichts als Ehrfurcht und Gehorsam heucheln. Was man wahrscheinlich in Wien über die geheimen Quellen dieses Vorfalls sagen wird, ist, wie ich Ihnen bestimmt versichern kann, vollkommen grundlos; die beiden benachbarten großen Höfe sehen die Sache ganz aus demselben Gesichtspunkte und haben sich darüber aufs Vertraulichste, Unbefan-

genste und Edelste gegen einander erklärt."*) Den Verdacht russischer Kon=
nivenz zu entkräften, und die von Gentz gerühmte Harmonie der großen
Höfe zu bestätigen, hatte Graf Nesselrode sofort auf die Kunde von den
wallachischen Unruhen eine Note an den russischen Generalkonsul in Bu=
karest erlassen, worin er die verhängnißvolle Verwandtschaft des Aufstands
mit der spanischen und neapolitanischen Revolution betonte, ihn „als das
Werk eines eidbrüchigen Soldatenhaufens hinstellte, der in der Wallachei
wie in Madrid, in Lissabon und in Neapel der Unordnung die Thüre
öffne, die Völker mit scheinheiligen Verheißungen verführe, und Alles wage
um Alles zu zerstören." Man mochte in Laibach glauben, daß ein solcher
energischer Erlaß genüge, um das Strohfeuer, welches von Westen nach
Osten herüberflackere, zu ersticken. Bedenklicher aber runzelten sich die
Stirnen, als zugleich mit der Kunde vom Ausbruch der Revolution in
Piemont ausführlichere Nachrichten über den Umfang und die Zwecke des
griechischen Aufstands, Schreiben von Alexander Ypsilantis und Michael
Sutsos an den Zaaren einliefen, aus denen sich ergab, daß die ganze Hä=
mushalbinsel in Gährung stehe. „Alle edelen Impulse der Nationen," so
schrieb Ypsilantis den 8. März aus Jassy, „kommen von Gott, und zwei=
felles durch göttliche Inspiration erheben sich heute die Griechen in Masse,
um das abscheuliche Joch abzuschütteln, das seit vier Jahrhunderten auf ihnen
lastet. Mehr als zweihundert Adressen, von mehr als 600,000 Namen
der Notabeln aus allen Klassen und Provinzen Griechenlands, rufen mich
an die Spitze, um mit ihnen zu siegen oder zu sterben. In diesem Augen=
blick schlagen die Kapitäne in Epirus die Truppen des Sultans, die Su=
lioten, die Parganioten kehren in ihre Heimath zurück, um sich frei zu er=
klären, alle Berge Griechenlands bevölkern sich mit furchtlosen Streitern
der Freiheit; die Morea, der Archipel regen sich, Kreta steht auf, Serbien,
Bulgarien, Thracien und Makedonien eilen zu den Waffen. Die Wallachei
und die Moldau werfen das Joch von sich und die erschreckten Türken
liegen zu Konstantinopel selbst auf einem Vulkan, der bereit ist sie zu ver=
schlingen." Gleichzeitig stellte Fürst Sutsos das Begehren an den Zaaren
er möge russische Truppen in der Moldau einrücken lassen, und dadurch
der Retter des Landes werden. Denn da Ypsilantis unverzüglich nach
Griechenland selbst vorrücken werde, so sei die Moldau schutzlos dem Un=
tergang durch die Türken preisgegeben. Der Eindruck, den diese Schreiben
in Laibach hervorriefen, war unermeßlich; aber freilich ein anderer, als
die Schreiber gewünscht. Er rief alle Kräfte der Realtionspartei wach.
Gentz fühlte sich stärker denn je, da die „ungeheueren Nachrichten" einliefen;
er vergaß den persönlichen Nachtheil, den er durch das Versiegen der wal=
lachischen Geldbezüge erlitt, über den Gefahren, die das „Allgemeine" be=

---

*) S. Mendelsjohn-Bartholdy, Briefe von Gentz an Pilat. II. S. 40.

brohten. Zunächst galt es den Zaaren festzuhalten. Kaiser Alexander, der von dem Treiben seiner Agenten nichts wußte, der schwerlich ahnte, daß der vertraute Günstling in seiner nächsten Nähe, daß Graf Kapodistrias selbst die Hand im Spiel gehabt und Ypsilantis mit russischer Hülfe ge- lockt hatte, fand sich außer Stande, die anti-revolutionären Grundsätze, die er soeben noch in der italiänischen Frage feierlich bekannt hatte, in der griechischen Frage zu verläugnen, und sah sich entschiedener denn je in die Bahnen der Metternich'schen Politik gedrängt. Am 14. März zwischen 7 und 8 Uhr fand zu Laibach jene Konferenz bei Kaiser Franz statt, die Gentz „eine der größten und imposantesten Begebenheiten unserer Zeit" nennt. Außer Metternich, Bernstorff und den beiden Kaisern war Nie- mand zugegen. Der Zaar betheuerte aufs Feierlichste sein Festhalten an den Grundsätzen der heiligen Allianz, seine principielle Gegnerschaft gegen die Revolution, er sicherte dem österreichischen Kaiser eine Hülfsarmee von 95,000 Russen zu. Er sprach zuletzt mit solchem Eifer, daß Kaiser Franz und die beiden Minister „von tiefster Rührung ergriffen" wurden, und als er aufstand und man ihm lebhaft gefühlte Bewunderung äußerte, sagte er aus tiefster Seele: Ce n'est pas à moi, Messieurs, c'est à Dieu que doivent s'adresser Vos paroles. Si nous sauvons l'Europe, c'est lui qui l'aura voulu. Auf der Höhe dieser mystischen Offenbarungspolitik angelangt, war der Zaar freilich für die Zuflüsterungen der geheimen Freunde des griechischen Aufstandes unzugänglich; und Ypsilantis konnte ihm zu keiner ungelegeneren Zeit die Rolle eines Vorstreiters des Kreuzes gegen den Islam und eines Erlösers für Griechenland zumuthen. „Ypsi- lantis gegenüber," so triumphirte Gentz, „erscheint der Kaiser in seiner gan- zen Glorie, und er wird abermals allen politischen Kannegießern eine Lektion geben, worüber sie nicht weniger erstaunt sein werden als über die Niederträchtigkeit ihrer Parthenopäischen Freunde." In der That wurde die Schilderhebung Alexander Ypsilantis' jetzt auf das Entschiedenste von Rußland dementirt; man strich den Fürsten aus den russischen Armeelisten, man ertheilte dem Befehlshaber des Observationskorps am Pruth, dem Fürsten Wittgenstein, die gemessene Ordre, sich unter keinerlei Vorwande weder mittelbar noch unmittelbar in die Unruhen der Fürstenthümer zu mischen, man ließ dem Divan durch Baron Stroganoff erklären, daß die Politik Rußlands den Umtrieben, welche die Ruhe türkischer Provinzen zu stören suchten, völlig fremd sei. Den Grafen Kapodistrias selbst traf die harte Lektion, das Absageschreiben des Zaaren an Ypsilantis verfassen zu müssen; und wenn die Beschäftigung mit diplomatischem Lug und Trug das Gefühl für Ehre und Treue in der Brust des Ioniers nicht gänzlich erstickt hatte, so konnte er jetzt nur blutenden Herzens dem Freund, den er insgeheim ermuthigt hatte, eine Vorlesung über den „Geist des Schwin- dels" halten, „der die Menschen unseres Jahrhunderts dahin bringt, daß sie im Vergessen ihrer nächsten Pflichten ein Gut suchen, welches man sich nur von

der strengen Erfüllung der Vorschriften der Religion und Moral ver=
sprechen darf."

„Freilich", heißt es in der kaiserlichen Antwort an Ipsilantis vom
26. März 1821 „liegt es im Menschen, daß er Verbesserung seines Zu=
standes wünscht, ohne Zweifel giebt es mehr als einen Umstand, der den
Griechen den Wunsch einflößt, ihren eigenen Bestimmungen nicht immer
fern zu bleiben, aber können sie durch Revolution und Bürgerkrieg dies
hohe Ziel erreichen?... Keine Hülfe, weder mittelbar noch unmittelbar, kann
ihnen vom Kaiser gewährt werden, denn es würde seiner unwürdig sein,
den Grund des türkischen Reichs durch die schmähliche und schuldvolle
Thätigkeit einer geheimen Gesellschaft zu unterwühlen... Benutzen Sie
eine heilsame Warnung. Machen Sie das Uebel das Sie angerichtet, wie=
der gut. Kommen sie dem Unheil zuvor, das Sie über Ihr schönes und
unglückliches Vaterland herauf beschwören!" — Nesselrode fügte dem kai=
serlichen Befehl hinzu, Ipsilantis solle nicht weiter gehn, sondern im Ge=
gentheil womöglich die Unglücklichen, die er irre geführt, entlassen, und wenn
er irgend gerechte Ansprüche an die Pforte zu erheben habe, sie durch Baron
Stroganoff machen, der in dieser Beziehung die nöthigen Weisungen er=
halten habe. Die milde Form, welche der Zaar beliebte, die Rücksicht auf
die Familie und den Namen Ipsilantis, die er jeder Zeit hervortreten ließ,
machten die Thatsache nicht rückgängig, daß das Unternehmen der Hetäristen
von Rußland verläugnet worden war, und Gentz durfte wohl jubeln: „In
mir herrscht kein anderes Gefühl mehr, als das des uns erwartenden voll=
kommenen Siegs: nicht über Neapel allein, sondern über den Feind im
Großen. Als ich heute die Antwort des Kaisers Alexander an Ipsilantis
las — ein unsterbliches Aktenstück, welches ganze Millionen von elenden
Vermuthungen und Besorgnissen zu Boden schlägt, — sagte ich mir in tiefster
Rührung: Gott streitet für und mit uns! Das Ganze, was hier geschieht,
ist ein Wunder, welches Sie wenigstens nicht verkennen sollten."

Gentz erkannte die bedenklichen Folgen, welche sich gerade für das
Verhältniß zwischen Oesterreich und Rußland aus den östlichen Wir=
ren ergeben konnten. Er gesteht seinem Vertrauten Pilat zu, Manches,
was im Osten geschehen sei, berechtige zu dem Verdacht, daß von Seiten
Rußlands ein böses Spiel gespielt werde: allein er ist „einer von den sechs
oder acht Menschen, welche das Geheimniß von Alexanders Leben kennen,
während Millionen ringsum in dickster Finsterniß sind", und das ermuthigt
und erheitert ihm den Blick in die Zukunft. Das Geheimniß ist jetzt
leicht zu enträthseln: es bestand in dem Uebergewicht, welches die Revolu=
tionsfurcht vor der Griechenliebe in Alexanders Seele behauptete. Und
so lange der Kongreß von Laibach dauerte, haben die österreichischen Staats=
leute es nicht an den lebhaftesten Bemühungen fehlen lassen, um die ge=
heimen griechischen Sympathieen des Zaaren auszurotten, den Einfluß
des griechischen Lieblingsministers Kapodistrias zu bekämpfen und die ele=

mentaren Ereignisse der griechischen Revolution nur als ein künstliches
Probukt politischer Parteibestrebungen hinzustellen. Wenige Tage bevor
man sich trennte, am 7. Mai 1821, faßte Metternich die Gedanken und
Ausdrücke des Zaaren mit benen des Kaiser Franz zu einer Denkschrift
„über die griechischen Angelegenheiten" zusammen. In derselben wird auf
das Bestimmteste erklärt: daß der griechische Aufstand nicht aus einer nationalen Bewegung entstanden, nicht als Folge der türkischen Unterdrückung
anzusehen, sondern daß er unmittelbar aus einem lange vorbereiteten Plan
gegen die „den Wühlern furchtbare Union der beiden Monarchen von Rußland und Oesterreich zu einem System der Erhaltung und Restauration"
hervorgegangen sei. „Wie kann überhaupt die griechische Erhebung im
Interesse der griechischen Nation erfolgt sein, da doch diese Nation in den
letzten Jahrhunderten auf die tiefste Stufe der Degeneration gesunken?
Nein, es ist die Fackel der Zwietracht, die man zwischen
Oesterreich und Rußland wirft, ein Mittel, um die liberale Feuer-
brunst zu unterhalten, um den mächtigsten Monarchen der griechischen
Kirche mit seinen Glaubensgenossen in Verlegenheit zu setzen, um das
russische Volk gegen die Politik seines Souveräns aufzuwühlen, endlich
ein Mittel, um ihn zu zwingen, seine Blicke vom Westen wegzuwenden und
ganz auf den Orient zu heften." Aus dieser bisher unbekannten Denkschrift erschließt sich die Auffassung, welcher das österreichische Kabinet fortan
in allen, Griechenland betreffenden Fragen gefolgt ist, die Politik, welcher
Metternich mit einer seltenen doktrinären Hartnäckigkeit gehuldigt hat.*)
Die „Erklärung der alliirten Mächte", die österreichische Cirkulardepesche
vom 12. Mai 1821 waren von demselben Geist durchdrungen, und noch
in der letzten Unterredung, die zwischen dem österreichischen Staatslenker
und Kaiser Alexander zu Laibach stattfand, ward festgesetzt, daß man niemals von den in der Denkschrift „über die griechischen Angelegenheiten"
niedergelegten Prinzipien abweichen werde. Sollte sich die Anarchie in
der Türkei konsolidiren und die Ruhe der beiden Staaten bedrohen, so
wollte man über jede zu ergreifende Maaßregel ein direktes Einverständniß
zwischen den großen europäischen Höfen herbeiführen.

Der griechische Aufstand erschien den österreichischen Diplomaten als
ein doppelt verhängnißvolles Ereigniß, weil er einmal den Sieg der Revolution in Europa, weil er sodann die Präponderanz Rußlands im Orient
bedeuten konnte. In den Griechen erblickte man Rebellen gegen den Sultan, wie gefügige Werkzeuge des nordischen Ehrgeizes. Anstatt diese beiden Möglichkeiten unter einen höheren Gesichtspunkt zu fassen und durch
eine kühne staatsmännische Initiative zu beseitigen, verflocht man sie eng
mit einander. Dem Zaaren gegenüber führte man stets die Solidarität

---

*) S. die Beilagen. Vgl. auch meinen Aufsatz: Die orientalische Politik des Für-
sten Metternich. Sybels historische Zeitschrift von 1867. S. 53 ff.

der monarchischen Intereffen im Munde, und glaubte ihn dadurch gebun=
den zu haben, daß man den griechischen Aufftand als ein Attentat
gegen die Ruhe Europa's und gegen die ruffisch = öfterreichische Allianz hin=
ftellte. Ob fich aber der Zaar auch nur für längere Zeit binden ließ?
ob jenes „Niemals" von ruffischer Seite eingehalten ward? Wohl begreift
man, daß Metternich und Genß fich während des britten Jahrzehnts mit=
unter von einer Art „Verzweiflung" beim Anblick der politischen Ent=
wickelung ergriffen fühlten. Denn fobald fie die Revolutionsfurcht des
Zaaren wach gerufen hatten, konnte ihnen feine ftille Griechenliebe wieder
einen böfen Streich fpielen; und wenn die ruffische Politik eine Weile den
Prinzipien der Legitimität zu folgen fchien, konnten rafch wieder die orien=
talischen Intereffen Oberhand gewinnen. Kaum der Metternich'schen Lehre
entrückt, konnte der Zaar wieder den keßerischen Nußanwendungen lauschen,
die Kapodiftrias zu Gunften der Griechen machte. Unterftüßte man den
Divan, fo trieb man die Griechen geradezu in Rußlands Arme, und machte
es dem Zaaren fchließlich unmöglich, aus Legitimitätsrückfichten die Gebote
der Menschlichkeit und Religion zu vergeffen.

Es gab nur einen Ausweg aus dem Dilemma. Man mußte die Griechen
in ihren nationalen Beftrebungen unterftüßen, fie unabhängig machen und
dadurch in die Lage feßen, den Vorfpiegelungen des ruffischen Ehrgeizes zu
widerftehen. Fürft Metternich hatte, „falls die Anarchie fich in der Türkei kon=
folidirte", eine gemeinsame europäische Aktion in Ausficht genommen. Eine
folche gemeinsame Aktion, die Theilnahme Englands und Frankreichs an der
Pacifikation des Orients, war jedoch nur dann zu ermöglichen, wenn man den
Legitimitätsftandpunkt, die Vertheidigung des türkischen Rechts fahren ließ
und der zu Gunften der Griechen erregten öffentlichen Meinung nachgab.
Es galt, die Sehnsucht der Völker, welche durch den Befreiungskrieg mäch=
tig angeregt war, nach einer Seite hinzuwenden, wo zugleich Defterreichs
wichtigfte Intereffen gefchirmt, wo feine militärische Kraft in fteter Uebung
gehalten werden konnte: nach dem Orient. Dort konnte man dem zudring=
lichen nordischen Erbprätendenten die glänzendfte Hinterlaffenschaft ftreitig
machen, die je einem nationalen Ehrgeiz winkte, dort zugleich die nationale
Fantafie beschäftigen und durch die Ideen von Ruhm, Macht und Größe die
Gemüther gewinnen. Das war die Aufgabe, die nach dem Sturz Napo=
leons zu vollziehen blieb. Das Jahrhundert ift jetzt fkeptisch und blafirt
geworden: es fieht mit Geringschäßung auf feine Jugendträume, auf die
philhellenische Begeisterung herab. Doch wie man auch über die opfer=
freudigen Gefühle denken mag, welche die damalige Jugend belebten: ge=
nug, fie waren vorhanden. Mit ganz anderen Gefühlen, als die Laibacher
Diplomaten, hatten die Völker Europa's die Kunde von dem griechischen
Aufftand vernommen; was jenen ein Gegenstand fchwerer Sorge, war
diefen ein Gegenstand der freudigsten Begeisterung. Salamis und Ma=
rathon waren auf allen Lippen. „Ohne die Freiheit, was wäreft du, Hellas?

Mendelsfohn, Griechenland. I.   11 ohne dich, Hellas, was wäre die Welt?" sang der deutsche Dichter. Vom Katheder herab mahnten die Männer der Wissenschaft, von der Kanzel herunter mahnten glaubenseifrige Prediger zum Kampf gegen den Halb= mond. „Ein Kreuzzug in diesen Tagen geprebigt", so bekennt selbst der konservative und besonnene Prokesch=Osten, „würde die Tage Peters des Einsiedlers erneuert haben!"

Es ist das Kriterium eines klugen Staatsmannes, daß er selbst mit den Fantasieen Anderer zu operiren, daß er die politischen Schwärmereien und enthusiastischen Träume der Menschen zu benutzen versteht, auch ohne sie zu theilen. So haben die Päpste die ritterliche Frömmigkeit des Mit= telalters, so haben sie die Kreuzzüge ausgebeutet. So wurden die natio= nalen Ideen in jüngstverflossenen Tagen verwerthet. Aber Metternich zog es vor, von der einsamen Warte des höheren Rechtsstandpunktes aus auf die Irrthümer und Leidenschaften Europa's herunterzublicken, die Träume politischer Enthusiasten, die Schwärmerei der Griechenfreunde vornehm zu belächeln und sich hinter einer Politik des Abwartens und Geschehen= lassens zu verschanzen, die im Grunde nur den russischen Plänen dienen sollte. Das Memoire vom 7. Mai war durch die Ereignisse widerlegt worden, nichts bestoweniger sah Metternich nach wie vor die griechische Erhebung nur als ein Glied in der Reihe von Empörungen und Militär= verschwörungen an, die seit Napoleons Sturz die Welt erschüttert hatten; und die griechischen Freiheitskämpfer waren ihm eine ebenso sträfliche Species von Rebellen wie die Carbonaris und Burschenschäftler. Durch dies Be= harren auf dem Isolirschemel abstrakter Prinzipien setzte sich Metternich einer doppelten Gefahr aus: er überwarf sich mit der öffentlichen Meinung Europa's und bereitete den biplomatischen Zwiespalt unter den großen Mächten vor, die sich über ein gemeinsames Auftreten im Orient nicht zu einigen vermochten. Den Zaaren konnte man nicht durch die Prinzipien jener Denkschrift, man konnte ihn nur durch eine gemeinsame Aktion der europäischen Mächte binden; und da die Voraussetzungen zu einer solchen Aktion hinwegfielen, so bot man ihm nur die gewünschte Gelegenheit, um, gestützt auf die öffentliche Meinung Europa's, zwischen Griechen und Türken zu interveniren und das russische Uebergewicht im Orient wiederher= zustellen.

Wäre die griechische Bewegung in der That nur eine bloße Kopie spanischer und italiänischer Militärmeuten gewesen, wäre sie auf die Donaufürstenthümer und Persönlichkeiten wie Alexander Ipsilantis oder Theodor Wladimiresko beschränkt geblieben, so würde freilich der diploma= tische Bannstrahl, der von Laibach ausging, hingereicht haben, sie zu er= sticken. Was in Jassy und Bukarest geschah, war nicht dazu angethan, den Respekt vor den griechischen Freiheitskämpfern zu erhöhen.

Ipsilantis' Auftreten in Jassy hatte ihm die Herzen nicht gewinnen können. An und für sich würde er klüger daran gethan haben, wenn er sein Hauptquartier in Ibraila aufgeschlagen, dort ein verschanztes Lager errichtet und die civile und die militärische Verwaltung der beiden Fürsten= thümer in einer Hand koncentrirt hätte. Gestützt auf Ibraila, mußte er die schwachen türkischen Streitkräfte in der Dobrudscha rasch aufrollen und zerstreuen, die Festungen unterhalb Galacz nehmen und sich zum Herrn des ganzen Donaulaufs von Orsowa bis zum Meer machen. Auch galt es, das Volk der Rumänen zu gewinnen, ihm Garantieen gegen den Druck der Bojaren, unter dem es bisher geschmachtet, zu geben, eine gleich= mäßige Vertheilung der Steuern einzuführen. Allein Ipsilantis verstand weder seine politische noch seine militärische Aufgabe zu erfüllen. Er dachte weder daran die Verwaltung zu centralisiren, noch die Armee in einem verschanzten Lager zusammenzuziehn und Magazine anzulegen. Er dachte eigentlich nur daran, die Fürstenthümer als russisches Depot zu verwalten und zu warten bis die Hand des Zaaren ihn auf den Thron des grie= chischen Reichs erhob. Er trat mit einem Aplomb auf als sitze die by= zantinische Krone schon auf seinem Haupte. Die Bojaren behandelte er als ob sie Lakaien seien, stundenlang mußten sie bei ihm antichambriren. Er sprach es aus, daß er die Vorrechte der Bojaren abstellen und politische Gleichberechtigung der Stände einführen wolle: das würde die richtige Kon= sequenz der geringschätzigen Behandlung gewesen sein, die er der Aristokratie des Landes widerfahren ließ. Da er aber auf Rhizos Nerulos' Vorstellungen diese demokratischen Gedanken rasch wieder fallen ließ, so erreichte er nur, daß er die Bojaren verletzte, ohne das rumänische Volk darum zu gewinnen. Während der Zeit, die er nutzlos in Jassy zubrachte, schloß sich kein ein= ziger vornehmer Rumäne an ihn an. Gleichsam als ob der Sieg über die Türken schon errungen und nichts mehr zu thun sei, vertheilte Ipsi= lantis militärische und bürgerliche Stellen an das Heer von Verwandten und Schmeichlern, das ihn umdrängte. Häuptlinge mit ein paar hundert Abenteurern wurden zu Generälen kreirt; den Fürsten Kantakuzenos, Dukas, die eigenen Brüder stellte er an die Spitze des Stabes seiner bei= den imaginären Armeekorps und der leeren Cadres seiner Regimenter. Während er die tüchtigsten und einflußreichsten Männer des Landes, einen Georgakis, Farmakis, Sawwas, Theodor Wladimiresko, die Elemente, durch welche allein eine Revolution mit Energie durchgeführt werden konnte, von sich stieß oder nicht beachtete, begünstigte und belohnte er unwürdige Schma= rotzer, wie jenen Basilios Karawias, der mit einem arnautischen Söldner= haufen die türkische Besatzung von Galacz überfallen und niedergehauen, Ga= lacz selbst geplündert, Kirchen geschändet, und zur Einweihung der neuen revo= lutionären Aera Frevel aller Art begangen hatte. Wenn solche Unwürdige Gnade vor Ipsilantis fanden, so konnte es nicht auffallen, daß er die Augen zudrückte, als das Gesindel von Jassy auf die Kunde der zu Galacz be= gangenen Greuel über die unbewaffnete türkische Schutzgarde und fried= liche türkische Handelsleute herfiel und sie bei kaltem Blut ermordete.

Die Scenen von Jassy und Galacz wiederholten sich jetzt allenthalben
wo die türkische Bevölkerung der albanesischen und griechischen Soldatesla
wehrlos gegenüberstand; Raubsucht und Verbrechen schmückten sich mit
dem Mantel des Patriotismus. Ypsilantis hatte die Kasse der Hetäristen
zu Jassy leer gefunden; und da er die finanziellen Hülfsmittel für das
große Unternehmen nicht zu beschaffen wußte, dünkte ihm das Beispiel
des Karawias nur allzu verführerisch. Er fing seine administrativen Operationen damit an, daß er einen reichen Bankier, den er revolutionsfeind-
licher Gesinnung beschuldigte, festnehmen ließ, und Paul Andreas war froh
sich mit 60,000 Dukaten aus der Haft loszukaufen. Diese ungenirte Art
der Zwangsanleihe rief große Bestürzung unter den wohlhabenden Rumänen hervor; sie begannen nach Rußland und Oesterreich auszuwandern;
die neumodische Freiheit der Hetäristen dünkte den Meisten so wenig be-
gehrenswerth, daß sie die baldige Rückkehr der Türken ersehnten. Endlich
schickte sich der „Befreier" an, sein bisheriges Hauptquartier Jassy und
die Moldau zu verlassen. Er legte die Herrschaft des Landes wieder in
die Hände des Hospodars Sutsos nieder, und brach mit einem Haufen von
2000 Mann, die überall als eine Armee von 10,000 ausposaunt wurden,
nach der Wallachei auf. Von der Grenze der beiden Fürstenthümer, von
Fokschani aus, erließ er einen pomphaften Aufruf an die „Daker", welcher
das Mißtrauen der Bevölkerung gegen die Griechen beseitigen und zur
gemeinsamen Erhebung wider die Türken anspornen sollte. Fremd aber,
wie er gekommen, blieb der Fürst auch jetzt dem moldau-wallachischen Volk.
Hielt er doch selbst im Lager darauf, daß seine Brüder und alle Leute fürst-
lichen Rangs eine besondere Treppe zum Zutritt benutzten: der byzantinische Hochmuth sah aus Allem hervor. In Fokschani verstärkte sich die
Armee Ypsilantis' durch Zuzüge von Karawias und Anastasios aus Argyre-
Kastro; nach dem Vorbild der Thebaner wurde dort eine „heilige Schaar"
organisirt, deren Mitglieder in schwarzer Uniform, das Abzeichen eines
Todtenkopfes auf dem Hut, den unwiderruflichen Entschluß zu siegen oder
zu sterben ankündigten. Fünfhundert Jünglinge aus den edelsten und
reichsten Familien, zum Theil freilich allzu zart, den Strapazen eines Feld-
zuges zu widerstehn, aber alle voll glühender Begeisterung für die vaterländische Sache, traten zu diesem Korps der Rache zusammen, das fortan
durch Disciplin wie durch Tapferkeit gleich vortheilhaft von den übrigen
Truppen Ypsilantis' abstechen und in Wahrheit den patriotischen Kern
seines Unternehmens darstellen sollte. Statt jedoch den Eifer dieser Jünglinge durch kühne Thaten zu beleben, schien der Oberbefehlshaber es
darauf anzulegen, ihn durch Zögern und langsame Märsche abzukühlen.
Auf den langen Halt in Fokschani folgte ein noch längerer Halt in Plo-
jeschti; Bedenken über die Haltung von Sawwas und Wladimiresko und
über die Stimmung der rumänischen Bevölkerung stiegen in Ypsilantis auf,
die Politik der großen Mächte, die Eventualität eines Rückzugs nach Oesterreich

wollte erwogen sein; in langsamen Tagesmärschen gelangte man am 7. April nach Kolentina; es waren vier Wochen seit dem Pruthübergang verstrichen. Am 9. April zog Ypsilantis in Bukarest ein. Die Bevöl= kerung der Hauptstadt hatte bisher in steter Sorge vor den zügellosen Schaaren des Theodor Wladimiresko geschwebt, der mit seinen 3000 Pan= duren im Kloster Kotrazani nahe genug kampirt war. Wußte man doch, daß auf den guten Willen des Sawwas und die 1000 Mann seiner Garnison kein Verlaß war. Der Metropolit und die zurückgebliebenen Bojaren hofften in Ypsilantis eine leitende und ordnende Kraft zu begrüßen, der sich die anarchischen Elemente, in welche die Revolution bisher zer= fallen war, willig unterordnen würden. Georgakis hatte sich ihm sofort bei seinem Erscheinen zu Befehl gestellt, an ihm gewann der Fürst jeden= falls einen entschlossenen, kundigen und treuen Beistand. Aber von einem Entgegenkommen des Sawwas und Theodor war nicht die Rede; wie hätten auch die bisherigen politischen und moralischen Erfolge Ypsilantis' diese stolzen und selbstkräftigen Naturen demüthig zu seinen Füßen führen sollen! Theodor hatte bereits am 29. März in einer Proklamation an die Be= wohner von Bukarest verkündigt, daß er sich nur als rumänischer Patriot fühle, und nicht gesonnen sei den Griechen oder Fanarioten irgend welche Koncessionen zu machen.

Von Sawwas hörte man, daß er insgeheim auf eine türkische Re= stauration hinarbeite. Wenn Theodor die weiß und blaue wallachische Freiheitsfahne aufhißte, so konnte man darauf rechnen, daß Sawwas so rasch wie möglich ihn durch Aufhissen eines noch größeren Banners überbot.

Beide kokettirten mit dem rumänischen Partikularismus, beide miß= trauten dem Ypsilantis, wie sie sich gegenseitig mißtrauten. Die „dakische" Volkserhebung begann unter den trübsten Auspizien. Ypsilantis selbst hatte nichts Eiligeres zu thun, als eine Komödiantentruppe zu engagiren und ein Theater zu errichten. Das geplünderte Kloster Marijeni lieferte die Fonds für seine theatralischen Liebhabereien. Man sah ihn täglich in russischer Generalsuniform. Er erließ Befehle, um für eine russische Armee Quartier zu schaffen, die, wie er behauptete, unter seinem Kommando stehen sollte. Ein zahlreicher Stab von Offizieren in reichen fantastischen Uni= formen eilte von frühmorgen bis zur Nacht durch die Straßen Bukarests, scheinbar ein Jeder mit wichtigen Geschäften betraut, ohne daß viel dabei herauskam. Sekretäre brachten willkührliche Requisitionen von Lebens= mitteln und Geld an die Reichen, von denen sich noch etwas erpressen ließ; die Soldaten lebten auf Kosten von Bürgern und Bauern, alle Disziplin hatte bei ihnen aufgehört, nur die heilige Schaar kannte noch Ordnung und Zucht. In dieser traurigen Verfassung traf den Fürsten Ypsilantis die Acht des Laibacher Kongresses und der Bann der Kirche. Zu der po= litischen trat nun auch die kirchliche Verwerfung des Unternehmens hinzu, der Patriarch sprach sein Anathema über die Hetärie aus, er verfluchte Ipsilantis und dessen Sache. Der Eindruck war ein verhängnißvoller. Der nationale Gegensatz der Rumänen gegen die Griechen erwachte mit neuer Kraft. Theodor und Sawwas machten sich nun offen zu Organen der rumänischen Opposition. Ipsilantis' Anspruch auf die Oberleitung erschien ihnen nun, da der politische und kirchliche Nimbus, der den Fürsten umgab, zerrissen war, als eine traumhafte Prätention. Sawwas ließ durch Lassanis geradezu erklären, daß die Erhebung ohne russische Hülfe Wahnsinn sei. Ipsilantis suchte zwar das Gewicht des doppelten Schlages, der ihn getroffen, damit abzuschwächen, daß er den Bannstrahl der Kirche und der Diplomatie nur als eine Form hinstellte, hinter welcher sich die geheime Sympathie des Zaaren und des Patriarchen augenblicklich verhülle; er hatte die Stirn, zu versichern, daß der Zaar politischer Gründe halber ihn offen vor Europa desavouirt, aber durch Kapodistrias heimlich habe benachrichtigen lassen: die Hetäristen möchten nicht eher die Waffen niederlegen, bis sie den Ausgang der zu Gunsten der Griechen bei der Pforte gemachten russischen Vorschläge erführen. Er berief sich auf private Aeußerungen, die Kaiser Alexander ihm gegenüber gethan habe. Er richtete im Namen der griechischen Nation eine Reihe von Vorschlägen an den Baron Strogonoff und an den Zaaren; verlangte Autonomie für Griechenland, und erklärte, die Waffen nicht niederzulegen, bis diese Vorschläge angenommen worden seien; kurz er suchte die Rolle fortzuspielen, die er, durch Andre und durch sich selbst getäuscht, begonnen hatte. Allgemein aber sah man seine Behauptungen nur als Ausreden eines Verzweifelnden an, der Klerus und der Adel wandte sich scheu von dem Gebannten und Geächteten weg; dem Volk war der Gedanke, daß griechische Fürsten aus dem Fanar als Herolde der Freiheit kämen, von Anfang an wie Spott erschienen; es wandte seine Gunst und seine Hoffnung auf Sawwas und Theodor zurück. Der hetäristische Handstreich in den Donaufürstenthümern konnte als gescheitert gelten. Ipsilantis hatte lange genug gezögert und in Erwartung kommender Dinge den Fürsten von Rußlands Gnaden gespielt; jetzt mußte er einen bestimmten Entschluß fassen, ehe der gefährliche Eindruck der russischen Verläugnung ihm den Rest seiner Getreuen entfremdete. Er stand vor der Alternative: sich demüthig zu beugen unter der Wucht des bisherigen Mißgeschicks, oder durch ein frisches Wagstück das Glück zu fesseln und schlimmsten Falles mit Ehren unterzugehn. Er mußte die Waffen niederlegen, mußte sich und seine verirrten Gefährten, wie Kapodistrias es ihm officiell angerathen hatte, dem Mitleid der europäischen Höfe anheimgeben, oder — und das war ein Entschluß, der auch seine Gegner zwang, groß von ihm zu denken — er mußte eine rasche und kecke Kehrtwendung machen, bei Rustschuk oder Sistowa über die Donau setzen, sich durch Bulgarien durchschlagen, und von Berg zu Berg vordringend Epirus gewinnen, wo er den in Janina eingeschlossenen Ali

Pascha entsetzen, den Sulioten die Hand reichen und vereint mit ihnen den Aufstand zum Siege führen konnte. Aber der Fürst war nicht aus dem Metall geschaffen, um einen so kühnen und genialen Schlag zu führen; kleinliche Bedenken sprachen dagegen, sich mit dem türkischen Rebellen Ali und mit den Sulioten zu vereinigen; es schien höchste Verwegenheit, im Rücken die unsichere, ja feindselige Bevölkerung der Fürstenthümer zurückzulassen. Als vollends Theodor Wladimiresko, der inzwischen im hetäristischen Lager erschienen war und sich äußerlich sehr ergeben stellte, den Plan eifrigst befürwortete und versicherte, daß der Fürst auf bulgarische Unterstützung rechnen dürfe, war Ppsilantis sich ganz klar darüber, daß man ihm nur eine Falle legen und ihn nur mit guter Manier aus den Fürstenthümern herauskomplimentiren wollte; er nahm seine innere Abneigung gegen den kühnen Plan für die Stimme der Klugheit. Gab er jedoch den Entschluß auf, sich mit dem Schwert nach Süden durchzuschlagen, so blieb freilich kein anderer, vernünftiger Ausweg, als schleunige Unterwerfung; es galt dann mit Sawwas und Theodor die nöthigen Maßregeln zur Herstellung der Ordnung und zur Sicherung einer allgemeinen Amnestie zu treffen. Denn unwidersprechlich hatten die Ereignisse dargethan, daß Rumänien kein Boden für die hetäristische Unternehmung sei. Wollte Ppsilantis nicht kühn sein, so mußte er sich zur Demuth bequemen. Es zeigte sich aber nun, daß der Widerspruch zwischen dem officiellen Auftreten und den vertrauten persönlichen Aeußerungen des Zaaren in Ppsilantis' Seele einen traurigen Nachhall gefunden hatte und daß die dunkeln, auch durch Kapodistrias' Brief nicht vertilgten Hoffnungen auf Alexanders persönliche Sympathie ihm die Kraft zu irgend einem bestimmten Entschluß benommen hatten. Ppsilantis glaubte nur dem Wortlaut nach gefehlt, der That nach sich ein wahres Verdienst um den Zaaren erworben zu haben. Insgeheim mochte er noch immer auf einen glänzenden Lohn, auf einen plötzlichen Wechsel, Anerkennung und Hülfe Rußlands hoffen. Deshalb wollte er sich auch noch nicht als armen Sünder bekennen. Die Gelegenheit zur Unterwerfung schien ihm verfrüht. Mit seiner geringen irregulären Truppenmacht, von Artillerie fast ganz entblößt, versuchte er das Feld zu halten; am 13. April setzte er sich von Kolentina aus in Marsch. Statt aber an die Donau zu eilen, den Uebergang und Bukarest zu decken, wandte er sich nördlich nach Tirgowischt und stellte seine Armee am Fuß der Karpathen in einem so weiten Gürtel auf, daß die geringste Streitkraft der Türken genügt haben würde, die einzelnen Abtheilungen aufzurollen und zu vernichten. Seine Absicht war, wenn die Türken Ernst machten, auf österreichisches Gebiet überzugehn; er hoffte für sich und sein Gefolge durch Strogonoffs Verwendung freien Rückzug auszuwirken. Da die russische Regierung das Einrücken türkischer Truppen zur Dämpfung des Aufruhres bewilligt hatte, so mußte Ppsilantis sich auf einen baldigen Zusammenstoß gefaßt machen; er nahm die Miene an, als wolle er verzweifelten Widerstand leisten, ließ seine Truppen schanzen, übte die heilige Schaar im Bajonnetfechten und versäumte nicht, gelegentlich das alte Mährchen russischer Hülfe in neuen Variationen aufzutischen, da es die heißblütigen Südländer trotz der officiellen Enttäuschung immer noch begierig anhörten.

Der Ernst der Lage enthüllte sich, als die türkischen Truppen von drei Seiten in die Fürstenthümer einrückten. Zur Linken drang der Pascha von Widdin nach der kleinen Walachei vor, im Centrum der türkischen Stellung setzte sich der Pascha von Silistria gegen Bukarest in Bewegung, während Jussuf, der Pascha von Braila, zur Rechten auszog, um das durch die Ueberrumpelung des Karawias verlorene Galacz wieder zu nehmen. Vor Galacz kam es am 13. Mai zum ersten blutigen Zusammenstoß. Die Insurgenten hielten, etwa 700 Mann stark, drei alte Schanzen, die im letzten Russenkrieg an der Straße nach Braila errichtet waren, besetzt. Sie verfügten über zwei Kanonen. Die Stellung war von ihrem tapferen Anführer Athanasios von Karpenisi so geschickt gewählt, daß man hoffen durfte, sich selbst gegen die fünffache Uebermacht der Türken lange zu behaupten. Allein die Mehrzahl der Vertheidiger bestand aus Gesindel, das in der Eile zusammengelesen und bewaffnet worden war; es waren Matrosen aus den im Hafen ergriffenen Schiffen, es waren jene Räuber und Mörder, die unter Karawias ihr Unwesen getrieben hatten und die wenig Lust verspürten, sich für eine ihnen fremde Sache zu opfern. Sobald die Türken sich zur Attake anschickten, stob der große Haufe auseinander und überließ es dem Hauptmann Athanasios und den wenigen zurückbleibenden Griechen, mit Ehren zu fallen. Nun entspann sich der ungleiche Kampf. Die stärkste der drei Schanzen ward den ganzen Tag hindurch von dem griechischen Häuflein wacker gehalten; die Reiterattaken der Türken wurden abgeschlagen, die beiden Kanonen der Vertheidiger fügten den Angreifern beträchtlichen Schaden zu. Mit dem Eintreten der Dunkelheit ließ der Kampf nach; die Griechen ersannen ein Stratagem, um zu entkommen und um die einfältigen Gegner zu täuschen. Sie warfen ihre Oberkleider vor die Schanze; die Türken hielten in der Finsterniß den Rock für den Mann und schossen danach; zugleich hatten die schlauen Hellenen ihre beiden Kanonen so geladen, daß, sobald sie geflohen, erst die eine, dann die andere losgehn und die Aufmerksamkeit von den Fliehenden ablenken mußte: und wirklich gelang es ihnen, den blinden Lärm, der dadurch entstand, zu benutzen und auf eine kleine Halbinsel an der Mündung des Pruth in die Donau zu entkommen. Galacz stand freilich nun dem Pascha von Braila offen. Am 14. Mai drangen die Türken in die wehrlose Stadt und nahmen ihre Rache für das Blutbad des Karawias; sechshundert Bewohner wurden erschlagen, nach dreitägigem Morden und Plündern kehrte der Pascha mit Beute beladen nach Braila zurück. Diese Ereignisse waren für den Besitz der Moldau entscheidend.

Fürst Michael Sutsos hatte sich gleich, als die Dinge eine schlimme Wendung nahmen, nach Bessarabien geflüchtet; in Jassy ging Alles drunter und drüber; der unfähige und hochfahrende Fürst Kantakuzenos, den Ypsilantis, ehe er noch den Verlust von Galacz erfuhr, nach der moldauischen Hauptstadt geschickt hatte, vermochte sich dort nur wenige Tage zu behaupten; um die Mitte Juni, beim Annähern der Türken, ging er unter dem Vorwande seine Mutter noch einmal sehen zu wollen, über den Pruth und rieth dem Athanasios und den übrigen griechischen Anführern bringend zur Flucht nach Bessarabien. Diese aber schalten ihn einen elenden Feigling; erklärten, daß sie geschworen hätten, die griechische Sache bis auf's Aeußerste zu vertheidigen, nahmen das Abendmahl und gaben sich das Wort ehrenvoll zu fallen oder zu siegen. Mit 400 Mann und 8 Kanonen trotzten sie in einem schwachen Verhau bei Skuleni acht Stunden lang dem übermächtigen Feinde und warfen durch ihren heroischen Widerstand noch einen Abendsonnenglanz auf die Sache der moldauischen Insurrektion. An dem andern Ufer des Pruth standen russische Truppen in Schlachtordnung aufgestellt, und ließen beim Anblick dieses heroischen Kampfes donnernde Hurrahs für ihre Freunde erschallen. Den Türken hatten die russischen Generäle sagen lassen, wenn eine Kugel auf den russischen Boden falle, würden sie den Kampf aufnehmen. Aber die Türken fanden eine Stellung für die Artillerie, von wo sie die Griechen seitwärts niederschmettern konnten, ohne daß die Kugeln über den Fluß gingen. Athanasios fand den Heldentod. Nahezu 1000 Türken waren gefallen, 300 Griechen waren im Kampf und in den Wellen des Pruth umgekommen; der Rest rettete sich auf das andere Ufer des Flusses. Mit 10,000 solchen Streitern, erklärte der Statthalter von Bessarabien, kann Ypsilantis es leicht mit einer vierfachen türkischen Uebermacht aufnehmen.

Während die Moldau so verloren ging hatte sich auch der Pascha von Silistria nicht unthätig verhalten; ohne ernstlichen Widerstand zu finden drangen seine Truppen bis Bukarest; am 29. Mai rückte er selbst in der wallachischen Hauptstadt ein. Von allen Seiten zog sich das Gewitter über Ypsilantis zusammen, der noch immer rathlos, zögernd, proklamirend und intriguirend in Tirgowischt stand. Selbst ein Schriftsteller, der sein Werk hauptsächlich im Familieninteresse der Ypsilantis geschrieben hat, gesteht, daß dort eine möglichst „erbärmliche" Wirthschaft geherrscht habe.*) Das Ausreißen begann sogar in der heiligen Schaar. Die Flucht des Epaminondas Mauranates, des Leibarztes von Ypsilantis, machte den schlimmsten Eindruck. Der Zwist mit Sawwas und Theodor dauerte fort. Sawwas hatte den Türken willig Bukarest geräumt und war Ypsilantis gefolgt, den er bei der ersten besten Gelegenheit gefangen zu nehmen und dem Pascha von Giurgewo auszuliefern trachtete. Theodor traf Anstalten, um in die kleine Wallachei

---

*) Φιλήμων Δοχίμιον Ἱστορικόν. I. S. 148.

zu marschiren, wo er sich so lange zu halten hoffte, bis seine Unterhand=
lungen mit den Türken zu einem günstigen Resultat gebracht waren.
Auch er erbot sich dem Kiaja des Pascha von Silistria, Kara Ahmet ge=
genüber, Ypsilantis und Georgakis ermorden zu lassen. So war es schließlich
nur ein kühner Akt der Nothwehr, daß der Olympier herüberritt
nach Gojeschti in das Lager von Wladimiresko, dem Pandurenchef vor der
Front in Mitten seiner, ohnehin über die türkische Unterhandlung miß=
vergnügten Offiziere den Degen entriß und ihn als Verräther festnahm.
Der Gefangene suchte sich zwar, da er nach Tirgowischt vor Ypsilantis
geführt ward, damit zu rechtfertigen, daß er nur den Intriguen des
Sawwas durch seine Korrespondenz mit den Türken habe entgegenwirken
wollen, allein Ypsilantis nahm keine Rücksicht auf solche Entschuldigungen,
er war entschlossen, sich des gefährlichen und durchaus unzuverlässigen
Menschen zu entledigen; er ließ ihn ohne kriegsrechtliches Verfahren und
Urtheil tödten. Die Truppe Wladimiresko's, 4000 Mann mit vier
Kanonen, stellte Ypsilantis unter das Kommando des Serben Haradschi
Prodan und des Wallachen Makedonsky, und schärfte ihnen ein das stra=
tegisch wichtige Dorf Dragatschan zu besetzen. Er selbst wollte jetzt die
bisherige zersplitterte Aufstellung aufgeben und sich in der kleinen Wal=
lachei koncentriren. Dukas und Sawwas erhielten Befehl, nach Tirgo=
wischt zu marschiren, von wo der Fürst mit seiner gesammten Streitkraft
zu dem Korps Wladimiresko's zu stoßen und in Dragatschan eine feste
Rückzugsposition zu nehmen gedachte. Allein Dukas erschien erst nach
längerem Zögern; und Sawwas erschien gar nicht. Durch das Schicksal
des Wladimiresko gewarnt, zog der listige Wallache es vor, mit seinen
Truppen offen zum Feinde überzugehen.
    Die Avantgarde der von Bukarest heranrückenden Türken gestattete
dem Fürsten Ypsilantis nicht, seine Manöver in Ruhe zu vollziehen; am
8. Juni traf sie beim Kloster Nochetto auf eine griechische Abtheilung
unter Anastasios von Argyro=Kastro und setzte derselben hart zu. Eine von
Tirgowischt aus zum Sukkurs geschickte griechische Truppe unter Dukas
nahm, ihren Kommandanten an der Spitze, Fersengeld. Nochetto konnte
nicht mehr behauptet werden, die abenteuerlichsten Gerüchte wurden von
den Flüchtlingen zur Entschuldigung ihrer Feigheit verbreitet, Unordnung,
Bestürzung, endlich eine völlige Panik kam über das Hauptquartier in
Tirgowischt. Man ließ das Lager, die Vorräthe und das Gepäck im
Stich. Mit schwerem Verlust von Bagage und Menschen gelangte Ypsi=
lantis über die geschwollene Donbowitza nach Kinpolunghi und von da nach
Pitest. Hier ertheilte er dem Urheber des Unfalls von Nochetto, Dukas,
„wegen seiner Körperleiden" Urlaub, um sich nach Siebenbürgen zu begeben:
er selbst näherte sich der österreichischen Grenze immer mehr, als ob er
gleichfalls schon jetzt einen bergenden Zufluchtsort in's Auge fasse. Am
13. Juni zog er über die Aluta nach Rimnik, während die Türken Tirgo=

wischt besetzten. Dort stieß Sawwas zu ihnen, der aber freilich bald die Erfahrung machen sollte, daß man den Verrath liebt und den Verräther straft. Der türkische Anführer Kara Ahmet sah den Aufstand als been= digt an, kehrte mit Sawwas nach Bukarest zurück und übertrug es einem Unterbefehlshaber, die demoralisirte Insurgentenarmee zu verfolgen und zu zersprengen.

Doch war mit der Panik von Rochetto im Grunde noch nicht Alles ent= schieden. Der Kriegsschauplatz war nur, was ursprünglich Wladimiresko's und Ypsilantis' Absicht gewesen war, auf die kleine Walachei beschränkt. Die Türken hatten schon Krajowa inne; sie schoben eine Kavallerie= abtheilung bis Dragatschan vor und setzten sich 2000 Mann stark in dem Dorfe fest, das ungeachtet der Ordre Ypsilantis' von den Panduren nicht rechtzeitig besetzt worden war. Trotz der erlittenen Verluste verfügte Yp= silantis in Rimnik noch immer über 7500 Mann und 4 Geschütze; Geor= gakis hielt die Gelegenheit für günstig, den gesunkenen Muth der Truppen zu beleben und einen Hauptschlag gegen Dragatschan zu führen. Klar und verständig traf er seine Anordnungen, um die an Zahl schwächeren Feinde zu umschließen; am 19. Juni 1821 standen auf den Höhen rings um Dragatschan 5000 Insurgenten koncentrirt, und ohne einen unvorherge= sehenen Zufall war die türkische Vorhut verloren. Denn Georgakis hatte fürsorglich die Straße von Krajowa besetzen und dem Feind die Rück= zugslinie abschneiden lassen.

Das Korps Ypsilantis' war noch im Anmarsch begriffen, durch Re= genwetter zurückgehalten stand es mehr als drei Stunden vom Kampfplatz entfernt. Sobald es aber in Linie rückte, gedachte Georgakis zum General= angriff zu schreiten, und seine Boten beschworen den Fürsten, herbeizueilen, den Ruhm des Tages zu sichern. Den Türken war die Gefahr, in der sie schwebten, nicht entgangen. Gegen Mittag versuchten sie aus dem Dorf zu debouchiren und eine nahe davorliegende Höhe zu besetzen; allein das Unternehmen schlug fehl. Die Griechen hielten Stand. Da steckten die Türken das Dorf in Brand, um unter dem Schutz der Flammen ihren Rückzug bewerkstelligen zu können. Diesen Augenblick hielt jener Mord= brenner von Galacz, den Ypsilantis zum Obersten der griechischen Ka= vallerie gemacht hatte, Karawias, für günstig, um wohlfeile Lorbeeren zu pflücken. Der Brand des Dorfes galt seiner Unvernunft als Signal türkischer Flucht und Niederlage. Neidisch auf Georgakis, beschloß er, dem= selben die Ehre des leichten Sieges zu rauben, und den erhaltenen ge= messenen Befehlen zum Trotz, mit seinen 500 Reitern einen Sturm auf Dragatschan zu wagen. Er überredete den unerfahrenen Bruder Alexan= ders, den Nikolaus Ypsilantis, mit der heiligen Schaar und der Artillerie den tollen Streich zu unterstützen, und setzte, ohne auch nur dem Ober= befehlshaber Meldung zu machen, den Kopf von Wein erhitzt, an der Spitze seiner Reiter über die Brücke, die zum Dorfe führte. Die Türken

wichen anfangs zurück, da sie ja schon von selbst in einer retrograden
Bewegung begriffen waren; sie fürchteten, daß ein allgemeiner Angriff der
Feinde beginne. Da sie aber bemerkten, daß die griechische Artillerie, die
von ganz unerfahrenen Händen bedient ward, keinen Schaden that und
daß nur Karawias und die heilige Schaar vorrückten, ohne von den übri=
gen griechischen Abtheilungen unterstützt zu werden, faßten sie Muth, ord=
neten sich und warfen zuerst die ungestüm vordringenden Reiter in wilde
regellose Flucht. Dann kam die Reihe an die· heilige Schaar. Feine
zartgebaute Jünglinge die erst seit wenig Wochen Waffen trugen und
kriegerische Erfahrung durch guten Willen und Begeisterung ersetzen
wollten, vermochten die „Hierolochiten" den wettergebräunten türkischen
Spahis nicht zu widerstehen. Sie fielen wie „blühende Zweige unter der
wuchtigen Axt des Holzhackers".*) Aber sie zeigten wenigstens, daß es
ihnen nicht an heroischem Entschluß und Muth zu sterben mangle; fünf=
hundert an der Zahl warfen sie sich dem übermächtig anstürmenden
Feind in geschlossenen Gliedern entgegen; reihenweise fielen sie in heißem
Kampfe, mit dem Bewußtsein, durch Heldentod die Schmach der letzten
Tage zu sühnen. Mit der heiligen Schaar unterlag der Kern, der treue,
für die vaterländische Sache wahrhaft begeisterte Theil des griechischen
Heeres; Furcht und Schrecken ergriffen die Uebrigen; die Flucht ward
allgemein. Georgakis, der beim ersten Kanonendonner mit seinen Vete=
ranen an die Stätte der Gefahr eilte, kam gerade noch zu rechter Zeit,
um die Fahne und zwei Kanonen der heiligen Schaar herauszuhauen,
den Rest, etwa 100 Mann stark, zu retten und eine Nachhut zu bilden,
unter deren Schutz der Strom der fliehenden Griechen sich nach Klausenburg
und Rimnik hinwälzte. Das Korps des Ipsilantis wurde in die allgemeine
Verwirrung und Auflösung mit hineingerissen; die wallachische Abtheilung,
welche den Türken den Rückzug nach Krajowa abschneiden sollte, stob aus=
einander; kurz zuvor vom Untergang bedroht, waren die Türken selbst
über das Geschehene erstaunt und wollten kaum daran glauben, daß ein
bloßes Vorhutgefecht zum entscheidenden Sieg geworden war. Aber so
war es in der That; das hetäristische Drama war ausgespielt. Ipsilantis
war nach Kosia dicht an die österreichische Grenze geflüchtet, von wo er
bei den österreichischen Behörden wegen der Erlaubniß zum Ueberschreiten
der Grenze für sich und seine Brüder unterhandeln ließ. Es waren
qualvolle Tage, die er dort zubrachte. Zu dem Unwillen und der Trauer
über das Geschehene traten begründete Befürchtungen für das eigene Leben.
Wilde tumultarische Scenen fanden vor seinen Fenstern statt, wenn
zersprengte und flüchtige Haufen vorüberzogen; man machte, wie es zu ge=
schehen pflegt, den Oberbefehlshaber für alles Unheil verantwortlich, man
sprach davon, ihn als Geißel festzuhalten und ihn den Türken auszuliefern,

---

*) Τριχούπης I. S. 155.

den Preis, der auf seinen Kopf gesetzt sei, zu verdienen. Tag und Nacht
wachten in seiner Nähe Getreue um einem Mordanschlag zu begegnen.
Alle Zügel der Disciplin, alle Bande der Scham waren so sehr gewichen,
daß die Hetäristen sich unter einander anfielen, ausraubten und mordeten;
Gesindel der schlimmsten Art machte die nach Siebenbürgen führenden
Pässe unsicher. In dieser kritischen Lage war Georgakis noch einmal des
Fürsten beste und treueste Stütze. Obwohl der wackere Kriegsmann lieber
gesehen hätte, daß Ipsilantis blieb, zeigte er sich doch erbötig, dessen Flucht
zu befördern; er entfernte selbst die gefährlichsten Verschwörer, von denen
zu erwarten stand, daß sie dem Fürsten auflauerten. Er selbst nahm gerührt und schmerzvoll Abschied von Ipsilantis und begab sich zu seinem
Gesinnungsgenossen Farmakis nach Arbschiß; sie wollten dem Eid den sie geschworen getreu, bis auf's Aeußerste fortkämpfen. Inzwischen griff der
Fürst, um seine aufgeregten Umgebungen zu beruhigen, noch einmal zu
den alten Kunstgriffen; er ließ falsche Nachrichten und Briefe verbreiten:
daß Kaiser Franz der Pforte den Krieg erklärt habe, daß die Oesterreicher
in die Fürstenthümer einrücken würden und daß er selbst zu einer Konferenz mit dem österreichischen Gouverneur berufen sei. Zu größerer
Glaubwürdigkeit veranstaltete er einen officiellen Festjubel, ließ Freuden-
salven geben, das Kloster illuminiren und auf die Gesundheit des Retters
in der Noth, des Kaisers von Oesterreich, trinken. Unter dem Schutz dieses
falschen Lärmes gelang es ihm am 26. Juni mit seinen Brüdern und
einigen Vertrauten über die Grenze zu entkommen. Er nannte sich den
österreichischen Behörden gegenüber Alexander Kannenos, und ließ sich,
getrosten Muthes, nach Arad geleiten; untergeordnete Beamte hatten die
trügerische Hoffnung in ihm geweckt, er werde einen österreichischen Paß,
auf freie Durchreise nach Hamburg und Amerika lautend, erhalten. Von
Arad aus unternahm er es, die Art, wie er seine Kampfgenossen verlassen
hatte, zu rechtfertigen und in einem prunkenden Tagesbefehl die Schuld
des ganzen Mißlingens dem Sawwas, dem Karawias und sonstigen
„Memmen" oder „Elenden" aufzubürden. Mit bewußter Ungenauigkeit
vom 20. Juni aus Rimnik statt aus Arad datirt, ist Ipsilantis' Proklamation für die Beurtheilung des Mannes und des ganzen Unternehmens
höchst charakteristisch. Seine Vertheidiger nennen sie „einen reinen Erguß
der Verzweiflung und Verbitterung *)" und erklären, er habe sie der
Nachstellungen und Verfolgungen wegen, denen er in Rimnik ausgesetzt
war, erst in Arad veröffentlichen können. „Soldaten, doch nein, ich will
diesen so schönen als ehrenvollen Namen nicht beflecken, indem ich mich an
Euch wende. Feige Sklavenhorden! Eure Verräthereien und die Komplotte
die ihr geschmiedet, zwingen mich Euch zu verlassen. Von diesem Augenblick an ist jedes Band zwischen mir und Euch gelöst, ich trage allein in

---

*) Φιλήμων. S. 185 ff.

der Tiefe meiner Seele die Schande, Euch befehligt zu haben. Ihr habt
Eure Eide mit Füßen getreten. Ihr habt an Gott, an dem Vaterland,
an Eurem Führer Verrath begangen; Ihr habt mir selbst den Ruhm
geraubt, im Kampfe zu fallen. Lauft zu den Türken; erkauft Eure Sklaverei mit dem Leben, mit der Ehre Eurer Weiber und Kinder.

„Ihr aber, Schatten der echten Hellenen aus der heiligen Schaar, die
ihr verrathen als Opfer für das Heil Eures Vaterlandes gefallen seid,
empfangt durch mich den Gruß Eurer Blutsverwandten. Bald wird eine
Säule sich erheben, die Eure Namen verewigt.

„Mit glühenden Buchstaben sind die Namen der Freunde, die mir
bis zuletzt Treue und Ehrlichkeit zeigten, in jede Faser meines Herzens
geschrieben. Die Erinnerung an sie ist stets der einzige Thautrank meiner
Seele.

„Ich überliefere aber dem Haß der Menschheit, der Strenge der Gesetze, dem Fluch unserer Landsleute Dich Meineidigen und Verräther Sawa-
was, Euch Deserteure und Urheber der allgemeinen und schmachvollen
Flucht, Euch Dukas, Barlas, G. Manos, G. Sutsos und Dich elenden
N. Skufos. (Philimon behauptet, daß die Namen dieser drei Männer
ohne Wissen des Ypsilantis in den Tagesbefehl gesetzt wurden.) Den
Karawias enthebe ich des Postens, den er inne hat, wegen seines Ungehorsams und seines unziemlichen Benehmens.‟

Sollten diese hallenden Phrasen vielleicht den Aufruhr übertönen,
der durch Ypsilantis' Brust wogte? Als Mann von Ehre mußte er sich
sagen, daß er seine Waffengefährten im Unglück nicht preisgeben durfte;
daß selbst die völlige Auflösung und Demoralisation des Heeres, die Bedrohung der persönlichen Sicherheit in Rimnik und in Kosia keine aus-
reichende Rechtfertigung boten. Er hat seinen Mangel an Standhaftigkeit
und Treue schwer gebüßt, schwerer fast, als er verdiente.

Er wußte nicht, daß die zwischen Oesterreich und der Türkei bestehenden Verträge nur dann die Aufnahme von Flüchtlingen gestatteten,
wenn dieselben unschädlich gemacht würden. Zu seiner schlimmen Ueberraschung eröffnete ihm aber jetzt der Kommandant von Arad, Kaiser
Franz bewillige nur Asyl, falls Ypsilantis sich schriftlich auf Ehrenwort
verpflichte, keinen Fluchtversuch zu machen. Im Weigerungsfalle werde
er den Türken ausgeliefert. — Der Fürst war ein politischer Gefangener.
Er mußte sich von seinem Gefolge trennen, mußte den hochstrebenden
Namen Kannenos in den bescheidenen „Schönwarth‟ umtaufen, damit
nicht einmal der Gefangenwärter erführe wer er sei; wie einen gemeinen
Verbrecher eskortirte man ihn nach Schloß Munkacz und wies ihm, hoch
oben unter den Zinnen des Daches, ein jämmerliches Loch als Aufenthalt
an. Er „duldete dort‟, sagt Trikupis, „was hart zu sagen ist.‟ Jahre
lang saß er in enger Haft; erst als die Leiden der Gefangenschaft und
das Gift der Sumpfluft seine Gesundheit für immer untergraben hatten,

durfte er den ersten mit einem zweiten, verhältnißmäßig freieren Kerker, Munkacz mit Theresienstadt vertauschen. Er mußte erleben, daß seine Anhänger verfolgt und getödtet wurden, daß seine Familie durch das Ausbleiben der türkischen Entschädigungsgelder in Noth gerieth; und wenn er sich durch allgemeine Betrachtungen über das persönliche Unglück hinwegsetzen wollte, wenn wie ferne Geisterstimme aus dem Süden die Kunde von den Thaten und Siegen des griechischen Volkes zu ihm heraufscholl, mußte er schmerzvoll empfinden, daß er gefesselt und nicht im Stande sei mit zu helfen, wo es galt das begonnene Werk zu vollenden. Er war von zartem Körperbau und schwächlicher Gesundheit; Gram und Melancholie gesellten sich zu seinen körperlichen Leiden, und als er nach sechsjähriger Haft auf Verwendung des Kaiser Nikolaus die Freiheit wieder erhalten hatte, starb er zu Wien im August 1828 an einer Herzenserweiterung; wie das Volk sagt: an gebrochenem Herzen. Sein trauriges Schicksal hat manche der früheren Gegner versöhnt, hat ihm selbst die Gunst der öffentlichen Meinung zurückerobert. Die Dichtung hat um den Gefangenen von Munkacz ihren verklärenden Glanz gebreitet, und ein dankbares Volk sieht in ihm den Märtyrer der griechischen Freiheit. Liebenswürdigkeit, Feinheit und Muth im Dulden machen freilich noch keinen Helden aus; der Historiker darf Ipsilantis' Irrthümer und Fehler nicht verschweigen, nicht verschweigen, daß der Gedanke, in den Fürstenthümern loszuschlagen, ohne Etwas für das Volk der Rumänen zu thun, daß das ganze Auftreten des Fürsten von einer großen Unreife und Unklarheit zeugte; nichtsbestoweniger wird man gern zugestehen, daß in dem Abschluß des Drama ein versöhnendes und milderndes Moment geboten ist.

Mit Ipsilantis' Flucht war der Aufstand in der That als gedämpft anzusehen; die Reste seiner Getreuen kämpften nur noch um die Ehre. Von der Bevölkerung willig unterstützt, vermochten die Türken rascher als sonst ihre Art war, die zersplitterten Theile des Ipsilantis'schen Korps aufzureiben; wer von den hetäristischen Führern sich ihnen auf Treu und Glauben überlieferte, erlitt den Henkertod; auch den Verräther Sawwas schützte der beflissene Diensteifer nicht, den er gegenüber früheren hetäristischen Freunden an den Tag legte. Kara Ahmet ließ ihn zu Bukarest sammt seinen Offizieren und Soldaten niederschießen und schickte die Köpfe nach Konstantinopel. Solch ein Massenmord sollte der wallachischen Bevölkerung zur heilsamen Lehre dienen. Noch waren Georgalis und Farmalis übrig, die tapfersten und treuesten Führer der Aufständischen. Entschlossen, ihr Leben weder dem österreichischen Schutz noch dem türkischen Mitleid anzuvertrauen, schlugen sie sich durch die siebenbürgischen Grenzgebirge durch, sie wollten das russische Gebiet gewinnen, von wo sie leicht in's eigentliche Griechenland entkommen konnten. Georgalis ließ sich, krank wie er war, auf einer Bahre tragen; während des mühseligen und gefahrvollen Marsches schmolz die Zahl seiner Begleiter auf 350 Mann herab. Das Landvolk verrieth den verfolgenden Türken jede seiner Bewegungen, er war, noch ehe er die moldauische Grenze erreichte, schon von allen Seiten umstellt. Nun beging er obenein die Unvorsichtigkeit sich in eine Sackgasse zu verrennen, und befestigte das Kloster Sekko, das mit nur einem Ausweg in enger tiefer Schlucht gelegen ist. Dort schlug er am 17. September den ersten Angriff der türkischen Avantgarde glücklich ab und seine Zuversicht wuchs. Ein argliftiger Brief des Bischof Romanos, des Inhalts: man möge doch die Reichthümer des Klosters den Türken nicht preisgeben, soll den verhängnißvollen Entschluß des Bleibens bestärkt haben.

Da erschienen am 20. September 4000 Türken im Rücken des Klosters und der Vertheidiger. Sie wurden auf bisher unbekannten Pfaden von „eingebornen Ephialtes", d. h. von rumänischen Bauern, so geführt, daß sie die Vertheidigungslinien durchschnitten, und die am Eingang der Schlucht postirten Griechen von den Uebrigen trennten.

„Der Feinde große Wolke naht, schwarz, schwarz stehn seht die Berge.
Ob Hülfe wohl uns naht allda? sind's etwa Kampfgenossen?
Nein, nein, nicht naht uns Hülfe da, nicht sind es Kampfgenossen
Uns überfiel der Türken Schaar, ja 15,000 Feinde."

Während Farmakis sich in das Hauptgebäude des Klosters warf, ward Georgakis mit nur 11 Genossen gezwungen, im Glockenthurm Schutz zu suchen. Er war verloren. Schon zündeten die Türken die zunächstliegenden Holzschoppen an. „Ich werde mich verbrennen, wenn Ihr wollt, flieht, ich öffne Euch selbst die Thür!", rief der unerschrockene Häuptling seinen Gefährten zu, öffnete die Thür des Glockenthurms, warf Feuer in die dort bewahrten Pulvervorräthe und begrub die hereinstürzenden Feinde, sich selbst, seine Genossen, außer Einem, der durch ein Wunder entkam, in den Flammen. Bis in die letzte Stunde war er sich selbst und dem Gebot der Ehre getreu geblieben, weder die Auflösung und der Verfall der hetäristischen Sache, noch körperliches Leiden und Siechthum hatten seinen Willen zu brechen und ihn zu hindern vermocht, daß er ein Ende mit Ehren suchte. Mit vollem Recht weisen ihm die griechischen Historiker den ersten Platz selbst vor den Märtyrern von Dragatschan und Skuleni zu; Philimon findet etwas „Uebermenschliches, Göttliches" in seinem Entschluß, Trikupis schließt den Bericht der Katastrophe von Sekko mit den Worten: „Unter solchen Umständen überwindet die Menschheit ihre eigene schwache Natur."[*] Georgakis war der gute Genius, der getreue Eckhard Ypsilantis', er hat seine Treue mit dem Tod besiegelt.

Sein Waffengefährte Farmakis hielt das Kloster noch 11 Tage

---

[*] Τριχούπης, Ἱστορία I. S. 167.

lang, bis Munition und Vorräthe erschöpft waren. Am 4. Oktober nahm er eine günstige Kapitulation an, für welche sich der Pascha von Braila und der österreichische Konsul verbürgten. Man hatte den Belagerten ehren= vollen freien Abzug mit den Waffen versprochen. In der Nacht vor dem Abschluß entflohen aber dreiunddreißig von den zweihundert Gefährten des Farmakis und retteten sich auf österreichisches Gebiet, da sie den tür= kischen Versprechungen nicht trauten, und die Zurückbleibenden sollten ihre Leichtgläubigkeit rasch bereuen. Den Tag darauf wurden die Soldaten getödtet; die Offiziere schaffte man nach Silistria und ließ sie dort hin= richten, den Farmakis schleppte man als hervorragendes Siegeszeichen nach Konstantinopel, wo er grausam gemartert und enthauptet wurde.

„Wie soll ich Armer wissen denn? wie in den Sinn mir kommen, daß Christen,
  Christenkonsuln uns je verrathen können!
Ihr Vögel alle, die ihr fliegt hoch oben in den Lüften,
Geht, kündet das im Frankenland, in allen Christenlanden,
Auch ihr, Farmakis' armer Frau, bringt ach! die Todesbotschaft!*)

Mit dem Kerker von Munkacz und der Katastrophe von Sekko endigt das Drama in den Fürstenthümern, welches 7 Monate hindurch die Auf= merksamkeit der Pforte und Europa's vorzugsweise auf sich gezogen und die gleichzeitigen Ereignisse in Epirus, Suli, im eigentlichen Griechenland verdunkelt hat. Die außerordentliche Wichtigkeit, die man dieser nördlichen Diversion beimaß, beruhte auf dem Glauben an russische „Komplicität." Wenn es richtig war, was man nicht nur in Konstantinopel, sondern auch in Wien eine Zeit lang als sicher annahm und was die Hetäristen triumphirend verkündigten: „daß eine Großmacht den Aufstand beschütze", dann war auch die Pforte berechtigt, in der Erhebung Ipsilantis' die größte dringendste Gefahr zu erblicken. Pflegt doch der Konflikt zwischen der Türkei und Rußland in den Fürstenthümern zu beginnen.

Allein man hatte sich getäuscht. Man hatte Tradition und Geist der russischen Politik, man hatte den Antheil, den der Zaar an Ipsilantis nahm, für stärker gehalten, als sie waren, und damit die Bedeutung des mol= dau=wallachischen Aufstandes überschätzt. Sobald die Täuschung an's Licht trat, sobald der Zaar das in seinem Namen Geschehene desavouirte, fiel das Unternehmen der Hetäristen in sich selbst zusammen. Es zeigte sich, daß Alles auf flüchtigen Sand gebaut war. Der Sand wäre freilich zu einer Grundlage geworden, so fest wie Stein, wenn Ipsilantis, von Rußland aufgegeben, sich selbst darum nicht aufgab, sondern den Aufstand im Sinne von Georgakis und Athanasios entschlossen fortführte. Auch sein Fehler war es, daß er die Bedeutung der russischen Hülfe überschätzte und von dem Augenblick an, wo ihn der diplomatische Bannstrahl aus Laibach traf, im Grunde Alles für verloren hielt. Der Mangel an innerem Vertrauen

---

*) Ὁ θάνατος τοῦ Φαρμάκη καὶ Γεωργάκη.

drückte fortan dem ganzen Unternehmen jenes falsche Gepräge auf, das sich in Ränken, Flunkereien und Zögerungen kund gab, bis ein unglücklicher Zufall, ein bloßes Vorhutgefecht, die entscheidende Katastrophe herbeiführte. Hat aber Ypsilantis in einsamer Haft, haben seine Gefährten durch den Tod auf dem Schlachtfeld manchen vergangenen Irrthum gebüßt, so darf man auch mit Bestimmtheit sagen, daß dies Ende des nördlichen Aufstandes den Gang der großen griechischen Freiheitsbewegung gefördert hat. Durch ihre Leiden haben die Hetäristen der nationalen Sache vielleicht besser gedient, als durch ihre Thaten. Das Marthyrium in Munkacz sollte nicht fruchtlos bleiben, das Blut der Tapferen von Skuleni, Dragitschan und Sekko nicht umsonst geflossen sein.

Traurige Einzelheiten, wie die Mordthaten von Galacz und Jassy, traten in der Erinnerung zurück und wurden von der öffentlichen Meinung vergessen; man sah die Schatten des Leonidas und seiner Dreihundert, wo Friedrich Gentz nur ein „lüderliches Gesindel" gesehen hatte. So haben die Hetäristen die Vorwürfe, die an ihrer Sache hafteten, durch ihren Untergang getilgt; das allgemeine Mitleid Europa's hat ihn verklärt. Die öffentliche Meinung war aber eine Macht, die, sobald es sich um das Schicksal seiner unterdrückten orthodoxen Glaubensgenossen handelte, auch von dem Selbstherrscher Rußlands beachtet werden mußte. Der Zaar hatte den Ypsilantis öffentlich bementirt, allein seine geheimsten Sympathien hatten „den edlen Jüngling", wie er ihn nannte, freigesprochen; er hatte den Aufstand öffentlich nicht unterstützt, hatte ihn aber auch andererseits nicht durch die Türken zu Boden schmettern lassen wollen. Die Grausamkeiten der Sieger gegen die Besiegten, die Gräuel der türkischen Reaktion in den Fürstenthümern: das Alles hatte der Zaar freilich nicht gewollt. Und so sollten denn in wunderbarer Fügung die Hetäristen nach der Katastrophe ihres Unternehmens das eigentliche Ziel desselben, die russische Hülfe, erlangen. Aus der türkischen Okkupation der Fürstenthümer entspann sich eine Reihe politischer Verwicklungen und Empfindlichkeiten zwischen dem Kabinet von St. Petersburg und dem Divan, die schließlich den offenen Bruch herbeiführen mußten. Ypsilantis sollte noch den Ausgang dieses diplomatischen Ringens, er sollte den russisch-türkischen Krieg erleben; er sollte aber auch zugleich Zeuge davon sein, wie mit ganz anderer, förmlich elementarer Kraft der Aufstand im Süden ausbrach, den er im Norden vergeblich mit künstlichen Mitteln geweckt hatte. Dem eigentlichen Griechenland war es jetzt vorbehalten zu zeigen, daß es auch Männer vom Schlag der Georgakis und Athanasios für die Freiheit in die Waffen rufen und daß es ohne fremde Einmischung siegen könne.

Die naive Geschichtschreibung unterläßt nicht anzumerken, daß das Herannahen ungewöhnlicher bewegter Zeiten durch wunderbare Naturereignisse angedeutet wurde. Im Dezember 1820 ging ein furchtbares Erd-

beben durch den ganzen Peloponnes. Quellen siedenden Wassers brachen
plötzlich aus dem Boden hervor, Felsen und Seen verschwanden. Im
halcyonischen Golf verließ das Meer seine Ufer, bald darauf aber kehrten
die Fluthen zurück und „eine gewaltige Wasserhose bedrohte Achaja mit
Ueberschwemmung". Mag der Gebildete auch den nothwendigen Zusam=
menhang solcher physischer Revolutionen mit den Erschütterungen des po=
litischen Lebens in Abrede stellen, eine ungebildete und primitive Bevöl=
kerung faßt sie ahnungsvoller auf. Das Gefühl, daß eine große sociale
und politische Umwälzung bevorstehe, ging durch die christliche wie die
türkische Bevölkerung des Peloponneses. Die Sendboten der Hetärie
hatten leichtes Spiel, indem sie auf die Fügung Gottes hinwiesen,
die in außerordentlichen Naturereignissen und Wundern mahnend zu der
hellenischen Nation spräche: sich zu erheben gegen die Ungläubigen, und
die Gunst der Umstände zum Kampf zu benutzen. Der Peloponnes war
durch seine insularische Abgeschlossenheit, seine Gebirgsfestigkeit und Ver=
theidigungsstärke der natürliche Ausgangspunkt einer Volksbewegung.
Die Bewohner hegten Vertrauen zu ihren Kapitanys und Primaten, wie
zu sich selbst; die Erinnerungen von 1770 waren verwischt oder weckten
nur Vergeltungslust. Hatten schon die wirklichen Begebenheiten im Nor=
den, der Aufstand Ali's und der Sulioten, gewaltig auf das Volk gewirkt,
so kamen bald auch die wildesten Gerüchte, die buntesten Irrlichter der
Fantasie hinzu, um die Leidenschaften zu erhitzen. Gegen Ende 1820 er=
schien jener thätigste hetäristische Sendbote, jener keckste, unverwüstlichste
unter den Verschwörern, der Archimandrit Dikäos,[*] gewöhnlich Papa
Flesas genannt, der noch jüngst zuvor auf der Zusammenkunft von Is=
mail eine so entscheidende Rolle gespielt hatte, als Mandatar des Ypsi=
lantis. Er war über Konstantinopel und Arwali nach Hydra und dem
Peloponnes gekommen, brachte Pulver, Munition und wilde Kampflust
mit. Er machte sich ein besonderes Geschäft daraus, die Fantasie der
moreotischen Landleute mit abenteuerlichen Märchen zu reizen, und ihre
Ungeduld zu spornen. Er erzählte der begierig lauschenden Menge, daß
eine russische Armee zur Befreiung Griechenlands schon auf dem Marsche
sei; im engeren Kreise fügte er hinzu, daß der Sultan ermordet und
Konstantinopel verbrannt werden würde. Wer zu zweifeln oder den Mo=
ment als noch nicht geeignet für den Losbruch zu bezeichnen wagte, galt
dem heißblütigen Geistlichen als Verräther. Es würde an ein Wunder
gestreift haben, wenn die Masse der griechischen Bevölkerung dem täglich,
ja stündlich auf sie einstürmenden Aufwiegelungsstoff widerstand. Die
Bischöfe und Erzbischöfe erflehten von der Kanzel herunter den Schutz des

---

[*] *Βίος τοῦ Παπα Ψλέσα ὑπὸ Φωτάκου ἐκδοθεὶς ὑπὸ Καλχάνδς. AΘ.* 1868.
S. 12. ff.

Allerhöchsten für den bevorstehenden Kampf; der eifrige Anthimos von Helos vergaß in seiner sonntäglichen Litanei die Fürbitte für den Ypsilantis und für die Soldaten des Kreuzes nicht, die über die „Abkommen der Hagar" siegen sollten. „Rette uns", lautete das Gebet an die Mutter Gottes, „Panagia, die wir durch die furchtbare Raserei der Agarener bedroht sind, so daß wir gefangen schmachten, oder nackt verfolgt werden und umherschweifen müssen von Ort zu Ort, in Höhlen und Bergen".[*] Ganze Nächte hindurch arbeiteten Schmiede, Schlosser und Schreiner, um Waffen und Kriegsmaterial herzustellen. Die eigenen Frauen durften nichts erfahren. Es war streng verboten, ein Gespräch, einen Wortwechsel über die Arbeit und ihren Zweck zu beginnen. Jeder Grieche war zu Hause in heimlicher unablässiger Thätigkeit, richtete sein Gewehr, reinigte seine Pistolen, übte sich im Zimmer so gut es ging. Man erkannte sich an festen Zeichen und Redewendungen; auf die Parole: „Sage mir, was ich liebe und glaube", mußte die Antwort folgen: „die unsichtbare Behörde", τὴν ἀόρατον ἀρχὴν, damit sich die Verschworenen Vertrauen schenkten. Wer ohne das herkömmliche Zeichen zu kennen sich in das Vertrauen der Verschworenen einschleichen wollte, ward gründlich am Narrenseil herumgeführt, wie jener zu Anthimos geschickte Spion, der die schönsten unterwürfigsten Aeußerungen zu hören bekam und sie getreulich rapportirte. Den Türken gegenüber schob man jede verdächtige Thatsache auf Ali Pascha's und seiner Freunde Rechnung, und wenn Jemand auf flagranter That, beim Pulvereinkauf oder beim Schießen, ertappt ward, so log er ein Märchen vor, daß die Wölfe und Schakals in diesem Winter besonders bösartig seien und daß man für die Schafheerden auf der Hut sein müsse. Die Hirten erhoben, um die Sache glaubwürdig zu machen, des Nachts in den Wäldern einen großen Spektakel, schossen und schrien: der Wolf ist da! Mancher türkische Aga, der mit den Griechen gemeinschaftlich Schafe besaß, war gutgläubig genug, den Verschworenen Pulver und Blei „gegen die Wölfe" zu schenken und seinen Landsleuten die völlige Harmlosigkeit der neuesten Bewegung unter den „Giaours" vorzudemonstriren. Für die Vorbereitung des Kampfes fiel ferner der Umstand bedeutend in die Wagschale, daß die Türken, weil sie sich mit Handel nun einmal nicht befaßten, den Transport und Verkauf des Pulvers griechischen Kaufleuten eingeräumt hatten. Es ist immerhin

---

[*] Meine Darstellung des Ausbruchs der Revolution im Peloponnes weicht in vielen Stücken von Trikupis ab (dem Gervinus gefolgt ist). Ich stütze mich nicht sowohl auf Filimon, dem denn doch die kritische Ader allzu sehr abgeht, als vielmehr auf die verläßigen Berichte von Augenzeugen, wie Fotakos, Kolokotronis und auf die älteren Erzählungen von Frantzis und Speliadhis. Für den Wortlaut der Litanei siehe Ἀπομνμονεύματα περὶ τῆς ἑλληνικῆς ἐπαναστάσεως· ὑπὸ Φωτάκου. Ἀθ. 1858. S. 8. ff.

ein charakteristisches Stück türkischer Regierungsweisheit, daß man der verachteten Rajah die furchtbarsten Mittel, um zu schaden, in den Händen ließ. Denn nun mußte auch der Pulverhandel revolutionär werden, und da die Türken zu Beginn des Jahres 1821 die Pulvermühlen bei Dimitsana zerstören ließen und es den Verschworenen an Munition gebrach, halfen die griechischen Kaufleute von nah und fern mit Freuden aus.

War aber auch Alles zum Kampfe vorbereitet, war auch das Volk zum Losschlagen bereit, wer sollte die Führung übernehmen? Es fehlte den Peloponnesiern nicht an erfahrenen und angesehenen „Primaten"; jedoch die wenigsten hatten Lust ihre behagliche Stellung mit den Gefahren eines revolutionären Lebens zu vertauschen und die Initiative eines so unermeßlichen Abenteuers auf sich zu nehmen.

Im Norden des Peloponnefes wurden die Namen dreier engverbundener Freunde mit Stolz genannt; es waren die Primaten Londos aus Bostitsa, A. Zaimis aus Kalawrytä und der Erzbischof von Patras, Germanos. Alle drei in die Hetärie eingeweiht, galten sie mehr als Männer des besonnenen Fortschritts und der Ordnung; erst wenn einmal die Entscheidung gefallen war und der Kampf begonnen hatte, durfte man auf ihre Mitwirkung und Opferbereitwilligkeit zählen.

Londos hatte eine wilde, ausschweifende Jugend hinter sich. Lord Byron, der ihn im Jahr 1810 kennen lernte, erzählt eine charakteristische Anekdote. Als er mit dem Primaten von Bostitsa zu Abend speiste, sprang dieser, der das Gesicht und die Figur eines Affen hatte, plötzlich auf einen alten wackeligen Tisch und fing an mit großem Pathos die Freiheitshymne des Rhigas durch die Nase zu singen. Ein neuer Kadi ging am Haus vorüber und fragte nach der Ursache des wüsten Spektakels. „Ach!" erwiederte ein eingeborener Türke, „es ist nur der junge Primat Londos, der betrunken ist und Hymnen auf die neue „Panagia" (Mutter Gottes) der Griechen singt, welche sie „Eleutheria" (Freiheit) nennen." Londos' Busenfreund Zaimis vertrat mehr die Ruhe und Würde eines geborenen Aristokraten, Germanos den Stolz und den nichtsachtenden Ehrgeiz des hohen Klerikers.*)

Als militärischer Stützpunkt eines Aufstandes galt nicht der Norden, sondern vorzugsweise der Süden der Halbinsel; die Haltung der Maniatenführer mußte 1821 wie 1770 von wesentlich entscheidender Bedeutung sein. Genoß doch die Bevölkerung, welche die rauhen Alpen des Tahgetus bewohnt, eines ähnlichen kriegerischen Rufes, wie die Bevölkerung

---

*) Daß er als Kind eine Schlange tödtete, wird von seinem neuesten Biographen als ein Augurium für den späteren Freiheitshelden bezeichnet. Βίοι Παραλλήλοι τῶν ἐπὶ τῆς ἀναγεννήσεως τῆς Ἑλλάδος διαπρεψάντων ἀνδρῶν ὑπὸ Α. Γούδα. Ἀθ. 1869. I. Σ. 92.

der Hochburgen von Suli und Skalia; da Suli das erste Flammenzeichen der Revolution gegeben hatte, hoffte man, werde die Mani nicht zurückbleiben.

Nicht umsonst rühmte sich der Maniate seiner Abstammung von den Lakedämoniern. Er zeigt wohl noch jetzt den „Pyrgos" auf den wilden Felsen am Tänaron, wo sein Stammherrscher, der „Kyr Lykurgos" gestorben sein soll. Und so ist ihm auch von der spartanischen Rauhheit und von der menschenfeindlichen Strenge der Lykurgischen Sitten ein tüchtiges Erbstück geblieben. Sind die Männer von Bitulo acht Tage lang ohne Beute, so trauert die ganze Bevölkerung und betet, als ob sie von Gott verlassen würde. Der glückliche Diebstahl, der unbestrafte Raub gelten als Titel des Ruhmes. Vergeltung und Mord werden, wie in Albanien und Korsika, zur höchsten sittlichen Pflicht. Wer eine Frau heirathet, die Blut hat, übernimmt die Verantwortung der Rache. Der Mord erscheint als rechtliches und klagbares Geschäft. Auf die Frage: „was sind die Pflichten des Maniaten?" lautet die Antwort: „Greise und Frauen achten, Eltern unterstützen, langsam im Versprechen, treu im Halten sein, Beleidigungen rächen, die Freiheit bis in den Tod lieben."

Durch fortwährende Uebung im kleinen Krieg, durch tägliche Gewöhnung an Raub und Mord war es dieser Bevölkerung gelungen, sich weit und breit gefürchtet zu machen.

Die schwefelgelben Felsabhänge des Taygetus erscheinen dem Reisenden noch heute mit kleinen, zweistöckigen Thürmen wie besäet; das sind die „Pyrgi", die Citadellen, hinter denen die Maniaten dem innern, wie dem auswärtigen Feinde getrotzt haben. Nur auf der Spitze des Säbels reichten sie den Türken ihren Tribut.

Bei der Belagerung von „Mylipyrgos" im Jahr 1770 war eine türkische Bombe in der Vorderseite des Pyrgos geplatzt und hatte die Vertheidiger bis auf zwei getödtet. Der Greis Johann und der Knabe Peter Mauromichalis entkamen. Dieser durch ein Wunder gerettete Knabe war es, der, zum Manne geworden, im Frühjahr 1821 eine angesehene, fast monarchische Stellung in der Mani einnahm. In ihm wollten Manche das künftige Haupt der Revolution erblicken. Sein Reichthum, seine zahlreichen Familienverbindungen ließen ihn als den natürlichen Oberbefehlshaber erscheinen.

Sein Stolz schien eine solche Rangstellung zu fordern. „Wagst Du Dich mit mir zu messen, Mensch von gestern, mit mir, dessen Name so alt ist, wie die fünf Spitzen des Taygetus?" in ähnlichen Aeußerungen bekundete sich Petrobei's volles Ahnenbewußtsein. Dennoch war dieser hochfahrende Mann zur höchsten Leitung einer gewaltigen politischen Bewegung nicht geschaffen. Er besaß mehr Eitelkeit als Ehrgeiz. Ueber die Kleinheit und Schönheit seiner Hand konnte er sich nicht genug freuen;

er sah darin das Kennzeichen einer alten Race und vornehmen Geburt. In der Macht schätzte er nur das Mittel um zu glänzen und zu repräsentiren. Es reizte ihn, seine Anhänger fürstlich zu beschenken, die Armuth seiner Maniaten zu tilgen. Genußsüchtig und verschwenderisch, liebte er das Geld, weil er es bei jeder Gelegenheit herauswarf; geordnete Zustände mußten ihm unerträglich werden, sobald die Plünderungsquelle versiegte. Schon in seinem Aeußeren eine würdevolle, echt orientalische Erscheinung, ließ sich dieser Mann ungern auf ein Unternehmen ein, ehe er des Erfolgs sicher war; seine interessirten und ängstlichen Anfragen bei den Häuptern der Hetärie deuteten auf Mißtrauen in die Sache der Revolution. Wie die Parteihäupter des Nordens, bedurfte auch Petrobei erst des fremden Impulses, ehe er sich für den Kampf entschied. Nun war aber im Januar 1821 ein Mann von ganz anderem Metall als Petrobei in der Mani erschienen, ein Mann, wie dazu geschaffen, die Leitung des bevorstehenden Kampfes zu übernehmen: Theodor Kolokotronis.

So lange man zurückdenken konnte, war Niemand aus dem Stamme des Kolokotronis eines natürlichen Todes gestorben. Ἐπῆρε ταῖς ἁμαρτίαις τοῦ Κολοκοτρώνη sagte das Volk, es identificirte Blut und Sünde mit dem Geschlecht der Kolokotronis. Um die gleiche Zeit, als Petrobei durch jenes Wunder dem Tode entrann, mitten unter den Schrecken des Aufstandes von 1770, war Theodor geboren. Seinem Sohne Konstantin erzählte er später selbst, daß ihn die Mutter am 3. April (a. St.) 1770 auf einem Berg unter einem Baum gebar, da die „ganze Welt" vor den Türken auf die Berge geflohen war; daß sein Geschlecht von Leonbari stamme; daß sein Vater Gianni, der 700 Ungläubige getödtet und am Aufstand Theil genommen hatte, von den Türken nach Nisi gelockt ward, allwo man ihm die Hände und Füße abschlug und ihn dann aufhing. Theodor wuchs aber zum Manne heran, um den Vater zu rächen.*)

In ihm war die Wildheit und Unbändigkeit des Stammes mit einer erstaunlichen Verschlagenheit und Menschenkenntniß gepaart. Schon in dem Ausdrucke seiner Physiognomie fiel fremden Reisenden, wie dem Franzosen Boutier, die Verbindung von Kraft und Schlauheit auf. Er imponirte selbst einem so geschworenen Griechenfeinde, wie dem preußischen Premier-Lieutenant v. Lessen. Der große, lange, von schwarzem Haupthaar umflossene Kopf, den in der Regel ein antiker Helm bedeckte, die braune Zigeunerfarbe der Haut, die kleinen etwas schielenden Augen, der feste, düstere Blick, von dichten Brauen überschattet, die breite wuchtige Stirn,

---

*) Vergl. das Zwiegespräch zwischen Vater und Sohn bei Φιλήμων. Bd. III. S. 412 ff. sowie Διήγησις συμβάντων τῆς Ἑλληνικῆς φυλῆς ἀπὸ τὰ 1770 ἕως τὰ 1836. ΑΘ. 1846. Die in ziemlich barbarischem Griechisch dem Tertsetis aus Zante dictirte, höchst charakteristische Selbstbiographie des Theodor Kolokotronis.

der starke Schnurrbart unter der gewaltigen Habichtsnase, der weite Mund, aus dem ein großer Zahn bis über die dicken wulstigen Oberlippen hervorragte, dazu die weithin wie Donner rollende Stimme, die sich bald den Ausbrüchen der Leidenschaft, bald dem Uebermaß lärmender Fröhlichkeit hingab: dem Maler würde es kaum möglich gewesen sein, einen besseren Räuberhauptmannstypus darzustellen, als die Figur des Kolokotronis darbot. Mochte man über das Auftreten dieses echten Klesten urtheilen wie man wollte, so viel stand fest, daß dies der Mann war, der die Umstände bemeisterte, der auf das Volk einen unberechenbaren Einfluß ausübte, und ihm jene Zuversicht, jenen Siegesmuth mittheilte, von denen er selbst beseelt war. Das Aeußere eines Rinaldo Rinaldini verbarg einen Helden von seltenem Glauben an sich und an die Sache seines Volkes.

Als einer seiner europäisch gebildeten Landsleute während der Revolution in einem Brief die naive Aeußerung fallen ließ: „Entweder wir werden frei, oder ihr geht unter", konnte Kolokotronis in ein schallendes Gelächter ausbrechen. Er war sich bewußt zu handeln und zu kämpfen, wo Andere schwatzten und behaglich am Kamine saßen. Obwohl er nicht lesen und schreiben konnte, hatte er sich doch durch Ueberlieferung eine auffallende Kenntniß der alten Geschichte seines Volkes angeeignet, und die Erinnerung an die Heldenthaten der Marathonskämpfer stärkte ihn oft in Drangsal und Gefahr. Durch alle Wechselfälle des Geschicks hindurch gegangen, ein furchtbarer Feind, ein nicht immer verlässiger Freund, hatte er sich im gleichen Grade den Haß der Türken und die Ehrfurcht der Klesten erworben: sein Name war das Symbol des unverzagten rastlosen Kämpfens gegen den Halbmond.

Als die militärischen Neulinge, die noch nicht im Feuer gestanden hatten, während des Gefechts bei Valtetsi in Bestürzung geriethen und beim Anblick der ersten Gefallenen zitterten, küßte Kolokotronis die Leichen und rief den Umstehenden zu: „es sind Heilige, die als Märtyrer ins Paradies gehen werden." Er pflegte wohl zu äußern: Gott selbst hat der Freiheit Griechenlands seine Unterschrift gegeben und wird sie nicht zurücknehmen. Schon im Jahre 1806 hatte er allein vor sich den Schwur gethan, ein von den Türken zerstörtes Kloster wieder aufzubauen, wenn die Mutter Gottes ihren Beistand und Segen zu dem Werke der Freiheit gebe. Aus dem Scheitern der vielen blühenden Hoffnungen, welche seine Landsleute, wie er selbst, auf ausländische, sei es französische, sei es russische Hülfe gesetzt hatten, zog Kolokotronis sich die Lehre, daß die Griechen, was sie für sich thun wollten, auch allein thun müßten. Von Haus und Hof vertrieben, durch die Türken aus Morea verjagt, war er gezwungen worden, ein Asyl auf den jonischen Inseln und im Jahr 1810 Dienste bei den Engländern anzunehmen; er kämpfte als jonischer Kapitän bei St. Maura und hat es schließlich bis zum Majorsrang in der englischen Armee gebracht; wie aber Finlay vorwurfsvoll bemerkt, „hatte er weder Sympathie mit dem britischen Charakter, noch mit der britischen Politik" und hielt von den Engländern noch weniger als von den andern Europäern.

So erschien er als Vertreter des Grecia fara da se, des einzig richtigen Programms, welches die Griechen für ihre Erhebung befolgen konnten, und hätte er es von Beginn bis zu Ende seiner Laufbahn consequent festgehalten, so würde er die hervorragendste Persönlichkeit der ganzen Bewegung geworden sein. In späterer Zeit hat er freilich diese unabhängige Haltung verläugnet und durch Hinneigung zu Rußland die Popularität theilweise wieder eingebüßt, welche seine Persönlichkeit erwecken mußte. Nur in dem Vertrauen auf den glücklichen Ausgang des Kampfes und auf die endliche Besiegung der Türken ist er sich trotz mancher Enttäuschungen stets gleich geblieben, und es will immer Etwas bedeuten, wenn in die Mitte schwankender und verworren gährender Elemente ein fester, unbeirrter Willen tritt.

Heftig bis zum Jähzorn, obschon er wohl versichern konnte, alle Leidenschaften ins Meer geworfen zu haben, gleichgültig gegen fremden, niemals gegen den eigenen Ruf, besaß er einen klaren praktischen Blick, gesunden Mutterwitz und in hohem Grade die Kunst der Menschenbehandlung. Er verstand es, die rohen einfachen Kinder der Berge, unter denen er sich bewegte, wie die feinen Europäer, die ihm begegneten, bei ihren Neigungen zu fassen und zu gewinnen. Vor den Europäern spielte er das civilisationsbedürftige Kind der Wildniß, lauschte ihren Rathschlägen, und gab sich die Miene unterwürfiger Anerkennung. Vor den Klesten war er der offene und gerade Natursohn, der am liebsten Volkslieder hörte und mit anstimmte, der das Schlichte und Einfache schätzte, alle Umwege und Verwicklungen, alle Πλακάκια, wie er verächtlich äußerte, von sich wies, alle modische Trachten, allen äußerlichen Flitter, Etiquetten- und Titelwesen verachtete. „Man nannte mich", diktirte er in seiner Selbstbiographie, „den Hochedlen, Erlauchten, ja selbst Allerheiligsten, ich wurde darum nicht anders: ich bin derselbe."

Mit natürlicher rhetorischer Begabung ausgestattet, verfehlte er niemals durch kräftigen Volkswitz, durch Parabeln und Sprichwörter, hier und da auch durch Prahlereien und Kasernenflüche die größte Wirkung bei den kleftischen Zuhörern hervorzurufen. Hing doch der „Alte", wie ihn seine Soldaten nannten, durch tausend Fasern des Glaubens und Aberglaubens, der Liebe und des Hasses, des Gefühls und der Rohheit mit diesen Natursöhnen zusammen.

Wenn er den Soldaten vor dem Gefecht ihre Posten angewiesen hatte, setzte er sich wohl plötzlich auf einen Felsblock, senkte den Kopf und stellte sich schlafend. Dann that er als ob er erwache, rieb sich die Augen, gähnte und fing an zu erzählen, daß er ein glänzend gekleidetes

Weiß im Traum gesehen und daß sie ihm die Ankunft der „Panagia", der Mutter Gottes, verkündigt habe. Dies galt als gutes Omen; zu anderen Malen erzählte er aber wohl, daß „Tyche" ihm erschienen sei und verboten habe zu kämpfen. So mußte auch der fromme Wahn dem heiligen Zwecke dienen.

Das Erscheinen dieses Mannes in einem Augenblick der höchsten Gährung und Erregtheit konnte als Vorzeichen kommenden Sturmes gelten. Als die Kunde durch den Peloponnes erscholl: der alte Kolokotronis sei in der Mani, erzitterte Freund und Feind. Die türkische Regierung forderte sofort den Peter Mauromichalis auf, er möge den gefährlichen Störenfried ergreifen und ausliefern. Allein Petrobei würde, selbst wenn er schwach genug gewesen wäre, nachzugeben, den Wunsch der Türken nicht mehr haben erfüllen können. Denn Kolokotronis hatte gleich nach seiner Landung bei der mit den Mauromichalis rivalisirenden Familie der Trupakiden, bei den Murtsinos, Aufnahme und Schutz gefunden; um ihn schaarten sich die alten Waffenbrüder, benarbte Klesten wie Anagnostaras, kriegslustige Geistliche, wie Papa Flesas, tapfere Jünglinge, wie Nikitas; und jubelnd empfing ihn die Menge, wo er sich zeigte, als den Befreier.

Unter den Patrioten in Morea vollzog sich jetzt eine Scheidung der Parteien, ähnlich derjenigen, welcher wir im Schooß der Hetärie begegnet sind. Auf der einen Seite bedachte man, was durch eine Revolution zu verlieren war, mahnte man ab vor einem unbesonnenen Wagstück, welches die Lage der Rajah nur verschlimmern könne und sah im Abwarten und Zaudern die beste Politik. Auf der andern Seite faßte man ins Auge, was durch eine Umwälzung gewonnen werden konnte, nannte jedes Zögern Feigheit oder Verrath und sah bei der chaotischen Verwirrung der türkischen Dinge den nächsten Moment für den besten an, um die Fahne der Empörung zu erheben. Auf jene Seite neigten sich im Allgemeinen die reichen, vornehmen und gebildeten, auf diese mehr die ärmeren und unwissenden unter den patriotischen Führern. Dort standen Petrobei und jenes Triumvirat aus dem Norden, Londos, Zaimis, Germanos; hier Kolokotronis und Papa Flesas. Ein Zusammenstoß zwischen den Parteien ließ nicht auf sich warten. Anfang Februar*) trafen die hervorragendsten Primaten und Bischöfe des Landes im Kloster St. Georg bei

---

*) Nicht im Januar, wie es bei Prokesch, Geschichte des Abfalls der Griechen, Wien 1867, heißt. Vergl. den Brief des Charalampos vom 29. Januar alten Styls bei I. Κολοκοτρωνης Ἑλληνικὰ Ἀπομνήματα. Ἀθ. 1856. S. 3, und die äußerst merkwürdigen Details über den Konflikt zwischen den Zauderern und den Ungestümen in der Biographie des Papa Flesas, S. 18. ff., aus denen hervorgeht, daß die zögernden Primaten ihre Privilegien und Rechte in Folge einer Revolution einzubüßen fürchteten.

Vostitsa zu einer Berathung zusammen. Man legte dem Papa Flesas eine Reihe Fragen über die Hetärie, über die „Unterstützung einer fremden Macht und der in Europa zerstreuten gebildeten Landsleute", d. h. über die Unterstützung des russischen Kabinets, über Kapodistrias und Ipsilantis vor, Fragen, die der skrupellose Mann unverzagt und keck beantwortete. Als Wortführer der Radikalen erklärte er: der 6. April sei die äußerste Frist zum Losschlagen, jedes längere Zögern sei verderblich. Als man ihn zur Vorsicht mahnte, machte er sich über die Angst der Versammlung lustig, behauptete, daß er als Mandatar der Ἀρχή 1000 Maniaten in Sold nehmen und losschlagen werde, kurz er trieb es so arg, daß seine Gegner damit umgingen, ihn in das Kloster Megaspiläon zu sperren und unschädlich zu machen. Doch wagte Keiner Hand an den verwegenen Priester zu legen, der mit dem Schwerte ebenso gut zu handtieren wußte, wie mit dem Krucifix. Man war froh, als er sich selbst, mürrisch über die Schönredner und Zauberer, entfernte und in's Kloster Netsika internirte; man verwarf den Termin, den er gestellt, den 6. April, als verfrüht, man beschloß, Boten an Erzbischof Ignatius nach Pisa und nach den Inseln Hydra und Spezzia zu senden, um sich über den politischen und militärischen Rückhalt einer Revolution zu vergewissern und jede Entscheidung bis zu deren Rückkehr und Antwort zu vertagen.

Es lautet unglaublich, dennoch verhält es sich so: statt alle Kräfte zu einem verzweifelten Entscheidungskampfe anzuspannen, sahen die Türken der Bewegung, die sich unter der Rajah kund gab, gelassen zu. Es kam ihnen weder in den Sinn, ihre Festungen auszubessern, noch die dort befindlichen Cisternen mit Wasser zu füllen, noch Vorrathshäuser anzulegen. Churchit, der Pascha Morea's, hatte zwar von Konstantinopel strengen Befehl, die Wühlereien unter den Griechen und die Intriguen der russischen Konsularagenten zu überwachen; allein er berichtete, daß kein Anlaß zur Sorge, keine unmittelbare Gefahr der Ruhestörung vorhanden sei, und schob die herrschende Aufregung den Intriguen Ali Paschas zu. Der Sultan glaubte daher, Churchit's Talente und militärische Erfahrung besser auf einem gefährlicheren Terrain als Morea verwenden zu müssen und übertrug ihm das Kommando der Belagerungsarmee vor Janina. In Abwesenheit des Pascha sollte ein jüngerer Beamter die Regierung des Peloponnes übernehmen. So beraubte sich die türkische Regierung im entscheidenden Moment selbst des Mannes, dessen eiserner Arm den Aufstand niederschmettern konnte. Um die gleiche Zeit, wo der Sturmvogel Kolokotronis an der maniatischen Küste auftauchte, im Januar 1821, verließ Churchit Tripolitsa und begab sich nach Epirus, um die Operationen gegen Ali Pascha zu leiten. Als Kaimakam ließ er den Salik Aga, einen anmaßenden, ganz unfähigen, jungen Menschen in Tripolitsa zurück. Dieser glaubte immerhin Angesichts der drohenden Krisis etwas thun zu müssen und berief die griechischen Bischöfe und Primaten Ende Februar zu einer Versammlung nach Tripolitsa. Als Vorwand gab er an: es sei sein Wunsch, Maßregeln zu berathen, um den Intriguen Ali Paschas entgegenzuwirken, da diese die öffentliche Ruhe gefährdeten. Die Absicht war leicht zu durchschauen: der Türke wollte sich ein Pfand für die Unterwürfigkeit des Landes verschaffen und glaubte, wenn er erst die Häupter festhielt, das führerlose Volk leicht entwaffnen und zügeln zu können. Bei dieser Probe zeigte sich, wie wenig Plan und Verabredung bisher in der peloponnesischen Bewegung vorherrschten, wie die seit der Zusammenkunft von Vostitsa ausgebrochene Spaltung zwischen den „Zauberern" und den „Ungestümen" Alles verwirrt hatte. Denn während ein Theil der geladenen Geißeln ausblieb und sich mit Krankheit oder anderen Abhaltungsgründen entschuldigte, beschloß die Mehrzahl, dem Rufe Folge zu leisten und zu versuchen, ob man nicht das Mißtrauen der Gegner durch Gehorsam einschläfern könne. Neun Bischöfe und zwölf Primaten, darunter Deligiannis von Karytäna, Notaras von Korinth, Perrulas von Argos erschienen wirklich in der Höhle des Feindes; sogar Petro Mauromichalis, der persönlich der Vorladung auswich, sandte einen seiner Söhne, Anastasius. Die griechische Bewegung war im Begriff, sich selbst unmöglich zu machen.

Selbst Londos und der Erzbischof Germanos von Patras machten sich auf den Weg. Allein in Kalawryta wurden sie wieder unschlüssig, da ihnen von befreundeter Seite ernstliche Warnungen zukamen. Sie trafen dort noch andere Primaten und Bischöfe, die ebenfalls wenig Lust hatten, sich den Türken wehrlos in die Hände zu liefern, und beschlossen, gemeinschaftlich mit denselben dem Ruf keine Folge zu leisten. Um sich nach keiner Seite eine Blöße zu geben, ersannen sie ein Auskunftsmittel von echt griechischer Schlauheit. Im Namen irgend eines in Tripolitsa befindlichen türkischen Freundes verfaßten sie ein Schreiben, welches ernstlich die Weiterreise widerrieth und den nach Tripolitsa Kommenden den Tod prophezeite. Der Kaimakam sei entschlossen, durch Hinrichtung der einflußreichen Griechen dem Volk eine abschreckende Lehre zu geben. Mit diesem Briefe ward ein Bote vorausgeschickt und dann die Reise nach Tripolitsa ruhig fortgesetzt. Als die Reisenden von Kalawryta in das Thal des Ladon herunter stiegen, leuchte ihnen auch schon jener Bote entgegen und brachte die verabredete Kunde, die mit afficirter Entrüstung aufgenommen wurde. Da verstand es sich von selbst, daß man unter bitteren Klagen über die Treulosigkeit der Türken Kehrt machte. Die Türken wußten selbst nicht, wie ihnen geschah, als diese Männer, auf deren Erscheinen es vorzugsweise ankam, wegblieben, sie zerbrachen sich den Kopf, wer wohl jenen abmahnenden Brief geschrieben haben möge. Sie ließen den Erfindern des Stratagems, welche inzwischen zu einer Berathung im Kloster St. Laura zusammengetreten waren, melden, Alles sei erlogen, sie möchten doch ruhig nach Tripolitsa kommen.

Allein dieſe beharrten auf ihrer Weigerung und Beſchwerde, und da ſie
befürchten mußten, in corpore feſtgenommen zu werden, zerſtreuten ſie ſich
ein Jeder in ſeine Heimath, um dort Bewaffnete ſammeln und ſich nöthigenfalls zur Wehr ſetzen zu können.

So hatte die treibende Kraft der Bewegung auch jene Männer des
gemäßigten, beſonnenen Fortſchritts, die noch jüngſthin in Voſtitſa Abwarten für die beſte Politik erklärten, mit ergriffen; und nun duldete
das Ungeſtüm und die Kampfluſt der radikalen Partei kein längeres Zaudern mehr. Räuberiſche Ueberfälle und vereinzelte Mordthaten kündigten
gegen Ende März den Ausbruch der Bewegung an, es waren die Funken,
die in den angehäuften Brennſtoff fielen. In ſteter Sorge, daß die ge-
mäßigte Partei noch länger zögern und fruchtlos berathen werde, überredete der feurige Papa Fleſas einen tapferen und entſchloſſenen Freund,
den N. Soliotis, mit einem Gewaltakt zu beginnen.*) Der wackere Kleſte
legte ſich denn auch nebſt einigen verwegenen Genoſſen an den Thoren
von Agridhi in Hinterhalt, wo er am 26. März acht vorüberziehende türkiſche Steuerkollekteure überfiel und tödtete. Dies patriotiſche Beginnen
fand unter der Bevölkerung ſolchen Anklang, daß die Schaar des Soliotis
auf 300 Mann anwuchs; drei Tage ſpäter griff er bei Berſova eine Truppe
von 60 nach Tripolitſa marſchirenden Albaneſen an, und zwang ſie nach
kurzem, heftigem Widerſtand zur Kapitulation. Soliotis genoß ſpäter den
Ruhm, der erſte Grieche geweſen zu ſein, der türkiſches Blut im Revolu-
tionskrieg vergoß. Faſt gleichzeitig entſchloß ſich auch Aſimakis Zaimis, die
zögernde Taktik ſeiner Freunde mit vollendeten Thatſachen zu durchbrechen,
und das Signal der erſten Gewaltthaten in Kalawrytä zu geben. „Kyr
Zaimis“ konnte als Typus des ariſtokratiſchen Primatenthums gelten.
Mit den „blauen Augen, der gelben Geſichtsfarbe, dem frühzeitig weißen
Haar, der ausdrucksvollen, aber immer gleichen ruhigen Phyſiognomie, der
geraden ſtrammen Haltung“ erſchien dieſe „Pythia von Kalawrytä“ als eine
imponirende Perſönlichkeit, welcher Freund und Feind Achtung zollten. Unter den raſchen, redeluſtigen Griechen war ein ſyſtematiſches Schweigen
wie das des Zaimis unerhört; er mochte es den Türken abgelernt haben,
daß er in Geſellſchaft Stunden lang die Pfeife ſchmauchte, ohne ein Wort
zu reden. Doch hinter dem Schweigen dieſes Mannes glühten ſeltene
Thatkraft und Willensſtärke. So ſitzt er denn auch am 27. März 1821
ſtumm und würdevoll wie gewöhnlich mit dem gleichnamigen Freunde
Aſimakis Fotilas zuſammen in Kynäthä und ſpeiſt. Sie trinken auf das
Wohl des Vaterlandes und den Untergang der Tyrannen, Zaimis macht

---

*) Die Abſicht war, den ganzen Diſtrikt Kalawrytä zu kompromittiren, wie Fo-
tilas naiv eingeſteht: διὰ τὰ ἐνοχοποιηθῇ ὁλόκληρος ἡ Ἐπαρχία τῶν Καλαβρύτων
καὶ οὕτω νὰ κοποῦν οἱ σχέσεις τῶν Τούρκων καὶ τῶν Ἑλλήνων. Βίος τοῦ Πάπα
Φλέσου Σ. 22.

das Zeichen des Kreuzes, wendet sich zu dem in seinem Dienst befindliche:,
nebenstehenden Kleften Chonbrogiannis und ruft ihm zu: βαρέ, drauf los;
tödte! Chonbrogiannis läßt sich das nicht zweimal gesagt sein, er bringt in
Erfahrung, daß der Wechsler Tambalopulos mit Geld und mit den Ver-
schreibungen einiger seiner Schuldner aus Kalawrhtä*)
demnächst nach Tripolitsa reise und daß derselbe von einer türkischen Eskorte unter einem laliotischen Seïben geleitet werden sollte. Den Wucherer
zu erleichtern, schien eine patriotische Pflicht zu sein. Chonbrogiannis
begab sich also mit einigen kleftischen Freunden nach Kastana und lauerte
dort am 30. März dem Tambalopulos auf. Allein dieser war inzwischen
gewarnt worden; er schickte nur einen Diener mit Gepäck über Kastana
voraus, änderte aber selbst den Weg und brachte sich nebst dem Seïben
und dessen türkischen Begleitern noch rechtzeitig in Sicherheit. Die Kleften
mußten mit dem erbeuteten Gepäck fürlieb nehmen. Das Gerücht ver-
größerte den Vorfall, allenthalben hieß es, daß die Kleften des Zaimis
den Wechsler und den Seïben selbst überfallen hätten, und da gleichzeitig
andre glücklichere Raubanfälle geschehen und ein paar Diener des türkischen
Vorstands von Kalawrhtä, des Wawoden Arnaut Oglu, erschossen wurden,
verlor dieser unfähige, dem Trunk ergebene Mann, der bisher fest behauptet
hatte, Alles sei Trug und Lüge, die Griechen würden ganz ruhig bleiben,
vollkommen den Kopf, kehrte von der Reise, die er über Dara nach Tripolitsa unternommen hatte, rasch wieder um, ließ Weib und Kinder sammt
der beweglichen Habe der Türken nach den drei festen Thürmen, den „Phrgi"
von Kalawrhtä schaffen und verschanzte sich, als ob der Aufstand schon los-
gebrochen sei. Die sinnlose Bestürzung der Türken hob den Muth der
Griechen von Kalawrhtä, sie rotteten sich 600 Mann stark vor den Thürmen zusammen, belagerten dieselben so gut es ging und zwangen den
Arnauten nach 5 Tagen zur Kapitulation. Und nun durchbrach die elementare Kraft der griechischen Volksbewegung alle Schranken des Tempori-
sirens und Abwartens, die man ihr hatte setzen wollen; am 2. April stand
die christliche Bevölkerung des ganzen Peloponneses in Waffen und fiel
mit solcher Leidenschaft über die zerstreuten wehrlosen Türken her, als sollte
sich die Rache von Jahrhunderten in den einen Moment zusammenfassen.
Geschlecht und Alter machten keinen Unterschied. Man berechnet, daß von
Ende März bis zum Ostersonntag 1821 (dem 22. April) 15,000 Türken
erschlagen wurden. Der Engländer Finlah begegnete im Peloponnes einem
alten Mann, der ihm einen Steinhaufen zeigte und sagte: „dort stand der
Thurm des türkischen Aga, dort erschlugen wir ihn, seinen Harem und

---

*) Die Kenntniß dieses für den Beginn des griechischen Aufstands charakteristischen
Umstands verdanke ich den Denkwürdigkeiten des Fotakos. εἰς τὸν δρόμον ϑα
τὸν κτυπήσουν διὰ νὰ παροῦν τὰ χρήματα καὶ ταῖς ὁμολογίαις ὅπου ἐχρεωστοῦ-
σαν μερικοὶ πρόκριτοι τῶν Καλαβρύτων.

seine Sklaven", und dann ging der alte Mann ruhig weiter, als ob sich das von selbst verstanden habe, und pflügte das Feld, welches einst dem türkischen Aga gehörte. Wie sollten ihn auch Gewissensskrupel über das Geschehene anwandeln? Es ist eben nur ein **schönes Wort** von Schiller: „Vor dem Sklaven, wenn er die Kette bricht, vor dem freien Manne er= zittre nicht!" Bei einem Volk, das so Furchtbares erdulbete wie die Grie= chen, läßt sich die Verläugnung alles menschlichen Gefühls und die Ver= wandlung der mildesten Denkungsart in gährendes Drachengift nur all= zuleicht erklären.

„Der Türke soll nicht mehr in Morea bleiben, und überhaupt nicht mehr in der ganzen Welt", dies Lied, damals in Jedermanns Munde, ward die Losung der griechischen Bevölkerung.

Jetzt glaubte auch Petrobei nicht länger mehr zögern zu dürfen. Seine Manioten stiegen den westlichen Abhang des Taygetus herunter, vereinigten sich mit den Schaaren des Murtsinos, Kolokotronis, Papa Flesas und Anagnostaras, und bedrohten Kalamata, die Hauptstadt Messeniens. Sieg oder Tod war der Wahlspruch; auf den maniatischen Feldzeichen prangte der Sinnspruch der alten Spartaner: „Mit oder auf ihm" (dem Schild). Nikitas, der Neffe des Kolokotronis, und Papa Flesas überfielen und erschlugen am 2. April einen vornehmen Türken aus Kalamata, Murad, welcher sich mit Weib und Kind nach Tripolitsa retten wollte; die Familie des Gemordeten wurde nach Kalamata zurückgejagt, am 3. April in der Frühe war die Stadt von über 2000 Griechen umstellt, am 4. kapitulirte sie. Obwohl den Türken Sicherheit von Ehre und Leben verheißen war, wurden sie theils als Sklaven vertheilt, theils getödtet. „Der Mond hat sie verzehrt", berichtet Frantzes mit einer naiven sprüchwörtlichen Wendung. Den folgenden Tag fand ein kirchliches Hochamt statt, um den Sieg der griechischen Sache zu feiern, am Ufer des bei Kalamata fließenden Wald= stroms erhoben 25 Priester und rings um sie 5000 Bewaffnete Herzen und Hände zu Gott, und wie Ahnungsschauer ging es durch alle Anwe= sende, daß eine neue große Zeit für ihr Vaterland herangebrochen war. Petrobei bildete in Gemeinschaft mit anderen hervorragenden Primaten einen örtlichen Rath, die „messenische Gerusia", und erließ am 9. April ein Manifest an die Völker Europas, die Griechen seien entschlossen, das türkische Joch abzuschütteln, und zum Dank für die von ihren Vorfahren der europäischen Civilisation geleisteten Dienste riefen sie jetzt die Unter= stützung der europäischen Menschenliebe an.

An demselben Tage, wo Petrobei triumphirend in Kalamata einzog, am 4. April, erhob sich auch die reichste und blühendste Handelsstadt des Nordens, Patras.*) Hier hatte der Aufruhr von Kalawrytä allgemeine

---

*) Trikupis stellt die Belagerung und Einnahme Kalamatas irriger Weise als Folge der Ereignisse von Patras dar. Πρώτη ἡ Μάνη μαϑοῦσα τὰ συμβάντα τῶν

Bestürzung unter den Türken erregt, sie schafften ihre Familien und ihre
bewegliche Habe nach der Burg, der alten Akropolis, welche freilich, auf
niederem Hügel über der Stadt gelegen, mit ihren schwachen aus dem Mittelalter herrührenden Befestigungen im Fall ernster Ereignisse wenig Schutz
gewähren konnte. Die Stadt selbst ward ein Schauplatz wüster Anarchie.
Markt und Läden wurden geschlossen. Die Konsuln verließen ihre Häuser
und brachten sich an Bord der Kriegsschiffe in Sicherheit. Betrunkene
albanesische Söldner aus Rhium verübten allerlei Excesse, steckten die „Raki-
schenke", wo sie gezecht hatten, in Brand, tödteten den Wirth und wurden
mit Hetäristen und Ioniern handgemein. Von der Akropolis aus fingen
die Türken an, die Stadt zu beschießen und in Flammen zu setzen. Auf
die Kunde dieser Vorfälle rottete sich das Landvolk der Umgegend zusammen, die bisherigen „Zögerer" Germanos und Londos stellten sich an die
Spitze der Bewegung. Unter dem begeisterten Zuruf der Bevölkerung:
„Es lebe die Freiheit, es leben die Führer, möge Gott Euch auch den Ein-
zug in Konstantinopel gewähren!" zogen sie in Patras ein, besetzten den
westlichen Theil desselben, das Quartier der Ionier, und an dem Tag, der
noch jetzt als Geburtstag der griechischen Freiheit gefeiert wird, am 4. April,
pflanzte Germanos feierlich das Kreuz in der St. Georgs-Straße auf, verkündete
Allen, die gebeichtet hatten, Vergebung der Sünden und theilte an einem
von Rasen erbauten, von Lorbeer überschatteten Altar das Brot des Lebens
aus. Dann hob er für die nächste Zeit die Fasten auf, „weil ein Jeder,
da Religion und Leben bedroht seien, Kräfte sammeln müsse, um das Vaterland und den Altar zu vertheidigen." „Einmüthig", verkündigte ein
Manifest an die Konsuln Europas, „haben wir uns erhoben und beschlossen zu
siegen oder zu sterben. Wir sind überzeugt, daß Völker und Herrscher die Gerechtigkeit unserer Sache erkennen und uns beistehen werden, wenn sie sich der
Dienste erinnern, welche unsere Vorfahren der Menschheit geleistet haben."
        Ueberblickt man die Ereignisse, die sich in die kurze Spanne Zeit von
Ende März bis Anfang April drängen, so muß man sagen, daß noch nie-
mals ein, zwar im Allgemeinen vorbereitetes, aber im Einzelnen keines-
wegs klar entworfenes und verabredetes, vielmehr durch Zögerungen und
Mißhelligkeiten mannigfach gekreuztes Unternehmen mit solcher Raschheit,
Geistesgegenwart und Uebereinstimmung durchgeführt worden ist, wie der
Ueberfall der Türken Moreas durch ihre bisherigen Sklaven. Nach dem
Zeugniß des Papstes Klemens VIII. über die Mission von Blois kann kein

---

Πατρῶν sagt er S. 85. Kalamata war schon am 3. April umstellt; am 4., da die
Unruhen in Patras begannen, gewonnen. Wie hätten vollends Petrobei und die Sei-
nen schon am 4. Kunde von der Erhebung in Patras haben können? Fotakos hat
Recht, wenn er darauf hinweist, daß eine Stelle aus den Mentoiren des Erzbischof
Germanos, die Trikupis ausschrieb, den Irrthum veranlaßte. Vgl. Γερμανοῦ Π. Πα-
τρῶν ὑπομν. τῆς ἑλλ. ἐπ. Ἀθ. 1637. S. 16.

Zweifel mehr darüber bestehn, daß die Ermordung der Hugenotten von
Karl dem IX. und seiner Mutter lange im Voraus erwogen und reiflich
vorbereitet worden ist — aber wie langsam, stockend und unsicher waren
doch die Maßregeln, die man traf, um den Mordplan durch ganz Frankreich hin zu vollführen. Das ist der dämonische Vorzug, den die Volks-
justiz, den die Rache lange brutalisirter Massen vor der Rache oder
der Justiz der Könige hat. Von dem Schlag, der sie getroffen, waren die Türken wie gelähmt. An Widerstand in offener Feldschlacht dachten sie nicht. Sie sorgten zunächst nur, wie sie Leben, Weib und Kind
vor der Wuth der entfesselten Rajah retteten. Aus allen Theilen der
Halbinsel bewegten sich lange Züge von Mohammedanern nach dem Mittelpunkt des Peloponneses, nach Tripolitsa, oder nach den Festungen der Küste,
wo sie sich in Sicherheit glaubten. Die Türken Vostitsa's hatten sich in
ihrem Schrecken gar über den korinthischen Meerbusen hinweggeflüchtet.
Der reiche türkische Woiwode Kiamilbei von Korinth befand sich gerade
in Tripolitsa, seine Mutter brachte sich mit seinen Schätzen und einem griechischen Geißel Notaras nach Akrokorinth in Sicherheit. Von Argos flüchtete
man nach Nauplia; von Arkadien nach Norden und nach Navarin. Das bloße
Gerücht: europäische Truppen rückten an, um die Aufständischen zu unterstützen,
ein paar blinde Schüsse von griechischen Handelsschiffen auf der Rhede Ma-
rathonisi, der Ruf „Moskowia und Frankia!" den die Griechen in ihrem
Uebermuth anstimmten: solcher leere Lärm genügte, um die sonst kriegerischen
und tapferen Albanesen in Lakonien, die „Barbunioten", zum raschen Auf-
packen und zur Flucht nach Tripolitsa zu veranlassen. Die Türken Mistra's
schlossen sich ihnen an, und sie erreichten glücklich den bergenden Zufluchtsort.
Freilich setzten die Fliehenden ihre Absichten nicht immer ungestört
durch. Kolokotronis, der sich nach der Einnahme Kalamata's mit 300 Mann
von Petrobei getrennt und zunächst nach Karytäna gewandt hatte, hielt
die dortigen Türken auf ihrem Felskegel umstellt, und schnitt die Verbindung mit Tripolitsa ab. Im Engpaß St. Athanasius überfiel er einen
Zug der Türken aus Fanari und Zacha, welche den in Karytäna Eingeschlossenen die Hand reichen wollten, und sprengte sie vollkommen auseinander. Die dem Schwert der Griechen Entronnenen fanden größtentheils ihren Untergang in den Fluthen des Rufias; nur wenige schlugen
sich nach Karytäna durch. Wie der Name eines Wallenstein mit dem ver-
heißungsvollem Klang von Beute und Gold auf die Kriegslust des 17.
Jahrhunderts wirkte, so lockte jetzt auf dem kleineren griechischen Kriegstheater Kolokotronis' Namen ganze Schaaren kecker Abenteurer herbei,
und nach jenem ersten Erfolg schwoll die Zahl des griechischen Belagerungskorps vor Karytäna auf 6000 Mann an. Nur schade, daß Kolokotronis
sich weniger auf sie verlassen konnte, wie Wallenstein auf seine Söldner.
Dies erste größere Heer, das die Griechen im offenen Felde stehen hatten,
bot einen seltsamen Anblick dar. Die meisten Vaterlandsvertheidiger waren

ganz ohne Waffen, einige hatten sich mit Messern, andere mit Schleudern und Dreschflegeln versehen, die Fahnen waren aus den Schürzen der Frauen verfertigt. Die Verpflegung wurde in sehr einfacher Weise durch die Weiber der nächsten Ortschaften besorgt. Von Disziplin war die Rede nicht. Kolokotronis sollte rasch erfahren, wie wenig er sich auf dies Gesindel verlassen durfte.

Nur einen Augenblick hielten Betäubung und Schrecken unter den Türken an, nur einen Augenblick glaubte ihr fatalistischer Gleichmuth sich in ein unabwendbares Geschick gleichsam ergeben zu müssen. Sobald sie zur Besinnung kamen und ihre noch vorhandenen militärischen Kräfte dem Aufstand gegenüber ruhig ermaßen, mußten Vertrauen und Muth zurückkehren. Es gelang dem Kommandanten von Karytäna, durch Türken die als Bauern verkleidet waren, seine Noth nach Tripolitsa melden zu lassen, und es wurde beschlossen, eine Schaar von 2700 Mann, größtentheils aus den eben angelangten „Barbunioten" bestehend, zum Entsatz der Feste in Marsch zu setzen. Die Griechen hatten sich in thörichte Sicherheit gewiegt und waren ganz überzeugt davon, daß Karytäna demnächst, „übermorgen", kapituliren müsse. „Ihr habt keine Hoffnung auf Rettung", ließ Deligiannis den Türken sagen, „da die Hellenen des ganzen türkischen Reichs sich erhoben haben, der Sultan gefangen und Nauplia genommen ist." Die griechische Fantasie hatte sich übereilt.

Am 12. April um Mittag verkündeten die Flammen des von den Barbunioten in Brand gesteckten drei Stunden östlich von Karytäna gelegenen Dorfs Salesi den Belagerten das Herannahen der Hülfe. Die Griechen bemerkten anfangs nur den Rauch; Kolokotronis erfaßte eine Fahne, schwang sich auf's Pferd und war im Begriff auf den Berg Florie zu reiten, von wo man das ganze Thal des Xerillo und Rufias übersieht und von wo er mit der Fahne, falls die Heranrückenden wirklich Türken wären, den Seinen ein Signal zu geben gedachte, damit sie sich sammelten und dem bevorstehenden doppelten Angriff die Stirn böten. Allein kaum war er ein paar Schritt geritten und kaum hatten die Griechen angefangen sich zu ordnen, als vor ihnen und zur Seite die türkischen Entsatztruppen auftauchten, und durch ihr bloßes Erscheinen panisches Entsetzen unter den Belagerern hervorriefen. „Sofort zerstreuten wir uns," berichtet ein Augenzeuge, Fotakos, „und die Belagerten brachen aus dem östlichen Thor Karytäna's heraus, so daß wir zwischen zwei Feuer gerathen wären, wenn wir Stand gehalten hätten." In der That stob das griechische Heer mit solcher Eilfertigkeit auseinander, daß die Türken sich fast ohne Schwertstreich vereinigen konnten. Die Besatzung der Feste und die Barbunioten zogen mit Trophäen und reicher Beute beladen nach Tripolitsa, während die zersprengten Griechen sich in die Höhlen und Winkel der Berge verbargen, und ihre eigenen Anführer in Stich ließen. Das Herz voll Grimm

*) Ἀπομνημονεύματα Φωτάκου S. 28. Ἀθ. 1858.

und Verachtung über die feige Flucht seines Heeres, entkam Kolokotronis*) nordwärts nach Chrysowitsi, wo sich die meisten griechischen Anführer, frei= lich ohne ihre Mannschaften, zusammenfanden. Dort spielte jene Scene, welche für die Ueberlegenheit des strategischen Blicks und die ungebeugte Zuversicht des Kleftenhäuptlings charakteristisch ist. Die übrigen Kapitäne, selbst der sonst unerschrockene Papa Flesas, stimmten dafür, nach Messenien zu weichen. Damit würde die Offensive von Seiten der Hellenen aufge= geben worden sein. Kolokotronis aber erklärte, er wolle „in den Bergen bleiben, wo seine Heimath sei". Weitsichtiger als seine Freunde, erkannte er, daß die Einschließung Tripolitsas nach wie vor das Endziel der grie= chischen Operationen sein müsse, und daß die Berge Karytäna's dazu die beste Operationsbasis boten. Für alle Fälle wollte er lieber „Beute der Geier", lieber wirklich todt, als ein bei Lebzeiten todter, elender Sklave sein. „Ich gehe nicht", erklärte er den Gefährten, die ihn aufforderten mit nach Messenien zu kommen, „mögen mich die Vögel des Orts fressen". „Bleibe bei ihm", sagte Papa Flesas zu einem Maniaten, „leiste ihm Gesellschaft, damit er die Seinen wiederfinde und damit ihn nicht irgend ein Wolf fresse." So verließen ihn die Freunde; es war Nacht geworden und Ko= lokotronis trat allein in die kleine Kapelle der Mutter Gottes, die am Eingang des Dorfes liegt. Dort machte er das Kreuz und betete aus Herzensgrund für die Befreiung seines Vaterlandes. Plötzlich war es ihm als habe die „Panagia" ihn erhört, als sei ihm eine göttliche Offenbarung zu Theil geworden. Bis zur Todesstunde blieb ihm dieser heilverkündende Augen= blick tief eingeprägt und unvergeßlich. Neu gestärkt erhob er sich, ritt nach Piana, traf unterwegs seinen Vetter Antonios mit einigen Soldaten und hatte binnen drei Tagen wieder 300 Mann beisammen. Er errichtete ein Lager, verschanzte sich; erklärte den Soldaten, er werde eine „heilige Schaar" bilden, suchte ihnen eine festere Organisation beizubringen und theilte eine Reihe von Offiziersdiplomen an die Tüchtigsten aus. Doch auch diesmal brauchten sich die Türken von Tripolitsa aus am 18. April nur zu zeigen, so zerstreute sich das ganze Lager. „Uns blieben", be= richtet Fotakos mit einem humoristischen Seufzer, „nur die Offizierspa= tente. Kolokotronis rief uns zu: „Steht und kämpft, wohin lauft ihr?" aber was konnte er thun?" Der unermüdliche Anführer mußte froh sein, als er wenige Tage später einen neuen Haufen Bewaffneter bei Papari drei Stunden südlich von Tripolitsa auf den Bergen koncentriren konnte, zu dem auch die Mauromichalis und Freiwillige aus Zante stießen. Von den grausamsten Enttäuschungen unbeirrt hielt Kolokotronis den Gedanken eines Offensivstoßes gegen Tripolitsa aufrecht; in Mitten von Desertion und Flucht dachte er an den Sieg — wenn man Kleines mit Großem ver=

---

*) Er konnte seine Flinte nicht verlieren, wie Trikupis und Finlay erzählen, da er keine hatte. Finlay I. S. 194. Τρικούπης I. S. 239. Φωτάκου Ἀπ. S. 31.

13*

gleichen darf, beugten ihn die Dérouten von Karytäna und Piana so
wenig wie den alten Blücher die Niederlage von Ligny gebeugt hat. In
einer Berathung, die zu Papari unter den hervorragendsten Führern des
Aufstands stattfand, einigte man sich dahin, den Peter Mauromichalis zum
militärischen Oberfeldherrn für die ganze Halbinsel zu ernennen, ihm insbesondere das Geschäft des Rekrutirens und der Verproviantirung zu
überlassen, im Uebrigen aber den Offensivplan des Kolokotronis anzunehmen. Tripolitsa sollte in weitem Halbkreis umstellt, von den das Hoch-
plateau umgebenden Bergen aus gewissermaßen cernirt werden; dann
sollte sich der verhängnißvolle Gürtel immer enger um die Stadt herum-
schließen, bis die Katastrophe unausbleiblich würde. Wie verabredet, so geschah es. Im Norden, Westen und Süden der Stadt sammelten sich, nicht
allzu weit entfernt, so daß im Nothfall auf gegenseitige Unterstützung zu
rechnen war, neue griechische Heerhaufen und besetzten die Zugänge, die
aus dem Gebirge nach der Hochebene von Tripolitsa führten. Kolokotronis selbst stand im Südwesten der Stadt bei Valtetsi, auf der Höhe des
Mänalon, von wo er wie ein Adler auf seine Beute herunter blicken
konnte. Der Punkt war auch insofern gut gewählt, weil er sowohl die
Thäler von Messenien wie die Mani deckte, jene Gegenden, von wo stets
neue Mannschaften kamen, wohin man sich im Fall des Mißlingens stets
die Rückzugslinie offen halten mußte. Zur Linken bei Piana und Ale-
nistäna setzten sich Plaputas und K. Deligiannis fest. Oestlich davon, in
Vervena, stand N. Deligiannis. Im Norden faßte Charalampis mit den
Kalawrytanern bei Levidhi Posto. Alte und neue Erfahrungen zeigen, daß
Tripolitsa auf die Dauer gegen die Bewohner der umliegenden Berge
unhaltbar ist. Ueber den Trümmern der drei alten Städte Tegea, Mantinea, Pallantium erbaut, liegt Tripolitsa in einer rauhen, baumlosen
Hochebene, welche, ringsum von hohen Bergen geschlossen, nur durch schwie-
rige Pässe mit der Küste und den übrigen Theilen der Halbinsel in Verbindung steht. Das Klima ist unfreundlich und ungesund, es fehlt nicht
an Sümpfen, wohl aber an stehendem Wasser, im Winter und Frühjahr
liegt der den Griechen sonst so unbekannte Schnee oft häuserhoch. Die
Lage der in diesem traurigen Loch eingeengten Türken war an und für
sich eine höchst peinliche. Nun kam aber noch die außergewöhnliche Men-
schenanhäufung hinzu, die in Folge des Aufstands eingetreten war, der
Mangel an Verpflegungsmitteln, der sich bei der fatalistischen Apathie des
türkischen Regiments rasch sehr drückend fühlbar machte. Noch immer geboten die Türken freilich über bedeutende militärische Kräfte, noch immer
hatte sich bisher in freiem Felde die Ueberlegenheit der albanesischen Söldner
gegenüber den Bauernhaufen des Kolokotronis glänzend bewährt. Wie aber,
wenn die Griechen sich allmählich daran gewöhnten den gefürchteten Spahis und Janitscharen Trotz zu bieten? wenn die Deserteurs von Gestern
heute vielleicht in günstigerer Stellung muthig Stand hielten? Die Türken

führten zwar von ihrer Centralstellung in Tripolitsa aus nach allen Seiten
Stöße gegen die andringenden Insurgenten, sie suchten sich bald rechts,
bald links Luft zu schaffen, und zersprengten auch noch hier und da eine
Truppe des schlecht armirten Landvolkes, aber dazwischen trafen sie auch
einen so energischen Widerstand wie bei Levidhi, in dessen Häusern sich
60 Mann unter Petmezas gegen ein ganzes türkisches Korps 7 Stunden
lang muthvoll vertheidigten. Am 5. Mai gelang es den Türken
die Position bei Valtetsi zu forciren und die Griechen noch einmal so auseinander zu jagen, daß nur 10 Mann bei Kolokotronis zurückblieben.
Allein wenige Tage später hatte der Unermüdliche seine Leute wieder beisammen, und bald waren die Griechen wieder in Chrysowitsi und in Valtetsi hinter ihren „Tamburia" fester verschanzt als zuvor.

So konnte man schon damals voraussehen, daß Kolokotronis' Kriegsplan schließlich von Erfolg gekrönt werden würde. Von Norden, Süden
und Westen war den Türken die Zufuhr abgeschnitten; nur auf der Ostseite konnte Tripolitsa noch durch die argolischen Pässe verproviantirt
und mit der Küste in Verbindung erhalten werden. Von dorther kam
denn auch den Bedrohten zu Anfang Mai eine mächtige Hülfe. In Furcht
um seine in Tripolitsa weilende Familie und um seine dort bewahrten
Schätze detachirte nämlich Churchit Pascha ein starkes Korps Albanesen unter
dem Befehl Mustafa Beis aus dem Lager von Janina, und ertheilte diesem tapferen, entschlossenen Unter-General den Auftrag Tripolitsa zu entsetzen. Mustafa Bei marschirte zunächst nach Patras, wo der erste Frei-
heitsjubel und die revolutionäre Osterfreude der Griechen bereits ein rasches
Ende gefunden hatte. Der Pascha Euböa's Jussuf war auf die Kunde von
der Bedrängniß seiner in die Akropolis eingeschlossenen Glaubensgenossen
sofort herbeigeeilt, hatte die Belagerten entsetzt, das Landvolk unter Germanos und Londos auseinandergesprengt, die Stadt selbst vom 15. bis zum
20. April plündern und in einen Schutthaufen verwandeln lassen. Mustafa Bei fand also in Patras nichts weiter zu thun; er zog am südlichen
Ufer des korinthischen Meerbusens weiter, verbrannte Vostitsa, trieb das
griechische Belagerungskorps, das unter Papa Flesas vor Akrokorinth stand,
auseinander, drang durch die Dervennenpässe nach Argos vor, löste die
Belagerung von Nauplia auf; die Pässe, die östlich von Tripolitsa über
das Kteniagebirge führen, standen ihm offen, am 12. Mai zog er siegreich
in Tripolitsa ein. Selbst griechische Berichte gestehen zu, daß sein Erscheinen große Entmuthigung unter den Aufständischen hervorrief.*) Mustafa beschloß die Gunst des Augenblicks zu benutzen und einen General-
angriff gegen die griechische Stellung in Valtetsi zu unternehmen. Am
24. Mai verkündeten die auf den Gebirgshöhen aufgestellten griechischen

---

*) Ἡ βοήθεια αὐτὴ μᾶς ἀπέλπισεν ὅλους.. Τὸ αἷμά μας ἔφυγε καὶ μᾶς
ἔβλεπες ὅλους κερωμένους. Ψωτάκου Ἀπ. V. S. 53.

Späher durch Zeichen, daß die Türken sich nach Valtetsi zu in Bewegung setzten. Sie nahten in 5 Kolonnen, deren Gesammtstärke von J. Koloketronis, Fotakos und Gordon auf etwa 13,000 Mann angegeben wird, während Finlay nur von 5000 Türken und 3000 Griechen spricht. Da fast die ganze Besatzung Tripolitsa's bei diesem Ausfall betheiligt war, so ist die Zahl 5000 jedenfalls zu niedrig gegriffen. Kolokotronis' Hauptquartier war damals in Chrysowitsi, von wo er alle 2 Tage nach dem 2½ Stunden entfernten Valtetsi herüberzukommen pflegte, um die dortigen Soldaten durch drastische Anreden zu beleben und an schlafenden Wachen, Deserteuren oder Verräthern ein Exempel zu statuiren. In Valtetsi selbst stand ein Haufe von 1000 Mann, die, wo das Terrain zur Vertheidigung günstig schien, aus Steinen und Blöcken vier jener halbmondförmigen Verschanzungen errichtet hatten, welche die Griechen „Tamburia" nennen. Die Kirche des Orts diente als Vorraths- und Munitions-Kammer; gleich oberhalb derselben befand sich die vierte der griechischen Schanzen. Mustafa überzeugte sich beim Herannahen daß seine Kavallerie gegen eine solche Position nichts ausrichten werde, und sandte daher das im Bergkrieg geübte albanesische Fußvolk unter dem Barbunioten Rhubis voraus. Die Albanesen klommen an den von den griechischen „Tamburia" gekrönten Felsen hinauf, aber wider Erwarten hielten die Griechen, meist Maniaten unter den Befehlen von E. und K. Mauromichalis, diesmal Stand, und feuerten hinter ihren Steinschanzen mit solchem Erfolg hervor, daß die Angreifer in Verwirrung zurückwichen. Rhubis schickte eine erlesene Truppe nach der andern vor, aber keine vermochte so nahe zu kommen, daß sie zum Sturm schreiten konnte; sobald die Griechen sich einmal überzeugt hatten, daß die Albanesen nicht unwiderstehlich seien, feuerten sie sich gegenseitig zu kräftiger Abwehr an, und lieferten Proben seltener Unerschrockenheit. Kolokotronis war, sobald er die Absicht des Feindes erkannt hatte, sofort mit 700 Mann von Chrysowitsi zum Sukkurs herbeigeeilt. Unterwegs liefen seinen Soldaten ein paar Hasen entgegen: ein für die abergläubischen Gemüther höchst bedenkliches Zeichen; der Kleftenhäuptling verlor aber seine Geistesgegenwart nicht: „eine gute Vorbedeutung," rief er, „Soldaten, also werden wir die Türken lebend fangen; bratet die Hasen, ich wünsche selbst ihr Fleisch zu kosten". Das Gefecht bei Valtetsi hatte schon 3 Stunden gedauert, als die Hülfstruppe des Kolokotronis von Norden her in der Flanke des Angreifers erschien. Kolokotronis eilte auf einen Fels, der noch heute der „Berg des Kolokotronis" heißt, und brüllte von oben mit seiner Stentorstimme den in Valtetsi Kämpfenden zu, er sei da mit 10,000 Mann, auch Petro Bei komme mit allen Maniaten zur Hülfe herbei. Die Türken ließen sich zwar durch sein Erscheinen in ihren Attaken gegen Valtetsi nicht irre machen; als aber auch Plaputas, der durch falsche Signale getäuscht von Piana aus eine Weile in der Irre gewandert war, mit 800 Mann den Angreifern in die Flanke fiel, begann der türkische Angriff zu erlahmen. Mustafa näherte sich jetzt selbst der furchtbaren Position von Valtetsi, er ließ seine beiden Kanonen gegen die griechischen „Tamburia" spielen; diese aber richteten bei der Ungeschicklichkeit der Artilleristen und bei der Schwierigkeit des Terrains gar Nichts aus. Der türkische Feldherr begann einzusehn, daß er Felsen nicht zusammenschießen noch niederrennen könne, und daß die verachteten Griechen hinter ihren Steinschanzen ein unbesiegbarer Feind seien. Zwar ließ er das Gefecht vor Valtetsi fortführen, allein er mußte bereits seine Reserven daransetzen und selbst ein Observationskorps das er gegen die in Verwena stehenden Griechen aufgestellt hatte heranziehen. Als die Nacht hereinbrach, war er froh seine Stellung behaupten zu können, und that es nur in der Hoffnung, daß die Griechen vielleicht freiwillig Valtetsi räumen würden. An einen solchen feigen Verzicht dachte aber Kolokotronis nicht. Während der Nacht ward die Zahl der Vertheidiger von Valtetsi durch Zuzüge aus Verwena verstärkt, in der Frühe nahmen sie das Gefecht von Neuem auf, und gestern noch in der Defensive, gingen sie heute selbst zur Offensive über. Bald war die vorgeschobene Truppe des Rhubis so hart von allen Seiten bedrängt, daß sie nicht mehr Stand zu halten vermochte; die Glieder lösten sich und in wilder Flucht stürzten die Albanesen nach dem Ausgang des Thales, nach der Ebene von Tripolitsa zurück, um auch Mustafa's schon wankende Reihen mit fortzureißen. Kolokotronis hatte die Wendung vorausgesehn und traf seine Anordnungen so, daß Gepäck, Munitionskolonnen und Kanonen der Türken abgeschnitten und erbeutet wurden. Auch der Rückzug der Truppen Mustafa's artete bald in zügellose Flucht aus, Mustafa verlor sein Pferd, viele der Fliehenden warfen ihre reichen, von Gold und Silber glänzenden Waffen von sich, um die Raschheit der griechischen Verfolgung zu hindern. Doch errichteten die Griechen in Valtetsi ein Triumphzeichen von nahezu 400 Türkenköpfen. Die Verluste waren in Anbetracht des 20stündigen Kämpfens unbedeutend zu nennen; wenn Trikupis die Zahl der gefallenen und verwundeten Türken auf 600 angiebt, aber nur 4 Todte und 17 Verwundete auf Seiten der Griechen zugestehn will, so mag er diese Zahl im Eifer seines Patriotismus etwas zu niedrig gegriffen haben, allein da den Griechen die Gunst des Terrains außerordentlich zu Statten kam, so wird die Zahl der Kampfunfähigen 150 nicht überschritten haben. Das Gefecht von Valtetsi, welches etwas pomphaft als die erste Schlacht des Unabhängigkeitskampfes bezeichnet wird, während es im Grunde nur aus einer Reihe von Einzelkämpfen bestand, hat insofern hohe Bedeutung, als es den Griechen Glauben an sich selbst verschaffte, und die Furcht vor ihren bisherigen Herren gründlich zerstörte. Man fing, wie Fotakos erzählt, jetzt an zu fragen: „Wo sind die Türken?" während man früher, sobald es hieß, „die Türken kommen!" davon gelaufen war. Acht Tage nach dem Gefecht von Valtetsi suchte der türkische Anführer die erlittene Schlappe

durch einen Schlag gegen die griechische Position in Verwena wieder aus-
zuwetzen; aber Nikitas bot mit kaum 200 Mann im Dorfe Doliana einer
mehr als zehnfachen türkischen Uebermacht die Stirn, hielt sich 11 Stunden
lang in den dortigen Häusern verbarrikadirt und warf schließlich, als Zuzug von Verwena heranrückte, den Feind in wilde Flucht. Damals verdiente er sich durch seinen Heldenmuth den Beinamen „der Türkenfresser".
So war der Zauber türkischer Unüberwindlichkeit zerstört. Sieges-
übermüthig hatten die Albanesen, ehe sie nach Baltetsi zogen, in den
Straßen Tripolitsa's fröhliche Tänze aufgeführt, jetzt begreift man, daß
ihr Muth durch die rasch aufeinander folgenden Schläge tief gebeugt war.
Die Griechen begannen Tripolitsa immer näher zu umschließen, sie
errichteten „Tamburia" auf den Felshöhen von Trikorfa nur in Büchsen-
schußweite westlich von der Stadt, die Entscheidung, auf welche Kolokotronis klar und stetig hingearbeitet hatte, rückte heran.

Inzwischen kam dem Aufstand von einer Seite Unterstützung, von wo
sie zwar lebhaft gewünscht war, aber vielleicht am wenigsten erwartet werden
konnte, von den Bewohnern der Inseln im Archipel. Schüchternheit galt als
ein Grundzug des Charakters dieser Insulaner. Die Türken gaben ihnen den
Spottnamen „Taoshan", Hasen, weil sie, wenn die türkischen Steuerkollekteure erschienen, um den Jahrestribut einzufordern, wie jene scheuen Vier-
füßer davonzulaufen und in die Berge zu entfliehen pflegten. Diese „Hasen"
sollten aber jetzt eben so unerschrockene als furchtbare Gegner der Türken werden. Ein alter Grieche würde sich höchlich erstaunt haben, wenn
ihm das Orakel die Namen der Inseln offenbart hätte, die mit ihren
Flotten einst die Freiheit von Hellas schützen würden. Sollte doch der
Ruhmesglanz, der zur Zeit des Perserkriegs Athen und Platäa schmückte
zwei Jahrtausende später auf die öden und nackten Felsen von Psyra, Ti-
parenus und Hydräa fallen. Den drei Inseln Psara, Spetsia und Hydra
gebührt die Ehre, den Freiheitskampf zur See entschieden zu haben. Um
die Wende des 18. Jahrhunderts hatten sich diese bisher wenig genannten
Inseln durch Kornhandel zu einem höheren Wohlstand aufgeschwungen,
sie hatten die ihnen von der türkischen Regierung gewährten Handelsvor-
rechte und die Sperrung der kontinentalen Häfen während der französischen
Kriege geschickt benutzt. Persönliches Interesse am Gelingen der Fahrt und
des Geschäfts spornte die Thätigkeit und den Eifer der Schiffsmannschaft;
denn vom Kapitän bis zum Schiffsjungen herunter erhielt ein Jeder seinen Antheil am Gewinnst. Die Folge davon war, daß Jeder bei einer
raschen und sicheren Fahrt sein Interesse fand, daß die Schiffe der Insulaner die schnellsten und diejenigen waren, die unter allen, welche das
Mittelmeer befuhren, den meisten Gewinn abwarfen. Die Handelsmarine
der drei Inseln zählte im Jahr 1821 dreihundertfünfzig Schiffe von 60
bis 400 Tonnen, mit einer Bemannung von nahezu 12,000 Matrosen.
So würden die Insulaner an und für sich allen Grund gehabt haben mit

dem Bestehenden zufrieden zu sein und den Himmel zu segnen, der ihnen ein so indolentes und harmloses Regiment wie das türkische bescheert hatte. Von dem Druck, der auf der Rajah lastete, erfuhren sie sehr wenig, Mohammedaner lebten fast gar nicht unter ihnen, nur aus der Verpflichtung, jährlich eine Anzahl Matrosen zur türkischen Flotte oder einen mäßigen Tribut zu stellen, konnte man auf das rechtlich bestehende, aber faktisch kaum merkbare Abhängigkeitsverhältniß schließen. Wenn sie sich trotzdem auf den Ruf zur Freiheit wie ein Mann erhoben und der Sache des Vaterlandes die größten Opfer gebracht haben, so ist der Grund vor Allem in dem Erstarken des politischen und nationalen Gemeingefühls dieser Insulaner zu suchen. Seit 1820 hatte die Hetärie fruchtbaren Boden unter ihnen gefunden. Daneben traten freilich auch materielle und sociale Mißstände hervor, welche den unruhigen und ärmeren Theil der Bevölkerung zur Veränderung geneigt machten. Seit der Beendigung der Napoleonischen Kriege, seit dem Frieden fehlte es an Beschäftigung und an Gelegenheit zu raschem glänzendem Gewinn; ein gewisses sociales Unbehagen machte sich geltend, in Hydra murrte der arbeitslose Pöbel insgeheim gegen die 12 reichen Rheder und Schiffseigenthümer, in deren Händen das Regiment lag. Noch tiefer ging die Unzufriedenheit in Spetsia. Reiche und Arme, Rheder und Matrosen „waren einig, daß es so nicht weiter gehen könne".

Schon auf jener Versammlung von Vostitsa hatten die Peloponnesier, da sie die Wichtigkeit einer maritimen Diversion wohl erkannten, beschlossen, sich an die Spetsioten zu wenden, und seit dem Beginn des Aufstandes hatten sie dieselben durch Briefe und Boten bearbeitet, Theil an dem ruhmvollen Kampf gegen die „Tyrannen" zu nehmen.[*] Sie redeten in überschwänglichem Ton von ihren eigenen Erfolgen und sparten die schönsten Verheißungen nicht für den Fall, daß die Spetsioten mit ihrer Flotte zu Hülfe kämen. „Tripolitsa ist belagert", heißt es in einem Schreiben an die Vorstände Spetsias vom 14. April, „aber alle Christen sind in Trauer und Verzweiflung da sie sehen, daß bis jetzt Ew. Wohlgeboren nicht die geringste Bewegung gemacht haben, während alle unsere Hoffnung auf dem Edelmuth und der Großherzigkeit der Hydra-Spetsioten beruhte." „Wenn Ihr nicht mit Eurer Hülfe eilt und die Sache sich in die Länge zieht, so kann auch uns der Muth entsinken, die Sache stirbt, offenbar

---

[*] Τὰ Σπετσιωτικα ὑπὸ Ἀναργύρου Ἀνδρίου Χ. Αναργύρου Ι. Ἀθ. 1861. S. 153 ff. (aus den Archiven der Insel Spetsia, enthält die ganze Korrespondenz zwischen den Spetsioten und den Peloponnesiern, weist dem Trikupis eine Reihe Irrthümer nach). Die ältere Geschichte der drei Inseln Συνοπτικὴ ἱστορία τῶν τριῶν ναυτικῶν νήσων Ὕδρας Σπετσῶν καὶ Ψαρῶν ὑπὸ Ὁμηρίδου Ναυπλ. 1831. ist durch das treffliche, allerdings unter besonderer Rücksicht auf Spetsia geschriebene Werk des Orlandos Ναυτικὰ ἤτοι Ἱστορία τῶν ὑπὸ τῶν τριῶν ναυτικῶν νήσων πεπραγμένων ὑπὸ Α. Ὀρλάνδου. Τομ. Ι. ΙΙ. Ἀθ. 1869. entbehrlich geworden. — Brieflichen Mittheilungen aus Spetsia (von G. D. Mathiu) danke ich werthvolle Details über die patriotische Wirksamkeit des G. Panos.

seib Ihr der ganzen Nation verantwortlich, und Ihr werdet schon sehen."
Der Zweifel an der patriotischen Opferbereitwilligkeit Spetsia's war aber
unbegründet, Kapitän G. Panos hatte im Auftrag des Papa Flesas seine
Landsleute mit Erfolg bearbeitet, schon Anfang April fand eine Volksversammlung auf der Insel statt, in welcher beschlossen ward, die Peloponnesier kräftig zu unterstützen. Man hißte die Freiheitsfahne auf, dun-
kelblau, das Kreuz hoch über dem Halbmond; man rüstete und bemannte
52 Schiffe für den heiligen Kampf. Eine der ersten, segelte die Amazone
Bobolina in den argolischen Meerbusen und blokirte Nauplia; andre spetsiotische Schiffe blokirten Monemvasia, kreuzten an der Küste Morea's, kaperten
bei Milos zwei türkische Kriegsschiffe, die erste Beute, welche die Griechen zur
See gemacht haben, noch andre trugen die Freiheitsbotschaft und den Aufruf zur Erhebung durch den Archipel. „Heil Euch, Ihr Brüder", schrieben die Peloponnesier an die Spetsioten, „daß Ihr Euch als die Ersten
erhoben habt. Die ersten beim Schuß der Feinde, die ersten in der Geschichte, die ersten in der Unsterblichkeit."

Obwohl Psara durch die Nähe der asiatischen Küste einem türkischen Angriff am ehesten ausgesetzt war, herrschte unter der lebensfrischen und intelli-
genten Bevölkerung dieser Insel nur eine Stimme über die Theilnahme am
Kampf.*) Der scharfe Zugwind öffentlichen und freien Lebens, eine Verfassung, welche jeden einzelnen Bürger, jeden einfachen Seemann berechtigte,
in der Volksversammlung zu erscheinen und sich seine Regierung selbst zu
wählen: kurz alle Faktoren der Demokratie wirkten hier mit treibender Kraft.
Schon im März, auf die Kunde der Schilderhebung von Ypsilantis waren die
Psarioten entschlossen loszubrechen; doch sah man ein, daß man allein zu wenig
vermöge, man hielt es deshalb für gerathener, sich zunächst mit den beiden
andern Schwester-Inseln zu verständigen und begnügte sich damit, einstweilen
nach Kräften zu rüsten. Am 23. April, dem Ostertage, erschien ein spetsiotisches Schiff mit der Freiheitsfahne und der Nachricht, daß Spetsia sich
erhoben habe. Das Volk trat im Rathhause zusammen, zerriß die türkische Fahne, vernichtete die Abzeichen der kaiserlichen Regierung und beschloß dem Beispiel der Spetsioten zu folgen. Fortan erwiderte man in
Psara den Ostergruß „Christ ist erstanden" mit den Worten: „Auch Hellas
ist erstanden". Die Psarioten wurden nun der Schrecken der Türken

---

*) Ueber den Antheil und das Verdienst Psara's an der Revolution ist neuerdings
eine ganze Literatur entstanden, die im Wesentlichen die Darstellung von Trikupis und
Filimon aufhebt. Ἐπανόρθωσις τῶν ἐν τῇ Σ. Τρικούπη ἱστορία περὶ τῶν Ψαριανῶν Πραγμάτων ἱστορουμένων ὑπὸ Ν. Κότσια. Ἀθ. 1857. Ἀνασκευὴ τῶν
παρὰ τοῦ Κότσια ἱστορουμένων περὶ τῶν Ψαριανῶν πραγμάτων ὑπὸ Δ. Τσαμα-
δοῦ 1857. Ἀνασκευὴ τῆς Ἀνασκευῆς ὑπὸ Κοτσιᾶ. Ἀθ. 1858. Dann ein 2 bändiges,
stark lokal gefärbtes Werk: Ὑπόμνημα τῆς νήσου Ψαρῶν ὑπὸ Κ. Νικοδήμου. Ἀθ.
1862. Und gegen einen Zeitungsartikel des Nikodemos (in der Αὐγή) Ἀπάντησις
πρὸς τὴν τοῦ Κ. Νικοδήμου ἀπάντησιν ὑπὸ Ν. Κοτσιᾶ. Ἀθ. 1862.

an der ganzen kleinasiatischen Küste. Sie leisteten der griechischen Sache gleich anfangs einen glänzenden Dienst, indem sie mit ihren kleinen, bisher nur zum Schutz gegen die Seeräuber armirten Fahrzeugen vier große tür= kische Transportschiffe wegnahmen, welche Truppen und Provisionen nach Nauplia bringen sollten. Sie strichen von Tenedos bis Rhodos, kaperten ein jedes türkische Schiff, das ihnen begegnete, und lähmten die Bemüh= ungen der Feinde, welche von Klein-Asien aus die Küstenfestungen im Peloponnes ranzionniren wollten. Während Spetsia und Psara sofort mit aller Entschiedenheit für die nationale Sache eintraten, wiederholte sich auf Hydra das Schauspiel, dem wir im Schooß der Hetärie und im Peloponnes begegnet sind, das Ringen zwischen einer bedächtig zögernden und einer ungeduldig thatenlustigen Partei. Die „Dekohyräer", die reichen Schiffsheber, überlegten was auf dem Spiel stand, wenn sie ihre Schiffe für gefahr= volle und wenig einträgliche Unternehmungen hergaben. Der Instinkt der Massen aber verlangte sofortige Entscheidung, den hungernden und unzufriedenen Matrosen schien jede Veränderung erwünscht, kecke Dema= gogen machten sich zu Organen des populären Mißvergnügens und schließ= lich durchbrach die demokratische Ungeduld alle Bedenken und Rücksichten der aristokratischen Partei. Ein unbeschäftigter Kapitän, Oekonomos, berief eine Volksversammlung, forderte die Matrosen auf, alle Schiffe im Hafen sofort zu bewaffnen, und die Revolution zu proklamiren; die Primaten wurden eingeschüchtert und am 28. April folgte Hydra dem von den Schwesterinseln gegebenen Anstoß. Die Ständeunterschiede, die in Hydra am schärfsten ausgeprägt waren, traten in den Hintergrund; angesichts des gemeinsamen Feindes und der patriotischen Pflicht versöhnten sich Zaubern und Ungeduld, Reichthum und Armuth, Primaten und Volk. Wenn die Vornehmen und Reichen mehr dem Drang des Augenblicks als einem eigenen freien Impuls folgten und nur die Absicht hegten, sich selbst durch Theilnahme an der Revolution in den Augen des Volkes zu heben, so muß man sagen, daß sie dieser Selbstsucht nicht in edlerer Weise fröhnen konnten, als wie sie es thaten. „Seit dreißig Jahren", äußerte der reiche Handelsherr L. Konduriottis, „häufe ich mühsam Schätze auf, ich werde mich glücklich schätzen, wenn ich dieselben jetzt zur Unab= hängigkeit meines Vaterlandes beisteuern kann. Ich bin überzeugt, daß alle reichen Hydrioten meine Gefühle theilen. Wenn sie aber Geldopfer scheuen, so laßt Euch das nicht anfechten: ich allein bin im Stande, den ganzen Aufstand der Marine zu bestreiten." Die Revolution hat den Mann beim Wort genommen; er bezahlte das Gelingen des Unabhängig= keitskampfes mit dem Wohlstand seines Hauses.

Dem von Spetsia, Psara und Hydra gegebenen Anstoß folgten bald die übrigen Inseln des Archipels; nur auf Syra, Andros und Tinos weigerten sich die römisch=katholischen Bewohner, gemeinsame Sache mit ihren oströmischen Brüdern zu machen, und zahlten lieber doppelte Steuer,

an die Türken und an die griechische Flotte, als daß sie ihren Fanatismus
und ihre konfessionelle Beschränktheit überwunden hätten. Dagegen erhob
sich Ende April am Thomas=Sonntag das wichtige Samos, es erhoben
sich selbst Inseln, die stark von Mohammedanern bewohnt waren, wie Rho=
dos, Cypern und vor Allem Kreta, dessen türkische Bevölkerung wegen
ihrer Wildheit bekannt und gefürchtet war.*) Die Mittel der Insur=
genten waren zwar höchst gering. Der ganze Pulvervorrath, über den
die Kreter zu Beginn des Kampfes verfügten, belief sich nur auf 360
Okas, die Zahl der Musketen überstieg nicht 1200, von denen 800 den
kriegerischen Bewohnern der westlichen Alpen, den Sfakioten gehörten,
gewiß ein so dürftiger Bestand, daß Vorsicht und Zögern bringend ge=
boten schienen und daß die Vorwürfe, die Trikupis den Kretern wegen
unpatriotischen Zögerns macht, in Nichts zerfallen. Allein die christliche
Bevölkerung war durch das sinnlose Willkührregiment der drei Paschas,
womit man die Insel bedacht hatte, auf's Aeußerste getrieben und ent=
schlossen, das Joch der Türken abzuschütteln oder zu sterben. Der Auf=
stand begann in Kanea, die Sfakioten entschlossen sich zum Beitritt, und
bald ging die Kriegsfurie durch die ganze Insel. Haufen Aufständischer
drangen bis unter die Mauern der Hauptstädte Kanea und Rethymo, welche
wegen der Nähe des Gebirges dem Angriff am ehesten ausgesetzt
waren. Die drei hegemonischen Inseln würden wohl am besten daran
gethan haben, wenn sie ihr Augenmerk vor Allem auf Kreta ge=
richtet, die Insurgenten mit Munition und Waffen unterstützt, und die
drei nördlichen Küstenfestungen der Insel durch eine wirksame Blokade
zur Uebergabe genöthigt hätten. Allein man sollte erst durch schwere
Schicksalsschläge über die wesentliche strategische Bedeutung belehrt werden,
welche Kreta, welche der Besitz der Häfen von Suda und Kanea für
Griechenland hat. Auch darf man, um billig zu urtheilen, nicht vergessen,
daß der Aufstand in Hydra, Psara und Spetsia selbst ein Werk der
Ueberraschung war, daß es auch dort noch am Nothwendigen fehlte. Die
Insulaner mußten viele ihrer Schiffe erst nach den Häfen des Mittel=
meeres schicken, um Munition und Kriegsmaterial zu beschaffen. Endlich
gebrach es ihnen an einheitlicher Leitung; daß Tombasis von Hydra zum
Oberadmiral der vereinigten Flotte gewählt worden sei, ist eine völlig
aus der Luft gegriffene Behauptung des Trikupis. Echt hellenische Eifer=
sucht und Stolz auf die gegenseitigen berechtigten Eigenthümlichkeiten
litten eine etwaige Unterordnung von Spetsia und Psara nicht. Dagegen

---

*) Ueber Samos Ἱστορία τῆς Σάμου ὑπὸ Γ. Δημητριάδου. Ἐν Χαλκίδι 1866.
S. 25. ff. Ueber die kretische Revolution von 1821 mein Aufsatz in „Unsere Zeit"
v. 1. April 1869, der sich vorzugsweise auf die Darstellung von Kritobulidis' Ἀπο=
μνημονεύματα und Johannidis Narrative of the Cretan War of Independance.
London 1865, stützt. „Kreta und der Aufstand gegen die Türken." Heidelb. Jahrbücher
1869. S. 161. ff.

einigte man sich über eine gemeinschaftliche Organisation des Freibeuter=
wesens. Man erließ Kaperbriefe, die im Namen Jesu Christi und der
heiligen Sache der Freiheit ausgestellt waren, man regelte die Vertheilung
der Beute und setzte fest, daß jedesmal ein Theil derselben für den öffent=
lichen Schatz zurückgelegt werden solle; eine Bestimmung, deren Durch=
führung bei dem heißblütigen, beutesüchtigen Volk auf große Schwie=
rigkeiten stieß. Für die Rechte der Neutralen hatte man die schön=
sten Worte: „Kauffahrteischiffe fremder Nationen", hieß es in den In=
struktionen des Tombasis, „dürfen nur dann untersucht werden, wenn sie
von der türkischen Regierung befrachtet sind, Munition und türkische
Truppen führen. In diesem Fall soll man sich der Fahrt derselben
widersetzen und sich der Schiffsladungen bemächtigen, den Kapitänen aber
die im Kontrakt bedungenen Miethsummen auszahlen." So war wenig=
stens das Bestreben nach einer völkerrechtlichen Ordnung vorhanden, wenn
dieselbe auch in der Praxis voraussichtlich auf große Schwierigkeiten stieß.
Die erste größere See=Expedition, welche die drei Inseln gemeinsam un=
ternahmen, blieb freilich hinter den hochfliegenden Erwartungen der Grie=
chen zurück. Man konnte sich nach Kreta, man konnte sich auch nach
Epirus wenden, um dort eine Diversion zu Gunsten Ali Pascha's zu
machen; statt dessen aber beschloß man auf den Vorschlag eines wohl=
wollenden, aber unpraktischen Gelehrten, des Chioten Neophitos Vambas,
nach Norden zu segeln und den Feldzug mit der Befreiung von Chios
zu eröffnen. Der sanftmüthigen, friedliebenden Bevölkerung von Chios
konnte eine solche Befreiung kaum gelegen kommen, zumal ihr, wegen
der Nähe Klein=Asiens, das Schlimmste von den Türken zu befürchten
stand; jedoch an die zu Befreienden dachten die Befreier, wie es wohl zu
geschehen pflegt, sehr wenig, und so erschienen die Flotten der drei In=
seln Anfang Mai auf der Höhe von Chios, und ließen die Bewohner
durch schriftliche und gedruckte Proklamationen zur Erhebung auffordern.
Hierauf beschränkte sich ihre Thätigkeit; da die Chioten sich nicht
regen wollten, so sah man das Unternehmen als gescheitert an; die Flot=
ten lösten sich auf und kehrten heim. Einzelne türkische Handelsschiffe
wurden als gute Prisen aufgebracht, allein über die Beute erhob sich in
der Regel ein unerquicklicher Hader, der die Freude am Erfolg vergiftete,
und als Oekonomos in Hydra den Versuch machte, die kurz zuvor ge=
faßten Beschlüsse zur Geltung zu bringen und einen Theil für den all=
gemeinen Schatz reklamirte, widersetzte sich der Pöbel seinem eigenen
früheren Führer, die Aristokraten schürten die Aufregung, es kam zu
tumultarischen Scenen, Oekonomos mußte nach Kranidhi flüchten, ward
in einem Kloster am See Fenia gefangen, und als er später nach
Hydra zurückkehren wollte, unterwegs, nahe bei Argos, auf Befehl seiner
Gegner ermordet.

Sieht man von solchen Excessen, welche die Sache der Freiheit be=

fleckten, ab, so läßt sich nicht leugnen, daß die Erhebung der Inseln für den Aufstand von wesentlicher Bedeutung war. Die See war das Element, auf welchem sich die Griechen allein für die Dauer behaupten konnten, die „hölzernen Mauern" sollten, wie einst zur Perserzeit, das nationale Rettungsmittel werden. Aus Handelsschiffen in Kaper verwandelt, dienten die Fahrzeuge der Insulaner dazu, überall, wo Griechen wohnten, revolutionäre Propaganda zu machen. Sie fachten den Muth der Bedrängten an, sie stärkten die Matten und Lauen. So trugen sie den Aufstand nach Euböa und von da weiter zum Pelion, jener Position, welche wegen der leichten Verbindung mit der See und der trefflichen Rückzugslinie auf das Vorgebirge Tisäon für die Aufständischen von durchgreifender strategischer Wichtigkeit gewesen ist. Von dort schlug die Flamme des Aufstandes nach Makedonien, wo bereits Alles durch das Gerücht, Ypsilantis habe entscheidende Erfolge errungen und stehe vor den Thoren Konstantinopels, in Aufregung war. Religiöse Impulse blieben nicht aus. Die heiligen Mönche des Athos hatten ein leuchtendes Kreuz auf der Spitze ihres Berges gesehn, auch waren sie in Streitigkeit mit dem Bei von Salonichi gerathen, der ihnen eine Garnison aufbringen wollte; sie ergriffen die Revolutionssache mit verdoppeltem Eifer. Truppen, die von Salonichi aus gegen den Athos geschickt wurden, richteten Nichts aus, die mönchische Bravour und Taktik bewährte sich auch im Felde. Das flache Land Makedoniens mußte freilich vor der türkischen Kavallerie geräumt werden. Aber an dem stark verschanzten Isthmus von Pellene brach sich die Attake des Feindes, trotz seiner bedeutenden Uebermacht vermochte er nicht, die Mönche aus dem schützenden Wall zu vertreiben.

Unstreitig am langsamsten schritt die Bewegung auf dem Festlande fort, obwohl die dortige Bevölkerung am schwersten unter dem türkischen Joch zu leiden hatte. Allein die festländischen Kapitäne blickten alle nach Janina, als ob sie erwarteten, daß das Schicksal Ali Pascha's auch für Griechenland entscheidend sein werde. Manche befürchteten, ihre von den Türken anerkannten militärischen Privilegien durch die Revolution einzubüßen, und der Egoismus machte sie lau und mistrauisch. So hielt sich der westliche Theil des Festlandes zunächst ganz zurück; Aetolien und Akarnanien, obwohl militärisch am besten geschützt, regten sich nicht, es dauerte bis in den Juni, ehe Mesolonghi und Anatoliko beim Erscheinen hydriotischer Schiffe die Freiheitsfahne aufsteckten. Im Osten ging es lebhafter zu. Panurias, ein in der militärischen und politischen Schule Ali Pascha's aufgewachsener Parteigänger, der sich bald als zahmer, bald als wilder Klefte Ansehn und Einfluß erworben hatte, übernahm die Leitung der revolutionären Bewegung zu Salona. Ein Bote, der athemlos von Galaxidhi herankam, mußte melden: daß dort russische Schiffe vor Anker lägen; „was zögern wir noch länger?" riefen die Ueberraschten und die Eingeweihten einstimmig aus. Panurias ließ die Vorsteher der

Stadt zusammenrufen, veranlaßte sie, die Revolution zu proklamiren und zwang die Türken, sich nach der Citadelle zurückzuziehen. Dort umzingelte er sie und schnitt ihnen das Wasser ab; am 22. April mußten sie sich ergeben. „Wer ist Euer Herr, daß wir uns ihm unterwerfen?" „Ich bin Euer Herr, mir seid Ihr Unterwerfung schuldig", antwortete Panurias. Die Kapitulation ward nicht gehalten, der größte Theil der Gefangenen ward niedergemetzelt; ein grausamer Racheakt, den Filimon dadurch entschuldigt wissen will, daß, wenn man die Gefangenen am Leben ließ, sie den später von Außen kommenden Türken als Wegweiser dienen konnten.

Auf die Nachricht der Vorfälle von Salona erhob sich das reiche, stark bevölkerte Livadhia, und hier stand die edlere Persönlichkeit des Diakos an der Spitze. Ein kräftiger, schöner Bauerbursche aus Mussonitsa, war er ursprünglich zum geistlichen Stand bestimmt und von seinen Angehörigen in ein Kloster gesteckt worden, hatte aber immer die Bergluft lockender gefunden, als Meßbuch und Litanei; und da vollends das lüsterne Auge eines türkischen Woiwoden auf ihn fiel, war er, um der Nachstellung zu entgehen, unter die Kleften gegangen, hatte unter Ali Pascha Dienste genommen und war im letzten Krieg gegen die Pforte als Leutnant des Kleftenführers Odhsseus mit der Vertheidigung des Triodos und der Straßen von Delphi nach Salona betraut worden. Odhsseus selbst flüchtete sich beim Herannahen der großherrlichen Truppen nach den jonischen Inseln, die Anhänger Ali's hatten sich zerstreut, Diakos war als Privatmann in Livadhia zurückgeblieben, ergriff aber nun, da er in die Pläne der Hetärie eingeweiht war, die erste günstige Gelegenheit zum Losschlagen. Er versicherte, daß ein wunderthätiges Bildniß der „Panagia" in der schon bei den Alten berühmten Höhle des Trophonios ihn zur Befreiung Griechenlands aufgefordert habe; so entflammte er die für das Wunderbare empfänglichen Gemüther seiner Landsleute. Schon am 25. April mußten die in das Kastell von Livadhia geflüchteten Muhamedaner kapituliren, binnen Kurzem stand ganz Osthellas in Waffen. Diakos vereinigte sich mit den Haufen des Panurias und des Kapitän Dyowiniotis, und alle drei rückten mit einigen Tausend Bewaffneten bis an die Sperchiusbrücke, angesichts von Zituni, vor. Hier aber verloren sie acht kostbare Tage mit Unterhandlungen, um den Kapitän von Patrabschik, den unpatriotischen Zauberer Kontogiannis zur Mitwirkung zu bewegen. Als er sich endlich halb gezwungen entschloß, vereint mit ihnen Patrabschik berannte, in Flammen setzte und die albanesische Besatzung hart bedrängte, war schon türkische Hülfe bei der Hand. In der Nacht vom 30. April zum 1. Mai verkündeten zahllose Wachtfeuer das Herannahen von nahezu 9000 Türken, welche Churschit Pascha unter den Befehlen Omer Brionis' und Mehmet Kiose's ausgesandt hatte, um den hinter seinem Rücken ausgebrochenen osthellenischen Aufstand zu dämpfen.

Ein Vorgehen der Griechen gegen Zituni war nun unmöglich geworden:
sie verließen das halbverbrannte Patradschik, um nicht von der türkischen
Reiterei abgeschnitten zu werden, und zogen sich am Abhang des Gebirges
nach Osten zurück. Ihr Kriegsrath beschloß, die Thermopylen und die
Straße nach Phokis zu halten. Diakos sollte die Brücke des Sperchius
und den Paß behaupten. Allein der energische Omer Vrionis ließ den
Griechen keine Zeit sich zu sammeln und festzusetzen; am 4. Mai überfiel er den Dyowiniotis und Panurias, welche die Flanke des Diakos
decken sollten, und rollte sie rasch hinter einander auf, der Anprall der
Albanesen war unwiderstehlich; „die Palikaren", heißt es in dem Klesten-
liede „Der Tod des Diakos", „hatten Furcht und stoben in die Wälder."
Diakos sah sich in der That bald von dem größten Theil seiner Truppen
verlassen, nur einige vierzig Gefährten hielten aus. Es war als ob die
Erinnerung zweitausendjährigen Ruhms ihnen den Entschluß einflößte, auf
jener durch Leonidas geweihten Stelle einen schönen Tod zu suchen.
Man bot dem Diakos ein Pferd an, dessen Schnelligkeit ihn retten konnte.
„Diakos flieht nicht, er verläßt seine Gefährten nicht", rief er aus. Enger
umringen die Albanesen Omer's das kleine Häuflein. Es schmilzt auf
zehn Palikaren zusammen, die sich wie Verzweifelte wehren. Einer der
Letzten sinkt Diakos, an der rechten Schulter schwer getroffen, zusammen.
Man schleppt ihn blutend und halb ohnmächtig zu dem türkischen An-
führer; trotzig weist er die Gnade Omer's und türkische Dienste zurück,
und erwidert auf die Drohungen der Feinde: „Hellas hat viele Diakos."
Nun galt es, wie Mehmet Kiose äußerte, den Ungläubigen Schrecken
(Ἰμβρέτι) einzujagen, man verkündigte dem Diakos, daß er gepfählt werden würde, eine Bestrafung, die unter den Türken üblich geworden war,
seit Mohammed II. sie dem großen Pfahltyrannen der Wallachei, dem
Wütherich Wlad bewundernd abgesehen hatte. Diakos blieb unerschüttert.
Als er zur Richtstätte geführt ward, ruhten seine Augen auf den Fluren,
die in Frühlingspracht standen, er sprach das Distichon „O seht die Zeit,
die Charon sich erkor, mir zu erscheinen, nun sproßt das Grün der Erde
auf, nun blüht es in den Hainen." Vergebens bat er die umstehenden
Albanesen um einen ehrlichen Soldatentod durch Erschießen; die vorge-
schriebene Strafe ward vollstreckt; standhaft und stark hat der 35jährige
Held die Marter erduldet. Wenige Tage später trug das Blut des
Diakos und seiner Gefährten Früchte für die junge griechische Freiheit.

    Omer Vrionis beabsichtigte südwärts nach Salona und dem Meerbusen
von Galaxidhi vorzudringen. Dem Einmarsch in Phokis stand nach dem
Gefecht bei den Thermopylen kein Hinderniß mehr entgegen. Allein, um
aus dem Thal des Apostoliaflusses nach Salona zu gelangen, mußten die
Türken die Schlucht von Amblena passiren, an deren nördlichem Ausgang
in einer jener natürlich festen Stellungen, wie man sie nur in Griechenland findet, von steilen, unnahbaren Felsen umgeben, der Khan, das aus

Backsteinen gebaute Wirthshaus von Grawia gelegen ist. An diesem Punkte traf Odysseus, der erfahrenere Freund des Diakos, mit den nach dem Thermopylengefecht zersprengten griechischen Haufen zusammen und sammelte sie, entschlossen, den Türken das Vorbringen streitig zu machen. Auf Ithaka 1788 geboren, ein Sohn des mit Ali Pascha befreundeten Kleftenhäuptlings Andrutsos, hatte Odysseus in einer an Gefahren und Abenteuern reichen Laufbahn den Feind, den es zu bekämpfen galt, und das Terrain des Kampfes gründlich kennen gelernt. Er war, um emporzukommen und eintretenden Falls Schutz zu genießen, als junger Mensch in den Orden der Begtaschi-Derwische eingetreten, hatte sich durch seine Kühnheit und Geistesgegenwart das väterliche Wohlwollens des in seinen Gunstbezeugungen nicht gerade verschwenderischen Ali Pascha erworben, und hatte am Hof von Janina die Hochschule der Selbstsucht und des Despotismus durchgemacht. Daß der 28jährige türkische Derwisch sich 1816 in die Hetärie der Philiker aufnehmen ließ, kann bei der in Religionssachen äußerst laxen, von der Schia beeinflußten Stimmung, die zu Janina herrschte, nicht befremden. Odysseus gehörte zu den Klugen, welche die Vortheile und Hoffnungen aller Glaubensbekenntnisse in sich aufzunehmen bereit sind. Ein schöner Mann, von mittlerer Größe und kräftigem Wuchse, blondhaarig, die Stirn breit, die Augen mit dichten Brauen überschattet, erschien er zum Reden langsam und rasch zur That. Bewundernd sprach man im Volke von seiner Schnellfüßigkeit. Erinnerte doch diese kleftische Haupttugend an die homerischen Gestalten eines Ajax Oileus oder an den gleichnamigen Helden der Odyssee, von dem der moderne Odysseus sich wohl mit kluger Berechnung abzustammen rühmte. Auf die Nachricht der Erhebung im Peloponnes hatte Odysseus die jonischen Inseln verlassen, war verkleidet in einem Handelsschiff nach Patras gekommen und traf gerade rechtzeitig in Salona ein, um die Niederlage an den Thermopylen zu erfahren. Ohne das Feuer und ohne die Begeisterung des Diakos, überragte er seinen ehemaligen Waffengefährten durch Kriegserfahrung und strategischen Blick. So hatte er die militärische Bedeutung des Wirthshauses von Grawia sofort erkannt; als sich die Spitzen des heranrückenden türkischen Heeres am Eingang der Schlucht zeigten, rief er: „Auf Kinder, wer mir folgen will, der tanze mir nach!" Unter 1300 Griechen fanden sich 120 entschlossene Männer, die seinem Rufe folgten, er tanzte ihnen als Zugführer der Romaïka voran und sie schritten ihm tanzend nach in den Khan, als gehe es zum Festgelage. Omer hatte dem kühnen Anführer, dessen Name auch bei den Türken weit bekannt und gefürchtet war, gleich nach der Niederlage des Diakos geschrieben und ihm das militärische Kommando „die Hoplarchegie" über ganz Osthellas angeboten, falls er sich unterwürfe. Er glaubte daher jetzt, daß die Lockung verfangen habe und daß die Griechen unterhandeln wollten. Rasch aber ward er eines Andern belehrt, da Odysseus den der

türkischen Truppe voraussprengenden Derwisch erst freundlich auf albanesisch
begrüßte, nahe heranlockte und dann aus sicherer Entfernung niederschoß.
Wuthentbrannt versuchten die Albanesen den Tod des heiligen Mannes
zu rächen. Sie hielten, um das Feuer der Griechen nicht sehen zu müssen,
die linke Hand vor die Augen und rannten bis an die Thüre des
Wirthshauses vor, die sie mit Beilen sprengen wollten. Allein das
wohlgezielte Feuer der Vertheidiger warf sie dreimal in Unordnung zurück, mehrere Hundert der Stürmenden und alle ihre Fahnenträger wurden
ihnen weggeschossen. Es fehlte dem Omer Brionis an Geschütz, um die
Mauern der kleinen Festung niederzureißen; er ließ deshalb gegen Abend
das Wirthshaus umstellen, und schickte nach Zituni, um Kanonen von
dort herbeizuschaffen. Zwei Stunden vor Sonnenaufgang aber entwischten
die Vertheidiger durch die östliche Thür des Khan, indem sie leise über die
Leichen der im Kampfe Gefallenen hinwegschlichen. Eine Handvoll Männer
hatte das ganze türkische Heer einen Tag hindurch aufgehalten. Das
war jene in Wort und Lied gefeierte Vertheidigung des Khan von Grawia,
durch welche die Niederlage bei den Thermopylen wieder ausgeglichen
ward. Die Türken waren so niedergebeugt, daß sie es nicht wagten, nun,
da das Wirthshaus geräumt war, ihren Zug nach Salona weiter fortzusetzen. Sie wandten sich nach links in das offene Thal des Cephisses
hinab, eroberten Livadhia zurück und zogen über Theben nach Chalkis,
von wo Omer Brionis vergebliche Versuche machte, die feste Position der
Aufständischen Euböa's, Bryhakia, zu nehmen. Nur schrittweis gewann er
Boden. Auch Attika hatte sich zu Anfang Mai erhoben, die modernen
Vertreter des alten „Acharnä", die Bauern von Menidhi und Khasia erstiegen in der Nacht vom 6. Mai die östliche Stadtmauer Athen's und
überfielen die Türken, welche kaum Zeit hatten sich auf die Akropolis zu
retten. Dort wurden sie sofort eng blokirt, Wassermangel und Hungersnoth richteten große Verheerungen unter ihnen an und erst den 1. August 1821 gelang es Omer Brionis, sie von Chalkis aus zu entsetzen.
    So schritt die Revolution in dem Festland, in Makedonien und
Thessalien langsam, aber unaufhaltsam vorwärts. Auf den Inseln war
sie überall siegreich. Ihre Wogen brandeten durch den ganzen Peloponnes,
sie stauten sich nur an den äußersten Küstenplätzen, wie Patras, Modon,
Koron, Korinth, Nauplia, sowie im Innern vor der Bergfeste Lala und
vor Tripolitsa. Mit elementarer Kraft und Schnelligkeit waren sich die
Ereignisse gefolgt. Alle vorsichtigen Pläne, alle nüchternen Erwägungen
waren überholt und nutzlos gemacht worden. Dieses Herausragen über
die gewöhnlichen menschlichen Berechnungen, dieses natürliche Ungestüm,
welches sich in der griechischen Bewegung offenbarte, mußte auch unter
den Gegnern derselben einen überraschenden Eindruck hervorrufen. Die
Pforte war in den ersten Momenten wie von einem dumpfen Schrecken
geschlagen. An Warnungen guter Freunde hatte es ihr nicht gefehlt; zu

den Insinuationen Ali's und des englischen Gesandten kamen die Raths=
schläge hinzu, welche das befreundete österreichische Kabinet durch den In=
ternuntius Herrn von Lützow rechtzeitig ertheilen ließ. Allein man war
zu apathisch und allzu eingebildet auf die großherrliche Unfehlbarkeit, um
sich auch nur den Anschein zu geben, als ob man in Sorge sein könne.
Ueber die verdächtige Konnivenz, die der Aufstand von russischer Seite er=
fuhr, war man wohl unterrichtet, hatte man doch jenes Schreiben des
Grafen Kapodistrias an Ipsilantis aufgegriffen, worin es hieß: „Ipsilantis
solle nicht besorgen ohne Unterstützung zu bleiben, kräftige Hülfe solle
ihm werden, alle Griechen im russischen und türkischen Reich und selbst
auf den jonischen Inseln seien bereit, auf den ersten Wink die Waffen
zu ergreifen, um sich ein Vaterland und Unabhängigkeit zu erkämpfen.“
Nichtsdestoweniger gab man sich, selbst als die Nachrichten vom Auf=
stande in den Fürstenthümern eintrafen, die Miene, als sei man mit
den Abläugnungen und Erklärungen des russischen Gesandten Baron von
Strogonoff zufrieden gestellt. Man verlangte zwar, gestützt auf den
Wortlaut des Vertrags von Kutschuk Kainardsche, Auslieferung der grie=
chischen Flüchtlinge, welche auf russischem Gebiet Schutz und Aufnahme
gefunden hatten. Man schien sich jedoch begnügen zu wollen, als Stro=
gonoff dieser Forderung damit auswich, daß er erklärte, seine Nachgiebig=
keit würde doch zu Nichts führen, sobald nicht auch ein Gleiches von Oester=
reich verlangt werde. Gegen diesen Staat aber sei die Pforte in tiefem
Unrecht, indem sie allen österreichischen Ausreißern auf bosnischem Gebiet
Zuflucht gewähre. — Strogonoff ermangelte nicht, die Laibacher Beschlüsse
als einen gültigen Beweis der freundnachbarlichen Gesinnung seines
Souveräns geltend zu machen. Allein die Thatsachen sprachen allzu ver=
nehmlich, alle Welt schrie allzu laut: „Rußland ist im Spiel“, als daß
die Pforte ihre vornehme Ruhe und naive Gläubigkeit auf die Dauer
beibehalten konnte. Die Kunde von dem Aufstand im Peloponnes recht=
fertigte die schlimmsten Besorgnisse. Es galt jetzt alle Kräfte gegen die
furchtbare Empörung anzuspannen, rasch mit Heer und Flotte vernichtende
Schläge gegen den Haupptherd des Aufstandes im Süden zu führen.
Wenn die Pforte die Tragweite des Geschehenen durchschaute, so durfte
sie jetzt selbst vor der Versöhnung mit dem blutbefleckten Tyrannen von
Janina nicht zurückschrecken. Es war anzunehmen, daß der bedrängte
Rebell die Hand des Sultans mit Freuden ergriff. Sobald die türkischen
Heere vor Janina frei wurden und sich vereint mit Ali auf Hellas war=
fen, war der Aufstand aller menschlichen Voraussicht nach verloren, aller
bisherige Heldenmuth, alle Aufopferung der Griechen waren nutzlos
verschwendet. Allein in solchen gefährlichen Krisen kommt den Nationen
gewöhnlich Rettung durch die Fehler ihrer Gegner. Die Pforte war durch
das Unerwartete, Gewaltsame der Revolution zu sehr gelähmt und über=
rascht worden, um an eine wirksame Reaktion zu denken; dagegen entlud

sich ihr ganzer Grimm gegen die am wenigsten gefährlichen Gegner, gegen die harmlose griechische Bevölkerung der Hauptstadt und der Provinzen. Zwar hatten sich viele der vornehmen griechischen Familien, die das Kommende ahnten, bei Zeiten über die Grenze geflüchtet, aber es waren Opfer genug zurückgeblieben, an denen die türkische Rache sich sättigen konnte. Verhaftungen, Haussuchungen, einzelne Hinrichtungen fanden gleich als die Nachricht von dem Ueberfall Galacz' durch Karawias ankam, statt, der Großvezier versprach dem nach Rache schreienden türkischen Pöbel, der sich vor dem kaiserlichen Pallast zusammenrottete, feierlich, daß seine „fromme Wuth" befriedigt werden solle. Aber erst seit dem 3. April begann ein systematisches Verfolgen und eine Hetzjagd auf die Christen, wie man seit den Tagen Selim's I. und Ibrahim's nichts Aehnliches er= lebt hatte. Die türkischen Studenten der Rechte verließen haufenweis ihre Züchtungsanstalten, die sogenannten „Medrissehs", brüllend um= ringten diese „Soften" die Kirche „der lebenspendenden Quelle", drangen hinein, demolirten Alles was ihnen in den Weg kam und steckten den Tempel der Giaurs schließlich in Flammen. Die blutgierige Miliz der „Lazen" machte sich aus dem Schänden der Kirchen und Kapellen ein eigenes Geschäft. Sie rissen ihre Opfer vom Altare und förderten sie mit besonderer Lust zum Tode. Die ganze Rechtlosigkeit türkischer Zu= stände trat wieder einmal grell hervor, sogar der Schutz europäischer Ge= sandtschaften und Konsulate ward mißachtet, Lady Strangford wurde auf dem Weg zur Kirche von einem türkischen Weibe thätlich insultirt. Sobald die Gesandten dem Divan ernstliche Vorstellungen machten, nannte er sich selbst nicht ungern machtlos gegenüber dem Treiben des Pöbels und den Impulsen dieser „heiligen" Rachelust.

Der österreichische Internuntius berichtet, daß der Sultan nach Rache geschrieen habe. Mahmud war ein türkischer Selbstherrscher im vollsten Sinne des Wortes; er sah sich als ein Stück göttlicher Vorsehung an, dazu berufen, über die Empörten das schwerste Strafgericht zu verhängen. So schwieg denn jetzt jedes menschliche Gefühl und jede Rücksicht politischer Opportunität vor der Stimme der Leidenschaft. Der Pfortendolmetsch Murusis ward vor Mahmud's Augen unter der großen Thür des Pal= lastes geköpft. Es hieß nur Oel in's Feuer gießen, daß Baron Stro= gonoff jetzt dem Divan das officielle russische Dementi des Aufstandes in den Fürstenthümern, die Schreiben des Kaisers über Ipsilantis' Dienst= entlassung und Ipsilantis' Waffenstillstandsvorschläge mittheilte. Der Sultan wies die Zumuthung, mit Ipsilantis auch nur mittelbar zu un= terhandeln, voll Entrüstung zurück und drückte sein Erstaunen darüber aus, daß der russische Hof an diesen Verbrecher und Verräther das Wort richten könne. Strogonoff's Rath: die Rebellen nicht zur Verzweiflung zu treiben, ihnen eine Hinterthür zur Flucht offen zu lassen, erhöhte nur den Ingrimm und das Mißtrauen der Türken, der Sultan rüstete sich, ein schreckliches Exempel für die Rebellen und für deren geheime Hehler oder Begünstiger zu statuiren. Oft genug hat der griechische Patriarch die wechselnden Launen des türkischen Regiments erfahren, und den Groll des Großherrn entgelten müssen. Aber schwieriger und gefährlicher konnte die Stellung des Oberhauptes der griechischen Kirche nicht sein, als im Jahre 1821. Auf dem Patriarchenstuhl saß Georg Angelopulos, genannt Gregor IV.; ein Mann, der, aus dem arkadischen Städtchen Dimitsana gebürtig, sich von früh auf durch Ernst, Sittenstrenge und Fleiß hervorgethan und aus dem Staub zu den höchsten kirchlichen Würden emporgeschwungen hatte. Er war 1784 zum Metropolitan von Smyrna und 1798 zum Patriarchen gewählt worden, hatte aber zweimal, im Jahr 1800 und im Jahr 1808, in die Verbannung nach dem Berge Athos wandern müssen, bis er im Januar 1819 zum dritten und letzten Mal auf den Patriarchenstuhl nach Konstantinopel zurückkehrte. Eine moralisch höchst achtungswerthe, persönlich liebenswürdige, schöne und anziehende Erscheinung — im Aeußeren eine von jenen unter den orientalischen Geistlichen nicht seltenen Aehnlichkeiten mit dem Maleridal des Christus= kopfes — war Gregor, seinem innersten Wesen nach, eher weich und nachgiebig, als charakterstark zu nennen. Er konnte unter Umständen Alles daran setzen, die Gunst der türkischen Regierung zu gewinnen; wie er denn im Februar 1807, als die Engländer Konstantinopel bedrohten, mit einem Eifer an den Vertheidigungsanstalten schanzte und grub, der sogar die wohlwollende Aufmerksamkeit des Sultans erregte. So hat er auch auf Befehl der Pforte den Bann über Alexander Ipsilantis, Soutsos und die anderen griechischen „Rebellen", ausgesprochen, um einen Beweis seines guten Willens und seiner Loyalität zu geben. Auf der andern Seite wußte man, daß er aus tiefstem Herzen mit der Bewegung, mit den Gebannten selbst sympathisire, daß er den Hetäristen Empfehlungs= schreiben und unter der Hand manchen freundlichen Wink gegeben hatte. Das war freilich ein Widerspruch, wie er in so hoch ausgesetzter Stellung und in wildbewegter Zeit nicht ungeahndet zu bleiben pflegt. Was im Grunde nur Schwäche und menschliches Mitgefühl war, erschien den türkischen Machthabern als eine griechische Doppelzüngigkeit der abgefeim= testen Art; dem Divan galt, als die Nachricht vom Aufstande des Pe= loponneses kam, die Mitschuld des Peloponnesiers Gregor als ausgemacht: sein Schicksal war besiegelt. Gregor brach in Thränen aus, da er die drei Erzbischöfe von Salonichi, Adrianopel und Turnovo der Pforte als Geißeln überliefern mußte, seufzend hat er nach dem Tode des Murusis seine

---

*) Τὰ κατὰ τὸν ἀοίδιμον Πρωταθλήτην Γρηγόριον τὸν Ἐ ὑπὸ Παπα- δοπούλου καὶ Ἀγγελοπούλου. Ἀθ. 1865. Eine verdienstvolle, etwas panegyrisch ge= haltene Monographie.

Freunde gefragt: welcher Tod milder sei, der durch's Köpfen oder durch
Hängen? Er wußte was ihm bevorstand und mag auch nach seiner mehr
sanften, resignirten Art gebangt und gezittert haben: als aber die Ent-
scheidungsstunde nahte, als ihn am 22. April gleich nach der Feier der
Osternachtmesse die Henker ergriffen und hinüber nach dem Fanar, zur
Richtstätte schafften, wo Tausende blutdürstiger Ottomanen des Opfers
harrten, da ist er wie ein Christ und wie ein Held gestorben. Man
mißhandelte den ehrwürdigen Greis mit Fußtritten, man hing ihn
schließlich, als die Nachricht kam, daß die eingeschüchterte Synode unter
Thränen und Jammern auf großherrlichen Befehl einen neuen Patriarchen gewählt habe, an der mittleren Kirchthüre des Fanars auf. Fürwahr!
ein Hohn gegen die ganze Christenheit! Der mit der Exekution beauftragte
Janitscharenoffizier legte ein Stück Papier auf die Brust des noch zucken-
den Körpers. Es war das „Fetwa", ein rechtlich motivirtes türkisches
Todesurtheil worin es hieß, daß Gregor „aller Wahrscheinlichkeit nach
geheimer Verschworener sei, daß die Pforte sich aus vielen Gründen seiner
Theilnahme an der Verschwörung für überzeugt halte und daß er aus
dem Peloponnes stamme, wo der Aufstand jetzt ausgebrochen sei". Bald
nach der That verfügte sich der Großvezier an die Stelle, ließ sich Schemel
und Pfeife geben, und betrachtete ein paar Minuten lang sinnend den
Leichnam. Auch der Großherr selbst soll sich verkleidet unter die Zuschauer gemischt haben. Alte türkische Weiber insultirten den Leichnam.
Die Griechen hielten sich sorgfältig fern. Die Katholiken von Galata
jubelten und sangen ein Tedeum. — Nachdem der Körper des entseelten
Kirchenfürsten 3 Tage am Pranger gestanden, ward er den Juden übergeben, die ihn unter dem Geschrei: „So geht's den Rebellen gegen den
Sultan", durch die Straßen schleiften und schließlich ins Meer warfen.
Ein eigener Zufall, oder wie die Gläubigen sagen ein Wunder wollte, daß
die Leiche auf ein nach Odessa bestimmtes griechisches Schiff zuschwamm:
der Kapitän erkannte sie und nahm sie mit nach Odessa, wo auf Befehl
des Zaaren die feierliche Beisetzung Statt fand.

Dieser Mord des Kirchenhauptes, dem die Hinrichtung zahlreicher
vornehmer und niederer Geistlicher, dem ein Ministerwechsel im Sinn
des fanatischen Alttürkenthums und ein Manifest, ein Wachruf an alle
Moslems folgte: aufzustehn, sich zu waffnen für ihren Glauben und ihr
Reich: kurz diese Entfesselung von Rache und Leidenschaft sollte nicht die
Früchte tragen, auf welche Sultan Mahmud und die staatsklugen Männer
des Divans gerechnet haben mochten. Statt des Schreckens ward der
Zorn geweckt. Welch' ein Fehler, daß man von jener alten Politik
Sultan Mohammets II., des Eroberers abwich, welche den oströmischen
Klerus gehoben und den Zwist der christlichen Religionsparteien ausge-
beutet hatte! Man drückte nun dem gänzen Konflikt den Charakter eines
religiösen Kampfes auf, man rief die Erbitterung der Griechen wie das

einstimmige Verdammungsurtheil des civilisirten Europa's hervor. Der Sultan stand vor der öffentlichen Meinung wie ein Henker auf dem Hochgericht. Kaiser Franz zeigte sich so „ergriffen, als ob der Frevel an dem Papste begangen sei". Selbst Fürst Metternich kleidete seine Miß= billigung in die vorsichtige diplomatische Wendung „die Pforte nimmt als Kraft, was nur der wenig überlegte Eklat des Schreckens ist". Am ver= hängnißvollsten wirkte die That nach Rußland hinüber, alle nationalen und religiösen Leidenschaften des Volkes aufreizend, alle kühleren Ueber= legungen des Zaaren zurückdrängend.

Der russische Gesandte in Konstantinopel suchte die übrigen euro= päischen Diplomaten zu einem gemeinsamen Schritt, zu einem Kollek= tiv=Protest gegen die begangene Unthat zu veranlassen. Da aber sein Vorschlag in Folge der Gegenwirkung Lord Strangfords nicht durchdrang, begann er davon zu reden, daß er in Mitten der sich täglich häufenden türkischen Gewaltsamkeiten schutzlos sei und seine Regierung um Absen= dung eines Kriegsschiffes bitten müsse. Die Pforte vergalt· den Hieb, indem sie alle russischen Handelsschiffe aufs schärfste untersuchen und den Kapitän des vom Zaaren gesandten kleinen Kriegsschiffes am 7. Mai ver= haften ließ. Einer von Strogonoff's Schutzbefohlenen, ein Grieche Danezis, der als Banquier bei der russischen Gesandtschaft fungirte, ward gefänglich eingezogen. Vergebens erschöpfte sich Strogonoff in Beschwerden und Bitten; die offenbare Uneinigkeit, die unter den Gesandten der europäischen Mächte, die Spannung, die namentlich zwischen dem englischen Gesandten Lord Strangford und dem russischen herrschte, erhöhte den Trotz und die Halsstarrigkeit des Divan. Daneben wurde durch die Verwicklung in den Fürstenthümern fortwährend neuer Anlaß zum diplomatischen Hader geschaffen.

Die Pforte zögerte mit der Ernennung der Hospodare und erklärte, sie würde die Civilgewalt über jene Provinzen so lange bei den militä= rischen Behörden, bei den Paschas belassen, die den Aufstand Ipsilantis' gedämpft hatten, als bis die nach Rußland geflüchteten Griechen ausge= liefert seien. Es war eine traktatmäßige Forderung, deren Erfüllung aber selbst Metternich als unmöglich bezeichnete. Une impossibilité se trouve opposée là à un droit resultant des traités. Strogonoff protestirte in heftigen Ausdrücken gegen die türkischen Zumuthungen, und von beiden Seiten war man schon so weit · gegangen, daß die Pforte die Abberufung des störrischen widerspruchsvollen Diplomaten als den einzigen friedlichen Ausweg bezeichnete. Zwei Monarchen, äußerte der Reiseffendi, würden sich leicht verständigen; niemals aber dürfe ihnen ein Dritter mit Uebellaune, mit Verachtung, selbst mit Un= verschämtheit das Gesetz schreiben wollen. Wenn freilich die Pforte den lästigen russischen Gesandten los sein wollte, so hätte sie in allen Stücken diese persönliche Frage von den allgemeinen Differenzen trennen müssen, die zwischen ihr und Rußland bestanden. Statt dessen begann sie Maß=

regeln zu treffen, die gerade bestimmt zu sein schienen, die allgemeinen
russischen Interessen zu schädigen. Sie verbot die Durchfuhr des Getraides aus dem schwarzen in das weiße Meer; sie maaßte sich ein Vor-
kaufsrecht auf die Ladungen aller aus Rußland kommenden Getraideschiffe
an, dem Vorgeben nach, um die Hauptstadt zu versorgen, in der That
aber, um dem russischen Handel einen empfindlichen Schlag zu versetzen.
Vergebens klagte Strogonoff über diese Handelshemmnisse, vergebens rief
er hinsichtlich des russischen Getraides auf nicht russischen Schiffen den
Grundsatz an: Die Flagge deckt die Waare. Der Reis drohte sogar damit,
daß die Bosporuskanoniere auf die russischen Postschiffe schießen würden;
kurz, Strogonoff war genöthigt, ernstere Saiten aufzuziehen, und den
Abbruch des diplomatischen Verhältnisses in Aussicht zu stellen.

Auf den Rath des türkenfreundlichen englischen Gesandten schlug der
Divan jetzt den Weg einer vertraulichen Mittheilung an den Zaaren
ein, um sich Strogonoffs zu entledigen. Der Großvezier faßte am 26. Juni
ein Schreiben ab, das Metternich an den Zaaren übermitteln sollte, und
resumirte darin alle Beschwerden gegen den Gesandten, der das Gesandt-
schaftsrecht mißbraucht habe, um den Bestand des türkischen Reichs zu
untergraben. Anfangs habe sich Strogonoff gut aufgeführt, später aber
sein Benehmen geändert und mit der Rebellion unter einer Decke gespielt.
Er habe freien Abzug Alexander Ipsilantis' verlangt und habe die Auslieferung
der Flüchtlinge aus den Fürstenthümern verweigert, obwohl nach dem Zeugniß
des österreichischen Internuntius diese Auslieferung bringend geboten erscheine. Die Pforte hätte eigentlich in Folge der Revolution von Ipsilantis das Recht gehabt, die ganze griechische Nation zu vertilgen; in
ihrer Gnade habe sie aber blos den Patriarchen gewählt, der unstreitig
in die moreotischen Unruhen verwickelt gewesen sei. Uebrigens sei sie dabei
nur dem Beispiel des Zaaren Peter von Rußland gefolgt, der im Jahre
1715 den russischen Patriarchen habe hinrichten lassen. Die trockene
Bosheit und Verstocktheit, welche aus den diplomatischen Kundgebungen
der Pforte sprach, war freilich nicht dazu geeignet, den Eindruck, den die
Hinrichtung des Patriarchen gemacht hatte, abzuschwächen. Der Zaar gestand Lebzeltern und Bagot gegenüber ein, er wünsche den Frieden; aber
die öffentliche Meinung seines Landes spreche sich so heftig gegen die
Pforte aus, daß er nicht Zuschauer bleiben könne. Er ringe zwischen den
Principien von Laibach und den starken Impulsen zum Bruch. Diesen
inneren Konflikt des Zaaren wußte die russische Kriegspartei, wußte Ka-
podistrias auszubeuten. Der jonische Günstling brachte es dahin, daß
Kaiser Alexander sich zu einem Ultimatum gegenüber der Pforte entschloß.
Mit der türkischen Beschwerde über Strogonoff kreuzte sich eine aus der
Feder des Kapodistrias geflossene russische Note, welche an Stelle der russisch-
türkischen Differenzen geschickt ein allgemein menschliches und europäisches
Interesse unterschob. Die Pforte hat sich manchmal zu bedauernswerthen

Excessen hinreißen lassen, so erörtert Kapodistrias in jenem merkwürdigen Aktenstück, das am 18. Juli dem Reis übergeben ward, noch nie hat sie in so eklatanter Weise wie jetzt dem christlichen Kultus einen Krieg auf Leben und Tod erklärt. Die geistlichen und weltlichen Häupter der Griechen sind hingerichtet, die Leichen selbst entweiht, Familien verwüstet, Tempel geschändet und die heiligen Symbole sind beschimpft. Unter diesen Umständen kann die Pforte ihre Koexistenz neben den christlichen Regierungen Europas nur dann verlängern, wenn sie Wiederherstellung der griechischen Kirchen, Garantieen für Unverletzlichkeit des christlichen Kultus und eine weise Distinktion zwischen Schuldigen und Unschuldigen verheißt. Rußland spricht im Namen Europas. War das Bisherige die Wirkung eines Systems von Fanatikern, zu dem die Pforte gezwungen ward, so möge sie es desavouiren. Weigert sie sich, so hat sie sich in offene Feindseligkeit gegen die christliche Religion versetzt und der Gesandte hat Konstantinopel zu verlassen.

Auch in einem Schreiben des Zaaren an den Kaiser von Oesterreich kehrte die verhängnißvolle Wendung von der Koexistenz der Pforte wieder. Alexander erklärte, daß das Zerstörungssystem der Pforte gegen die Christen, dieselbe außer Stand setze, mit den christlichen Regierungen zu koexistiren.

Es war ein inhaltschweres geflügeltes Wort; das Problem der Fortdauer türkischer Herrschaft und die Frage, wer an ihre Stelle treten solle? war der Welt zur Schlichtung hingeworfen. Nirgends hat man dies tiefer empfunden und klarer erkannt als in Wien. Der österreichische Staatskanzler suchte zwischen die Streitenden zu treten, und nach beiden Seiten begütigend, mildernd, den Bruch des europäischen Friedens zu verhüten. So kam es ihm vor Allem darauf an, die „Stellung Kaiser Alexanders dem kriegsliebenden russischen Kabinet gegenüber zu befestigen", den Zaaren bei den Laibacher Principien zu erhalten. Aber auch der Pforte predigte er Mäßigung, und wiederholte in allen möglichen Variationen das Thema, „sie solle eine Linie zwischen Vergangenheit und Gegenwart ziehn, Strenge und Milde vereinigen". Der österreichische Internuntius stellte der Pforte vor, daß sie durch harte grausame Maßregeln ihren Gegnern nur Waffen in die Hände gebe und daß übrigens der griechische Aufstand als ein Werk der Lüge von selbst untergehn werde. Auch die anderen Mächte, England an der Spitze, schlossen sich den friedliebenden Bemühungen des Wiener Hofs an. Man drang in Baron Strogonoff, daß er die Frist von 8 Tagen, welche dem Divan zur Annahme des russischen Ultimatum gesetzt worden war, verlängern möge. Aber hier wie dort sollten die Vermittler taube Ohren finden. Strogonoff zeigte sich spröder als je. Er begehrte innerhalb acht Tagen bestimmte Antwort, drohte mit sofortiger Abreise und ließ seine Effekten packen. Im Divan hielt man es für gerathen, sich unnachgiebig zu zeigen, damit Rußland seine Forderungen nicht steigere. „Alle Welt, äußerte der Reis voll

Bitterkeit, „predigt uns Mäßigung, Niemand aber dem russischen Minister,
dessen Noten die unverschämtesten von der Welt sind. Wenn wir auf
den Knieen nach Bujukdere rutschen, um Abbitte zu thun, so wird Strogonoff verlangen, daß wir auf dem Kopf kommen. Der Sultan wird sich
eher unter den Ruinen seines Serails begraben lassen, als seine Existenz
in Europa von der Gnade Rußlands abhängig machen, das nur einen
Vorwand zum Kriege sucht, dem ungerechtesten, der seit Napoleons Ausgang begonnen wird." Diesen Aeußerungen entsprach das Auftreten des
Divan. Man speiste Strogonoff am 26. Juli mündlich mit einigen dürren
Ausflüchten ab, man verzögerte die von dem Russen begehrte schriftliche
Antwort. Strogonoff verlangte am 27. in der Frühe seine Pässe, weigerte
sich, „da es jetzt zu spät sei," die vom Reis eilig herbeigeholte schriftliche
Note anzunehmen, und reiste ab. Der Inhalt der türkischen Note würde
den russischen Gesandten allerdings kaum befriedigt und zurückgehalten
haben. Die Pforte klagte über Strogonoff's kriegerische Absichten und
über den Undank der Griechen, sie vertheidigte sich gegen den Vorwurf
der Vertragsverletzung und beantwortete jene ominöse · Phrase von ihrer
„Koexistenz in Europa" mit dem würdevollen Pathos des orientalischen
Sultanates: „1200 Jahre sind es her, daß die mohammedanische Macht in
Kraft des höchsten Willens am Horizont wie die Morgenröthe eines schönen
Tages erschienen ist und mit Hülfe der göttlichen Gnade und der glänzenden
Wunder des Propheten ist sie aus Nichts — Lob sei Gott — emporgestiegen."

Die Abreise Strogonoffs galt den Kriegsfreunden außerhalb wie innerhalb der Türkei als sicheres Prognostikon des Bruchs. Der türkische Fanatismus war nicht mehr zu zügeln. Gleichsam zum Trotz gegen die russischen Einmischungsversuche und gegen die im Namen der Menschlichkeit
und der christlichen Religion gemachten Vorstellungen des Zaaren folgte
nun im ganzen Umkreis des Reichs eine furchtbare Entfesselung der türkischen Volkswuth. Die Greuelscenen von Konstantinopel erneuerten sich
in Adrianopel; über die wohlhabenden üppigen Städte an der kleinasiatischen
Küste, Smyrna, Kydonia, brach ein Schwarm fanatischer Osmanen herein
und hauste wie in Feindesland. Von Oben aus hetzte man den Pöbel
gegen die Rajah, unter dem Ruf: „Tod den Ungläubigen" plünderte man
die Häuser der Griechen und bedrohte selbst die der Franken. Den wildesten Gelüsten, zu denen die Natur der Orientalen neigt, ward Befriedigung; wer von den Christen Besitz und Leben einbüßte, konnte glücklich
gepriesen werden gegenüber den Unglücklichen, die mit der Ehre ihr uner-
setzliches und unveräußerliches Gut verloren. So läßt der Dichter den
Fanariotenknaben klagen:

> Meinen Vater, meine Mutter haben sie im Meer ersäuft,
> Haben ihre heiligen Leichen durch die Straßen hingeschleift.
> Meine schöne Schwester haben aus der Kammer sie gejagt,
> Haben auf dem freien Markte sie verkauft als eine Magd.

Hör' ich eine Welle rauschen, ist es mir als ob's mich ruft.
Ja, mich rufen meine Eltern aus der tiefen weiten Gruft;
Rufen Rache! und ich schleudre Türkenköpfe in die Fluth,
Bis gesättigt ist die Rache, bis die wilde Woge ruht.

So empörte sich Leidenschaft gegen Leidenschaft, die Nachtgefühle der menschlichen Natur waren aufgewühlt; und die furchtbarsten Repressalien von Seiten der Unterdrückten und Verfolgten drückten dem Aufstand den Charakter eines Racenkampfes auf, der nicht eher enden kann, als bis die eine Race vernichtet ist, oder beide für immer von einander geschieden sind.

Ein leider unverwerflicher Zeuge, Fotakos, berichtet haarsträubende Details über die Gräuel, welche die Griechen an türkischen Gefangenen, Ueberläufern, selbst an Frauen verübten. Der Akarnane Lapas, der sich wohl rühmte, daß er die Türken mit den Zähnen zerreißen könne, riß einem türkischen Deserteur die Zunge bis zum Knochen aus dem Munde, so daß der Unglückliche, den man "blos verstümmeln" und mit einem Schreiben an seine Landsleute nach Tripolitsa zurückschicken wollte, diesen Dienst nicht mehr leisten konnte, sondern qualvoll verschied. Anderen Gefangenen schnitt man die Köpfe ab, steckte ihnen Lorbeerblätter in Nase, Mund und Ohren und trug sie auf Stöcken im Triumph herum.*) Die griechische Flotte sandte 180 auf türkischen Handelsschiffen gefangene Personen nach Naxos, wo man sie anfänglich gut als Sklaven behandelte, das Feld beackern und arbeiten ließ, allmählich aber einen nach dem andern fortlockte und erschlug. Dafür nahm die türkische Flotte, da sie bei Samothrake vorbeifuhr, siebzig friedliche Bewohner der Insel mit nach Konstantinopel, die man dort deßhalb hängen ließ, weil die Griechen zuvor auf der Insel gelandet waren, und dort Provisionen gesammelt hatten. Die gegenseitige Erbitterung ward durch die wechselnden Ereignisse des Kampfes nur gesteigert.]

Als die zur Dämpfung des Aufruhrs ausgesandte türkische Flotte, aus 1 Linienschiff, 3 Fregatten und 3 Korvetten bestehend, am 3. Juni aus den Dardanellen auslief, standen die kühnen Seeleute Psara's auf der Wacht, signalisirten den Feind und riefen durch einen Schnellsegler die Flotten der Schwesterinseln Hydra und Spetsia herbei. Rasch waren diese zur Stelle und am 4. Juni segelten die vereinten griechischen Geschwader in einer Stärke von 50 größeren und 15 kleineren Fahrzeugen**)

---

*) Reise eines deutschen Artillerieoffiziers nach Griechenland. V. Mauvillon. Essen 1824. S. 13. 28.

**) Βίος Δ. Γ. Παππανικόλη ὑπὸ Παπκαλιώτου. Ἐν Ἑρμουπόλει 1865. S. 8. ff. Ferner N. Σπηλιάδου, ἱστορία I. S. 376. Aus diesen und den oben erwähnten zahlreichen Streitschriften über den Antheil Psara's am Freiheitskampfe hellt sich der Vorgang bei Eresos völlig auf und es ergiebt sich, daß die von Trikupis, Finlay, u. A. erwähnte anonyme Persönlichkeit des englischen Kapitäns, der zuerst den Gebrauch der Brander angerathen haben soll, ein Nebelbild ist. Patatukos ist ein Spottname, den die Griechen den nördlichen Handelsfahrern mit ihren schweren Masten,

nach Norden, dem Feind entgegen. Am folgenden Tag erblickten sie auf
der nordwestlichen Höhe von Mitylene eine Fregatte von 84 Kanonen
die sich von der übrigen türkischen Flotte getrennt hatte. Sie war im
Begriff nach Chios zu segeln, suchte aber, da die Griechen gerade auf sie
zu hielten, Schutz im Hafen von Eresos. Voll Kampfmuth näherten sich
ihr die griechischen Fahrzeuge, aber eine plötzliche Salve nöthigte sie zur
Umkehr. Am Abend des 5. fand eine Berathung der griechischen Kapitäne
an Bord des hydriotischen Admiralschiffes statt. Man einigte sich nach
vielem Hin= und Widerreden dahin, einen Versuch mit Brandern gegen
das feindliche Schiff zu machen. In Psara hatte man bereits an eine solche
Eventualität gedacht, und zwei alte, langsam segelnde Fahrzeuge, die des
Kalafatis und Giannitsis, in Brander verwandelt. Allein diese psario=
tischen Brander waren nicht zur Stelle. Man bewog also den J. Theo=
dosis aus Hydra, daß er sein Schiff gegen eine Geldsumme für den be=
absichtigten Zweck hergab. Ein Lehrer der Nautik aus Psara, Johann von
Parga, mit dem Spitznamen Patatukos, der bei dem psariotischen Admiral
Apostolis als Sekretär fungirte, übernahm es, das Schiff des Theodosis
nach der in Psara üblichen Methode als Brander auszurüsten. Sie be=
stand einfach darin, daß man am Vordertheil und an den Seiten des
Schiffs vier Kasten voll Pulver, Schwefel, Pech und Stroh anbrachte, und
diese Kasten durch eine Zündwurst mit einander verband. Sobald man
dem feindlichen Schiff nahe war, warf man einen vierarmigen Wurf=Anker
nach demselben aus, hing sich fest, zündete das Feuerschiff aus den Oeff=
nungen im Hintertheil an, und dann galt es, während der Feind durch
das aufsprühende Feuer in Verwirrung und Bestürzung gerieth, rasch
auf einer Schaluppe (Skampavia) zu entkommen. Der erste Versuch, den
der Hydriote Theocharis mit dem von Patatukos ausgerüsteten Brander
am Morgen des 6. Juni unternahm, mißglückte; die Türken waren auf
der Hut, das Feuerschiff brannte nutzlos ab. Ein neues ward ausgerüstet,
aber Niemand hatte Lust es zu führen, da den Türken die Sache einmal
verrathen war, und da man dem Feuer der von der Fregatte zur Hülfe
gerufenen, am Ufer aufgestellten türkischen Landsoldaten zu trotzen hatte.
Da trat ein Verwandter des psariotischen Admirals, der dreißigjährige,
in Kämpfen gegen die Korsaren Algiers geschulte, unerschrockene Papani=
kolis von Psara hervor und rief: „Ihr sucht einen Steuermann; ich gehe.“
Er wählte sich 21 entschlossene Männer zur Bemannung des Branders
aus; doch hinderte ungünstiger Wind die kühnen Männer daran, Etwas
zu unternehmen. Am 7. Juni traf auch der Brander des Kalafatis von
Psara ein, und am 8., da der Wind sich gelegt hatte, um halb 9 Uhr in
der Frühe segelten die beiden kleinen Fahrzeuge unter gewaltigem Enthu=

---

kleinen Bramsegeln und ihren wenigen Matrosen geben. Nicht Johann Patatukos, wie
man nach Gervinus meinen könnte, sondern Papanikolis ist der Held von Eresos.

siasmus der athemlos zuschauenden Griechen auf den türkischen Koloß los. Trotz des heftigen Feuers vom Ufer und vom Bord der Fregatte, hing sich der Brander des Kalafatis an die Mitte, der des Papanikolis an das Vordertheil des feindlichen Schiffes, und während jener keinen Schaden anrichtete, gelang es dem Papanikolis, das Vordersegel der Fregatte in Brand zu setzen. Er selbst entkam mit seinen Genossen unter stürzenden Balken und Segelstangen; vergebens suchten die Türken das Unheilsschiff fortzustoßen, die Flammen schlugen von allen Seiten empor, durch die Gluth lösten sich die Kanonen von selbst, die Pulverkammer ward ergriffen, das Schiff flog in die Luft, und von den 1100 Personen der Mannschaft entrannen nur acht dem Verderben. Die Griechen dankten Gott für den glänzenden Sieg, in Psara fand ein feierliches Tedeum statt, Papanikolis war der Held des Tages; suchte sich aber, wie das seiner bescheidenen Seemannsnatur entsprach, allen übertriebenen Huldigungen zu entziehn. Aus dem Stegreif entstand ein Lied: „Mithylene's unseliger Ort sah ein Wunder griechischer Seele, den Türken verbrannt und besiegt". Die Bestürzung auf der türkischen Flotte war so groß, daß dieselbe ruhmlos wieder in die Dardanellen zurückfuhr; der türkische Pöbel rächte die Niederlage nach seiner Manier, indem er in den kleinasiatischen Städten Kydonia, Smyrna, Aïvali von Neuem grauenhafte Excesse beging.

Das Uebergewicht der Griechen zur See war schon jetzt klar zu Tage getreten; ihre „Delphine", die Kriegsschiffe der drei Inseln, waren in rastloser Thätigkeit, sie beherrschten nun unbestritten den Archipel, die europäische und die kleinasiatische Küste der Türkei; sie machten erst die Blokade der Küsten = Festungen im Peloponnes zu einer wirkungsvollen und die Lage der im Inneren des Landes kämpfenden Türken zu einer höchst bedenklichen.

Unter diesen Umständen konnte das Schicksal des Peloponneses auf die Dauer nicht zweifelhaft sein. Der einzige feste Punkt außer Tripolitsa, den die Türken im Inneren der Halbinsel noch behaupteten, war Lala. Hoch über dem Thal des Alpheus auf dem Berge Pholoe hatte dort eine albanesische Militärkolonie der Revolution, die sie umbrandete, getrotzt. Schon früher ein Schrecken der Umgegend, ein rauher, kriegstüchtiger Stamm, dessen Tapferkeit selbst von Ali Pascha's Sohn Veli respektirt worden war, hatten die Lalioten sich durch den Ausbruch des griechischen Aufstands keineswegs einschüchtern lassen, sondern hatten vielmehr Streifzüge nach allen Richtungen unternommen und das Ihrige gethan, um den Fortgang der Bewegung zu hemmen. Zwischen ihnen und Kolokotronis bestand seit dem Jahr 1808, wo der griechische Kleftenhäuptling dem Lalioten Ali Farmakis gegen Veli Pascha zu Hülfe gekommen war, ein ritterliches Verhältniß gegenseitiger Rücksicht und Achtung, so daß von Kolokotronis nicht erwartet werden konnte, daß er ernste Schritte gegen Lala that. Auch vor der Expedition abenteuernder Jonier, die unter Anführung

des Grafen Metaxas in Elis landete, durch Zuzug aus Patras und Kalawryta auf 3000 Mann anschwoll und sich Lala gegenüber verschanzte,
auch vor dieser „Armee der jonischen Inseln", wie sie sich pomphaft betitelte, brauchte den Lalioten nicht bange zu sein. Als aber zu Anfang
Juni ein Geschwader aus Hydra und Spetsia an der Westküste des Pe-
leponneses erschien, und es klar war, daß es sich nicht blos um einen Lokal-
aufstand, sondern um eine hellenische Nationalsache handele, hielten es die
Lalioten für gerathen, ihre Bergstadt zu verlassen. Sie schickten an Jussuf
Pascha nach Patras, und ersuchten ihn um Geleit. Der Pascha erschien
selbst, er lockte vereint mit den Lalioten die Jonier aus ihren Schanzen
und brachte ihnen eine Schlappe bei, vermochte aber die von Metaxas
hartnäckig vertheidigten Schanzen nicht zu nehmen. Am folgenden Tag,
den 26. Juni, steckten die Lalioten ihre Häuser in Brand und Jussuf geleitete
sie mit Weib und Kind nach Patras.*) Oft haben sie später voll Sehnsucht an
die frischen Quellen und schattigen Wälder Arkadiens und Messeniens zurück-
gedacht. Es war ihnen nicht beschieden ihre Adoptivheimath wiederzusehn.

Während also selbst muthvolle Gegner daran verzweifelten, sich gegen
den Aufstand zu halten, fingen die Griechen an ihre Erfolge nach Innen
zu befestigen. Bisher war die Verwaltung in den einzelnen Distrikten
ganz so weitergeführt worden, als ob die Türkenherrschaft fortbestände:
die Steuern gingen regelmäßig ein, die Gemeindeangelegenheiten wurden
ruhig besorgt; das alte Municipalsystem bewährte sich in kritischer wildbewegter Zeit. Da die Autorität des Sultan weggefallen war, so übernahm jetzt jeder Primat die großherrliche Prärogative für sich selbst. Es
war eine Art Selbstregierung, die sich freilich auf individueller Willkür
aufbaute und die einer jeden Verantwortlichkeit entbehrte. So konnten
die ersten Monate der Revolution verstreichen, ohne daß die Griechen an
politische Organisations- und Verfassungsfragen dachten; es war vielleicht
ein Glück, daß sie nicht darauf verfielen mit theoretischen Erörterungen
über Menschenrechte und über die Trias des Aristoteles eine kostbare Zeit
zu verlieren. Inzwischen machte sich aber das Bedürfniß einer Central-
gewalt geltend; erschien es doch unumgänglich, daß für die zur Fortführung
des Kriegs nothwendigen Mittel in regelmäßiger Weise gesorgt ward.
Die geistlichen und weltlichen Vorstände sowie die Militärhäupter beschlossen
daher, durch Errichtung einer allgemeinen Vertrauensbehörde für die nächste
Zukunft Sorge zu tragen. Es ist immerhin charakteristisch, daß sie dabei
keineswegs auf das Volk zurück zu gehn und dasselbe um seine Meinung
über die neue Behörde zu befragen für nöthig erachteten. Sie wußten,
daß das Volk, an Ordnung und Schweigen gewöhnt, gehorchen und nicht
daran denken werde über Oktroyirung zu klagen;**) die Regelmäßigkeit und

---

*) Φιλήμων Δοκίμων IV. Band. 1861. S. 60 ff.
**) Finlay I. S. 265 sieht stark durch die englische Brille, wenn er behauptet, daß
die Uebergehung der Volkswahl die Gefühle der Griechen tief verwundet habe.

Ordnung, mit welcher die Gemeindeangelegenheiten bis dahin verwaltet worden waren, bürgte zugleich dafür, daß sich keinerlei überschwängliche politische Gelüste vor der Zeit unter dem Volk regten. So traten denn die
hervorragendsten Männer des Peloponneses am 7. Juni 1821 im Kloster
Kaltetsi zur Berathung zusammen, und setzten dort ein Statut auf, welches als das erste öffentlichrechtliche Aktenstück des junghellenischen Staates
anzusehn ist. Sie ernannten im Namen ihrer Gemeinden und der durch
nothwendige Berufsgeschäfte im Lager von Trikorfa zurückgehaltenen Militärchefs einen Ausschuß von sechs Männern, welcher in Gemeinschaft mit
dem militärischen Oberbefehlshaber des Peloponneses, mit Petrobei, alle
zur Befreiung des Vaterlands nothwendigen Maßregeln treffen und un-
beschränkt über die vorhandenen Mittel gebieten sollte, bis Tripolitsa
genommen und eine neue Vorsteherversammlung abgehalten sei. Durch
die Errichtung dieser Centralbehörde, der Γερουσία von Kaltetsi, hatte man
freilich einen kühnen Griff gethan, und der Zukunft im absolutistischen
Sinne vorgearbeitet; indessen war doch immer ein Anfang staatlicher Organisation geschaffen und jedenfalls war es anzuerkennen, daß der Sechser-
Ausschuß sich wesentlich auf die Leitung der Kriegsoperationen und auf
die Beschaffung der zum Kampfe nöthigen Mittel beschränkte, und es unterließ sich auf das Feld politischer Streitigkeiten zu begeben. Er knüpfte
an die bestehenden Munizipalverhältnisse an, verordnete, daß ihm die Zehnten,
welche die türkische Regierung bezogen hatte, fortgezahlt würden, verbot die
Ausfuhr von Lebensmitteln, leitete die Rekrutirung und veranstaltete Wehr-
übungen unter der waffenfähigen Jugend.

Die ruhige Entwicklung der in Kaltetsi beschlossenen Organisation
ward jedoch nach wenigen Wochen gestört. Auf Wunsch der peloponnesischen Hetäristen, insbesondere des Papa Flesas, hatte Alexander Ipsilantis
beschlossen, seinen jüngeren Bruder Demetrius nach dem Peloponnes zu
senden. Die Mutter Elisabeth und die Schwester Maria opferten freudigen Herzens Gold und Kleinodien, um die Expedition zu unterstützen.
Demetrius war den Nachstellungen der österreichischen Polizei glücklich entgangen, hatte in Triest Kantakuzenos und Kandiotis getroffen und sich
mit ihnen auf die Nachricht, daß der Peloponnes bereits in Aufruhr stehe,
eilig nach Hydra eingeschifft. Den 20. Juni langte er dort an; er stieg
in der Uniform der heiligen Schaar, angethan mit silbernen Epauletten
gemäß seinem Rang in der russischen Armee, ans Land, man empfing ihn
als „Zeus Retter" und sang ein Tedeum. Auch als er nach Astros herüber-
kam, wo ihn die peloponnesische Häuptlinge bewillkommneten, war der
Jubel grenzenlos. Das Volk begrüßte ihn als „Afentis", als „den Herrn".
Einen besonderen Effekt rief es hervor als seine schwere Kassette aus dem
Schiff gebracht wurde, die mehrere Männer mit Mühe auf den Schultern
trugen; — denn nun flog die willkommene Mähr von Mund zu Mund,
sie sei mit hunderttausenden russischer Rubel gefüllt. Um dem Ankömmling

einen belehrenden Vorschmack des griechischen Lebens zu geben, veranstaltete Kolokotronis sofort unter freiem Himmel ein Mahl, das aus einem gebratenen Schaaf, versalzenem Käse, trockenem Brot und Harzwein bestand, der in einem Ziegenschlauch lag. Weder Tisch noch Stuhl, noch Messer, Gabel und Flasche wurden sichtbar. Ypsilantis bestand die Probe gut. Er warf sich auf die Erde, schlug die Beine übereinander, griff mit den Händen nach dem Fleisch und zerriß es mit den Zähnen. Als Kolokotronis ihm den Harzwein in einem Kürbis darbot und ausrief: „So, Fürst, iß und trink, auf die Freiheit des Vaterlands!", that er freundlich Bescheid. Trotz dieses patriarchalischen Gastmahls, trotz des feierlichen Tedeum, das zwei Tage darauf in Vervena stattfand, wollte sich aber kein inniges Einverständniß zwischen Ypsilantis und den Peloponnesiern anbahnen. Demetrius war die Erscheinung eben nicht, die diesen rohen Natursöhnen imponiren konnte. Ein magerer, unansehnlicher Mann, war er kahlköpfig, obwohl er damals noch nicht dreißig Jahre zählte. In dem kleinen Körper steckte freilich eine kräftige Seele; mit Unerschrockenheit und Todesverachtung auf dem Schlachtfeld verband Demetrius ernstes patriotisches Streben, Uneigennützigkeit und Treue der Gesinnung, die ihn vor seinem Bruder und den anderen Fanarioten auszeichneten. Aber er vermochte diese seltenen Eigenschaften nicht geltend zu machen. Eine gewisse Schüchternheit und Gebundenheit lag über seinem äußeren Benehmen. Dem wortkargen skeptischen Mann fehlte die Gabe herzengewinnender Rede und nur allzuoft schien er unter dem Bann fremden Einflusses zu stehen. Ehrgeizige Intriganten, die in Griechenland eine Rolle spielen wollten und die sich zum Herrschen geboren dünkten, umdrängten ihn und wußten ihm schmeichelnd klar zu machen, daß er die Organisation von Kaltetsi umstoßen und sich an Stelle Petrobeis setzen müsse. Als dem Bevollmächtigten seines Bruders stehe ihm ja das Recht zu, die Leitung der Exekutive zu übernehmen, die man sich zu Kaltetsi angemaßt habe. Die Lockung verfing; Ypsilantis entwarf einen Organisationsplan für den Peloponnes, dem zu Folge alle militärische Gewalt in seiner eigenen Hand koncentrirt, die „Gerusia von Kaltetsi" aufgelöst und durch einen abhängigen „Rath" ersetzt werden sollte. Während Papa Flesas und Anagnostaras sich zu eifrigen Fürsprechern dieser im Namen der Hetärie und der geheimen Ἀρχή erhobenen Ansprüche machten, und auch Kolokotronis ihnen nicht abgeneigt zu sein schien, war die Mehrzahl der peloponnesischen Primaten entschlossen, an den bisherigen politischen Errungenschaften der Revolution, an der Organisation von Kaltetsi festzuhalten. Im besten Falle wollten sie zugeben, daß die höchste Gewalt drei von der Gerusia gewählten Männern gemeinschaftlich mit Ypsilantis anvertraut werde, verlangten aber, daß sowohl der Fürst wie die drei Gewählten der Nation verantwortlich sein sollten. Ypsilantis wollte sich jedoch keinerlei derartige Beschränkung gefallen lassen; sein Abgesandter, der Italiäner Kandiotis, verstieg sich sogar den Primaten gegenüber zu der unpassenden Drohung: „Entweder Ihr unterschreibt sofort den Organisationsplan des Fürsten, oder im Weigerungsfall geht er fort und es kommen binnen Kurzem 12,000 Russen hierher; da werdet Ihr schon sehn, welches Schicksal Euch erwartet."

Entrüstet antwortete Zaïmis: „Die Russen sollen nur kommen und mich zuerst erschießen; es kommt darauf an, daß das Vaterland gerettet werde"; und man gab dem Kantiotis deutlich zu verstehen, daß der Prinz gehn könne wenn es ihm beliebe. Die Anhänger des Ipsilantis nahmen den Handschuh auf; sie überredeten den Fürsten, daß er plötzlich ohne Wissen der Primaten am 9. Juli das Lager verließ und nach Kalamata aufbrach, wohin er bereits den ersten Kern regulärer griechischer Truppen, ein nach dem Vorbild der „heiligen Schaar" uniformirtes und disciplinirtes kleines Korps unter dem Franzosen Balestas verlegt hatte. Während seiner Abwesenheit organisirten nun seine Freunde und Anhänger einen Soldatenaufstand gegen die Primaten. Unter dem wüsten Geschrei: „Wir wollen unseren „Herrn" Ipsilantis; er ist gekommen das Vaterland zu retten, und die „Kodjabaschis" wollen ihn verfolgen. Tod den Tyrannen!" rotteten sich die Aufrührer im Lager von Vervena zusammen, drohten sie den Petrobei, Zaïmis und die anderen Primaten niederzuschießen. Nur mit Mühe gelang es der populären Persönlichkeit des Kolokotronis, die Bedrohten zu retten und den Tumult zu beschwichtigen; er stieg auf einen Felsblock, und rief mit seiner hallenden Stimme: „Ihr sucht den Ipsilantis, Hellenen! Ihr wollt den Ipsilantis; auch ich suche und will ihn; ich werde es dahin bringen, daß er zurückkommt!" Dann machte er den Meuterern ernstliche Vorwürfe, daß sie ihre Vorsteher würgen wollten, während der Feind in Tripolitsa noch unbezwungen sei. Die Könige Europas müßten eine schlechte Meinung von den Griechen bekommen, sie für Karbonaris halten und den Türken ihre Hülfe leihen. Schließlich verpfändete er sein Wort daß er an den Fürsten Demetrius schreiben und daß derselbe zurückkehren werde. So geschah es; die Primaten gaben unter dem augenblicklichen Druck der Gewalt vollkommen nach, schlossen sich dem Schreiben des Kolokotronis an, beschworen den Fürsten in den unterwürfigsten Ausdrücken, wiederzukommen, und das bedenkliche Zwischenspiel der Intriguen schien beendigt. Ipsilantis ward im Triumph nach dem Lager zurückgeholt. Man kann sich des Eindrucks aber nicht erwehren, als ob Kolokotronis' Stellung zwischen den Parteien eine zweideutige und als ob sein Bestreben darauf gerichtet gewesen sei, im Trüben zu fischen. Während die Primaten mit Ipsilantis wegen des Oberbefehls haderten, mochte er diese Stellung bereits für sich selbst ins Auge gefaßt haben. — Doch ließ er sich nichts merken, als Ipsilantis nun thatsächlich die oberste Leitung der militärischen Operationen vor Tripolitsa übernahm, und auch die Primaten fügten sich in die Nothwendigkeit augenblicklicher Unterordnung.

Sie siedelten von Vervena nach Zarakova über; Erzbischof Germanos erklärte in ihrem Namen, daß sie bereit seien die „Archistrategie" des Fürsten anzuerkennen; kniefällig beschwor er den Fürsten, er möge nun auch seinerseits eine Mitwirkung der „Gerusia" in Bezug auf die Militärangelegenheiten gestatten. Allein die hetäristischen Freunde des Ipsilantis hielten ihn auch jetzt von jedem versöhnlichen Schritt zurück; er verweigerte die Anerkennung der Gerusia, und die Kluft zwischen ihm und den Primaten erweiterte sich täglich mehr. Inzwischen begann er seine Archistrategie damit, daß er eine Aufforderung an die Türken richtete, sich ihm als dem Bevollmächtigten seines Bruders zu übergeben. Dieselbe blieb zwar erfolglos, doch machte es unter den Belagerten immerhin Eindruck, daß die „Rajahs" nun ein Haupt hatten. Da es bei der Belagerung oft auf naive, an die homerischen Kämpfe erinnernde Weise zuging, Waffenstillstand zum Mittagsschlaf verabredet ward, Tauschhandel und Geschäfte, Unterredungen, Spott und Scherz an den Mauern Statt hatten, so pflegten die Türken wohl, wenn die Griechen ihnen zuriefen: „Hollah! Unterwerft Euch, Ihr Türken, damit es Euch nicht an den Hals geht!" zu antworten: „Hollah, Ihr Romäer, wer ist Euer Haupt?" Jetzt jubelten die Belagerer: „Hollah, Ihr Türken, unser Herr Ipsilantis ist gekommen," und die Belagerten schwiegen bestürzt.

Die wachsende Gefahr ihrer Lage mag sie freilich noch mehr entmuthigt haben, als der Name des feindlichen Führers. Hätten die Griechen eine tüchtige Artillerie gehabt, um von den südwestlichen Höhen, wo sie postirt waren, die Stadt zu beschießen, so würde dieselbe sofort gefallen sein. Denn die Befestigung bestand nur aus einer Ringmauer von 14 Fuß Höhe und aus einem elenden niederen Fort, welches den Felsen von Trikorfa gegenüber errichtet worden war. Nur mühsam und nicht gefahrlos ward das Wasser aus einem Thal südlich von der Stadt herbeigeschafft; es fehlte an Proviant und Fourage; seit Kolokotronis am 22. August in einem glänzenden Gefecht bei Mytika (unweit des alten Mantinea) die türkischen Ausfallskolonnen geschlagen und zurückgeworfen hatte, waren auch die Auswege nach Norden und Osten eng versperrt, die Griechen rückten aus den Bergen in die Ebene herunter, und die türkische Kavallerie wagte nicht einmal mehr ihre Pferde in nächster Nähe der Mauern weiden zu lassen. Bald brachen Typhus und Lazarethfieber in dem engen, ungesunden und unreinlichen Platze aus. Die Hoffnung auf Entsatz war nur eine geringe; der Seraskier Churchit Pascha hatte vollauf zu thun, um den Hauptfeind Ali fest- und um den Aufstand niederzuhalten, der seit Anfang Juni ganz Westhellas ergriff und das türkische Belagerungskorps vor Janina im Rücken bedrohte. Man vernahm zwar, daß die türkische Flotte sich von ihrem Schrecken vor den Brandern erholt hatte und um die Mitte Juli abermals aus den Dardanellen ausgelaufen war; allein der türkische Admiral Kara Ali scheiterte schon vor Samos an dem energischen Widerstand des Führers der Samier „Lykurgos" Logothetis und lehnte unverrichteter Dinge nach dem Hellespont zurück. Es bedurfte der ernsten und dringenden Nachrichten aus dem Peloponnes und einer Verstärkung egyptischer und algierischer Schiffe unter Ismael Gibraltar, ehe er sich entschloß zum dritten Mal in See zu gehn. Er gedachte die pelo=ponnesischen Küstenfestungen zu verproviantiren, in den korinthischen Meer=busen einzulaufen, und von dort aus eine Diversion zu Gunsten Tripolitsa's zu versuchen. Zwei der türkischen Küstenfestungen, Monemvasia und Navarin, waren bereits am 5. und 21. August durch Hunger zur Uebergabe gezwungen worden. Das traurige Loos, das der Besatzung widerfuhr, weissagte Un=heil für Tripolitsa. Es kam hier wie dort zu Händeln zwischen den Ab=gesandten der Primaten, der „Gerusia" von Kaltetzi und den Vertrauens=männern, welche Ipsilantis geschickt hatte, um die Uebergabe zu überwachen und die Schlüssel der Forts zu übernehmen. Die Kapitulationen wurden nicht innegehalten, namentlich zu Navarin wurden selbst gegen die gefan=genen Weiber und Kinder grauenhafte Excesse von der wüthenden grie=chischen Soldateska verübt. Die Abgeordneten des Ipsilantis und die der Primaten verklagten sich untereinander und schoben sich gegenseitig die Schuld des Vertragsbruchs zu. Es war eine großmüthige Unklugheit des Ipsilantis gewesen, daß er sich mit dem Schein äußerlicher Unterordnung seiner Gegner begnügt, alle ihre Agenten und Parteigänger im Amt be=lassen und ihnen so die fortwährende Gelegenheit geboten hatte, seine eigenen Pläne und Maßnahmen zu durchkreuzen. Er zeigte in seinem Lager vor Tripolitsa weder die Klugheit noch die Energie, die ein Wa=shington 1775 vor Boston gezeigt hatte. Er hätte den von seinen Abge=ordneten abgeschlossenen Kapitulationen Respekt verschaffen müssen, selbst auf die Gefahr hin, ein halb Dutzend ränkesüchtiger Freiheitshelden aufzu=knüpfen. Zwar seufzte er damals: „ich fürchte, daß unsere Anarchie die Theilnahme all' derer verwirken wird, die es mit unserer Freiheit ehrlich meinen", aber er selbst arbeitete dieser Anarchie durch seine Schwäche in die Hände. Obwohl für den Fall der Einnahme von Tripolitsa ähnliche Excesse wie in Navarin bevorstanden, denen nur die Gegenwart eines ent=schlossenen Oberbefehlshabers steuern konnte, ließ Ipsilantis sich dazu über=reden, das Lager vor Tripolitsa zu verlassen und sich nach dem Norden der Halbinsel zu begeben, wo eine Landung der türkischen Flotte befürchtet ward. Kara Ali erschien nämlich zu Anfang September an der Küste Morea's, ranzionnirte Modon, Koron und Patras, drang in den korinthi=schen Meerbusen vor, äscherte Galaxidhi ein und belebte den Muth der Türken durch Wegnahme und Zerstörung der dortigen griechischen Schiffe und Werften.

Zwar blieb das Hülfsheer, das aus Osthellas zu ihm stoßen sollte, aus, da es bei Basilika von den osthellenischen Kapitanys zurückgeworfen ward, indessen war Kara Ali auch so noch stark genug, um durch eine Landung im Norden des Peloponneses den in Tripolitsa eingeschlossenen

Türken Luft zu machen. Dieser Gefahr zu begegnen, brach Ipsilantis mit 2000 Mann aus dem Lager von Trikorfa nach Norden auf, und die Belagerer Tripolitsa's sahen ihn mit stiller Freude ziehn; denn nun war ja Niemand da, der als „Archistrateg" die Kapitulation von Tripolitsa unterzeichnen, über ihre Ausführung wachen, Plünderung und Mord verhüten konnte. Ipsilantis hatte zwar als Stellvertreter für militärische Angelegenheiten den Mauromichalis, für politische Angelegenheiten den Anagnostopulos zurückgelassen; allein diese Persönlichkeiten entbehrten des Ansehns und der ethischen Kraft, um die Zügellosigkeit und Rachlust der Massen zu beschwören. Ipsilantis' Marsch nach Norden erwies sich als völlig nutzlos, da Kara Ali auf eine Diversion zu Gunsten Tripolitsa's verzichtete, um, froh über das Erreichte mit den Trophäen seines Zugs, den 34 zu Galaxidhi erbeuteten Schiffen, und einigen dreißig am Mastbaum seiner Fregatte aufgeknüpften griechischen Gefangenen nach Konstantinopel zurückgekehrt war. Aber die Berechnung der Primaten erwies sich als richtig, denn kaum hatte Ipsilantis seinen Zug nach Norden begonnen, kaum hatte er den korinthischen Meerbusen erreicht, als hinter seinem Rücken die Entscheidung vor Tripolitsa fiel.

Sie hatte sich zuletzt nur deshalb hinausgezogen, weil die Griechen die Noth der Belagerten auszubeuten suchten, den Verhungernden Lebensmittel, Brot und Früchte zu hohen Preisen verkauften und so das elende Leben von Menschen fristeten, die früher oder später doch unterliegen mußten. Die Aussicht auf den nahen Fall der Feste hatte Schaaren beutelustiger Patrioten aus allen Theilen der Halbinsel herbeigelockt; das Belagerungsheer war auf 12000 Menschen angeschwollen, den Mauern am nächsten lagerten die gierigsten von Allen, die Maniaten. Auch ein moderner Tyrtäos, ein häßlicher Zwerg Tsopanakos hatte sich im griechischen Lager eingefunden und spornte die Begeisterung durch seine dichterischen Improvisationen, wenn dieselbe eines noch wirksameren Stachels bedurft hätte. Sechshundert Sturmleitern waren zur Stelle geschafft, zudem standen den Belagerern seit der Einnahme von Monemvasia einige alte Feldstücke und Haubitzen zur Verfügung, die sich freilich bei den ersten ungeschickten Versuchen am gefährlichsten für die Bedienungsmannschaft erwiesen. Die Hauptsache war, daß die Türken selbst daran verzweifelten Tripolitsa zu halten, und nur noch über die Art uneins waren, wie sie ihr Leben retteten. Drei Meinungen machten sich geltend. Die einheimischen Türken des Peloponneses, an deren Spitze der reiche Kiamil Bei von Korinth stand, wollten eine allgemeine Kapitulation eingehn und verließen sich darauf, daß ihre alten Beziehungen zu den früheren Rajahs ihnen erträgliche Bedingungen sichern würden. Die fremden Türken, vor Allem der Stellvertreter Churchits, Mehmed Saleh Aga, der Kiaja Bei Mustafa und Churchits erste Favoritin wollten sich mit den Waffen durchschlagen. Die Albanesen unter Elmas Bey wollten durch Unterhandlungen mit Kolokot-

tronis für ſich allein eine günſtige Kapitulation erlangen und dann ihre
Waffenbrüder im Stich laſſen, zumal ſich Ali Paſcha von Janina aus für
ſie verwendet hatte und es den Griechen darauf ankommen mußte, den
Schein des Bündniſſes mit dem epirotiſchen Tyrannen zu wahren. Gegen
Kiamil Bei und Muſtafa Bei zeigten ſie ſich widerſpänſtig, und for=
derten trotzig den rückſtändigen Lohn: zu dem übrigen Elend der Belagerten
traten Zwiſt und Meuterei hinzu.

Unter dieſen Umſtänden drang ſchließlich die kleinmüthige Meinung
der einheimiſchen Türken durch. Nothgedrungen willigten Kiaja Muſtafa
und Mehmed Saleh Aga in die Kapitulation ein, während ſich die Alba=
neſen ſchmollend abſeits hielten. Man beſchloß zunächſt, um die Verant=
wortlichkeit der Behörden gegenüber dem Sultan zu decken, die bei den
Türken in kritiſchen Lagen übliche Weiberverſammlung abhalten zu laſſen.
Die Aelteſten an der Spitze zog am 18. September ein Weiberſchwarm
vor die Wohnungen Kiaja Muſtafa's und Mehmed Saleh's, heulte über
Hunger und Durſt und erflehte im Namen Gottes wie des Sultans
Barmherzigkeit, raſche Uebergabe der Stadt an die Griechen. Die Behör=
den gaben verabredetermaaßen nach; um aber der verachteten Rajah gegen=
über nicht den erſten Schritt zu thun, ließen ſie jetzt die griechiſchen Gei=
ßeln welche ſeit Beginn des Aufſtands in Haft gehalten wurden, holen
und übertrugen ihnen die Vermittlung. Dieſe Männer, 18 Herren und
18 Diener, hatten bisher, am Hals durch Ringe feſtgeſchmiedet, bei elender
Koſt und ſchlechter Behandlung, in einem feuchten unterirdiſchen Loch
geſeſſen; von Gicht und Fieber geplagt, glichen ſie wandelnden Skeletten,
als ſie an's Tageslicht traten. Man zwang ſie, einen immer noch ſtolzen,
drohenden Brief an die Belagerer zu ſchreiben, worin ſie ihre eigene Noth
bitter bejammern und erfragen mußten, was denn die Griechen eigentlich
wollten? Dies Schriftſtück ward über die Mauer geworfen, und von den
Griechen mit dem Vorſchlag einer Zuſammenkunft beantwortet. „Wir
wollen", erklärten die Belagerer, „daß die Tyrannei der Türken aufhöre
und daß ſie uns die Stadt übergeben."

Am 25. September — „ein für die Griechen höchſt ſüßer, für die
Türken höchſt bitter Trank" — fand die vorgeſchlagene Zuſammenkunft zwi=
ſchen den Anführern der Belagerer und Belagerten unter den Mauern
Tripolitſa's ſtatt. Anagnoſtopulos, der Vertreter Ypſilantis', erzählte den
Türken daß Europa und Rußland bisher den Griechen heimlich geholfen
hätten, daß aber jetzt zu Wien von den europäiſchen Königen beſchloſſen
ſei, es offen zu thun. Dieſe Mittheilung machte großes Aufſehen. Mit
zu Boden geſenkten Augen erwiederte der türkiſche Aga: „Die Könige haben
Unrecht gethan, wenn ſie ein ſolches Ding beſchloſſen haben. Sie hätten
uns erſt fragen ſollen". Trotz der Flunkereien des Anagnoſtopulos und
der wilden Drohungen des Kolokotronis nahm aber die Unterhandlung
keinen rechten Fortgang. Die Türken verlangten freien Abzug mit den

Waffen, sicheres Geleit zu einem Hafen und Transport nach der Heimath auf 40 Schiffen unter englischer Flagge. Die Griechen aber wollten von bewaffnetem Abzug nichts hören und forderten als Entschädigung und Ersatz für die bisherigen Kriegsausgaben 5 Millionen 200,000 Groschen. Das schien den Belagerten zu hoch gegriffen: sie boten statt des Geldes ihre Ländereien, auf die sie allerdings, da sie bereits verloren waren, leicht verzichten konnten, und verlangten, daß wenigstens 500 Türken zur Eskorte des Harem bewaffnet bleiben müßten. Die allgemeinen Unterhandlungen schienen sich damit völlig zu zerschlagen. Sie lösten sich in eine Reihe Einzelunterhandlungen auf, und es trat nun wie Filimon sagt: „der Gipfel der Anarchie" ein. Die Türken tauschten ihre Waffen und ihre Kostbarkeiten gegen Feigen und Trauben ein, es fand ein förmlicher Jahrmarkt statt unter den Mauern der Stadt; es half wenig, daß K. Mauromichalis, um dem Unwesen zu steuern, unter die Tröbler feuern ließ. „Vom Kopfe fault der Fisch" sagt ein griechisches Sprüchwort, und hier gaben die Häuptlinge den griechischen Soldaten das schlimme Beispiel. Jeder reiche Türke ließ sich jetzt von irgend einem befreundeten Klestenführer Sicherheit des Lebens und der Ehre garantiren und versprach das reichste Lösegeld. Vor Allem verpaßte Kolokotronis die kostbare Gelegenheit nicht. Er führte die Separatunterhandlung mit Elmas Bey, dem Befehlshaber der Albanesen; er sicherte ihnen freien Abzug und sie überschickten ihm am 1. Oktober ihre gesammte. bewegliche Habe in 13 schweren Kisten zu, die er ihnen jedoch später in Mytika, wie Filimon behauptet unberührt, zurückgegeben hat. Kolokotronis' Schwägerin, die griechische Amazone Bobolina, die das leicht bewegliche Abendland später als ein Muster holder Weiblichkeit und Heldensinnes gepriesen hat, von Augenzeugen als ein altes, grobknochiges und wenig liebenswürdiges Mannweib geschildert, Bobolina erschien eigens zu dem Zweck im griechischen Lager und in Tripolitsa selbst, um mit den reichen Juden und Wechslern der Stadt zu unterhandeln und sich von ihren Frauen gegen unbestimmte Verheißungen mit prächtigen Geschenken beladen zu lassen.

Die große Menge des griechischen Heeres mußte befürchten, schließlich ganz leer auszugehn, die Ungeduld der Soldaten wuchs von Tag zu Tag, und so erklärt sich, daß die schmachvollen Händel plötzlich durch eine Katastrophe unterbrochen wurden.

Am 2. und 3. Oktober ereigneten sich herzzerreißende Scenen, wie sie wohl einem großen Unglück zuvorgehn, unter den Mauern der belagerten Stadt. Ein Haufe von viertausend Weibern und Kindern stürzte unter dem Ruf Erbarmen! „Amna! Allah istun!" aus den Thoren; der Hunger trieb sie in's griechische Lager, aber von dort jagte man sie zurück und von den Mauern feuerten die Türken auf die Unglücklichen, denen sie keine Aufnahme mehr gewähren wollten oder konnten. Es kam, erzählt das „Tragudion von der Einnahme Tripolitsa's", der Dienstag dann heran,

es kam der traurige Mittwoch. Es kam heran der Donnerſtag, getränkt
mit Gift und Unheil. Und endlich brach der Freitag an, o hätt' er nie
geſchienen! Auf Freitag den 5. Oktober hatte der Kechaja Bey eine allge=
meine Verſammlung der Belagerten nach dem Serail berufen, um über
die kritiſche Lage und über neue Kapitulationsvorſchläge zu berathen, die
man den Griechen machen wollte. Alles ſtrömte nach dem Serail, ſelbſt
die Albaneſen fanden ſich ein, als man, wie ein Augenzeuge, der damals
als Unterhändler im Serail verweilende Fotakos erzählt, gegen 9 Uhr
von der Oſtſeite der Stadt her Schüſſe hörte. Die Griechen hatten ſich
den Umſtand, daß die Aufmerkſamkeit der Belagerten auf die Berathung
gerichtet war, zu Nuße gemacht. Da man die Hauptgefahr für die Stadt von
der Nordweſtſeite erwartete, ſo war die Südoſtſeite der Ringmauer faſt
ganz von Wachtpoſten entblößt. Griechiſche Soldaten näherten ſich dem
Thor von Nauplia mit Brot und Früchten; ein gewiſſer Dunias fing mit
der ihm perſönlich bekannten türkiſchen Schildwacht zu plaudern an, bis
er bemerkte, daß dieſelbe allein ſei, da machte er ſeinen Gefährten ein
Zeichen, raſch eilten ſie herbei, erſtiegen einer auf der Schulter des andern
die Mauer, bis ihrer gegen 50 oben waren; dann pflanzten ſie ihre Fahne
auf, öffneten das Thor von Nauplia, und Dunias kehrte eine Kanone
gegen die Stadt. Im Nu war die Nachricht durch das ganze Lager ver=
breitet, Ströme beuteluſtiger Soldaten ergoſſen ſich durch das geöffnete
Thor; auch die übrigen Thore wurden mit leichter Mühe geſprengt; die
Türken, die aus dem Serail in ihre Häuſer ſtürzten, waren völlig über=
raſcht und ſahen ſich in der Regel von der wüthenden griechiſchen Solda=
teska umringt, ehe ſie an Widerſtand denken konnten. Die Vornehmen
und Reichen, darunter der Kechaja, Kiamil Bey, Mehmed Saleh Aga
erhielten wenigſtens vor der Hand momentane Sicherheit, weil ihr Leben
und die Ausſicht auf Löſegeld den Griechen werthvoller dünkte als ihr
Tod. Allein über die anderen unglücklichen Bewohner der Stadt, welche
die Mittel nicht beſaßen um die Gelüſte der Belagerer zu befriedigen,
erging ſogleich ein furchtbares Rachegericht. Es war die griechiſche Ant=
wort auf den Mord des Patriarchen. Jeder Winkel wurde nach Opfern
durchſucht, kein Stand, kein Alter und Geſchlecht geſchont; man folterte
Weiber und Kinder, ehe man ſie mordete, insbeſondere an den Juden
wurden unſagbare Gräuel verübt. Die Mörder gönnten ſich kaum Zeit
zur Ruhe und Nahrung. In den Stuben einzelner Häuſer ſah man ein
Jahr ſpäter noch die Spuren dieſer Unthaten; Blut klebte an den ver=
kohlten Wänden, die Griechen hatten mit Blut Namen daran geſchrieben.
Nicht immer freilich hatten die Mörder leichtes Spiel. Einzelne Türken
wollten den Untergang ihrer Herrſchaft nicht überleben, ſie ließen ſich lieber
in ihren Häuſern einſchließen und tödteten ſich ſelbſt, ein tapferer Aga
erſchoß erſt ſein Weib, dann ſeine ſchöne zwanzigjährige Tochter und ſich
zuletzt; eine kleine wackere Schaar, die ſich in die große die Stadt beherr=

schende Citadelle zurückgezogen hatte, wehrte sich drei Tage lang und kapitulirte erst am 8., von Hunger und Durst gezwungen; wie Verzweifelte
wehrten sich auch die Derwische, die sich in dem „Mochtop“, der großen
Schule, eingeschlossen hatten. Den letzten Widerstand solcher Fanatiker zu
brechen, mußten die Griechen die verheerende Macht des Feuers anrufen;
schon in der ersten Nacht nach dem Sturm brachen die Flammen an einzelnen Punkten empor, auch das Serail, dessen Bewohnerinnen noch rechtzeitig Rettung fanden, gerieth in Brand. Von Freitag bis zum Sonntag
wütheten Feuer und Schwert in der dem Verhängniß geweihten Stadt:
sie schien ein Vulkan, dessen Gluth bis an die Wolken schlug; dazu das
fortwährende Krachen der stürzenden Balken, der Artillerie und des Klein-
gewehrfeuers, das Aechzen der Sterbenden! Die Leichen lagen in den
engen Straßen so gehäuft, daß Kolokotronis' Pferd von der Mauer bis
zum Serail „den Boden nicht betrat“. Keine Ahnung von Zucht und
Disciplin unter den barbarischen Siegern. Wollte ein Grieche dem
Türken, der um Mitleid flehte, das Leben schenken, so schoß ein andrer
ihm den Gefangenen vor den Augen nieder. Kolokotronis selbst gerieth
in schwere Lebensgefahr, da er den früheren Abreden gemäß es unternahm
die Albanesen zu schützen. Diese Söldlinge waren, durch Plaputas geleitet,
glücklich vom Serail bis an das Thor von Kalawryta gelangt; dort erwartete sie Kolokotronis, der unter ihre Arrièregarde ritt, und die von allen Seiten nachdrängenden Griechen zurückjagte. Bei Mytika aber griff ein Trupp
wüthender Griechen, die von Deligiannis und Anagnostaras angestiftet
waren, die Nachhut an. Die Albanesen umzingelten den Kolokotronis,
der gleichsam als Geißel in ihrer Mitte war, Elmas Bey packte die Zügel
seines Pferdes, da rettete sich der griechische Häuptling durch seine Geistesgegenwart; er rief den Angreifern zu: „Hellenen, wenn Ihr die Albanesen
angreift, so erschießt mich zuerst.“ er schreckte sie zurück; die Albanesen
entkamen ungefährdet nach Levidhi, Kalawryta und dem korinthischen
Meerbusen. Als sie Epirus erreicht hatten und in Sicherheit waren,
richteten sie ein Dankschreiben an Plaputas und priesen den Kolokotronis
als ihren Retter. Zwischen den Häuptlingen, welche das Entkommen der
Albanesen hatten verhindern wollen, und Kolokotronis mußte der Vorfall
freilich böses Blut machen. Deligiannis erging sich in heftigen Droh-
Reden, von denen sich Kolokotronis jedoch wenig anfechten ließ. „Jetzt,
wo Gott gewollt hat, daß wir Tripolitsa nähmen,“ äußerte er zu Feta-
kos, „mögen Jene sagen, was sie wollen. Sie sehen (indem er auf türkische
Leichen wies) diese hier erschlagen, mit denen sie einst gemeinsam herrschten.
Jetzt hat das Volk die Macht. Sie hofften die Türken zu beerben und
an deren Stelle zu treten, aber sie haben sich arg verrechnet.“

Die Rettung der Albanesen mag die Rachlust gegen die Opfer, die
sich noch in den Händen der Griechen befanden, gesteigert haben. Dem
Franzosen Raybaud, der als Kommandant der griechischen Artillerie der

Einnahme beiwohnte, sträubte sich das Haar über die Unthaten, deren
Zeuge er sein mußte. Filimon braucht die beschönigende Wendung, daß
die „Liebe zum Vaterland sich bei den Hellenen in unbesiegbare Leiden=
schaft verwandelt habe“, und sucht so die Schauer=Scenen, welche den
Triumph seiner Landsleute befleckten, zu rechtfertigen.

Trunken von ihrer „patriotischen Leidenschaft“ versammelten die
Griechen, nachdem sie bis zum Sonntag gewüthet hatten, zweitau=
send Personen jeden Alters und Geschlechts, hauptsächlich Weiber und
Kinder, führten sie nach einer Bergschlucht im Mänalon und metzelten
sie dort sämmtlich nieder. „Der Mond verschlang sie.“ Jahre darauf
sah der vorüberziehende Reisende an jener Stelle noch Haufen unbegra=
bener Gebeine aufgeschichtet, welche der Regen des Winters und die
Gluth der Sommersonne gebleicht hatte. Die zuverlässigsten Berichte
schätzten die Zahl der damals erschlagenen Türken auf 10,000; Koloko=
tronis, der während der Katastrophe in unablässiger Thätigkeit, Tag und
Nacht zu Pferd, kaum nach 20 Stunden Zeit fand ein Stück Brot zu
essen, behauptet, es seien 32,000 Ungläubige getödtet worden. Da es an
Todtengräbern fehlte, so verfaulten die meisten Leichen unter freiem
Himmel und verpesteten die Luft, die schon zuvor von tödtlichen Miasmen
geschwängert war. Die Griechen hatten nur einige Hundert Menschen
beim Sturm verloren, aber nun brach eine furchtbare Typhusepidemie
unter ihnen aus; es war gleichsam ein göttliches Strafgericht für die
Frevel, mit denen sie den Sieg befleckt hatten. Die damalige griechische
Kirche hätte freilich weder Strafe noch Schuld anerkannt; denn sie war
es ja gerade, welche die Wuth der Massen entflammt, welche die Men=
schen in Tiger umgewandelt hat. Es galt den Schimpf, welcher der
griechischen Orthodoxie in der Person ihres Oberhauptes zugefügt war,
zu rächen. Jener Bischof von Elos Anthimos, der vor dem Ausbruch
des Kampfes allsonntäglich den Segen des Himmels für das heilige Werk
der Revolution erflehte, er hatte jetzt einen Hirtenbrief erlassen, wonach
jedem Soldaten nur dann der Genuß des Abendmahls ge=
stattet war, wenn er nachwies, einen Türken getödtet zu
haben. Jeder von den in die Stadt stürmenden Griechen hielt es also
für heilige Pflicht, wenigstens einen oder mehrere Ungläubige zu morden.
Nur wenn man sich den Einfluß der Religion auf diese halbbarbarischen
Kinder der Berge, nur wenn man sich vergegenwärtigt, was es bedeutet,
wenn die Priester der Liebe zu Aposteln des Hasses und der Leidenschaft
werden, nur dann kann man den elementaren Ausbruch der Volksrache,
das wilde wahnsinnige Würgen in Tripolitsa verstehen: man denkt zurück
an die christlichen Kreuzfahrer, die einst in Jerusalem ihre göttliche Mis=
sion durch Feuer und Schwert vollstreckten.

Mit dem Fall von Tripolitsa erhielt der Aufstand seine militärische
Grundlage und Befestigung. Aus dem reichen erbeuteten Kriegsmaterial

bewaffneten die Militärchefs ihre Gefolgschaften; die Bauern warfen
Schleudern, Dreschflegel und Messer fort und griffen zu den Musketen.
Das Innere des Peloponneses war nun völlig frei; noch eine Kraft=
anstrengung, und es fielen die letzten Küstenplätze, wo die türkische Flagge
wehte. Auf die Türken selbst machte der glänzende Erfolg des Aufstandes
einen tiefen Eindruck. Sie hatten zum ersten Male bei jenen Kapitu=
lationsverhandlungen vor Tripolitsa die Insurgentenchefs, die Häupter
der bisher so verachteten Rajah, als ebenbürtig anerkennen, sie durch
Aufstehen zuerst begrüßen müssen; jetzt mußte sich selbst der stolze Bela=
gerer Janina's, Churchit, dazu herbeilassen, für seine in griechische Ge=
fangenschaft gerathenen Angehörigen die Vermittlung des Ipsilantis an=
zurufen. Nach ihrer fatalistischen Weise fingen die Türken an in dem
Aufstand ein leidiges Verhängniß zu sehen; ja sie gestanden sogar die
Möglichkeit des Gelingens ein. Als Ipsilantis den gefangenen Kiamilbei
fragte, was er über die griechische Erhebung denke, sagte dieser: „Soviel
ich sehe, kann die Türkei Euch nicht wie früher unterwerfen, wenn Ihr
geeint seid und ein Haupt habt. Aber glaubt nicht, daß ihr die Türkei
besiegt habt, weil Ihr Tripolitsa eingenommen. Die ganze Türkei wird,
obwohl sie schläft, nicht in 50 Jahren niedergeschlagen."
     Die Bedingung, welche der Türke für das Gelingen der Revolution gestellt
hatte, sollte sich freilich zunächst nicht verwirklichen. „Das Wenn", äußerte Kole=
kotronis, „ist ein Kraut, das oft gesäet wird, aber selten aufgeht." Von jener
Eintracht, die den Türken vor Allem furchtbar werden konnte, war man nach
der Einnahme von Tripolitsa weiter denn je entfernt. Von einer Kon=
centration aller Kräfte in der Hand des Ipsilantis konnte die Rede nicht
mehr sein. Als Ipsilantis' Soldaten hörten, daß Tripolitsa genommen
sei, hätten sie beinahe den Feldherrn erschlagen, der sie um den Lohn
ihrer patriotischen Anstrengungen betrogen habe; „wir", lärmten sie,
„waren von Anfang an vor Tripolitsa, und nun ernten Andere die
Beute."
     Das ganze Heer lief auseinander, Ipsilantis kehrte selbst eilig nach
Tripolitsa zurück und machte dort den Versuch, die Ordnung herzustellen
und einen Theil der Beute für den öffentlichen Schatz zu sichern. Er
erntete aber nur Spott und Gelächter, die man unter der Maske feier=
licher Ehrenbezeugungen verbarg. Kefalas, einer der ersten Erstürmer
des Naupliathors, brachte ihm 12 kupferne, von den Türken erbeutete
Suppenschüsseln, welche als einzige Erstlingsgabe auf dem Altar des
Vaterlandes niedergelegt wurden. So machte sich unter den Siegern als
schlimme Folge des Siegs Zügellosigkeit und Gleichgültigkeit gegen das
Allgemeine geltend, Befriedigung persönlicher Gelüste schien das höchste
Gesetz geworden zu sein. Auch zwischen Kolokotronis und den bürger=
lichen Primaten, welche ihm das Entkommen der Albanesen verübelten,
kam es zu ernsten Zerwürfnissen. In richtiger Erkenntniß der Sachlage

schlug Kolokotronis dem Kriegsrath der Griechen vor, daß man den mo=
ralischen Eindruck, den der Fall Tripolitsa's gemacht, rasch ausbeuten
und die bestürzte türkische Besatzung von Patras überfallen solle. In
Patras herrschte nämlich seit dem großen Erfolg der Griechen solcher
Schrecken, daß hunderte von Türken an das Meeresufer eilten und sich
auf die Schiffe retteten, ohne daß Jemand sie verfolgte. Mit den Lalio=
ten, welche die Akropole besetzt hielten, stand Kolokotronis von jeher im
Einverständniß, er wußte, daß sie unter ehrenvollen Bedingungen geneigt
waren, den Platz zu räumen; ein günstiger Erfolg schien gesichert, sobald
nur der griechische Feldherr sich zeigte. Kolokotronis war denn auch bereit
nach Patras zu marschiren und fing an, die zum Zuge gehörige Mann=
schaft anwerben zu lassen; jedoch man fand bereits, daß er während der
letzten Ereignisse allzusehr in den Vordergrund getreten sei und so spann
man eine Intrigue, um das Projekt scheitern zu machen. Die Primaten
Achaja's, den Erzbischof Germanos und Andreas Zaïmis an der Spitze,
schrieben an Ipsilantis und erklärten, daß sie sich die Hülfe des Koloko=
tronis verbäten, daß sie schon allein mit den Türken in Patras fertig
werden wollten. Ja sie drohten, daß sie sich einem Vorrücken des Kolo=
kotronis mit gewaffneter Hand widersetzen würden, und ließen Koloko=
tronis' geheimen Gegner, den Deligiannis bitten, er möge ihnen gegen
Kolokotronis zu Hülfe kommen. So stand der kühne Kleftenführer, der
bisher nur gegen die Türken gekämpft, vor der Eventualität des Bürger=
kriegs *). Er scheute sich vor der Verantwortung, griechisches Blut zu
vergießen. Auch Ipsilantis hielt es für klug, dem Konflikt auszuweichen.
Kolokotronis gab sein Vorhaben auf und Beide beschlossen, sich statt
gegen Patras, gegen Nauplia zu wenden. Kolokotronis hatte bald darauf
die traurige Genugthuung, daß die achaischen Primaten, die sich anheischig
gemacht hatten, allein Patras zu nehmen, von den Lalioten eine derbe
Schlappe erlitten, und daß das griechische Belagerungskorps in alle Winde
zerstreut ward. Aber auch vor Nauplia sollten die Griechen nicht viel
bessere Erfahrungen machen, wie vor Patras. Die Feste war Anfang
November, gerade im entscheidenden Augenblick, auf 7 Monate verpro=
viantirt worden, es war keine Aussicht vorhanden, sie durch Hunger oder
Durst zu bezwingen, wie Monembasia und Navarin. Trotz der natür=
lichen Vertheidigungsstärke des Platzes beschlossen die Griechen, gehoben

---

*) Daß der Auszug des Kolokotronis nach Gastuni und das Anschwellen
seines Heeres von 40 auf 10000 Mann ein Mythos ist, der, aus einer falsch ver=
standenen Stelle der Memoiren des Kolokotronis und des Germanos entstanden,
sich zuerst bei Trikupis (S. 109) eingebürgert hat, wird aus Fotakos (S. 136)
und Filimon (IV. S. 236) deutlich. Kolokotronis ist gar nicht ausgezogen,
sondern wollte nur ausziehn. Im andern Falle wäre er auch schwerlich
umgekehrt.

durch ihren Erfolg vor Tripolitsa, Nauplia durch Sturm zu nehmen. „Unterwerft Euch, Ihr Türken, riefen sie ihnen zu, denn sonst machen wir einen „Rifalto" wie bei Tripolitsa." — „Gott hat Euch den Sinn verdreht, Ihr Romäer, antworteten die Türken, und Ihr habt das Büchlein Palamidis nicht durchstudirt". Die Belagerten wiesen auf die Venetianerzeit zurück, sie erinnerten daran, welch' blutige Opfer damals die Einnahme des fast unzugänglichen Forts Palamidi gekostet habe, jenes steilen Felsen, der die Stadt Nauplia und das befestigte Vorgebirge Itschkale überragt. Allein dem Ipsilantis, der seit dem 14. Dezember sammt Kolokotronis, dem Korps der Regulären und der Philhellenen im Lager vor Nauplia eingetroffen war, kam es darauf an, durch einen glänzenden Handstreich die Erinnerung an seine letzte ruhmlose und lächerliche Expedition in Vergessenheit zu bringen; zugleich schien die Gelegenheit günstig, um den Griechen eine Probe der Ueberlegenheit europäischer Kriegskunst zu geben, und die unter dem Kommando des Balestas einexercirten regulären Truppen, sowie die Philhellenen in hellem Lichte zu zeigen. Ihnen war der schwierigste Posten beim Sturm zugedacht. Sie sollten in der Nacht vom 15. zum 16. Dezember die Mauern der Stadt bei dem festländischen Thor erklimmen, während Kolokotronis durch einen Scheinangriff gegen Palamidi die Aufmerksamkeit der Türken von dem bedrohten Punkte ablenkte. Vom Meer aus sollten 13 hydriotische Schiffe den Angriff durch ihr Feuer gegen die türkischen Befestigungen und durch eine Landung am festländischen Thor unterstützen. Alles war zur Ausführung des Planes bereit, allein im entscheidenden Augenblick erhob sich ein heftiger Wind, der die hydriotischen Schiffe hinderte, dem Land nahe zu kommen und das „Kastell" zu beschießen. Trotz dieses widrigen Zwischenfalls gab Ipsilantis den Befehl zum Sturm. Allein die Griechen unter Giatrakos warfen die Sturmleitern fort, und begnügten sich damit, aus der Ferne hinter sicheren Felsen und Verstecken hervorzuschießen. Nur die Regulären unter Balestas und die Philhellenen unter dem braven Würtemberger Linsing rückten im Sturmschritt gegen die Mauern heran. Ein verheerendes Feuer empfing sie. Ruhmvoll, an der Spitze der Seinen fiel Linsing, einige Funfzig Philhellenen und Reguläre lagen todt oder verwundet. Die Angreifer wichen in Unordnung zurück. Unter wildem Allahgeheul brachen die Türken aus den Thoren, rafften die am Boden liegenden Sturmleitern auf, schnitten den Todten und Verwundeten die Köpfe ab, brachten die Trophäen im Jubel heim. Ipsilantis begab sich niedergeschlagen nach Argos, wo er den Körper des wackeren Linsing feierlich bestatten ließ. Das Schicksal hatte dem Fürsten eine kleine Tröstung vorbehalten, da die Besatzung Akrokorinths, durch Hunger gezwungen zu unterhandeln, ihn gegen Ende des Jahres herbeirief, um die Kapitulation abzuschließen. Der Haß seiner geheimen bürgerlichen Gegner ging aber schon so weit, daß sie insgeheim die Türken zu fortgesetztem Widerstand aufstachelten: und als die Intrigue mißglückte und die Uebergabe der Feste den 26. Januar wirklich erfolgte, da wußten sie den Moment, wo Ypsilantis fieberkrank darniederlag, zu gebrauchen, um auch diesen Erfolg durch Vertragsbruch zu verdunkeln. Sie überfielen die türkische Besatzung, welche entwaffnet am Fuß der Feste in Lutraki auf Transportschiffe wartete, und machten sie verrätherisch nieder; von den Schätzen, die auf Akrokorinth bewahrt worden waren, kam der geringste Theil dem allgemeinen Wohl zu Gute; 100000 Grosien wurden für die peloponnesische „Gerusia" bei Seite gebracht, auf die Juwelen legten die Insulaner Beschlag, die für ihren bisherigen Kriegsaufwand entschädigt sein wollten; ein kostbares Kriegsmaterial ward verschleudert und ging verloren.

Das Flitterjahr der Revolution war vorüber. Man hatte Größeres erreicht, als unterdrückte Nationen im ersten Anlauf zu erreichen pflegen. Der Gedanke der nationalen Unabhängigkeit, der bei den Niederländern und Schweizern erst nach langjährigem Kämpfen und Leiden zum Bewußtsein der Einzelnen drang, er trat von Anbeginn der griechischen Erhebung an mit voller Klarheit vor die Seele jedes einzelnen Griechen. Nun stand man diesem ersten Ziele nahe. Allein mit der Befreiung von fremdem Joch war die Freiheit noch nicht errungen, die sich selbst zu überwinden und die dem Egoismus Gesetze zu schreiben weiß.

Viertes Buch.
Die Prüfungsjahre 1822—1824.

———

Die Griechen hatten in einer kurzen Zeitspanne Großes mit kleinen Mitteln erreicht. Sie waren aus einem Haufen rebellischer Sklaven eine unabhängige Nation geworden. Sie hatten Armeen auf die Beine gebracht und Flotten ausgerüstet, sie hatten eine regelrechte Blokade der türkischen Festungen zu Land und zur See durchgeführt. Ihre Gemeindeverwaltung lief so ruhig weiter als zur Türkenzeit, von doktrinären Streitigkeiten über Verfassung und Grundrechte hörte man wenig. Der innere Zwiespalt, der bald nach dem Siege verhängnißvoll hervortrat, entsprang mehr aus persönlichen Interessen, als aus politischen Prinzipien.

Die großen Schätze nationalen Eigenthums, die Masse von privatem und öffentlichrechtlichem Gut, die nach der Verjagung und Vernichtung der Türken in griechische Hände fielen, das Alles wurde nur zum geringsten Theil für die Bedürfnisse des Kampfes, für den Nutzen des neuen zu gründenden Staatswesens verwandt. Allzu verführerisch lockten die „Margariten" und „Sizren", die Perlen und das kostbare Pelzwerk, die Juwelen Churchits und Kiamil Beis, die man zu Tripolitsa und Akrokorinth erbeutete. Es kam wohl vor, daß schlichte Bergbewohner die Perlen nach dem Gewicht, wie Bohnen verkauften — aber nur allzu rasch gewöhnten auch sie sich an die Schätzung von Kostbarkeiten und Gold. Petrobei schickte aus Tripolitsa zwei Kameele und zwanzig Maulthiere schwer beladen nach Hause. Seine Maniaten bepackten ihre Weiber, die aus dem Gebirge herbeigeeilt waren, mit dem Raube. Ihnen war nichts zu gering von Allem was beweglich war, selbst die alten Nägel rissen sie aus den Wänden und trugen sie mit fort. Wäre Polybius, von den Todten auferstanden, ein Zeuge dieser Scenen geworden, er würde ohne sonderliche Ueberraschung sein altes Wort bestätigt gefunden haben, daß kein Grieche im Stande ist, öffentliche Gelder, die in seine Hände gerathen, unangetastet zu lassen. Denn die griechischen Primaten handelten nach dem Grundsatz: „dem Staat schaden, heißt Niemandem schaden." Was konnte ihnen gelegener kommen, als eine lukrative Revolution? Sie nahmen die Steuern des griechischen Landvolkes, welche so regelmäßig in ihre Taschen flossen wie ehemals in die der Türken, sie nahmen die türkischen Gelder und Vorräthe gern mit in Kauf. Sie schalteten mit der liebenswürdigen Großmuth eines reichen Verschwenders, der das Schwinden der väterlichen Hinterlassenschaft kaum bemerkt. Die mit Korn gefüllten türkischen Magazine wurden geöffnet und ihr Inhalt zu spottwohlfeilen Preisen verschleudert. Tausende von Rationen wurden an Freiheitskämpfer vertheilt, die ihrer gar nicht bedurften; Millionen von Patronen wurden nutzlos in die Luft verpufft, ohne daß die Türken diese patriotischen Demonstrationen hören konnten. Konnten sich doch die Primaten durch eine solche auf fremde Kosten veranstaltete Freigebigkeit Anhang und Freunde verschaffen! Die Autorität des Sultans war dahin, aber jeder Dorfvorsteher fing an den Sultan in seiner Brust zu fühlen und die großherrliche Prärogative in Anspruch zu nehmen. Die christlichen Paschas schickten sich an das Handwerk ihrer türkischen Vorgänger mit ungeschwächten Kräften fortzusetzen. Allein bei dieser Ausbeutung der öffentlichen durch die Privatinteressen stießen die Primaten jetzt auf eine rivale Gewalt, mit der sie sich auseinandersetzen mußten. Während sie das Volk nach Gutdünken leiten zu können und allein das Heft in Händen zu halten wähnten, hatte sich im Lauf des Kriegs jene Soldatenoligarchie gebildet und gefestigt, als deren gewaltigster Vertreter Kolokotronis anzusehn ist. Es war nicht vorauszusehn, daß diese Männer gutwillig auf die höchste Gewalt im Staat verzichteten, daß sie stillschweigend zusahen, wie die Primaten sich mit der türkischen Beute bereicherten und stärkten. Die Spaltung war deutlich hervorgetreten, als Kolokotronis die Albanesen aus Tripolitja entschlüpfen ließ. Der scharfblickende Häuptling verkündete schon damals, daß „die Nation" den Ansprüchen der christlichen Paschas, der „Kodjabaschis" gegenübertreten werde. Sich selbst sah er als den Herold dieser nationalen Aufgabe an. Durch die Vorfälle vor Patras, Nauplia, Akrokorinth erhielt die gegenseitige Erbitterung neue Nahrung. Die Kapitanys wollten den Krieg, der ja ihr eigenstes Metier sei, auch ganz allein in die Hand nehmen und den Primaten höchstens die Handlangerdienste, die Beschaffung der nöthigen Gelder und Kriegsmittel überlassen. Dagegen erhoben die Primaten den Anspruch, Rüstung, Waffen und Rekruten aus den Gemeinden nicht nur zu beschaffen, sondern auch die Truppen selbst gegen den Feind zu führen. Vor Akrokorinth hatte sich gezeigt, daß dieser kleinliche Interessenkonflikt sogar zum Verrath gegen das Vaterland führen könne. Blickte man auf echten Patriotismus und Uneigennützigkeit, so wäre Ipsilantis die richtige Persönlichkeit gewesen, um sich über den habernden Parteien zu erhalten. Allein er war bereits „engagirt." Durch seinen Zwist mit den Primaten war er dem Kolokotronis und der

Militärpartei nahe gerückt, durch die Unselbstständigkeit seines Charakters war er allmählich in vollkommene Abhängigkeit von ihnen gerathen. Sie schmeichelten ihm, sie bethörten sein Gehirn, das sich, wie Kolokotronis äußerte, „nicht auf der Höhe der Umstände befand." Geschickt benutzten sie das Ansehn seines Namens. Obwohl der Nimbus des geheimnißvollen russischen Schutzes durch die Kunde von den Ereignissen in den Fürstenthümern einen bedenklichen Rost erhalten hatte, suchten sie den von Ipsilantis' Umgebungen eingeführten Trug weiter zu spinnen. Die monarchische Sehnsucht des Volkes kam ihnen gelegen. Noch immer vernahm man aus der Menge, wo Ipsilantis sich zeigte, den Ruf: „Es lebe der Herr!" Es galt, den Rest dieser Popularität im kleftischen Interesse auszubeuten. Als die Intrigue der Primaten gegen Kolokotronis' Zug nach Patras reifte, hatte der Kleftenhäuptling bereits mit Ipsilantis die Nothwendigkeit einer Berufung an die Nation erwogen. Die „Nation" sollte zwischen den Kleften und den Primaten entscheiden. Nach dem Fall von Tripolitsa erloschen verabredetermaßen die Funktionen der „Gerusia" von Kaltetsi. Es war bringend geboten, in umfassender Weise für die politische Zukunft Griechenlands zu sorgen. Ipsilantis wandte sich daher an die Nation, er berief durch zwei Rundschreiben vom 18. und 21. Oktober 1821 die Distrikte des Festlands, der Inseln und des Peloponneses zu einer allgemeinen Nationalversammlung. Er nannte sich den Vater des Volkes, „dessen Seufzen er im Herzen Rußlands gehört habe," er unterzeichnete sich als den Generallieutenant seines Bruders Alexander. So wenig vermochte er sich von den alten durch die Thatsachen entkräfteten hetäristischen Kunstgriffen zu trennen. Statt nach der Würde eines erwählten Präsidenten Griechenlands zu streben, gefiel er sich nach wie vor, das mystische Mandat zu bekleiden, das von seinem Bruder und der „Ἀρχή" herrühren sollte. Aber auch die Partei der Primaten hatte inzwischen Männer und Namen von gutem Klang gefunden, die sie dem Ipsilantis gegenüberstellen konnte.

Am 2. August 1821 war Alexander Maurokordatos mit einer Anzahl fanariotischer Freunde und philhellenischer Offiziere in Mesolonghi gelandet. Der Ruf hoher geistiger Bildung und politischer Erfahrung ging ihm voraus. Er war der würdige Sproß einer Familie, auf deren Rechnung in erster Linie das Wiedererwachen des geistigen Lebens unter den Griechen zu setzen ist. Lord Byron nannte ihn der besten Zeiten des alten Griechenlands würdig; wer immer Anspruch auf höhere wissenschaftliche und politische Bildung machte, fühlte sich zu ihm gezogen. In der Politik kennzeichneten ihn besonnenes Maßhalten und verständiges Beschränken auf das Erreichbare; er liebte es von Unten, vom Kleinen, Unscheinbaren anzufangen und sicher fortzuschreiten, wo Andre den Thurmbau mit der Spitze begannen; was Ipsilantis scheinen wollte, verstand er zu sein. Die Fehler unbesonnener Gegner wucherten für ihn. Er verstand zu beobachten

und die Gelegenheit zu erwarten; rasches kraftvolles Zugreifen war freilich
seine Sache nicht. In dieser Beziehung durften seine Schmeichler ihn
nicht mit Washington oder Bolivar vergleichen. Schon bei seinem ersten
Auftreten legte er sich gleichsam auf die Lauer, vorsichtig tastend sondirte
er die verwickelten Verhältnisse, welche er zu beherrschen wünschte. Er
schrieb einen freundlich klugen Brief an Ipsilantis, worin er sich demselben
als nationalen Mitkämpfer zur Disposition stellte und versprach, daß er
ein treuer Diener des Vaterlands sein würde, sobald Ipsilantis die „nothwendigen Befehle" ertheile. In Mesolonghi müsse eine vom Peloponnes
unabhängige Lokalverwaltung errichtet werden, er selbst sei bereit an deren
Spitze zu treten, er werde die Befehle des Ipsilantis heilig halten, ver-
bitte sich aber jede Mitwirkung. Geschickt verwendete er die warmen
Empfehlungsschreiben, die ihm sein Freund der Metropolit Ignatius von
Pisa mitgegeben, um sowohl für diesen, der sich gern als geistliches Oberhaupt der Griechen gesehen hätte, als für sich selbst eine Partei und Ansehn
zu gewinnen. Er trat in Verbindung mit Alexius Nutsos, dem charakter-
losen, aber schlauen und gewandten Diener Ali Pascha's, der gerade in
Mesolonghi die Hülfe der Griechen für seinen gefährdeten Herrn in
Anspruch nahm. Er suchte das Trugbündniß zwischen Albanesen und Griechen zu erhalten. Auf der anderen Seite kultivirte er eifrigst die Beziehungen zu den festländischen und peloponnesischen Primaten. Aus Achaja
hatte man ihm gleich einen Boten, den Rigopulos, zur Begrüßung entgegen geschickt; als er im Lager der achaischen Primaten vor Patras zu
Prinarokastra erschien, nahm man ihn mit hohen Ehren auf, Zaïmis
führte ihm als Gastgeschenk einen prachtvollen Zelter entgegen. In Prinarokastra trafen um die gleiche Zeit, am 19. August, zwei hervorragende
Fanarioten, Konstantin, der Sohn des Hospodar Karadja, und Theodor
Negris ein, von denen zu erwarten war, daß sie Maurokordatos' Politik
unterstützten. Beide waren Gegner des Ipsilantis; Karadja beanspruchte,
daß sein Vater, der Hospodar, zum Fürsten Griechenlands ernannt werde
und schob es Ipsilantis' Ränken zu, daß die Griechen von diesem Anspruch
Nichts hören wollten. Negris fühlte sich gekränkt, weil Ipsilantis ihm
den Oberbefehl in Kreta verweigert, und statt seiner den Russen Asentulis
mit der Leitung der kretischen Insurrektion betraut hatte. Er gehörte zu
den ersten Fanarioten, die der griechischen Sache ihre Kräfte widmeten;
zum türkischen Gesandtschaftssekretär in Paris designirt, hatte er auf die
Nachricht von der Revolution hin seine Papiere in's Meer geworfen, und
war schon im April nach Griechenland geeilt. Als er in Spetsia landete,
hätte der griechische Pöbel, der in dem kleinen, spindeldürren, modisch
gekleideten Herrn einen türkischen Spion sah, ihn beinahe ermordet. Die
Vermittlung des N. Bammas rettete ihm das Leben. An Scharfblick,
Geschäftsgewandtheit und Fähigkeit war Negris dem eiteln ahnenstolzen
Karadja weit überlegen; ein ruheloser Ehrgeiz riß ihn aber oft zu gewalt-

samen Entschlüssen und zu Fehlern fort, welche Maurokorbatos' ruhige
Besonnenheit vermieden haben würde. Mit Spannung erwartete man
jetzt, wie sich das Verhältniß des Maurokorbatos zu Ipsilantis und den
Militärchefs gestalten werde. Die Verhandlungen, welche zwischen dem
fanariotischen Kleeblatt in Prinarolastra Statt fanden, konnten einer Annäherung an Ipsilantis gewiß nicht förderlich sein. Am 26. August begab
sich Maurokorbatos in's Hauptquartier nach Trikorfa; die beiden andern
Fanarioten blieben in Bytini zurück, wo sie das Resultat der Unterhandlung
abwarteten. In Trikorfa fand Maurokorbatos Gelegenheit seine Menschenkenntniß und zuwartende Klugheit zu erproben. Er beobachtete Ipsilantis'
Schwächen und Fehler, er verfolgte den zwischen den Primaten und Militärchefs heranwachsenden Zwist; er vermied es aber, sich tiefer mit
den Peloponnesiern einzulassen und jetzt schon Opposition gegen Ipsilantis zu machen. „Er hörte," sagt Filimon, „sah, richtete die Wasser-
waage, sprach zu Allem und über Alles süß und hold." Diese entgegen-
kommende und feine Politik war freilich nicht dazu angethan, die Neigungen
der Klesten und die Achtung eines Kolokotronis zu gewinnen. Hinter der
süßlächelnden Vermittlermiene witterten sie fanariotische Arglist. Maurokorbatos war vielleicht noch weniger als Ipsilantis die Persönlichkeit, die
durch Leibesstolz und äußeres Heldenthum imponirte. Der civilisatorische
Frack und die Brille machten ihn in den Augen der kleftischen Wildlinge
lächerlich, Kolokotronis empfand unwiderstehliche Lust ihm Citronenschaalen
auf den neuen europäischen Anzug zu werfen.

Leichter als der geriebene Kleftenhäuptling war Ipsilantis zu gewinnen.
Halb aus Schwäche, halb aus ritterlichem Großmuth ebnete er dem zukünftigen Gegner die Wege. Er übertrug dem Maurokorbatos die politische
Organisation des Festlandes, zeigte ihm das größte Vertrauen und gab
ihm, als seinem Mandatar, die wärmsten Empfehlungsbriefe an die festländischen Primaten und Kapitanys mit. Nur von einer Anstellung des
Negris, den er „als unverbesserlichen Intriganten" bezeichnete, wollte er
nichts wissen und Maurokorbatos sollte ihm sogar versprechen, denselben
höchstens für unbedeutende Geschäfte zu gebrauchen. Allein Maurokorbatos
hatte keine Lust sich zum Werkzeug des „Archistrategen" herzugeben; er
machte nur, solange er in dessen Nähe, in Trikorfa war, gute Miene zum
bösen Spiel; sobald er aber nach Bytini zurückkehrte, warf er die Maske
ab. Von dort aus erließ er in Gemeinschaft mit Karabja und Negris
ein Rundschreiben an alle Festländer, sie möchten Bevollmächtigte nach
Mesolonghi und Salona senden, allwo am 26. September zwei allgemeine
Versammlungen zur Berathung über die Lage des Vaterlands zusammentreten sollten. Das fanariotische Kleeblatt hielt diesen offenbar gegen Ipsilantis gerichteten Schritt zwar anfangs geheim; allein der „Archistrategi"
erfuhr ihn bald und gerieth in große Entrüstung. Er erklärte, daß er
blos die Sendung des Maurokorbatos autorisirt habe; protestirte gegen

die beiden andern Fanarioten und ließ sogar den Primaten von Salona
und Theben sagen, sie möchten den „Betrügern Karadja und Negris"
kein Vertrauen schenken.

Die Fanarioten antworteten ihm mit einer vollendeten Thatsache.
Sie begaben sich nach Salona und Mesolonghi und nahmen eine politische
Theilung des Festlands in die östliche und westliche Hälfte vor. Der
nichtssagende Karadja ward geschickt bei Seite geschoben; Maurokorbatos
übernahm es, den Westen, Epirus mit eingeschlossen, Negris, dem schon
im Frühjahr von den Athenern die politische und militärische Leitung
ihres Distrikts zugedacht worden war, übernahm es, den Osten mit Ein-
schluß von Makedonien zu organisiren. Sie fanden nur geringe Schwierigkeiten. Die Primaten des Festlandes waren gewonnen', die Primaten
des Peloponneses thaten aus Haß gegen Ipsilantis Alles, was in ihren
Kräften lag, um das gegen den Archistrategen gerichtete Werk zu fördern.
Auch die Kapitanys des Festlandes sahen es nicht ungern, daß eine politische Ordnung entstand, durch welche die Mittel zur Fortführung des
Kriegs beschafft würden. Zwar murrte Odysseus über das Treiben der
Fanarioten; aber diese einzelne Stimme verhallte unter dem allgemeinen
Beifall, welchen Negris und Maurokorbatos ernteten.

Die Individualität dieser beiden Männer drückte sich in den von
ihnen geschaffenen politischen Ordnungen deutlich aus. Maurokorbatos
hatte es verstanden die Verfassung von Westhellas den Umständen und
den lokalen Bedürfnissen anzupassen. Was er schuf, war nüchtern und
maaßvoll; keineswegs glänzend. Er hatte das neugeborene Kind in beschei-
dene, aber warme Windeln gewickelt. Dagegen konnte Negris dem
Kitzel, Geist und konstitutionelle Kenntnisse zu verrathen, nicht widerstehn. Er schuf eine Verfassung, die ebenso gut für Neapel oder Portugal
wie für Osthellas passen konnte. Er steckte den Säugling in einen
Männerrock.

Die um Mitte November in Mesolonghi unter Maurokorbatos' Prä-
sidentschaft tagende Konstituante ernannte einen provisorischen Rath, der
aus 10 von Primaten und Kapitanys gewählten Mitgliedern zusammengesetzt und nur der Nationalversammlung verantwortlich sein sollte. Die
Befugnisse dieser Gerusia sollten einfach darin bestehen, „daß sie für Beschaffung aller zur Befreiung von Westhellas nöthigen Mittel sorgen solle".
Den Kapitänen war eintretenden Falls Gehorsam gegen die Gerusia zur
Pflicht gemacht. Solche weise Beschränkung war nicht nach Negris' Ge-
schmacke. Die Konstituante von Osthellas, welche zu Anfang Dezember
in Salona tagte, faßte eine Reihe von Beschlüssen, durch welche Osthellas
wie ein selbstständiger Staat dem übrigen Griechenland gegenüber gestellt
und der Theil mit dem Ganzen verwechselt wurde. Zum unverantwort-
lichen Souverän von Osthellas ernannte sie, unter dem wunderlich klingenden
Titel „Areopag", eine Behörde von 12 Männern, denen die höchste poli-

tische und militärische Gewalt zukommen sollte, und denen eintretenden Falls
sogar ausdrücklich das Recht des Widerstandes gegen die allgemeine griechische Nationalversammlung zugesprochen ward. Der Areopag durfte
das Einrücken griechischer Truppen in Osthellas verwehren. Er durfte
jeden „des mangelnden Patriotismus und mangelnden Tyrannenhasses
verdächtigen Hellenen" festnehmen lassen und verurtheilen. Er durfte sich
den Steuerverordnungen der künftigen Nationalvertretung widersetzen.
Für die ferne Zukunft ward das Verschmelzen der drei griechischen Parti-
kularstaaten Ost-, Westhellas und Peloponnes zu e i n e m Gesammtstaat
in Aussicht gestellt, ein Nationalsenat sollte dann die höchste Regierungs-
behörde werden, die neben einem konstitutionellen, aus Europa zu beru-
fenden König fungirte.

Man sieht, neben den Ausschweifungen der theoretisirenden Fantasie
ging das Bestreben her, dem Lokalpatriotismus von Osthellas zu schmeicheln
und den griechischen Partikularismus zu verewigen. Wie man auch über
den Gegensatz der beiden neugeschaffenen Lokalorganisationen urtheilen mag,
soviel ist beiden gemeinsam, daß Civilpersonen sich die Leitung militärischer
Angelegenheiten zugesprochen, und wenn auch unter der Maske des Pro-
visoriums einen entscheidenden Schlag gegen die Autorität der Militärchefs
und des Ipsilantis geführt hatten. Die Spannung, die nun zwischen
Maurokordatos und dem Archistrategen eintreten mußte, kündigte sich bereits
in bitteren aufreizenden Briefen an. Maurokordatos machte dem Ipsilantis
Vorwürfe über seine Schwäche und Unselbstständigkeit; er schrieb ihm
geradezu, das System seiner Anhänger sei „Betrug, Lüge und Mord".
Er verbreitete einige Schreiben angesehener im Ausland lebender Hellenen,
worin dieselben ihre Entrüstung über Alexander Ipsilantis kräftig aus-
drückten. Er machte Kapital aus dem Scheitern des Aufstands in den
Fürstenthümern.

Die heftigen Anfeindungen, denen sich Ipsilantis ausgesetzt sah, das
rasche Vorgreifen seiner Gegner, die ihm nun auch das Festland entfremdet
hatten, nachdem ihm der Peloponnes schon durch die Primaten entfremdet
worden war: das Alles hätte den Archistrategen zu raschen kühnen Maaßregeln drängen sollen, um das verlorene Ansehn wieder zu gewinnen.
Allein dem wohlmeinenden und redlich gesinnten Mann waren seit den
wenigen Monaten seines griechischen Aufenthalts Parteiung und politischer
Hader schon so gründlich verhaßt geworden, daß er auf die Gefahr hin
seine eigene Stellung zu untergraben, unthätig blieb und ruhig zusah, wie
Andere die politische Initiative ergriffen und sich die Volksgunst sicherten.
Das Einzige, wozu er sich aufraffte, war der Entschluß, statt des ungesunden
von Seuchen verpesteten Tripolitsa's Argos zum Sitz der griechischen
Nationalversammlung zu wählen. Trotz seiner wiederholten Aufforderung
fanden sich aber die griechischen Nationalvertreter nur langsam und zögernd
dort ein. Die Primaten Achaja's blieben aus, weil sie auf Maurokordatos

und Negris warten wollten. Diese aber waren im Rückstand, weil sie noch mit der Leitung der Wahlen für die Nationalversammlung beschäftigt waren, welche den neuen Verfassungen gemäß aus der Gerusia und dem Areopag hervorgehn sollten. Unter den in Argos Versammelten erhob sich schon darüber ein großer Lärm; die peloponnesischen Militärchefs und die Primaten Hydra's schalten jetzt über die Zauberer. Auf ihr Drängen hin sah Ipsilantis sich veranlaßt am 12. Dezember eine Art parlamentarischer Eröffnungsfeier in der St. Johanneskirche veranstalten zu lassen; obwohl er sich sagen mußte, daß ohne die Bevollmächtigten des Festlandes und Achaja's nur von einem Rumpfparlament die Rede sein könne. Vamvas hielt die Eröffnungsrede, worin er darauf hin wies, daß die bisherigen organisatorischen politischen Arbeiten durch den Krieg und die Anarchie erfolglos geblieben seien; dann leisteten die Versammelten den Eid der Treue für das Vaterland. Gleich darauf trafen aber auch Negris mit den Primaten Achaja's und den osthellenischen Abgeordneten und Maurokorbatos mit den Abgeordneten von Westhellas ein. Ein Konflikt schien unvermeidlich. Die Insulaner, bisher für Ipsilantis eingenommen, begannen auf die Seite der Primaten zu neigen, da politische Erfahrung und Bildung dort am Ersten vertreten waren. Der Lesbier Benjamin lärmte allenthalben: „Damit das Vaterland ruhig wird und die Sache fortschreitet, muß Ipsilantis verbannt, und Vamvas gehängt werden." Im Fall eines blutigen Konflikts konnte sich die Wagschaale zwar noch immer auf Seiten des Archistrategen und der Militärhäupter neigen. Allein Ipsilantis, des ewigen Parteigezänkes müde, räumte seinen Gegnern freiwillig das Feld, begab sich in's Lager vor Korinth, Kolokotronis folgte ihm und nun hatte die Bürgerpartei unter den zu Argos Versammelten entschieden das Uebergewicht. Man beschloß, auch für den Peloponnes nach dem Muster der von Maurokorbatos und Negris im Festland errichteten Regierungen eine Gerusia zu schaffen. Ihr sprach man die Kontrolle über die militärischen und finanziellen Kräfte des Peloponneses und die Befugniß zu, die Deputirten zu ernennen, welche den Peloponnes in der Nationalversammlung zu vertreten hätten. Die Militärpartei, die sich in allen organisatorischen Arbeiten einer vollkommenen Unwissenheit bescheiden mußte, erhob keinen Widerspruch. Auch ward die Versammlung bald der kleftischen Machtsphäre entrückt. Da die Bewaffneten welche von Nauplia herüberkamen und die Straßen von Argos füllten, jede friedliche, geordnete Thätigkeit hinderten und störten, begab man sich nämlich den 1. Januar 1822 nach dem am saronischen Meerbusen gelegenen Piatha, nordwestlich von der Stätte des alten Epidauros, wo man von dem Kriegslärm entfernt und vor einem etwaigen rettenden Staatsstreich der Militärpartei sicher war. In dem ungesunden kleinen Orte, der nicht einmal Wohnungen hatte, um den Abgeordneten eine Unterkunft zu gewähren, tagte die erste griechische Nationalversammlung. Sie nannte sich, getreu dem Brauch,

mit großen Namen Geschichte zu machen, „Versammlung von Epidauros."
Ihre Zusammensetzung war sehr unregelmäßig und gemischt. Von einer
Vertretung des Volkes im strengen Sinn des Wortes konnte man schon
deßhalb nicht reden, weil die Primaten dem Volk das Wahlrecht entzogen,
und sich das Recht der Abgeordnetenernennung als etwas Selbstverständ-
liches angemaaßt hatten. Der Peloponnes und Westhellas waren verhältnißmäßig schwach, mit einigen zwanzig, am stärksten war das nahe Osthellas, mit 26 Abgeordneten, vertreten. Von den Inseln hatten nur Hydra,
Spetsia, Ipsara, Kassos und Skopelos Vertreter geschickt. Die Leitung
der Verhandlungen ward dem Maurokordatos anvertraut; er erntete nun
die Früchte der von Ipsilantis begangenen Fehler. Der Italiäner Gallina,
Negris, und alle europäisch gebildeten Griechen unterstützten den Präsi-
benten. Eine Opposition machte sich, da Ipsilantis und die Hetäristen
ausgethan waren, nicht geltend. Nachdem man sich über die Geschäfts-
ordnung geeinigt hatte, erließ man am 13. Januar eine feierliche Unab-
hängigkeitserklärung des hellenischen Volkes. Gleich darauf ward der von
dem Verfassungsausschuß unter Maurokordatos' Vorsitz ausgearbeitete Entwurf einstimmig angenommen.

In 7 Abschnitten, 10 Kapiteln und 107 Paragraphen verkündigte das
„organische Statut von Epidauros"*) Anerkennung der griechisch-orthodoxen
als der National=Kirche, dabei aber Duldung aller übrigen Sekten. Mohammedaner und Juden sollten von den politischen Rechten ausgeschlossen
sein. Gern erkennt man den Einfluß einer humanen aufgeklärten Richtung
in den Bestimmungen, welche die Aufhebung der Sklaverei und der Folter
aussprachen. Den Griechen war Gleichheit vor dem Gesetz und eine förmliche Habeas=Korpus=Akte garantirt. Kein Grieche sollte gefänglich eingezogen werden, ohne binnen 24 Stunden über den Grund seiner Ver-
haftung unterrichtet und ohne binnen 3 Tagen vor den Richter gestellt
zu sein. Für das Handelsrecht ward der französische Code de Commerce
angenommen, im Uebrigen die Sammlung der Harmenopulos aus den
Basiliken für rechtskräftig erklärt. Die Freiheit der Presse war nur in
Bezug auf ruchlose Angriffe gegen das Christenthum, die öffentliche Moral
und grobe persönliche Insulten einigen Beschränkungen unterworfen. Die
Wählbarkeit eines jeden Griechen, ohne Unterschied des Standes und Ver-
mögens, war gewährleistet. Kam es darauf an zu entscheiden, welche von
den in der Trias des Aristoteles enthaltenen drei Staatsformen: Demokratie,
Aristokratie, Monarchie, den Vorzug verdiene, so neigte die Mehrheit des
Verfassungsausschusses im Einklang mit den Stimmungen der Nation auf
Seiten der Monarchie. Selbst in dem Fiasko des Ipsilantis hatte sich
gezeigt, wie populär die Sache der Monarchie in Griechenland sei, die
lebhafte Einbildungskraft des Volkes sah damals wie auch in späteren

---

*) Λ. Μαμούκα. I. S. 107. Τὰ κατὰ τὴν ἀναγέννησιν τῆς Ἑλλάδος 1834.

Krisen alles Heil nur in der Ankunft eines Fürsten. Ποτε θὰ μας ἔλθει ὁ ἀφέντης; Wann kommt unser Herr? so fragte man 1821 wie im Jahr 1863 von einem Ende Griechenlands zum anderen. Entschied man sich für die Demokratie, so war zu befürchten, daß man den größten Anstoß bei den europäischen Monarchen erregen und die Sache der griechischen Erhebung in den Geruch des Karbonarismus bringen werde; entschied man sich für die Aristokratie, so verewigte man den Parteihader und das Kliquenwesen, das schon im ersten Freiheitsjahre bedenklich emporgewuchert war. Auf der anderen Seite fehlte es an einer überragenden Persönlichkeit in Griechenland selbst, vor welcher sich der Stolz und Neid der Primaten, Kapitanys und Kleriker gebeugt hätte.

Ipsilantis war bereits zu den Todten gelegt; Maurokorbatos flößte den Militärchefs allzu wenig Respekt ein; auch konnte man damals noch nicht mit Sicherheit darauf bauen, daß ein europäischer Fürst sich bereit finden lassen würde, die griechische Krone anzunehmen. Deshalb beschloß man, die Verfassung so zu gestalten, daß sich für einen künftigen Monarchen noch immer ein valanter Sitz in derselben vorfand, die persönliche Frage einstweilen offen zu lassen und sich mit einer provisorischen Regierung zu begnügen. Freilich war zu befürchten, daß ein Provisorium nur den Wünschen der Republikaner oder der Oligarchen zu Gute kam. Schon in der Abwägung und Kontrolle der staatlichen Gewalten machte sich die republikanische Eifersucht geltend. Das „organische Statut" erkannte zwei Gewalten, eine exekutive und eine legislative, an, die in ihren gegenseitigen Befugnissen scharf begränzt und beschränkt waren. Die Exekutive sollte aus 5 Mitgliedern, die Legislative aus 70 Abgeordneten bestehen, bei deren Auswahl man die einzelnen Landestheile möglichst gerecht und gleich berücksichtigte. Die allgemeine Leitung der Verwaltung, die Ernennung von Ministern, die Organisation der Flotte und der Armee und eine Stimme bei der Abfassung der Gesetze standen der Exekutive, Rechnungsablage, Budgetrecht und Besteuerung, sowie das Recht Gesetze vorzuschlagen und zu verwerfen, standen der Legislative zu. Beiden Gewalten gemeinsam war die zeitliche Beschränkung auf ein Jahr. Diese kurzlebige Geltung war eine Folge der unter den ehrgeizigen Primaten herrschenden Furcht, die Gewalt irgend eines Nebenbuhlers auf die Dauer zu begründen; oligarchischer Neid arbeitete der Demokratie in die Hände, man hielt es für nothwendig, jede Sache, wenn auch nur zum Schein, in kurzen Zwischenräumen der Entscheidung des Volkes zu überlassen. Auf dem dornichten Gebiet der Finanzen machte man insofern einen schlimmen Anfang als man gleich für das erste Jahr eine Ausnahme von der regelmäßigen Budgetvorlage statuirte, und der Legislative einfach die Pflicht auferlegte, die nothwendigen Geldmittel ohne Voranschlag zu beschaffen. Damit war der Gedanke einer fremden Anleihe, die Eventualität einer Verpfändung der Nationalgüter im Voraus angedeutet. Von einer finanziellen Verantwort-

lichkeit der Municipalbehörden, in deren Händen die öffentlichen Gelder
waren, war nicht die Rede; und die centnerschwere Frage: wie die Masse
türkischen Staats- und Privateigenthums, die nun griechisches Nationalgut
geworden war, verwaltet und ausgebeutet werden solle? blieb der Lösung
einer späteren Nationalversammlung überlassen. Alles in Allem hatte
man mehr ein glänzendes theoretisches Luftgebäude als ein praktisches
wohnliches Haus geschaffen; das Statut von Epidauros war eher darauf
berechnet einen Eindruck in Europa, als eine Wirkung in Griechenland
selbst hervorzurufen. In Griechenland hatten die drei Lokalregierungen
von West-, Ost-Hellas und dem Peloponnes bereits jeder einschneidenden
Wirksamkeit der Centralbehörden vorgegriffen; das Recht des Widerstands
gegen die Regierung, von Negris für Osthellas bereits gesetzlich eingeführt,
ward gleich nach der Errichtung des Statuts von Epidauros im Peloponnes
faktisch ausgeübt, da die „Gerusia" die Geldzuflüsse abzudämmen, in die
eigenen Taschen zu leiten und sich den Verfügungen der neuen Regierung
in Besteuerungssachen zu widersetzen anfing. An die Spitze der Exekutive
trat als Präsident Maurokordatos, er ernannte ein Ministerium, welches
als Elite der damaligen griechischen Intelligenz gelten durfte; Negris übernahm die auswärtigen Angelegenheiten, Kolettis den Krieg, Metaxas das
Innere, Theotokis die Justiz, Bulgaris die Marine, Notaras die Finanzen.
Ipsilantis erhielt gleichsam als Gnadenbrod den Vorsitz der Legislative;
er mußte zudem noch die bittere Pille verschlucken, daß die Versammlung
durch feierliche Abschaffung des Wappens und der Farben der Hetärie ein
Mißtrauensvotum gegen seinen Bruder und gegen die russischen Tendenzen
des Geheimbundes abgab. An Stelle des Phönix und der schwarzen Farbe,
die Ipsilantis damals noch einmal in ohnmächtigem Trotz aufhißte, nahm
die Versammlung als Wappen die Eule der Athene, sowie die blau und
weiß gestreifte Fahne an. Am 28. Januar schloß Maurokordatos die
Verhandlungen; die Regierung verlegte ihren Sitz nach Korinth, welches
bis zur Einnahme von Athen als griechische Hauptstadt auserjehen
war. Den Tag vor ihrem Auseinandergehn erließ die Versammlung nach
dem Beispiel Nordamerikas eine Rechtfertigung des Aufstands, eine Erklärung, daß die neue Regierung fortan die einzige legitime und nationale
sei, und eine Mahnung zur Eintracht. „Unser Kampf gegen die Türken
ist nicht die Folge einer rebellischen und demagogischen Bewegung, nicht
der Vorwand einer herrschsüchtigen Faktion, sondern es ist ein nationaler
Kampf, einzig und allein unternommen, um unsere Rechte wieder zu
erobern, unsere Existenz und unsere Ehre zu retten."   .

Während die Griechen ihre junge Freiheit dazu benutzten, um sich in
konstitutionellen Stylübungen und tönenden Reden zu ergehn, traf die
Pforte energische Anstalten, um den Feldzug des neuen Jahres siegreich
eröffnen zu können. Ein für die militärischen Operationen gegen Griechenland entscheidendes Ereigniß kam den Plänen des neuen kriegerischen

Pfortenministers Mohammed Sabik Effendi zu Paß. Anfang Februar 1822 war der alte Löwe Ali Pascha erlegen. Janina war gefallen. Das Belagerungskorps war frei, ein bewährter Feldherr und Kerntruppen waren verwendbar geworden. Der Sieger von Janina, Churchit Pascha, erhielt das Oberkommando über die türkische Armee, man hoffte, daß seine Energie und Rücksichtslosigkeit den Aufstand bemeistern, in Blut ersticken werde. Persönliche Leidenschaft, der Wunsch, den Raub seiner Schätze und seines Harems zu rächen, spornten den Feldherrn an. Fürwahr, Maurokordatos hatte die Frist, die ihm gegönnt war, den Westen des Festlands mit einer Konstitution zu beglücken, trefflich wahrgenommen; denn von dem Augenblicke an, da Ali Pascha die Streitkräfte der Türken nicht mehr im Schach hielt, war der Westen die gefährdetste Landschaft von Hellas, und alle konstitutionellen Arbeiten und Verhandlungen schwiegen voraussichtlich unter dem Lärm der Waffen. Churchit's Plan war denn auch darauf gerichtet, den Westen zu überrennen, von den festen Plätzen, die er am Golf von Arta inne hatte, durch den Makrinoros=Paß am Meer entlang nach Aetolo=Akarnanien vorzubringen, das ganze Land bis zum Busen von Lepanto zu unterwerfen und bei Rhium nach dem Peloponnes überzusetzen, während zu gleicher Zeit eine zweite Armee, aus Elitetruppen bestehend, durch Osthellas über den Isthmus in den Peloponnes debouchirte. Beide Armeen sollten sich dann vereinigen, um den Aufstand an seinem Heerde zu ersticken und Rache für Tripolitsa zu nehmen. Auf die Mitwirkung der Flotte hatte Churchit in erster Linie gerechnet; sie sollte die Westarmee von Rhium nach dem Peloponnes transportiren, sollte Patras und Nauplia ranzionniren, sollte vor Allem die Wehrkraft des griechischen Aufstands zur See, die Flotte der drei Schwesterinseln, mit einem vernichtenden Schlage treffen. Die Zuversicht des türkischen Feldherrn und des Divans theilte sich auch der europäischen Diplomatie mit; Fürst Metternich hatte schon im Dezember der Pforte den guten Rath ertheilen lassen, sie solle alle ihre Truppen nach Morea werfen und verhindern, daß die dortige Empörung une grande affaire werde; jetzt berichtete die österreichische Diplomatie triumphirend, es gehe zu Ende mit den Griechen, der Ausgang des Kampfes könne nicht mehr zweifelhaft sein. Die Vorhut der türkischen Flotte war schon im Februar nach dem Peloponnes vorausgesegelt, hatte Modon versorgt, die Besatzung von Patras verstärkt, hatte sich aber, von den Flotten der drei Inseln bei Patras leck angegriffen, nach Zanthe und Alessandria zurückgezogen. Jetzt bot sich dem Kapudan Pascha Kara Ali, der das Gros der türkischen Flotte kommandirte, gleich in der Nähe von Konstantinopel Gelegenheit zu einem wohlfeilen Triumph. Trotz der ungünstigen Erfahrungen des vergangenen Jahrs war nämlich Demetrius Ipsilantis unvorsichtig genug gewesen die Samier zu einer Landung auf Chios zu ermuthigen. Er ertheilte dem chiotischen Kaufmann Rallis die Ermächtigung, in Gemeinschaft mit dem

Anführer der Samier, Lykurgos, eine Expedition nach jener Insel zu unternehmen. Später suchte er zwar seine Verantwortung wieder zu decken; er schrieb in der richtigen Voraussicht, daß das chiotische Unternehmen von der Regierung nicht ausreichend unterstützt werden würde, am 2. Januar 1822 dem Lykurgos: es sei besser die Sache aufzuschieben. Allein Lykurgos, dessen kecke Abenteurerlust einmal geweckt war, ließ sich dadurch nicht irre machen. Er landete am 22. März mit 2500 Mann in Kutari und begann die Bevölkerung der Insel zur Freiheit aufzurufen. Zeit und Ort des Unternehmens waren möglichst schlecht gewählt. Im Winter würde eine Aufwiegelung der Chioten vielleicht gefahrloser von Statten gegangen sein; jetzt stand das Auslaufen der großen türkischen Flotte bevor und es war klar, daß die Türken Alles aufbieten würden, um die der asiatischen Küste und dem wichtigen Smyrna nah gelegene Insel zu behaupten. Chios war Nadelgut der Prinzessin Esma, der Schwester des Sultans; es ward so milde regiert, daß die Bewohner wenig Lust verspüren konnten, sich an der Revolution zu betheiligen. Ueber Steuerdruck hatten sie vielleicht unter allen Insulanern den wenigsten Grund sich zu beklagen; gern erträgt der Mensch, was er sich selbst auferlegen darf; das Sammeln der Abgaben, die Verwaltung der Gemeindeangelegenheiten lag den christlichen Demogeronten ob. Die Chioten waren ein fleißiges und friedliebendes Völkchen, ohne die geistige Ruhelosigkeit und Lebhaftigkeit, die den übrigen Hellenen eignet, sanftmüthig und dem behaglichen Lebensgenuß ergeben, wozu das milde asiatische Klima, die bezaubernde Ueppigkeit des Bodens einzuladen scheinen. Während sie sich an irdischen Gütern nichts abgehen ließen, fügten sie sich mit heitrer Grazie darein, daß sie in den Ruf geistiger Beschränktheit und Einfalt kamen, daß das Sprüchwort sagte: „Ein kluger Chiote ist so selten wie ein grünes Pferd." Hatte doch auch Chios würdigen Antheil an der geistigen Wiedergeburt des Vaterlands genommen. Waren doch Männer wie Koraïs von dort ausgegangen, Männer, deren bloßer Name als ein Protest gegen geistiges Stillleben gelten konnte. Gleichgültigkeit gegen die hellenische Nationalsache durfte man den Chioten wahrlich nicht zum Vorwurf machen; man mußte sich in ihre Lage versetzen, um zu begreifen, daß sie den Aufstand zwar mit stiller Sympathie aber ohne Neigung aktiver Parteinahme betrachteten. Sie hatten im März 1822 wie im Mai 1821 ihre ganze zufriedene und glückliche Existenz auf's Spiel zu setzen, Alles zu verlieren und Nichts zu gewinnen.

Die unter Lykurgos gelandeten Freiheitsmänner zeigten gleich, daß sie die Freiheit nicht umsonst brächten, daß sie die reichen wohllebenden Insulaner an patriotische Entbehrungen gewöhnen wollten. Da die türkische Besatzung im ersten Schrecken von einer fünffachen Uebermacht bedroht zu sein glaubte und nach dem Fort retirirte, so war die Insel auf kurze Zeit den samischen Abenteurern preisgegeben. Sie tran-

gen in die Hauptstadt ein, zerstörten die Douane, brannten ein
Paar türkische Kaffeehäuser und Moscheen nieder, raubten, plünderten und
hausten wie in Feindes Land. Sie legten im Namen des Vaterlandes
Beschlag auf das vorräthige baare Geld, sie hielten die reichen Chioten,
welche fliehen wollten, fest und zwangen dieselben, Leben und Sicherheit
theuer zu erkaufen. Lykurgos installirte sich im Pallast des Bischofs, setzte
die chiotischen Demogeronten ab, ernannte ein Revolutionskomité und
schickte sich an, das Fort zu belagern. Er forderte die türkische Besatzung
unter fürchterlichen Drohungen zur Uebergabe auf, nahm die Miene an,
als wolle er Sturm laufen lassen, ließ Bäume fällen, um die Gräben
des Forts damit auszufüllen, eröffnete ein Bombardement aus den kleinen
Geschützen, die er mitgebracht, erreichte aber freilich nur, daß die Türken,
über die Geringfügigkeit der griechischen Angriffsmittel belehrt, neuen Muth
schöpften und sich in der Erwartung eines schleunigen Entsatzes hartnäckig
vertheidigten. In Konstantinopel erregte die Nachricht von dem kecken
Wagstück, das gleichsam unter den Augen der türkischen Flotte unternom=
men war, mehr Unwillen als Bestürzung. Der Sultan empfand es als
einen persönlichen Schlag, den er rächen müsse. Die Frauen seines Ha=
rems schrieen, daß man die Rebellen vernichten solle, welche ihre schönen
Mastixgärten verwüsteten. Getreu dem alten ottomanischen Geist, der
das geschehene Unheil an Unschuldigen zu rächen pflegt, ließ man sofort
alle in Konstantinopel befindlichen Chioten verhaften, einige sechzig fried=
liche Kaufleute, sowie drei Geißeln, die jüngst von der Insel gefordert
worden waren, köpfen und aufhängen. Die Flotte erhielt Befehl sofort
auszulaufen. In den kleinasiatischen Häfen wurden Truppen angehäuft,
die sich zur Einschiffung bereit halten mußten. Am 11. April erschien
Kara Ali mit 46 Schiffen in dem nördlichen Kanal von Chios, beschoß
während der Nacht die Positionen der Belagerer und warf am folgenden
Tag 7000 Mann südlich von der Stadt an die Küste. Ein gleichzeitiger
Ausfall der Besatzung zerstreute das griechische Belagerungskorps in alle
Winde; die Stadt, die benachbarten Ortschaften gingen in Flammen auf,
Lykurgos leistete auf dem Lande in St. Georg einen kurzen heftigen
Widerstand, sah sich aber bald gezwungen zu fliehen und die Insel mit
dem größten Theil seiner Gefährten wieder zu verlassen.

Die Chioten erlitten das Loos aller liebenswürdigen und braven
Menschen, die in Zeiten gewaltiger Erregung nur zu dulden und nicht
zu handeln verstehen. Ueber die unglückliche Insel sollte ein furchtbares
Rachegericht ergehen. Zunächst wurden die an der kleinasiatischen Küste
zusammengeströmten raub= und mordlustigen Schaaren, deren Wuth durch
rasende Derwische fortwährend angestachelt ward, nach Chios herüber be=
fördert. Einen Augenblick hielt man den Eifer dieser Freiwilligen des
Fanatismus zurück; es galt, die chiotische Bevölkerung, die zum Theil nach
den Bergen geflüchtet war, in trügerische Sicherheit einzuwiegen, der Ka=

puban Pascha erließ ein gleißendes Amnestieverfprechen und zwei betrogene
Betrüger, der österreichische und französische Konsul Niepovich und Digeon,
zogen auf sein Geheiß mit Oelzweigen durch die ganze Insel, um die Bewohner zur Ablegung der Waffen, zu ruhiger Heimkehr aus ihren Verstecken und zum Vertrauen auf die großherrliche Barmherzigkeit zu er-
muntern. Die Unglücklichen athmeten auf, legten die Waffen ab und
lieferten sich vertrauensvoll in die Hände ihrer Henker. Jetzt endlich fiel
der tückisch aufgehaltene Streich; der Schwarm fanatischer Freiwilliger
ergoß sich über die ganze Insel. Die Osterwoche ward für Chios zu einer
blutigen Jahresfeier der Hinrichtung des Patriarchen. Kein Heiligthum
schützte vor der Wuth der Verfolger, die Klöster St. Mynas und Nea
Mone wurden gestürmt, dem Boden gleich gemacht. Weiber und Kinder,
die auf den Knien beim Gebet lagen, gemordet, selbst die Kranken in den
Hospitälern, im Irrenhaus, in der Blinden- und Taubstummenanstalt
niedergehauen. Tausende flüchtiger Griechen hatten sich auf das westliche
Vorgebirge der Insel geflüchtet und blickten sehnsüchtig nach Pfara hinüber,
von wo sie Rettung hofften; aber die rettenden Schiffe, die „Delfine“
der Pfarioten, blieben aus, von allen Seiten drängten die türkischen Würger heran; es begann ein Schlachten und Morden, daß das Meer sich
an dieser Stelle der Küste weithin von Blut röthete. Der Franzose
Jourdain, der die Schreckenstage von Chios erlebt hat, konnte die grausige Erinnerung nie ganz verscheuchen. Fortwährend stieg das Bild der
wilden Menschenjagd, der wie Bestien des Waldes verfolgenden Türken,
der nach allen Richtungen umherirrenden verzweifelten Chioten vor seiner
Seele auf. Das Morden fand erst an der physischen Ermüdung und der
schnöden Habgier der Würger seine Grenze. Aber auch die Geretteten
wurden ihrer Rettung nicht froh. Mancher fand das Elend und die
Entbehrung, die seiner harrten, schrecklicher als den Tod. Tausende dankten ihre Rettung den fremden Konsuln, manche Konsulate aber verkauften
ihren Schutz um Geld; in Griechenland erzählte man später, daß der
neapolitanische Konsul die Griechinnen nur um einen schmachvollen Preis
geschützt hat. Man sah den äußersten Wechsel menschlichen Geschicks:
reiche Frauen in goldgestickten Lumpen, die unter freier Luft, der Hitze
des Tages, der Kälte der Nacht ausgesetzt, gebären mußten; Männer, die
bis dahin in frohem, üppigem Wohlleben ihre Tage zugebracht und jetzt
in Höhlen und schmutzigen Verstecken verschmachteten, oder wenn sie sicher
die Küste erreichten, kaum das Fährgeld auftreiben konnten, um die
hungrige Beutesucht der eigenen Landsleute, die auf dies ganze Elend
spekulirte, zu befriedigen. Nur die Katholiken und die Bewohner der
Maftixdörfer fanden eine berechnende Schonung. Der Kapudan Pascha
selbst schützte sie vorerst, wenn auch mit Mühe, vor den fanatisirten Maf-
sen, während er die völlig unschuldigen Geißeln der Chioten hinrichten
und in's Meer werfen ließ. Die Stadt Chios war ein Trümmerhaufen;

die vordem üppigen blühenden Gefilde der Insel waren ein Kirchhof voll Moder und Leichengeruch geworden. Im Februar 1822 hatte Chios über 100,000, im August kaum noch 2000 Einwohner. Trikupis gibt die Zahl der Gemordeten auf 23,000, die der Gefangenen auf 47,000 an; ganze Schiffsladungen von Weibern und Kindern wurden wie Vieh verpackt und in die Sklaverei nach Egypten oder Tunis verkauft. Wenn Finlay angesichts dieser Thatsachen die humane Gesinnung preist, von welcher der Kapudan Pascha und seine Offiziere belebt gewesen sein sollen und nur beklagt, daß es ihm an einem hinlänglichen Gensdarmeriekorps gefehlt habe, um das arme Volk von Chios zu schützen, so hat er durch diese eigenthümliche Rechtfertigung nur von Neuem die Ohnmacht des türkischen Regiments, im Sinne der Menschlichkeit zu wirken, klar erwiesen. Daß sich hier und da eine flüchtige Aufwallung der Reue und des Mitleids unter den Mördern selbst geregt haben mag, wer will das bestreiten? Jedenfalls aber hatte die osmanische Race für ihre Unverträglichkeit mit der europäischen Civilisation und für die von Rußland behauptete „Unmöglichkeit ihrer Koexistenz in Europa" einen neuen schlagenden Beleg geliefert. So hat, das ist die tiefere Bedeutung dieser Ereignisse, das Blutbad von Chios in Europa gewirkt, den Eindruck, den die Hinrichtung des Patriarchen, die Entfesselung der türkischen Volkswuth zu Konstantinopel, Smyrna, Kydonia gemacht hatte, verstärkt und die Erkenntniß gezeitigt, daß zwei durch Menschenwort und Gewalt nicht mehr zu vereinigende Racen empört sich gegenüberstanden. Der Eindruck, den die Katastrophe von Chios in Europa machte, wurde noch erhöht durch die glänzenden Thaten griechischer Rache und griechischen Heldenmuths, die sich an das Vorgefallene knüpften.

Die griechische Flotte hatte sich nämlich auf die Unglücksbotschaft hin bei Psara in einer Stärke von 56 Segeln gesammelt und wandte sich nach Chios, um einen Hauptschlag gegen den Kapudan Pascha zu führen. Das arabische Sprüchwort: „Gott hat die Erde den Moslemen gegeben, aber das Meer hat er den Ungläubigen gelassen", sollte sich nun bestätigen. Die Psarioten führte N. Apostolis, die Spetzioten Andrutsos; an der Spitze der hydriotischen Abtheilung stand A. Bokos Miaoulis. Ließ auch die Eifersucht der Schwesterinseln nicht zu, daß dem Miaoulis förmlich das Oberkommando übertragen ward, so besaß er doch das höchste Vertrauen und das moralische Ansehen eines Admirals. Sein Name, die Proben besonnenen Muths, die er im vergangenen Jahr abgelegt, verbürgten den günstigsten Erfolg. Er war eine echte sturmesfrohe und kernhafte Seemannsnatur, ein Charakter, auf den man sich in allen Fährlichkeiten verlassen durfte, ohne sonderliche höhere Bildung, ohne allen Anspruch auf Genialität, aber dafür, wie es bei den südlichen Naturen nur selten begegnet, durch und durch von Pflichtgefühl beseelt, sicher wie sein Wort und in Erfüllung der ihm anvertrauten Missionen von einer Festigkeit, die an Zähigkeit

und Eigensinn grenzen konnte. Ein von Gicht geplagter riesiger Körper, ein
wettergebräuntes, stets ernstes, fast düstres Seemannsantlitz. Die wunderbaren Schicksale, die er durchlebt: rasche Glückswechsel von Bettelarmuth zu
Reichthum, Gefangenschaft und Nähe des Todes — wie er denn einst von
Nelson gefangen als Pirat zum Stricke verurtheilt war, bis ihm der englische
Seeheld, ergriffen von seinem unerschrockenen, freimüthigen Benehmen
angesichts der Todesgefahr, das Leben schenkte — all' dies Ungemach der Vergangenheit, das eine höhere Hand stets zum Guten wandte, hatte in
Miaoulis einen felsenfesten Glauben, ein Vertrauen auf seinen Stern ge-
weckt, so daß er selbst vor den gefahrvollsten Unternehmungen nicht zurück-
schrak, obwohl er von Natur zur Bedächtigkeit und Vorsicht angelegt war.
Was Kolokotronis zu Lande war, das sollte Miaoulis zur See werden.
Vor ihm, so erzählten griechische Matrosen den Fremden, unter Tonbazis,
haben wir nur durch List einige feindliche Fahrzeuge verbrannt, aber
Miaoulis deckte uns zuerst die Schwächen der türkischen Marine auf und
gewöhnte uns durch sein Beispiel daran, den Türken in der Schlacht Trotz
zu bieten. Die griechischen Seeleute schwärmten für diesen Mann, in
dem sie das Ideal ihres Standes verehrten, und es liegt etwas Ergrei-
fendes für uns Occidentalen, die wir Alles auf Bildung und Prüfung
zu stellen pflegen, darin, daß ein alter griechischer Kapitän dem Engländer
Gordon versicherte, Miaoulis verstehe seinen Namen kaum zu schreiben,
trotzdem übertreffe er aber an Verständigkeit die gelehrtesten Männer.

Die griechische Flotte lief den 8. Mai (27. April a. St.) von Psara
aus; sie sollte bei Nacht von Süden in den Kanal von Chios *) eindringen, aber der Nordwind war ihr entgegen, und so gelang es nur wenigen
Schiffen unter Miaoulis, Apostolis und Androutsos, sowie drei Brandern,
von Strovili aus sich der türkischen Flotte im Hafen von Chios zu
nähern. Diese aber ward durch ihre Vorhut allarmirt, kappte die Anker,
wandte sich nach Osten, nach der Landseite und zwang die Griechen durch
eine heftige Kanonade zum Rückzug nach Psara. Ein wenige Tage später
unternommener zweiter Versuch, von Norden aus in den Kanal einzubringen, scheiterte ebenfalls, da die türkische Flotte, vom Wind begünstigt,
in demselben Augenblick eine Demonstration gegen Psara unternahm und
die Griechen dadurch zur Umkehr nöthigte. In Psara fand nun ein
Kriegsrath der griechischen Kapitäne statt. Die Gelegenheit zu einem
Handstreich war günstig. Denn mit dem 22. Mai begann der Ramasan,
die türkische Fastnacht, ein Fest, während dessen die gläubigen Muselmänner

---

*) Da sich in Trikupis' Darstellung dieser Vorgänge mannigfache Irrthümer ein-
geschlichen haben, so genügt es als Quellen unserer von Trikupis wie Gervinus abweichenden Erzählung einmal die beiden Berichte des Kanaris selbst Νέα Ἑλλάς 1858,
sodann die officiellen Berichte der Insel Psara an die griechische Regierung vom 2.
und 25. Mai (a. St.) 1822 zu nennen, bei Νικοδήμος S. 171, 174.

nur für die unzüchtigen Späße des Kara Göz, des türkischen Hanswurstes, Sinn haben und in wilde Orgien versunken sind.

Wie wenn man es jetzt noch einmal mit Brandern versuchte? Miaoulis betraute den Hydrioten A. Pipinos, die Gemeinde von Psara betraute den Kanaris mit dem Wagestück. Der Name Kanaris war bisher nur Wenigen bekannt. In dem kleinen unscheinbaren Manne von schüchternem Auftreten, von gezwungenem linkischem Wesen hätte Niemand einen Helden geahnt. Jede Ostentation lag ihm fern. Wir haben ihn selbst vor wenigen Jahren verlegen erröthen sehen, als von dem „großen Kanaris" die Rede war, man hätte glauben können, daß ihn sein welthistorischer Ruhm genirte. Was er gethan, erschien ihm stets nur als einfache Bürgerpflicht; er staunte über die blühende Beredsamkeit, mit der Andere seine Thaten priesen. Mit 42 Genossen (nicht mit 33, wie Trikupis und Gervinus angeben) weihte er sich in der Kirche seiner Heimathsstadt dem Tod für's Vaterland, sie empfingen die Sakramente und gingen unerschrocken und heiter an's Werk. Eine Windstille überraschte die beiden griechischen Brander, als sie sich gerade westlich von Mitylene unter den Kanonen zweier türkischer Fregatten befanden, die auf Rekognoscirung ausgesandt waren. Die erschreckte Mannschaft beschwor den Kanaris umzukehren. Er aber beschämte sie und rief sie zur Pflicht zurück: „Wenn Ihr Furcht habt, so werft Euch in's Meer, durch Schwimmen könnt Ihr Euch an's Land retten; ich aber werde den Kaputan Pascha verbrennen." Ein stiller Zauber riß ihn fort, jener Taumel der Begeisterung, ohne den die größten Thaten der Weltgeschichte nicht geschehen wären. Die Gefahr ging vorüber, die Brander gelangten unbemerkt am Kap Karaburun und hinter den Agnusen-Inseln vorbei in den Kanal von Chios. Als sie sich Kastro näherten und Kanaris bemerkte, daß der andere Brander schneller segle, ihm vielleicht den ganzen Ruhm rauben würde, so rief er dem A. Pipinos zu: „Das Unternehmen wird auf diesem Weg nur halb gelingen. Gestatte mir den Vortritt. Du hast noch immer Zeit Dich auf die Beute zu stürzen." Der Hydriote gehorchte; in gleicher Höhe hielten sie auf die feindlichen Schiffe zu.

Es war die Nacht vom 18. auf den 19. Juni, die letzte des Ramasan, auf der ganzen türkischen Flotte ergab man sich dem Jubel und Rausch des Bairam; Kara Ali hatte die Offiziere der Landtruppen an Bord geladen und ihnen ein festliches Mahl bereitet. Weithin glänzte das türkische Admiralschiff, von den Mastspitzen bis zum Meer mit Wimpeln und bunten Lichtern geschmückt; am Hintertheil hingen das blutige Haupt und die abgeschnittenen Hände eines griechischen Offiziers. Eine wilde Musik erscholl, nahezu 3000 Menschen waren in Lust und Lärmen beisammen. Da huschte das dunkle Schiff des Kanaris wie ein schwarzer Schatten durch die türkischen Fahrzeuge hindurch und nahm seinen Lauf direkt gegen das Admiralschiff. In einem Nu war es an der Seite des

türkischen Kolosses, und hing sich an dem Bugspriet fest. Ehe noch die
Aufmerksamkeit der Türken rege war, zündete Kanaris den Brander an. Er
hatte sich so eingerichtet, daß der Wind die Flammen auf das feindliche
Schiff treiben mußte. „Ei seht die schöne Illumination!" rief er aus, da
das Feuer von dem Verdeck des Branders in das Takelwerk des Admiralschiffs hinüberzüngelte, und sprang als der Letzte in die Schaluppe. Nur
mit knapper Noth entrannen die kühnen Männer dem Verderben; ein
Seil hatte sich um das Kiel der Schaluppe geschlungen, so daß dieselbe
sich nicht bewegen konnte; die geladenen Kanonen des türkischen Schiffs
gingen durch die Gluth erhitzt von selbst los; endlich ward die Schaluppe
wie durch ein Wunder frei, mit dem byzantinischen Schlachtruf: „Sieg
dem Kreuze!" ruderten die Griechen von dannen. Aus der Ferne blickten
sie in Sicherheit auf ihr Werk zurück. Die in Terpentin und Pech ge-
tauchten Segel des türkischen Admiralschiffs hatten sofort Feuer gefangen,
unaufhaltsam griffen die Flammen vom Winde getrieben um sich, leckten
an allen Masten und Segeln empor; die Verbindung zwischen den einzelnen Theilen des Schiffs war abgebrochen, selbst auf dem Quarterdeck
war es unmöglich die Gluth zu löschen. Die anderen türkischen Schiffe
wichen dem Tod und Feuer speienden Vulkane angstvoll aus. Verzweifelt
stürzte sich die Mannschaft in die Boote; aber zwei von diesen schlugen
durch die Menge der Rettungsuchenden überschwert um und versanken.
Eine brennende Segelstange fiel dem Kapudan Pascha, da er sich gerade
in das dritte Boot retten wollte, auf den Kopf und verwundete ihn so
schwer, daß er kaum nach dem Ufer geschafft werden konnte; an der Stätte,
wo er jüngst die chiotischen Geißeln hatte hinrichten lassen, hauchte er
seinen Geist aus. Nach einer Stunde ergriff das Feuer die Pulverkammer, das Schiff flog in die Luft und Kanaris konnte sich rühmen mit
seinem einen Arme Tausende der Ungläubigen vertilgt zu haben. Leider
befanden sich auch gefangene Christen an Bord, deren Verzweiflungsge-
schrei sich mit dem Wuthgeheul der aus der Bairamsfreude zum Tode
gerufenen Türken schauerlich mischte. Nicht so glücklich, vielleicht nicht so
kühn wie Kanaris war der hydriotische Branderführer; der türkische Kapitän an den er sich gehängt, kappte den Branderhaken und machte
sich frei.

Die Schaluppe des Kanaris wurde im nördlichen Kanal von zwei
psariotischen, die des Pipinos bei Venetiko von zwei hydriotischen Kriegsschiffen aufgenommen; man brachte die kühnen Branderführer nach Psara
zurück, wo das Volk, das während ihrer Abwesenheit betend in den Kirchen
gekniet hatte, sie mit Jubel empfing. Die Bescheidenheit, mit der sie ihren
Triumph hinnahmen, ehrte ihren einfachen Sinn, sie legten die Schuhe
ab, schritten zur Kirche und brachten dem Höchsten ihr Dankopfer dar.
Der Eindruck ihrer That war ein ungeheurer; die ganze türkische Flotte
hielt sich in Chios nicht mehr für sicher, und flüchtete eiligst nach dem

Helleſpont zurück, nachdem die unglückliche Inſel noch einmal die Wuth der Osmanen erfahren und ſelbſt die bisher verſchonten Maſtixdörfer mit Feuer und Schwert vernichtet worden waren.

Es bedurfte der herzerſchütternden Kataſtrophe von Chios, um die Griechen aus ihren inneren Händeln aufzurütteln und dem Kampfe, der ſeit Beginn des Jahres nur läſſig von ihnen betrieben war, einen neuen Aufſchwung zu geben. Zwieſpalt und Parteiung ſchienen in der That die griechiſche Thatkraft ſeit dem Kongreß von Epidauros gelähmt zu haben. Nur langſam waren die Belagerungen von Nauplia, Koron Modon und Patras vorgeſchritten. Kolokotronis hatte zwar von der neuen Regierung nunmehr das förmliche Oberkommando der Belagerungstruppen vor Patras erhalten; in einem Gefecht beim Kloſter Hierokomion am 21. März entfaltete er wieder einmal ſeine Geiſtesgegenwart und Unerſchrockenheit an rechter Stelle. Da ſein Sohn Gennäos umzingelt und das griechiſche Belagerungskorps überfallen und zerſtreut war, erhob der Alte den Donner- ruf: „Auf ihr Griechen, die Türken fliehen!" bis daß ſich die verwunder- ten Griechen ermannten, ſammelten und der Feind wirklich nach Patras zurück flüchtete. Seit dieſem Tage getrauten ſich die belagerten Türken nicht mehr mit ganzer Heeresmacht einen Ausfall zu machen; nur bei Regenwetter, wo die bajonettloſen Flinten der Griechen unbrauchbar waren, wagte die türkiſche Kavallerie, vor die Thore in die von unzähligen kleinen Felsſchanzen bedeckte Ebene zu bringen; dann aber zog auch Kolokotronis wohlweislich ſeine Truppen in die Schluchten der Gebirge zurück, die Patras im weiten Umkreis umgeben. Dahin wagten die feindlichen Reiter ihm nicht zu folgen. Sobald der Regen nachließ, brachen die Griechen unter furchtbarem „Keratageſchrei" auf die Ebene heraus, beſetzten ihre Tamburia wieder und drangen bis unter die Kanonen der Feſtung vor. Es war alle Ausſicht vorhanden, daß die Guerilla-operationen des „Alten" von Erfolg gekrönt wurden, daß der Platz kapitulirte. Aber noch einmal gelang es den Intriguen der Primaten, ihrengefürchteten Nebenbuhler um ſeinen Triumph zu betrügen. Mit großem Pomp ward eine Expedition nach Oſt- und Weſt-Hellas angekündigt, die Regierung ertheilte den Ka- pitänen Auftrag, in ihren Diſtrikten für dieſen Zug zu rekrutiren, ſie ſah es nicht ungern, daß die gefährlichen militäriſchen Elemente anderswo ver- wendet wurden als im Peloponnes und daß das Belagerungskorps vor Patras zuſammenſchmolz. Kolokotronis gerieth darüber in vollkommenes Zerwürfniß mit der Regierung, er hob die Belagerung auf und begab ſich nach Tripolitſa, wo er den Primaten, welche die peloponneſiſche „Ge- ruſia" bildeten, einen gewaltigen Schrecken einjagte, an Stelle ſeiner Geg- ner Anhänger der Militärpartei einſetzte, und ſich anſchickte mit dieſer gereinigten „Geruſia" nach Argos zu ziehen. Sein Plan war, in Argos eine neue Nationalverſammlung zu berufen, dort die Rechte der Militär-

chefs energisch zu wahren und Protest gegen die Verwendung der peloponnesischen Truppen außerhalb des Peloponnes einzulegen.

Ehe derselbe zur Ausführung kommen konnte, war jedoch über das
Festland wie über den Peloponnes eine große Gefahr hereingebrochen, vor
der alle kleinlichen und lokalen Interessen schweigen mußten.

Auf dem Festlande stand es bedenklich genug mit der Sache der Revolution. In Makedonien und am Olymp war der Aufstand durch den
energischen Pascha von Salonichi Abdulabud, einen in der Schule des
wilden Djeggar Pascha von St. Jean d'Acre großgezogenen georgischen
Renegaten, bis zum April 1822 völlig erstickt, der Widerstand der Mönche
des heiligen Bergs gebrochen und eine Expedition, die Ypsilantis unter
Sallas den aufständischen Olympiern zu Hülfe geschickt hatte, auf's Haupt
geschlagen worden. Auch in Osthellas erlahmte der griechische Widerstand,
seit der Sohn des Maniaten-Bei Elias Mauromichalis, der die Wind-
mühle von Stura heldenmüthig gegen Omer Bei vertheidigt hatte, gefallen war; seit auch Angelis, der tapfere Vertheidiger von Bryssia, bei
Kastella den Heldentod gefunden hatte, konnte das wichtige Euböa nicht
mehr behauptet werden; die zweideutige Haltung, die Odysseus sowohl den
Vertheidigern von Euböa als dem Areopag gegenüber beobachtete, ließ das
Schlimmste erwarten, falls dieser osthellenische Kolokotronis zwischen den
Interessen des Vaterlandes und den eigenen zu wählen hatte. Ein Zug,
den die Osthellenen gegen Zituni, Patradschik und Konbotadßes unternahmen, um den bedrängten Olympiern Luft zu schaffen, mißlang vollkommen. Odysseus gab seine Entlassung beim Areopag ein; dieser nahm sie an
und stieß dadurch die Soldaten wie den ehrgeizigen Häuptling unkluger Weise
vor den Kopf. Zwei Abgeordnete der Centralregierung, A. Nutsos und Pa-
laskas, die ihn nach Korinth vorladen sollten, wurden durch die über die
Zurücksetzung ihres Anführers wüthenden und von Odysseus selbst gehetzten
Soldaten bei Drakospilia ermordet; der Areopag floh nach Salona, die Regierung setzte einen Preis auf den Kopf des „Rebellen", wagte es aber nicht
die Verfügung ausführen zu lassen; sie hatte dem kühnen Häuptling nur
ihre eigene Schwäche und Hülflosigkeit offenbart.

Die Kapitulation der Akropolis von Athen, die am 21. Juni aus
Mangel an Wasser erfolgte, war nur ein vorübergehender Erfolg und
wurde auch diesmal von jenen verrätherischen, vertragswidrigen Excessen
begleitet, welche die griechische Sache bei Korinth und Navarin geschändet
hatten. Die Besatzung, die nach Asien gebracht werden sollte, ward niedergehauen; der menschenfreundliche Muth des östreichischen Konsul Grepius
rettete nur einen Theil der Weiber und Kinder.

Im westlichen Theil des Festlandes drohten die Dinge eine für den
Aufstand noch ungünstigere Wendung zu nehmen. War es den Türken
gelungen, die Vormauer von Osthellas, den Olymp und die Position von
Euböa zu nehmen, so sollte nun auch die Reihe an das Bollwerk von

Westhellas, an Suli kommen. Seit dem Fall Janina's, seit der Dämpfung des Aufstands in Agrafa und im Pindus-Gebirge war Suli dem Anprall der Türken am Nächsten ausgesetzt, es war vorauszusehen, daß der türkische Feldherr Churchit Pascha, der zu Larissa den gleichzeitigen Einbruch in West- und Ost-Hellas vorbereitete, seine Truppen nicht nach Süden vorwagen werde, so lange das heroische Bergvolk der Sulioten noch unbezwungen in ihrem Rücken stand. Der Scheinbund zwischen Griechen und Albanesen hatte sich gelöst; seit den Ereignissen vor Tripolitsa waren den Albanesen die Schuppen von den Augen gefallen; sie hatten erkannt, daß die Griechen nicht für Ali Pascha, noch für albanesische Interessen, sondern für sich selber fochten. Anfangs hielten sie sich in vorsichtiger Neutralität, allein da sie einer nationalen griechischen Erhebung im Grunde abhold waren, konnte man auch mit ziemlicher Sicherheit darauf rechnen, sie bald in den Reihen des türkischen Heers gegen die Griechen fechten zu sehen. Eine vollkommene Zersetzung der Parteien trat ein. Die Waffengefährten, die noch jüngst gemeinsam für Ali Pascha gekämpft, die den in Janina umstellten alten Löwen unterstützt hatten, standen sich jetzt feindlich gegenüber. Die Mehrzahl der Albanesen machte aus Abneigung gegen die griechische Freiheit ihren Frieden mit den Türken. Nur eine sehr schwache Minderzahl schlug sich aus Abenteuerlust auf Seiten der Aufständischen, nicht weil dieselben Griechen, sondern weil sie Rebellen gegen den Sultan waren. Inmitten ihrer treulosen albanesischen Freunde suchten die Sulioten zwar nach wie vor das Panier der hellenischen Sache hochzuhalten, aber die Gefahr rückte dem heroischen Bergvolke immer näher, das jetzt die schweren Folgen seiner nationalen Politik tragen sollte. Sorglos durch die Sicherheit, in der Westhellas bei Ali's Lebzeiten geblieben war, verzögerte die griechische Regierung eine Hülfssendung von Schiffen, Proviant und Munition, welche von den Sulioten gefordert worden war. Als sie sich endlich entschloß zu handeln, hatte sich auch die Wetterwolke, die seit Ali's Fall über Suli hing, bereits entladen.

Auf Veranlassung der albanesischen Nachbarn von Suli, der Tschamen, schrieb Churchit den Sulioten, die Pforte zürne ihnen nicht, habe ihnen vielmehr verziehen und gebe ihnen ihr Land sowie ihre alten Gerechtsame zurück; er selbst sei bereit, ihnen jede billige Forderung zuzugestehen. Auf diese honigsüßen Anerbietungen erwiderten die Sulioten: da der griechische Aufstand aus Ali's Intriguen entsprungen sei, so thue Churchit Recht daran, wenn er nun, nach Ali's Fall, nicht gegen die Griechen auszöge, sondern denselben Amnestie gewähre. Würde die Amnestie von den Griechen angenommen, so seien auch die Sulioten bereit sie anzunehmen. Anderen Falls wollten sie lieber sterben als ihren Namen durch Treulosigkeit entehren und sich von ihren Glaubensgenossen und Waffenbrüdern trennen.

17*

Dieser Bescheid ließ keine Aussicht auf Versöhnung zu. Churchit beschloß, Suli von der Erde zu vertilgen. Als die albanesischen Häuptlinge jedoch den Marschbefehl wider die Sulioten erhielten, suchten sie auf eigene Faust noch einmal zwischen den streitenden Theilen zu vermitteln. Sie unterhandelten in Dervisiani mit den suliotischen Häuptlingen, stellten ihnen vor, daß sie sich ihrer Heimath berauben, Weib und Kind in Sklaverei bringen würden. Vergebens. Der Suliote Danklis gab die wilde Antwort: unsere Weiber und Kinder werden niemals Sklaven werden, denn wenn Suli genommen wird, tödten wir sie. Die Albanesen ließen jede Hoffnung auf gütliche Beilegung fallen; mit 14,000 Mann größtentheils albanesischer Kerntruppen rückte Churchit gegen die Bergfeste heran, die einst so oft dem Pascha von Janina getrotzt hatte. Die Sulioten konnten den feindlichen Massen nur 1000 Mann entgegenstellen, die obenein auf drei Punkte zersplittert waren. Am 28. Mai wurden sie aus den Positionen von St. Nikolaus, Sabruchi und Manaki verdrängt, die Feinde rückten die Thalschlucht des Acheron hinauf, wo Kapitän Drakos mit 52 Gefährten bei St. Donat einen Tag hindurch muthvollen Widerstand leistete. Allein auf die Nachricht, daß die Türken den Angriff bei St. Donat einstellen und sich gegen Kiafa wenden würden, verließen die Vertheidiger des Nachts den so mannhaft behaupteten Posten. War Kiafa verloren, so schien ihnen Alles verloren zu sein. Es war die letzte Zufluchtsstätte; dort befanden sich ihre Weiber und Kinder, ihr Vieh und ihre bewegliche Habe. Die Mehrzahl der Bergbewohner postirte sich daher in Kiafa selbst, ein Haufe in Navariko ¾ Stunden entfernt davon, ein dritter in Chonia. Am 17. Juni griffen die Türken diese letzten drei Posten, die den Sulioten geblieben waren, an; aber Männer und Weiber widerstanden mit einem Heroismus, der an die glorreichsten Kämpfe gegen Ali Pascha erinnerte; die Männer schossen aus wohlbekanntem sicherem Hinterhalt, wo keine Kugel ihr Ziel unter den heranrückenden dichten Massen verfehlte, die Weiber rollten Steine von den Felsen herunter, bis die Angreifer in wilder Verwirrung zurückwichen. Gott, rief der Serasker Churchit mit unmuthigem Staunen aus, hat die Tapferkeit den Moslems entzogen und den Giaurs gegeben. Er verlor die Geduld, übertrug die Fortsetzung der Belagerung und die Führung des ganzen Feldzugs im Westen dem Omer Brionis und begab sich nach Larissa zurück. Omer schritt sofort zu einer strengen Blokade Kiafa's, der Hunger sollte wie in den 90er Jahren bewirken, was das Schwert nicht vermocht hatte.

Soviel stand fest: das dringendste Interesse gebot den Griechen, diesen wichtigen vorgeschobenen Posten Kiafa, dies tapfere Völkchen, das zuerst das Signal zum Freiheitskampf gegeben hatte, zu unterstützen und herauszuhauen. Es galt zugleich einem türkischen Angriff zuvorzukommen, und den Kriegsschauplatz nach Epirus statt nach dem eigentlichen Griechenland zu verlegen. Maurokordatos sah die Nothwendigkeit einer Diversion zu Gunsten Suli's vollkommen ein; vielleicht aber überschätzte er seine eigene kriegerische Begabung, da er die Funktion eines Präsidenten der Exekutive mit der eines militärischen Diktators zu vertauschen und sich selbst an die Spitze der Unternehmung zu stellen beschloß. In Korinth hatte er eine kleine reguläre Truppe unter den Händen, die er selbst nach dem nordwestlichen Kriegstheater zu führen gedachte. Das von Balestas einexercirte reguläre Korps stand jetzt unter dem Befehl des Italiäners Tarella und figurirte, obwohl es nicht über 350 Mann zählte, als erstes griechisches Infanterieregiment.*) Daneben befand sich noch eine europäisch-organisirte Abtheilung Ionier unter Panas, sowie ein Haufe europäischer Offiziere in Korinth, welche aus Begeisterung und Abenteurerlust nach Griechenland geeilt waren, um der griechischen Regierung ihre Dienste anzubieten. Deutsche, Franzosen und Polen, waren sie meist erschienen, um zu befehlen, nicht um zu gehorchen. Unter den Polen ragte durch Tapferkeit und Kriegserfahrung Mizewsky, unter den Franzosen Mignal, unter den Deutschen der würtembergische General Graf Normann Ehrenfels hervor, der einen treulosen Banditenstreich, den Ueberfall der Lützower bei Kitzen, vom Wappenschild seiner Ehre zu tilgen hatte.

Er war im Februar des Jahres 1822 mit 46 Philhellenen bei Navarin gelandet, und hatte sofort Gelegenheit gefunden, die deutsche Bravour durch die Vertheidigung der Feste gegen die türkische Flotte glänzend zu bewähren. Von Navarin begab er sich über Tripolitza nach Korinth, und wirkte dort eifrigst für die Errichtung eines Bataillons der Philhellenen, welches neben dem Regiment Tarella gewissermaßen die erste Gardetruppe Griechenlands bilden sollte. Die Unzufriedenheit einzelner ehrgeiziger Abenteurer, der nationale Hader, der sich zwischen den Deutschen und Franzosen entspann, die Kargheit der Mittel traten jedoch der Organisation hemmend in den Weg, und als am 18. Mai 1822 feierlich die Stiftung des ersten Philhellenenkorps proklamirt ward, fanden sich von den 300 in Korinth weilenden Offizieren nur 180 bereit, zur Fahne zu schwören. Ein jeder Philhellene in diesem Elitebataillon erhielt zwar Unterlieutenants-Rang; aber die Bezahlung ward erst auf 1/3 reduzirt und blieb dann ganz aus, von der versprochenen blauen, goldbetreßten Uniform war keine Rede; um einen uniformirten Eindruck zu machen, staffirte sich jeder Einzelne mit einer rothen Binde aus, im Uebrigen

---

*) Ueber die Organisation der regulären Truppen und den Zug nach Peta habe ich hauptsächlich Elster, das Bataillon der Philhellenen, Baden 1828, G. Felbhanns (Adjutant von Normann), Kreuz- und Querzüge in Griechenland, Leipzig 1822, Mauvillon, Reise eines deutschen Artillerieoffiziers, Essen 1924, und andere deutsche Berichte zu Rathe gezogen, soweit mir dieselben unparteiischer und zuverlässiger erschienen, als die Raybaud's, Voultier's, Trikupis' u. A.

trug und waffnete man sich nach Willkühr und das Bataillon bot einen
bunt zerlumpten, äußerst seltsamen Anblick dar. Ein tapferer Italiäner,
Dannia, ward zum Kommandeur gewählt; der Pole Mizewsky befehligte
die erste, aus Polen und Deutschen, der Schweizer Chevalier die zweite,
aus Franzosen und Italiänern bestehende Kompagnie; Maurokordatos
behielt sich die Leitung des Ganzen als Oberst vor und Normann trat
als Oberstlieutnant in seinen Generalstab ein. Am 19. Mai brach das
Regiment Tarella und das jonische Korps, am 20. das Bataillon der
Philhellenen von Korinth auf; der Marsch ging an der Südseite des
korinthischen Meerbusens über das zerstörte Vostitsa nach den kleinen
Dardanellen und nach Patras. Die Dispositionen waren so fehlerhaft
und ungenügend getroffen, daß die Philhellenen lange in der Irre um-
herzogen, unter die Kanonen der türkischen Kastelle bei Rhium geriethen,
und vollkommen erschöpft vor Patras anlangten. Es klang eigenthümlich
genug im Munde eines Obergenerals, als Maurokordatos sich wegen
dieser Marschfehler damit entschuldigte, man habe ihn hinsichtlich der
Weite des Wegs falsch berichtet.

Von Patras wurden die Regulären auf sechs Kriegsschiffen nach
Mesolonghi übergesetzt, welches die Operationsbasis für den westhellenischen und epirotischen Feldzug bilden sollte. Hier stießen Gennäos Kele-
kotronis und Giatrakos mit einigen Hundert Peloponnesiern zu ihnen,
so daß die Armee, über welche Maurokordatos verfügte, sich auf 4000
Mann belief. Auch Marko Botsaris fand sich als Abgeordneter der Sulioten ein, schilderte die Bedrängniß von Kiafa und legte die Dringlichkeit
rascher Maßregeln zum Entsatz seiner Landsleute dar. Eine Abtheilung
von 500 Maniaten unter Kyriakulis Mauromichalis, dem tapferen Vertheidiger von Valtetsi, wurde nach Fanari, einem sieben Stunden südlich
von Kiafa gelegenen Hafen vorausgeschickt, um die Bergfeste mit Proviant zu versorgen. Aber diese Expedition diente nur dazu das Hauptkorps zu schwächen und verfehlte selbst ihren Zweck. Kaum war sie bei
Fanari gelandet, so sah sie sich von türkischer Uebermacht angefallen und
nach heftigem Kampf am 16. Juli zum Wiedereinschiffen gezwungen.
Petrobei beweinte in diesem Jahr den zweiten, fürs Vaterland gefallenen
Sohn; denn eine Kugel traf den Kyriakulis in's Herz, während auf der
gegnerischen Seite sein vorjähriger Gegner von Valtetsi, der türkische Anführer Mustapha-Bei getödtet ward. Als die Leiche des gefallenen griechischen Helden nach Mesolonghi zurückgebracht wurde, ereignete sich eine
seltsame Scene. Wie wahnsinnig stürzte ein Suliotenpriester herbei und
forderte unter dem Klaggeschrei der Weiber das Volk auf, den Tod des
Helden blutig zu rächen an den Feinden des Vaterlandes. „Während du,
verruchtes Volk", rief er den umstehenden Griechen zu, „in schändlicher
Völlerei und verhaßtem Müßiggange lebst, fallen deine Brüder von der
Uebermacht des Feindes. Aber die Helden, die für's Vaterland geblutet,

werden in die Gesellschaft der Seligen eingehen, ihr Verworfenen aber werdet in den tiefsten Schlund der Hölle fahren. Großer allmächtiger Gott, schleudere Dein Feuer unter diese Gottlosen, daß sie erkennen Deinen Zorn und thun wozu sie ihre Pflicht ruft." Dann warf er sich über den Leichnam, küßte das Tuch, worein derselbe gewickelt war, mit Inbrunst, hob den Blick gen Himmel und rief ein dumpfes Wehe! Die Umstehenden, die sich getroffen fühlten, erklärten den lästigen Bußprediger für verrückt und befahlen ihm, er solle sich wegtrollen. Aber der Prophet ließ sich durch Drohung und Spott nicht irre machen; „dies ganze Geschlecht von Hellas", rief er aus, „wird und muß untergehn und kein Schatten von Euch übrig bleiben!"

Die Ereignisse sollten die furchtbare Prophezeiung bald genug rechtfertigen. Um dieselbe Zeit, da Mauromichalis bei Fanari zurückgeworfen ward, wurde auch die griechische Hauptarmee von einem vernichtenden Schlag getroffen. Dem Oberbefehlshaber mangelte der strategische Blick; so eifrig er auch, über die Karte von Epirus gebeugt, den tiefsinnigsten Operationsplänen nachzuhängen schien, so wenig wurden Einheit und Zusammenhang in den Bewegungen der griechischen Truppen sichtbar. Als Maurokordatos das Philhellenenkorps in Mesolonghi begrüßte, „ging er mehrmals an der Fronte auf und ab, hob den Kopf sehr hoch, um, wie es schien, durch die Brille sehen zu können, zog dann die Nasenlöcher etwas weit auf, lächelte, und eilte mit seinen Adjutanten Raybaud, Rhodios und Graillard nach Hause zurück." Die deutschen Philellenen murrten über die sichtbare Bevorzugung, deren sich die Franzosen von Seiten des Oberbefehlshabers erfreuten. Die wettergebräunten Klesten schnitten höhnische Gesichter, wenn sie den feingekleideten, bebrillten Mann zu Pferde mit dem Kommandostabe nach Weise europäischer Generäle sich geberden sahen. Ihr naturalistischer Kriegsinstinkt mochte ihnen weissagen, daß dies der Mann nicht sei, um die durch großartige Proklamationen angekündigte Unternehmung zum Entsatz Kiafa's glücklich durchzuführen. Am 16. Juni Nachmittags zogen das Regiment Tarella und das Philhellenenbataillon von Mesolonghi aus; unter den Griechen gab es noch Manche, die da glaubten, daß die europäische Taktik Wunderdinge bewirken würde. Aber schon der langsame und ungeordnete Marsch durch das Achelousthal konnte die Sanguiniker enttäuschen. Am See von Laspi ward ein dreitägiger nutzloser Halt gemacht, den die Deutschen und Franzosen zu blutigen Raufereien unter einander benutzten. Erst am 22. Juni war die Armee des Maurokordatos in einer Stärke von 3000 Mann in dem Thal von Kompoti konzentrirt. Kompoti liegt in zerstreuten Häusergruppen an dem vorderen Abhang eines Berges, auf dessen Felsenkrone eine griechische Kapelle weit in's Thal nach Arta hinunterschaut. Maurokordatos wählte sich mit seiner Suite den Gipfel des Berges zum Lagerplatz. Tiefer unten, bis in die tabakreiche Ebene herab, lagerten die Philhellenen, das

Regiment Tarella, die Sulioten und peloponnesischen Hülfstruppen. Graf Normann, der mit der ersten Kompagnie der Philhellenen die Gegend zwischen dem Gestade des Golfs von Arta und dem Ort Kompoti rekognosciren wollte, stieß auf ein Regiment türkischer Kavallerie, das mit durchdringendem, von rauschender Musik begleitetem Allahrufen auf die Deutschen lostrabte, und sie von ihrem Lager abzuschneiden suchte. Es gelang aber dem Würtembergischen Veteranen, sich noch rechtzeitig auf Kompoti zurückzuziehen. Rasch ertheilte er dort die zur Gegenwehr nöthigen Dispositionen, die Attaken der türkischen Reiter wurden kaltblütig abgeschlagen, Dannia führte im richtigen Augenblick einen Flankenstoß gegen den Feind, den die Sulioten unterstützten, die Türken geriethen in Unordnung, wankten und eilten auf der Straße nach Arta zurück, von den Philhellenen und dem Regiment Tarella bis hart unter die Thore verfolgt. Der erste glänzende Erfolg erhob alle Herzen. Wie Normann, mit Staub und Pulverdampf bedeckt, als der Letzte ins Lager einritt, jauchzten ihm alle, die Franzosen nicht ausgenommen, entgegen, und riefen: Es lebe der tapfere Normann! Von dem Stabe des Oberbefehlshabers hatte man freilich während der Aktion wenig vernommen, die von der Verfolgung heimkehrenden Deutschen lachten dem Oberst Voutier ins Gesicht, als dieser ihnen entgegensprengte und ausrief: „Ich habe den Pascha beinahe erwischt!"

Maurokordatos vernahm die Kunde des Siegs mit großer Freude und erließ sogleich eine Proklamation an das Regiment und die Philhellenen, um sie wegen ihrer bewiesenen Tapferkeit höchlich zu loben. Es war aber nur ein Fallstrick des Glückes gewesen. Den folgenden Tag erschienen Abgeordnete der in Kiafa belagerten Sulioten, welche um schleunigste Hülfe baten. Sie erklärten sich bereit, sobald eine Entsatztruppe heranrücke, dieselbe durch einen Ausfall zu unterstützen. Nun faßte man einen verhängnißvollen Entschluß. Statt den Sieg Normann's und die erste Bestürzung der Türken rasch zu benutzen und einen Gesammtangriff gegen Arta zu unternehmen, dessen Besitz den Feldzug entscheiden konnte, ließ man dem Feinde Zeit, um den wichtigen Platz zu verstärken und um die kleine Flotte des Korsen Passano, welche die Seeverbindung mit Akarnanien vermittelte, zu vernichten. Als ob es nicht genug sei mit der Diversion des Kyriakulis Mauromichalis, theilte man die bei Kompoti versammelte Truppenmacht noch einmal; mit der einen Abtheilung zog Marko Botsaris direkt über die „Fünfbrunnen" nach Suli, während die andere stärkere Truppe, die Philhellenen und das Regiment Tarella, am 4. Juli unter Normann von Kompoti nach dem zwei englische Meilen nördlich von Arta gelegenen Peta marschirte. Man wollte die in Arta koncentrirten Türken beobachten und im Schach halten. In Kompoti selbst blieben nur 150 Mann zurück, obwohl diese Position die Rückzugslinie der Griechen und die gefährliche Passage am Golf von Arta beherrschte. Maurokordatos begab sich nach Langarba,

sechs Stunden seitwärts von Peta, zurück, um für die Verpflegung Sorge,
zu tragen. Allerdings litt das griechische Heer fast an Allem Mangel;
auch waren die Reihen durch die in Folge der Erntezeit gewöhnliche
Desertion bedenklich gelichtet; aber das Bedenklichste blieb immer, daß
man den Erfolg von Kompoti nicht rasch zu benutzen wußte, und daß
man, statt einen kühnen Handstreich zu wagen, nur das Auskunftsmittel
der Verlegenheit ergriff, zu demonstriren und zu rekognosciren. Die
Besetzung Peta's war eins jener unglücklichen Manöver, welche von
unsicheren und unerfahrenen Generälen unternommen werden, um nur
überhaupt Etwas zu unternehmen: eine Demonstration unter den Kanonen
und Wällen einer stark besetzten feindlichen Stadt, die selbst der so verachtete türkische Gegner nicht ungestraft lassen konnte.

Es kam hinzu, daß man, um den vorgeschobenen Posten zu behaupten, auf die Mitwirkung des Kapitany von Arta, des Gogos Bakolas
angewiesen war. Gogos war ein unzuverlässiger tückischer Greis, der
zwar damals eine rührende Versöhnungsscene mit seinem bisherigen Feinde,
dem Marko Botsaris, aufführte, aber im Grund der Seele sowohl den
Sulioten feindlich gesinnt, als auch von orientalischen Vorurtheilen gegen
den Maurokorbatos und die Philhellenen erfüllt war. Die Türken hatten
ihm die Kapitänschaft des Bezirks von Arta überlassen, obgleich er zu
Beginn des Kampfes eine national = hellenische Haltung zu beobachten
schien. Sie kannten ihren Mann. Im Juli 1822 pflog Gogos öffentlich
Verkehr mit beiden Lagern. Den Griechen gegenüber schützte er die Politik vor, die ihm gebiete mit den Türken, den Türken gegenüber die
nationale Sympathie, die ihm gebiete mit den Aufständischen gut zu
stehen. Als die Griechen in Kompoti lagerten, ließ ihm Omer Brionis
sagen, nun sei es Zeit, „gemeinschaftlich über die Kleften herzufallen".
Gogos meldete zurück, es sei passend sich nicht zu übereilen, einstweilen
erbitte er Proviant und Munition für sich und seine Soldaten. Die Türken sandten das Verlangte und bewilligten den Aufschub. Gogos ver-
schenkte einen Theil der Vorräthe, den andern verkaufte er den hungernden Griechen. Zugleich verrieth er ihnen seine ganze Korrespondenz mit
den Türken, um sich dadurch in den Ruf der Verlässigkeit zu setzen. Die
Absicht seiner treulosen Politik lief freilich nicht dahin, einen bestimmten
Gegner zu verderben, sondern dem verderben zu helfen, den das Glück
verließ. Wenn die Griechen vor den Thoren Arta's einen Erfolg errangen, so konnten sie darauf rechnen, daß Gogos sich zu ihnen hielt,
daß seine Leute nach der Schlacht herbeieilten, mit Pistolen auf die Leichen der Türken schossen, ihnen Nasen, Ohren oder Köpfe abschnitten, sie
verstümmelten und ausplünderten. Im entgegengesetzten Falle verband
er sich mit Omer Brionis und fiel über die geschlagenen und flüchtigen
Griechen her. „Ein solcher war Kapitän Gogos", sagt Trikupis.
Auf Gogos' Anzeige hin trafen die Türken ihre Anstalten, um zu-

nächst das Vorrücken des Marko Botsaris nach Suli zu hemmen, und darnach das bei Peta exponirte Korps unter Normann zu erdrücken. Botsaris fand den Paß der „Fünfbrunnen" von einer starken türkischen Macht besetzt, ein anderes türkisches Korps von 2000 Mann drohte ihm in den Rücken zu fallen; nach einem hartnäckigen Gefecht bei Plaka am 12. Juli mußte er froh sein sich durchschlagen zu können und auf den Entsatz Kiafa's verzichten: Munition und Proviant der Griechen fielen dem Feinde in die Hände, in kläglichem Zustand kehrte das „Entsatzkorps" nach Peta zurück. Zugleich mit ihm trafen auch die Philhellenen unter Dannia von einem vergeblichen Zug, den sie in die Berge jenseits des Artaflusses unternommen hatten, ganz erschöpft wieder im Lager ein. Sie waren durch falsche, von Gogos gestellte Führer in der Irre herumgeführt worden. Der albanesische Verräther hatte inzwischen die Türken von dem Geschehenen in Kenntniß gesetzt und sie aufgefordert, die von den Philhellenen entblößte Stellung bei Peta zu forciren. Rechtzeitig rief ein gemessener Befehl Normanns die Philhellenen ins Lager zurück und vereitelte den Verrath. Aber freilich war damit blos ein Aufschub des Verderbens erwirkt.

Nur wenn man den verlorenen Posten in Peta, der nach den fehlgeschlagenen Expeditionen gegen Suli ein ganz objektloser Punkt geworden war, rasch aufgab und über Kompoti nach dem Makrinoros zurückging, konnte man auf Rettung hoffen. Alles war verloren, wenn Peta gehalten und die Bewachung dem Ehrgefühl des Gogos anvertraut wurde.

Der Ort Peta liegt am linken Ufer des Artaflusses in einer Senkung zwischen zwei Hügelreihen, deren eine, die niedrigere, nach Westen zu gelegene, von der andern überragt wird. Jene ist von Arta aus leicht zugänglich; ihren linken Fuß umgiebt ein Olivenwald, rechts brausen die Gewässer des Flusses. Diese ist steiler und fester; von der Rückseite aus führt nur ein schmaler Pfad nach Metepi. Die nach Arta zugekehrte gefährliche Position ward von den Philhellenen, dem Regiment Tarella und den Joniern mit zwei Kanonen besetzt gehalten. Dahinter stellten sich die übrigen Griechen bergaufwärts in längerer Kette. Die Flanke der Philhellenen und einen schmalen Bergpfad, durch welchen man von hinten auf die Peta beherrschende Höhe gelangen kann, hielt Gogos mit 800 Mann besetzt. Marko Botsaris faßte links neben ihm Posto, man mochte vielleicht hoffen, daß seine Tapferkeit und Pflichttreue den verdächtigen Albanesen im entscheidenden Augenblick beschämte und zurückhielt. Klüger würde man wohl gehandelt haben, wenn man, dem Rath des Botsaris zu Folge, die vordere Position den Griechen und irregulären Truppen überlassen hätte, die durch ihr Necken und Tirailliren den Feind aufhalten konnten. Aber das militärische Selbstvertrauen der „Regulären" litt es nun einmal nicht anders, sie wollten den ersten Anprall des Feindes aushalten, hatten sich doch die Philhellenen aus übertriebenem Ehrgefühl den gefährlichsten Posten zur äußersten Linken von Peta ausbedungen.

Graf Normann sah das Gefahrvolle der Lage wohl ein, aber ohne Befehl von Maurokordatos wollte er den bedrohten Posten nicht räumen. Durch sein Beispiel flößte er einem Jeden Begeisterung und Selbstver= trauen ein. Auf den Rekognoscirungen wich er keiner Gefahr aus, viel= mehr schien er tollkühn mit ihr zu spielen; seine Feinde haben später von ihm ausgesagt, daß der Muth der Verzweiflung und der Trunkenheit ihn beseelt hätte.

Gewiß hat es unter den Philhellenen Manchen gegeben, der, um sich drückender Verpflichtungen zu entledigen, oder aus reiner Rauf= und Abenteurerlust nach Griechenland gegangen ist; aber es hieße lästern, wollte man die ernste, todesmuthige Haltung des kleinen Häufleins bekritteln, das sich in Peta dem Untergang für Hellas weihte. „In allen Kriegen, die ich mitgemacht", rief der benarbte polnische Held Mizewsky, „unter Napoleon und Bolivar, in Rußland, Frankreich, Piemont, Südamerika und Neapel, habe ich weiter Nichts gewonnen, als die Ueberzeugung, daß es auf der ganzen Erde schlecht zugeht. Bei alledem finde ich Trost in dem Bewußtsein, von Jugend auf bis in mein jetziges Alter immer da gestritten zu haben, wo ich geglaubt, daß es dem höchsten Rechte der Menschheit gelte. Das Einzige und Letzte, was ich wünsche und weßwegen ich hierher gekommen bin, ist: Auf dem klassischen Boden der Griechen, wo so mancher Held gefallen ist, will ich, meiner Idee getreu, mir ein ehrliches Soldatengrab erkämpfen oder diese geheiligte Erde als ihr greiser Bürger zu neuer, schöner Freiheit aufblühen sehen." Die Griechen, die solchen Worten staunend zuhörten, legten ihre Arme gekreuzt über die Brust und verneigten sich ehrfurchtsvoll gegen den polnischen Philhellenen. Dannia gab ihm die Hand und sagte: „Hier in Hellas soll unser in Frankreich zerstörtes Kriegsglück noch einmal aufblühen, wie zu Anfang unserer kriegerischen Laufbahn soll jugendlicher Muth noch einmal unser Alter beleben, und dann sollen uns die Türken, wenn unsere Körper mit Wunden bedeckt sind, Ohren und Nasen abschneiden und die Köpfe dazu, und sie nach Konstantinopel schicken, aber dem Sultan dabei be= merken: Hier sind zwei Köpfe französischer Krieger, die hundert Gläubige tödteten, aber bis zum Tode ihrer Ehre und Freiheit treu blieben. Dann mögen sie unsere ergrauten Häupter auf die Mauern der Hauptstadt pflanzen, damit jeder ein Beispiel nehmen möge, nicht an unserm Tod, aber für seinen Glauben sterben zu können."

So leuchtete im einsamen Lager von Peta noch einmal jener heroische Soldatengeist, die Erinnerung an die Napoleonischen Feldzüge auf, deren Ruhm die Welt erfüllt hatte. Selbst der ehrliche Feldhanns erinnerte sich an den Befehl, den der große Schlachtensieger seinem Drouot zu ertheilen pflegte: Jetez une douzaine de boulets dans ces coquins là!: „Wehe dem Türkenhaufen", äußerte er, „der in den Bereich meiner Kanone kommt."

Die Zumuthung, auf griechische Weise zu fechten, ward von den Philhellenen mit Entrüstung abgelehnt. Graf Normann, der stündlich den entscheidenden türkischen Angriff erwarten mußte, ertheilte zwar den Befehl zum Schanzen; allein es läßt sich denken, daß die europäischen Offiziere keine Lust hatten in der glühenden Julisonne mit dem Spaten zu arbeiten und daß sie es verschmäheten, sich hinter den „Tamburias" der Griechen zu bergen. Als die Griechen ihre Kampfweise und Art der Verschanzung anpriesen, erwiederte Tarella: „Unsere Brust ist unsere Schanze", und Dannia erklärte voll berechtigten Kriegerstolzes: „Auch wir verstehen zu kämpfen."

Man mag die Zuversicht solcher Männer vermessen und ihre Kühnheit verderblich nennen, aber ihr Gedächtniß wird ehrenvoll fortleben, und die Nachwelt denkt an die Gesinnung, nicht an den Erfolg. — In Arta befehligte Mehmet Reschit Pascha, den die Griechen Kiutagi nannten, weil er vordem Kommandant von Kutajah gewesen war, ein feuriger und energischer Kriegsmann. Sohn eines georgischen Priesters, war er als Knabe zum Islam übergetreten, Chosrew's Gunst hatte ihn rasch emporgehoben, vor Janina ward sein Name zuerst mit Ruhm genannt. Jetzt hatte er 6000 Mann beisammen, eine hinlängliche Truppenzahl, um die bei Peta gleichsam in der Luft stehende, kaum 2000 Mann starke griechische Armee zu überwältigen. In der Nacht vom 15. auf den 16. Juli trat Vollmond ein; Stadt, Ebene, Fluß und Berge erglänzten in stillem hellem Lichte. Noch lagen die Philhellenen fast alle in tiefem Schlummer begraben, da „öffneten sich die Thore von Arta und hervor quollen die gedrängten Schaaren der weißschimmernden Albanesen". Starke Abtheilungen der Türken zogen längs den vor den Philhellenen liegenden Hügeln nach der Straße von Kompoti; andere marschirten an den Ufern des Flusses Arta gegen Plaka hin. Um zwei Uhr, als der Tag zu dämmern begann, waren Hügel und Ebene vor den Philhellenen mit Feinden bedeckt. Nach und nach entwickelten sich die türkischen Massen zu der Gestalt eines Halbmondes, der die gewaltigen weitgreifenden Arme um den Hügel von Peta zu schlagen begann. Mit dem Grauen des Tages kam das feindliche Fußvolk bis auf einige Hundert Schritt an die Vedetten der Philhellenen heran und feuerte unter großem Allahgeschrei seine Gewehre gegen die am Fuß des Berges Postirten. Graf Normann hatte die Schlafenden geweckt und einen Jeden ermahnt festzuhalten an der selbstgewählten Loosung, rühmlichen Sieg oder Tod zu erkämpfen. Da die kurzen Büchsen der Philhellenen nur in der Nähe gehörige Wirkung hervorbringen konnten, so ließen sie den ersten Gruß des Feindes unerwidert. Als aber die Türken verwundert näher rückten und den Fuß des Berges betreten wollten, empfing sie ein mörderisches Feuer, welches die größte Verwirrung in ihren Reihen anrichtete. Sie sammelten sich und attakirten mit erneuter Wuth von vorn und von der Seite, aber auch das zweite mal wurden

sie mit blutigen Köpfen zurückgewiesen, das Regiment Tarella griff mit
Erfolg in das Gefecht ein und die Kartätschen der beiden griechischen
Geschütze verfehlten ihre Wirkung auf die dichtgedrängten feindlichen
Massen nicht. Schon war der ganze Fuß des Berges mit türkischen
Leichen bedeckt, schon wankte der linke Flügel der Türken und die Phil=
hellenen schickten sich an die Weichenden mit dem Bajonett zu verfolgen.
Das Schicksal des Tages schien entschieden. Allein im Rücken und
auf der Flanke hatten die Dinge eine verhängnißvolle Wendung genom=
men. Während der türkische Frontangriff sich an dem heroischen Widerstand
der regulären Truppen brach, hatte der Verrath des Gogos eine Anhöhe
entblößt, welche die griechische Stellung nach Norden beherrschte. Dort=
hin hatte Reschit Pascha gleich bei Beginn des Kampfes ein starkes Korps
Albanesen ausgesandt, dessen Marsch dem Grafen Normann durch davor=
liegende Hügel verborgen war, während Gogos ihn von seiner Hochwart
aus ganz genau beobachten konnte. Statt die Gunst des Terrains zu
benutzen, energischen Widerstand zu leisten und die vordringende albane=
sische Kolonne den steilen Pfad herabzustürzen, ließ der treulose Häupt=
ling die Avantgarde des Feindes, einige 80 beherzte Soldaten, ungehindert
passiren, und fiel erst dann über die Nachfolgenden her, die er freilich in
die Flucht warf. Während sich aber seine Soldaten dabei rasch zerstreu=
ten, hatten jene 80 Albanesen die Höhe, von der sie auf die unten bei
Peta Kämpfenden herabsahen, erreicht, ihre Fahne entfaltet und sobald
das Signal aus dem Thal beantwortet ward, sich mit lautem Geschrei
wieder bergabwärts gestürzt. Von Gogos' Schaar war Nichts mehr zu
sehen, der Ruf Verrath! erhöhte die allgemeine Bestürzung, im Nu!
stoben die Irregulären auseinander. Marko Botsaris suchte die Fliehen=
den zum Stehen zu bringen. Er ließ auf sie schießen! vergebens; die
Panik ward allgemein. So konnte der kleine albanesische Haufe die kurz
zuvor von den Griechen besetzten Positionen durcheilen und den bei Peta
fechtenden Philhellenen in den Rücken fallen.

Der türkische Anführer erkannte den entscheidenden Augenblick; er
kommandirte einen neuen Infanterieangriff gegen die Philhellenen und
unterstützte ihn durch einen energischen Kavalleriechoc. Von vorn und
von hinten angegriffen, warfen sich die Philhellenen in das Dorf, hel=
denmüthig vertheidigten sie ihre beiden Geschütze; der Weimaraner Deiß
vernagelt sie und stürzt sie auf die heranstürmenden Rotten der Feinde.
Schmidt und Wernbly sind gefallen. Vergebens versucht das Regiment
Tarella zu den Philhellenen durchzubrechen; Tarella liegt todt, Graf
Normann muß schwer verwundet davongetragen, der Versuch, die Phil=
hellenen herauszuhauen, muß aufgegeben werden: denn schon drängt der
Feind das Regiment und die Jonier unaufhaltsam zurück. An dem
Kreuz des Wegs von Kompoti setzen sich die Zurückziehenden noch einmal
nachdrücklich zur Wehr, bilden ein Carré, und werfen die albanesischen

Reiter zurück. Aber die nachstürmenden Massen des Feindes reißen die Glieder des Regiments auseinander; da suchen und finden die Meisten einen ehrenvollen Soldatentod, nur Wenigen gelingt es sich nach Langabha durchzuschlagen. Graf Normann, der sich von seiner Wunde erholt hat, führt sie als der Letzte. So gelangen die zersprengten flüchtigen Haufen nach Langabha, wo Maurokordatos gerade bei Tisch sitzt und sich von dem Kleften Grivas aus dem Schulterblatte eines Lammes das bei Peta geschehene Unglück deuten läßt. Entsetzt fährt er auf, als er die Prophezeiung bewahrheitet sieht. Heiße Thränen strömen über seine Wangen. Als Normann ihm entgegenruft: „Prinz, wir haben Alles verloren, nur die Ehre nicht!" sind Thränen die einzige Antwort des griechischen Generalissimus.

Die in Peta abgeschnittene Schaar der Philhellenen hat noch Wunder der Tapferkeit verrichtet. Der Fahnenträger der Deutschen, Teichmann, stand und hielt die Fahne, als das Tuch in hundert Stücke zersetzt, er selber schwer verwundet und der Waffen beraubt war. Er vertheidigte sich zuletzt mit dem Stab des Banners bis er verstümmelt und entseelt zu Boden sank. Der französische Kapitän Mignak, der noch kurz zuvor den Lieutenant von Hobe im Duell erschossen hatte, allen Deutschen ein Gegenstand des Hasses und Abscheus, warb ihnen noch zuletzt ein Gegenstand der Bewunderung und Nacheiferung; er lag, am Fuß verwundet, mit dem Rücken gegen einen Baum, und hieb die andringenden Türken nieder bis ihm der Säbel sprang und er von hinten den Todesstreich erhielt. Die Polen hatten sich in den Dachboden der Kirche zurückgezogen, von dort schleuderten sie Ziegel, Sparren, Gebälk, Steine herunter, und vertheidigten sich zuletzt, wo Säbel und Bajonett versagten, mit Fäusten und Zähnen gegen die in Massen heraufdrängenden Feinde.

Hier fiel Mizewsky; auch Dannia fand den gewünschten Soldatentod. Eine Doppelkugel zerriß die Brust des tapferen Kommandanten, mit dem Ruf: „Philhellenen, Sieg oder Tod!", sank er zusammen. Ein Haufe von 25 Philhellenen unter Hellmann und Hannah schlug sich mit dem Bajonett nach Langabha durch.

Dort erschien auch der Verräther Gogos und suchte sich dreist vor Maurokordatos zu verantworten, indem er den Verlust der Peta beherrschenden Höhe ungefähr so, wie in unseren Tagen Trikupis gethan hat, als das Werk eines unglücklichen Zufalls darstellte. Der Anblick der in Langabha herrschenden Verwirrung, die Ueberzeugung von dem unrettbaren Verfall der griechischen Sache führten ihn jedoch bald dazu, Langabha wieder zu verlassen, mit den Türken zu unterhandeln und sich ihnen fortan bis zum Ende des Freiheitskrieges anzuschließen. Die Verwünschungen der geretteten Philhellenen und Regulären folgten ihm nach.

Vierhundert der besten Krieger Griechenlands lagen auf dem Schlachtfeld. Das ganze Kriegsmaterial, der Proviant, die Geschütze waren Trophäen der Türken, welche ihren Triumph in Arta feierten, indem sie die wenigen Gefangenen köpfen ließen und Viktoria dazu schossen.

Die materielle Einbuße fiel verhältnißmäßig gering in's Gewicht. Aber der Zweck des ganzen Feldzugs, der Entsatz Suli's, war vereitelt. Westgriechenland war militärisch verloren. Bis in den September hielt die tapfere Besatzung aus; dann mußte sie unterhandeln, Omer Brionis gewährte erträgliche Bedingungen, mit Weib und Kind verließen die Sulioten ihre mann= haft behauptete Heimath und fanden ein Asyl auf den jonischen Inseln.

Maurokordatos und die europäisch gebildeten Männer seiner Um= gebung hatten durch das Scheitern der epirotischen Expedition einen schweren Schlag erlitten. Das Vertrauen auf die europäische Kriegskunst war gebrochen, und schlug in das Gegentheil, in souveräne Geringschätzung der regelrechten abendländischen Taktik um.

Hatten die Bürgerlichen und Maurokordatos sich auf die Europäer und die „Regulären" gestützt, so gewann nun die Militärpartei neuen Aufschwung. Sie war von Anfang an gegen die epirotische Unternehmung lau, ja feindselig gewesen, Gennäos Kolokotronis hatte das Lager der Philhellenen noch kurz vor der Entscheidung von Peta verlassen, auch der „Großsprecher" Giatrakos, Μεγαλόξημων, war ihm nach dem Pe= loponnes gefolgt, — nicht ohne heimliche Schadenfreude sahen die Kleften auf die Niederlage der ihnen verhaßten „Regulären". So ward die Schlacht von Peta auch für die inneren Verhältnisse Griechenlands be= deutend, sie neigte die Wagschaale zu Gunsten der Militärpartei; die Nie= derlage des Maurokordatos und der Philhellenen ward ein Triumph des Kolokotronis und der Kleften.

Sie ward es um so mehr, als gleichzeitige Ereignisse die kleftische Kriegsführung in glänzendem Lichte zeigten. Was Maurokordatos und die Philhellenen bei Peta verdorben hatten, das sollten Kolokotronis und Ipsilantis bei Argos wieder gut machen.

Der Plan des Sultan lief darauf hinaus, die Operationen in West= hellas durch einen gleichzeitigen Einfall in Osthellas zu unterstützen, eine große Heeresmasse über den Isthmus nach dem Peloponnes zu werfen und den Aufstand an seinem Heerde zu ersticken. Die Flotte sollte dieser Okkupationsarmee vor Nauplia die Hand reichen und ihr ermöglichen, in's Innere des Peloponneses nach Tripolitsa vorzudringen. Hatte man einmal das Hauptquartier in der arkadischen Ebene aufgeschlagen, so schien es ein Leichtes, die Halbinsel zu pacificiren, fliegende Kolonnen nach allen Richtungen auszusenden und die Peloponnesier vor Eintritt des Winters zum Niederlegen der Waffen zu zwingen. Mahmud hatte sich die Rathschläge der österreichischen Diplomatie zu Herzen genommen, er hoffte mit einem gewaltigen Streiche das Verlorene zurückerobern zu können.

Die durch den Fall Janina's disponibeln türkischen Streitkräfte wurden in und um Larissa koncentrirt, seit dem Frühjahr herrschte dort unabläffige Thätigkeit, Vorräthe, Munition und Truppen wurden angehäuft, eine großartige Unternehmung ward vorbereitet. An die Spitze der Expedition sollte jedoch nicht der Sieger Ali's, sondern ein gefügigerer und vornehmerer Mann, Mahmud, der Pascha von Drama, gestellt werden. Er hatte sich jüngst durch die blutige Dämpfung des Aufruhrs in Magnesia einen Namen gemacht, der Sultan ernannte ihn, um sein Ansehen zu erhöhen, zum Seraskier, eine Bevorzugung, die von Churchit nur ungern gesehen ward. Der Held von Janina würde lieber selbst das Kommando übernommen haben, zumal er die Zurüstungen für das Heer in Larissa mit größtem Eifer betrieben hatte; auch die Soldaten hegten das größere Vertrauen zu ihm. Abgesehen von der leisen Eifersüchtelei und dem Mißvergnügen Churchit's, ließ sich aber Alles so an, als müsse Dramalis' Unternehmen vom glänzendsten Erfolg begleitet werden. Man zählte 24,000 Mann Infanterie, 6000 Reiter und eine stattliche Artillerie; seit Ali Kumurdgi im Jahre 1715 über den Sperchius gegangen war, um den Venetianern Morea abzunehmen,*) hatte Griechenland keine solche Entfaltung militärischen Pomps gesehen, wie diesen Heerzug des Dramalis, der sich Anfang Juli von Zituni aus nach Süden in Bewegung setzte. Das Gerücht verdoppelte, ja verzehnfachte die Stärke der Muselmänner. Während im Westen vor Kompoti und Arta gekämpft ward, brachen diese Truppenmassen durch die Thermopylen und rückten, ohne Widerstand zu finden, nach Böotien vor. Die heillosen Zustände in Osthellas erleichterten ihr Vorrücken. Nach dem Vorbild des Odysseus war fast jeder Militärhäuptling in Intriguen verwickelt, um einen Nebenbuhler aus dem Wege zu räumen oder die Regierung zu hintergehen; der Areopag, der sich dem Odysseus gegenüber in völliger Ohnmacht gezeigt, stand ohne jedes Ansehn da. Nirgends stießen die Türken auf ernstlichen Widerstand. Dramalis verwüstete die reiche fruchtbare Ebene um den Kopaissee. Dann drang er am Kithäron vorbei nach Attika vor, wo er freilich zu spät kam, um die Akropolis zu retten, aber noch rechtzeitig genug, um den freverischen Bruch der Kapitulation, welchen sich die Griechen zu Schulden kommen ließen, zu rächen. Die türkische Soldateska verübte grauenhafte Repressalien. Dramalis war die Persönlichkeit nicht, welche soldatischem Uebermuth und Excessen hätte Einhalt gebieten können. Ihm fehlte die gebieterische Strenge Churchit's, ihm fehlte Festigkeit, wo es Noth that, während er in kleinen Dingen voll kurzsichtigen Eigensinnes erscheinen konnte. Die Ernennung zum Seraskier erfüllte ihn mit ungemessenem Stolze. Die günstigen Erfolge des Beginnes verblendeten ihn so sehr, daß seine geringe Einsicht scheitern ging. Als er von Athen

---

*) Journal de la campagne faite en 1715 pour la conquête de la Morée, publié d'après le manuscript de Brue. Paris. Thorin. 1870.

nach dem Isthmus verdrang und nun auch die wichtigen Geranischen Pässe, ja sogar die gewaltige Veste Akrokorinth von den Griechen feig verlassen, als er überall den Schrecken seines Namen und seines Heeres verbreitet fand, da schwanden alle Hindernisse vor seiner lodernden Fantasie, und im Geist sah er sich bereits als den Sieger Morea's und den Bändiger der griechischen Revolution. Er schlug am 17. Juli sein Hauptquartier in Korinth auf. Dort fand ein Kriegsrath statt, an dem das ganze Schicksal des Feldzugs hing. Kundige, mit den Landesverhältnissen vertraute Männer, wie jener Jussuf Pascha, der von Patras herbeigeeilt kam, riethen dem Seraskier, er möge Korinth, den Schlüssel des Peloponeses, zum ständigen Hauptquartier machen und dort große Magazine und Munitionsreserven errichten. Mit Hülfe der Flotte, welche den korinthischen und saronischen Meerbusen zu bestreichen hatte, wäre es dann möglich geworden, den Peloponnes zu einer blokirten Insel zu machen und die dortigen Aufständischen ganz vom Festland abzuschneiden. Man konnte von der sicheren Operationsbasis Korinth aus einzelne Abtheilungen nach Patras oder Tripolitsa senden, und später, nachdem Arkadien und Achaja unterworfen waren, die südlichen Bergdistrikte, die Maui, Messenien, Lakonien, mit den Waffen oder durch Hunger bezwingen. Allein diese verständigen Rathschläge erschienen den Heißspornen des türkischen Heeres als Feigheit. Der Sanguiniker Dramalis, der von der Kriegsuntüchtigkeit der Griechen überzeugt war, und von den Schwierigkeiten des peloponnesischen Terrains keinen rechten Begriff hatte, entschied für sofortiges Vordringen nach Nauplia, um sich, dem großen Kriegsplan zu Folge, dort mit der Flotte zu vereinigen und dann über die arkadischen Pässe nach Tripolitsa vorzurücken. Die Gunst des Zufalls schien diesem kühnen Entschluß zu winken. Der gerade Weg nach Nauplia führte durch die wilden, gefährlichen Defiléen der Dervenakien, den „durchbrochenen" Paß, den „Tretus" der Alten. Die Griechen aber waren so von Bestürzung geschlagen, daß sie nicht daran dachten, den wichtigen Posten zu vertheidigen; Rhigas Palamidis, Sekeris und Tsalafatinos hatten keine Lust, den Leonidas zu spielen und sich mit ihren wenigen Gefährten nutzlos aufzuopfern, wie das auch von Fotakos ganz naiv eingestanden wird. So konnte Dramalis ohne Schwertstreich durch die Pässe hindurchziehn, und am 24. Juli schlug er sein Hauptquartier in Argos auf. Die bisherigen Erfolge hatten ihn so verwöhnt, daß er es unterließ, die Defiléen und die seitwärts die Flanken des Passes beherrschenden Dörfer St. Georg und Agionoros besetzt zu halten und so die Rückzugslinie wie die Kommunikation mit Korinth zu decken. Seine Vorhut, unter dem Argiver Ali Pascha, erschien gerade zu rechter Zeit unter den Mauern Nauplia's, um der Besatzung, die schon mit den Griechen wegen Kapitulation unterhandelte, neuen Muth einzuflößen. Ali kassirte den Vertrag, der mit der griechischen Regierung gemacht und dessen Ausführung durch die Treulosigkeit einiger griechischer Unterbeamten bis jetzt in die Länge gezogen war. Nur der „Meerthurm", der den Griechen als Pfand der Kapitulation übergeben war, blieb in ihren Händen und ward von einer kleinen hellenischen und philhellenischen Besatzung behauptet. In den übrigen Forts richtete sich Ali ein, ließ sie befestigen und suchte sie zu verproviantiren. Dabei konnte ihn freilich Dramalis nicht wirksam unterstützen, da derselbe in seinem blinden Vertrauen auf die türkische Flotte nicht an Verpflegung gedacht hatte, und bereits selbst anfing Mangel zu leiden. Der Wendepunkt des türkischen Glückes war nahe. Der ganze Kriegsplan des Diwan litt an dem Grundfehler, daß er ein rasches harmonisches Ineinandergreifen von Land- und Seemacht, und zu dem Behufe eine Ehrlichkeit und Thätigkeit voraussetzte, die in der Türkei schon seit Jahrhunderten zu Mythen geworden waren. Nur wenn die Flotte rechtzeitig vor Nauplia erschien, konnte die Feste auf die Dauer gehalten, und die große Armee in Stand gesetzt werden, nach Tripolitsa, dem Nabel des Peloponneses, vorzubringen.

Nun aber spielte ein Stück echt türkischer Disziplinlosigkeit. Statt der erhaltenen Ordre gemäß, sich zunächst nach Nauplia zu richten, segelte die Flotte nebst dem für Nauplia bestimmten Konvoi am argolischen Meerbusen vorüber, um den Peloponnes herum, nach Patras, als ob sie der Feldzug des Dramalis nicht im Geringsten angehe. Es war ein vernichtender Streich für die peloponnesische Invasionsarmee. Dramalis befand sich zu Argos wie in einer Sackgasse, ringsum von Bergen umgeben, vor sich das Meer, hinter sich schwer passirbare und gefährliche Defileen. Der Sommer war einer der heißesten, deren man sich in diesem Klima entsann, das Getraide war verbrannt, bald gebrach es an Tränkung und an Fourage für die zahlreiche türkische Kavallerie. Eine Oka Fleisch hatte beim Einrücken der Türken den Spottpreis von 30 Paras gekostet; jetzt war sie gar nicht mehr zu beschaffen. Die türkischen Soldaten zerstreuten sich in die Weinberge, um unreife Trauben und Melonen zu suchen, deren Genuß das Fieber oder den Tod aus den Flinten der lauernden Griechen brachte. Es war ein Glück für Dramalis, daß die Griechen den Vortheil ihrer Lage anfänglich kaum bemerkten. Die Regierung hatte beim Herannahen der türkischen Massen völlig den Kopf verloren. Die raublustigen Maniaten und Messenier erhoben noch ehe Dramalis selbst vor Argos erschien, plötzlich bei Nacht den falschen Lärm „die Türken kommen!" Da flohen Minister, Senatoren und Regierungsbeamte so eilig von dannen, daß sie die Archive mit sammt den Urkunden sowie eine Menge von Silber, das man zu Staatszwecken aus den Kirchen und Klöstern gesammelt hatte, im Stich ließen. Auch die zahlreichen Flüchtlinge aus Kleinasien und Smyrna, die gehofft hatten, in Argos, am Sitz der griechischen Regierung, ein Asyl zu finden, wurden durch das maniatische Stratagem aus der Ruhe emporgescheucht; auf der Straße nach Lerná und Tripolitsa drängte sich eine schreiende, ängstliche

Menge zusammen, während die Urheber des Lärms, da Alles so herrlich gelungen war, über die zurückgelassene Habe herfielen, öffentliche wie Privatgebäude ausplünderten und die Unglücklichen, die sich mit der Flucht nicht beeilten, nackt auszogen. Was sich irgend fortschaffen ließ, ward von diesen „Kleften" in des Worts verwegenster Bedeutung auf ge= stohlene Maulthiere und Ochsen geladen und nach den Bergen geschafft. Ein Maniate transportirte die Bibliothek des Theodor Negris von dannen. Das Pferd, das sie schleppte, ward lahm, und ein Offizier, der es zum Wasserholen für seine Soldaten brauchen konnte, kaufte es für fünf Gulden. Er war nicht wenig überrascht, als er sich zugleich im Besitz der Bücher des griechischen Staatssekretärs sah.

Je größer die Verwirrung war, die durch die eingebildeten wie durch die wirklichen Türken erzeugt ward, desto höher ist die Geistesgegenwart und Unerschrockenheit einzelner Männer zu preisen, die sich vor der Ge= fahr nicht beugten. Vor Allem gebührt dem Ipsilantis und Kolokotronis der Ruhm, daß sie den gesunkenen Muth der Griechen in dieser kritischen Lage wieder aufrichteten. Die Mitglieder der Legislative, welche ihr kost= bares Leben auf ein vor Lernä ankerndes Schiff gerettet hatten, forderten ihren Präsidenten auf, er möge sich ebenfalls an Bord in Sicherheit bringen; allein Ipsilantis wies den schnöden Vorschlag energisch zurück. Er blieb am Lande, sammelte siebenhundert entschlossene Männer und warf sich mit ihnen in das feste Schloß von Argos, Larissa, welches bis dahin von dem Maniaten Karigiannnis und einem kleinen Haufen hel= denmüthiger Genossen gegen die Armee des Dramalis gehalten worden war. Der türkische Feldherr erkannte die Bedeutung dieser Diversion, denn er konnte sich in Argos nicht sicher fühlen, geschweige weiter nach Arkadien vordringen, so lange die Akropolis in seinem Rücken von Feinden besetzt war. Er richtete sofort alle seine Anstrengungen gegen den Ipsilantis und schloß die Burg auf's Engste ein; mannshoch erhoben sich ringsum in steinernem Gürtel die „Tamburia" seiner Ghe= gen. Allerdings war die durch Ipsilantis' Zuzug verstärkte Besatzung mit Wasser und Vorräthen nur kärglich versehen, der Fall der Akro= polis unausbleiblich. Aber der Hauptzweck der Freiwilligen, die den verlorenen Posten besetzt hatten, ward erfüllt. Während die Türken eine kostbare Zeit mit der Blokade von Larissa verschwendeten, konnte sich eine griechische Armee sammeln, die stark genug war den zusammengeschmol= zenen Haufen des Dramalis in offenem Feld zu begegnen. Sie zu orga= nisiren, mit Kampflust und Zuversicht zu erfüllen, war Kolokotronis der rechte Mann. Als er in Kalawrytä das Vordringen des Dramalis über den Isthmus vernahm, rief er den Unglücksboten zu: „Seid nicht traurig, weil Ihr schlimme Botschaft bringt, ich hoffe auf Gott und die Hellenen, daß bald hier Siegesfreude und Frohlocken sein wird. Wie der Athener die Siegesbotschaft von Marathon nach Athen brachte, so werdet auch

Ihr, Patrioten, die schöne Kunde des Sieges heim bringen!" Rührendes Gottvertrauen, einfältiger Kinderglauben stärkten und erhoben den alten Klesten. In den Knochen einer Taube las er die Niederlage des Dramalis voraus; er war des Erfolgs sicher, als ein altes Weib, welcher er auf dem Weg nach Argos begegnete, ihm zurief: „Alter Kolokotronis, seit einiger Zeit umflattert ein Schwarm von Gehern meine Hütte unter lautem Geschrei und verlangt nach Blut, geh', wohin Dich Gottes Wille ruft, die türkischen Ungläubigen müssen vertilgt werden." Es mag seltsam erscheinen, daß in jenem für Griechenland entscheidenden Momente die Heldenkraft seiner Vertheidiger sich an ammenhaften Wundermährchen aufrichtete, aber gerade hierin erkennt man auch die Eigenthümlichkeit jenes im Naturalismus der Kultur befangenen Volkes. Kolokotronis begriff, daß Alles auf dem Spiele stand, und daß der große Moment ein großes Geschlecht finden müsse. Er „warf den Hader und Groll" jüngst verflossener Tage „ins Meer", begab sich nach Tripolitsa und reichte selbst den Primaten, die ihn am gehässigsten angefeindet hatten, die Hand. Eine von der „Gerusia" und Kolokotronis gemeinsam unterschriebene Proklamation verkündigte, daß sie Angesichts der gemeinsamen Gefahr des Vaterlandes vollkommen einig seien. Durch die ganze Halbinsel ergingen seine Befehle; jeder Peloponnesier sollte zu den Waffen greifen und in Kolokotronis' Hauptquartier erscheinen. Wer nicht gehorchte und die Gefahr scheute, sollte, falls er auch den Türken entging, wegen Ungehorsams erschossen werden. Was die Begeisterung nicht that, das that die Furcht, bald fand sich „eine ganze Welt Bewaffneter" bei Kolokotronis in Tripolitsa ein, „er erschien ihnen Allen, wie ein neuer Moses."*)

Zunächst galt es dem bedrohten Argos zu Hülfe zu eilen. Am 21. Juli setzten sich die Truppen des Kolokotronis in Marsch; es war vorher durch einen Herold in Tripolitsa ausgerufen worden, daß Niemand, der Waffen tragen könne, nicht einmal ein Greis, in der Stadt zurück bleiben dürfe, und daß man einen Jeden, der sich nach zwei Stunden dort noch antreffen ließe, erschießen werde: da läßt sich denken, daß der abziehende Heerhaufe mächtig anschwoll. Im Wirthshaus von Achladokampos stieß Kolokotronis auf die von Argos kommenden, mit Beute beladenen Maniaten. Wohin? rief er sie an. „Wir wollen blos unsere Kranken und unser Gepäck abladen, nachher kehren wir in den Kampf zurück." „Geht zur Großmutter des Teufels, ihr schlechtes Gesindel," schalt Kolokotronis und ritt an der Spitze seiner Schaar weiter nach Argos zu. Man empfing ihn überall als den Retter in der Noth. An seiner frischen, heitern Siegeszuversicht richteten sich die Verzagten, „der Schreck Erblaßten und Verstummten", wieder auf. „Wenn unsere Männer keine Palikaren sind, so gieb uns Waffen, um sie gegen den

---

*) 'Απ. Φωτάκου S. 181.

Feind zu tragen," riefen die Weiber dem heranziehenden Helden entgegen. Mit dem naturalistischen Feldherrninstinkt, der ihm eigen war, erkannte Kolokotronis die Gunst des Terrains. Es galt, den Dramalis so lange wie möglich vor der Akropole von Argos festzuhalten, ihn von aller Zufuhr und Kommunikation abzuschneiden, und in dem ganz ausgesogenen und entblößten Thale des Inachos auszuhungern. Kolokotronis ließ also die Gebirgspässe, die nach Korinth führten, besetzen, koncentrirte aber seine Hauptmacht südlich von Argos am Meeresstrand, in fester, schwer angreifbarer Position bei den lernäischen Mühlen. Von hier aus machten die Griechen fortwährende Versuche, um die in der Burg Eingeschlossenen zu versorgen und zu entsetzen. Während sie auf der einen Seite die Larissa belagernden Türken angriffen, bot sich ja den Belagerten Gelegenheit zum Entkommen nach der andern Seite dar; und wenn die Belagerten einen Ausfall machten, so konnten ihre Freunde versuchen, ihnen von der andern Seite aus Proviant und Munition zukommen zu lassen. Ging es einmal schief, so war der unermüdliche Kolokotronis sofort bei der Hand, die Entmuthigten durch Bitten und Drohen, durch Ernst und schlechte Witze wieder zu beleben. „Die Türken sind nichts als Ballast," rief er geringschätzig aus. Es gelang zuerst dem größeren Theil der Besatzung und schließlich, zu Anfang August, auch dem Rest jener tapferen Männer, die sich in Larissa eingeschlossen hatten, die türkische Aufmerksamkeit zu täuschen und nach den Mühlen zu entwischen. Der Maniate Karigiannis rühmte sich, der erste in der Burg und der letzte gewesen zu sein, der sie wieder verließ. Der Hauptzweck ihrer Vertheidigung war erreicht; Dramalis war so lange vor Larissa hingehalten worden bis eine griechische Armee sich ihm gegenüber im Felde zeigen konnte. Schon waren die bei den Mühlen und ringsum auf den Bergen versammelten Griechen dem türkischen Heere an Zahl überlegen, es war zu erwarten, daß sie selbst zum Angriff übergingen.

Zwischen der Stadt Argos und den Mühlen von Lernä schlängelt sich der Inachos durch Weinpflanzungen und Reisfelder zum Meer hin. Sand- und Kiesbänke verdoppeln und verdreifachen die gewöhnliche Breite des Betts und machen den Strom für eine Armee mit Reiterei und Bagage schwer passirbar. An den Ufern und in den Weingehegen nahe der Mündung fanden tägliche Scharmützel zwischen den beiden Parteien statt, in denen sich Muth und Kriegserfahrung der Griechen stärkten; die türkischen Reiter, die Delhi's, vermochten auf solch' kouprtem Terrain Nichts gegen die irreguläre Miliz auszurichten. Die Türken hatten einen Augenblick geglaubt, ihre Flotte werde, wenn auch verspätet, vor Nauplia erscheinen, türkische Schiffe waren vom Fort Palamidhi aus bereits signalisirt worden, als dieselben aber, ohne sich um Nauplia und Dramalis zu kümmern, weiter segelten, war freilich das Schicksal des Feldzugs entschieden und der Rückzug unvermeidlich geworden. Es han-

delte sich blos darum, denselben vor den Griechen zu maskiren. Dramalis
sandte seinen Sekretär, einen Christen, zu den bei den Mühlen gelagerten
Griechen und ließ ihnen Amnestie anbieten; als sie das Anerbieten ver-
lachten, mußte Jener ihnen den freundschaftlichen Rath ertheilen, sie
möchten sich an den nach Tripolitsa führenden Gebirgspässen zur Vertheidigung rüsten, denn es sei die Absicht der Türken, dorthin vorzurücken.
Kolokotronis durchschaute die plumpe List; er machte die Seinen darauf
aufmerksam, daß das Vordringen des Dramalis nach Tripolitsa jetzt unmöglich geworden sei, und daß es vor Allem darauf ankomme, die Rückzugslinie der Türken nach Korinth abzuschneiden. Als seine Ansicht
im Kriegsrath nicht durchdrang, ließ er das Gros des Heeres bei
den Mühlen stehen und zog mit seiner Leibgarde nach dem Deri
St. Georg, welches die Defiléen von Dervenaki zwischen Argos und
Nauplia beherrscht. „Da geht er hin", äußerte Petrobei verächtlich,
„um Klefte in den Schluchten der Berge zu werden." Aber der strategische Scharfblick des alten Kleften sollte sich jetzt im glänzendsten Lichte
offenbaren. In der Frühe des 6. August zeigte sich eine lebhafte Bewegung im Heerlager von Argos, Dramalis trat den Rückzug in der
Richtung nach Korinth an. Die Soldaten des Kolokotronis hatten die
Nacht zuvor mit Tanzen und Singen zugebracht, sie waren in der hei-
tersten Stimmung. Als das Schießen von der Ebene her den Anmarsch
des Feindes gegen die Defiléen von Dervenaki verkündete, stieg der griechische Oberbefehlshaber auf das Dach der Hütte, wo er geschlafen, und
hielt eine jener eindringlichen Feldpredigten, die gewaltig unter den
Kleften zu zünden pflegten. Er erzählte, daß er ein Gesicht gehabt habe,
„Tyche" sei ihm erschienen und habe den schönsten Sieg verkündigt, wie er
noch nie errungen ward und nie wieder errungen werde. „Ich hege eine
solche Zuversicht, daß ich Euch versichere: Ihr braucht nicht einmal zu
den Waffen zu greifen, um die Waffen der Türken zu erbeuten. Jeder
von Euch wird Viele verfolgen und Ihr werdet die Schätze des Ali Pascha
erbeuten, die der epirotische Thrann von unsern christlichen Brüdern er-
preßt hatte. Heute, in demselben Augenblick, werde ich Euch Alle mit
den Waffen der Türken, auf ihren Pferden, in ihren glänzenden Kleidern
erblicken. Gott ist mit uns, macht Euch keine Sorge und rüstet Euch,
wie ich es anordne, daß wir Alle vereint über sie herfallen." Um die
geringe Zahl der an den Defiléen postirten Griechen, — Fotakos schätzt
die ganze disponible Macht des Kolokotronis auf 2350 Mann — zu
maskiren, ersann der Oberbefehlshaber ein echt kleftisches Stratagem.
Seine Hauptmacht stellte er in der Tiefe der Defiléen am Waldstrom
von Dervenaki und auf der Steige von St. Sosti auf; dagegen begab
er sich selbst mit den Greisen und Kampfunfähigen auf den St. Georg
gegenüber liegenden Berg, ließ dort Maulesel und Pferde zusammen-
treiben und Mäntel, Kleftenmützen, Fahnen, an weithin sichtbarer Stelle

auf Stöcke pflanzen, um bei den heranziehenden Feinden den Schein zu erwecken, als wimmle es auf jener Höhe von kampflustigen Streitern. Zugleich sandte er Befehl an Nikitas nach Agionoros, an den Plaputas nach Skinochori und an den Papanika nach Stimanka, daß sie so rasch als möglich zur Vertheidigung von Dervenaki und St. Sosti herbeieilen sollten. Die Vorhut der Türken bestand aus 1000 Albanesen. Diese rückten nur behutsam vor und prüften das Terrain mit dem Instinkt kriegerischer Bergbewohner, sie erkannten, daß bei Dervenaki nicht durch= zukommen sei, wandten sich deshalb westlich nach Nemea und gelangten an der bei St. Georg postirten Scheinmacht des Kolokotronis vorbei ohne sonderlichen Verlust nach der Ebene Kurtesa und Korinth. Schlimmer erging es der ersten türkischen Division, welche Dramalis vorausgeschickt hatte, um die Defiléen von Dervenaki zu forciren.

Ein Fußweg führte am linken Ufer des Waldstroms entlang in die Tiefe der Schlucht; hier hatte Kolokotronis seine Soldaten hinter niede= rem Gesträuch und Felsen verborgen und ein furchtbares Tirailleurfeuer empfing die Delhi's, sobald sie in die Enge hineinritten. Der ganze Bergabhang war in Pulverdampf eingehüllt. Aus jedem Busch sprangen bewaffnete Griechen hervor. Die türkischen Reiter wandten eiligst um und suchten am rechten Ufer des Waldstroms, wo sich die Steige St. Sosti's hinaufwindet, emporzudringen. Das Fußvolk folgte so gut es konnte; Waffen und Gepäck, Alles, was den Marsch behinderte, ließ man zurück, die verfolgenden Griechen fielen haftig darüber her. Kolokotronis' glänzende Vision begann sich zu verwirklichen.

Auf der Höhe von St. Sosti hofften die bedrängten Türken Athem schöpfen zu können. Eine griechische Wache fand sich dort nicht vor; die voraueilenden türkischen Reiter hatten bereits das offene Thal unter dem Dorf St. Basili erreicht, man glaubte sich außer Gefahr. Es war andert= halb Stunden vor Sonnenuntergang. Wären die von Kolokotronis her= beibeorderten drei griechischen Anführer auf dem Platze erschienen, so würde eine vernichtende Katastrophe über die Türken hereingebrochen sein. Aber Plaputas und Papanika blieben aus, nur Nikitas erfüllte seine Pflicht. Der unermüdliche Papa Flesas und Ipsilantis ließen ihre Mannschaften zu der seinigen stoßen, so verstärkt, eilte Nikitas von Agionoros herbei und erschien noch gerade zur rechten Zeit, um den feindlichen Reitern den Weg nach Korinth zu verlegen. Während ein Theil seiner Truppen den Türken in die Flanke fiel, besetzte er selbst einen Hügel vor ihrer Front, welcher die Verbindung der beiden Straßen von St. Sosti und Dervenaki beherrscht. Hier attakirten die türkischen Reiter mit dem Muth der Verzweiflung; die Maffen der Flüchtigen drängten ungestüm hinter ihnen nach. Der von Nikitas besetzte Hügel überragte eine Schlucht, durch welche der Feind paffiren mußte. Ein verzweifeltes Ringen fand in derselben statt. Die Griechen hemmten die Paffage, indem sie zuerst auf die Pferde der Delhi's schossen und dann die Körper der Reiter darüber häuften. Die Attake ward mehrere Male erfolglos wiederholt, zuletzt drängten solche Massen von hinten nach, daß Weichen unmöglich ward und ein Haufe Reiter, durch die physische Kraft des Menschenstoßes nach vorne geschoben, sich Bahn über den Hügel hinweg brach, den offenen Boden der Ebene, Kurtesa und Korinth ohne weiteres Hemmniß erreichte. Zwischen jener Schlucht und St. Sosti entstand aber eine Scene grauenvoller Verwirrung. Von vorn und von der Flanke griff Nikitas, von hinten griff Kolokotronis an; nach allen Richtungen flohen die Türken auseinander; unter dem Schutz der einbrechenden Nacht entkamen die Einen nach Korinth, die Anderen nach Nauplia zurück, jedoch mehr als 3000 Todte, nach der Angabe des Türken Abdullabei 4000, deckten die Stätte und eine unermeßliche Beute fiel in die Hände der Griechen. Nikitas hatte sich mit Ruhm bedeckt. Mit dem Schwerte in der Hand stürzte er sich als der Erste in ein türkisches Infanteriekarré, welches den Rückzug bei St. Vasili decken wollte. Er verdiente sich auf's Neue den Beinamen des „Türkenfressers", mit dem ihn seine Soldaten bei Doliana begrüßt hatten.

Das türkische Heer war nun in zwei Theile zerrissen. Der eine suchte sich in Korinth zu sammeln, der andere größere war in Nauplia zurückgeblieben und hatte die mörderischen Pässe noch vor sich. Dramalis schien vor Schreck wie gelähmt. Er blieb einen Tag unthätig in Argos liegen. Allein es war unmöglich die Armee länger in der ausgesogenen Ebene von Argolis zu erhalten. Da es der ersten Abtheilung des türkischen Heeres bei Dervenaki so schlimm gegangen war, entschloß sich der türkische Feldherr, sein Heil auf der östlich davon über Agionori nach Korinth führenden Straße zu versuchen. Am 8. August trat er mit dem Rest des Heeres nicht ohne schlimme Vorahnung den Rückmarsch an. Abermals war den Griechen Gelegenheit geboten ihre Gegner zu vernichten. Kolokotronis hatte in Dervenaki einen Kriegsrath zusammenberufen, an dem Nikitas, Plaputas, Papanika und die von den „Mühlen" herbeigeeilten Kapitäne Sekeris, Giatrakos, Tsokris Theil nahmen. Hier faßte man den einzig richtigen Beschluß, daß die an den Mühlen koncentrirten griechischen Truppen nach Charvati (dem alten Mykenä) geworfen werden sollten, und daß man dort abwartete, ob Dramalis den Weg über Dervenaki oder über Agionori einschlug. Im ersteren Fall sollte Kolokotronis, im anderen Fall sollten Nikitas und der Archimandrit Flesas ihn von der Front, in beiden Fällen sollten die bei Charvati versammelten Griechen ihn im Rücken angreifen, „daß auch nicht ein Nasenloch entwische"*). Allein die Ausführung dieses Plans scheiterte

---

*) ʼΑπ. Ψωτάκου S. 230.

an der Zuchtlosigkeit der Griechen. Statt daß dieselben sich von den Mühlen nach Charvati zogen, fielen sie, da Dramalis von Argos abmarschirte, über die daselbst zurückgelassene Beute des türkischen Lagers her. So fand Dramalis, als er die Straße von Agionori einschlug, die Defiléen in seiner Front nur von dem Archimandrit Flesas besetzt. Während die Türken die alte Kontoporeia, den steilen Fußpfad nach Agionori, emporklimmten, eilten zwar auch Nikitas und Ipsilantis von St. Sosti und St. Vasili herbei und fielen ihnen in die linke Flanke; um aber eine definitive Entscheidung herbeizuführen, hätte es jetzt eines Angriffs von der argolischen Ebene aus in den Rücken des türkischen Heeres bedurft. Derselbe würde noch verhängnißvoller gewirkt haben, als das Nachdrängen des Kolokotronis von St. Sosti nach St. Vasili zwei Tage zuvor. Da aber die Verfolger ausblieben und da die angreifenden Griechen, um neben den Plünderern des Lagers in Argos nicht leer auszugehen, ihr Augenmerk hauptsächlich auf die türkische Bagage richteten, so konnten die türkischen Reiter die Straße bis Kleonä klären; die von Kolokotronis dorthin gesandten Abtheilungen unter Plaputas und Gennäos kamen zu spät, und mit großem Verlust an Gepäck, Maulthieren und Kameelen, aber mit einer verhältnißmäßig geringen Einbuße von Menschenleben — Abdullabei schätzte sie auf 1000 — entrann das türkische Heer dem Verderben. Athemlos, zu Fuß, die Fetzen seiner reichen Kleidung nach sich schleppend, so kehrte der Feldherr nach Korinth zurück, der noch vor wenigen Tagen im Siegesglanze froher Hoffnungen ausgezogen war, um den Peloponnes zu erobern.

Kolokotronis war auf seinen Fersen. Volk und Heer schrieben den Anordnungen des alten Kleftenhäuptlings das glänzende Gelingen zu. Auf Andringen der Militärchefs ernannte die Gerusia ihn zum „Archistrategen" des Peloponneses. Als solcher traf er jetzt Anstalten um die bei Korinth zusammengedrängten geschlagenen Truppen des Dramalis ebenso auszuhungern und abzuschneiden wie in Argolis. Durch Odysseus, mit dem er seit lange in intimer Korrespondenz stand, ließ er die nach Osthellas führenden Pässe von Megaris verlegen, die Pässe, in welchen soeben geschlagen worden war, blieben stark besetzt; Kolokotronis selbst faßte Posto bei Soli, wo er die Straße am südlichen Ufer des Meerbusens und die Verbindung zwischen Korinth und Patras beherrschte.

Bald traten in Korinth Mangel und Krankheiten unter den Truppen des Dramalis ebenso empfindlich hervor, wie jüngst zuvor in Argos. Dramalis selbst erlag den Folgen der erlittenen Strapazen, er starb den 9. November. Alle Versuche eine Kommunikation mit Patras oder Nauplia herzustellen, wurden vereitelt. Auch Nauplia ward von den Griechen wieder hart bedrängt: es wäre endlich an der Zeit gewesen, daß die türkische Flotte vor den bedrohten Plätzen erschien und ihren Instruktionen gemäß die Operationen des Landheers unterstützte. Aber ihr neuer ebenso unfähiger als feiger Admiral Mehmed lag Wochen lang nutzlos in Patras vor Anker, sah der Katastrophe des Dramalis ruhig zu und ließ sich, da er endlich Ausgang September nach dem argolischen Meerbusen absegelte, durch die Furcht vor den griechischen Brandern abhalten, einen entscheidenden Schlag gegen die griechische Flotte zu unternehmen und dem eng blokirten Nauplia zu Hülfe zu kommen. In der Hoffnung, daß die österreichische Flagge von den Rebellen respektirt werden würde, begnügte er sich damit, ein österreichisches Handelsschiff mit 7000 Kilo Maismehl nach Nauplia zu senden, welches die Griechen sofort kaperten und sich an den prahlerischen Briefen ergötzten, die Mehmed dem österreichischen Kapitän für den Kommandanten von Nauplia mitgegeben hatte.

Kanaris übernahm es dem Kapudan Pascha auch in diesem Jahre zu zeigen, daß die Furcht vor den Brandern keine grundlose war. Die türkische Flotte war nach Suda und von da durch den Archipel nach der kleinasiatischen Küste zurückgesegelt. Sie ankerte zwischen Tenedos und Troas. Es gelang dem kaltblütigen Psarioten, sich ihr in der Frühe des 10. November, begünstigt von der Strömung des Hellesponts, mit zwei Brandern zu nähern, ohne daß die türkischen Wachtschiffe seiner gewahr wurden, das Viceadmiralschiff anzuzünden und zu verbrennen, während das Admiralschiff, welches die Beute des anderen Branderführers werden sollte, der Gefahr noch rechtzeitig entging. Immerhin hielt sich der Kapudan Pascha im freien Meer nicht mehr für sicher und beeilte sich innerhalb der Dardanellen Schutz zu suchen.

Die Bewohner der kleinasiatischen Küste waren den Plünderungszügen der Psarioten und Kasioten hülflos preisgegeben; bis nach Egypten wagten sich die kühnen Kaper, plünderten die Schiffe im Hafen von Damiette und nahmen die mit Zufuhr und Reis beladenen egyptischen Kauffahrer fast unter den Kanonen der in Alexandria ankernden egyptischen Flotte hinweg. Die Ohnmacht der türkischen Marine hatte sich wieder einmal schlagend offenbart. Die vom Kapudan Pascha schimpflich preisgegebene stolze Feste Nauplia war nun nicht mehr zu halten. Die Belagerten lebten schon im Oktober nur noch von den Vorräthen, welche die Belagerer selbst einschwärzten. Kolokotronis schnitt den Verkehr mit Korinth vollkommen ab. Die gräßlichste Noth herrschte in dem unglücklichen Platze. Todte Kinder lagen auf den Straßen, Weiber irrten umher, um nach der ekelhaftesten Nahrung zu suchen. Man lebte schließlich nur noch von Gras, gekochtem Leder und von den wulstigen Blättern der indianischen Feige. Die Soldaten waren so schwach, daß sie den Postendienst kaum verrichten konnten; die Felsenfeste des Palamidhi ward von Vertheidigern entblößt, weil die erschöpfte Mannschaft nicht mehr Kraft genug besaß den steilen Weg heraufzuklimmen. Da mußten die schon einmal begonnenen und nur durch Dramalis' Erscheinen abgebrochenen Unterhandlungen mit den Griechen wieder angeknüpft werden. Während

dieselben aber im vollen Gange waren, kamen zwei junge türkische Ueber=
läufer zu dem Kommandanten der Belagerer Starkos, und hinterbrachten
ihm und dem Kolokotronis, daß Fort Palamidhi von den Vertheidigern
entblößt sei. Der Kommandant ließ sofort Sturmleitern rüsten, und in
einer mondlosen Nacht vom 11. auf den 12. Dezember erstiegen seine
Leute ohne Schwierigkeit jene Riesenfeste, an der vor einem Jahr die
Anstrengungen der Philhellenen zerschellten. Von oben schossen sie ver=
gnügt in die Stadt herab mit dem Rufe: Euch haben wir schön gefan=
gen, Agas! Bei Tagesanbruch wehte die griechische Fahne auf den Wäl=
len. Kolokotronis eilte von Dervenaki herbei und forderte sogleich die
Stadt und das untere Schloß Itsch Kale zur Uebergabe auf: „der Herr,
unser Gott, hat den Palamidhi in unsere Hände gegeben, binnen drei
Stunden werdet Ihr die Stadt und Itsch Kale räumen, sonst wird das
Feuer der Kanonen Euch verzehren, was wir nicht wünschen". Erschreckt
kapitulirten die Türken; Kolokotronis bürgte ihnen für sicheren Transport
nach Asien und versprach jedem Einzelnen einen Anzug, ein Betttuch und
ein Gebetbuch zu lassen. Der Masse beutelustiger griechischer Soldaten,
welche sich vor den Thoren sammelten und mit Sturm drohten, ward der
Zugang zur Stadt verboten, Kolokotronis und der englische Kommodore
Hamilton, der zu günstiger Stunde vor Nauplia mit seinem Kriegs=
schiff erschienen war, wachten über der getreuen Ausführung der Kapitu=
lation; gegen Ende Dezember wurden die Gefangenen unbelästigt nach
Kleinasien eingeschifft.

Die Unthätigkeit und Feigheit der türkischen Marine reicht freilich
nicht aus, um das Scheitern des glänzenden Feldzugsplans von 1822 zu
erklären. Auch in den Operationen der Landarmeen war der Mangel an
Zusammenhang und Präcision nur allzu deutlich erkennbar. Nachdem
Dramalis geschlagen und Nauplia erobert war, hätte das bei Korinth
zusammengedrängte türkische Heer, das sich jetzt auf dem Isthmus in einer
ähnlichen Falle befand, wie zuvor in Argolis, wohl herausgehauen und
gerettet werden können. Aber wo blieb der Sieger Ali Pascha's, der
Seraskier Churchit? Ueberwog persönlicher Groll den Patriotismus des
Mannes? Sah er vielleicht nicht ohne geheime Schadenfreude den
jähen Untergang seines großprahlerischen Rivalen? Man wird es nicht
leugnen können: die Operationen in Ost = und Westhellas, die dem Dra=
malis hätten Erleichterung verschaffen können, wurden so lahm und un=
sicher geführt, daß ein ähnlicher Verdacht wohl aufsteigen konnte. Die
schleunigste Hülfe that in Osthellas noth; aber hier beschränkte Churchit
sich darauf, 8000 Mann unter Mehmet Pascha nach Zituni zu senden
und die Linie des Sperchius zu sichern. Dieser Unterfeldherr rückte frei=
lich bis Salona vor und schlug am 13. November bei Grawia den mittler=
weile von der Bevölkerung zum Oberbefehlshaber von Osthellas ausge=
rufenen Odysseus. Nur durch die Schnelligkeit seiner Füße entging der

osthellenische Kolokotronis der türkischen Gefangenschaft; er entkam als Albanese unerkannt mitten durch die türkischen Schaaren und rannte dann 8 Stunden weit bis Arachova. Von dort aus spann er aber Unterhandlungen mit dem türkischen Feldherrn, durch welche er die erlittene Schlappe wieder gut zu machen und ein weiteres Vordringen der Türken nach Attika und dem Isthmus zu hindern wußte. Er erklärte sich erbötig Unterwerfung zu leisten und dem Sultan zu huldigen, falls man ihn als „Armatolenchef" von Osthellas anerkennen wolle, er machte sich anheischig, auch die übrigen Militärchefs zur Annahme des Waffenstillstandes zu überreden. Mehmet Pascha ließ sich durch diese Vorspiegelungen täuschen; vielleicht nahm er sie auch nicht ungern als Vorwand an, der die eigene Unlust, dem Dramalis zu helfen, decken konnte. Die Nachricht vom Tode seines Gönners Churchit trieb ihn zu eiligem Rückzug. Froh über das Geleistete kehrte er nach Larissa zurück, seine Truppen bezogen Winterquartiere bei Zituni und die osthellenischen Bauern fingen ruhig an im Frühjahr 1823 ihr Korn zu säen und hofften es ernten zu können, ehe der Feind zurückkam und der Waffenstillstand vorüber war.

Kräftiger, aber nicht glücklicher traten die Türken in Westhellas auf. Das Land stand ihnen nach dem Sieg von Peta und nach der Kapitulation von Suli offen. Gogos und die mächtigsten Armatolen Aetoloakarnaniens, wie Barnakiotis, Iskos, Rhangos, traten, überzeugt von dem hoffnungslosen Verfall der griechischen Sache, zu ihnen über. Die Bevölkerung eilte schaarenweis nach der Insel Kalamos, welche von den englischen Behörden der jonischen Inseln zum Zufluchtsort für unbewaffnete griechische Flüchtlinge bestimmt war. Der Makrinorospaß, der für Westhellas die Bedeutung der Thermopylen hatte, war von den Griechen unbesetzt gelassen, ohne Schwertstreich zog Omer Brionis hindurch, vereinigte sich mit Kiutagi, dem Sieger von Peta, der inzwischen über den ambracischen Golf gesetzt war, und bald darauf, zu Anfang November, stand ein Heer von 11,000 Türken in der Tiefebene Mesolonghi, während Jussuf Pascha von Patras den Platz von der Seeseite aus blokiren ließ. Nach Mesolonghi, dem griechischen Venedig, hatten sich die Trümmer der bei Peta geschlagenen Armee unter Maurokordatos geworfen. Es galt, die schweren bisher verübten Fehler durch einen mannhaften Entschluß wieder gut zu machen. „So lange noch ein Mann da ist um zu fechten, will ich in Mesolonghi bleiben; hier werde ich sterben," erklärte Maurokordatos. „Auch ich," fiel ihm Marko Botjaris bei.

Zwischen den Mündungen des Achelous und Evenos, wie der Name sagt, inmitten sumpfiger Lagunen gelegen, war Mesolonghi wegen der Nähe der jonischen Inseln und des Peloponneses sowie als Schlüssel von Westhellas ein Punkt von hoher strategischer Bedeutung. Die Türken konnten Westhellas überrennen, aber so lange Mesolonghi sich hielt, konnte das Land von dort aus in jedem Augenblicke von den Aufständischen zurück erobert werden.

Freilich war es mit den künstlichen Hülfsmitteln Mesolonghi's schlecht bestellt. Die Zahl der Vertheidiger belief sich auf nicht 600 Mann, ob= wohl die Ausdehnung der Vertheidigungslinie eine Besatzung von minde= stens 4000 Mann erfordert hätte. Ein niederer Lehmwall und ein 4 Fuß tiefer Graben davor machten die einzigen Befestigungen nach der Land= seite aus, während die Stadt nach der Seeseite allerdings durch die Seicht= heit der Lagunen geschützt war. Auf den Wällen standen 14 altmodische Kanonen, mit Munition war man nur für einen Monat versehen. Be= sonnene Augenzeugen erklärten, daß es damals ein Leichtes gewesen sein würde, die Stadt mit stürmender Hand zu nehmen. Die Türken hätten nur ungesäumt an's Werk gehen, den Graben mit Faschinen ausfüllen und Sturm laufen müssen. Statt dessen verloren sie eine kostbare Zeit mit nutzlosem Tirailliren vor den Mauern, mit kleinen Gefechten, die den anfangs kleinmüthigen Belagerten bald alles Selbstvertrauen zurück= gaben. Die fremden Offiziere, die Philhellenen, wie Normann, der frei= lich bald darauf Opfer eines schleichenden Fiebers ward, unterstützten den Mauroкordatos in richtiger Aufstellung und Bedienung der Geschütze. Die türkischen Kanonen richteten keinen Schaden an, denn die Stadt war so flach gelegen, die Häuser der „Kalybioten", der Fischer und Schiffer, waren so niedrig, daß die Kugeln darüber wegflogen, und die türkischen Bomben sanken harmlos in den Schmutz der ungepflasterten Straßen und Höfe ein.

Die feindlichen Führer geriethen in Zwist. Der feurige Reschid Pascha war für ungesäumten Sturm, der bedächtige Omer Brionis wollte die Entscheidung hinausziehen und die Griechen durch Unterhandlungen gewinnen. Seine Albanesen sahen in dem Krieg zwischen Griechen und Türken vor Allem den Geldgewinnst, die Erhöhung des Lohnes: Meso= longhi benannten sie ihren „Saraf" (Banquier). Den Zwiespalt zwischen den Belagerern machten sich die Belagerten zu Nutze, sie „spielten den einen osmanischen General gegen den andern aus", knüpften zum Schein Verhandlungen mit Omer an und eröffneten ihm die Aussicht auf baldige Kapitulation, um, während die beiden feindlichen Generäle stritten, ob man die Bedingungen annehmen solle, Zeit zu gewinnen, Hülfe vom Peloponnes und von den Inseln heranzuziehen und die natür= liche Vertheidigungsstärke des Platzes durch künstliche Mittel zu erhöhen. Ende November erschienen hydriotische Schiffe mit Lebensmitteln und Munition versehen vor der Rhede der Stadt, hoben die Blokade Jussuf's auf und brachten ein Hülfskorps von 1000 Peloponnesiern unter Petrobei, Zaïmis und Deligiannis. Jetzt ließen die Griechen die Maske fallen und sandten eine Botschaft an Omer Brionis: „Wenn er wirklich Herr von Mesolonghi werden wolle, so möge er nur kommen und es sich holen." Da sich unter den Belagerern Hunger und Munitionsmangel einstellten, und die Zufuhr durch die Klephten, welche sich im Rücken des türkischen Heeres in den ätolo=akarnanischen Bergen wieder zu sammeln begannen, bedroht war, so beschloß nun Omer noch einen entscheidenden Schlag zu führen und, im Fall er fehlte, die Belagerung aufzuheben. Er setzte für die griechische Weihnachtsnacht (6. Januar 1823), wo er die Griechen mit kirchlichen Ceremonien beschäftigt glaubte, einen allgemeinen Sturm fest. Aber die Besatzung war durch einen im Dienst Omer's stehenden Griechen gewarnt worden, durch einen treuen unerschrockenen Menschen, der, obwohl er Weib und Kind in den Händen des Pascha wußte, dennoch ohne Zagen die Pflicht gegen seine Landsleute erfüllte. Unter dem Lehmwall und in den dem Lande zunächst liegenden niederen Häusern hatten sich die Griechen still verborgen, sie ließen die albanesischen Sturmkolonnen kaltblütig bis auf Pistolenschußweite herankommen und eröffneten dann ein so mörderisches Feuer, daß jene in große Verwirrung geriethen. Sie hatten überraschen wollen und waren selbst überrascht worden. Trotz des Zuredens der Offiziere eilten sie in wilder Flucht auseinander; man zählte über 200 gefallene Türken, während die Griechen nur 4 Mann verloren. Sechs Tage nach diesem mißglückten Handstreiche ward die Belagerung aufgehoben. Die Nachricht, daß Odysseus von Osten her zum Entsatz Mesolonghi's heranziehe, machte den Türken rasche Füße. Sie ließen 10 Kanonen und 4 Mörser, Kugeln und das Gepäck zurück und eilten nach Brachori. Der hochgeschwollene Achelous hemmte den Weitermarsch. 500 Türken ertranken, halbtodt vor Furcht und Ermattung gelangten die Entronnenen nach Karvasara und von da zu Schiff nach Prevesa. Um die gleiche Zeit entschied sich auch das Schicksal der Heerestrümmer, die Dramalis von der verunglückten peloponnesischen Expedition nach Korinth zurückgebracht hatte. Ein Haufe blieb in der Citadelle von Akrokorinth, ein anderer ward zu Wasser nach den Schlössern am Eingang des korinthischen Meerbusens geschafft. Der Rest dieser durch Seuche und Hunger gelichteten Schaaren versuchte zu Lande an der Südküste des korinthischen Meerbusens entlang nach Patras zu entkommen. Es waren kaum 4000 Mann. Beim Wirthshaus von Akratas verstellten ihnen Asimakis, Zaïmis, Charalampis und Petmezas den Weg, der Rückzug ward ihnen von Londos und Andreas Zaïmis abgeschnitten, vor und hinter sich hatten sie einen erbarmungslosen Feind, zur Rechten steile Felsen, zur Linken das Meer. Schon hatten sie ihre Pferde geschlachtet, schon waren sie so weit gebracht, daß sie die Schädel der Todten öffneten und ihr Gehirn ausschlürften, da erschien Juffuf Pascha als Retter in der Noth, ließ die überlebenden Unglücklichen unter dem Feuer der Griechen in seine Schiffe schaffen und brachte sie nach Patras. Noch Jahrelang füllten die gebleichten Gebeine der Türken die Straßen von Korinth. So kläglich endete das stolze Unternehmen des Dramalis. Der Seraskier Churchid ist freilich der Niederlage seines Rivalen nicht froh geworden. Das Unglück der türkischen Waffen, die Verantwortung der erlittenen Niederlagen lastete schwer auf ihm. Offen warf man ihm vor, daß er den Dramalis un-

unterstützt gelassen und das Verderben der großartigen Expeditionsarmee bewirkt habe. Churdit merkte, daß er in Ungnade gefallen sei; um einem großherrlichen Spruch zuvorzukommen, vergiftete er sich selbst. Drei Tage nach dem feierlichen Leichenbegängniß, das er mit ängstlicher Eitelkeit vorausbestimmt hatte, erschienen Polizeibeamte aus Konstantinopel mit einem Ferman des Sultans versehen, schnitten den Kopf vom Rumpfe, legten ihn in ein silbernes Becken und brachten ihn nach der Hauptstadt, wo er am Eingang des Serail aufgestellt wurde. So führte Sultan Mahmud sein Programm mit eiserner Konsequenz durch; er ließ keinen Vasallen noch Diener aufkommen, dessen Eigennutz und Sonderwille ihm bedrohlich werden konnte. Freilich beraubte er sich auch oft seiner fähigsten und entschlossensten Werkzeuge, und die Aussicht, daß der griechische Aufstand bewältigt werde, schwand in immer weitere Ferne.

Nachdem die vereinzelten Gefechte und zerstreuten Operationen des ersten Kriegsjahrs zu keinem ersprießlichen Resultat geführt hatten, war auch der kühn angelegte systematische Feldzugsplan von 1822 gescheitert; die Feldherrn, die Griechenland zurückerobern sollten, lagen im Grabe, und die Sache der Griechen triumphirte ebenso durch die Fehler ihrer Gegner, als durch griechisches Verdienst. Die Pforte war tief gebeugt. Sie hatte sich in den Griechen getäuscht, und gewohnt daran, eine Revolution schnell zu beenden, ihr, wie dem Einzelnen, das Haupt abzuschlagen, stand sie nun stutzig vor einem unerwarteten Phänomen, vor der elementaren Kraft einer Volkserhebung, die von dem Sultan wie von seinen europäischen Freunden bisher vollkommen unterschätzt worden war.

Die Erfolge, die der Sultan im diplomatischen Felde errang, wogen seine militärischen Niederlagen nicht auf, und je klarer es sich herausstellte, daß Mahmud außer Stande war, die Revolution zu Boden zu schlagen, desto zuversichtlicher konnte sich auch im diplomatischen Lager die Stimme der unterdrückten Menschheit und die öffentliche Meinung Europas vernehmen lassen.

Rußland hatte ja schon die verhängnißvolle Frage über den Fortbestand der Türkei in die Welt geschleudert, es hatte die Koexistenz der Pforte in Europa von der getreuen Erfüllung der Verträge und von der Sicherheit der christlichen Rajah abhängig gemacht. In Preußen hatte man die Eröffnungen des Zaaren sympathisch aufgenommen und lebhafte Freude darüber geäußert, daß die orientalische Frage nun gleichsam vor einem großen europäischen Gerichtshof entschieden werden sollte. Eine Denkschrift Ancillon's*) sah in dem griechischen Aufstand die berechtigte Reaktion gegen türkische Bedrückungen und forderte, daß Europa sich zu Gunsten der Griechen einmische. Freilich war damit nur die Privat-

---

*) Nicht Graf Bernstorff's, wie Gervinus S. 379 anführt.

ansicht eines dem preußischen Hof nahestehenden Mannes ausgesprochen. Aber Kapodistrias, in dessen Hände die Denkschrift fiel, hielt dem Wiener Hof triumphirend die Konformität der preußischen und russischen Ansichten vor. Auch Frankreich neigte sich auf die Seite der Griechen; eine Depesche Metternichs vom 6. August weist auf die Abhängigkeit des französischen vom russischen Kabinette und darauf hin, „daß während die Royalisten sich der griechischen Sache bemächtigten, um einen Kreuzzug gegen den Halbmond zu predigen, die Revolutionäre den Philhellenismus zu sträflichen Wühlereien benutzten".

Man muß den europäischen Freunden des Diwan die Gerechtigkeit widerfahren lassen, daß sie die größte Thätigkeit entfaltet haben, um den drohenden diplomatischen Sturm zu beschwören. Il faut serrer les rangs! rief Metternich aus. Die Kabinette von London und Wien schlossen sich eng aneinander; die englischen und österreichischen Staatsmänner bemühten sich die griechische Sache „aus dem philanthropischen Rahmen, in welchen Parteileute sie zwängen wollten, in den Rahmen einer frei und offenen Politik zu setzen", sie suchten dem russischen Kaiser nachzuweisen, daß eine Einmischung in die griechischen Händel, ein „russischtürkischer Krieg das Signal zu fortdauernden demagogischen Umwälzungen in ganz Europa sein würde". Als ein Privatbrief des Zaaren vom Kaiser Franz verlangte, derselbe möge bei den anderen Mächten Garantie für die russischen Absichten in der orientalischen Frage ablegen — j'ose espérer que V. M. J. ne balancerait pas à garantir mes intentions, si la Porte me forçoit d'adopter des mesures commandées par les traités — beschränkte sich Kaiser Franz darauf, dem hohen Alliirten seine moralische Hülfe zuzusagen, und in sehr unzweideutiger Weise „vor den Männern zu warnen, welche mit außerordentlicher Wärme die sogenannten christlichen Interessen vertheidigten, aber selbst nicht an Gott glaubten, und weder seine Lehren noch menschliche Gesetze achteten". Das russische Verlangen einer Garantie war in den beiden aus Salzburg 22. August datirten Antwortschreiben des Kaiser Franz nur so bedingt bejaht, daß die Bejahung einer Verneinung gleich kam. Zu gleicher Zeit wandte sich Metternich an Nesselrode, in dem er stets ein Gegengewicht gegen Kapodistrias zu gewinnen hoffte, griff alle Lieblingsideen der russischen Kriegspartei, die Austreibung der Türken, die Bildung eines griechischen Reichs an, zeigte sie ohne ungeheure Opfer als unausführbar, und hielt an dem Satze fest, daß der Triumph des Aufstandes eine Niederlage für die Throne, und daß es schmählich sei, wenn der Bund, welcher Bonaparte gemeistert hatte, durch die Fehler der Pforte aufgelöst werden sollte.

Man irrt wohl nicht, wenn man in Metternich's Politik einen doktrinären Zug als vorwaltend erkennt, wie er für Staatsmänner sehr verhängnißvoll werden kann. Der österreichische Kanzler ging mit einer vor-

gefaßten Doktrin an die Ereignisse heran und wollte nur hören, was ihn in seiner Auffassung bestärken konnte. Als der griechische Aufstand ausbrach, hatte er jene Theorie von der Fackel der Zwietracht, die zwischen Rußland und Oesterreich geschleudert werde, sofort entworfen. Die folgenden Begebenheiten großer weltgeschichtlicher Natur, die Katastrophen der Türken, der Heroismus der Griechen, das Alles vermochte ihn nicht in seiner theoretischen Konstruktion zu beirren. Der griechische Aufstand war und blieb in seinen Augen ein künstliches Produkt, das Werk einiger vornehmer und niederer Demagogen; mochten es nun russische Minister und Generäle, Kapodistrias, Jermolof, Ypsilantis, oder mochten es ruchlose deutsche Professoren, Krug, Thiersch sein: immer stand es fest, daß eine Sekte von Unruhstiftern die Revolution hervorgerufen und genährt habe. So löste sich ein weltgeschichtliches Ereigniß vor Metternich's Augen in das Spiel einzelner Persönlichkeiten auf, das Zufällige trat an Stelle des Nothwendigen, das Individuelle an Stelle des Allgemeinen.

Berichtete man ihm dann, daß die fremden Kabinette den gleichen Anschauungen huldigten und in der Sache Griechenlands die Sache der Revolution erkannten, so glaubte er einen großen Triumph errungen zu haben. Die Freude an dem eigenen Scharfsinn, die Ueberzeugung von der Ueberlegenheit des eigenen diplomatischen Kalkuls leuchtet überall durch. Graf Bernstorff bereitete ihm die Genugthuung, jenes philhellenische Memoire Ancillon's als Privatarbeit, seine Verbreitung als „Vertrauensmißbrauch" zu bezeichnen und zu erklären, daß er es fortan desavouiren werde; dafür rühmte Metternich die korrekte Haltung des Berliner Kabinets, und verkündete, dasselbe sei „von den reinsten und besten Absichten beseelt". Die übrigen deutschen Höfe ernteten freilich keine so glänzenden Lobsprüche. Die Begeisterung, mit der man in Deutschland das Wiedererwachen Griechenlands begrüßte, hatte ihr Echo an den Höfen gefunden, der Kronprinz von Baiern, der König von Würtemberg galten als Stützen des Philhellenismus. Metternich beschloß deshalb die Aufregung durch einen „gemeinsamen festen Schritt der beiden Großmächte zu dämpfen". „Die Schwäche des baierschen, die Komplicität des würtembergischen Hofes gegenüber dem philhellenischen Treiben machen einen gemeinsamen festen Schritt der beiden Großmächte nöthig, um dem revolutionären Spiel des Professor Thiersch und Konsorten ein Ende zu machen, das lächerlich sein würde, wenn es nicht verbrecherisch wäre."

Es gelang dem österreichischen Staatskanzler, Preußen dahin zu bringen, daß es das Gehässige eines Einschüchterungsversuchs gegen die kleinen deutschen Höfe auf sich lud. Eine preußische Cirkularnote*) an die würtembergische und baiersche Gesandtschaft las den gekrönten Griechen-

*) Vom 29. September 1821. Vgl. auch Depesche Zichy's vom 22. September 1821 im Anhang.

freunden in Süddeutschland derb den Text. Man gab deutlich zu verstehen, daß das Treiben zu Gunsten der Griechen „nicht aus preiswürdi-
gen Gefühlen der Religion und Menschlichkeit hervorgegangen sei", sondern
— furchtbar zu sagen! — „rein politischen, großentheils auf Deutschland
selbst berechneten Zwecken" diene. Die Geldsammlungen und gar die An-
werbungen deutscher Jünglinge nach Griechenland wurden streng getadelt,
da ja „solchergestalt unter dem Deckmantel und dem Aushängeschild religiöser und rein menschlicher Gefühle in dem eigenen Schooße Deutschlands gewissermaaßen ein Brennpunkt zu einem Verein moralischer und
physischer Kräfte gebildet wird, welcher, wenn er nicht in seinem ersten
Entstehen unterdrückt wird, nur zu leicht einen Anwuchs, eine Kraft und
eine Richtung gewinnen kann, welche mit Erfolg zu bekämpfen es den
Regierungen dann an hinlänglichen Mitteln gebrechen dürfte". Die unberufene Einmischung in innere Angelegenheiten der anderen deutschen
Staaten ward mit der Rücksicht auf das Gemeinwohl Deutschlands entschuldigt, „denn wer könnte sich heute verhehlen, daß wenn sich in einem
einzelnen deutschen Staate eine der öffentlichen Ruhe und Ordnung Gefahr bringende Unternehmung anspinnen und ungerügt oder ungestraft
zur Ausführung reifen sollte, diese Gefahr sofort eine dem ganzen Deutschland gemeinschaftliche werden würde?" Schließlich ward Professor Thiersch
als „einer der frechsten Apostel der Freiheit" der geneigten Aufmerksamkeit der würtembergischen und baierschen Polizei empfohlen.

Das geharnischte Auftreten der deutschen Großmächte gegen den Philhellenismus diente jedoch nur dazu, die öffentliche Meinung und die Fürsten, die sich der griechischen Sache angenommen hatten, zu erbittern und
zu reizen. Einzelne wackere Philhellenen, wie Thiersch, wurden polizeilich
chikanirt, aber ein durchgreifender Erfolg ward nicht erzielt.

Die kleinen deutschen Höfe fanden damals wie später an Rußland
einen mächtigen Rückhalt, und der Ton, den das russische Kabinet der
Pforte und ihren europäischen Freunden England und Oesterreich gegenüber anschlug, klang, seit Alexander dem Dunstkreis der Metternich'schen
Ideen entrückt war, wieder „sehr wenig beruhigend und friedlich". Der
englische Minister Londonderry hatte den Zaaren vor der Einmischung in
die orientalische Frage gewarnt und ihn gemahnt, Langmuth gegen den
halbbarbarischen türkischen Staat zu üben. Aber Kaiser Alexander antwortete unter dem 29. August 1821 sehr einmischungslustig. Durch Zö-
gerung ladet man eine schwere Schuld auf sich und begünstigt gerade die
Revolution, die man vermeiden will. Die Pforte hat das türkische Volk
in nomadischen Zustand erklärt, d. h. auf den Kriegsfuß gegen die Christen
gesetzt. Der Kaiser wird seine Langmuth bis auf's Weiteste treiben, aber
Alles hat seine Grenze. — Dieser drohenden Haltung Rußlands zu begegnen, hielten der König von England, Castlereagh und Fürst Metternich im Oktober 1821 eine Zusammenkunft in Hannover. Metternich

erschien, wie Gentz an A. Müller berichtete, „in der herrlichsten Stimmung, zu allem Guten wohlgerüstet, voll Muth gegen die Feinde, unangreifbar stark in seinen sämmtlichen politischen und diplomatischen Positionen, des zuversichtlichen Glaubens, noch größere Schlachten zu gewinnen, als die von Laibach". Durch seine persönliche Liebenswürdigkeit wußte er den König von England zu bezaubern und sich aus dessen Kennermunde den Titel eines homme charmant zu verdienen, der auch trockene Staatsaffairen leicht und angenehm zu behandeln verstehe. Mit Castlereagh verabredete er gemeinschaftliche Schritte, um „den Frieden auf Basis der bestehenden Verträge" zu erhalten. Zunächst kam es ihnen darauf an, die diploma=tische Verbindung zwischen Rußland und der Pforte wieder herzustellen. Das englische Kabinet sollte in St. Petersburg Mäßigung anempfehlen, während man von Wien aus der Pforte zur Nachgiebigkeit riethe. Dem Kaiser Alexander sagten beide Kabinette für den Fall, daß er „ebenfalls Erhaltung des Friedens auf Basis der Verträge wolle, ihre moralische Unterstützung in Konstantinopel zu". Sie räumten zunächst nicht einmal die Möglichkeit des Kriegs ein und erklärten jede Verhandlung über den Fall des Kriegs als vorzeitig.

Man erkennt leicht, daß hier die englischen wie die österreichischen Staatsmänner ihre Wünsche allzusehr als Thatsachen ansahen. Das rus=sische Kabinet weigerte sich wenigstens durch die rosenfarbene Brille der beiden alliirten Mächte zu sehen; es behauptete, der Krieg sei wahrschein=lich, die Pforte könne und wolle ihre blutige Bahn nicht verlassen, sie werde eher ernsten Drohungen als leeren Worten weichen. Die Mächte könnten der Sache des Friedens noch am ehesten dienen, wenn sie sich öffentlich über ihre Haltung im Fall des russisch=türkischen Krieges aussprächen. Vergebens verschwendete Londonderry Bitten und Vorstellungen. Ver=gebens protestirte er gegen den Gedanken, die Türken aus Europa zu verjagen, und bemühte sich sogar nachzuweisen, es sei viel vortheilhafter für Rußland selbst, wenn die Türkei ihre bisherige Stellung in zwei Kontinenten, in Asien und Europa, beibehielte und geschwächt dastehe, als wenn man die Türken aus Europa vertreibe, wo sie dann von Kleinasien aus mit ungetheilter Kraft auf den Südosten Rußlands drücken würden. Das Gefühl spreche vielleicht für die Nachkommen derjenigen, die man er=zogen sei zu verehren, aber der Verstand, den der Staatsmann stets dem Gefühl überordnen müsse, spreche dafür, die Griechen ihrem Schicksal zu überlassen. All' dieser weisen Lehren ungeachtet blieb der Wind, der von St. Peters=burg herwehte, rauh und kriegerisch. Lebzeltern berichtete, daß „die Lage sich verschlimmert habe und daß Kapodistrias oben auf sei. Der Zaar verlange für das Vergangene Satisfaktion und für die Zukunft exklusive Präponderanz über die Türkei. Der Vorschlag, die Türken aus Europa zu jagen, gehöre ihm eigen an. Selbst Nesselrode habe erklärt, Alexander könne nicht länger als bis März 1822 einfach Zuschauer bleiben." Der

19*

österreichische Staatskanzler sträubte sich zwar dagegen, diesen düsteren Zu-
kunftsbildern Glauben zu schenken. Er behauptete, daß der Zaar nur mit
Ehren aus der Verwickelung herauskommen wolle, daß er den „geringen
inneren Werth der Griechen und die geringe Stütze, die man im Interesse
ihres Wohls selbst an ihnen finde", wohl kenne. Alexander hege den
Wunsch, einen Kreuzzug des ganzen civilisirten Europa gegen den Islam
hervorzurufen; für den Stifter der heiligen Allianz sei das sogar eine
„großartige Idee". Daß dieser Kreuzzugsplan keinen Anklang bei den
übrigen europäischen Mächten finde, habe den Zaaren verstimmt, aber
darum sei er doch nicht gewillt, allein mit der Türkei anzubinden. „Der
das Wort Krieg aussprechen kann", so tröstete sich Metternich, „will es
nicht, die es aussprechen wollen, sind die Herren nicht." „Nicht einmal
Kapodistrias will den Krieg, er will die Lage seiner Landsleute nur nicht
verschlechtern. Er betrachtet die Macht der Dinge als Verbündete und
hofft auf die Fehler der Türken. Da — in Konstantinopel — muß man
ihn schlagen."

Theoretisch mochte Fürst Metternich vollkommen Recht haben, allein
nun sollte ihn gerade die Hoffnung auf den Hauptschlag in Konstantinopel
betrügen. Die Halsstarrigkeit der Türken war ein wesentliches Hemmniß
für die Vermittlungsversuche des Internuntius. In Konstantinopel war
ein Umschwung eingetreten, der bewies, daß die Pforte mehr Lebenskraft
und Trotz besaß, als man ihr in Europa zutraute. Wie in Petersburg
Kapodistrias, so war jetzt in Konstantinopel ein entschiedener kriegslustiger
Minister, der neue Reis Sadik Effendi oben auf. Die von den Friedens-
freunden geflissentlich verbreitete Sensationsnachricht, daß der Divan den
Griechen eine allgemeine Amnestie anbieten werde, hatte sich als Humbug
erwiesen. Dagegen waren Erbitterung und Wuth unter den Alttürken
auf's Höchste gestiegen, da sich die Kunde von dem Blutbad in Tripolitja
verbreitete. Der österreichische Internuntius hatte schon oft Gelegenheit
gehabt, sich über „das Mißtrauen, die Seele der passiven, und über die
Lüge und Doppelzüngigkeit, die Seele der aktiven Pfortenpolitik" zu beklagen. Wie durfte man hoffen, den verstockten und geriebenen türkischen
Diplomaten die Forderungen des russischen Ultimatums mundgerecht zu
machen? Der Wink Metternich's, daß die russischen Minister nur auf die
Fehler des Divans spekulirten, blieb unbeachtet. Am 26. November trat
Graf Lützow mit den von Metternich modifizirten russischen Forderungen
vor den neuen Pfortenminister. Räumung und Reorganisation der Fürstenthümer, Rekonstruktion der griechischen Kirchen, Garantie des künftigen Schutzes für die christliche Religion, treue Beobachtung der anerkannten Prinzipien, um die Unschuldigen von den Schuldigen zu trennen:
das waren die vier Punkte, deren Annahme der Internuntius den Diplomaten der Pforte auf das Dringendste anempfahl. Aber die Türken
suchten alle möglichen Ausflüchte. Sie verlangten als Vorbedingung jeder

weiteren Verhandlung, daß Rußland die griechischen Flüchtlinge ausliefere. Von Räumung und Reorganisation der Fürstenthümer könne die Rede nicht sein, so lange die Griechen sich im Aufstand befänden. Man werde den Rajahs ihre Kirchen herstellen, aber erst, wenn dieselben hinlängliche Beweise der Reue gegeben hätten. Als von der Unterscheidung zwischen Schuldigen und Unschuldigen die Rede war, wiesen die Türken auf den Pfortendragoman, einen geborenen Griechen, der ja den Kopf noch auf den Schultern habe. Dieser warf sich sofort auf den Boden, um seine Freude über die Großmuth des Divan zu bezeugen. Die österreichische Vermittelung schien also abgewiesen zu sein. Die offizielle türkische Antwortsnote vom 2. Dezember erklärte, „daß der Sultan den russischen Forderungen nicht nachkommen könne, so lange die Griechen die Hoffnung hätten, das Reich ihrer Vorfahren herzustellen".

Auch Lord Strangford's energische Bemühungen vermochten den störrischen Sinn der türkischen Diplomaten nicht zu brechen. Die englische Regierung hatte ihm 50,000 Pfund zur Bestechung der einflußreichsten Mitglieder des Divans angewiesen. Doch seine Versuche auf diesem sonst in Konstantinopel so leicht förderlichen Wege schlugen fehl. Die Türken glaubten den Engländern und Oesterreichern noch einen ganz besonderen Dienst zu erweisen, indem sie auf die Gefahren des russischen Einflusses hinwiesen. „Weshalb", fragte Dschemil, „beugen sich die europäischen Mächte, die unsere Freunde sein wollen, vor Rußland, weshalb zittern sie vor dem Zaaren mehr, als einst vor Bonaparte?"

Gewiß, die Politik, welche auch nicht den leisesten Schatten der Kriegsmöglichkeit zugestehen wollte, hatte Fiasko gemacht. Nach den Vorgängen in Konstantinopel mußte Metternich selbst einräumen, daß der „Kaiser Alexander gegen seinen eigenen Willen in den Krieg gerissen werden könne", und daß man die Chance des Kriegs ebenso zugeben müsse, wie die des Friedens. „Ein Krieg", so argumentirte er, „kann zwei Ziele haben: entweder Eroberung der Donaufürstenthümer, dem widersprechen aber die eigenen Aeußerungen des Zaaren, oder — die Vertreibung der Türken aus Europa", und da klingt es allerdings charakteristisch genug, wenn der österreichische Diplomat mit einem Seufzer einräumt: „Die Türken haben einen großen Fehler begangen, indem sie über Asien herausgingen, ihren heimathlichen Boden und sich selbst durch Eroberung und Ausdehnung in Europa schwächten, wo sie der Civilisation stets fremd sein werden." Obwohl er dem Petersburger Kabinet gegenüber bemüht war, die geringen Erfolge, die Oesterreich und England der türkischen Zähigkeit abrangen, in ein gefälliges Licht zu stellen, verhehlte er sich doch nicht, daß die Vermittler wenig Aussicht hatten, den Dank des Zaaren für ihre Bemühungen zu ernten. Kaiser Alexander beklagte sich in der That darüber, daß man die Ergebnisse der Verhandlungen als bedeutend darstelle, während doch Nichts daraus erhelle, wie die blinde Hartnäckigkeit der türkischen Regierung. Man setze seine Geduld auf eine harte Probe; wenn die Pforte nur Etwas gethan, nur die Fürstenthümer geräumt hätte, so würde er keine Schwierigkeiten machen. Aber es sei nichts geschehen, und von Oesterreich habe er eine bessere Vergeltung der Dienste erwartet, die er ihm in Italien geleistet.

Im Uebrigen trugen die russischen Erklärungen (vom 2. und 7. Februar 1822) ein nahezu resignirtes und viel milderes Gepräge, als man erwartet hatte. Der russische Kaiser erhielt von seinem Bruder Konstantin bedenkliche Andeutungen über die in Polen herrschende Gährung und die Versicherung, daß im Fall des Türkenkrieges ein polnischer Aufstand losbrechen werde. Dies war ein Dämpfer für die russischen Kriegsgelüste, und zu Metternichs großer Genugthuung ließ Alexander es bei den Klagen über das dürftige Ergebniß der Unterhandlungen mit den Türken bewenden, ohne die übliche und so gefürchtete Drohung des Krieges hinzuzufügen. Begierig der Verwicklung zu entkommen, sandte er sogar Anfang März 1822 einen Anhänger der Friedenspartei und Gegner von Kapodistrias, den Bailly von Tatitscheff, nach Wien, um mit dem österreichischen Staatskanzler zu unterhandeln. Er zeigte sich geneigt, seine Forderungen der Pforte gegenüber wesentlich zu ermäßigen und wenn auch dies zu Nichts führte und die Türken hartnäckig blieben, höchstens darauf zu bringen, daß die übrigen europäischen Mächte ihre diplomatischen Beziehungen zum Divan abbrächen. Es läßt sich denken, daß Metternich die Sendung Tatitscheff's mit Freuden begrüßte, da sie ihm Gelegenheit bot, sein persönliches Uebergewicht, seine diplomatische Feldherrnkunst glänzend zu bethätigen. Tatitscheff ward dahin gebracht, daß er eingestand, das Ziel seiner Mission sei Zeit zu gewinnen, damit bei der im Herbst bestimmten Versammlung der Souveräns der „russische Kaiser nicht erscheine, als binde man ihm die Hände". „Das tolle Verfahren der Pforte würde den Zaaren zwar autorisirt haben sie ohne Schonung zu behandeln, aber die Gefahr einer Metzelei der Christen im Orient hält ihn zurück; als letztes Mittel schlägt er der Pforte vor, von beiden Seiten jeden Schritt zu suspendiren unter der Bedingung, daß die Pforte Bevollmächtigte ernennt, welche über die von Rußland vorgeschlagenen Versöhnungsmittel berathen sollen; weigert sich die Pforte, so ergreift der Zaar die Mittel, welche seine Würde ihm diktirt, die Mächte suspendiren ihre diplomatischen Beziehungen mit der Pforte." Dieser russische Vorschlag eines eventuellen diplomatischen Bruchs, einer friedlichen Demonstration in Konstantinopel fand Metternichs Billigung. Der Kaiser von Oesterreich erklärte sich bereit, den Internuntius von Konstantinopel abzuberufen, falls die anderen Mächte ein Gleiches thäten. Auch das berliner und französische Kabinet zeigten sich willfährig. Nur die vorsichtigen und „steifen" Engländer verwahrten sich schon gegen die bloße Abberufung der Gesandten, in welcher sie eine Verletzung der Neutralität und gefähr-

liche Konnivenz gegen Rußland erblickten. Dem österreichischen Staats=
kanzler war diese „englische Steifheit" eingestandener Maaßen gar nicht
unwillkommen. Es kam ihm im Grunde, wie er sich ausdrückte, nur da=
rauf an, die Wünsche von den Rechten Rußlands, die griechische Frage
von der Frage einer Verletzung der zwischen Rußland und der Türkei
bestehenden Verträge zu scheiden. Er verwarf den von Tatitscheff vorge=
schlagenen, vom Zaaren selbst inspirirten Plan, dem zu Folge Griechen=
land ähnlich wie Serbien einen halbsouveränen unter Oberherrlichkeit der
Pforte stehenden Staat gebildet haben würde. Er suchte Tatitscheff für
seine Ideen über die Griechen zu gewinnen und ihn zum Boten und Ver=
mittler derselben bei seinem Herrn zu machen. Aber er versprach sich
selbst von „dem ewigen Hin= und Her=Gerede, von den Pourparlers sans
fin" kein reelles Resultat. „Ein reelles Resultat", betonte er gewichtig,
„ist der Krieg oder die Entlassung von Kapodistrias." Man wird die
Bedeutung der Konferenzen, die im Frühjahr 1822 zwischen Metternich
und Tatitscheff Statt fanden, in der That nur dann würdigen, wenn man
das stille Gegenwirken gegen Kapodistrias, die langsame Unterwühlung
der einflußreichen Stellung, die dieser jonische Günstling in St. Peters=
burg einnahm, als eine der Hauptaufgaben erfaßt, die Metternich mit
zäher Umsicht verfolgte. Der österreichische Staatskanzler hat sich damals
keineswegs von Londonderry und dem englischen Bündniß losgerissen, um
dafür in russische Abhängigkeit zu gerathen.*) Metternich's Nachgiebig=
keiten gegen Rußland hatten vielmehr nur den einen Zweck, dem „Zaaren
moralischen Halt gegen die Intriguen von Kapodistrias zu geben." Eine
sehr geheime Depesche, die Metternich am 16. Mai an Londonderry
richtete, läßt über seine tieferen Motive keinen Zweifel. „Die griechische
Erhebung rührt weniger von den Irrthümern der Karbonaris, als von
den Irrthümern der russischen Politik her. Die Mächte müssen sich ver=
einen, um der Pforte zu verstehen zu geben, daß es keinen Hof giebt, der
etwas Andres will als sie selbst." Ein Privatbrief Metternich's fügte den
lebhaften Wunsch bei, daß Londonderry sich bei der projektirten Zusammen=
kunft der Souveräne persönlich einfinden möge, „um Kapodistrias zu
contre-balanciren". Die österreichische Denkschrift über die Pacifikation
des Orients,**) welche Tatitscheff mit nach St. Petersburg nahm, war

---

*) Wie Gervinus S. 414 auszuführen sucht. Nach der Einsicht der Verhandlungen
zwischen Metternich und Tatitscheff, die mir gestattet worden ist, kann ich auch Springer
nicht beipflichten, der (Geschichte Oesterreichs I. S. 373. Leipzig, S. Hirzel 1863.) eine
Ueberlistung Metternich's durch den „verschmitzten Russen" anzunehmen scheint. Das
Uebergewicht war auf Seiten des österreichischen Staatsmannes. Tatitscheff ward von
ihm geschickt als ein Werkzeug benutzt, um Kapodistrias' Stellung zu untergraben.

**) Sie ist Anfang März entstanden, nicht am 19. April, wie Gervinus S. 412
sagt.

ebenfalls ein Schlag gegen Kapodistrias. Sie berief sich darauf, daß der
Zaar den „unabänderlichen Entschluß kundgegeben habe, die Rücksichten,
welche ihm die orientalische Frage auferlege, so gewichtig sie auch seien,
nie von denen zu trennen, welche die unverletzte Aufrechterhaltung des
politischen Systems betreffen, das heute die Grundlage und einzige Bedingung der Ruhe Europa's und der Erhaltung der gesellschaftlichen Ordnung ist". Sie trennte die Erfüllung der Verträge von den Fragen des
allgemeinen Vortheils. Sie lief praktisch auf drei Folgerungen heraus:
1) Der Divan sollte die Fürstenthümer räumen und reorganisiren. 2) Er
sollte eine Amnestie gewähren, auf deren Annahme seitens der Insurgenten die verbündeten Mächte dringen würden. 3) Er sollte Bevollmächtigte
ernennen, die mit denen Rußlands und der Verbündeten über die Mittel
sich beriethen, dem türkischen Reich einen baldigen und dauernden Frieden
zu verschaffen. Freilich paßten diese Vorschläge des österreichischen Memorandums sehr wenig in die Absichten des Grafen Kapodistrias. Er
sparte keinen Ausdruck der Entrüstung über Tatitscheff's unglückselige
Sendung, er beschwerte sich darüber, daß man den Kaiser Alexander und
seine Minister stets trenne, und erklärte, „die Hauptsache seien nicht die
Verträge, sondern daß Rußland nicht ruhig der Vernichtung der Griechen
zusehen könne". Aber der Einfluß der Kriegspartei am Petersburger Hofe
war gesunken, Kapodistrias mußte sich gefallen lassen, daß sein diplomatischer Gegner Tatitscheff im Juni 1822 noch einmal nach Wien geschickt
ward, um auf der Basis des österreichischen Memorandum zu unterhandeln. Die Räumung der Fürstenthümer und die Sendung eines türkischen Bevollmächtigten auf irgend einen Punkt des russischen Gebiets, das
waren die einzigen Forderungen, von denen Rußland die Anknüpfung
diplomatischer Verbindungen mit der Pforte abhängig machte. In dem
diplomatischen Duell zwischen Fürst Metternich und Graf Kapodistrias
war der Jonier unterlegen. Der Einfluß der Friedenspartei hatte gesiegt;
nur eine absonderliche Hartnäckigkeit der Pforte konnte die Rollen wieder
umkehren. Aber es war das Verhängniß der türkischen Politik, daß sie
durch Mißtrauen und Doppelzüngigkeit ihren eigenen Freunden die
schwersten Verlegenheiten schuf. Der österreichische Staatskanzler ließ nach
jenem ersten verunglückten Versuch seinen Internuntius in den Hintergrund treten, er schob den englischen Gesandten Strangford vor, um die
Pforte zur Annahme der von den Mächten gebilligten russischen Forderungen zu veranlassen. Aber auch Strangford, so unverdächtig und bewährt seine Anhänglichkeit an den Divan sein mochte, litt jetzt unter
dem allgemeinen Mißtrauen, mit welchem der griechische Aufstand die
Türken gegen alle Europäer erfüllt hatte. Er drohte damit, daß man
binnen einem Monat den Krieg mit Rußland haben und die Freundschaft
der Mächte verlieren werde, wenn man die Ordnung in den Fürstenthümern nicht wiederherstelle. Als die Pfortenminister sich hinter der

Ungunst der Umstände verschanzten, fragte er sie, ob die Umstände eine Pflichtverletzung entschuldigen könnten? „Was werdet Ihr sagen, wenn ein Mensch seine Schulden nicht bezahlen will, blos weil er bei schlechtem Wetter nicht ausgehen kann?" Vergebens: „die Besiegung Ali Pascha's war dem Sultan zu Kopf gestiegen"; die Furcht, daß mit Bewilligung der vier Punkte sofort ein fünftes russisches Verlangen auftauchen würde, kam hinzu: zwei Tage nach der Ankunft des Hauptes von Ali Pascha ward ein feierliches Pfortenkonseil, dem die Janitscharenoffiziere und Ulemas beiwohnten, abgehalten, welches jede fernere Nachgiebigkeit verweigerte und erklärte, daß das Volk bereit sei sich in Masse zum Krieg zu erheben. Man ließ dem englischen wie dem österreichischen Gesandten sagen: Oesterreich habe dem Zaaren nicht genug Mäßigung eingeflößt, man beharrte auf der Auslieferung der Flüchtlinge und verweigerte die Befriedigung der russischen Wünsche bezüglich der Fürstenthümer. Lord Strangford ließ sich jedoch durch die trüben Auspicien, unter denen seine Unterhandlung begonnen hatte, nicht einschüchtern noch irre machen. Er wirthschaftete auf das Geschickteste mit dem verstellten Unwillen, den das österreichische Kabinet in Folge der letzten Abweisung des Internuntius gegen den Divan zur Schau trug. Er führte den Türken ihre Undankbarkeit gegen den wohlmeinenden österreichischen Nachbarstaat zu Gewissen, und forderte sie dringend auf, die Freundschaft des k. k. Kabinets wieder zu gewinnen; „es gilt", so rief er den türkischen Ministern zu, „jetzt österreichischer zu sein, denn je".

Seine persönliche Stellung in Konstantinopel war eine so anomale, daß er es sich wohl erlauben durfte, als Mentor zu den Türken zu reden. Ein Stocktory und erbitterter Gegner der liberalen Elemente, welche sich an die griechische Bewegung angeschlossen hatten, sprach er von den Griechen stets nur als von einem zusammengelaufenen Gesindel, und machte kein Hehl daraus, daß er den türkischen Waffen den Sieg wünsche. Dafür durfte er sich auch der Pforte gegenüber eine freiere Sprache erlauben und er verstand es, mehr von ihr zu erpressen als irgend ein anderer Gesandter. Seine Vorstellungen über die Undankbarkeit des Divan gegen den Fürsten Metternich und den Kaiser Franz bewirkten, daß die Türken stutzig wurten und sich mit augenfälliger Bereitwilligkeit dazu erboten, binnen wenigen Tagen Hospodare für die Fürstenthümer zu ernennen und ihre Truppen von dort zurückzuziehen. Inzwischen hatte Strangford durch einen nach Bukarest gesandten Kurier erfahren, daß die Gräuel, welche der türkischen Soldateska von russischer Seite vorgeworfen wurden, allerdings begangen worden seien, daß die Janitscharen wie wilde Thiere in der Moldau und Wallachei gehaust hätten. Er sandte also eine fulminante Note an den Divan und verlangte sofortige Abstellung des Unfuges. Die erschreckten Pfortenminister versicherten ihm, daß die Fürstenthümer bis zum 5. Mai von türkischen Truppen geräumt und unverweilt Hospodare gewählt wer den würden. Die Truppen zogen in der That bis auf 2000 Mann ab. Am 19. und 21. Juli wurden die Bojaren G. Ghika und J. Sturdza als Hospodare ausgerufen. So waren denn die Unterhandlungen durch Strangford's Thätigkeit auf dem Punkt angelangt, daß die Pforte die wichtigste der vier russischen Forderungen zu erfüllen sich anschickte. Die drei anderen Punkte hatten niemals Schwierigkeiten gemacht und waren vom Divan als Grundlage zugestanden worden. Eine friedliche Lösung der Differenz, eine Versöhnung Rußlands mit der Pforte schien nahe be vorstehend. Aber es war die Frage, ob die Erfüllung der vier Punkte, welche im Jahr 1821 den Zaaren befriedigt haben würde, ihn im Sommer 1822 noch befriedigen konnte, da die Nachrichten von der Schlächterei in Chios und von der Verbrennung des türkischen Admiralschiffs durch ganz Europa wiederhallten. Allzulaut sprachen die Ereignisse gegen den Sultan, als daß die Diplomatie ihnen nicht Rechnung hätte tragen müssen. Die Nachgiebigkeit der Pforte kam zu spät, Niemand dankte ihr dafür, Niemand verhehlte sich, daß die einfache Erfüllung der vertragsmäßigen Verbindlichkeiten nicht ausreichte, daß der fünfte Punkt, die Erledigung der griechischen Frage, bereits brennender und wichtiger geworden war, als die Erfüllung der vier anderen Punkte, die Lord Strangford mühsam genug zu Stande gebracht hatte. Man wird es deshalb schwerlich als einen Fehler Metternich's und als eine Ueberrumpelung der österreichischen Politik durch die russische, sondern lediglich als die vernunftgemäße Anerkennung der militärischen und politischen Ereignisse im Orient auffassen müssen, daß auch das österreichische Memorandum die Bedeutung des fünften Punktes würdigte, und dem Kaiser Alexander die Regelung der griechischen Frage selbst entgegenbrachte. Man wird auch schwerlich das plötzliche Auftauchen dieses fünften russischen Artikels als ein Kennzeichen besonderer russischer Hinterlist dem armen gutmütigen Divan gegenüber ansehen dürfen. Man wird vielmehr fragen müssen, ob Oesterreich, ob Rußland, ob selbst England die griechische Frage im Sommer 1822 todt schweigen und begraben konnten? Die vier Punkte waren durch die Ereignisse überholt worden. Daß der Zaar mit aller Lebhaftigkeit gerade den fünften Artikel betonte, daß er Tatitscheff in diesem Sinn instruirte, und daß er sogar bereit war, auf den strengen Wortlaut der anderen Punkte, z. B. auf die Ernennung der Hospodare zu verzichten, läßt sich erklären, ohne daß man darum eine russische List und eine österreichische Schwäche voraussetzen müßte.

Wenn Fürst Metternich in einem Brief vom 22. Juli 1822 an Lord Strangford lebhaft betont, daß die Regelung der Rechtsfragen nicht ausreiche, sondern daß die türkisch-griechische Frage vor dem Gerichtshof Europa's ausgeglichen werden müsse, wenn er auf die eingetretene Verbitterung des Kampfes hinweist, in Folge deren eine einfache Amnestie des Sultans den Griechen gegenüber nicht genüge, vielmehr eine Inter vention der europäischen Mächte nöthig werde, so hat er mit dieser ersten leisen Annäherung an die Sache der Griechen zugleich einen Schritt vorwärts aus der grauen Theorie in die nothwendige Praxis des politischen Lebens gethan. Das bisherige Auftreten des Divan dem Internuntius gegenüber war wahrlich nicht dazu angethan, um besondere Rücksichten Metternich's auf die „berechtigte Empfindlichkeit" der Pforte zu motiviren. Ließ doch selbst England diese Rücksichten fallen und die Weisungen, die Lord Strangford von seinem Parteigenossen Londonderry erhielt, entsprachen völlig den Aeußerungen Metternich's. Woher diese Wandelung? Auch das britische Ministerium mußte dem Druck der durch die Blutscenen von Chios erhitzten öffentlichen Meinung nachgeben; der Gedanke einer europäischen Intervention, so „steif" man sich auch anfangs dagegen gesträubt hatte, war nicht mehr abzuweisen. Freilich kannte man die Pforte schlecht, wenn man hoffte, daß sie sich jemals gutwillig eine Einmischung der Mächte zu Gunsten der Griechen gefallen ließ. Strangford befand sich deshalb in der größten Verlegenheit, da er dem türkischen Eigensinn mühsam die vier Artikel abgerungen hatte und nun genöthigt war dem Divan zu verstehen zu geben, daß das civilisirte Europa in Folge der Ereignisse von Chios einen fünften, die Pacifikation verlange. Der Reis Effenti weigerte sich in der Konferenz vom 27. Juli auf das Entschiedenste, einen Bevollmächtigten zu senden, der mit Rußland über die griechische Frage unterhandelte. „Weit entfernt fremde Einmischung anzusprechen, bitten wir vielmehr inständigst, uns mit dem Antrag derselben vom Halse zu bleiben. Wir wissen am besten wie unsere Unterthanen zu behandeln sind. Es gab ja sonst auch Aufstände unter den Griechen; keine christliche Macht mischte sich ein. Wir wurden damals fertig damit und werden es auch jetzt werden.... Der Botschafter, unser Freund, hat uns oft Klagen über das Verhängniß von Chios vorgebracht, aber niemals schien ihn das nicht minder traurige Schicksal der unglücklichen Muselmänner zu rühren, die zu Tripolitsa, zu Navarin, zu Korinth und noch neuerlich zu Athen den abgeschlossenen Verträgen zum Trotz gemordet wurden. Wir fragen ihn, ob solche Greuel nicht nothwendig unser Volk auf das Aeußerste treiben, den Geist der Rache wecken mußten?" Vergebens hatte Lord Strangford gehofft, bei der projektirten Zusammenkunft der europäischen Fürsten wenigstens eine vollendete Thatsache, wenigstens das Amnestieversprechen der Pforte als Produkt seiner Unterhandlungen vorlegen zu können. Er fürchtete, daß der Trotz der Türken, so bald es zu einer schriftlichen Verhandlung käme, noch ungebührlicher hervortrete, als in einer mündlichen Unterhaltung. „Die Türken", schrieb er an Gordon, „sind vernünftig wenn sie reden und unvernünftig wenn sie schreiben. Zwar sind ihre Noten gut gedacht, aber die Nachgedanken, diejenigen, welche die Maler pentimenti nennen, verderben Alles." Der Botschafter suchte also in einer letzten Konferenz vor seiner Abreise nach

Wien bem Reis Effenti bie Abneigung gegen bie europäiſche Intervention zu benehmen. Er wies auf bie gefährliche Thätigkeit ber philhelleniſchen Geſellſchaften in Europa hin, um bem Reis anſchaulich zu machen, baß bie Rebellion in ber Türkei unb bie Unzufriebenen in Europa eine enge Verbinbung miteinanber hätten, unb baß beßhalb ben Mächten bas Recht zuſtehe, bie Auslöſchung bes Revolutionsfeuers auf ber Hämushalbinſel zu verlangen. Der Reis bemerkte bagegen, wenn ber griechiſche Aufſtanb mit ben europäiſchen Wühlereien zſammenhänge, bann hätten ja' bie Mächte ſelbſt genug auf bem Nacken, unb ſollten für ſich unb nicht für Anbere ſorgen. „Können wir nicht innerhalb unſerer vier Wänbe thun, was wir wollen, ſteht es nicht bei uns, unſere Familie mit Milbe ober mit Strenge zu regieren?" „Ja wohl", verſetzte ber im bilberreichen Konverſationston bes Orients geſchulte Engländer, „aber wenn bas Geſchrei Eurer Familie meinen Hausfrieben ſtört, ſo werbe ich Euch erſt freunblich erſuchen, bem abzuhelfen, unb wenn Ihr Euch weigert Etwas zu thun, werbe ich zum Kabi gehn, bergleichen geſchieht in Konſtantinopel jeben Tag." Der Reis lachte, aber bas ſchlagenbe Argument blieb erfolglos. Als Strangforb zum Schluß bie Befürchtung ausſprach, bie Türkei ſei unterwühlt unb bas Gebäube bes türkiſchen Reichs wanke, erwiberte ber Türke: „Verhüte es Gott, aber auf alle Fälle wäre bies unſere Sache, nicht Eure." „Verhüte es Gott", wieberholte Strangforb, „benn bies iſt unſere Sache ſo gut wie Eure." Der engliſche Botſchafter ſchieb faſt hoffnungslos von Konſtantinopel. Am Tag ſeiner Abreiſe, am 5. September, gab bie Pforte noch eine Note, bie unverrückt auf ber Linie ber Verträge beharrte, um jebes Zureben zu Gunſten ber Griechen als vergeblich erſcheinen ließ. „Ihr wollt bie Beilegung bes Aufſtanbes? Nun gut, ſo miſchet Euch nicht barein, weber offen noch unter ber Hanb." Als Strangforb mit bieſem geringfügigen Reſultat ſeiner Unterhanblungen in Wien erſchien, warb ihm anfangs von Seiten bes Zaaren ein äußerſt kühler Empfang zu Theil. Die Ruſſen warfen bem Lorb vor, er habe ihre Ehre verrathen. Fürſt Metternich aber bemühte ſich eine Ausſöhnung zu Stanbe zu bringen unb Kaiſer Alexanber war ſchließlich billig benkenb genug, bem engliſchen Diplomaten bie türkiſche Halsſtarrigkeit nicht weiter entgelten zu laſſen. Der ruſſiſche Monarch befanb ſich in einer größeren Abhängigkeit von Metternich, benn je zuvor. Die Symptome geheimer Geſellſchaften, bie ſich in Rußlanb gezeigt hatten, bie Aufregung, bie ſich in Polen kunb gab, bas übermüthige Gebahren ber Exaltabos in Mabrib unb ber Wunſch vor Allem, bie ſpaniſchen Republikaner zu bemüthigen, bas Alles wirkte zuſammen, um bie Revolutionsfurcht bes Zaaren zu ſteigern, koſte es auch eine momentane Aufopferung ber orientaliſchen Pläne. Er ſprach nur mit einer gewiſſen Reue unb mit Wiberwillen bavon, baß er nahe geweſen ſei, im Orient einen Krieg für bie Revolution zu führen. Ein bebeutſames Zeichen war ſchon barin zu ſehen, baß Kapobiſtrias bas Felb verlaſſen unb einen

Urlaub begehrt hatte, den seine Freunde als einen unbestimmten zu be=
trachten liebten, den er selbst aber für das gab, was er war, für einen
völligen Abschied. Er zog sich nach dem Bad Ems zurück, während Kaiser
Alexander nach Wien ging. Die großen politischen Angelegenheiten hatten
in den letzten Monaten den Anschein eines persönlichen Zweikampfes zwi=
schen Metternich und Kapodistrias angenommen. Wenn die Gunst des
Zaaren Gegenstand dieses diplomatischen Ringens war, so hatte Kapo=
distrias sein Spiel jetzt verloren. Es sollte sich aber freilich bald
zeigen, daß die Interessen, die durch die griechische Revolution in Frage
kamen, gewaltiger wirkten, als der persönliche Einfluß eines noch so
griechenfreundlich gesinnten Individuums. Stand doch selbst Fürst Met=
ternich, der den Zaaren nun „ungestört von den feindlichen Einflüssen des
russischen Kabinets" bearbeiten konnte, seit dem Frühjahr 1822, seit dem
österreichischen Memorandum, nicht mehr völlig auf dem abstrakten Stand=
punkt der Laibacher Prinzipien. Allerdings ließ er jetzt wieder die schwache
Seite in der Brust des Zaaren, die Furcht vor der europäischen Revolu=
tion, vibriren, er redete so viel von geheimen Wühlereien und politischen
Verschwörungen, daß selbst Männer wie Nesselrode und Wolkonsky nicht
recht sicher waren, ob der Kaiser sie als gesinnungsfest betrachte oder
heimliche Karbonaris in ihnen wittere. Die Haltung der russischen
Diplomatie in der orientalischen Frage „ließ nichts mehr zu wünschen
übrig"; die russischen Minister erklärten sich zu Wien bereit, die diploma=
tischen Beziehungen mit der Pforte wieder anzuknüpfen, „falls die Pforte
entweder in direkte Unterhandlungen willige über die Bürgschaften, die
den Griechen bei ihrer Unterwerfung den Genuß der Vortheile des österreichi=
schen Memorandum sichern würden, oder daß eine Reihe von Thatsachen
beweise, daß die Türken die christliche Religion achten und Griechen=
lands innere Ruhe herstellen wollten." Aber in dieser verklausulirten
Form war denn doch den Thatsachen, war dem bisherigen Ringen des
griechischen Volkes mehr Rechnung getragen, als man vom doktrinären
Legitimitätsstandpunkt aus erwarten durfte. Man war im Herbst 1822,
man war in Wien und Verona weiter, als man im Frühjahr 1821, als
man in Laibach gewesen.

Zu Folge der in Laibach getroffenen Verabredung sollte der nächste
europäische Kongreß in Florenz abgehalten werden. Man verlegte ihn
jedoch nach Verona. Das Hauptinteresse der Veroneser Verhandlungen
drehte sich um Spanien, es galt Frankreich dahin zu bringen, daß
es als Gensdarm der heiligen Allianz Exekution gegen die spanischen
Republikaner vollstreckte. „Es spricht hier", schreibt Gentz den 29. Okto=
ber aus Verona, „außer Strangford mit mir kein Mensch von türkischen
Sachen. Die spanische Frage schlägt alle anderen todt." Erst gegen Ende
des Kongresses kam man dazu sich mit dem Orient zu beschäftigen. Es
fanden vertrauliche Besprechungen Statt, an denen der Zaar, Nesselrode,

Tatitscheff, Metternich, Gentz und Lord Strangfort Theil nahmen. „Ich glaube nicht", schreibt Gentz, „daß darüber irgend etwas öffentlich bekannt gemacht wird und denke also, daß die hunderttausend Erwartungen und Konjekturen über die griechische Frage als Kongreßfrage sich alle in klares Wasser auflösen werden. Und dies freut mich im Innersten meiner Seele."

Der Gang der bisher geheim gebliebenen Unterhandlungen über die griechischen Dinge entsprach den Gentz'schen Erwartungen. Kaiser Alexander „nahm die guten Dienste seiner christlichen Alliirten in Anspruch", um den russisch-türkischen Zwist zu schlichten.

In der Sitzung am 9. November formulirte Tatitscheff die russischen Beschwerden gegen den Divan. Rußland erklärte sich bereit die diplomatischen Beziehungen mit der Türkei wieder anzuknüpfen, falls die Pforte 1) eine Erklärung abgebe, daß sie mit Rußland und den Verbündeten verhandeln wolle über die Bürgschaft, welche den Griechen für eine bessere Zukunft zu geben wäre, oder falls eine Reihe von Thatsachen beweise, daß die Pforte die christliche Religion achte und den Frieden in Griechenland herzustellen wünsche; 2) falls sie die Fürstenthümer räume und die Hospodare ernenne; 3) falls sie die hemmenden Maaßregeln gegen fremde Schiffahrt widerrufe. Die übrigen Mächte zollten der russischen Mäßigung ihren Beifall. Metternich bemerkte, er habe die Pforte schon lange vor Ausbruch des Aufstandes auf das revolutionäre Treiben in der Hämushalbinsel aufmerksam gemacht. Eine österreichische Note erklärte, daß die Geschichte einst die Summe der Wohlthaten aufzählen werde, die Europa der konservativen Politik des Zaaren danke, dans une crise où le sentiment de la force n'a pu être contrebalancé que par des calculs d'un ordre supérieur. In der Sitzung vom 26. November erklärten die Mächte sich bereit die russischen Begehren durch ihre Gesandten in Konstantinopel unterstützen zu wollen, und am 27. gab Tatitscheff den Dank des Zaaren zu Protokoll und verkündete, die freundschaftliche Gesinnung seiner Verbündeten flöße dem russischen Kaiser solche Sicherheit ein, daß er ihrer Weisheit allein überlasse, den weitern Gang der Verhandlungen zu leiten.

Die Noth, in welcher Griechenland während des Sommers 1822 schwebte, hatte den Griechen den Gedanken, Europa's Hülfe anzurufen, nahegelegt; im Juni 1822, als Dramalis' Zug Alles mit Entsetzen schlug, hatten die Gebrüder Zafiropulos eine Intrigue gesponnen, um den Peloponnes unter englischen Schutz zu stellen, im Herbst fand sich die griechische Regierung veranlaßt, eine Gesandtschaft an den Kongreß von Verona abzusenden, um ihn davon zu überzeugen, daß der griechische Aufstand mit dem spanischen und neapolitanischen weder eine äußere noch eine innere Gemeinschaft habe. Graf Metaxas und der Franzose Jourdain wurden bevollmächtigt, dem Kongreß die Erklärungen und Beschwerden Griechenlands vorzulegen.

„Die Griechen", hieß es in dem Schreiben an die Fürsten, „werden kein Abkommen über ihr Schicksal anerkennen, zu dem sie nicht selbst mit=
gewirkt haben. Weist man uns zurück, so werden wir uns an den himm=
lischen Richter wenden und siegen oder fallen." Die Stimmung der in Verona versammelten Fürsten und Staatsmänner macht es begreiflich, daß sich Metaxas' Mission keiner freundlichen Aufnahme zu erfreuen hatte. Der Kongreß fand die griechischen Briefe „impertinent" und ungeschickt. Die Abgeordneten ließ man gar nicht vor. Der Papst ward aufgefordert, dieselben aus der Quarantäne von Ankona wegzuschicken und ihnen mit=
zutheilen, daß sie keine Antwort zu erwarten hätten. Er that es mit schwerem Herzen, denn gerade jetzt hatte eine Botschaft der Griechen die kirchliche Annäherung Griechenlands an den römischen Stuhl in lockende Aus=
sicht gestellt. „Die Fürsten verlassen uns", berichtete Metaxas an die griechische Regierung zurück, „so sind wir denn allein auf uns selber gewiesen." Die schnöde Abfertigung, welche ihnen von Seiten des Kongresses wider=
fuhr, hätte die Griechen in der That nicht zu verdrießen brauchen. Um dieselbe Zeit, da der Hochmuth der Kabinette es nicht für der Mühe werth hielt, auf die Abgeordneten des griechischen Volkes herabzublicken, hatte das Volk sich in der Feuerprobe der Gefahr bewährt. Mit Staunen und Schreck vernahm man in Verona die Kunde von dem Untergang der so pomphaft angekündigten moreotischen Expedition, von der Nieder=
lage des Dramalis! Wie hätte man glauben können, daß die griechischen Rebellen dem türkischen Heere je in offener Feldschlacht die Stirn bieten, daß dieselben Türken, die so oft die Heere des Zaaren geschlagen hatten, von Haufen aufständischer Griechen besiegt werden würden! Gentz erschrack, er gestand ein: der Anblick sei very gloomy, er tröstete sich nur damit, daß in Griechenland das Heft jetzt wieder in die Hände der „Soldaten d. h. der alten Straßenräuber gefallen sei, die von den Rechten des Menschen und Bürgers wenig Notiz nehmen, sondern schlachten und stehlen würden, wie ihr weiland Herr und Meister Ali Pascha". „Die Lage der Griechen," schreibt er am 8. Dezember aus Verona, „ist eine so heillose, daß, wenn man sie auch sechs Monate von keiner Seite angriffe, sie doch Nichts zu Stande bringen könnten, wodurch ihre Sache konsolidirt oder das übrige Europa auch nur in Verlegenheit gesetzt werden könnte. Sie sind außerdem von allen großen Mächten definitiv verstoßen, Niemand wird heute mehr irgend einen Antrag zu ihren Gunsten machen. Durch irgend eine offensive Unternehmung ihren Wirkungskreis ausdehnen zu wollen, kann ihnen nicht einmal einfallen. Setzen wir also den aller=
schlimmsten Fall, daß die Türken von jetzt an bis zum künftigen Früh=
ling gar nichts mehr versuchten, was wäre dabei verloren? blos, daß die Frage ein halbes Jahr länger offen bliebe. In der Zwischenzeit werden

sich die Militärchefs vermuthlich alle die Hälse brechen und die Kleinen sich unterwerfen. An eine organisirte Regierung ist nicht mehr zu denken."*)

So ganz von den europäischen Mächten verlassen und verstoßen waren aber die griechischen Rebellen denn doch nicht. Während Gentz Artikel „aus Zanthe" für den österreichischen Beobachter fabricirte und sich bemühte, mit der Miene der größten Unparteilichkeit die vollkommene Niederträchtigkeit des kleftischen Lumpengesindels und die Hoffnungslosigkeit der griechischen Sache zu erörtern, war den Griechen unerwartet ein diplomatischer Beistand erstanden, dessen Wirksamkeit die bisherige zweifelhafte Hülfe Rußlands reichlich aufwog. Die festeste Stütze der anglo-österreichischen Allianz im Orient, die Säule des Legitimitätsprincips, oder wie Lord Byron ihn weniger schmeichelhaft betitelte, der „geistige Eunuch" Castlereagh war nicht mehr. Um dieselbe Zeit, da Fürst Metternich auf sein Erscheinen in Wien und seine kollegiale Hülfe in den orientalischen Dingen rechnete, am 12. August 1822, durchschnitt er sich in einem Anfall von Geistesstörung mit einem Federmesser die Halsschlagader. „Ein umgekehrter Cato", höhnte Lord Byron, „der sich nicht aus Zorn über die Knechtschaft, sondern über die Freiheit seines Vaterlandes das Leben nimmt!" Sein Nachfolger aber war jener Canning, dem schon zu Eton die Knechtschaft der Griechen einen poetischen Stoßseufzer entlockt hatte. Die festländischen Diplomaten befürchteten nicht ohne Grund, daß dieser Mann die „jugendlichen Schwärmereien und schönen Gefühle" auf das Gebiet der großen europäischen Politik übertragen werde. Hatte man auch in Verona, wo der eiserne Herzog England vertrat, noch wenig von einer Aenderung der britischen Politik zu Gunsten der Griechen verspürt, so war doch nicht anzunehmen, daß Canning Londonderry's theilnahmlose Rolle in den orientalischen Dingen fortführte, daß er die Pacifikation des Orients ruhig den Oesterreichern und Russen überließ. Ein neues, unstetes, gewaltsames Element kündigte sich in der orientalischen Politik an. Am schwersten empfand dies Lord Strangford, der von Verona aus mit frischen Hoffnungen auf seinen Posten zurückgekehrt war. Was vermochte er dem stupiden Eigensinn der Türken abzuringen, wenn man ihm obenein von Haus aus die Hände band? Zwar schien mit dem Fall des bisherigen russenfeindlichen Günstlings Halet und dem Emporkommen Abdullah's, Ghalib's u. A. am Divan selbst ein Umschwung zu versöhnlicherer, milderer Politik eingetreten. „Die Pforte", äußerte der neue Reis „hat ihren Kapodistrias ebenso gut gehabt wie Rußland, Gott sei Dank, wir sind sie beide los." Auf Lord Strangford's Wunsch ward eine Anzeige an Rußland von der Ernennung der Hospodare gemacht, der erste Schritt zur Herstellung diplomatischer Beziehungen war von der so lange störrischen Pforte ausgegangen. Aber in anderen Punkten kehrte sich auch unter besonnenen und europäisch gebildeten Ministern

---

*) Brief an Pilat vom 8. Dez. 1822 aus Verona, Briefe von Gentz an Pilat II. S. 131.

der alte instinktive Haß und das Mißtrauen der Barbaren gegen das civilisirte Europa grell hervor. Der neue österreichische Internuntius, ein fügsamer, geschmeidiger Mann, von dem Gentz behauptete, er sei unter einem glücklichen Gestirn für Fürst Metternich geboren, Herr von Ottenfels, ward zwar am Divan mit den größten Rücksichten aufgenommen, fand aber im Munde aller Türken Aeußerungen wie: „Mischt Euch nicht in unsere Sachen!" Die von der türkischen Regierung erlassenen Handels- und Münzreglements, die Luxusgesetze, die mit einem Schlage die alte osmanische Einfachheit und Zucht wieder herstellen und zugleich die leeren Taschen des Fiskus füllen sollten, wurden selbst von Gentz streng mißbilligt. Gentz erkannte an, daß das Verbot der Pelzwerke und der Shawls hauptsächlich gegen Rußland und England gerichtet sei; es waren kleinliche Nadelstiche der Rache, durch welche man die Industrie jener Länder traf, und die Kabinette selbst wegen ihrer Theilnahme für die Griechen bestrafen wollte! Und wenn Lord Strangford manche kleine türkische Unliebenswürdigkeit mit in den Kauf genommen hätte: der neue Leiter der britischen Politik war keineswegs gewillt sich dergleichen bieten zu lassen. Eine Weile schien es, als ob die Unterstützung der spanischen Revolution Canning ganz in Anspruch nehme; wesentlich den Einflüsterungen der Briten schrieb man jene stolze Zuversicht zu, mit welcher die Spanier den Kontinentalmächten gegenübertraten; da aber die französischen Bajonette dem Traum der spanischen Freiheit ein rasches Ende bereiteten, so war um so eher darauf zu rechnen, daß Canning seine Kräfte dem Osten zuwandte. Im Januar 1823 sprach Metternich die Befürchtung aus, „daß Englands Haltung in Spanien auf den Orient einwirken könne. Cannings Benehmen gegen alle Revolutionen müsse die politischen Positionen verwickeln."

Der österreichische Staatskanzler hatte richtig gesehen. Canning ergriff mit Vergnügen die Gelegenheit, welche ihm der eigensinnige Trotz der Türken auf der einen, und die lockende Bereitwilligkeit der Griechen, sich unter englischen Schutz zu stellen, auf der andern Seite bot. Die Instruktionen, die er am 14. Februar 1823 an Strangford ergehen ließ, bezeichnen den totalen Umschwung der britischen Politik. Strangford ward beauftragt der Pforte zu erklären, daß England nicht mehr mit ihr auf freundschaftlichem und vertraulichem Fuß stehen könne, wenn die Pforte nicht ihre Versprechungen bezüglich der Christen erfülle. Er ward sogar autorisirt, der Pforte damit zu drohen, daß England einige Inseln des Archipels besetzen werde. Es läßt sich denken, daß der Stocktorh, der noch jüngsthin zu Verona dem Gesinnungsgenossen Friedrich Gentz sein Herz über die Erbärmlichkeit der Griechen und die Biederkeit der Türken ausgeschüttet hatte, ganz außer sich war, als er diese Instruktionen erhielt. Er beschwerte sich bitter darüber, daß England „den religiösen Gesichtspunkt, von dem er den Kaiser Alexander mühsam abgebracht habe",

jetzt selbst in die orientalische Frage hineinziehe. Dem neuen österreichi=
schen Internuntius machte er unter dem Siegel des größten Geheimnisses
die vertrauliche Eröffnung, daß ein völliger Wechsel in der britischen
Politik eingetreten sei, der ihn selbst nöthigen würde seinen Posten zu
verlassen. Canning blieb nicht auf halbem Wege stehen. Am 25. März
1823 erkannte er die griechische Blokade an, die jonischen Behörden, die
unter den Auspizien des starren Thomas Maitland, des „König Thom",
bisher auf das Schroffste gegen die griechischen Rebellen aufgetreten waren,
wurden nun angehalten, die Griechen als kriegführende Macht zu behan=
deln, die Insel Kalamos ward ihnen als Asyl und Waffenplatz einge=
räumt. Am 29. April erließ das englische Kabinet ein Schreiben an
den Sekretär der levantischen Kompagnie, worin es streng gerügt war,
daß sich englische Unterthanen, z. B. der Konsul Green, hatten beikommen
lassen, den Türken zu helfen und die griechische Blokade zu verletzen.
Zwar erklärte Canning im Mai 1823 den übrigen Kabinetten gegenüber,
daß er „sich von ihnen nicht trennen werde;" aber dies bloße begütigende
Wort wog den Thatsachen gegenüber nur leicht, und Metternich war von
seinem Standpunkte aus wohl berechtigt, in einem Privatschreiben an
Esterhazy zu bemerken: „Wenn Canning als Minister mit den Kabinetten
geht, so liberalisirt er als Individuum mit der Boutique, die Philhellenen
rechnen ihn zu den Ihren."

Der österreichische Staatskanzler empfand mit Schmerz, daß sich ihm der
mächtigste Verbündete seiner orientalischen Politik entwand. Je gefährlicher der
Abfall Englands und die Gleichgültigkeit Frankreichs und Preußens werden
konnten, desto fester galt es den russischen Kaiser zu halten. Metternich ließ es
sich angelegen sein, jedes diplomatische Hinderniß, das noch zwischen der Pforte
und Rußland bestand, hinwegzuräumen, die versöhnlichen Dispositionen,
die der Zaar zu Verona gezeigt hatte, zu benutzen. Zunächst mußten die
Chikanen, welche die Pforte dem russischen Handel bereitete, beseitigt
werden. Während die russische Flagge früher fremde Fahrzeuge gedeckt
hatte, ließ man dieselben jetzt auf das Strengste untersuchen; man gab
im April 1823 den türkischen Schiffen ein Vorrecht beim Ein= und Aus=
laden und schärfte den alten Ferman ein, wonach fränkische Schiffe nur
auf türkische überladen werden durften. Der Zaar hatte schon in Verona
über die türkischen Handelsreglements Beschwerde erhoben. Nesselrode
erklärte nun im Mai 1823 dem Reis und Lord Strangford, der
russische Handel sei von vollkommener Stagnation bedroht, wenn der
Ferman zu Gunsten der türkischen Handelsmarine aufrecht erhalten
bleibe. Auch beschwerte er sich darüber, daß die Räumung der Fürsten=
thümer ewig hinaus geschleppt und die griechische Frage*), die zu

---

*) Gervinus S. 462 erwähnt nicht, daß Nesselrode in seinem Schreiben vom
6. Mai auf die Pacifikation zurückkam.

Verona unter die drei Bedingungen aufgenommen worden sei, todt=
geschwiegen werde.

Metternich ließ sich nun zunächst die Unterstützung der „wenigst
bedeutenden" russischen Forderung so angelegen sein, daß er Lord
Strangford bedeutete, die einzige unerläßliche Bedingung der Ausgleichung
sei jetzt die Befreiung des Handels von allen Hindernissen und die Her=
stellung der freien Schiffahrt im schwarzen Meer. Dem Zaaren schlug
er am 7. August 1823 vor: „die politische Seite von der revolutio=
nären zu trennen", und motivirte den Vorschlag damit, „daß die Pforte
erklärt habe Alles gewähren zu wollen, was die politischen Fragen beträfe".
In der That gelang es den vereinigten Anstrengungen Strangfords und
des Internuntius, die Pforte zur Zurücknahme der Reglements zu be=
wegen, welche die europäische und insbesondere die russische Schiffahrt
belästigten. Am 30. August gewährte der Divan die Einsetzung einer
gemischten Kommission, die über die Handelsbeschwerden berathen sollte, und
gestattete die freie Durchfahrt nach dem schwarzen Meer für die Schiffe aller
Mächte — mit Ausnahme Amerika's, „denn der Sultan liebe die Re=
publikaner nicht". Lord Strangford ermangelte nicht, die Nachgiebigkeit
der Pforte gebührend herauszustreichen, aber freilich stand die Erledi=
gung der wichtigeren Angelegenheiten: Räumung der Fürstenthümer, Pa=
cifikation Griechenlands, noch aus.

Da der Zaar darauf eingegangen war, die politische von der
revolutionären Frage zu trennen, so instruirte Metternich am 13. Sep=
tember den Internuntius, zunächst mit aller Energie auf völliger Räumung
der Fürstenthümer zu bestehen. Er selbst bereitete eine persönliche Zusam=
menkunft der Monarchen von Rußland und Oesterreich vor, um bei dieser
Gelegenheit die noch obschwebenden diplomatischen Schwierigkeiten zwischen
Rußland und der Türkei zu erledigen und zugleich die Politik, die man Can=
ning gegenüber einschlagen müsse, zu berathen. „Unermeßliche Interessen",
schrieb Gentz, „stehen auf dem Spiele, es gilt nicht blos die Existenz oder Nicht=
Existenz des türkischen Reichs, sondern den Bestand oder die Auflösung des gan=
zen politischen Systems." Anfang Oktober 1823 fand die projektirte Zusammen=
kunft der Monarchen in Czernowitz statt. Metternich mußte krank in Lemberg
zurückbleiben. Er ließ an Chateaubriand melden: „Nur die Bösen könnten An=
stoß an der Zusammenkunft zweier Fürsten nehmen, deren Prinzipien so bekannt
seien." Ihm selbst erstattete Graf Mercy Bericht über den Verlauf der
persönlichen Besprechungen zwischen den beiden Monarchen. Diese Be=
richte klangen erfreulich genug. Der Zaar hatte sich bereit erklärt, das
diplomatische Verhältniß mit der Pforte wieder anzuknüpfen, einen Be=
vollmächtigten, den Herrn von Minciaky, nach Konstantinopel zu senden,
dessen Aufgabe es zunächst sein sollte, den russischen Handel und die rus=
sische Schiffahrt zu schützen. Auf die endliche Räumung der Fürsten=
thümer legte man von russischer Seite großes Gewicht. Dagegen sprach
der Zaar von den Griechen in nahezu wegwerfender Weise. „Sie haben

20*

sich durch ihre Prinzipien wenig interessant gemacht" bemerkte er am 7. Oktober, „ich wünsche selbst einen Sieg der Türken." Einen Krieg bezeichnete er als wahres Unglück für Europa. Obwohl jedoch die Pacifikation während der Besprechungen von Czernowitz in den Hintergrund trat, so hatte Rußland sie dennoch nicht aus seinem Programm gestrichen. Es hatte sie nur als einen Gegenstand europäischer Sorge hingestellt und von den speziellen russisch-türkischen Differenzen getrennt. „Wenn jemals die Allianz glaubt, der Moment sei da, die Türken nicht mehr in Europa zu dulden, so ist S. M. der Kaiser von Rußland bereit zu kooperiren, isolirt wird er die Türken nie angreifen."

So harmlos diese Versicherungen klangen: es läßt sich nicht läugnen, daß die kriegerische Eventualität gerade durch die Czernowitzer Besprechungen um einen Schritt näher gerückt war. Die Sendung Minciaky's bedeutete im Grunde wenig; es war denn doch immer eine Rücksicht auf dieselben Griechen, die man sich anstellte als „wenig interessante Leute" zu betrachten, daß man nur einen „Delegaten für Handelssachen", keinen eigentlichen Gesandten nach Konstantinopel schickte. Die Pacifikationsfrage selbst aber hatte man nicht fallen lassen, sondern man hatte sich im Gegentheil noch der österreichischen Unterstützung für dieselbe versichert. Zu Czernowitz ward die Einmischung der Mächte in die griechische Sache angebahnt, mit der Miene souveräner Gleichgültigkeit gegen die Griechen ward der erste diplomatische Schritt zu ihrer Rettung vereinbart. Es galt zugleich einen Schlag gegen das Kabinet von St. James zu führen, man wollte sich durch Canning nicht überholen, man wollte den kühnen englischen Diplomaten nicht allein im Orient schalten lassen. Das ist die tiefere Bedeutung der Besprechungen von Czernowitz. Als Nesselrode den Fürsten Metternich fragte, ob man, wenn die Griechen die alliirten Vorschläge nicht annähmen, eine revolutionäre Regierung in Griechenland dulden dürfe? antwortete dieser freilich, „die natürlichste Strafe sei, sie dann den Schlägen der Türken zu überlassen", aber schon in den bloßen Vorschlägen bezüglich der Pacifikation, mochten die Griechen sie annehmen oder nicht, lag eine Wendung zu ihren Gunsten. Man wußte ja soviel, daß die Türken sie schwerlich annehmen, daß sie jede Einmischung in innere Angelegenheiten ihres Reiches perhorresciren würden. Indem man dennoch Vorschläge zu machen beschloß und bereits anfing sich mit Plänen für die künftige Regelung des Verhältnisses der Griechen zur Pforte zu beschäftigen, that man den ersten Schritt, der zu dem blutigen Ausgang von Navarin geführt hat. Kurz nach dem Schluß der Czernowitzer Besprechungen erließ der Zaar bereits eine Einladung an die übrigen Mächte zu Berathungen, die in Petersburg über die griechische Frage stattfinden sollten.

Das Eis war gebrochen. Wie man sich die politische Zukunft der Hämushalbinsel dachte, das beweist die bekannte russische Denkschrift vom

9. Januar 1824. Sie ward durch eine französische Indiskretion — Canning hatte Chateaubriand im Verdacht — bald darauf an die Oeffentlichkeit gezogen. In der Begleitdepesche an Lieven war sie als das Resultat der zu Verona aufgestellten Prinzipien hingestellt. Sie enthielt den Vorschlag, daß die Mächte, die in Spanien und Italien Ruhe gestiftet hätten, auch dem dreijährigen Blutvergießen im Osten eine Ende machen sollten. Die Pforte will absolute Restauration. Die Griechen wollen absolute Unabhängigkeit. Ein Mittelweg ist zu wählen. Die griechischen Inseln müssen ihre bisherigen demokratischen Ordnungen behalten. Aus dem östlichen Theil des Festlandes (Thessalien, Böotien, Attika), aus dem westlichen (Epirus, Aetolo-Akarnanien), aus dem Peloponnes mit Kreta werden drei unter der Suzeränetät des Sultans stehende Fürstenthümer gebildet, deren innere Organisation und Municipalordnungen durch Europa zu garantiren sind. Dem Sultan bleibt das Besatzungsrecht in einigen Festungen und der Tribut. Die Insulaner des Archipels bilden einen gesonderten Staat unter ihren alten Gemeindeordnungen. Der russische Vorschlag war dadurch motivirt, daß „Fürstenthümer wie die der Moldau und Wallachei, mit klugen Vorkehrungen gegen die Mißbräuche, welche dieser Länder Unglück ausmachen, den Türken begreifliche Bildungen" seien. Im Grunde macht sich aber freilich vor Allem die Abneigung gegen ein starkes, unabhängiges, und das Interesse an einem schwachen, zerrissenen Griechenland geltend. Die künftigen Hospodorate sollten ein Stachel im Fleisch der Türken sein, stark genug, um durch fortwährende Wühlereien zu beschäftigen, Anlaß zu Unruhen und fremder Intervention zu geben, aber zu schwach, um ein nationales Dasein zu führen, geschweige denn den Gedanken der Wiedererrichtung des byzantinischen Reichs zu realisiren. Die Veröffentlichung des Memorandum, die Enthüllung der russischen Zukunftspläne im Orient, erregte ein europäisches Aufsehen. Die Kabinette waren genöthigt, aus dem Hellbunkel herauszutreten, welches man bisher über die orientalische Frage verbreitet, und Position zu nehmen. Höchst charakteristisch erschien die Haltung Metternich's. Er „erschrak" keineswegs über die russischen Ideen.*) Er nannte sich vielmehr einverstanden mit denselben, aber er erklärte sie für unausführbar und sprach die Befürchtung aus, daß man auf den doppelten Widerstand von Seiten der Insurgenten und der Pforte stoßen werde. Uneinig in Allem, seien die Griechen einig in dem Gedanken absoluter Unabhängigkeit von der Türkei. Insgeheim schärfte er Lebzeltern ein, sich gegen die griechische Flagge und gegen die Beschränkung der türkischen Souveränetät zu erklären. Er ahnte, aus welchen Gründen der Gedanke der Suzeränetät die warme Fürsprache des Petersburger Kabinettes

---

*) Gervinus sagt S. 479: „Wie mußte Fürst Metternich erschrecken über diese veränderte Lesart seines unschuldigen Pacifikationsvorschlags."

fand, er begann zu erkennen, daß die einzig richtige Antwort und der passende diplomatische Schachzug gegen das russische Memorandum „völlige Unabhängigkeit Griechenlands" war.

Ob Griechenland frei ward oder abhängig blieb, hing freilich in erster Linie von den Griechen selbst ab. Die Ereignisse auf dem Kriegsschauplatz mußten entscheiden, ob sich die Pläne der Diplomatie mehr oder weniger zu ihren Gunsten modificirten. Sir Thomas Maitland hatte während des Kongresses von Verona an Lord Bathurst und den Herzog von Wellington über den Stand der Dinge in Griechenland berichtet und grau in grau gemalt, als ob nur Schwanken in der Haltung der Mächte und völlige Unfähigkeit der Türken dem Aufstand noch eine kurze Lebensfrist verschaffen könnte. Die Revolution sei durch die unglaublichsten Täuschungen genährt worden. In der That gewann es mitunter den Anschein, als wenn der Sultan nur die Griechen sich selbst und ihren innern Händeln zu überlassen brauche, damit der Aufstand in sich absterbe. Die Erfolge von 1822 hatten eine erschlaffende Wirkung auf die griechische Nation geübt, die, groß im Unglück, durch leichtes glänzendes Gelingen verwöhnt ward und in Parteiungen zerfiel. Aus den siegreichen Kämpfen gegen Dramalis und Omer Brionis hatten die Militärchefs eine ungemessene Meinung von dem eigenen Verdienste und eine großartige Verachtung gegen alle bürgerlichen Elemente geschöpft. Die Behörden hatten sich durch ihr klägliches Benehmen vor dem Feinde in Miskredit gebracht; die feige Flucht der Regierung aus Argos war noch in Aller Munde, aber die gesetzgebende Versammlung freute sich keines viel besseren Ansehens; man weiß ja, wie Ipsilantis sie im Augenblick der Gefahr an die Pflicht mahnen und beschämen mußte. Eine Beseitigung der herrschenden Uebelstände erwartete man von der im Dezember 1822 berufenen zweiten Nationalversammlung. Die Regierung, deren Amtsdauer gesetzlich bis Ende Februar verlängert worden war, wünschte selbst eine Veränderung. Sie war so tief in der Meinung gesunken, daß der Schwager des Kolokotronis ihr die Thore von Nauplia zu verschließen wagte, da die Zeit ihrer Befugnisse um sei. Sie begab sich also nach Astros, wo man die griechischen Nationalvertreter erwartete. Ende März kamen die Abgeordneten in hellen Haufen herangezogen, dreimal so zahlreich wie in Piadha. Thessalien, Kreta, die Cykladen und Sporaden waren vertreten, viele Abgeordnete hatten sich, da sie kein gesetzliches Mandat besaßen, selber geschickt, Andere, die zu der ersten Nationalversammlung gehörten, sahen es als selbstverständlich an, daß sie auch an der zweiten theilnehmen müßten. Alle brachten ihre alten Lokalinteressen, Intriguen und kleinlichen Eifersüchteleien mit, die von Piadha nur nach Astros vertagt und verlegt zu sein schienen*). Die Bürgerlichen und die Mili-

---

*) Ἡ ῥαδιουργία, ἡ διχονοία καὶ ἡ ἰδιοτέλεια ἐφθάσαν εἰς τὸν ἀνώτατον βαθμόν. Ὀρλάνδου Ναυτικὰ, Ἀθ. 1869. I. S. 352.

tärs hatten sich schon nach Außen hin in zwei Kriegslager geschieden. Sie hatten unfern dem Meeresstrand zwei Gruppen von Winterhütten aufgeschlagen, die durch einen Waldbach, den Tanos, von einander getrennt waren. Die Bürgerlichen beriethen für sich allein und ließen ihre Beschlüsse dann den Militärs zur Billigung vorlegen. Von Kolokotronis geführt, befanden sich diese freilich außer Stande, selbst die gesetzgeberische Initiative zu ergreifen. Dazu fehlten ihnen Kenntnisse und parlamentarische Erfahrung. Aber desto heftiger klammerten sie sich an Formsachen und an den Laut der Buchstaben, sie kritisirten alle Vorschläge des gegnerischen Lagers um so unbarmherziger, da ja von Bürgerlichen und Europäern, von den „Kalameraden", nichts Gutes für Griechenland ausgehn könne.

Der Einfluß der Bürgerlichen entschied die Zusammensetzung des Büreau. Petrobei ward Präsident, der Bischof Theodoret Vicepräsident, Negris Sekretär der Versammlung. Die Militärs fügten sich murrend, aber ihrer Geduld wurden noch härtere Proben auferlegt. Am 10. April beschloß man die wesentlichen Bestimmungen des Statut von Epidauros zu bestätigen. Der Titel des Obergenerals, den Kolokotronis trug, ward abgeschafft, die Leitung der Kriegsangelegenheiten zu Lande wurde einem Ausschuß von drei Männern übertragen; um die lokale Eifersucht zu schonen, war ein Peloponnesier, ein Maniate und ein Festländer in Aussicht genommen. Die Schuldforderungen der drei Inseln wurden untersucht und Zahlungsfristen festgestellt. Man erkannte die Nothwendigkeit einer Anleihe im Ausland an, man suchte die Vorlage eines Budgets durchzuführen und ein Strafgesetzbuch zu entwerfen. Bezüglich der Organisation der Eparchieen wurde Maurokordatos' Verordnung, wonach der von der Regierung zu ernennende Vorstand kein Eingeborener sein dürfe, gesetzlich bestätigt. Die Lokalbehörden in Ost- und Westhellas sowie der peloponnesische Senat, welche bisher den einheitlichen Gang der Verwaltung erschwert hatten, wurden aufgelöst. War die Opposition der Militärs bis hierher nur mühsam zurückgehalten worden, so offenbarte sie sich auf das Trotzigste als man zur Wahl der künftigen Regierung schritt. Dieselbe sollte wie bisher aus einem berathenden und vollziehenden Ausschuß bestehen. Präsident des Letzteren ward Petrobei. Neben ihn traten Charalampis, Zaïmis und Metaxas. Die fünfte Stelle war einem Insulaner zugedacht. Kolokotronis wußte es aber durch Wühlereien und Drohungen durchzusetzen, daß dieselbe „um des Vaterlandes willen" ihm selber eingeräumt wurde. Nicht zufrieden mit dem Erfolg, gedachte er auch in dem gesetzgebenden Ausschuß seinen Anhängern einen Platz zu erkämpfen, und nahm als Präsidenten desselben den Anagnostis Deligiannis, mit dem er sich mittlerweile wieder gut gestellt und verschwägert hatte, in Aussicht. Er gerieth daher in die äußerste Wuth, als diese Stelle durch das Bemühen der bürgerlichen Partei dem Maurokordatos

zu Theil ward. „Vor Kurzem", fuhr er den Bischof von Arta an, „habt
Ihr so viel gegen Maurokorbatos zu sagen gehabt; wie wird er jetzt auf
einmal so schön?" „Der Schöne ist auch mitunter böse." „Wenn Du
ihn schön findest", rief der Kleftenhäuptling, „so packe Dich fort nach
Arta und stampfe mir nicht mit dem Fuße, sonst stampfe ich mit dem
Schwerte und schlage Dir den Kopf ab!" Der Bischof rettete sich eiligst
aus der Nähe des Wüthenden; dem Maurokorbatos selbst aber erging es
nicht viel besser: „Ich dulde es nicht, daß Du Präsident wirst", eiferte
Kolokotronis gegen den feingekleideten Gegner los, „und wenn Du die
Stelle annimmst so verfolge ich Dich auf Schritt und Tritt und werfe
Dir Citronenschaalen auf den europäischen Frack, in dem Du gekommen
bist." Maurokorbatos glaubte seines Lebens in Mitten der tobenden
Militärs so wenig mehr sicher zu sein, daß er nach Hydra entwich, um
fortan an den reichen und konservativen Bürgern der Insel eine feste
Stütze zu gewinnen. Die neue gesetzgebende Versammlung hielt ihm
seinen Posten offen, siedelte nach Argos über, und weigerte sich, den
Drohungen der Militärs zum Trotz, nach Nauplia zu gehen, wohin Kolokotronis die Regierung gelockt und so in seine Machtsphäre gebracht
hatte. Während sich der Zwist zwischen Bürgerlichen und Militärs
in die Regierungskreise übertrug und der gesetzgebende Ausschuß den
vollziehenden vergebens aufforderte nach Argos, dieser den gesetzgebenden
vergebens aufforderte, nach Nauplia zu kommen, während Parteiung und
Anarchie sich unter den Griechen konsolidirten, hätte der Sultan freilich
Gelegenheit gehabt die Schlappe des vergangenen Jahres wieder gut zu
machen. Allein die Zuchtlosigkeit und Verwilderung der Griechen ward
durch die materielle Ohnmacht und Unfähigkeit der Türken reichlich ausgeglichen. Dem Sultan fehlte es zwar nicht an fein angelegten Kriegs-
plänen, ebenso wie in diplomatischer war er auch in militärischer Beziehung durch die befreundeten europäischen Mächte stets trefflich berathen;
aber die Ausführung lag in den Händen unfähiger und feiger Diener,
die nicht daran dachten sich gegenseitig zu unterstützen und die lieber
selbst auf einander losschlugen, als gegen die Griechen zu Felde zogen.

Die Luxusgesetze riefen jene alte Kriegszucht und Tapferkeit nicht
zurück, durch die sich die Osmanli's einst furchtbar gemacht hatten. Ein
charakteristischer Unfall griff gleich anfangs lähmend in die Rüstungen
zum Feldzug von 1823 ein. Arsenal und Zeughaus von Tofana brannten
nieder. Der ganze Artillerietrain für die thessalische Armee, 1200 Kanonen, die zur Armirung der Flotte bestimmt waren, eine Masse Munition,
ein herrliches Kriegsmaterial wurde vernichtet. Es war eine der schauer-
lichsten Feuersbrünste, welche man in der an solche Fatalitäten gewöhnten
Hauptstadt erlebte. Die Flammen verzehrten außer dem Arsenal 50 Moscheen und gegen 6000 Häuser.

Das Gerücht nannte die zum Ausmarsch nach Griechenland bestimmten Janitscharen als die Brandstifter. Sie hatten keine Lust gegen die Ungläubigen ins Feld zu ziehen, eine hauptstädtische Revolte und ein Gemetzel unter den wehrlosen Giaurs von Konstantinopel war eher nach ihrem Geschmack. Sie waren unzufrieden mit dem Sultan, in dem sie den Erben der Pläne Selim's fürchteten. Die Ereignisse werfen ihre Schatten voraus und der Brand von Konstantinopel war ein Vorzeichen jener wilden Soldatenempörung, die bald darauf Thron und Leben Mah= mud's bedrohen sollte.

Die Prätorianer der Hauptstadt kannten ihren Fürsten, den kleinen Mann mit dem ruhig melancholischen und doch so feurigen Auge, schlecht, wenn sie ihn durch die Verbrennung seines Arsenals zu schrecken hofften. Mahmud ließ sich in den Vorbereitungen für den Feldzug nicht irre machen. Er rüstete im Mai mit den vorhandenen Resten seines Mate= rials eine kleine Flotte aus, an deren Spitze er Chosrew, genannt Topal, den „lahmen" Pascha stellte. Gewitzigt durch die Erfahrungen der letzten Kriegsjahre beschloß er, zur See nichts Größeres zu unternehmen, sondern die Griechen nur durch vereinzelte Angriffe im Athem zu erhalten. Der neue Admiral war eine verschmitzte, gewandte, aber zum Mindesten ebenso unkriegerische und furchtsame Persönlichkeit ,wie der alte gewesen war; er eignete sich besser zur Erledigung diplomatischer Geschäfte, wie zu Unterwerfung der kühnen Seefahrer des Archipels. So hat sich denn auch seine Thätigkeit darauf beschränkt, am 4. Juni bei Karystos auf Euböa asiatische Truppen an's Land zu werfen, an Spetsia und Hydra ehrfurchtsvoll vorbeizusegeln, Koron, Modon und Patras zu ver= proviantiren und Anfang September nach der kleinasiatischen Küste zurück= zukehren, die während dieses Jahres noch stärker als zuvor den Plün= derungsfahrten der Psarioten und Kassier ausgesetzt war. Im November segelte er ruhmlos nach den Dardanellen zurück. Er würde, da er in den Gewässern von Patras verweilte, wohl Gelegenheit gehabt haben, die Operationen der türkischen Landtruppen gegen Mesolonghi oder Anatoliko zu unterstützen; aber er ließ nur wenige Schiffe dort zurück und war roh, als er sich mit dem größeren Theil seines Geschwaders aus der un= heimlichen Nähe der griechischen Brander entfernt hatte. Freilich hatte auch die Flotte der Griechen in diesem Sommer keine sonderlichen Lor= beeren geerntet. Zur Verzweiflung von Miaulis wollten seine eigenen Landsleute, die Hydrioten, sich nicht regen ehe sie nicht für ihre früheren patriotischen Auslagen entschädigt waren. Die Matrosen zeigten sich raubsüchtig, aufsässig und meuterisch; es kam zu blutigen Schlägereien zwischen Hydrioten auf der einen und Spetsioten und Psarioten auf der anderen Seite; der Gedanke, sich dem Sultan wieder zu unterwerfen und so dem anar= chischen Haber, den kostspieligen Flottenrüstungen, den Steuern der griechischen Regierung zu entgehen, gewann Boden unter den Insulanern des ägäischen Meeres. Samos glaubte gar für sich allein unter Lykurgos Logothetis als unabhängiger Staat bestehen und sich vom übrigen Griechenland trennen zu können. Die Samier protestirten gegen den von der griechischen Regierung bestimmten „Eparchen", und schossen auf die Schiffe der Psarioten. Die Psarioten blokirten Samos. „Niemals", schreibt der neueste Historiker der griechischen Marine, „war Griechenland in einer so jammervollen Lage wegen des absoluten Geldmangels und wegen des innern Zwists.*)"

Die Hauptentscheidung hätte nach dem Feldzugsplan des Sultan zu Lande erfolgen müssen. Zwei Armeen sollten von Osten und Westen in Griechenland einbrechen, die eine, hauptsächlich aus Kavallerie bestehend, unter Juffuf Berkoftfali von Thessalien nach Ost-Griechenland; die andere, das Hauptkorps unter Muftai, dem Pascha von Skodra und Omer Brionis, durch den Makrinoros nach Westhellas vorbringen. Man wollte, geschreckt von der Erinnerung an Dramalis, den Isthmus vermeiden. Hätten sich beide Armeen bei Lepanto oder Patras vereinigt, so ging die Absicht der Türken dahin, Patras zur Operationsbasis gegen den Peloponnes zu machen. Die Ebenen von Elis und Messenien boten Gelegenheit die türkische Kavallerie zu verwerthen. Die jonischen Inseln lagen nahe im Rücken, lieferten Lebensmittel in Menge, es war dann nur Sache der Flotte, den Verkehr zwischen ihnen und Patras zu vermitteln.

Dem Plan gemäß ward schon im April der mit Odysseus geschlossene Waffenstillstand gekündigt und die Reiterschaaren Juffuf's ergossen sich durch die thessalischen Pässe nach Phocis und Böotien. Allein schon hier machte sich der Mangel gehöriger Unterordnung unter das Ganze fühlbar. Statt sich nämlich nach Salona zu wenden und die Verbindung mit Lepanto zu sichern, schlug Juffuf sein Hauptquartier in Theben auf, ließ seine Truppen nach Osten vorgehen, um den Odysseus vom Heliken zu vertreiben, und rückte selbst nach Attika vor. Plündernd zog er in Athen ein, berannte aber vergeblich die Akropolis. Dort hatte Odysseus seinen Protopalikaren Guras mit 200 Mann und reichlichen Vorräthen zurückgelassen. Er selbst schlug die Infanterie des Juffuff bei Karystos und beunruhigte ihn, von den Peloponnesiern unter Nikitas unterstützt, bald in der Flanke, bald im Rücken.

Inzwischen hatte sich die türkische Hauptarmee unter Muftai Pascha von Skodra in Epirus gesammelt. Mit 8000 Albanesen brach der Skodrier durch das Achelousthal in West-Griechenland ein. Der Kern seines Heeres bestand aus den bittersten Feinden der Griechen, den Mirditen, katholischen Albanesen, einer Race, die Skanderbeg als Nationalhelden verehrt, aber seit Jahrhunderten durch Bande des Bluts eng mit den Mohammedanern verknüpft ist. Schrecken und Verwirrung gingen ihnen voraus. Mauroforbatos, das Haupt der Regierung von Westhellas,

---

*) Ὀρλάνδου Ναυτικά, Ἀθ. 1869. I. S. 398.

war in Argos abwesend. Sein Stellvertreter Metaxas hatte sich militärisch und politisch bisher noch wenig bewährt. Die westhellenischen
Primaten und die Militärchefs arbeiteten den Türken in die Hände.
Beinah jeder Kapitän Aetolo-Akarnaniens war in Streitigkeiten mit
seinen Nachbarn verwickelt. Mitunter fochten sie auch, um zu entscheiden
wer der Armee des Skodriers entgegen ziehen sollte und der Lohn des
Sieges war, daß der Sieger zu Haus blieb und die Landbevölkerung ausplünderte. In Mitten dieser trostlosen Anarchie erscheint
die Heldengestalt des Marko Botsaris als Trost und Stolz
für die Nation.

Er war einer von den seltenen Freiheitskämpfern, die ihren Privat-
vortheil dem Gemeinwohl unterordneten; ein tapferer und treuer Mann,
dessen Andenken in Griechenland geheiligt geblieben ist. An uneigen-
nütziger Hingabe für die griechische Sache, an Energie und Muth im
Felde kam ihm Niemand gleich. Als Churchit Pascha einst den Albanesen
vorwarf, daß sie Feiglinge seien, die nicht verdienten des Königs Brot
zu essen, weil sie mit den Sulioten nicht fertig würden, erwiderte ihm
ein benarbter Kriegsmann, Chasan Arunis: „Nein, Herr, die Albanesen
haben stets gezeigt, daß es ihnen an Tapferkeit nicht mangelt und daß
sie das Brot des Königs verdient haben, aber wir müssen der Wahrheit
zu Ehren eingestehen, daß diese Leute zu den außerordentlichen Palikaren
gehören und Marko zumal einer der unbesiegbaren Palikaren unserer
Zeit ist. Wäre dieser Mensch Muselmann, wir würden zweifellos glauben,
daß Asret Ali, der Prophet Ali auf Erden zurückgekehrt sei.“ Die Kämpfe
gegen Churchit und die Vertheidigung Mesolonghi's hatten Lorbeeren um
Marko's Haupt geflochten, die ihm freilich, wie das in Griechenland
Regel ist, von Jedermann beneidet wurden. Vielleicht war es sein einziger
Fehler, daß er sich über der niedrigen Eifersucht seiner Umgebungen allzu
erhaben fühlte und den wirklichen Verhältnissen nicht genug Rechnung
trug. Der Mann, der das Generalsdiplom, das ihm ausgefertigt worden
war, zerriß, als er die neidischen Bemerkungen vernahm, die seine Landsleute darüber machten, der die bescheidenen, kühnen Worte sprach: „Wer
es werth ist, nimmt Morgen sein Diplom vor dem Feinde“, der bedachte
zu wenig, daß er von Intriguanten umgeben war, die ihn gern in Gefahren verwickelt sahen, um ihn dann zu verlassen und seinem Schicksale
preiszugeben.

Er übernahm es freudig, den ersten Angriff gegen die Albanesen des
Skodriers zu leiten, den gesunkenen Muth der Besatzung von Mesolonghi
durch einen kecken Handstreich zu beleben. Viertausend Mirditen und
Ghegen unter Djelaleddin-Bei bildeten die Vorhut des Feindes und
lagerten bei Karpenisi an einer von alten Weiden beschatteten Quelle.
Dort beschloß Botsaris sie in der Nacht vom 21. August 1823 zu überfallen. Er wollte mit 350 Sulioten von der Ebene aus in das feind-

liche Lager einbrechen, während ein Korps Aetolo-Akarnanier von den Bergen, von den Dörfern Rostimo und Tranachorio aus angriff.

Allein vergebens wartete er zu festgesetzten Stunde mit seinen Getreuen; auf den Bergen blieb Alles still. Die versprochene Unterstützung zeigte sich nirgends. Endlich vermochte er Kampflust und Ungeduld nicht mehr zu zügeln und stürzte an der Spitze seiner kleinen Schaar ins feindliche Lager. Verwirrt fuhren die Mirditen aus dem Schlaf. Die Meisten warfen die Waffen fort und flohen. Mord und Schrecken gingen vor den Sulioten her. Wenn jetzt die übrigen Griechen herbeieilten, anstatt müßig dem Schießen zuzuhören, so ward ein glänzender Erfolg errungen. Der türkische Anführer hatte sein Zelt in einer „Mandra", einer Einfriedigung, die zum Schutz der Schaafe gegen Dachse und Füchse ummauert war. Botsaris eilte auf die „Mandra" zu und da er keinen Eingang fand, hob er den Kopf über die Mauer, um zu sehen, wie man hineingelangen könne; aber Djelaleddin's Veteranen, die sich von dem blinden Lärm nicht hatten fortreißen lassen, lagen dahinter auf dem Anschlag, sie feuerten, als sich kaum die Umrisse eines menschlichen Kopfes gegen den dunklen Himmel abhoben, eine Kugel traf den Suliotenhäuptling über dem rechten Auge in die Stirn, daß er auf der Stelle todt zusammensank. Die Sulioten trugen den Leichnam ihres Führers von dannen, sammelten reiche Trophäen und zogen nach Mikrotherio ab ohne daß der Feind gewagt hätte ihren Rückzug zu belästigen. Vor sich her trieben sie die erbeuteten Maulthiere, die mit Yataghans, silbern ausgelegten Pistolen, Munitionskisten und gleichsam mit Reisigbündeln von langen albanesischen Musketen beladen waren. Die Türken hatten an 2000 Mann verloren, aber der Fall des Marko Botsaris glich den Verlust aus. Mancher von den Sulioten, der nach dem Ueberfall von Karpenisi prachtvolle geschmückte Waffen trug, verwünschte die Nacht, wo er sie erbeutet hatte, und äußerte: es wäre besser für Griechenland und für uns, wenn Marko noch lebte, und wir noch die alten, einfachen Büchsen unserer Väter trügen.

„Ein kleines Vöglein hat geseufzt dort auf St. Niklas' Höhe,
Da welkten gleich die Zweige hin, umher in allen Gärten
Und auf den Feldern, die's gehört, vertrockneten die Gräser;
Zwei Griechen haben's auch gehört, zwei Anatolikioten.
Mein Vöglein, was zerrupfst Du Dich und weinst im Sonnenscheine?
Vorgestern, als ich flog vorbei an Karpenisi's Höhen,
Da hört' ich wie in Stobra's Zelt sie miteinander sprachen,
Und in dem Rathe sagten sie die Kunde, die ich sage:
Im Kampf fiel Marko Botsaris und tausend Türken schlug er nieder."

Nach dem Nachtgefecht an der Quelle und dem alten Weidenbaum von Karpenisi begruben die Mirditen ihre Todten, und drängten voll Ungeduld, die erlittene Niederlage zu rächen, vorwärts. Die Griechen machten einen schwachen Versuch, die Schlucht von Bruso zwischen dem Khelidoni und Kaliakubi zu vertheidigen; aber der Geist des Marko lebte nicht mehr unter ihnen, sie wichen nach einem kurzen Scharmützel und ließen dem Feind den Weg in die Ebene von Brachori offen. Mustai hielt jetzt den Damm zwischen den Seen und die Pässe des Zygosgebirges, Omer Brionis stieß mit 4000 Türken zu ihm, und die vereinte Streitmacht der Türken brach Anfang November 1823 gegen Mesolonghi und Anatoliko heraus. In der Meinung, leichteres Spiel zu haben, wendeten sich die Pascha's diesmal gegen Anatoliko. Diese Lagunenstadt, die an der Mündung des Achelous nur durch seichte Boote unter örtlich erfahrenen Führern zugänglich ist, hatte zwar natürliche Vertheidigungsstärke, aber weder Mauern noch Wälle, eine Lehmbatterie mit sechs eisernen Schiffskanonen, von dem englischen Deserteur Martin kommandirt, war der einzige Schutz. Von der Seeseite aus war Anatoliko durch die von Chosrew zurückgelassenen egyptischen Schiffe blokirt. Doch stand noch die Verbindung mit Mesolonghi durch eine Furche innerhalb der Lagunen offen. Die Stärke der Besatzung belief sich auf 600 Mann.

Trotz dieser ungenügenden Vertheidigungsmittel zerschellten die Anstrengungen der Belagerer vor Anatoliko, wie sie im vergangenen Jahr vor Mesolonghi zerschellt waren. Martin demontirte mit seiner elenden Batterie das einzige ordentliche Geschütz der Türken. Die Pascha's beschränkten sich nun darauf, den Platz aus ein paar Mörsern zu bombardiren, welche sie außerhalb des Bereichs der griechischen Kanonen aufstellten. Aber die Bomben richteten nur geringen Schaden an, verwundeten und tödteten ein paar Dutzend Menschen und dienten sogar noch obendrein dazu, das Vertrauen der Belagerten auf göttlichen Schutz durch ihre Aktion zu erhöhen. In Anatoliko herrschte großer Wassermangel. Da half ein glücklicher Zufall, oder wie rechtgläubige Historiker sagen, ein Wunder dem Uebel ab. Eine türkische Bombe fiel in die Kirche St. Michael und riß den Fußboden auf, aus dem eine reichliche Wasserquelle emporsprudelte. Inzwischen nahm die Blokade zur See ein rasches Ende. In Folge der Nachricht, daß England in Malta eine Expedition gegen Tunis vorbereitete, eilten die von Chosrew zurückgelassenen Barbareskenschiffe aus den griechischen Gewässern nach Hause; ein hydro-spetsiotisches Geschwader erschien vor den Skrofaden, die Noth der Belagerten war zu Ende. Dagegen machte sich im albanesischen Lager Mangel an geordneter Verpflegung und an Geld bemerkbar, es war zu befürchten, daß die Griechen alle Zufuhr im Rücken des Skodriers abschnitten, auch stand Mustai selbst nicht im besten Einverständniß mit seinem Kollegen Omer Brionis, und zwischen Tosken, Ghegen und Mirditen fanden blutige Schlägereien statt. Der Winter brach herein, mit Krankheiten und Unwetter in seinem Gefolge, von einer Unterstützung durch Jussuf oder durch die Flotte war die Rede nicht, so hob Mustai, nachdem er 2000 Mann durch Hunger und Schwert verloren und einige tausend

nutzlose Bomben nach Anatoliko geworfen hatte, die Belagerung in einer
stürmischen Dezembernacht auf und eilte durch die Pässe des Zygos und
des Makrinoros nach Epirus zurück. Seine Kanonen vergrub er, umgab den Platz mit einer niederen Mauer und schmückte ihn gleich einem
türkischen Kirchhof aus; die Griechen ließen sich dadurch hintergehen und
wiesen später mit Stolz auf die Stelle, indem sie von den Beis erzählten, die unter ihrem tödtlichen Feuer gefallen seien. Als Kiutagi aber
im Jahr 1825 Mesolonghi belagerte, begann er seine Operationen damit,
daß er die verborgenen Geschütze des Skodriers aus ihrem dunkeln Versteck
hervorholen ließ.

Der türkische Feldzugsplan war vollkommen gescheitert. Ehe die
Albanesen die Belagerung Anatoliko's aufgaben, war Akrokorinth wieder
in die Hände der Griechen gefallen. Die Feste kapitulirte am 7. November; Nikitas' Festigkeit wahrte den Vertrag und die Ehre des griechischen Belagerungskorps. Wenn es sich aber auch im dritten Kriegsjahr
gezeigt hatte, daß der Sultan weder zur See noch zu Lande Herr des
Aufstandes werden konnte, so stand darum die Sache der Griechen nicht
besser als in den früheren Jahren. Symptome der Erschöpfung waren
auf beiden Seiten deutlich hervorgetreten. Das Gefecht von Karpenisi
ist ein charakteristisches Phänomen. Mirditen und Sulioten kämpften
gegen einander, während die Türken und Griechen von fern standen und
zusahen, als ginge sie die Sache Nichts an. Beide streitende Theile erkannten, daß ihre Kräfte zur Fortführung des Kampfes nicht ausreichten.
Beide sahen sich nach Bundesgenossen um. Der Sultan gedachte seinen
egyptischen Vasallen als Werkzeug gegen die Griechen zu gebrauchen, die
Griechen suchten und fanden, von den Fürsten abgewiesen, einen mächtigen
Rückhalt an der öffentlichen Meinung Europa's.

Das Treiben der deutschen Professoren, der Krug, Voß und Thiersch,
war nicht mehr blos, wie die Diplomaten sagten, „lächerlich und verbrecherisch", sondern es war in der That „gefährlich", der Philhellenismus
war eine Macht geworden.

Er hat die größten politischen Widersprüche ausgeglichen, feindselige
Parteien in einer gemeinsamen Begeisterung geeinigt. Er hat gewirkt,
wie sonst nur religiöse Bewegungen zu wirken pflegen,
er hat die Scheidewände von Stand und Nationalität
niedergerissen. Mit den Aristokraten gingen die Plebejer, mit den
Radikalen gingen die Konservativen, mit der deutschen Jugend und
den deutschen Gelehrten gingen französische Legitimisten, wei Chateaubriand,
Richelieu und Villèle in diesem einen Punkte einträchtig Hand in Hand.
Hier wie dort schwärmte man für die „blutende Waise der europäischen
Civilisation." Aber die Begeisterung hatte nur Bedeutung, wenn sie sich
über die Phrase erhob und That ward. Der Philhellenismus
sollte nicht nur Gläubige aller Stände und Nationen,
er sollte auch seine Apostel und seine Märtyrer haben.

Nach dem Vorgang der im Sommer 1821 entstandenen, von der hohen Politik geächteten deutschen, bildeten sich schweizer, französische, selbst englische Hülfsvereine. Man nahm fromme Gaben für die Griechen in Empfang. Man veranstaltete philhellenische Aufführungen und Konzerte, warb Offiziere und Soldaten, kaufte Waffen und Vorräthe an, die über Marseille und Livorno nach Griechenland wanderten. Da half kein Verbot der Polizei und der Regierungen mehr, vergebens mahnte die bedächtige Klugheit einiger „Alten" ab, vergebens schüttelte selbst ein Goethe mißbilligend sein olympisches Haupt. Die Sehnsucht nach einem großen, weltumfassenden Unternehmen war geweckt. Kreuzzugsgedanken gingen durch die Welt. Der Philhellenismus ward die Religion der Jugend und des Alters.

Selbst der rechnende kaufmännische Sinn des britischen Inselvolks vermochte diesem großen Zug der Zeit auf die Dauer nicht zu widerstehen. Seit dem Herbst 1823 gewannen die philhellenischen Bestrebungen eine festere Richtung und einen einheitlichen internationalen Mittelpunkt in dem Londoner Verein, an dessen Spitze Lord Erskine stand. In seinem Auftrag bereiste Kapitän Blaquière Griechenland, allenthalben die Hoffnung eines baldigen englischen Goldregens erweckend, bereiste Stanhope Deutschland und die Schweiz, um die dortigen Vereine zu einem gemeinschaftlichen Wirken anzuhalten.

Die griechenfreundliche Stimmung des britischen Kabinets fand eine feste Stütze in der Presse und in der öffentlichen Meinung Großbritanniens. Bisher hatten die Engländer vor Allem das merkantile Interesse an dem Fortbestand der Türkei betont, und wie man es als ein Glück pries, daß es in der Türkei Menschen gebe, welche die herrlichsten Länder der Welt besäßen, ohne sie zu benutzen, so hatte man eine Zeit lang gefürchtet, diese indolenten, bequemen Geschäftskunden zu verlieren und statt ihrer den schlauen, gewinnsüchtigen Griechen zu begegnen. Aber dieser Krämer-Gesichtspunkt trat nun zurück, und wenn irgend Jemand dazu beigetragen hat, ihn durch sein Beispiel zu vernichten, und den Philhellenismus in den Augen Englands wie in den Augen der Welt zu adeln, so war es der Märtyrer der modernen Gesellschaft, Lord Byron.

Fünftes Buch.

Die Krisis.

Mag auch die Verläumdung heuchlerischer Weiberzungen sein Andenken beschimpfen: Lord Byron war groß als Mensch, wie er groß als
Dichter gewesen ist. Das hat er in Griechenland bewiesen.

Er kannte das Land und die Leute. Sein Auge ward durch kein
poetisches Irrlicht getäuscht. So vorurtheilsfrei wie er ging selten ein
Philhellene nach Griechenland.

Auch über den Charakter der Revolution machte er sich keine Illusionen. Er wußte, daß er für eine unglückliche, verloren geglaubte Sache
eintrat. Dennoch übernahm er ruhigen Muths die Aufgabe, als Bevoll-
mächtigter des Londoner Philhellenen-Vereins nach Griechenland zu gehn.

Die Griechen schienen es darauf anzulegen, ihm ihren Egoismus und
ihren Parteihader mit vieler Naivetät zu offenbaren. Als er im Herbst 1823
auf der Insel Kefalonia weilte, kamen Boten von jedem hervorragenden
Militärchef und Primaten, wetteifernd bewarben sich die Parteien um
seine Gunst.

Kolokotronis lud ihn ein, in Mitten der peloponnesischen Militärchefs
zu erscheinen, und ließ ihm sagen: „er werde den Maurokorbatos, wenn
derselbe seine Ränke nicht aufgebe, auf einen Esel setzen und aus Morea
herauspeitschen lassen". Maurokorbatos und Metaxas forderten ihn auf
zu ihnen zu kommen; Odysseus behauptete, Griechenland würde ruinirt
sein, wenn der Lord nicht nach Osthellas komme. Petrobei war wie gewöhnlich der Naivste. Er theilte dem „Milordo" mit, daß der wahre Weg,
um Griechenland zu retten, darin bestehe, ihm, dem Maniatenbei, ein paar
Tausend Pfund Sterling zu leihen. Ein jeder Häuptling pries sich selbst
und warf einen hämischen Seitenblick auf seinen Nachbar. „Bis jetzt",
schrieb Byron, „kann ich von den Griechen nicht viel Gutes sagen und

ich möchte nicht schlecht von ihnen reden, obwohl sie sich gegenseitig alles mögliche Schlimme nachsagen."

In Mitten so unerquicklicher Zustände verlor er jedoch das kalte Blut und den Ueberblick nicht. Er benutzte den Aufenthalt in Kefalonia, um sich über die Lage und die Absichten der Parteien zu unterrichten, vermied es aber sorgfältig sich tiefer mit diesem oder jenem Häuptling ein= zulassen. „Wenn ich früher von hier weggegangen wäre", schrieb er am 7. Dezember 1823 aus Kefalonia an den Sekretär des Londoner Phil= hellenen=Komité Blaquière, „so würden sie mich in die eine oder die andere Partei hineingezwängt haben; und ich zweifle auch jetzt, ob es nicht geschehen wird, doch wir wollen unser Bestes thun." Im Grunde fühlte sich Byron eher zu den Bürgerlichen, als zu den Kleften, eher zu dem feinen europäisch gebildeten Maurokorbatos, als zu Kolokotronis hin= gezogen. Er sandte den Obersten Stanhope mit einem schmeichelhaften Schreiben an Maurokorbatos und versicherte, daß er „seinen Muth, seine Talente und vor Allem seine Ehrlichkeit bewundere". Er nannte ihn „den Washington oder Koszinsko Griechenlands".

Da Maurokorbatos sich gegen Ende des Jahres 1823 selbst von Hydra nach Westgriechenland begab und den Lord auf die Wichtigkeit Mesolonghi's hinwies, und da auch Stanhope ihn dringend aufforderte, dorthin zu kommen, so beschloß Byron, seinen Sitz zunächst nicht, wie Ko= lokotronis gewünscht, im Peloponnes, sondern in Westhellas aufzuschlagen.

Am Morgen des 5. Januar 1824 erschien er, dem Sturm und den Türken wie durch ein Wunder entgangen, auf der Rhede der Stadt. Man empfing ihn mit glänzenden Ehren. Man begrüßte ihn wie einen politi= schen Messias. „Wir haben auf Dich geharrt, wie die jungen Schwalben auf ihre Mutter." Man durfte sich freilich durch solche Betheuerungen nicht allzutief rühren lassen und Byron wußte wohl, daß alle Huldigungen einen sehr materiellen Hintergrund hatten, daß dies schlaue Volk Englands Gelbmacht, die Summen englischer Anleihen, hinter dem Rücken des „Milordos" sah und sich dessen Taschen unerschöpflich dachte.

In wunderbarem Wechsel zeigte er mit einem Schlage, daß er den fantastischen Idealisten abgestreift habe und ganz Mann der Welt sein könne. Sein alcibiadischer Charakter schien plötzlich eine neue Stählung zu erhalten, als er Wirken und Handeln für ein großes Ziel erwählt hatte. Das Wildlingsleben von Prüfungen und Entbehrungen, das seiner harrte, ließ den praktischen Sinn des Engländers wie einen frischen ge= sunden Quell hervorbrechen. Von Anfang an war sein Sinn nur auf Mögliches und Erreichbares gerichtet. Er suchte die Kriegsführung zu einer menschlichen zu machen, die Folter und das Morden der Gefangenen abzuschaffen. Er schrieb an Jussuf, den türkischen Befehlshaber von Patras, um ihm eine mildere Praxis zu empfehlen, und sandte ihm gefangene Türken zurück. Er suchte die widerstrebenden partikularistischen Elemente

unter den Griechen zu einigen, indem er sich selbst erhaben über ihrem
Gezänk hielt und jede Vertraulichkeit mit den Hadernden vermied. Nach
allen Seiten mahnte er zur Eintracht; wenn ein Grieche seinen Gegner
bei ihm verleumden wollte, so führte er den Ankläger gleich zu dem Beklagten und theilte diesem offen mit was Jener vorgebracht habe. Er
stellte dem Maurokordatos das baare Geld, das er mitgebracht, zur Verfügung. Wöchentlich lieh er blos für Rationen 2000 Dollars her. Er
nahm die Gefährten des Marko Botsaris in seinen Sold, bildete aus dem
Rest der Kämpfer von Karpenisi eine suliotische Leibgarde, suchte sie an
europäische Kriegszucht zu gewöhnen und traf Anstalten, um an ihrer
Spitze als „Archistratege" gegen Lepanto auszumarschiren.

Sein verständiges und sicheres Auftreten bildete einen erquickenden
Gegensatz gegen die heftige Neuerungssucht der abendländischen Civilisa-
toren, welche Griechenland mit ihren Beglückungsprojekten heimsuchten.
Er lächelte sarkastisch zu den civilisatorischen Bemühungen seines Freundes
Stanhope, den er den „typographischen Oberst" betitelte, und bestritt die
Nützlichkeit einer freien Presse bei völlig unentwickelten Kulturzuständen.
Er betonte, daß in Griechenland die Ordnung der Freiheit voran-
gehen müsse. Nur mit Ungeduld und Aerger sah er auf den Apparat ver-
frühter Benthamscher Kulturwerkzeuge, Druckerpressen, Lankaster'scher
Schulen, Bibeln, womit das londoner Komité Griechenland überschwemmte.
Gutdisciplinirte Truppen schienen ihm wichtiger zu sein, als gut redigirte
Zeitungen. „Mit einem erfahrenen Banquier an der Spitze der Finanz-
angelegenheiten, mit einem tüchtigen General an der Spitze einer regulären Armee und mit dem Engländer Hastings an der Spitze einer
armirten Dampfflotille", erklärte Byron, „wird Griechenland des Sieges
sicher sein." Keiner der fremden Philhellenen dachte so wahrhaft nutz-
bringend, keiner handelte so folgerichtig wie er. „Er wäre der Solon
oder Lykurgos des neuen Griechenlands geworden", urtheilte selbst ein
Goethe, dem im Uebrigen das philhellenische Unternehmen Byron's „un-
rein" und zuwider war (dem Kanzler Müller gegenüber). Aber gerade
diese Kraft sollte gebrochen werden, an dem hochbegabten Mann sollte sich
das Verhängniß vollziehen, als er im Begriff stand, ein neues Leben zu
beginnen. Seit er sich in Mesolonghi befand, stürmten von allen Seiten
Aergernisse und Enttäuschungen auf ihn ein, die auch ein weniger fein
besaitetes Gemüth erschüttern konnten.

Die Erstlingsausschreitungen der griechischen Freiheit machten sich in
nächster Nähe fühlbar. Die Sulioten hatten seit dem Tode des Botsaris
jeden Zügel verloren, sie lebten mit den Bürgern Mesolonghi's und den
übrigen Griechen in steter Fehde, sie beanspruchten, daß jeder dritte Mann
von ihnen Offiziersrang erhielte und in den Kaffeehäusern Mesolonghi's
von einem Lakaien oder Pfeifenträger bedient würde, sie verlangten doppelten Lohn und dreifache Rationen, meuterten und ermordeten einen

schwedischen Philhellenen Saffe, der sie zur Ordnung mahnte; tobend drangen sie in Lord Byron's Wohnung, bis an das Bett, in dem der kranke Dichter lag. Er wies sie mit Würde zurück, entließ sie aus seinen Diensten und gab die Expedition gegen Lepanto auf. Allein die fort=währendenden nervösen Aufregungen und das giftige Klima Mesolonghi's drohten ihn aufzureiben und seine ohnehin geschwächte Gesundheit völlig zu untergraben. Am Morgen des 22. Januar 1824 brachte er den in seinem Empfangszimmer versammelten Freunden jenes Gedicht „An mei=nem sechsunddreißigsten Geburtstag", welches, wie Alles was Byron ge=schrieben hat, mit der Persönlichkeit des Dichters auf's Innigste ver=woben ist.

> Bedauerst Deine Jugend Du, wozu dann leben?
> Hier winkt ein ehrenvoller Tod!
> D'rum säume nicht, Dich hinzugeben,
> Für besserer Tage Morgenroth.

Der sechsunddreißigste war Byron's letzter Geburtstag, das Gedicht war sein Schwanenlied. Auf einem Spazierritt, den er am 7. April mit dem Grafen Gamba unternahm, wurde er drei Meilen von Mesolonghi durch eines jener wolkenbruchähnlichen Gewitter überrascht, wie sie zur Frühlings=zeit in Griechenland häufig sind. Als sie gründlich durchnäßt und athem=los die Thore Mesolonghi's erreichten, weigerte sich Byron zu Fuß nach Haus zu gehn. Trotz Gamba's Abmahnung setzte er sich erhitzt wie er war in ein Boot und ließ sich durch die Lagunen nach seiner Wohnung fahren. Hier wurde er von heftigen Fieberschauern ergriffen. Er sträubte sich noch einige Tage lang eigensinnig gegen den Aderlaß, den sein Arzt Bruno anordnete, und gab erst nach, als man damit drohte, daß Irrsinn eintreten könne, den er vor Allem fürchtete. Nun aber kam die Operation zu spät. Das Fieber ward heftiger als zuvor, es stellten sich Symptome von Gehirnentzündung ein, am 17. April war man in Mesolonghi schon auf das Schlimmste gefaßt. Am Nachmittag des 18. verlor er die Be=sinnung, nur unzusammenhängende Aeußerungen kamen über seine Lippen; er sprach von seinen theuersten Angehörigen und von Griechenland „Griechenland", rief er, „dir habe ich gegeben, was ein Mensch zu geben im Stande ist: meine Mittel, meine Zeit, meine Gesundheit und nun auch mein Leben; möge es dir gedeihen!"

Gegen sechs Uhr Abends sagte er zu dem treuen Diener, der weinend seine Hände hielt: „Jetzt will ich schlafen gehn", wandte sich um und ver=sank in tiefen Schlummer. Noch einmal, am Abend des 19., öffnete er die Augen, um sie sofort wieder zu schließen. Es war sein letztes Lebens=zeichen, das Herz, das so warm für alles Große und Schöne geschlagen, schlug nicht mehr.

In Mesolonghi hatte man dem Ausgang der Krankheit mit Span=nung entgegengesehen, am 18. April, dem Ostersonntag, erstarb der heilbringende Gruß „Christ ist erstanden" nur halbausgesprochen auf den Lippen der Griechen; ehe man sich zur Wiederkehr des frohen Tages Glück wünschte, fragte man ängstlich: Wie geht es Lord Byron?

Bestürzung und Trauer waren allgemein, als sich die Todeskunde verbreitete; es beburfte nicht erst der officiellen Anordnungen von Seiten der Regierung, der 37 Trauerschüsse, der Schließung der Läden und der Trauerrede des Trikupis, um das Gefühl des Schmerzes in jeder Brust lebendig zu erhalten. Denn wohl durfte man trauern um den 37jährigen Dahingeschiedenen. Nicht um die Jahre, die er gelebt, sondern um die reiche Zukunft, die vor ihm lag, wenn er fortfuhr, wie er in Mesolonghi begonnen. Sank er doch mitten in der Blüthe der Kraft dahin, als er im Begriff stand, gestaltend auf die chaotischen Zustände Griechenlands einzuwirken. Aber das Gute, welches ein unsterblicher Name schafft, endet nicht mit der Spanne menschlichen Lebens. Die Trauer über den frühzeitigen Verlust schwindet, wenn man bedenkt, daß es dem vielverworfenen und vielgefeierten Mann vergönnt war, auf würdige, zweckbewußte Art zu sterben.

Beschleicht uns doch der Tod bei der ernsthaftesten wie bei der kleinsten Beschäftigung, und es ist ein feierlicher, erhebender Gedanke, daß er Byron in keinem leichten Moment überrascht hat, sondern da er mit Bewußtsein Hab' und Leben für das höchste Gut des Menschen, für die Freiheit hingab.

Er hat sein Wirken in Griechenland mit der Welle verglichen, die sich am Strande bricht und hinstirbt, ehe die Fluth, die sie herbeiführte, ihre volle Höhe erreicht. An dem Dichter des Childe Harold, jenes ruhelosen Wanderers, „der vor der eigenen dunkelen Seele flieht", sollte die Lösung des großen irdischen Räthsels selbst vollzogen, es sollte ihm offenbar werden, daß einem jeden Pilgrim hienieden Erlösung beschieden ist, wenn er nur „strebend sich bemüht", und daß das wahre Glück des Lebens in dem Augenblicke eintritt, wo sich das individuelle Streben zum Allgemeinen erweitert. „Im Vorgefühl von solchem hohen Glück genieß' ich jetzt den höchsten Augenblick", so konnte auch Byron, dieser Faust der modernen Gesellschaft, sprechen, da er fern von der Heimath an der öden Küste Mesolonghi's für die Freiheit einer mit ihren Unterdrückern ringenden Nation in's Grab sank.

Es beburfte eines solchen Opfers, des verklärenden Glanzes eines solchen Namens, damit die Excesse der griechischen Freiheit die Griechenfreunde nicht irre machten, damit die öffentliche Meinung Europa's sich nicht abwandte von einer Sache, die durch Parteizwist und schnöde Selbstsucht geschändet ward. Byron hatte lange genug gelebt, um das volle Elend der griechischen Zustände zu empfinden, und es erhöht den Werth seiner Aufopferung, daß er sich für eine verloren geglaubte Sache hingab.

Als er auf seinem Todtenbette in Mesolonghi mit dem Fieber rang, standen sich im Inneren des Peloponneses bei Tripolitsa die Anhänger des Kolokotronis und der gesetzgebenden Versammlung gewaffnet gegenüber, Blut war geflossen, und der Hader der Parteien in offenen Bürgerkrieg umgeschlagen. Kolokotronis benutzte seinen Einfluß auf die übrigen Mitglieder der Regierung dazu, dieselben zu immer schrofferen Maßregeln gegen den in Argos tagenden gesetzgebenden Ausschuß zu drängen; der Gegensatz zwischen Bürgerlichen und Militärs lebte in dem Konflikt der beiden zu Astros geschaffenen Regierungskörper heftiger auf, denn zuvor. Sie erklärten sich gegenseitig für ungesetzlich und nicht zu Recht beständig. Im Dezember 1823 ließ der „Alte" durch seinen Sohn Panos einen Gewaltstreich gegen den gesetzgebenden Ausschuß unternehmen; Bewaffnete drangen in das Versammlungslokal, beraubten die Abgeordneten und jagten sie auseinander. Die Mehrzahl wagte nicht mehr nach Argos zurückzukehren und versammelte sich zu Kranidhi, in der Nähe des befreundeten Hydra. Von den Insulanern auf's Wärmste unterstützt, erklärten sie nun ihrerseits den Regierungs-Ausschuß für abgesetzt und ernannten eine neue Regierung, die aus ihren guten Freunden bestand. Präsident ward Georg Konduriottis; Botasis, Londos, Kolettis und Spiliotakis standen ihm zur Seite. Zugleich wurden die Eparchieen, deren Vertreter ausgeschieden waren, zu neuen Wahlen aufgefordert. Die Regierung in Nauplia vergalt Gleiches mit Gleichem, schrieb ebenfalls Wahlen zu einer neuen Volksversammlung aus und verlegte ihren Sitz nach Tripolitsa.

Es war also dahin gekommen, daß sich zwei Regierungen zu Tripolitsa und Kranidhi gegenüberstanden und sich gegenseitig ungesetzlich schalten. Die Bürgerlichen nannten ihre Gegner Kleften und „Antarten", Rebellen; die Anhänger des Kolokotronis schmähten auf die „Kalameraden" und das „Fanariotengesindel". Doch war das Uebergewicht auf Seiten der neuen Regierung, der die hydräo-spetsiotischen Schiffsreeder und die von Kolettis geleiteten festländischen Kapitäne, die „Rumelioten," einen mächtigen Halt gaben. Alles was auf Intelligenz und Bildung Anspruch machen konnte, die Presse des In- und Auslandes, die Philhellenen nahmen entschieden für Konduriottis und die Bürgerlichen Partei. Neigte doch auch ein Byron selbst auf ihre Seite. Kolokotronis konnte sich eigentlich nur auf die wenigen getreuen Anhänger verlassen, die vor zwei Jahren mit ihm in der Mani gelandet waren, auf seine Familie, seine Söhne, den ehrlichen, tapferen, aber beschränkten Nikitas und auf den feurigen Archimandriten Papa Flesas. Petrobei, der als Mitglied der alten Regierung zu ihm hielt, mußte als ein sehr unzuverlässiger Beistand gelten. Der „Alte" hatte zwar die Festungen Akrokorinth und Nauplia inne und weigerte sich, der neuen Regierung die Schlüssel auszuliefern. Aber Korinth ward zu Beginn des Jahres 1824 in die Hände seiner Gegner gespielt und Nauplia, wo sein Sohn Panos, der Tochtermann Bobolina's, kommandirte, ward so eng blokirt, daß man jeden Augenblick die Uebergabe erwartete. Vor Tripolitsa kam es am 13. April 1824 zu einem größeren, übrigens äußerst unblutigen Scharmützel zwischen Kolokotronis selbst und den Primaten; man verschwendete eine Masse Pulver, das gegen die Türken bessere Dienste gethan haben würde, und hütete sich einander weh zu thun. Die Primaten benutzten ihre Uebermacht schlecht, sie waren froh, als sie schließlich Tripolitsa besetzen konnten und ließen ihre Gegner unbelästigt von dannen ziehen. Auf die Nachricht, daß eine Rate der heißerwarteten englischen Anleihe bereits in Zanthe angelangt sei, verdoppelte der „Alte" seine Anstrengungen um das Heft wieder in seine Hände zu bekommen; er spornte den Petrobei an, Kalamata, den Schlüssel Messeniens, zu besetzen, er selbst zog mit einer rasch gesammelten Truppenmacht von Neuem gegen Tripolitsa vor und ließ durch Gennäos und Plaputas einen Versuch machen, den Panos in Nauplia zu entsetzen. Allein seine Gegner waren allenthalben auf dem Posten; Gennäos und Plaputas scheiterten vollständig und der Alte sah sich genöthigt Friedensvorschläge zu machen, da er fürchten mußte ganz leer bei der Verwendung der Anleihegelder auszugehen, wenn er den Bürgerkrieg fortführte. Man gewährte ihm milde Bedingungen; er mußte Ruhe und Unterwerfung versprechen, sein Sohn Panos, der als Hochverräther erklärt worden war, erhielt Amnestie, nachdem er am 4. Juni 1824 die Schlüssel von Nauplia übergeben hatte, woselbst die neue nun allenthalben anerkannte Regierung ihren Wohnsitz aufschlug. Der erste Bürgerkrieg war schnell und glücklich beendet. Die Koalition der drei Parteien, der Primaten, Insulaner und Rumelioten, hatte gesiegt.

Es war jedoch vorauszusehen, daß die Sieger bald unter sich selbst zerfielen. Konduriottis und seine Freunde verstanden nicht Maaß zu halten und ihren Sieg, der ein Sieg der Ordnung über die Willkühr hätte werden müssen, weise zu benutzen. Der neue Regierungspräsident war ein unkriegerischer, verwöhnter Handelsherr, der zwar für die nationale Sache Geldopfer gebracht hatte, aber an patriotischer Treue seinem Bruder nachstand und weder Willensstärke noch Einsicht besaß, um sich in den verwickelten inneren Händeln über den Parteien zu erhalten. Sein Horizont umfaßte eigentlich nur das Felseneiland, wo er geboren war. Der Krieg hatte alle Handelsunternehmungen brach gelegt, die Geschäfte stockten; Hydra war von einer schweren materiellen Krisis bedroht. Konduriottis' Hauptaugenmerk ging also dahin, der Noth seiner heimathlichen Insel zu steuern, Hydra wieder zu der glänzenden Stellung zu heben, die es vor der Revolution inne gehabt hatte. Neben diesem lokalpatriotischen Gesichtspunkt trat das allgemeine Interesse Griechenlands in den Hintergrund. Scheute er sich doch nicht, den hydriotischen Kapergelüsten so weit zu fröhnen, daß er am 27. Mai 1824 eine Verordnung erließ, wonach fortan die Flagge die Waare nicht decken und feindliches Gut auf neutralen Schiffen weggenom-

men, ja solche Schiffe in Grund gebohrt werden durften. Erst dem ener=
gischen Auftreten des jonischen Lordoberkommissärs gelang es im Septem=
ber die griechische Regierung zu einem Widerruf dieser Verordnung und
dazu zu bringen, daß sie sich dem allgemeinen europäischen Seerecht an=
bequemte.

Neben dieser Verhöhnung des völkerrechtlichen Brauchs, die das An=
sehen der Regierung beeinträchtigen mußte, ging sträfliche Indolenz in
Erfüllung der patriotischen Pflichten. Die Rüstungen gegen den gemein=
samen Feind, gegen die Türken und Egypter, wurden mit einer Schläfrig=
keit betrieben, als ob der Krieg nur zum Schein geführt werde und die
Gefahr in der Einbildung beruhe.

Und doch standen der Regierung des Konduriottis feste regelmäßige
Hülfsmittel zu Gebote, deren sich ihre Vorgänger nicht zu erfreuen hatten.
Die von der zweiten Nationalversammlung in Aussicht genommene An=
leihe war zu Beginn des Jahres 1824 glücklich in London abgeschlossen
worden. Der Name Lord Byron's hatte mehr als irgend eine andere
Bürgschaft, als das Wort der griechischen Regierung und die Verpfändung
der Nationalgüter, Zölle, Salzwerke und Fischereien, das Geld aus den
Taschen seiner geschäftskundigen Landsleute gelockt. Zudem trafen die
griechischen Bevollmächtigten Orlandos und Luriotis im Frühjahr 1824
einen günstigen Augenblick, da die Lust an fernliegenden Handelsspekula=
tionen die ganze englische Geschäftswelt bewegte. Das Anlehen wurde
im Hause des Lordmayor nach einem Mahle, dem der Herzog von Suffex
und die Oppositionsmitglieder beiwohnten, mit den Herren Rikardo abge=
schlossen. Der Nominalwerth belief sich auf 800,000 £; ein zweites zu
Beginn des Jahres 1825 abgeschlossenes Anlehen hat der Regierung des
Konduriottis gar zwei Millionen Pfund Sterling geliefert. Von diesen
Summen kam aber freilich nur der geringste Theil nach Griechenland.
Die beiden Unterhändler waren englischen Stockjobbern in die Hände ge=
fallen, deren raffinirten Künsten es gelang, die noch unkultivirte und
unentwickelte Unehrlichkeit der Hellenen gehörig zu übertölpeln. Die An=
lehen wurden zu 59 und 55½ pCt. abgeschlossen, von dem ersten kamen
nur wenig mehr als 300,000, von dem zweiten nicht einmal 600,000,
im Ganzen 920,000 in die Hände der griechischen Regierung. Alles
Uebrige wurde unter verschiedenen Namen und Vorwänden zurückbehalten
oder abgezogen. Da mußten Kourtage= und Kommissionsgelder, Interes=
sen der ersten Jahre, Amortissements gezahlt werden und wie sonst noch
die schönen Titel lauten, unter denen die Börsenwelt ihren Vortheil
decken und die Unwissenheit des Publikums ausbeuten kann. Da mußten
Geschenke an „wohlverdiente Griechenfreunde" ausgetheilt, die Kosten der
Reisenden, Frachten, Journale berechnet werden. Es wurde in Lord
Cochrane ein Admiral für die Griechen in Dienst und Sold genommen,
dessen bloßes Engagement, wie die Rikardo's spekulirten, die griechischen

Papiere in die Höhe treiben mußte, da er ja in Brafilien Wunderbinge verrichtet hatte. Man setzte voraus, daß Cochrane mit einer Dampfflotille die Türkenflotte zerstören, Konstantinopel beschießen und alle sonstige Kriegs= thätigkeit der Griechen überflüssig machen werde. Einstweilen bezog der große Seeheld 37,000 £ von der zweiten griechischen Anleihe, und man bestellte ihm bei einem Maschinenbauer, der wegen seiner Beziehungen zu Egypten alle Geschäfte so langsam, theuer und schlecht wie möglich be= trieb, sechs Dampfschiffe, mit denen die Türkenflotte in Grund und Boden gebohrt werden sollte. Sie kosteten 150,000 £. Ende des Jahres 1825 hätten sie in Griechenland sein sollen. Es lief aber nur eine Korvette „Karteria" im Herbst des Jahres 1826, zwei andere Dampfer liefen erst in den folgenden Jahren, als sie nichts mehr nutzen konnten, ein, die drei anderen verdarben auf den Londoner Schiffswerften, und Lord Cochrane, der Heißersehnte selbst, zögerte seine Ankunft in Griechenland bis zum Frühjahr 1827 hin. Nach Amerika schickte man gar einen französischen Kavalleriegeneral Lallemand, der, obwohl er von der Marine Nichts ver= stand, beauftragt und reichlich bezahlt ward, um dort zwei Fregatten für die griechische Regierung bauen zu lassen. Sie kosteten 160,000 £. Als sie spät genug fertig wurden, verlangten die gaunerischen Firmen, welche den Bau übernommen hatten, das Doppelte; und da überdies bei einer derselben Zahlungseinstellung drohte, mußten Lallemand und der zu seinem Ersatz geschickte Kondostaulos froh sein, als sie durch Vermittelung ange= sehener Männer aus Washington die Herstellung und Auslieferung wenig= stens einer dieser Fregatten, der Hellas, durchsetzten, die Ende 1826 nach Nauplia gelangte.

Der Rest der Anleihegelder, welcher der griechischen Regierung nach all' diesen Abzügen zukam, wurde nicht einmal rasch und willig ausge= zahlt. Die erste Abschlagssumme der Anleihe, welche Blaquière nach Zanthe gebracht hatte, 80,000 £, lag dort nutzlos und wurde nicht an die Regierung abgeliefert, weil Lord Byron, dessen Ermächtigung zur Aus= zahlung ausbedungen, inzwischen gestorben war, und die jonische Regierung Schwierigkeiten machte, die Ausfuhr des Geldes zu gestatten. Erst Ende Juli 1824 lief von London die Erlaubniß ein, das Geld für die griechi= sche Regierung flüssig zu machen. Durfte man nun wenigstens erwarten, daß der Anleiherest, der aus den Klauen der Wucherer gerettet ward, dem griechischen Volke Nutzen brächte? Byron selbst hatte sich auf seinem Todtenbett Sorgen darüber gemacht, ob die Anleihen in die rechten Hände gelangten. Er fürchtete, daß dieselben mehr der Selbstsucht einzelner Par= teiführer als der Nation zu Gute kommen würden.

Das Urtheil des General Gordon über die Männer, die mit der Verwendung der Anleihegelder betraut waren, lautete dahin: „Mit Aus= nahme von vielleicht Zaïmis sind die Mitglieder der griechischen Regierung nichts Besseres als öffentliche Räuber." Wie man auch über die damalige

Regierung Griechenlands urtheilen mag, es läßt sich leider nicht leugnen, daß es Konduriottis und seine Anhänger fertig gebracht haben, den gerin= gen Erlös der englischen Anleihen in einem zweiten Bürgerkrieg zu ver= geuben, während Kreta, Kassos, Psara, dem Nationalfeinde preisgegeben, erlagen und die Egypter sich zu einem vernichtenden Schlag gegen den Peloponnes rüsteten. Das ist der schwere Vorwurf, von dem man diese zum Theil wohlmeinenden aber beschränkten Männer nicht freisprechen darf. Das hervorragendste Mitglied der Regierung war Kolettis. Der Präsi= dent und der Vicepräsident Konduriottis und Botasis wurden von diesem feinen Politikus weit übersehen. Das Aeußere wie das Wesen J. Kolettis' wies auf die Abkunft von jenem räthselhaften indischen Stamm hin, der sich — in Folge eines Mongolensturms nach Europa verschlagen — wäh= rend der letzten Hälfte des 14. Jahrhunderts an der epirotischen Küste wie im Peloponnes zahlreich niedergelassen hat — auf den Stamm der Zigeuner.*) Abwartende Klugheit und nüchternes Phlegma waren dem an Ali Pascha's Hofe geschulten Manne zur andern Natur geworden. Jetzt entging es seinem Scharfblick nicht, daß die beiden Hydrioten für den hohen Posten, den sie einnahmen, ungeeignet waren. Kolettis besaß in noch höherem Maaße als Maurokordatos das Talent, die Schwächen seiner politischen Rivalen zu benutzen, ihre Fehler für sich arbeiten zu lassen. Er sah es ruhig mit an, wie der hydriotische Kaufmann durch ein eigensinniges rechthaberisches Auftreten die eigenen Anhänger von sich stieß, er unterstützte ihn sogar in seinen partikularistischen, auf das lokale Interesse Hydra's gerichteten Bestrebungen; er ließ es ruhig geschehen, daß Konduriottis durch jenes zweideutige Kaperdekret den Sturm europäi= scher Entrüstung auf sich lud. Er sah gelassen zu, wie durch Konduriottis' Ungeschick die provinziale Eifersucht zwischen den Inseln und dem Peloponn= nes wach gerufen ward, bei der er freilich als Vertreter der Festländer nur gewinnen konnte.

Nachdem die Militärpartei des Peloponneses gedemüthigt war, sollten nun auch die Bürgerlichen, die noch eben erst auf Seiten der neuen Re= gierung gegen Kolokotronis gestanden hatten, an die Reihe kommen. Der Stolz der Primaten sollte gebrochen, das Uebergewicht der Insulaner und Festländer über den Peloponnes entschieden werden. Unter den Primaten nahmen die „beiden Andreas", Londos und Zaïmis, sowie jener reiche Gutsbesitzer Sissinis aus Elis jetzt die hervorragendste Stellung ein, vor dem seine Bauern auf die Kniee fallen mußten, wenn sie ihn anreden wollten; ein Mann, der sich den Tod des Klarence im Malvasierwein wünschte und überhaupt vor Allem eine behagliche Fortsetzung des türki=

---

*) Vgl. C. Hopf, Die Einwanderung der Zigeuner in Europa. Gotha 1870. S. 12 ff. Daß der kundige Verfasser die Seehelden von Psara S. 25 zu Nachkommen der Al= banesen macht, muß auf einem Mißverständniß beruhen.

schen Paschalebens, zitternde Sklaven und Sklavinnen, schöne Landgüter mit Parks und Marställen erstrebte. Alle Bürgerlichen fühlten sich durch das antipeloponnesische Regiment des Konduriottis zurückgesetzt und in ihrer Selbstsucht beleidigt; sie hatten nur unter der Voraussetzung, selbst an's Ruder zu kommen, mit geholfen den Kolokotronis zu stürzen. Es behagte ihnen aber keineswegs, die Insulaner und Rumelioten im Vollgenuß der Macht und im ausschließlichen Besitz der englischen Gelder zu sehen. Ihre Unzufriedenheit schlug daher in offene Widersetzlichkeit um, als im Oktober 1824 bei den Neuwahlen für die Regierung abermals die beiden Hydrioten, Kolettis, Spiliotakis gewählt wurden und neben ihnen als Fünfter nur ein Peloponnesier, Fotilas von Kalawrytä. Jetzt war es ja klar, daß der Peloponnes von den schnöden Insulanern und Rumelioten mit Füßen getreten und wie ein erobertes Land behandelt ward! Fotilas legte seine Stelle nieder, in Arkadien kam es zu einer allgemeinen Steuerverweigerung, die Exekutionstruppen der Regierung wurden zurückgeschlagen, und der alte Kolokotronis, entzückt darüber, daß seine bisherigen Gegner sich in den Haaren lagen, war gleich mitten unter den „Antarten" und fachte die Gluth der Rebellen durch seine agitatorischen Künste an. Er sandte den Nikitas gegen Nauplia, und rückte selbst mit seinen Söhnen auf Tripolitsa los. Notaras und Londos marschirten gegen Akrokorinth. Aber dieser zweite Bürgerkrieg ward noch rascher und entscheidender zu Gunsten der Regierung beendigt als der erste. Die Regierung, deren Name nur Konduriottis, deren Seele Kolettis war, entfaltete eine Energie, welche die Rebellen ihr nicht zugetraut. Binnen wenigen Wochen hatte Kolettis eine imposante Truppenmacht unter Guras und Karaïskakis aus dem Festland herbeigezogen und nach den insurgirten Theilen der Halbinsel geworfen; die Truppen des Zaïmis, Londos und Sissinis wurden von diesen „Rumelioten" zersprengt; Panos Kolokotronis ward in einem Scharmützel bei Tripolitsa wie ein Räuber erschlagen.

Die beiden Andreas flohen nach Westhellas, wo Maurokordatos ihnen Schutz und Aufnahme gewährte. Sissinis floh nach Zanthe, aber die jonische Regierung lieferte ihn an Konduriottis aus. Der alte Kolokotronis aber war durch den Tod seines Sohnes so tief gebeugt, daß er zum zweiten Mal die Amnestie der Regierung anrief und sich, als man auf seinem persönlichen Erscheinen bestand, allen Regeln der Klugheit zuwider den Gegnern selbst in die Hände lieferte. Er wurde mit dreizehn andern Anführern der Rebellion im Januar 1825 nach Hydra transportirt, wo man sie im Kloster St. Elias als Staatsgefangene bewachte. Da saß nun der alte Klefte einsam auf der feindlichen Insel, Tag für Tag blickte er übers Meer, ob nicht Hülfe von den heimathlichen Bergen käme. Mit berechnender Gleichgültigkeit vernachlässigte er sein Aeußeres, er ließ den Bart und die Nägel wachsen, fremde Besucher, die die Neugier aus Europa herbeizog, fanden ihn einem Thier ähnlicher als einem

Menschen. Alles Unheil was in Griechenland geschah, alle Erfolge der Türken leitete er aus seiner Gefangenschaft her und prophezeite: daß man ihn bald wieder brauchen und zu hohen Ehren zurückrufen werde.

Für den Augenblick hatte es zwar nicht den Anschein, als ob seine Prophezeiung sich erfüllte. Die Regierung des Konduriottis stand auf dem Höhepunkt der Macht. Gestützt auf den wohlhabenden Handelsstand, auf die Gebildeten in und außerhalb Griechenlands, vor Allem auf die materiellen Hülfsmittel der englischen Anleihen, vermochte sie alle Sondergelüste und partikularistischen Bestrebungen ihrer Gegner zu unterdrücken. In Westhellas erlag ihr der Kleftenhäuptling Makris, in Osthellas erlag des Kolokotronis gewaltigster Bundesgenosse, Odysseus.

Das Streben des ehrgeizigen Kapitany, einen Staat im Staate zu bilden, die griechische Bewegung zu benutzen, um sich ein eigenes Fürstenthum Euböa und Osthellas zu gründen, war in den letzten Kriegsjahren immer deutlicher hervorgetreten. Er hatte versucht Lord Byron in seine Netze zu ziehn, und es war ihm wenigstens gelungen, dessen Freunde Stanhope und Trelawney so für sich einzunehmen, daß sie alles Heil für Griechenland nur in der Person des Odysseus verkörpert sahen. Trelawney, ein wunderlicher Heiliger, trieb seine Bewunderung für Odysseus soweit, daß er die Schwester dieses romantischen Kraftmenschen heirathete und mit ihr in einer Höhle des Parnaß bei Kastri hauste. Anders dachte die Regierung, die sich wohl hütete die Hülfsleistung anzunehmen, welche der osthellenische Häuptling ihr zudringlich genug gegen die „peloponnesischen Antarten" antrug. Sie zog die Dienste des Guras und Karaïskakis vor. Schon jener Waffenstillstand, den Odysseus im Herbst 1822 mit den Türken abschloß, hatte Verdacht erweckt, wenn man auch nachträglich darin eine zum Schutz von Osthellas gebrauchte patriotische List erblickte. Im Dezember 1824 traten aber die dunklen Pläne des Mannes grell an's Licht, da er einen neuen Vertrag mit Omer Brionis unterhandelte, gegen die Zusage der „Hoplarchegie" von Osthellas seinen Frieden mit dem Sultan machte und die Abwesenheit der Rumelioten, die gegen die peloponnesischen „Antarten" ausgezogen waren, dazu benutzte, um die Türken aus Euböa nach Attika zu rufen. Allein der Verrath mißlang. Guras warf sich jetzt seinem früheren Herrn und Meister gegenüber zum Rächer des Vaterlandes auf, kehrte im April 1825 mit überwältigender Truppenmacht aus dem Peloponnes zurück, überfiel den Odysseus und den türkischen Anführer Abbas Pascha bei Daulis, schlug sie und drängte sie bis Chäronea zurück. Bei Livanades mußte Odysseus sich seinem ehemaligen Protopalikaren auf Gnade und Ungnade ergeben. Man legte ihm Ketten an und führte ihn gefangen an der Höhle im Parnaß vorbei, wo seine Familie und sein Schwiegersohn Trelawney sich verschanzt hatten. Als der Versuch Diese zur Uebergabe zu bewegen mißlang, schaffte man den Gefangenen nach Athen.

Sein Ansehn bei Volk und Soldaten war völlig verspielt, er bot ein trauriges Bild gefallener Größe dar. Die Weiber schlugen ihm ins Gesicht, der große Haufe hätte den Helden des Khans von Gravia unterwegs fast gesteinigt. Man folterte ihn, damit er die Stelle offenbare, wo er seine Schätze, den türkischen Verräthersold, verborgen haben sollte. Schließlich brachte man ihn auf die Akropolis und hielt ihn in dem sogenannten Thurm der Venetianer, rechts von den Propyläen, gefangen. Dort, bei den Trümmern des Tempels der Nike Apteros, fand man ihn am 16. Juli 1825 mit zerbrochenen Gliedern liegen, und das Volk erzählte wohl den Fremden, er sei bei einem Fluchtversuch verunglückt. Allein die Eingeweihten wußten, daß Guras ihn hatte erdrosseln und von den Zinnen des Thurms herabstürzen lassen, und daß die Regierung des Konduriottis die Augen zudrückte, da der getreue Diener sich des gefährlichen Gegners auf gewaltsame Weise entledigte.*)

Den englischen Freunden des Odhsseus wäre ihre Parteinahme für ihn beinah schlimm bekommen. Stanhope hatte sich zwar bei Zeiten in Sicherheit gebracht, aber Trelawney fand sich in das Schicksal seines Schwagers verwickelt. Die Regierung schämte sich nicht auf den Antrag eines Schotten einzugehen, der sich anheischig machte, Trelawney aufzusuchen und zu ermorden. Der Engländer aber vertheidigte sich in seiner Höhle mit Erfolg gegen die gedungenen Banditen. Der schottische Abenteurer ward erschlagen. Erst als in Folge des Gerüchts, Trelawney hüte die Schätze seines Schwagers Odhsseus, die Zahl der Angreifer sich mehrte und eine regelmäßige Belagerung der Höhle bevorstand, verließ Trelawney seinen Zufluchtsort und entkam glücklich mit Weib und Habe nach Kefalonia.

Man sieht, die Regierung beutete ihren Sieg mit schonungsloser Härte aus. Im Peloponnes hausten die von Kolettis herbeigerufenen Rumelioten wie in Feindes Land. Sie spannten den Bauern das Vieh vor dem Pfluge aus, plünderten und verwüsteten die Aecker, der Boden blieb ohne Saaten, das Volk war dem Hungertod ausgesetzt. Die Anführer ließen sich von der Regierung Sold und Rationen für Truppen auszahlen, die niemals gemustert wurden. Guras bezog Rationen für 12,000 Mann, obwohl er nur 3000 unter den Fahnen hatte. Hier lag der unersättliche Abgrund offen, der die Reste der beiden Anleihen verschlang. Was Konduriottis nicht schon als Entschädigung für seine Landsleute und für imaginäre hybriotische Brander, die dem Feind keinen Schaden thaten, ausgegeben hatte, das diente jetzt zur Anschaffung gestickter Kleider und silbern ausgelegter Waffen, in denen die Getreuen, Offiziere und Soldaten, welche den zweiten Bürgerkrieg gedämpft hatten, einherstolzirten. Die Männer der Ordnung, die Konduriottis umgaben, waren Werkzeuge der Unord-

---

*) Dem Surmelis in seiner Ἱστορία τῶν Ἀθηνῶν 1834 steht Papadopulos mit der Ἀνασκευὴ τῶν εἰς τὴν ἱστορίαν τῶν Ἀθηνῶν ἀναφερομένων περὶ τοῦ στρατηγοῦ Ὀδησσέως. Ἀθ. 1837 als Vertheidiger des Odysseus gegenüber.

nung geworben. Verschleuberung der unter so harten Bedingungen erlangten Staatsgelder, rücksichtslose Ausbeutung des Siegs gegen die
unterworfenen „Autarten", engherzige Bevorzugung Hybra's, Vertheilung
von Aemtern und Würden an die würdelosesten Subjekte — wie man
denn Apotheker als Regimentsobersten und Lalaien als Hauptleute unter
den Regierungstruppen figuriren sah, welche die Straßen Nauplia's
füllten: — gewiß, solche Vorwürfe fallen schwer genug ins Gewicht,
doppelt schwer zur Zeit furchtbarer nationaler Krisis. Denn erstaunt
fragt man nach Schilberung des anarchischen Treibens, dem Griechenland unter der Regierung des Konduriottis verfallen war: wo blieben
denn die Türken? benutzte Sultan Mahmud die Blößen nicht, welche sich
die Rebellen durch ihre Zwistigkeiten gaben?

Die Kriegsoperationen der Türken wurden im Jahre 1824 zu Lande
so lau und schläfrig geführt, daß es fast aussah, als wolle Mahmud den
rebellischen Giaurs Zeit gönnen sich unter einander zu zerfleischen. In
Ost- und Westhellas geschah so gut wie Nichts, die gewöhnlichen Sommer-
einfälle abgerechnet, welche mit so geringen Streitkräften unternommen
wurden, daß die Griechen sich der Angreifer ohne große Mühe erwehrten.
Guras und Panurias warfen bei Marathon und Angeliani den in Osthellas einbringenden Feind zurück, während Maurkorbatos in Westhellas
die Position von Lygovitsi gegen Omer Brionis behauptete. Es war
aber nicht blos Erschöpfung, welche diesen lauen Bewegungen der Türken
zu Grunde lag, sondern eine totale Veränderung des Kriegsplans.

Der Sultan hatte den Gedanken, durch eine Invasion in Griechenland selbst die Entscheidung herbeizuführen, aufgegeben. Er gedachte dem Feind
zunächst die außenliegenden Hülfsquellen abzuschneiden, ehe er ihn im Centrum seiner Macht angriff. Er wollte die griechische Flotte vernichten,
ohne deren Hülfe der Aufstand von selbst erlöschen mußte. Es galt vor
Allem die drei hegemonischen Inseln Psara, Spetsia und Hybra, sowie Kassos
und Samos zu unterwerfen, deren Matrosen den Kern der griechischen
Marine bildeten. Um dies Ziel zu erreichen, genügten freilich — das
fühlte Mahmud nur allzuwohl — seine eigenen Kräfte nicht. Es war
die Politik, welche kleineren Uebeln gegenüber die Augen zudrückt, um
größere zu vermeiden, daß sich der Sultan nun seinem mächtigsten Vasallen in die Arme warf, dem Egypter, durch dessen Hülfe allein die Griechen zur See bezwungen werden konnten. Mahmud machte sich keine
Illusionen über die Gefahren dieses Bundes; er, der von jeher dahin
gestrebt hatte, die partikularistischen Bestrebungen der großen Vasallen
in der Türkei niederzuhalten, schien nun selbst im Begriff ihnen erhöhte
Kraft und Weihe zu verleihen. Aber einmal hatten die letzten Jahre den
Sultan belehrt, daß die Griechen in ihrem gebirgsfesten Lande keine ver-
ächtlichen Gegner seien, und dann mochte er hoffen, zuerst den sicheren
Feind durch den unsicheren Freund zu bezwingen, um später mit Diesem

selbst Abrechnung zu halten. Chosref Pascha, Mahmud's Vertrauter und Mehmet Ali's Todfeind, wies den Sultan darauf hin, daß der griechische Krieg die Geld- und Kriegsmittel des Egypters erschöpfen und sein europäisch gedrilltes, geregeltes Heer aufreiben müsse. Wenn dies Heer aber die Griechen bezwinge, so habe man einen Grund mehr, ähnliche militärische Einrichtungen auch in der Türkei einzuführen, zu Sultan Selim's „neuen Ordnungen" zurückzugreifen und den Uebermuth der Janitscharen zu züchtigen. Mochte der überkräftige Vasall sich im Kampf gegen die griechische Revolution verzehren, oder mochte man wenigstens mit dieser Revolution fertig werden und sich zugleich der Prätorianer des Islam, der Janitscharen, entledigen: in beiden Fällen war man besser daran als bisher. So sandte Mahmud im Januar des Jahres 1824 einen Agenten nach Egypten und ließ dem egyptischen Usurpator den Oberbefehl zu Lande und zur See gegen die Griechen anbieten.

Bisher hatte sich Mehmet Ali unter dem bergenden Geräusch der griechischen Revolution in der von ihm usurpirten egyptischen Machtstellung geschickt befestigt. Er war, was der Sultan hätte sein können. Das Geheimniß seiner Größe liegt in der Europäisirung des Orients, in der Verwerthung der reichen politischen und materiellen Mittel, welche die europäische Civilisation dem Starken gewährt. Aus Makedonien stammend, hatte er früh seinen Vater, einen Aga der Straßenwächter, verloren; der Gouverneur von Kawala, den die ungewöhnliche geistige Begabung des Kindes überraschte, nahm ihn in sein Haus auf und ließ ihn für den Handelsstand erziehen. Der Mann, der später ein mächtiges Reich beherrschen und die europäische Diplomatie in athemloser Spannung halten sollte, stand in seiner Jugend am Ladentisch, verkaufte Tabak und Cigarren.

Die egyptische Expedition Bonaparte's, die eine Fülle von Lebenskeimen im Orient entfesselte, bedeutete auch für Mehmet Ali den Aufbruch aus Dunkel und Verborgenheit. Die Pforte ließ in Makedonien Truppen gegen die Franzosen werben, der kriegerische Geist, der durch die Welt ging, erfaßte auch den Lehrling am Ladentisch, Mehmet Ali erlangte eine Korporalstelle und ging an der Spitze von dreihundert Albanesen nach Egypten. Eine neue Welt that sich für ihn auf. Egypten war der Spielball der verschiedensten Parteien und Nationen. Türken, Mameluken, Franzosen stritten um den Besitz des Nilthals; das Volk mußte den Streit der Mächtigen büßen und seufzte unter hartem Steuerdruck. Nach dem Abzug der Franzosen ward es immer klarer, daß die Mameluken, jene von Selim als Gegengewicht gegen die Janitscharen ins Land gerufene tscherkessische Miliz, nach der Souveränetät strebe. Sie verweigerten dem Sultan Treue und Gehorsam. Der Pascha, welcher die türkische Autorität in Kairo vertreten sollte, ward zur völligen Null heruntergedrückt. Der Lehensstaat in seiner schlimmsten Verwilderung.

eine erobernde Miliz, die sich gegen ihren Souverän auflehnte, eine ver=
kommene brutalisirte Urbevölkerung, welche sich dem Mächtigsten gesin=
nungslos verkaufte: Mehmet begriff, daß sich in Mitten dieser allgemeinen
Anarchie die glänzendsten Aussichten für einen zähen und gewandten Ehr=
geiz öffneten. Egypten war ohne Herrscher, er beschloß es zu werden.
Er warf sich in den Streit, dem Anschein nach bald um der einen, bald
um der andern Partei zu dienen, im Grunde um die eine durch die
andere zu vernichten. Bei jeder Revolution, die in Kairo stattfand, war
er mit seiner getreuen albanesischen Leibgarde betheiligt, er stand auf
Seiten der Pforte, da es galt die Mameluken zu demüthigen, er verband
sich mit den Mameluken, um die Macht seiner bisherigen Alliirten zu
erschüttern; der Reihe nach wußte er die hervorragendsten türkischen
Pascha's und Bei's der Mameluken aus dem Wege zu räumen. Nachdem
er die Einen durch die Andern unschädlich gemacht, ließ er sich von
seinen Anhängern nach vielem vorgeblichen Sträuben, gleichsam als weiche
er nur der Gewalt, die Würde eines Pascha übertragen. Durch die Thä=
tigkeit seiner Emissäre, durch die Fürsprache Frankreichs verschaffte er sich
im Jahre 1806 die großherrliche Bestätigung, und bald bot sich ihm Ge=
legenheit, dem Sultan einen schlagenden Beweis seiner Ergebenheit und
Lehenstreue zu geben. Im März 1811 lockte er die Bei's der Mame=
luken, 470 Berittene, nach der Citadelle von Kairo, um an einem zu
Ehren seines Sohnes Tussun veranstalteten Feste Theil zu nehmen.
Nachdem er sie gastlich aufgenommen und bewirthet, ließ er sie vor dem
engen Felsenthor der Citadelle umzingeln und niederschießen. Ein Ein=
ziger entrann wie durch ein Wunder durch einen kühnen Sprung, ehe das
verhängnißvolle Festungsgitter niederfiel. Zugleich hatte Mehmet Befehl
gegeben, daß die in den Provinzen zerstreuten Mameluken festgenommen
und erschlagen würden, das Volk fiel mit Freuden über die verhaßten
Unterdrücker her und massenweise wurden die Köpfe nach Kairo geschickt.
Während die „neuen Ordnungen" Selim's in Konstantinopel nur zur
Befestigung des Prätorianerthums und zum Sturz des reformirenden
Sultans geführt hatten, zeigte Mehmet durch diesen Vernichtungsschlag
gegen die aufrührerische Rotte der Mameluken mit furchtbarer Klarheit,
wie man Reformen im Orient durchführen muß. Es kam wohl vor, daß
europäische Reisende mit Mehmet über diese egyptische Bartholomäus=
nacht diskutirten. Er sprach dann mit derselben Ruhe davon, als ob es
sich um ein Erdbeben oder eine andere furchtbare Naturnothwendigkeit
gehandelt habe. Setzte man ihm hart zu, so konnte er wohl erwidern,
daß seine Thaten vor dem Richterstuhl der Geschichte eher die Entschul=
digung der Nothwendigkeit für sich haben würden, als der Mord des
Herzog von Enghien, den Napoleon nicht so leicht werde rechtfertigen
können.

Mit der Niedermetzelung der Mameluken beginnt die eigentliche

Herrschaft und Verwaltungsthätigkeit Mehmet Ali's. Statt sich mit dem erreichten Erfolg zu begnügen, suchte er ihn für alle Zeit sicher zu stellen. Die Hülfsquellen des Landes waren durch die fortwährenden Kriege und inneren Händel vollkommen aufgezehrt. Die ordentlichen Steuern reichten kaum aus, um den jährlichen Tribut an die Pforte abzuliefern. Mehmet griff zu einem der keckſten, gewaltſamſten Mittel, um in Mitten der allgemeinen Hülfloſigkeit eine ſtarke Verwaltung zu gründen. Er bemächtigte ſich des geſammten Grunds und Bodens in Egypten: öffentliches wie Privateigenthum, Hinterlaſſenſchaft der Mameluken wie der Türken, Alles riß er an ſich. Die bisherigen Eigenthümer vertrieb er ohne Ausnahme und ohne Barmherzigkeit und trat gleichſam als verſtehe ſich das von ſelbſt, in ihre Rechte ein. Mit einem Schlage veränderte er dann die Boden-Kultur: er bedeckte das Land, das bisher nur Getraide hervorgebracht hatte, mit Baumwollenſtauden. Alle materiellen Kräfte, die Natur und die Menſchen, wurden Eigenthum und Arbeitswerkzeuge des Paſcha. Handel und Gewerbe riß er durch Monopole an ſich. Ganz Egypten verwandelte er in eine große Werkſtätte der Kultur und Fabrikation, die ſeinem Willen und ſeinem Ehrgeiz diente. Er zog die orientaliſchen Konſequenzen der von ihm hoch bewunderten Napoleoniſchen Regierungsweisheit, indem er ſich zum unumſchränkten Herrn über Leben und Schickſal ſeiner Unterthanen aufwarf. Den Einen ſteckte er in die Uniform, den Anderen verwandte er in den Manufakturen oder auf den Werften von Alexandria. Die Maſſe mußte den Boden bebauen und ihm zu billigen Preiſen Produkte liefern, die er ſelbſt mit erheblichem Gewinn verkaufen konnte. So durfte man in Wahrheit ſagen, daß Mehmet der einzige Grundeigenthümer, der einzige Gewerbtreibende und der einzige Kaufmann Egyptens war. Er hatte dem europäiſchen Cäſarismus all' die Künſte abgeſehen, wodurch die augenblickliche Wehrkraft eines Landes, ſei es auch auf die Koſten des zukünftigen Nationalwohlſtandes, geſteigert, und die Steuerfähigkeit der Unterthanen auf's Höchſte angeſpannt wird. Blos auf dem Dattelbaum, ſeiner Rinde, ſeinen Blättern, Früchten und Kernen laſtete eine fünfzigfache Steuer.

Wie aber ein kluger Pflanzer die Arbeitskraft und Anhänglichkeit ſeiner Sklaven durch gelegentliche Belohnungen und Zerſtreuungen erhöhen und ihnen Intereſſe an dem fremden Gedeihen einflößen wird, ſo verſtand Mehmet Ali die Egypter an die harten Segnungen der europäiſchen Zucht zu gewöhnen. Im Beſitz und in der Verwerthung des Nilthals, dieſer Perle der Länder, wie er ſelbſt ſagte, hoffte er ſeine Einkünfte und ſeine Macht ſo zu ſteigern, daß Egypten die ſechſte Großmacht der Welt würde. Aber freilich blieb noch eine große Schwierigkeit zu überwinden übrig: das Verhältniß zur Pforte; es war nicht anzunehmen, daß die Sultane dem Emporkommen eines Vaſallen, der noch mächtiger und gefährlicher war als Ali Paſcha, ruhig zuſahen. Gerade darin liegt

ein für die Geschichte des Orients nicht zu unterschätzendes Moment, eine
bedeutende Folge der griechischen Revolution, daß dieselbe ein Vorgehen
des Sultans gegen seinen egyptischen Vasallen verhindert und so mittelbar dessen Wachsthum gefördert hat. Mehmet Ali wußte die politischen
Konjunkturen zu benutzen. Er ließ sich weder von der Empörung Ali
Pascha's noch von der Erhebung der Griechen mit fortreißen, er zahlte
der Pforte ruhig seine Geldleistungen weiter und ließ es an äußeren
Kundgebungen seiner Lehenstreue nicht fehlen. Wenn er sich aber darauf
beschränkte und dem verzweifelten Ringen des Sultans mit den Griechen
ruhig zusah, so lag der Grund dieser zuwartenden, neutralen Haltung
in dem geheimen Wunsch, den Sultan recht zu demüthigen. Mahmud
sollte seine eigene Ohnmacht und das Bedürfniß egyptischer Hülfe anerkennen. Er sollte die ersten Schritte gegenüber seinem übermächtigen
Vasallen thun. Er sollte ihm Kreta, die Brücke nach Griechenland, überlassen und ihm so selbst den Weg nach Europa, vielleicht bis nach
Konstantinopel bahnen. —

So kreuzte sich der von Chosrew Pascha und Mahmud entworfene
Plan mit dem Plan des Egypters. Während der Sultan seine Vasallen
durch den griechischen Krieg zu erschöpfen und zu entkräften hoffte, rechnete
dieser darauf, durch den griechischen Krieg zu steigen. Sobald der Sultan als Hülfeflehender erschien, besann Mehmet sich nicht lange; er griff
zu, da ihm die Gelegenheit winkte, nun auch in Europa festen Fuß zu
fassen. Indem er für seine Person den Oberbefehl ablehnte, nahm
er denselben für seinen Sohn Ibrahim an, und übertrug demselben feierlich die erhaltenen Vollmachten. Die türkische Beförderungsliste der
höheren Staatsbeamten führt für das Jahr 1824 Ibrahim als Statthalter von Abyssinien und Morea auf. Die Griechen sollten jetzt erfahren,
welch' furchtbares Gewicht der Besitz europäischer Hülfsmittel und Ver-
waltungskräfte ihrem neuen Gegner verlieh. Mehmet rüstete eine Flotte
von 54 Kriegs- und 400 Transportschiffen, er vermehrte seine Armee
von 19- auf 90,000 Mann. Er ließ Tausende gefangener Neger discipli-
niren, und als sich diese den Anstrengungen nicht gewachsen zeigten,
reihte er durch Zwangsaushebung 30000 Fellahs in seine taktischen Regimenter ein. Er sparte weder Geld noch Mühe, um europäische, insbesonders Offiziere aus der Napoleonischen Schule, zum Eintritt in seine
Dienste zu bewegen. Für die Flotte gewann er einen erfahrenen Admi-
nistrator in dem Franzosen Letellier. Den talentvollen Oberst Sève veranlaßte er zum Islam überzutreten und machte ihn zum General. Die
Ceremonie des Uebertritts, sagte er ihm lachend in's Ohr, soll blos unter
uns Beiden abgemacht werden. Suleiman-Bei, so hieß der Oberst von
da an, trank nun seinen Wein insgeheim, einen Harem aber legte er sich
öffentlich zu und zeigte, daß ein echter Franzose über den Voraussetzungen

der positiven Religion erhaben ist.*) Er warb die rechte Hand, der geschickteste Unter-General Ibrahim's, seine Kriegserfahrung und Tapferkeit
sollte den Griechen gegenüber oftmals in entscheidenden Augenblicken den
Ausschlag geben. Das nächste Ziel Mehmet Ali's mußte Kreta sein, die
bequeme Station zwischen Alexandria und dem Peloponnes, die beste
Operationsbasis für jeden Angriff gegen Griechenland.

Auch auf Kreta hatte der Gang der Ereignisse dem Sultan bewiesen,
daß er ohnmächtig war, die Insel durch eigene Kraft zu unterwerfen.
Von dem Augenblick an, wo die Sfakioten, die kriegerischen Bewohner
der weißen Berge, für den Aufstand Partei nahmen, folgten Schlag auf
Schlag die Niederlagen von Therison, Krepa, Haliakä.**) Die Türken
sahen sich bald auf die drei nördlichen Küstenplätze beschränkt, das platte
Land und die Berge gehörten den Aufständischen.

Aber auch unter den Kretern zeigte sich nach den ersten Erfolgen
der Hang zu Zwist und Parteiung, der nun einmal griechische National-
sünde ist. Die Sfakioten geriethen in Mißhelligkeiten mit dem von Demetrius Ipsilantis nach Kreta gesandten Gouverneur, dem Russen Afentulis, und mit den kretischen Flachländern, welche die hegemonischen
Ansprüche der Bergbewohner nicht anerkennen wollten. Der tüchtigste
Führer der kretischen Flachländer, Melibonis, ward im Frühjahr 1822 von
einem Sfakioten, Russos, beim Mahle erdolcht. Auf der anderen Seite
beschuldigte man den Afentulis, daß er darnach strebe aus Kreta ein von
Griechenland unabhängiges Fürstenthum unter seinem eigenen Scepter
zu gründen; seine russischen Beziehungen, die Gönnerschaft des Ipsilantis
forderte den Verdacht der kretischen Lokalpatrioten heraus. Auch als
dieser „russische Verräther" im November 1822 glücklich beseitigt und an
seiner Stelle ein neuer Gouverneur, in Person des Hydrioten Tombasis,
von der peloponnesischen Regierung nach Kreta geschickt worden war,
dauerten die inneren Händel fort; eine kostbare Zeit ging über nutzlosen
Verfassungsberathungen und Volksversammlungen verloren, welche die
Grundrechte des kretischen Volks dekretiren sollten, und es begreift sich
nur zu gut, daß dies durch lokale Interessen gespaltene und ewig hadernde
Volk, wenn es auch den Türken Trotz bot, doch nicht im Stande war,
den einheitlich und stramm organisirten Egyptern zu widerstehen. Während die Kreter redeten, handelte Mehmet Ali. Die Insel war unter
seine Jurisdiktion gestellt worden. Eine egyptische Truppe nach der andern landete auf der Rhede von Suda; die größeren Insurgentenhaufen,
welche der griechische Gouverneur Tombasis am Fuß des Ida koncentrirt
hatte, wurden von den Bajonetten Mehmet Ali's auseinandergesprengt,

---

*) Gervinus, Geschichte des 19. Jahrhunderts. VI. S. 42.
**) Die Einzelnheiten dieser Kämpfe in meinem Aufsatz „Die Insel Kreta",
Unsere Zeit 1869. S. 489 ff.

und bald begann auch die „Pacifikation" der Insel in einem Style, der an die Vertilgung der Mameluken erinnerte. Zweitausend Männer und Frauen hatten sich in die Höhle von Melato geflüchtet, aber der Schwiegersohn Mehmet Ali's, Hassan Pascha, ereilte die Flüchtlinge, griff sie an und zwang sie zur Kapitulation. Die Männer wurden bis auf dreißig, welche man gefesselt nach Spinalonga schleppte, niedergehauen. Die gefangenen Priester wurden wie ebensoviele Thiere aneinandergebunden in ein großes Feuer geworfen und lebendig verbrannt. Die älteren Weiber wurden niedergeritten und getödtet, die jüngeren als Sklavinnen nach Asien und Egypten verkauft. Ein junges, blühendes Mädchen, welches einem Albanesen als Beute zugefallen war und von ihm nach Spinalonga geschafft wurde, sprang unterwegs bei Furno in einen tiefen Wasserbehälter und ertränkte sich. Man wird es dem englischen Reisenden Spratt auf's Wort glauben, daß die Bewohner Melato's noch gegenwärtig bei Erzählung dieser Gräuel aus ihrer Rachsucht kein Hehl machen; wenn aber der fromme britische Seemann darüber nicht genug erstaunen kann und herausklügelt, daß man am Besten thue, solche „Kleinigkeiten" mit dem Mantel christlicher Liebe zu bedecken und zu vergessen, so wird es freilich nur sehr unempfindlichen Seelen gegeben sein, solche milde Anschauungen zu theilen. Eine noch dunklere Erinnerung schwebt über der Grotte beim Dorfe Meliboni. Dorthin hatten sich, als die ersten egyptischen Verstärkungen in Suda landeten, 370 Männer, Frauen und Kinder geflüchtet, darunter 30 Bewaffnete, die bei der Gunst des Terrains und dem engen Ausgang der Höhle jeden feindlichen Angriff mit Erfolg abschlugen. Die Grotte ward förmlich belagert und mit Kanonen beschossen; jedoch die Belagerer richteten nichts aus. Da verfiel ihr Anführer Husein Pascha auf ein teuflisches Mittel. Er anticipirte die civilisatorischen Ideen, welche später Pelissier den Kabylen Afrika's gegenüber zur Geltung gebracht hat. Er fand eine Oeffnung von Oben, gleichsam im Dach der Höhle, ließ nun den Eingang mit Holz und Steinen völlig verrammeln und zu gleicher Zeit Brennmaterialien in jenem Loche anzünden. Die unglücklichen lebendig Begrabenen flohen von einem Winkel der Höhle in den andern, aber die verhängnißvolle Rauchwolle ereilte und erstickte sie doch. Als die Griechen später nach manchen Wechselfällen des Kampfes Meliboni und die Höhle zurücknahmen, fand eine ergreifende Scene statt, da sie in derselben die Gebeine ihrer theuersten Angehörigen wiedererkannten. Sie umarmten die von Rauch geschwärzten Knochen und schwuren den heidnischen Barbaren furchtbare Rache. Wer sich ein getreues Bild von der Pacifikation Kreta's durch die Turko-Egypter verschaffen will, möge die Denkwürdigkeiten eines Mannes aufschlagen, dessen türkenfreundliche Gesinnung über allem Zweifel erhaben ist, des Freiherrn von Prokesch-Osten. Mußte er doch selbst im Frühjahr 1824 mit ansehen, wie die Egypter vor ihrem Lager bei Suda „ein Spiel trieben", d. h. sich

damit vergnügten, ihre Messer nach einem an eine Mauer gelehnten fest-
geknebelten jungen Griechen zu werfen. Ein Zug Gefangener kommt
vorüber; aus ihrer Mitte stürzt ein bildschönes Mädchen mit einem
gellenden Schrei der Verzweiflung hervor und schlingt ihre Arme um den
von den türkischen Messern Bedrohten, sie erkennt ihren eigenen Bruder.
Die Egypter brechen in ein Hohngelächter aus, es entsteht ein wüster
Handel zwischen dem Käufer der Griechin und der Soldateska, welcher
damit endet, daß die Rotte ihre viehischen Lüste an der Unglücklichen befriedigt, sie dann mit dem blutenden Körper ihres Bruders fest zusammen-
bindet und beide Geschwister im Meer ertränkt. Solche Vorfälle machten
sogar einen so konservativen Politiker wie Prokesch stutzig und flößten ihm
Bedenken gegen die turko-egyptische Kampfesweise ein. Aber die konse-
quente Barbarei der Turko-Egypter führte zu dem von Mehmet Ali ge-
wollten Ziel. Vergebens hatten Tombasis' Depeschen die griechische Regierung angespornt, den Aufstand der Kreter als ihre eigene Sache
anzusehen und kräftigst zu unterstützen. Der peloponnesische Bürgerkrieg
hemmte jede kräftige Aktion nach Außen. Im April 1824 mußte Tombasis die Insel verlassen, da er an jedem geregelten Widerstand verzweifelte, nur in den unwegsamsten Schluchten und Hochthälern der „weißen
Berge" lebte der nationale Widerstand der Kreter als Raub- und Gue-
rillakrieg fort. Der kretische Aufstand war in Blut erstickt. Dem Würgengel von Melidoni Husein Pascha gelang es im Juni 1824 auch das
östlich von Kreta gelegene Felseneiland Kassos zu unterwerfen, dessen see-
kundige Bewohner bisher mit großem Erfolg Piraterei im Namen der
Freiheit getrieben und den kretischen Aufstand durch Zufuhr, durch Blokiren
von Retymo und Kanea wesentlich gefördert hatten. Vierzehn größere
und dreißig kleinere Schiffe fielen in die Hände der Egypter. Die waffenfähigen Männer und alten Weiber wurden niedergemacht, die jüngeren
Frauen und Kinder vertheilt und nach Alexandria verkauft.

Das Schicksal von Kreta und Kassos hätte den Griechen eine ernste
Warnung sein können. Es war hohe Zeit, daß die Regierung des Kenduriottis sich aufraffte. Ihre verspäteten und unzureichenden Maßregeln
erinnern leider nur allzusehr an jenen ungeschickten Faustkämpfer, von dem
Demosthenes sagt, daß er mit der Hand stets dahin fuhr, wohin ihn ein
Schlag getroffen hatte. Ende Juni segelten 18 hydriotische und 12 spetsiotische Schiffe unter Bukuvalas und Sachthuris nach Kassos, kamen aber
nur gerade zu rechter Zeit, um den Sieg der Egypter zu bezeugen. Den
einzelnen Kassioten, welche dem Verderben entronnen am Gestade umher-
irrten, sprach man Trost ein und rieth ihnen, nach dem „freien Hellas"
auszuwandern; aber diese Unglücklichen hatten keine Lust ihre heimathlichen
Felsen zu verlassen, erklärten „sie seien zu arm", und zogen ein sicheres
Sklavenloos dem ungewissen Dasein im freien Hellas vor.

Von Kassos segelten die Hydräo-Spetsioten nach Samos. Sie glaub-

ten, daß der Kapudan Pascha einen Hauptschlag gegen diese Insel beab-
sichtige. Als sie auf der Höhe von Thera mit widrigen Winden kämpften,
trafen sie auf ein österreichisches Handelsschiff und erfuhren von demselben,
daß die türkische Flotte sich nicht gegen Samos gewandt, sondern Pfara
überfallen und zerstört habe.

Von den drei hegemonischen Inseln war Pfara die den Türken ver-
haßteste, weil die Bewohner durch ihre kühnen Streif- und Plünderungs-
züge die ganze Küste von Kleinasien unsicher machten. Da Sultan
Mahmud es jetzt vor Allem auf Vernichtung der griechischen Marine
abgesehen hatte, so ließ sich erwarten, daß er den ersten Schlag gegen
Pfara führen werde. Denn die Insel war durch ihre Lage der Gefahr
am ehesten ausgesetzt. Der Sultan hatte mit seinem egyptischen Bundesgenossen verabredet, daß der Angriff gegen Pfara und Kassos kombinirt
werden solle; der Schreck über gleichzeitige Zerstörung der beiden Raub-
nester sollte die Griechen lähmen. Aber die Raschheit und Ungeduld des
Egypters kam zuvor. Die egyptische Flotte war zur Aktion fertig, ehe die
türkische Konstantinopel verlassen konnte, Kassos war zerstört, ehe der Kapudan Pascha vor Pfara in Sicht war.

Nichtsdestoweniger durften die Pfarioten die Gefahr nicht unterschätzen.
Denn ohne den Beistand der beiden anderen hegemonischen Inseln waren
sie außer Stande der türkischen Flotte erfolgreichen Widerstand zu leisten.
Durch die nach Pfara geströmten Flüchtlinge aus Chios, Kydonia, Smyrna
war zwar die Bevölkerung auf 30,000 Seelen gestiegen, aber jene wehrlosen scheuen Haufen bildeten den nutzlosen Ballast, der die Vertheidigung erschwerte. Die eigentlich waffenfähige Mannschaft belief sich
auf nur 3000 Mann, worunter 1027 fremde meist makedonische Söldner.
In den Uferbefestigungen waren 170 Geschütze aufgepflanzt. Es läßt sich
nicht leugnen, daß die Pfarioten durch ihr bisheriges Glück verwöhnt und
übermüthig geworden waren. Der Sultan galt ihnen als Narr, der Kapudan Pascha als „Memme"; sie vertrauten auf ihre Brander, ohne zu
bedenken, daß dieselben bei ungünstigem Wind und Wetter keine Dienste
leisten konnten. Sie hielten Sonntag den 20. Juni eine Volksversammlung in der St. Nikolauskirche und beschlossen einmüthig Stand zu halten
bis zum Aeußersten, ja ihre Keckheit ging so weit, daß sie die Schiffe vor
Anker legten und bis auf die Brander und fünf Briggs der Steuerruder
beraubten, um jeden Rettungsversuch von vornherein unmöglich zu machen. *)
Dabei muß man ihnen aber die Gerechtigkeit widerfahren lassen, daß sie alles
Mögliche gethan haben, um ihre Brüder von Hydra und Spetsia zu benachrichtigen und die Hülfe der griechischen Regierung herbeizurufen. Seit

---

*) Ὑπόμνημα τῆς νήσου Ψαρῶν ὑπὸ Κ. Νικοδήμου. Ἀθ. 1862. Bd. I. S. 438
und Ναυτικὰ ὑπὸ Ὀρλάνδου. Ἀθ. 1869, Bd. II. S. 33 ff, wodurch die malitiöse Darstellung von Finlay II. S. 49 ff., sowie von Trikupis hinlänglich widerlegt wird.

dem Februar 1824 baten sie wiederholt um Hülfe, erhielten aber freilich von der Regierung des Kenduriottis nichts als leere Ausflüchte und Vertröstungen. Als die Anzeichen eines feindlichen Handstreichs sich mehrten, verlangten sie auf das Dringendste, daß man ihnen die Flotten von Hydra und Spetsia, sowie die auf der zweiten Nationalversammlung zu Astros versprochenen 1000 Mann Soldaten zu Hülfe sende. Aber die Hydrä-Spetsioten wollten ohne Geld nicht aussegeln; die Regierung verschanzte ihre schläfrige Apathie hinter dem Vorwand, daß die Summen der englischen Anleihe noch nicht flüssig gemacht werden könnten, und ließ es schließlich bei der Expedition nach Kassos bewenden, welche sowohl dort wie in Psara zu spät kam.

Der Sultan hatte seinem Vertrauten, dem „lahmen" Chosrew, bestimmten Befehl ertheilt, koste es was es wolle, Psara zu unterwerfen. Die europäische Diplomatie war schon zu Anfang des Jahres 1824 vollkommen unterrichtet darüber, daß ein Hauptschlag gegen Psara beabsichtigt sei. Dennoch ließ der türkische Admiral nach seiner behutsamen ängstlichen Art eine kostbare Zeit mit Zurüstungen verstreichen, welche von der griechischen Regierung wohl zur Rettung Psara's hätte benutzt werden können.

Nachdem er die Dardanellen verlassen, machte er zuerst ein Scheinmanöver, indem er einen Theil der Transportschiffe in Mitylene ließ, die übrigen nach dem thermäischen Meerbusen sandte und sich selbst mit 33 größeren und kleineren Kriegsschiffen Anfang Mai gegen Skopelos und Euböa wandte. Es gelang ihm auch die Aufmerksamkeit der griechischen Regierung dorthin zu lenken, so daß sie wegen Psara's noch unbesorgter ward und die Hülfsgesuche der Psarioten um so beruhigter zu den Akten legte. Von Euböa segelte Chosrew in den thermäischen Meerbusen, nahm 6000 Albanesen an Bord und kehrte Anfang Juni nach Mitylene zurück. Man sieht, daß er sich nicht sonderlich beeilte. Inzwischen waren aber auch die an der kleinasiatischen Küste versammelten Soldaten eingeschifft worden, so daß der Admiral wenn auch nicht 28,000 oder 14,000, wie Nikodemos und Orlandos angeben, so doch über 10,000 erprobter Landungstruppen zu seiner Verfügung hatte. Wochen lang lag er vor Mitylene auf der Lauer, da schien ihm endlich gegen Ausgang Juni die Gelegenheit günstig, um den großen Streich zu wagen. Ganze Tage hindurch hatte Windstille geherrscht, ein dichter Nebel umhüllte den Horizont, „gleichsam", erzählt der Augenzeuge Nikodemos, „um die Trauer anzukünden, welche die Psarioten umhüllen sollte". Nun aber erhob sich am 2. Juli (20. Juni a. St.) der „Meltemi", eine gelinde Brise aus Norden, und bald meldete der psariotische Telegraph, daß die feindliche Flotte von Kap Sigri auf Mitylene aus gegen Psara heransegle. Man zählte 235 große und kleinere Schiffe. Da die Psarioten nicht wußten, wo der Kaputan Pascha eine Landung beabsichtigte, mußten sie ihre geringe Truppenzahl zersplittern. Auf der Süd = und Westseite der Insel, an denen man, wenn Nordwind weht, sehr leicht landen kann, erwarteten sie den Feind am ehesten und stellten daher dort die Mehrzahl der Truppen zum Schutz der Stadt und der Schiffe auf.

Dort standen auch ihre stärksten Batterien und Schanzen, während auf der Ostseite gar keine, auf der Nordseite nur in der Nähe der „Punta Russu" Befestigungen errichtet waren. Die Ost = und Nordseite der Insel sind nämlich von der Natur durch steile Felswände geschützt, an deren Fuß die Brandung so furchtbar tobt, daß, zumal bei Nordwind, unmöglich ist, zu landen.

Im Vertrauen auf diese Vortheile des Terrains unterließen es die Psarioten, die östlichen und nördlichen Felsen zu besetzen; nur 18 Bewaffnete und ein paar Landleute bewachten das Kap Markakis auf der Nordseite, sowie den Fußpfad, der östlich davon aus der Bucht Erinos zur Höhe leitet.

Die Türken machten sich diesen Umstand zu Nutze. Ihre Anstalten wurden mit überraschender Geschicklichkeit und Raschheit getroffen. Gegen Abend näherten sie sich vom Kanal aus der Insel und eröffneten ein heftiges Geschützfeuer, welches die Psarioten unausgesetzt in Athem erhalten mußte. Es dauerte bis 3 Uhr Nachts. In Psara glaubte man um so weniger an eine Landung auf der Ost= oder Nordseite, da die Nacht unter den gewohnten Anzeichen des Nordwindes mit Wetterleuchten und fortwährendem Schießen von Sternschnuppen hereingebrochen war. „Aber zum Unglück", erzählt Nikodemos, „trat Windstille ein, vielleicht damit das Verhängniß erfüllt werde." Beim Grauen des Tages begann die feindliche Kanonade mit erneuter Heftigkeit. Die psariotischen Batterien antworteten energisch, aber während die Aufmerksamkeit der Insulaner auf die anscheinend bedrohte Stadt und die Westseite gerichtet war, hatte sich ein Theil der feindlichen Flotte um die „Punta Russu" herum nach der Nordseite gewandt, und begünstigt von der Windstille landeten die türkischen Schaluppen gegen 8 Uhr früh in jener Bucht östlich von Kap Markakis.

Die Soldaten stiegen den Fußpfad hinauf, der oben aufgestellte schwache Posten ward überwältigt, und bald entwickelten sich türkische Massen auf den Höhen im Rücken der Stadt. Ein Theil der Angreifer wandte sich seitwärts gegen die bei Ftelio errichteten drei psariotischen Batterien, die Hauptschaar aber drang gerade aus auf Psara los. Als die Psarioten bemerkten, daß sie umgangen und zwischen zwei Feuer gerathen seien, wollten sie ihr letztes Hülfsmittel, die Brander, verwerthen; die bei Ftelio ankernden fünf Feuerschiffe erhielten Befehl sofort gegen den Feind auszulaufen. Aber als ob sich das Geschick gegen die unglücklichen Insulaner verschworen hätte, erhob sich jetzt wieder der „Meltemi" und hinderte die Brander zu manövriren. Ein verzweifelter Kampf entspann sich um die Batterien von Ftelio. Die Pfarioten schlugen drei Attaken der Türken zurück, dann sprengten sie sich in die Luft und ließen dem Feind die rauchenden Trümmer. Auch die Stadt war von den Gelandeten erstürmt und in Flammen gesetzt worden. Am Strand des Meeres drängten sich die chiotischen und kleinasiatischen Flüchtlinge, welche die Schrecken eines schon einmal erlebten Schicksals wieder erlebten, die Weiber und Kinder der Pfarioten zusammen; die Menge stürzte sich in die ohne Steuer vor Anker liegenden Schiffe, manche der überladenen Boote schlugen um; schon erschienen die nachsetzenden Türken am Ufer. Manche der Frauen warfen sich sammt ihren Kindern in die Fluth, um der türkischen Gefangenschaft zu entgehn. Einige der pfariotischen Schiffe leisteten mannhaften Widerstand gegen die türkischen Fregatten, welche sich jetzt von der Süd- und Westseite näherten; aber ein großer Theil der pfariotischen Flotte, darunter 12 Briggs und 2 Brander, fielen in die Hände des Kapudan Pascha, nur 16 Briggs und 7 Brander entkamen.

Der Rest waffenfähiger Pfarioten und ein Haufe Weiber und Kinder hatte sich nach dem auf der äußersten Südwestspitze der Insel gelegenen Fort, nach dem „Paläokastro", zurückgezogen. Dort boten diese „letzten Pfarioten" bis zum Sonntag den 4. Juli dem in Uebermacht heranstürmenden Feinde muthvoll die Stirn. Aber ihre Tapferkeit konnte ihnen nur einen ruhmreichen Tod sichern. Das Feuer der türkischen Flotte lichtete ihre Reihen, auf Entsatz war nicht zu hoffen, wie konnten 150 heldenmüthige Männer dem Andrang des ganzen türkischen Heeres widerstehen! Der Kapudan Pascha hatte den gemessenen Befehl erlassen, daß Paläokastro gestürmt werden müsse; er bildete ein Reservekorps auserlesener Truppen, welche die übrigen Massen gegen die Kanonen von Paläokastro vorschieben mußte: schon waren die pfariotischen Kanoniere verwundet, die Türken drangen in die Batterie ein und wurden mit den Vertheidigern handgemein. Diese hatten in der Nacht zuvor das Abendmahl genommen und auf Kotsia's Vorschlag beschlossen, daß Antonios Vratsanos, wenn alle Hoffnung schwinde, die Pulverkammer anzünden solle. Vratsanos sagte seinem kämpfenden Vater Lebewohl und eilte zur Pulverkammer. Er fand sie von Weibern und Kindern umgeben, die jammernd riefen: wir wollen lieber verbrennen, als in die Hände der Türken fallen. Vratsanos erfüllte sein Gebot; eine furchtbare Explosion erschütterte die Insel und weithin die See. Die Vertheidiger von Paläokastro und nahezu 2000 der Stürmenden wurden unter den Trümmern begraben; nur ein paar griechische Weiber entkamen und konnten erzählen, was in Paläokastro vorgefallen war.

Die Zerstörung von Pfara weckte den größten Enthusiasmus unter den Türken, deren Plagegeister die Pfarioten mit ihren schnellen Raubschiffen gewesen waren. Haufen beutegieriger Soldaten strömten jetzt nach Kolofon an die kleinasiatische Küste, denn sie rechneten darauf, daß dem gegenüberliegenden Samos das gleiche Schicksal wie Psara bereitet werden würde. Man erwartete, daß der Kapudan Pascha den ersten Schrecken der Griechen benutzen und sich rasch gegen Samos wenden würde, ehe die griechische Regierung sich aus ihrer Lethargie aufraffte und ehe die Hy= bräo=Spetsioten herankämen, um ihre Brüder von Psara zu rächen.

Aber der „lahme" Chosrew war kein Freund so rascher Entschlüsse. Er schien über seinen eigenen Erfolg betroffen und als guter Muselmann der Muße zu bedürfen, um über denselben nachsinnen zu können. Er ließ 600 Albanesen in Psara zurück und segelte mit den erbeuteten psarioti= schen Schiffen nach Mitylene, wo er das Bairamsfest feierte. Dem Divan stattete er einen großprahlerischen Bericht über das Geschehene ab, worin er sich nicht scheute, seine tapferen Gegner herabzusetzen und zu behaup= ten: die Psariotenhäuptlinge seien, nachdem sie sich erst geweigert hätten sich zu ergeben, während der Aktion geflohen und hätten ihre Landsleute ihrem Schicksal überlassen.

Metternich und Gentz befanden sich in Ischl, als am 30. Juli die Kunde einlief. „Der Fürst war auf einer Fußpromenade, bei der ich ihm leider nicht folgen konnte; ich ließ ihn aber gleich durch Franz aufsuchen und schickte ihm diesen wichtigen Brief, den er auf einem Plätzchen er= hielt, wo wohl noch niemals vom Kapudan Pascha die Rede gewesen ist. Der Fürst kam bald nachher zu mir und (Pianissimo, damit die Gräko= philen es nicht hören) wir freuten uns gemeinschaftlich der Nachricht, die sehr leicht le commencement de la fin für die griechische Insurrektion werden kann."

Der Fall Psara's war in der That ein furchtbarer Schlag für die hellenische Sache. Wer hatte glänzender gezeigt, was Mannesmuth, Rasch= heit und Gewandtheit zur See vermögen, als die Psarioten? Wer durfte sich als Branderführer mit Papanikolis und Kanaris messen? Jetzt lag die blühende Kraft der psariotischen Jugend im Grabe und die wenigen Psarioten, welche den Untergang ihres Vaterlandes überlebt hatten, waren gezwungen als Flüchtlinge vom Mitleide ihrer Landsleute zu zehren. Die Meisten suchten und fanden ein Asyl in Spetsia. Einzelne flohen nach Hydra, Syra und Egina. Am Gestade des Meers irrten psariotische Weiber und Kinder, die ihre Gatten und Ernährer verloren hatten, umher, erfüllten die Luft mit Wehklagen und rauften sich die Haare. Die Küste Egina's bot nach der Schilderung Orlando's ein Bild homerischen Jammers.

Die Spetsioten und Hydrioten waren tief ergriffen. Die Regierung fühlte sich beschämt. Unter dem Sporn patriotischen Schmerzes entfaltete man jetzt eine Thätigkeit, die vor wenigen Wochen hingereicht haben würde Psara zu retten. Miaulis segelte mit 16 Kriegsschiffen und 4 Brandern aus Hydra, Apostolis mit 5 der geretteten psariotischen Kriegs= schiffe und 4 Brandern aus Spetsia nach der Stätte des Unglücks, bei

Chios vereinigten sie sich mit dem hydräo-spetsiotischen Geschwader unter Bukuvalas und Sachthuris, am 15. Juli erschien die gesammte griechische Flotte auf der Höhe von Psara. Eine Landung war von Erfolg gekrönt; nach heftigem Widerstand wurden die Albanesen theils gezwungen auf die im Hafen zurückgebliebenen Schiffe zu flüchten, theils in einige feste Häuser der Stadt getrieben, wo sie sich wie Verzweifelte wehrten. Als aber die griechische Flotte die türkischen Schiffe angriff, wandten sich dieselben zur Flucht; 1 Brigg und 4 Kanonenboote entkamen nach Mitylene, die übrigen suchten nach Chios zu entfliehen, wurden aber entweder von den Griechen eingeholt und versenkt, oder an der chiotischen Küste von den Türken selbst in Brand gesteckt.

Jetzt konnte freilich der „lahme" Chosrew nicht länger in seinem Siegesschlummer verharren. Es lag ja am Tage, daß die Lektion, welche man den Psarioten gegeben, nicht genügte. „Leider", bekennt ein türkischer Bericht, „hatte die Unterwerfung der Insel Psara nicht den moralischen Eindruck auf die Insurgenten, den man gehofft."

Der Kapudan Pascha unterbrach also die Bairamsfreuden, stach wieder in See und erschien am 19. Juli mit seiner gesammten Flotte Angesichts der kecken Insurgenten, welche den Fall von Psara zu rächen wagten. Da Nordostwind wehte und Gefahr war, daß die griechische Flotte überflügelt würde, ging dieselbe nach Skyros und Kafirea zurück, um bei günstigerem Wetter die Offensive zu ergreifen. Der Kapudan aber kehrte, nachdem er in Psara gelandet und die Albanesen, welche sich bis dahin in den Häusern gehalten hatten, aufgenommen, wieder nach Mitylene um. So segelten auch die Griechen nach Haus zurück, um sich zu verproviantiren, da sie diesmal in der Eile fast völlig ohne Vorräthe in See gegangen waren. Ueber die in Psara erbeuteten Kanonen und Vorräthe erhob sich ein echt hellenischer Zwist. Die Psarioten reklamirten diese Beute als ihr Eigenthum; die Hydrioten aber enthielten sie ihnen vor, weil ohne ihre Hülfe Alles den Türken verblieben wäre! Die Spetsioten suchten zu vermitteln. Obwohl eine grausame Ironie darin lag, daß die zur Rettung Psara's auslaufenden griechischen Schiffe sich mit dem Eigenthum der Psarioten bereicherten, verhalf den Beraubten Niemand zu ihrem Recht. Ihre Verzweiflung artete bald genug in Selbsthülfe aus, der Untergang Psara's gab dem Seeraub einen neuen furchtbaren Aufschwung. In der von den Psarioten gegründeten Stadt Hermupolis auf Syra entwickelte sich ein lebhafter blühender Handel durch den Verkauf des Pirateguts.

Das nächste Angriffsziel für die türkische Flotte war Samos. Sobald die Insel unterworfen war, gedachte Chosrew sich im Verein mit den Egyptern gegen Hydra und Spetsia zu wenden. In Samos herrschte denn auch die größte Aufregung. Die Samier beschlossen, Weiber und Kinder nach den Bergen zu schaffen und sich selbst so lange gegen die Türken zu vertheidigen, bis die griechische Flotte erschien. Verlassen von den übrigen Griechen, würde Samos zweifellos das Schicksal von Pfara getheilt haben. Aber diesmal waren die Hydräo = Spetsioten auf ihrem Posten. Schon am 8. August warf ein spetsiotisches Geschwader, aus 15 Kriegsschiffen und 1 Brander bestehend, unter Andrutsos vor Samos Anker. Vier Tage später erschienen die Hydrioten unter Sachthuris mit 20 Kriegschiffen und 4 Brandern in dem Kanal zwischen Samos und Kleinasien, und zwar gerade zu rechter Zeit, um den Transport der türki= schen Landungstruppen zu hemmen, welche von der asiatischen Küste nach der Insel herübergeschafft werden sollten. Die türkischen Transportschiffe wurden zerstreut und versenkt; die Samier athmeten auf. Zwar näherte sich nun auch die türkische Flotte von Mitylene her, aber das bloße Vor= schicken spetsiotischer und hybriotischer Brander genügte um dem „lahmen“ Chosrew jede Angriffslust zu benehmen. Am 15. August hielten die Grie= chen Kriegsrath auf dem spetsiotischen Admiralschiff. Sie beschlossen, in dem Kanal zwischen Samos und Kleinasien vor Anker zu bleiben, dort den Feind zu erwarten und blos die Brander gegen ihn in Bewegung zu setzen, die Kriegsschiffe aber nur für den äußersten Nothfall vorgehen zu lassen, damit der Feind keine Gelegenheit finde, die auf dem Festland wartenden Soldaten nach Samos hinüberzuschaffen. Es war das Klügste was sie thun konnten. Chosrew versuchte am 16. und 17. August den Kanal zu forciren, die Griechen zur Seeschlacht herauszulocken und auf Samos zu landen. Diese aber blieben ruhig vor Anker liegen, und sandten nur ihre Brander, von einem Kriegschiffe geleitet, gegen den Feind. Kanaris rächte den Verlust seines Vaterlandes.

Am 16. scheuchten sein Brander und der des Spetsioten Lekkas Ma= trosis durch ihr bloßes Vorgehen die Türken zurück, am 17. sprengte er eine türkische Fregatte in die Luft und Lekkas verbrannte das tunesische Admiralschiff, während der hybriotische Branderführer Vatikiotis eine tunesische Brigg in Brand setzte. Der Bericht des spetsiotischen Admi= rals Andrutsos gibt den Verlust der Türken auf über 2000 Mann an. *) „Wir danken Gott und freuen uns, daß der Plan des Feindes vereitelt ward. Samos ist jetzt wohl von der drohenden Gefahr befreit.“ Andrut= sos und Sachthuris schrieben ihren Sieg den Brandern zu; übereinstim= mend baten sie die Vorstände der heimathlichen Inseln, eiligst noch mehr solcher Feuerschiffe auszurüsten, „denn Brander allein sind jetzt die Ret= tung von Hellas“.

In der That hatte der „lahme“ Chosrew seine Absichten gegen Samos zunächst aufgegeben und die türkische Flotte flüchtete in Furcht vor den griechischen Brandern unter die Kanonen von Kos und Halikarnaß. Aber die Gefahr war noch nicht vorüber. Denn inzwischen war die egyptische Flotte unter Ibrahim Pascha — mit 56 Kriegsschiffen, 150 Transport=

---

*) Bei 'Ορλάνδος II. S. 99. Hebt die ungenaue Darstellung von Trikupis auf.

schiffen, 16,000 Mann Infanterie und 2000 Reitern aus Alexandria ausgelaufen, um an den Operationen gegen die griechischen Inseln Theil zu
nehmen. In der oben nun wie mit Zauberschlag belebten Bucht von
Makry unter den Gräbern des alten Telmessus feierten die Egypter das
Bairamsfest. Am 1. September bewerkstelligten sie bei Budrun, Kos
gegenüber, ihre Vereinigung mit der türkischen Flotte.

Eine imposante Macht war beisammen. Man zählte 300 Transportschiffe, 40 Briggs und Schooners, 25 Korvetten, 20 Fregatten und ein
Linienschiff, das die Flagge des lahmen Chosrew trug. Aber auch die
Griechen hatten von Hydra und Spetsia Verstärkungen erhalten. Am
5. September konzentrirten sie sich zwischen den Inseln Leros, Lipso und
Patmos, und obwohl sie der feindlichen Uebermacht nur einige 80 Schiffe,
mit 850 Kanonen und 5000 Mann Seeleuten bemannt, entgegenstellen
konnten, beschlossen sie den Feind in der Bucht von Budrun anzugreifen.
Während das Gros ihrer Flotte sich auf der Höhe von Kalymnos hielt,
gingen 6 Brander, von 20 Kriegsschiffen geleitet, geradezu auf die
feindliche Flotte los. Staunen ergriff die anwesenden europäischen Seeoffiziere und die Egypter, welche die griechischen Brander zum erstenmal
manövriren sahen; Schrecken den „lahmen" Chosrew, der sie schon kennen
gelernt hatte. Es kam ihm nur gelegen, daß sein mittleres Mastbaum-
segel gleich zu Beginn des Gefechts beschädigt ward; unter dem Vorwand
der Reparatur verließ er die Schlachtlinie und suchte Schutz unter den
Kanonen von Budrun. Die Reihen der türkischen Schiffe geriethen in
Folge der Desertion des Admirals bald in große Verwirrung. Aber die
Egypter ließen sich nicht so leicht verblüffen; sie begrüßten die Griechen
mit einer heftigen Kanonade, 4 ihrer Fregatten suchten ihnen die Windseite abzugewinnen und sie unter das Feuer des Fort von Kos zu treiben.
Die seemännische Geschicklichkeit der Hydräo-Spetsioten vereitelte zwar dies
egyptische Manöver, doch gerieth ein Brander unter die feindlichen Kanonen und mußte deshalb von seiner Mannschaft preisgegeben werden.
Ein anderer Brander, der gegen Ibrahim's Fregatte gerichtet ward, konnte
sein Ziel nicht erreichen und verbrannte harmlos in Mitte der feindlichen
Flotte. Dagegen ward eine türkische Kriegsschaluppe von den Spetsioten
Lempesis und S. Santos in Brand gesteckt. Nacht und Wind trennten
die Kämpfenden. Das „Resultat dieser ersten Seeschlacht" bei Budrun
war kein besonders erhebliches gewesen, man hatte mehr manövrirt als
gefochten, in weitester Distanz ein nutzloses Pulver verknallt. Der Verlust der beiden griechischen Brander ward durch die virtuelle Ueberlegenheit der Griechen gegenüber dem Kapudan Pascha ausgeglichen.

Am 9. September in der Frühe kam es aber bei Tsatala*) nordwärts

---

*) Trikupis verlegt den Schauplatz der Begebenheiten rasch nach Attaleia, einige

von Budrun zu einem zweiten ernsteren Gefecht. Die Turko-Egypter hatten anfangs den Vortheil von Wind und Wetter. „Sie hatten Oberwind", berichtet Andrutsos, „wir den Unterwind. Sie hatten Luft, wir Meeres= stille." Die Griechen waren in Gefahr von der Küste abgeschnitten und umzingelt zu werden. Sie verloren jedoch den Muth nicht, brachten ihre Schiffe durch die Ruderschaluppen glücklich in Bewegung und benutzten eine plötzlich aus Osten sich erhebende Brise, um an der feindlichen Flotte vorbei segelnd den stärkeren Wind zu gewinnen. Nun ließen sie ihre Feuerschiffe los. Eine egyptische Brigg ward von 4 Brandern hinter einander angegriffen, sie war einen Augenblick wie von Flammen um= geben; das Vordertheil stand wirklich in Brand und die Griechen hielten sie für verloren. Allein die Mannschaft wußte das Feuer rasch zu löschen, unbeschädigt tauchte die Brigg aus den Flammen auf, während die vier Brander nutzlos geopfert waren. Ein Triumphgeschrei scholl aus der turko=egyptischen Flotte, mit voller Siegeszuversicht ging sie vorwärts; die Egypter drangen nach Osten, die Türken nach Westen vor und suchten die langsam weichenden Griechen in die Mitte zu nehmen. Das Gefecht zog sich nordwärts bis in die Nähe der Bucht von Geronta. Jetzt aber gelang es zwei hydriotischen Brandern, sich an eine tunesische Fregatte mit 44 Kanonen, die sich unbedachtsam vorgewagt hatte, von rechts und links festzuhängen, sie zu zünden und zu verbrennen. Panischer Schrecken kam über die Angreifer, sie wichen in Unordnung bis Kos und Halikarnaß zurück, von den Griechen verfolgt. Papanikolis der Sieger von Eresos, der Spetsiote Lempesis, die Hydrioten Vatikiotis und Papantonis trugen die Ehren des Tages davon. Immerhin wäre es den Griechen schwer gewor= den, erfolgreich gegen die Uebermacht ihrer Feinde zu manövriren, wenn sich unter denselben nicht Eifersucht und Zwist geregt und ihre Aktions= kraft beeinträchtigt hätten. Der Kapudan Pascha sah in Ibrahim den Sohn seines Rivalen und Feindes; er pochte darauf, daß er im Range höher stehe. Ibrahim hatte keine Lust seine schönen egyptischen Schiffe für den türkischen Admiral aufzuopfern, der sich stets sorgfältig außerhalb dem Bereich der griechischen Kugeln hielt. Beide schoben sich gegenseitig die Schuld des bisherigen Mißlingens zu. Doch um der guten Sache willen ließ sich Ibrahim endlich bereit finden, dem Kapudan Pascha die egyptischen Schiffe zu einer abermaligen Operation gegen Samos zur Verfügung zu stellen, während er selbst bei Budrun an's Land ging und ein Lager für seine egyptischen Regulären errichtete.

Man vermuthet aber leicht, daß der „lahme" Chosrew, da er auf eigene Faust gegen Samos operiren sollte, nicht viel glücklicher war, als unter den Augen des Egypters.

---

hundert englische Meilen entfernt davon; wie denn überhaupt seiner Geographie wenig zu trauen ist. Finlay II. 5S. schreibt „Atali"; wir folgen dem Orlandos II. 115.

Am 18. September segelte er mit 200 größeren und kleineren Fahrzeugen auf Samos zu; das Meer zwischen Kos und Agathonesos schien von einem beweglichen Schiffswald bedeckt. Aber die Griechen gewannen ihm den Oberwind ab und als er sie in günstiger Position vor dem südlichen Eingang des Kanals von Samos kampfbereit erblickte, kehrte er schleunig nach der Insel Arki um. Auch an den folgenden Tagen hatte er keinen besseren Erfolg; ein heftiger Sturm kam hinzu, der seine Flotte zerstreute und sie an die Küste von Chios warf. Er gab jede weitere Offensive gegen Samos auf und segelte stillvergnügt über das Geleit, welches ihm die Egypter gegeben hatten, zu Anfang Oktober mit einem Theil seiner Flotte nach den Dardanellen; den anderen Theil und die egyptischen Schiffe ließ er bei Mithylene zurück und stellte es Ibrahim anheim, die Operationen fortzusetzen. Die Griechen behaupteten, es geschehe dies, damit der Sultan die Zahl der verlorenen Schiffe und die großen Schlappen, welche Chosrew erlitten hatte, nicht merke. Ihre Zuversicht wuchs. Sie beschlossen Ibrahim anzugreifen, wo sie ihn fänden. Der Egypter war gerade im Begriff von Mithylene nach Budrun zu segeln, als ihn die Hydräo = Spetsioten am 6. Oktober auf der Höhe des Kap Karaburun erreichten, sofort mit den Brandern Jagd auf ihn machten und ihn zur Umkehr nach Mithylene nöthigten. Zwei egyptische Korvetten wurden eingeholt und verbrannt. „Wenn wir", erzählt Andrutsos, „mehr Brander gehabt hätten, so würden wir die ganze egyptische Flotte verbrannt oder bei Karaburun auf den Strand getrieben haben. Da uns aber nur 2 Brander übrig blieben, sparten wir sie für eine andere Gefahr." Am folgenden Tag ward auch der vorletzte griechische Brander Angesichts von Mithylene gegen eine egyptische Fregatte vorgeschickt, er vermochte sie jedoch nur theilweise anzustecken, und ging selbst in Flammen auf. Es läßt sich denken, daß Andrutsos und Miaulis die dringendsten Bitten nach Spetsia und Hydra richteten, man möge sie mit neuen Brandern versehen, damit sie die weiteren Operationen des Egypters vereitelten. Ibrahim schäumte vor Wuth über die Zaghaftigkeit und das Ungeschick seiner Seeleute; den einen Kapitän ließ er aufknüpfen, dem anderen ließ er die Bastonade geben; die Jahreszeit war aber zu weit vorgerückt, als daß er an einen Vergeltungsstreich gegen die lecken Hydräo= Spetsioten hätte denken können und er mußte froh sein, als er am 20. Oktober bei günstigem Wind Mithylene verlassen und von den Griechen unbelästigt nach Budrun zurücksegeln konnte. Hier ließ er eiligst seine zurückgebliebenen, durch Seuchen und Unwetter hart mitgenommenen Truppen einschiffen und stach wieder in See, um den Hafen Suda in Kreta zu erreichen, wo er zu überwintern gedachte. Die Griechen folgten ihm nur langsam, es waren zwar einige neue Brander, darunter auch der des Kanaris, zu ihnen gestoßen, aber nach der leibigen Gewohnheit der Insulaner trat nun auch mit dem Eintritt des Winters eine allgemeine Schiffsdefertion ein, so daß Miaulis und Andrutfos kaum 30 Segel zählten, als sie den Feind am 13. November in den Gewässern von Megalokaftro erreichten. An der Spitze der egyptischen Flotte segelte Ibrahim mit den Fregatten, dann folgten in bedeutender Entfernung die Transport = und am Schluß die kleineren Kriegsschiffe. Die Griechen machten sich die Vereinzelung der Feinde und die Gunst des Nordwindes zu Nutzen und fielen über die Transportschiffe und eine windwärts von der übrigen Flotte segelnde egyptische Fregatte her. Die Brander richteten zwar wenig Schaden an, 2 gingen nutzlos in Flammen auf und die feindliche Fregatte kam mit dem Schrecken davon; auch Kanaris vermochte das rascher segelnde egyptische Schiff, auf welches er es abgesehen hatte, nicht zu er= reichen; aber es gelang den Griechen, Verwirrung und Unordnung unter der feindlichen Flotte anzurichten, so daß sich dieselbe bei hereinbrechender Dunkelheit und Sturm nach allen Richtungen zerstreute. Einzelne egyp= tische Schiffe flüchteten bis Alexandria, andere scheiterten an der kretischen und kassischen Küste, noch andere wurden am folgenden Tage bei Kaffos von den Griechen gekapert. Die Mehrzahl ward in die Gewässer von Rhodos ver= schlagen und fand, da die Insel keine geschützten Ankerplätze für den Winter bietet, schließlich eine Zuflucht in der gegenüber an der asiatischen Küste gelege= nen Marmara=Bucht, wo Ibrahim abermals ein strenges Strafgericht über die Untüchtigen und Feigen ergehen ließ. Die Griechen, die selbst vom Sturm hart mitgenommen worden waren, sahen jetzt die Seekampagne für been= digt an und segelten mit ihren Prisen heim; sie glaubten, die Luft, in Kreta zu überwintern, sei dem Egypter verleidet. Aber sie kannten Ibra= him's Hartnäckigkeit nicht. Kaum sah der Pascha das Meer frei von den Feinden, so verließ er am 5. Dezember die Bucht von Marmara und nun gelang es ihm, Heer und Flotte unbehelligt nach Kreta herüberzu= schaffen. Als er auf der Rhede von Suba in Sicherheit war, bemerkte er zu einem seiner europäischen Offiziere: „da wir die Griechen zur See übermanövrirt haben, wird es uns nicht schwer fallen, sie zu Land zu schlagen".

Mochte eine solche Aeußerung auch mehr von Selbstgefühl als von Erkenntniß zeugen, mochten auch die Seeoperationen des Jahres 1824, abgesehen von den Erfolgen gegen Kaffos und Pfara, im Grunde den hochgespannten Erwartungen der Egypter wie der Türken wenig ent= sprochen haben — es ließ sich doch nicht leugnen, daß die Griechen mit einem zäheren gefährlicheren Gegner zu thun hatten als bisher. Es war ihnen geglückt, Samos zu retten und dadurch die drohende Gefahr von Hydra, Spetsia und dem Peloponnes zunächst abzuhalten. Die Brander hatten sich auch in diesem Jahr bei Budrun und Karaburun gut bewährt — aber freilich waren auch in der einen Kampagne nicht weniger als 22 verloren gegangen und es ließ sich voraussehen, daß der Nimbus ihrer Furchtbarkeit allmählich dahinschwand. Vor Allem aber war zu befürchten, daß Ibrahim in Kreta nicht müßig liegen, sondern daß er die günstige Position seines Winterquartiers zu einem Handstreich gegen den Peloponnes benutzen werde.

Nun sollte man erkennen, von wie weit tragender militärischer Bedeutung der Besitz Kreta's für jeden Angreifer Griechenlands ist. Ibrahim befand sich in Suda, von wo er bei günstigem Segelwind in zweimal 24 Stunden seine Truppen nach Morea herüber werfen konnte. Vermochte er doch bei hellem Wetter die Schneegipfel des Taygetus zu erkennen. Es war ein täglicher Sporn für den Ehrgeiz, wenn der Pascha dessen noch bedurfte. Trotz seiner angegriffenen Gesundheit war er unablässig thätig. Europäische Reisende sahen ihn damals auf dem Hintertheil seines Schiffes sitzen, wie er mit Treten, Prügeln, Erschießen die innere Wuth und Ungeduld an seinen unglücklichen Untergebenen kühlte. Er hatte geschworen, nie mehr den Fuß auf festen Boden zu setzen, es sei denn in Morea. Man wußte, daß er nicht umsonst zu prahlen pflegte. Er war ohne allen Zweifel der gefährlichste Gegner, welcher der griechischen Revolution erwachsen konnte. Uebertraf ihn sein Adoptivvater Mehmet Ali an List und Gewandtheit, so überragte er Jenen wieder an kriegerischem Feuer und Entschlossenheit. Man erzählte, daß er in seiner Jugend sich ein Vergnügen daraus gemacht habe, auf die Säcke der vorübergehenden Wasserträger zu schießen, um zu sehen, ob die Kugeln durchgingen. Wie man ihn kannte, schrak er, hart aus Anlage und aus Neigung, vor keinem Mittel zurück, das seinem Ehrgeiz diente. Er war überzeugt davon, daß die griechische Revolution schon längst beendigt sein würde, wenn die Türken ihre Aufgabe mit mehr Geschick angefaßt hätten. Durch die unbarmherzigste Strenge gegen die Aufrührer, durch Eisen und Blut gedachte er Griechenland zu pacifiziren, wie Kreta bereits pacifizirt war. Peloponnes und Festland waren ja nur dünn bevölkert; es verschlug dem Egypter nichts, den Rest der griechischen Bevölkerung, den Krieg und Seuchen verschont hatten, nach Egypten und dafür seine Araber und Fellahs nach Griechenland zu verpflanzen, mit anderen Worten Griechenland in einen Barbareskenstaat zu verwandeln, ein Plan, so furchtbar, daß das weichherzige Abendland ihn nicht fassen konnte, daß die englische Regierung am 25. November 1826 ein förmliches Dementi verlangte, um die öffentliche Meinung zu beruhigen. Allzuwenig ahnten die Griechen, wer ihnen gegenüberstand. Allzugern wiegten sie sich in wohlfeilen Illusionen über die Kriegsuntüchtigkeit der Egypter, von denen sie aus der Schilderung der Seegefechte des Jahres 1824 nur verächtlich zu reden gewohnt waren. Die Regierung, froh ihrer Siege gegen die inneren Feinde, hatte nicht die geringsten Vorsichtsmaßregeln getroffen, hatte weder Schiffe zwischen dem Peloponnes und Kreta kreuzen, noch die Festungen, die dem Angriff am ehesten ausgesetzt waren, wie Navarin, in Vertheidigungszustand setzen lassen. Da erscholl die Kunde, daß Ibrahim mitten im Winter von Suda aufgebrochen und im Peloponnes gelandet sei. Die griechische Sorglosigkeit hatte sein Unternehmen erleichtert. Ohne einem feindlichen Schiff zu begegnen, war er am 24. Februar 1825 nach der Südwestspitze des Peloponnes gesegelt und hatte bei Modon 4000 Mann Infanterie und 500 Reiter an's Land geworfen. Er ließ sofort ein verschanztes Lager errichten, während seine Transportschiffe nach Suda zurückgingen und binnen Kurzem eine zweite egyptische Division, 6000 Infanteristen, 500 Reiter und einen starken Artilleriepark herüberschafften. Nun schritt Ibrahim sofort zur Offensive. Er wandte sich gegen die Forts Navarin und Pylos, von denen jenes 1600, dieses 800 Mann Besatzung hatte. Die Regierung des Konduriottis blieb sich in diesem Augenblick der Krisis getreu, sie verrieth nur geringe Einsicht in die Pflichten ihrer Lage. Nach wie vor hielt sie die moreotischen Militärchefs auf Hydra in strengem Gefängniß und beraubte sich dadurch selbst der natürlichsten Stützen. Die englische Anleihe hatte dazu herhalten müssen, eine Armee von 30,000 imaginären Soldaten zu besolden. Als es jetzt galt gegen die Egypter zu Felde zu ziehen, fanden sich kaum 8000 Mann, meist rumeliotische und maledonische Söldner, unter den Fahnen der Regierung beisammen. Unglücklicherweise ließ sich der Präsident Konduriottis von seinen Schmeichlern vorreden, daß er selbst dazu berufen sei, Ibrahim aus dem Feld zu schlagen. Mit großem Pomp, unter Kanonendonner aller Schiffe und Festungsbatterien, brach er am 28. März von Nauplia auf. Da er als echter Insulaner nicht zu Pferde sitzen konnte, brauchte er drei Tage, um nur Tripolitsa zu erreichen. Von zwei Dienern gehalten, hing er wie ein Heusack auf reich verziertem Gaul. Ein Schwarm von galonnirten Bedienten, Pfeifenträgern und Sekretären zog neben ihm her. Ueber die Pläne des Feindes war er so vollkommen im Unklaren, daß er nach Norden ziehen wollte, weil er glaubte, Ibrahim habe es besonders auf Patras abgesehen. Als er erfuhr, daß der Sturm sich gegen den Süden der Halbinsel entladen habe, brach er zwar in der Richtung von Navarin auf, schlug jedoch den weitesten Umweg ein, und als man glücklich nach Kalamata gekommen war, konnte er die Anstrengungen des Reitens nicht mehr länger ertragen, sondern kehrte, ohne den Feind gesehen zu haben, nach seiner heimathlichen Insel zurück. Zum Schluß setzte er seiner glorreichen Expedition dadurch die Krone auf, daß er einen guten Freund, den Kapitän Sturtis, einen braven Seemann, der aber vom Landkrieg absolut nichts verstand, zum Obergeneral der Armee ernannte.

Sturtis machte einen Versuch, die Kommunikation zwischen dem egyptischen Lager und Modon abzuschneiden. Er faßte bei Krammydi, zwei Stunden von Modon, Posto, wo er seine Truppen in einem Halbkreise aufstellte, dessen Flügel von den Rumelioten und Sulioten gebildet wurden. Rechts bei Krammydi standen Karaïskatis und Tsavellas. Links Botsaris und Karatasos. Allein Ibrahim ließ ihn nicht ruhig gewähren.

Am 19. April griff er die Position des hybriotischen Generals energisch an. Eine kräftige Bajonettattake der Egypter durchbrach das Centrum, das sofort auseinanderstob. Die Flügel hielten sich länger, bis der linke unter Kostas Botsaris, von Ibrahim's Reiterei flankirt, vollkommen aufgerollt war und die Niederlage eine allgemeine wurde. Erbittert über die ungeschickte Leitung, deren Opfer sie geworden waren, und besorgt um ihre eigene Heimath verließen die Rumelioten den Peloponnes und kehrten 3000 Mann stark nach Osthellas zurück. Ibrahim hatte nun freie Hand gegen die Forts von Navarin und Pylos. Ihr Besitz mußte von entscheidender Tragweite sein. Denn wenn der Angreifer außer Modon und Koron noch jene beiden Forts besetzt hielt, so hatte er in diesem Festungsviereck an der Küste eine gesicherte Operationsbasis gegen Messenien und den ganzen Peloponnes gewonnen.

So koncentrirte sich der Krieg auf jenes schon im Alterthum mit Blut gedüngte Terrain des „sandigen" Pylos. Zwischen den beiden Forts von Alt- und Neu-Navarin erstreckt sich eine tiefe halbrunde Bucht, deren Ausgang zum Meere fast völlig durch das Felseneiland Sfakteria gedeckt wird.

Um Alt-Navarin zu nehmen, hatten einst die Lakedämonier Sfakteria besetzen lassen, aber bald hatte sich ausgewiesen, daß sie sich dadurch nur selbst in die Hände ihrer Gegner lieferten. Denn wenn es auch für den, der die Insel beherrscht, leicht sein wird, das niedriger gelegene Alt-Navarin zu nehmen, so bleibt doch der Besitz Sfakteria's ein prekärer, so lange man nicht über eine starke Seemacht gebietet, um die Insel zu decken. Kann Sfakteria doch, da sich ringsum tiefes Fahrwasser befindet, leicht von einer Flotte umzingelt und bewältigt werden. Die Griechen hatten im Frühjahr 1825 einen ähnlichen Fehler begangen, wie einst die Lakedämonier; sie hatten 800 Mann mit ein paar Kanonen nach Sfakteria geworfen, eine Besatzung, die nur ausreichte, so lange die Uebermacht zur See auf ihrer Seite war. Allein blos 5 griechische Kriegsschiffe ankerten bei der Insel — ein schwacher Schutz — und die Hauptmacht der Hydro-Spetsioten war wiederum im entscheidenden Augenblick nicht zur Stelle. Als deshalb die egyptische Flotte 90 Segel stark vor Navarin erschien, mußte die Lage der auf Sfakteria Eingeschlossenen eine verzweifelte werden. Unter ihnen befanden sich Maurokorbatos, Sachthuris und Tsamados, der alte Kleste Anagnostaras, der Philhellene Santa Rosa. Ohne den Thukydides gelesen zu haben, hatte Hussein, der Würgengel von Meliboni, die strategische Bedeutung der Insel erkannt und den Ibrahim darauf hingewiesen, daß dieselbe der Schlüssel von Navarin sei. Ibrahim betraute ihn mit der Leitung des Angriffs, und es gelang ihm am 8. Mai, während die Flotte eine heftige Kanonade gegen Sfakteria eröffnete, unter dem bergenden Rauch des Geschützfeuers einige Tausend Araber an den Strand zu werfen, die wo möglich in noch kürzerer Zeit als ehemals die Athener, mit den Vertheidigern der Insel fertig wurden. Dem Gerber Kleon und dem Demosthenes war ein Waldbrand zu Nutze gekommen, die Lacedämonier hatten des sicheren Verstecks entbehrt, hinter dem sie ihre schwache Zahl verhüllen oder sich an bedrohter Stelle beliebig verstärken konnten. Auch den egyptischen Angreifern kam es zu gut, daß Sfakteria heutzutage ein öder baumloser Fels ist. Wie wilde Katzen klommen Hussein's Soldaten an den Klippen empor, verjagten die Griechen von ihren Kanonen, überwältigten sie und bald war die ganze Insel in ihren Händen. 350 Griechen lagen todt, 200 waren gefangen. Die Uebrigen, darunter Sachthuris und Maurokordatos, der während des Kampfes fortwährend den Hahn seiner Pistole gespannt hielt, um nicht lebend in die Hände der Feinde zu fallen — retteten sich auf jene fünf Kriegsschiffe, denen es wunderbarer Weise glückte, durch die egyptische Flotte zu entkommen. Tsamados und Anagnostaras waren ehrenvoll gefallen, auch der edle unglückliche Santa Rosa, der als einfacher Freiwilliger in die Reihen der Vertheidiger Sfakteria's getreten war, fand kämpfend den erwünschten Tod.

Nun bewährte sich Hussein's strategischer Blick. Der rasche Erfolg auf Sfakteria entschied das Schicksal der Forts von Navarin. Am 11. Mai streckte die Garnison von Alt-Navarin die Waffen. Am 23. Mai kapitulirte Neu-Navarin, das der Piemontese Kollegno mit Ausdauer und Muth vertheidigt hatte. Ein reiches Kriegsmaterial fiel in die Hände des Siegers. Die Besatzung, auf 1200 Mann herabgeschmolzen, ward auf österreichischen Schiffen nach Kalamata gebracht. Georg Mauromichalis, der sich hartnäckig gegen die Uebergabe gesträubt hatte, blieb nebst Giatrakos als Geißel für Selim und Ali Pascha, die in Nauplia von den Griechen gefangen worden waren, in den Händen der Egypter. Uebrigens wußte Ibrahim durch getreues Einhalten der Kapitulation die Griechen zu beschämen und die Anerkennung der ihn begleitenden Europäer zu gewinnen.

Wie gewöhnlich erschien die griechische Flotte auch diesmal erst, nachdem die Entscheidung bei Sfakteria gefallen war, auf dem Schauplatz der Begebenheiten. Sie machte ihre bisherige Saumseligkeit durch einen kühnen Handstreich gegen die vor Modon ankernden Egypter wieder gut. Miaulis sandte am 12. Mai um 8 Uhr Abends sechs Brander mitten unter das egyptische Geschwader hinein, die ihren Auftrag rasch und kühn vollzogen. Die „Asia", eine prachtvolle in Deptford gebaute Fregatte, zwei Briggs und acht Transportschiffe wurden in die Luft gesprengt, auch ein Magazin am Lande ging in Flammen auf. Man vernahm den Knall der Explosion im Lager Ibrahim's vor Navarin. Aber der Egypter ließ sich durch einzelne Unfälle in seinen Operationen nicht aufhalten; mochten jetzt auch die griechischen Brander Heldenthaten verrichten, mochte Sachthuris bei Euböa am 1. Juni die Flotte Chosrew's zerstreuen und

das Admiralschiff in die Luft sprengen, mochte Miaulis vierzehn Tage
später bei Suda die egyptische Flotte angreifen und eine egyptische Kor=
vette verbrennen, oder mochte gar Kanaris am 10. August den tollkühnen
Versuch machen, mit drei Brandern die Rüstungen des Egypters in Ale=
xandria selbst zu zerstören, der übrigens durch ungünstigen Wind vereitelt
ward: Ibrahim hatte nun einmal festen Fuß gefaßt im Peloponnes, er
hatte das Festungsviereck Modon, Koron, Alt= und Neu=Navarin, hatte
den herrlichsten Hafen der Welt zu seiner Verfügung, und durfte die ge=
gründete Erwartung hegen, daß die Griechen sich allmählich von der Un=
möglichkeit weiteren Widerstandes überzeugen und freiwillig unterwerfen
würden.

Die Gefechte von Kremmydi und Sfakteria hatten einen tiefen Ein=
druck gemacht. Die Ueberlegenheit der europäischen Taktik war den
Kleften grausam vor die Augen demonstrirt worden. Wie Wälle standen
vor ihnen Bajonette und Reiterei der Egypter, während ihre eigenen
Gewehre ihnen wie Binsen vorkommen mußten. Der geschlossenen kom=
pakten Einheit dieser Feinde gegenüber traten die Nachtheile der grie=
chischen Vereinzelung und Zerfahrenheit grell hervor. Giftige Anklagen
schwirrten durch die Luft; unter den abziehenden Rumelioten ließ vor
Allem Karaïskakis seiner bösen Zunge freien Lauf. Die Regierung machte
vergebliche Anstrengungen, um den Abzug der militärischen Macht, auf
die sie sich bisher gestützt hatte, zu verhindern. Konduriottis erließ sogar
den Befehl, daß man das Korps des Karaïskakis nirgends aufnehmen,
daß man es angreifen und zersprengen solle. Aber dergleichen war leichter
anbefohlen als vollzogen, zumal Kolettis, der natürliche Gönner des
Karaïskakis und der Rumelioten, alles Mögliche that, um den Regierungs=
befehl zu vereiteln. Die Stellung des Konduriottis verwickelte sich von
Tage zu Tage. Immer zürnender erhob sich der Vorwurf, daß man die
Militärchefs gefesselt halte, die allein helfen könnten. Selbst in Hydra
drohte das Volk in Gegenwart des Lazarus Konduriottis: Wenn Ihr sie
nicht freigebt, so holen wir sie mit den Waffen. In der nächsten Um=
gebung von Konduriottis ließen sich gewichtige Stimmen zu Gunsten der
Gefangenen vernehmen. Papa Flesas,*) der während der Bürgerkriege
lebhaft Partei für die Regierung genommen hatte und jetzt neben Kon=
duriottis als Minister des Innern fungirte, besaß politischen Instinkt

---

*) Βίος τοῦ Παπᾶ Φλέσα 'Ἀθ. 1868 S. 42. Neben dem Wunsch, den Kolokotronis
zu befreien, scheint auch die Intrigue der französischen Königsmacher für Papa
Flesas maßgebend gewesen zu sein: er wollte das Verdienst des Siegs über Ibra=
him aufweisen, wenn der fremde König kam. Fotalos' Bericht über die Schlacht bei
Maniaki beruht auf der Schilderung des überlebenden M. Staïkopulos und des
Zafiropulos. Prokesch spricht Bd. I. S. 362 irrthümlich von einer „gutverwahrten
Stellung" bei Maniaki. Daß Ibrahim das Haupt des todten Archimandriten geküßt
habe, Gervinus VI. 86, erscheint nicht wahrscheinlich.

genug, um die Gefahren der officiellen Unversöhnlichkeit zu erkennen; er drang in Konduriottis, daß er die Gefangenen freigeben, sich mit den beiden Andreas sowie mit Kolokotronis versöhnen und eine allgemeine Amnestie verkündigen möge. Um seinen Vorstellungen größeren Nachdruck zu geben, beschloß er, selbst gegen Ibrahim ins Feld zu ziehen, und, falls er den Egypter besiege, als Siegeslohn die Freilassung der Gefangenen zu fordern. Die Regierung ließ den unruhigen Priester nicht ungern ziehen; wie einst die Athener den Kleon ins Feld schickten, da sie hofften von zwei Uebeln eins los zu werden, entweder den Feind oder ihren eigenen Feldherrn.

Ende April zog der Archimandrit mit einem Trupp Veteranen von Nauplia aus, um den Egypter aufzusuchen. Unterwegs fand er allenthalben Verzagtheit und Desertion. Selbst bewährte Klesten, wie Karatajos, waren von der egyptischen Ueberlegenheit wie gelähmt; Petrobei entschuldigte sein Nicht-Erscheinen mit einem Fußleiden und schrieb dem Papa Flesas einen Brief, worin er den Ibrahim einen anderen Napoleon oder Pyrrhus von Epirus nannte, und erklärte, das egyptische Heer sei mit dem des Dramalis nicht zu vergleichen, denn es sei europäisch geschult und von französischen Offizieren geführt. In Furtsala erfuhr der Archimandrit, daß, wenn die Befreiung der Gefangenen das Entziel seiner Expedition war, dies bereits erreicht sei. Man hatte ihm den Ruhm der Friedensstiftung vorweggenommen. Auf Betrieb von Kolettis ließ man am 22. Mai den alten Kolokotronis, obwohl der Mann, wie Konduriottis zu sagen pflegte, „so Vieles zu rächen hatte", frei und verkündigte am 30. Mai eine allgemeine Amnestie. In allen Kirchen fanden Danksagungen statt, daß Gott die Herzen der Regenten Griechenlands zur Milde gewendet habe. — Trotz dieser kleinen Kränkung für seine Eigenliebe beschloß der Archimandrit, seinen Marsch gegen den Feind fortzusetzen, sei es auch auf die Gefahr hin, sich für die undankbare Regierung zu opfern. Der kühne Priester besaß nur eine militärische Eigenschaft: Muth. Als er das Malia-Gebirge im Süd-Westen des Peloponneses erreichte, fragte er die Bauern, welcher Platz oder Berg hoch genug sei, um von dort aus Navarin zu erkennen. Man wies ihm die Stellungen Pedemenu und Maniaki am östlichen Abhang des Gebirges. Dort ließ er denn auch drei „Tamburia" errichten, besetzte selbst die nördliche gefährdetste Schanze und beobachtete die Bewegungen Ibrahim's. Die Stellung war schlecht gewählt. Die Schanzen waren so niedrig, daß der Angreifer leicht und rasch hineingelangen konnte. Dieser ließ denn auch nicht lange auf sich warten. Am 1. Juni erschien Ibrahim mit 6000 Mann von Skarminga im Süden und von Kefalovrysi im Westen her und schickte sich an die Position des Archimandriten zu umzingeln. Als die Griechen Ebene und Berg, so weit ihr Auge reichte, von Feinden erfüllt sahen, „fingen sie an unter einander zu murmeln und Jeder sagte zum Andern: „Habt Ihr Pferde? dann nur fortgeritten und geflohen!"

Ein Kapitän Staurianos Kapetanakis gab das Signal zur Flucht, bald lichteten sich die Reihen des Archimandriten. Aber Papa Flesas war entschlossen hinter seiner elenden Steinschanze auszuharren und statt Schande und Flucht den Ehrentod zu wählen. Mit grimmigem Lächeln sah er zu wie die egyptischen Reiter hinter den Fliehenden herjagten, und wie Ibrahim einen eisernen Gürtel um die drei Schanzen herumzog, so daß die Flucht bald unmöglich ward. Nun wandte er sich an den Rest seines Heeres — es waren nicht mehr 1000 Mann — rief ihnen die Siege von Valtetsi, Levidhi und Doliana, den Fall von Tripolitsa und die Niederlage des Dramalis in's Gedächtniß, verhieß ihnen keck den Sieg — obwohl er ihn im Grunde des Herzens kaum noch hoffen mochte. „Erliegen wir", sagte er zu Kefalas und Papa Georg, „so werden wir wenigstens die Macht des Feindes schwächen, viele Türken werden ins Gras beißen, und man wird diese Schlacht in der Geschichte eine Leonidas-Schlacht nennen." In der That entspann sich nun eines der hitzigsten und blutigsten Gefechte des ganzen Krieges. Die regulären Truppen Ibrahim's drangen zwar rasch in die schwachen niederen „Tamburia" der Griechen ein, aber innerhalb derselben erhob sich ein verzweifelter Bajonett- und Säbelkampf, der 800 Griechen und einer nicht viel geringeren Anzahl von Egyptern das Leben kostete. Umgeben von Türken-Leichen fand man den Rumpf des Archimandriten; Ibrahim ließ den Kopf dazu suchen, ihn dann darauf setzen und die Leiche an einem Holz stützen, so daß Papa Flesas zu leben und aufrecht zu stehen schien. Der feindliche Feldherr sah ihn unbeweglich und schweigend an, dann bemerkte er zu seinen Offizieren: „Wahrlich, das war ein tüchtiger und braver Mann. Es wäre besser gewesen, wir hätten nochmals einen solchen Verlust erlitten, ihn aber lebend gefangen; denn er würde uns viel genützt haben."

Die Ahnung des Papa Flesas in seiner Todesstunde hatte sich erfüllt. Das Gefecht bei Maniaki hob den gesunkenen Nationalsinn der Griechen; es brachte ihnen wieder Ehre und Muth.

Ibrahim verlor zwar keinen Augenblick, um seinen Sieg zu benutzen: er zog verwüstend durch das Pamisosthal nach Nisi und Kalamata, die in Flammen aufgingen, rekognoscirte erst die Berge der Mani bis Kyträs und schickte sich dann an, links ab in's Innere des Peloponneses nach Tripolitsa vorzudringen. Aber nun trat ihm Kolokotronis gegenüber, der jetzt wieder frei, und am 1. Juni, dem Tage des Gefechts von Maniaki, zum Diktator mit ausgedehnten Vollmachten, um das Vaterland zu retten, ernannt worden war. Der „Alte" war in Nauplia mit Jubel empfangen worden. Als er davon hörte, daß die Bewohner des Orts nach einem Schatz gegraben hätten, erklärte er ihnen, er habe jetzt allen Groll ins

Meer geworfen, sie sollten es ebenso machen, ihren alten Haß begraben, das sei der beste Schatz, den man heben könne. Sein Vorschlag ging dahin, das Land lieber zu verwüsten, als den Egyptern preiszugeben, jeden Platz, der ihnen als Stützpunkt dienen konnte, wie Tripolitsa, diesen „nutzlosen Stall", zu vernichten. Eine so furchtbare Energie würde jeden= falls dem Ernst der Lage am ehesten entsprochen haben. Allein die Re= gierung schrak vor den extremen Maßregeln des Oberbefehlshabers zurück; sie mochte fürchten, daß dieselben ebenso gut dazu dienen würden Koloko= tronis zum Herrn von Morea zu machen, als Ibrahim zurückzuwerfen, und mochte bereits ihre bisherige Nachgiebigkeit bereuen. So sah sich denn der „Alte", in einem Augenblick, wo nur ganze Maßregeln fruchten konnten, auf halbe angewiesen. Dennoch versäumte er die nöthigen mili= tärischen Anstalten nicht, um Ibrahim's Vordringen zu hemmen. Sein Name übte die alte Wallensteinische Anziehungskraft. Tausende von Be= waffneten strömten zu den Fahnen. Er bestimmte das Wirthshaus von Makryplagi, auf den Höhen zwischen dem Alfeusthal und dem Pamisus, zum Sammelplatz seiner Streitkräfte, um den Zugang aus Messenien zur Hochebene von Tripolitsa zu decken. Allein Ibrahim, von bestochenen, ortskundigen Führern geleitet, wählte den höher gelegenen Paß von Po= liani und erschien am 18. Juni mit 8000 Mann Infanterie, der ge= sammten Reiterei und den Berggeschützen in der linken Flanke der Grie= chen.*) Auf Befehl des „Alten" eilten zwar Gennäos und K. Deligiannis herbei, besetzten das zwei Stunden von Poliani gelegene Achovo und ver= schanzten sich dem Dorf gegenüber bei Drambala; etwas später ward auch das östlich von Poliani gelegene Dirachi durch Giatrakos besetzt, — von Makryplagi her kamen Verstärkungen unter Plaputas, Tsokris, K. Man= romichalis, die der „Alte" an die bedrohten Punkte warf. „Wir sind hier in der von Gott gebauten Steinschanze Drambala," so schrieben am 18. Juni, da der Kampf eben begann, Deligiannis und Kolokotronis an die Regierung. „Die Griechen sind wie Löwen. Wir hoffen zu Gott, daß wir die Egypter zum Teufel schicken. — Schickt uns Munition, Ver= stärkungen, Proviant, setzt jeden Stein in Bewegung, denn schon drängen die schwarzen Sklaven heran, und wenn sie hierher kommen ist Alles zu Ende". In der That begann der Kampf um Achovo unter günstigen Auspizien für die Griechen. Während aber die tapferen Vertheidiger von Drambala dem Anprall der Egypter mit Erfolg Trotz boten, machte Giatrakos wieder einmal seinem Beinamen Μεγαλορρήμων, Groß= sprecher, Ehre. Er gab, da er eine ungünstige Stellung zu vertheidigen und gleich zu Beginn des Kampfes eine Wunde erhalten hatte, das

---

*) Ἑλληνικὰ Ὑπομνήματα ὑπὸ Ι. Θ. Κολοκοτρώνη, Ἀθ. 1856. S. 154, woselbst der charakteristische, während des Gefechts bei Achovo geschriebene Brief des Deli= giannis und Kolokotronis.

schimpfliche Beispiel der Flucht. Der Feind konnte nun von Dirachi gerade aus in das Thal des Xerillo herab nach Leondari vordringen, und die Stellung zu Achovo war kaum mehr haltbar. Nichtsdestoweniger behaupteten sich Gennäos und Deligiannis die ganze Nacht hindurch hinter ihren Steinschanzen. Am folgenden Tag suchte ihnen der alte Kolokotronis Luft zu schaffen, indem er durch Plaputas und die Arkader einen heftigen Angriff gegen die ganze egyptische Linie unternehmen ließ. Allein Ibrahim warf die Angreifer zurück; seine Bergkanonen und Haubitzen eröffneten ein furchtbares Feuer auf die „Tamburia" bei Achovo; und am Abend des 19. mußten die tapferen Vertheidiger ihre Positionen räumen. Der Weg nach Tripolitsa stand dem Egypter offen. Kolokotronis sammelte zwar seine Truppen wieder bei Chrysovitsi und ertheilte Befehl, daß Tripolitsa in Brand gesteckt werde: allein kaum war ein Anfang zur Ausführung des Gebotes gemacht, als schon die Truppen Ibrahim's die Stadt erreichten.

Napoleon war in der That, was blitzähnliche Raschheit der Bewegungen betraf, das Vorbild des egyptischen Feldherrn; denn kaum hatte er seinen Truppen eine kurze Rast in Mitten der rauchenden Trümmer Tripolitsa's gegönnt, so setzte er sie schon wieder gegen Osten in Bewegung, und am 24. Juni sahen Nauplia und Argos die Höhen, über welche die Wege nach Tripolitsa führen, von den Bajonetten der Egypter erglänzen. Ha Klein-England, wie lange wirst Du mir noch entgehen! rief Ibrahim aus, als er die Inseln vor dem argolischen Meerbusen, als er Hydra erblickte.

Ibrahim's plötzliches Erscheinen rief in Nauplia die wildeste Bestürzung hervor. Man glaubte an Verrath, wo sich doch Alles durch die militärische Ueberlegenheit und Manövrirfähigkeit der Egypter natürlich erklärte. Georg Orfanidis, ein Freund des Kolettis, sollte mit dem Egypter korrespondirt und ihm den Anschlag auf Nauplia eingegeben haben, er ward in Untersuchung gezogen, doch vom Gericht freigesprochen. Als Ibrahim, von nur 80 Reitern begleitet, bis hart an das Thor von Nauplia heanritt, fanden die Griechen in der Verwirrung kaum Zeit es zu schließen. Man erlebte Scenen ähnlicher Angst und Fassungslosigkeit, wie beim Herannahen des Dramalis, aber auch diesmal fehlte es nicht an entschlossenen Männern, die, da Alles auf der Messerspitze stand, eintraten für das Vaterland. Der Patriotismus erwachte mit der Größe der Gefahr, von der man bedroht war. Sowie sich die egyptischen Bataillone von den Höhen in die Ebene herabsenkten, eilten Makrigiannis und Konstantin Mauromichalis mit 350 Soldaten nach den Mühlen von Lerna, wo die Kornvorräthe von Nauplia lagen. Die Sicherheit der Festung hing von ihrem Besitze ab. Demetrius Ypsilantis und einige Philhellenen folgten nach dem bedrohten Punkte.

Als der französische Kapitän De Rigny dem Fürsten Vorstellungen machte, er solle sich nicht nutzlos der äußersten Gefahr opfern, erwiderte dieser: „Nein, unsere Pflicht ist hier zu sterben."

Der lernäische Sumpf, ein tiefer Teich und ein Steinwall bildeten die Schutzwehren der von den Griechen gewählten Position, auch ankerten auf Musketenschußweite vom Gestade zwei griechische Kanonenböte. Ibrahim's Fußvolk versuchte durch eine in dem Steinwall befindliche kleine Bresche, welche die Griechen versäumt hatten zu füllen, einzudringen; schon hatten die Vordermänner der egyptischen Sturmkolonnen den Hof jenseits des Walles erreicht und versuchten sich zu formiren, da stürzten die Vertheidiger wie Wüthende über sie her, warfen sie mit dem Schwert in der Hand zurück und stopften die Bresche.

Ibrahim hatte es im Grunde nur auf einen Handstreich, auf Ueberrumpelung Nauplia's abgesehn. Da er erkannte, daß die Vertheidiger der Mühlen zu verzweifeltem Widerstand entschlossen seien, und da es ihm an dem für eine regelmäßige Belagerung nothwendigen schweren Geschütz gebrach, beschloß er, den Angriff gegen die Mühlen wie gegen Nauplia aufzugeben, begnügte sich damit, Argos zu verbrennen, und kehrte schon am 27. Juni über den Parthenion nach Tripolitsa zurück.

Das Gerücht: die Griechen seien autorisirt, im äußersten Nothfall auf den Wällen von Nauplia die englische Flagge aufzuhissen, Stadt, Land und Inseln unter englischen Schutz zu stellen, die Uebertragung des Oberbefehls in Nauplia an den Franzosen Fabvier, die Anwesenheit der englischen und französischen Kapitäne, Hamilton und De Rigny, welche Beide aus ihren Sympathien für die griechische Sache keinen Hehl machten und die Miene annahmen, als wollten sie selbst Nauplia vertheidigen: kurz, die Furcht vor einem internationalen Konflikt, vor einem Zusammenstoß mit den Westmächten, mag Ibrahim's raschen Rückzug bewirkt haben; im Grunde aber wurde die Entscheidung durch die rechtzeitige Besetzung der Mühlen und durch die Aufopferung ihrer Vertheidiger herbeigeführt, an welcher sich der erste Anprall der Egypter staute.

Kolokotronis war zu spät gekommen, um den abziehenden Egyptern in den Engpässen des Parthenion ein ähnliches Schicksal zu bereiten, wie dem Dramalis in den Dervennen. Dafür erneute er sein altes Manöver gegen Tripolitsa. Er ließ den Kranz der ringsum gelegenen Berge besetzen, und hoffte nun die so umstellten Egypter auszuhungern. Allein die raschen Manöver des Feindes vereitelten den Plan. Am 6. Juli griff Ibrahim die nach Tripolitsa vorgeschobenen Haufen des Gennäos mit Uebermacht an, und warf sie nach hartnäckigem Kampfe aus ihren „Tamburia", während die übrigen griechischen Korps, die bei Vervena und Levidi standen, den rechten Moment zur Hülfe versäumten. Dann bemächtigte er sich der Mühlen von Piana, Zerekova und Davia, von denen die Garnison in Tripolitsa ihren Brotbedarf bezog, befestigte sie und sicherte die Verbindung durch eine Reihe von Posten und Block-

häusern. Am 8. August griff er den Mauromichalis und Ipsilantis bei
Vervena an; die Maniaten liefen auseinander als nur das erste egyptische
Bataillon seine Trommeln rührte. Auch bei Alonistäna und Maguliana
hielten die Truppen des Kolokotronis keinen Stand, Ibrahim zog allenthalben siegreich kreuz und quer durch die Halbinsel, vom äußersten
Osten, von Monemvasia an bis zum äußersten Westen, bis Gargaliano
und Modon, indem er Tripolitsa als Drehpunkt seiner Operationen
und als Vorrathskammer benutzte. Seine Egypter legten das Land
allenhalben wüste und zerstörten die letzten Hülfsmittel der verzweifelnden Bevölkerung. Wer nicht dem Schwert des Feindes erlag, der
sollte den Hungertod sterben. An Stelle der störrischen Griechen trat dann
vielleicht eine fügsamere Bevölkerung von Fellah's oder Kopten. Wie
einst Sanherib und Nebukadnezar, die Tyrannen des Morgenlandes,
ganze Völker ausrissen und wieder einpflanzten, so gedachte Ibrahim sein
furchtbares Programm wild und schonungslos zu vollziehen. Er führte
einen Vernichtungskrieg, dem die Griechen nur noch durch Klefturie, durch
Raub und Ueberfälle zu begegnen vermochten. Sie beschränkten sich
darauf, seinen Bewegungen auf den Gebirgen beobachtend zu folgen, in
seinem Rücken oder in seiner Flanke einen Proviantwagen oder einen
Munitionstrain zu überfallen. Im offenen Felde brachte Kolokotronis seit
dem Gefecht bei Trikorfa keine Heeresmacht mehr gegen die gefürchteten
Bajonette und Säbel der Egypter zusammen: nicht als ob die Elasticität
seines Geistes seit der Gefangenschaft auf Hydra gelähmt worden sei, aber
das Glück scheint ihn, dem Egypter gegenüber, völlig zu verlassen und
die nationale Widerstandskraft scheint gebrochen zu sein. Die Regierung
zeigt sich außer Stande ihm zu helfen; und wenn er auch Soldaten aus
dem Boden stampfen kann, so kann er sie darum ohne Mittel nicht beisammen halten und ernähren. Seit dem plötzlichen Erscheinen der Egypter
vor Nauplia hat man dort völlig den Kopf verloren; war doch in der
äußersten Bedrängniß am 20. Juli auf Antrieb Maurokordatos' der
inhaltschwere Beschluß gefaßt worden, sich ganz der Großmuth und dem
Schutz einer fremden Macht, Großbritannien, anzuvertrauen. Man war
so weit gebracht, daß man sich selbst aufgab; so dachte man auch kaum
an die Fortführung des Kampfes und an die Unterstützung des unwider-
wüstlichen Generalissimus.

Ende September 1825 hatte Ibrahim seine Aufgabe nahezu erfüllt; er hatte den Peloponnes mit Ausnahme der unwegsamsten Gebirge und einiger Küstenplätze, die, wie Nauplia, das Bild des äußersten
Jammers boten, unterworfen. Da rief ihn das Gebot seines Vaters
nach einem andern Schauplatz der Ehre und der Gefahr. Er sollte die
türkischen Kriegsoperationen auf dem Festland durch die Einnahme Mesolonghi's krönen.

Sultan Mahmud hatte hinter den glänzenden Waffenthaten seines egyptischen Vasallen nicht zurückstehn wollen. Es galt ihm das Festland zu „pacificiren", während Ibrahim den Peloponnes „pacificirte". An die Spitze des Invasionsheeres stellte er deshalb den feurigen Sieger von Peta Mehmet Reschit „Kiutagi", den einzigen türkischen Feldherrn, der neben Ibrahim genannt zu werden verdiente. War doch die Energie und Fähig= keit des neuen Seraskiers schon oftmals blutig erprobt worden, und wenn es daneben galt, durch kluge Vorspiegelungen und zeitgemäßes Einlenken zu bethören, widerstrebende Gegner zu gewinnen, kurz, politische Erfolge gegen die empörte Rajah zu erringen, so schien Kiutagi zu der Rolle des Versuchers nicht minder geschaffen als Ibrahim.

Nachdem er sich der albanesischen Loyalität durch die üblichen „Trink= gelder" versichert hatte, brach er an der Spitze eines 20,000 Mann star= ken Heeres von Janina auf und drang am 6. April 1825 durch das Felsenthor von Westhellas, durch den Makrinoros. Die Regierung hatte dort nur ein schwaches Observationskorps unter dem Veteranen Notis Botsaris aufgestellt, welches sich beim Herannahen des Feindes zerstreute. Ohne Widerstand zu finden durchzog Kiutagi Aetolo=Akarnanien, detachirte ein Korps von 1500 Albanesen östlich nach Salona und stand am 27. April vor der Lagunenstadt Mesolonghi, die ihm schon einmal mit Erfolg Trotz geboten hatte. Er war entschlossen, diesmal nicht unverrichteter Dinge wieder abzuziehen. War ihm doch der Posten als „Rumeli Valessi", als Generalissimus, nur mit dem Bedeuten übertragen worden: „Entweder Mesolonghi falle oder Dein Kopf!" Er beschloß eine kunstvolle Belagerung nach allen Regeln europäischer Kriegskunst einzuleiten. Fränkische In= genieure standen ihm wirksam zur Seite. Gepreßte christliche Arbeiter mußten Tag und Nacht graben, zwei Tage nach dem Erscheinen des tür= kischen Heeres begann man, 300 Klafter von der Mauer entfernt, die erste Parallele zu legen, die am 7. Mai bezogen ward.

Mesolonghi war seit der ersten Belagerung durch die Bemühungen Byron's und des Ingenieur Kokkinis in einen Vertheidigungszustand ge= setzt worden, der gegen einen rohen, in den Künsten der Belagerung unerfahrenen Feind auszureichen schien. Der Erdwall, welcher die Stadt nach Norden und Osten umgab, war zur Linken durch eine Batterie auf der Laguneninsel Marmara, nahe dem Centrum durch die beiden Bastionen Franklin und Botsaris, zur Rechten durch die Lünette Byron und mehrere kleinere Werke geschützt; außerhalb des vor dem Erdwall laufenden Gra= bens hatte man noch einen gedeckten, mit Brustwehren versehenen Weg gezogen. Die Artillerie der Belagerten war anfangs stärker als die der Be= lagerer, die Griechen zählten 48 Kanonen, 2 Mörser und 2 Haubitzen. Auch an Truppen fehlte es nicht; die tüchtigsten Kapitäne und Soldaten West=Griechenlands, die Iskos, Veikos, Sturnaris, Makrys, Liakatas, Kontogiannis hatten sich nach Mesolonghi und Anatoliko geworfen. Die Garnison belief sich auf über 4000 Mann, die vom besten Geist beseelt waren, für den Fall der Noth konnte man auf die Mitwirkung aller wehrfähigen Bürger rechnen. Dafür hatte man freilich auch 12,000 Menschen innerhalb der Mauer zu ernähren, so daß es mit Verpflegung und Munition bald kärglich bestellt sein mußte. Der Veteran Notis Botsaris bildete mit den hervorragendsten westhellenischen Kapitany's einen Vertheidigungsrath; die Civilverwaltung lag in den Händen eines Ausschusses von drei Männern, unter dem Vorsitz des opfermuthigen Primaten Papadiamontopulos aus Patras.

Die Vorarbeiten der Belagerer schritten rüstig vorwärts; der Spaten ruhte nicht, Ende Mai waren die Türken dem Erdwall bis 15 Klafter nahe gerückt. Aber auch die Griechen waren unablässig thätig, sie errichteten neue Batterien und Traversen, während der Feind an seinen Approchen arbeitete. Kiutagi zog zu Anfang Juni von Patras her Verstärkungen für seine Artillerie herbei und ließ das Feuer gegen die Centralstellung der Griechen am Thor von Anatoliko, gegen die Bastionen Botsaris und Franklin eröffnen. Großen Schaden richteten seine von unfähigen Händen bedienten Geschütze jedoch nicht an, zumal da es bald an Munition fehlte und die türkischen Mörser anfingen mit Steinen statt mit Bomben zu schießen. Ein Ueberrumpelungsversuch gegen die Insel Marmara scheiterte; hoffnungsvoll sahen die Belagerten in die Zukunft. Am 10. Juni erhielten sie durch sieben hydriotische Schiffe unter Nangos Zufuhr und die trostreiche Versicherung baldigen Entsatzes; auch trafen Verstärkungen aus dem Peloponnes ein und belebten den Muth. Als am 10. Juli von der Seeseite aus das Herannahen einer Flotte signalisirt ward, jubelten die Belagerten auf und riefen den türkischen Vorposten triumphirend zu. Sie glaubten, es sei der versprochene Entsatz von Hydra und Spetsia. Als aber immer neue und größere Schiffe in Sicht kamen und statt des Kreuzes die rothe Flagge mit dem Halbmond aufstieg, ward die Täuschung offenbar: es war der Kapudan Pascha, der sich von Schaden und Schrecken, den ihm die griechischen Brander bei Euböa und Suda zugefügt, erholt, den Egypter Hussein von Suda nach Navarin geleitet hatte und nun vor Mesolonghi erschien, um das hydriotische Geschwader zu verjagen und dem Belagerer Vorräthe, Munition, Geld in Ueberfluß zu bringen. Jussuf Pascha von Patras hatte dem Kapudan noch 36 flache Boote beigesellt, welche durch die seichten Lagunen liefen und anfingen die Stadt von der Seeseite zu beschießen. Zugleich bemächtigte sich Kiutagi der in den Lagunen gelegenen Inselchen; Skylla und Prokopanitsos fielen in seine Hände, das Vorwerk Vasiladi ward hart bedrängt, so daß die Stadt von der Land- und Seeseite vollständig eingeschlossen war.

Die Belagerten waren durch das Erscheinen der türkischen Flotte unangenehm überrascht, aber ihr Muth war nicht erschüttert worden. Was nach jener trostlosen Periode des Bürgerkriegs und der Anarchie Erhebendes und Großes in den Griechen geblieben war: die unbesiegbare

Festigkeit und Treue des Volks gegenüber dem Egoismus und der Zer=
fahrenheit der Führer, das kam während dieser Belagerung zum schönsten
Ausdruck; der griechische Patriotismus hatte sich in die Wälle von Meso=
longhi geflüchtet. Während anderwärts die Revolution pausirte, während
der Krieg im Peloponnes wie in Osthellas, das von Euböa und von
Salona aus durch die Türken heimgesucht ward, in Raub= und Plün=
derungszüge ausartete, koncentrirte sich das dramatische Interesse der
ganzen Bewegung um Mesolonghi. Man ahnte es damals schon in
Europa; die Türkenfreunde sahen mit ungläubigem Staunen, die Griechen=
freunde mit bangem Hoffen nach der Lagunenstadt. „Wie und was man
auch über die Griechen denken mag," schrieb Gentz am 21. September
1825 an seinen getreuen Pilat, „die Auszüge aus dem Belagerungs=
journal kann Niemand ohne großes Interesse, ja ohne eine gewisse Sym=
pathie lesen, denn daß die Vertheidigung von Mesolonghi, wie sie auch
endigen möge, eine wahre Heldenthat ist, kann Freund und Feind nicht
läugnen."

Nach der Ankunft der türkischen Flotte war Kiutagi's Feuereifer
nicht mehr zurückzuhalten. Da die Einschließung der Stadt vollendet
war und da sich die Belagerer, von fliegenden Sappen gedeckt, bereits
dem Glacis des bedeckten Wegs näherten, beschloß er zum Sturm zu
schreiten. Eine durch den ehemaligen Parteigänger Ali Pascha's, Tahir
Abbas, an die Belagerten gerichtete Aufforderung zur Kapitulation blieb
erfolglos. Seit dem 23. Juli nahm das Bombardement sowohl vom
Lande als von den in die Lagunen eingedrungenen Booten aus, an Hef=
tigkeit zu, vor den Batterieen im Centrum und auf der Ostseite ward
fast ohne Unterbrechung Tag und Nacht gekämpft, man ahnte, daß ein
allgemeiner Sturm bevorstand. Am 28. Juli ließen die Türken eine
Mine unter der Bastion Botsaris springen, zerstörten einen Theil der=
selben und suchten durch die geöffnete Bresche in die Stadt zu bringen.
Am folgenden Tage pflanzten sie bereits ihre Fähnlein auf die Trümmer;
aber die Belagerten hielten Stand, die Bürger strömten massenweise nach
dem bedrohten Punkt und die Stürmenden wurden mit blutigen Köpfen
wieder heimgeschickt. Ein wiederholter Kapitulationsantrag Kiutagi's
ward kurzweg abgewiesen, die Griechen schickten dem feindlichen Feldherrn
zum Hohne ein paar Flaschen Rum für seine stürmenden Fahnenträger
zu. Am Abend des 1. August bemerkten sie allgemeines Gebet in dem
Lager der Feinde, am 2. August mit Anbruch des Tages rückten dieselben
zum Sturm gegen die Bastion Franklin, während die Bastion Botsaris
und die östlichen Werke gleichzeitig mit erneuter Heftigkeit angegriffen
wurden. Aber auch diesmal war die Bürgerschaft auf ihrem Posten. Es
gelang den Stürmenden zwar ihre Fahnen auf dem Schutt der griechi=
schen Bastion aufzupflanzen, aber zu halten vermochten sie sich dort nicht;
nach dritthalbstündigem Kampf mußten sie mit Verlust von 500 Todten

herausweichen. Kiutagi gerieth in solche Erbitterung über diese Niederlage, daß er die griechischen Gefangenen, die in seine Hände gefallen
waren, vor die Mauern führen und köpfen ließ. Hätte er freilich den
Zustand der belagerten Feste genau gekannt, so würde er sich durch sein
Mislingen nicht haben schrecken, sondern frischweg weiter stürmen lassen,
denn die Noth war in der Stadt auf den höchsten Grad gestiegen, die
Lebensmittel und die Munition waren aufgebraucht, die Belagerten besaßen
nur noch zwei Fäßchen Pulver. Schwerlich widerstanden sie einem erneuten
Sturm. Es war ein kritischer Augenblick. Da signalisirte man in der
Nacht des 3. August von den Thürmen Mesolonghi's die Ankunft der
griechischen Flotte. Das Seevolk von Hydra und Spetsia hatte sich wieder
einmal geweigert Dienste zu thun, solange man den Sold nicht verdoppelte
und vorausbezahlte. Die rechtzeitige Ankunft englischer Anlehensgelder
frischte den Patriotismus dieser Braven an und am 20. Juli stachen
die Spetsioten unter Andrutsos, die Hydrioten unter Miaulis und
die Psarioten unter Apostolis in See. Durch ungünstiges Wetter aufgehalten erschien das griechische Geschwader, 40 Schiffe stark, erst am
2. August auf der Höhe der „Strofen"; Nordwind und Sturm hinderten
es, sogleich zum Angriff gegen die Flotte des Kapudan Pascha vorzugehn.
Am folgenden Tag aber segelten die Griechen entschlossen auf die feindliche Schlachtlinie los. Mit der größten Spannung beobachtete man von
den Wällen Mesolonghi's die Bewegungen der beiden Flotten. Die
Türken manövrirten mit der ängstlichen Vorsicht, welche ihren Admiral
charakterisirte. Sie bemerkten wohl, daß die griechischen Seeleute ihnen
den Wind abzugewinnen suchten, um dann die Brander vorzuschicken. Ein
paar Stunden lavirte man hin und her, bis es den Griechen schließlich
gelang auf die Wetterseite der feindlichen Vorhut zu kommen; sie sandten
nun drei Brander gegen das feindliche Admiralschiff, denen Chosrew re-
spektvoll auswich, und da er der Ehre genug gethan zu haben glaubte,
das Signal zum allgemeinen Rückzug gab. Ein Theil der griechischen
Schiffe verfolgte ihn bis Kefalonia, allein der Kapudan hielt nicht eher
an als bis er Alexandria erreicht hatte. Hier schrieb er sich den
Sieg zu, weil er selbst weiter keinen Schaden genommen hatte, vergaß
aber, daß die Flotille Jussuf Pascha's in den Lagunen Mesolonghi's zurückgelassen und den Griechen preisgegeben, daß sein Kollege Kiutagi in
der größten Verlegenheit und Noth zurückgeblieben war. Nur einen Theil
der Kanonenbote vermochte Kiutagi noch rechtzeitig an's Land ziehen und
retten zu lassen; die übrigen wurden von den Griechen am 6. August
gekapert und zerstört, während ein nächtlicher Ueberfall des türkischen Lagers durch die osthellenischen Kapitäne, Karaïskakis an ihrer Spitze, und
ein gleichzeitig kombinirter Ausfall der Garnison Mesolonghi's die größte
Verwirrung im türkischen Lager hervorrief. Ein Theil der türkischen Be-
lagerungswerke und Transcheen ward zerstört, die Positionen Kiutagi's auf

ten Laguneninseln gingen verloren, die Blokade der Stadt war gebrochen und gelöst.

Nachdem so der Zweck der griechischen Seeexpedition glänzend erreicht, nachdem die Stadt mit Lebensmitteln und Munition reichlich versorgt und ein Geschwader von 7 Kriegsschiffen in den Gewässern Mesolonghi's zurückgelassen worden war, um den Verkehr mit dem Peloponnes und dem Festland zu sichern, segelten Andrutsos, Apostolis und Miaulis wieder von bannen. Sie verfolgten die Spuren des Kapudan Pascha bis Kap Tänaron, vermochten ihn aber freilich nicht mehr zu erreichen. Vor Mesolonghi aber begann sich nun das Blatt vollkommen zu wenden.

Kiutagi befand sich in der gleichen mißlichen Lage wie jüngst zuvor die Griechen: ohne Munition, um das Bombardement kräftig fortdauern zu lassen, ohne Lebensmittel und ohne Geld, um die hungrigen und unzufriedenen Albanesen bei der Fahne zu halten, mußte er befürchten, daß die Griechen ihm die Zufuhr und die Gebirgspässe in seinem Rücken abschnitten. Dann konnte er aus dem Belagerer zum Belagerten werden!

Der Ueberfall vom 6. August hatte bewiesen, wie hoch die Keckheit der Griechen gewachsen war.

Aber in Kiutagi's festem Soldatenherzen fanden ängstliche Bedenken keinen Platz. Da er darauf verzichten mußte, den Platz durch ein wirksames Feuer oder durch Blokade zu bezwingen, betrieb er die Cernirung von der Landseite mit um so intensiverem Eifer. Die von den Griechen zerstörten Werke wurden emsig wieder hergestellt, der Seraskier schien sich jetzt nur noch auf den Spaten geworfen zu haben. Vor der Bastion Franklin hatte er einen gewaltigen Erdwall errichtet, den er durch palissatirte Gänge zu sichern und rastlos zu erhöhen strebte, bis derselbe die griechische Bastion überragte und ihre Behauptung unmöglich machte. Die Griechen spotteten über diese seltsame Erneuerung antiker Belagerungskünste. Ihr Ingenieur Kokkinis taufte das türkische Ungethüm den „Wall der Vereinigung" Ὕψωμα τῆς ἐνώσεως, als historische Reminiscenz an den Erddamm Alexanders des Großen während der Belagerung von Thyrus. Dennoch mußten die Spötter die Bastion Franklin räumen, als der überragende kolossale Erddamm immer näher gerückt und der Graben von den Belagerern ausgefüllt worden war. Die Türken drangen in das so hartnäckig vertheidigte Werk ein. — Aber freilich zeigte sich nun, daß damit noch nichts entschieden war. Denn die Griechen hatten hinter der Kehle der Bastion schon neue Gräben und Werke errichtet und ein weiteres Vorrücken des Feindes in die Stadt erschwert. Sie beschossen von ihren höheren Positionen aus die Bastion Franklin, und rasch wechselten die Rollen. Die Türken fanden sich auf dem gewonnenen Werke und auf ihrem Erddamm belagert und von allen Seiten bedrängt. Nach langem heißem Kampfe gelang es den Griechen am 31. August und am 1. September,

das ganze verlorene Terrain und nicht blos die Bastion Franklin, sondern auch einen Theil des „Dammes der Vereinigung" zu gewinnen.
Alles, was der Feind mit vieler Mühe in drei Wochen angelegt hatte,
war vernichtet.

Noch war freilich Kiutagi's Muth nicht gebrochen. Er bereitete
einen neuen allgemeinen Sturm vor. Doch von seinem durch Hunger,
Seuchen und Desertion geschwächten Heere konnte man nichts Großes
mehr erwarten. Während er noch auf den günstigen Augenblick zum
Sturm harrte, kamen ihm die Griechen am 21. September durch einen
allgemeinen Ausfall zuvor und griffen sein Lager mit solcher Wuth an,
daß er eine Weile nicht wußte, wie er sich decken sollte. Die Spitze
des Erdwalls ward durch eine griechische Mine zerstört, und während der
Kampf noch am türkischen Lager wüthete und die Türken Mühe hatten
den Angriff abzuwehren, ihre Kanonen vor Vernagelung zu schützen, war
Jung und Alt aus Mesolonghi mit dem Spaten thätig, um den Damm
abzutragen und die Transcheen zu säubern. Ein zweiter Ausfall, den die
Garnison am 13. Oktober unternahm, war von gleichem Erfolg begleitet:
die Reste des Dammes der Vereinigung wurden zerstört, die türkischen
Schanzkörbe in Brand gesteckt; Herbstregen und Unwetter thaten das
Uebrige, um das ganze diesjährige Belagerungswerk der Türken zu nichte
zu machen.

Kiutagi mußte zunächst jeden Offensivplan aufgeben und an die
eigene Sicherheit denken. Den Rückzug wollte und konnte er nicht an-
treten, er kannte den positiven Willen des Sultans, es galt, die Stadt
zu nehmen oder vor ihren Mauern zu sterben. So vergrub er sich in
seinen äußersten Verschanzungen am Fuß des Berges Zygos, ließ durch
Kavallerie die Verbindung mit Krioneo, zwei Stunden östlich von Mesolonghi, aufrechterhalten und hielt sich sorglichst auf der Defensive. Mit
lebhafter Spannung erwartete er die Rückkehr des Kapudan Pascha und
die Verstärkungen, die Ibrahim Pascha ihm bringen sollte. Seine stolze
Armee war auf 3000 Mann zusammengeschmolzen, während sich die
Griechen durch Zuzug aus dem Festland und dem Peloponnes fortwährend verstärkten. Die osthellenischen Kapitäne, unter denen jetzt der Name
Karaiskakis mit wachsendem Stolz und Ruhm genannt ward, hielten die
Berge im Rücken des türkischen Lagers besetzt; wenn die Garnison Meso-
longhi's einen Angriff auf die Stellung Kiutagi's mit Jenen kombinirte,
so war kaum anzunehmen, daß die frierenden und hungernden türkischen
Truppen der griechischen Uebermacht Stand hielten. Allein die Gelegen-
heit zu einem solchen Entscheidungsschlag, die in den letzten Monaten des
Jahres 1825 geboten war, ward von den Griechen unbenutzt gelassen.
Man weidete sich an den prunkenden Berichten, welche die „griechische
Chronik" über die Heldenthaten der Vertheidiger Mesolonghi's, dieses
griechischen Saragossa, brachte. In der allgemeinen Siegesfreude dachte

man nicht einmal daran, sich durch hinreichende Verproviantirung für die
Zukunft vorzusehen und die an der Westküste des Peloponnes aufgestapel=
ten Getraidevorräthe herüberschaffen zu lassen. Man ahnte nicht, wie
bald sich ein neues Ungewitter über Mesolonghi zusammenzog.
Ein erstes Anzeichen der Gefahr war das Wiedererscheinen der türki=
schen Flotte. Am 18. November kehrte der Kapudan Pascha mit Lebensmitteln
und Geld reichlich versehen von Alexandria nach Mesolonghi zurück und
kam gerade zu rechter Zeit, um die am Zygos lagernden Truppen Kiu=
tagi's vor dem Hungertod zu retten. Zwar heftete sich bald auch ein
hydriotisches Geschwader unter Miaulis an seine Fersen und lieferte ihm
am Kap Papas eine Reihe kleiner ehrenvoller Einzelgefechte, allein dasselbe
war zu schwach um einen entscheidenden Streich zu wagen. Es begnügte
sich schließlich einige Vorräthe nach Mesolonghi zu werfen und die Ver=
bindung mit den jonischen Inseln herzustellen, dann kehrte es Anfang
Dezember nach Hydra heim; es mußte der türkischen Flotte die Herrschaft
über den korinthischen Meerbusen und die Gewässer Mesolonghi's über=
lassen.

Inzwischen aber war in der Person Ibrahim's ein neuer furchtbarer
Feind vor Mesolonghi erschienen. Der Sultan hatte auch das letzte
Opfer seines Stolzes darbringen müssen, er hatte die Hülfe seines kriege=
rischen Vasallen zur Bezwingung Mesolonghi's angerufen. Mehmet Ali
ward in seiner berechneten Lehnstreue keinen Augenblick stutzig, er sandte
eine Verstärkung von 10,000 Mann nach Navarin und befahl dem Sohne,
seine Operationen mit denen Kiutagi's zu verbinden.

Nun läßt sich nicht verkennen: Ibrahim unterschätzte die Widerstands=
kraft und den Heroismus Mesolonghi's. Er rechnete darauf mitten im
Winter zu vollbringen, was Kiutagi im Sommer nicht zu erreichen ver=
mocht hatte: der Trieb, den türkischen Rivalen auszustechen, spornte ihn
zu fiebernder Thätigkeit. Während er die Artillerie und einen Theil des
Fußvolks nach Patras einschiffen ließ, brach er selbst mit dem Rest des
Fußvolks und der Kavallerie in Eilmärschen von Navarin nach Norden
auf. Er fand kein ernstliches Hinderniß auf seinem Marsch. Der wich=
tige Paß von Kleidi war von den sorglosen Griechen unbesetzt gelassen
worden. Vergebens hatte Kolokotronis in die Regierung gedrungen, sie
möge ihm gestatten, die in Pyrgos und Gastuni aufgestapelten Korn=
vorräthe aufzuheben und nach Mesolonghi zu schaffen; mit einer wahrhaft
sträflichen Indolenz sah man von Nauplia aus zu, wie sich die Egypter
dieser für Mesolonghi bestimmten Vorräthe bemächtigten, die ihnen später
noch sehr zu Gute kommen sollten. Von Rhium, wo seine zur See
gekommenen Truppen ein Lager bezogen hatten, fuhr Ibrahim nach Lepanto
herüber und hielt dort am 27. November Kriegsrath mit Kiutagi und
Jussuf. Den Monat Dezember wandte er dazu an Magazine in Krioneri
errichten, Truppen und Munition herüberschaffen und ein Lager neben

dem Kiutagi's errichten zu lassen. Da der Regen die ganze Ebene von den Wällen der Stadt bis zur Mündung des Evenos unter Wasser ge= setzt hatte, war doch an ein Arbeiten in den Laufgräben zunächst nicht zu denken. Das Verhältniß zu Kiutagi gestaltete sich freilich nichts weniger als freundlich. Die Thätigkeit und Ordnung, die im egyptischen Lager herrschten, das selbstbewußte Auftreten des Egypters, der es verschmähte, irgend welchen Rath anzunehmen und der fortwährend zu sagen schien, daß man bisher nur Fehler begangen habe und daß erst jetzt die eigentliche Belagerung beginne, das Alles verfehlte nicht, Kiutagi zu reizen und seine Eigenliebe schwer zu kränken. Gleich bei der ersten Zusammen= kunft frug Ibrahim den türkischen Feldherrn voller Hohn, wie es komme, daß er acht Monate vor „diesem Zaun" gelegen habe, während er selbst Navarin in 8 Tagen genommen habe. Er machte sich anheischig, allein die Stadt binnen 14 Tagen zu nehmen. Kiutagi nahm dies Anerbieten, vielleicht nicht ohne geheime Schadenfreude, an, ließ sich von jeder Verant= wortlichkeit dem Sultan gegenüber freisprechen, und räumte dem egypti= schen Rivalen seine Batterien und vorgeschobenen Stellungen der Stadt gegenüber ein. Vor Mesolonghi ist der Keim jener Gegnerschaft zwischen den beiden gewaltthätigen Männern gelegt worden, die Jahre hernach in offener Feldschlacht zu Koniah ihren Ausdruck fand. Kiutagi war nur um so wüthender, da er seinen Zorn nothgedrungen verhalten mußte. Das sollten die unglücklichen Gefangenen entgelten: ein Priester, zwei Frauen und drei Knaben wurden auf seinen Befehl vor den Wällen Mesolonghi's gepfählt.

In den früheren Jahren hatte der Feind nur Sommerfeldzüge gegen Griechenland unternommen; nicht ohne geheimes Bangen sahen die Grie= chen, wie er sich anschickte, in ihrem Lande zu überwintern. Die Regie= rung begann zu erkennen, daß man die Vertheidigung Mesolonghi's bisher allzu saumselig betrieben und sich in den Wahn, Kiutagi werde mit Ein= tritt der schlechten Jahreszeit abziehen, allzu fest eingewiegt habe. Die englischen Gelder waren vergeudet, ohne bedeutende Geldmittel war aber auf eine kräftige Aktion der Flotte zum Entsatz Mesolonghi's nicht zu rechnen. Man machte naiv genug den Vorschlag, die Nationalgüter zu verkaufen, welche für die englischen Anleihen verpfändet waren; zum Glück stand das ausdrückliche Verbot der Nationalversammlung von Argos einer so zweideutig kühnen Maßregel entgegen. So schritt man zu einer frei= willigen Subskription, und nun zeigte sich die Aufopferungsfreudigkeit einzelner Patrioten in schönstem Licht. Professor Gennadios warf seine Börse auf dem Marktplatz von Nauplia zur Erde: „Das ist Alles, was ich habe, ich gebe es meinem Vaterland so frei, wie meinem Kind. Ich bin bereit, in irgend einem Fach dem Staat ein Jahr lang zu dienen und meinen ganzen Gehalt der öffentlichen Kasse zuzuwenden." Die Zuschauer waren zu Thränen gerührt. Das Beispiel fand Nachahmung. Während

eine von der Regierung ausgeschriebene Anleihe von einer Million Colon-
nati ohne Erfolg blieb, während mancher Minister und hohe Staatsbeamte,
der sich von den Früchten der englischen Anleihe bereichert hatte, die
Hände ängstlich in den Taschen hielt, steuerte der private Opfermuth so
reichlich bei, daß Miaulis Anfang Januar 1826 in Stand gesetzt war,
mit 20 hydriotischen und 4 psariotischen Schiffen wieder nach den Gewässern von Mesolonghi zu steuern. Durch Stürme hart mitgenommen,
aber durch drei spetsiotische Schiffe, die er auf seiner Fahrt antraf, verstärkt, erschien der hydriotische Admiral am 21. Januar vor der Rhede
der belagerten Stadt, wo man seiner Ankunft mit der größten Sehnsucht
entgegengesehen hatte. Denn seit der strengeren Einschließung durch die
Egypter war die Noth in der Stadt so fühlbar geworden, daß man, nachdem man alle Kameele, Maulthiere und Esel geschlachtet hatte, die Brot-
ration von 50 auf 30 Quentchen für den Tag herabsetzen mußte und
anfing alles mögliche Ungeziefer zu verzehren. Miaulis begann sogleich
einige Vorräthe für die Bedrängten bei der Insel Basiladhi ausschiffen zu
lassen. Am folgenden Tag griffen ihn die Turko-Egypter, durch heftigen
Wind begünstigt, an, und zwangen ihn bis zu den „Skrofen" zurückzugehen. In der Nacht vom 27. auf den 28. Januar gelang es aber dem
Branderführer Politis, eine bei Prokopanistos gestrandete feindliche Korvette von 24 Kanonen mit einer Besatzung von 300 Mann zu verbrennen, und dadurch wieder einmal einen solchen Schrecken unter den feindlichen Seeleuten hervorzurufen, daß gleich hernach eine Abtheilung von
20 feindlichen Schiffen bei Kap Papas vor dem einen Brander des Spetsioten Lempesis die Flucht ergriff, und als es am 28. zu einem größeren
Zusammentreffen zwischen den beiden Flotten kam, die türkisch-egyptische
nach einem dreistündigen Gefecht zwei ihrer Brander schimpflich im Stich
ließ und nach Patras flüchtete. Jetzt ward es dem Miaulis möglich, die
belagerte Stadt mit Vorräthen und Munition für 2 Monate zu versorgen; er nahm einige Gesandte, welche der Regierung die Lage und
Bedürfnisse Mesolonghi's darlegen sollten, an Bord, und kehrte Anfang
Februar nach Hause zurück.

Für Mesolonghi war damit nur eine Frist des Verderbens gewon-
nen. Drei Wochen nach der Abfahrt des Miaulis begann Ibrahim seine
aktiven Operationen gegen die Stadt, nachdem er die unerschrockenen Vertheidiger wiederholt vergebens zur Uebergabe aufgefordert hatte. Während
Kiutagi in die Gebirge eilte, um den Karaïskakis zurückzuwerfen und den
Kreis um die Belagerer zu erweitern, lagen 20,000 Egypter hart an den
Mauern, untergruben und beschossen dieselben. So weit das Auge der
Griechen reichte, erblickten sie kein Banner, als das des Halbmonds, die
Ebene ringsum war mit den Zelten und Standarten der Feinde bedeckt,
und der Lärm der Arbeiter zu Aspri Aliki, am Strande der Lagunen, wo
die Trümmer der türkischen Kanonenboote lagen, die Kommandoworte der

Araber schollen von ihren Exercierplätzen herüber nach der Stadt, eine furchtbare Mahnung für die Belagerten! An Stelle der alten türkischen erhoben sich zahlreiche neue Batterien, von kundigerer Hand in gefahrdrohender Nähe errichtet. Am 25. Februar verkündigte die zunehmende Heftigkeit des egyptischen Bombardements, daß ein Sturm bevorstehe. 8000 Kugeln und Bomben fielen während drei Tagen in die Stadt, deren Häusertrümmer unter diesem eisernen Hagel vollends verschwanden. Am 28. bemächtigten sich die Egypter eines Außenwerks vor der Bastion Botsaris, um welches sich sofort ein blutiger Kampf entspann. Selbst Ibrahim's geschultes Fußvolk fand jetzt seinen Meister, die Egypter wichen dem unwiderstehlichen Anprall der Mesolonghiten, als Dieselben sich, den Säbel in der Faust, wie rasend auf sie stürzten. Der egyptische Oberfeldherr trieb seine Garden zu erneutem Angriff; zweimal nahmen sie das Erdwerk mit stürmender Hand, aber eben so oft wurden sie wieder heruntergejagt, und mit Staunen und Wuth mußte Ibrahim zusehen, wie die heiß umstrittene Position schließlich gegen Mittag den Griechen verblieb. Auch der Serasker war Zeuge dieser Kämpfe, die ihm eine glänzende Genugthuung bereiteten. „Denkst Du noch heute wie jüngst von dem Zaun?" fragte er seinen Rivalen Ibrahim. Beschämt mußte dieser um die zuvor verschmähte türkische Mitwirkung bitten, ja sogar dem Sultan selbst berichten, daß er ihrer bedürfe.

Der entschlossene Widerstand der Belagerten bewies, daß ein Sturm die größten Opfer kosten würde, so lange man den Platz nicht zugleich von der See- und Landseite angriffe; daher richteten die beiden feindlichen Feldherrn jetzt ihre Anstrengungen vorzugsweise gegen die Laguneninseln. Ibrahim ließ die Flotille Jussuf's, welche gestrandet und halb verfault bei Aspri Aliki lag, wieder herstellen, nahm Masten und Kiele weg, so daß sie im seichtesten Wasser fahren konnte; seine Dampfschiffe zogen noch eine Anzahl flachgehender Böte, „Lansonien", und Flöße von Patras am Schlepptau herbei, und am 9. März schickte er 1200 seiner Araber in 40 solchen Böten, von denen jedes 1 Kanone führte, gegen das Fort Vasiladhi, den Schlüssel des Lagunenkanals, vor. Der Italiäner Giakomuzzi leistete mit 14 Kanonen und einer Handvoll Leute mannhaften Widerstand, aber die Uebermacht war zu groß, das Blockhaus und die Kanonen wurden genommen, der wackere Philhellene und der größere Theil der Besatzung retteten sich durch Wasser und Schlamm watend nach der Stadt. Am 12. kämpfte man 7 Stunden lang um den Besitz der Erdbank Dolma, die als Vorwerk von Anatoliko gelten konnte, bis die schwache griechische Besatzung, 120 Mann unter Kapitän Liakatas, der zehnfachen Uebermacht des Feindes erlag. Am folgenden Tag kapitulirte die 3000 Seelen starke Bevölkerung von Anatoliko, die durch den Fall von Vasiladhi und Dolma entmuthigt war, unter der einzigen Berin-

gung, daß ihr Leben geschont würde. Sie ward mit einem geringen Theil
ihrer Habe nach Arta verpflanzt.

Jetzt fing man selbst in Mesolonghi an die Hoffnungslosigkeit der
Lage zu erkennen. Der Ton griechischer Briefe und öffentlicher Blätter,
jüngst noch zuversichtlich, sank zu tiefer Trauer und Resignation. Rück=
sichten der Menschlichkeit bewogen den Lordoberkommissär der jonischen
Inseln, General Adams, der sich eben in den Gewässern von Zanthe be=
fand, nach Krioneri zu segeln und seine Vermittelung anzubieten. Allein
Ibrahim und Kiutagi glaubten ihrer Beute schon so sicher zu sein, daß
sie der Begegnung mit dem Engländer auswichen, und auch die Griechen
wollten von seinen Anträgen nichts hören, so daß er unverrichteter Dinge
wieder abziehen mußte. „Ein Beweis", bemerkt Finlay, „von der Narr=
heit, wenn man in andrer Leute Geschäften allzugroßen Eifer entfaltet."
Als der Engländer fort war, sandten die Belagerer den Griechen eine
schriftliche Sommation zu, indem sie vorgaben, dieselben hätten den Wunsch
ausgedrückt, die Bedingungen der Kapitulation zu erfahren. Die Griechen
sollten ihre Waffen niederlegen und die Stadt ungehindert verlassen, oder
wenn sie das vorzögen, mit all' ihrer Habe in Mesolonghi unter dem
Schutz des Sultans bleiben dürfen.

Ungebeugten Sinnes erwiderten die Mesolonghiten: wie denn den
Pascha's dieser Einfall komme? es sei ihnen selbst ja nicht in den Sinn
gekommen, zu kapituliren. „Welch' eine Fantasie, 8000 blutige Waffen zu
verlangen, von denen sich die Griechen nur mit dem Leben trennen. Zwar
sehen wir Eure Absicht und unseren Entschluß, doch wird nur das ge=
schehen, was Gott bestimmt hat, und was weder E. Exc. noch wir wissen.
So geschehe der Wille Gottes."

Der einzige Punkt, den die Griechen noch in den Lagunen hielten,
war die kleine Insel Klisova, ¼ Stunde südöstlich von der Stadt. Sie
hatten das dort liegende Kloster der heiligen Dreifaltigkeit mit palissadir=
ten Verschanzungen umgeben, die Kapelle diente ihnen als Vorraths= und
Munitionskammer. Die Zahl der Vertheidiger belief sich auf 131 Mann,
zu denen aber im Augenblick der Gefahr Freiwillige aus der Stadt
unter einem unerschrockenen Führer Kitsos Tsavellas stießen. Am 6. April
ließ Kiutagi die Insel durch 2000 seiner Albanesen angreifen. Die La=
gunen rings um die Insel waren so seicht, daß selbst die flachen Boote,
die Lansonien der Türken, nicht nahe herbei kommen konnten, die An=
greifer mußten in's Wasser springen und an's Ufer waten. Sobald die
Griechen, welche sich vor dem Feuer der türkischen Kanonenboote hinter
ihren Schanzen niedergekauert hielten, dies bemerkten, sprangen sie auf,
legten ihre langen Gewehre auf die Brüstung und entsandten eine so
wohlgezielte Salve, daß die vordersten Angreifer getödtet oder verwundet
wurden und die Uebrigen in Furcht zurückwichen. Die Offiziere, welche
in den Lansonien aufrecht standen und die Landung leiteten, boten den

griechischen Schützen ein leicht kenntliches Ziel, die meisten fielen, Kiutagi
selbst erhielt eine Kugel in's Bein.

Wetteifernd versuchten nun die Egypter ihr Glück, doch der Erfolg
war der gleiche. Ibrahim wollte um jeden Preis die Ueberlegenheit seiner
taktischen Truppen vor Kiutagi's Albanesen erweisen, er ließ zum zweiten
und dritten Mal Sturm laufen. Der Würgengel von Meliboni, Hussein,
leitete die dritte Attake. Da traf ihn, als er gerade von seinem Boot
aus die Formation der Sturmkolonnen anordnete, die rächende Kugel,
tödtlich verwundet sank er zusammen. Der zähe Egypter ließ den Kampf
bis zum Einbruch der Dunkelheit fortsetzen, aber das wohlgezielte Feuer
der Griechen hinderte die Angreifer jedesmal sich zusammenzuschließen, und
zwang sie in Verwirrung zurückzuwaten. Zuletzt unternahm Tsavellas
einen Ausfall, eroberte 12 Kanonien und errichtete eine Trophäe von
nahezu 2000 erbeuteten europäischen Gewehren. Er selbst zählte nur 35
Todte und Verwundete, die Zahl der turko-egyptischen Leichen, die das
Wasser der Lagunen roth färbten, belief sich nach griechischer Angabe auf
3000, nach türkischem Geständniß auf nahezu 500, nach der Angabe
Gordons, welche die Mitte hält, auf 1000.

Der Kampf auf der Sandbank von Klisova war der letzte Triumph
Mesolonghi's. Man hätte den Schrecken, den er unter den Belagerern
bereitete, benutzen und versuchen können, sich in einem kühnen Ausfall
durchzuschlagen, allein der Himmel hatte Mesolonghi, dies Palladium der
griechischen Freiheit, wie es die Griechen selber nannten, bisher so wunderbar aus jeder Fährlichkeit gerettet, daß man es im Vertrauen auf
seinen Schutz vorzog, auszuharren und zu bleiben.

Die Hoffnung auf einen Hülfszug der Regierung, auf eine allgemeine Erhebung des Peloponneses zur Befreiung der Stadt, auf eine
rettende That der griechischen Flotte blieb unverrückt in der muthigen
Brust der Belagerten. Allein sie trog.

Obwohl von Ibrahim's lastender Gegenwart befreit, regte der Peloponnes sich nicht. Das reguläre Truppenkorps unter Oberst Fabvier,
welches von der Regierung nach Osthellas und Euböa gesandt war, um
wenigstens eine wenn auch entfernte Diversion zu Gunsten Mesolonghi's
zu machen, ward um dieselbe Zeit, wo der Kampf vor Klisova wüthete,
von Omer Pascha bei Karystos nahezu aufgerieben. Das Auslaufen einer
zum Entsatz ausreichenden Flotte ward durch die pekuniären Verlegenheiten der Regierung gehemmt. Mit Mühe und Noth brachte man
schließlich einige 30 Schiffe zusammen, welche am 31. März zum Entsatz
Mesolonghi's aus Hydra und Spetsia absegelten. Allein sie waren ärmlicher ausgerüstet und bemannt als je, manche zählten nur einige zwanzig
Matrosen, und dazu fehlte es an flachen Kanonenböten, mit denen man
allein in den Lagunen etwas ausrichten konnte. Als man sich den Gewässern Mesolonghi's näherte, erblickte man die feindliche Flotte, die in

einer weiten Linie von den Strofen bis zum Kap Papas jeden Zugang zu den Lagunen sperrte. Der Versuch, durch den kleinen mit Gesträuch über= wachsenen Kanal von Petala nach der belagerten Stadt vorzubringen, ward vereitelt. Die Türken waren wachsamer als gewöhnlich, nahmen die zanthiotischen Boote, welche durchschlüpfen wollten, weg und knüpften die Mannschaft auf, jeder Verkehr mit den Belagerten war dem Miaulis abgeschnitten. Am 15. April sandte man ein Paar Brander gegen den Feind, um dessen Linie in Verwirrung zu bringen und zu durchbrechen, aber die bedrohten türkischen Fregatten hielten sorglichst die Windseite, während die Feuerschiffe beschädigt umkehrten oder nutzlos verbrannten. Ein Kampf mit der mehr als doppelt überlegenen turko=egyptischen Flotte schien völlig aussichtlos, selbst wenn man siegte, vermochte man die durch Batterien und Kanonenböte geschützten Zugänge zu den Lagunen nicht zu forciren, und so beschloß man schweren Herzens, die Stadt ihrem Schick= sal zu überlassen, und segelte unverrichteter Dinge wieder heim.

Das Schicksal Mesolonghi's hatte in der That an einem Haar ge= hangen. Wäre die griechische Flotte mit Lansonien versehen gewesen, so würde es ihr gelungen sein, in die Lagunen einzubringen, die Stadt zu verproviantiren und einen totalen Umschwung herbeizuführen. Dann war es an den Belagerern, zu verzweifeln. „Siehst Du, wie jener Schnee auf den Bergen schmilzt?“ sagte Ibrahim zu dem Franzosen de Rigny, „so schmolzen auch wir dahin, wenn Mesolonghi nur noch auf 3 Wochen Pro= viant erhielt.“

Wie aber die Dinge kamen, mußte Mesolonghi, von der Gewalt der Waffen unbezwungen, dem Hunger erliegen.

Als die griechische Flotte absegelte, befanden sich in den Magazinen der Stadt nur noch Rationen für 2 Tage. Das Fleisch von Ratten und Mäusen war ein Leckerbissen geworden; Fische und Krebse holte man sich nur mit Lebensgefahr, der Genuß von Seegras, Gewürm und Thier= häuten erzeugte Krankheiten und Tod. Viele stürzten auf der Straße von plötzlichen Krämpfen ergriffen zusammen. Die Gesunden schlichen hohl= äugig und bleich wie Gespenster herum, von den Leiden der Kranken, welche ohne Pflege und Kleidung, von Schmutz und Ungeziefer übersät, bei lebendigem Leib verfaulten, haben anwesende Aerzte ein grausenerre= gendes Bild entworfen. Die Häuser lagen in Trümmern, das Bombar= dement der Egypter hatte aus der Stadt eine obdachlose Ruine gemacht. Aber die Männer lasen in den gesunkenen hohlen Augen ihrer Frauen, die Frauen in denen der Männer den festen unbeugsamen Entschluß, lieber das Aeußerste zu ertragen, als sich zu ergeben. Jede Aufforderung des Feindes, der von der gräßlichen Noth wohl unterrichtet war, ward mit Stolz und Hohn zurückgewiesen. „Wir sind in die Nothwendigkeit versetzt“, schrieb der Herausgeber der „Hellenischen Chronik“ um die Mitte April, „uns von den unsaubersten Thieren zu nähren, wir leiden fürchter=

sich durch Hunger und Durst, und Krankheiten vermehren noch unsere Bedrängniß. 1740 unserer Genossen sind bereits gestorben, 100,000 Kugeln und Bomben haben unsere Häuser und Bastionen zerstört; es fehlt uns Holz zum Feuern und die Kälte setzt uns gewaltig zu. Dennoch ist es ein erheiterndes Schauspiel, den Eifer und die Ergebung der Besatzung unter so vielen Entbehrungen zu beobachten. Nur noch wenige Tage und diese Helden werden körperlose Geister sein! Im Namen unserer braven Truppen, des Notis Botsaris, des Papadiamantopulos und meiner selbst, dem die Regierung den Oberbefehl eines Korps anvertraut hat, erkläre ich, daß wir dem Himmel geschworen haben, Mesolonghi Fuß für Fuß zu vertheidigen, keiner Kapitulation Gehör zu geben und uns selbst unter den Ruinen zu begraben. Unsere letzte Stunde naht. Die Geschichte wird uns Gerechtigkeit widerfahren lassen und die Nachwelt unser Mißgeschick beweinen!"

Der heldenmüthigen Besatzung blieb nur die Wahl: in Mesolonghi den Hungertod zu sterben oder zu versuchen, ob man — wie einst in gleicher Noth die Plataäer gethan hatten — sich mit dem Schwert in der Hand den Weg durch die Feinde bahnen könne.

Eine öffentliche Versammlung entschied für das Letztere. Fiel es den Bürgern auch schwer genug sich von dem Boden zu trennen, an dem die Erinnerung des heiligen Kampfes und das Blut ihrer gefallenen Brüder haftete, schien der Ausgang auch ungewiß und dunkel: man beschloß die Habe zu verbrennen, Weib und Kind in die Mitte zu nehmen und sich in der Nacht des 22. April durch das feindliche Lager durchzuschlagen. Vielleicht daß nur ein kleiner Theil entkam, daß die Uebrigen bei diesem letzten Ausfall zu Grunde gingen: jedoch wer fiel und wer entkam, war gleicherweise frei.

Man hoffte, daß Karaïskakis und die festländischen Kapitäne, welche zu Platanos lagerten, durch eine gleichzeitige Diversion im Rücken des Feindes die Aufmerksamkeit von Mesolonghi ablenken würden. Es schlichen sich also Boten aus der Stadt durch die Belagerungslinien hindurch nach Platanos, um Karaïskakis zu benachrichtigen. Vom Fieber gelähmt, versammelte dieser seine Kapitäne um sich und erklärte ihnen, daß er selbst außer Stande sei, persönlich zur Rettung Mesolonghi's mitzuwirken, daß er ihnen jedoch rathe, insgesammt nach den Abfällen des Zygos zu marschiren und durch einen Angriff auf die Türken den Brüdern in Mesolonghi Luft zu machen. Die Krankheit eines Führers, der das höchste Vertrauen der Soldaten besaß, mußte in diesem kritischen Momente lähmend wirken. Von den 2000 in Platanos versammelten Griechen fanden sich nur ein paar Hundert unter Kosta Botsaris marschbereit. Sie zogen ostwärts über die Höhen, bis sie den waldigen Varvasara erreicht hatten, stiegen dann am 22. April kurz vor Sonnenuntergang nach der Ebene nieder und gaben durch Abfeuern ihrer Gewehre bei St. Symeon ein erstes mit den Belagerten verabredetes Signal. Aber nicht diese allein, auch die Türken begriffen sogleich, was das Erscheinen dieser griechischen Haufen zu bedeuten habe. Ibrahim und Kiutagi waren durch einen bulgarischen Verräther von der Absicht der Mesolonghiten unterrichtet, und obwohl sie kaum glauben wollten, daß die ganze Bevölkerung der Stadt versuchen werde sich durchzuschlagen, trafen sie doch jede Vorsichtsmaßregel, um einen etwaigen Ausfall zurückzuweisen, koncentrirten alle in Krionero, Stamma, Anatoliko entbehrlichen Truppen im Lager, stellten ½ Stunde von der Stadt Reiterei in Hinterhalt und warfen dem Korps Kosta Botsaris' 2000 Albanesen nach St. Symeon entgegen, eine Uebermacht, vor der sich dieses rasch zurückziehen mußte.

Die Belagerten ahnten — vielleicht zu ihrem Glücke — nicht, daß die auswärtige Diversion bereits vereitelt sei. Sie ordneten sich an den Wällen der Ostseite, bei den Bastionen Montalembert und Rhigas. Der älteste der mesolonghitischen Kapitäne, Notis Botsaris, verkündigte den Plan des Ausfalls. Er befahl den streitbarsten Männern, in aller Stille vor die Bastionen zu schleichen und sich dort im Graben auf die Erde zu legen. Sobald neue Schüsse von Zygos her verkündeten, daß die Entsatztruppen mit den Belagerern handgemein seien, sollten die Palikaren aufspringen und sich in zwei Haufen theilen. Der eine sollte sich gegen das Lager Kiutagi's, der andere mit Weibern, Kindern und Greisen sollte sich gegen das Lager des Egypters wenden. Als Vereinigungs= und Sammelpunkt bezeichnete Botsaris den 1½ Stunde entfernten Weinberg des Kotsika bei St. Symeon.

Doch so rasch und glücklich, wie er entworfen war, sollte der Plan nicht gelingen. Die Zahl der in der Stadt befindlichen Menschen belief sich zwar noch immer auf 9000; doch die Zahl der waffenfähigen Männer unter Notis Botsaris, Kitsos Tsavellas und Makris auf kaum 3000, während die der Weiber 5000 überstieg. Die schwer Verwundeten mußte man zurücklassen, auch vermochte Mancher im entscheidenden Augenblick nicht den heimathlichen Boden zu verlassen. Eine herzzerreißende Scene fand statt, als die Zurückbleibenden sich von ihren wegziehenden Brüdern und Schwestern trennen sollten, der Abschied zögerte sich hinaus. Die Bürger Mesolonghi's blieben erklärlicher Weise am längsten zurück.

Inzwischen waren die Türken durch das wirre Getöse, das von der Stadt herscholl, aufmerksamer geworden, sie feuerten gegen die Bastionen der Ostseite, von wo der Ausfall zu erwarten war, und über die auf der Erde liegenden Palikaren hinweg.

Mitternacht kam heran, auf den Höhen des Zygos, von wo man das erneute Signal und den Angriff im Rücken der Türken erwartete, blieb Alles still. Da war die Ungeduld der Palikaren nicht mehr zu bemeistern, ein Flüstern und Murren lief durch ihre Reihen, und als der Mond mit vollem Glanz hervortrat, sprangen sie plötzlich alle aus

dem Graben empor und stürmten unter dem einmüthigen Rufe ἔμπροσ,
vorwärts! auf die feindlichen Werke und Batterien los. Botsaris führt
nach rechts, Makris nach links, Tsavellas hielt die Mitte. Ihr erster Anprall war unwiderstehlich. Während sie aber unaufhaltsam über Schanzen, Gräben und Bajonette vorwärts eilten, konnte in ihrem Rücken die
verabredete Ordnung nicht gehalten werden. Erst still, dann mit Jammern und Geheul drängte die Masse der Bevölkerung, Weiber als Männer vermummt und bewaffnet, Kinder mit Pistolen und Säbel im Gürtel,
Greise, in deren welken Händen die Waffen zitterten, aus Thor und
Breschen über den Festungsgraben. Alsbald ward der dichte Knäuel von den
türkischen Batterien, deren eine kaum 30 Schritt entfernt lag, mit Kartätschen zerrissen. Die 4 hölzernen Brücken, die über den Graben geschlagen waren, wurden der Schauplatz der wildesten Verwirrung. Aus
dem Gewühl erhob sich der Schreckensruf: „Zurück, zurück, zu unseren
Batterien und Kanonen!" Man weiß nicht, wer ihn ausgestoßen, ob ein
Verräther oder ein Verzweifelnder, der in den Graben gedrängt war,
ob ein Bürger Mesolonghi's, der den Untergang seiner Stadt nicht überleben wollte: allein der Plan des Ausfalls war vollkommen vereitelt, denn
nun stürzten die Mesolonghiten, getäuscht durch jenen Ruf, in wirren
aufgelösten Haufen nach der Stadt zurück, um lieber am heimathlichen
Heerd zu fallen, als das grausige Wagestück des Ausfalls zu vollbringen.
Mit ihnen zugleich ergossen sich die Schaaren der Belagerer mordend und
brennend über die dem Untergang geweihte Stadt.

Der Donner des Geschützes, das Wehklagen der Sterbenden, das
Krachen einstürzender Balken, der tobende Allahruf der Muselmänner verkündeten weit und breit das Bluturtheil dieser schrecklichen Nacht.

Auch jetzt erkauften die Belagerer ihren Sieg mit schweren Opfern.
Die Mesolonghiten wehrten sich wie Verzweifelte. Ein verwundeter Greis
wartete bei der Bastion Botsaris gelassen auf den Moment, wo die Feinde
anbrangen, warf Feuer in die Pulvermine und sprengte sich mit ihnen
in die Luft. Der Ingenieur der Festung Kokkinis, der Herausgeber der hellenischen Chronik Dr. Meyer, die deutschen Philhellenen Röser, Klemp, Schi-
pan, Dittmar, Lützow, Spitzelberg, Baron Riedesel, der Bischof Joseph
von Rogon, die Kapitäne A. Grivas, Sturnaris, Sabimas, die Primaten
Trikupis und Papadiamantopulos starben den Heldentod. Die Dichtung
hat den antiken Opfermuth des alten Primaten Kapsalis verklärt. Thränen-
los sah er am Tag vor dem Ausfall seine Gattin sterben, tröstete den
weinenden Sohn, er möge sich doch freuen, daß die Mutter der Gefangenschaft entronnen sei, ermuthigte ihn, sich mit den Ausziehenden zu retten,
weigerte sich aber selbst, den heimathlichen Boden, die Gräber seiner Väter zu verlassen. Die Türken hofften in der griechischen Patronenfabrik
reiche Beute zu finden, weil sie sahen, daß eine Menge von Weibern nach
dem Gebäude flüchtete. Sie kletterten auf das Dach, und versuchten von

oben einzubringen, drinnen aber harrte ihrer Kapsalis, die brennende Lunte in der Hand, er stimmte den Choral an „Gedenke unsrer, Herr", zündete, und eine furchtbare Explosion begrub Gläubige und Ungläubige; über den Trümmern des Gebäudes aber schlugen die Wogen des Meeres zusammen. So fanden die Eroberer statt der Beute den Tod. Als die Sonne am 23. April aufging, beschien sie die noch brennende Stadt, tausende von Leichen bedeckten den Boden. Ibrahim rühmte sich, daß seine Egypter allein 3000 Köpfe gesammelt hätten. Die überlebenden Weiber und Kinder wanderten in die Sklaverei.

Auf der südwestlich von der Stadt gelegenen Insel Anemomolos hielt sich ein kleiner Haufe Griechen noch bis zum 24. April. Als jede Möglichkeit des Widerstands abgeschnitten war, zogen die Vertheidiger den Tod der Gefangenschaft vor und sprengten sich in die Luft.

Das Schicksal der Schaaren, welche unter Botsaris, K. Tsavellas und Makris vorausstürmten und die feindlichen Linien durchbrachen, hatte sich inzwischen rasch erfüllt. Sie wähnten sich in Sicherheit, da sie das Lager der Feinde hinter sich hatten, doch nun brach die von Ibrahim im Hinterhalt postirte Kavallerie hervor und jagte auf die Flüchtigen los, deren Gestalten das tückische Mondlicht deutlich erkennen ließ. Es entstand ein furchtbares Gemetzel. Eine griechische Jungfrau, die ihren kranken Bruder trug, sah einen türkischen Reiter heransprengen. Rasch entschlossen setzte sie den Kranken nieder, nahm dessen Flinte, hielt dem Feuer des Türken Stand, schoß ihn vom Pferde und trug dann ihren Bruder weiter. Auch die wackere Besatzung Klisova's watete jetzt durch die Lagunen herbei und nahm Theil an dem Kampf gegen die feindlichen Reiter. Aber Heldenmuth und Aufopferung fruchteten zu Nichts. Die Haufen, welche sich unter Makris links nach Anatoliko gewandt und den heftigsten Choc der Reiter auszuhalten hatten, wurden vollkommen aufgerieben. Auch die beiden anderen griechischen Abtheilungen erlitten schwere Verluste; sie sammelten sich erst wieder als das koupirte Terrain am Fuß des Zygos die Bewegungen der verfolgenden Reiter hemmte. Hier schöpften sie von Neuem Athem und hofften, nun endlich von den Hülfstruppen des Karaïskakis aufgenommen zu werden.

Statt ihrer fanden sie aber das von Kiutagi nach St. Symeon ausgesandte Albancsenkorps, welches leise herangeschlichen kam und aus größter Nähe seine tödtlichen Salven abfeuerte. Der Verlust der Griechen war noch größer als zuvor in der Ebene. Entsetzt flohen sie weiter hinauf nach dem Gipfel des Berges, von den Albanesen, denen für jeden Kopf ein hoher Preis verheißen war, hitzig verfolgt. Die meisten Weiber und Kinder, die sich soweit geschleppt hatten, aber nicht weiter zu kommen vermochten, fielen bei dieser wilden Menschenjagd in die Hände der Albanesen. Endlich sahen sich die Flüchtlinge auf dem Gipfel des Zygos in Sicherheit, wo sie eine Handvoll Leute vom Korps des K. Botsaris und einige Nahrungsmittel fanden. Ferne im Thal verlor sich der Lärm der Verfolger; aus der Ebene leuchteten die Flammenzeichen der brennenden Stadt. Die Geretteten, hungernd und entblößt, verbrachten eine schreckliche Nacht auf der Höhe. Am andern Morgen erreichten sie das öde Dervekista und Tags darauf das Lager von Platanos, wo sie eine Woche blieben, um die Zersprengten an sich zu ziehen. Von den dortigen Häuptlingen fanden sie freilich nur wenig Unterstützung. Und so schleppte sich zu Anfang Juni der Rest der Besatzung Mesolonghi's — es waren kaum 1300 Menschen, darunter 7 Frauen und ein Paar Mädchen und Knaben unter 12 Jahren — in Jammer und Noth nach Salona, wo sie Erquickung und Hülfe fanden. Man staunte die geretteten Männer, den Greis Notis Botsaris, den Tsavellas und Fotomaras an als Wunder der Tapferkeit. Es ging eine Ahnung durch das unglückliche und zerrissene Volk, daß Mesolonghi sich für Hellas geopfert habe und daß man sich des Opfers würdig zeigen müsse.

Als die Schmerzenskunde nach Epidauros kam, wo gerade unter dem Druck der höchsten Noth die dritte Nationalversammlung zusammengetreten war, herrschte eine halbe Stunde lang das Schweigen des Grabes. „Jeder", so berichtet Kolokotronis „bemaß in seinem Sinn seine eigene Vernichtung." Man mußte sich selbst anklagen, weil man gezögert, berathen und gestritten hatte, während der Feind vor den Thoren stand. Kolokotronis sprach den Versammelten Muth zu, betrieb neue Rüstungen und die Bestellung einer neuen Regierung in Nauplia.

Konduriottis und die schwachherzigen Egoisten seiner Umgebung waren nun unmöglich geworden. Nur ein starker nichtsachtender Patriotismus konnte Griechenland retten. Und wie in Griechenland, so regte sich in ganz Europa die öffentliche Meinung gegen die zahmen und weltklugen Leute, welche ferne gestanden und „weise berathschlagt hatten als die Todtenglocke rief."

Durch diese Belagerung, so denkwürdig wie Sagunt in der alten, Saragossa in der neuen Zeit, durch diesen Heldenkampf, der unsterblich sein wird, solange der Mensch seine Heimath liebt und ihr das Leben opfern kann, durch diesen ruhmvollen Untergang Mesolonghi's war ja nun der unversöhnliche Gegensatz zwischen Griechen und Türken mit blutiger Frakturschrift erwiesen, es war selbst einer zögernden begeisterungsarmen Diplomatie offenbar geworden, daß Etwas geschehen müsse im Orient, daß die Bewegung sich nicht mehr vertuschen noch in aller Stille begraben lasse.

Die russische Denkschrift vom 9. Januar 1824 hatte einen wichtigen Abschnitt in den Unterhandlungen über die orientalische Frage bezeichnet. Rußland hatte Farbe bekannt, seine Absichten lagen offen vor der Welt. Das Kabinet von St. Petersburg hoffte mit denselben bei den Türken und Griechen wie bei den Mächten durchzudringen.

Mußte es nicht der Pforte angenehm und erwünscht erscheinen, den aussichtlosen Krieg durch freiwillige Unterwerfung der Rebellen beendigt, die Oberhoheit des Sultans über Griechenland gesichert und von Europa garantirt zu sehen? Und weshalb sollten die Griechen nicht zustimmen, weshalb sollten sie nicht die großen Vortheile des russischen Planes dem Traumbild der Unabhängigkeit vorziehn? Endlich glaubte man auch der Zustimmung der Mächte sicher sein zu können, da der russische Vorschlag geeignet war, die Umtriebe der europäischen Revolutionspartei zu Schanden zu machen und den Demagogen die plausible Beschuldigung zu entwinden, als hätten die Fürsten die Absicht, Griechenland in Anarchie und Barbarei zurückzuwerfen und Mohammedanismus und Christenthum auf eine Linie zu stellen. In der That würde die Ausführung des russischen Planes wohl am raschesten die Begeisterung für Griechenland abgekühlt und das öffentliche Interesse Europa's von der griechischen Sache abgelenkt haben.

Es sollte anders kommen.

Die russische Denkschrift fand weder den gehofften Beifall der streitenden Theile noch den der Mächte. Als Lord Strangford den Eindruck, den die Denkschrift in Konstantinopel gemacht hatte, abzuschwächen und die Treue der Abschrift in Zweifel zu ziehen suchte, welche der Pforte zugekommen war, fragte ihn der Reis: „in welchem Vertrage steht es geschrieben, daß die europäischen Souveräns das Recht haben, nach ihrem Gutdünken in der Türkei den Herrn zu spielen, weil es christlichen Unterthanen der Pforte gefallen hat sich zu empören? woburch wollen sie diese Anmaßung rechtfertigen? etwa daburch, daß unsere Waffen die Rebellen nicht unterdrückt haben? Aber an wem liegt die Schuld? Haben wir nur die Griechen zu bekämpfen, oder neben diesem offenen Feinde nicht auch die geheimen noch, die uns zwar Freundschaftsworte, den Rebellen aber Waffen, Geld, Rath, Hülfe aller Art geben? Forderten wir fremde Hülfe, dann würde die eine oder die andere Macht das Recht haben, sich dagegen zu setzen; aber wir fordern nichts als Achtung für unsere Unabhängigkeit. Wir mischen uns in keines Andern Geschäfte und sind entschlossen nicht zu dulden, daß man sich in die unseren mische." Daß die Griechen von den russischen Vorschlägen ebensowenig hören wollten wie die Türken, kam bald zu Tage. Der griechische Staatssekretär für das Aeußere, Rhodius, verwahrte sich in einem Schreiben vom 12. August 1824 an Canning auf das Feierlichste gegen jede Berücksichtigung des russischen Vorschlags durch die Mächte. Er sprach Englands Hülfe nach dem Vorbild dessen an, was es für die spanischen Kolonien in Amerika gethan habe. Wie tief der russische Einfluß unter den Griechen in Folge jener Denkschrift gesunken war, zeigte sich, als im Herbst 1824 der 80 jährige reiche Varwakis aus Odessa nach Griechenland kam, gegen die Geldverbindungen mit England eiferte, den Kapodistrias zum Präsidenten empfahl und Propaganda für

Rußland zu machen suchte. Man strich die Summen, die er für die Psarioten und für allgemein wohlthätige Zwecke herschenkte, ein, ging ihm aber übrigens mißtrauisch aus dem Wege und behandelte ihn als einen Verdächtigen. Allen Einflusses baar, ist er bald darauf in Zanthe gestorben. Für Canning aber war der Hülferuf der griechischen Regierung eine erwünschte Handhabe, um den englischen Einfluß in Griechenland zu befestigen. Er nannte die Zuschrift „das Vernünftigste, was die Griechen seit den Tagen des Epaminondas gethan hätten". „Canning scheint", bemerkte Metternich, „den Incident als Triumph über Rußland anzusehen." Dem Fürsten Esterhazy, der sich darüber erstaunte, daß man auf das Papier einer nicht autorisirten Regierung Werth lege, gestand der englische Premier, wie Esterhazy zu bemerken glaubte „nicht ohne Verlegenheit" ein, „daß er die Griechen nie als Rebellen ansehen könne, die öffentliche Meinung in England, schon sehr erregt, werde noch heftiger, wenn man gegen den Willen beider Theile eine Intervention aufzuzwingen suche."

In diesem Sinne beantwortete Canning am 1. Dezember 1824 die Zuschrift des griechischen Staatssekretärs, und die Thatsache der Antwort war an und für sich schon ein in seinen Folgen unberechenbares Zugeständniß. Er bestritt die Echtheit des russischen Vorschlags und nahm als ausgemacht an, daß die Griechen sich auf keinen Vergleich einlassen würden, der nicht die Unabhängigkeit zur Grundlage hätte, sowie daß der Divan jeden verwerfen würde, der nicht die Aufrechterhaltung seiner Herrschaft über Griechenland bewahrte. Bei so schroff entgegenstehenden Verlangen sei eine Vermittlung, deren Elemente allerdings in der sogenannten russischen Denkschrift enthalten wären, überhaupt nicht wahrscheinlich. Schließlich erklärte er zwar, strenge Neutralität beobachten, jedoch an keinem Vergleiche mitarbeiten zu wollen, der dem Willen der Griechen entgegenstehe. Die Wirkung dieses Schreibens, dem die Anerkennung des griechischen Blokus folgte, war eine gewaltige. Die Griechen sahen sich in ihrer politischen Existenz anerkannt, der Pforte als gleichberechtigte Macht gegenübergestellt. Fürst Metternich konnte sein Staunen darüber nicht verbergen, „daß Canning's Antwort die Individuen, welche in Napoli di Romania herrschten, förmlich als Regierung anerkenne"; er sprach die Vermuthung aus, daß nicht sowohl der griechische Protest, als vielmehr Canning's Abneigung gegen die russischen Pläne, den ungewöhnlichen Schritt des englischen Premier's hervorgerufen habe, und tröstete sich mit der Hoffnung: je revolutionärer Canning vorgehe, desto eher „werde Rußland auf das Terrain des Friedens und der Gesetzlichkeit zurückgedrängt werden".

Wie gewöhnlich, so blickte auch diesmal Metternich's Auge schärfer in die Vergangenheit als in die Zukunft.

Die Gefahr der russischen Vorschläge hatte Canning zu selbstständigem

Vorgehen im Orient angespornt. Er war zwar höflich genug zu finden, daß in der russischen Denkschrift sehr schätzbares Material, eine ausgezeichnete Basis enthalten sei, theoretisch pflichtete er den russischen Ideen bei; in der Praxis aber gedachte er sie zu Gunsten Englands abzuändern und Einfluß in Griechenland zu gewinnen. Deßhalb suchte er die von Kaiser Alexander nach Petersburg berufenen Konferenzen, in denen über die Ausführung der russischen Denkschrift berathen werden sollte, zu vereiteln. Er ließ erklären, sein Gesandter dürfe nicht daran Theil nehmen, Wien sei ein besserer Konferenzort wie St. Petersburg.

Canning's stille Gegenwirkung gegen die russischen Pläne mußte um so eher Erfolg haben, da auch die übrigen Kabinette, obwohl sie äußerlich die Denkschrift gut aufgenommen hatten, von den russischen Anschauungen über die Zukunft Griechenlands nicht erbaut waren. Alle behielten sich, indem sie in der Grundlage den russischen Vorschlägen beistimmten, vor: über die Ausführung ihre abweichenden Meinungen vorzubringen. Als die Konferenzen dennoch am 17. Juni 1824 in St. Petersburg eröffnet wurden, und Graf Nesselrode die Denkschrift vom 9. Januar vorlegte, damit die andern Gesandten sich über die Grundlagen und über die Ausführung der Pacifikation äußerten, zeigte man sich zwar bereit, den edelmüthigen Absichten Rußlands Gerechtigkeit widerfahren zu lassen, erklärte sich aber für inkompetent, Weisungen bezüglich der griechischen Frage an die Gesandten in Konstantinopel zu erlassen, überhaupt Schritte zur Ausführung der russischen Pläne zu thun.

Im August brachten der böse „Incident" des griechischen Protestes und eine Reise des Zaaren in die südlichen Provinzen eine längere Stockung in den Konferenzen. Canning berief sich auf die Zuschrift des Rhodius und auf den gleichzeitigen Protest der Pforte: die Lage, erklärte er, sei eine solche geworden, daß das britische Kabinet nicht gegen den Willen beider streitenden Theile vermitteln wolle. Es sei klar, daß der Kampf ein höchst erbitterter, ein Kampf bis zum Messer sei. Darum sei aber auch der Moment für die Thätigkeit der Diplomatie noch nicht gekommen, sondern die Parteien müßten sich erst erschöpfen, ehe eine fremde Intervention stattfinden könne. Er tadelte seinen Gesandten Bagot, daß er überhaupt an den Konferenzen Theil genommen habe. Sein Vetter Stratford läugnete Metternich gegenüber nicht, daß man englischerseits eine Zusammenkunft ungern sehe, welche die Formen der Allianz zurückrufen würde. „Wir haben nur", bemerkte er spöttisch, „da wir der Allianz ebenso zugethan sind wie der Fürst Metternich, die heilige Lade nicht profaniren wollen."

Der österreichische Staatskanzler verwahrte sich nun zwar dagegen, daß Canning die Allianz überhaupt kenne, und hielt derselben eine lange Lobrede. Sie biete den Vortheil, daß man sich nicht zu suchen brauche, um sich auf einem und demselben Princip vereint zu finden; daher die Haltung im Orient und die Angriffe der Faktiösen gegen die Allianz. Wenn die englische Regierung auf gleicher Linie mit der österreichischen gehe, so möge sie einige Schritte weniger, einen Schritt mehr machen, weniger die revoltirten Staaten liebkosen und die Principien bekennen, die ihrem System zu Grunde lägen.

Nichtsdestoweniger erkannte Fürst Metternich sehr wohl, wie treffend der englische Diplomat auf den Gegensatz zwischen Oesterreich und Rußland angespielt habe. Der österreichische Staatskanzler war ja im Grunde von der russischen Denkschrift ebensowenig erbaut, wie sein diplomatischer Rivale in Downing-Street. Er hatte eingestandenermaßen gern vernommen, daß die Griechen dagegen protestirten, und hatte vorausgesagt, daß auch die Pforte sich gegen die russischen Vorschläge sträuben werde. Als Lebzeltern berichtete: „daß das russische Kabinet durch die Veröffentlichung der Denkschrift in schwere Verlegenheit gerathen sei, aus der es so schnell wie möglich gezogen zu werden hoffe, widrigenfalls es zu einem Staatsstreich genöthigt werden würde", fand Metternich das ganz in der Ordnung.

Er gedachte unabhängig von dem englischen wie von dem russischen Kabinet in der griechischen Frage vorzugehen.

Das Treiben der Parteien in Griechenland ward von der Wiener Hofburg aus mit größter Spannung beobachtet: man erkannte, wie schwer die Anhänger Konduriottis' und Maurokorbatos' den Anhängern des Kolokotronis und Odysseus, die europäisch Gebildeten den Klesten gegenüber überständen. Man beschloß, diesen Parteikonflikt zu benutzen, um eine selbstständige Politik und Einfluß in Griechenland zu gewinnen. Hatte Canning sich auf die europäisch Gebildeten und Civilisirten gestützt, so wollte man sich auf die ungebildeten und rohen, aber echt nationalen Elemente stützen. Man wollte sich der Klesten bedienen, um die demokratische Partei, den „Bastard des Geistes dieses Jahrhunderts, die an Griechenland an der Spitze der Regierung stehe", zu stürzen. Man wollte das Legitimitätsprincip durch Kolokotronis und Odysseus aufrecht erhalten, die freilich nur eine geringe Ahnung davon haben mochten, wie sie der Gegenstand politischer Spekulationen an der Wiener Hofburg geworden waren. „Hier wie dort", erklärt eine Denkschrift aus der Feder von Gentz, „muß der Gang der englischen Regierung unter der gegenwärtigen Leitung uns als Weisung und Lehre dienen, nicht um ihn nachzuahmen, sondern den entgegengesetzten Gang zu wählen. England sieht Griechenland nur in den Demagogen von Nauplia und Hydra. Die das wahre Wohl Griechenlands wollen, müssen es auf der andern Seite suchen. Auf jedem anderen Wege wird man Schiffbruch leiden." Fürst Metternich war durch seine Agenten im Orient allzu gut über die Stimmung in Griechenland unterrichtet, als daß er sich Hoffnungen auf eine völlige Herstellung des Status quo gemacht hätte. Er legte jetzt

selbst das höchste Gewicht auf die Regelung der griechischen Angelegen=
heiten und erklärte: die griechische Frage muß beredet werden, selbst die
Autokratie des Kaisers kann das nicht hindern.

Er hatte es Ende des Jahrs 1824 dahin zu bringen gewußt, daß
der Gegenstand vieljährigen Haders zwischen Rußland und der Türkei, die
Fürstenthümerfrage, erledigt ward. Nachdem man schon Lord Strangford
gegenüber vor dessen Abgang von Konstantinopel die Räumung der Für=
stenthümer im Prinzip zugestanden hatte, vermochten Metternich's ent=
schiedene Vorstellungen den Divan dazu, endlich in praxi Ernst mit der
Räumung zu machen. Der Wiederanknüpfung diplomatischen Verkehrs
mit Rußland, der Sendung des russischen Bevollmächtigten Ribeaupierre
nach Konstantinopel schien nichts mehr im Wege zu stehen. Aber die
Fragen, „welche sich auf die Humanität bezogen", hatten nun ungleich
höhere Bedeutung erlangt, als diejenigen, „welche die Verletzung des Frie=
dens von Bukarest betrafen". Metternich war sich darüber klar geworden
— und das ist die bisher verkannte positive Seite der österreichischen Ka=
binetspolitik jener Tage — daß die griechische Frage keine halbe, sondern
eine ganze Lösung erhalten müsse. Die beiden Parteien, deren schroffen
Gegensatz er in Griechenland konstatirt hatte, die Klesten wie die Prima=
ten, mochten sie Werkzeuge einer legitimen oder einer demokratischen Po=
litik sein, waren, darüber hatte Metternich hinreichende Informationen
erhalten, in einem einzigen Punkte vollkommen einig: in dem Haß gegen
die Türken. Weder die Einen noch die Andern wollten eine Erneuerung
des alten Zustandes unter neuen Formen, ein Abhängigkeitsverhältniß von
der Türkei; beide wollten vollkommene Unabhängigkeit. Obwohl die griechi=
sche Regierung durch ihr Kaperdekret vom 27. Mai und durch die Fest=
nehmung und Plünderung österreichischer Kauffahrer in eine ganz beson=
ders feindselige Stellung zu dem Kaiserstaat gerathen war, hielt es
Maurokordatos doch für geeignet, sich vor dem österreichischen Kabinet
ebenso feierlich gegen die russischen Plane zu verwahren wie vor dem
englischen. Er wandte sich am 17. Dezember 1824 an Friedrich Gentz,
wies darauf hin, daß der glorreiche Kampf bereits das vierte Jahr er=
reicht, daß der Wahn, die Türkei sei allein im Stande den Aufstand zu
bewältigen, ebenso wie der Irrglaube über den Zusammenhang der griechi=
schen Sache mit derjenigen der Revolution zerstört sei. Die Unabhängig=
keit Griechenlands sei nur noch eine Zeitfrage. Inwiefern die Unabhän=
gigkeit Griechenlands den Interessen Europa's dienen oder schaden könne?
das zu erwägen sei die Aufgabe. Der russische Vorschlag habe zum Zweck,
Griechenland in sich zu trennen und sich in den zinspflichtigen Provinzen
ebensoviele bequeme Eroberungen bereit zu legen, während ein un ab hän =
g i g e s Griechenland der natürliche Freund und Verbündete der Pforte,
mit ihr zugleich eine Schutzwache gegen Rußland, und zwar eine bessere,
als die zeitherige sei, also aus demselben Grunde von den Mächten ge=

wünscht und gehalten werden solle, warum sie bis nun das türkische Reich hielten. Oesterreich könne in seinem besonderen Interesse durch die Unabhängigkeit Griechenlands nur gewinnen.

Der Scharfblick des österreichischen Staatsmannes konnte die Triftigkeit dieser Argumentationen nicht verkennen. Er vermied es zwar eine direkte Antwort zu geben und ließ durch den österreichischen Generalkonsul Hauenschild von Korfu aus in vornehmem Tone erwiedern: Obwohl Maurokordatos die Unabhängigkeitsthese geschickt vertheidigt habe, so existire über dieser Interessenfrage für die Regierungen die höhere Erwägung der Prinzipien. Der Aufstand der Griechen habe allerdings seit seinem Beginn einen eigenthümlichen nationalen Charakter getragen. Man dürfe ihn nicht mit den Aufständen verwechseln, welche die Tollheit oder Bosheit einer verhaßten Faktion anderswo erregt habe. Allein man müsse die Frage aus dem Gesichtspunkt des öffentlichen Rechts entscheiden, welches allein die Beziehungen zwischen der Pforte und den europäischen Mächten regele, und man habe kein rechtliches Mittel, um den Sultan zu veranlassen seiner Souveränetät über Griechenland zu entsagen.

Nichtsbestoweniger mußte Gentz am Schluß seines Schreibens die ahnungsvolle Wendung gebrauchen, daß „wenn die Griechen auf ihrer absoluten Unabhängigkeit, und die Türken darauf beharrten, dieselbe zu verweigern — wenn die Mächte keinem der streitenden Theile Gesetze schreiben, ihre Prinzipien dem Frieden Europas nicht opfern wollten — daß dann allein die Vorsehung das Problem lösen könne."

Die Zugeständnisse, welche ein so eifriger Türkenfreund wie Gentz der griechischen Sache machte, sind höchst charakteristisch.

In einem vertrauten Memoire vom 10. November 1824 hatte Gentz bereits selbst die Unabhängigkeit Griechenlands als das Geringere unter den Uebeln, die Europa treffen könnten, in's Auge gefaßt. „Wenn", so erklärte er dem Fürsten Metternich, „die Unabhängigkeit Griechenlands, denn um etwas Anderes handelt es sich nicht mehr, uns ein so wichtiges Gut oder eine so erwiesene Nothwendigkeit erscheint, daß man seinen Entschluß über die künftige Existenz des türkischen Reichs fassen muß — nun gut, so wollen wir rein und einfach diese Unabhängigkeit anerkennen und abwarten, daß die Pforte uns Rechenschaft darüber abverlangt." Gentz' Aeußerungen warfen ein neues, helles Licht auf die orientalische Politik des österreichischen Kabinets. Wir erkennen endlich mit aller Schärfe, um was es sich handelte. Man machte Front gegen Canning und Alexander, gegen England und Rußland zugleich. Während man der englischen Schutzakte die Verbindung mit den Kleften entgegenzusetzen, und „das britische Kabinett zu zwingen" suchte, „dahin zurückzukehren, wo seine Pflicht sei", setzte man den russischen Plänen, die in jener Januardenkschrift enthüllt waren, den Gedanken der Unabhängigkeit Griechenlands entgegen. Gerade weil Rußland die Unabhängigkeit Griechenlands verweigerte, galt es für Oesterreich sie zu gewähren. Die Selbstsucht, welche die Griechen nur als Werkzeuge des Panslavismus ansieht, mußte enthüllt, und aus Rußlands vermeintlichen Vasallen mußte ein Damm gegen die moskowitischen Vergrößerungsgelüste geschaffen werden. Die griechische Sache hatte durch Lord Byron's Opfertod einen neuen Glanz, durch die Betheiligung des englischen Kapitals eine nicht zu verachtende materielle Stütze erhalten. Auf der anderen Seite drohte freilich die Gefahr der Unterwerfung durch den Egypter. Ibrahim hatte bei Navarin Fuß gefaßt und seine Sieges- und Verwüstungszüge durch den Peloponnes begonnen. Da stand die Alternative: „Unabhängigkeit oder Unterwerfung" klar vor der Seele des österreichischen Staatskanzlers. Er erkannte, daß die griechische Frage nur eine ganze Lösung erhalten könne. Als deshalb die unterbrochenen Petersburger Konferenzen Ende Februar 1825 wieder eröffnet wurden, beauftragte Metternich seinen Gesandten Graf Lebzeltern in einer geheimen Weisung, daß, falls die Unterwerfung nicht gelänge, nur die Unabhängigkeit der Griechen als anderer Wechselfall angenommen werden dürfe. Lebzeltern sollte die Anerkennung der griechischen Unabhängigkeit als die einzige Drohung hinstellen, die man als Zwangsmaßregel gegen den Divan anwenden dürfe.

Damit war eine folgenschwere Wendung der Dinge eingetreten. Das österreichische Kabinet hatte das Programm des europäischen Liberalismus wenigstens als eine Eventualität bei den Berathungen zugelassen. Man verhehlte sich in St. Petersburg nicht, daß eine Vermittlung zwischen den streitenden Theilen, ein Waffenstillstand, seit der Landung der Egypter doppelt schwierig geworden sei. Von russischer Seite sprach man deshalb zu Beginn der Konferenzen — an denen offiziell nur die Minister der vier Großmächte Theil nahmen, während Stratford Canning, der Vertreter Englands, außeramtlich von den Beschlüssen in Kenntniß gesetzt ward — den Wunsch aus, Oesterreich möge freundschaftlich kooperiren, falls die Wege der Ueberredung bei der Pforte erfolglos seien. Man schlug vor, diplomatische Agenten nach Griechenland zu senden, welche den Griechen administrative Unabhängigkeit unter der Suzeränetät des Sultans verheißen sollten. Die Pforte gedachte man durch den Abbruch der diplomatischen Verhältnisse einzuschüchtern. Nun aber nahm der österreichische Gesandte den Moment wahr um die von Rußland vorgeschlagenen Zwangsmittel zu bekämpfen und das neue Programm seines Kabinets zur Geltung zu bringen. „Ich meines Theils", erklärte er am 24. Februar 1825, „bin überzeugt, daß mein Hof nicht wünscht, daß man von Waffen, von Besetzung von Ländern, von militärischen Unternehmungen spreche. Ohne Zweifel wird zu Wien der Wunsch, Rußland gefällig zu sein, über manche Verschiedenheit der Meinung hinwegspringen machen, nie aber auch dann noch, wenn die Interessen Rußlands und diejenigen Europa's dadurch gefährdet werden. Uebrigens drängt noch Nichts zum Aus-

spruche, welche Maßregeln man im äußersten Falle nehmen wird. Warum
heute Entschlüsse ankündigen, wo der Ausspruch schon eine Feindseligkeit
gegen die Pforte ist, deren Vertrauen man doch erwerben will, und eine
mächtige Hilfe für den Aufstand, den man beizulegen sich zur Aufgabe
macht? Meinem Hofe wäre, frei gesagt, lieber, mit einem Sprung über
den Graben zu setzen, der bei allen Militärunternehmungen und Länder-
besetzungen denn doch vor unseren Füßen läge, lieber, geradezu die Unabhängigkeit der Griechen anzuerkennen und dadurch die Verlegenheiten durch-
zuhauen, welche alle Wege zur Lösung dieser Frage bewachsen." Die frei-
müthige Sprache Lebzeltern's verfehlte nicht tiefen Eindruck auf die in
Petersburg versammelten Diplomaten zu machen. Graf Nesselrode konnte
sich von seinem Staunen nicht erholen, daß eine so radikale Idee auf dem
Boden der sonst so streng konservativen österreichischen Kabinetspolitik
erwachsen sei. Da ihn aber Lebzeltern immer mehr in die Enge drängte
und von ihm zu wissen verlangte, ob die Unabhängigkeit Griechenlands
als äußerstes Mittel nicht einem Kriege vorzuziehen sei, nahm der russische
Diplomat keinen Anstand zu erklären: „Rußland könne die Unabhängigkeit der Griechen nie wollen, es wolle dieselben unter der Herrschaft des
Sultans, begünstigt, so weit es angehe, und in ihrer Verwaltung unabhängig." So hatte sich die kühne Sprache, welche Graf Lebzeltern gleichsam im Namen der öffentlichen Meinung Europa's führte, sofort belohnt:
Rußland war gezwungen worden, Farbe zu bekennen, zu bekennen, daß es
in der orientalischen Frage an der Tradition Peter's und Katharina's fest
hielt, daß es vor Allem den russischen Einfluß auf der Hämushalbinsel
befestigen und den Weg der Lösung einschlagen wolle, auf welchem es
selbst vorangehen und Leiter sein konnte.

Die Berathungen waren nahe daran sich zu zerschlagen. Denn auf
der einen Seite wollten die russischen Diplomaten nichts von der Anerkennung dieser „Chimäre", wie Kaiser Alexander sie genannt hatte, der
griechischen Unabhängigkeit hören, auf der anderen Seite sträubte sich
Graf Lebzeltern gegen eine von der Pforte zu erzwingende Intervention
und gegen die gemeinschaftliche Androhung von „fâcheuses conséquences",
womit die Russen den türkischen Eigensinn zu brechen hofften. Man
einigte sich schließlich am 7. April zu einem Protokoll, dem die Unverträglichkeit der sich gegenüberstehenden Anschauungen und der geheime
Gegensatz zwischen den Unterzeichnern deutlich an die Stirn geschrieben
steht. Die Pforte sollte „engagirt werden, aus freien Stücken die Intervention der Höfe zuzulassen". Es war ein halbes, unsicheres Resultat,
über dessen politischen Werth man sich weder in Wien noch in St. Petersburg Illusionen machte. Von Neuem schieden sich die Wege des österreichischen und russischen Kabinets. Die wiener Staatskunst hatte einen
theoretischen Vortheil, die richtige Diagnose des politischen Krankheitszustan-
des, erreicht. „Man hat", erklärte Lebzeltern, „erkannt was Rußland nicht

will, und aus Induktion was es will. Es will sich die Rolle, die Frank=
reich in Spanien, Oesterreich in Italien gespielt hat, assimiliren durch
militärische Demonstrationen, von der Allianz unterstützt, den alten Ein=
fluß wieder gewinnen." Noch schärfer urtheilte Metternich über das, was
er die „moralischen Aberrationen" Rußlands nannte.

Er war, dem Vorgeben nach wegen der Gesundheit seiner Frau, im
Frühjahr 1825 nach Paris gereist. Der Reise aber lagen vor Allem po=
litische Motive zu Grunde. Es galt sich des Königs und Villèle's zu
versichern, sie zum unbedingten Anschluß an Oesterreichs Politik zu be=
wegen. Bei der streng monarchischen Gesinnung, die damals am Hof der
Tuilerien herrschte, konnte es Metternich nicht schwer fallen, seine Auf=
gabe zu erfüllen. Er nahm die Ueberzeugung von Paris mit, daß Frank=
reich fortan in allen großen Fragen mit Oesterreich gehen werde; als er
den Kaiser Franz zu Mailand wiedersah, sprach er seine höchste Befrie=
digung mit dem französischen Aufenthalt aus, und Gentz meinte: Dies
Resultat der Reise ist von großem Werthe. Es verstärkt uns mächtig
gegen Rußland und giebt den Engländern ungeachtet ihrer stolzen Plane
doch zu denken." Der Rückhalt, den Oesterreich an Frankreich gewonnen
zu haben glaubte, lieh in der That seinem Auftreten Rußland wie Eng=
land gegenüber die größte Entschiedenheit. Auf eine russische Cirkular=
depesche vom 16. April, welche abermals Zwangsmaßregeln gegen den
Diwan in's Auge faßte und eine europäische Intervention als Nothwen=
digkeit hinstellte, ließ der österreichische Staatskanzler Ende Mai sehr ener=
gisch erwidern, daß Oesterreich stets den moralischen Zwangsmaßregeln,
z. B. der Anerkennung von Griechenlands Unabhängigkeit, den Vorzug
geben, und im Uebrigen alle materiellen Zwangsmittel widerrathen
werde. Man sieht, wie eifrig Metternich die günstige Position, welche
er durch Verkündigung der griechischen Unabhängigkeit gewonnen hatte,
zu verwerthen suchte. „Das russische Kabinett", bemerkte er, „will eine
leidige Wahrheit nicht bekennen, daß sein Einfluß über die Griechen
verbraucht ist. — Es kostet dem Menschen jederzeit viel sich eine unan=
genehme Wahrheit zu gestehen. Das ist heute die Lage des russischen
Kabinets.

Es will nicht über sich gewinnen, zu sehen, daß die Zeit, die Ereig=
nisse und sein eigener Gang in der ersten Epoche des griechischen Auf=
standes die Stellung Aller verrückt haben. Rußland hat nie die Unab=
hängigkeit der Griechen gewünscht, hat in seinem Interesse sie nie wünschen
können. Der Aufstand ist aber heutzutage ein Kampf um die Unabhän=
gigkeit und das erste Ergebniß dieses Wechsels die Unvereinbarkeit des
Einflusses, den Rußland sonst über Griechenland übte, mit den heutigen
Interessen der Griechen. Das will es sich nicht gestehen und glaubt dem
Schicksal eines Landes nicht fremd bleiben zu dürfen, wo es durch so
lange Zeit überwiegenden Einfluß übte. Auf der anderen Seite ist Ruß=

land wieder so enge an die Mächte geknüpft, daß es ohne ihre Zustimmung und Mitwirkung Nichts zu unternehmen in der Lage ist. Es blickt
nach Auswegen und findet keinen. Was es will, ist eben unmöglich, und
das Mögliche will es nicht. Das ist der Schlüssel zu allen Verlegenheiten."

Je kaltblütiger Fürst Metternich sich an den Verlegenheiten des russischen Kabinets weidete, desto höher stieg der Aerger des Zaaren. Die
Spannung war seit dem Augenblick, wo Oesterreich versucht hatte, dem
russischen Kabinet die Vortheile einer griechenfreundlichen Haltung zu
entwinden, in stetem Wachsen begriffen. Persönliches trat hinzu. Man
hinterbrachte dem Zaaren, daß Metternich in Paris die russischen Kriegs-
drohungen als nicht ernstlich gemeint hingestellt habe. Ein prahlerisches
Wort des französischen Botschafters in Konstantinopel, des Grafen Guilleminot, „man solle nur den nordischen Bären in Ketten legen, und er
wolle für alles Uebrige einstehen", erhöhte den Verdruß in St. Petersburg. Man war ärgerlich über die matten Ergebnisse der Konferenzen,
man dachte an Kapodistrias' Prophezeiung zurück: „Die griechische Sache
wird sich niemals unter Mitwirkung der Allianz regeln, weil Oesterreich
dagegen ist und weil es Rußland betrügen wird." Diesen Stimmungen
des Petersburger Hofes entsprechend, erklärte eine russische Cirkulardepesche vom 18. August, daß Rußland fortan in der orientalischen Frage
allein vorgehen und nur sein Recht und seine Interessen zu Rathe
ziehen werde. Pozzo di Borgo spornte von Paris aus zum Kriege; er
schlug in einer Depesche vom 16. Oktober die Gefahr der Friedensstörung
nicht allzuhoch an, erörterte, daß von keiner der europäischen Mächte bewaffneter Widerspruch zu erwarten sei, und daß der Zaar füglich allein
Zwangsmaßregeln gegen die Pforte ergreifen und die Fürstenthümer „in
Pfand nehmen" könne. Wenn Metternich widerstrebe, so sei es Gebot
der russischen Politik, Oesterreich mit dem furchtbarsten Sturme zu bedrohen. Die Pforte hatte sich zwar den dringenden Mahnungen des
Internuntius zu Folge zur Nachgiebigkeit in der Fürstenthümerfrage bequemt, hatte aber gleich die ersten vertraulichen Eröffnungen, die man ihr
bezüglich der Intervention in der griechischen Frage machte, mit Entrüstung
und schneidendem Hohn zurückgewiesen. So fand Pozzo di Borgo's Mahnruf in St. Petersburg, in der nächsten Umgebung des Zaaren ein energisches Echo; Religion und Politik, Glaube und Aberglaube mußten den
Zwecken der Kriegspartei dienen. War doch die Newaüberschwemmung
im Winter 1824 auf 1825 als ein Wink des zürnenden Himmels angesehen worden, dessen Langmuth durch die Preisgebung des Kreuzes erschöpft sei. Der politische und religiöse Fanatismus erblickten in einem
solchen Ereigniß die glühenden Worte des Mene Tekel an der Wand des
Assyrers. Die Seele des Zaaren war von trüben Ahnungen umlagert;
die Erinnerung an das blutige Ende seines Vaters verfolgte ihn im Wachen
und Träumen; weicher, melancholischer als je zuvor, war er auch geneigter

als sonst, allein den religiösen Impulsen in der griechischen Sache zu folgen, den diplomatischen Knoten mit dem Schwert zu zerhauen.

„Die Aufregung in St. Petersburg", berichtete man dem Fürsten Metternich, war so hoch gestiegen, „daß die Gesandten von Oesterreich, England und Frankreich dem russischen Kabinet die Hand reichen mußten." Es war fraglich, ob die „Handreichung" noch fruchtete. Während die vermittelnden Bestrebungen zu St. Petersburg und Konstantinopel einen neuen, wenn auch hier wie dort voraussichtlich erfolglosen Aufschwung nahmen, brach der Boden unter den Füßen der Vermittler durch.

Man wußte, daß der Zaar, begleitet von Vertretern der Kriegspartei, wie dem Obersten Diebitsch, in die russischen Südprovinzen gereist war. Ein Bann unheimlicher Schwüle lastete über Europa, getheilt zwischen Furcht und Hoffen blickte die europäische Diplomatie nach Osten da kam erst die überraschende Nachricht, der Kaiser sei am 1. Dezember 1825 zu Taganrok in der Krim gestorben, und gleich darauf vernahm man, daß in St. Petersburg eine blutige Soldatenemeute stattgefunden, und daß der jüngere Bruder Alexander's, Nikolaus, sich über Leichen den Weg zum Throne gebahnt habe.

Die düstere Stimmung, in welcher Kaiser Alexander seine Reise angetreten hatte, mochte ein Vorgefühl des nahenden Endes sein. Doch, wie hätten ihn die Erfahrungen seiner Regierung heiter stimmen können? Kriegsgefahr nach Außen, dumpfe Gährung im Innern: nur mit schwerer Sorge blickte der Kaiser auf den Zustand seines Reichs.

In dem öffentlichen Geist Rußlands hatte sich seit den Napoleonischen Feldzügen und seit der Berührung mit Europa ein gewaltiger Umschwung vollzogen. Das Heer, welches zunächst die Macht des russischen Staats darstellte, war von den Ideen des Westens ergriffen worden. Nachdem die jungen russischen Offiziere ihre Brust muthig den feindlichen Kugeln ausgesetzt hatten, hörten sie auf so unterwürfig zu sein und sich in der Unterwürfigkeit so glücklich zu fühlen, als sonst; sie nahmen lebendigen Antheil an den politischen Parteikämpfen des Landes, zu dessen Bekämpfung sie aufgezogen waren, sie trugen die Ideen von Bürgerthum, Verfassungsrecht und Freiheit, sie trugen das liberale Frankreich nach Rußland zurück.

Das Auge blieb für die Uebel der heimischen Zustände nicht mehr verschlossen. Man murrte über die Korruption der Verwaltung und den Polizeidruck, die man früher als Nothwendigkeit hingenommen hatte. Man verlangte bleibende Bürgschaften politischer Reform, Institutionen statt der Individuen. In der Mehrzahl der besseren russischen Regimenter bildeten sich Freimaurerlogen; als diese aufgelöst und verboten wurden, geheime Gesellschaften, die das Ziel verfolgten Rußland in eine konstitutionelle Monarchie zu verwandeln.*)

*) Aus den Memoiren eines russischen Dekabristen. Leipzig, S. Hirzel. 1869. S. 32.

Seit dem Februar 1817, wo Paul Pestel mit den Garde-Obristen Murawjew, Trubetzkoy u. A. den ersten politischen Geheimbund „der Verein des Heils“ gründete, hatte sich die Blüthe der russischen Jugend des Adels und der Armee den Bestrebungen der Neuerer zugewandt. Alexander's Zögerungen in der orientalischen Politik, seine Abhängigkeit vom Fürsten Metternich verbreiteten Unzufriedenheit in immer weitere Kreise. Der Bund nahm den ominösen Namen „Verein der öffentlichen Wohlfahrt“ an, republikanische zeigten sich neben den konstitutionellen Tendenzen. Pestel, der feurigste und begabteste unter den Verschworenen, erklärte, daß er unter allen bestehenden Regierungsformen der Republik den Vorzug gebe; in den Unterhandlungen, welche 1825 zwischen den russischen und polnischen Geheimbündlern gepflogen wurden, vertrat er mit aller Entschiedenheit den republikanischen Gedanken. Er gehörte zu den wilden rücksichtslosen Naturen, die entweder für den Gipfelpunkt menschlicher Größe, oder für Kerker und Zwangsarbeit bestimmt scheinen. Wenig hat gefehlt, daß er das erste Ziel erreichte. Das Geheimniß des Bundes wurde trefflich gewahrt. Wohl drang eine Ahnung des herrschenden Mißvergnügens in die Regierungskreise; doch man verfehlte die richtige Spur der Verschworenen. Kaiser Alexander, der die Revolution im Ausland überall, selbst da wo sie die harmlosen Formen der deutschen Burschenschaft annahm, herausgewittert und verfolgt hatte, erfuhr erst am Ausgang seines Lebens, auf jener Reise nach der Krim in Taganrog, daß sein eigenes Reich von einer weiten Verschwörung übersponnen, daß ein großer Theil der Truppen von den neuen Ideen infizirt, daß ein Mord-Anschlag gegen sein Leben unter den Verschworenen des Südens berathen worden sei. Auf dem Todtenbette trat ihm die Hinfälligkeit seines ganzen bisherigen Wirkens, trat ihm die Ahnung nahe, daß die Revolution, welche der Schrecken seines Lebens gewesen war, sogar das heilige Rußland ergreifen könne. Hatte er doch selbst die Handhabe und den Vorwand zum Ausbruch einer Emeute gegeben, indem er eine verhängnißvolle Ungewißheit über die Thronfolge bestehen ließ. Nicht einmal in seinen letzten Augenblicken gab er eine Andeutung, ob der ältere Bruder Konstantin oder ob Nikolaus Kaiser sein solle.

Von schwermüthigen und unberechenbaren Grillen beherrscht, hatte Konstantin freilich seine Abneigung gegen das undankbare Geschäft des Regierens wiederholt geäußert und bethätigt; er hatte sich von seiner ersten Koburger Gemahlin scheiden lassen und die Polin Johanna Grudzinska geheirathet, während ein Ukas ausdrücklich die Kinder solcher unebenbürtigen Ehe von der Thronfolge ausschloß, er hatte endlich in einem Schreiben an Alexander vom 14. Januar 1822 feierlichst auf die russische Krone Verzicht geleistet. Aber weder im Volk noch selbst in der kaiserlichen Familie war dieser merkwürdige Schritt des Großfürsten bekannt geworden. Kaiser Alexander zögerte nach seiner unentschiedenen Weise über ein Jahr lang, ehe er die

private Kundgebung seines Bruders zu einer offiziellen machte. Erst im
Sommer 1823 ließ er durch den Erzbischof Philaret eine Urkunde über
Konstantin's Verzicht aufnehmen und in der Kathedrale von Moskau
hinterlegen. Als Philaret auf die Bedeutung der Sache und die Bedenken des Geheimnisses hinwies, gab der Zaar zu, daß noch an drei
anderen Stellen, in den Archiven des Senats, des Reichsraths und der
Synode, Kopieen des inhaltschweren Aktenstückes niedergelegt wurden.
Das Seltsamste war, daß der zur Thronfolge bestimmte Großfürst das
entscheidende Schriftstück nicht zu Gesicht bekam. Gesprächsweise spielte
der Zaar zwar schon im Jahr 1819 darauf an, daß der jüngere Bruder
ihm folgen werde; allein Nikolaus, der, für's Militär erzogen, an's Regieren bisher gar nicht gedacht hatte, war über die Enthüllung eher bestürzt als erfreut. Er glaubte der hohen Aufgabe nicht gewachsen zu sein.
Bei diesen Andeutungen war es geblieben. Die obschwebende Unklarheit
sagte dem geheimnißfrohen Sinne Alexander's zu. Als ihm Fürst Galizyn
freimüthig vorstellte wie mißlich es sei, in der Stille über das Schicksal
eines Weltreichs zu verfügen, erwiderte der Zaar: „Stellen wir das Gott
anheim, er wird die Dinge besser lenken als wir schwachen Sterblichen."

Es war ein übelangebrachtes Gottvertrauen. Schon die nächsten
Tage nach Alexander's Tode zeigten, welche Konfusion dieser „Engel", in
dessen Taschen sich zwei eigenhändige Gebete mit Bibelstellen vorfanden,
angerichtet hatte. Die Trauerkunde war kaum nach Warschau gekommen,
so beeilte sich Konstantin dem Kaiser Nikolaus zu huldigen. Als sie
zwei Tage später nach Petersburg kam, wußte Nikolaus nichts Eiligeres
zu thun, als seinem Bruder Konstantin den Eid der Treue zu schwören.
„Wer mir nicht folgt und nicht meinem älteren Bruder huldigt, der ist
mein Feind und Feind des Vaterlandes." Man brachte die Urkunde aus
dem Archiv des Reichsraths: den offiziellen Beweis der Abdankung Konstantin's. Jedoch Nikolaus beharrte in Mißtrauen und Unglauben an
die ihm verliehene Macht. Er erklärte schriftlich und mündlich vor dem
Reichsrath, jene Papiere seien ihm schon längst bekannt, ließ aber den
Reichsrath, die Truppen und Beamten auf seinen Bruder Konstantin
vereidigen und ertheilte gemessenen Befehl, daß im ganzen Reich dem
Kaiser Konstantin gehuldigt werde. Konstantin selbst befand sich noch
immer in Warschau, und nun begann zwischen beiden Brüdern eine
merkwürdige Unterhandlung, wie der offizielle Bericht des Baron Mo-
reste Korff sich ausdrückt, „es fand ein noch nie dagewesenes Schauspiel
statt, und während sonst die Weltgeschichte nur von blutigen Kämpfen
um die Macht zu erzählen weiß, so stritten die beiden edlen Brüder
um die Ablehnung derselben."

Nikolaus beschwor den älteren Bruder, sein Schicksal endlich zu entscheiden. Konstantin antwortete ausweichend: erklärte, er werde auf seinem Entschluß beharren, weigerte sich aber nach Petersburg zu kommen.

Unterdeffen reifte der dritte Bruder, Michael, zwischen Warschau und St. Petersburg hin und her und wußte im Grunde ebenso wenig wie er daran war. Alles war in Sorge, Alles reifte durcheinander, Niemand wußte was zu thun? Infolge der großen Entfernungen und der schlechten Verkehrsmittel zog sich das verworrene Interregnum vier Wochen lang hinaus, die man freilich nachträglich durch ein Manifest aus der Welt geschafft hat, in welchem man anordnete, der Todestag Alexander's, der 1. Dezember, sei auch der Tag der Thronbesteigung von Nikolaus. Erst am 24. Dezember Nachmittags traf Konstantin's Ultimatum, eine feierliche entschiedene Ablehnung, in St. Petersburg ein.

Nikolaus entschloß sich nun rasch der verhängnißvollen Spannung ein Ende zu machen. Er wußte, daß die Stimmung in Petersburg eine sehr aufgeregte war. Am Morgen des 24. war von Diebitsch, dem Vertrauten Alexanders, ein Schreiben mit der Aufschrift „Höchst dringend" eingelaufen, worin die Existenz der Verschwörung gemeldet ward, die in St. Petersburg und in der 2. Armee ihren Mittelpunkt habe. Die Anzeige eines Mitverschworenen, eines gewissen Rostofzoff, den Korff mit dem Epitheton „edler Jüngling" versieht, bestärkte die schlimmsten Befürchtungen und die Nothwendigkeit eines raschen Entschlusses. Speranski erhielt den Auftrag ein neues Manifest zu redigiren, worin die Gründe von Konstantin's Rücktritt und Nikolaus' Thronfolge entwickelt wurden, und am 26. in der Frühe sollte die neue Eidesleistung der Truppen stattfinden.

Die Verschworenen waren inzwischen bemüht gewesen die Gunst der Lage zu nutzen. Die Mehrzahl schrak freilich vor dem äußersten Entschluß, der Ermordung des Kaisers Nikolaus, zurück, so daß einer der Wildesten, Kachoffsky, unwillig ausrief: „Mit diesen Philanthropen ist Nichts zu machen; man muß einfach morden und nur das!" Doch einigte man sich am 24. Dezember beim Fürsten Obolensky dahin, daß man unter dem Vorwand, die Rechte Konstantin's zu wahren, dem Großfürsten Nikolaus die Eidesleistung verweigern, die aufständischen Truppen auf dem Senatsplatz versammeln, den Thron für erledigt erklären und eine provisorische Regierung von fünf Mitgliedern bestellen wollte. Zum Oberbefehlshaber der bewaffneten Macht war Fürst Trubetzkoy ausersehn. Es war das Verhängniß der Verschwörung, daß der gewaltige Mann, der ihre Seele war, Pestel, fern im Süden weilte. Trubetzkoy konnte sich weder an Kraft noch an Genialität mit ihm messen. Unsicherheit und verworrene Ungeduld sprachen aus den getroffenen Maßregeln. „Man muß doch anfangen! man muß etwas thun!" hieß es von allen Seiten.

Das Einzige was man that, war, daß man die Soldaten bearbeitete, die Bajonette „gelehrig zu machen" suchte. Nikolaus war seiner militärischen Strenge wegen bei dem gemeinen Mann wenig beliebt. Man spiegelte der leichtgläubigen Menge vor, er sei ein Usurpator, er habe seine Brüder Konstantin und Michael in's Gefängniß werfen lassen. An Geld und dem in Rußland mächtigen Agens des Branntweins ließ man es nicht fehlen; und um die beschränkte Intelligenz der gemeinen Soldaten auch mit einem konkreten Bilde zu erfüllen, stellte man ihnen vor, die Konstitution, welche man verlange, sei die Frau des Großfürsten Konstantin. Diese Wühlereien blieben nicht ohne Erfolg. Am Morgen des 26. ward Speransky's Manifest verlesen und die Eidesleistung begann. Bei einem Theil der Truppen ging sie ruhig von Statten. Das Regiment Moskau jedoch weigerte sich den neuen Eid zu schwören, schützte die Treue gegen Konstantin vor und zog, von den Verschworenen geführt, nach dem Senatsplatz. Dort formirte es sich in Karré und schlug einen Angriff der Garde-Reiter zurück. Die Marinesoldaten und drei Kompagnieen Leibgrenadiere eilten nach den ersten Flintenschüssen herbei um den Aufständischen beizustehen.

Mehr als zweitausend Soldaten und eine Menge lärmender und schreiender Civilisten waren auf dem Platz versammelt, aber der erwählte Diktator war nirgends zu finden, er hatte völlig den Kopf verloren und hielt sich verborgen. So fehlte den Aufständischen die einheitliche Leitung; Alle kommandirten und schrieen durcheinander, man versäumte den günstigen Moment, um einen Angriff gegen den Winterpallast zu unternehmen, und die Soldaten, die bei 10 Grad Kälte und scharfem Ostwind nur in Uniform Stunden lang stehen mußten, begnügten sich, die Attaken der Gardereiter mit Kolben und Bajonett zurückzuschlagen oder Hurrah's auf Konstantin und seine Frau auszubringen.

Inzwischen gewann der Kaiser Nikolaus Zeit, um die getreuen Truppen vor dem Winterpallast und dem Generalstabsgebäude zu sammeln. Das Preobraschensky'sche Regiment bildete Karré vor dem Admiralitätsboulevard, es gewährte, um mit Nikolaus selbst zu reden, „den granitenen Ausdruck tiefen Pflichtgefühls." Die Aufständischen sahen sich allmählich von allen Seiten mit dichten Kolonnen umzingelt; die Waagschale neigte sich zu Gunsten des Zaaren. Nichtsdestoweniger ward jede Unterhandlung trotzig abgewiesen. Die Vorstellungen des Generals Suchosanet und des Großfürsten Michael, welche nicht ohne Lebensgefahr auf die tobende und schreiende Menge losritten und ihr zuriefen, verhallten umsonst. General Miloradowitsch, ein Veteran, den die Kugeln im Napoleonischen Kriege verschont hatten, ward von Kachoffsky hinterrücks erschossen, als er die Empörten an ihre Pflicht mahnen wollte. Dem Metropoliten Serafin, der, das geweihte Kreuz in Händen, auf die Soldaten zutrat und sie anflehte in ihre Kasernen zurückzukehren, die kaiserliche Verzeihung anzunehmen, rief man entgegen: Geh nach Haus, Vater, bete da für uns, für Alle, hier hast Du nichts zu suchen.

Es war offenbar, daß nur die Logik der Kanonen Eindruck machen

könne, aber der Kaiser Nikolaus zögerte und konnte sich lange nicht entschließen zu dem äußersten Mittel zu greifen. Er zeigte sich an diesem
kritischen Tage keineswegs als den antiken Heros, zu dem ihn der offizielle
Bericht Korffs stempeln möchte; er hatte heimlich bereits Befehl gegeben,
daß die Wagen zur Flucht für die kaiserliche Familie gerüstet würden;
seine Stimmung war eher weich und resignirt als heroisch, wie er sich
denn, noch kurz ehe er den Winterpallast verließ, der Großfürstin Maria
gegenüber selbst als „Opfer" bezeichnete. „Bete zu Gott für mich, theure
gute Maria. Habe Mitleid mit Deinem unglücklichen Bruder, den
Gottes und seiner beiden Brüder Willen zum Opfer ausersehen hat.
Solange ich diesen Kelch habe abwehren können, habe ich zu der Vorsehung darum gefleht und habe gethan was mein Herz und meine
Pflicht mich hießen. Konstantin, mein Kaiser, hat den Schwur zurückgewiesen, den ich und ganz Rußland ihm schuldig waren; ich war sein
Unterthan, ich mußte ihm gehorchen. Unser Engel muß zufrieden sein.
sein Wille ist erfüllt, so bitter, so schrecklich er auch für mich ist. Noch
einmal, bete zu Gott für Deinen unglücklichen Bruder, er bedarf dieses
Trostes, und bedaure ihn." Das war freilich die Gesinnung nicht, welche
einem tobenden Soldatenhaufen imponiren konnte.

Ein Dezembertag im hohen Norden währt nicht lange, gegen drei Uhr
Nachmittags begann es zu dunkeln; noch immer standen die meuternden
Soldaten um das Denkmal Peters des Großen geschaart. Wenn die
Dunkelheit hereinbrach, mußte das Volk, das sich beim Herannahen der
getreuen Truppen zerstreut hatte, zurückkehren. Die Chancen für die
Emeute waren keineswegs erschöpft. Als der Zaar sich endlich entschloß
Kanonen auffahren zu lassen, fehlten die Kugeln, als die Munition zur
Stelle war, konnte Nikolaus es nicht über sich gewinnen, den entscheidenden
Befehl zum Feuern zu geben, die Truppen murrten, unter den Artilleri-
sten zeigten sich bedenkliche Symptome, einzelne fraternisirten mit den
Meuterern. Nun aber bestürmten rasche energische Männer den Zaaren,
er möge dem gefährlichen Schauspiel ein Ende machen und dem Pöbel
keine Zeit mehr zur Ueberlegung gönnen. Prinz Eugen von Würtemberg
verzehrte sich in Ungeduld über das ängstliche Zögern. „Sire", rief
General Toll, „befehlen Sie, den Platz mit Kartätschen zu säubern, oder
entsagen Sie dem Throne!" Noch einmal ließ der Zaar die Menge
auffordern auseinanderzugehen. Als ihm General Suchosanet rapportirte:
„die Wahnwitzigen verlangen eine Konstitution", zuckte er mit den Achseln
und gab das Kommando, nahm es aber gleich wieder zurück. Endlich
ließ er blind laden, der erste Kanonenschuß donnerte hervor; die Insurgenten ließen sich jedoch nicht irre machen, und auch als die ersten Kugeln über ihren Häuptern weg in die Mauer des Senatsgebäudes flogen,
antworteten sie mit schallendem Hurrah! Da lud man mit Kartätschen
und zielte mitten in das Karré des Regiment Moskau; ein Kanonier

weigerte und bekreuzigte sich, Kapitän Bakunin nahm ihm die Lunte aus der Hand, Nikolaus kommandirte Feuer! und die Kartätschen hagelten in die dichten Massen. Die Wirkung war eine augenblickliche, furchtbare. Die Meuterer stoben auseinander, flüchteten durch die Galeerenstraße und über die Newa, aber die Kavallerie war auf ihren Fersen, die Kugeln der verfolgenden Artillerie zertrümmerten das Eis des Flusses und bereiteten den Fliehenden ein feuchtes Grab. Bald lag wieder Ruhe über der Stadt und Nikolaus war anerkannter Zaar aller Reußen. Er konnte sich jetzt, urtheilt Korff, den Titel von Gottes Gnaden mit Recht beilegen, denn ganz besonders hatte der göttliche Finger über ihm gewacht. Die Zukunft eines gewaltigen Reichs hatte auf der Spitze des Messers gestanden. Wenn an Stelle Trubetzkoy's, der sich im Augenblick der Gefahr verkroch, Pestel stand, so würden sich die düstersten Befürchtungen des Zaaren verwirklicht und Herr von Korff würde keinen Anlaß zu loyalen geschichtsphilosophischen Betrachtungen gefunden haben.

Man kann es aber schwerlich beklagen, daß der Aufstand mißlang. Das Schicksal der Dekabristen, der jungen russischen Adeligen und Militärs, die an der Verschwörung Theil genommen hatten, war freilich ein erschreckend hartes. Sie waren in die Hände einer ungroßmüthigen Macht gefallen, der Zaar verzieh es ihnen nicht, daß er einen Augenblick vor ihnen gezittert habe. Sie büßten ihre Begeisterung für das Ideale am Galgen, im Kerker, in Elend und Verbannung.

Ob sie aber im Stande gewesen wären, den politischen Gedanken, nach denen sie haschten, Körper und Gestalt zu verleihen? ob ein sicherer Nachhalt im Volk, ein tiefgehendes Mißbehagen der russischen Nation den Umsturz des Bestehenden rechtfertigte? Wenn man bedenkt, daß die Massen ruhig blieben, anstatt sich wie ein Mann gegen jenen Akt despotischer Willkühr zu erheben, der sie zum Handelsgegenstand zwischen dem erlauchten kaiserlichen Bruderpaar machte, wenn man an den kleinen Haufen hungernder und frierender Tumultuanten, an die große Menge neugieriger, unentschlossener und feiger Konspiratoren, und wenn man schließlich an die zahlreiche devote Volks- und Soldatenmasse denkt, die sich am 26. Dezember um den Zaaren drängte und seine Uniform oder nur seine Schuhe zu küssen strebte, so muß man wohl sagen, daß die „Dekabristen" ihre Zeit und ihr Volk nicht richtig verstanden, und daß sie sich in der Nothwendigkeit einer konstitutionellen Reform für Rußland getäuscht haben. Ihr Unglück war die Unreife ihrer Umgebungen. Von positiven Zielen hatten sie eben so wenig einen klaren Begriff, wie die Soldaten, welche Hurrah's! auf die Konstitution ausbrachten und sich einbildeten, das sei die Frau Konstantin's.

Nur ein Ziel gab es, welches damals den militärischen und religiösen Ehrgeiz des russischen Volkes fesseln konnte. Es gab aber auch nur einen Mann unter den Verschworenen, der es klar in's Auge faßte. Als

Pestel, der am 26. Dezember zu Tultschin verhaftet worden war, im Verhör über die zukünftige provisorische Regierung ausgefragt wurde, erklärte er, derselben sei die Aufgabe zugedacht gewesen, die „schwindelnden Gemüther" durch auswärtige Kriege zu befestigen: es habe gegolten, die alten Republiken in Griechenland wieder herzustellen.

Man irrt wohl nicht, wenn man annimmt, daß eine solche Erklärung tiefen Eindruck auf den Sieger vom 26. Dezember machte. Es lag darin ein Vorwurf gegen die vergangene, ein Wink für die zukünftige orientalische Politik des Zaaren.

So tauchte denn nach der Besiegung des Militäraufstandes in St. Petersburg die ernste Frage auf, wie Nikolaus die gemachten Erfahrungen nach Außen verwerthen werde. C'est une affaire de famille avec laquelle l'Europe n'a rien à demêler, erklärte Nikolaus dem diplomatischen Korps, aber scharfblickende Politiker witterten, daß die Tragweite des Ereignisses über die inneren Angelegenheiten Rußlands hinausreichen werde. Wenn dem Zaaren daran gelegen war, eine Wiederholung der Emeute zu verhindern, so mußte er das Napoleonische Programm, das Pestel vor seinen Richtern verkündet, durchführen, und eine Ablenkung für die inneren Gährungsstoffe durch Ruhm und auswärtige Kriege suchen.

Nikolaus war nicht frei von Ehrgeiz und Ruhmbegierde. Die schwankende Haltung Alexanders und dessen Abhängigkeit von Fürst Metternich hatte oftmals sein Mißfallen erregt, er hegte ein persönliches Vorurtheil gegen den österreichischen Staatskanzler, dessen alte Feinde, wie Kapodistrias und Pozzo di Borgo, sich wieder geschäftig regten. Metternich hatte in dem Wahn, daß Konstantin der russische Thronfolger sei, sich über die orientalische Politik Rußlands keine Sorgen gemacht; er kannte diesen Großfürsten und war überzeugt, daß die Politik desselben nach Außen auf Erhaltung des Friedens, nach Innen auf diejenige des monarchischen Princips und auf Verbesserungen in der Verwaltung gerichtet sein werde. „Für Rußland", verkündigte er zuversichtlich, „beginnt nun die Geschichte, da der Roman zu Ende ist." Die petersburger Revolution und die Thronbesteigung Nikolaus' ließ diese Hoffnungen scheitern. Der wiener Hof schickte den Erzherzog Ferdinand von Este nach St. Petersburg, um zu der Thronbesteigung Glück zu wünschen. Metternich gab ihm am 11. Januar 1826 Instruktionen über die orientalische Frage auf den Weg; sein Gesichtspunkt sollte „die Einheit zwischen den beiden Kaiserhöfen, die Erhaltung und Achtung des Bestehenden sein", zugleich erhielt er ein längeres historisches Exposé, um „die irrigen Ideen des Zaaren in der orientalischen Frage zu berichtigen". Der noch bei Lebzeiten Alexanders zum englischen Botschafter in St. Petersburg ernannte Türkenfreund, Lord Strangford, hatte dem Fürsten Nesselrode schriftliche Vorschläge gemacht, dahingehend, daß Rußland seinen Gesandten nach Konstantinopel zurückschicken möge, und daß die europäischen Höfe vereint

zwischen der Pforte und den Griechen „ohne Androhung von Koercitiv-
maßregeln" vermitteln sollten. „Gab die Pforte nicht nach, so sollte der
russische Gesandte Konstantinopel verlassen und die übrigen Gesandten
sollten erklären, daß sie die Pforte den Folgen der zweiten Abreise des
russischen Gesandten überließen." Diesen allerdings sehr zahmen Vorschlägen Strangfords schenkte Metternich seinen Beifall und empfahl dem
Erzherzog an, sie auf's Wärmste zu unterstützen.

Dem Grafen Lebzeltern ertheilte er den Auftrag, „seine Kollegen in
Folge des deplorabeln Ereignisses von Taganrok um sich zu fixiren". Fürst
Trubetzkoy, das im entscheidenden Augenblick verschwundene Oberhaupt
der Militärverschwörung, hatte sich in dem Haus seines Schwagers, des
österreichischen Gesandten, verborgen, ein Umstand, welcher die Spannung
zwischen den Kaiserhöfen erhöhen konnte. Graf Lebzeltern lieferte den
Flüchtling aus und bemühte sich, die etwaigen schlimmen Eindrücke, welche
seine Verbindung mit dem Rebellen gemacht hatte, durch doppelte Zuvor-
kommenheit gegen die russische Regierung zu verwischen. Unter diesen
Umständen sah man der Ankunft des Erzherzogs Ferdinand mit Spannung entgegen. Derselbe fand zwar eine ausgezeichnete Aufnahme, wie
sie auch den außerordentlichen Gesandten Preußens und Englands, dem
Prinzen Wilhelm und dem Herzog von Wellington, zu Theil ward. Allein
aus den beruhigend und friedfertig gehaltenen Reden Nikolaus' klang ein
Ton herben Mißtrauens, der den Eingeweihten stutzig machen mußte. Die
Beziehungen des wiener Hofs zu seinem Bruder, die Hoffnungen, die
man auf Konstantin gesetzt hatte, waren dem Zaaren nicht entgangen.
Man habe, äußerte er, seine Absichten in der orientalischen Frage ver-
kannt, er hätte gewünscht, gemeinschaftlich mit den Mächten zu handeln.
„Und doch muß die Sache beendigt sein; kann man sich nicht vereinigen,
so lasse man mich allein handeln. Ich habe die Mittel dazu und werde
schon mit den Schuften dort fertig werden!" Neben solchen energischen
Drohungen wollte es im Grunde wenig bedeuten, wenn der Zaar „der
Konspirationen wegen" Gewicht auf „die intimen Familienverbindungen mit
Oesterreich und Preußen legte, die allein im Stande seien, die Ruhe
Europa's zu garantiren", wenn er Englands „Ehrlichkeit" bezweifelte und
bezüglich der Griechen Ansichten äußerte, die den korrekten Legitimitätspolitiker anzukündigen schienen.

Als der Erzherzog das Wort „Griechen" erwähnte, fuhr der Zaar
dazwischen: „Nein, ich nenne sie nicht Griechen, ich nenne sie Rebellen, als
solchen werde ich ihnen niemals Unterstützung gewähren, ich habe das
Recht nicht dazu. Doch existiren Schwierigkeiten anderer Natur zwischen
der Pforte und mir. Heute, wo ich weiß, daß der Kaiser von Oesterreich
sich in keiner Weise das Recht zuerkennt, Gewalt gegen diese Macht zu
brauchen, werde ich diese Sache allein demêliren, kommt es zum Bruch,
so wird die Sache Griechenlands nie in meine Transaktionen mit der

Pforte gemischt werden." Trotz dieser schönklingenden Verheißungen nahm der Erzherzog Ferdinand die Ueberzeugung mit sich, daß man in St. Petersburg aus „Eitelkeit und Verachtung gegen die Türken", wenn nicht den Krieg, so doch mindestens eine militärische Demonstration gegen die Pforte wolle, um ihr die Pacifikation Griechenlands zu entreißen. Er hatte recht gesehen. Die wegwerfenden Aeußerungen des Zaaren über die Politik Canning's und über die Mission Wellington's, die er eine Farce nannte, waren keineswegs ernstlich gemeint, sondern waren darauf berechnet, dem österreichischen Hof eine bedeutsame Schwenkung zu verhüllen, welche in der russischen Politik vor sich ging. Die russischen Minister begegneten dem vom Erzherzog Ferdinand überreichten historischen Exposé Metternichs mit einem ähnlichen Aktenstück, worin sie, gestützt auf die seit 1821 zwischen Rußland und der Pforte eingetretenen Differenzen, den Nachweis führten, daß man im Orient nichts erreicht habe, weil der Wiener Hof den Zaaren Alexander nicht aus dem Kreis der eitelsten Unterhandlungen habe heraustreten lassen. Nach einem wegwerfenden Seitenblick auf die von Oesterreich so warm empfohlenen Vorschläge Strangfords erwähnte man mit vielem Wohlgefallen, daß England sich bereit gefunden habe, allein mit Rußland über die griechische Sache zu unterhandeln.

So war es in der That gekommen. Canning hatte die auf Oesterreichs Mitwirkung berechneten Schritte Strangfords förmlich desavouirt und ihm verboten, sich in Unterhandlungen mit seinen französischen und österreichischen Kollegen einzulassen. Das „tragische Ereigniß des Todes von Alexander könne die Spuren früherer Transaktionen verwischen und neue Kombinationen erlauben, es hänge von Strangfords Klugheit ab. Er dürfe sich nicht dazu hergeben, Oesterreich und Frankreich die Freude zu bereiten, gemeinschaftlich mit ihnen vorzugehen, da Oesterreichs Antipathieen gegen Griechenland, Frankreichs Intriguen in Egypten und Griechenland allzusehr gegen Englands Politik kontrastirten. Er solle Nesselrode den Wunsch, Vertrauen für Vertrauen zu schenken, aussprechen und sich auf den Vorschlag konfidentieller Verständigung zwischen Rußland und England beschränken." Es war jetzt eine Wendung eingetreten, die nach dem Gang, den die orientalischen Angelegenheiten genommen hatten, entscheidend werden mußte; die Mächte, welche, zum Handeln, zum kräftigen Vorgehen im Orient entschlossen, bereit waren, die Prinzipien, welche seit Napoleon's Sturz Europa beherrschten, über Bord zu werfen, rückten nahe aneinander.

Canning wird von Metternich gewöhnlich als ein „bloßer Redner und politischer Ignorant" hingestellt. „Er ist kein Staatsmann," bemerkt der österreichische Staatskanzler, „und wird es nie sein, sein Geist liebt, sich von den Regeln der Erfahrung los zu machen; er ist beredt und insinuant, weiß gegen Lästiges auszubeugen. Deshalb hat er sich vor der Opposition gebeugt und kajolirt sie, aber er hat zuviel für den Liberalismus gethan, als daß dieser nicht die Prätention erhebe, daß er ihm noch mehr Pfän=der gebe". In dem Gedankenaustausch, den Metternich mit seinem Ge=sandten am Hofe von St. James pflog, kehrt die Betrachtung über Canning's Nachgiebigkeit gegen den Zeitgeist häufig genug wieder. In melancholischem Ton wird der Abfall Englands von dem Stabilitätssystem der kontinentalen Mächte und Canning's Buhlen um die Gunst der Libe=ralen besprochen. Der Trumpf, den der englische Staatsmann gegen die Restaurationspolitik in Spanien ausspielte, die Anerkennung der Republiken Südamerika's, erregte den Schauder der Legitimitätspolitiker. Der be=rühmte Toast auf dem Festmahl zu Harwich: „Bürgerliche und religiöse Freiheit über die·ganze Welt", ward mit unverhohlenem Entsetzen aufge=nommen. Und nun vollends die englischen Bestrebungen im Orient! Es lag ja vor den Blinden, daß Canning's wie Lord Byron's Auftreten den englischen Namen in Griechenland hoch gehoben hatten.

Auf den Protest gegen die russische Denkschrift und das Schutzgesuch des Rhobius war im August 1825 unter Mitwirkung und Zustimmung des jonischen Lordoberkommissärs Adams zu der Zeit, als Jbrahim Nauplia bedrohte, jene Akte gefolgt, vermöge deren das griechische Volk das Kleinod seiner Unabhängigkeit, Freiheit und politischen Existenz unter den aus=schließlichen Schutz Großbritanniens stellte. Die Anhänger der anderen Mächte waren aus dem Felde geschlagen. Im Jahr 1823 hatte man daran .gedacht, sich Dom Miguel von Portugal zum König zu erbitten. Im Jahr 1824 war ein Dr. Vitali zu Mesolonghi aufgetaucht, um für den zweiten Sohn des Herzogs von Orleans zu wirken. Seit dem April 1825 war der Abgeordnete des Pariser Griechenvereins, General Roche, für die orleanistischen Pläne thätig. Allein all' diese Königmacher hatten nur Windeier gesät. Obwohl Roche goldene und silberne Uhren, Porträts des orleanistischen Prinzen und Geld nicht sparte, vermochte er die vor=sichtig rechnenden, schlauen Hellenen nicht zu übertölpeln. Man nahm seine Geschenke und ließ ihn und den amerikanischen Abgeordneten Town=send Washington auf das Leidenschaftlichste gegen die englische Schluß=akte protestiren. Im Stillen aber freute man sich über die Wirkung, welche dies Aktenstück machte, und trug keinen Anstand es zu unterschrei=ben. Es fand Tausende von Unterschriften. Selbst ein Anhänger der Franzosen, wie Guras, der sich anfangs heftig sträubte, ließ sich schließlich von seiner Frau überzeugen, wie ungegründet die Beschuldigung sei, daß man mit der Adresse Griechenland in eine englische Kolonie verwandeln wolle. Die Anhänger der französischen Thronkandidatur, wie Jpsilantis und Kolettis, sahen der wachsenden Popularität Englands mit mürrischer Resignation zu. Wer patriotisch gesinnt war, hoffte, daß das Anerbieten des Protektorats die Mächte aus ihrer Gleichgültigkeit gegen Griechenland aufschrecken müsse. Und so sollte es geschehen.

Zwar ertheilte Canning dem Ueberbringer der Schutzakte dem Sohn des Miaulis, einen ablehnenden Bescheid. Er erklärte ihm, die griechische Forderung werde England in einen ungerechten Krieg mit der Türkei verwickeln, die Mächte würden in einer Machtvergrößerung Englands eine Verletzung der Verträge erblicken; allein er fügte die charakteristische Warnung hinzu, sich nicht an eine andere Macht zu wenden, und je beflissener er sich offiziell gegen das Vertrauen der Griechen zu sträuben schien, desto lebhaftere Freude empfand er im Grunde über diesen Triumph seiner Politik. Er ermächtigte seinen an Strangford's Posten zum Botschafter in Konstantinopel ernannten Vetter Stratford, unterwegs mit den Häuptern der Griechen in Unterhandlung zu treten. Im Januar 1826 legte der englische Diplomat Hydra gegenüber bei Perivolakia an, wo er Berathungen mit Maurokordatos und Zografos pflog. Es zeigte sich, daß die Griechen unter dem Drang der damaligen Noth bereit waren, die Vermittelung Englands bei der Pforte anzurufen und sogar in diesem Falle von der Forderung der vollen Unabhängigkeit nachzulassen, sich mit einer freieren Stellung unter Oberhoheit der Pforte zu begnügen. So durfte Canning hoffen, die Vermittelung rasch ohne Konferenzen und lästige Alliirte allein durchzuführen. Immer klarer trat nun hervor, in welche günstige Position das britische Kabinett durch die griechische Schutzakte gerückt war. Selbst Metternich bekannte, daß die Lösung der griechischen Frage jetzt nicht in Konstantinopel und in Petersburg, sondern in London zu suchen sei, daß „England in Griechenland das Terrain gewonnen habe, was die Alliirten nicht besetzt und die Türken nicht hätten erobern können." Während er sich bemühte, die beiden Kabinette, deren Thätigkeit er im Orient hauptsächlich fürchtete, zu trennen, kamen sich dieselben immer näher. In geheimen Gesprächen zwischen Canning und dem russischen Gesandten Lieven ward gegen Ende des Jahres 1825 die russisch-englische Allianz geboren, jenes „monstruöse Produkt", an dessen Realität Metternich erst gar nicht glauben konnte. Lieven hatte, durch seine geistvolle kluge Gemahlin beeinflußt, schon lange an einer solchen Wendung gearbeitet. Er kam dem englischen Minister am 24. Oktober 1825 mit einer Vertrauensbezeugung entgegen, wie sie England seit lange von keiner festländischen Macht mehr erhalten hatte, und sprach ihm den Wunsch aus: er möge die Sache in die Hände nehmen, da England die einzige Macht sei, die sie befriedigend erledigen könne. „Die Mitglieder der heiligen Allianz", schrieb Canning seinem Freunde Granville am 8. November 1825 nach Paris, „finden sich eines nach dem andern ein mit der Erklärung, daß wir allein ihnen aus ihren Schwierigkeiten heraushelfen können." Durch den Tod des Zaaren und die Dezemberrevolution ward die Lebhaftigkeit der Beziehungen zwischen England und Rußland noch gesteigert. Der Zaar Nikolaus ließ durch Nesselrode erklären, „er erkenne an, daß die Pacifikation der Levante nur durch Verständigung

zwischen Rußland und England zu erwirken sei, er rechne auf Englands
Gerechtigkeit, verwerfe aber die Politik von Frankreich und Oesterreich."
Canning einigte sich mit Lieven über folgende drei Punkte: Oubli du passé.
Confiance intime entre les deux Gouvernements. Le secret. Das ist
die Genesis der russisch-englischen Allianz. Der Gedanke einer engeren
Verbindung zwischen Petersburg und London lag gleichsam in der Luft.
Der zur Begrüßung des neuen Zaaren nach Petersburg geschickte Herzog
von Wellington brauchte nur einen Schritt in dieser Richtung zu thun,
und die russischen Staatsleute kamen ihm freundlichst entgegen. Insofern
war seine Mission doch nicht von „sehr unschuldiger Natur", wie Metternich
annahm. Der eiserne Herzog legte dem Zaaren am 23. März ein Memorandum über Griechenland vor: „Die Pacifikation werde gelingen, wenn
Rußland sich mit England vereinige. England übernehme es, das Arrangement unter Garantie der vier anderen Mächte zu stellen." Der Zaar
hüllte sich auch vor dem englischen Bevollmächtigten in dieselbe Gleichgültigkeit bezüglich der Griechen, die er dem Erzherzog Ferdinand, dem
Prinzen Wilhelm und Laferronnaye gegenüber zur Schau getragen hatte.
Er bezweifelte, ob es jemals möglich sein werde, den Griechen bei ihrem
Mangel an Civilisation eine politische Existenz zu geben. Dagegen schien
er ein ganz besonderes Gewicht auf die schnelle Erledigung seiner übrigen
Differenzen mit der Pforte zu legen, und eine Beendigung der rumänischen und serbischen Angelegenheiten um jeden Preis erzwingen zu wollen.
„Lassen Sie uns nur machen", äußerte er, „Sie werden mit uns zufrieden
sein." Offenbar ging der Ehrgeiz Nikolaus' dahin, im Orient so rasch
wie Canning politische Resultate zu erzielen. Ueberzeugt davon, daß es
nur einer ernsten Haltung bedürfe, um die Pforte einzuschüchtern, hatte
er bereits am 17. März ein Ultimatum nach Konstantinopel gesandt.
Dasselbe verlangte binnen 6 Wochen Regelung der rumänischen und serbischen Angelegenheiten und Absendung türkischer Bevollmächtigten an die
russische Grenze, welche alle in Folge des Friedens von Bukarest seit
1816 schwebenden Differenzen zwischen Rußland und der Pforte regeln
sollten. Für den Fall der Weigerung ward der Krieg, für den Fall der
Annahme eine Vereinigung Rußlands mit den anderen Mächten, um die
Pacifikation Griechenlands zu betreiben, in Aussicht gestellt. 500,000 Bajonette, hieß es in einem nachfolgenden Promemoria der russischen Gesandtschaft, stehen bereit dem kaiserlichen Willen Geltung zu verschaffen.
Die drohende Sprache des neuen Zaaren verfehlte ihre Wirkung in Konstantinopel nicht. Metternich hatte bereits ernste Vorstellungen gemacht,
daß „das Gesetz der Nothwendigkeit" zum Nachgeben nöthige, daß es keinen
Widerwillen gebe, wenn es sich um eine politische Existenzfrage handle.
Dazu kam die angenehme Genugthuung, die der Divan durch den Fall
Mesolonghi's erhalten hatte; am 30. April beschloß man die drei Forderungen des russischen Ultimatum zu gewähren und rächte sich nur für

26*

die Demüthigung vor Rußland dadurch, daß man dem alten jetzt abtrünnigen Alliirten, England, einen Fußtritt gab. Die Unterredung, welche
Stratford mit den Griechen gehabt hatte, war vom Divan mit besonderem Mißfallen aufgenommen worden. Man wies den englischen Gesandten mit seinem Vermittelungsgesuch schnöde zurück. „Von den drei
Stützen", so erklärte der Reis triumphirend an Herrn von Ottenfels,
„auf welche die Griechen gerechnet haben: Mesolonghi, Rußland und
England, haben die beiden ersten nachgegeben (fait défaut), die dritte,
England, wird ihnen von keinem großen Nutzen mehr sein können." So
hatte Rußland in Konstantinopel einen Sieg gefeiert, England eine Niederlage erlitten. Der englische Sieg und die russische Niederlage in
Griechenland schienen ausgeglichen und gesühnt. Der Divan mochte sich
der Hoffnung hingeben, daß er durch seine Nachgiebigkeit gegen Rußland
die verhaßte Pacifikationsangelegenheit in weitere Ferne schieben könne.
Allein diese Hoffnung trog.

Denn in Petersburg war inzwischen die Frucht der geheimen
Unterhandlungen zwischen dem russischen und britischen Kabinett gereift.
Der englische Unterhändler hatte erkannt, daß der neue Zaar zu einem
einseitigen Vorgehen im Orient entschlossen und daß es deshalb klüger
sei, mit ihm zu gehen, als ihn allein gehen zu lassen. Geschickt hatte er
das Mißtrauen gegen Oesterreich und Frankreich genährt, oder wie Metternich sich ausdrückte, die „Komödie gespielt fälschlich eine Annäherung
zwischen Frankreich und Oesterreich anzunehmen", um die Dringlichkeit
eines russisch-englischen Separatabkommens einleuchtend zu machen. Der
Zaar hatte andrerseits erkannt, daß ein einseitiges Vorgehen Rußlands
im Orient durch England behindert und erschwert werden könne; „die
Furcht", so erklärte er später zu Herrn Laferronnaye, „daß England Rußland genire, habe seinen Widerwillen gegen die Unterzeichnung eines
einseitigen Akts überwunden. Er habe nachgegeben, da er gesehen, wie dringend England die griechische Sache zu regeln wünsche, und wie Wellington
zwischen der Türkei und Egypten unterscheide, so daß er mit Egypten
Krieg führen könne, ohne mit der Türkei zu brechen. Auch binde Rußland für den Fall, daß es Gewalt brauchen wolle, durch ein Protokoll
dem englischen Kabinet die Hände." So, noch immer des alten Mißtrauens nicht ledig, bereit jeden Augenblick eine die andere zu „binden"
und zu überlisten, hatten sich die beiden rivalen Mächte und die stolzen
selbstkräftigen Persönlichkeiten, die sie vertraten, der Zaar und der Herzog
von Wellington, geeinigt, und am 4. April 1826 ward zu Petersburg im
tiefsten Geheimniß ein Protokoll unterzeichnet, worin sich beide Mächte
verpflichteten die Aussöhnung zwischen der Pforte und den Griechen zu
vermitteln. In der Motivirung berief sich Wellington auf die griechische
Schutzakte, der Zaar auf seinen Wunsch, den Krieg im Orient beendigt
zu sehen. Die Vorschläge, die man der Pforte zu machen gedachte, stimm-

ten mit den Anträgen überein, welche die Griechen in Perivolakia gestellt hatten. Der Sultan sollte nach wie vor eine gewisse Oberhoheit behalten, Griechenland sollte als tributpflichtiger Staat durch das Band der Personalunion mit der Türkei verknüpft bleiben. Dagegen ward den Griechen Freiheit des Gewissens, des Handels und der Verwaltung, freie Wahl der Obrigkeiten zugestanden, die Türken sollten das noch besetzte griechische Gebiet gegen Entschädigung oder Ankauf ihrer Güter räumen. War der Divan trotzig und schlug die Vermittelung, zu der England die nächsten Schritte thun sollte, ab, so wollten die beiden Mächte die Basis des Protokolls aufrecht erhalten, „was" auch immer", so lautet die ominöse Phrase, „die Beziehungen Rußlands mit der Pforte sein würden."

Der Herzog von Wellington behauptete später, Canning habe ihn wegen seines eigenmächtigen Schrittes desavouiren wollen und ihm einen unpassenden Brief geschrieben; jedenfalls war Canning's Unwille kein allzu ernstlich gemeinter, und schon am 15. Mai bestätigte er das Protokoll. Er rühmte Esterhazy gegenüber: „dies Aktenstück binde Rußland, während England sich nur als Freundin gebunden habe und sobald Rußlands Haltung sich ändere, keine Verpflichtungen mehr anerkenne. Auch gedenke Rußland im Fall des Kriegs sich nicht in Europa zu vergrößern." Auf der andern Seite verhehlte auch der russische Hof seine Genugthuung über das Geschehene nicht. Gleichsam um offiziell zu bestätigen, daß Rußland neben seinen speziellen Differenzen mit dem Divan auch die allgemeine Pacifikationsfrage nicht außer Augen verloren habe, und nicht daran denke, die griechische Sache aufzugeben, ließ man das Protokoll den anderen Kabinetten konfidentiell bekannt geben, und fügte selbstbewußt bei, „a l l e i n die Einigung zwischen England und Rußland könne über den Widerwillen der Pforte triumphiren." Die Befremdung und der Unwille Oesterreichs, Frankreichs und Preußens äußerten sich sofort in charakteristischer Weise. Man sah sich bei Seite geschoben und plötzlich „ohne alle Egards" mit einer vollendeten Thatsache überrascht. Metternich nannte das Protokoll ein „indigestes Produkt widerstreitender Ansichten und Interessen". Beide Kabinette hätten sich neutralisiren wollen, darunter habe das Allgemeine leiden müssen. „Es bleibe ein unverzeihlicher Angriff auf die Allianz zurück, ein politisches Verbrechen, das gegen dieselbe begangen sei; die beiden divergentesten Parteien in der orientalischen Frage hätten sich auf dem Kriegsprinzip geeinigt. Das russische Publikum und die öffentliche Meinung Europa's würden neuen Aufschwung erhalten, da England und Rußland eine Art Vertragsentwurf zum Verbrechen aufgesetzt hätten. Es sei eine Todtgeburt, die nur kümmerliche Existenz fristen werde. Im Ganzen neigte Metternich zu der Anschauung, daß Rußland der übervortheilte Theil sei. Ueber Canning äußerte er: derselbe sei kein Brandstifter, aber sobald ein Feuer ausbreche, finde man ihn sicherlich zwischen dem Brand und den Spritzen. Der Herzog von Wellington habe die englische Ver-

mittelung in der griechischen Sache retten wollen, habe aber gefunden, daß
der Zaar die griechische Sache als Nebensache betrachte; Lieven und Nesselrode, die „Philhellenen", seien in Schrecken gerathen, daß ihr Herr die
Griechen verließe, und hätten sich bemüht, die englische Sache mit der
russischen zu vermitteln die Furcht, daß die Engländer den Schutz über
den Peloponnes erlangten, und die Unerfahrenheit des Zaaren hätten bewirkt, daß Nikolaus die Vollendung eines Werkes voll Schwäche und Ri-
dibule duldete. England werde aber seine Handlungsweise zu bereuen
haben. Für den Fall des Krieges erblickte der österreichische Staatskanzler
die Ueberlegenheit auf russischer Seite; „kommt es zum Krieg", prophezeite er, „so wird Rußland das Schicksal Griechenlands regeln". Den
tiefsten Eindruck mußte das Protokoll in Konstantinopel machen, wo man
sich nach dem Falle Mesolonghi's und den Konzessionen, die man den
Russen in Betreff Serbiens und Rumäniens gemacht hatte, einbildete,
daß von der Pacifikation und von Griechenland nicht mehr die Rede sein
werde. Metternich rieth, daß man die „monstruösen" Absichten Rußlands
und Englands durch einen raschen versöhnlichen Entschluß entwaffnen
möge. Er ließ den Divan wegen seiner Nachgiebigkeit gegen das russische
Ultimatum beloben und ihm bemerken, der Zaar sei erfreut, das russische
Ministerium erstaunt gewesen, weil es an absolute Stupidität der Pforte
geglaubt habe.

Aber in Konstantinopel hatte die Mittheilung des Protokolls nur
alle alten Leidenschaften geweckt und gewaltsame Entschlüsse gereift. Der
Sultan beschloß, auf das Petersburger Protokoll, auf die Drohung der
verhaßten Intervention, mit einer Maßregel zu antworten, welche die Zukunft des ganzen osmanischen Reichs umgestalten und den Zweiflern beweisen sollte, daß die Türkei noch lebensfähig sei.

Er hatte den Gedanken, sich der zuchtlosen Prätorianer des Islam, der Janitscharen, zu entledigen, seit Sultan Selim's Tagen unabänderlich festgehalten.
Wie Rußland nach Bewältigung der Militärrevolution kräftiger dastand
als zuvor, so hoffte auch Sultan Mahmud, indem er diese inneren Feinde
zu Boden schlug, zugleich einen Streich gegen die äußeren Feinde, die
Griechen und deren Beschützer, zu führen. Einen der ärgsten Unruhstifter
unter den Janitscharen, den Aga Hussein, einen athletischen wilden Gesellen, hatte er bereits im Sommer 1823 unschädlich gemacht und gewonnen, indem er ihn zum Pascha mit drei Roßschweifen und zum Befehlshaber des Bosporus erhob. Auf die Frage, ob es noch viel des alten Gesindels
unter den Janitscharen der Hauptstadt gebe, erwiderte dieser Würdige dem
Sultan: „Nein Herr, ich bin der letzte meiner Art." Hussein erschien
als das geeignete Werkzeug, um die Körperschaft seiner Kameraden entweder völlig umzugestalten oder zu vernichten. Er besetzte alle wichtigen
Offizierschargen mit zuverlässigen, dem Sultan ergebenen Personen, überließ dann seinen Posten als Janitscharen-Aga einem wohlgesinnten unbe-

deutenden Nachfolger Dschelaleddin, und übernahm die Statthaltereien Brussa und Nikomedien, wo er eine zur Bekämpfung seiner ehemaligen Waffengefährten bereite Kriegsmacht organisirte.

In Konstantinopel hatte man sich schon lange über die Kriegsuntüchtigkeit der Janitscharen gegen die Griechen aufgehalten, man hatte von den Erfolgen der europäisch geschulten Truppen Ibrahim's und von der Nothwendigkeit gesprochen, zu den Gedanken Selim's III. zurückzugreifen. Am 22. Mai kündigte Stratford Canning dem Divan an, daß Rußland und England in Griechenland vermitteln würden. Am 29. versammelte der Sultan einen außerordentlichen Divan in dem Palaste des Aga, wies in zürnender Rede auf den elenden Zustand des türkischen Kriegswesens, auf die Erfolglosigkeit des Kampfes gegen die Griechen, „diese schwachen Rohre, die der ungestüme Strom des osmanischen Muths im Nu hätte zerbrechen sollen", und forderte die Versammlung auf, über Mittel und Wege zu berathen, wie die militärische Ebenbürtigkeit der Türken mit anderen Nationen wieder hergestellt werden könne. Die Worte des Padischah wurden mit allgemeinem Beifall aufgenommen. Die Ulemas erinnerten an den heiligen Ausspruch: „Stellet Eurem Feinde dieselben Waffen entgegen, deren er sich bedient", an die Erfolge der Egypter im Peloponnes und an die schmähliche Führung der Türken im letzten Russenkrieg: man beschloß, eine neue reguläre Truppe unter dem Namen Muallem Ischkendj, „exercirte Hand", zu bilden.

Der seit den letzten Revolutionen anrüchige Name „Nizam=i=Djedid" wurde vermieden, im Uebrigen aber ganz im Einklang mit Selim's III. Reformen bestimmt, daß jede der 51 Janitscharen=Orta's 150 Mann an die neue Truppe abzugeben habe. *)

Die Janitscharen erkannten, daß die Maßregel vor Allem gegen sie selbst gerichtet sei. Murrend ließen sie die Aushebung über sich ergehen, sahen sie zu wie ihnen zum Hohn vor ihrer Hauptkaserne die Einweihung der neuen Truppen und eine Parade unter Anleitung egyptischer Unteroffiziere statt fand. Der Sultan ließ die Mißvergnügten durch angestellte Wühler heimlich zur That aufstacheln, er hatte ja seine Vorbereitungen zur Bewältigung einer Meuterei so getroffen, daß ihm der Losbruch erwünscht kam. In der Nacht vom 14. auf den 15. Juni hatten sich 20,000 Menschen auf dem Etmeidan, diesem im Mittelpunkt Konstantinopels gelegenen Platze, der traditionellen Operationsbasis einer Revolte, versammelt. Man wollte sich des Sultans bemächtigen und ihn zur feierlichen Anerkennung einer Schreckensherrschaft der Janitscharen nöthigen, beim geringsten Widerstand wollte man ihn sammt seinen Ministern, dem Mufti und den Ulema's niedermachen; — mehr als 100 Pfähle mit den Namen der Personen, die, wenn das Unternehmen gelungen, darauf gespießt werden sollten,

---

*) Rosen, Geschichte der Türkei I. 166. S. 10 ff.

fand man in einer der Kasernen. Abtheilungen der Meuterer zogen nach
dem Pfortengebäude und dem Palast des Janitscharen-Aga's um den Großvezier und Dschelaleddin als Geißeln festzunehmen. Da sich die Bedrohten
rechtzeitig über das goldene Horn gerettet, so verwüstete und plünderte
man ihre Häuser eben so wie die Wohnung des Agenten Mehmet Ali's,
dem man wegen Einführung des europäischen Exercitiums grollte, erbrach
den Harem und verübte Gewaltthat an Frauen und Dienerschaft.

Mit diesen elenden Erfolgen mußten sich jedoch die Aufständischen
begnügen; die Helfershelfer vom Jahr 1807, die Jamak, die Vertheidiger
der Bosporusschlösser, und die Topdschi, die Artilleristen von Topchana,
weigerten jede Unterstützung. Der hauptstädtische Pöbel blieb theilnahm-
los, und während sich die auf dem Etmeïdan versammelten Meuterer durch
die List des Kul Aga's, ihres zweithöchsten Offiziers, der ihnen rieth, ein
schriftliches Gesuch an den Sultan zu richten, zwei kostbare Stunden hin-
halten ließen, hatte Mahmud Zeit gefunden, ihnen eine imposante Uebermacht entgegenzustellen. Die Truppen Hussein Pascha's und Mehmet's
von Beïkos trafen in großen Böten vom Bosporus her ein. Die Artillerie
und die Marinesoldaten waren zur Hand. Das Chyrka-i-scherif, die heilige Fahne des Propheten, ward entfaltet, Ausrufer durchliefen Stadt und
Vorstädte, schrieen dem Volke zu, es solle sich um „die majestätische Cy-
presse im Garten des Sieges, die grüne Fahne des Propheten" sammeln.
Da strömten Ulema's und Softi's, Professoren und Studenten, die getreuen Mohammedaner zu Tausenden nach dem Hippodrom, dieselben
Massen, auf welche die Janitscharen gerechnet, bildeten freiwillige Schutz-
mannschaften, um die Ruhe gegen die Meuterer aufrecht zu halten. Als
endlich die Deputation der Janitscharen vor dem Sultan erschien, Auflösung der neuen Truppe und die Köpfe aller ihnen verhaßten Großwürdenträger forderte, wies der wilde Hussein sie mit Hohn zurück und
erklärte ihnen, er werde ihre Köpfe holen, sofern sie sich nicht sofort auf
Gnade und Ungnade ergäben. Die getreuen Truppen des Sultans rückten gegen den Etmeïdan vor. Ein eiserner Gürtel schloß sich um den
Platz und die anliegende Kaserne. Die Aufforderung zur Uebergabe ward
von den Janitscharen mit einer Art Hundegeheul erwidert; als aber
Kanonen gegen den hohen Thorweg, der den Eingang zum Platz bildet,
donnerten und die Reihen der Rebellen durch Granaten niedergeschmettert
wurden, stürzte Alles in wilder Flucht nach der Kaserne, einem geräumi-
gen, aber nach stambuler Sitte aus Holzbalken und Fachwerk aufgeführ-
ten Gebäude, wo man schwerlich Sicherheit auf lange finden konnte.
Hussein Pascha ließ das Gebäude umstellen und dann in Brand schießen;
die Abgeordneten der Meuterer, welche jetzt die Gnade des Sultans anflehen wollten, wurden niedergehauen. Der Mufti sprach den Fluch über
sie aus, erklärte ihre Vernichtung für ein Gott wohlgefälliges Werk und
den im Kampf gegen sie erlittenen Tod für Glaubensmartyrthum. Wer

fliehen wollte, erlag dem Schwerte, die Meisten verbrannten elend mit dem Bau. Ueber die Wenigen, die man lebendig eingebracht, und über die Verdächtigen, die von den „Ehrenmännern", wie sie sich nannten, den Bürgerwachen, festgenommen worden waren, erging am folgenden Tage ein summarisches Kriegsgericht. Vorgeführt zu werden war ein hin=reichender Grund zur Verurtheilung. Hussein Pascha und der Großvezier übten das Amt eines Fouquier Tinville oder Hermann mit fühlloser Kälte aus. Die Kessel der Janitscharen, bisher ein Schrecken der Rajah, ein Ge=genstand der Verehrung für die Muselmänner, wurden öffentlich mit Koth besudelt, die Fahnen zertreten und zerrissen, die Filzmütze durch die Straßen geschleift und ein Ferman an den Kabi veröffentlicht, der die Motivirung der blutigen That und den Ersatz der Janitscharen durch eine neue Truppe, die „neue siegreiche mohammedanische Armee", aussprach. Man wüthete sogar gegen den Namen Janitscharen, der in Konstantinopel nicht mehr laut ausgesprochen werden durfte, und gegen die marmornen Leichen=steine auf den Kirchhöfen, welche sich durch die auf ihnen dargestellte Filz=mütze als Janitscharengräber kund gaben. Der geistliche Pathe der Janit=scharen, der Orden der Begtasch, ward aufgehoben, ihr Scheich enthauptet, ihre Klöster wurden geschleift und die Derwische erdrosselt. Die Brand=löscher und Lastträger der Hauptstadt, welche den Janitscharen affiliirt waren, wurden hingerichtet oder nach Anatolien verbannt. Seit seinem Regierungsantritt hatte Mahmud Listen aller verdächtigen und mißliebi=gen Individuen anlegen lassen, nach welchen jetzt die Verhaftungen und Hinrichtungen vorgenommen wurden. Zitternd nannte das Volk den furchtbaren Sultan „Chunkiar", Gebieter, und rief ihm den altherkömm=lichen Segensspruch Bin jascha! „Lebe 1000 Jahre", entgegen. Er selbst erschien gehobener und stolzer als zuvor, wie ein Mann, der langjährige Ketten abgestreift und durch einen gewagten Entschluß über sich und die Mitwelt gesiegt hat. Triumphirend fragte Hussein Pascha den französi=schen Dragoman Desgranges: „wie lange ihre Revolution in Frankreich gedauert habe?" und auf seine Antwort „25—30 Jahre" rief er: „Wohl, schreibt nach Paris, daß wir eine in 23 Minuten vollbracht haben". Ohne sich durch die Nachzuckungen der Bewegungen, durch die von den Unzufriedenen angestifteten Brände, welche Ende August ein Achttheil Konstantinopels in Asche legten, irre machen zu lassen, fuhr Sultan Mahmud fort mit unerbittlicher Strenge gegen den anarchischen Pöbel zu wüthen, und das Werk der türkischen Regeneration mit Strömen Blutes einzuweihen. Seine Schmeichler rühmten: in ihm werde das überlieferte Wort des Propheten bestätigt, daß Gott am Anfang jedes Jahrhunderts einen Mann mit dem Berufe sende, den Glauben herzustellen.

Das Abendland war karger im Lob. Man fragte, ob Mahmud den richtigen Moment für seine furchtbaren Maßregeln getroffen, ob er sich nicht vielmehr durch nutzlose Kraftdemonstration selbst geschwächt habe?

Man gestand zu, daß die Vertilgung der Janitscharen nothwendig sei, um die Türkei aus einem Feudalstaat in eine moderne Monarchie zu verwandeln, aber man zweifelte, ob die Revolution vom 16. Juni die richtige Antwort auf das Aprilprotokoll sei? ob Sultan Mahmud die Griechen und die öffentliche Meinung Europa's leichter zu Boden schlug, weil er die Rebellion auf dem Elmeidan niedergeschmettert hatte. Der österreichische Internuntius bemerkte sorgenvoll, „daß auf die erste Hoffnung besserer Zukunft und fortschreitender Reformen in Konstantinopel eine allgemeine Unzufriedenheit" gefolgt sei. Metternich konnte sich der Befürchtung nicht erwehren, daß Rußland aus der Gährung, welche Sultan Mahmud geschaffen, politisches Kapital machen, die augenblickliche Schwäche der Türkei benutzen und ihren Regenerationsprozeß durch einen Krieg unterbrechen werde. Zwar schien für den Augenblick jeder besondere Anlaß russischer Beschwerde durch die Bewilligung des Ultimatums vom 17. März beseitigt. Dem russischen Wunsche zu Folge erschienen türkische Bevollmächtigte in dem bessarabischen Ort Akkermann, um die seit 1816 obschwebenden internationalen Differenzen zu regeln. Man kam ihnen mit ausgesuchter Höflichkeit entgegen, sie fanden ihre Wohnungen im reichsten orientalischen Geschmack eingerichtet, sechsspännige Staatswagen waren zu ihrer Verfügung und Ehrenwachen gaben ihnen das Geleit. Aber indem man sie formell mit Artigkeiten zu ersticken suchte, gab man ihnen materiell zu verstehen, daß sie sich den Diktaten Rußlands fügen sollten, und ließ unter ihren Augen geräuschvoll Kriegsvorbereitungen betreiben, die darauf hindeuteten, daß der Zaar sich mit den Waffen holen werde, was man ihm in den Unterhandlungen nicht zugestehe. Die österreichischen Diplomaten bezeichneten die ganze Verhandlung, die im August 1826 zu Akkermann begann, als eine Komödie. Statt jeder freien Berathung legte Graf Woronzoff den Türken ein Ultimatum vor, und stellte ihnen eine Annahmefrist bis zum 7. Oktober. Er verlangte Bestätigung des Vertrags von Bukarest. Eine Grenzberichtigung in Bessarabien. Bestätigung der den Rumänen und Serben gewährten Rechte und Privilegien. Die Abtretung einiger Festungen an der tscherkessisch=abchasischen Küste. Handelsfreiheit unter russischer Flagge. Erledigung der Reklamationen einzelner russischer Unterthanen. Graf Woronzoff konnte keinen geeigneteren Augenblick wählen, um so hochgehende Forderungen zu stellen. In Konstantinopel knirschte man vor Zorn, aber man wußte, wie sehr man durch den Staatsstreich vom 15. Juni geschwächt und außer Stande war, mit der nur auf dem Papier befindlichen „neuen siegreichen mohammedanischen Armee" den russischen Heeren zu trotzen. So entschloß man sich einen Tag vor Ende der gestellten Frist, die russischen Forderungen zuzugestehen, den Vertrag von Akkermann zu unterzeichnen, und sich damit zu begnügen, daß man in dem für die Pforte bestimmten Exemplar „den schneidenden Ton an einigen Stellen etwas abschwächte".

in Altermann mit einem Federstrich erworben, was
siegreicher Feldzug einbringen konnte. Aber freilich
ben Diplomaten nicht, daß sie nur unter dem Gebot
bigkeit, gleichsam unter dem Messer, unterzeichnet
ies die Mächte darauf hin, was sie selbst von einem
n Souverän erwarten müßten, der seine Macht gegen
Staat mißbrauche. Er erklärte wiederholt, daß man
Janitscharenvertilgung, d. h. der Schwächung türki=
s der Mäßigung verdanke, welche jenes Ereigniß dem
zur Pflicht mache; er gab zu verstehen, daß man
:r Reorganisation des Reichs überrascht, zur Nach=
worden sei, daß man aber die nächste Gelegenheit
ju den Waffen zu greifen.

bie Hauptentscheidung über das Schicksal Griechen=
) knüpfte zwar jetzt die diplomatischen Beziehungen
:r an und sandte den Herrn von Ribeaupierre als
) Konstantinopel. Aber in den Instruktionen dieses
griechische Sache keineswegs vergessen, es war ihm
bas griechische Volk, dessen Untergang Rußland in
:n und in seinen Handelsinteressen verletzen würde,
Vernichtung zu retten. Nur sollte er den englischen
erste Reihe schieben, den Schein wahren, als ob
:tung überlasse. Allein die Pforte setzte gleich den
agen Stratford Canning's barschen Trotz und abso=
egen, und als der Engländer, unterstützt von Ribeau=
! das petersburger Protokoll mit dem Verlangen des
vertraulich, dann am Jahrestag dem 4. April amt=
nete der am 23. März an Seyda Efenti's Stelle
) Efenti, Alttürke von strengem Schlage, das Proto=
ei Mächte willkürlich über die Rechte einer dritten
ls ein werthloses weißes Stück Papier, dessen offiziöse
an unangenehm berührt habe, während er die offi=
n Schimpf auffassen müsse. „Lieber wollen wir nach
er den Krieg, als daß wir die russisch=englischen
" Das Schweigen, welches Rußland zu Altermann
ache beobachtet, und welches von russischer Seite als
lung angesehen ward, wurde von den Türken als
ja sie stellten sogar die fecke Behauptung auf, daß
an für die Zukunft ganz auf jede Einmischung in
verzichtet habe. Eine Behauptung, deren Un=
ibeaupierre wiederholt durch Hinweis auf den Wort=
u bekämpfen suchte. Die Erfolge auf dem Kriegs=
ie Pforte „noch intraitabler", unter der türkischen

Diplomatie herrschten Empfindlichkeit und nervöse Aufregung, die dem lauernden nordischen Gegner leicht eine Blöße bieten konnten. Die Hauptgefahr für die Türken lag gerade da, wo man sie geflissentlich zu ignoriren suchte. Die Koncessionen, die man zu Akkermann hatte bringen müssen, waren nur ein Vorspiel der Opfer, welche die europäische Diplomatie dem Divan in der griechischen Frage zumuthete. Der Zaar hatte wohl erkannt, wie stark seine Position geworden, seit die öffentliche Meinung und Großbritannien ihn unterstützten. Unter der Maske der Gleichgültigkeit, ja der Verachtung bezüglich Canning's wie der griechischen Rebellen benutzte er die Handhabe, welche das Aprilprotokoll ihm gegeben, gegen die Türkei und deren europäische Beschützer. Die Stimmung des wiener Hofs war ihm bekannt; er wußte, daß Fürst Metternich etwaigen Zwangsmaßregeln zur Ausführung des Protokolls nie beipflichten werde. Es war vorauszusehen, daß auch das preußische Kabinett aus Gefälligkeit gegen Oesterreich sich von dem Beitritt zu dem englisch-russischen Traktat zurück hielt, oder daß dort, wie Metternich sich ausdrückte, „die aufgeklärten Ansichten über die Schüchternheit vor Rußland siegten". Desto eifriger waren Rußland und England bemüht, das Tuilerienkabinet für ihre projektirte Einmischung in die orientalische Frage zu gewinnen.

Der Philhellenismus beherrschte die öffentliche Meinung Frankreichs: die öffentlichen Organe sprachen sich mit Begeisterung für die griechische Sache aus, Karl X. hatte es beifällig aufgenommen, daß die orleanistische Intrigue in Griechenland gescheitert war, die griechische Sache sprach zu seinen ritterlichen und religiösen Neigungen; es mochte damals wenig Fragen in Frankreich geben, bezüglich deren eine so vollkommene Eintracht zwischen König und Nation bestand, wie gerade die griechische. Es kam nur darauf an, daß man dem französischen Nationaldünkel und Ehrgeiz schmeichelte, daß man den Franzosen den Wahn beließ, sie würden die erste Rolle bei der beabsichtigten großen diplomatischen und militärischen Aktion im Orient spielen, so waren sie vollkommen gewonnen. In diesem Sinne wirkten Pozzo di Borgo und Canning, als letzterer sich im September 1826 ebenso wohl wegen des portugiesisch-spanischen Konflikts wie wegen der orientalischen Frage nach Paris begab. Vergebens mahnte Metternich davon ab, daß man die russisch-englischen Eröffnungen im religiösen Sinne nehme, und suchte zu zeigen, daß man, statt eines Religionskriegs zu Gunsten der Griechen, nur einen Interessenkrieg zu Gunsten Englands unternehmen würde. Vergebens gab er sich der Hoffnung hin, daß Canning zu Paris die griechische Frage blos „effleurirt" habe. Bald hatte er Grund sich über die kägliche Schwäche des „durch den Philhellenismus kompromittirten" französischen Kabinets bitter auszulassen, denn Villèle und Damas gingen, während sie nach Wien hin einen geringschätzigen Ton über Canning anschlugen, in der Gefälligkeit gegen den englischen Staatsmann so weit, daß sie ihm erklärten, sie würden das

Aprilprotokoll gern in einen Vertrag verwandelt sehen, und daß sie ihm sogar selbst einen Vertragsentwurf (canevas) über die Pacifikation des Orients vorlegten. Die Aktionslust an der Seine fand rasch einen Wider= hall an der Newa. Der Zaar ließ am 26. Januar 1827 erklären, daß er gern bereit sei, dem französischen Vorschlag beizutreten und dem April= protokoll durch Verwandelung in einen Vertrag einen feierlicheren Cha= rakter zu geben. Man müsse aber vor Allem dafür Sorge tragen, daß man die Annahme des Vertrags von der Pforte erzwingen könne, mit halben Maßregeln dürfe man sich nicht begnügen. Graf Lieven schlug deshalb der englischen Regierung vor, man solle nach Umwandlung des Protokolls in einen Vertrag der Pforte einen bestimmten Termin für ihre Entschlüsse stellen und die verbündeten Flotten sollten einstweilen in einer Haltung von „negativer Feindseligkeit" jede weitere Verstärkung Ibrahim's in Morea verhindern". „Man muß endlich einmal ein Ende machen", erklärte Nesselrode an Herrn von Bombelles.

Der Vorschlag: Zwangsmaßregeln gegen die Pforte zu ergreifen, konnte nicht verfehlen in Wien böses Blut zu machen. Fürst Metternich sah eine immense Verwickelung bevorstehn, wenn man sich „von dem zu Aachen am 15. November 1818 weise festgesetzten Interventionsrecht (Art. IV.) entferne"; er erklärte, daß er selbst gern bereit sei zur Pacifi= kation des Orients mitzuwirken und einen „Heerd der Verständigung" in London zu errichten; einem Vertrage aber könne er nur beistimmen, so= bald man von dem Gebrauch kriegerischer Zwangsmittel absehe. Man wollte Pacifikation aber keine Intervention. „Wie ist es möglich", rief er aus, „durch einen Krieg zu pacificiren?" Einen russisch=türkischen Krieg betrachte das wiener Kabinet als das größte Unheil, das Europa vor= behalten sei. Das einzige Zwangsmittel, wozu Metternich sich in einer Depesche nach London vom 25. März 1827 verstehen wollte, war die gemeinschaftliche Drohung eines gleichzeitigen förmlichen Bruchs der fünf Mächte. Erst wenn die Pforte auch dann noch hartnäckig blieb, erklärte er für geboten, daß man sich über die Stellung der Kontingente verein= bare. Bezüglich der Zukunft Griechenlands schlug er Trennung der Christen von den Türken, Besetzung der griechischen Festungen, Selbst= regierung der Griechen und einen jährlichen Tribut: im Grunde also das Gleiche vor, was im April=Protokoll vereinbart war. Einig im Ziel, be= hauptete der österreichische Staatskanzler in den Mitteln von den Unter= zeichnern des April=Protokolls abweichen zu müssen. Er hoffte sie noch immer zu trennen, er rückte dem Zaaren die Gefahren der Abhängigkeit von dem britischen Kabinet vor, mit dem man „sich nicht verbinden könne, ohne Komplice von dessen Irrthümern und revolutionären Doktri= nen zu werden"; er sparte kein Wort der Entrüstung über Canning, dessen politische und sociale Umsturzgelüste noch jüngst in jener portu= giesischen Rede vom 12. Dezember 1826 ein furchtbares Relief erhalten hätten; da er, der „entlarvte Jakobiner auf der Ministerbank", sich selbst mit Aeolus verglich, welcher den Schlauch revolutionärer Stürme entfesseln könne! da er von sich rühmte: „Ich rief die neue Welt ins Leben, um das Gleichgewicht der alten wieder herzustellen." Man stellte von österreichischer Seite Canning's Auftreten als unklug und leidenschaftlich hin, man suchte seine Stellung zu untergraben, ihn beim König zu verläftern. Alles umsonst! „Obwohl rings von der Sündfluth umgeben", so klagte Metternich, „übt Canning über den König und das Kabinet eine Art Terrorismus aus." Nicht ohne melancholisches Sehnen gedachte der österreichische Minister der korrekten Politik Londonderry's; „dessen Tod habe im Grunde die alten Ordnungen Europa's aufgelöst, so daß die heilige Allianz zu einer Abstraktion geworden sei und nur dem Namen nach existire." Der beabsichtigte Tripel-Vertrag zwischen England, Rußland und Frankreich erschien im finsterften Lichte. „In London behaupte man Rußland, in Petersburg England getäuscht zu haben, in Paris man sei in den Traktat gegangen der Form wegen, um beide zu hintergehen und ihre gefährlichen Absichten zu hintertreiben." Während aber der österreichische Staatskanzler hervorhob, daß seit 1815 nur Oesterreich und Preußen auf dem rechten Wege geblieben seien, und während er apodiktisch verkündete, daß das unselige Protokoll zu einer Niederlage führen müsse, daß es ein „Fantom" sei und „daß aus der Konfusion, die es legalifirt habe, keine Vermittelung hervorgehen könne, sondern nur eine Monstruosität würdig ihres Ursprungs", gestand er sich insgeheim ein, daß auch „der verständige eigene Weg nicht glücken werde", und mußte erleben, daß seine Versuche, die keimende Tripelallianz zu trennen, nur zur Isolirung Oesterreichs führten. In Paris drückte Damas, wie zum Hohn! sein Bedauern darüber aus, daß Oesterreich sich von der Allianz trenne. In London ward Esterhazy, als er die österreichische Mitwirkung zu dem projektirten Vertrag anbot, kühl zurückgewiesen und ihm bedeutet, da Oesterreich nur theilweise zugestimmt und Preußens Haltung ungewiß sei, habe man den Akkord mit dem französischen Kabinet unterzeichnet. Graf Lieven warf dem österreichischen Gesandten vor, daß seine Instruktionen sehr ungenügend wären und daß man bei der Anwendung von Zwangsmaßregeln nicht auf Oesterreich rechnen könne. Auch von dem „sonst so angenehmen" Tatitscheff erhielt Fürst Metternich am 29. Mai die höchst beunruhigende Erklärung, Kaiser Nikolaus sehe in den österreichischen Instruktionen nur einen Versuch, die Entscheidung der Sache hinauszuschleppen, und werde wenn nöthig allein vorgehen. „Ich gestehe", bemerkte der österreichische Diplomat, „daß ich die moralische Position des Kaiser Nikolaus nicht verstehen kann. Eine alte Erfahrnng hat mir bewiesen, daß, so oft große oder kleine Geschäfte einen Zustand solcher Konfusion gewähren wie die griechische Sache jetzt, daß dann das Beabsichtigte nicht eintrifft, und das wird auch mit den ruffisch-englisch-französischen

Ideen der Fall sein. Der Tag wird kommen, wo man den Betrachtungen des wiener Hofs den verdienten Werth beimißt; was man heute als Skrupel und vage Räsonnements ansieht, wird dann das Gewicht der Voraussagung haben."

Als das französische Kabinet im Mai den Vertragsentwurf umher= schickte und den Wunsch aussprechen ließ, daß man in Wien abhäriren möge, protestirte Metternich auf's Stärkste gegen die Zumuthung, an einem unbestimmten Abenteuer theilzunehmen und den Triumph einer neuen Revolution in Europa durch die politische Emancipation der Grie= chen zu besiegeln. Da klang es abermals fast wie Hohn, wenn die fran= zösische Diplomatie die Korrektheit seiner Anschauungen vollkommen an= erkannte und gestand, daß man im Begriff sei, sich gegen die Legitimität zu versündigen, jedoch hinzufügte, „man müsse mit dem Schlechten kapitu= liren, um zum Guten zu gelangen."

Der österreichische Legitimitätstheoriker versäumte die Gelegenheit nicht, um solche „petulante" Aeußerungen streng zu rügen; „man werde", bemerkte er, „das Uebel nur erhöhen, indem man die russisch=englische Allianz nähre. Verwirrung in die Verwirrung zu werfen, sich in die Unordnung stürzen, um sie zu vermehren, sei kein Mittel sich vor ihren Schlägen zu sichern, eher möge es nützlich sein für den, der draußen stehe." Dem berliner Hof gegenüber ließ er sich über den beschränkten Horizont der Franzosen heftig aus, schalt auf den revolutionären Brandstifter Canning, dessen Hauptabsicht es sei, die Auflösung der Allianz vor aller Welt zu beweisen, die orientalische Verwirrung auf's Aeußerste zu treiben und die Schutzherrschaft über Morea zu gewinnen, gab zu verstehen, daß der Zaar ein junger unerfahrener Mann sei, der guten Rath nicht hören wolle, und stellte die Uebellaune desselben gegen Oesterreich mit dem Be= nehmen der französischen Tollhäusler von 1793 auf eine Stufe, „welche die selbstgeschaffenen Schwierigkeiten ihrer Epoche Pitt und Koburg genannt hätten." So finde der Zaar, indem er den Weg des Protokolls wandle, fortwährend Hindernisse, die er Metternich und dem österreichischen Ka= binet zuschiebe.

Die Vorstellungen des österreichischen Staatskanzlers machten einen tiefen Eindruck auf Friedrich Wilhelm III. Er war persönlich stets für die Sache der Griechen eingenommen gewesen, hatte die Bemühungen Ancillon's, den Aufruf Hufelands zu ihren Gunsten gern gesehen und hatte den philhellenischen Komités selbst im Stillen bedeutende Hülfs= summen zufließen lassen. Herr von Bülow, der preußische Gesandte am englischen Hofe, spannte alle Kräfte an, um den Beitritt zu dem Tripel= vertrage zu erwirken.

Wieder einmal stand, wie im Sommer 1821 beim Auftauchen des Ancillon'schen Mémoires, eine entschiedene Schwenkung Preußens zu Gunsten der Griechen bevor. Aber auch diesmal ließ sich Friedrich Wil=

helm III. im entscheidenden Augenblick von Metternich ins Schlepptau
nehmen; nicht ohne geheime Ehrfurcht vernahm er wie Metternich sich
mit einem Felsen mitten in bewegter See verglich. „Wir sind gewohnt
worden, die Wellen zurückzustoßen, und haben sie an uns scheitern sehn, ohne
daß Etwas in unserm Wesen sich geändert hätte. Wir sind im Zug die
Erfahrung zu erneuen." Diese vornehme Zuversicht imponirte. Der
König konnte sich nicht dazu entschließen, durch seinen Beitritt zum Vertrage Oesterreich in den Augen der Welt zu isoliren. Als der Zaar
später Herrn von Bernstorff Vorstellungen machen ließ, weshalb Preußen
dem Traktat nicht beigestimmt habe, rechtfertigte der preußische Diplomat
die Politik des Königs damit, daß Preußen im Orient kein direktes Interesse, sondern nur einen moralischen Gesichtspunkt zu vertreten habe, und
wies darauf hin, „daß der Vertrag nur durch äußerliche Form entgegengesetzte Interessen und Elemente binde."

So war es denn entschieden, daß die beiden deutschen Großmächte
abseits stehen blieben von der großen diplomatischen Aktion, oder, wie
Metternich es rühmend nannte, daß sie sich auf der Linie unabhängiger
Mitwirkung hielten.

Am 6. Juli 1827 ward der Traktat, der den Orient pacificiren
sollte, zu London von den Vertretern Rußlands, Englands und Frankreichs unterzeichnet. Canning hatte den französischen „Canevas" mit den
Vorschlägen Rußlands und den Wünschen Englands in Einvernehmen
zu bringen gesucht, und einen neuen Entwurf ausgearbeitet, der so geheimnißvoll behandelt wurde, daß nicht einmal der französische Gesandte
in London, Polignac, davon erfuhr. Lord Granville trug die Arbeit nach
Paris. Sie erhielt die Zustimmung des Königs Karl X. wie des Zaaren
Nikolaus, und so liegt sie dem Julitraktat zu Grunde. Man wird den
englischen Gesichtspunkt gleich in den Motiven der hochbedeutsamen
Staatsakte erkennen. Denn da heißt es, daß die Nachtheile, welche der
Handel der drei Mächte durch den langwierigen Krieg im Orient und
durch die Anarchie in Griechenland erlitten habe, den drei Regierungen
das Recht gäben, Maßregeln zur Herstellung des Friedens zu ergreifen.
Beiden streitenden Theilen sollte Vermittlung und Waffenruhe vorgeschlagen werden; nahm der Divan die Vorschläge der drei Mächte nicht
an, so wollte man die unmittelbaren Folgen des Waffenstillstandes
erzielen, d. h. die Pacifikation erzwingen ohne darum die friedlichen Beziehungen zur Pforte zu stören. Den Griechen war eine autonome Verwaltung unter Oberherrlichkeit des Sultans zugedacht. Christen und
Türken sollten fortan völlig geschieden, d. h. die mohammedanischen Eigenthümer gegen Entschädigung expropriirt werden. Jede der drei Regierungen — auch in dieser Bestimmung spürte man Canning's vorsichtige
Hand — leistete auf einen etwa im Orient zu gewinnenden Einfluß und
auf besondere Handelsvortheile Verzicht. In drei geheimen Artikeln war

das Verfahren, das man im Weigerungsfall gegen die Pforte einzuschlagen gedachte, vorgesehn. Man wollte Handelsverbindungen mit den Griechen anknüpfen, Konsularbeamte bei ihnen ernennen und von ihnen empfangen. Man wollte, wenn der Waffenstillstand binnen Monatsfrist nicht angenommen würde, „die den Umständen angemessenen Mittel ergreifen" und „falls dieselben nicht genügten, das Friedenswerk dennoch nach den festgesetzten Grundsätzen fortführen." Die Hauptsache war, daß den etwas unbestimmt lautenden Drohungen durch eine imposante militärische Demonstration Nachdruck verliehen werden sollte. Eine russische Flotte von 20 Segeln unter Admiral Siniavin ging gleich nach der Zeichnung des Julitraktats aus Kronstadt unter Segel; sie hatte den Auftrag, von Plymouth den Kontre-Admiral Heiden mit vier Linienschiffen, vier Fregatten und zwei Briggs nach dem Archipel zu senden. Die englischen und französischen Geschwader, die sich unter Kodrington und de Rigny bereits im Mittelmeer befanden, wurden verstärkt und in den Instruktionen an die drei Flottenführer wurde — da liegt der Schlüssel der kommenden Begebenheiten — die Anwendung von Gewaltmitteln gegen die Türken als eine eventuelle Nothwendigkeit hingestellt. Falls die Griechen die Pacifikation annähmen, die Türken sie aber verweigerten, so waren die Admiräle ermächtigt, nicht nur mit den Griechen in freundschaftliche Beziehungen zu treten, sondern auch alle türkisch-egyptischen Schiffsendungen von Waffen und Menschen abzuschneiden und eintretenden Falls Gewalt zu brauchen. „Ihre Instruktionen", so bedeutete man die Admiräle, „können offenbar nicht alle möglichen Fälle voraussehen, ein gewisser Spielraum ist Ihnen nothwendig. Der König gewährt ihn Ihnen im vollen Maß."[*]

Neben dieser weitgehenden Vollmacht nahm es sich freilich seltsam und fast wie Ironie aus, wenn den Admirälen zugleich die äußerste Sorgfalt anempfohlen ward, damit nicht etwa die zur Pacifikation nöthigen Maßregeln in Feindseligkeiten ausarteten. „Glaubt man", so fragten die englischen Marineofficiere, „Ibrahim's Egypter würden sich pacificiren lassen, indem man sie mit Zuckerwasser und Orangeade besprengt?"

Die Nähe der Kriegsgefahr entging dem Fürsten Metternich nicht. So geringschätzig er sich über den Julitraktat aussprach — er nannte ihn ein von Lügen und Unbestimmtheiten wimmelndes Machwerk, das aus einem anfänglichen „Wenig" zu „Ungefähr gar Nichts" geworden sei, — so konnte er doch dem Berliner Kabinet gegenüber die Furcht nicht unterdrücken, „die müßigen Worte, die mit erhabenen Formen bekleidet seien, möchten zum Unheil führen." Als der Vertrag zum Theil an die Oeffentlichkeit trat, ungeheures Aufsehen erregte und ein allgemeines Hosiannah! aus dem Lager der Griechenfreunde erscholl, bemerkte der österreichische

---

[*] Annexe F. au Protocole de la Conf. du 12 juillet 1827. Papers relative to the affairs of Greece. Lond. 1830. Harrisson.

Staatsmann: er sei weit entfernt davon, den britischen Minister im Verdacht zu haben, daß er an dem politischen Verbrechen der Publikation des Vertrages Theil gehabt habe, aber derselbe lebe in so schlechter Gesellschaft, daß er täglich Gefahr laufe, noch ganz anders kompromittirt zu werden. Metternich's Hauptaugenmerk richtete sich jetzt auf Konstantinopel.

Die Nachricht von der bevorstehenden Einmischung der Mächte hatte das türkische Selbstgefühl nur gesteigert; gehoben von seinem Triumph über die Janitscharen, war der Sultan durch günstige Nachrichten aus Morea und Attika überzeugt worden, daß es nur noch eines letzten Schlages gegen die Seemacht der Rebellen, gegen Hydra bedürfe, um den Aufstand völlig zu ersticken. Und nun sollte er sich die Früchte seiner Siege durch eine diplomatische Aktion entwinden lassen? „Was fürchtet Ihr für uns?" bemerkte der Reis einem Diplomaten, der auf den drohenden Charakter der Verwicklung hinwies, „wir selbst haben keine Furcht. Wir werden uns auf's Aeußerste wehren." Den Bevollmächtigten von England, Rußland und Frankreich ward, in Folge ihres wiederholten Drängens auf Annahme des Aprilprotokolls und des Waffenstillstands, am 10. Juni eine „Erklärung der Rechte", ein „Bayan-Name", eingehändigt, der jede Einmischung als „den Dekreten der göttlichen Vorsehung, der Religion und dem Gesetz der Muselmänner zuwiderlaufend" zurückwies. Der griechische Aufstand rühre daher, weil es den Griechen stets zu gut gegangen sei. Er sei noch nicht beendigt, weil man der Pforte verschiedene höchst nutzlose diplomatische Vorschläge gemacht und sich in ihre inneren Angelegenheiten eingemischt habe. Niemals werde die Pforte „ähnliche Vorschläge anhören, welche dahin zielten, einem Räuberhaufen Konsistenz zu geben". „Heil und Frieden demjenigen, der auf dem Wege der Gerechtigkeit wandelt!" Der Reis würzte seine Erklärung gegen die Dragoman's mit einer Menge Koranstellen und als man ihm einwarf: „Wozu diese Aussprüche den christlichen Fürsten? Sie verstehen sie nicht," erwiderte er als gläubiger Muselmann: „Freilich, sie verstehen sie nicht, denn wenn sie dieselben verständen, so wären sie alle schon Muselmänner geworden." Sein letztes Wort an jeden Dolmetsch war: „Des Himmels Wille geschehe! Die hohe Pforte ist auf alles gefaßt!"

Die Haltung des Internuntius bestärkte die Türken in ihrer Schroffheit. Während nämlich der preußische Gesandte Herr von Miltitz sich dem Kollektivschritt anschloß, den die Vertreter der drei verbündeten Mächte vorgeschriebenermaßen am 16. August thaten, um die Pforte zur Annahme des Julitraktats zu bewegen, verweigerte Herr von Ottenfels, da man ihn darum anging, seine Unterstützung und schützte mangelnde Instruktionen vor. Der Reis nahm die verhängnißvolle Note nicht einmal an; die Dragomans der Mächte mußten sich begnügen, dieselbe, da sie weggingen, unversiegelt auf dem Sofa liegen zu lassen. Herrn von Hußar gegenüber prahlte der türkische Diplomat mit der Stärke

des osmanischen Nationalgeistes und schalt auf das Heftigste über die
Vorschläge dieser „großen und kleinen Canning's", die zum Zweck hätten,
die Muselmänner aus ihrem Heerde Morea zu treiben, den Ungläubi=
gen Moscheen und Stiftungen zu überlassen, und die Kadi's durch Popen
zu verdrängen. Als die drei Gesandten, erzürnt über die türkische Rück=
sichtslosigkeit, von der dem Divan verwilligten Monatsfrist 14 Tage strichen,
und kategorisch eine Antwort verlangten, ward ihnen am 30. August der
hochfahrende Bescheid: „die bestimmte, unbedingte, endgiltige, unabänder=
liche, ewige Antwort der Pforte sei, daß sie keinen Vorschlag in Bezug
auf die Griechen annehme." Sofort erließen die drei Vertreter am 31.
in Gemäßheit des Julitraktats eine zweite Kollektivnote, daß nunmehr
die der Pforte gesetzte Frist verstrichen sei, und daß daher die Ver=
bündeten solche „Maßregeln als die Umstände ihrer Weisheit eingäben",
ergreifen würden, um sofort einen Waffenstillstand zu Wege zu bringen.
Weder die betheiligten europäischen Minister, noch die türkischen Diplo=
maten wußten, mit welch' gefährlichen Waffen man spiele, und wie nah'
die blutige Vollstreckung der „durch die Weisheit eingegebenen Maßregeln"
sei. Als Pertew den französischen Dragoman fragte, um was für Maß=
regeln es sich handele, ob etwa um eine Kriegserklärung? versicherte dieser
ihm, man hege die friedlichsten und wohlwollendsten Gesinnungen für die
Pforte, so daß er wohl kopfschüttelnd bemerkte: „das heißt Feuer und
Baumwolle neben einander legen. Ich weiß nicht, was mit den dummen
Redensarten an Stelle einer Antwort anfangen." Der Internuntius hielt
sich nach wie vor entschieden auf Seiten der Türken. Denn obwohl er
von Metternich einen Verweis dafür erhielt, daß er sich dem völlig ergeb=
nißlosen Schritt der anderen Mächte nicht angeschlossen habe, und obwohl
er es nachträglich that, so lauteten doch die geheimen Weisungen, die ihm
von Wien zukamen, so günstig für die Pforte und das „gute Recht des
Sultans", daß er kein Bedenken trug, die türkische „Steifheit" zu nähren
und zu steigern. Er theilte dem Reis im Vertrauen mit, daß der kaiser=
liche Hof „den türkischen Entschluß billige, falls man die Folgen reiflich
überlegt habe und die Kraft in sich fühle, sein gutes Recht zu schützen."

Metternich's Haltung, seine stille Freude über den Widerstand der
Türken würde, angesichts des drohenden Sturms, unerklärlich erscheinen,
wenn das Schicksal den österreichischen Staatsmann nicht gerade damals
plötzlich von dem gefährlichsten Gegner befreit und mit neuer Zu=
versicht für die Zukunft erfüllt hätte. Am 8. August, noch ehe er den
letzten Triumph seines Lebens, den Julitraktat, ratificiren konnte, starb
G. Canning. Die Sorgen und krampfhaften Anstrengungen eines welt=
umfassenden Berufs hatten ihn aufgerieben.

„Als ich vor zwei Stunden meinen Brief an Sie schloß", schrieb
Gentz den 13. August aus dem Schloß Königswart an Pilat, „glaubte ich
wohl nicht, daß ich Ihnen kurz nachher einen zweiten, und welchen! — zu

fchreiben haben würde. Wir erhielten die große Nachricht von Canning's
Tode, während wir bei Tifche faßen. Sie können fich vorftellen, welche
Bewegung fie veranlaßte. Es ftand Alles vom Tifche auf, ohne das
Diner zu vollenden. Der fchändliche Artikel aus der Times über das
türkifche Manifeft vom 9. Juni hatte mich heute gerade in eine Stimmung verfetzt, bei welcher der erfte Eindruck von Canning's Tode nur angenehm fein konnte, und fo viel ift und bleibt auch gewiß, daß diefer
Tod im Ganzen als eine Gnade Gottes betrachtet werden muß. Indeffen
hat er wie jede große Begebenheit mehr als eine Seite, und wie er auf
diefe oder jene einzelne Sache wirken wird, ift immer noch fehr problematifch."

Noch gedämpfter klangen Gentz' Aeußerungen gegenüber dem Herzog
von Koburg: „Wie gut", rief er erft, „daß man den fatalen Menfchen
los geworden, es ift nicht zu berechnen, wohin denfelben feine tollen Hu-
manitäts- und Liberalitätsideen noch geführt haben könnten! Und doch",
fügte er nach einer Paufe nachdenklich hinzu, „man muß auch dem Teufel
fein Recht laffen; fo wie die Sachen jetzt ftehen, ift es am Ende noch die
Frage, ob man es nicht für ein Unglück halten foll, daß er gerade in
diefem Augenblick geftorben ift. Denn das muß man bekennen, er war
der Einzige, der noch den Ruffen im Zaum hielt; wohin der es nun
treiben wird, was der uns noch Alles bereiten mag, das ift wieder
gar nicht zu berechnen."*)

Auf den Fürften Metternich, den damals die bevorftehende Heirath mit
Antoinette von Leykam freudig ftimmte, vermochten die melancholifchen Betrachtungen feines politifchen Gefinnungsgenoffen nicht fonderlich zu wirken. Er gab
fich vielmehr der Hoffnung hin, das Heft der orientalifchen Dinge wieder in
die Hand zu bekommen. „Der Tod Canning's" ließ er nach Paris melden,
„ift ein unermeßliches Ereigniß, das ganze Brettergerüft, deffen Pfeiler
er war, muß einftürzen. Die Gefchäftsleitung Canning's glich einer Lawine, die Alles auf ihrem Weg verfchüttet, nach der aber auch viele Dinge
und Menfchen fich wieder aufrichten, fo daß man fich in Paris groß und
in Petersburg emancipirt fühlen wird. Die franzöfifche Regierung, welche
durch Leichtfinn die Entwicklung des Uebels unterftützt hat, würde gut
thun, den augenblicklichen Zufall zu benutzen, um dem wiener Kabinet
zu helfen, das Uebel zu hemmen." Da fich die Regierung Billèle's durch
ähnliche Vorftellungen weder feffeln noch von der Allianz trennen ließ,
befchloß Metternich zu verfuchen, ob er nicht die ganze Allianz gegenftand-
los machen könne. Er trug fich mit dem Plan die „Mächte zu entwaffnen", die Pforte dahin zu bringen, daß fie „temporäre Einftellung der
Feindfeligkeiten verfüge" und aus Gefälligkeit für Oefterreich gewähre, was
fie bisher aus Trotz gegen die übrigen Mächte verweigert hatte. Er
machte dem Internuntius bemerkbar, daß es fich jetzt vor Allem um einen

---

*) F. v. Gentz von K. Mendelsfohn-Bartholdy. Leipzig, Hirzel 1867, S. 99.

politischen Streit zwischen den Mächten und der Pforte handle, daß die
Pforte nichts Klügeres thun könne, als wenn sie sich vertraulich an Oesterreich, als dritte völlig freistehende Macht, wende, und die guten Dienste
des österreichischen Kabinets bei den Unterzeichnern des Inlitraktats an-
rufe. „Jede trockene Abweisung der Mächte müsse zum Krieg führen,
während jede Hinterthür, welche die Pforte liefere, um aus dem Labyrinth
zu kommen, ihr einen ganz guten Handel bereiten würde." Um den Ruhm
völliger Unparteilichkeit zwischen den streitenden Theilen zu behaupten, ließ
Metternich auch den Griechen gegenüber mildere Saiten anschlagen. Der
Kommandant des österreichischen Geschwaders in der Levante mußte den
Hydrioten versichern: „Kaiser Franz habe geruht von der Höhe seines
erhabenen Thrones noch einen Blick des Mitleids auf die Griechen zu
werfen und wolle sie nicht in dieselbe Kategorie' wie die Neapolitaner,
Piemontesen und Spanier gestellt wissen". Ein österreichischer Schiffs-
kapitän erschien vor der griechischen Regierung zu Egina, um ihr zu
rathen, sich an das Wohlwollen und das Mitleid des österreichischen Monarchen zu wenden. Die Absicht, die dieser plötzlichen Milde zu Grunde lag,
war leicht zu durchschauen. Man hoffte, die Griechen wie die Türken dahin
bringen zu können, daß sie in Oesterreich den getreuesten wohlmeinendsten
Freund anerkannten und österreichische Vermittelung anriefen. Diese
Hoffnung, die in Egina trog, verwirklichte sich in Konstantinopel. Während
die Griechen nichts von der unerwarteten kaiserlichen Huld wissen wollten
und nach wie vor allein auf England vertrauten, sahen die Türken Metternich's Vorschläge in der That als „eine willkommene Hinterthür an,
um aus dem Labyrinth zu entkommen"; dieselben schmeichelten ihrem
Selbstgefühl und sie entschlossen sich einige Konzessionen zu bringen, aus
denen ihre versöhnliche Neigung hervorleuchten solle. Der Patriarch mußte
wieder einmal als gefügiges Werkzeug der Pfortenpolitik figuriren und
die Gnade des Sultans für die Aufständischen anflehen. Er brachte am
18. September eine von 31 Kapitänen, Georg Varnakiotis an der Spitze,
unterzeichnete Unterwerfungsakte der 5 Provinzen: Trikala, Janina, Akarnanien, Lepanto, Negroponte, die von knechtischer Reue über das Geschehene
und von Hundedemuth überfloß. Daraufhin mußte der kirchliche Bann über
diese Aufständischen aufgehoben werden und Mahmud erließ einen Amnestie-
ferman für die 5 Provinzen. Es gehörte die ganze türkische Verblendung dazu,
um sich damit zu schmeicheln, daß man durch solche Gewährungen die Aktion
der Mächte vereitelt und die Pacifikation thatsächlich vollzogen habe.

Als der Großvezier am 20. Oktober einen vertraulichen Brief an
Fürst Metternich entwarf, und wirklich, gestützt auf die versöhnlichen
Schritte, die der Sultan gethan habe, den österreichischen Hof, den „Freund
und geliebten Nachbar der Pforte", um seine guten Dienste bei den
Mächten ersuchte ... da war die österreichische Vermittelung durch die
Ereignisse überholt und gegenstandlos geworden, und Metternich mußte

Pertew's Brief als „ein todtgebornes Kind" bezeichnen. Denn an demselben Tage entschied sich das Schicksal Griechenlands in der Bucht von
Navarin. Die Glocken läuteten und die Böller dröhnten zur Vermäh-
lungsfeier des Fürsten Metternich mit Antoinette von Leykam; da kam
im Augenblick, wo der Fürst in den Wagen steigen wollte, um nach
Hetzendorf zur Trauung zu fahren, ein Kurier mit der Nachricht von dem
Ereigniß, welches all' seine bisherigen diplomatischen Bemühungen zerrissen, die heilige Allianz vollkommen gesprengt und die Basis zur Neugestaltung des Orients gelegt hat. Die rosige Beleuchtung, in welcher
Metternich den Tod von Canning gesehen hatte, war ein trügerisches
Irrlicht gewesen, Gentz' düstere Prophezeihung hatte sich bewahrheitet, eine
neue Zeit begann und fortan galt es im Orient „den Russen statt des
Engländers" zu bekämpfen. —

Ein Bericht Prokesch's vom 2. August 1827 besagt: das Griechenland, zu dessen Gunsten man interveniren wolle, sei nirgends zu finden.
„Wir, die wir an Ort und Stelle, müßten mit allen Leuchten der Welt
das Griechenland nicht aufzufinden, für welches man das gewaffnete Wort
führen will." Der Gang der griechischen Bewegung seit dem Fall Mesolonghi's liefert einen trostlosen Kommentar zu dieser Bemerkung.

Nach der Zerstörung der „heiligen Stadt" Mesolonghi hatten Kiutagi
und Ibrahim sich wieder getrennt; der türkische Feldherr wandte sich nach
Ost-Griechenland, der Egypter kehrte nach dem Peloponnes zurück, um sein
zukünftiges Paschalik vollkommen zu unterwerfen. Die Griechen waren
kaum im Stande, den vor Mesolonghi zusammengeschmolzenen Schaaren
ihrer Gegner zu widerstehen. Die unter dem Drang der äußersten Noth
nach Piadha berufene Nationalversammlung beschäftigte sich — ein trauriges Zeichen ihrer Hülflosigkeit — vor Allem mit den Berathungen über
das englische Schutzgesuch.

In Folge der Unterhandlungen, welche Maurokordatos und Zografos
mit Stratford Canning zu Perivolakia pflogen, hatte die griechische Regierung den englischen Gesandten in Konstantinopel förmlich darum ersucht, er möge sich beim Sultan für eine freiere Stellung Griechenlands
unter türkischer Oberhoheit verwenden. Der Fall von Mesolonghi machte
einen so niederschlagenden Eindruck auf die Nationalversammlung, daß sie
den Schritt der Regierung fast einstimmig genehmigte und ·Stratford
Canning zugleich ersuchen ließ, vor Allem einen Waffenstillstand zu erwirken. Demetrius Ypsilantis, der in heftigster Weise gegen die Anrufung
einer einzelnen europäischen Macht protestirte, wurde durch ein Dekret
der Versammlung seiner Rechte als griechischer Bürger für verlustig erklärt. Kleinmuth und Resignation waren zur Bürgerpflicht geworden,
und wenn der Divan die Anwandlung von Schwäche unter seinen Gegnern hätte benutzen wollen, so würde es ihm damals gelungen sein, den
griechischen Aufstand vortheilhaft zu beenden und die eigene Oberherrlich-

keit über Griechenland zu behaupten. Allein er war allzu siegesgewiß und störrisch um Stratford's Anerbietungen anzunehmen, und so sollte die Verblendung ihrer Gegner die Griechen vor den Folgen kleinmüthiger Schwäche behüten.

Konduriottis war nach dem Fall Mesolonghi's unmöglich geworden. Man warf ihm vor, die heilige Stadt verrathen, die englischen Gelder verschleudert und das Vaterland seiner schnöden partikularistischen Selbstsucht geopfert zu haben. Man schritt zur Bestellung einer neuen Regierung, welche durch einen ständigen Ausschuß der Volksvertretung überwacht werden sollte. In der Wahl der 11 Regierungsmitglieder trug man der lokalen Eifersucht Rechnung. An die Spitze trat A. Zaïmis; Petrobei, Sisinis, Deligiannis vertraten den Peloponnes, S. Trikupis Mesolonghi, Vlachos und Zotos das östliche Festland, Tsamados, Anargyros, Demetrakopulos, Monarchides die Inseln. Unter den Ausgeschlossenen rief freilich die Zusammensetzung des Elfer-Ausschusses die giftigste Wuth hervor, Konduriottis und Kolokotronis verbanden sich zu gemeinschaftlicher Opposition und legten dem Zaïmis auf Schritt und Tritt Hindernisse in den Weg. Man schuf sich gegenseitig Elend, als ob man desselben nicht schon vollauf habe. Als die neue Regierung Ende April 1826 in Nauplia einzog, fand sie einen Fonds von 16 Piastern in den Kassen. Dazu Seuchen, Hunger und Anarchie. Die Sulioten und Rumelioten unter Fotomaras und Th. Grivas hatten sich in den Besitz der Festungen Itschkale und Palamidhi gesetzt und terrorisirten die Stadt, die Regierung sah sich gezwungen eine Zufluchtsstätte in dem „Meerthurm" zu suchen, wo sie eine nichtige kraftlose Existenz fortschleppte. In Korinth stritten die beiden Notaras um die Korinthenernte und um die Hand einer schönen Erbin; der Bürgerkrieg verwüstete die Distrikte, die der Egypter bisher verschont hatte. Die Furcht vor einem Angriff Ibrahims war allenthalben so groß, daß die Spetsioten, welche sich auf ihrer Insel nicht mehr sicher fühlten, nach Hydra flohen, in Hydra aber war man, aus Furcht vor dem Schicksal Psara's, nahe daran, auszuwandern und nach Amerika zu segeln. Trikupis erzählt, daß Lazaros Konduriottis, der edle patriotisch gesinnte Bruder des früheren Regierungspräsidenten, den Auswanderungslustigen zurief: „Thut, was Ihr wollt, Ihr Brüder, ich aber und mein Bruder und die zu uns gehören, wir wollen sterben hier, wo wir geboren worden sind." Da sei die Stimmung umgeschlagen und Alle hätten begeistert und beschämt zugleich gerufen: „Auch wir, auch wir!"

In diesen Zeiten schwerster Bedrängniß, da die Kleinmüthigen von Auswandern oder Unterwerfung redeten, die Starken auf der Straße vor Hunger starben und die Regierung ein wesenloser Schatten war, sollte die werkthätige Hülfe des Abendlandes den griechischen Aufstand vom Erstickungstode retten. Die philhellenischen Vereine in Frankreich und Deutschland waren seit dem Fall Mesolonghi's in fiebernde Thätigkeit gerathen;

man fühlte instinktiv, daß es nur einer letzten Kraftanstrengung bedürfe, daß es gelte dem Aufstand nur noch auf kurze Zeit das Leben zu
fristen, bis Europa einschritte, bis die Großmächte dem erschöpften Griechenland zu Hülfe kämen. Im Mai 1826 erscholl, von Eynard verbreitet,
der Aufruf des Bischof von Arta: Europa möge sich der gefangenen griechischen Weiber und Kinder annehmen, die wie Schlachtthiere verkauft und,
einmal nach Egypten gebracht, nie wiederkehren würden. Ibrahim's Plan,
Griechenland in einen Barbareskenstaat zu verwandeln, erregte Entsetzen
und Unwillen, ein tiefes Mitgefühl mit den Leiden der unglücklichen
Schlachtopfer des Kriegs ging durch alle Schichten der abendländischen
Gesellschaft. In Paris veranstalteten die Frauen Hauskollekten für die
Griechen, das philhellenische Comité begann eine Reihe periodischer Ver-
öffentlichungen, welche im Namen der gebildeten Völker für die „blutende
Waise der Civilisation" Protest erhoben. In München wirkte König Lud-
wig auf eine zwar etwas geräuschvolle, aber immerhin für den Philhellenismus erspriessliche Weise. In Berlin erzielte Hufeland's Aufruf zu
Sammlungen für die Linderung des Elends und den Loskauf der Gefangenen die glänzendsten Resultate; von den Mitgliedern des königlichen
Hauses bis zum Dienstboten und Tagelöhner herunter beeiferte sich ein
Jeder freudig seinen Beitrag zu liefern. J. H. Voß steuerte aus seinem
kleinen durch eine geringe Pension erhaltenen Vermögen 1000 Gulden
„als einen kleinen Beitrag jener großen Schuld für die von Hellas erhaltene Bildung". Die freiwillige Steuer, welche das Abendland sich bis
Ende des Jahres 1826 zu Gunsten der Griechen auferlegte, belief sich auf
mehr als 2½ Millionen Franks. Anfang des Jahres 1827 rief Eynard
zu monatlichen und wöchentlichen Beiträgen auf, unter den Handwerkern
und Arbeitern aller Klassen wurden Wochensammlungen veranstaltet; die
Bewegung schwoll so an, daß man selbst in Wien die Erlaubniß für
Sammlungen zu „wohlthätigen Zwecken" nicht mehr zu versagen wagte.
Auch dort bildete sich eine philhellenische Gemeinde, an deren Spitze Sina
stand. Hand in Hand mit den Geldsammlungen gingen Sendungen von
Getreide, Lebensmitteln und Munition. Es war so viel als thunlich dafür gesorgt, daß die Produkte der europäischen Wohlthätigkeit diesmal
nicht, wie wohl früher, in unwürdige Hände fielen. Philhellenen wie Dr.
Goß, als Vertreter Eynards, Köhring, Graf Porro, Heidegg erschienen, um
die Verwendung der Gelder in Griechenland selbst zu beaufsichtigen. General Gordon kam im Mai 1826 mit einem Rest der griechischen Anleihe,
mit 14,000 £, die er aus den Klauen der Londoner Stockjobber gerettet
hatte, gerade zu rechter Zeit, um die völlig leeren Kassen der neuen Regierung zu füllen und die kriegerischen Operationen etwas zu beleben.
Man reorganisirte das kurz zuvor bei Karystos hart mitgenommene Korps
der Regulären unter Fabvier, man setzte die Insel Hydra in Verthei-
gungszustand; 60 Kriegsschiffe, 21 Brander, 9000 Land = und Seesoldaten

waren zu ihrem Schutz gegen die Turko=Egypter bereit. Der erwartete Angriff gegen Hydra unterblieb; dafür sahen sich die Griechen den Feind= seligkeiten einer österreichischen Flotte ausgesetzt, welche im Mai 1826 unter Marquis Paulucci in den Gewässern des Archipels erschienen war. Paulucci sollte dem Unfug des Seeraubs steuern und Genugthuung für die von den griechischen Kapern weggenommenen österreichischen Handels= schiffe — es waren im Jahr 1826 allein 102 — verlangen.

Seit der Zerstörung von Kassos und Psara hatte das Piratenwesen im Archipel die größten Dimensionen angenommen und es läßt sich nicht leugnen, daß die Korsaren mit ganz besonderem Eifer auf österreichische Kauffahrer fahndeten. Da diese die Neutralität fortwährend verletzten, Kriegskontrebande führten und die griechischen Blokaden brachen, so mochte ihre Wegnahme den Korsaren obenein als patriotische Pflicht erscheinen. Der Marquis Paulucci benutzte aber die Gelegenheit, um die ganze grie= chische Marine für die Unthaten der Korsaren verantwortlich zu machen, nahm in Mykonos und Tinos die ersten besten griechischen Kriegsschiffe weg, beschoß Naxos und Thermiä um Entschädigungsgelder zu erpressen, und konnte erst durch ernste Drohungen des Engländers Hamilton und feindliche Anschläge auf seine eigenen Schiffe bewogen werden mildere Saiten aufzuziehen. Selbst Gentz gestand, daß er „die Thaten und Be= richte Paulucci's mit mißtrauischem Auge betrachte". Die österreichische Regierung befolgte nur ein Gebot der Klugheit, da sie den rauhen ge= waltthätigen Seemann abberief und durch den gemäßigteren Dandolo er= setzte, dessen Instruktionen die Achtung einer jeden effektiven Blokade, somit stillschweigend die Anerkennung der griechischen Kriegsführung zur See vorschrieben.

Während die griechische Regierung zu ihren übrigen Drangsalen auch die Gewaltthaten des Paulucci über sich ergehen lassen mußte, hatte sie dennoch keinen Augenblick verloren, um Samos, das durch einen Angriff der türkischen Flotte unter Tahir Abbas bedroht war, zu schützen. Am 22. und 23. Juli gingen 15 hydriotische, 12 spetsiotische und 6 psarioti= sche Kriegsschiffe unter Sachturis, dem „Navarchen" Andrutsos und Apo= stolis mit 8 Brandern nach Samos unter Segel. Nach einigen unent= schiedenen Gefechten, in welchen Kanaris seinen Brander verlor, verwundet ward und in äußerste Lebensgefahr gerieth, zog sich die türkische Flotte nach Mitylene zurück, während die Griechen vor Ikaria ankerten. Kaum war jedoch die nächste Gefahr von Samos abgewendet, so sahen sich die Befreier genöthigt Gewaltmaßregeln gegen die Samier selbst anzuwenden, um den Rest der Beisteuer von 120,000 Groschen, welche die Insel der griechischen Regierung schuldete, (45,000 Groschen) einzutreiben. Anfang September erschien ein zweites griechisches Geschwader, aus 13 hydrioti= schen Schiffen unter Miaulis und 8 spetsiotischen Schiffen bestehend, welche sich unter das Kommando von Andrutsos stellten. Die griechischen

Flotten segelten vereinigt nach Mitylene und trafen am Abend des 10. Sep=
tember auf Tahir Abbas, der mit 24 großen Kriegsschiffen unter den
Kanonen des Forts lag. Auf der östlichen Seite des Sundes zwischen
Mitylene und der kleinasiatischen Küste ankerten noch 7 türkische Fregat=
ten unter Topal Pascha. Bis gegen Mitternacht beschränkten sich beide
Theile des heftigen Regen wegen auf gegenseitige Kanonade; am folgenden
Tag lavirte die türkische Flotte bei heftigem Winde nordwärts nach dem
Sund zwischen Mitylene und Kap Baba, fiel aber, da nur einzelne grie=
chische Schiffe, den übrigen weit voraus, ihr folgten, über dieselben her.
Diese hielten Stand, die ganze griechische Flotte kam herzu, es entspann
sich eine der hitzigsten Seeschlachten, die bis in die Nacht dauerte und am
Morgen des 12. September wieder aufgenommen ward. Die Franzosen
de Rigny und Guilleminot, Zuschauer des Kampfes, staunten über die
Kühnheit, mit welcher die kleinen griechischen Fahrzeuge den größten Fre=
gatten zu Leibe gingen. Allein die Türken, insbesondere die Mannschaft
auf der Fregatte Tahir Abbas', vertheidigten sich nach dem Zeugniß des
Miaulis mit größter Geschicklichkeit. Ein hydriotischer Brander ward in
Grund gebohrt, andere verbrannten nutzlos oder wurden schwer beschädigt.
Schließlich aber wandten sich um Mittag des 12. September die großen
türkischen Fregatten, von den kleinen griechischen Schiffen umschwärmt
und geneckt, zum Rückzug nach Smyrna. Die Griechen besserten ihre
Schäden in Psara aus. Ein großer Theil der hydriotischen Schiffe segelte
nach leidiger griechischer Gewohnheit am 15. September heim, weil es an
Geld und Vorräthen fehlte. Die Spetsioten folgten am 20. September;
nur Miaulis und Apostolis blieben mit 8 Kriegsschiffen und 2 Brandern
bei Psara, unternahmen einen kühnen Rekognoscirungszug gegen die nach
den Dardanellen zurückgekehrte feindliche Flotte und gingen erst Mitte
Oktober, als sie sich überzeugt hielten, daß die Gefahr für Samos ganz
beseitigt war, nach Hydra heim.

Zu Lande boten die Operationen des Jahres 1826 eben so wenig
eine Entscheidung wie zur See. Ibrahim war durch die vor Mesolonghi
erlittenen Verluste allzugeschwächt um etwas Entscheidendes vornehmen zu
können. Als er seine Truppen in Patras musterte, zählte man nur
4000 Mann Infanterie und 600 Reiter. Die erste Sorge des egyptischen
Feldherrn war die Ranzionirung Tripolitsa's. Auf dem Marsche dorthin
ließ er am 7. Mai das in steiler Schlucht gelegene Kloster Megaspiläo
rekognosciren, da er sich aber überzeugte, daß die Mönche entschlossen seien,
ihre natürlich feste Position auf's Aeußerste zu vertheidigen, so stand er
von einem Angriff ab, und gab den Klosterinsassen Stoff von einem Mi=
rakel zu reden, von einem hohen Wall, der sich plötzlich vor den Egyptern
erhoben und den Marsch gesperrt haben sollte. Ibrahim nahm nun seinen
Weg über Kalawrytä, sprengte die auf den Vorhügeln des Chelmos ver=
schanzten Bewohner der Stadt auseinander und jagte sie in die schneebe=

deckten Berge, wo sie von Frost und Hunger zu Grunde gingen. Am 22. Mai stand er in Tripolitsa und begann nun wieder dem alten System getreu das Land nach allen Richtungen zu durchziehen, um die Ernten zu zerstören, die Vorräthe zu verbrennen und die Bevölkerung durch den Schrecken zu pacificiren. Achaja, Elis, Arkadien, Messenien und Lakonien wurden verwüstet, ganze Dörfer in Asche gelegt; die Bewohner, deren man habhaft werden konnte, wurden erschossen oder als Sklaven verkauft. Die Mehrzahl der Bevölkerung verließ beim bloßen Herannahen des Feindes ihre Wohnsitze, eilte in die Schluchten und Felsen des Gebirges und schloß sich an die Schaaren des alten Kolokotronis an, der den Bewegungen des Afrikaners folgte, ihn durch Guerilla's umschwärmen, überfallen und ermüden ließ. Ibrahim versuchte zweimal in die Mani einzubringen; im Juli von der Westseite durch den Paß von Armyros, im September von der Ostseite durch den „bösen Paß", die „Kakaskali" des Pentebaktylon; die Maniaten aber rechtfertigten den alten Ruf ihrer Tapferkeit bei der Vertheidigung des heimathlichen Bodens und warfen die eindringenden Feinde hier wie dort mit schweren Verlusten zurück.

Als Ibrahim im November 1826 Winterquartiere in Modon bezog, waren die Reihen der Egypter durch Strapazen und Seuchen furchtbar gelichtet; die leichtbekleideten Afrikaner und Asiaten vermochten das rauhe Klima Morea's nicht zu ertragen, die Folgen des wilden Zerstörungssystems, welches man befolgt hatte, machten sich für die Zerstörer selbst fühlbar, da es bald an Vorräthen und Nahrungsmitteln mangelte. Ein Zwieback ward mit Silber aufgewogen. Von Egypten kamen nur spärliche Unterstützungen, denn der Vicekönig, der bereits 25 Millionen spanische Thaler für den griechischen Krieg ausgegeben, begann mit sich zu Rathe zu gehen, ob der Preis den hohen Einsatz lohnen werde. An und für sich war er nie geneigt gewesen sich nutzlos für den Sultan aufzuopfern, jetzt machte ihn die Haltung der europäischen Mächte bedenklich; er sah das Spiel als verloren an, sobald Europa sich einmischte, und war entschlossen für diesen Fall nur die äußeren Formen der Lehenstreue zu wahren und sobald es anging, den Kopf aus der griechischen Schlinge zu ziehen. Deshalb sistirte er die Truppensendungen nach Morea, und Ibrahim mußte bis zum April 1827 unthätig in dem verpesteten Modon liegen bleiben und ertragen, daß ihn die Thätigkeit seines Nebenbuhlers Kiutagi in Schatten stellte.

Kiutagi hatte sich nach der Einnahme Mesolonghi's mit Erfolg bemüht die Autorität des Sultans in Westgriechenland wiederherzustellen. Es gelang ihm, eine Reihe der hervorragendsten Kapitäne, Varnakiotis, Rhangos, Iscos, Dyoviniotis, Kontogiannis, zur Unterwerfung zu bewegen. Sie sahen den Freiheitskampf als geschlossen an seit die „heilige Stadt" gefallen war und machten ihren Frieden mit dem Sultan. Nachdem er die Ruhe von Westgriechenland gesichert und die Lücken seines Heeres ergänzt, brach Kiutagi zu Anfang Juli nach Ostgriechenland auf, besetzte die Pässe über Öta, Knemis, Parnaß und Parnes, verstärkte die Garnison von Theben, vereinigte sich mit Omer Brionis von Euböa und erreichte Attika, ehe die Ernte des Jahres eingebracht war. Er zählte 8000 Mann, eine treffliche Reiterei und 26 Geschütze.

Als das attische Landvolk die Vorhut Kiutagi's auf den Natabema, den Hügeln zwischen Parnes und Euböa, erblickte, begrüßte es die heranrückenden Türken als Befreier. So wenig hatte Guras es verstanden sich seit der Ermordung des Odysseus populär zu machen. Kiutagi gewann die Bauern, indem er ihnen den Anbau osmanischer Staatsgüter überließ, ja er bildete aus ihnen ein Gensdarmenkorps zur Abwehr griechischer Marobeurs. Am 28. Juni schlug er sein Hauptquartier in Patissia nahe den Mauern Athens auf, ließ Batterien auf dem Museumshügel, über der Pnyx und bei der Demetriuskapelle errichten und begann die Beschießung der Stadt. Guras hatte sich mit einer Leibgarde von 400 Söldnern, 17 Geschützen und reichlichen Vorräthen auf die Akropolis zurückgezogen; dort stand er, eher Feind als Freund, und weigerte sich die Bürger der Stadt in die Citadelle einzulassen. Auf die Nachricht, daß sich ein Entsatzkorps bei Eleusis sammle, verdoppelte Kiutagi seine Anstrengungen, 24 Stunden hindurch ließ er all' sein Geschütz gegen die Stadt spielen und führte am 25. August sein Heer zum Sturm. Die Vertheidiger waren außer Stande die weitgedehnten verwahrlosten Mauern zu halten, sie setzten den Stürmenden nur schwachen Widerstand entgegen und stürzten in Masse nach der Akropolis, wohin Guras ihnen jetzt die Zuflucht nicht mehr zu wehren wagte. Die Stadt war in Kiutagi's Händen.

Doch der türkische Feldherr durfte seinen Erfolg nicht als gesichert betrachten, so lange die Akropolis aushielt, zumal ihn griechische Truppen in der Flanke und im Rücken bedrohten.

Auf die Kunde von Kiutagi's Einfall in Attika hatte sich nämlich ein Entsatzkorps bei Eleusis koncentrirt. Es bestand aus 1000 Regulären unter dem wackern aber stets vom Unglück verfolgten Oberst Fabvier, und aus 2000 irregulären Soldaten unter Karaïskakis. Sie rückten am 17. August von Eleusis einen Fußpfad aufwärts, der den heiligen Weg und das Kloster Dafne zur Rechten läßt, und setzten sich bei Chaïdari, 1½ Stunden nordwestlich von Athen, in einem ummauerten Garten fest, wo sie am 18. August den Angriff eines türkischen Reiterhaufens glänzend zurückschlugen. Statt aber nun in den Olivenwald vorzurücken und dort zwischen den knorrigen Stämmen und Wurzeln und in den umliegenden Weinhecken eine Stellung einzunehmen, gegen welche die feindliche Reiterei und Artillerie nichts ausrichten konnte, zankten sich die griechischen Anführer darüber, was zu thun sei. Die Irregulären errichteten „Tamburia's", was die Regulären aus Stolz und Faulheit zu thun unterließen, und so blieb man in Chaïbari bis der Seraskier sich am 20. August mit seiner ganzen Macht auf diese in kesselartiger Vertiefung gelegene ungünstige Position stürzte. Ein Karré der Regulären, welches Fabvier vor dem Garten formirt hatte, wurde von den Delhi's gesprengt, auch der Garten selbst konnte nicht behauptet werden, während die Irregulären sich links davon hinter ihren Tamburia's den ganzen Tag hindurch mit Erfolg schlugen. In der Nacht aber zogen Irreguläre wie Reguläre mit Hinterlassung von Gepäck und Kanonen nach Eleusis zurück. Fabvier und Karaïskakis warfen sich gegenseitig das Mißlingen vor. Jener klagte, daß die Niederlage durch die Zuchtlosigkeit und den Ungehorsam der Rumelioten hervorgerufen sei, Dieser berief sich darauf, daß seine Truppen hinter den Tamburia's Stand gehalten hätten. An ein Zusammenwirken der Beiden war nicht mehr zu denken. Es fehlte wenig, so kam es zu Thätlichkeiten. Kiutagi aber kehrte nach Athen zurück und bedrängte die Akropolis, deren Besatzung durch den Unfall bei Chaïbari tief entmuthigt war. Wie zuvor um Mesolonghi, so drehte sich jetzt das Hauptinteresse des ganzen Kriegs um die Eroberung oder Behauptung der Akropolis.

Aber Guras' Söldner waren keine Mesolonghiten. Obwohl die natürliche Festigkeit der Burg ein weit anderer Schutz war als der niedere Lehmdamm von Mesolonghi, obwohl das türkische Bombardement und der unterirdische Minenkrieg, den Kiutagi eröffnen ließ, wenig Schaden anrichteten, zeigten die Vertheidiger der Akropolis keine Lust bis zum Aeußersten Stand zu halten; sie meuterten und desertirten. Vielen gelang es sich in der Dunkelheit durch die feindlichen Linien zu stehlen. Guras mußte die Nacht unter den Vorposten zubringen und häufig Allarm schießen lassen, um die Türken auf die Beine zu bringen und das Desertiren zu verhüten. Bei solchen Vorpostenscharmützeln traf ihn in der Nacht des 13. Oktober eine tödtliche Kugel; der feindliche Schütze hatte den Moment, da das Pulver von Guras' Waffe aufblitzte, benutzt.

Guras' heldenmüthiges Weib und Makrigiannis, der unerschrockene Vertheidiger der Mühlen von Lerna, füllten den Posten des Kommandanten aus. „Was weint Ihr?" schalt die Wittwe, als die Söldner den Tod ihres Führers beklagten, „Euer Ausreißen war der Grund seines Todes; beweist Euer Mitleid dadurch, daß Ihr nicht auch mich durch Eure Desertionen tödtet." Das muthige Wort aus Frauenmunde beschämte und richtete die Bestürzten wieder auf; die Soldaten schwuren auf das Evangelium treu auszuharren und bethätigten ihren Schwur, indem sie am 18. und 19. Oktober zwei Stürme der Albanesen gegen die Bastion, die vor der einzigen Quelle der Akropolis, vor der Klepshydra, errichtet war, muthvoll zurückschlugen.

Ganz Griechenland blickte auf die Akropolis. Die Regierung des Zaïmis zitterte vor dem Fehler, den Konduriottis durch die Preisgebung

Mesolonghi's begangen hatte. Von britischer Seite war ihr der Wink zugekommen, daß wenn die Akropolis falle, das Festland nicht zu dem künftigen griechischen Staat geschlagen werden könne. Karaiskakis, Fabvier und Kriezotis kombinirten einen Plan zum Entsatz der Belagerten. Während Karaiskakis durch eine Bewegung auf Eleusis und Chaidari, Fabvier durch eine Diversion nach Theben die Aufmerksamkeit des Feindes ablenkte, sollte Kriezotis mit 300 Mann an der Ilyssusmündung landen und über den Museumshügel in die Akropolis einziehen. Der Plan wurde insoweit glücklich ausgeführt, als Kriezotis am 23. Oktober unversehrt die Akropolis erreichte, während Karaiskakis durch eine Bewegung nach Chaidari den Kiutagi abzog. Ueber Fabvier aber waltete wieder der alte Unstern; seine Irregulären verließen, wie er glaubte, von dem eifersüchtigen Karaiskakis angestiftet, die Posten, die er ihnen in den Hohlwegen des Kithäron angewiesen hatte, er mußte in seine Kantonirungen nach Methana zurückgehen, um sein Korps vor völliger Auflösung zu schützen. Grollend wies er das Anerbieten des Karaiskakis zurück, der ihm vorschlug, die ergriffene Offensive durch einen Winterfeldzug nach Rumelien in kühnerem Style fortzuführen.

Er bot dadurch seinem Gegner nur die Gelegenheit, allein in den Vordergrund zu treten und alle Blicke in Bewunderung zu fesseln. Fortan ist der Name des Karaiskakis mit dem Ruhm der Vertheidigung Attika's leuchtend verbunden, in einer Zeit sinkender und schwacher Kräfte erinnert dieser Mann an die ursprüngliche Frische und Gewalt des Freiheitskampfes.

Georg Karaiskakis*), 1782 zu Skuli Karia in der Provinz Arta geboren, war einer Nonne Kind. Vom Vater hat man nie erfahren. Die Mutter gehörte einer angesehenen Familie an, Gogos Bakolas war ihr Vetter. Karaiskakis liebte es mit seiner zweideutigen Abkunft zu prahlen: „Wie die gepfropften Bäume", äußerte er, „schöner als die gewöhnlichen sind, so sind auch Bastarde meist mehr werth, als eheliche Söhne." Auch für ihn, wie für so manchen Helden des Befreiungskrieges, war Janina die hohe Schule der Politik und des Krieges. Bald war er Ali's besoldeter Diener, bald stand er ihm als kleftischer Feind gegenüber. Im Jahre 1798 folgte er dem Satrapen von Janina auf dem Kriegszuge gegen Paswan Oglu, lief zu den Rebellen über, ward gefangen, in einen Block gespannt und mit der Bastonade bestraft. Ein anderes Mal, da er unter den Kleften gefaßt worden war und Todesstrafe zu gewärtigen hatte, schenkte Ali ihm aus Rücksicht auf die Mutter das Leben, hielt ihn aber im Kerker, bis es ihm nach zwei Jahren gelang, zu entkommen. Nun ging er unter die Bande des Katsantonis. Er zeichnete sich durch die

---

*) Γεώργιος Καραϊσκάκης ὑπὸ Παπαρρηγοπούλου. Ἀθ 1867. Berichtigt und ergänzt die Mittheilungen von Brandis (II, 225) und von dem alten anonymen Biographen. Heidelberger Jahrbücher 1870. Nr. 13. S. 119.

verwegensten Kleftenstücke aus, mußte sich jedoch, da der Häuptling und
dessen Bruder in Ali's Hände gefallen und getödtet waren, 1815 abermals zur Unterwerfung verstehen. Ali verzieh dem reuigen Sünder, nahm
ihn unter seine Leibgarde auf und zeigte ihm fortan ein beständiges Wohlwollen, dessen seine tückische Seele sonst selten fähig war. „Was für eine
Gunst soll ich Dir erweisen, Du Narr Karaïskakis?" fragte er einst.
„Wenn Du", erwiderte der Grieche mit seiner losen Zunge, „mich für
geeignet zum Herrn hältst, so mache mich zum Herrn. Wenn zum Diener, zum Diener. Wenn Du mich für Nichts geeignet hältst, so wirf
mich in den See von Janina." In dem Entscheidungskampf zwischen
Ali und der Pforte ging Karaïskakis zu den Türken über, trat aber bald
darauf, wie so Mancher seiner Landsleute, auch aus dem kaiserlichen Lager.
Die Art, wie er sein heißgeliebtes Weib aus den Klauen Ali's, aus Janina rettete und nach Kalamos in Sicherheit brachte, erhöhte die herrschende Meinung von seiner Verwegenheit. Mit Vorliebe rezitirte er das
Tristichon: Νέος ὑπανδρεύϑηκα, ὡραίαν γυναῖκα πῆρα, Ζεύκια πολλὰ
ἐτράβηξα, δόξαν μεγάλην ἧυρα, Καὶ γρόσια ἐκαζάντησα ὅσα μου ἦτον·
χρεία. Obwohl er übrigens die Gattin, die er „jung gefreit hatte", stets
„als den höchsten Schatz seines Lebens" bezeichnete, so hinderte das nicht,
daß er, so oft ihn der Kampf von ihrer Seite rief, sich einen weiblichen
Ersatz suchte. Während der Feldzüge von 1821—1827 war die Amazone
Marion, welche Uniform und Waffen eines Soldaten trug, sein steter
Adjutant. In seinen lockeren Sitten, in seiner Neigung zum orientalischen Haremsleben verrieth er eher den Türken als den Griechen. Dagegen kündigte Lebhaftigkeit, Geistesgegenwart und Redegewandtheit den
echten Griechen an. Er war klein, hager und beweglich; aus seiner dunkelen Physiognomie sprach ein ausdrucksvolles, klares und lebendiges Auge.
Auf dem Gesicht lag, wenn er ruhig war, ein Zug des Leidens, dem un-
ruhiges Zucken zu folgen pflegte. Ungeduld und rastloses Streben schienen
sein ganzes Wesen zu verzehren. Anfangs war jedoch sein Ehrgeiz nur
auf beschränkte Ziele gerichtet: es galt ihm das Armatolik Agrafa zu erlangen und die unwürdigen Nachkommen des Kleften Bukuvallas daraus zu
verjagen. Dazu war ihm jedes Mittel gerecht. Wie Odysseus zeigte auch
er sich fähig dazu, das Vaterland gegen ein einträgliches Amt zu verkaufen. Er hatte zuerst auf Seiten der Aufständischen gefochten; im Juli
1821 erhielt er in einem Scharmützel bei Kompoti eine schwere Wunde
am Schenkel, als er nach seiner frechen Weise auf eine Anhöhe gestiegen
war und den Türken, um sie zu verhöhnen, den Hintern zeigte. Im
Jahre 1823 ließ er sich zur Heilung nach Ithaka transportiren; die Aerzte
gaben wenig Hoffnung für sein Aufkommen. Thatenlose Ruhe aber war
Gift für den fressenden Ehrgeiz des Mannes; bald kehrte er nach dem
Festland zurück und spann von Neuem Intriguen, um Agrafa zu erlangen.
Daß er sich, enttäuscht und ärgerlich, weil man dem Kapitän Rhangos das

Armatolik einräumte, an Omer Brionis gewendet und mit dem Türken eine heimliche Korrespondenz geführt, daß er dem Feind die Uebergabe von Mesolonghi und Anatoliko versprochen hat, wird selbst von Karaiskakis neuestem Biographen und Ehrenretter als „wahrscheinlich" zugestanden. Gewiß ist, daß die verrätherische Ader, welche in seiner mütterlichen Familie durch Gogos so hervorragend vertreten war, sich auch in Karaiskakis regte, und daß die strenge „Verordnung", welche die provisorische Regierung Mesolonghi's im April 1824 gegen ihn erließ, gerechtfertigt war. Er ward seiner Stelle als Kapitany enthoben und erhielt Befehl, Anatoliko, von wo er mit Omer Brionis unterhandelt hatte, sofort zu verlassen. In erbärmlichem Zustand trug man den physisch und moralisch leidenden Mann auf einer Bahre durch die Berge nach Karpenisi; es hieß er sei im dritten Stadium der Schwindsucht. Die Prüfung war eine heilsame innere Zucht. Karaiskakis begann einzusehen, daß es sich nicht blos um individuelle Freiheit einzelner tapferer Kapitany's, noch um die Leitung eines Distrikts handele, sondern um die Freiheit eines ganzen Volks. Er begnügte sich später damit, den Einfluß in Agrafa mit Rhangos zu theilen, und zeigte sowohl in den Bürgerkriegen, als insbesondere während der zweiten Belagerung Mesolonghi's, daß der edle Kern des Patrioten in seiner Brust geweckt sei. Er blieb sarkastisch und zügellos im Wort, aber er ward groß und ernst in der That. Je höher die Noth nach dem Falle Mesolonghi's stieg, je zweifelloser die Unterwerfung Griechenlands unter Kiutagi's und Ibrahim's eisernen Willen zu sein schien, desto stolzer und ungebeugter hob Karaiskakis seinen Kopf. Alle Augen richteten sich hoffnungsvoll auf ihn, er galt als der einzige Grieche, der Kiutagi Trotz zu bieten vermöge. Die Regierung gab dem Drange der öffentlichen Meinung nach, indem sie ihn im Juli 1826 zum Generalkommandanten des Festlandes ernannte. Der Präsident Zaïmis, der ihm noch vom zweiten Bürgerkriege her ein persönlicher Gegner war, gab seine Zustimmung mit den Worten: „Das Vaterland soll gerettet, mein Feind soll erhöht werden." Es muß eine ergreifende Scene gewesen sein, als Karaiskakis und Zaïmis sich im Wasserthurm von Nauplia umarmten und Vergessen alles früheren Leides angelobten. Der Hydriote Buduris wandte sich an den neu erwählten Feldherrn: „Bis jetzt, Karaiskakis, hast Du Deine Pflicht gegen das Vaterland nicht so erfüllt, wie Du mußtest. Gott erleuchte Dich, daß Du sie für die Zukunft erfüllen mögest."

„Ich leugne es nicht", erwiderte Karaiskakis mit seiner gewohnten Zungenfertigkeit, „wenn ich will, werde ich Engel und wenn ich will, Teufel. Für die Zukunft bin ich entschlossen Engel zu werden." Am Tag nach dem Gefecht bei Chaïdari führte der Zufall den griechischen Oberbefehlshaber auf neutralem Gebiet, an Bord der Fregatte de Rigny's, mit Kiutagi zusammen. Der französische Admiral, der kurz zuvor Fabvier's Besuch empfangen, denselben aber noch glücklich dazu gebracht hatte, sich nicht blicken lassen, war außer sich vor Verlegenheit, als der griechische Strategos in die Kajüte eintrat. Auch die beiden Gegner waren im ersten Augenblick überrascht und bestürzt. Karaïskakis grüßte nach türkischer Sitte und setzte sich. Kiutagi antwortete blos mit leichtem Kopfnicken und fragte: „Was machst Du Karaïskakis? ich hoffte Du würdest nach Vitolia kommen, Dich mir unterwerfen, und ich würde Dir alles Land von Athen bis Arta zum „Vilajet" geben können!" — „Ich mich Dir unterwerfen?" erwiderte Karaïskakis, „bist Du Rumeli Valesi, so bin auch ich Rumeli Valesi und wenn meine Regierung erführe, daß wir uns zusammen unterhielten, so würde sie mich mit sammt meinen 15,000 Soldaten in Eleusis aufhängen. Hängt Dich nicht etwa der Sultan, wenn er will? Ja oder nein?" „Ja, weil er mein König ist." „So hängt sie auch mich auf", entgegnete Karaïskakis, „weil sie meine Königin ist". In einem Brief, den er drei Tage nach diesem charakteristischen Zusammentreffen an Kolokotronis richtete, resümirt Karaïskakis den Inhalt der Unterredung dahin: „Wir sprachen Vieles, Jener mit der Idee, daß er die Griechen als Rajah's hat, und ich mit der Idee, daß wir frei sind."

Man sieht, die innere Wandlung war vollzogen, der Patriotismus von Karaïskakis war jetzt gegen jede Versuchung gefeit. Der Kriegsplan, den er gegen Kiutagi entworfen hatte, lief darauf hinaus, den in Attika überwinternden Feind abzuschneiden. Im Rücken der Türken sollte eine Reihe griechischer Posten sich vom korinthischen Meerbusen aus über den Helikon bis zum nördlichen Sund Euböa's die Hand reichen. Talanti und Dobrena mußten die Zielpunkte der griechischen Operationen sein. Talanti beherrschte die Zufuhr von der Seeseite. Dort befanden sich die Magazine Kiutagi's. Dobrena hatte der feindliche Feldherr besetzen und befestigen lassen um die Verbindung mit Thessalien zu decken. Es ward ausgemacht, daß Kolettis die auf den Teufelsinseln zerstreuten olympischen Söldner sammeln und mit ihnen bei Talanti landen sollte, um die türkischen Magazine zu zerstören, während sich Karaïskakis von Eleusis aus mit 2500 Mann in den Helikon warf und gegen Dobrena operirte. Allein die Expedition des Kolettis scheiterte. Kiutagi hatte rechtzeitig 2000 auserlesene Albanesen unter Mustabei zur Stelle gesandt, die Olympier wurden am 20. November 1826 geschlagen und gezwungen sich eiligst wieder einzuschiffen. Während dessen war Karaïskakis vor Dobrena nicht viel glücklicher gewesen. Die Belagerung der drei festen Thürme, welche die Türken besetzt hielten, zog sich in die Länge. Eine Scheinflucht, welche der griechische Feldherr seinen Truppen anbefahl, ward eine wirkliche, nur mühsam brachte er die Zersprengten wieder zusammen, die Soldaten litten unter Kälte und Unwetter, obenein kam die Nachricht von dem Unfall bei Talanti. Karaïskakis ließ sich durch den schlimmen Anfang nicht irre machen; er sah ein, daß er die Belagerung von Dobrena aufgeben müsse, beschloß aber dafür dem Sieger von Talanti Mustabei den Rückzug zu verlegen. Nun entstand eine Art Wettlauf zwischen Türken und Griechen wer zuerst die Pässe zwischen Parnaß und Cirfis erreiche. Am 30. November war Karaiskakis in Distomo, ein Mönch verrieth ihm, daß Mustabei, auf dem Marsch nach Salona begriffen, bereits im Kloster bei Daulia stehe. Rasch warf der griechische Feldherr seine Vorhut, 500 Mann unter Grivas, nach Arachova und befahl dem erprobten Unterbefehlshaber von den Vormarsch des Feindes zu hemmen. Grivas hatte am 1. Dezember kaum Arachova erreicht, als sich auch die Spitzen der feindlichen Infanterie vor der Stadt zeigten und sofort zum Angriff schritten. Mustabei war durch ansehnlichen Zuzug von Livadhia verstärkt worden und machte die äußersten Anstrengungen um die Stadt zu nehmen, ehe Karaiskakis Haupttruppe von Distomo herbeieilte. Aber Grivas hielt der vierfachen Uebermacht unerschrocken Stand und inzwischen konnte Karaiskakis seine Anordnungen mit vollendeter Umsicht so treffen, daß der Feind in Arachova wie in einer Mausfalle umstellt ward. Er ließ den Triodos stark besetzen um den Rückzug nach Livadhia unmöglich zu machen, eine andere Abtheilung sandte er über den Cirfis nach Delfi um den Vormarsch nach Salona zu verstellen, die Mündung der drei Thäler, an deren Vereinigungspunkt Arachova liegt, war in seinen Händen. Die Türken sahen sich plötzlich von vorn und von hinten angegriffen und wurden, nachdem sie Bagage und Vorräthe verloren hatten, auf einen Hügel über der Stadt gedrängt, wo sie bald völlig umzingelt waren. Da jeder Versuch sich durchzuschlagen oder Boten an Kiutagi zu senden vergeblich war, mußten die Eingeschlossenen sich zu Unterhandlungen bequemen. Aber Karaiskakis forderte Auslieferung der feindlichen Anführer, der Habe, der Waffen, Uebergabe der Städte Livadhia und Salona. Diese Bedingungen schienen den Siegern von Talanti allzuhart, sie beschlossen auszuharren, ob nicht Kiutagi sie befreien werde.

Ihr tapferer Anführer Mustabei ward aber am 4. Dezember tödtlich verwundet. Auf starke Regengüsse folgte am 5. Dezember ein Schneesturm wie er nach B. Taylors Erfahrung diese Gegenden unwirthlicher und rauher macht als Lappland; man konnte des tiefen Schnees wegen nicht einmal daran denken, die Gefallenen zu begraben, viele starben vor Hunger und Frost. Da beschlossen die Ueberlebenden sich in der Nacht des 6. Dezember durch die Schluchten des Parnaß nach dem Kloster St. Jerusalem zu flüchten. Das ungewohnte Wetter hatte die Griechen in die Häuser von Arachova getrieben und ihre Postenkette gelöst, so daß der Fluchtversuch wirklich zuerst gelang. Allein der Vorsprung, den die Fliehenden gewonnen, war nur gering, erschöpft stürzten sie auf den steilen beschneiten Pfaden zusammen, wo der Schäfer selbst im Sommer nur mühsam seinen Ziegen zu folgen vermag; die Griechen aber stürmten, sobald sie das Geschehene bemerkten, zur Verfolgung herbei, ließen die völlig Hülflosen bei Seite liegen, ereilten und trafen die Kräftigen. Der Schnee machte die Flinten unbrauchbar, so that das Schwert seine Dienste und in tiefem Schweigen ward die Mordarbeit vollbracht. Karaiskakis, der im Ort zurückgeblieben war, glaubte anfangs, da er kein Schießen hörte, die Türken seien entkommen, bald aber erfuhr er die Wahrheit. Von 2000 hatten sich kaum 300 der Fliehenden gerettet. Die vier Anführer waren gefallen; der tödtlich verwundete Mustabei ließ sich von seinem eigenen Bruder den Kopf abschlagen, um den Griechen nicht lebend in die Hände zu fallen. Den Ueberbringern von Mustafa's und Kechagiabei's Köpfen zahlte Karaiskakis vier doppelte spanische Thaler. Im Uebrigen ward jeder Türkenkopf mit einem kleinen Gulden honorirt und auf einer Anhöhe vor der Stadt wurde eine jener grausigen Pyramiden von Men- schenköpfen errichtet, auf welche Karaiskakis die Inschrift setzen ließ: „Siegeszeichen der Hellenen über die Barbaren".

Nach den türkischen Erfolgen bei Talanti und Dobrena mußte diese ver- nichtende Niederlage einen doppelt gewaltigen Eindruck machen. Zaimis ließ in allen Kirchen Dankgebete abhalten. Die schauerliche Winternacht von Ara- chova hatte Genugthuung für Mesolonghi geboten, Karaiskakis galt als der Befreier des Festlands, das schon nahe daran gewesen war, sich unter Kiutagi's eisernen Arm zu beugen. Allenthalben lebte der nationale Widerstand empor, und als es im Februar 1827 dem kühnen Häuptling gelang, in seiner befe- stigten Position bei Distomo die Attaken Omer Pascha's zurückzuweisen und denselben mit Verlust von Gepäck und Kanonen zur Flucht zu zwingen, ging sein Name von Mund zu Mund, er wurde das Idol der griechischen Soldaten. Zu Anfang des Jahres 1827 hatte Karaiskakis das Festland bis auf die Städte Mesolonghi, Anatoliko, Lepanto und Vonitsa wieder in griechische Hände gebracht. Fabvier war vor Neid und Zorn ver- gangen, als er die glänzenden Erfolge seines Nebenbuhlers vernahm. Be- gierig suchte er nach einer Gelegenheit, um Karaiskakis in Schatten zu stellen und die Vorzüge seiner europäisch gedrillten Taktiker vor den irre- gulären Truppen des glücklichen Häuptlings zu erweisen. Nun hatte der unerschrockene Makrigiannis sich am 29. November im Auftrag der auf der Akropolis eingeschlossenen Griechen durch die türkischen Linien durchgeschlichen und hatte der Regierung erschreckende Nachrichten über den Zustand der Burg überbracht. Er erzählte, daß es an Munition ge- breche, daß man den unterirdischen Minen-Krieg gegen Kiutagi nicht mehr fortsetzen könne, daß Anarchie und Muthlosigkeit unter der Garnison ein- rissen. Er selbst war bei den Ausfällen wiederholt verwundet worden; noch an seinen Wunden leidend, erschien er vor der Regierung in Egina, um die Gleichgültigen zu beschämen, Mitgefühl und Nacheiferung zu wecken. Man beschloß, eine neue Expedition zum Sukkurs der Belagerten zu organisiren und das Kommando an Fabvier, der sich lebhaft herbei drängte, zu übertragen, obwohl von dem französischen Philhellenen nach seinen bisherigen Leistungen eher Eifer als Geschick zu erwarten war.

Wo es auf Geduld und Klugheit ankam, war Fabvier bisher freilich wenig am Platze gewesen; ein gewagtes Abenteuer rasch und entschlossen zu vollziehen, erwies er sich jetzt immerhin als der rechte Mann. Er landete in der Nacht des 12. Dezember 1826 mit 650 auserlesenen Taktikern östlich von Munychia. Jeder Soldat trug einen Ledersack voll Pulver auf dem Rücken. Um nutzloses Feuern und Scharmutziren, welches den Marsch nur aufhalten konnte, zu verhüten, hatte der Anführer die Feuersteine aus den Gewehren nehmen lassen. So zog man in tiefster Stille bei mondheller Nacht der Akropolis zu. Wo der Weg von Falerou sich mit dem nach Sunium kreuzt, stieß man auf die türkischen Posten; man fiel mit dem Bajonett über sie her und brach sich Bahn, während von der Akropolis Trommelsignale ertönten, um die Aufmerksamkeit der Belagerten abzuziehn.

Unter einem Schauer von Granaten und Flintenkugeln führte Fabvier seine Kolonne rasch nach dem Theater des Herodius Attikus, so rasch, daß die feindlichen Schützen trotz des hellen Mondlichts ihr Ziel verfehlten. Mit verhältnißmäßig ganz unbedeutendem Verlust gelangten die kühnen Männer in die Akropolis. Aber freilich hatten sie nichts mit sich gebracht als Pulver und Waffen, sie hatten sogar ihre Mäntel zurückgelassen, denn es war Fabvier's Absicht gewesen, sobald er seinen Zweck erreicht hatte, wieder nach dem Falerou zurückzukehren. Die Garnison war für den kleinen Posten zahlreich genug, vielleicht zu zahlreich in einem Augenblick, da die Vorräthe auszugehen anfingen, und man sich noch durch die neuen Ankömmlinge verstärkt sah. Die Irregulären unter Kriegeris hätten den bedrohten Posten am liebsten selbst verlassen und dem Korps von Fabvier die weitere Vertheidigung überlassen. (Gordon behauptet, daß von der Regierung aus Egina geheime Befehle eingelaufen seien, man möge Fabvier's Rückkehr nach Falerou und Methana vereiteln. Mag nun wirklich Verrath im Spiel gewesen oder mögen die Türken durch das Vorgefallene zu größerer Wachsamkeit angespornt worden sein, genug die Versuche des Fabvier'schen Korps, sich bei Nacht durchzuschlagen, scheiterten wiederholt. Der französische Philhellene war gezwungen mit seinen Taktikern bis zum Ende der Belagerung auszuharren, die Zahl der hungrigen Münder auf der Akropolis, die Leiden der Garnison zu erhöhen, so daß auch sein glückliches Abenteuer dem unglücklichen Stern, unter dem er nun einmal für Griechenland geboren war, dienen mußte.

Während Kiutagi die Belagerung zwar regelmäßig aber energisch fortsetzte und die Noth der Belagerten durch Krankheiten wie durch Anarchie von Tag zu Tag gesteigert ward — im Januar 1827 war auch Guras' heldenmüthige Wittwe von einer Bombe unter Marmortrümmern des Erechtheum's erschlagen worden — sann die Regierung des Zaïmis auf einen neuen Entsatzversuch. Statt sich aber vor Allem der Hülfe des Karaïskakis zu versichern, die Zufuhr des türkischen Heeres zur See abzu-

ſchneiden und den feindlichen Feldherrn in ſeinem Lager vor der Akropolis durch eine Poſtenlinie von Megara über Phyle Dekelea bis Rhamnus
zu blokiren, beſchloß man eine kunſtvolle ſtrategiſche Operation zu wagen
die im Fall des Gelingens höchſtens zu einer Ablöſung der Beſatzung auf
der Akropolis führen und die Friſt der Belagerten verlängern konnte.
Der engliſche Philhellene Gordon ſollte im faleriſchen Hafen landen und
zu gleicher Zeit ſollte von Eleuſis aus eine Diverſion nach Chaïdari und
Menidhi unternommen werden. Es ſchien, als ob man ſich um keinen
Preis durch die Erfahrungen der früheren Diverſionen belehren laſſen
wolle.

So landete Gordon am 5. Februar 1827 mit 2300 Mann und 15
Kanonen an der Stelle, von wo Thraſybul einſt die 30 Tyrannen vertrieben hatte. Kiutagi hatte das Kloſter St. Spyridion, welches den
Hafen Piräus beherrſcht, durch 700 Ghegen beſetzen laſſen; ſonſt fand
der engliſche General nirgends einen Feind und hatte völlige Muße
den öden Hügel Munychia zu befeſtigen. Inzwiſchen aber konnte
Kiutagi ſeine ganze disponible Streitkraft gegen das zweite griechiſche
Korps verwenden, welches von Eleuſis auf Chaïdari und Menidhi operi-
ren ſollte. Der Kefalonier Burbaki, der aus franzöſiſchem Kriegsdienſt
eben jetzt in ſein Vaterland zurückkehrte, war an der Spitze von 800 Ir-
regulären ſchon in die Ebene bis Kamatero bei Menidhi vorgerückt; die
Korps von Vaſſos und P. Notaras, 2000 Mann ſtark, waren noch im
Rückhalt: da riß ein unwiderſtehlicher Anprall der türkiſchen Kavallerie
die Marſchkolonne des Burbaki auseinander, ehe er noch den ſchützenden
Olivenwald erreichen und ſich dort zum Tirailleurgefecht formiren konnte.
Burbaki blieb auf dem Platze, Vaſſos und Notaras flohen ehe der Feind
in der Nähe war; die Diverſion war total mißglückt. Raſch wandte
Kiutagi ſich jetzt wieder nach dem Piräus zurück um die Expedition Gordon's in's Meer zu werfen. Er griff am 11. Februar mit 4000 Mann
die Befeſtigungen Munychia's an. Während ſeine Haubitzen von St. Spyridion aus gegen die auf dem Hügel poſtirten Griechen ſpielten, klommen
die Türken, in einem weiten Halbkreis um den Fuß des Hügels zerſtreut,
an den Seiten deſſelben bis zu den griechiſchen Schanzen empor, indem
ſie ſich ſo gut es ging an den ſteilen Abhängen vor dem griechiſchen
Feuer ſchützten. Von Makrigiannis und Kalergis geführt hielten die
Griechen 5 Stunden lang unerſchrocken Stand und wetzten die Scharte
von Kamatero aus. Der Philhellene Haſtings drang mit dem Kriegs-
dampfer „Karteria" in den Piräus und griff zu rechter Zeit in's Gefecht
ein, ſeine 68 Pfünder ſchütteten einen Kartätſchenhagel über Kiutagi's Re-
ſerven und Artillerie; ein türkiſches Geſchütz ward demontirt, Kiutagi
mußte froh ſein, als er von dem Angriff gegen Munychia abſtehen und
den kecken Angreifer durch ſeine Haubitzen aus dem Piräus vertreiben
konnte. Er begnügte ſich fortan damit, ſeine Stellung am Kloſter St.

Spyridion zu befestigen, die Griechen auf dem Hügel in der Zufuhr zu behindern und von jeder Verbindung mit der Akropolis abzuschneiden. Er sandte den Kopf und Helm des Burbaki, die 68 pfündige Kugel der „Karteria", welche seine Kanone demontirt hatte, und eine Probe weißen Schiffszwiebacks von Ankona, welcher als Ration an die griechischen Truppen vertheilt zu werden pflegte, nach Konstantinopel: man sollte die Schwierigkeiten in der Hauptstadt würdigen, mit denen er vor der Akropolis zu ringen hatte.

Das Scheitern der kombinirten Bewegung gegen Kiutagi's Front veranlaßte die griechische Regierung, es wieder einmal mit Operationen in seinem Rücken zu versuchen. Der baierische Philhellene General Heideck ward mit 500 Mann nach Oropos gesandt um die Vorräthe für Kiutagi, die von Euböa dorthin geschafft waren, zu zerstören. Statt auf Miaulis' Rath bei Nacht die Türken zu überraschen, landete Heideck dort jedoch bei Tage, wo er Alles in kriegerischer Bereitschaft fand, und ließ sich durch das Erscheinen eines von Kiutagi gesandten Kavalleriekorps dermaßen einschüchtern, daß er sofort den Befehl zum Wiedereinschiffen ertheilte und mit seiner Expedition ruhmlos nach Munychia zurückkehrte. Die gesunkenen Hoffnungen der Griechen hoben sich erst wieder, als Karaïskakis Anfang März auf vieles Drängen der Regierung in Eleusis erschien. Er faßte mit 1000 Mann bei Keratsinä westlich vom Piräus Posto und schlug in dieser Stellung die wiederholten Angriffe Kiutagi's mit Erfolg zurück. Sein Name war an und für sich eine Macht, er lockte Hülfstruppen von allen Seiten herbei. Aus dem Peloponnes erschienen J. Kolokotronis, Petmezas und Sissinis mit 2000 Mann. Bald waren die Griechen in Keratsinä bis an die Zähne verschanzt. Gelang es dem Karaïskakis auch noch nicht, sein Lager mit dem in Munychia in Verbindung zu setzen, so war er doch eifrig thätig, dies Resultat vorzubereiten, um dann allmählich nach der Akropolis vorzurücken, die Verbindung derselben mit dem Meere herzustellen und Kiutagi's Belagerungsoperationen langsam aber sicher zu vereiteln. Man durfte das Beste von seiner zähen und besonnenen Leitung erwarten. Aber nun sollten fremde Kräfte verderblich in den attischen Kampf eingreifen, und die naturalistische Kriegsführung des Karaïskakis sollte zur Unzeit durch die strategischen Künste der Philhellenen unterbrochen werden.

Wohl hatte Kiutagi Recht, da er dem Sultan gegenüber darauf hinwies, daß man bereits nicht mehr gegen die Griechen, sondern gegen Europa Krieg führe. Denn seit dem Ende des Jahres 1826 war der Philhellenismus in Aktion getreten; als ob er die Intervention der Großmächte anticipiren wolle, hatte er den Griechen nicht nur Geld, Waffen und Schiffe, sondern auch Generale und Admirale zur Disposition gestellt. Am 15. September 1826 erschien die von den Anleihegeldern erbaute Dampfkorvette „Karteria" auf der Rhede von Nauplia; der wackere Ha-

ſtings ward von der Regierung zum Fregattenkapitän ernannt und über=
nahm das Kommando. Im Dezember folgte die unter ſo viel Abenteuern
in New=York erſtandene ſtattliche Fregatte „Hellas". Schon als Haſtings
vor Nauplia erſchien, erzählte das Volk Wunderdinge von den Zauber=
kräften des Dampfes, der jetzt die ganze Kriegsführung verändern und
die Brander nutzlos bei Seite ſchieben ſolle; man fabelte, Haſtings ſei mit
ſeinem neuen Wunderſchiff auf die Höhe der ſteilen Palamibhi=Felſen
hinaufgefahren. Die Hoffnungen ſtiegen in's Ungemeſſene, als zu den
zahlreichen deutſchen, engliſchen, franzöſiſchen Philhellenen, wie Heideck,
Gordon, Fabvier, denen wir an der Spitze der griechiſchen Armeen be=
gegnet ſind, im Frühjahr 1827 der in neapolitaniſchen Kriegen bewährte
General Church und vor Allem der langerſehnte weltberühmte Admiral
Cochrane auf den Schauplatz der Begebenheiten traten. Der britiſche
Seeheld zeigte ſich nicht faul die hochgeſpannten Erwartungen des heiß=
blütigen Volkes noch zu ſchrauben. Man wußte, daß er von dem phil=
helleniſchen Komité in London für die griechiſche Sache „engagirt" worden
ſei, daß er ſich ſeine Dienſte nach Art kluger Spekulanten theuer genug
hatte bezahlen laſſen; ein langes Ausbleiben und vergebliches Harren
mußte die Sehnſucht nach dem fernen Retter ſpannen. Während er ſich
auf ſeiner Yacht im Mittelmeer herumtrieb, gingen ihm großprahleriſche
Briefe voraus, worin Mehmed Ali aufgefordert wurde, von dem griechi=
ſchen Unternehmen abzuſtehen und „ſeiner Kraft ein edleres Feld zu öff=
nen, denn was er jetzt in Griechenland treibe, ſei ſchimpflich, und Lord
Cochrane werfe denen den Handſchuh hin, die an der Verewigung der
Barbarei arbeiteten." Froh über ſolche Hyperbeln, glaubte das griechiſche
Volk an jedes Wunder, das von dieſem Helden geträumt ward. Die
Blicke richteten ſich hoffnungsvoll in die Ferne.

Es war aber das Unheil der edlen philhelleniſchen Beſtrebungen, daß ſie
unter den Griechen ſelbſt den Boden für Mißtrauen und Parteibeſehrung
öffneten, und daß fortan die Nuancen und nationalen Unterſchiede Eu=
ropa's ſich in Griechenland wiederſpiegelten.

Auch nach ſeiner Loslöſung von der Türkei ſollte Griechenland die
Abhängigkeit vom Auslande als verderbliches Erbtheil türkiſcher Zuſtände
zurückbehalten. Es bildete ſich eine engliſche, eine franzöſiſche, eine ruſſi=
ſche Partei. Die alten Gegenſätze zwiſchen Bürgerlichen und Militärs,
zwiſchen Freunden der Ordnung und Rebellen traten in den Hintergrund;
dagegen nahm der lokale Gegenſatz, die nie verſöhnte Spaltung zwiſchen
den Inſeln, dem Feſtland und dem Peloponnes an Schärfe um ſo leb=
hafter zu, je begieriger man Halt und Anlehnung bei der einen oder der
andern der drei großen Schutzmächte Griechenlands ſuchte. Seit der
Schutzakte genoß zwar England bei den Meiſten ein überwiegendes An=
ſehen; doch war der engliſche Einfluß vorzugsweiſe auf den Inſeln bei
Miaulis, Maurokordatos u. A. maßgebend geworden, während unter den

Festländern Frankreich, unter den Peloponnesiern Rußland der große
Hort und Anker waren, auf die man alle Hoffnungen setzte. Hatte man
einmal gewählt, so scheute man aus Hinneigung zur fremden Fahne selbst
den Bürgerkrieg nicht, obwohl man jeden Verdacht fremder Abhängigkeit
mit den Versicherungen glühendster Vaterlandsliebe abzuwälzen stets bereit war. „Ich bin", betheuerte Kolokotronis, „weder Engländerfresser,
noch Russenkriecher, sondern Freund dessen, der es mit meinem Vaterland
gut meint." Nichtsdestoweniger war der „Alte" durch seine Feindschaft
gegen den englisch gesinnten Maurokordatos und gegen die Insulaner, die
ihn auf Hydra gefangen gehalten hatten, in einen bestimmten Gegensatz
gegen den „englischen Einfluß", und da man nun einmal bei Erschöpfung
der eigenen Hülfsmittel ausländischer Unterstützung bedurfte, in ein gewisses Abhängigkeitsverhältniß zu Rußland gedrängt worden. Er wußte,
daß das petersburger Kabinet gern den Grafen Kapodistrias zum Präsidenten Griechenlands erhoben sah, und denselben im Winter 1826 auf 1827
dem englischen Kabinet sogar förmlich vorgeschlagen hatte. Das englische
Kabinet, welches sein Parteispiel nicht zu sehr aufdecken wollte, gab dem
russischen Vorschlag äußerlich seinen Beifall, obwohl es ihn innerlich per-
horrescirte. Kolokotronis betrieb nun, um der russischen Regierung gefällig zu sein, auf's Eifrigste die Erwählung des Grafen und die Sendung
Perrhulas' nach Genf. Einstweilen machte er sich zum Herold der großen
Eigenschaften von „Johannes"; der Phönix, ein aus der Asche der Hetärie
erstandener politischer Geheimbund, wirkte in gleichem Sinne. Im Pelo-
ponnese cirkulirte eine von 117 Gesinnungsgenossen des Kolokotronis
unterzeichnete Adresse, welche den Namen Kapodistrias zwar nicht nannte,
ihn aber unzweifelhaft als künftigen Präsidenten in's Auge faßte.

Galten Maurokordatos und Kolokotronis als Häupter der englischen
und russischen Partei, so suchte Kolettis den Einfluß Frankreichs, der zumal in den Rechtsverhältnissen Griechenlands seit Beginn der Revolution
hervorgetreten war, zu fördern, und die orleanistische Intrigue weiterzuspinnen, für welche General Roche im Jahr 1825 so viel Werbegeschenke
vergebens verschwendet hatte. Die französischen Parteibestrebungen wurden
freilich nicht sonderlich durch das Glück begünstigt. Von Louis Philipp
kam der niederschlagende Bescheid, daß der König von Frankreich die Wahl
eines orleanistischen Prinzen zum Herrscher Griechenlands verwerfen werde.
Fabvier's Mißerfolge schadeten dem französischen Ansehen und waren eben
so viele Schläge gegen die Lobredner der grande nation. Nichtsdestoweniger beanspruchten der Ehrgeiz und die kraftvolle Klugheit des Kolettis
ihre volle Geltung, und die Partei, die er führte, gewann neuen Aufschwung, seit sich ihr auch der frühere Regierungspräsident Konduriottis,
erzürnt über seine völlige Verdrängung aus den Geschäften, beigesellt hatte.
Zwischen den drei Hauptparteien, in welche Griechenland gespalten und
zerrissen war, schwankte die durch die Revolution geschaffene provisorische

Staatsgewalt, schwankten Regierung und gesetzgebender Ausschuß eine Weile halt= und kraftlos einher. Da sie jedoch außer Stande waren über den Parteien zu stehen, so wurden Zaïmis und seine Kollegen bald immer entschiedener auf eine Seite, auf die der englischen Partei, ge= drängt. Im November 1826 verließen sie ihren Sitz im Meerthurm von Nauplia, wo sie zwischen den Bomben der Forts Itschkale und Palamidhi, zwischen dem Feuer der Sulioten und Rumelioten, des Fotomaras und Grivas, ein klägliches Dasein gefristet hatten, und siedelten nach der Insel Egina über.

Sie hofften sich so der zügellosen Soldatesla zu entziehen und sich zugleich den Händen von Kolettis wie von Kolokotronis zu entwinden. Sie untersagten jedem Militär die Insel ohne Erlaubniß zu betreten und stellten eine eigene Flotille zur Ausführung dieses Befehles an. Der ge= setzgebende Ausschuß hatte anfangs, unter dem Vorwand, die in Piadha nicht beendigten Geschäfte abzuthun, die Nationalversammlung für den 13. September nach Poros einberufen; er erneuerte jetzt den erfolglos ge= bliebenen Aufruf dahin, daß die Nationalvertreter den 27. November in Egina, als einem vom Einflusse des Pöbels und der Soldaten freien Punkt, zusammentreten sollten. Es war ein Versuch, von den Parteien an die Stimme des Volkes zu appelliren.

Aber die Parteien wurden dadurch nur herausgefordert gegen die Regierung Front zu machen. Kolokotronis erklärte zu Nauplia bündig heraus, daß die Nationalversammlung nicht in Egina stattfinden dürfe, weil „er in Hybra einen Eid geschworen habe, nie mehr zur See zu gehen".

Dem Zaïmis stellte er vor, daß „der Peloponnes lau werden müsse, wenn man ihn verlasse". Zaïmis sah aus dem Fenster und antwortete nicht. „Lebewohl Bruder", sagte Kolokotronis, „wir sprechen nicht mehr über die Sache." So hatten sich die beiden Peloponnesier getrennt; während Zaïmis nach Egina ging, begab sich der „Alte" nach Kastri und ließ dorthin einen Nationalkongreß ausschreiben, wobei er, der Verfassung von Epidauros zum Trotz, den Eparchien die Wahl gestattete, ihre frühe= ren oder auch neue Vertreter zu senden. Bald fanden sich seine Anhän= ger zahlreich ein. Als der gesetzgebende Ausschuß sie auffordern ließ, ihrem Eide gemäß dem Ruf nach Egina zu gehorchen, antworteten sie mit dem ähnlichen Begehr an die in Egina Versammelten, sie sollten nach Kastri kommen. So stand Versammlung gegen Versammlung. Der Uneinge= weihte konnte glauben, Griechenland liege in zwei Heerlager gespalten, das eine zu Kastri wolle Beschränkung des künftigen griechischen Staats auf den Peloponnes, das andere zu Egina wolle Befreiung aller Stämme, welche sich gegen die Türken erhoben hatten, insbesonders des Festlandes. Die letzte Partei schien dann weiter die gesetzliche zu sein, da sie, gestützt auf die bisherigen Regierungsorgane und auf die Verfassung, Einberufung der früheren Abgeordneten verlangte, die erstere die der Ruhestörer, der „Antarten", da sie der Verfassung zum Trotz Neuwahlen gestattete. Allein für ein schärferes Auge lag den Vorwänden des Ortes und der Form der uneingestandene Gegensatz zwischen der englischen und russischen Partei zu Grunde, in deren Mitte der Zankapfel der Nationalversammlung geworfen war. Die Haltung der dritten, aus den Anhängern der Franzosen bestehenden Partei, der Koletti's und Konduriotti's, mußte den Ausschlag geben. Von Kolokotroni's geschickt umworben, begannen sie sich zu den Russen zu neigen. Konduriotti's kannte in seiner persönlichen Erbitterung gegen Zaïmis keine Schranken der Vorsicht und der Besonnenheit, er hatte ihn in der hydriotischen Presse bezichtigen lassen, daß er im verrätherischen Einverständniß mit den Engländern Griechenland zu einem Hospodarat machen wolle. In Hydra herrschte eine wilde Anarchie. Der Pöbel wüthete gegen die englisch Gesinnten, er wollte die Häuser von Miaulis und Tombasis verbrennen. Die gewaltsamen, wenn auch gerechten Maßregeln, welche der englische Kommodore Hamilton zu Gunsten des Handels der Neutralen gegen die Insulaner ergreifen mußte, trieben den eigenwilligen, hochfahrenden Konduriotti's völlig in die Arme der russischen Partei, und die Frucht dieses französisch = russischen Bundes sollte die Präsidentenwahl von Kapodistrias werden. Konduriotti's begab sich nach Kastri und verschaffte dem Haufen von Soldaten und peloponnesischen Deputirten, welchen Kolokotroni's daselbst versammelt hatte, die Anerkennung der drei Inseln, sowie der Vertreter von Kreta, Samos und Andros.

Der elische Grundbesitzer Sissini's, der lange haltlos zwischen den Parteien geschwankt, kam ebenfalls nach Kastri und ließ sich zum Präsidenten der Nationalversammlung wählen, welche ihre Sitzungen am 23. Februar 1827 eröffnete. Durch den allgemeinen Abfall entmuthigt, hatten die „Engländer" am 31. Januar sechs Deputirte nach Kastri geschickt, welche zur Eintracht und zur gemeinsamen Lösung der Differenzen mahnen sollten. Sie schlugen einen Versammlungsort vor, wo „wenn man das Feuer nicht sehen, man doch den Donner der Kanonen von der durch Kiutagi bedrohten Akropolis hören könne". Doch vergebens. Jede Versöhnung ward hochmüthig abgewiesen, und barsch erklärt, daß Kastri ein der Mehrzahl der Nation genehmer Ort sei. Kolokotroni's, dem der mit Vertheilung der philhellenischen Hülfsmittel betraute Dr. Bailly gänzlich zugethan war, sammelte 2000 Mann „zum Schutze von Kastri" und zeigte sich entschlossen Gewalt mit Gewalt zu vertreiben. Dagegen hatte sich Karaïskakis für die „Engländer" erklärt, welche nun ebenfalls fast im Angesicht der „Russen" und „Franzosen" ihr Gegenparlament zu Egina eröffneten. Noch einmal stand man an der Schwelle des Bürgerkriegs. Da gebot die Ankunft des General Church und des Lord Cochrane beiden Theilen einzuhalten. Man suchte die langersehnten Philhellenen nach

Egina wie nach Kaſtri herüberzuziehen, erreichte aber nur, daß Beide ſich gegen die unſelige Spaltung ausſprachen. Cochrane empfing den Kolokotronis mit Vorwürfen darüber, daß er ihn an der Spitze einer Partei ſtatt an der Spitze des Heeres finde. Der britiſche Seeheld las den Peloponneſiern auf's derbſte den Text über ihren unpatriotiſchen Eigennutz. Er wies auf die vernichtenden Fortſchritte des gemeinſamen Feindes, auf die Bedrängniß der Akropolis. „Olynth droht zu fallen und die Griechen vergeuden Zeit in parlamentariſchen Debatten. Wenn der Schatten des Demoſthenes von Neuem Egina's Staub belebte, ſo würdet Ihr aus ſeinem Munde die erſte Rede wider den Philipp hören. Leſt ſie in voller Verſammlung und lernt von einem erfahrenen Patrioten, was Eure Pflicht iſt." — Dieſe Appellation an die großen Geſtalten von Althellas ſchlug durch. „Um des Gemeinwohls willen" ließ Kolokotronis ſeine ehrgeizigen Pläne vor der Hand fallen, man verſtändigte ſich mit den Egineten, die Verſammlung an einem dritten neutralen Ort zu halten; man wählte das Dorf Damala ³⁄₄ Stunde von den Ruinen des alten Trözen. Dort war kein Verſammlungslokal, das 200 Männer aufnehmen konnte, ſo tagte man unter freiem Himmel in einem Citronengarten, der von der klaſſiſchen Quelle Hippokrene bewäſſert wird. Kolokotronis bivouakirte mit den Seinen in Damala. Konduriottis wohnte in Kalenderi, Maurokordatos in Poros, Lord Cochrane an Bord ſeiner Yacht. Am 30. März war die Regierung des Zaïmis von Egina ebenfalls nach Poros übergeſiedelt, wo ſie ihr Amt feierlich in die Hände der Nationalverſammlung niederlegte. Eine der erſten Handlungen des Kongreſſes war die Beſtätigung von Cochrane in der ihm von der früheren Regierung bereits zuertheilten Würde eines Oberadmirals. Am 9. April ward er vereidigt und ſchwor die Griechen nicht zu verlaſſen, ſo lange ſie ſich nicht ſelbſt verlaſſen würden. Der brave Miaulis übergab ihm die Fregatte „Hellas" und ſtellte ſich, frei von jeder kleinlichen Eiferſucht, als der erſte unter die Befehle des britiſchen Seehelden. Am 15. April erfolgte die Ernennung von Church zum Oberbefehlshaber der Landarmee, dem ſich Kolokotronis freilich nicht mit der gleichen Freudigkeit und Ehrlichkeit unterordnete wie der hydriotiſche Navarch. Zwiſchen der Ernennung des Admirals und des Generaliſſimus lagen ſtürmiſch bewegte Tage: es handelte ſich um die Präſidentenwahl. Der Parteihader ſchlug von Neuem in hellen Flammen auf. Das Bündniß zwiſchen Ruſſen und Franzoſen drohte zu zerreißen, da die geheimen Pläne der ruſſiſchen Partei an's Licht traten. Bei Erwähnung des Namens Kapodiſtrias erhoben ſich die Hydrioten unter Konduriottis und ſtürzten in zorniger Verwirrung zum Garten heraus. Wie jedoch damals in der großen europäiſchen Politik Frankreich trotz manchen unwilligen Sträubens zuletzt den Plänen des ruſſiſchen Alliirten diente, ſo fiel auch in dieſem kleinen Winkel der Weltbühne Uebervortheilung und Hohn der franzöſiſchen Partei zu. Hätte Konduriottis von Anfang an fest mit den Engländern zusammengehalten, so würde er die Wahl des russischen Ministers verhindert haben. Nun aber begegnete ihm von Seiten Maurokordatos' und Zaïmis' ein tiefes Mißtrauen, und die englischen Philhellenen zeigten in der Regentenfrage eine gewisse abwartende Lässigkeit, die den Plänen des Kolokotronis vortrefflich in die Hände arbeitete. Von Seiten des Volkes kam den Phönixbrüdern ein unklares Vertrauen auf den Namen Kapodistrias zu Gute, die nothwendige Frucht des Fiaskos, welches alle inländischen Koryphäen bisher gemacht hatten. Die inneren Kämpfe waren in so frischem Angedenken, daß man, wenn Kapodistrias ablehnte, jeden Andern nur „außerhalb Griechenlands" aufgesucht haben würde. Das war die Thatsache, aus welcher Kolokotronis Partei machte. „Wir wußten, daß alle bisherigen Regierungsproben die Lage nur verschlimmert hatten. Ich sprach mich", erklärte der „Alte" nicht ohne Seitenblick auf Zaïmis und Maurokordatos, auf die Männer der Schutzakte von 1825, „dafür aus einen Regenten zu wählen, um den Engländern unsere Unabhängigkeit zu beweisen." Die Hydrioten machten nun einen letzten Versuch, dem unerwünschten Ereigniß durch das Ansehen eines bedeutenden Namens entgegenzuwirken. Konduriottis besuchte den Kolokotronis und meinte „es sei gut den Kommodore Hamilton zu befragen, ehe man zur Wahl schreite". Zu seiner Ueberraschung erbot sich der alte Fuchs selbst hinzugehen und mit dem Engländer zu reden, damit, wie er selbstgefällig äußerte, „kein Abenteurer die Sache verpfusche". Er begab sich heimlich nach Poros, ohne jetzt auf den Eid zu achten, den er früher gegen die Meerfahrt geschworen, besuchte den Kommodore und suchte dessen Zustimmung zu erpressen. „Bald", so erzählt er, „war ich in medias res gegangen. Ich erklärte ihm, wie ich ihn als Wohlthäter Griechenlands achte und um seinen Rath bäte, wen man zum Regenten nehmen solle. Giebt England uns einen Regenten oder König? — Nein. — Frankreich? — Nein. — Rußland, Preußen, Neapel, Spanien? — Nein. Sucht Euch einen Griechen. — Wir haben keinen würdigeren Griechen als Kapodistrias." Bei Erwähnung dieses Namens drehte sich Hamilton, der bisher halb abgewendet stand, rasch um und fixirte den Redner. Noch vor wenigen Minuten hatte der „Alte" sich auf's Lebhafteste zur Wehr gesetzt, als ihm Hamilton in's Gesicht hinein sagte, „er habe erfahren, daß man Kapodistrias berufen wolle". „Wer das gesagt", fuhr Kolokotronis damals auf, „hat Sie aushöhnen wollen. Kapodistrias ist russischer Minister, und es ist nicht zuträglich, einen solchen Menschen zu rufen." Der Vorwurf des Gesinnungswechsels schien zu treffen. Jedoch Kolokotronis, um Worte nicht verlegen, wenn es galt Zweideutigkeiten zu bemänteln, wies nun darauf hin, wie die Zeiten sich geändert hätten. „England", erklärte er, „ist unser Schirm, wir haben zur See und zu Lande einen Engländer zum Befehlshaber und würden auch einen englischen Regenten annehmen,

wenn wir einen bekämen. Da wir, wie Du sagst, keinen Engländer bekommen, so brauchen wir Kapodistrias."

„Nun denn", rief Hamilton, selbst in die Enge getrieben, voll Unmuth
aus, „nehmt Kapodistrias oder welchen Teufel Ihr wollt, da Ihr sonst verloren seid."

„Das wollte ich hören und empfahl mich" schließt Kolokotronis triumphirend seinen Bericht. Leicht konnte er nun die Schwankenden durch
Hinweis auf die britische Autorität gewinnen. Cochrane und Church
sprachen für die Wahl; sie hatten selbst die höchsten Posten zur See und
zu Lande erhalten und wollten den Schein eines bornirten Anglicismus
vermeiden. So ward Kapodistrias am 11. April 1827 auf sieben Jahre
zum Chef der ausübenden Gewalt gewählt. Zaïmis, Maurokordatos, die
Anglo-Griechen hingen den Kopf. Als Konduriottis, gefolgt von seinen
Parteigenossen, den Hügel nach Damala zur Abstimmung hinaufzog, glichen
sie Verbrechern, die zur Hinrichtung gehen. Nur Kolokotronis und die
Russen triumphirten. Kapodistrias erhielt den Titel „Κυβερνήτης". Er
sollte „den griechischen Staat den bestehenden Gesetzen gemäß regieren".
Bis zu seiner Ankunft sollte ein stellvertretender Ausschuß die Geschäfte
führen. Es war eine der seltsamen Unzuträglichkeiten, zu welchen repu-
blikanische Eifersucht führen kann, daß man diese Vertretung des konstitutionellen Präsidenten drei ganz unfähigen Männern, dem jungen Georg
Mauromichalis, dem Psarioten Milaïtis und dem Livadhier Nakos, einem
Individuum, das wegen seiner Narrheit zum Kinderspott diente, übertrug.
Sie wurden gleichzeitig mit General Church in Eid und Pflicht genommen.

Zunächst mußten die Kriegsangelegenheiten jede andere Sorge ab-
sorbiren. Galt es doch vor Allem Attika vom Feinde zu befreien! Hatte
doch die Versammlung, um allen verläumberischen Gerüchten einer Los-
trennung des Festlandes zu begegnen, feierlich erklärt, daß das untheilbare
griechische Reich aus allen Eparchien bestehe, die zu den Waffen gegriffen!

Cochrane und Church schlugen sogleich eine große Unternehmung
zum Entsatze der Akropolis vor. Vom Bord der Hellas erließ der Oberadmiral am 12. April einen Aufruf an die Hellenen, worin er die
Zwietracht für besiegt, die Befreiung des klassischen Bodens von Athen
für gesichert erklärte. Die Muselmänner dürfen keine Spanne des geheiligten Bodens besitzen, der ehemals Hellenen gehörte. Der Hellespont soll gesperrt, der Krieg auf türkischen Boden verlegt und das Reich
der Muselmänner gestürzt werden. Die Fahne des Kreuzes wird wieder
auf der Sophienkirche zu Konstantinopel wehen.

Gehoben von der Zuversicht, berauscht von dem Namen des Mannes,
der in Brasilien mit ein paar Schiffsjungen spielend ein Kaiserreich gegründet und erhalten hatte, strömten Freiwillige herbei. 1000 Hydrioten
und 200 Kreter wurden von Cochrane selbst in Sold genommen, unter

das Kommando seines Neffen des Major Urquharbt gestellt und nach dem
Falerou beförbert. Wer die Fahne Kiutagi's eroberte, sollte 1000 Thaler,
ebenso viel derjenige erhalten, der Cochrane's Fahne am Thor der Akropolis aufpflanzen würde; den ersten 100 Mann, die sich in die Citadelle
würfen, waren reichliche Belohnungen ausgesetzt. Ein Schwindel der Hoffnung faßte das ganze Land. Bis zu Ende April war das griechische Heer
in Attika auf 10,000 Mann angeschwollen. Hastings ward mit der Karteria und 4 kleineren Schiffen nach dem Golf von Volo gesandt um
Kiutagi's Zufuhr abzuschneiden. Der tapfere Seemann nahm und zerstörte am 20. April acht türkische Getraideschiffe unter dem Kreuzfeuer der
feindlichen Hafenbatterien. Zwei Tage darauf traf er im nördlichen Kanal
von Euböa auf eine bei Trikeri ankernde und ebenfalls durch Strandbat-
terien geschützte Kriegsbrigg und setzte sie, nachdem ein nächtlicher Kaper-
versuch mißglückt war, am 23. mit Glühkugeln in Brand. Auf der Rückfahrt nach Poros leerte er die in Kumi befindlichen Getraidemagazine
Kiutagi's und nahm einige griechische Briggs weg, welche in ungenirte-
ster Weise Schleichhandel für die Türken trieben! Diese glänzenden Erfolge
thaten unwidersprechlich die Nothwendigkeit jener Revolution in der Kriegs-
marine dar, auf welche Hastings schon im Jahr 1823 gedrungen. Die
griechischen Matrosen hatten die 68 Pfünder der „Karteria" mit großer
Kaltblütigkeit und Geschicklichkeit bedient, die Hohlkugeln glühend gemacht,
an Bord gebracht und geladen, während das Schiff sich unter dem Feuer
der feindlichen Batterien bewegte. Da schien es allerdings gerathener den
Dampf und die gewaltigen Zerstörungsmittel der Neuzeit an Stelle der
Brander zu setzen.

Während Hastings mit Glück in Kiutagi's Rücken operirte, waren
die Griechen und ihre neuen philhellenischen Führer noch in Streit über
den Feldzugsplan begriffen. Karaiskakis hatte in Keratsinä eine Berathung mit Church und Cochrane. Es wurden Briefe aus der Akropolis
vorgelegt, in denen es hieß, Fabvier und die Garnison könnten sich nicht
mehr lange halten. Nichtsdestoweniger stimmte Karaiskakis dafür, von
jedem direkten Entsatzversuch abzusehen, in Kiutagi's Rücken zu operiren,
die Thermopylen und Oropos zu besetzen. Auch Oberst Gordon neigte
sich dieser Meinung zu, die, gegründet auf lokale Kriegserfahrung, den
augenblicklichen Erfolg preisgab, um die Zukunft zu sichern. Denn auf
diesem Wege durfte man hoffen, die von ihren Kommunikationen abgeschnittenen Türken auszuhungern und selbst wenn die Akropolis fiel, dieselbe binnen Kurzem zurückzuerobern. Der englische Admiral aber bestand
darauf den Stier bei den Hörnern zu packen, die Burg in geradem Anlauf gegen Kiutagi zu befreien. Seine tönenden Phrasen rissen Alles mit
sich fort. Karaiskakis gab gegen seine bessere Ueberzeugung nach und man
beschloß, das türkische Lager vor der Akropolis zu erstürmen.

Am 20. April hatte die Landung des Urquharbt'schen Korps bei

Munychia begonnen. Es vereinigte sich mit den Athenern unter Makrigiannis und lieferte den Vortruppen Kiutagi's tägliche Scharmützel. Am 25. April kam es unter Cochrane's Augen zu einem hitzigen Gefecht; der Admiral erfaßte den Moment, wo ein kühner Angriff Erfolg haben konnte, munterte die um ihn stehenden Truppen auf und führte sie, nur sein Teleskop in der Hand, gegen die türkischen Schanzen am Kloster St. Spyribion vor. Ein Schrei lief durch die Reihen der Griechen und pflanzte sich von Falerou bis nach Keratsinä fort. Auf der ganzen Linie ging man zum Angriff gegen den Piräus vor, neun türkische Schanzen wurden gestürmt; die türkische Vorhut wurde theils in das Kloster St. Spyribion, theils auf den Hügel Typete über dem Piräus zurückgeworfen. Die Vereinigung der griechischen Lager von Falerou bis zum Korybalos war hergestellt. Kiutagi's Vorhut war auf der Halbinsel des Piräus abgeschnitten worden. Der glückliche Handstreich hatte aber die schlimme Nachwirkung, daß er die Zuversicht, ja den Uebermuth der philhellenischen Führer in's Ungemessene steigerte. „Von heute an", prahlte Cochrane, „datirt eine neue Epoche in dem Militärsysteme Griechenlands"; er vermaß sich, die Akropolis schon am folgenden Tag zu entsetzen.

Doch galt es, zuvor mit den auf der Halbinsel eingeschlossenen Türken fertig zu werden, damit man keine Feinde im Rücken zurückließ, und der Widerstand, der hier geleistet ward, sollte Lord Cochrane überzeugen, daß er es mit anderen Gegnern zu thun habe, als in Bahia und Pernambuko. Die 300 Ghegen, welche das Kloster St. Spyribion hielten, waren ohne Vorräthe; es gebrach ihnen an Wasser und Munition. Man eröffnete am 21. April ein furchtbares Bombardement von der Seeseite aus; die 32Pfünder der Hellas rissen die Klostermauern zusammen, das Gebäude glich schließlich nur noch einem Trümmerhaufen. Als aber die Griechen einen Versuch machten Sturm zu laufen, sprangen die heldenmüthigen Vertheidiger aus den gewölbten Kellern, wo sie Schutz gefunden, hervor, begrüßten die Stürmenden mit einem wohlgezielten Feuer und warfen sie zurück. Man versuchte es mit Unterhandlungen, da man annahm, daß der Hunger die Ghegen mürbe gemacht habe. Aber der Grieche, welcher die Kapitulationsvorschläge überbrachte, ward getödtet und sein Kopf vor der Mauer ausgestellt; ein Boot, das von Lord Cochrane's Jacht unter der Flagge des Waffenstillstands abgesandt wurde, ward mit Kugeln begrüßt und ein englischer Seemann schwer verwundet. So begann die Hellas am 27. von Neuem ihre 32Pfünder gegen das Kloster spielen zu lassen, ohne daß der Erfolg entscheidender gewesen wäre als Tags zuvor. Die Ghegen fanden Obdach in einer Grube, die sie sich hinter den Trümmern des Außenwalls gegraben hatten, und ihr Muth wuchs, da sie bemerkten, wie geringen Schaden das furchtbare Feuer der feindlichen Fregatte anrichtete. An 1000 Schüsse fielen gegen das Kloster, doch die zehnmal niedergeschossene türkische Fahne wehte mit Sonnen-

untergang noch immer auf den Ruinen. Freilich war die Position auf
längere Zeit nicht zu halten. Der Durst war der schlimmste Feind der
Belagerten. „Nur drei Fäßchen wie dieses", sagte ihr Oberst nachher,
als er an einem Brunnen vorbeikam, vor dem einige Schöpfgefäßer standen, „und wir würden noch 3 Tage gekämpft haben." Die Anführer der
Griechen waren getheilter Meinung; während Churd zu einer Unterhandlung mit den Belagerten neigte, war Cochrane für Sturm und
gegen jede Kapitulation, da dieselbe hartnäckigen Widerstand in verzweifelten Lagen nur ermuthigen könne. Er schalt auf die Feigheit der griechischen Kapitany's und setzte es durch, daß der Angriff auf das Kloster
für den Morgen des 28. angesetzt ward. Churd schien einverstanden, traf
die nöthigen Vorbereitungen und ertheilte der Artillerie unter Gordon
Befehl, das Unternehmen zu unterstützen. Allein in einer bösen Stunde
schlug er um und ließ sich von den Rathgebern seiner Umgebung dazu
verleiten, eine Kapitulation mit den Ghegen abzuschließen, ohne auch nur
Lord Cochrane und Gordon zu benachrichtigen. Er sicherte den tapfern
Vertheidigern des Klosters freien Abzug mit Waffen und Gepäck. Das
Schlimmste war, daß er keine Vorsichtsmaßregeln treffen ließ, um die
Kapitulation aufrecht zu erhalten, um die wilde Rotte, die sich vor dem
Kloster aufpflanzte und blutgierig auf die Albanesen wartete, zu Paaren
zu treiben. Er behauptete zwar später in seinem Rapport an die griechische Regierung, daß „Nichts verabsäumt worden sei, um die furchtbare
Katastrophe, die folgte, zu verhüten". Jedoch seine einzige Vorsichtsmaß-
regel bestand darin, daß er die Ghegen durch Karaïskakis, Tsavellas und
einige andere griechische Kapitany's, die gleichsam als Geißeln figurirten,
geleiten ließ. Kaum hatten jene Unglücklichen das so mannhaft vertheі-
digte Kloster verlassen und einige 100 Schritt durch den dichten Schwarm
Bewaffneter hindurch gemacht, der am Eingang versammelt war, als die
Griechen unter sie sprangen, um ihnen die Waffen zu entreißen. Es
fielen ein paar Schüsse, über deren Veranlassung, wie stets in solchen
Fällen, Streit und Ungewißheit herrscht. „Tödtet mich, wie ich Euch
tödte", rief Karaïskakis verzweifelnd den Albanesen zu. Er vermochte aber
das Entsetzliche, das nun folgte, nicht aufzuhalten. Von Durst, Schlaf-
losigkeit und Kampf erschöpft konnten die Türken nicht daran denken, sich
mit Erfolg zu vertheidigen; ein furchtbares Gemetzel entstand. Von den
270 Ghegen, welche St. Spyridion verließen, entkamen nur der Oberst
und einige 60 Mann. Karaïskakis und Tsavellas hatten sie mit schwerer
Lebensgefahr ihren wüthenden Landsleuten entrissen. Die Erschlagenen
wurden sofort ausgezogen und beraubt; die rasende Soldatesta schlug sich
unter einander um die blutbefleckte Beute. Das griechische Lager war
in eine Scene gräuelvoller Anarchie verwandelt. General Gordon, der
schon einmal der widerstrebende Zeuge der Blutscene von Tripolitsa gewesen war, verließ jetzt voll Unmuth und Abscheu seinen Posten und das

Land. Cochrane erging sich in den derbsten Seemannsflüchen. Der Ge=
neralissimus Church, auf dem trotz seiner officiellen Ableugnung der
Hauptvorwurf des Unheils lastete, vergrub die Beschämung und den
Zorn über das, was er den „Verrath" der Griechen nannte, an Bord
des Schooners, auf dem er sein sehr unmilitärisches aber komfortables
Hauptquartier aufgeschlagen hatte. Von dort erließ er einen donnernden
Protest, den er taktlos genug war Karaïskakis einhändigen zu lassen. Dieser
gerieth fast von Sinnen. „Also von seiner Goelette aus", rief er, „von wo
er den Krieg gemüthlich betrachtet, protestirt er gegen uns, die wir mit so
vielen Teufeln zu ringen haben!" Er erkrankte vor Aufregung und Zorn.

Als der türkische Feldherr das Geschehene erfuhr, stand er auf und rief
mit großer Feierlichkeit: „Gott wird diese Treulosigkeit nicht ungestraft lassen.
Er wird den Gemordeten ihre Sünden vergeben und die Mörder furchtbar
strafen."

Das prophetische Wort sollte sich rasch erfüllen. Die englischen
Philhellenen bestanden nach der Katastrofe des 27. April eigensinniger
denn je darauf, daß das Lager Kiutagi's gestürmt werde. Cochrane drohte,
falls Karaïskakis Schwierigkeiten mache, sofort davon zu segeln. „Wo ich
herrsche", rief er gebieterisch, „hört alle andere Herrschaft auf." Karaïs=
kakis mußte seine bessere Einsicht gefangen geben und den Plan, nach
Oropos und Marathon in Kiutagi's Rücken zu operiren, fahren lassen.
Er hatte Mühe genug, um durchzusetzen, daß man beschloß, den Angriff
gegen Kiutagi in zwei Kolonnen zu unternehmen. Die Engländer hätten
am liebsten den Olivenwald links gelassen und wären in e i n e r Kolonne
vom Faleron aus auf die Akropolis losgegangen, weil sie glaubten, die
Truppen im freien Felde besser beisammen halten zu können, als im
Wald. Nun aber ward bestimmt, daß eine Abtheilung von viertausend
Mann rechts vom Faleron, eine andere gleich starke links durch den Oel=
wald nach der Akropolis debouchiren sollte. Beide Kolonnen sollten auf
8 Tage mit Lebensmitteln und Munition versehen werden. Karaïskakis
wollte das Kommando jener Kolonne übernehmen, welcher die schwierigste
Aufgabe zugefallen war, da der Weg durch das baumlose ansteigende
Terrain vom Faleron nach der Akropolis einer feindlichen Reiterattake
die größten Chancen bot. Allein die Sulioten bestanden in ihrem ge=
wohnten Ehrgeiz darauf, daß ihnen der Ehrenposten der Gefahr zu Theil
werden müsse, und Karaïskakis gab auch hier nach. Der 5. Mai ward
zum Tag des Angriffs bestimmt. „Also am 5. Mai", rief Cochrane
übermüthig aus, „werden wir auf der Akropolis zu Mittag speisen."

Der verhaltene Zorn über die vielgeschäftige und nutzlose Einmischung
der Fremden, die bange Ahnung eines Unheils, die täglichen Reibereien
mit Church, Cochrane und mit den eigenen widerspänstigen Landsleuten:
das Alles hatte den Karaïskakis in eine so gedrückte Stimmung versetzt
daß er sich den Tod wünschte. „Ich könnte", sagte er zu einem Freunde,

„dann wenigstens den Namen retten, den ich mir durch die bisherigen Kämpfe errungen habe." Die Aufregung der letzten Tage wirkte auf den schwächlichen Körper zurück, am 4. Mai ergriff ihn ein hitziges Fieber. Wild fantasirend lag er in seinem Zelt; da scholl am Nachmittag der Lärm eines Gefechts vom Ilyssus zu ihm herauf. Obwohl es den Soldaten streng verboten war, sich vor dem Tag der großen Attake in ein Gefecht einzulassen, hatten einige betrunkene Kreter angefangen, mit den Türken zu plänkeln. Sie beschossen die ihnen zunächst an der Mündung des Ilyssus gelegene feindliche Schanze. Vergebens mahnten die Führer, man sollte ablassen vom unnützen Kampf; die Schanze ward genommen, bald aber fiel eine aus dem Oelwald hervorbrechende Abtheilung türkischer Reiter den Kretern in die Flanke und warf sie zum Faleron herab. Da erwacht Karaïskakis aus seinen Fieberträumen. Er sieht die Griechen fliehen, springt auf's Pferd, entreißt dem Ersten, Besten seinen Yatagan, eilt an der Spitze der umstehenden Kapitany's auf die Feinde los und treibt sie in die Schanzen zurück. Vom Fieber erhitzt hat er aber die gewohnte Vorsicht vergessen und sich allzuweit vorgewagt; der kleine Haufen wird bald von den Delhi's umringt und zum Weichen genöthigt. Karaïskakis bleibt, um als der Letzte den Rückzug zu decken, da schießt ihn ein türkischer Reiter mit seinem Karabiner in den Leib. er fällt vom Pferde, schwingt sich mit der letzten Anstrengung wieder hinauf und ermuntert die Seinen mit brechender Stimme zum Widerstand. Noch einmal sammeln sich die Reiter, so daß das Fußvolk der Kreter und Hydrioten sich zurückziehen kann. Man trägt den schwer athmenden Helden an's Meer und bringt ihn auf den Schooner des Church. Der Chirurg will ihm die Gefahr verhehlen, aber Karaïskakis erkennt, daß er nur wenige Stunden zum Leben hat. Er bittet die Umstehenden um Verzeihung, nimmt das Abendmahl, unterschreibt sein Testament und ordnet mit kalter fester Stimme das Begräbniß auf Salamis an. Den weinenden Waffengefährten Hatsi Petros und Grivas spricht er Trost ein und ermahnt sie, indem er sie zum letzten Mal umarmt, ihre Posten zu behaupten, die Akropolis zu entsetzen: „Vor Allem dürft Ihr alten Kämpfer nicht zurück. Hier ist mein Testament. Meinem Sohn die Flinte, jetzt mein einziges Besitzthum. Meine Töchter übergebe ich Euch alten Waffengefährten.... So viel von den Meinen. Was soll ich aber von Euch sagen. Ich wollte, daß ich die ganze Nation vor mir hätte, um ihr zu sagen, was Ihr werth seid. Grüßt mir alle Offiziere, und morgen früh kehrt zurück, daß ich Euch wieder sehe."

Nun schieden die Freunde, doch am Morgen fanden sie den Feldherrn, der sie so oft zum Siege geführt, nicht mehr unter den Lebenden. Vier Stunden nach Mitternacht war er gestorben; in Salamis fand das feierliche Begräbniß statt.

Dem Heer hatte er Trauer und Verzweiflung hinterlassen. Denn nur mit ungläubigem Zagen vernahm man jetzt die Trostreden und Hel= denworte von Church. Vergebens versprach der Engländer, daß er an Stelle des Gefallenen die Sturmkolonnen führen werde. Das war die Stimme nicht, die in Chaïdari, in Arachova, in Distomo, in Keratsinä, vor dem Kloster St. Spyridion wiederhallte, die Stimme, welche die Frei= heit vom Makrynoros bis zum Faleron von Neuem in's Leben gerufen, die auch dem Schwachen das heilige Feuer eines patriotischen Ehrgeizes eingehaucht hatte.

Man war wohl entschlossen zu kämpfen und die Pflicht zu erfüllen, aber man erfüllte sie ohne innere Freudigkeit und mit dem dumpfen Vor= gefühl, daß man in's Verderben gehe. Die Türken aber jubelten, als ein egyptischer Ueberläufer, der in Kiutagi's Lager zurückdesertirte, die große Nachricht brachte. „Karaïskakis ist nicht mehr", riefen sie von ihren Schanzen den griechischen Vorposten zu, „Ihr müßt Trauer anlegen."

Unter den Albanesen war, wenn Jemand rasch davon lief, die sprüch= wörtliche Redensart in Umlauf gekommen: Wohin läufst Du, Narr, als ob Karaïskakis Dich jagte?" „Wir haben", sagten die Türken damals, „einen Kiutagi und die Griechen haben einen Karaïskakis. Zwei Löwen kämpfen um sich gegenseitig zu verschlingen. Die Albanesen fürchten kei= nen anderen romäischen Kapitany als den Karaïskakis." Diese Anerken= nung der Feinde ist das schönste Denkmal für den griechischen Helden. Von dem Augenblicke an, wo Ali Pascha ihm die Bastonade geben ließ, bis zu dem Augenblicke, wo Georg Karaïskakis als die Seele des griechi= schen Heeres vor Athen fiel, welch ein Abstand! Wahrlich hier läßt sich lernen, was die Freiheit aus dem Menschen machen kann.

Der Jubel der Türken, die Niedergeschlagenheit der Griechen sollten durch die Ereignisse nach dem Tode des Karaïskakis eine furchtbare Bestäti= gung finden. Es war nun Niemand mehr, der dem verhängnißvollen Plan der Engländer ein genügendes Gewicht entgegengesetzt oder wenigstens ihre Mißgriffe durch kühne Geistesgegenwart ausgeglichen hätte. Als Cochrane die griechischen Kapitäne am 4. zur Berathung um sich versammelte, wandten sich alle Blicke nach der Stelle, von wo sonst die frische kecke Stimme des Karaïskakis zu erschallen pflegte; auf die Frage, ob man für morgen gerüstet sei? antwortete düsteres Schweigen, und auf Cochrane's wieder= holtes Dringen erklärte man „Nein!", das Heer sei in Unordnung, man wolle in der Nähe des sterbenden Führers bleiben, so lange die Seele noch den Körper nicht verlassen habe. Grollend begab sich Cochrane auf seine Goelette und drohte davonzufahren, wenn die „feigen Griechen" den Handstreich gegen die Akropolis nicht wagten. Da beschlossen die Kapitäne, sich in den Willen des englischen Heißsporn zu ergeben und zu marschiren, „wie übertrieben es immer erschiene". Die Ausführung des Unternehmens ward nur um einen Tag verschoben. Es ward festgesetzt, daß am 6. Mai 3000 Mann mit 9 Kanonen vom Faleron aus einen Vorstoß nach der

Akropolis machen sollten, während die übrigen Truppen unter K. Tsavellas durch den Olivenwald bebouchirten. Am Abend des 5. gingen das
reguläre Bataillon, die Philhellenen, die Sulioten, die Korps von Notaras,
Makrygiannis, Bassos zu Schiffe, durchschnitten die Bucht nach Kap Kolias und begannen sich um Mitternacht auszuschiffen. Es dauerte jedes
bis zum Tagesanbruch, ehe die ganze Mannschaft am Lande stand; so daß
man, falls ein nächtlicher Handstreich beabsichtigt war, jedenfalls den
richtigen Moment dazu versäumt hatte. Admiral Cochrane begnügte sich
damit, die Griechen an's Land gesetzt zu haben, Church vergaß die hallenden Phrasen, zu denen ihn der Tod des Karaïskakis begeistert hatte, so
sehr, daß er auf seinem Schooner blieb und sich um das Weitere nicht
kümmerte. Beide Philhellenen entblödeten sich nicht die Gelandeten ihrem
Schicksal zu überlassen.

Mit Sonnenaufgang begann der unordentliche zerstreute Marsch.
Die Kapitäne, die, unter einander unabhängig, auf dem Fuße der Gleichheit standen, machten Halt, wo es einem Jeden beliebte. So breitete sich
die griechische Kolonne auf einem Raum von vier Meilen aus; die Vorhut, aus den regulären Philhellenen und den Sulioten bestehend, war bis
auf Kanonenschußweite von Athen an den Museumshügel vorgerückt, während der Nachtrab sich noch an den öden Strand des Faleron anlehnte.
Da man die Soldaten weder mit Spaten noch mit Faschinen versehen
hatte, gruben sie die Erde mit ihren Dolchen auf, um sich durch diese
improvisirten „Tamburias" gegen den ersten Angriff der feindlichen Reiterei zu schützen. Zwei Schwadronen griechischer Kavallerie unter Obrist
Almeyda und Hadji Michalis hatte man ganz vergessen und am Piräus
zurückgelassen. „Wenn schon der Plan", sagt General Gordon, „das
strengste Verdammungsurtheil verdient, was soll man dann von der jäm-
merlichen Ausführung sagen?" Kiutagi war der Mann nicht, um die
erbärmlichen Dispositionen seiner Gegner unbenutzt zu lassen. Er zögerte
nur mit dem Angriff, weil er an die absolute Thorheit Church's und
Cochrane's nicht glauben konnte, und weil er einen gleichzeitigen Ausfall
aus der Akropolis, sowie eine Attake vom Piräus her befürchtete. So
begnügte er sich anfangs damit, die Bewegung der griechischen Kolonne
durch seine Delhi's beobachten zu lassen.

Da er sich aber bald überzeugte, daß von diesen Gegnern nichts zu
befürchten war, traf er alle Anordnungen mit jener kaltblütigen Raschheit,
die ihm bei Peta, Chaïdari, Kamatero den Sieg verschafft hatte. Er stellte
seine Infanterie zwischen dem Tempel des olympischen Zeus und dem
Museumshügel auf, und ließ ein Korps von 800 Delhi's durch eine
Schlucht links abschwenken, um den Griechen unvermerkt in die rechte
Flanke zu fallen. Zugleich ließ er ein Haubitzenfeuer auf die schwachen
Schanzen eröffnen, welche die griechische Vorhut aufgeworfen hatte. Beim
achtzehnten Haubitzenschuß stimmten die Türken ein lautes Gebet an, beim

zwanzigsten stürzten sie mit Ungestüm auf die „Tamburia's" los. Zwei Frontangriffe wurden von den Sulioten und Regulären muthig zurückge= wiesen, aber die Flankenattake der Delhi's entschied; die Kavallerie galop= pirte über die elenden Erdwälle hinweg und hieb die Vertheidiger zu= sammen. Von 350 in der Schanze befindlichen Griechen blieben nur 25 am Leben. Von den 186 Regulären entkamen nur 30, von den Phil= bellenen gar nur 4. Jetzt warf sich Kiutagi selbst an der Spitze seiner Reiter auf das griechische Hauptkorps, welches jedoch den Choc gar nicht abwartete, sondern Kehrt machte und mit Preisgebung seiner Kanonen dem Meere zueilte. Church und Cochrane waren gerade gelandet, um einen Ueberblick über die Schlacht zu gewinnen und dem Siegesmahle auf der Akropolis nicht allzulange fern zu bleiben. Der Admiral wünschte dem Generalissimus eben zu seinem Erfolge Glück; da brauste ihnen der Schwarm der Fliehenden und die feindliche Kavallerie entgegen. Die beiden kurzsichtigen Helden sprangen in die salzige Fluth und wateten bis an den Hals im Wasser eiligst davon, um ihre Boote zu erreichen. Diese fuhren sofort zu den Schiffen ab, ohne sich um das zu kümmern, was in ihrem Rücken geschah. An dem Strande streckten die von den Delhi's verfolgten Flüchtlinge vergebens die Hände nach den Schiffen aus; mehr als hundert sprangen in die See und ertranken, die Uebrigen wälzten sich heulend und weinend auf dem Boden herum. Mit Mühe brachte sie der Suliote N. Zervas, der einzige Mann, der Geistesgegenwart und Festig= keit zeigte, zu einer gewissen Ordnung zurück. Dennoch würden die Del= hi's sie leicht alle niedergemetzelt haben, wenn sich die Schiffe nicht dem Ufer so viel wie möglich genähert und ein heftiges Feuer eröffnet hätten, welches die Verfolger hinderte von den Küstenriffen am Strande herab= zusteigen. Cochrane machte nun den griechischen Schiffskapitänen einen unglaublich unpraktischen Vorschlag, man solle eine „Bootbrücke" von den Schiffen bis zum Strande bilden, damit die Flüchtlinge sich in das ihnen nächste Boot, und von da über die anderen hinweg, nach den Schiffen retten könnten. Der Spetsiote A. Soterios mußte ihn erst darauf auf= merksam machen, daß die der Küste nächsten Boote Gefahr laufen würden, von den Andrängenden umgekippt zu werden; er schlug vor, jedes Boot solle für sich in die Nähe des Strandes rudern, den Flüchtlingen Stricke zuwerfen und nur so viel Menschen hereinziehen, als es fassen könne. Nach einigen wegwerfenden Bemerkungen genehmigte Cochrane den ver= ständigen Vorschlag; indem die Schiffe fortfuhren gegen die türkischen Reiter zu feuern, näherten sich die Schaluppen dem Lande, und bis zum Einbruch der Dunkelheit waren die Flüchtlinge, die der sinnlose Einfall des Oberadmirals alle den türkischen Säbeln preisgegeben haben würde, an Bord in Sicherheit gebracht.

Während die Operation vom Falerou aus kläglich scheiterte, hatte sich Kitsos Tsavellas im Centrum und zur Linken der Griechen vollkommen passiv verhalten. Er war keinen Zoll breit vorgerückt und hatte eine jede noch so wohlfeile Demonstration unterlassen. Obwohl seine Truppen keinen Theil am Kampfe nahmen, so theilten sie doch die Niederlage, denn sie räumten, als die Schlacht kaum entschieden war, ihre Positionen am Olivenwalde und ruhten nicht eher, als bis der Isthmus zwischen ihnen und den Feinden lag. Ein paar Türken, die an einer Mühle Kern mahlten, setzten hinter den Fliehenden her und erschlugen die, welche sie erreichen konnten. Wenn irgendwo, so fehlte hier Karaiskakis. Die Posten am Piräus wurden verlassen, ohne daß ein Feind sich zeigte. Ein türkisches Korps wagte nach Sonnenuntergang die Position von Munychia zu stürmen, der Hügel war schon beinahe erstiegen, die Besatzung ergriff das Hasenpanier, als Major Urquhardt an der Spitze der Hydrioten sich noch rechtzeitig auf den Feind warf und ihn zurücktrieb. Tausende desertirten, binnen wenigen Tagen war der Haufe, mit dem Church noch Munychia besetzt hielt, auf 2000 Mann herabgeschmolzen, die sich in der elendesten Verfassung befanden.

Es war die blutigste Niederlage, welche die Griechen während des ganzen Befreiungskrieges erlitten hatten; Peta und Kremmydien traten daneben in den Hintergrund. Nach der niedersten Rechnung kostete der 6. Mai den Griechen 1500 auserwählte Krieger, 9 Kanonen und viele Standarten. Fast alle Sulioten und Kreter waren gefallen. Die Kapitany's Johann Notaras, L. Veikos, G. Tsavellas, Fotomaras und der Bataillonschef Inglesi lagen todt. Demetrius Kalergis und Drakos geriethen verwundet in die Hände des Feindes. Drakos tödtete sich selbst, um den Ungläubigen keinen Triumph zu bereiten, Kalergis ward mit zerschmettertem Bein vor Kiutagi gebracht, der ihn über die Absichten der Griechen ausfragte und ihm dann zurief: „Schau an die Macht Gottes, ich hielt mich selbst für verloren und siehe! die Vorsehung hat Dich in meine Hand geliefert." Darauf befahl der türkische Feldherr die Enthauptung des „Giaour", aber der Türke, der Kalergis gefangen genommen hatte, verlangte Ersatz der ihm von dem Gefangenen versprochenen 5000 Dollars, und da die türkische Kriegskasse außer Stande war, einen einzelnen Kopf zu so hohem Preise zu erstehen, so begnügte sich Kiutagi damit, dem griechischen Anführer ein Ohr abschneiden zu lassen, Kalergis' Verwandte kauften ihn los, und er lebte, um in der Geschichte seines Vaterlandes eine bedeutende Rolle zu spielen und hervorragenden Antheil an der Revolution von 1843 zu nehmen. Alle anderen griechischen Gefangenen, 240 an der Zahl, wurden in einer Linie aufgestellt und zur Sühne für die Treulosigkeit von St. Spyridion enthauptet.

Der Verlust der Mohammedaner war unbedeutend; ihr Kavallerieanführer war getödtet, Kiutagi selbst leicht an der Hand verwundet worden. Sofort nach seinem Siege richtete er eine Aufforderung zur Kapitulation an die Vertheidiger der Akropolis. Dort hatte man den zu

einem Ausfall günstigen Moment versäumt, und jetzt waren die Hoffnun=
gen nach dem vernichtenden Schlag, der die griechische Sache getroffen
hatte, tief gesunken.   Fabvier hatte sich im Stillen wüthend darüber ge=
ärgert, daß er neben Church zu einer untergeordneten Rolle verurtheilt
sei; die Augen gingen ihm darüber auf, daß man ihn in die Citadelle
wie in eine Mausfalle eingesperrt und Kriezotis beauftragt hatte ihn nicht
herauszulassen.   Er war also geneigt jede anständige Kapitulationsbedin=
gung zu unterschreiben, um nur den Felsen, auf dem er sich in ohnmäch=
tigem Ehrgeiz verzehrte, verlassen zu können.   Von Cochrane, der schon
am 7. Mai absegelte um seine Beschämung über das Vorgefallene in
Hydra zu verbergen, durfte die Besatzung sich ebensowenig eine nennens=
werthe Hülfsleistung versprechen, wie von Church.   Der englische Gene=
ralissimus hielt der Ehre halber Munychia noch drei Wochen lang be=
setzt, bis seine Soldaten, von Hitze und Durst erschöpft, sich weigerten auf
dem nackten Hügel zu bleiben.   Sie trugen die Batterien ab, warfen das
schwere Geschütz in einen Brunnen und schifften sich in der Nacht vom
27. ein, während J. Kolokotronis und Nikitas den Rückzug deckten.   Kiu=
tagi ritt in der Frühe des 28. Mai auf den Hügel und sah mit innerem
Behagen den Segeln seiner abziehenden Feinde nach.

Ehe Church den Faleron räumte, hatte er an die Besatzung der
Akropolis den Befehl übersandt, zu kapituliren.   Der Kapitän der
französischen Fregatte „Juno", Leblanc, war von dem Generalissimus und
dem Großadmiral ersucht worden mit Kiutagi zu unterhandeln und Be=
dingungen für die Besatzung auszuwirken.   Kiutagi zeigte sich bereit, der
Besatzung freien Abzug zu gewähren, wenn sie die Waffen streckte.   Aber
das Ehrgefühl der Belagerten wallte noch einmal auf, da ihnen die klein=
müthige Ordre Church's bekannt wurde.   Hatten sie sich doch vermessen,
an Muth und Entsagung mit den Helden Mesolonghi's zu wetteifern!
Während Fabvier verdrossen von der Mauer herunterrief, seine Anwesen=
heit auf der Akropolis sei blos zufällig, er habe über die Kapitulation
nicht zu entscheiden, wiesen die griechischen Kapitäne Leblanc's Eröffnungen
wiederholt mit Entrüstung zurück.   „Wir sind Griechen, wir sind ent=
schlossen frei zu leben oder zu sterben.   Wenn Reschid Pascha unsere
Waffen will, so möge er kommen und sie holen."   Die stolzen Worte
wurden jedoch von Thaten nicht gedeckt.   Sobald Church's Lager von
Munychia verschwand, fingen die Belagerten an ihre Kühnheit zu bereuen,
und sich nach der Uebergabe zu sehnen.   Der Piemontese Roccavilla stahl
sich aus der Burg und gelangte an Bord eines nach Egina segelnden
Fahrzeugs.   Er theilte dem dort stationirten europäischen Geschwader die
Stimmung und die Wünsche der Garnison mit.   Der österreichische Kor=
vettenkapitain von Korner bot seine Vermittelung an, und als die Be=
satzung den Wunsch ausdrückte, daß auch noch Schiffe anderer Mächte bei
der Unterhandlung zugegen sein möchten, übernahm es der französische

Admiral de Rigny ihn bei dem Serasker zu unterstützen. Er brachte drei Tage im türkischen Hauptquartier zu; die Verhandlung zog sich in die Länge, da die Griechen auf freiem Abzug mit Waffen und Gepäck bestanden, Kiutagi diese Vergünstigung aber blos den Anführern und ihrem Gefolge gestatten und überdies die geborenen Athener von dem Vertrag ausschließen wollte. Da erleichterte ein glücklicher Zufall das Vermittlungswerk. Das Gerücht verbreitete sich, daß Ibrahim Pascha von Morea heranziehe, und in Furcht, daß der ehrgeizige Nebenbuhler ihm die Ehren des Sieges, wie bei Mesolonghi, rauben werde, zeigte sich Kiutagi nun bereit in den von Rigny vorgeschlagenen Vergleich zu willigen. Er versah sogar die Garnison mit 75 Pferden zur Fortschaffung ihres Gepäcks. Man wechselte Geißeln aus, die in der Akropolis gefangenen Mohammedaner wurden freigegeben, und am 5. Juni marschirten die Belagerten, 2000 Personen jedes Alters und Geschlechts, die Hälfte krank und von Hunger erschöpft, aus der Burg. Rigny zog an der Spitze der Kolonne, in der Mitte führte man die türkischen Geißeln. Kiutagi hatte alle seine Posten zwischen der Stadt und dem Kap Kolias zurückgezogen, er patrouillirte mit einer Kavallerieabtheilung, um jede Verrätherei unmöglich zu machen, und hieb mit eigener Hand zwei widersetzliche Arnauten nieder, welche ihre Landsleute anhetzten über die Giaurs herzufallen.

Unter den Griechen selbst war die Erinnerung an die Schreckensscenen vom 27. April so lebendig und es schien ihnen so unglaublich, daß ein Mohammedaner sein Wort treu halte, daß ein Theil beim Auszug Halt machte und nur durch gemessene Drohungen vorwärts gebracht werden konnte. Kapitän Lekkas, der am Blutbad vom Juli 1822 Theil genommen hatte, gab, sobald er draußen war, seinem Pferd die Sporen und ritt im Galopp an den Faleron herab. Aber die Furcht war unbegründet, Kiutagi's eiserner Wille hielt die türkische Soldateska im Zaum, unangefochten gelangte die Garnison an den Strand, von wo sie auf französischen und österreichischen Schiffen nach Poros oder Egina übergesetzt ward. Noch an demselben Tage besetzte der Feind die mit Leichen und Trümmern erfüllte Akropolis, deren Denkmale durch das Bombardement in den gegenwärtigen jammervollen Zustand versetzt worden sind.

Osthellas war völlig unter osmanische Botmäßigkeit zurückgekehrt, die rumeliotischen Eroberungen des Karaiskakis waren verloren, und in der Diplomatie hatten die Stimmen neue Geltung gewonnen, welche den künftigen Staat auf Morea und die Inseln beschränken, das Festland aber ausschließen wollten. Der Fall der Akropolis hatte den militärischen und politischen Bankerott der revolutionären Kräfte grell bewiesen, und zu allen Uebeln der Zuchtlosigkeit und Anarchie den Hader zwischen dem urwüchsigen Griechenthum und dem Philhellenismus hinzugefügt. Die griechischen Kapitani's hatten sich durch ihre Treulosigkeit vor St. Spyridion, Cochrane und Church hatten sich durch ihre aberwitzige Führung die schlimmsten Blößen gegeben, jetzt legten sie sich obenein gegenseitig das Geschehene zur Last. Man erfuhr, daß die Garnison sich füglich noch länger hätte halten können, daß sie zwar an Fleisch, Holz und Obdach bitteren Mangel gelitten hatte, aber mit Korn noch auf 4—5 Monate versehen war.

Wie leicht würde sie, wenn das heroische Beispiel Mesolonghi's ihr wirklich vor der Seele stand, sich noch bis zu dem Zeitpunkt gehalten haben, wo aus der diplomatischen Intervention der Großmächte eine mi= litärische ward, wo die verbündeten Flotten vor dem Piräus erschienen und dem Blutvergießen Einhalt geboten! Die griechischen Kapitanh's Krie= zotis, Lekkas, Eumorfopulos machten ein Schreiben bekannt, worin sie die Schuld der Kapitulation auf Oberst Fabvier wälzten und ihn anklagten, er habe Aufruhr unter ihre Soldaten gesät und die Feigheit ermuthigt. Der Pöbel wollte den französischen Philhellenen in Poros steinigen und die Regierung mußte ihn seiner eigenen Sicherheit wegen festnehmen lassen. Fabvier behandelte die gegen ihn vorgebrachten Beschwerden mit Verachtung, er läugnete nicht, daß er die Akropolis gern verlassen habe, behauptete aber, daß seine Ankläger sich gerade so, wie er selbst, darnach gesehnt hätten, abzuziehen. Er protestirte gegen die Autorität des General Church und zog sich nach Methana zurück, wo er sein Korps regulärer Truppen zu reorganisiren suchte. Da er sich weigerte, Befehle von Seiten des Engländers zu empfangen, verzichtete Church, um unangenehme Rei= bungen zu vermeiden, darauf, ihm solche zu ertheilen. Dafür beklagte der Generalissimus sich bitterlich, daß man ihn über die Lage der Garnison getäuscht habe, und daß die Franzosen von Nationaleifersucht und Groll gegen ihn geleitet seien. Er vergaß aber, daß er sich durch seinen Kapi= tulationsbefehl an die Garnison das Recht strenger Kritik über die Er= eignisse selbst entzogen hatte, und daß es zum Mindesten unbillig war, Andere für die Folgen der eigenen Kleinmüthigkeit verantwortlich zu machen. So war der Fall der Akropolis der Erisapfel, der die Philhel= lenen unter sich, sowie die Griechen mit den Philhellenen entzweite, und auf den Begeisterungstaumel und die Hoffnungsseligkeit, welche Cochrane's und Church's bloße Namen zu Trözen erweckten, war sehr rasch eine grausame Ernüchterung gefolgt.

In Mitten schwerer Kriegsbedrängnisse fanden die Griechen Zeit sich mit theoretischen Verfassungsfragen und konstitutionellen Problemen zu beschäftigen. Um dieselbe Zeit, wo der attische Boden mit griechischem Blute schwer gedüngt ward, stritt man zu Trözen über die Grenzen der monarchischen Gewalt; im Mai 1827 erschien die von 171 Abgeordneten unterzeichnete, aus 150 Artikeln bestehende Verfassung Griechenlands. Ihre praktische Wirksamkeit ist bald darauf beschränkt und beschnitten worden; immerhin aber bleibt sie ein höchst merkwürdiges Aktenstück.

Die morgenländische orthodoxe Kirche ward als Staatskirche erklärt;

allen anderen Religionen war freie Ausübung und Schutz zugesagt. Der griechische Staat sollte einheitlich und untheilbar sein und alle Länder in sich fassen, welche die Waffen gegen die ottomanische Herrschaft ergriffen hatten oder sie noch ergreifen würden.

Der künftige griechische Staat beruht auf dem Princip der Volks-souveränetät; jede Gewalt fließt aus dem Volke und besteht für das Volk. Griechen sind: 1) Alle Eingeborenen des griechischen Staates, die an Christus glauben. 2) Alle Christen aus dem ottomanischen Staate, die nach Griechenland kommen, um mitzukämpfen oder sich anzusiedeln. 3) Alle in fremden Staaten von einem griechischen Vater Erzeugten. 4) Alle, die dem griechischen Staate den Eid leisten. 5) Alle Fremden, welche das Bürgerrecht erlangen.

In Griechenland soll Gleichheit Aller vor dem Gesetze, gleiche Be-rücksichtigung bei Aemtern, gleiche Vertheilung der Abgaben festgesetzt werden. Keine Abgabe darf ohne ein vorhergehendes Gesetz stattfinden, und kein solches Gesetz auf länger als ein Jahr gegeben werden. Per-sönliche Freiheit, Leben, Ehre und Vermögen stehen unter dem Schutz des Gesetzes. Folter, Konfiskation und Sklavenhandel werden verboten, die Wegnahme des Eigenthums soll nur nach wohlerwiesener Nothwendigkeit und gegen Entschädigung eintreten. Niemand darf über 24 Stunden in Haft bleiben, ohne amtlich die Ursachen seiner Festnehmung zu erfahren, und nicht länger als 3 Tage, ohne daß die Untersuchung beginnt. Die Freiheit der Presse ist gewährleistet. Adel und Titel sind abgeschafft. Nur dem Präsidenten kommt auf die Dauer seiner Amtsführung der Titel Excellenz zu. Wer drei Jahre im griechischen Staate verblieben und in-nerhalb dieser Zeit wegen keines Verbrechens verurtheilt ist und für we-nigstens 100 Thaler unbeweglichen Besitz an sich gebracht hat, wer sich durch große Dienste ausgezeichnet, nützliche Anstalten gegründet oder zwei Jahre im Kriege gedient hat, kann Bürger werden; die Regierung behält sich vor, die dazu erforderliche Zeit bis auf ein Jahr abkürzen zu dürfen. Die Souveränetät des Volkes theilt sich in drei Gewalten: die gesetz-gebende, vollziehende und richterliche. Erstere ruht in den Händen des Senats (der *Borli*), die andere in denen des Präsidenten, die dritte in denen der Gerichte. Der Senat besteht aus den Vertretern der Provin-zen und ist als Ganzes unverletzlich. Er wählt sich sein Bureau selbst. Die Amtsdauer der Vorstände und Sekretäre ist jährig. Das Begehren von 20 Senatoren verpflichtet den Vorstand zur Einberufung der Ver-sammlung und ²/₃ des Senats genügen zur vollen Sitzung. Die Sena-toren werden auf 3 Jahre gewählt und jährlich findet eine Drittelserneue-rung statt; derselbe Senator aber darf nicht zweimal nach einander gewählt werden. Der Senator erhält einen bestimmten Sold, seine persönliche Unverletzlichkeit wird für die Sitzungszeit sowie vier Wochen vor und nach derselben (mit Ausnahme von gesetzlicher Verurtheilung zum Verluste des

Kopfes oder der Ehre) garantirt. Keiner ist verantwortlich für das was er im Senat gesprochen. Die Beschlüsse des Senats gelangen an den Präsidenten der Republik, der binnen 14 Tagen sie entweder zu genehmigen oder zu verkündigen hat, wodurch sie Gesetzeskraft erlangen; anderen Falles hat er sie an den Senat mit seinen Einwendungen zurückzusenden. Besteht der Senat nach zweimaliger Sendung an den Präsidenten und Rücksendung von Seiten desselben auf dem Gesetzentwurf und sendet ihn zum dritten Male, so muß ihn der Präsident bestätigen und als Gesetz bekannt machen. Ein von dem Präsidenten dreimal an den Senat gesandter und von diesem nicht gebilligter Gesetzentwurf fällt durch. Dem Senat wird die Zusammenstellung der Einnahmen und Ausgaben des vorstehenden Jahres aufgegeben, ihm steht die Bewilligung der Gelderfordernisse sowie die Prüfung der Rechnungen des vergangenen Jahres zu. Er besorgt die Zahlung der Zinsen und Tilgung der Nationalschuld, die Bestimmung der Abgaben, Zölle, der Nationalanleihen, die Veräußerung von Nationalgütern, die Ueberwachung der Staatsausgaben. Er regelt das Münzsystem, die Gehalte der Staatsbeamten, wacht über Erziehung, Presse, Ackerbau, Handel und Industrie, ändert die bestehenden Gesetze, hebt sie auf und entwirft neue. Ohne seine Genehmigung darf der Präsident der Republik weder Krieg erklären, noch Frieden, noch Verträge schließen. Er hat die Gesetzbücher auf Grundlage der französischen Gesetzgebung auszuarbeiten. Der Präsident ist unverletzlich, jedoch von verantwortlichen Staatssekretären umgeben. Er darf den Senat zu außerordentlichen Sitzungen berufen und länger als vier Monate versammelt halten. Die gesammte Vollziehungsgewalt ist ihm übertragen, er hat das Recht der Begnadigung und darf einen Gesetzvorschlag zur Errichtung einer Nationalgarde einbringen. Die Staatssekretäre werden eintretenden Falles vom Senat belangt und abgesetzt. Neben Friedensgerichten, Landgerichten und Obergerichten soll ein Kassationshof bestehen. Es werden Geschwornengerichte eingeführt; vor der Hand gelten der Harmenopulos, die von der Nationalversammlung zu Astros veranstaltete Sammlung von Kriminalgesetzen, die von der Regierung bekannt gemachten Gesetze, und in Handelssachen die französische Gesetzgebung.

Man erkennt leicht, wie bedeutsam hier die republikanische Eifersucht ihre Rechte gefordert hat; was man am 11. April mit der einen Hand weggegeben, suchte man jetzt mit der anderen Hand zurückzuhalten. In der Verfassung von Trözen verkörpert sich das Mißtrauen gegen den provisorischen Staatschef, gegen den Präsidenten, dem man im Voraus die Hände zu binden gedachte. Die weitgehenden Befugnisse, welche man dem Senat nach Analogie der spanischen Kortesverfassung einräumte, verriethen, daß man in demselben einen Wächter der revolutionären Errungenschaften schaffen wollte. Es hing freilich Alles davon ab, ob der künftige Präsident sich den Zügel, den man ihm anlegte, gefallen ließ, ob er die

Verfaſſung nicht allzuſehr mit demokratiſchem Giſte angefüllt fand, um ſie annehmen zu können. Auch dem Ausland, auch der Entſcheidung der Großmächte war durch die Verfaſſung von Trözen in hochbedeutſamer Weiſe präjudizirt; es war, den ungünſtigen Kriegsereigniſſen zum Trotz, die Einverleibung des Feſtlandes, Theſſaliens, Albaniens, der Inſeln Samos und Kreta gefordert und der nationale Gedanke mit unbeirrter Kühnheit in den Vordergrund geſtellt worden. Man wußte wohl, daß die frühere Regierung in der Unabhängigkeitsfrage Konzeſſionen gemacht, daß ſie Stratford Canning beauftragt habe, auf Grundlage des Suzerä= netätsverhältniſſes mit der Pforte zu unterhandeln; indem man alſo dieſe Zugeſtändniſſe in der Verfaſſung mit Stillſchweigen überging und durch entgegenſtehende Beſchlüſſe aufhob, ſtellte man den Verzicht auf die Unab= hängigkeit als eine unbefugte Handlung einzelner Privatperſonen hin; — man warf den Kabinetten, welche das petersburger Protokoll unterzeichnet und ein zinspflichtiges Griechenland in's Auge gefaßt hatten, kecklich den Handſchuh vor — ebenſo wie man vielleicht auch den Abſichten des künf= tigen Präſidenten einen Riegel vorſchob, falls derſelbe den Gedanken eines abhängigen Griechenlands vertreten ſollte. Das iſt die tiefer liegende Bedeutung der Verfaſſung von Trözen, die freilich unter den damaligen Umſtänden Vielen nur eine papierene Errungenſchaft, eine müßige Tän= delei republikaniſcher Doktrinäre zu ſein ſchien.*) Sie war ein Proteſt für die Unabhängigkeit und eine Wahrung der nationalen Rechte gegen jede Oktroyirung.

Aber die Schwierigkeiten, mit welchen fortan eine jede geſetzliche Ordnung in Griechenland zu kämpfen hatte, waren unermeßlich. Als die Nationalverſammlung am 17. Mai die Beendigung ihrer Arbeiten ankündigte und ſich auflöſte, herrſchte ringsum die troſtloſeſte Anarchie. Die Mittel waren zu Ende. Die Zölle brachten nichts ein, die zwei Millionen Piaſter, um die man die Grundſteuer für 1827 verpachtet hatte, waren ausgegeben, man lebte nur noch von den Almoſen des Phil= hellenismus, die ein Gegenſtand von Unterſchleif und Streit geworden waren. Die proviſoriſche Regierung, welche bis zur Ankunft von Kapodiſtrias die Geſchäfte führen ſollte, verdiente den Namen einer Regierung nicht; Mi= laïtis und G. Mauromichalis waren moraliſch ebenſo depravirt, wie Nakos geiſtig verkrüppelt war. Wer nicht wollte und nicht mußte, gehorchte ihnen nicht. Daß ſie ſich mit dem Seeraub aſſociirten und durch ihren Sekretär mit Verkauf von Kaperbriefen einen ſchmutzigen Handel trieben, befremdete Niemanden, der den Charakter und die Vergangenheit dieſer

---

*) Sie wird von Gervinus, Gordon und Hertzberg (Erſch und Gruber, 87. Theil, S. 178. Leipzig, 1869) nicht erwähnt. S. d. Text: Constitutions, Lois, Ordon- nances des assemblées nationales, des corps législatifs et du Président de la Grèce. Athènes. Imp. Royale. 1835. S. 170 ff.

unsaubern Gesellen kannte. Die Hydrioten und Spetsioten handelten nur noch auf eigene Faust, in Egina spielten die Psarioten die Herren, auf den kleinen Kykladen trieben die geflüchteten Kreter ihr Unwesen. Von den Festungen waren Monemvasia durch Johann Mauromichalis zu einem Korsarennest, Akrokorinth und Nauplia durch K. Tsavellas, Fotomaras und Grivas zu Stätten des Raubs und Blutvergießens verwandelt. Die gesetzgebende Behörde, welche der neuen Verfassung gemäß den Regierungs-Ausschuß hätte überwachen müssen, der Senat, zeigte sich außer Stande, seinen Funktionen zu genügen. Der Präsident Dr. Renieris war ein alter tauber Kreter, der so wenig Werth auf die ihm übertragene Ehre legte, daß er sich hinter einen Citronenbaum zu verstecken suchte, da ihn Kolokotronis zu Trözen als die zu diesem Ehrenposten geeignete Persönlichkeit bezeichnete. Als er am 15. Juni nebst Senat und Regierungsausschuß von Poros nach Nauplia übersiedelte, ward ihre Ankunft mit Scenen von Streit und Zügellosigkeit gefeiert, die alles Frühere in Schatten stellten. Die Kapitanh's, welche den Platz bisher terrorisirt hatten, Grivas und Fotomaras, waren stillschweigend übereingekommen, die Herrschaft über Nauplia zu theilen. Jeder trieb nach seinem Belieben Kontributionen ein und erzwang sich Bezahlung durch die überzeugenden Gründe von Bastonade und Kerker. Nun drängte sich aber eine dritte Partei ein. Die Peloponnesier empfanden schon lange einen geheimen Groll darüber, daß die schönste und stärkste Festung des Peloponnes in den Händen der Rumelioten war. Die Anhänger des Kolokotronis warfen ihr Auge insbesondere auf den Palamidhi, und beschlossen dies Felsenschloß dem Grivas zu entreißen. Zunächst ward Fotomaras gewonnen, der sich erbötig zeigte die Augen zuzudrücken, sobald es galt, seinem Rivalen zu schaden. Dann suchten die Kolokotronisten einen Offizier des Grivas durch ein Paar mit Gold und Juwelen ausgelegte Pistolen zu bestechen. Der Offizier hielt sie mit Versicherungen hin, verrieth aber Alles an seinen Chef, und Grivas, entzückt, den Peloponnesiern eine Falle bereiten zu können, veranlaßte ihn, die Täuschung fortzusetzen. In der Nacht des 9. Juni zog Johann Kolokotronis mit 250 Mann still in die untere Stadt durch ein kleines Thor ein, welches Fotomaras absichtlich offen gelassen hatte. Um die gleiche Zeit erklimmte ein anderer Parteigänger des Kolokotronis, Tsokris, die Höhe des Palamidhi und fand den Eingang, wie er erwartet, unverschlossen. Kaum hatten jedoch seine Vorposten die Schwelle des Thores überschritten, als sie von einem rollenden Musketenfeuer begrüßt und mit schweren Verlusten zurückgejagt wurden. Tsokris galoppirte, an der Hand verwundet, den Berg herunter; seine Anhänger flohen in Bestürzung hinter ihm her. Johann Kolokotronis verbarrikadirte sich in einem großen Hause, mußte aber kapituliren und erkaufte sich von Grivas die Erlaubniß nach Argos abzuziehen, indem er eine Obligation von 60,000 Piaster unterzeichnete. Auf den

Wällen der Citadelle stand ein Haufe Gassenjungen in Reih und Glied aufmarschirt und begrüßte den Abzug der Kolokotronisten mit Geschrei und Pfeifen. Grivas fand eine besondere Genugthuung darin, fortan die prächtigen Pistolen in seinem Gürtel zu tragen, um die der „alte" Kolokotronis geprellt worden war.*)

Die Eintracht zwischen Grivas und Fotomaras war von keiner langen Dauer. Eine von der provisorischen Regierung gegen Kolettis erhobene Anklage wegen Bestechung durch die Türken gab Anlaß zu neuer Fehde. Man nahm heftig Partei für und wider Kolettis. Die peloponnesischen Kapitäne schürten den Zwist, man bestritt das Recht des Grivas, Kontributionen in der Stadt zu erheben, die Anhänger der beiden rivalen Kapitäne wurden handgemein, die Batterien des Palamidhi eröffneten ein Feuer gegen Itschkale, welches sofort lebhaft beantwortet ward. Neun Tage lang dauerte das Bombardement, am 13. Juli allein wurden mehr als 220 Bomben und Kugeln ausgetauscht. Die Stadt stand in Flammen. Eine zügellose Soldateska drang in die Häuser und beraubte die Bewohner wie die Landleute, welche mit ihren Familien unter den Wällen von Nauplia Schutz gesucht hatten. Mehr als hundert Menschen erlagen dem Feuer, am 14. Juli flog eine Kugel von Palamidhi in den Sitzungssaal des Senats und verwundete drei Senatoren, am 16. ward der amerikanische Philhellene Townshend Washington durch einen Kanonenschuß getödtet. Der Regierung schlugen die Flammen, die sie unklug entzündet hatte, über dem Kopf zusammen. Zwei von ihren Mitgliedern, Rakos und Milaïtis, flüchteten nach dem Meerthurm; auch Georg Mauromichalis folgte ihnen, nachdem er vergeblich versucht hatte, die Wuth der Kämpfenden zu beschwichtigen. Man sandte Boten an alle Personen, von deren Einfluß man eine Herstellung des Friedens und Versöhnung der Parteien erwarten durfte. Admiral Cobrington, der in Poros vergeblich nach der griechischen Regierung gefragt hatte, traf zufällig auf der Rhede von Nauplia ein, um Zeuge dieses Jammers zu werden. Seine Boote halfen die Flucht der Regierung aus der brennenden Stadt nach dem Meerthurm zu bewerkstelligen. Er brachte die Rumelioten dahin, daß sie die Bewohner und Landleute wenigstens in die Ebene und nach den Inseln flüchten ließen. Denn bisher hielten die Soldaten die Thore verschlossen und verkauften für Geld die Erlaubniß hinauszugehen; sobald freier Auszug bewilligt wurde, drängte sich die ganze Bevölkerung aus den Thoren. Nur Demetrius Ypsilantis besaß Stoicismus genug, um in seinem mit Kugeln durchlöcherten Hause auszuharren.

---

*) Die kolokotronistische Darstellung über diese Vorgänge läuft darauf hinaus, daß Grivas und die Rumelioten sich der Theilnahme an dem Kampf gegen Ibrahim entzogen hätten und daß es deshalb patriotische Pflicht gewesen sei, sie zu größerer Thätigkeit anzuspornen. Ἑλληνικὰ ὑπομνήματα ὑπὸ Ι. Κολοκοτρώνη. S. 465.

Am 19. Juli gelang es dem Zureden des englischen Kapitän Hamil=
ton, eine augenblickliche Waffenruhe zu bewirken. Das Feuer ward ein=
gestellt und die beiden Rivalen Grivas und Fotomaras trafen an Bord
des Cambrian zusammen, dem Anschein nach um sich zu versöhnen. Hatte
schon Codrington in allgemeinen Ausdrücken von der Hülfe der Mächte
gesprochen, so erklärte Hamilton die Intervention der Großmächte zu
Gunsten Griechenlands für unmöglich, wenn die inneren Zwistigkeiten
nicht sogleich geschlichtet würden. Einer Regierung, die unter den Kano=
nen von Aufrührern stehe, könne man keine Eröffnungen machen.

Obwohl diese Drohungen einen gewissen Eindruck hervorbrachten, war
eine Bürgschaft dauernder Ruhe nicht zu gewinnen, ehe die rumeliotischen
Häuptlinge auf die Forts, die sie besetzt hielten, verzichteten. Dazu aber
zeigten Beide nicht die mindeste Lust. Die Regierung ließ den General
Church nach Nauplia entbieten, damit er die Rebellen durch sein Ansehn
zum Gehorsam zurückführe. Der englische General erschien mit den paar
hundert Palikaren, welche ihm die Niederlage vor Athen gelassen hatte,
und quartierte sich in einem Garten des Dorfes Aria vor Nauplia ein.
Grivas und Fotomaras begrüßten ihn mit Ehrensalven und drückten ihre
Bereitwilligkeit aus, sich seiner Entscheidung zu unterwerfen; aber nur
bei Fotomaras ging der Gehorsam über bloße Worte hinaus. Er hatte
angefangen einzusehen, daß sein Ansehn auf die Neige gehe, und lieferte
sich deshalb mit einem Gefolge von 50 Mann in die Hände des Gene=
ralissimus. Um so spröder erwies sich Grivas. Er ließ den Engländer
in den Palamidhi unter der Bedingung ein, daß er keine Truppen mit
sich bringen solle, führte ihn auf den Wällen spazieren, und Church
mußte, nachdem er zwei Tage viel eher als Gefangener wie als Kom=
mandant auf der Feste zugebracht und nur zum Schauspiel gedient hatte,
ganz beschämt in sein Quartier nach Aria zurückkehren. Grivas aber
schloß nun wieder die Thore und verkündete, daß er das Kastell nicht
eher aufgeben würde, als bis man ihm eine Million Piaster auszahle.
Fabvier, Heideck und Cochrane hatten ebenso wenig Erfolg, ihre Gegen=
wart erwies sich als völlig nutzlos. Im Stillen rieben sich die Haupt=
rädelsführer die Hände; der Bürgerkrieg und das Elend des Volkes erschien
ihnen als ein heiterer Zeitvertreib. „Es ist eine Komödie", äußerte Fabvier,
„diese Kerle sind so wenig feind wie wir, Alles ist nur auf Plünderung
berechnet." Ganz Argolis empfand die aus der naupliotischen Anarchie
entsprungenen Uebel. Banden von Rumelioten durchstreiften das Land,
plünderten die Bauern, die, zur Verzweiflung gebracht, ihre Dörfer ver=
ließen, sich in die Gebirgsschluchten zurückzogen und die Marodeurs mit
Flintenschüssen empfingen. In Argos barrikadirte das Volk die Zugänge
zur Stadt und feuerte auf jeden Soldaten, der sich zeigte.

Man erstaunt, daß der Jammer dieser griechischen Zustände von den
Gegnern Griechenlands nicht kräftig ausgebeutet worden ist.

Wenn Kiutagi dem egyptischen Rivalen die Hand reichen wollte, so war im Peloponnes ebensowenig an Widerstand zu denken, wie auf dem Festlande. Die Pläne, welche Church und Fabvier zu einem Feldzug nach Osthellas entwarfen, figurirten blos auf dem Papier. Der türkische Feldherr, dessen Posten nach der Schlacht bei Athen bis an das geranische Gebirge vorgeschoben waren, hatte es vollkommen in seiner Hand, über den Isthmus zu ziehen und dem wüsten Schauspiel, das in Nauplia gespielt ward, ein jähes Ende zu bereiten. Es war bei all' ihrem Elend ein Glück für die Griechen, daß die Erfahrungen kollegialen Zusammenwirkens, die Kiutagi vor Mesolonghi gemacht hatte, ihn davon abschreckten, Ibrahim Pascha zu unterstützen. Der Peloponnes galt als Privatdomäne des Egypters, wie denn bereits in der Statthaltereiliste vom Mai 1824 Ibrahim als Pascha Morea's aufgeführt und 1825 vom Sultan in dieser Würde bestätigt worden war. Zufrieden, den vollen Umfang seiner eigenen Provinz wieder erobert zu haben, beschäftigte sich der Serasker mit der Befestigung der inneren Angelegenheiten des Festlandes und mit der Entlassung seiner albanesischen Söldner, deren unruhiger Geist ihm große Beschwerden verursachte. Er brachte einen Theil des Sommers in Theben zu und ging im August über Larissa nach Janina, gleichsam als gehe ihn die Fortsetzung des Kampfes gegen die Griechen Nichts an. Er überließ es nicht ohne eine gewisse boshafte Ironie seinem Rivalen, sich in dem Paschalik Morea fest einzurichten und mit dem Widerstand des Kolokotronis fertig zu werden.

Fünf Monate lang hatte der Egypter in Modon unthätig gelegen. Da brach er mit dem Frühling wieder nach Norden auf, setzte am 18. April über den Alfeus und rückte in Elis ein. Die Bewohner flüchteten nach ihren gewohnten Schlupfwinkeln, den Inseln im Sumpfe des Anigrus, Alfeus und der Bucht von Katakolo. Aber der Pascha hatte ein Geschwader von kleinen Kriegsschiffen beordert, der Küste entlang seinen Bewegungen zu folgen; die Inseln wurden besetzt, die Eleer, die in Booten zu entwischen suchten, zum größten Theil aufgegriffen und gefangen. 1800 Flüchtlinge unter dem zweiten Sohn des Sisinis warfen sich in das Kastell Chlemutsi, an der äußersten Westspitze des Peloponnes. Sie brachten acht Geschütze auf die Wälle, die sie aus einer bei Klarentsa gestrandeten türkischen Brigg genommen hatten, und sie würden sich, geschützt von den starken steinernen Mauern des Forts, gegen den Pascha erfolgreich behauptet haben, wenn nicht die Cisternen verfallen und trocken gewesen wären. So zwang Wassermangel sie nach drei Wochen, sich auf Gnade und Ungnade zu ergeben. Ibrahim behandelte Michael Sisinis mit Artigkeit; die geringeren Gefangenen beiderlei Geschlechts verkaufte er in die Sklaverei. Von Chlemutsi zog er nach Patras und am 6. Juni nach Rhium, um daselbst einen Transport von 3000 Pferden in Empfang zu nehmen, welche in Albanien aufgebracht und über den Golf gesetzt wurden, um seine Kavallerie wieder beritten zu machen. Seine Verheerungszüge schienen endlich die beabsichtigte Wirkung auf das Volk zu machen; die Nachricht von der Niederlage bei Athen brach den Muth der Patrioten in Achaja und in Elis. Ein untergeordneter Häuptling der Eparchie Patras, ein Kapitänlein, „Kapetaniskos", wie die griechischen Historiker wegwerfend sagen, Nenekos aus Zubati, gab das Beispiel des Abfalls von der vaterländischen Sache. Er machte nach Art der festländischen Kapitäne seinen Unterwerfungspakt mit Ibrahim und bildete sogar ein eigenes Freikorps, welches gegen die Patrioten als fliegende Kolonne dienen sollte. Da der Egypter gleichzeitig „statt des Löwen den Fuchs" zeigte, die Saaten zu schonen und seine Heeresbedürfnisse zu bezahlen anfing, so fiel ihm die große Menge, welche an der vaterländischen Sache verzweifelte, zu; die Eparchien Patras, Pyrgos, Gastuni, Vostitsa, Kalawryta unterwarfen sich. Es ist ein unleugbares Verdienst des alten Kolokotronis, daß er dieser Epidemie des Servilismus kräftigst entgegenarbeitete. Er erließ einen Befehl, daß von 15 bis zu 60 Jahren ein Jeder zu den Waffen greifen solle, und bedrohte die Unterworfenen „mit Feuer und Schwert". Er sandte ein Streifkorps unter Petmezas nach Patras, um den „Verräther" Nenekos lebend oder todt zu fassen. Nikitas mußte nach Messenien marschiren, um Ibrahim's Operationsbasis zu bedrohen. Gennäos und Plaputas wurden nach dem Mittelpunkt des Peloponneses geworfen. Der Alte selbst zog mit allen verfügbaren Streitkräften nach Korinth und schwenkte dann links ab nach dem See von Fonia, um dort die Korinther unter Notaras aufzunehmen und die Bewegungen des Feindes zu beobachten. Schon unterwegs in Zacholi scholl der Hülferuf der Mönche des Megaspiläon zu ihm herüber. Ibrahim hatte sich, nachdem er ein starkes Korps unter Deli Achmet in Patras zurückgelassen, mit 6000 Mann und dem Freikorps des Nenekos gegen das Kloster gewandt. Kolokotronis sandte den Bedrohten sofort das Korps des Petmezas und 100 Mann seiner Leibgarde unter Chrysanthopulos zu und schrieb ihnen am 20. Juni Worte des Trostes und der Ermuthigung: „Der Pflicht und dem Eid gemäß, den ich geschworen habe, für das Vaterland auch den letzten Blutstropfen zu opfern, verzweifle ich nicht, sondern vertraue auf Gott, den Beschützer von Hellas; ich thue Alles, was ich kann, schreibe, ermuntere, rufe alte Mitstreiter heran, und es strömen, wie ich höre, Truppen herbei, hinreichend, um, wenn der Feind Eure heilige Zufluchtsstätte angreift, ihm ein Grab daraus zu bereiten. Diejenigen, die sich in Folge der Umstände schimpflich unterworfen haben, werden wir befreien. Tapferkeit, Opferbereitwilligkeit und todesmuthiger Entschluß: und Alles ist gewonnen. Harrt entschlossen aus und laßt Euch durch Ibrahim's verzweifelte Bewegungen nicht in Schrecken setzen." Die Zuversicht des „Alten" betrog ihn nicht. Ibrahim fand vor der „heiligen Zufluchtsstätte" Kanonen aufgefahren und Laien wie Mönche in so fester Haltung zur Abwehr

bereit, daß er auf einen Frontangriff verzichtete. Er sandte eine Abtheilung seines Heeres mit dem Verräther Nenekos nach Diakopto in den
Rücken des Klosters. Aber auch von dort war der Felsenhöhle nicht bei-
zukommen, die Mönche benutzten die Zwischenzeit zu einem glücklichen
Ausfall, Ibrahim hatte keine Lust, seine Soldaten bei einem Sturm
gegen die natürlich feste Position des Klosters zu opfern, er zog auch
dies Jahr unverrichteter Dinge nach Kalawryta ab und rüstete sich, dafür
den Distrikt Karytäna zu unterwerfen. Bei Katsana theilte er sein Heer;
er selbst wandte sich, da er die Pässe nach Karytäna von Gennäos und
Plaputas verlegt fand, nach Tripolitsa, die andere stärkere Abtheilung der
Egypter drang bis Akovo und Dimitsana vor. Aber Gennäos und Plaputas eilten rasch an den bedrohten Punkt, nach einem heftigen Scharmützel bei Dimitsana zogen die Egypter in nordöstlicher Richtung nach
Tripolitsa ab, wo sie sich mit Ibrahim's Truppen vereinten. Die Expedition gegen Karytäna war ebenso vereitelt worden wie der Angriff gegen
Megaspiläon. Das Volk schöpfte wieder Athem; während der Egypter
ruhmlos nach Messenien zurückkehrte, schossen zu seinen Flanken und in
seinem Rücken die Bewaffneten wie Pilze aus der Erde. Die Verbindung
zwischen Messenien und Tripolitsa ward durch Nikitas erschwert, der die
„Derwennen" Messeniens bei Leondari besetzt hielt.

Kolokotronis entfaltete eine rastlose Thätigkeit, um dem „Miasma
des Abfalls" entgegenzuwirken. Bei St. Blasi und beim Kloster St. Johann in dem Distrikt Vostitsa kam es am 15. und 29. Juli zu blutigen
Gefechten zwischen den Patrioten und dem von Achmet Pascha unterstützten Freikorps des Nenekos. Es gelang dem Alten, die „Türkenfreunde"
nach Patras zurückzuwerfen und wenigstens einen Theil der Abgefallenen
zu den griechischen Fahnen zurückzuführen; er würde den egyptischen Unterfeldherrn in Patras selbst angegriffen haben, wenn er nicht an Allem
Mangel gelitten hätte. Unaufhörlich drängte er in die Regierung, ihm
Munition und Vorräthe zu senden, da sie ihm „ja doch keine Maschinen
schicken wolle, welche den Soldaten mit Luft ernähren, Erde in Pulver,
Fels in Blei verwandeln könnten". Er klagte, daß er ganze Stöße von
Hülfsgesuchen und Bitten nach Nauplia gesandt, und daß man dieselben
völlig ignorirt habe. „Auch der Löwe, das größte Thier der Erde", schrieb
er an den Sekretär des Kriegswesens in Nauplia, „vermag Nichts gegen
fünf Quentchen Pulver. Ich bin nicht General-Archege des Peloponnes,
um den Feind allein aufzufressen oder zu erschießen, sondern um die
Truppen des Peloponnes zu führen. Die Truppen bestehen aus Menschen, nicht aus Felsen; aber was sage ich? selbst Felsen unterliegen der
Gewalt des Schießpulvers. Seit zwei Monaten heische ich vergebens
Munition und Vorräthe, aber man hat mich nicht einmal einer Antwort
gewürdigt. Man entschuldigt sich, daß man selbst Nichts habe. Jetzt
weiß ich bestimmt, daß Vorräthe und Kriegsmaterial von den menschen-

freundlichen Philhellenen Europas gesandt worden sind. Weshalb schickt
man sie uns nicht? Sollen wir die Felsen anbeißen? soll der General-
Archeg die hungernden Truppen mit einem übernatürlichen Mittel ernähren? Gut; er kann die Schafe des armen Bauers rauben, ihm sein
Bißchen Brot aus dem Mund reißen. Woher aber soll er Pulver rauben? Kann er Erde in Pulver verwandeln? Das ist dem Kolokotronis
ganz unmöglich, da er von der Chemie und überhaupt von allen Wissenschaften Nichts versteht. Einem anderen klügeren Manne mag es leicht
sein."*) Zum Schluß rief der Alte feierlich die Nation und Gott zu
Zeugen an, daß er zu eigenmächtigen Thaten gezwungen werde, wenn
man ihn nicht unterstütze. Aber Drohungen wie Spott prallten gleich
erfolglos an der Ohnmacht und Indolenz der Regierung ab. Sie konnte
und wollte nicht helfen; ihre geringen Mittel waren durch die Bürger-
fehde zu Nauplia in Anspruch genommen: und so fiel denn die schwere
Last des Krieges, die Ernährung der patriotischen Schaaren des Kolokotronis nach wie vor auf die Schultern des armen Landmanns. „Die
Bauern", berichtet Admiral Rigny, „wurden abwechselnd von den Türken
und von den Palikaren verjagt, ausgezogen und beraubt." Als Ibrahim
Pascha hörte, daß Kolokotronis die unterworfenen Landschaften im Norden
des Peloponneses bedrohe und die Unterwerfungsakten einfordere, ließ er
seinem Unterfeldherrn Achmet Pascha nach Patras zu Wasser Verstärkungen zukommen, und dieser unternahm Anfang September**) auf Antrieb
des Nenekos einen Streifzug längs der achajischen Küste, um die Korinthenernte einzuheimsen.

Der Verräther Nenekos machte den Führer. Aber Kolokotronis hatte
seine Vorsichtsmaßregeln rechtzeitig getroffen. In der Nähe von Vostitsa
bei Kavkaria vertrat Plaputas dem Feinde den Weg und warf ihn bis
Patras zurück. Am südöstlichen Abhang des Olenos bei Livartsi stand
Gennäos auf der Wacht, er traf die Türken, als sie gleich darauf nach
Liodora vorzudringen suchten, in den Weinbergen von Divri und zwang
sie nach einem lebhaften Scharmützel bis auf Pyrgos zurückzufallen.
Die „Unterworfenen" in Elis kehrten zur patriotischen Fahne zurück.
Aber dem Südwesten der Halbinsel drohte jetzt die größte Gefahr. Ibra-
him bot Alles auf, um die Bewohner Arkadiens und Messeniens zu einer
definitiven Unterwerfung zu bringen. Nikitas vermochte die Stellung bei
Leondari kaum noch zu behaupten. Da war es wieder der alte Kolokotronis,
der, mit der richtigen Witterung der Gefahr begabt, nach der bedrohten
Gegend eilte, seinen Getreuen Nikitas verstärkte und die messenische

---

*) Ὑπομνήματα S. 481.
**) Gervinus VI, S. 334, giebt Anfang August an; aber J. Kolokotronis sagt:
Περὶ τὰ τέλη Αὐγούστου (alten Styls). Ὑπομνήμ. 532. Siehe auch die Berichte
über das Gefecht bei Kavkaria vom 30. August a. St. a. a. O. S. 537.

Bevölkerung zum äußersten Widerstand entflammte. Er zog Hülfstruppen aus der Mani herbei und koncentrirte die maniatischen und la-
konischen Streitkräfte bei Almyro. Welch' ein Leben die Bevölkerung
unter den Wechselfällen dieses Kampfes führte, kann man an dem Beispiel von Mistra erkennen. In den Stunden der Dunkelheit lag die
Ruhe des Kirchhofs über dem Orte, keine Seele wagte in den Ruinen
zu schlafen, aber mit den frühesten Streifen der Dämmerung kam ein
Haufe von Kopf bis zum Fuß bewaffneter Leute aus den benachbarten
Felsen auf den Marktplatz herunter, tauschte seine Waaren aus und versah seine Geschäfte. Ein Volk, das die süße Gewohnheit des Daseins
mit einem so beschwerlichen, gefahrvollen Leben zu vertauschen vermag, ist
gegen kleinmüthige Anwandlungen gefeit.

Als List und honigsüße Worte umsonst verschwendet waren, erließ
Ibrahim's Adjutant zu Anfang Oktober eine Proklamation an das Volk
von Messenien, worin er jede fernere Unbotmäßigkeit selbst an leblosen
Gegenständen zu rächen drohte. „Im Auftrag meines Herrn komme ich,
um alle Eure Bäume, die Euch nützlich und nöthig zum Leben sind, nie-
derzuhauen, zu verbrennen und zu zerstören. Das arme Volk, das den
Schaden tragen soll, thut mir leid, und ich halte für passend Euch mitzutheilen, daß Ihr sofort Euch eines Besseren besinnen und von der Apo-
stasie zurücktreten sollt. Kommt wie Eure übrigen Glaubensgenossen schon
gethan haben, unterwerft Euch, um dem Unheil, das Eure Armuth betreffen wird, zu entgehen. Im anderen Fall ist die Verantwortung auf
Eurem Hals, und Ihr werdet es am Tage der Entscheidung bereuen."
Die Bewohner Messeniens gaben eine unverzagte Antwort und riethen
dem egyptischen Anführer, lieber mit dem Kolokotronis, als mit den leblosen Bäumen zu kämpfen. „Wir wiederholen Euch, daß wir entschlossen
sind, Mann für Mann als freie Griechen zu sterben."

Während sich so Krieg und Entscheidung in der Südwestecke des
Peloponnes zusammenzogen, hatte Lord Cochrane krampfhafte Anstrengungen gemacht, um sein Fiasko vor Athen durch eine der glänzenden
Thaten in Vergessenheit zu bringen, die ihm in andern Welttheilen gelungen waren. Da zu fürchten war, daß der Feind in diesem Jahre einen
entscheidenden Schlag gegen die griechische Marine und gegen die Insel
Hydra unternahm, so würde die erste und nothwendigste Aufgabe des
britischen Seehelden darin bestanden haben, die Vereinigung der türkischen
mit der egyptischen Flotte zu hindern. Allein dergleichen war zu einfach
und kunstlos für Cochrane's hochstrebenden Sinn. Statt die türkische
Flotte, welche der Sultan mit einem großen Aufgebot von Selbstüber-
windung unter den Oberbefehl seines egyptischen Vasallen gestellt hatte,
bei ihrer Ausfahrt aus den Dardanellen im Frühjahr zu fassen, und seine
tönenden Proklamationen wahr zu machen, sah er zu, wie dieselbe, 28
große Kriegsschiffe stark, um den Peloponnes herumsegelte und sich am

14. Mai in Navarin zu Ibrahim's Disposition stellte. Dagegen entwarf er einen abenteuerlichen Plan, um Ibrahim Pascha vor Chlemutsi aufzu= heben, weil er erfahren hatte, daß der Egypter die Blokade der Festung von einer Brigg aus zu leiten pflegte. Er erschien auch wirklich mit der Hellas und der „Karteria" am 27. Mai an der betreffenden Stelle, fand aber, daß der feindliche Feldherr sich bei Zeiten an's Land in Sicherheit gebracht hatte, und mußte sich mit der Wegnahme weniger egyptischer Transportschiffe bei Klarentsa begnügen. Rasch fesselte den Unsteten ein anderes noch glänzenderes Irrlicht. Er beschloß den Gedanken des Kanaris aufzunehmen, nach Alexandria zu segeln und die große Expedition, deren Ausrüstung Mehmet Ali seit dem Frühling betrieb, und das Arsenal des Egypters zu zerstören. Kaum nach Spetsia zurückgekehrt, spornte er die griechischen Matrosen, welche sich jüngst zuvor in Poros geweigert hatten, unter ihm zu dienen, falls er nur 14tägigen Lohn vorausbezahle, durch reichere Verheißungen an, brachte 22 Segel und 8 Brander zusammen, und stach am 10. Juni mit dieser Flotte und mit der „Hellas" in See. Miaulis begleitete ihn, ohne zu wissen, wohin es ging. Erst jenseits Kreta's entdeckte der Lord sein Vorhaben. Am 16. Abends langte er vor der Rhede von Alexandria an und zog die österreichische Flagge auf, um die Hellas für die Fregatte Bellona gelten zu machen, die damals Kauf= fahrer nach Alexandria zu geleiten pflegte. Das kühne Unternehmen des Kanaris schien vergessen. Man nahm die „Hellas" anfangs in der That für kaiserliche Bedeckung. Als sie näher kam, geriethen aber die außen= liegenden Kreuzer in Alarm, die Lootsen erkannten am 17. früh den Feind; das egyptische Wachtschiff, eine Brigg von 22 Kanonen, eilte durch die schmale Einfahrt zurück, wobei es strandete. Als Cochrane sich erkannt sah, sandte er einen Brander gegen die Brigg, und da derselbe sich nutz= los verzehrte, einen zweiten, welcher das verlassene Fahrzeug um 9 Uhr früh in die Luft sprengte. Die Hellas legte sich außerhalb der Einfahrt vor Anker. Jetzt hätten die übrigen griechischen Schiffe in den Hafen eindringen und die zum Kampf unvorbereitete Flotte Mehmet Ali's an= greifen müssen. Aber im entscheidenden Augenblick versagte der Muth, eine Windstille trat hinzu, regungslos lagen die griechischen Schiffe bis zum Morgen des 18. Juni. Inzwischen war der Vicekönig von einem nahen Landhause herbeigeeilt, hatte in rastloser Thätigkeit Munition an Bord seiner Schiffe schaffen und dieselben auf die offene See bugsiren lassen. Man sah ihn in der Frühe des 18. wie er, wüthend über den erlittenen Schimpf, auf dem Hintertheil einer kürzlich in Marseille gekauften Kriegs= brigg stand, den Stab schwang, heftig gestikulirte und sich den Bart raufte. An der Spitze seines ganzen Geschwaders fuhr er aus dem Hafen gerade auf die griechischen Abenteurer los, und obwohl die egyptischen Schiffe, die zum Theil bei der Ausbesserung überrascht waren, keineswegs als furchtbare Gegner gelten konnten, hielt Cochrane nicht Stand, sondern

kehrte, von Mehmet's Flotte in „ehrfurchtsvoller Entfernung" begleitet, nach Rhodos und nach Poros zurück.

Damit war sein Fall in der Meinung der Griechen entschieden. Miaulis, der sich dem fremden Seemann mit anspruchloser Bescheidenheit untergeordnet hatte, hielt ihn fortan für einen bloßen Worthelden. Seine brasilischen Lorbeeren waren in Griechenland gründlich zerpflückt. Als er am 12. Juli wieder von Poros absegelte und eine Rundfahrt durch das ägäische Meer machte, um die Verwaltung der Inseln einheitlich zu koncentriren und ihre Einkünfte der Admiralitätskasse zuzuwenden, begegneten ihm allenthalben Troß und offene Widersetzlichkeit. Die Griechen hielten es für vortheilhafter an Bord von Kaperschiffen zu dienen, als unter der Nationalfahne zu darben. Der Seeraub hatte furchtbare Dimensionen angenommen. Ein Viertel der männlichen Bevölkerung Griechenlands fröhnte damals diesem „naturgemäßen Beruf", dieser αὐτόφυτος ἐργασία, um mit den beschönigenden Worten des Aristoteles zu reden. Der Spectateur d'Orient machte die boshafte Bemerkung: „die Seeräuberei ist in Wahrheit die einzige vollkommene und geregelte Organisation, die bisher aus der Revolution von 1821 hervorgegangen ist." De Rigny berichtet, daß „auf jeder Insel des Archipels eine Bande von Land- oder Seepiraten Gesetze schreibe." Unter den Auspicien der „Panagia Kleftrina" erhob sich auf dem Felseneiland Grabusa eine glänzende stark bevölkerte Stadt, die den Seeraub auf Aktien trieb. Wer mochte, wo dieses mühelose, ehrenvolle Geschäft winkte, den sauren Geboten der Pflicht, dem Rufe Cochrane's Folge leisten? zumal der Engländer durch stetes Mißlingen in ähnliche Mißachtung gesunken war, wie jüngst zuvor der Franzose Fabvier.

Das Schicksal gönnte dem so jäh von seinem Piedestal Gestürzten einen kleinen Triumph. Als er gegen Ende Juli mit der Hellas und der von Kapitän Thomas befehligten Nationalbrigg Sauveur den Peloponnes umsegelt und Navarin rekognoscirt hatte, gewahrten sie nordwärts in der Richtung von Zanthe fünf feindliche Schiffe, auf welche sie sofort Jagd machten. Am 1. August ereilten sie zwischen Klarentsa und Kap Papas eine egyptische Korvette von 38 Kanonen und einen tunesischen Schooner. Nach kaum einstündigem aber hitzigem Gefecht mußte die Korvette vor der Hellas und der Schooner vor dem Sauveur die Flagge streichen.

Cochrane hatte das Feuer bis auf Pistolenschußweite aufgespart, dann aber richteten die Kartätschen aus den 42pfündigen Karronaden der Hellas große Verheerung an Bord des feindlichen Schiffes an. Mit dem Benehmen seiner griechischen Mannschaft war der Engländer so wenig zufrieden, daß er, als sie vor den Schüssen der türkischen Korvette auf die andere Seite des Verdecks liefen, unter sie hinein fuhr und sie heimathlichem Brauch zufolge nach rechts und links mit der Faust niederboxte.

Die Hellas hatte nur zwei Verwundete, aber es wurmte den hochfahrenden Mann, daß ein so unbedeutendes Schiff, wie das egyptische, ihn beinahe eine Stunde lang in Athem gehalten hatte; mißmuthig trotz seines
Erfolgs, ließ er die Prisen ausbessern, nahm sie in's Schlepptau und kehrte
am 14. August mit ihnen nach Poros zurück. Der Eindruck, den dieser
späte Sieg auf die Griechen machte, sollte durch die Wendung gesteigert
werden, welche in der großen Diplomatie zu Gunsten des Aufstands eingetreten war.

Am 11. August war die Nachricht des Julitraktates den zu Smyrna
stationirenden Admirälen des englischen und französischen Geschwaders
durch Eilboten aus Konstantinopel zugekommen. Cobrington und De Rigny
wußten jetzt, daß sie sich zwischen die streitenden Parteien werfen und sie,
dahin lautete die Interpretation des englischen Botschafters Stratford Canning: „womöglich mit Trompeten, im Nothfall mit Kanonen zum Frieden
nöthigen sollten". Sie bestimmten Milos zum Sammelpunkt ihrer Streitkräfte und begaben sich zunächst nach Nauplia, um der griechischen Regierung Kenntniß von dem Geschehenen zu geben. Die von Hamilton
bereits im Voraus verbreitete und verwerthete Kunde erregte nun, da sie
authentisch verbürgt war, unter den Griechen einen wahren Rausch von
Jubel und Entzücken. Die Gewißheit der Rettung war um so erhebender,
als die Erschöpfung der Mittel und die absolute Anarchie noch nie während der Revolution so trostlos hervorgetreten waren, wie im Sommer
1827. Nach dem Preis, den man zahlen sollte, brauchte man im Grunde
nicht so ängstlich zu fragen. Denn wenn auch der Julitraktat nur ein
Suzeränetätsverhältniß in's Auge zu fassen, wenn er auch insofern gegen
die Hoffnungen der Patrioten und die bisherigen Errungenschaften der
Revolution zu verstoßen schien, wer bürgte dafür, daß die Mächte an
ihren Bestimmungen über die Zukunft Griechenlands unverbrüchlich fest-
hielten? War nicht vielmehr zu hoffen, daß sie, sobald die Pforte sich hartnäckig zeigte und sobald aus der Intervention eine blutige Thatsache geworden, über die ursprünglichen engen Grenzen ihres Pacifikationsentwurfs
hinausgerissen und durch die Ereignisse gezwungen wurden, die völlige
Unabhängigkeit des Landes anzuerkennen, für das sie eingetreten waren?
Die Intervention war endlich da. Alles Andere galt füglich als Nebensache. Die griechische Regierung nahm den Vertrag und den Waffenstillstand um so freudiger an, da sie nach allem Vorausgegangenen mit
Bestimmtheit auf die Sprödigkeit der Pforte und darauf rechnen durfte,
daß die Frucht der politischen Verwicklung für die Partei reifte, die sich
als die nachgiebige erwies. Je schwächer und unglücklicher sie sich bisher
gefühlt hatte, desto begieriger griff sie nach dem Rettungsanker. Nachdem
sie eine Proklamation erlassen hatte, worin sie dem Volk das freudige Ereigniß mittheilte und zur Einigkeit mahnte, siedelte sie auf Cobrington's
Rath Anfang September nach Egina über, um sich dem schwülen Dunst-

kreis des Parteihabers zu entziehen, der über Nauplia schwebte. So war
das „griechische Geschäft“ leicht vollzogen. Wie vorauszusehen, fanden die
vermittelnden Admiräle, daß die eigentlichen Schwierigkeiten auf Seiten
der Turko-Egypter lagen. Die griechische Regierung, deren Ansehen und
Macht auf den Gefrierpunkt gesunken war, hatte leichten Herzens den
vorgeschlagenen Ausweg ergreifen und den Waffenstillstand, der ihr nur
förderlich sein mußte, annehmen können. Wie sollten aber Sultan Mahmud und Mehmet Ali, die, auf dem Höhepunkt der Macht, im Begriff
standen, mit einer letzten Anstrengung die Revolution niederzuschmettern,
es aufnehmen, daß Europa den zum Streich gehobenen Arm zurückhielt?

Sie konnten nicht glauben, daß das, was ihnen eine sentimentale
Grille der abendländischen Christenheit dünkte, daß das Mitleid mit den
Griechen zu einer politischen Macht geworden war. Sie unterschätzten
die Gefahr und verachteten jede verständige Warnung. „Wir wollen erwarten“, erklärte der Reis, „wie weit die Anmaßung unserer Feinde geht.
Griechenland, Freiheit, Hemmung des Blutvergießens, das sind Vorwände.
Man will uns aus Europa verjagen; wir stellen keine Frage mehr und
was man uns sagt, macht keinen Eindruck auf uns.“ Während man sich
in Konstantinopel an den aus Griechenland einlaufenden Unterwerfungsakten weidete, die wohlfeile Großmuth hatte, eine Amnestie für die Unterworfenen zu verkünden, und die Miene annahm, als sei im Grunde schon
Alles zu Ende, wurden die Vorbereitungen zu einem großen Entscheidungsschlag rastlos fortgesetzt. Es galt, den Sitz des bisherigen maritimen
Widerstandes der Griechen, die Inseln Hydra und Spetzia, zu treffen, wie
man Psara getroffen hatte, den europäischen Mächten mit einer vollendeten Thatsache zuvorzukommen, um ihnen, wenn sie sich für die „Rajah“
verwendeten, mit Fug und Recht antworten zu können, der Aufstand existire nicht mehr. Ungeschreckt, ja nur noch heftiger gereizt durch Cochrane's
kecke Fahrt nach Alexandria, rüstete Mehmet Ali eine großartige Expedition, um seinem Sohne die Mittel zur Bezwingung jenes „Klein-England“ im argolischen Meerbusen zu schaffen.

Diese egyptische Armada bestand aus 92 Segeln, worunter 51 Kriegsschiffe. Sie führte ein Regiment regulärer Infanterie, wenige Reiter,
aber einen Ueberfluß an Munition und Vorräthen und eine Million
Dollars in baarem Gelde. In zwei Abtheilungen unter dem Kapitana
Bei und Moharrem Bei geschieden, stach sie zu Anfang August in See,
und gelangte über Rhodos und Kreta am 7. September in den Hafen
von Navarin.

Die Diplomatie würde die Abfahrt dieser gewaltigen Flotte gern
verhindert und damit die türkischen Angriffsplane für den Rest des Feldzugs abgeschnitten haben. Der englische Oberst Crabok war mit einer
geheimen Mission an den Vicekönig beauftragt worden. Er sollte demselben
den Julitraktat mittheilen, ihn im Namen der drei Mächte auffordern,

seinen Sohn aus Morea zurückzurufen, und ihm dafür als Gegendienst die Anerkennung der Unabhängigkeit Egyptens zusagen. Der englische Gesandte, der erst den 31. Juli in Korfu war, kam jedoch zu spät nach Alexandria, um das Auslaufen der Flotte zu hindern; bereits am 5. August hatten die letzten Fahrzeuge den Hafen verlassen. Von dem Internuntius und von Herrn v. Prokesch unterstützt, wies Mehmet Ali die lockenden Vorschläge des Engländers zurück und hüllte sich ihm gegenüber in den Mantel der Lehenstreue, indem er erklärte: „er sei ein treuer Diener der Pforte und Türke, alle seine Offiziere, Soldaten und Diener seien dies auch, und er sei sonach entschlossen, Schiffe, Leute, Waffen und seinen Sohn obenein, wenn es Noth thue, im Dienste des Großherrn zu verlieren." Die Ereignisse sollten ihn bald genug beim Wort nehmen.

Ueber die Bestimmung der gewaltigen Seemacht, welche jetzt, 126 Segel stark, im Hafen von Navarin zu Ibrahim's Verfügung lag, war Niemand im Zweifel; das Schicksal von Hydra und Spetsia würde rasch und furchtbar entschieden worden sein, wenn sich die Buchstaben des Julitraktates jetzt nicht in Thaten wandelten.

Admiral Codrington hatte die egyptische Flotte während ihrer Ueberfahrt fassen und nach Alexandria zurückjagen wollen. Er war, sobald er von ihrem Auslaufen vernommen, ohne auch nur seinen Kollegen de Rigny abzuwarten, nach dem Kap Malea gesegelt, war aber zu spät gekommen, und fand, da er am 12. September vor Navarin anlangte, die Flotte nicht nur bereits vor Anker, sondern zum Theil schon wieder segelfertig, um gegen Nauplia und Hydra auszulaufen. Codrington verlor keinen Augenblick um den Befehlshaber der osmanischen Seemacht von dem Julitraktat zu unterrichten und ihn vor jedem Unternehmen zu warnen, das eine Reibung mit den Alliirten herbeiführen könne. Der erste Schuß, der gegen die britische Flagge falle, werde der osmanischen Flotte verderblich sein. Dem Kapitana Bei bangte vor Verantwortlichkeit, er verwies den Träger der barschen Botschaft an Ibrahim Pascha selbst. Dieser drückte sein Erstaunen aus und verlangte Bedenkzeit.

Mittlerweile erschien auch der französische Admiral de Rigny und vereinigte seine Vorstellungen mit denen Codrington's. „Unsere Befehle", heißt es in einem an Ibrahim gerichteten gemeinschaftlichen Schreiben der beiden Admiräle vom 22. September, „sind der Art, daß wir eher zu den äußersten Maßregeln schreiten werden, als den Gegenstand aufgeben, für den unsere Souveräne sich verbündet haben. Wird also bei dieser Gelegenheit ein einziger Kanonenschuß gegen unsere Flaggen abgefeuert, so dürfte er verhängnißvoll für die ottomanischen Flotten werden". De Rigny hatte eine lange Privatunterhaltung mit Ibrahim, den er auf das Eindringlichste von der Nothwendigkeit eines Waffenstillstandes zu überzeugen suchte. Der Egypter sprach kalt und verständig, er gestand ein, daß seine Lage ihn in Verlegenheit setze, und daß er obenein noch mit dem Miß-

trauen der türkischen Flottenoffiziere zu ringen habe. Am 25. September
statteten die beiden verbündeten Admiräle dem Egypter einen ceremoniel=
len Besuch ab und es fand eine Berathung im Hafen statt, an welcher
auf Codrington's Wunsch alle türkischen und egyptischen Oberoffiziere
Theil nahmen. Codrington und de Rigny schlugen anfangs einen hoch=
fahrenden, drohenden Ton an; als dies die gehoffte Wirkung verfehlte,
zogen sie mildere Saiten auf. Sie wiesen auf die Ohnmacht der Pforte
und auf die traurige Nothwendigkeit hin, in welche sie sich versetzt finden
könnten, die großherrliche Flotte zu vernichten oder gefangen zu nehmen.
Sie wagten sich etwas in höchst zweideutiger Weise auf das Gebiet der
hohen Politik, indem sie dem Pascha vorstellten, England und Frankreich
seien, bei ihrer stillen Neigung zu der Türkei, nur deshalb in den Juli=
traktat eingetreten, um die Pforte vor größerem Schaden durch Rußland
zu wahren! um die Verwirklichung der ehrgeizigen Pläne von Nikolaus
zu hindern, welche auf Wiederherstellung des oströmischen Kaiserreichs
hinausliefen! Ibrahim empfand instinktiv die Schwäche dieses Raisonne=
ments heraus. Er antwortete, daß er von der Tripelallianz nichts wisse
noch verstehe, es sei seine Sache nicht, die Beweggründe des Bündnisses
gegen den Sultan zu untersuchen, er fühle aber, daß diesem Unrecht ge=
schehe, und er stehe aus Pflicht, wie aus Ueberzeugung auf seiner Seite.
Die türkische Flotte könne wohl vernichtet aber nicht gefangen genommen
werden. Gleichwohl verpfändete der egyptische Feldherr sein Wort, daß
er bis zum Eintreffen eines positiven Befehls aus Konstantinopel — man
berechnete, daß dazu 25 Tage nöthig seien — von jedem größern See=
Unternehmen, insbesondere von der Expedition gegen Hydra, abstehen und
die Flotte im Hafen von Navarin belassen werde. Er bedang sich nur
aus, daß er kleine Detachements bis zu 5 Fahrzeugen nach Patras und
Suda mit Lebensmitteln, Sold und Munition, sowie Kuriere nach Kon=
stantinopel absenden dürfe.

Sobald Verhaltungsmaßregeln von Seiten des Divan einliefen, sollte
sich entscheiden, ob Ibrahim sich den Befehlen der Admiräle fügen, „oder
auf eigene Faust vorgehen würde". Schriftliches ward nicht verabredet.
Der französische Admiral schöpfte zwar aus den Aeußerungen und dem
Auftreten Ibrahim's die Ueberzeugung, daß derselbe keineswegs gewillt sei
die „gebratenen Kastanien für den Sultan aus dem Feuer zu holen", und
daß er sich, selbst falls die Ordre, Gewalt mit Gewalt zu vertreiben, aus
Konstantinopel einlaufe, hinter den entgegengesetzten Willen seines Vaters
verschanzen, daß mithin eine kleine Demonstration der Alliirten genügen
werde um die mächtige Expedition, die im Hafen von Navarin lag, harm=
los nach Alexandria zurückzugeleiten.

Aber die Sympathien mit dem Egypter führten den Franzosen irre.
Es lag allzuviel gegenseitige Erbitterung und politische Reizbarkeit in der
Luft, als daß eine friedliche Demonstration den Sturm zu beschwören ver=

mocht hätte. Zwar trug zunächst Alles eine recht ehrbare und friedliche Miene. Die Admiräle verließen den Hafen, indem sie bei der Abfahrt den üblichen Gruß vor Ibrahim machten. Sie ließen nur zwei Signal= schiffe, den Dartmouth und die Armida, vor Navarin und Modon. De Rigny begab sich nach Clasonisos, wo er ein Magazinschiff liegen hatte und jede etwaige Bewegung gegen Hydra beobachten konnte. Codrington schickte einen Theil seines Geschwaders zur Versorgung nach Malta und ging selbst mit drei Schiffen nach Zanthe, um die Unternehmungen Lord Coch= rane's in den Gewässern von Patras und Mesolonghi zu überwachen.

Aber gerade dort sollte sich der Knoten so verwickelt schürzen, daß nur das Schwert ihn zerhauen konnte. Ibrahim hatte in der Besprechung vom 25. September darauf hingewiesen, wie ungerecht es sei, Lord Coch= rane gegen Patras agiren und die Griechen gewähren zu lassen, während man die Türken binde. Die Admiräle aber hatten ihm dagegen bemerkt, daß der Traktat sie nöthige, sich dem Theil anzuschließen, der den Waffen= stillstand angenommen habe. Sie verstanden sich zwar am 25. aus beson= derer Gefälligkeit dazu, Lord Cochrane zu veranlassen, daß er nichts gegen Patras unternehme, widerriefen aber dies Zugeständniß schon am folgen= den Tag mit der Erklärung, daß sie einen Angriff jenseits der Kriegs= bühne verhindern, innerhalb derselben aber den Griechen, die den Waffen= stillstand angenommen, nicht entgegen sein würden. Ibrahim's Anfrage, ob es ihm nicht gestattet sein solle, eine Streitmacht nach Patras zu schicken, ward entschieden verneint.

Es trat immer unverhüllter heraus, daß die Gunst des Augenblicks den Griechen gehöre. Die Türken klagten darüber, daß die Aufständischen aus der Annahme des Waffenstillstaudes das Recht für sich folgerten, den Waffenstillstand ungestraft zu brechen; aber sie vergaßen, daß, sobald der Waffenstillstand von türkischer Seite nicht angenommen, sondern der Krieg fortgesetzt ward, auch für die Griechen kein Grund vorhanden war, etwa von kriegerischen Unternehmungen abzustehen und die Schläge der Türken über sich ergehen zu lassen. Wie die Verhältnisse lagen, hatten die Grie= chen durch die Annahme des Waffenstillstands nur ihren guten Willen gezeigt, die Hülfe der Alliirten gewonnen und sich doch selbst in keiner Weise gebunden.

Man mag diese griechische Politik als eine kühne und entschlossene bezeichnen, aber es ist unbegreiflich, wie man Widerspruch und Vertrags= bruch herausfinden, wie selbst ein Mann von Fuad Pascha's Geist und Kenntnissen die vor Navarin bewiesene absonderliche Tücke hervorheben konnte. Eher mag der Vorwurf der Perfidie sich gegen die verbündeten Admiräle kehren, und doch muß man sagen, daß auch für sie, falls sie einmal entschlossen waren, den Geboten der Konferenz Achtung zu ver= schaffen, von dem Augenblick an, wo die Türken den Waffenstillstand ver= weigerten, keine Wahl blieb, als zu handeln, wie sie gehandelt haben. Ein

Protokoll der drei Gesandten in Konstantinopel vom 4. September 1827 half ihnen über etwaige Strupel bezüglich des einzuschlagenden Verfahrens hinweg; sie wurden durch dasselbe autorisirt, den von den Türken ver= weigerten Waffenstillstand de facto durchzuführen, jede feindselige Küsten= expedition abzuschneiden, die turko=egyptischen Kriegsschiffe nach Konstan= tinopel und Alexandria zurückzuweisen, und gegen die in Navarin und Modon gebliebenen Gewalt zu brauchen. „Was die in den Häfen von Navarin und Modon befindlichen türkischen Kriegsschiffe betrifft, welche darauf beharren, dort zu bleiben, so müssen sie wie die Festungen alle Chancen des Krieges durchlaufen."*)

Die Lage war seit dem Bekanntwerden des Julivertrags vollkommen verändert. Die Hoffnungen der Griechen schnellten elastisch empor. Es galt, das Kriegsfeuer, wo es erloschen war, wieder anzufachen, um bei der bevorstehenden diplomatischen Regelung der griechischen Frage militärische Erfolge aufweisen und den Anspruch auf ein möglichst ausgedehntes Ge= biet erheben zu können.

Die Regierung hieß die abenteuerlichsten Pläne gut, wenn sie nur Ver= breitung der revolutionären Propaganda bezweckten. In den Herbsttagen der Revolution griff man noch einmal zu ihren Frühlingsgedanken zurück. Man rüstete eine Expedition unter Fabvier, um den Kampf auf der vielgeprüf= ten Chios neu zu beleben, eine andere unter Kriezotis und Karatasos, um Thessalien und Makedonien aufzuwiegeln, man blokirte Kreta und sandte 2000 Mann nach dem Raubnest Grabusa, um von dort aus den fort= glimmenden Funken der kretischen Insurrektion zum Feuer anzublasen, man schickte sich an, durch eine Expedition unter Cochrane und Church den westhellenischen Kapitänen Tsongas, Rangos, Tselios, die seit dem Juli wieder in Waffen standen, Unterstützung zu bringen, Mesolonghi zurückzuerobern, ja sogar Albanien selbst anzugreifen. So flammte die kriegerische Thätigkeit der Revolution von Neuem empor. Die Unter= nehmungen Fabvier's und Kriezotis' sollten nach anfänglichen Erfolgen in Zwist und Zuchtlosigkeit mißlingen, der kretische Kampf sollte nur zu furchtbarem und nutzlosem Blutvergießen führen, die Expedition von Coch= rane und Church aber sollte die mittelbare Veranlassung zu der längst er= sehnten Einmischung der Mächte werden.

Während Church zu Lande mit 1400 Mann vom Isthmus aus längs der Südküste des korinthischen Meerbusens vorrückte, hatte Cochrane 23 Schiffe bei Spetsia gesammelt, den Peloponnes umsegelt, bei Zanthe ein paar türkische Handelsschiffe gekapert und war am 10. September vor Mesolonghi erschie= nen. Codrington ließ ihm sagen, daß er eine Landung in Albanien nicht gestatten könne. Es war dies eine Koncession an die Türken, mit welcher

---

*) Parl. papers presented 1830. p. 129.

die verbündeten Admiräle ihre Parteilichkeit für die Griechen zurücklaufen wollten. Cochrane begnügte sich daher damit, das Fort Vasiladhi von seinen Kanonenböten und von einer rasch errichteten Mörserfähre bombardiren zu lassen, und begab sich, da das Bombardement erfolglos blieb und seine hydriotischen Seeleute zu murren, einen Soldvorschuß zu beanspruchen anfingen, mit 17 Segeln nach Syra zurück. Der Angriff auf Albanien unterblieb. Aber Cochrane ließ ein Geschwader von 6 Schiffen: die „Karteria", den „Sauveur" unter Kapitän Thomas, zwei Schooner, zwei Kanonenboote, in den Gewässern von Mesolonghi zurück, und die Persönlichkeit des Kommandanten, des unerschrockenen Frank Haftings, bürgte dafür, daß die Türken auf dieser Seite nicht sobald Ruhe haben würden. Haftings war angewiesen in den Golf von Korinth zu segeln und mit Church zusammenzuwirken.

Trotz des Feuers der Kastelle von Rhium passirte Kapitän Thomas am 21. September bei hellem Tage mit dem Sauveur, 2 Schoonern und 1 Kanonenboot die kleinen Dardanellen. Am 23. griff er eine in der Skala von Salona ankernde türkische Flottille an, warb aber, da ihn die Schooner nicht gehörig unterstützten, zurückgeschlagen und ein Windstoß trieb ihn nach Lutraki. Inzwischen hatte auch Haftings versucht mit der Karteria durch die kleinen Dardanellen zu bringen. In Schußweite der Kastelle überraschte ihn Windstille, ein Kanonenboot zog ihn am Schleppseil durch die Enge hindurch. Er rekognoscirte das feindliche Geschwader, das in der Skala von Salona unter dem Schutze einer Batterie und einiger hundert zwischen den Felsen aufgestellter Scharfschützen vor Anker lag. Es waren 11 Schiffe: zwei österreichische Kaufmannsbriggs, welche Korinthen luden, zwei bewaffnete Transportschiffe, zwei Kanonenböte, fünf größere Kriegsschiffe, darunter ein Schooner von 16 und eine Brigg von 14 Kanonen, welche die Admiralsflagge trug. Gegenwind und Sturm hinderten den englischen Philhellenen sofort zum Angriff zu schreiten. Die Türken bauten aber so zuversichtlich auf ihre Uebermacht, daß, als Haftings sich ihnen endlich am 30. September mit der Karteria, dem Sauveur und 2 Kanonenbooten näherte, sie Vorkehrungen trafen, um das kleine griechische Geschwader zu kapern. Sie sparten ihr Feuer bis die Karteria Anker geworfen hatte, aus Furcht, daß der Feind, wenn sie ihm ihre Stärke allzufrüh verriethen, vom Angriff abstehen möchte. Aber es war nicht Haftings' Gewohnheit, die Gegner lange zu zählen. Er ankerte ein paar hundert Schritte von den türkischen Schiffen und Batterien, die ihn mit einer heftigen Kanonade begrüßten. Der Sauveur und die Kanonenböte sahen sich genöthigt 300 Yards hinter der Karteria Anker zu werfen. Haftings begann die Aktion mit gewohnter Kaltblütigkeit; er ließ die mit Rundkugeln geladenen Kanonen langsam abfeuern, um die Distanz zu messen. Dann aber feuerten seine langen Kanonen und Karronaden lühende Hohlkugeln und Bomben. Die Wirkung war eine augenblickliche, furchtbare. Die Admiralsbrigg flog in die Luft, der große Schooner, in dem eine Bombe explodirte, ward von der Mannschaft, da er hoch an's Ufer trieb, verlassen und ging in Flammen auf, eine andere Brigg ward versenkt, ein Schooner verbrannt. In einer halben Stunde hatte Hastings die vier größten Kriegsschiffe vernichtet, ehe die am Strand aufgepflanzten Kanonen der Karteria einen ernstlichen Schaden zufügen konnten. Der Sauveur und die griechischen Kanonenböte näherten sich nun dem Lande und brachten das Feuer der Batterie zum Schweigen, auch die übrigen feindlichen Schiffe wurden bis auf zwei zerstört, die österreichischen Kauffahrer wurden gekapert. Vom jenseitigen achäischen Ufer aus hatten die Truppen von Churd die Einfahrt der griechischen Flottille in die Skala beobachtet, bis sie hinter der Landspitze verschwand; dann verkündigten ihnen der Knall der Explosion, Feuer und Aufsteigen schwarzer Rauchwolken, was geschehen war.

Es war ein glänzender Sieg, der nach den Schlägen von Mesolonghi und Athen erfrischend auf die Griechen wirken mußte. Die Herrschaft im korinthischen Golf, die Verbindung zwischen dem Peloponnes und West-hellas war gewonnen. Hastings konnte die Truppen von Churd unge-hindert nach dem Festland hinüberschaffen und seine Operationen zu Ende des Jahres, am 29. Dezember 1827, mit dem Bombardement und der Einnahme von Basiladhi krönen.

Noch bedeutsamer waren die politischen Folgen des Kampfes bei Salona. Er trieb die Spannung zwischen den verbündeten Admirälen und Ibrahim Pascha auf die Spitze. Hatte der Egypter sich schon zuvor über die freie Auslegung beschwert, welche die Verbündeten dem Julitraktat zu Gunsten der Griechen gaben, so gerieth er, als die Nachricht von dem Handstreich Hastings' einlief, in einen Wuth-Paroxysmus. Wie? die Alliirten gestatteten der einen Partei die Feindseligkeiten fortzusetzen und wollten die andere daran hindern? Die Griechen sollten unter dem be-genden Schutz der europäischen Mächte Alles wagen dürfen, während Ibrahim gebunden war? Er betrachtete das Vorgefallene als eine Verletzung des Waffenstillstands und sprach sich selbst von allen eingegangenen Verpflichtungen frei. Die am 25. September getroffenen Verabredungen schienen ihm nicht mehr bindend zu sein. Er beschloß sofortige Maßregeln zu ergreifen um Hastings zu züchtigen, er hoffte das kleine griechische Geschwader durch seine Uebermacht vernichten zu können. Sir Edward Codrington lag mit dem Linienschiff „Asia", der Fregatte „Talbot" und der Brigg „Zebra" im Hafen von Zanthe, als die vor Navarin zurück-gelassene Fregatte „Dartmouth" das Auslaufen der mohammedanischen Flotte signalisirte. Am Abend des 1. Oktober ward man von den Höhen Zanthe's dreißig Kriegs- und Transportschiffe gewahr, die mit günstigem Wind nach Nordwesten segelten. Es war die erste Abtheilung der türko-egyptischen Flotte unter dem Pabronabei Mustafa, die Ibrahim ausgesandt

hatte, um Hastings' Uebermuth zu strafen und die Herrschaft des korinthi=
schen Meerbusens zurückzugewinnen.*) Trotz der hochgehenden See verließ
Cobrington sofort den Hafen und befand sich am Morgen des 2. Oktober
zwischen der türkischen Flotte und der Mündung des Golf von Patras.
Er ließ dem Padronabei durch Kapitän Spencer vom „Talbot" bedeuten:
„da die Türken ihr Wort gebrochen hätten, gedenke er nicht viel Umstände
mit ihnen zu machen, er werde auf das erste Schiff, das Miene mache
vorbeizusegeln, Feuer geben und im Fall der Erwiederung die ganze Flotte
vernichten." Der Bei versuchte sich herauszureden, daß er ja nur Patras
verproviantiren wolle; aber Cobrington's Erklärungen lauteten so ener=
gisch, daß er sich nach einigem Zögern der Zumuthung fügte und zur
Rückfahrt anschickte. Die englischen Schiffe geleiteten ihn bis zur Süd=
spitze von Zanthe zurück, da signalisirte man am Abend des 3. Oktober
abermals ein aus 3 Fregatten, 4 Korvetten, 7 Briggs bestehendes Ge=
schwader im Kanal von Kefalonia. Es war die zweite Abtheilung der
turko=egyptischen Flotte. Ibrahim befand sich selbst am Bord der einen
Fregatte, die beiden andern führten die Flaggen von Tahir Pascha und
Moharrem Bei auf dem Hauptmast. Nach einem Austausch von Signalen
mit dem Geschwader des Padronabei machte auch diese zweite Abtheilung
Miene, nach Navarin zurückzukehren. Die Gefahr eines Zusammenstoßes
schien beseitigt. Jedoch in der Nacht sprang ein heftiger Südostwind auf,
der die Rückfahrt hinderte, und am Morgen des 4. Oktober befanden sich
die drei Fregatten und eine Anzahl der größten türkischen Schiffe auf
der Höhe des Kap Papas und machten Anstalten nach Patras zu segeln.
Ohne auf die Ueberzahl der Türken zu achten, stach Cobrington mit sei=
nem kleinen Geschwader sofort wieder in See. Gegen Wind und Wellen
kämpfend, holte er die Mohammedaner am Abend des 4. ein und schnitt
ihnen die Weiterfahrt nach Patras ab. Er warf ihnen im drohenden Ton
vor, den Waffenstillstand gebrochen zu haben, und erklärte, er werde fortan
weder Ibrahim noch seinen Unterchefs Glauben schenken. Tahir Pascha
erwiderte, daß für Patras Nichts versprochen worden sei, das Versprechen
vom 25. September habe sich auf Hydra beschränkt. Aber der Engländer
ließ diese Argumentation nicht gelten. Die „Asia" und der „Talbot" gaben
auf die ersten türkischen Schiffe, die ihre Flaggen nicht aufgehißt hatten,
Feuer und scheuchten sie zurück.

In der Nacht brach Sturm herein, am Morgen des 5. wüthete ein
Orkan, der beide Flotten zerstreute. Vom Unwetter übel mitgenommen

---

*) Daß der Rachezug des Egypters Lord Cochrane gegolten habe, ist ein Irrthum,
der sich in die meisten Darstellungen jener Vorfälle eingeschlichen hat. Cochrane war,
wie wir wissen, schon vor dem 20. September nach Syra zurückgekehrt. Ibrahim
Pascha konnte also nicht am 1. Oktober auf ihn „Jagd machen", wie bei Rosen, Ge=
schichte der Türkei. 1866. S. 48, oder bei Prokesch II. S. 171 zu lesen ist.

und durch die Energie des Engländers eingeschüchtert, steuerte Ibrahim südwärts, ohne Patras zu berühren, und kehrte in den Hafen von Navarin zurück. Am Abend des 6. Oktober mußte Codrington noch einmal gegen einige 20 Türkenschiffe auslaufen, die sich als Nachzügler Ibrahim's bei Kap Papas zusammengefunden hatten, er mußte abermals die Logik der Kanonen anwenden, um sie nach Navarin zurückzuweisen.

Man mag darauf hindeuten, daß am 25. und 26. September lediglich ein Austausch mündlicher Versprechungen Statt fand, deren Inhalt verschiedenartige Deutungen zuließ, man mag es begreiflich finden, daß Ibrahim sich in seiner Wuth über Hastings durch Nichts mehr gebunden erachtete: jedoch ein formeller Wortbruch lag zweifellos vor, und so verdient die Festigkeit und der Mannesmuth Anerkennung, mit denen Codrington jene Versprechungen aufrecht zu halten und dem übermächtigen Feind Respekt einzuflößen wußte.

Der britische Seemann bedauerte lebhaft, daß er allein sei. Wäre er von seinen französischen und russischen Kollegen unterstützt worden, so würde er dem Egypter die Rückfahrt nach Navarin verwehrt, und aus dem Wortbruch Anlaß genommen haben, ihn zu sofortiger Heimkehr nach Alexandria zu zwingen.

In Navarin fand Ibrahim Instruktionen aus Konstantinopel vom 21. September vor, die ihn benachrichtigten, daß die Pforte bei ihrer Weigerung gegen „jede Einmischung fremder Mächte in ihre innern Angelegenheiten" beharre. Er ward beauftragt, seine Anstrengungen zur Unterwerfung Morea's zu verdoppeln, die Mitwirkung des Seraskiers Kiutagi, der ein gegen die Peloponnesier bestimmtes Operationskorps bei Zituni zusammenzog, wurde in Aussicht gestellt. Bei der zwischen Ibrahim und Kiutagi herrschenden Spannung und Eifersucht war dieser letzte Hinweis der wirksamste Sporn. Jetzt erließ der Egypter jene furchtbaren Befehle, welche jede fernere Widersetzlichkeit der Griechen selbst an leblosen Gegenständen zu strafen drohten, und als sie erfolglos blieben, erging eine barbarische Verwüstung über das ganze Land. Fliegende Kolonnen durchzogen Messenien und Arkadien; die bisher verschonten Dörfer gingen in Flammen auf, 60,000 Feigen-, 25,000 Olivenbäume wurden niedergehauen, der Unterhalt künftiger Geschlechter ward im Voraus vernichtet. Eine größere Abtheilung von 4000 Mann marschirte nordwärts nach Patras, mit einer zweiten von 6000 Mann zog Ibrahim selbst nach Leontari, eine dritte, 7000 Mann stark, dirigirte er nach Kalamata, wo sich der britische Kapitän Hamilton mit eigenen Augen von dem Rasen und den Verwüstungen der Egypter überzeugen konnte. „Wenn Ibrahim in Griechenland bleibt, muß mehr als ⅓ der Bewohner vor Hunger sterben", meldete der britische Seemann aus Kitriäs.

Es war gleichsam eine höhnische Antwort auf den Julivertrag, eine trotzige Herausforderung an die verbündeten Mächte, welche den Orient „pacificiren" wollten. Als solche faßte sie wenigstens Codrington auf.

Am 13. Oktober waren der russische Contre-Admiral Graf Heyden und Contre-Admiral De Rigny zu ihm gestoßen. Das englische Geschwader zählte 11 (darunter 3 Linienschiffe und 4 Fregatten), das französische 7 (darunter 3 Linienschiffe und 2 Fregatten), das russische 8 Segel (darunter 4 Linienschiffe und 4 Fregatten) mit 1270 Kanonen. Die drei Admiräle erkannten, wie schwierig es sei, den diplomatischen Auftrag zu vollziehen, die kämpfenden Parteien auseinander zu halten. Die vorgerückte Jahreszeit machte sich unangenehm bemerklich, kundige Piloten und Seeoffiziere erklärten, daß man, da die Meeresstrecke den West- und Südstürmen schutzlos ausgesetzt sei, während des Winters auf jede Blokade verzichten müsse. Damit wäre das wirksamste Mittel, um Ibrahim's Abzug zu erzwingen, hinweggefallen. Die rauchenden Dörfer Messeniens bewiesen, wie wenig er zur Nachgiebigkeit geneigt war. Wollte man angesichts solcher Thatsachen an den friedlichen Worten des Traktats, an der Absicht: ohne Blutvergießen zu vermitteln, festhalten, oder wollte man vermitteln um jeden Preis? Codrington gehörte zu den in unserem Jahrhundert seltenen Charakteren, die von der Scheu vor Verantwortlichkeit frei sind. Es bedarf nicht der zahlreichen ausschmückenden Sagen, mit denen die historische Dichtung das große Ereigniß von Navarin geschmückt und erklärt hat; der erste Lord der Admiralität, der nachmalige König Wilhelm, brauchte nicht erst, wie anekdotenhaft genug behauptet worden ist, zu den Instruktionen seines Freundes die eigenhändige Randbemerkung „b'rauf los, Nell" oder „dies hindert nicht, mein lieber Eduard, Pulver zu verschießen, wenn die Gelegenheit dazu sich darbieten sollte" hinzuzufügen: genug, die Instruktionen des Admirals ermächtigten ihn, trotz der schönen Worte von Frieden und Pacifikation, doch auch im äußersten Fall Gewalt zu brauchen, und als echter sturmesfroher Seemann war er rasch entschlossen, den gordischen Knoten der Diplomatie mit dem Schwerte zu zerhauen.*) Auch seine Kollegen urtheilten nach Soldatenweise, daß es vor Allem eines tüchtigen Schlages bedürfe, um die Pforte fügsam zu machen. So ergriff man die im Innern der Halbinsel angeordneten Truppenbewegungen der Egypter und die Verwüstung Messeniens als erwünschten Vorwand, man

---

*) Der Zusatz zu der zweiten Instruktion an die Geschwaderkommandanten vom 12. Juli 1827: Il est évident Monsieur que ces instructions ne sauraient prévoir tous les cas possibles et qu'une certaine latitude Vous est nécessaire. Le Roi Vous l'accorde pleinement. (Parl. Papers. Presented Mai 1830 p. 8) sowie der Wortlaut des Protokolls vom 4. September (Ebenda p. 129) scheinen mir alles Vorgefallene hinlänglich zu erklären. Man wird deshalb die Erzählung von einem Go on Nell! von einer vielsagenden allerhöchsten Randbemerkung, so lange dieselbe nicht durch Vorlage des Originals beglaubigt wird, ebenso zurückweisen müssen, wie die üble Nachrede, die man De Rigny in den Mund gelegt hat, der Charakter der Operationen hänge von einem Glas mehr oder weniger ab, das Codrington trinke. Alles das trägt den Stempel nachträglicher Interpretation der Ereignisse und erklärungssüchtiger Dichtung.

ließ dem Stellvertreter des abwesenden Ibrahim erklären, „das gebrochene Wort nöthige die Abmiräle, andere Bürgschaften zu verlangen. Die tür= kisch=egyptische Flotte müsse sofort nach Konstantinopel und Alexandria zurückkehren, die Feindseligkeiten im Innern der Halbinsel müßten ein= gestellt und der Peloponnes müßte geräumt werden." Auf diese katego= rische Mahnung erfolgte der Bescheid, daß Ibrahim abwesend sei, der türkische Dragoman schwur, er wisse ihn nicht zu finden, und es gebe kein Mittel, ihm den Brief zu senden. Das klang verdächtig genug. Die österreichische Version, daß der Pascha sich entfernt habe, um eine Be= sprechung mit Kiutagi zu halten, mußte einem jeden in das Verhältniß zwischen Ibrahim und seinem türkischen Rivalen Eingeweihten unglaublich erscheinen. Es klang plausibler, daß der Egypter sich blos entfernt habe, um den Zumuthungen der Fremden auszuweichen und um sich in seinem Pacifikationssystem nicht stören zu lassen. Die Verbündeten ließen nun am 17. Oktober den Hafen sowie die Stellung der turko=egyptischen Flotte rekognosciren. Am Jahrestag der Völkerschlacht bei Leipzig, am 18. Okto= ber, hielten die drei Abmiräle einen Kriegsrath auf hoher See und be= sprachen die Nothwendigkeit eines Kampfes.

Sie erwogen, daß Ibrahim „sein Wort gebrochen habe, daß seine Truppen ihren Vertilgungskrieg ärger als je fortgesetzt, Weiber und Kinder niedergemacht, Wohnungen verbrannt, die Bäume des Landes mit der Wurzel ausgerissen hätten, daß, um diesen Greueln, die Alles, was bisher Statt gefunden, überträfen, Einhalt zu thun, die Mittel der Ueberredung und Versöhnung, die den türkischen Anführern ertheilten Rathschläge, die Mehmet Ali und seinem Sohn gegebenen Warnungen als ein bloßes Spiel betrachtet worden seien, während Ibrahim mit einem einzigen Worte den Lauf so vieler Barbareien aufhalten konnte." Wie sollte unter solchen Umständen der Zweck des Londoner Vertrags, die Herstellung des faktischen Waffenstillstands zwischen Türken und Griechen, erreicht werden? Codrington selbst hat später eingestanden, daß nach dem türkischen Wortbruch und der Verwüstung des Landes der Wunsch in ihm aufgestiegen sei, solche Beleidigungen zu strafen. J'avoue que j'ai senti le désir de punir de telles offenses. Man wies darauf hin, daß Fortsetzung der Blokade während des ganzen Winters ein schwieriges, kostspieliges und unnützes Geschäft sei, weil der Sturm die Geschwader zerstreuen und dem Egypter die Möglichkeit eröffnen konnte, seine verheerende Armee nach verschiedenen Punkten von Morea und den Inseln zu bringen. Man entschied sich deshalb dafür, mit den Ge= schwadern in den Hafen von Navarin einzulaufen, um dem egyptischen Anführer „Vorschläge zu erneuern, welche, da sie in den Geist des Traktats eingingen, augenscheinlich im Interesse der Pforte sein würden". Ein= stimmig erkannte man an, „daß eine solche imposante Demonstration ohne Blutvergießen und ohne Feindseligkeit am sichersten zum Ziel führen

müsse". Ob es noch möglich war, durch ein bloßes Manövre große politische Resultate zu erzielen? ob nicht der stille feste Entschluß des Herzens die friedlichen Worte, die auf den Lippen saßen, Lügen strafte? Wie
der Mann, welcher als Dienstältester das Oberkommando zu führen hatte,
wie Cobrington die Lage ansah, das offenbart sich aus den Instruktionen,
die er am 19. Oktober seinem französischen und russischen Collegen ertheilte.

„Ich wünsche, daß S. E. der Kontre-Admiral De Rigny sein Geschwader den egyptischen Schiffen an der südöstlichen Stelle des Hafens
gegenüber aufstelle. Das Schiff, das nachher kommt, scheint das Linienschiff mit der Admiralflagge am großen Mast zu sein; ich werde die
„Asia" ihm gegenüber und die „Genua" und den „Albion" hinter und neben
der „Asia" aufstellen. Ich wünsche, daß S. E. der Kontre-Admiral Graf
Heyden sein Geschwader hinter den englischen Schiffen ankern lasse, damit die russischen Fregatten den türkischen Schiffen, welche sich hinter und
neben den russischen Linienschiffen befinden, Beschäftigung geben können.
Die englischen Fregatten bilden eine Linie vor den im westlichen Theil
des Hafens befindlichen türkischen Fahrzeugen, den englischen Linienschiffen
gegenüber, und eine gleiche Stellung werden die französischen Fregatten
nehmen, um die türkischen Fregatten zu beschäftigen, die sich den französischen Linienschiffen gegenüber befinden. Hat man vor Anbeginn der Feindseligkeiten von türkischer Seite Zeit dazu, so sollen die Schiffe mit Gabel-
ankern versehen werden. Die alliirte Flotte soll, ehe das Signal dazu
gegeben wird, keinen Kanonenschuß thun. Sollte ein türkisches Fahrzeug
sich einen Schuß erlauben, so soll es beschossen und unverzüglich vernichtet werden. Die Korvetten und Briggs stehen unter dem Befehl des
Kapitän des „Dartmouth", um die Brander im Auge zu behalten, damit
dieselben die alliirte Flotte nicht beunruhigen. Kommt es zur allgemeinen
Schlacht, wo eine gewisse Verwirrung unvermeidlich ist, so erinnere man
sich der Worte des Lord Nelson: Kein Kapitän kann besser auf seinem
Posten sein, als wenn sein Schiff einem feindlichen Schiffe gegenüberliegt."

Die Kampflust, die in diesen Worten brannte, sollte rasch befriedigt
werden. Am 20. Mittags erhob sich eine günstige Brise, die Vorberei-
tungssignale wurden gegeben und das Geschwader der Verbündeten näherte
sich dem Hafen von Navarin. Allen voran segelte das englische Admiralschiff „Asia", passirte die Meerenge südlich von Sfakteria und warf der
türkisch-egyptischen Flotte gegenüber Anker. Die Linienschiffe „Genua" und
„Albion" folgten, sie postirten sich links vor der „Asia"; rechts gingen die
französischen Schiffe „Trident" und „Scipio" vor. Die Fregatte „Sirene",
welche die Flagge De Rigny's führte, ankerte zur äußersten Rechten.

In zweite Linie stellten sich von der Rechten zur Linken die englische
Korvette „Rosa", die Fregatte „Dartmouth", der Schooner „Alkyone" und
die französische Goelette „Dafne". Die übrigen Schiffe, zumal die Russen,
welche das Hintertreffen bilden sollten, kamen, da der Wind sich legte,

nur äußerst langsam herbei. Es gehörte die ganze stumpfe Resignation und Kopflosigkeit der Türken dazu, um diesen Umstand unbenutzt zu lassen. Die Bewegungen der voraussegelnden alliirten Schiffe fanden nicht das geringste Hinderniß, obwohl die schmale Hafeneinfahrt unter dem Kreuzfeuer des Schlosses von Navarin und unter einer schweren Batterie auf der Südspitze von Sfakteria lag. Die Türken begriffen zwar, daß es Ernst ward. „Der Würfel ist geworfen", sagte der Kapudan Bei zu seinen Kollegen, als Codrington auf ihn lossegelte, „ich sagte es Euch, daß der Engländer nicht würde mit sich spaßen lassen." Nichtsdestoweniger beschränkte sich der türkische Befehlshaber Moharrem Bei darauf, den englischen Admiral ersuchen zu lassen, er möge nicht mit der gesammten Flotte in den Hafen einfahren, worauf er von Codrington die derbe Erwiderung hören mußte: „Ich bin gekommen, Befehle zu ertheilen, nicht aber deren zu empfangen." Die voraussegelnden Schiffe der Verbündeten hatten alle volle Zeit und Bequemlichkeit einen Spring auf's Tau zu setzen und ihre Breitseiten gegen den Feind zu kehren.

Die turko-egyptische Flotte ankerte mit Federn an ihren Tauen. In Form eines Hufeisens füllte sie den breiten Hafen zwischen Navarin und Sfakteria. Die linke Seite dieses Hufeisens war durch das Fort von Navarin, die rechte Seite durch die Batterien von Sfakteria gedeckt, das Centrum ankerte vor der mitten im Hafen befindlichen Klippe Chelonaki. Rechts von Chelonaki kommandirten der Kapudan und Moharrem, links Tahir Pascha und Padronabei. Die Aufstellung war drei Schiffe tief, so daß die Kanonen der in zweiter und dritter Linie ankernden Schiffe jeden Zwischenraum in der ersten Linie beherrschten. Die erste Linie bestand aus 22 schweren Fahrzeugen, unter denen man 3 Linienschiffe und 5 doppelbordige Fregatten erblickte. Die zweite zählte 26 kleinere Fregatten und Korvetten; die dritte die kleinern Korvetten, Briggs und Schooner. An den Enden des Hufeisens lagen 6 Brander. Im Ganzen war es eine Macht von 82 Kriegsschiffen mit mehr als 2000 Kanonen, die hier in günstiger Stellung dem Angriff der Alliirten entgegensah. 20,000 turko-egyptische Soldaten standen auf den Anhöhen, welche den Hafen beherrschen, wie Zuschauer in einem Theater aufgestellt. Sie berauschten sich an dem Anblicke ihrer Ueberzahl und schöpften eine Siegeszuversicht, die freilich weder durch die Beschaffenheit ihrer Schiffe, noch durch die Führung gerechtfertigt war. Denn, wenn auch die Alliirten nur 26 Segel mit 1270 Kanonen zählten, von denen obenein ein großer Theil noch nicht in Linie gerückt war und am Kampf zunächst keinen Antheil nehmen konnte, so mußte doch das größere Metallgewicht ihrer Schiffe und die Ueberlegenheit ihrer Führung den Ausschlag geben.

Noch war man freilich mitten im Frieden, noch stand vielleicht einem oder dem anderen jener diplomatischen Agenten, welche auf einer russischen Korvette hinter Sfakteria der kommenden Dinge harrten, das Hirngespinnst einer friedlichen Demonstration vor der Seele: aber von dem Augenblick an, da die alliirte Flotte zur Schlacht geordnet in den Hafen einfuhr, konnte kein Einsichtiger mehr daran zweifeln, daß Alles zu einer blutigen Ent= scheidung dränge. Eine große Schlacht lag geradezu in der Luft, und es ist im Grunde ein müßiger Streit, wer von beiden Theilen zuerst auf den andern geschossen und dadurch den Kampf eingeleitet habe. Die Schuld des Blutvergießens liegt tiefer, und das Ereigniß von Navarin ist zu groß, um durch einen Zufall erklärt werden zu können. Doch steht auch der äußere zufällige Anlaß jetzt klar vor der geschichtlichen Betrachtung.*) Es war 1/23 Uhr. Die vordersten Schiffe der Alliirten ankerten auf Pistolenschußweite von den Turko-Egyptern, da ließ Kapitän Fellowes von der Fregatte Dartmouth die zu seiner Rechten über dem Wind ankernden Brander auffordern, ihren Platz zu räumen und unter dem Winde vor Anker zu gehen. Der Kapitän erwiderte: es komme ihnen als den seit lange Geankerten nicht zu, den später Kommenden, die bei der Größe des Hafens Platz genug fänden, ihre Stelle zu überlassen. Da machte sich ein Boot von der Dartmouth an den nächsten Brander heran, um ihm das Ankertau zu durchhauen. Dies wehrte die Mannschaft des Branders mit Flinten= schüssen, einige der im Boot befindlichen Engländer wurden getödtet; wo= rauf die Dartmouth, um Codrington's Ausdruck zu gebrauchen, „mit einem defensiven Musketenfeuer" antwortete. De Rigny, der mit der Syrene dem Brander so nahe war, daß er ihn in Grund hätte bohren können, wenn nicht Gefahr für das englische Boot gewesen wäre, rief dem egyptischen Zweidecker Esnina, der ihm Raa gegen Raa gegenüberstand, durchs Sprachrohr zu, daß, wenn von egyptischer Seite nicht geschossen werde, auch

---

*) Nach den Berichten Bandiera's, die mir in Wien vorgelegen haben, sowie nach den Berichten der drei Abmiräle kann kein Zweifel darüber bestehen, daß die Turko-Egypter die ersten Flintenschüsse und die ersten Kanonenschüsse abgefeuert haben. Diese Thatsache wird meines Erachtens auch durch den Bericht Moharrem Bei's an Meh-met Ali nicht verdunkelt; denn es heißt zwar darin, daß zwischen der Schaluppe des Dartmouth und dem egyptischen Branderkapitän Streit entstanden sei, und daß „von der zunächstliegenden englischen Fregatte Flintenschüsse auf den Brander abgefeuert seien", aber daß dies die ersten Flintenschüsse gewesen seien, wird nicht gesagt, da-gegen wird sogar ausdrücklich eingestanden, daß der erste Kanonenschuß von Seiten der Egypter fiel. „Moharrem Bei befahl seinem Dragoman sich an Bord des englischen Admiralschiffs zu begeben, und gab zu gleicher Zeit Befehl alles zum Kampf bereit zu halten. Der Dragoman hatte das englische Admiralschiff noch nicht erreicht, als, ver-muthlich zum Zeichen der Mißbilligung des Geschehenen, ein Kanonenschuß gegen die englische Fregatte fiel, welche zuerst gefeuert hatte." Ist somit der äußere Anlaß ge-klärt, so muß man andrerseits sagen, daß, wenn die Türken die physischen, daß dann die Alliirten zum mindesten die intellektuellen Urheber des blutigen Konflikts waren. Bandiera bemerkt, daß „der Eintritt in den Hafen den Akt des Angriffs ausmachte, alles Andere sei eitler Vorwand gewesen, die Türken seien Opfer ihrer Redlichkeit ge-worden". Wir möchten hinzusetzen, daß das Durchhauen der egyptischen Ankertaue jedenfalls eine That war, in Folge deren Flintenschüsse als Akt völkerrechtlicher Noth-wehr erscheinen.

er nicht auf ihn schießen würde. Aber in demselben Augenblick fielen von einem der am Hintertheil der Syrene liegenden egyptischen Schiffe die ersten Kanonenschüsse gegen die Dartmouth und die Syrene, wie der egyptische Bericht an Mehmet Ali besagt, „vermuthlich zum Zeichen der Mißbilligung des Geschehenen". Codrington hatte das Geschützfeuer zu= rückgehalten, um abzuwarten, ob die Begegnung mit der Dartmouth nicht ein „unglückseliges Mißverständniß" sei, er sandte eine Schaluppe zum Admiralschiff Moharrem Bei's, des egyptischen Oberbefehlshabers, heran, und ließ erklären, „daß er Blutvergießen vermeiden und nicht feuern wolle"; allein sein Schaluppensteuermann Mitchell ward von Moharrem Bei's Leuten, man weiß nicht ob mit oder ohne dessen Befehl? erschossen, als er sich dem egyptischen Schiff näherte; die Kanonen des egyptischen Ad= miralschiffs spielten gegen die Asia, und nun zog Codrington das Zeichen zum Angriff auf. Alle in Linie stehenden Schiffe der Alliirten gaben Feuer, die Schlacht begann. Das in der Einfahrt begriffene französische Linienschiff „Breslau" unter Labretonnière deckte sogleich die Batterien auf Sfakteria und zog nach der Linken; ihm folgten die französische Fregatte Armide, die englische Korvette Talbot und vier englische Briggs, welche die Bran= der an der äußersten Rechten des Gegners in die Mitte nahmen. Das russische Geschwader, welches das Feuer der Forts auszuhalten hatte, rückte zwar nur zögernd in die Schlachtreihe zwischen Breslau und Talbot ein, entwickelte aber dann ein mächtiges Feuer, und auch die englische Fre= gatte Cambrian mit Kommodore Hamilton an Bord, die durch Windstille im Kreuzfeuer der Einfahrt festgehalten war, kam rechtzeitig, um an dem kurzen aber furchtbaren Ringen Theil zu nehmen, das sich nun entspann.

Die kämpfenden Gegner waren so nahe an einander, daß kein Schuß aus den tausenden von Feuerschlünden verloren ging. Furchtbar wieder= hallte der Donner der Geschütze in dem engen von Bergen umschlossenen Bassin. Dicht gestellt, in ihren Bewegungen ungeschickt und plump, schlecht und kopflos geführt, vertheidigten die Turko-Egypter sich wie Ver= zweifelte. Sie setzten dem stetigen und wohlgezielten Feuer der Alliirten ein unregelmäßiges, unsicheres, aber hartnäckiges Feuer entgegen. Die egyptische Fregatte Guerriera flog zuerst in die Luft und deckte das fran= zösische Admiralschiff mit ihren Trümmern. Die Uebermacht an schweren Schiffen, die Disciplin und Kaltblütigkeit der alliirten Führung gab mit schrecklicher Raschheit den Ausschlag. Eine volle Lage seitens der Asia ge= nügte, um das egyptische Admiralschiff dermaßen zuzurichten, daß es als bloßes Wrack nach der Windseite fiel. Dem von Kapudan Bei kommandir= ten türkischen Linienschiffe, welches die Asia von der Steuerbordseite angriff, erging es nicht besser, in wenigen Augenblicken war es zu= sammengeschossen. Moharrem und Kapudan Bei wurden schwer verwun= det, ein furchtbares Blutbad erfolgte unter ihrer Mannschaft. Zwar sah sich jetzt auch die Asia einem heftigen Kreuzfeuer durch die Schiffe in

zweiter und dritter Linie ausgesetzt; ihr Besanmast ward von Bord weg-
gerissen, einige ihrer Kanonen wurden demontirt, im ersten Rauchdunkel
hielt man sie für verloren. Aber sie tauchte siegreich, wenn auch hart
mitgenommen aus dem Pulverdampf wieder empor; jedes der feindlichen
Schiffe, dem sie eine volle Lage gab, ward in ein Wrack verwandelt. Was
von ihr galt, galt auch von den übrigen englischen, von den französischen
und russischen Schiffen. Die am linken Ende des Hufeisens postirten
Fregatten Armide und Talbot boten dem Feuer von fünf türkischen Fregatten siegreich Trotz und schossen dieselben schließlich mit Hülfe der Russen in den Grund. Der Scipio, unter Kapitän Mylius, dessen Bugspriet
von einem Brander angezündet war, löschte viermal das Feuer an Bord
und focht dabei immer weiter, indem er von beiden Borden gegen die
feindlichen Schiffe und die Forts feuerte. Die Dartmouth, die Al-
khone und die Dafne zerstörten fünf Brander und hielten diese Feuerschiffe davon ab, sich auf das französische Admiralschiff zu werfen. Von
dem Augenblicke an, wo die schweren Schiffe der Türken in Grund geschossen wurden, gab es im Grunde keine Schlacht mehr, sondern nur
noch eine Zerstörung. Um ½3 Uhr war der erste Schuß gefallen, um
5 Uhr war der größte Theil der turko-egyptischen Flotte, 1 Linienschiff,
12 Fregatten, 22 Korvetten, 25 kleinere Schiffe, in die Luft gesprengt oder
zusammengeschossen. Bis nach Zanthe und Cerigo hin ward der Knall der
Explosionen vernommen. Der ganze Hafen war mit Wracks und Trümmern
übersät. Die kampfunfähigen Schiffe wurden, als die Dunkelheit hereinbrach,
von den Türken selbst in Brand gesteckt. Während der ganzen Nacht folgte eine
Explosion auf die andere. Codrington bezeichnete es als Wunder, daß die
Alliirten den Wirkungen derselben entgingen. Von den 82 Schiffen der
turko-egyptischen Armada waren am Morgen des 21. Oktober nur 27
übrig. Gefangene hatte man keine gemacht. Die Erbitterung, welche bei
dieser mitten im Frieden geschlagenen Schlacht herrschte, war allzugroß
gewesen. Alle Zöglinge der egyptischen Militärschulen waren gefallen.
An 6000 Türken und Egypter wurden das Opfer des Kampfes. Die
Verluste der Alliirten waren weit unbedeutender, man zählte nur 470
Verwundete und 172 Todte. Ihre Schiffe aber hatten schwer gelitten;
die englischen und russischen mußten nach Malta, die französischen nach
Toulon segeln, um sich ausbessern zu lassen.

Nur die kleineren Schiffe blieben an der griechischen Küste zurück,
um Ibrahim's fernere Bewegungen zu beobachten.

Der Egypter war am 21. Oktober von seinem verhängnißvollen Aus-
flug zurückgekehrt und kam gerade zeitig genug, um ein Zeuge des geschehenen Unheils zu sein, um die zerschellten, rauchenden Ueberreste seiner
Seemacht zu erblicken. Es geht die Sage, daß ihn der Anblick keineswegs
tief berührt, daß er vielmehr über die Katastrophe gelacht habe, und freilich mußte dieselbe eher für seinen Vater und für den Sultan ein be-

trübendes Ereigniß sein, als für ihn selbst. Er war jetzt aus dem peinlichen Dilemma befreit, in welchem er zwischen den Befehlen seines
Oberherrn und denen der drei Admiräle geschwebt hatte. Seine Flotte
war das Sühnopfer der obschwebenden politischen Verwicklung geworden,
für das Landheer brauchte er nichts zu besorgen. Er war entschlossen, die
Kralle, die er einmal in den Peloponnes eingeschlagen hatte, nicht loszu-
lassen, sondern seine Position zu behaupten.

Die Admiräle schlugen zwar anfangs einen rauhen gebieterischen Ton
gegen ihn an und ließen ihm erklären, daß sie im Fall neuer Feindseligkeiten von seiner Seite auch den Rest seiner Schiffe und die Forts zerstören würden. Graf Heyden stellte sogar den Antrag, daß man Modon
und Koron noch fernerhin blokiren und Truppen ausschiffen solle. Aber
die Drohung hatte keine ernsten Folgen, der Heyden'sche Antrag wurde
von seinen Kollegen abgelehnt. Am 24. Oktober segelten die Sieger aus
dem Hafen fort, ohne die Räumung der Halbinsel erzwungen zu haben.
Ibrahim würde jetzt, da das Land vollkommen ausgesogen war, mit seinen
Truppen vor Hunger gestorben sein, allein er ließ nun Vorräthe von den
jonischen Inseln herüberschaffen und entledigte sich der Verwundeten, In-
validen und nutzlosen Münder, indem er sie am 22. Dezember durch den
Rest seiner Flotte nach Alexandria zurückgeleiten ließ. Auf diesem Konvoi
befanden sich auch mehrere tausend griechischer Sklaven und man hat es
den verbündeten Admirälen als Unterlassungssünde angerechnet, daß sie
diese massenhafte Christendeportation nicht gehindert haben. Aber was
konnten sie thun? Sie hatten gleich nach der Schlacht von Navarin eine
energische Protestation an die griechische Regierung wegen der im Mittelmeer überhandnehmenden Seeräuberei erlassen, und mit ähnlichen Maßregeln gegen die griechische Flotte gedroht, wie sie sie gegen die turko-
egyptische zu Navarin ergriffen. Es war gewissermassen der Schritt nach
rechts, den sie zuvor nach links gethan hatten. Um aber ernstliche Maßregeln gegen die Piraten zu ergreifen und um zugleich eine wirksame
Blokade gegen die Egypter aufrecht zu erhalten, dazu reichten die militärischen Kräfte, welche den Admirälen zur Verfügung standen, nicht aus.

Die Schlacht von Navarin war ein Triumph der Völker über die
Könige. Wer von den drei verbündeten Souveräns würde es wohl gewagt haben, seinem Admiral den Befehl zum Kampf zu ertheilen? Wir
glauben, selbst Nikolaus würde vor der Verantwortung zurückgeschreckt sein.
Es ist die öffentliche Meinung Europa's gewesen, welche die
widerstrebenden Höfe erst zur friedlichen Vermittlung zwischen den streitenden Theilen veranlaßte, und welche schließlich die Admiräle, da sich jene Vermittelung als unlösbarer
Widerspruch herausstellte, zu dem blutigen Widerspruch von
Navarin mit fortriß. Der Philhellenismus hatte bewiesen, daß er
keineswegs ein bloßes Traumbild frommer Schwärmer, sondern daß er

eine Macht sei. Die Türken hatten durch einen Vernichtungsschlag, wie
er sie seit Lepanto nicht mehr getroffen, erfahren, daß sie den Gefühlen
der Christenheit nicht ungestraft Hohn sprechen durften. Im Augenblick,
wo der Sultan seinen ehemaligen Sklaven wieder den Fuß auf den
Nacken setzen wollte, wo die Griechen zu versinken schienen, hatte dies gewaltige Ereigniß alle Furcht und alles Hoffen verkehrt. Ein tiefes Auf-
athmen der Freude ging durch die Christenheit; die Völker jubelten, die
Kabinette schwiegen erstaunt und bestürzt.

Selbst an den Höfen in St. Petersburg und Paris, wo man den
meisten Grund zur Zufriedenheit hatte, glaubte man dem Gefühl innerer
Genugthuung einen officiellen Dämpfer auferlegen zu müssen. Der Zaar
ließ nach London und Paris erklären, daß er das Blutvergießen, welches
nicht in der Absicht der Mächte gelegen habe, bedaure; er finde nur darin
Beruhigung, daß die Türken das Geschehene durch ihr grausames und
treuloses Verfahren verschuldet hätten. Im Stillen legte man seiner
Freude freilich keinen Zwang an. „Was wird unser Freund Metternich
sagen", schrieb Nesselrode triumphirend an Tatitscheff, „zu diesem Triumph
der Gewalt über die Prinzipien? Die Admiräle verdienten an die Spitze
der Kabinette gestellt zu werden, um ihre Politik zu leiten." Es erklan-
gen drohende Reden gegen Oesterreich, dessen Vermittlungsversuch man
höchst übel vermerkt hatte. „Der Zaar", hieß es, „werde die Ausführung
des Traktats vollziehen, ohne sich durch irgend ein Hinderniß aufhalten
zu lassen. Oesterreich bleibe nichts übrig, als die Pforte zu Annahme der
Bedingungen der Alliirten zu bewegen. In jedem anderen Falle werde es
den Krieg hervorrufen. Jeder Versuch, die Mächte zu entzweien, sei vergeblich. Metternich habe die Pforte durch das Vermittlungsgesuch nur
in Gefahr und falsche Lage gebracht."

Am Tuilerienhofe nahm man sich nicht einmal die Mühe seine Genugthuung über die Schlacht von Navarin zu verbergen. Sah man doch
durch die tapferen Thaten De Rigny's und seiner Offiziere ein Stück Na-
poleonischer Glorie wieder aufgefrischt, deren Karls X. Regierung vor
Allem zu bedürfen glaubte, um sich gegen den Konstitutionalismus zu behaupten. Man lehrte damals in den französischen Schulen, Napoleon
Bonaparte sei ein General des legitimen Königs gewesen, welcher in dessen
zufälliger Abwesenheit glänzende Siege gegen das Ausland erfochten habe.
Man schmeichelte dem Nationalstolz auf geraden und krummen Wegen;
da konnte den Erben des kaiserlichen Frankreichs nichts willkommener sein,
als der Ruhm, den die Schlacht von Navarin auf das königliche Frankreich ausgoß. Man rechnete darauf, das Ereigniß bei den Wahlen zu
verwerthen, die Thronrede nannte es „einen Anlaß des Ruhms für die
französischen Waffen und zugleich ein glänzendes Pfand der Einigkeit für
die drei Flaggen". So aufrichtig Villèle in allen anderen Fragen dem
politischen Evangelium des Fürsten Metternich ergeben war: was Nava-

rin anbetraf, war er allzusehr Franzose, um etwas anderes als den augenblicklichen Kitzel des militärischen Erfolgs zu empfinden. „Alle Bemühungen Apponyi's", so berichtete man dem österreichischen Staatskanzler unter
dem 14. November aus Paris, „um das französische Kabinet über seinen
Leichtsinn aufzuklären, scheiterten. Man glaubte der Kampf von Navarin
werde dazu beitragen, den Zaaren innerhalb der Grenzen des Traktats zu
halten."

Dagegen war das englische Kabinet durch die vollendete Thatsache,
welche Sir E. Codrington geschaffen hatte, wie vom Donner gerührt.
Vergebens betonte der Bericht des Siegers die Nothwendigkeit der Schlacht,
sprach er die „innerste Ueberzeugung" aus, daß die Einfahrt in den Hafen
von Navarin „absolut nothwendig gewesen, um den Traktat nicht illuso-
risch zu machen", und versicherte er, daß „er nie zu einer solchen Extremität geschritten wäre, wenn er anders hätte handeln können". Dem
schwachen Nachfolger Canning's Lord Goderich graute vor der unermeßlichen Aufgabe, vor die er sich plötzlich gestellt sah. Die Tories brachen
in einen Sturm des Unwillens darüber aus, daß man eine legitime, seit
Alters her mit England befreundete Macht zum Krüppel schlage und sie
daran hindere, sich gegen den drohenden Koloß im Norden zu vertheidigen.
Der Julitraktat selbst erschien jetzt als schwerer, politischer Fehler, Canning's Absicht: „Rußland zu binden", ward als eine ebenso gefährliche wie
anmaßende Täuschung verschrieen. Da sieht man, hieß es, wohin uns
der Wahnsinn jenes schauspielenden Ministers geführt! wir haben unseren
treuen türkischen Alliirten im Bunde mit dessen ärgstem Feinde überfallen, um ihn als wehrlose Beute an Rußland auszuliefern! Jetzt machten
sich die ängstlichen Sorgen des Handelsstandes geltend, auf dessen Rechnung große Massen Korn in Südrußland angekauft waren, die eben auf
britische Schiffe verladen werden sollten. Man fürchtete den türkischen
Embargo, man fürchtete den Krieg überhaupt. Aus den Fragen, welche
Lord Dudley an den Lord Oberabmiral richtete, leuchtete die Angst hervor, daß die Abmiräle ihre Instruktionen überschritten haben möchten,
man verweigerte der Flottenmannschaft die nach einem Siege übliche
Gratifikation, man schwankte, ob man den Admiral belohnen oder wegen
seiner Eigenmächtigkeit bestrafen solle. Die öffentliche Meinung sprach es
aus: es bleibe nichts übrig, als ihn zu dekoriren oder vor ein Kriegsgericht zu stellen. Man entschied sich zwar für das Erstere; schon am
13. November wurde dem siegreichen Admiral das Großkreuz des Bather-
bens verliehen. Allein die öffentliche Billigung, die man ihm zu Theil
werden ließ, trug eher den Charakter der Vertheidigung; man sandte Sir
John Gree nach dem Mittelmeer, „um Erkundigungen einzuziehen", eine
Mission, die wie absichtliche Kränkung Codrington's aussah, und als sich
das Ministerium Goderich gegen Ende des Jahres auflöste und ein Ministerium Wellington an seine Stelle trat, fand sich rasch ein kleinlicher

Anlaß, um den Sieger von Navarin für seinen Sieg zu bestrafen. Man
warf ihm vor, daß er die Deportation griechischer Sklaven durch Ibrahim
zugelassen habe, und entzog ihm das Kommando im Mittelmeer. Der
Zorn der Tories mußte ein Opfer haben. „Der König", berichtete Ester=
hazy am 11. November an Fürst Metternich, „betrachtet das Ereigniß von
Navarin nicht als einen Triumph, sondern als eine unglückliche, unver=
meidliche Folge türkischer Halsstarrigkeit." Zwar gab man dem österreichi=
schen Gesandten auch zu verstehen, daß man mit Rußland habe gehen
müssen, um es zu überwachen. „Neben dem offenen Objekt der Sache:
eine christliche Bevölkerung vor Vernichtung zu schützen", räumte Dubley
ein, „daß für Großbritannien auch ein immenses politisches Interesse auf
dem Spiel gestanden habe, das es mit Oesterreich gemein habe: nämlich
Grenzen zu setzen jedem weiteren Wachsen der Macht und des Einflusses
von Rußland. Man wolle weder die absolute Unabhängigkeit der Griechen,
noch die Vernichtung der Türken. Man werde alles thun, um die Be=
setzung der Fürstenthümer durch die Russen, die gegen Oesterreichs Inter=
esse sei, zu verhüten." Esterhazy konnte die Bemerkung nicht zurück=
halten: „Englands Politik sei, das Uebel reifen zu lassen, um es nachher
zu bekämpfen. Rußland sei durch seine zwei Alliirten und die Pforte
merkwürdig begünstigt worden."

Wenige Tage später lauteten die Aeußerungen des englischen Diplo=
maten noch kleinlauter. Dubley gestand dem Oesterreicher gegenüber ein,
daß, da man sich einmal auf schlechtem Wege befinde, man auch darauf
bleiben, und daß, da man einmal Ungerechtigkeiten begangen habe, man
auch mehrere begehen und zulassen müsse, daß die Russen die Fürsten=
thümer besetzten.

Der König äußerte sich Esterhazy gegenüber in einem resignirten
Tone dahin, daß man der Extremität des Krieges doch nicht entgehen
könne. England würde sich in Egypten ein Gegengewicht gegen Rußlands
kolossale Macht suchen.

Man sieht, die englische Politik schwankte, von den Ereignissen über=
rascht, in unsicherer Weise zwischen Russenfurcht und Türkenliebe einher,
sie wagte weder der einen noch der andern Partei ein entschiedenes
Paroli zu bieten, sie suchte alles Heil in der goldenen Mittelstraße.
Wollte man in Canning's Bahnen wandeln, so durfte man nach der
Schlacht von Navarin nicht auf halbem Wege stehen bleiben, man durfte
es nicht Rußland überlassen, den Trotz des Divan zu brechen. Man
mußte statt geschraubter Erklärungen und Ausflüchte den Türken Thaten
zeigen, und sie dadurch, daß man die Flotten nöthigenfalls bis nach den
Dardanellen, bis nach dem goldenen Horn vorschickte, daß man Konstantinopel
blokiren ließ, zur Besinnung bringen. Das unvermeidliche Schicksal
mußte ihnen aus Englands, nicht aus Rußlands Händen kom=
men. Aber eine solche Politik war für die Epigonen Canning's zu genial.

Ihre Sorgen und Schwankungen fanden den entsprechenden Aus=
druck in der Thronrede von 1828, welche höchlich beklagte, daß eine „Kol=
lision" im Hafen von Navarin stattgefunden, daß man die „Seemacht
eines alten Verbündeten" bekämpft habe. Dafür tröstete man sich mit der
festen Zuversicht, daß das „unwillkommene Ereigniß keine weiteren Feind=
seligkeiten nach sich ziehen, noch die freundschaftliche Beilegung der zwi=
schen der Pforte und den Griechen herrschenden Differenzen behindern
werde". Zwar erhoben sich im Parlament gewichtige Stimmen gegen
diese Auffassung, welche ein welthistorisches Ereigniß als unglücklichen Zu=
fall hinstellte. Lord Holland und Brougham verwarfen den Ausdruck
„unwillkommenes Ereigniß", der nur die Wahl zwischen einem Tadel gegen
die Politik Canning's oder gegen Cobrington lasse. Wollen die Sieger
nach einer ruhmreichen, glänzenden, unsterblichen That den Lorbeer von
der Stirn reißen, um statt seiner Cypressen zu pflanzen?

Immerhin aber deutete die flaue Resignation, mit welcher die Thron=
rede der orientalischen Ereignisse gedachte, darauf hin, daß man auf selbst=
ständiges Handeln im Orient verzichtete, und den Frieden um jeden Preis
der kühnen Initiative eines Canning vorzog.

Auf die Kabinette von Berlin und Wien mußte das „unwillkommene
Ereigniß" einen um so peinlicheren Eindruck machen, da man sich ja schon
von den diplomatischen Schritten, welche zur Pacifikation des Orients
führen sollten, mit Bewußtsein zurückgehalten hatte. In den Westmächten
sah man nur die Werkzeuge des russischen Ehrgeizes und der russischen
Eroberungslust. „Ihr habt", sagte man zu ihnen, „den Frieden gewollt,
und Krieg ist aus eurer Saat hervorgegangen, ihr habt das natürliche
Gegengewicht der immer wachsenden Seemacht der Russen im schwarzen
Meer zerstört und der Angriff Rußlands auf die Türkei wird folgen."
In Wien waren Trauer und Entrüstung erklärlicher Weise noch lebhafter
als in Berlin. Kaiser Franz fand, daß die That der Admiräle alle Kenn=
zeichen eines Meuchelmords an sich trage. Esterhazy verglich sie mit der
Theilung Polens. Metternich sah das Spinngewebe langjähriger diplo=
matischer Arbeit zerrissen, die Zeit von Chaos und Krieg herangebrochen,
das Opfer der Türkei vollbracht. Der Traum einer österreichischen Ver=
mittelung zwischen der Türkei und den Unterzeichnern des Londoner Ver=
trags war mit rauher Hand zerstört, der Brief des Großveziers an den
Kaiser von Oesterreich war völlig gegenstandlos geworden. Was sollte
auch jenes leere Anerbieten, dem nicht einmal die Annahme des Waffen=
stillstandes zu Grunde lag, jetzt noch fruchten?

Metternich bezeichnete den Schritt des Divans dem Internuntius
gegenüber als todtgeborenes Kind und klagte darüber, daß die Steifheit
der Pforte sie hindere, von einem wohlgemeinten Rath etwas Anderes als
ein todtes Wort zu ziehen. Nur die Annahme des Waffenstillstandes habe
ein Endresultat nützlich vorbereiten können. Der Kaiser verdamme das

schauderhafte Attentat von Navarin, er habe den Höfen seinen Unwillen ausgedrückt und ihnen den Brief des Großveziers übersandt. In Petersburg habe man denselben mit der äußersten schlechten Laune, in Paris und in London als non avenu angesehen. Die Zwietracht zwischen den Mächten werde dem Sultan aus seiner peinlichen Lage helfen. Vielleicht werde die Haltung des k. k. Hofes kleinmüthig erscheinen, aber man habe keine Wahl.

So begann man in Wien, da man sich von dem ersten Schrecken über das Geschehene erholt hatte, wiederum auf die Trennung der Tripel-allianz hinzuarbeiten, und mit souveränem Hohn ließ Metternich in London anfragen: welche Mittel England besitze, um eine Vergrößerung Rußlands auf Kosten der Türkei zu hemmen? wie 'es sich die Grenzen und die Stellung Griechenlands denke? „Die Kaiser von Rußland", so bemerkte er mit sententiöser Salbung, „pflegen bei ihren Geschäften nur dann Anderen einen Antheil zu gewähren, wenn sie die Unmöglichkeit erkennen, allein an ihr Ziel zu gelangen, oder wenn sie die Lasten auf Mehrere vertheilen und sich den Löwenantheil vorbehalten können." Die sichtbare Verlegenheit des Kabinets von St. James steigerte Metternich's Behagen und Selbstgefühl. Er „freute sich, dem Werk der Unbilligkeit fern geblieben zu sein". „Die Welt ist aus den Fugen. Diejenigen, welche den Impuls geben, haben selbst keine Regel, um ihren Gang zu bestimmen. Peinlich ist der Anblick, den England gewährt, doch nicht so schlimm wie der Frankreichs. Hier wie dort sind die Regierungen in Auflösung. Die Minister gleichen Ertrinkenden, die sich an der orientalischen Verwickelung festhalten wie an einem Brett des Heils. In Frankreich ist die orientalische Frage eine Fantasmagorie, um die öffentliche Meinung zu zerstreuen, in England wird sie für den Augenblick ausgebeutet, wird aber bald einen Anstoß heftiger Angriffe gegen das Ministerium abgeben. Die Analogie beider Staaten ist nur eine Analogie der Lage und der Konfusion. In England hat aber der Prinzregent ein Beruhigungsmittel (durch die Tories) gefunden, in Frankreich existirt keine Partei, die fähig ist, die Linie des einfachsten bon sens zu begreifen."

Gegen den von russischer Seite geäußerten Vorwurf, daß Oesterreich, durch sein Bemühen die Mächte zu entzweien und durch seine unglücklichen Vermittelungs- und Freundschaftsdienste bei dem Divan, die Krisis nur verschärft und das Unheil der Türken mit verschuldet habe, zeigte der österreichische Staatskanzler sich äußerst empfindlich. Er half sich mit Läugnen und wagte es jetzt auf das Entschiedenste in Abrede zu stellen, daß er den Großvezier zu jenem Brief vom 24. Oktober angestiftet habe! In London und Petersburg nahm man die Miene an, als sei man mit diesem Dementi befriedigt, versagte sich aber die Genugthuung nicht, im Stillen Glossen über den ertappten Ränkeschmied zu machen. Metternich sah sich genöthigt, sogar die Persönlichkeit seines Souveräns in den Vordergrund zu schieben und sich mit dem Schild der kaiserlichen Autorität zu decken. Kaiser Franz mußte dem russischen Gesandten in einer Audienz am 27. December 1827 erklären: das Faktum, daß Oesterreich seine Vermittelung angeboten, sei unrichtig, der Internuntius habe der Pforte nur die Gefahr, welche sie laufe, wenn sie die Bedingungen der Alliirten nicht annehme, vorgestellt, aber die türkische Regierung sei unbeugsam geblieben, weil sie die Bedingungen der Alliirten als ihr Todesurtheil ansehe. Weiter könne er nicht gehen, er könne das Recht, welches die Alliirten sich angemaßt, die Beziehungen eines Souveräns mit seinen Unterthanen zu regeln, nicht anerkennen.

Durch solche gewundene Ausflüchte entging man freilich der Gefahr, welche man vermeiden wollte, nicht. Man beschwichtigte weder das tiefe Mißtrauen Rußlands, noch milderte man den türkischen Trotz, der durch die Kunde der Schlacht von Navarin nur noch gesteigert ward. Man erreichte blos, daß der Kredit des Internuntius bei der Pforte vollkommen verloren ging, und als Herr von Ottenfels auf Metternich's Befehl im Januar 1828 abermals eine Amnestie und Annahme des Waffenstillstandes anempfahl, mußte er von dem Reis Effendi bittere Bemerkungen darüber vernehmen, daß das Wiener Kabinet den Divan erst unter der Hand zum Widerstande anreize und dann selbst in's Horn der Türkenfeinde stoße.

In Konstantinopel hielt man anfangs an sich, als die Nachricht von der Schlacht bei Navarin einlief. Man nahm den schweren Schlag, der das Reich betroffen hatte, mit der fatalistischen Resignation hin, die für den echten Orientalen charakteristisch ist. Die drei Botschafter der verbündeten Mächte wurden noch vor dem Divan selbst am 30. Oktober durch Eilboten aus Smyrna in Kenntniß gesetzt. Peinliche Verlegenheit und wenn man will schlechtes Gewissen redet aus den drei Fragen, die sie sofort dem Reis Effendi vorlegen ließen: welche Weisungen hat die Pforte an Ibrahim Pascha erlassen? Wie würde die Pforte eine feindselige Handlung gegen die türkisch-egyptische Flotte betrachten, im Fall Ibrahim sich nicht dem Willen der drei Mächte gefügt hätte? Besteht die Pforte auf ihrer Weigerung gegen die Intervention der Mächte?

Noch ohne Ahnung des Vorgefallenen ließ der Reis Effendi erwidern: man halte sich nicht für verpflichtet, die an Ibrahim erlassenen Weisungen bekannt zu geben; man könne nicht einmal die Möglichkeit einer Feindseligkeit annehmen, und enthalte sich jeder Erklärung über die Art, wie man sie ansehen würde. Denn ein Kind, das nicht geboren ist und dessen Geschlecht man nicht kennt, hat noch keinen Namen. Endlich wird die Pforte niemals von ihrer hundert Mal wiederholten Erklärung bezüglich der Intervention abweichen.

Inzwischen gelangte die große Kunde durch einen von Hussein Pascha aus Smyrna abgesandten Tataren an den Reis Effendi; am 2. November verfammelte er die Dolmetfcher der drei Mächte um fich und erflärte: „Nun das Kind geboren ift und man fein Gefchlecht kennt, kann ich die mir vor drei Tagen geftellte zweite Frage beantworten; ich thue es, indem ich feierlich Rechenfchaft fordere für die gräßliche an der Flotte des Sul= tans verübte Gewaltthat." Die Dolmetfcher wollten das Ganze als un= fichere Privatnachricht hinftellen, der ruffifche hatte die Kühnheit, zu ver= fichern, jedenfalls fei das ruffifche Gefchwader nicht betheiligt gewefen, und wollte den Reis Effendi damit tröften, daß der Verluft der Franzofen und Engländer ein ungeheurer gewefen fei. Der Reis Effendi nahm aber keine Notiz von diefen beruhigenden Verficherungen, und die Gefandten felbft, welche durch die Peroten=Weisheit ihrer Dolmetfcher kompromittirt zu werden fürchteten, fchickten diefelben noch am Abend des 2. November an die Pforte zurück, um frei heraus mitzutheilen: die großherrliche Flotte fei nicht mehr, Ibrahim Pafcha habe eine von ihm eingegangene Uebereinkunft verlett, es fei auf einen Parlamentär gefchoffen worden, darauf habe der Kampf begonnen und zu dem befagten beklagenswerthen Ergebniß geführt. Man hoffe, es werde die friedlichen Verhältniffe zwi= fchen den drei Höfen und dem ottomanifchen Reich nicht ftören. Der Reis Effendi befchränkte fich darauf, fie zu fragen, „mit welchem Recht die drei Gefchwader in den Hafen von Navarin eingelaufen feien?" worauf ihm erwidert ward: „mit dem ihnen zuftehenden Recht, in den genannten wie in jeden Hafen der Welt einzulaufen".

Jett wurde auch der Sultan in Kenntniß gefett, und Pertew hatte eine fchwere Aufgabe, die Wuthausbrüche des leidenfchaftlichen Mannes zu mäßigen. Doch gelang es. Man begnügte fich, eine allgemeine Be= waffnung Rumeliens anzuordnen, Befchlag auf die im Hafen befindlichen Schiffe zu legen, und zu verkünden, daß man die verhaßte Konvention von Akkerman als zerriffen betrachte. Im Uebrigen traf man Maßregeln, um den hauptftädtifchen Pöbel, der am liebften über alle Chriften hergefallen wäre, im Zaum zu halten, ja man verkündigte fogar, daß man nicht ein= mal den Gefandten die Päffe zuftellen, daß man den Krieg nicht erklären, fondern nur, wenn man angegriffen würde, fich mit aller Macht verthei= digen werde. Am 4. November ließen die drei Bevollmächtigten dem Reis Effendi die Anfrage vorlegen, ob die Pforte geneigt fei, für alle Zukunft die Möglichkeit von Ereigniffen zu befeitigen, pareils à celui qu'il n'appar= tenoit sans doute qu'à la Porte et à ses généraux de savoir prévenir mais dont les représentants n'en ont pas moins étés les premiers à déplorer la cause et les désastreux effets? ob fie von friedlichen Difpofitionen befeelt fei? Pertew Effendi unterbrach die Freundfchafts= verficherungen der Dolmetfcher mit dem Ausruf: „Wie bringt Ihr das Wort Freundfchaft noch über die Lippen? Ihr beklagt das in Navarin Gefchehene? Das ift, als ob man einem Menfchen den Schädel einfchlägt und ihn dann feiner Hochachtung verfichert." Am Tag darauf fand großer

Divan statt, dem der Sultan präsidirte. Jedermann war bewaffnet, wie zur Zeit des Ausbruchs der Revolution. Man beschloß die Beziehungen zu den Mächten als abgebrochen anzusehen und zu rüsten, jedoch zugleich als Preis der Versöhnung das Verlangen an die Verbündeten zu stellen, daß sie für die zerstörte Flotte Entschädigung leisteten, die Handlungsweise der drei Admiräle mißbilligten und sich hinfort des Eingreifens in die griechischen Angelegenheiten enthielten. Am 8. November eröffnete der Reis dem englischen Dolmetscher die drei Friedensbedingungen der Pforte, und wiederholte sie am 9. den drei Dolmetschern zusammen. Dem Internuntius, der sich bisher vergebens bemüht hatte nach beiden Seiten zu begütigen und zu „temperiren", theilte er mit, daß die Pforte genöthigt sei, Kriegsvorkehrungen zu treffen und die diplomatischen Beziehungen mit den Mächten momentan abzubrechen. Das in der Geschichte der Nationen beispiellose Attentat von Navarin autorisirt zwar die hohe Pforte voll= kommen zum offenen Bruch und zur Kriegserklärung. Da aber die Be= vollmächtigten der Mächte erklärt haben, daß sie selbst über den Unfall nicht weniger betrübt sind und einen beständigen Frieden wünschen, da der Internuntius, „unser Freund", uns aufgefordert hat, die Wirkungen der österreichischen Vermittlung nicht durch einen übereilten Entschluß zu zer= stören, und da, Dank dem höchsten Wesen, die Pforte stets den heiligen Alkoran als Führer, sei es zum Frieden, sei es zum Krieg, genommen hat, so weigert sie sich nicht, die freundschaftlichen Beziehungen wieder anzu= knüpfen, wenn die drei Mächte sich zu vollständiger Entschädigung aller durch ihre Geschwader verursachten Verluste hergeben, wenn sie sich von jeder Einmischung in die Angelegenheiten türkischer Unterthanen enthalten, und wenn sie eine hinreichende Satisfaktion leisten.

Man wird begreifen, daß die Bevollmächtigten der Mächte die türki= schen Zumuthungen als unstatthaft zurückweisen mußten. Sie erklärten in einer gemeinschaftlichen Note vom 10. November, daß sie an dem lon= doner Vertrag unerschütterlich festhalten würden. Eine Entschädigung sei nicht zulässig, da das Unrecht des Angreifers auf Seiten der Pforte stehe. So beklagenswerth das Ereigniß von Navarin sei, die Pforte dürfe über die uninteressirten Absichten der Mächte keinen Zweifel hegen. Man sei beunruhigt durch die Rüstungen der Pforte und verlange sofortige Ein= stellung derselben und Unterwerfung unter die Bestimmungen des lon= doner Vertrags.

So stand dem Entschluß des Divan ein nicht minder fester Entschluß gegenüber. Die Dolmetscher erklärten dem Reis, daß ihre Chefs Konstan= tinopel verlassen würden, und die Versuche der türkischen Staatsmänner, um die kompakte Einheit ihrer Gegner zu sprengen, um durch eine Se= paratunterhandlung mit den Westmächten oder durch Vermittelung des Internuntius zum Ziel zu kommen, erwiesen sich als vollkommen erfolg= los. Nachdem der Reis am 11. sein Heil in einer nächtlichen Unter=

rebung mit Guilleminot versucht hatte, unternahm er es am 15., Stratford Canning zu bearbeiten. Aber Keiner von Beiden ließ sich dazu her, die griechische Frage fallen zu lassen, obwohl der Engländer, seinem eigenen Geständniß zu Folge, die weitgehendsten formellen und substantiellen Zugeständnisse machte und sich — ganz im Sinne der Metternich'schen Ideen — für befriedigt erklärte, wenn die Pforte den Waffenstillstand annähme und den Griechen aus eigenem Antrieb ähnliche Privilegien, wie die im Vertrage bestimmten, gewährte.

Man begreift schwer, was der Pforte die Zuversicht gab, die dazu gehörte, Stratford's vertrauliche Anerbietungen zurückzuweisen und auf dem halsstarrigen Widerspruch gegen jede Einmischung in die griechische Frage zu bestehen. „Wir haben", schrieb der englische Botschafter an Henry Wellesley, „unsere Instruktionen überschritten, um eine Vereinbarung zu ermöglichen, wir haben aber zweifellos konstatirt, daß der Widerstand der Pforte eben so positiv gegen das Wesen, wie gegen die Form unserer Vorschläge bezüglich der griechischen Frage gerichtet ist. Sie werden nicht überrascht sein, daß wir unter diesen Konjunkturen unsere Pässe verlangt haben." Am 24. November ward das letzte Wort zwischen der Pforte und den Vertretern der drei Mächte gesprochen. In einer fünfstündigen Konferenz erschöpfte man noch einmal alle Vorstellungen und Gründe, um den Widerstreit, der zwischen den Interessen Europa's und des Divan eingetreten war, zu lösen. Vergebens, Pertew blieb dabei: die Pacifikation Griechenlands ist Sache der Pforte, über die es keine Verhandlung giebt. Das Höchste, was er vertraulich in Aussicht stellte, war, daß der Großherr den Verbrechern verzeihen, von dem Rechte, andere Völkerschaften, z. B. Albanesen, in Griechenland anzusiedeln, keinen Gebrauch machen, und die Verwaltung Morea's einem gerechten Statthalter anvertrauen werde. Als diese Zugeständnisse von den drei Diplomaten für unzureichend erklärt wurden, um den Wiederausbruch eines Griechenaufstandes zu verhüten, bemerkte der Reis, daß sie vollkommen ausreichten, daß übrigens in der Zukunft S. K. H. den Griechen vielleicht neue Begünstigungen zufließen lassen werde. „Wir sprechen von dem, was nach der Unterwerfung zu geschehen hat", brach der englische Botschafter ungeduldig los, „bedenken wir früher, wie man zur Unterwerfung gelange." „Sehr richtig", erwiderte Pertew: und ich habe in dieser Beziehung nur zu sagen, die Unterwerfung wird sich von selbst geben, sobald nur die Höfe die ganze Sache der Pforte überlassen werden."

Die Berufung auf den londoner Vertrag brachte den störrischen Türken keineswegs aus dem Koncept. Er erklärte, die Pforte habe auf einen hinter ihrem Rücken und gegen sie geschlossenen Vertrag keine Rücksicht zu nehmen, und fragte, mit welchem Recht die Mächte den Vertrag geschlossen hätten? „Aus Rücksicht für das Wohl Europa's!" antwortete Graf Guilleminot. „Und um des europäischen Vortheils willen soll die

Pforte zu einem Nachtheil für das ganze mufelmännische Volk feine Zu-
ftimmung geben?" — „Das Reich des Sultans als Theil Europa's wird feine
Vortheile davon haben!" — „Darüber laffen Sie der Pforte das Urtheil.
Der Herr kennt fein eigenes Haus beffer als ein Frember. Wenn die
Griechen durch Hochverrath und Aufruhr Bevorrechtungen erlangen, wie
wird das auf die übrige Rajah wirken? und wenn dies auch nicht der
Fall, würde unfer Nachgeben unfere Freunde nicht täglich zu neuer Ein-
mifchung aufforbern?" — Die Unterredung erhitzte fich. Der Vertreter
Rußlands fragte: ob die Pforte es auf einen Bruch mit den Mächten
ankommen laffen wolle? Man brang in Pertew, das Widerftreben des
Sultans gegen die Regelung der griechifchen Frage zu überwinden. Man
drohte damit, die Päffe zu verlangen, falls der Sultan nicht binnen brei
Tagen „die Bitte der brei Bevollmächtigten für die Griechen gewähre".
Nach Verlauf diefer Frift, am 27. November, erfchienen die Dragoman's
bei der Pforte und verlangten, da die Bitte der brei Bevollmächtigten
unerfüllt blieb, die Päffe. Man verweigerte fie, da kein Grund zur Ab-
reife vorliege. Der Großvezier warf fich bei einer öffentlichen Begrüßung
am 29. November dem Sultan zu Füßen und bat ihn anzugeben, welche
Rechte er auf die Fürbitte der Großmächte den Griechen gewähre. Sultan
Mahmud fammelte fich und fprach: „In Rückfichts des Fürworts der brei
Höfe erlaffe ich den Rebellen das feit fechs Jahren rückftändige Kopfgelb,
fowie die Erftattung der Kriegskoften. Ich geftehe ihnen auch vom Tage
der Unterwerfung angefangen auf Dauer eines Jahres Befreiung von
allen Abgaben zu."

Wenn es fich in der That nur darum gehandelt hätte, Verbrecher
zu begnabigen, fo würden die Zugeftändniffe des Großherrn am rechten
Platz gewefen fein. Aber die Gefandten der Mächte waren von der politifchen Tragweite ihrer Aufgabe allzu tief burchbrungen, als daß fie fich
fo wohlfeilen Kaufs hätten abfinden laffen. Sie erklärten Mahmud's Zugeftändniffe für ungenügend, beftanden auf ihren Forderungen, erfuchten,
wenn ihnen keine Päffe gewährt werden follten, um ficheres Geleit, und
kündigten an, daß fie ihre Unterthanen unter den Schutz des niederlän-
bifchen Gefandten ftellten. — Da ließ der Sultan am 2. Dezember den
großen Rath des Divans, einen für nationale Ehre leicht zu fanatifirenben
Körper, zufammentreten, um die Lage des Reichs zu erörtern. Tau-
fende brängten fich an die Pforte, um das Ergebniß zu hören. Was
befchloffen wurde, war leicht vorauszufagen. Jebes weitere Zugeftänb-
niß an die Mächte warb als unzuläffig, Freundfchaft und Verträge
wurben als zerriffen erklärt und das Volk der Mohammedaner warb aufgerufen, die Waffen zu ergreifen, fich zur Vertheidigung feiner Religion
und Freiheit zufammenzufchaaren. Man verfagte felbft das geforberte
Geleite und verkündete, daß man nur aus befonderer Rückficht von dem
herkömmlichen Gebrauch des Austreibens der Unterthanen feindlicher Mächte

absehe und den in der Türkei lebenden Engländern, Russen und Fran-
zosen gestatten wolle, unter dem Schutz türkischer Gesetze zurückzubleiben.
Den Schutz des niederländischen Botschafters verwarf man. Nachdem sich
der Sultan endlich dazu bequemt hatte, wenigstens das Izni=Sefinė, die
Abfahrtserlaubniß, für die Schiffe der drei Diplomaten zu ertheilen, ver=
ließen Graf Guilleminot und Stratford Canning am 8. Dezember die
Hauptstadt, um sich nach dem Archipel und nach Korfu zu begeben. Graf
Ribeaupierre wurde durch ungünstigen Wind bis zum 17. Dezember in
Bujukdere zurückgehalten; er war im Begriff nach Odessa zu segeln, als
ihn ein Befehl des Zaaren anwies, seinen Kollegen nach dem Mittelmeer
zu folgen, wo „die Vereinigung der drei Bevollmächtigten die stets ein=
heitliche Politik der Tripelallianz repräsentiren, und, da sie nicht mehr
auf die Türken wirken konnte, die Griechen aufklären, ihre Parteiungen
beilegen, die Ausführung des Julitraktats beschleunigen sollte". *)

Ribeaupierre ward noch ein Zeuge der Gewaltmaßregeln, mit denen
die Pforte den diplomatischen Bruch begleitete. Die Kriegsrüstungen wur=
den mit krampfhafter Hast betrieben, aus allen Theilen des Reichs mar=
schirten Truppen nach dem Bosporus, in Adrianopel ward der kaiserliche
Palast hergerichtet und das Gerücht von dem Auszug des Sultans ver=
breitet. Hussein Pascha erhielt den Befehl über das bei Adrianopel zu er=
richtende Hauptlager. Die Aga's, die Dorfvorsteher und Lehensträger aus
Anatolien und Rumelien wurden nach der Hauptstadt berufen, um mit
ihnen das allgemeine Aufgebot zu berathen. Man händigte ihnen einen
Bahan=Name, eine Erklärung der Rechte, ein, in der sich der ganze unver=
söhnliche Kulturtrotz und der religiöse Fanatismus des Islam wider=
spiegelte. „Jeder mit Intelligenz und Kenntnissen begabte Mensch", so
beginnt er ähnlich dem Bahan=Name vom 10. Juni d. J., „muß aner=
kennen, daß, wenn das Volk der Muselmänner von Natur der moralische
Gegner jeder andern religiösen Gemeinschaft ist, daß dann die Bekenner
jeder andern Religion die Gegner der Muselmänner sein müssen. Vor
Allem aber hat Rußland sich stets als geschworenen Feind des Islam ge=
zeigt, gegen den es unaufhörlich die tückischsten Projekte schmiedet und
seit 50 oder 60 Jahren die frivolsten Vorwände zum Kriege ergreift. Die
schlechte Organisation der Janitscharen hat die russischen Fortschritte be=
günstigt; nach Gottes unerforschlichem Rathschluß bemächtigten sich die
Russen einer ottomanischen Provinz nach der andern und ihr Stolz und
ihre Ansprüche wuchsen von Tag zu Tage. Endlich stifteten sie, um die
Ausführung ihrer boshaften Projekte zu fördern, die Völker Griechenlands,
ihre Glaubensgenossen, zur Revolte an, schlossen mit ihnen einen Pakt,
dem muselmännischen Volk so viel Uebel wie möglich zuzufügen; die Russen
sollten außerdem die ottomanischen Provinzen angreifen und — was Gott

---

*) Depesche Nesselrode's an Lieven vom 6. Januar 1828.

verhüten möge! — alle wahren Gläubigen vertilgen, das türkische Reich aus der Liste der Staaten streichen."

So athmet der ganze Bayan-Name den Religionsfanatismus und den Haß gegen Rußland. Rußland hat die Pforte daran verhindert, die Rebellion der Griechen zu bestrafen und zu ersticken. Es hat „seinen Wahnsinn den andern Mächten mitgetheilt und sie zum Abschluß eines Bündnisses vermocht, um die Rajah von der osmanischen Herrschaft zu befreien. Es hat die Schlacht von Navarin, „die Verbrechen und Schand= thaten veranlaßt, deren Opfer die kaiserliche Flotte war." Es hat die Gesandten in Konstantinopel angestiftet, auf ihren eiteln Vorschlägen bezüglich der Freiheit der Griechen zu bestehen und schließlich Konstanti= nopel zu verlassen. Aber das Gesetz verbietet dem islamitischen Volk, aus Furcht vor einem Krieg seine Religion schänden zu lassen, Land, Eigen= thum, Weib und Kind den Ungläubigen zu überlassen. Es zählt seine Feinde nicht. Sollten selbst alle Ungläubigen nach dem Text „Sie bilden nur ein einziges Volk" sich für diese Sache verbinden, so werden wir uns erheben für Glauben und nationale Existenz, Alle, Reich und Arm, Groß und Klein, diesen Kampf als heilige Pflicht betrachten. Gott ist unsere Stütze!

„Wir haben", erklärte der Reis dem preußischen Gesandten, der ihm Vorstellungen wegen des unerhörten Tons machte, der in diesem Bayan= Name vorherrsche, „von Niemandem Etwas zu hoffen, auf wen sollten wir dann Rücksicht nehmen?"

Dieser Politik der Verzweiflung entsprach es nur, daß man sich von allen Rücksichten der Menschlichkeit gegen die Nationalen der Franken los= sagte, und die „Ausreinigung des fränkischen Elements" zum System er= hob. Die friedfertigsten Engländer und Franzosen wurden unbarmherzig vertrieben, und auf etwaige Vorstellungen erfolgte der eintönige Bescheid, die englisch=französischen Admiräle hätten bei Navarin ja ebenfalls weder Gerechtigkeit noch Menschlichkeit gezeigt. Ueber die katholischen Armenier erging ein furchtbares Strafgericht; sie wurden 12,000 an der Zahl mit= ten im Winter von der Hauptstadt nach Angora verwiesen. Daß unter= wegs Hunderte vor Kälte und Hunger starben, focht den Reis wenig an; „Angora ist nicht Sibirien", bemerkte er mit trockener Bosheit. Als der Internuntius sich der Unglücklichen annehmen wollte, ward ihm zu ver= stehen gegeben, daß es die Abhängigkeit dieser katholischen Armenier von einem fremden Souverän, vom Papste sei, welche den Sultan zu strengen Maßregeln veranlassen müßte. Mahmud war von seinem Minister auf die politische Ge= fährlichkeit des Katholicismus hingewiesen worden. „Da", heißt es in einem von den orthodoxen Armeniern inspirirten Bericht Pertew's an den Sul= tan,*) „nach den Verordnungen dieses Schweins, des Papstes, die Frauen

---

*) Rosen, Geschichte der Türkei, I. S. 60. Eine Intrigue der orthodoxen Ar=

der Katholiken ohne Schleier gehen, da sie in ihrer Fastenzeit Fische, allerlei Seethiere und vieles der Art essen dürfen, da der Papst Dispense und große Erleichterungen bewilligt, um den armenischen Ritus zu sich heranzuziehen, und da er in äußerster Lästerung der Statthalter des Propheten Jesus — über dem Heil sei! — zu sein behauptet, da nach dem Dogma des Katholicismus der Papst allen verstorbenen Ungläubigen die Sünden verzeihen und ihnen Passirscheine zum Eintritt in das Paradies verleihen kann — so sind nach und nach viele Individuen von der armenischen Nation Katholiken geworden. Wenn nun von den dem Papst unterworfenen Völkern, z. B. den Deutschen oder Venetianern, das eine oder das andere sich im Krieg mit dem osmanischen Reich befindet, dann thun die katholischen Rajah's alles, was in ihrer Macht ist, um durch Verrath den Feinden der Pforte Vortheile zu verschaffen, denn sonst würden sie sich in ihrer religiösen Ueberzeugung als Rebellen gegen den Propheten Jesus fühlen. Die Aufführung der griechischen Nation beweist hinlänglich die Wahrheit dieser Behauptung, während die dem Glauben ihrer Väter treugebliebenen Armenier, welche weder an der einen noch der anderen Seite Interesse nehmen, der Pforte unzweifelhaft aufrichtig ergeben sind."

So vibrirte die religiöse Seite, welche der Bahan-Name vom 20. December 1827 angeschlagen hatte, fort. Eine friedliche harmlose Bevölkerung war zum Sühnopfer des großherrlichen Zorns über die Schlacht von Navarin auserloren, der Haß und der Glaubenseifer des Stifter des Islam war aus dem Grabe beschworen worden. Der religiöse Fanatismus der Gläubigen kehrte sich nicht mehr blos gegen Rußland, sondern gegen die Christenheit überhaupt.

Man war in der That versucht zu glauben, ein verderblicher Dämon bethöre den Sultan und berathe ihn. Noch einmal hatte Alles an einem Haar gehangen, hatte es in den Händen der Türken gestanden, die griechische Revolutionsbewegung zu vereiteln. Wenn sie die Bedingungen Stratford Canning's annahmen, so trat an Stelle eines freien ein abhängiges Griechenland, in welchem der Sultan die Macht mit den „Kodjabaschi's" theilte, während das Volk um die Früchte seines blutigen Ringens betrogen war. Die Verblendung Mahmud's hat bewirkt, daß es nicht so kam, ihr schuldeten die Griechen den aufrichtigsten Dank.

Die Schlacht von Navarin war in Griechenland wie eine Erlösung empfunden worden. „Freut Euch", schrieb Nikitas am 21. Oktober von

menier liegt jedenfalls vor. Die Vermuthung von Gervinus VI. 376, daß die Pforte aus Mißtrauen wegen der russischen Beziehungen des orthodoxen Patriarchen von Etschmiazin diese Schreckensmaßregeln getroffen habe, ließe sich dahin modifiziren, daß die orthodoxen Armenier, um jeden Verdacht von sich abzuwälzen, den Zorn Pertew's und des Sultans auf die ihnen so verhaßten katholischen Separatisten zu lenken suchten.

der Stätte des Kampfes aus an Kolokotronis, „unfer theueres Vaterland
Hellas, das fo Schweres erduldet, ift erftanden und feine unerträglichen
Leiden hören auf." In der That: die Krifis war eingetreten. Nur wer
durch göttliche Fügung plötzlich aus fchwerer Prüfungszeit errettet wird,
kann den Jubel begreifen, den das große Ereigniß unter den Griechen
hervorrief: trunken vor Freude erfüllte das Volk die Kirchen und ftrömte
feinen Dank in frommen Gebeten aus.

Allein wenn der Raufch verflog und wenn man rings um fich blickte,
fo fand man Armuth und taufend Wunden.

Wohl durfte der Reifende, der im Jahr 1827 nach Griechenland
kam, die Frage aufwerfen: „Wo ift die Nation, zu deren Gunften die
Großmächte intervenirt haben?"

Sieben Jahre hindurch hatte der furchtbare Kampf gewüthet. Die
Helden, die das Kreuzesbanner hochgehalten hatten, die Germanos, die
Marko Botfaris und Karaïskakis lagen im Grabe. Die Gluth der Lei=
denfchaft, welche zu Thaten wilder Größe und Kraft getrieben hatte, war
in den Kämpfern felbft erlofchen. Hohläugige Jammergeftalten irrten zwi=
fchen rauchenden Trümmern und verwüfteten Aeckern umher. Verlangend
richtete fich das Auge nach Weften, von wo der Mann kommen follte, der
die Revolution befchloß, aus Zwietracht, Verzweiflung und Todesnoth er=
rettete.

Lord Byron hat Griechenland im „Giaur" mit einem eben Ent=
fchlafenen verglichen:

> Wie fchön und ftill und fanftgewiegt,
> Der erfte Schlaf des Todes liegt,
> So liegt auch Hellas ftill und hehr,
> Noch Hellas, doch es lebt nicht mehr,
> So grabesfchön, fo lieblich kalt,
> Doch feelenlos — Dich fchaudert bald.
> Liebreiz' im Tod find ihm verlieh'n,
> Die nicht mit fliehendem Leben flieh'n:
> Unheimlich fchöner Farbenduft,
> Der ahnungsvolle Schmuck der Gruft,
> Des Lebens Dämmerung bleich und fahl,
> Ein Glorienfchimmer um ein Todtenmahl,
> Der fterbenden Empfindung Abfchiedsftrahl,
> Funk' einer Gluth, die himmlifch wohl entftand —
> Sie glimmt, doch wärmt nie mehr ihr Lieblingsland.

Wenn je, fo paßt das melancholifche Gleichniß auf den Anblick, den
Griechenland im Jahr 1827 gewährte. Sehen wir zu, ob Kapodiftrias
der politifche Meffias war, der zu dem Todten fprechen konnte: „Stehe
auf und wandle!"

Ende des fünften Buchs und erften Bandes.

Beilagen.

Beilage I.

Eine Déclaration des Puissances Alliées aus Laibach, vom 12. Mai 1821 datirt, nennt als Ziel der Allianzpolitik: Erhaltung der Unabhängigkeit und der Rechte von jedem Staate, wie sie durch die bestehenden Verträge garantirt sind.

Das öftreichische Kabinet fügte eine Cirkularbepesche bei: Depêche circulaire L. 12. Mai 1821.

Que les Souverains Alliés respectant les droits et l'indépendance de tout pouvoir légitime, regardoient comme légalement nulle et désavouée par les principes qui constituent le droit public de l'Europe toute prétendue reforme opérée par la revolte et la force ouverte; que ces principes les ont dirigés dans les évènements de Naples et du Piémont et dans ceux mêmes qui, sous des circonstances très différentes mais par des combinaisons également criminelles, ont livre la partie Orientale de l'Europe à des convulsions incalculables.

Die erste Nachricht der Erhebung Ppsilantis' kam durch die Berichte des Kaiserlichen Agenten Fleischhackel vom 9. und 19. Februar aus Bukareft nach Laibach.

Auf Wunsch des Kaisers Alexander vereinte Fürst Metternich die Gedanken und Ausbrüche des Zaaren mit denen des Kaiser Franz über dies Ereigniß: Mémoire sur les affaires de la Grèce. Laibach 7. Mai 1821.

Quelque liée que puisse être cette révolte au mouvement général des esprits en Europe, quelque préparée qu'elle ait pu être dans un sens strictement national et quelque naturel que puisse être le soulèvement d'un peuple foulé par la plus affreuse des oppressions, cette explosion est sans aucun doute la suite immédiate d'un plan prémédité et directement dirigé contre la puissance la plus redoutable aux factions, contre l'union des deux Monarques dans un système de conservation et de restauration. Comment aussi le soulèvement auroit-il pu être conçu dans l'intérêt de la nation grecque reduite comme elle étoit pendant plusieurs siècles à un état extrême de degradation? C'est un brandon jeté entre l'Autriche et la Russie, un moyen pour entretenir l'incendie libérale, pour embarasser le Monarque le plus puissant du rite Grec avec ses correligionaires et de remuer le peuple russe dans un sens opposé au mouvement que son Souverain donne à Sa politique, un moyen enfin pour le forcer à retirer ses regards de l'occident afin de les fixer en entier sur l'orient."

In der letzten Unterredung zwischen Metternich und Kaiser Alexander zu Laibach (13. Mai) setzte man eine Berständigung in 2 Punkten fest. (Depesche Metternich's nach London 14. Mai.)

1. De ne jamais s'écarter des principes indiqués dans le mémoire précédent.

2. Dans le cas où l'anarchie dût se consolider dans la Turquie Europenne et menacer le repos des deux Empires, que toute mesure à prendre sera sujette à des explications et à une entente directe entre les grandes cours de l'Europe.

Lützow erhielt Auftrag mit Rußland zu gehen, aber die Kollektivform zu vermeiden, welche der Pforte stets zuwider ist.

Er freue sich, schrieb Metternich den 29. April, daß die Pforte die redlichen Absichten des k. k. Kabinets anerkenne (türkische Note vom 24. März), aber bedauere, daß dieselbe nicht früher seine Warnung bezüglich der Aufrührer gehört habe; aus dieser Katastrophe sei das Mißtrauen der Pforte gegen Rußland entstanden, welches durch die Uniformität der Religion gestützt worden sei. Daher müßte die Erklärung von Laibach bezüglich der Erhaltung des Bestehenden der Pforte für die großherzigen Absichten des Kaisers bürgen.

Der Internuntius bemerkte, da Strogonoff von der Nützlichkeit der Amnestie sprach: der Sultan habe Rache geschrieen und das ganze Volk athme nur dies Gefühl, die Muselmänner seien von dem Glauben der russischen Konnivenz nicht abzubringen. Daher ihre große Aufregung und ihre Excesse. Daher habe der Sultan, um das Volk zu beruhigen, einige Exempel, wie das am Patriarchen, statuiren müssen. (Laibach 25. April, Rapport de Const. 86.)

Strogonoff's Amnestieverlangen und Bitte um Einführung regelmäßiger Postschifffahrt zwischen Konstantinopel und Odessa wurde bisher zurückgewiesen, der Reis erklärte, die Bosporuskanoniere würden auf die Boote schießen, die Würde der Pforte verlange, daß sie die Beleidigungen, welche ihr die Rebellen zugefügt, räche. (Rapport 18. Mai.)

Er erschwerte die Passage der russischen Kornschiffe. Strogonoff protestirte gegen dieses Handelshemmniß und erklärte, die Ausführung sei ein Attentat gegen die Freundschaft der Höfe. (4. und 12. Mai.)

Der Reis antwortete mit Vorwürfen gegen den russischen Konsul in Patras wegen Aufwiegelung. (Rapport 19. Mai, 25. Mai, 84.)

Die Pforte sehe in der heiligen Allianz einen künftigen Kreuzzug gegen den Islam.

Am 17. Mai stellte eine Depesche Metternich's an Lützow vor, daß die Pforte keinen Vernichtungskrieg gegen die Christen führen dürfe, denn die öffentliche Meinung Europa's könne die bestmeinenden Regierungen zu Maßregeln hinreißen, die gefährlicher für die Pforte sein würden, als für sie.

Depesche Metternich's an Lützow vom 3. Juni 1821. Die Pforte nehme als Kraft, was nur der wenig überlegte Eklat des Schreckens sei, sie habe Nichts im Voraus hindern wollen, und werfe sich deshalb in wohlfeile und gefährliche Verwickelungen.

Metternich befürwortete in einer Depesche nach London vom 14. Juni Austausch mit dem englischen Kabinette über die orientalische Frage: da die Türkei auf Rußland drücke, die Vergangenheit mit der Gegenwart, die Bewegungen der Sektirer mit der gegenwärtigen Stimmung des Kaisers konfundire.

Metternich bocirte nach Berlin: (1. Juni 1821) Die Politik der Kaiserin Katharina sei Eroberung, die Griechen seien ihr Mittel gewesen. Sie habe eine Menge Berührungspunkte zwischen den Griechen und der russischen Nation geschaffen.

Der Kaiser Alexander befolge keine Eroberungspolitik. Seit dem Frieden von Bukarest 1812 wolle er in den Donaufürstenthümern durch moralischen Einfluß eine natürliche Assimilation vorbereiten.

Der Großvezier ließ durch den Internuntius eine Beschwerdenote über Strogonoff nach St. Petersburg vermitteln, welche diesem Alles das in die Schuhe schob, was die Pforte schon längst Rußland Schuld gab. (Rapport 6. 2. Juli 1821.) Neuer kriegerischer Hat vom 2. Juli.

Eine ruſſiſche Note an den Reis (übergeben am 19. Juli) verlangt Wiederher=
ſtellung der griechiſchen Kirchen, Garantien für Unverletzlichkeit des Kultus, weiſe Dis=
tinguirung zwiſchen Schuldigen und Unſchuldigen; wenn das Bisherige die Wirkung eines
Syſtems geweſen ſei, wozu einzelne Fanatiker die Pforte gezwungen, möge ſie es des=
avouiren. Abherirt die Pforte, ſo hat Strogonoff den Faden der Unterhandlung wieder
aufzunehmen, Pacifikation der Fürſtenthümer und allmähliche Entwaffnung der Griechen
mitzubewirken.

Weigert ſich die Pforte gegen dieſe Bedingungen, die mit dem Gewiſſen des Kai=
ſers übereinſtimmen, und die Koexiſtenz des türkiſchen Reichs mit den chriſtlichen Re=
gierungen verlängern können, ſo würde ſie ſich in offene Feindſeligkeiten verſetzen, der
Geſandte hätte Konſtantinopel zu verlaſſen.

Der Kaiſer ſprach nach Wien 22. Juni den Wunſch aus, mit ſeinem Alliirten
auf einer Baſis zu bleiben. Da aber Bruch mit der Pforte vorauszuſehen, welche ihr
Zerſtörungsſyſtem gegen die Chriſten außer Stand ſetze, mit den chriſtlichen Regierun=
gen zu koexiſtiren, ſo glaubt der Kaiſer über die Punkte, die er verlangen kann, ſich
näher gegen ſeinen Alliirten auslaſſen zu können. — — —

Wenn die Pforte ihr Syſtem nicht ändern wolle oder könne, müſſe Europa einen
großen Entſchluß faſſen: denn Rußland werde nicht allein handeln.

Beſchwert ſich über Strogonoff's Behandlung, der ſeinerſeits über den britiſchen
Geſandten klage.

In einer Unterredung mit Bajot und Lebzeltern erklärte (3. Juli) Alexander:
er wünſche den Frieden, aber die öffentliche Meinung Rußlands ſpreche ſich ſo heftig
gegen die Pforte aus, daß er nicht Zuſchauer bleiben könne. Er ringe zwiſchen den
Principien von Laibach und dem ſtarken Impuls zum Bruch.

Reſervirter Bericht Lebzeltern's vom 4. Juli: Der Kaiſer habe wahrſcheinlich' die
Folgen der ruſſiſchen Expedition vom 16. Juni nicht erwogen, ſie riſſe ihn weiter, als
er gedacht, ſie ſei das Werk von Kapodiſtrias.

Metternich läßt durch Lützow (17. Juli) die Pforte auf die reinen, edeln Geſinnun=
gen des Kaiſers Alexander hinweiſen; der Vernichtungskrieg gegen die Chriſtenheit
könne ihn aber hinreißen, ja nicht blos die griechiſche, jede chriſtliche Religion könne
hingeriſſen werden. Die Pforte müſſe eine Linie zwiſchen der Vergangenheit und der
Gegenwart ziehen, Strenge und Milde vereinen, die Inſurgirten pacificiren und gute
Nachbarſchaft halten.

Bliebe die Pforte gegen die ruſſiſchen Forderungen ſtarr, ſo könne das ſchwere
Verwickelungen herbeiführen, Oeſtreich werde in die Unmöglichkeit verſetzt, ſich der
Pforte weiter zu nähern.

18. Auguſt. Ankündigung, daß die Pforte eine Amneſtie, was unerhört in ihren
Annalen ſei, geben werde. (Es ſtellte ſich aber ſpäter heraus, daß dies nur ein Hirten=
brief des Patriarchen ſei, der die Berirrten zu ihrer Pflicht zurückrief. Metternich's
Depeſche nach London, 16. Juli.) Die griechiſche Revolte und der ruſſiſch=türkiſche
Streit ſeien zu ſcheiden.

Kaiſer Alexander wolle den Krieg nicht, aber die Ruſſen wollen ihn. Es handle
ſich darum, ob er die Sache als iſolirt ruſſiſch oder als ein gemeinſames europäiſchen
Intereſſe anſehen wolle. Man müſſe ihn ſeinem kriegeriſchen Kabinette gegenüber zu
halten ſuchen, renforcer l'attitude de S. Majeſté (Reſervé 18. Juli).

Aus einem Parteiunternehmen dürfe kein europäiſcher Krieg werden.

Im Feſthalten an den laibacher Principien beruhe das Heil der Welt. (3. Auguſt.)

Der König von England ſchrieb an den Kaiſer im gleichen Sinne, man ſolle war=
ten, bis das Nachdenken über den Fanatismus bei den Türken geſiegt habe.

Das preußische Kabinet erklärte (preußische Note an Alopäus vom 27. Juli): ein Krieg mit der Pforte sei das Todesurtheil des Systems der Solidarität. Une guerre politique a-t-elle jamais reparés des maux intérieurs?

Im Gespräch mit dem britischen Gesandten erklärt Alexander: (2. August, Rapport von St. Petersburg 6.) er wolle seine Langmuth gegen die Pforte so weit treiben, als es die Würde des Reichs erlaube.

Kapodistrias nennt sich Bajot gegenüber „interessirte Partei"; Rußland habe das Recht, die Türken aus Europa zu treiben; Nesselrode kann sich gegen den wühlerischen Geist seines Kollegen nicht wehren.

Die Antwort der Höfe, welche die griechische Sache alle vom europäischen Standpunkt gefaßt wünschten, befriedigte den Kaiser; nur die Londonderry's nicht, weil sie ihm die Rolle eines einfachen Zuschauers anwies.

In Mitten einer verwilderten Bevölkerung bedürfe Kaiser Alexander, meint Metternich (Dépêche reservée à Londres 14. avril) der moralischen Stütze vom londoner Kabinette; wenn die Mächte die Sache aus dem philanthropischen Rahmen zögen, in den die Parteileute sie zwängen möchten, und in den einer freien offenen Politik setzten, so werde der Sturm vorbeigehen, ja könne zum Guten führen, sonst würde Nichts die Staaten vor fortwährendem Umsturz sichern. Il faut donc serrer les rangs.

Kaiser Alexander muß gestehen, daß Strogonoff (Rapport von St. Petersburg 7. August) sich vom Zorn hinreißen ließ, da ihm seine Instruktionen vom 16. Juli doch vorschrieben, wenn die Umstände erlaubten, die Sprache zu mobificiren.

Doch erwache das russische Nationalgefühl, dem müsse man Rechnung tragen.

11. Juli verlangte Kaiser Alexander in einem Privatbrief an Kaiser Franz, derselbe möge bei den andern Mächten Garantie für die russischen Absichten in der orientalischen Sache ablegen. (Wortlaut bei Prokesch-Osten, Geschichte des Abfalls der Griechen, Wien 1867, Band III, S. 124.)

Antwort vom 22. August. Großes Uebel sei Strogonoff's Abreise. Kaiser Franz will die Garantie für die Gegenwart geben, wie er sie für die Vergangenheit gegeben habe, obwohl eine Garantie auf so unbestimmte Fakten verlange, daß man Allem, was das System verlangen könne, zuvorkomme. (Wortlaut bei Prokesch, Bd. III. S. 156.)

Der Internuntius soll die Pforte anhalten, (3., 17., 19. August Dpsch.) die Gegenwart von der Vergangenheit zu trennen, sich versöhnlich zu zeigen; sie würde Alles riskiren, wenn sie einer Annäherung, auf die Noblesse des Kaisers Alexander gegründet, einen gefährlichen Kampf vorzöge.

Vorschlag zur Friedenskonferenz in Wien, 24. August in einer Cirkular-Depêche. Reservée an Lebzeltern:

Man müsse eine Linie zwischen der Gegenwart und der Vergangenheit ziehen: jede Unterstützung an die Sache der Parteileute sei das Signal zu großen Umwälzungen.

Die Pforte verlange hartnäckig Auslieferung der Flüchtlinge: une impossibilité se trouve opposée là à un droit resultant d'un traité. Durch den Appell an die Religion habe der Sultan die Sache verwirrt. (Depesche an Lützow 4. Sept.)

Er solle auf sein Recht, die Auslieferung zu verlangen, verzichten. Die Mächte können eher eine Million Soldaten nach der Türkei führen, als auf der Linie der Verträge bleiben.

Die Pforte werde auch schon milder. Suche um die östreichische Vermittlung beim Zaaren an.

Sobald aber Oestreich und England sich freundlich erwiesen, eine Proklamation an die Griechen vorschlugen, um die Grausamkeiten des Kriegs zu vermeiden, — ward die Pforte wieder steif: als die Furcht vor dem Bruch mit Rußland schwand, schwand auch die Ehrfurcht vor den Vermittlern.

25. Sept. Lützow: Nr. 107, I.

Dans toute négociation avec la Porte le diplomate étranger a à lutter tant avec sa méfiance, l'âme de sa politique passive, comme le mensonge et la duplicité sont les auxiliaires de sa politique active, qu'avec le fanatisme musulman méprisant tout ce qui est chrétien. Elle est outre cela faible et paralysée par la canaille fanatique des janissaires.

Kaiser Alexander an Londonderry (25. August) will, trotzdem die allgemeine Bewaffnung der Türken beweise, daß sie nicht mehr auf dem Standpunkte, wie zu Laibach, der Ansicht seiner Alliirten beferiren.

Lebzeltern meldete, daß das russische Kabinet nicht auf das Projekt (29. August) einer Zusammenkunft eingehen wolle. Nesselrode's Expedition vom 29. August an den Großvezier decke unter dem Schein der Mäßigung den Entschluß Krieg zu führen; sie beharrte in der That kategorisch auf allen russischen Forderungen. Die russische Cirkular-Depesche von demselben Datum spricht aus: Der Kaiser könne nicht mehr hoffen, daß die Pforte ihr Benehmen ändere; er bedauere, daß sie dadurch der griechischen Revolution den Charakter legitimer Vertheidigung aufbrücke.

Die Antwort des Kaisers Franz, die sich darauf beschränkte, (Rapport vom 11. Sept. Petersburg.) dem hohen Alliirten moralische Hülfe anzubieten, desappointirte diesen. Er hatte lieber einen drohenden Schritt gegen die Pforte erwartet.

Das östreichische Kabinet (Metternich nach London 7. Sept.) macht sich zur Norm, die Schwachen aufzurichten, ihnen Haltung zu geben, die Starken nicht zu reizen, ihnen all' zu viel Erleichterungen zu nehmen.

Doch muß Fürst Metternich (Depesche nach Paris 5. August, 1. Okt.) auf die Abhängigkeit des französischen Kabinets von dem russischen hinweisen. Die Royalisten hätten sich der griechischen Sache bemächtigt, um einen Kreuzzug zu Gunsten der Griechen zu predigen, die Revolutionäre, um Machinationen anzulegen (ourdir).

Dagegen erntet das berliner Kabinet als von den „reinsten und besten Absichten" beseelt, die größten Lobsprüche; (Depeschen 14., 15., 24. August, 4., 16., 26. Sept. Rapport von Berlin 22., 29. Sept.) denn es bietet in seinen Erklärungen den andern Kabinetten, sowie den deutschen Höfen offen die Hand.

Der Aufstand der Griechen hat die geistige Aufregung in Deutschland sehr vermehrt.

Die Schwäche des baierschen, die Komplicität des würtemberger Hofes gegenüber diesem Treiben machten einen gemeinsamen festen Schritt der beiden Großmächte nöthig, um dem revolutionären Spiel des Prof. Thiersch und Konsorten ein Ende zu machen: qui seroit ridicule s'il n'était criminel.

Berlin, 22. Sept. 4.

Les derniers rapports de l'Internonce, que V. A. a hier voulu m'envoyer avec cette expédition, m'ont mis à même de prouver de la manière la plus évidente au Ministre ... du Roi (M. de Bernstorff) que la Porte se trouve actuellement sur la ligne la plus sage, la plus correcte et la plus conciliante, et que sous ce point de vue nos efforts réunis ont été couronnés du plus beau succès, de sorte qu'il ne peut nous rester que le désir de voir les représentants des 4 Cours à Constantinople se maintenir toujours sur une ligne qui déjà a été la cause de tant de bien.

J'ai également fait part à Mr. le Comte de Bernstorff du rapport de notre ambassadeur à Paris du 4. de sept. que Votre A. a bien voulu me confier à cet effet et dans le but de lui fournir une nouvelle preuve de la marche vacillante et faible que le Gouvernement français ne cesse de suivre au grand détriment de la cause commune. Le Ministre des affaires étrangères n'a pas hésité à convenir, qu'il jugeait la conduite du Ministère français absolument de la même manière que nous le faisions, mais qu'il en étoit bien moins surpris ayant toujours vu bien clairement que le Duc de Richelieu et Mr. Pasquier voulaient avant tout se régler d'après les dispositions du Cabinet de St. Pétersbourg relativement aux affaires de l'Orient et que, pressés de s'expliquer catégoriquement avant de connoître les intentions de la Russie, il était naturel qu'ils eussent saisis tous les subterfuges en leur pouvoir pour éluder une explication claire et précise de leurs vues.

Je me suis acquitté avec la même exactitude scrupuleuse des ordres que Votre Altesse m'a adressés dans la depêche principale au sujet de l'usage que le Cabinet Russe a fait du mémoire de Mr. Ancillon.

J'ai rendu attentif le Ministre Prussien aux conséquences qui en résulteroient dans l'avenir s'il permettoit qu'on change ainsi à volonté le caractère de ses communications. Cette tâche n'a pas été difficile à remplir. Mr. de Bernstorff a senti qu'il auroit beaucoup mieux valu de ne pas communiquer cette pièce au Cabinet Russe. Il m'a assuré qu'il s'était expliqué très fortement et avec toute la franchise possible envers Mr. le Comte Alopéus en lui rappellant que lorsqu'il lui remit le mémoire en question il lui avoit repété que c'étoit le travail d'un homme bien intentionné et renfermant des vues utiles, mais que le Cabinet de Berlin étoit bien loin d'en adopter la redaction et de lui accorder une sanction officielle. C'est donc un abus de confiance, me dit-il, qu'on s'est permis en l'envoyant officiellement à Paris, mais il n'en résultera pour nous d'autre inconvénient que celui de désavouer cette pièce toutes les fois qu'il en sera question et de déclarer comme nous l'avons déjà fait qu'elle n'est pas sortie de la plume du Ministère.

signé Zichy.

29. Sept. 1821.

Je n'ai rien négligé pour convaincre Mr. le Comte de Bernstorff de la nécessité de tenir un langage ferme aux Cabinets de Munic et de Stuttgart rélativement aux publications extravagantes que quelques professeurs Allemands ont osé adresser à la jeunesse en faveur des Grecs.

Il est à éspérer que nos efforts réunis parviendrout à effectuer ce que la faiblesse et la malveillance ont empêché jusqu'à présent d'opérer au grand détriment de tous les Gouvernements légitimes.

Preuß. Cirkular an bie baierfche unb württembergifche Gefanbtfchaft. (Sept. 1821).

E. E. finb bereits felbft auf bie Berfuche aufmerkfam geworben, theils burch öffentlichen Aufruf, theils burch heimliches Treiben in Deutfchlanb Hülfsvereine für bie im Aufftanb gegen bie Türken begriffenen Griechen zu bilben.

Diefe Erfcheinung ift von ben beutfchen Regierungen fehr verfchieben aufgefaßt unb beurtheilt worben.

Einige berfelben fcheinen barin nur eine augenblickliche, aus preiswürbigen Gefühlen ber Religion unb Menfchlichkeit hervorgegangene Aufwallung ber Gemüther gefehen zu haben, welche, unfähig große Refultate zu erzeugen, balb in fich felbft zufammenfinken müffe. Anbere Regieruugen haben in biefem Streben, in Deutfchlanb eine thätige Theilnahme zu Gunften ber Griechen aufzuregen, rein politifche, großentheils auf Deutfchlanb felbft berechnete Zwecke zu erkennen geglaubt.

Wir unferfeits haben uns vom erften Augenblick an biefe letzte Anficht zu theilen nicht erwehren können, und unsere Maßregeln und Verfügungen von dieser Ansicht aus getroffen.

Welche Ansprüche die Griechen auf die Theilnahme der übrigen europäischen Völker in bloßer Rücksicht ihres bisherigen Verhältnisses zur Türkei haben mögen, ist um so weniger hier der Ort zu untersuchen, als es am Tage liegt, daß der Aufstand derselben seinen Grund weit weniger in ihrem eigenen Gefühle, als in den Bemühungen und Berechnungen derer hat, welche dieses Gefühl für ihre, den Griechen fremden Zwecke in Anspruch genommen, und diese dadurch zu Werkzeugen und größtentheils schon zu Opfern ihrer Ansichten gemacht haben.

Allein ganz abgesehen von dem Werthe oder Unwerthe der Sache der Griechen an sich, kann es gewiß von denen, welche die Richtung der Gemüther und die Natur der Gährung streitender Meinungen in Deutschland zu ergründen Beruf und Veranlassung haben, nicht verkannt werden, wohin es führen würde, wenn die deutschen Regierungen nicht nur schon in polizeilicher Hinsicht unzulässige Geldsammlungen für ausländische Zwecke und Werbungen inländischer Jünglinge zu auswärtigem Kampfe dulden, sondern es auch gestatten wollten, daß in einem Augenblicke, wo der im Orient ausgebrochene, tief in alle politischen Verhältnisse des europäischen Staatenbundes eingreifende Kampf auch für das besondere Interesse jedes einzelnen Staates eine in ihren Folgen schwer zu berechnende Krisis herbeiführt, durch öffentlichen Aufruf von Seiten einzelner Privatpersonen eine einseitige Theilnahme ausgesprochen und wirksam zu machen versucht, dem Urtheile oder den Maßregeln der Regierungen vorgegriffen, der öffentlichen Meinung eine vielleicht mit dem Interesse der Staaten in Widerspruch stehende Richtung gegeben, und solcher Gestalt unter dem Deckmantel und dem Aushängeschild religiöser und rein menschlicher Gefühle in dem eigenen Schooße Deutschlands gewissermaßen ein Brennpunkt zu einem Verein moralischer und physischer Kräfte gebildet werde, welcher, wenn er nicht in seinem ersten Entstehen unterdrückt wird, nur zu leicht würde einen Anwuchs, eine Kraft und eine Richtung gewinnen können, welche mit Erfolg zu bekämpfen es — und darauf ist allem Anschein nach das ganze Unternehmen berechnet — den Regierungen dann an hinlänglichen Mitteln gebrechen dürfte.

Diese Betrachtungen haben nicht nur die Verfügungen unserer eigenen Regierung zu bestimmen, sondern auch die Aufmerksamkeit derselben auf das Benehmen und die Maßregeln anderer Regierungen in Betreff dieses Gegenstandes lenken müssen; denn wer könnte sich heute verhehlen, daß wenn in einem einzelnen deutschen Staate eine der öffentlichen Ruhe und Ordnung Gefahr bringende Unternehmung sich anspinnen und ungerügt oder ungestraft zur Ausführung reifen sollte, diese Gefahr sofort eine dem ganzen Deutschland gemeinschaftliche werden würde?

Unter den Aposteln der Freiheit hat, so weit uns hier bekannt ist, keiner so viel Frechheit und eine so grobe Verkennung seiner Pflichten und Verhältnisse an den Tag gelegt als der Professor Thiersch zu München, welcher, die gesetzlichen Schranken verhöhnend, so seine leidenschaftliche Wirksamkeit in den öffentlichen Blättern seines Landes gefunden, sich nicht entblödet hat, die ungebundene Rücksichtslosigkeit, welche bei der Redaktion und Censur der würtembergischen selbst officiellen Zeitungen obwaltet, zu mißbrauchen, um die deutsche Jugend zur Bildung eines bewaffneten Vereines aufzufordern, dem er die Residenz seines eigenen Souveräns zum Sammelplatz anzuweisen kein Bedenken getragen hat.

Da diese eine so auffallende Erscheinung die Aufmerksamkeit und die Besorgnisse des K. K. Hofes nicht minder als des unserigen hat erregen müssen, so nehme ich keinen Anstand E. E. hierdurch zu ermächtigen, über diesen Gegenstand mit der Kaiserlichen Gesandtschaft zu München und Stuttgart vertrauliche Rücksprache zu nehmen, und sich den Schritten und Vorstellungen anzuschließen, welche diese Gesandtschaft zu thun angewiesen sein möchte.

Würde das Ziel des Friedens erreicht, so würde es der glorreichste Triumph des Staatskanzlers sein, erklärte das Berliner Kabinet (Preußische Depesche nach Wien 29. Sept.). Ancillons Memoire ließ den Ansichten des preußischen Kabinets ein falsches Licht. (Rapport reservé de Petersbourg, 20. août.)

Graf Bernstorff hatte es den alliirten Höfen mit dem Bemerken übergeben, es sei keineswegs die Meinung des Hofs, sondern nur Privatmeinung, Ancillon habe es dem Ministerium übergeben. Da es aber in Kapodistrias' Hände fiel durch Alopäus, gerieth derselbe in Entzücken über die Konformität der Ansichten. (Russische Depesche vom 17. Juli 21.)

Metternich stellte nun vor, wie bedenkliche inconvéniens aus diesem Memoire sich ergäben, (Depesche nach Berlin, 16. Sept.), dem Preußen auch nicht die Stütze einer stillschweigenden Zustimmung geben dürfe. Bernstorff beklagte sich über Vertrauens-mißbrauch und erklärte, er sei genöthigt, die Pièce zu désavouiren.

Londonberry tadelte das Memoire ebenfalls. (Rapport von London 13., 15. Sept.) Aber er wollte auch von einer Zusammenkunft in Wien Nichts hören.

Als Kapodistrias in einer Depesche vom 1. Oktober davon ausging, daß die Pforte in blinder Wuth beharren werde, rühmte sich Metternich in einer geheimen Depesche vom 6. Oktober des Errungenen: der Zaar könne sich nur durch lange Un-terhandlungen aus den Chancen eines Krieges ziehen, wobei ihn die Faktiösen von ganz Europa unterstützen würden.

Kapodistrias dient 2 Gegensätzen:

Er will russischen Beistand für die Griechen; ist das griechische Reich hergestellt, so wird es Rußland als den einzigen gefährlichen Feind betrachten.

Nach Konstantinopel schreibt Metternich: (5. Okt. Dep. secrète à Const.) Die Pforte müsse sich daran hängen, stets Recht zu haben, und sich deshalb an den Wort-laut der Verträge halten; dadurch werde sie den Gegner geniren.

Ein russisches Memoire erklärt: die Erklärung der Pforte flöße dem russischen Kabinet kein Vertrauen ein. Man bedürfe der Fakta, wie Ausführung der vier Punkte. Metternich verlangt vom Internuntius (14. Okt.) die vier Punkte. In einer reservir-ten Depesche vom 13. Oktober macht er die Pforte darauf aufmerksam, daß die russi-schen Minister auf die Fehler der Pforte rechnen.

Metternich sandte eine andere Depesche nach Petersburg: nun seien die Affairen du jour besorgt; was die der Zukunft beträfe, so erheischten sie völligen Akkord der fünf Mächte, welcher durch die ihm vom König von Hannover vorgeschlagene Entrevue erleichtert werden könnte.

Das englische Kabinet (Depesche Londonberry's nach Wien 1. Okt.) war zufrieden mit den Schritten Metternich's. Das Uebel werde an seiner Heftigkeit zu Grunde gehen, man müsse es nur ersticken lassen. Eine gleichmäßige, aber individuelle Aktion beim Divan würde besser zum Ziel führen, als eine formelle Kollektivunterhandlung.

Das preußische Kabinet (Rapport von Berlin 9. Okt.) fand die letzte russische Er-klärung wenig beruhigend und friedlich; sie travestire und ändere die Ideen Metter-nich's.

Es verlangte die Ausdehnung der russischen Forderung (Alopeus 10. Okt.) genau zu kennen, um sie in Konstantinopel zu unterstützen, es bot im Falle des Kriegs seine Intervention an, war bereit zur Berathung an einem Centralpunkt.

Das französische Kabinet, (Rapport von Paris 5. Nov.) auch nicht zufrieden, sah ebenfalls Möglichkeit des Krieges durch.

Metternich aber sagte dem Baron Vincent (Dep. reservée à Paris 9. Nov.), indem man eine solche Chance zugebe, bediene man sich des sichersten Mittels, den Krieg herbeizuführen; Richelieu sei von russischen Ideen geleitet, die Parteien in Frankreich wollten aus egoistischen Motiven den Krieg.

Metternich redigirte ein Memoire, dessen These, daß die Mächte in Petersburg (Memorand. secret. Hannover 22. Okt.) und Konstantinopel die Ueberzeugungen fixiren:

1. sie seien bereit durch das ganze Gewicht der moralischen Kraft die Erhaltung des Friedens auf der Basis der bestehenden Verträge zu erhalten.

2. sie erklären sich bereit, die Eröffnung Rußlands in Erwägung zu ziehen, über die Mittel, die Rußland am geeignetsten hält, den Frieden zwischen sich und der Pforte zu konsolibiren.

Die Zukunft bietet zwei Chancen, schrieb er an Lebzeltern (Depesche nach St. Petersburg, 31. Okt.),

Krieg: Das kompromittirt die allgemeine Ruhe, so daß er sie nicht zuläßt.

Erhaltung des Friedens auf Basis der Verträge.

Für Letzteres sagen England und Oestreich dem Kaiser Alexander ihre moralische Unterstützung in Konstantinopel zu.

In dieser Frage, rühmte Metternich (Reservirte Depesche 31. Okt. nach Petersburg), fälsche keine kommercielle Berechnung, was sonst nur allzu oft der Fall, die englische Politik.

Russische Depesche vom 7. Okt. an Lieven: setzt jede Pacifikationsmaßregel als erfolglos, wenn Rußland ihr fremd bleibt.

Depesche Londonderry's vom 28.: Die russischen Vorschläge vom 22. Juni seien unzeitig.

Was die Besserung des Zustandes der Griechen betreffe, so sei, vu leur caractère, es unmöglich, durch sie selbst nach der Vertreibung der Osmanen ein regelmäßigeres Regierungssystem zu gründen, als was bestehe. Der Charakter des osmanischen Reichs sei kein Grund es umzuwerfen. Das Prinzip, den Schutz der Unterthanen einer andern Macht zu übernehmen, starre voller Schwierigkeiten.

Krieg könne schlimmere Folgen nach sich ziehen, als das Uebel selbst.

Lebzeltern berichtete (5. Okt.), die Lage habe sich verschlimmert. Kapobistrias sei oben auf.

Der Zaar verstehe darunter „den Frieden zu wollen": daß die Pforte ihm für das Vergangene Satisfaktion und für die Zukunft exklusive Präponderanz über die Türkei einräume.

Da man voraussieht, daß dies nicht angenommen wird, sagt man den Bruch voraus.

Die einstimmige Verwerfung der Kooperation (2. Nov. Rapp. reservé) der Alliirten habe den Zaaren verletzt, dem der Vorschlag, die Türken aus Europa zu vertreiben, eigen gehöre.

Nesselrobe habe erklärt (12. Nov. Rapport von Petersburg): der Kaiser könne nicht länger als bis März einfach Zuschauer bleiben. Man verlangt völligen Systemwechsel (9. Jan. 1822. Rapport von Petersburg) von der Pforte. Der Kaiser betrachtet die Einheit der Mächte als so unzerreißbar, daß er für die Interessen Aller handeln wird im Falle des Kriegs, und als ob er von ihren Repräsentanten umgeben sei.

Metternich fand, daß der Zaar mit Ehren aus der Verwicklung (Geheime Depesche nach Petersburg, 3. Dez.) heraus wolle, den geringen innern Werth der Griechen kenne und die wenige Stütze, die man im Interesse ihres Wohls selbst an ihnen finde.

Alles sei Widerspruch in den petersburger Noten, die Rekalteure seien unter sich und mit sich selbst nicht eins.

Der das Wort Krieg aussprechen könne, wolle es nicht, die es wollen, seien die Herren nicht. Doch sei Kaiser Alexander für einen Allianzkrieg; Kreuzzug gegen den Islam: Großartige Idee für den Stifter der heiligen Allianz. Das Verlangen der Garantie sei ein Fallstrick von Kapodistrias gewesen; man habe die materielle Seite gegen die Türken kehren und verwerthen wollen. — Als wir aber blos die moralische Unterstützung boten, war man enttäuscht. Kapodistrias will den Krieg auch nicht, aber er will die Lage seiner Landsleute nicht verschlechtern. Er betrachtet die Macht der Dinge als Verbündete und hofft auf die Fehler der Türken. Da — in Konstantinopel muß man ihn schlagen. —

Konferenz des Internuntius mit dem neuen Reis Sabil Effendi am 26. November.

Vier Punkte stellte Lützow auf:

1. Räumung, Reorganisation der Fürstenthümer,
2. Rekonstruktion der griechischen Kirchen,
3. Garantie des künftigen Schutzes für die Religion,
4. Treue Beobachtung der anerkannten Prinzipien, um die Unschuldigen von den Schuldigen zu scheiden.

Alle möglichen Ausflüchte suchten die Türken.

Die offene Antwort sagt (türkische Note vom 2. Dezember): Der Sultan könne den russischen Forderungen nicht nachkommen, so lange die Griechen die Hoffnung hätten, das Reich ihrer Vorfahren herzustellen.

Der Internuntius suchte der Pforte die Furcht vor der heiligen Allianz (10. Dez.) zu benehmen. Ihre Tendenz sei Ehrfurcht vor den Gesetzen und Verträgen. Die politische Lage der Pforte sei also dadurch garantirt.

Vergeblicher Versuch Strangford's den Divan zu bestechen. (29. Dezember.)

Metternich schreibt nach Petersburg (23.):

Drei Punkte seien zugestanden. Rußland könne bezüglich der Flüchtlinge erklären, es wolle sie vom Pruth entfernen, sobald die Pforte seinen Vorschlägen zugestimmt. Ist die Pforte nicht einverstanden, so erklärt jede Macht, daß sie sie ihrem Schicksal überläßt, sie solle sich auf Krieg gefaßt machen; gibt sie nach, so besteht man darauf, daß ein türkischer Kommissär an die Grenze gehe, der mit einem russischen die alte Form in den Fürstenthümern herstellen soll.

In einer geheimen Depesche (31. Dezember) gestand Metternich zu, daß der Kaiser Alexander malgré lui in den Krieg gerissen werden könne, man müsse also die Chance wohl zugeben, ebenso wie den Frieden.

Metternich fand die russische Depesche an Lieven (Geh. Depesche 31. Dezember) vom 27. November pitoyabel, der Antwort nicht werth. Sie sei, schrieb er an Golowkin, mit den Thatsachen und mit sich selbst im Widerspruch und insofern das getreueste Bild der Lage in St. Petersburg. Dem englischen Kabinet rathe er gar nicht, auf derlei Intriguen von Kapodistrias zu antworten. Doch gestand Metternich dem österreichischen Gesandten Lebzeltern gegenüber: (1. Dez.), daß ein Krieg zwei Ziele haben könne:

1. Eroberung der Fürstenthümer. Dem widersprächen die Aussagen des Kaisers selbst;
2. Vertreibung der Türken aus Europa.

Die Türken hätten einen großen Fehler begangen, indem sie über Asien hinausgingen, ihren heimathlichen Boden, und sich durch Eroberung und Ausdehnung in Europa schwächten, wo sie der Civilisation stets fremd sein würden.

Das englische Kabinet erklärt (14. Dez. Rapport von London): Der Kaiser Alexander möge das Loos der Griechen auf zuverläſſige Weise beſſern, aber nicht mit revolutionären Mitteln.

1822.

4. Januar. Der Fürst resumirt die Lage: die Pforte wolle noch handeln, ihre Lage verschlimmere sich aber täglich. Oestreich sei Freundin beider Höfe, aber noch mehr der Gerechtigkeit. Die jetzige Verwicklung habe sehr unreine Elemente hervorgerufen. Ein griechischer Minister habe die Lage verschlimmern müſſen, ein ruſſiſcher würde zum Krieg getrieben haben, um Eroberungen zu machen. Die Lage des Zaaren, der als civilisirter Europäer mit Widerwillen jene Gegenden betrachten müſſe, welche seine Vorfahren begehrten, werde dadurch verwickelt.

Schon lange hätte die Pforte die Frage wegen der Fürstenthümer (19. Jan. Depesche nach Konstantinopel) von der wegen Morea trennen müſſen.

Die russische Insurrektion im Norden sei ungefährlich. Die Pforte hätte alle Truppen nach Morea werfen und verhindern sollen, daß diese Insurrektion keine große Affaire werde. Man müſſe aber den Gedanken nur mit Diskretion erwähnen, weil er, was die Exaltirten den Wiederaufbau eines unterdrückten Staates nennen, niederhalte.

Am 28. Februar antwortete die Pforte: Oestreich habe Rußland nicht genug Mäßigung eingeflößt. Janitscharenoffiziere zugegen, was der Sache mehr Feierlichkeit und Bedeutung gibt.

Der Zar erklärte (2. Febr.): man stelle seine Geduld auf harte Proben; wenn die Pforte nur Etwas gethan, nur die Fürstenthümer geräumt hätte, würde er keine Schwierigkeiten machen. Von Oestreich habe er Vergeltung der Dienste, die er ihm in Italien geleistet, gehofft.

Rußland wolle den Krieg nicht, aber auch nicht den Weg, den Oestreich wolle (7. Februar. Rapport von Petersburg), erklärte Neſſelrode an Lebzeltern.

Dagegen erörterte die östreichische Depesche vom 28. Januar, daß Oestreich keine Drohungen in Konstantinopel habe anwenden wollen, um nicht den Occident in Konvulsionen zu versetzen, auf welche die Faktion spekulire.

Rußland möge seine Rechte und Wünsche trennen. Die ersteren seien leicht zu akkommodiren, die letzteren hingen mit der Ruhe der Levante zusammen und gehörten vor das Forum der Mächte. Vergebens überreichten Lützow und Strangford eine Kollektivnote. Der Zar, begierig der Verwicklung zu entkommen, sandte Tatitscheff nach Wien. (Rapport von Petersburg 10. Febr.)

Es scheint, bemerkte Gentz nach der Unterredung vom 8. März, daß dieser Unterhändler ohne bestimmten Plan herkam, daß man in Petersburg auf die Freundschaft des Kaiserlichen Hofs und das Genie Metternich's vertraut hat, daß es das Problem lösen werde.

Das Schutzrecht, welches Rußland beansprucht (2. Unterredung v. 12. März), ohne zu wiſſen, was es für die Christen fordern soll, findet sich nicht in den Verträgen, die Mächte konnten es daher auch nicht als legales Recht unterstützen. Tatitscheff gestand: daß das Ziel seiner Miſſion sei: Zeit zu gewinnen, um zu der künftigen Versammlung der Souveräne zu kommen, er wolle die Ideen Metternich's dem Kaiser selbst überbringen.

Das tolle Verfahren der Pforte würde den Kaiser autorisirt haben, sie ohne Schonung zu behandeln, aber die Gefahr einer Metzelei der Christen im Orient habe ihn

33*

zurückgehalten; als letzten Versuch schlage er der Pforte vor, von beiden Seiten jeden Schritt zu suspendiren, unter der Bedingung, daß die Pforte Bevollmächtigte ernenne, welche über die Versöhnungsmittel berathen sollen, die Rußland vorschlage. Weigert sich die Pforte, so ergreift der Zaar die Beschlüsse, welche seine Würde ihm diktiren würde, die Mächte suspendiren ihre diplomatischen Beziehungen mit der Pforte.

Der Kaiser von Oestreich erklärte denn auch (Cirkular-Depesche 4. April), er sei bereit, den Internuntius zurückzurufen, wenn die andern Mächte es auch thäten. Das russische Kabinet habe sich von Anfang an in vitiösem Kreis bewegt. (Rapport von St. Petersburg 9. April.) Es sei ihm nicht gelungen, rühmte Metternich, mit Tatitscheff zu einem bestimmten Ziel zu kommen, wohl aber den Bruch zu hindern, indem er ihn noch absurder gemacht hätte; das glücklichste Resultat seien pourparlers sans fin, ein reelles Resultat sei der Krieg, oder die Entlassung von Kapodistrias.

Kapodistrias war nicht zufrieden mit Tatitscheff's Sendung; die Hauptsache seien nicht die Verträge, sondern daß Rußland nicht ruhig der Vertilgung der Griechen zu-sehen könne. Auch beschwerte er sich, daß Metternich den Kaiser Alexander und seine Minister stets trenne. Er mußte sich aber gefallen lassen, daß Tatitscheff zum zweiten-mal nach Wien geschickt ward und den Auftrag erhielt auf Basis des Metternich'schen Memorandums zu unterhandeln.

Londonderry sprach die Befürchtung aus: (24. April) die 4 Punkte seien Rußlands letztes Wort nicht, nachher käme es mit Unmöglichkeiten, wie ein formelles Protektorat über die Griechen ꝛc. Den Gesandten könne er nicht von Konstantinopel abberufen, das sei gegen die Neutralität. Diese englische Steifheit begrüßte Metternich als ein großes Gewicht für die gute Sache. Er präcisirte die Unterschiede zwischen der italienischen Erhebung und der griechischen. (Sehr geheime Depesche an Londonderry 16. Mai.) Letztere rühre weniger von den Irrthümern der Ersteren, als von den Irr-thümern der russischen Politik; die italienische Sache würde verändert gewesen sein, sobald Oestreich erkannte, daß in ihr Seiten seien, die mit seiner speciellen Politik ver-bunden seien. Der russisch-türkische Zwist böte Berührungspunkte für die Politik jeder Macht und die der Allianz.

Die Mächte sollen sich vereinen, um der Pforte zu verstehen zu geben, daß es keinen Hof gibt, der etwas Anderes will, als sie selbst. England müßte sich anschließen. Er hoffe das Gute hier wie 1821 zu bewirken.

In einem Privatbrief spricht der Fürst (6. Juni) den lebhaften Wunsch aus, Lon-donderry möge sich einfinden, um Kapodistrias zu contre-balanciren.

Pariser Rapport: Montmorency in Entzücken über die Art, wie der Fürst Met-ternich bisher die orientalische Politik geführt.

Die Pforte irre sich über den Charakter des griechischen Aufstandes (Depesche nach Konstantinopel 27. Mai): ohne Rußlands Wissen sei er entstanden. Die Pforte sei nicht europäisch genug, um solche Berechnungen anzustellen.

Die Türken verrathen gesunden Menschenverstand in den Unterhandlungen. Ver-langen, daß, wenn die Fürstenthümer geräumt würden, auch Rußland Etwas thue.

Ueber die Besetzung einiger Punkte im rothen Meer durch die Engländer äußerte Gianib-Effendi, er kenne eine Regierung, die gerade so usurpatorisch sei, wie die russi-sche: die von Ost-Indien.

In der ersten Zusammenkunft mit Tatitscheff 28. Juni erklärt dieser, den Frieden zu wollen, aber auch sich die Freiheit des Kriegs vorzubehalten.

„Abschlagen und warten verstehen", erklärt Metternich, ist die geheime Geschichte der Unterhandlungen zwischen den Kabinetten von Wien und Petersburg. Er schrieb an Strangford (31. Juli), die Räumung müßte vollständig geschehen.

Um die Autorität des Sultans herzustellen, bedürfe es einer Amneftie und Exi=
ftenzbedingungen, die für die Griechen zuläffig feien, die Pforte müffe einen Bevoll=
mächtigten fchicken.

Die Schwierigleiten, bemerkte er in der geheimen Depefche, beftehen darin, den
Türken verftänblich zu machen, daß man nur ihr Intereffe will, das was fie felbft
wollen müßten.

Durch Kapobiftrias' Entfernung (7. Auguft) fchwänden die letzten Schwierigleiten:
alle befchränkten fich jetzt nur noch auf Konftantinopel.

Da die Pforte die Sendung eines Bevollmächtigten geweigert, follte Strangford
die Amneftie zu erlangen fuchen. Er dürfe, fchrieb Metternich ihm am 9. Auguft, nur
als Ueberbringer von vernünftigen Entfchlüffen der Pforte in Wien erfcheinen.

Der Tod Londonderry's (27. Auguft) raubte Metternich einen Freund und Mit=
arbeiter, der ihm volles Vertrauen fchenkte.

Conferenz Strangford's am 26. Auguft: Der Reis beftand auf völliger, uneinge=
fchränkter Souveränetät feines Herrn. Er weigerte fich auch Lützow gegenüber, Strang=
ford ein verföhnliches Schreiben nach Wien mitzugeben.

Die Pforte hüllte fich gegenüber dem Internuntius, nachdem fie Strangford den
pofitiven Refus gegeben, jetzt in Schweigen, dem Prinzipe gemäß: den Schein zu
retten und mit ftolzen Formen dann ihre Verlegenheit zu verbergen. Will 2000 Mann
in der Wallachei, 1000 in der Moldau laffen.

Als Ottenfels am 15. Oktober nach Konftantinopel kam, fand er in Aller Munde:
ne vous mêlez pas de nos affaires. —

Darauf folgt Neffelrode's fcharfe Note vom 14. September, die Unzufriedenheit
des Zaaren und deffen Bedingungen:

1. Pacifilation,
2. Räumung,
3. Rücknahme aller Handelshemmniffe

formulirend, worin Metternich ein Zeichen verföhnlichen Geiftes fieht. (30. September.)

Auf dem Kongreß von Verona übergab Tatitfcheff (9. November) die Erklärung,
wonach Rußland auf jenen drei Punkten beftand.

Metternich antwortete, er habe die Pforte lange vor Ausbruch des Aufftandes auf
das revolutionäre Treiben in der Hämushalbinfel aufmerkfam gemacht.

Von Venedig aus machte Metternich den Internuntius (21. Dezember) auf die
Langmuth und Mäßigung des Kaifers Alexander aufmerkfam.

Maitland berichtete an Wellington (Korfu 4. Dez.), der Aufftand werde bald zu
Ende fein, wenn nicht falfche Maßregeln der Pforte ihn neu belebten; die Entlaffung
Kapobiftrias' werde dazu beitragen; denn die Revolution fei durch die unglaublichften
Täufchungen genährt worden.

Auch die Zurückweifung des Grafen Metaxas (Depefche 21. Dez.) foll Ottenfels
dem Divan geltend machen, — und vor Allem die Schifffahrtspunlte durchfetzen. —

Der Kapuban=Pafcha behauptete, er habe die Infeln des Archipels verwüften kön=
nen, wenn die Befehle des Divan, die Unfchuldigen von Schuldigen zu fondern, ihm
nicht die Hände gebunden hätten. — Mildere Befehle und Rüftungen den Aufftand zu
erfticken.

Der Sultan, fo hofft Ottenfels, werde in dem ariftokratifchen Elemente der Ule=
ma's ein Gegengewicht gegen die demolratifchen Janitfcharen finden.

1823.

Der Reis Effendi freut fich, feinen Kapobiftrias (Rapport res. 25. Januar) los geworden zu sein, er begreife, daß Oestreich zwei Rollen spiele, es geschehe, um der Türkei besser nützen zu können.

In einem Brief an Nesselrode (29. Februar) sprach die Pforte offen den Wunsch der Wiederanknüpfung mit Rußland aus, aber erwähnte zum Schluß auch ihrer Ansprüche.

Metternich bemerkte in seiner Depesche an den Zaaren (30. März), die orientalische Natur des Divan habe über dessen bessere Einsicht gesiegt, indem er die Frage wegen der Ansprüche in die Notifikationen eingemischt.

Nach Lebzeltern ist Nesselrode's Antwort (6. Mai) Gemisch von Trockenheit, Aerger und Freundschaft, wo der Wunsch, die alten Beziehungen anzuknüpfen, durchblickt.

Aber Nesselrode erklärte Strangford gegenüber, die griechische Frage müsse erst gelöst sein, und von den Ansprüchen der Pforte sei keine Rede.

Metternich stellte nun die griechische Frage in zweite Linie (21. Juni), ließ den Reis versichern, sobald die Handels- und Schifffahrtsfrage gelöst sei, werde ein russischer Gesandter erscheinen; er sprach sich am 9. Mai über das „absurde" Schifffahrtsreglement der Pforte aus.

Er befürchtete, Englands Haltung in Spanien könne auf den Orient einwirken, Canning's Benehmen gegen alle Revolutionen müsse die politischen Positionen verwickeln. (Geheime Depesche 18. Januar 1823.)

14. Februar. (Weisung an Strangford.) England könne mit der Pforte nicht mehr auf freundschaftlichem und vertraulichem Fuße stehen, wenn die Pforte nicht ihr Versprechen bezüglich der Christen erfülle.

Strangford sehr außer sich über den religiösen Gesichtspunkt; nachdem man den Kaiser von Rußland davon abgebracht, greife man selbst danach.

Strangford hatte bei der Rückkehr von Verona den Griechen durch die jonische Regierung rathen lassen, sich dem Divan zu unterwerfen. Sie aber machten der englischen Regierung den lockenden kaptiösen Vorschlag, unter ihren Schutz zu treten. Adams übersandte das Gesuch nach London; einstweilen erkannten die jonischen Behörden den griechischen Blokus an; gaben ihnen Kalamo als Zufluchtsort.

Da erklärt Canning (9. Mai an Strangford), sich nicht von den andern Mächten trennen zu wollen.

In einem Privatschreiben an Esterhazy bemerkte Metternich (7. Juli), wenn Canning als Minister mit dem Kabinete gehe, so liberalisire er als Individuum mit der Boutique, die Philhellenen rechneten ihn zu den Ihren.

Dem Zaaren ließ er vorschlagen (7. August Depesche nach Petersburg), die politische Seite von der revolutionären zu trennen. In einer geheimen Depesche (7. August) gab er als Grund an: weil die Pforte erklärt habe, Alles gewähren zu wollen, was die politischen Fragen beträfe.

In der Zusammenkunft mit Kaiser Franz suche der Zaar eine Stütze (1. September 1823 an den Internuntius) gegen die in Rußland durch Kapodistrias aufgeregte öffentliche Meinung.

Da der Zaar auf die Trennung der Fragen einging (13. September), schrieb Metternich dem Internuntius vor, die Räumung völlig zu erwirken, mit aller Energie darauf zu bringen, daß zur Zeit der Vereinigung der beiden Kaiser dieser Punkt bereinigt sei.

Nur die Bösen könnten Anstoß an der Zusammenkunft zweier Fürsten (22. Sept. Rapport nach Petersburg) nehmen, deren Prinzipien so bekannt seien, ließ er Chateaubriand melden.

Persien bot, da durch britische Vermittlung der Friede auf Grundlage des status

quo ante bellum zu Stande kam, dem Divan Schutz- und Trutzbund gegen den gemeinsamen Feind Rußland an, aber der Divan wollte davon Nichts hören.

Englische Depesche vom 11. August ganz auf russischem Standpunkte; man müsse
die unbilligen Hemmnisse aufheben, die Pforte thue, was ihre Feinde ihr rathen würden.
In der Konferenz vom 30. August gab die erschreckte Pforte nach; Freiheit für die
ausgeschlossenen Flaggen (mit Ausnahme der amerikanischen; denn der Sultan liebt
die Republikaner nicht).

Der Internuntius meldete die Resultate nach Czernowitz (23. September), auch
daß die Pforte die Korrelation mit ihrem Anspruch (Festungen in Asien) aufgegeben.
Nur behaupte der Divan, die kleine Zahl Truppen in den Fürstenthümern sei nöthig.
Der Reis wies darauf hin, daß die Mächte, die Piemont und Spanien besetzten, mauvaise grace hätten, Räumung der Fürstenthümer zu verlangen.

Mercy berichtete dem in Lemberg kranken Metternich über Czernowitz, Nesselrode
sei mit dem Handelserfolg zufrieden. Der Kaiser Alexander trenne die Pacifications-
Frage und mache die Sendung eines Gesandten nicht davon abhängig. Man müsse
nicht allzusehr auf Pacifikation bestehen, bemerkte der Zaar am 7. Oktober. Die
Griechen hätten sich durch ihre Prinzipien wenig interessant gemacht, er wünsche selbst
den Sieg der Türken. Er verpflichte sich, Minciaky nach Konstantinopel zu schicken.

Mercy gegenüber bezeichnete Kaiser Alexander (14. Oktober) einen Krieg als ein
wahres Unglück für Europa. Wenn jedoch jemals die Allianz glaubt, der Moment
sei da, die Türken nicht mehr in Europa zu dulden, so ist Se. Maj. der Kaiser von
Rußland bereit zu kooperiren; isolirt wird er sie nie angreifen. Die Pacifikation,
schrieb man an Strangford, dürfe man nicht fallen lassen. Man beschloß die Einmischung der Mächte in die griechische Frage.

Nesselrode unterbreitete Metternich einige Fragen in Lemberg. (Antwort Metternich's an Nesselrode 20. Okt.). Ob, wenn die Griechen der Alliirten Vorschläge nicht
annähmen, man eine revolutionäre Regierung in Griechenland dulden dürfe? Die
natürlichste Strafe, antwortete Metternich, sei, sie dann den Schlägen der Türken zu
überlassen. Der Kaiser Alexander, so rühmte er, habe all seinen Wünschen entsprochen.
Der Internuntius erhielt Befehl (16. Okt.) auf der Räumung zu bestehen.

Metternich beklagte sich (6. November) über das lange Hinausschleppen der Pforte;
die Reklamation Rußlands sei gegen die Permanenz eines illegalen und vexatorischen
Einflusses gerichtet.

Der Enthusiasmus für den Krieg ist geschwunden (26. November), Mißvergnügen
herrscht unter den Osmanen, ein Theil der Ulema's rechnet auf Kooperation der Janitscharen und will die Autorität des Sultans beschränken.

Unglück vor Mesolonghi, das die Arroganz der Griechen verdoppelte. Der Zaar
lud die andern Mächte nach Petersburg. (Rapp. v. London und Paris, 11. November,
Berlin 13. November) zu Berathungen ein.

Lebzeltern und Bajot setzten (Depesche nach Petersburg 30. November) durch, daß
Strangford autorisirt ward, dem Divan die Rückkehr eines Gesandten zu versprechen,
sobald die Fürstenthümer in den alten Zustand versetzt wären.

1824.

Minciaky kam am 22. März, beschränkte seine Thätigkeit auf Handel und Schifffahrt,
nahm den Titel „Delegat für Handelssachen", öffnete den 24. März feierlich seine
Handelskammer. Die Ipsariotenhäuptlinge flohen, nachdem sie sich (Rapport von Konstantinopel 10., 26. Juli) erst geweigert, sich zu ergeben, während der Aktion, und überließen die Landsleute ihrem Schicksal. Doch hatte die Unterwerfung der Letzteren nicht
den moralischen Eindruck auf die Insurgenten, den man gehofft.

. Das russische Memoire, von Lebzeltern mobificirt, hat im ersten Theil Betrachtungen über Rußlands Position zur griechischen Frage, im zweiten Theil die Ideen des Kabinets über die Pacifikation.

(Annehmbar aber nicht ausführbar nach Metternich.)

In der Begleit=Depesche an Lieven vom 9. Januar war dieß als das Resultat der zu Verona aufgestellten Prinzipien hingestellt.

Metternich war mit dem Memoire (Depesche nach St. Petersburg 7. Februar, nach Berlin 23. April) anfangs einverstanden. Man müsse auf zwei Seiten auf Widerstand gefaßt sein: bei der Pforte und den Insurgenten. Letztere, uneinig in Allem, seien einig in der Idee absoluter Unabhängigkeit von der Türkei.

In einer geheimen Depesche an Lebzeltern (17. April) schrieb er diesem vor, sich n e g a t i v bezüglich griechischer Flagge und gegen Alles auszusprechen, was das Prinzip der Souveränetät des Sultans antasten könne.

Canning fand Praktisches in dem russischen Memoire, eine ausgezeichnete Basis, suchte aber die Antwort hinauszuziehen, erklärte, Bajot werde nicht an der petersburger Conferenz theilnehmen, Wien sei ein besserer Konferenzort.

In Paris und Berlin nahm man das Memoire gut auf.

I. Konferenz 17. Juni.

II. Konferenz 2. Juli. Nesselrode schlug schon vor, die Konferenz nach Konstantinopel zu verlegen.

Canning schrieb die Veröffentlichung des Memoire einer Indiskretion von Chateaubriand zu, mißbilligte Bajot's Gegenwart bei der Konferenz, ernannte Strangford zum Vertreter in Petersburg.

Am 27. April verlangte Strangford Anerkennung der Obligation der Räumung im Prinzip. Strangford wies aber nun auch darauf hin, daß man den Türken in einer Frage der Gerechtigkeit Genugthuung leisten müsse, um sie nicht bei einem humanistischen und philanthropischen Gegenstande taub zu finden.

Daß das russische Cirkulair vom 16. August die Sendung Ribeaupierre's mit der griechischen Frage anspielend in Verbindung brachte, sah Strangford als ein schlimmes Zeichen an.

Geheimer Brief von Metternich an Ottenfels: (3. Okt. 1824) der Kaiser Alexander habe die richtige Theilung anerkannt: zwischen Fragen, die sich auf Verletzung des Friedens von Bukarest, und auf Humanität bezögen. Die griechische Frage aber müsse beredet werden, selbst die Autokratie des Kaisers könne das nicht hindern.

Zum Glücke würden die Griechen auf die Vorschläge der Alliirten nicht hören. — Auf diese Botschaft entschloß sich die Pforte zur Räumung. Endlich wurden die Truppen auf 500 reducirt; Minciaky übergab seine Kreditive.

Metternich rieth der Pforte (4. Dezember) stets so selbstlose Freunde zu hören, wie Oestreich. Er bemerkte über Canning (Geh. Depesche 17. Okt. nach London) der sei kein Staatsmann und werde es nie sein, sein Geist liebe sich von den Regeln der Erfahrung los zu machen, er sei beredt und insinuant, wisse gegen Lästiges anzubeugen. Deshalb habe er sich vor der Opposition gebeugt und kajolire sie, er habe zu viel für den Liberalismus gethan, daß dieser nicht die Prätention mache, daß er ihm noch mehr Pfänder gebe.

Canning's günstige Dispositionen änderten sich durch die griechische Schutzpetition; nicht ohne Verlegenheit bekannte er Esterhazy am 10. November, da statt einer beide Parteien refusirten, müsse man auf Zwangsmaßregeln rekurriren, wenn man interveniren wolle, aber das könne England nicht.

Esterhazy behandelte das als Ausflucht. Das Papier einer nicht autorisirten Regierung habe keinen Werth, auch dürfe die englische Regierung nicht isolirt den Griechen antworten; der Unterschied sei, daß der Vorschlag Rußlands sie als Rebellen ansehe und nicht als Autorität. Aber Canning gestand, daß er die Griechen nie als sujets rebelles ansehen könne, die öffentliche Meinung Englands, schon sehr erregt, werde noch heftiger, wenn man gegen den Willen beider Theile eine Intervention aufzuzwingen suche.

Er scheint den Incident als Triumph über Rußland anzusehen. (Rapp. v. 15. Nov.) Auch Metternich eignete sich die Auffassung seines Gesandten (Rapp. v. 5. Dezbr.) an. Er bezeichnete den Incident als Canning's Spiel.

In einer geheimen Depesche (5. Dezember) nannte er das Ereigniß ein sehr glückliches, aber keineswegs unvorhergesehenes; der Protest beweise, daß die großen Schwierigkeiten, welche die Mächte bei ihrem heilsamen Werke finden, auf Seite der Griechen, nicht auf Seite der Türken seien. Er wünsche schnelle Erledigung dieser Sachen, Esterhazy solle sich gegen Canning's Verschleppungssystem aussprechen. Dazu kam, daß die britische Regierung den griechischen Dioecus anerkannte.

In der Unterredung mit Stratford-Canning (24. Dezember) kamen die gegenseitigen Vorwürfe zum Austrag. Das britische Kabinet, behauptet Metternich, suche Zeit zu gewinnen, wolle dem Zaaren Hoffnung einflößen, die er selbst nicht habe, die dieser auch die Russen annehmen lassen solle.

Eine offene Erklärung, für das Wohl beider Parteien interveniren zu wollen, Désaveu jeder Gewalt, könne eine oder die andere Partei bestimmen, die Mediation, die sie jetzt verwürfen, anzunehmen.

Weiterhin erklärte sich Canning gegen jede Diktatur, wie zu Laibach und Verona; eine Intervention, der England zustimmen solle, müsse rein freundschaftlich sein. Zuerst müsse man jetzt erörtern: wie weit will die Allianz gehen, um die eine oder andere Partei zu einem Arrangement zu zwingen?

Die Veröffentlichung des russischen Mémoire, man möchte sagen, in der Absicht, den Zweck desselben zu vereiteln, habe beide Parteien zur Opposition veranlaßt. Eine Erklärung der Mächte, keine Gewalt anwenden zu wollen, würde sie zur Annahme bewegen.

In diesem Sinne sei auch Englands Antwort an die griechische Regierung
1. Apologie der russischen Absicht,
2. Entschluß der englischen Regierung, nicht für die Griechen fait et cause zu nehmen

Metternich weigerte sich, ein Urtheil abzugeben über die Antwort; sie erkenne förmlich die Individuen, welche in Nauplia herrschen, als Regierung an.

Stratford erklärte: seine Mission sei, das österreichische Kabinet dahin zu bringen, sich mit dem englischen zu vereinigen, um die Konferenz wegen des Incidents des griechischen Protestes vertagen zu lassen.

Metternich bemerkte ihm offen, der griechische Protest sei Vorwand; eigentlicher Grund: Abneigung einen englischen Bevollmächtigten in eine Zusammenkunft gehen zu lassen, welche die Form der Allianz zurückrufen würde. Stratford-Canning läugnete das nicht.

Er bemerkte, Canning habe nur, da er der Allianz eben so zugethan sei, wie Metternich, die heiligen Lade nicht profaniren wollen. Metternich bestritt vor Allem, daß Canning die Allianz kenne. Man erkläre in England oft als Allianz, was einfach aus den Grundsätzen einer gesunden Politik herzuleiten sei: so würde Oesterreich sich stets gegen die spanische und italienische Revolution ausgesprochen haben, auch wenn nie eine Allianz existirt hätte.

Der Kaiser spreche sich stets für die Prinzipien der Ruhe aus, handle nur, wo die Pflicht gebiete.

Die Allianz biete die Vortheile, daß man sich nicht zu suchen brauche, um sich auf demselben Prinzipe vereint zu finden, daher die Haltung im Orient und die Angriffe der Faktiösen gegen die Allianz.

Wenn, wie Stratford-Canning behaupte, die englische Regierung auf gleicher Linie mit der österreichischen gehe, so möge, erwiderte Metternich, sie einige Schritte weniger, einen Schritt mehr machen, weniger die revoltirten Staaten liebkosen, und die Prinzipien bekennen, die ihrem System zu Grunde liegen.

Stratford-Canning gab die parlamentarischen Verlegenheiten als Grund an.

Bezüglich der englischen Depesche vom 31. Dezember, welche die Anerkennung des Blokus aus Gründen der Menschlichkeit motivirt, um auch die griechische Kriegsführung zu einer civilisirten zu machen, bemerkte Metternich: das sei eine Frucht des Liberalismus; Canning wolle die Vereinigung der zerstreuten Lichter hindern, welche die Mächte als einziges Heil betrachten, Zeit gewinnen, die für Oesterreich verloren sei; Canning suche in der orientalischen Frage nur seine persönliche Beliebtheit zu erhöhen. Man müsse das britische Kabinet zwingen, dahin zurückzukehren, wo seine Pflicht sei.

Metternich fand überall Phrasen, solide Reflexion nur bei dem Zaaren, und bemühte sich, den Mächten nachzuweisen, es sei ein zweites Stadium der orientalischen Frage eingetreten, Konstantinopel könne jetzt schlafen, bis Impulse von der Konferenz aus Petersburg kämen.

1825.

Es bedürfe eines Centralpunktes der europäischen Einigung (1. Januar 1825 an Esterhazy). In Canning's Politik sei Alles incorrect; er suche Oesterreich von den andern Mächten zu trennen, und protestire doch, dasselbe zu wollen, was Oesterreich wolle.

Die gute Seite der englischen Kabinetspolitik ist: daß Rußland auf das Terrain des Friedens und der Gesetzlichkeit gedrängt wird, weil Canning die griechische Revolution vertheidigt. Er will uns in Petersburg kompromittiren. (3. Januar.) Wird uns aber in Mitten unserer Kontinental-Alliirten finden, wo wir Nichts mehr ihm anzuvertrauen, noch von ihm zu erfragen haben.

Der eigenthümliche Charakter des griechischen Aufstandes, so instruirte Metternich Lebzeltern, erleichtert die Absicht der Mächte. Den Türken sind die ersten Eröffnungen, den Griechen nur Erklärungen zu machen.

Die Unabhängigkeit kann auch dem russischen Kabinet nicht konveniren (15. Jansecr.) et heurterait le plus ses intérêts.

In Petersburg war man sehr irritirt gegen England (Rapport vom 31. Dez.). Gegen Oesterreich resumirten sich die Gedanken des russischen Kabinets dahin: tirez nous au plus vite de l'embarras compromettant dans lequel nous a mis la publication de notre mémoire, afin que l'Empereur ne se voie obligé de recourir à un coup d'État pour sauver son honneur et sa dignité.

Canning gegenüber, empfahl Metternich Esterhazy, nicht zu unterhandeln (10. Februar), sondern Erklärungen zu machen, ihm das Bedauern auszusprechen, daß England sich von den andern Mächten trenne und so die Basen der socialen Ordnung minire.

Nesselrode sprach über die Schwierigkeiten eines Waffenstillstandes (22. Februar ref. Rapport von Petersburg) seit Landung der Egypter, und den Wunsch einer freundschaftlichen Kooperation Seitens Oesterreichs, falls die Wege der Ueberredung erfolglos seien.

1. Sitzung 24. Februar. Diplomatische Agenten nach Griechenland geschickt, welche den Griechen nationale Existenz, völlige administrative Unab-

hängigkeit versprechen; der Pforte eine Suzeränität zu erhalten, qui ne seroit guères un pouvoir réel. (Rapp. v. St. Petersburg den 8. März. 1825.)

Gegen den Abbruch diplomatischer Verhältnisse spielte Lebzeltern die Unabhängigkeit Griechenlands aus. Nesselrode erklärte, daß dies Rußland nicht zusage: es wolle, daß die Griechen unter der Herrschaft des Sultans bleiben.

II. Lebzeltern bekämpfte die russischen Zwangsmittel (1. März).

III. Nesselrode gestand, daß seine Zwangsmittel einen Krieg herbeiführen können, aber der könne auch ohne das resultiren. (4. März.)

IV. Er bestand auf Sendung eines russischen Gesandten (6. März) nach Griechenland.

Protokoll vom 13. März: Die Pforte soll veranlaßt werden, das Prinzip der Intervention anzuerkennen und einen Waffenstillstand mit den Griechen zuzulassen.

Auf Refus wollte man mit Kollektivnoten, auf wiederholten refus mit Noten antworten, die der Pforte die fâcheuses conséquences andeuten sollten.

Russische Declaration vom 13. erklärt Friedensliebe und Selbstlosigkeit des Zaaren, aber man verfehle seinen Zweck ohne Zwangsmittel.

Der Zaar, bemerkte Lebzeltern, (4. August Rapp. secr.) hat auf dem Abschluß des Waffenstillstandes bestanden, um den Nimbus zu gewinnen, eine Gunst für die Griechen ausgewirkt zu haben. Das Verlangen der Insurgenten nach nationaler Unabhängigkeit erhöht seine Verlegenheit. Der Zaar will wohl als Beschützer der Griechen gelten, aber er will nicht, daß die Insurrektion triumphire, noch daß sie, indem sie sich eigene Interessen schaffe, die politischen und kommerciellen Rußlands schwäche, er will Alles und Nichts und weiß im Grunde nicht, was er will.

In der 9. Sitzung war Alles deshalb nahe, sich zu zerschlagen. Nesselrode erklärte: Der Zaar habe die Verschiedenheit der Meinungen bezüglich der Zwangsmaßregeln bemerkt, er könne sich dem Refus der Pforte nicht aussetzen, ohne Rache dafür zu nehmen; er zöge vor, jede Unterhandlung zu suspendiren, bis man sich entschlossen habe, vor keiner Konsequenz zurückzuweichen.

Lebzeltern wollte aber auch von Drohungen der fâcheuses conséquences Nichts hören. Er sagte (Rapp. v. Pet. 13. April.) Nesselrode vertraulich: ein orientalischer Krieg böte größere Gefahren, als die, welche man durch die Pacifikation beschwören wolle. Oesterreich wolle den Frieden auf verständigem Wege. Es habe der Türkei stets die Sprache der Raison geredet, während Rußland ihr eine mauvaise querelle nach der andern gemacht habe.

Wie könne man Gewalt gegen den von zwei Theilen anwenden, den man als im guten Recht befindlichen anerkenne?

In der 11. Sitzung, 7. April, ward das Protokoll unterzeichnet, das als Folge des vom 13. März die Pforte engagirte, spontan die Intervention der Höfe zuzulassen.

Russische Declaration vom 1. April.

Rußland könne nicht auf Erhaltung eines Waffenstillstandes, um mit der Pforte zu unterhandeln, verzichten, à l'aide d'une députation Grecque, avec laquelle nous causerions. . . . .

Man hat demnach, schließt Lebzeltern, erkannt, was Rußland nicht will, und aus Induktion, was es will. Es will sich die Rolle, die Frankreich in Spanien, Oesterreich in Italien gespielt, assimiliren: durch militärische Demonstrationen, von der Allianz unterstützt, den alten Einfluß wiedergewinnen. Alexanders Anhänglichkeit an die Allianz hindert ihn; das Gefühl, daß er sein Uebergewicht im Westen durch einen Krieg im Osten verlieren werde.

Metternich über die moralischen Aberrationen Rußlands (11. April). Das russische

Kabinet wiſſe nicht mehr, was es wolle, wolle eine leibige Wahrheit nicht bekennen, daß ſein Einfluß über die Griechen verbraucht ſei, die Griechen wollen nicht unter eine Tutel, die auf lange ihrer nationalen Exiſtenz präjudiciren werde. Das ruſſiſche Kabinet wolle das Unmögliche, laufe einer Aktion nach, für die die Mittel nicht be= ſtehen, kämpfe gegen eine Form, welche die Folge der Baſis ſei, die es ſelbſt gelegt. Jetzt ſucht es nach neuem Wege, Einfluß zu gewinnen; findet ihn aber nicht. (Secr. 18. Juni nach Petersburg.)

Die Mächte könnten eher die Rechte Rußlands, der Türkei gegenüber, erwägen und aufrechthalten, als in der griechiſchen Frage, die excl. Domäne politiſcher Klugheit ſei, zu interveniren.

Dans tous les cas où il s'agira de l'avenir de l'Orient nous choisirons entre deux maux le moindre, qui est la conservation de l'État des choses tout défectueux qu'il est.

Die Idee Rußlands ſei Beſetzung der Fürſtenthümer (nach Paris 26. Juni) durch Ruſſen und Oeſterreicher, aber wie das ausführen, nachdem man die diplomatiſchen Be= ziehungen mit der Pforte wieder angeknüpft?

Daß, ſobald der Zaar den Boden der Deklaration von Laibach verlaſſen habe (16. Juli), die orientaliſche Sache ſchlecht geleitet worden ſei.

Die preußiſchen Inſtruktionen nach Petersburg, (27. Juni) ſeien wenig konform, karreſſirten die Idee der Zwangsmaßregeln, doch habe ſich der König von Preußen bald amendirt. (Rapp. v. Berlin 20. Juli.)

Man werde, theilte Metternich dem Internuntius mit, über die Griechen ſprechen. Noch habe die Pforte Zeit, ſie möge einſtweilen alle Kräfte ſammeln, die Häupter der Inſurgenten gewinnen, den Aufſtand niederſchlagen.

Der Abfall Englands auf Seiten der Philhellenen, (29. Januar) führt uns Ruß= land wieder ganz in die Hände, möge der Divan uns folgen und gehorchen. 4. Sept. secr. nach Petersburg.

Das öſterreichiſche Kabinet ſuche, was Verſtand und Gerechtigkeit ihm erlauben, zu wollen; der Zaar habe ſich mehr an das gehalten, was er nicht wolle; jenes po= ſitiv, dieſer negativ.

Metternich bringt auf Räumung, Entfernung der Beſchli, (30. Sept. nach Kon= ſtantinopel) als öſterreichiſche Sache: der Zaar ſei im Süden unter aufgeregten Um= gebungen, denen er ſchwer widerſtehen könne. Wenn die Pforte verblendet iſt, ſo können wir einen Körper, der ſich ſelbſt nicht mehr halten kann, nicht ſtützen.

Der Reis ließ Metternich danken für die Depeſche vom 4., 29. Januar, er ſchmeichle ſich, daß die Rüſtungen der Pforte und der Beiſtand Mehmet Ali's genü= gen würden, um mit der Révolte fertig zu werden, die durch die Unterſtützung der Engländer ſo gewachſen ſei. Die Nachrichten aus dem Kriegsſchauplatz ſeien ſo, daß man glauben könne, die Griechen würden nicht widerſtehen (Mémoire 1. Febr. Pièce volante.) Zwei Parteien ſtritten ſich um die Macht.

1. Demokratiſche zahlreiche, gut organiſirt, für einen fremden Prinzen.
2. Anti=demokratiſche: Kleſten und Primaten, ſehen ſich als Nachfolger der Türken an, verlangen eine oligarchiſche Konföderation. Perſönliche In= tereſſen und lokale machen ihre Abſicht ſchwer erkennbar.

Beide Parteien ſind gegen fremden Einfluß, wenn auch die erſtere den Englän= dern zuneigt. Die zweite dieſer Parteien würde ſich am eheſten der Idee der Ab= hängigkeit hingeben, um zur Pacifikation zu gelangen, ſich freiwillig unterwerfen. C'est dans ce but qu'il faudroit agir. Aber dieſe Partei ſei der andern unterlegen.

Proksch meldete in einem Mémoire vom 14. Februar: der Kampf sei nicht national, mache sich nur auf Rechnung einiger Chefs, die Griechen wollten lieber gegen ihre Primaten, als gegen die Türken ziehen; Ibrahim habe zahlreiche Anhänger, rechne darauf, Kandia und Morea zu behalten.

Den 28. Mai erhielten die Gesandten die Instruktionen der Konferenz. Sie beschlossen den Ausdruck

Bons offices

zu gebrauchen, statt Intervention, was, mit Médiation synonym, eine Anerkennung der entgegengesetzten Parteien impliciren würde.

Am 17. Juni lehnte die Pforte ab.

Ottenfels bemerkte, daß der Divan, der unterrichtet gewesen sei von dem Vorschlag, den Rußland in der Konferenz gemacht, gefürchtet habe, das sei nur das erste Glied der Kette, und sich deshalb geweigert. Auch habe die Oeffentlichkeit des Schrittes die Eigenliebe des Divan verletzt.

Sehr schmerzlich ward der Divan durch (Rapp. v. Konstantinopel 10. 23. août.) die Akte vom 22. Juli überrascht. Die revolutionäre Regierung ward durch die Hydrioten und Spetzioten, die das Bedürfniß maritimen Schutzes hatten, und den englischen Kommodore Hamilton, der die Intrigue leitete, dazu veranlaßt; er fürchtete, daß die französischen Emissäre Griechenland in Frankreichs Arme trieben, ermuthigte zum Widerstand gegen die Türkei, zum Haß gegen Oesterreich, zum Mißtrauen gegen Frankreich (Proksch 27. Juli).

Endlich gab der Divan bezüglich der Beschli's nach und Metternich bemerkte zum englischen Gesandten in Wien, daß wie er hier aus Staatsräson gewichen sei, man auch durch freien und aufrichtigen Akkord der Mächte in der griechischen Frage ein Arrangement erlangen würde.

Metternich bemerkte erfreut: nun sei das große Werk, den Aufstand in Morea zu ersticken. Auf den Inseln verlange man nur, was man schon gehabt.

Der Zaar erklärte, Oesterreich gewähre ihm kein Vertrauen mehr; und doch habe Oesterreich ihn durch Mißtrauen und Eifersucht so weit getrieben.

In Paris habe Metternich sich aufs stärkste gegen die russischen Aperçu's ausgesprochen, die französische Regierung von Rußland abspenstig gemacht. Die Mächte zwängen ihn so, allein Krieg zu führen, statt gemeinsam: beim ersten insolenten Akt der Pforte werde der Zaar sich nicht an seine Alliirten wenden, um sie dafür zu strafen. Geheime Depesche von Ischl, 13. August nach Petersburg.

Metternich bekämpfte das Vorurtheil, daß der erste Refus der Pforte eine Désaite sei, oder einem Wunsch Oesterreichs entspräche: nur das russische Kabinet bedauere ihn nicht. Der Moment, wo Rußland Eröffnungen in Konstantinopel gemacht, sei prèle presque au ridicule, der geheime Theil der Sache sei der ostensibelste geworden. Rußland habe die Sache so verhandelt, daß man sehe, es habe Vereiteln derselben gewünscht. Ließe sich der Zaar von der populären Stimmung zum Kriege tragen, so seien Gesichtspunkte:

Alles, was man in Petersburg als Zwangsmaßregeln ausgeben wollte, war nur der Krieg; Oesterreich könne Rußland nicht daran hindern; der Krieg dürfe aber nicht den Charakter einer Allianz-Operation haben. Eine jede Operation gegen die Türkei gehe gegen das Gewissen des Kaisers.

Das wahre Interesse, das Oesterreich an Rußland nehme, würde nicht bewiesen, indem es sich Rußlands Fantasieen hingebe und dessen falsche und gefährliche Ideen liebkose. (15. August secrète.) Erklärt den peniblen Grund seiner Reise nach Ischl.

Der russischen Laune müsse man absolute Ruhe entgegensetzen und die Krise werde vorübergehen. Oesterreich sei in Rußlands Weg, wenn auch Rußland nicht in Oesterreichs Weg; denn Oesterreich habe nichts in Asien zu suchen, während Rußland viel in Europa zu suchen habe. Frankreich folge, wie Rußland, dem Ehrgeiz, und deshalb sei ihm Oesterreich im Wege.

Lebzeltern erklärte: Oesterreich könne eine befreundete Macht wie die Pforte nicht angreifen. (Rapport von St. Petersburg 1. Sept.)

Nesselrode erklärte: die Vernichtung einer christlichen Bevölkerung sei ein Fleck für die Allianz in den Augen der Nachwelt. Er sei nicht autorisirt, von den Absichten des Zaaren zu sprechen, aber es sei bewiesen, daß dieser sich über den Gegenstand nicht mit Oesterreich einigen können würde.

Da die Faktiösen in Frankreich und England sich während der Zeit, wo die Mächte die Sache sich selbst überlassen haben, eifersüchtig regen, öffnet Metternich dem französischen Ministerium die Augen über dies revolutionäre Spiel, (D. à Paris secrète 2. 5. Sept.) und interpellirt Canning im Namen Oesterreichs (D. à London 8. Sept.)

Tatitscheff reichte eine Note voll Beschwerden gegen Oesterreich ein, die die Drehung enthielt, daß der Zaar sich nach seinen Interessen richten würde, von Pozzo eingegeben.

Metternich bemühte sich (Rapp. de Tat. à Nesselrode 10. Sept.), ihm nachzuweisen, daß die Intervention der Mächte der Pforte einen offeneren, unparteiischeren Charakter bieten müsse, als die von England.

Die Pforte solle nämlich ein Amnestie-Dekret und eine neue Organisation für die insurgirten Provinzen erlassen, so die Intriguen der Philhellenen vereiteln und England hindern, sein ehrgeiziges Werk zu vollenden.

An Lebzeltern meldete Metternich: (6. Oktober) der Kaiser habe stets erkannt, daß die orientalische Sache den Zaaren in ein belästigendes Dilemma versetze und ein Dissolvant sei, das gegen die Allianz und deren Prinzipien geschleudert würde; den Krieg könne der Zaar nicht wollen, da er zum Vortheil der Parteien ausschlagen müsse, welche den socialen Körper bedrohen, — die politische Emancipation der Griechen nicht, weil sie gegen Rußlands Interesse sei und nur zum Benefiz einer andern Macht ausschlagen würde. Die Frage habe sich im Lokal, nicht in der Sache geändert; sie ruhe in London. England habe von Oesterreich eine energische, von Frankreich eine weniger deutliche Sommation erhalten. Man müsse verhindern, daß die Politik des englischen Ministeriums auf Kosten der Stützen der Ruhe und der öffentlichen Ordnung triumphire.

Comme la politique du Cabinet anglais (Dep. nach London 7. August 1825) qui s'est jeté dans un vague absolu renferme assez de mouvement pour tout remuer et trop peu de décision pour rien arrêter, il gêne toutes les Puissances, qui veulent le repos. Esterhazy soll Canning interpelliren, was er in der orientalischen Verwicklung will. Er soll Lieven bemerkbar machen, wie Oesterreich überall das Eis breche, in London, Konstantinopel, Paris und Petersburg auf der Linie der Prinzipien der Unverletzbarkeit der Verträge stehe. Er soll Cochrane's Expedition lebhaft tadeln.

Dann (8. Sept.) 1. ob England Hamilton's Intervention und die Unterwerfung Griechenlands annehme?

    2. wenn nicht, welche Maßregeln es ergreifen werde, um diese kompromittirende Unordnung zu enden?

Canning erwiderte: England sei weit entfernt, (Rapp. v. London 24. Sept.) das griechische Anerbieten anzunehmen, es suche nur ein Mittel, abzulehnen, ohne die öffentliche Meinung zu verletzen, und ohne die Bevölkerungen, denen es Schutz verweigert, in weniger skrupulöse Hände zu treiben, es wolle sich nicht vergrößern, finde vielmehr, daß man ihm mit den jonischen Inseln ein schlechtes Geschenk gemacht habe. Er rechtfertigte Hamilton, (3. Oktober an Wellesley 25); der Unterschied zwischen ihm und Oesterreich sei nur, daß Oesterreich die Griechen nicht als kriegführende Macht anerkennen wolle.

Esterhazy bemerkte dazu: Englands Politik sei nur amendirt aber nicht geändert. In Allem, was es thue, werde Canning von Popularitätsdurst geleitet und von Eifersucht gegen Frankreich belebt.

Dem französischen Gesandten, der Vorstellungen wegen Cochrane machte (Rapp. 8. Oktober), erwiderte Canning mit Betrachtungen über das philhellenische Komité in Paris und die französischen Agenten, die sich in französischen Generalsuniformen in Paris herumtrieben; er sei entzückt, sich bisher à l'écart gehalten zu haben, so daß er nicht genöthigt gewesen sei, zwischen der griechen-freundlichen russischen und der türken-freundlichen österreichischen Ansicht sich auszusprechen.

Canning suche, so meinte Esterhazy, Zwietracht zwischen die Höfe zu säen, wolle keine intime Réunion derselben. — An den Intern. Geh. Dep. v. 3. Dezember.

Nachdem die Beziehungen zwischen Rußland und der Pforte hergestellt seien, habe sich Canning in eine angebliche Neutralität zurückgezogen; dabei aber, seiner Neigung folgend, die Griechen so unterstützt, daß die Anstrengungen der Pforte scheitern mußten.

Nun habe, während Strangford nach Petersburg, Stratford nach Konstantinopel reisten, der Zaar sich zurückgezogen, und isolirt hätte Oesterreich die letzte Schwierigkeit gehoben, die einer definitiven Erledigung der Sache im Wege stand. Daraus resultire, daß England habe zurückgehen müssen, und nun so wieder den Höfen des Kontinents begegne. Stratford habe sich in Konstantinopel nicht wünschen lassen, er sei méticuleux.

Der Zaar verharre bei seiner friedfertigen Ansicht. (11. Dezember.)

Der Internuntius stachelte den Reis (30. September) zu Reklamationen gegen England und die Expedition Cochrane's auf.

Mit Unruhe sah die Pforte, daß England an den petersburger Konferenzen Theil nahm. Die Vollmachten der Kommissäre, welche sie nach Navarin schickte, um mit den Insurgenten zu unterhandeln, waren sehr ausgedehnt, aber unglücklicherweise sind die Geister in Griechenland nicht zu einen Arrangement geneigt, so daß man höchstens individuellen Abfall hoffen konnte. (Rapp. v. 10. Novbr.) Das russische Kabinet war lebhaft kontrariirt (Rapp. von St. Petersburg secr. 18. Juli) dadurch, daß Oesterreich in seiner Mittheilung vom 18. Juni und die andern Mächte von Zwangsmaßregeln Nichts wissen wollten. Dagegen wollte es auch von der Untersuchung, welche die Alliirten seinen rechtlichen Beschwerden in Konstantinopel widmeten, Nichts hören.

Die Fortschritte der Egypter beunruhigten es: denn dies Pacifikationsmittel würde den russischen Einfluß völlig ruinirt haben. Die umherschwirrenden Vorwürfe wegen seiner Beziehung mit dem österreichischen Hof setzten den Zaaren in Verlegenheit. Doch erklärte Nesselrode, den Gang der Ereignisse abwarten zu müssen. Ja er gab Lebzeltern in einem vertraulichen Gespräch zu verstehen, daß der Zaar die griechische Sache als abgethan betrachte; er halte trotz der Vorwürfe, die man ihm mache, an den gemeinsamen Interessen der europäischen Staaten fest; aber ihn verletze Oesterreichs Benehmen.

Nesselrode habe sich in Circularen (6. Oct. 1825 secr. à St. Petersbourg) über die Mauvais procédés Oesterreichs beschwert. Das würden die Faktiösen gegen Rußland ausbeuten. Der

Zaar und Nesselrode seien imbus de préjugés und wollten so über Oesterreich urtheilen. Die Aeußerungen Guilleminots

> Pourvu que l'on enchaîne l'ours du Nord et il répondroit du reste (Rapp. secr. de Petersbourg 19. Oktober)

erhöhen die Verlegenheit des Zaaren, ärgern ihn und sein Kabinet, und der Aerger wendet sich vorzüglich gegen Oesterreich; die letzten prophetischen Worte von Kapobistrias:

> que l'affaire de la Grèce ne s'arrangera jamais avec le concours de l'Alliance parce que l'Autriche ne le voudra pas et jouera la Russie,

haben vielleicht eine starke Explication gegen Nesselrode hervorgerufen, und der Zaar ist entschlossen, seine Verstellung aufzugeben.

Die Aufregung in St. Petersburg bewies den Gesandten von Oesterreich, England und Frankreich die Dringlichkeit, dem russischen Kabinet die Hand zu reichen.

Der österreichische und französische Gesandte reichten eine Verbalnote ein, Strangford eine schriftliche in so unbestimmten Ausdrücken, daß sie einer Drohung gleich kamen. (Rapport v. 6. Dezember):

Rußland möge mit seinem moralischen Einfluß die andern Mächte unterstützen, um den Frieden im Orient herzustellen, seine Beschwerde bei Seite lassen, seinen Gesandten nach Konstantinopel schicken, und dort die vereinte Stimme aller Alliirten über Griechenland hören lassen; auch den Griechen würde man den Vorschlag ohne Androhung von Koercitivmitteln machen, wenn die Pforte ihn angenommen.

Nimmt die Pforte ihn nicht an, so verläßt der russische Gesandte Konstantinopel. Die andern Gesandten erklären, daß sie die Pforte den Folgen der zweiten Abreise des russischen Gesandten überlassen. Die Hoffnung auf den Frieden sei durch diese Maßregel nicht gestört; denn das Schlußergebniß bliebe dem Zaaren und dessen Entscheidung überlassen.

1826.

Aber Canning verwarf diesen Vorschlag Strangford's, (Englische Depesche an Strangford, Rapp. v. London 7. Febr.) empfahl ihm, Alles zu vermeiden, was die Haltung Englands der russischen Regierung gegenüber in der griechischen Frage binden könne. Er dürfe sich nicht dazu hergeben, Oesterreich und Frankreich die Freude zu bereiten, mit ihnen gemeinsam vorzugehen, da Oesterreichs Antipathie gegen Griechenland, Frankreichs Intriguen in Griechenland und Egypten, gegen Englands Politik kontrastirten.

Nesselrode habe erklärt, der Zaar erkenne, daß die Pacification der Levante nur durch Verständigung zwischen Rußland und England zu erwirken sei, er rechne auf Englands Gerechtigkeit, verwerfe aber die Politik von Frankreich und Oesterreich.

Weshalb habe Angesichts solcher Thatsachen Strangford sich nicht darauf beschränkt, den Vorschlag einer konfidentiellen Verständigung zwischen England und Rußland zu machen?

Man müsse den Separatakkord zwischen den beiden Regierungen erleichtern, gegenüber den österreichischen und französischen Gesandten die verzögerte Abreise Ribeaupierre's geltend machen, um die Weigerung, an einer gemeinsamen Mediation Theil zu nehmen, zu rechtfertigen.

Er habe sich mit Lieven geeinigt über drei Punkte:

1. oubli du passé,
2. confiance intime entre les deux Gouvernements,
3. le secret.

Diese Vereinbarung zwischen Canning und Lieven sei durch Strangford's Mittheilung kompromittirt. Das tragische Ereigniß des Todes von Alexander könne die Spuren früherer Transaktionen verwischen und neue Kombinationen erlauben, es hänge von Strangfords Klugheit ab. Er solle in keine Unterhandlungen mit seinen französischen und österreichischen Kollegen eingehen, sondern Nesselrode den Wunsch, Vertrauen für Vertrauen zu schenken, aussprechen und die Unterhandlungen wegen der griechischen Frage zwischen Rußland und England wieder anzunehmen.

Metternich aber billigte den Vorschlag Strangfords, fügte bei, Lebzeltern solle seine Kollegen in Folge des deplorablen Ereignisses in Taganrol um sich fixiren.

Man habe sich in Petersburg nie Rechnung gegeben (D. res. à Londres 23. Dez.) über den Zustand von Malaise. in welchem man sich befunden habe, habe ihn in der Form gesucht, würde sich, wenn man gekonnt, selbst mit Oesterreich brouillirt haben, habe Nesselrode und Lebzeltern brouilliren wollen, wie man Metternich und Kaiser Alexander zu brouilliren gesucht habe.

Kaiser Alexander habe nie den Krieg gewollt. (Berlin, 31. Dezember.) Er habe die Sache von Neapel, Spanien und Piemont mit der Griechenlands konfundirt, und der falsche, schuldvolle Gang der englischen Politik habe den Zweifel hierüber motivirt.

Aber Alexander sei zwischen zwei Unmöglichkeiten gewesen: die Sache à l'amiable zu beendigen oder einen politischen Krieg zu machen.

Auch Canning sah Alexander als Palladium des Friedens (Rapp. v. London 27. Dez.) an. Die imposante Haltung Rußlands werde nun Einheit und Kraft verlieren und die Allianz in engere Grenzen gedrängt.

Dem Internuntius schrieb Metternich (D. secr. 18. Dec.): Die Ereignisse müssen eine lebhafte Sensation in Konstantinopel hervorrufen, der Diwan wird bei Allem, was er thut, einen Ruhepunkt an Oesterreich finden, er soll jede Chicane gegen Rußland vermeiden. Die Pforte mag so rasch wie möglich den Krieg auf dem griechischen Festland beendigen, die Griechen, welche sich unterwerfen, mit Milde behandeln, die öffentliche Meinung Europas bezüglich der Griechen menagiren: car une force supérieure à toutes les volontés l'emportera sans cela sur les amis les plus décidés de la paix politique. Die Pforte höre die Mächte, wenn sie ihr von sogenannten Arministrativ-Geschäften sprechen, um ihnen Antwort geben zu können: Ich sehe, Ihr seid meine Freunde; denn das, was ihr mir rathet, habe ich schon gethan. Sie zweifle endlich nicht an der Einigkeit der Mächte.

1826.

Nicht das System, sondern das Auftreten Rußlands, so warnte Metternich, könne ändern d. h. bestimmter werden. Der Erzherzog Ferdinand, der den Zaar beconboliren und beglückwünschen sollte, erhielt Instruktion v. 11. Januar 1826:

1. Point de vue: Einheit zwischen den zwei Kaisern auf Erhaltung und Achtung für das legal Bestehende.

2. Historisches Exposé, um die irrigen Ideen des Zaaren zu berichtigen.

Dem von Wien abgehenden Ribeaupierre empfahl der Kaiser (Depesche nach Petersburg 14. Februar), daß der Zaar sich Rechenschaft vor Allen geben möge über das, was er wolle und nicht wollen könne in der orientalischen Frage. Er könne offenbar Krieg führen, aber mit welchem Recht? er selbst könne sich kein solches zuerkennen, denn jenes Reich sei ein friedlicher Nachbar, erfülle seine Verpflichtungen. Wolle der Zaar Griechenland pacificiren, so werde der Kaiser sich ihm anschließen, aber man müsse sich verständigen und dürfe nicht den Türken zur Last geben, was auf den Griechen laste.

Erzherzog Ferdinand meldete die friedfertige Stimmung des Zaaren (4. Februar 1826); die Sendung des Grafen Bombelles nach Warschau, um den Großherzog Kon stantin zu komplimentiren, sei von diesem ausgebeutet worden, um seine Deferenz und Unterwürfigkeit gegen den Zaaren zu beweisen.

Der Zaar habe dem Erzherzog einen Brief seines Bruders mitgetheilt und Mißtrauen darüber bezeugt, daß man in diesem von einer politischen Sache gesprochen habe, worüber der Erzherzog sich nicht gegen ihn geöffnet.

Man habe seine Absicht in der orientalischen Frage verkannt; er habe gewünscht de concert mit den Mächten zu handeln. Bezüglich der Mission Wellington's äußerte er, vom Erzherzog darauf hingewiesen, daß derselbe den Akkord unter den Mächten erleichtern könne, er glaube wohl, daß dies wieder eine Farce sei, die man spielen wolle.

Das Mémoire fand er konform mit dem seinem Bruder in Warschau Mitgetheilten.

Bezüglich der Konspiration (10. November): er wünsche mehr als Freundschaftsverbindung, intime Familienverbindungen mit Oesterreich; Oesterreich: Preußen und Rußland seien im Stande die Ruhe Europa's zu garantiren. Er wisse nicht, ob Alle ehrlich seien..... ob England es sein werde, ob es nicht Absichten auf Griechenland habe. (2. März.) Und doch muß die Sache beendigt sein: kann man sich nicht vereinigen, so lasse man mich allein handeln. Ich habe die Mittel dazu und werde schon mit den coquins là fertig werden. — Die Eitelkeit der Russen, die Berachtung der Türken erzeugt den Glauben in St. Petersburg, daß eine militärische Demonstration genüge, um ihnen die Pacifikation Griechenlands zu entreißen.

Als der Erzherzog das Wort „Griechen" erwähnte, fuhr der Zaar dazwischen: Nein, ich nenne sie nicht Griechen, ich nenne sie Rebellen; als solchen werde ich ihnen niemals Unterstützung gewähren; ich habe das Recht nicht dazu. Doch existiren Schwierigkeiten anderer Natur zwischen der Pforte und mir. Heute, wo ich weiß, daß der Kaiser von Oesterreich sich in keiner Weise das Recht zuerkennt, Gewalt gegen diese Macht zu gebrauchen, werde ich die Sache allein demeliren; kommt es zum Bruch, so wird die Sache Griechenlands nie in meine Transaktionen mit der Pforte gemischt werden.

Die Furcht, daß England Rußland genire, gestand der Zaar (7. Juni) dem französischen Gesandten, habe seinen Widerwillen, einen einseitigen Akt zu unterzeichnen, überwunden. Er habe nachgegeben, da er gesehen, wie dringend England die griechischen Sachen zu regeln wünsche, und wie Wellington zwischen der Türkei und Egypten unterschied, so daß er mit Egypten Krieg führen könne, ohne mit der Türkei zu brechen. Durch das Protokoll binde Rußland England die Hände, wenn es Gewalt brauchen wolle.

Wellington andererseits gestand, (Rapp. v. Petersburg 10. 17. Juli): daß er kein schriftliches Versprechen habe erlangen können, daß der Zaar Frieden halte. Man habe die farce gespielt: de supposer faussement un rapprochement entre l'Autriche et la France, welches den Zaaren engagire, jede schriftliche Verständigung kategorisch zurückzuweisen.

Der Zaar versprach, daß er es durchaus nicht auf Vergrößerung oder politische Existenz der Türkei abgesehen habe.

Wellington glaube, mit dem Protokolle der österreichischen Sache gut gedient zu haben. Canning habe ihn erst desavouiren wollen und ihm darüber einen wenig passenden Brief geschrieben. Er habe ihn denselben zurücknehmen lassen. Sein Ziel sei gewesen (Rapp. v. London 20. Mai), die griechische Frage zu präcisiren und umschreiben, sie aus Rußlands Hände zu nehmen. Das beweist, daß das Protokoll Werk Wellingtons.

Canning gestand: daß das englische Kabinet die Absicht Rußlands habe kennen lernen und sie im allgemeinen europäischen Interesse habe beschränken wollen; doch ein Umstand habe den Herzog von Wellington gehindert, so daß er nur ein Ver= bal=versprechen erhalten habe.

Er gestand, daß das russische Kabinet für diesen Fall eventuelle Garantien und die Versicherung der Unterstützung von Englands bons offices verlangt habe und dies habe Wellington veranlaßt à se desister de sa demande et à souscrire à celle de la Russie à cause du voisinage des Iles Joniennes et de la présence de l'escadre anglaise dans la Mediterranée.

Aber nur als Freundin hat sich England gebunden. Seine Verpflichtungen enden, sobald Rußlands Haltung sich ändert, während das Protokoll fortfährt Rußland zu binden.

Rußland will sich nicht in Europa vergrößern, so antwortete Canning auf die österreichische Frage wegen der Kriegsentschädigung. Wellington nahm an in Asien.

Esterhazy meldete: Es besteht keine Analogie der Interessen, sondern eine pronon= cirte gegenseitige Abneigung zwischen dem Zaaren und Canning. Sie nähern sich, indem sie sich fragen:

Le quel des deux a mieux dejoué les plans de l'autre.

Die Hypothese der Errichtung eines unabhängigen Griechenlands bezeichnete Met= ternich (8. Juni 1826) als synonym mit der Vertreibung der Türken aus Europa. Die Türkei ist ein kommoder Nachbar für Oesterreich, bietet alle negativen Vortheile einer Meeresgrenze. Tritt ein christlicher Staat an ihre Stelle, so würde derselbe ebenfalls Oesterreichs Freundschaft nachsuchen. Es handelt sich aber nicht um ein unabhängiges Griechenland, sondern um Pacifikation zwischen dem Sultan und seinen insurgirten Unterthanen.

Der Reis erklärte dem Internuntius (Rapp. v. Konstantinopel 15. Jan.): man habe die beste Hoffnung den Aufstand zu beendigen; aber der Sultan sei entschlossen, keine Intervention in die innern Angelegenheiten seines Reichs zu dulden.

Durch Canning's Zusammenkunft mit Maurokordatos in Spezzia, um die Media= tion der englischen Regierung annehmen zu lassen, und den Tod Alexanders stieg die Hoffnung der Griechen (Rapp. v. 10. Februar), daß sie eine Unterhandlung mit Bandiera: sich der Pforte für den Fall, daß Mesolonghi fiele, zu unterwerfen, ab= brachen, und auf absoluter Unabhängigkeit bestanden.

Canning verlangte formelles Dementi (Rapp. v. Konstantinopel 25. April) be= züglich der Absicht, Afrikaner und Asiaten nach Morea, Moreoten nach Asien zu ver= pflanzen, suchte Angst vor Rußland einzuflößen. Pitoyable Rolle!

Ottenfels bewies der Pforte, sie müsse sich coulant gegen Rußland und rigorös gegen England zeigen.

Die Ereignisse in Rußland bezeichnete Metternich (an Ottenfels 4. Februar) als die Resultate der 15 ersten Regierungsjahre Alexanders. Doch könnten die Ver= legenheiten daraus für die russische Regierung stärker werden, als sein Wille. Der Zaar will die orientalische Sache nicht aufgeben: die Pforte darf sich darüber keine falsche Rechnung machen.

Der Internuntius unterstützte Minciaki, der am 5. April sein Ultimatum abgab.

Metternich hatte geurtheilt, man könne Wellingtons Gegenwart in St. Petersburg im Interesse der orientalischen Sache verwerthen.

Er schrieb ihm durch Lebzeltern, man dürfe den Zaaren nicht dem Gefühl der Isolirung anheimgeben. (14. Februar.)

34 *

Au Lebzeltern schrieb er: England habe in Griechenland das Terrain gewonnen, was die Alliirten nicht besetzt und die Türken nicht hätten erobern können Der Zaar solle an den Herzog von Wellington die Bitte richten, daß das britische Kabinet sich mit den andern Höfen vereinige. Die Mission Wellington's, so erfahre er aus London, sei sehr unschuldiger Natur.

Oesterreich habe große Opfer gebracht, um den Kaiser Alexander zu befriedigen; habe sich aber den extravaganten Konceptionen seines Kabinets nicht blind unterwerfen können. Er suchte nun von Esterhazy zu erfahren, in welcher Beziehung Wellington's Mission zu Stratfords stehe. Im Grunde wolle England, was Oesterreich wolle. (Secrète à Londres 2. mars.)

Esterhazy replicirte:

Das britische Kabinet hülle sich in Geheimnisse (29. März), was bei einer Sache von so allgemeinem Interesse einen besonderen Plan voraussetze, man ziele aber nicht auf absolute Unabhängigkeit Griechenlands.

Wellington war betroffen über die Gleichgiltigkeit des Zaaren gegen die Griechen. (6. März.) Er legte dem Zaaren ein Memorandum über Griechenland vor, (23. März) die Pacifikation werde gelingen, wenn Rußland sich mit England einige. England übernehme es, das Arrangement unter Garantie der vier andern Höfe zu stellen.

Da der Zaar von der griechischen Sache nichts hören wollte; versicherte Wellington, er werde sich bemühen, die russisch-türkische Sache zu einem verständigen Ende zu führen, einen Bruch zu verhüten, erkannte die russischen Reklamationen bezüglich der Fürstenthümer und serbischen Deputirten an; bestritt die Ansprüche Rußlands auf das Recht einer Mediation in Serbien.

Nach Wellington's Meinung, berichtet Lebzeltern, verlange Graf Nesselrode die Pacifikation des Orients durch Rußland mit der Allianz.

Wellington machte dem Zaaren auf die Folgen einer militärischen Operation aufmerksam: er könne mitgerissen werden.

Er beklagte sich über die Legerität, mit welcher die Geschäfte in St. Petersburg behandelt würden. Graf Nesselrode theilte Lebzeltern mit (23. März): der Zaar habe einen neuen Weg eingeschlagen. Die griechische Sache sei vertagt — Wellington vertraute Lebzeltern, daß der Zaar Mißtrauen gegen Oesterreich hege.

Russische Note (remise le 5. April) verlangt in sechs Wochen:

1. Die Herstellung des alten Zustandes in den Fürstenthümern.
2. Befreiung der serbischen Deputirten
3. Absendung türkischer Bevollmächtigten an die Grenze, um alle Differenzen seit 1816 zu regeln. Nimmt die Pforte an, so vereint sich Rußland mit den andern Mächten, um die Pacifikation zu betreiben. Weigert sie sich, und Rußland greift zu den Waffen, so wird es diese Sache in dem allgemeinen Arrangement mit einbegreifen.

Der Zaar will dem zuvorkommen, daß man ihn anschuldigt, er habe Reklamationen, deren Folge ein Krieg sein könne, Titel aus einem Aufstand entsprungen, fallen lassen und er will verhüten, daß die Faktiösen Hoffnungen auf den Krieg gründen.

Metternich rieth, die russischen Vorschläge anzunehmen (14. April an Ottenfels. Weigere sich die Pforte, so habe sie den Krieg gewollt. Das Gesetz der Nothwendigkeit nöthige zum Nachgeben, es gebe keinen Widerwillen, wenn es sich um eine Existenzfrage handle.

Die Einförmigkeit der Sprache der Mächte werde in Konstantinopel (Secrète 14. April) Eindruck machen. Die Pforte sei nicht gerüstet. Rußland sei gerüstet. Die Mächte würden sich nicht für die Pforte weder moralisch, noch materiell aussprechen.

St. Canning sei in Hydra gescheitert, wo die revolutionäre Boutique einstürzte, — wo er den Schein einer Einigung mit den Rebellen gewinnen, und dadurch habe der Pforte die Hand binden sollen, so daß das Verdienst der Pacifikation allein dem britischen Ministerium zugefallen wäre. Canning sei ebenfalls in Konstantinopel gescheitert.

Metternich garantire die friedliche Absicht des Zaaren: nehme man aber den von Minciaky vorgeschlagenen Einigungsplan nicht an, so werde positiv der Krieg stattfinden.

Der Zaar habe den verstohlenen Weg seines Vorgängers aufgegeben. (17. April secrète.)

Nesselrode gestand Lebzeltern (26. Mai), daß Rußland hors de question sei, (was er persönlich sehr bedaure) wenn die Pforte annehme.

Durch die Wiener Eröffnung vom 14. April entschloß sich der Reis durch Note vom 5. Mai den russischen Forderungen zu adheriren. Die Ordres zur Ausführung seien bereits gegeben. Minciaky erklärte sich völlig zufrieden.

Der Reis sagte, indem er Ottenfels zugleich die Nachricht von der Einnahme Mesolonghi's gab, am 22. April: die drei Stützen, auf welche die Griechen gerechnet seien diese Festung, Rußland, England, von denen hätten die beiden ersten sait défaut, die dritte würde ihnen von keinem großen Nutzen mehr sein können.

Stratford-Canning unterhielt, um die parlamentarische Stellung seines Onkels aufrecht zu halten, eine Korrespondenz mit den Griechen, gestand aber ein, daß er in Hydra, wie in Konstantinopel, mit dem Anerbieten der Mediation im Namen seiner Regierung éconduit sei.

Metternich ließ bezüglich der Nachgiebigkeit der Pforte dieser bemerken (12. Juni): Der Zaar sei erfreut gewesen, das Ministerium erstaunt, weil es an absolute Stupidität der Pforte geglaubt habe.

Ueber Wahl des Orts und Quarantaine mußten die türkischen Bevollmächtigten nachgeben.

Le sultan voulant se délivrer du joug si dangereux (Rapp. v. 10. Juli, 10. Aug.) et si funeste pour ses prédécesseurs, du corps des janissaires, parvint à détruire cette milice fanatique et turbulente; à un premier espoir d'un avenir meilleur et de réformes progressives, la rigueur excessive que le Gouvernement déploye pour extirper jusqu'au dernier des janissaries, fit succéder un mécontentement général.

Ackermann „Komödie". Der Zaar erklärte, hier seien positive und unerläßliche Forderungen. Der Sultan befahl, die Konvention zu unterzeichnen, nachdem die Bevollmächtigten so viel Modifikationen, wie möglich, angebracht; es gelang ihnen, den ton tranchant abzuschwächen, die Pforte hatte die Weisheit, ohne Zögern die Konvention zu vollziehen, welche Verzicht auf die asiatischen Festungen, Donau-Grenzen, Handelsfreiheit unter russischer Flagge, Fürstenthümer, Serbien (in 18 Monaten) Zahlung der Privatforderungen von 1806—21 bedingte.

Der Reis wies die Mächte darauf hin: was sie von einem jungen und mächtigen Souverain erwarten müßten, der seine Macht gegen eine befreundete Macht mißbrauche.

Der Internuntius ließ ihm antworten: er solle nicht vergessen, daß er ihm gerathen, die versöhnliche Disposition des Kaisers Alexander zu benutzen. Damals, bemerkte der Reis, habe die Opposition im Diwan ihn gehemmt.

Man danke den Frieden jetzt der Zerstörung der Janitscharen, die dem Sultan Mäßigung zu brauchen gestatte. Doch glaubte Ottenfels, daß er die nächste Gelegenheit zum Waffenergreifen benützen werde.

Mincialy beauftragt zu erklären (Brief von Ottenfels 29. September): man vermuthe, die Pforte habe Persien zum Krieg gereizt. Da sehe man die schlechte Absicht Rußlands, meinte der Reis. Statt es durch immense Koncessionen zu gewinnen, habe man nur neuen Chikanen die Thür geöffnet. Aber die Pforte habe nur Zeit gewinnen wollen, da sie bei Reorganisation des Reichs überrascht wurde, so mußte sie Rußlands Exigenzen unterschreiben.

Der Zaar sagte zu dem französischen Gesandten (R. tres secr. 3. avril): er wolle das Reich seines Bruders fortsetzen, nicht wieder anfangen. Wenn er in die Fürstenthümer einrücke, so wolle er keinen Zoll breit Erde behalten: er werde nur über die Donau gehen, wenn die Türken ihn diesseits derselben suchten. Er habe die griechische Sache nicht aufgegeben, aber die Unmöglichkeit, in dieser Sache vorwärts zu kommen, so lange seine Differenz mit der Pforte bestand und sein Minister nicht nach Konstantinopel zurückgekehrt sei, sei ihm bewiesen; er werde im Verein mit den Alliirten pacificiren.

Er sei zufrieden mit den Eröffnungen des Herzogs von Wellington für sich selbst und für seine Alliirten, deren Abvokat er sei.

England sei in einer verschiedenen Lage: denn es betrachte Egypten nicht als Theil der Türkei; ebensowenig wie Tunis und Algier. Es könne also, um die Pforte zu einem Arrangement zu nöthigen, auf Mittel rekurriren, welche die andern Mächte nicht anwenden wollen.

Die russische Depesche, welche das Protokoll begleitete (11. April): England, das bisher sich geweigert, mit den Mächten sich zu koncertiren über diese Sache, habe erklärt, kooperiren zu wollen; die Griechen seien geneigt zu accediren. Allein die Einigung von England und Rußland könne über den Widerwillen der Pforte triumphiren.

Metternich kritisirte: Rußland habe seine Erklärung vom 29. August (Remarques sur la depéche russe du 11 avril) verlassen, um den englischen Einfluß in Griechenland zu beschränken: es sei ein manque d'égard Akten, die ohne Wissen der andern Höfe signirt seien, an dieselben zu schicken. Das Protokoll sei ein indigestes Produkt widerstreitender Ansichten und Interessen. Beide Kabinete hätten sich neutralisiren wollen (Dépéche reservée. 16. Mai Lebzeltern). Darunter habe das Allgemeine leiden müssen, Rußland trage das Opfer.

England habe nur sein Spiel in jenen revolutionirten Ländern fortsetzen wollen.

Wellington habe in Petersburg einen Bruch verhüten sollen, sowie einen Eroberungskrieg, die Vermittlung Englands zwischen Griechen und Türken zur Annahme zu bringen.

Das Erste sei mißglückt, beim Zweiten sei es zum Protokoll gekommen.

Nesselrode habe mit Schmerzen gesehen, daß durch den offenen Entschluß des Zaaren die griechische und russisch-türkische Sache zu trennen, die griechische auf Nichts reducirt wurde, und so sei es zum Protokoll gekommen.

Dieses Aktenstück wird aber Nichts sein: wenn die Beschwerden der Russen völlig befriedigt sind.

Kommt es zum Krieg, so wird Rußland die Schicksale Griechenlands regeln.

Es bleibt aber ein unverzeihlicher Angriff auf die Allianz zurück (Secr. 19. Mai) ein politisches Verbrechen, das gegen dieselbe begangen ist.

Metternich klagte: (Depesche nach London 29. April) Die beiden divergentesten Parteien in der orientalischen Frage haben sich auf einem Kriegsprinzipe geeint, das wird dem russischen Publikum und der öffentlichen Meinung Englands einen élan geben.

Wenn Canning den Krieg scheut, wie kann er Alles thun (Depesche nach London 29. April) um Verwicklungen hervorzurufen?

L'espèce d'engagement à forfait ébauché entre l'Angleterre et la Russie dans une affaire infaisable devra l'effrayer de ses propres oeuvres et lui donner à penser.

Rußland hat Formfehler begangen, anders Canning, dessen Wunsch schon lange es ist, die Allianz zu lösen. Er begegnet sich mit dem Zaaren in den Mitteln, wenn sie auch nicht gleiches Ziel haben.

Oesterreich bedarf präciser Aufklärung von England. Es sei eine monstrueuse Kombination, (an Ottenfels 24. April) die Pforte möge die Absicht der zwei Mächte entwaffnen durch raschen versöhnlichen Entschluß.

Wellington habe die englische Mediation in der griechischen Sache (an Ottenfels 19. Mai) retten wollen, habe gefunden, daß der Zaar die griechische Sache als Nebensache betrachte. Lieven und Nesselrode erschreckt, daß ihr Herr die Griechen verließe, hätten sich bemüht, die englische Sache mit der russischen zu vermitteln; die Furcht, daß die Engländer den Schutz über den Peloponnes erlangen und die Unerfahrenheit des Zaaren bewirkte, daß er die Vollendung eines Werkes voll Schwäche und Ridicule duldete.

Es sei eine Todgeburt, werde nur kümmerliche Existenz fristen. (Brief an Ottenfels 18. Juni.)

Lebzeltern selbst stellte Nesselrode vor: es sei ein Dienst gegen Canning; er habe Rußland aus den alten Allianzwegen herausgebracht. Der Zaar erkenne die Mediation, und damit die Griechen als Krieg führende Macht an.

Bei der Abschiedsaudienz des abberufenen Lebzeltern (Rapp. v. Lebzeltern, Berlin 22. Juni) stellte der Zaar ihm vor: er habe Oesterreich einen Dienst zu erweisen geglaubt, indem er England mit der gemeinsamen Sache verknüpfe und seinen Ehrgeiz hemme. Wenn seine griefs mit der Pforte arrangirt seien, so werde das Protokoll von keinem Resultat mehr gefolgt sein; er werde stets im Interesse der Allianz handeln: ohne Wellington's unwiderstehliche Opposition würde er Alles den Bevollmächtigten der andern Höfe mitgetheilt haben, statt konfidentieller Eröffnungen, über die sich Canning schon bitter beschwerte.

. Nikolaus äußerte: daß das Arrangement von Ackermann (Rapport von St. Petersburg 9. Okt.) große Schwierigkeiten für die Pacification Griechenlands nach sich ziehen würde.

Nesselrode gestand, daß die Zustimmung der Pforte zu den russischen Forderungen Rußlands Haltung verändert habe, und es aus der ersten zur zweiten Rolle versetzten.

Auf Canning hatte die Janitscharenbewältigung großen Eindruck gemacht. Er überreichte Esterhazy (Rapport von London 20. Sept.) seinen Pacifikationsplan, den er Lieven am 10. und 29. August übergab. Derselbe bestätigte sein Wort:

Man müsse sich auf eine oder die andere Weise des Protokolls entledigen.

Man habe ein gewagtes Spiel gespielt, gestand er, doch habe England mehr als Rußland dabei gewonnen. Er benützte seinen Aufenthalt in Paris, um den französischen Minister für seinen Pacifikationsplan zu gewinnen.

Metternich erfuhr die gemeinsame britisch-russische Aktion am 1. September auf Johannisberg. In einer geheimen Depesche nach Paris (30. Okt.): Der Moment, sich zu erklären, sei fürOesterreich noch nicht gekommen. Frankreich habe leichtsinnig den Ausdruck der russisch-englischen Eröffnung, man handle im Interesse der Religion, angenommen. Die moralische Haltung der beiden Kabinette sei nicht dieselbe. Canning's Hintergedanke sei: sich ein entschiedenes Protektorat über Griechenland und die Inseln zu sichern. Rußlands matrielleAnstrengungen und die moralische Unterstützung Oesterreichs und Frankreichs sollten ihm dazu verhelfen. Den andern Mächten wolle er überlassen, die Unabhängigkeit Griechenlands zu garantiren, sich aber dabei Aktions-Freiheit wahren. Da es aber dem zu gründenden Reich an allen Bedingungen fehle, sich selbst zu regieren und es den echtgriechischen innern Zwistigkeiten verfallen würde: so würde die unwiderstehliche Macht der Dinge England den Einfluß sichern, um welchen Canning buhle. Doch so etwas wollen weder Frankreich, noch Rußland: Oesterreich werde sich davor zu schützen wissen.

In einer geheimen Depesche nach Petersburg (13. Nov. Rapp. v. St. Petersburg): Der Kaiser könne nie zugeben, daß der griechische Aufstand Religionskrieg genannt werde, und man habe nicht das Recht, zu verlangen, daß der Großherr seine Souveränetät gegen eine Suzeränetät austausche.

In einem Brief an Temple in Berlin verlangte Canning (Rapp. v. Berlin 5. Dezember), daß die Alliirten die Grundsätze des englischen Kabinets annähmen und dem Protokolle beiträten!

Darüber beschuldigte Metternich ihn: seine Ideen hätten sich nicht gebessert, (Brief an Apponyi 8. November), seien von revolutionären und jede sociale Ordnung aufhebenden Prinzipien geleitet.

Seine unruhige Thätigkeit erhöhe die Besorgniß in Konstantinopel. (An denselben 29. Nov.): Man täusche sich, wenn man dem Kaiser Nikolaus in Paris Kriegsgelüste beimesse.

Billèle stimmte in diesen Ton, den Metternich gern hörte (Rapp. v. Petersburg 29. Nov.). Canning behandle die Geschäfte, wie ein Redner, der applaudirt sein wolle, und keinesfalls als Staatsmann. Das Höchste, wozu sich England verstehen werde, seien Drohungen gegen die Pforte, nicht mehr.

Er nannte die englisch-russische Allianz monströs, ohne Dauer (nach Wien 9. November). Die andern Mächte könnten mit Garantie des status quo der Türkei konkurriren.

Bombelles aber meldete von Petersburg (2. Dez. Rapp. v. Petersburg): Canning sei durch die traurige Rolle, welche der britische Gesandte in Konstantinopel gespielt habe, veranlaßt worden, den Gebrauch von Zwangsmitteln, Abberufung der Gesandtschaft ꝛc., voraus zu stellen, ja Flotten ins Mittelmeer zu schicken.

Metternich tadelte (11. Dezember Depesche nach Paris) an den Eröffnungen der Mächte, daß das Interventionsrecht, in Aachen 1818 weise festgesetzt, zu Gunsten aller Faktiösen ausgedehnt sei, die sich nur an die Mächte um Emancipation zu wenden brauchten. Man nenne den Brief der Griechen bald als Basis, bald als glückliches Konkordanzmittel.

Wenn man den Gebrauch der Zwangsmittel entferne, sei er bereit mitzuwirken. (22. Dezember an die österr. Gesandten beim ruß. und engl. Hofe.

Nach Berlin bemerkte er, man liefere sich in Petersburg großen Irrthümern über Canning hin (19. Dezember), glaube ihn zu leiten, während er sich Rußlands bediene, um die Geschäfte auf einen Punkt zu führen, wohin Rußland nicht wolle.

Oeuvre indigeste nennt er den englisch-russischen Vorschlag (Geh. Depesche nach Petersburg 24. Dez.), in wenig Stunden, während die andern Mächte Jahre lang vergeblich vermittelt hätten, ausgebrütet. Die russisch-englische Mediation habe nur Mißtrauen als Basis und dauere nicht.

1827.

Er ereiferte sich über die klägliche Schwäche des französischen Kabinets, das jedem Anstoß von Canning folge. Dagegen erfreute er sich an der guten Gesinnung des preußischen Kabinets (5. Januar 1827 nach Berlin und nach Petersburg), welches den Gebrauch von Zwangsmaßregeln ebenfalls verwarf.

Stratford-Canning konnte seine Ungebuld in Konstantinopel kaum bezähmen, da er die griechische Emancipation als eine ihm und seinem Onkel gehörige Sache ansah.

Mincialy tadelte seine allzugroße Eile.

Prokesch ermuthigte den Vicekönig in Alexandria (25. November: er solle sich nicht abhalten lassen, seine Unternehmung in Morea zu Ende zu führen.

1. Januar, geh. Brief an Ottenfels: Der Sultan solle von freien Stücken thun, was die Andern ihm abverlangen wollten. Der russische Hof müsse nach Persönlichkeiten beurtheilt werden, die Absichten des Kaisers Nikolaus seien rein, er sei von Nesselrode zum Protokoll verlockt.

In England übe Canning Terrorismus über König und Kabinet und das Land sei in einer moralischen Revolution. Er wolle den Triumph seiner gefährlichen Doktrinen; neben ihm sehe man nur die Sündfluth.

Frankreich sei schwach und durch den Philhellenismus kompromittirt.

In Preußen zwei Richtungen: Aufgeklärte Ansichten über das Protokoll und Schüchternheit vor Rußland.

Oesterreich halte unwandelbar an seiner Politik, sein Gang sei korrekt und fest.

Wenn der Sultan thue, was der sens commun wolle, so stürze die englisch-russische Allianz.

Der Diwan sträubt sich gegen die österreichischen, englischen und russischen Vorstellungen.

Ribeaupierre erklärt er (28. Februar 1827), lieber nach Asien zurückkehren zu wollen, oder Krieg als Annahme der russischen Forderungen.

Metternichs Expedition vom 14. April tadelt Frankreich, lobt Preußens korrekte Haltung.

Die Erfolge auf dem Kriegsschauplatze machten die Pforte noch intraitabler (25. Mai).

Am 9. Juni Erklärung des Reis: Verwerfung jeder Intervention, Pacifikation sei ausschließliches Recht des Sultans.

Metternich fuhr trotzdem in seinen Rathschlägen fort. (20. Juni, Depesche nach Konstantinopel.) Kaiser Nikolaus könne, ohne zu wollen, zum Kriege fortgerissen werden.

Die Pforte müsse sich gestehen que le bon droit ne suffit pas à lui seul pour sauver une cause contre des adversaires rusés et peu scrupuleux dans le choix de leurs moyens d'attaque, qu'il faut encore savoir le soutenir et le faire valoir.

Oesterreich erkenne als unwandelbare Nothwendigkeit, daß die Pforte den Griechen eine gerechte Pacifikation zu Theil werden lasse. Die Flotten in Brest und Kronstadt seien segelfertig. Die Pforte müsse den Gegner, der am leichtesten zu beroutiren (Brief an Ottenfels 20. Juni) und paralisiren sei, angreifen, sowohl wegen der Ministerverantwortlichkeit, wegen des Kompromittirens des englischen Handelskapitals, als wegen der Verletzung der Neutralität.

Er erkannte, daß die Antwort der Pforte (4. Juli Depesche nach Konstantinopel) weit verständiger sei, als der Tripeltraktat.

In London behaupte man Rußland, in Petersburg England getäuscht zu haben, in Paris: man sei in den Traktat eingegangen der Form wegen, um Beide zu hintergehen und ihre gefährliche Absicht zu hintertreiben.

Das russische Kabinet schlug dem englischen eine Stufenleiter vor von Zwangsmaßregeln (9. Januar 1827 an Lieven): von der Drohung unmittelbarer Annäherung an die Griechen bis zur Anwendung von wirksameren, später zu besprechenden Maßregeln.

Als Bombelles Nesselrode um Erklärung dieser letzteren bat (28. Januar Rapp. v. St. Petersburg), ob nicht Krieg gemeint sei, antwortete dieser: man müsse endlich einmal ein Ende machen, quil fallait en finir une bonne fois.

Das Wiener Kabinet stimmte endlich zu, einen Foyer d'entente in London zu errichten. (Depesche nach London 25. März.)

Die Idee der Pacifikation umfasse:

1. Vergangenheit. Das geeignete Mittel sei Vergessen, die Form Amnestie.
2. Die besten Mittel für die Gegenwart: Waffenstillstand, nachdem die Pforte dem Princip der Pakification zugestimmt.
3. Die Zukunft müsse man sichern
   1) durch Trennung der Christen von den Türken,
   2) durch Garantie der Mächte für das zu vereinbarende Arrangement.

Die Festungen müßten in Händen des Souverains bleiben. Politische Emancipation könne nicht gewährt werden. Die Mächte überließen den Griechen, sich nach eigenem Brauch zu regieren. Jährlicher Tribut.

Einen russisch-türkischen Krieg betrachte das Wiener Kabinet als größtes Unheil, das Europa vorbehalten sei.

Das beste Zwangsmittel sei Drohung eines gleichzeitigen Bruchs der fünf Mächte. Man habe sich über die Kontingente im Fall dann noch dauernder Hartnäckigkeit der Pforte zu verständigen.

In einer ref. Depesche nach London sprach Metternich (26. März 1827): die Politik Europa's ist durch Londonderry's Tod und Kaiser Alexanders Tod von Grund aus verändert. Die Ordnung der Dinge von 1815 unterlag, weil sie für neue Bedingungen nicht paßte. Oesterreich und Preußen blieben auf dem rechten Weg. Die hl. Allianz aber ward eine Abstraktion; sie existirte nur dem Namen nach.

Da der englische und russische Hof nicht wissen, was sie wollen, hat sich Metternich gezwungen gesehen, sich mit der Lösung der geheimen Fragen zu beschäftigen.

Nikolaus wünsche den Krieg nicht, der ihn auch zur diametral entgegengesetzten Konsequenzen führen würde. Oesterreich wolle Rückkehr der Insurgenten unter die Suzeränität, gewisse Koncessionen und Vorsichtsmaßregeln von beiden Seiten, deshalb sollten sich die Mächte einigen; aber Oesterreich wolle kein Eingreifen des Kaisers von Rußland in die Rechte des Sultans.

Will England seine Mediation auf Kosten der Möglichkeit einer Pacifikation aufrecht erhalten?

Auch in Depeschen nach Petersburg hielt Metternich diesen Gedanken fest (27. März 1827 secrète), daß die Mächte alle sich zur Pacification einigen müssen. Nicht zur Mediation oder Intervention. Er verlangte gemeinsame Drohungen; aber keinen Krieg. Comment pacifier par une guerre? rief er aus.

Nach Paris meldete er (31. März), daß der Weg des Protokolls zu einer Niederlage führen müsse. Es sei natürlichen Todes in Konstantinopel gestorben, da man versucht habe, es auszuführen.

Insgeheim aber klagte er, daß der verständige eigene Weg auch nicht glücken werde (nach Konstantinopel 19. März). Frankreich sei für Alles, wenn es nur bei Allem dabei sein könne.

Der Wunsch d'être de la chose habe es aus seiner zuwartenden Haltung getrieben. (7. März.)

Und dabei drücke Damas noch Bedauern aus (19. Mai nach Berlin), daß

Oesterreich sich von der Allianz trenne! Auch glaube Frankreich an Krieg, während Kaiser Nikolaus doch nur bis zum Krieg gehen wolle.

In London ward Esterhazy nicht zugelassen (Rapp. von London 27. März) außer auf der Basis des Protokolls. Es ward ihm mitgetheilt, da Oesterreich nur theilweise zustimme, und Preußens Haltung ungewiß sei, habe man den Akkord mit dem französischen Kabinete unterzeichnet.

Prinz Lieven, dem Esterhazy seine Instruktionen vertraulich mittheilte, fand dieselben sehr ungenügend: man könne bei Anwendung der Zwangsmaßregeln nicht auf Oesterreich rechnen. (25. März.)

Metternich rächte sich, indem er Lieven als Repräsentanten aller russischen Irrthümer und der ganzen Konfusion bezeichnete, welche Petersburg bedecke.

Am 29. Mai aber erklärte ihm der sonst so angenehme Bote Tatittscheff, Kaiser Nikolaus sehe in der österreichischen Instruktion nur den Versuch die Entscheidung der Sache hinauszuschleppen, er werde, wenn nöthig, allein vorgehen.

Metternich bezeichnete Esterhazy gegenüber (26. Mai secrète) das Protokoll als Fantom. Aus der Konfusion, die es legalisirt habe, könne keine Vermittlung hervorgehen, sondern nur einer Monstrosität, würdig ihres Ursprungs. Es habe keinen praktischen Werth, andererseits könne England nicht Krieg mit der Pforte führen. Ich gestehe, daß ich die moralische Position des Kaisers Nikolaus nicht verstehe. Eine alte Erfahrung hat mir bewiesen, daß so oft große oder kleine Geschäfte einen Zustand solcher Konfusion gewähren, wie die griechische Sache jetzt, ce que l'on tient en vue n'arrive pas, et c'est la ce qui arrivera des idées russo-anglo-françaises.

Der Tag wird kommen, wo man den Betrachtungen des Wiener Hofs den verdienten Werth beimißt; was man heute als Skrupel und enge Raisonnements ansieht, wird dann das Gewicht der Voraussagung haben.

Als das französische Kabinet dem Wiener den Vertrag (19. Mai) zuschickte mit dem Wunsch, daß es abhärire, man habe nur mit Türken zu thun und mit solchen Leuten brauche man sich nicht viel zu géniren, erklärte Metternich, er könne einem unbestimmten Unternehmen nicht beipflichten (11. Juni nach Paris): er sehe kein anderes Resultat dabei als die politische Emancipation der Griechen, womit der Triumph einer neuen Revolution Europa's verknüpft sei.

Das französische Kabinet erkannte die Korrektheit des Wiener Hofs an und gestand, daß die Sache, die Frankreich vertheidigen wolle, gegen die Legitimität sei, man müsse mit dem Schlechten kapituliren, um zum Guten zu gelangen. Das fand der Staatskanzler falsch raisonnirt (16. Juni), das Uebel werde nur erhöht, indem Frankreich die englisch-russische Allianz nähre.

Nach Berlin sprach er (14. Juni) von dem beschränkten Horizont des Pariser Kabinets. Preußen (da Bülow unter Lieven's Einfluß) verwarf die Form (21. Juni preuß. Depesche nach Paris), abhärire aber dem Geist und den Stipulationen des Traktats.

Da Kaiser Nikolaus üble Laune zeigte, daß der Wiener Hof stets behindere, so erklärte Metternich (17. Juni. Geheime Depesche nach Petersburg): Seit 1826 haben ihm zwei Ideen als Leiter gedient. Die eine: England in die orientalische Verwicklung hereinzubringen im doppelten Zweck: diese Macht zu hindern, sich gegen die Pacifikation zu stellen und sie direkt zu gebrauchen, um seine Absichten zu erreichen. Die andere, Vertrauen auf den Erfolg von Akermann gebaut; er könne durch gleich kategorische Demonstrationen den Sultan in der Pacifikationsfrage zum Nachgeben bringen. Der Kalkul sei falsch, der Erfolg werde Rußland täuschen. Der Krieg werde nie den Ausdrücken des Protokolls entsprechen. Mit dem britischen Kabinete könne sich Kaiser Nikolaus nicht verbinden, ohne Komplice von dessen Irrthümern und revolutionären Doktrinen zu werden. (10. Juni an Zichy.)

Da man auf jedem Schritt bei Verfolgung des Protokolls (9. Juli Depesche nach Berlin) Hindernisse finde, denen man doch einen Namen geben müsse, so finde der Petersburger Hof den Wiener und Fürst Metternich so vor seiner Thür, wie 1792 und 93 die französischen Tollhäusler nützlich fanden, die Schwierigkeiten ihrer Epoche Pitt und Koburg zu nennen. (Rapport von Berlin, 29. Juni.)

Der König von Preußen übernahm in der Abschiedsaudienz von Zichy die Verpflichtung, die Vorurtheile des russischen Kabinets bei dem Kaiser, seinem gendre zu bekämpfen.

Auf die überraschte Frage des russischen Zaaren, weshalb Preußen dem Traktate nicht beigestimmt, da dasselbe zu vier mehr Gewicht als zu drei habe, erwiederte Bernstorff, Preußen habe bei dieser Frage kein direktes Interesse, nur einen moralischen Gesichtspunkt. Uebrigens äußerte Bernstorff über den Vertrag, derselbe binde durch äußerliche Formen positiv entgegengesetzte Elemente und Interessen.

Lieven hatte bis zuletzt das mangelnde Interesse Canning's (Rapport von London 10. Juli) für die Pacifikation lebhaft empfunden, und nur die Unterzeichnung des Julitraktats konnte ihn beruhigen, daß man nicht mit ihm gespielt habe.

So geringschätzig sich Metternich (Depesche nach Berlin 23. Juli) auch über den Traktat ausdrückte, der aus einem „anfänglichen Wenig" zu „ungefähr gar Nichts" geworden, fügte er doch bei: qu'il craint les paroles oiseuses revêtues de formes augustes, elles conduisent toujours au mal .... er sei weit entfernt, die britischen Minister im Verdacht zu haben, daß sie an dem politischen Verbrechen der Publikation des Traktats Theil gehabt hätten; aber sie lebten in so schlechter Gesellschaft, daß sie täglich Gefahr liefen, noch ganz anders kompromittirt zu werden.

Cannings Vortheil bleibe es immer, die revolutionären Principien sanktionirt zu haben.

Eine russische Depesche nach Wien beruhigte darüber (26. Juli), daß dem Geschwaderkommandanten im Falle der Weigerung der Pforte, die Vermittlung anzunehmen, Maßregeln gegen die ottomanische Marine als Instruktion angewiesen seien, es sei ihm vorgeschrieben, sorgfältigst zu vermeiden, daß die nöthigen Maßregeln nicht in Feindseligkeit ausarten.

Die Furcht eines offenen Bruchs fand Metternich in dieser seltsamen Instruktion mit dem Wunsch, die Pforte zu unterwerfen, vereinigt.

Dem Internuntius gegenüber beharrte der Reis (Rapport 25. Juli) auf seinem guten Recht. Aber außer Anfachung des religiösen und nationalen Enthusiasmus fand Ottenfels die Hülfsmittel der Pforte sehr schwach.

Da der Internuntius den Schritten der drei Mächte sich nicht anschloß, erhielt er von Metternich einen Verweis und that es später; Metternich erklärte, 4. August, er bedauere, da die Dinge so kategorisch gestellt, nicht, daß die Pforte sich präcis und energisch ausgesprochen, das gute Recht sei auf Seite des Sultans, sein Entschluß sei wenigstens kräftig und entschieden, was ein Vortheil im Gegensatz zu der Unentschiedenheit der Mächte.

Diese Depesche bestimmte Ottenfels, dem Reis im Vertrauen mitzutheilen, der kaiserliche Hof billige seinen Entschluß, falls er die Folgen reiflich überlegt und die Kraft in sich fühle, sein gutes Recht zu schützen. (Rapport von Konstantinopel 22., 31. August.)

Ein Privatversuch des französischen Gesandten (Ottenfels an Metternich, August), den Reis zur Nachgiebigkeit zu veranlassen, schlug fehl. Der Reis wollte Zwangsmaßregeln wissen, mit denen man drohe. Der französische Gesandte erklärte, gemeinsam mit den englischen und russischen Kollegen darüber antworten zu kön= Der Reis erklärte: die Verträge der Pforte seien mit den einzelnen Mächten ,schlossen, er kümmere sich nicht um gemeinsame Angelegenheit, wisse also nicht, was mit der dummen Redensart an Stelle einer Antwort anfangen.

Prokesch's Bericht vom 2. August: Nirgends sei das Griechenland zu finden, zu Gunsten dessen man interveniren wolle. Wenn aber die Mächte Morea blokirten, so würde diese Provinz unabhängig werden, denn mit dem einzigen Verbindungsweg über den Isthmus könne eine Armee sich da nicht erhalten.

Internuntius und Prokesch hatten den Vicekönig gegen Crabot's Insinuationen in der Treue zum Sultan aufrecht gehalten.

Der Tod Cannings: événement immense qui devoit faire (Depesche nach Paris, geb. 19. August) crouler tout l'échaffaudage dont il était le pivot.

Metternich vergleicht die Geschäftsleitung dieses Ministers mit einer Lawine, die Alles auf ihrem Weg verschüttet, nach der aber viele Dinge und Menschen sich wieder aufrichten, so daß man sich in Paris groß fühlen und in Petersburg sich emancipirt fühlen wird.

Die französische Regierung, welche durch Leichtsinn die Entwicklung des Uebels unterstützt hat, würde gut thun, den augenblicklichen Zufall zu benützen, um dem Wiener Kabinet zu helfen, das Uebel zu hemmen.

Villèle erklärte (Rapp. von Paris 17. Sept.): seinen Gang nicht ändern zu können. Wenn er allein innehielte, beraube er sich des Mittels, Kaiser Nikolaus zu, rückzuhalten.

In ähnlichem Sinne äußerte sich Dubley zu Esterhazy (Rapp. von London 14. Sept.): England sei zu weit vor, um zurückzugehen, die Pforte müsse vor der feierlichen Ver= pflichtung, die die drei Höfe eingegangen, zurück; wenn nicht, müsse England fürchten, weiter gerissen zu werden, als es wünsche. Oesterreich möge durch seine guten Dienste bei der Pforte deren hartnäckige Weigerung, welche zum Aeußersten zu schreiten nöthige, verhindern. Es sei jedoch keine Zeit zu verlieren, denn man könne nicht für die Er= eignisse einstehen: doch seien die Instruktionen des englischen Admirals der Art, daß er keine übereilten und die Neutralität kompromittirenden Maßregeln ergreifen solle. Die energischen Vorstellungen Oesterreichs könnten ein großes Unheil noch verhüten.

Diese Nachricht ergriff Metternich mit großer Freude (nach London b. Oktober): sie ließ ihn hoffen, das alte England wieder gefunden zu haben, und nun bemühte er sich, in Konstantinopel einen Ruhepunkt für das türkische Reich vorzubereiten. (Instruk= tion an Ottenfels 30 Oktober.)

Auf Englands Einladung bemerkt Metternich: Die revolutionäre Bewegung, welche die Ruhe der Türkei bedrohe, müsse enden.

Die Pforte müsse die Mächte zu entwaffnen suchen. Es sei nur ein politischer Streit zwischen der Pforte und den drei Mächten. Die Pacifikation im Hintergrunde. Sie möge sich vertraulich an Oesterreich wenden, damit dies für sie mit den Mäch= ten rede.

Der Reis soll die Vermittlung Oesterreichs anrufen, wo möglich temporäre Ein= stellung der Feindseligkeiten damit verbinden.

Jeder trockene Refus sei Krieg (an Ottenfels 17. Oktober): während jede Hinter= thür, welche die Pforte liefere, um aus dem Labyrinth zu kommen, ihr einen ganz guten Handel bereiten würde.

Dudley wollte jedoch von einer einseitigen Vermittlung Oesterreichs nichts hören (Rapp. von London 1. Nov.), Esterhazy brachte ihn nur mühsam davon ab, eine Note dagegen zu schreiben.

Vereinigung der französischen mit der englischen Flotte. Versuch Ibrahims, ihre momentane Abwesenheit zu einer Expedition gegen Hydra zu benutzen, scheiterte an einer energischen Demonstration der Admiräle.

Am 26. verpflichtete sich Ibrahim, die Flotte bis zu positivem Befehl aus Konstantinopel — man rechnete 25 Tage — zurückzuhalten, um zu entscheiden, ob er sich dem Befehl der Admiräle fügen oder auf seine Gefahr vorgehen solle. Dann wurden die türkischen Truppen gelandet; der größte Theil der alliirten Flotte segelte nach Milo und Nauplia.

Ibrahim stellte ihnen aber vor, wie ungerecht es sei, Cochrane gegen Patras agiren zu lassen. Dagegen bemerkten ihm die Admiräle, der Traktat nöthige sie, sich dem Theil anzuschließen, der die Vorschläge der Konferenz angenommen; doch würden sie Cochrane veranlassen, Nichts gegen Patras zu unternehmen. Sie erlaubten Ibrahim, nach Patras und Suda Schiffe zu senden, um die Garnisonen zu verproviantiren.

Nun machte sich Ibrahim selbst auf nach Patras, um es zu verproviantiren, und Basilabhi, das Cochrane angegriffen, zu unterstützen.

Codrington nöthigte ihn am 4. Oktober mit Kanonen zurück, warf ihm vor, das Wort gebrochen zu haben, er werde weder ihm, noch einem seiner Unterchefs mehr glauben.

Tahir erwiederte, für Patras habe Ibrahim nichts versprochen, sein Versprechen habe sich auf Hydra beschränkt. (Bericht Danbalo's vom 25. und 27.; Bandiera's 30. Oft.) Ibrahim den 9. Oktober in Modon, läßt Messenien verwüsten.

Am 13. erscheint die russische Flotte. (Erklärung durch Craboł am 17. Oktober an Ibrahim.) Die Admiräle verlangten von Ibrahim, daß er die türkische Flotte nach Konstantinopel, die egyptische nach Alexandria schicke; seine Verwüstung von Messenien sei Bruch des Waffenstillstandes, den Interessen des Sultans entgegen. Ibrahim setze sich außer Gesetz der Nationen und setze sich sofortigen Folgen aus, wenn er nicht sogleich den Expeditionen gegen die Griechen entsage.

Auf Ibrahims Weigerung schickten sich die Admiräle an, ihn zu zwingen. (Bericht Codringtons 21. Oft.) Ein türkischer Brander schoß zuerst auf eine Schaluppe der Dartmouth, die verlangte, daß die Brander Platz machten. Eine egyptische Fregatte schoß zuerst mit Kanonen gegen die französische Syrene. Codrington wünschte sich Glück, da die Maßregel absolut nöthig gewesen, um den Traktat auszuführen. Ich gestehe, schloß sein Bericht, daß ich den Wunsch fühlte, die Beleidiger zu strafen, aber meine Pflicht war, mich zu mäßigen und das habe ich begangen; ich hätte diese verderbliche Extremität vermieden, wenn andere Maßregeln sich dargeboten .... Bandiera bemerkt, daß der Eintritt in den Hafen den Akt des Angriffs ausmacht, alles Andere eitler Vorwand, die Türken seien Opfer ihrer Redlichkeit, die Abwesenheit Ibrahims habe ihre Widerstandskraft gelähmt. Nach Ibrahims Versicherung (Rapp. von Konstantinopel 10. Januar 1828) hatte man ihm das Recht, nach Patras und in die Bucht von Lepanto zu fahren und zu verproviantiren zugestanden, der erste Kanonenschuß fiel vom Geschwader der Verbündeten. Der Angriff auf Chios, den die Flotten der Admiräle nicht gehindert, brachte die Pforte in höchste Wuth. Noch hatte der Reis gegen den Internuntius, falls die Mächte Satisfaktion und Entschädigung für Navarin geben und auf die Pacifikation verzichteten, sich erboten, abermals die österreichische Vermittlung anzurufen. Der Internuntius verzichtete auf Mediation. Die Pforte verweigerte Ferman für den Ausgang der Schiffe und Kouriere.

Die drei Gesandten zeigten sich für die Vermittlung des Internuntius zur Aufhebung des Embargo und Ferman wenig dankbar und empfänglich.

Rapport von Miltitz 26. November. Hätten die Alliirten die Gloriole der Mediation dem wirklichen Ruhm geopfert, die Pacifikation von Griechenland auf billigen Basen zu gründen, so würden sie beim Diwan Erleichterung gefunden haben.

Depesche vom 6. und 19. Dezember.

Metternich: Die Steifheit der Pforte hindere sie, von einem wohlgemeinten selbstlosen Rath etwas Anderes als ein todtes Wort zu ziehen. Der Schritt vom 24. October sei ein todtgeborenes Kind. Nur die Annahme des Waffenstillstandes habe ein Endresultat nützlich vorbereiten können. Der Kaiser verdamme das schauderhafte Attentat von Navarin, habe seinen Unwillen den Höfen ausgedrückt und ihnen den Brief des Vesiers übersandt: In Petersburg habe man denselben mit der äußersten schlechten Laune, in Paris als non avenue angesehen, ebenso in London. Die Zwietracht zwischen den Mächten werde dem Sultan aus seiner peinlichen Lage helfen. Es werde die Haltung des kaiserlichen Hofes vielleicht kleinmüthig erscheinen, aber man habe keine andere Wahl.

Der Reis ließ melden (31. Dezember), man werde sich auf Vorsichtsmaßregeln beschränken; die Mächte herauszufordern vermeiden. Am 5. November kamen Brief und Nachricht von Navarin nach Wien.

Letzteren übersandte der Kaiser mit der Erklärung, daß er sich jetzt ganz passiv verhalten müsse, an die drei Höfe.

Apponyi schrieb Metternich strengste Impassibilität vor (13. Nov.). Nach der empörenden Thatsache von Navarin begreift das österreichische Kabinet nicht, was die andern Kabinette wollen und hat ihnen auch keine Rechenschaft zu geben, was es will und wollen kann. Er soll gegen den unpassenden Ausdruck Mediation protestiren; ein Wort, das man so traurig mißbraucht.

Vorstellung gegen das eigenmächtige Auftreten der Admiräle. (Rapp. 9. Nov. London.)

Die Zerstörung der Marine giebt die Türkei Rußland Preis. Der Kaiser Nikolaus will zwar momentan den Krieg nicht; aber was er vermeiden will, kann sich ihm bald als Nothwendigkeit darbieten.

Was wird England dann beginnen? Die Fürstenthümer von russischer Avantgarde besetzt, Serbien auf das erste Signal im Aufstand, eine militärische Operation zur See gegen Konstantinopel ist seit der Zerstörung der Flotte möglich. Wird England mithelfen? Oder welche Mittel hat England, um die Zerstörung eines friedlichen Staats zu verhindern und die Vergrößerung eines Eroberungsstaats zu hindern?

Dudley bemerkte zu Esterhazy (Rapp. von London 11., 13. Nov.): Der König betrachtet das Ereigniß nicht als einen Triumph, es ist eine unglückliche, unvermeidliche Folge türkischer Halsstarrigkeit. Noch betrachtet man sich als im Frieden mit der Pforte; aber man bedarf um jeden Preis einer türkischen Koncession.

Der Wunsch, daß die Pforte nachgebe, ward täglich lebhafter im britischen Kabinet; denn ohne das würde es genöthigt sein, vorwärts auf ein Resultat hin zu steuern, dessen Furcht bisher der einzige Mobile seiner Handlung gewesen.

Der Brief des Großvesiers sei ein neuer Beweis der Hartnäckigkeit der Pforte, er vermindere sein Bedauern, meinte Dudley, über die Katastrophe von Navarin.

Doch gestand Dudley (1. Dezember) an Esterhazy, neben dem offenen Objekt der Sache:

Eine christliche Bevölkerung der Vernichtung nicht zu liefern, sei ein immenses politisches Interesse für Großbritannien auf dem Spiel, das es mit

Oesterreich gemein habe: nämlich Grenzen zu setzen jedem weitern Wachsen der Macht und des Einflusses von Rußland. Man wolle weder die absolute Unabhängigkeit der Griechen, noch die Vernichtung der Türken. Man werde Alles thun, um die Be- setzung der Fürstenthümer, die gegen Oestreichs Interesse sei, zu verhüten.

Esterhazy bemerkte: die englische Politik sei, das Uebel reisen zu lassen, um es nachher zu bekämpfen. Rußland sei durch seine zwei Alliirten und die Pforte merk- würdig begünstigt worden.

Die österreichische Vermittlung betrachte England jetzt als Anker des Heils. (Depe- sche nach Leuden 3. Dezember.)

Kaiser Nikolaus hätte, so berichtet Metternich, von der griechischen Sache keine Notiz genommen, wenn England, indem es das Uebel, das daraus entstehen konnte, verhüten wollte, ihn nicht gezwungen hätte, daran thätigen Theil zu nehmen.

Les Empereurs de Russie n'accordent le partage dans leur affaire que lorsqu'ils reconnaissent l'impossibilité de pouvoir seuls atteindre leur but, ou quand ils croient pouvoir partager les charges entre plusieurs et ne pas moins se réserver les avan- tages

Es sei Rußland gelungen, die Pforte mit ihren zwei Alliirten zu brouilliren. Es komme dem Fürsten darauf an, die Mittel zu kennen, womit England eine Vergröße- rung Rußlands auf Kosten der Türkei hemmen könne. Wie denke es sich die Grenzen und die Stellung Griechenlands?

Die Türkei sei der beste Nachbar Oesterreichs, das letzte Bollwerk gegen die russi- schen Einbrüche.

Esterhazy meldete, das Kabinet sei gespalten (15. Dezember). Der russische Ge- sandte bediene sich des besten Mittels auf Schwache: er drohe, und die Furcht, den Ministerposten zu verlieren, thue das Ihre.

Die fähigste Partei, Huskisson treibe vorwärts.

Dudley gemäßigter, gestehe, daß man sich auf schlechtem Wege befinde, man daher darauf bleibe, und da man Ungerechtigkeiten begangen, mehrere begehen müsse, also zu- lassen, daß die Russen die Fürstenthümer besetzen.

Lieven intriguirt in diesem Sinn, er neigt mehr auf Seite der Whigs.

Wellington ist bereit zu beweisen, daß das Aprilprotokoll Rußland die Hände binden sollte in seiner orientalischen Aktion, während der Julitraktat zum Kriege führe.

Der König von England äußerte zu Esterhazy (Privatbrief Esterhazy's 15. De- zember): die russischen Truppenbewegungen in der Türkei würden den zwischen den drei Mächten verabredeten Direktionen unterworfen sein, man könne der Extremität nicht entgehen, doch würde England in Egypten ein Gegengewicht gegen Rußlands kolossale Macht finden.

Metternich erwiederte (Geh. Depesche 31. Dezember): dann sei das Opfer der Türkei fertig; denn Frankreich würde die Eroberung Egyptens durch England nicht zugeben, ebenso wie Oesterreich die Theilung der Türkei nicht zugeben könne, ohne seinen Theil zu nehmen.

In Paris herrschte große Genugthuung über Navarin (14. Nov. Rapp. von Paris), alle Bemühungen Apponyi's, das französische Kabinet über seinen unbegreiflichen Leichtsinn aufzuklären, scheiterten. Man glaubte, den Kampf von Navarin werde bei- tragen den Zaaren innerhalb der Grenzen des Traktats zu halten.

Die Abreise der Gesandten, bemerkte Billèle (22. Dezember), werde die Mächte nöthigen, einen neuen Streich zu führen, der den russisch-türkischen Krieg herbeiführen könne.

Metternich freute sich (Depesche nach Paris 31. Dezember), dem Werke der Unbilligkeit fern geblieben zu sein. Die Welt ist um so mehr der Unordnung preisgegeben, als die, welche die Impulse geben, selbst keine Regel haben, um ihren Gang zu bestimmen. Peinlich ist der Eindruck, den England gewährt, doch nicht so schlimm, wie der Frankreichs. Die Regierungen sind hier, wie dort, in Auflösung. Die Minister gleichen Menschen, die fühlen, daß sie ertrinken, und sich an der orientalischen Verwicklung festhalten, wie an einem Brett des Heils. In Frankreich bedient man sich jedoch der orientalischen Frage wie einer Fantasmagorie, um die öffentliche Meinung zu zerstreuen, während sie in England für den Augenblick ausgebeutet wird, elle tournera en un chef d'attaque.

Die Allianz der beiden Staaten ist nur eine Analogie der Lage und der Konfusion. In England hat aber der Prinzregent ein Beruhigungsmittel gefunden, in Frankreich existirt keine Partei, die fähig ist, die Linie des einfachsten bon sens zu begreifen.

Große Freude herrschte in Petersburg (russische Depesche 2. Dezember). Der Zaar wird die Ausführung des Traktats vollziehen, ohne sich durch irgend ein Hinderniß aufhalten zu lassen. Oesterreich bleibt Nichts übrig, als die Pforte zur Annahme der Bedingungen der Alliirten zu bewegen. In jedem andern Fall ruft es den Krieg hervor. Jeder Versuch, die Mächte zu entzweien, ist vergeblich. Der Fürst hat durch den Vermittlungsversuch die Pforte nur in Gefahr und falsche Lage gebracht.

Der Kaiser von Oesterreich antwortete diesem unpassenden Schritte in einer Audienz am 27. Dezember, indem er Tatitscheff gegenüber das Faltum in Abrede stellte. Sein Internuntius habe der Pforte die Gefahr, die sie liefe, wenn sie die Bedingungen nicht annehme, vorgestellt, aber die türkische Regierung sei unbeugsam, da sie der Alliirten Bedingungen als Todesurtheil ansehe. Weiter könne er nicht gehen, könne das Recht, welches die Alliirten sich angemaßt, die Beziehungen eines Souveräns mit seinen Unterthanen zu regeln, nicht anerkennen.

Druck von J. B. Hirschfeld in Leipzig.